司法試験 予備試験

2022年版

完全整理
択一六法

司法試験&予備試験対策シリーズ

Civil Law

民法

はしがき

★平成 29 年改正民法（債権法）～制定以来最大の改正

　平成 29 年 5 月 26 日、改正民法（平成 29 年法律第 44 号）が可決・成立し、同年 6 月 2 日、公布され、令和 2 年 4 月 1 日に施行されました。改正民法の改正点は極めて多岐にわたりますが、主要な改正点としては、次の 5 点が挙げられます。すなわち、①短期消滅時効の廃止（改正前 170 ～ 174 条の削除、改正 166 条への一本化）、②法定利率の引き下げと変動利率の導入（改正 404 条）、③保証人保護の強化（事業に係る債務についての個人保証契約の特則、改正 465 条の 6 ～ 10）、④定型約款に関する規定の新設（改正 548 条の 2 ～ 4）、⑤敷金制度の新設（敷金関係の判例法理の明文化、改正 622 条の 2）です。その他、主要な改正点以外にも、民法総則の分野では、錯誤の規定が修正（錯誤無効→錯誤取消し、改正 95 条）され、代理権の濫用に関する規定が新設（改正 107 条）される等の改正が行われました。また、債権総論の分野では、新たに連帯債権や債務引受けに関する規定が新設（改正 432 条以下、改正 470 条以下）される等の改正が行われました。さらに、債権各論の分野では、危険負担（債権者主義）に関する規定（改正前 534 条、535 条）が削除され、瑕疵担保責任の内容が変更（契約責任説の採用、改正 562 条以下）される等の改正が行われました。

★成人年齢が 20 歳から 18 歳に引き下げ

　平成 30 年 6 月 13 日、成人年齢の引き下げを内容とする民法の一部を改正する法律（平成 30 年法律第 59 号）が可決・成立し、同月 20 日公布されました。成人年齢に関する法律は 212 本、政令 37 本、府省令 99 本の計 348 本あり、民法の成人年齢が 18 歳になれば、212 本の法律のうち 6 ～ 7 割が見直しの対象になるとみられています。

　そして、民法上の規定は、具体的に、次のように改正されます。すなわち、①成人年齢が 20 歳から 18 歳に引き下げられ（改正 4 条）、②婚姻適齢が男女ともに 18 歳となり（改正 731 条）、③婚姻による成年擬制（改正前 753 条）が廃止されます。また、④未成年者の婚姻についての父母の同意に関する規定（改正前 737 条）も廃止されます。なお、⑤養親となる者の年齢に関する 792 条の「成年に達した者」という文言は、「20 歳に達した者」に改められます（804 条も同趣旨の改正あり）。

　この法律の施行日は令和 4 年（2022 年）4 月 1 日からとされているため、令和 4 年以降の司法試験・予備試験では、上記の改正を念頭に置いた出題がされることになります。

★平成 30 年改正民法（相続法）に対応

平成 30 年 7 月 6 日、改正相続法（平成 30 年法律第 72 号）が可決・成立し、同月 13 日公布され、令和 2 年 4 月 1 日までにすべて施行されました。改正相続法の改正点も多岐にわたりますが、大別すると、次の 6 つに分けることができます。すなわち、①配偶者の居住権を保護するための改正（改正 1028 〜 1041 条）、②遺産分割等に関する改正（改正 906 条の 2、909 条の 2 等）、③遺言制度に関する改正（改正 968 条 2 項等）、④遺留分制度に関する改正（改正 1042 条以下）、⑤相続の効力等に関する改正（改正 899 条の 2、902 条の 2 等）、⑥相続人以外の者の貢献を考慮するための改正（改正 1050 条）です。本書は、改正された条文に下線を付して改正箇所を明示するとともに、改正のポイントをコンパクトに解説し、改正に関する効率的な学習を可能なものとしました。

★令和 3 年の短答式試験＜民法＞の分析

司法試験では、全 37 問出題されました（予備試験との共通問題は 12 問出題されました）。各分野から満遍なく出題されており、家族法からも 6 問出題されています。

予備試験では、全 15 問出題されました。そのうち、予備試験オリジナル問題は 3 問出題され、通行地役権、保証、親子関係に関する知識・理解を問う問題が出題されました。

全問題 40 問中、改正民法に関する知識が問われた問題（5 つの肢のうち、改正民法に関する知識を問う肢が 1 つ以上あるもの。）は、26 問ありました。

★令和 3 年の短答式試験の結果を踏まえて

今年の司法試験短答式試験では、採点対象者 3,392 人中、合格者（短答式試験の各科目において、満点の 40％点［憲法 20 点、民法 30 点、刑法 20 点］以上の成績を得た者のうち、各科目の合計得点が 99 点以上の成績を得たもの）は 2,672 人となっており、昨年の短答式試験合格者数 2,793 人を 121 人下回りました。合格率は約 78.7％であり、昨年の合格率約 76.2％を約 2.5％上回る形となりました。

まず、最も注目されるのは「合格点」です。昨年の「合格点」は、司法試験短答式試験が憲法・民法・刑法の 3 科目となった平成 27 年から見て、最も低い「93 点以上」でしたが、今年は「99 点以上」となり、昨年から 6 点上昇しました。もっとも、平成 29 年から令和元年までの「合格点」が「108 点以上」であったことからすれば、合格点はまだまだ低い水準にあるといえます。

また、民法科目の得点に関する全体の平均点については、昨年は「43.8 点」でしたが、今年は「48.9 点」となっており、約 5 点上昇しています。最低ライン（40％）未満の者の数も、昨年は「435 人」でしたが、今年は「189 人」となっ

ており、大幅に減少していますが、令和元年は「82人」ですから、この数字と比べれば、最低ライン未満の者の数は決して少なくないといえます。受験生の実際の感想としても、やはり民法は今年も難しかったと感じた方が多数を占めたようです。昨年から引き続き、平成29年民法（債権関係）改正・平成30年民法（相続関係）改正が正面から問われたこと、改正部分を問う問題以外の問題も、やや細かい内容が問われたこと等が影響しているものと思われます。

次に、今年の予備試験短答式試験では、採点対象者11,655人中、合格者（270点満点で各科目の合計得点が162点以上）は2,723人となっており、昨年の短答式試験合格者数2,529人を194人上回りました。合格率は約23.3％であり、昨年の合格率約23.9％を約0.6％下回る形となりました。

まず、合格点から見ていきますと、昨年は「156点以上」であったのが、今年は「162点以上」と6点も上昇した形となりました。平成29年・平成30年はともに「160点以上」、令和元年は「162点以上」でしたので、一気に一昨年の水準に戻りました。もっとも、平成28年は「165点以上」、平成27年では「170点以上」が合格点とされており、それらと比較すれば、いまだ低水準といえます。

また、民法科目の平均点を見てみますと、昨年は「12.7点」であったのが、今年は「17.3点」と4.6点も大幅に上昇しました。他方、憲法科目の平均点は、昨年は「21.5点」であったのが、今年は「16.7点」となっており、約5点もの大幅な下げ幅を記録しています。また、行政法科目の平均点も、昨年は「14.4点」であったのが、今年は「10.7点」となっており、もう少しで1桁となるところでした。

このように、今年は、民法科目は昨年ほど難しくはなかったといえますが、公法系がやや難しくなったと感じた受験生が多く見受けられました。

次に、合格率を見ていきますと、今年は23.3％となっており、これは例年どおりであるとの評価が妥当と思われます。司法試験短答式試験の今年の合格率が78.7％（採点対象者：合格者数＝3,392：2,672）であったことと比べると、予備試験短答式試験は明らかに「落とすための試験」という意味合いが強い試験だといえます。

また、受験者数・採点対象者数は、平成27年から微増傾向にあり、合格者数も同様に微増傾向にありましたが、昨年の令和2年は一転して、いずれも減少する形となりました。しかし、今年はほとんど一昨年と同じ水準に戻りました。昨年に大幅に下落した「受験率」（昨年は69.3％）も、今年の「受験率」は「81.8％」まで戻しました。来年以降も同様の「受験率」が維持されるかは、予想がつきにくいところといえますが、一応、来年以降も、2,500〜2,700人前後の合格者数となることが予想されます。

予備試験短答式試験では、法律基本科目だけでなく、一般教養科目も出題されます。点数が安定し難い一般教養科目での落ち込みをカバーするため、法律基本科目については苦手科目を作らないよう、安定的な点数を確保する対策が必要となります。

このような現状の中、短答式試験を乗り切り、総合評価において高得点をマークするためには、いかに短答式試験対策を効率よく行うかが鍵となります。そのため、要領よく知識を整理し、記憶の定着を図ることが至上命題となります。

★必要十分な知識・判例を掲載

　民法では、条文・判例の理解を問う問題が数多く出題されます。条文の理解が問われる以上、条文そのものを何度も読み重ねるとともに、短答式試験で過去に問われた知識や判例を確認し、合格に必要な知識を積み重ねていくことが必要不可欠です。本書では、逐条式で各条文の趣旨や要件等を過去問の出題情報や関連判例とともに紹介しており、効率的に条文・判例に関する情報を整理して理解できるよう工夫しています。また、最新の百選掲載判例及び重判掲載判例から重要な判例を多数ピックアップし、判旨を紹介するとともに、近年出題されている要件事実に関する知識も掲載しています。

★司法試験短答式試験、予備試験短答式試験の過去問情報を網羅

　本書では、司法試験・予備試験の短答式試験において、共通問題で問われた知識に〈共〉マーク、予備試験単独で問われた知識に〈予〉マーク、司法試験単独で問われた知識に〈司〉マークを付しています。また、司法書士試験についても効率的な試験対策を行えるよう、過去13年分（平成21年〜令和3年）の司法書士試験で問われた知識に〈書〉マークを付しています。複数のマークが付されている箇所は、各短答式試験で繰り返し問われている知識であるため、より重要性が高いといえます。

★最新判例インターネットフォロー

　短答式試験合格のためには、最新判例を常に意識しておくことが必要です。そこで、ＬＥＣでは、最新判例の情報を確実に収集できるように、本書をご購入の皆様に、インターネットで随時、最新判例情報をご提供させていただきます。
　アクセス方法の詳細につきましては、「最新判例インターネットフォロー」の頁をご覧ください。

2021年7月吉日

株式会社　東京リーガルマインド
ＬＥＣ総合研究所　司法試験部

司法試験・予備試験受験生の皆様へ

LEC司法試験対策　総合統括プロデューサー
反町　雄彦　LEC専任講師・弁護士

◆競争激化の短答式試験

短答式試験は、予備試験においては論文式試験を受験するための第一関門として、また、司法試験においては論文式試験を採点してもらう前提条件として、重要な意味を有しています。いずれの試験においても、合格を確実に勝ち取るためには、短答式試験で高得点をマークすることが重要です。

◆短答式試験対策のポイント

司法試験における短答式試験は、試験最終日に実施されます。論文式試験により心身ともに疲労している中、短答式試験で高得点をマークするには、出題可能性の高い分野、自身が弱点としている分野の知識を、短時間で総復習できる教材の利用が不可欠です。

また、予備試験における短答式試験は、一般教養科目と法律基本科目（憲法・民法・刑法・商法・民事訴訟法・刑事訴訟法・行政法）から出題されます。広範囲にわたって正確な知識が要求されるため、効率的な学習が不可欠となります。

本書は、短時間で効率的に知識を整理・確認することができる最良の教材として、多くの受験生から好評を得ています。

◆短答式試験の知識は論文式試験の前提

司法試験・予備試験の短答式試験では、判例・条文の知識を問う問題を中心に、幅広い論点から出題がされています。論文式試験においても問われうる重要論点も多数含まれています。そのため、短答式試験の対策が論文式試験の対策にもなるといえます。

また、司法試験の憲法・民法・刑法以外の科目においても、論文式試験において正確な条文・判例知識が問われます。短答式試験過去問を踏まえて解説した本書を活用し、重要論点をしっかり学んでおけば、正確な知識を効率良く答案に表現することができるようになるため、解答時間の短縮につながることは間違いありません。

司法試験合格が最終目標である以上、予備試験受験生も、司法試験の短答式試験・論文式試験の対策をしていくことが重要です。短答式試験対策と同時に、重要論点を学習し、司法試験を見据えた学習をしていくことが肝要でしょう。

◆苦手科目の克服が肝

　司法試験短答式試験では、短答式試験合格点（令和3年においては憲法・民法・刑法の合計得点が99点以上）を確保していても、1科目でも基準点（各科目の満点の40％点）を下回る科目があれば不合格となります。本年では、憲法で75人、民法で189人、刑法で147人もの受験生が基準点に達しませんでした。本年の結果を踏まえると、基準点未満で不合格となるリスクは到底見過ごすことができません。

　試験本番が近づくにつれ、特定科目に集中して勉強時間を確保することが難しくなります。苦手科目は年内に学習し、苦手意識を克服、あわよくば得意科目にしておくことが必要です。

◆本書の特長と活用方法

　完全整理択一六法は、一通り法律を勉強し終わった方を対象とした教材です。本書は、司法試験・予備試験の短答式試験における出題可能性の高い知識を、逐条形式で網羅的に整理しています。最新判例を紹介する際にも、できる限りコンパクトにして掲載しています。知識整理のためには、核心部分を押さえることが重要だからです。

　本書の活用方法としては、短答式試験の過去問を解いた上で、間違えてしまった問題について確認し、解答に必要な知識及び関連知識を押さえていくという方法が効果的です。また、弱点となっている箇所に印をつけておき、繰り返し見直すようにすると、復習が効率よく進み、知識の定着を図ることができます。

　このように、受験生の皆様が手を加えて、自分なりの「完択」を作り上げていくことで、更なるメリハリ付けが可能となります。ぜひ、有効に活用してください。

　司法試験・予備試験は困難な試験です。しかし、継続を旨とし、粘り強く学習を続ければ、必ず突破することができる試験です。

　皆様が本書を100％活用して、試験合格を勝ち取られますよう、心よりお祈り申し上げます。

CONTENTS

はしがき
司法試験・予備試験受験生の皆様へ
本書の効果的利用法
最新判例インターネットフォロー

●**第1編　総則**・・・ *2*
第1章　通則（第1条～第2条）・・・ *2*

第2章　人（第3条～第32条の2）・・・・・・・・・・・・・・・・・・・・・・・・・・・・・・・・・・・ *4*
　第1節　権利能力（第3条）・・ *4*
　第2節　意思能力（第3条の2）・・・・・・・・・・・・・・・・・・・・・・・・・・・・・・・・・・・・ *6*
　第3節　行為能力（第4条～第21条）・・・・・・・・・・・・・・・・・・・・・・・・・・・・・ *6*
　第4節　住所（第22条～第24条）・・・・・・・・・・・・・・・・・・・・・・・・・・・・・・・・ *20*
　第5節　不在者の財産の管理及び失踪の宣告（第25条～第32条）・・・・ *21*
　第6節　同時死亡の推定（第32条の2）・・・・・・・・・・・・・・・・・・・・・・・・・ *26*

第3章　法人（第33条～第84条）・・・・・・・・・・・・・・・・・・・・・・・・・・・・・・・・・・ *26*
　第1節　法人の設立（第33条～第34条）・・・・・・・・・・・・・・・・・・・・・・・・ *26*
　第2節　法人の機関等（第35条～第84条）・・・・・・・・・・・・・・・・・・・・・・ *36*

第4章　物（第85条～第89条）・・・・・・・・・・・・・・・・・・・・・・・・・・・・・・・・・・・・・ *37*

第5章　法律行為（第90条～第137条）・・・・・・・・・・・・・・・・・・・・・・・・・・・ *40*
　第1節　総則（第90条～第92条）・・・・・・・・・・・・・・・・・・・・・・・・・・・・・・・ *40*
　第2節　意思表示（第93条～第98条の2）・・・・・・・・・・・・・・・・・・・・・ *44*
　第3節　代理（第99条～第118条）・・・・・・・・・・・・・・・・・・・・・・・・・・・・・ *58*
　第4節　無効及び取消し（第119条～第126条）・・・・・・・・・・・・・・・ *79*
　第5節　条件及び期限（第127条～第137条）・・・・・・・・・・・・・・・・・ *88*

第6章　期間の計算（第138条～第143条）・・・・・・・・・・・・・・・・・・・・・・ *93*

第7章　時効（第144条～第174条）・・・・・・・・・・・・・・・・・・・・・・・・・・・・・ *94*
　第1節　総則（第144条～第161条）・・・・・・・・・・・・・・・・・・・・・・・・・・・ *94*
　第2節　取得時効（第162条～第165条）・・・・・・・・・・・・・・・・・・・・・ *110*

第3節　消滅時効（第166条〜第174条）････････････････････････ *114*

● **第2編　物権**･･ *122*
第1章　総則（第175条〜第179条）･･････････････････････････････ *122*

第2章　占有権（第180条〜第205条）････････････････････････････ *144*
　第1節　占有権の取得（第180条〜第187条）･･･････････････････ *144*
　第2節　占有権の効力（第188条〜第202条）･･･････････････････ *151*
　第3節　占有権の消滅（第203条〜第204条）･･･････････････････ *165*
　第4節　準占有（第205条）･･･････････････････････････････････ *166*

第3章　所有権（第206条〜第264条）････････････････････････････ *167*
　第1節　所有権の限界（第206条〜第238条）･･･････････････････ *167*
　　第1款　所有権の内容及び範囲（第206条〜第208条）･･････ *167*
　　第2款　相隣関係（第209条〜第238条）･････････････････ *167*
　第2節　所有権の取得（第239条〜第248条）･･･････････････････ *173*
　第3節　共有（第249条〜第264条）･･･････････････････････････ *179*

第4章　地上権（第265条〜第269条の2）･･･････････････････････ *189*

第5章　永小作権（第270条〜第279条）･･････････････････････････ *193*

第6章　地役権（第280条〜第294条）････････････････････････････ *195*

[担保物権総論]･･･ *200*

第7章　留置権（第295条〜第302条）････････････････････････････ *202*

第8章　先取特権（第303条〜第341条）･･････････････････････････ *208*
　第1節　総則（第303条〜第305条）･･･････････････････････････ *208*
　第2節　先取特権の種類（第306条〜第328条）･･･････････････････ *210*
　　第1款　一般の先取特権（第306条〜第310条）･････････････ *210*
　　第2款　動産の先取特権（第311条〜第324条）･････････････ *211*
　　第3款　不動産の先取特権（第325条〜第328条）･･･････････ *214*
　第3節　先取特権の順位（第329条〜第332条）･･･････････････････ *215*
　第4節　先取特権の効力（第333条〜第341条）･･･････････････････ *218*

第9章　質権（第342条〜第368条）･･････････････････････････････ *220*
　第1節　総則（第342条〜第351条）･･･････････････････････････ *222*

第2節　動産質（第352条～第355条）・・・・・・・・・・・・・・・・・・・・ **227**
第3節　不動産質（第356条～第361条）・・・・・・・・・・・・・・・・・・ **228**
第4節　権利質（第362条～第368条）・・・・・・・・・・・・・・・・・・・・ **230**

第10章　抵当権（第369条～第398条の22）・・・・・・・・・・・・ **232**
第1節　総則（第369条～第372条）・・・・・・・・・・・・・・・・・・・・・・ **233**
第2節　抵当権の効力（第373条～第395条）・・・・・・・・・・・・ **239**
第3節　抵当権の消滅（第396条～第398条）・・・・・・・・・・・・ **259**
第4節　根抵当（第398条の2～第398条の22）・・・・・・・・・ **261**

[非典型担保]・・ **270**

●第3編　債権・・・ **284**
第1章　総則（第399条～第520条の20）・・・・・・・・・・・・・・・ **284**
第1節　債権の目的（第399条～第411条）・・・・・・・・・・・・・・ **284**
第2節　債権の効力（第412条～第426条）・・・・・・・・・・・・・・ **296**
　第1款　債務不履行の責任等（第412条～第422条の2）・・・・ **297**
　第2款　債権者代位権（第423条～第423条の7）・・・・・・・・・ **317**
　第3款　詐害行為取消権（第424条～第426条）・・・・・・・・・・ **325**
　　第1目　詐害行為取消権の要件
　　　　　　（第424条～第424条の5）・・・・・・・・・・・・・・・ **326**
　　第2目　詐害行為取消権の行使の方法等
　　　　　　（第424条の6～第424条の9）・・・・・・・・・・・・・ **334**
　　第3目　詐害行為取消権の行使の効果
　　　　　　（第425条～第425条の4）・・・・・・・・・・・・・・・ **338**
　　　第4目　詐害行為取消権の期間の制限（第426条）・・・・ **341**
第3節　多数当事者の債権及び債務（第427条～第465条の10）・・・ **342**
　第1款　総則（第427条）・・・・・・・・・・・・・・・・・・・・・・・・・・・・ **343**
　第2款　不可分債権及び不可分債務（第428条～第431条）・・・ **344**
　第3款　連帯債権（第432条～第435条の2）・・・・・・・・・・・・ **347**
　第4款　連帯債務（第436条～第445条）・・・・・・・・・・・・・・・・ **349**
　第5款　保証債務（第446条～第465条の10）・・・・・・・・・・・・ **358**
　　第1目　総則（第446条～第465条）・・・・・・・・・・・・・・・ **358**
　　第2目　個人根保証契約
　　　　　　（第465条の2～第465条の5）・・・・・・・・・・・・・ **378**
　　第3目　事業に係る債務についての保証契約の特則
　　　　　　（第465条の6～第465条の10）・・・・・・・・・・・・・ **383**
第4節　債権の譲渡（第466条～第469条）・・・・・・・・・・・・・・ **387**
第5節　債務の引受け（第470条～第472条の4）・・・・・・・・・ **401**

第1款　併存的債務引受（第470条～第471条）・・・・・・・・・・・・・**401**

第2款　免責的債務引受（第472条～第472条の4）・・・・・・・・**403**

第6節　債権の消滅（第473条～第520条）・・・・・・・・・・・・・・・・・・・**407**

第1款　弁済（第473条～第504条）・・・・・・・・・・・・・・・・・・・**408**

第1目　総則（第473条～第493条）・・・・・・・・・・・・・・**408**

第2目　弁済の目的物の供託（第494条～第498条）・・・**426**

第3目　弁済による代位（第499条～第504条）・・・・・・・**430**

第2款　相殺（第505条～第512条の2）・・・・・・・・・・・・・・・・**438**

第3款　更改（第513条～第518条）・・・・・・・・・・・・・・・・・・・**447**

第4款　免除（第519条）・・・・・・・・・・・・・・・・・・・・・・・・・・・・・**450**

第5款　混同（第520条）・・・・・・・・・・・・・・・・・・・・・・・・・・・・・**450**

第7節　有価証券（第520条の2～第520条の20）・・・・・・・・・・・・・**452**

第1款　指図証券（第520条の2～第520条の12）・・・・・・・・・**452**

第2款　記名式所持人払証券

（第520条の13～第520条の18）・・・・・・・・・・・・・・**454**

第3款　その他の記名証券（第520条の19）・・・・・・・・・・・・**455**

第4款　無記名証券（第520条の20）・・・・・・・・・・・・・・・・・・・**455**

第2章　契約（第521条～第696条）・・・・・・・・・・・・・・・・・・・・・・・・・**456**

第1節　総則（第521条～第548条の4）・・・・・・・・・・・・・・・・・・・・・・・**456**

第1款　契約の成立（第521条～第532条）・・・・・・・・・・・・・・**461**

第2款　契約の効力（第533条～第539条）・・・・・・・・・・・・・・**467**

第3款　契約上の地位の移転（第539条の2）・・・・・・・・・・・・**475**

第4款　契約の解除（第540条～第548条）・・・・・・・・・・・・・・**476**

第5款　定型約款（第548条の2～第548条の4）・・・・・・・・・・**488**

第2節　贈与（第549条～第554条）・・・・・・・・・・・・・・・・・・・・・・・・・**494**

第3節　売買（第555条～第585条）・・・・・・・・・・・・・・・・・・・・・・・・・**499**

第1款　総則（第555条～第559条）・・・・・・・・・・・・・・・・・・・**499**

第2款　売買の効力（第560条～第578条）・・・・・・・・・・・・・・**504**

第3款　買戻し（第579条～第585条）・・・・・・・・・・・・・・・・・・**519**

第4節　交換（第586条）・・・・・・・・・・・・・・・・・・・・・・・・・・・・・・・・・・・**523**

第5節　消費貸借（第587条～第592条）・・・・・・・・・・・・・・・・・・・・・・**523**

第6節　使用貸借（第593条～第600条）・・・・・・・・・・・・・・・・・・・・・・**528**

第7節　賃貸借（第601条～第622条の2）・・・・・・・・・・・・・・・・・・・・・**534**

第1款　総則（第601条～第604条）・・・・・・・・・・・・・・・・・・・**534**

第2款　賃貸借の効力（第605条～第616条）・・・・・・・・・・・・**539**

第3款　賃貸借の終了（第616条の2～第622条）・・・・・・・・・・**556**

第4款　敷金（第622条の2）・・・・・・・・・・・・・・・・・・・・・・・・・**561**

第8節　雇用（第623条～第631条）・・・・・・・・・・・・・・・・・・・・・・・・・**563**

第9節　請負（第632条～第642条）・・・・・・・・・・・・・・・・・・・・・・・・・・・・・・ **566**
第10節　委任（第643条～第656条）・・・・・・・・・・・・・・・・・・・・・・・・・・・・・・ **573**
第11節　寄託（第657条～第666条）・・・・・・・・・・・・・・・・・・・・・・・・・・・・・・ **582**
第12節　組合（第667条～第688条）・・・・・・・・・・・・・・・・・・・・・・・・・・・・・・ **593**
第13節　終身定期金（第689条～第694条）・・・・・・・・・・・・・・・・・・・・ **604**
第14節　和解（第695条～第696条）・・・・・・・・・・・・・・・・・・・・・・・・・・・・・・ **605**

第3章　事務管理（第697条～第702条）・・・・・・・・・・・・・・・・・・・・・・・ **608**

第4章　不当利得（第703条～第708条）・・・・・・・・・・・・・・・・・・・・・・・ **612**

第5章　不法行為（第709条～第724条の2）・・・・・・・・・・・・・・・・・ **620**

●第4編　親族・・ **652**
第1章　総則（第725条～第730条）・・・・・・・・・・・・・・・・・・・・・・・・・・・・・ **652**

第2章　婚姻（第731条～第771条）・・・・・・・・・・・・・・・・・・・・・・・・・・・・・ **656**
第1節　婚姻の成立（第731条～第749条）・・・・・・・・・・・・・・・・・・・・・ **656**
　第1款　婚姻の要件（第731条～第741条）・・・・・・・・・・・・・・・・・ **656**
　第2款　婚姻の無効及び取消し（第742条～第749条）・・・・・・ **660**
第2節　婚姻の効力（第750条～第754条）・・・・・・・・・・・・・・・・・・・・・ **663**
第3節　夫婦財産制（第755条～第762条）・・・・・・・・・・・・・・・・・・・・・ **665**
　第1款　総則（第755条～第759条）・・・・・・・・・・・・・・・・・・・・・・・・・ **665**
　第2款　法定財産制（第760条～第762条）・・・・・・・・・・・・・・・・・ **666**
第4節　離婚（第763条～第771条）・・・・・・・・・・・・・・・・・・・・・・・・・・・・・ **667**
　第1款　協議上の離婚（第763条～第769条）・・・・・・・・・・・・・・・ **667**
　第2款　裁判上の離婚（第770条～第771条）・・・・・・・・・・・・・・・ **671**

第3章　親子（第772条～第817条の11）・・・・・・・・・・・・・・・・・・・・・・・ **673**
第1節　実子（第772条～第791条）・・・・・・・・・・・・・・・・・・・・・・・・・・・・・ **673**
第2節　養子（第792条～第817条の11）・・・・・・・・・・・・・・・・・・・・・・・ **681**
　第1款　縁組の要件（第792条～第801条）・・・・・・・・・・・・・・・・・ **681**
　第2款　縁組の無効及び取消し（第802条～第808条）・・・・・・ **684**
　第3款　縁組の効力（第809条～第810条）・・・・・・・・・・・・・・・・・ **686**
　第4款　離縁（第811条～第817条）・・・・・・・・・・・・・・・・・・・・・・・・・ **687**
　第5款　特別養子（第817条の2～第817条の11）・・・・・・・・・・ **689**

第4章　親権（第818条～第837条）・・・・・・・・・・・・・・・・・・・・・・・・・・・・・ **693**
第1節　総則（第818条～第819条）・・・・・・・・・・・・・・・・・・・・・・・・・・・・・ **693**

第2節　親権の効力（第820条～第833条）・・・・・・・・・・・・・・・・・・・・・**697**
第3節　親権の喪失（第834条～第837条）・・・・・・・・・・・・・・・・・・・・・**700**

第5章　後見（第838条～第875条）・・・・・・・・・・・・・・・・・・・・・・・・**701**
第1節　後見の開始（第838条）・・・・・・・・・・・・・・・・・・・・・・・・・・・**701**
第2節　後見の機関（第839条～第852条）・・・・・・・・・・・・・・・・・・・・**702**
第1款　後見人（第839条～第847条）・・・・・・・・・・・・・・・・・・・**702**
第2款　後見監督人（第848条～第852条）・・・・・・・・・・・・・・・・**705**
第3節　後見の事務（第853条～第869条）・・・・・・・・・・・・・・・・・・・・**706**
第4節　後見の終了（第870条～第875条）・・・・・・・・・・・・・・・・・・・・**710**

第6章　保佐及び補助（第876条～第876条の10）・・・・・・・・・・・・・**712**
第1節　保佐（第876条～第876条の5）・・・・・・・・・・・・・・・・・・・・**712**
第2節　補助（第876条の6～第876条の10）・・・・・・・・・・・・・・・・**714**

第7章　扶養（第877条～第881条）・・・・・・・・・・・・・・・・・・・・・・・・**716**

●**第5編　相続**・・**720**
第1章　総則（第882条～第885条）・・・・・・・・・・・・・・・・・・・・・・・・**720**

第2章　相続人（第886条～第895条）・・・・・・・・・・・・・・・・・・・・・・**723**

第3章　相続の効力（第896条～第914条）・・・・・・・・・・・・・・・・・・**728**
第1節　総則（第896条～第899条の2）・・・・・・・・・・・・・・・・・・・**728**
第2節　相続分（第900条～第905条）・・・・・・・・・・・・・・・・・・・・・**735**
第3節　遺産の分割（第906条～第914条）・・・・・・・・・・・・・・・・・・**741**

第4章　相続の承認及び放棄（第915条～第940条）・・・・・・・・・・・・**749**
第1節　総則（第915条～第919条）・・・・・・・・・・・・・・・・・・・・・・・**749**
第2節　相続の承認（第920条～第937条）・・・・・・・・・・・・・・・・・・**753**
第1款　単純承認（第920条～第921条）・・・・・・・・・・・・・・・・・**753**
第2款　限定承認（第922条～第937条）・・・・・・・・・・・・・・・・・**754**
第3節　相続の放棄（第938条～第940条）・・・・・・・・・・・・・・・・・・**757**

第5章　財産分離（第941条～第950条）・・・・・・・・・・・・・・・・・・・・・**758**

第6章　相続人の不存在（第951条～第959条）・・・・・・・・・・・・・・・・**760**

第7章　遺言（第960条～第1027条）・・・・・・・・・・・・・・・・・・・・・・・**763**

第1節	総則（第960条～第966条）	763
第2節	遺言の方式（第967条～第984条）	765
第1款	普通の方式（第967条～第975条）	765
第2款	特別の方式（第976条～第984条）	769
第3節	遺言の効力（第985条～第1003条）	771
第4節	遺言の執行（第1004条～第1021条）	776
第5節	遺言の撤回及び取消し（第1022条～第1027条）	781

第8章　配偶者の居住の権利（第1028条～第1041条）・・・・・・・・・ **783**

第1節　配偶者居住権（第1028条～第1036条）・・・・・・・・・・・・・・ **783**

第2節　配偶者短期居住権（第1037条～第1041条）・・・・・・・・・・・ **789**

第9章　遺留分（第1042条～第1049条）・・・・・・・・・・・・・・・・・・・・・・ **793**

第10章　特別の寄与（第1050条）・・・・・・・・・・・・・・・・・・・・・・・・・・・・ **800**

●付録・・・ **804**

1　借地借家法・・・ **804**

2　平成29年改正前民法（抜粋）・・・・・・・・・・・・・・・・・・・・・・・・・・ **817**

◆図表一覧

「能力」概念の整理	**6**
制限行為能力者の種類・権限	**7**
相手方の催告権	**19**
普通失踪と特別失踪の相違	**24**
社団法人・権利能力なき社団・組合の区別	**27**
株式会社と一般社団法人の対比表	**31**
法人設立の諸主義	**33**
34条の解釈	**34**
物の概念の整理	**38**
法律事実の種類	**41**
判例における94条2項の「第三者」の整理	**47**
96条3項の「第三者」の具体例の整理	**54**
代理の本質に関する学説	**58**
間接代理、授権、代理占有、代表と代理の比較	**58**
代理と使者の比較	**59**
復代理に関する知識の整理	**65**
代理権の消滅原因	**71**
無権代理と相続に関する判例の整理	**74**

無効と取消しの差異の整理・・ *80*

無効行為の転換に関する判例の整理・・・・・・・・・・・・・・・・・・・・・・・・・・・・・・・・・ *81*

125条列挙事由の整理・・ *86*

条件の種類と効力・・ *91*

消滅時効・除斥期間・権利失効の原則・・・・・・・・・・・・・・・・・・・・・・・・・・・・・・・ *94*

時効障害事由・・ *95*

援用の性質をめぐる学説の整理・・・・・・・・・・・・・・・・・・・・・・・・・・・・・・・・・・・・・ *98*

取得時効と消滅時効の要件・・・ *110*

消滅時効と履行遅滞・・・ *118*

物権的請求権の要件・相手方・・・・・・・・・・・・・・・・・・・・・・・・・・・・・・・・・・・・・・・ *124*

物権の分類・・ *125*

物権変動の時期に関する学説の整理・・・・・・・・・・・・・・・・・・・・・・・・・・・・・・・・ *127*

不動産物権変動と登記の要否の整理・・・・・・・・・・・・・・・・・・・・・・・・・・・・・・・・ *134*

明認方法の対抗力・・ *140*

占有の態様・・ *144*

果実取得権（189、190）・損害賠償請求権（191）・費用償還請求権（196）・・ *151*

回復請求権の法的性質・・・ *158*

代価弁償の性質・・ *159*

費用償還請求に関する規定の処理・・・・・・・・・・・・・・・・・・・・・・・・・・・・・・・・・・ *161*

占有訴権についての整理・・・ *162*

210条と213条の違い・・ *169*

無主物先占、遺失物拾得、埋蔵物発見・・・・・・・・・・・・・・・・・・・・・・・・・・・・・・ *173*

添付・・ *174*

不動産の付合の構造・・・ *176*

共同所有の諸形態・・ *179*

共有の対外関係（判例）・・・ *180*

保存行為、管理行為、変更行為・・・・・・・・・・・・・・・・・・・・・・・・・・・・・・・・・・・・ *182*

地上権、賃借権、借地権の比較・・・・・・・・・・・・・・・・・・・・・・・・・・・・・・・・・・・・ *189*

永小作権と地上権の比較・・・ *193*

地役権と相隣関係・・ *195*

要役地共有の場合の時効における不可分性・・・・・・・・・・・・・・・・・・・・・・・・・・ *197*

土地利用権一般・・ *199*

担保物権総論のまとめ・・・ *202*

一般先取特権・・ *210*

動産先取特権・・ *211*

不動産先取特権・・ *214*

先取特権の順位・・ *217*

先取特権の第三者に対する効力・・・・・・・・・・・・・・・・・・・・・・・・・・・・・・・・・・・・ *218*

質権の概要・・ *221*

質権と抵当権の異同・・ *221*

第三者による抵当権侵害・・・・・・・・・・・・・・・・・・・・・・・・・・・・・・・・・・・・・・ *240*

設定者による抵当権侵害・・・・・・・・・・・・・・・・・・・・・・・・・・・・・・・・・・・・・・ *241*

抵当権又はその順位の譲渡・放棄・・・・・・・・・・・・・・・・・・・・・・・・・・・・・・ *244*

法定地上権の要件①の整理（判例）・・・・・・・・・・・・・・・・・・・・・・・・・・・・ *250*

法定地上権の要件②の整理（単独所有の場合）・・・・・・・・・・・・・・・・・・ *251*

共有関係と所有者の同一性・・・・・・・・・・・・・・・・・・・・・・・・・・・・・・・・・・・・ *252*

不動産が双方とも債務者所有の場合・・・・・・・・・・・・・・・・・・・・・・・・・・・・ *256*

一方の不動産が債務者所有で、他方の不動産が物上保証人所有の場合・・・・ *256*

不動産が双方とも同一物上保証人所有の場合・・・・・・・・・・・・・・・・・・・・ *257*

一方の不動産が物上保証人所有で、他方の不動産が他の物上保証人所有の
場合・・ *257*

後順位抵当権者と第三取得者の関係・・・・・・・・・・・・・・・・・・・・・・・・・・・・ *258*

共同抵当の一部放棄・・ *258*

根抵当権の変更・・ *264*

根抵当権の処分・・ *267*

根抵当権の変更・処分と関与者のまとめ・・・・・・・・・・・・・・・・・・・・・・・・ *268*

仮登記担保・譲渡担保・所有権留保の比較・・・・・・・・・・・・・・・・・・・・・・ *271*

設定者側の第三者と譲渡担保権者の関係・・・・・・・・・・・・・・・・・・・・・・・・ *274*

譲渡担保権者側の第三者と設定者の関係・・・・・・・・・・・・・・・・・・・・・・・・ *275*

注意義務の整理・・ *286*

債務者の行為による特定の方法・・・・・・・・・・・・・・・・・・・・・・・・・・・・・・・・ *288*

元本債権と利息債権の関係・・・・・・・・・・・・・・・・・・・・・・・・・・・・・・・・・・・・ *290*

基準割合が上昇する場面と法定利率の変動・・・・・・・・・・・・・・・・・・・・・・ *292*

基準割合が下降する場面と法定利率の変動・・・・・・・・・・・・・・・・・・・・・・ *292*

不能による選択債権の特定の有無・・・・・・・・・・・・・・・・・・・・・・・・・・・・・・ *295*

遅滞に陥る時期・・ *298*

弁済提供の効果・受領遅滞の効果・・・・・・・・・・・・・・・・・・・・・・・・・・・・・・ *302*

債務の種類と強制履行の方法の整理・・・・・・・・・・・・・・・・・・・・・・・・・・・・ *305*

416条1項・2項の解釈（相当因果関係説）・・・・・・・・・・・・・・・・・・・・・ *310*

損害賠償額の算定基準時（判例の整理）・・・・・・・・・・・・・・・・・・・・・・・・ *310*

債権者代位権の効果・・ *322*

債権者代位権の転用・・ *325*

詐害行為取消しの対象となる行為の整理・・・・・・・・・・・・・・・・・・・・・・・・ *329*

受益者・転得者の要件・・ *333*

多数当事者の債権及び債務のまとめ・・・・・・・・・・・・・・・・・・・・・・・・・・・・ *342*

連帯債務者の1人との間の更改・・・・・・・・・・・・・・・・・・・・・・・・・・・・・・・・ *350*

連帯債務者の1人による相殺等・・・・・・・・・・・・・・・・・・・・・・・・・・・・・・・・ *351*

連帯債務者の1人との間の混同・・・・・・・・・・・・・・・・・・・・・・・・・・・・・・・・ *352*

絶対的効力事由のまとめ・・・・・・・・・・・・・・・・・・・・・・・・・・・・・・・・・・・・・・ *357*

保証人の求償権・・ *374*

保証と物上保証の比較・・ *376*

467条2項の「第三者」の例・・・・・・・・・・・・・・・・・・・・・・・・・・・・・・・・・・ *395*

債権の消滅〜原因による分類・・・・・・・・・・・・・・・・・・・・・・・・・・・・・・・・・・ *407*

債権の消滅〜法的性質による分類・・・・・・・・・・・・・・・・・・・・・・・・・・・・・・ *407*

弁済のまとめ・・・ *408*

供託と自助売却の整理・・ *430*

代位者相互間の関係について・・・・・・・・・・・・・・・・・・・・・・・・・・・・・・・・・・ *433*

相殺が禁止される債権・・ *440*

一般債権による差押えと相殺・・・・・・・・・・・・・・・・・・・・・・・・・・・・・・・・・・ *444*

抵当権に基づく物上代位と相殺・・・・・・・・・・・・・・・・・・・・・・・・・・・・・・・・ *444*

典型契約の分類・・ *460*

同時履行の抗弁権と留置権の比較・・・・・・・・・・・・・・・・・・・・・・・・・・・・・・ *469*

第三者のためにする契約と代理・・・・・・・・・・・・・・・・・・・・・・・・・・・・・・・・ *474*

受益者・要約者・諾約者の地位・・・・・・・・・・・・・・・・・・・・・・・・・・・・・・・・ *474*

解除の効果の法的構成・・ *484*

解除と物権変動の関係・・ *487*

遺贈の規定の準用・・ *498*

遺贈と死因贈与の異同・・ *498*

契約不適合責任の概要・・ *504*

契約不適合責任の効果・・ *505*

買戻しと再売買予約の比較・・・・・・・・・・・・・・・・・・・・・・・・・・・・・・・・・・・・ *520*

消費貸借・使用貸借・賃貸借の比較・・・・・・・・・・・・・・・・・・・・・・・・・・・・ *523*

準消費貸借・和解・更改の比較・・・・・・・・・・・・・・・・・・・・・・・・・・・・・・・・ *526*

使用貸借契約の終了・貸主による解除のまとめ・・・・・・・・・・・・・・・・・・ *532*

使用貸借と賃貸借の比較・・・・・・・・・・・・・・・・・・・・・・・・・・・・・・・・・・・・・・ *534*

他人物賃貸借のまとめ・・ *537*

民法と借地借家法における存続期間・・・・・・・・・・・・・・・・・・・・・・・・・・・・ *539*

不動産賃借権の物権化・・ *540*

目的物の滅失・損傷と危険負担・・・・・・・・・・・・・・・・・・・・・・・・・・・・・・・・ *568*

請負・雇用・委任の比較・・・・・・・・・・・・・・・・・・・・・・・・・・・・・・・・・・・・・・ *573*

委任・寄託・組合・事務管理における権利・義務の比較・・・・・・・・・・ *574*

委任の終了事由・・ *582*

消費貸借・寄託・消費寄託の返還時期・・・・・・・・・・・・・・・・・・・・・・・・・・ *588*

組合契約の法的性質・・ *593*

組合の対外的関係のまとめ・・・・・・・・・・・・・・・・・・・・・・・・・・・・・・・・・・・・ *596*

組合の対内的関係のまとめ・・・・・・・・・・・・・・・・・・・・・・・・・・・・・・・・・・・・ *597*

組合の財産関係・・ *599*

CONTENTS

組合員の脱退・・・ *602*

債務不履行責任と不法行為責任の比較・・・・・・・・・・・・・・・・・・・・・・・・・・・・ *620*

複数使用者間の求償問題の整理・・・・・・・・・・・・・・・・・・・・・・・・・・・・・・・・・ *638*

共同不法行為の要件についての学説の整理・・・・・・・・・・・・・・・・・・・・・・ *643*

総則編の取消しと親族編の取消しの相違・・・・・・・・・・・・・・・・・・・・・・・・ *653*

親族の範囲と分類・・ *654*

配偶者との姻族関係と氏・・・・・・・・・・・・・・・・・・・・・・・・・・・・・・・・・・・・・・・ *656*

婚姻の要件・・ *659*

婚姻の取消しの方法・・・ *662*

嫡出子・非嫡出子の分類と各種の訴え・・・・・・・・・・・・・・・・・・・・・・・・・ *673*

嫡出子と各種の訴え・・・ *675*

認知の整理・・ *677*

準正の時期・・ *679*

氏の整理・・ *680*

縁組の要件・・ *683*

縁組の取消しの整理・・・ *686*

縁組の解消の整理・・・ *689*

特別養子縁組の成立の整理・・・・・・・・・・・・・・・・・・・・・・・・・・・・・・・・・・・・ *691*

特別養子縁組の離縁の整理・・・・・・・・・・・・・・・・・・・・・・・・・・・・・・・・・・・・ *692*

特別養子と普通養子の比較・・・・・・・・・・・・・・・・・・・・・・・・・・・・・・・・・・・・ *693*

親権者となるべき者・・・ *695*

未成年者・成年被後見人の後見人・・・・・・・・・・・・・・・・・・・・・・・・・・・・・・ *703*

後見人の辞任・解任・・・ *704*

後見の事務・・ *709*

相続回復請求権の法的性質・・・・・・・・・・・・・・・・・・・・・・・・・・・・・・・・・・・・ *721*

代襲原因・代襲者のまとめ・・・・・・・・・・・・・・・・・・・・・・・・・・・・・・・・・・・・ *725*

相続財産の「共有」についての学説の整理・・・・・・・・・・・・・・・・・・・・・ *730*

法定相続分・・ *736*

特別受益と寄与分・・・ *740*

単純承認・限定承認・放棄・・・・・・・・・・・・・・・・・・・・・・・・・・・・・・・・・・・・ *749*

遺言によってなしうる行為の整理・・・・・・・・・・・・・・・・・・・・・・・・・・・・・・ *764*

遺言の方式の種類・・・ *766*

遺言の無効・取消し・・・ *772*

遺留分侵害額の負担の順序・・・・・・・・・・・・・・・・・・・・・・・・・・・・・・・・・・・・ *798*

◆論点一覧表

【司法試験】

年度	論点名	備考	該当頁
H18	将来債権譲渡担保の法的構成		277
	将来債権譲渡担保の要件事実		——
	将来債権譲渡担保の有効性		278
	動産・債権譲渡特例法上の対抗要件		279
	異議をとどめない承諾と解除	なお、異議をとどめない承諾に関する改正前民法468条1項は削除されている。	——
H19	代金返還を主張するための法的構成の検討	代金返還を主張する法的構成として中心となるのは、履行遅滞を理由とする解除に基づく原状回復請求であるが、定期行為の履行遅滞による解除や瑕疵担保を理由とする解除（改正前570）も考えられる（出題趣旨参照）。 →改正民法下では、瑕疵担保責任に関する規定（改正前570）が削除され、契約不適合責任（562以下）の問題として処理されることとなった	478
	損害賠償を主張するための法的構成の検討	一般の債務不履行に基づく損害賠償（415）と瑕疵担保を理由とする損害賠償（改正前570）が考えられる（出題趣旨参照）。 →改正民法下では、瑕疵担保責任に関する規定（改正前570）が削除され、契約不適合責任（562以下）の問題として処理されることとなった	306
H20	解除の「第三者」（545Iただし書）	545条1項ただし書の趣旨や「第三者」の意義、対抗要件の要否とその意味、第三者の善意・悪意などが問われている（出題趣旨参照）。	486
	契約の解除に伴う賃貸人たる地位の移転		543
	賃貸借契約終了に基づく返還請求	相手方の占有の有無は問題とならないという基本的理解が問われている（出題趣旨参照）。	——
	無断転貸を理由とする解除（612）と信頼関係破壊の法理		551

年度	論点名	備考	該当頁
H20	相続開始時から遺産分割時までの間に支払われた賃料の帰属	最判平17.9.8・百選Ⅲ64事件	734
H21	契約の解釈		41
	錯誤の成否	契約当事者の真意は合致しているものの、物理的な表示がそれとは異なっている場合の処理について問われている（出題趣旨参照）。	49
	即時取得（192）		155
	所有権留保の法的性質		280
	使用料相当額の返還請求の法的根拠、及びいつから請求することができるかの説明	現場思考 法的根拠（不当利得返還請求権、悪意占有者の果実返還義務、不法行為に基づく損害賠償請求権が考えられる。）といつから請求することができるか（引渡時、解除時、返還請求時、返還請求訴訟提起時が考えられる。）との組合せと理由付けが整合的なものとして示されていることが求められる（出題趣旨参照）。	――
H22	有権代理の要件事実		59
	権限外の行為の表見代理（110）の要件事実		69
	抵当権侵害による不法行為に基づく損害賠償の成否		241
	177条の「第三者」の意義（背信的悪意者）		135 136
	認知の要式性（781）		677
	遺言の解釈（割合的包括遺贈）	遺言者の子ではない者に遺言者の遺産の3分の1を分けるという遺言は、割合的包括遺贈が行われたことを意味する（出題趣旨参照）。	765
	金銭債務（可分債務）の共同相続		733
H23	転用物訴権	最判平7.9.19・百選Ⅱ79事件	614
	敷金返還請求権を放棄することの詐害行為性		329

年度	論点名	備考	該当頁
H23	将来債権売買契約の売主は買主に対してどのような義務を負うか	主たる給付義務として、債権が発生した状態で買主に帰属している状態を生じさせる義務を問題とする考え方のほかに、付随義務として、売買した将来債権の価値を維持する義務を問題とする考え方がある（出題趣旨参照）。	——
	将来債権売買契約の解除の法的根拠	現場思考	——
	土地工作物責任（717）		640 641
	請負人は注文者以外の第三者の安全に対してどのような注意義務を負うか		622
	過失相殺（722Ⅱ）における被害者の身体的素因		647
H24	遺産分割未了の状態（遺産共有状態、898）における土地の所有権の帰属	現場思考	——
	取得時効の要件	特に、自己物の時効取得の可否（最判昭42.7.21・百選Ⅰ45事件）や、他主占有・自主占有の判断基準としての占有取得権原についての理解が問題となる（採点実感参照）。	110 112
	契約の解釈		41
	無償の寄託契約の債務不履行に基づく損害賠償請求の要件	特に、無償寄託者が負う注意義務（659）の基準を明らかにし、その保管義務違反があったことを事実に即して指摘することが求められていた（採点実感参照）。	585
	損害賠償の可否	本問の損害が416条2項に定める特別損害として賠償の範囲に含まれるかが問題となる（出題趣旨参照）。	310
H25	保証契約の成立要件（特に、書面の作成という保証契約の要式性（446Ⅱ）を充足するかどうか）		359
	債務不履行に基づく損害賠償請求権の要件		306
	履行補助者の過失		307

年度	論点名	備考	該当頁
H25	賃貸借における必要費償還請求権（608Ⅰ）の「必要費」の意義		547
	抵当権に基づく物上代位と相殺に関する判例の射程	最判平13.3.13・平13重判5事件	444
H26	相殺（505）の要件		438
	和解契約の当事者とされていた胎児が流産したことによって生ずる法律関係	現場思考 胎児の流産によって相続人となった者（被相続人の兄）が加害者に対してどのような請求をすることができるかが問われていた（出題趣旨参照）。	——
	胎児の相続に関する法的地位（権利能力）と和解契約の無効の範囲	胎児の相続に関する法的地位について規定した886条について、解除条件説を前提とすれば、契約締結の時点では権利能力がある胎児について和解がされたことになるのに対し、停止条件説を前提とすれば、当初から権利能力がない胎児について和解がされたことになる。こうした胎児の法的地位を踏まえて、本件和解の効力がどのようになるのかを説明することが求められる（出題趣旨参照）。	5
	胎児の流産に伴い配偶者の法定相続分が変動した場合における追加の損害賠償請求権の可否	現場思考	——
	所有権に基づく返還請求権の要件		124
	177条の「第三者」の意義	不法占有者が177条の「第三者」に当たるか否かが検討されなければならない（採点実感参照）。	135 136
H27	所有権留保の対外的効力		281
	加工（246Ⅰ）の意義・要件		178
	即時取得（192）		155
	付合（242）の意義・要件		178
	付合に伴う償金請求（248）		179
	対抗要件具備による所有権喪失の抗弁		——

年度	論点名	備考	該当頁
H27	留置権（295）の成否		202
	責任能力がある未成年者の不法行為についての監督義務者の責任	最判昭49.3.22・百選Ⅱ〔第7版〕89事件	634
	被害者側の過失	最判昭42.6.27	646
H28	利益相反行為（826）の成否	最判昭42.4.18	698
	親権者による代理権の濫用	最判平4.12.10・百選Ⅲ49事件	697
	無権代理と相続（無権代理人が本人を共同相続した場合）	最判平5.1.21・百選Ⅰ36事件	74
	94条2項類推適用		48
	公序良俗違反（動機の不法）		43
	公序良俗違反の債権の譲渡と異議をとどめない承諾	最判平9.11.11 なお、異議をとどめない承諾に関する改正前民法468条1項は削除されている。	——
	第三者の不当利得返還請求権（法定債権）を行使するための法律構成	現場思考	——
	受託保証人が保証債務を履行したが主たる債務が存在しなかった場合における主債務者と保証人との間の法律関係	求償権（459）の成立要件を挙げた上で、それらに該当する事実の有無を判断することが求められる（出題趣旨参照）。	369
H29	賃借権の取得時効の要件・成否	最判昭43.10.8 最判昭62.6.5・百選Ⅰ47事件	540
	借地上の建物賃貸が土地の無断転貸（612）にあたるか	大判昭8.12.11	550
	信頼関係破壊の法理	最判昭28.9.25	551
	複数の土地が1個の賃貸借の目的物とされたが、その土地の一部にのみ登記を備えた建物がある場合、その賃借権の効力は建物のない別の土地にも及ぶか（及ばないと解した場合、土地取得者は所有権に基づいて建物のない別の土地の返還を求めることができるか）	最判昭40.6.29 最判昭44.10.28 最判平9.7.1（権利濫用構成を採用している）	544
H30	種類債権の特定		287

年度	論点名	備考	該当頁
	危険負担・履行補助者の過失	・危険負担については、改正前民法534条2項（改正民法では削除されている）の解釈が主に問題となった。 ・履行補助者の過失については、改正前民法534条1項の「債務者の責めに帰することができない事由」の有無を検討する際に問題となった。	——
	目的物保管義務の軽減・対価危険の債権者への移転（弁済の提供又は受領遅滞・受領義務違反の効果）	改正民法下では、目的物保管義務の軽減については413条が、対価危険の債権者への移転については567条が、それぞれ規定している。	
H30	所有権留保売買における売主（留保所有権を有する者）を妨害排除請求の相手方とすることができるか	最判平21.3.10・百選I101事件	124 281
	自動車の登録名義人を妨害排除請求の相手方とすることができるか	最判平6.2.8・百選I51事件	124
	「相続させる」旨の遺言の解釈（「相続分の指定」（902）を伴うものであるか）	最判平3.4.19・百選Ⅲ87事件 最判平21.3.24・百選Ⅲ88事件	745
	廃除された者に対する「与える」旨の遺言の解釈（特定遺贈）	現場思考	——
	金銭債務（可分債務）の共同相続	大決昭5.12.4	733
	建物新築請負契約における新築建物の引渡し前の所有権の帰属（請負人帰属説）		567
	土地工作物責任（717Iただし書）		640
R元	第三者対抗力を備えた将来賃料債権譲渡がされた場合において、賃料債権を生ずべき賃貸借の目的不動産が譲渡されたときに、将来賃料債権譲渡と目的不動産の譲渡のいずれの効力が優先するか	現場思考	——
	不動産賃貸借の目的物の所有権移転による賃貸人の地位の移転	大判大10.5.30 最判昭46.4.23・百選Ⅱ41事件	543 545

年度	論点名	備考	該当頁
R元	将来債権譲渡の有効性・対抗要件	最判平11.1.29・百選Ⅱ26事件 最判平13.11.22・百選Ⅰ100事件	392
	動機の錯誤による意思表示の無効の要件		49 50
R2	契約不適合責任に基づく代金減額請求権（563）の行使の可否	前提として、売主が契約不適合責任を負うことを確認する必要がある（出題趣旨参照）。	506 509
	「譲渡人に生じた事由」（468Ⅰ）の意義	最判昭42.10.27・百選Ⅱ27事件（請負契約に基づく「報酬請求権が第三者に譲渡され対抗要件をそなえた後に請負人の仕事完成義務不履行が生じこれに基づき請負契約が解除された場合においても、右債権譲渡前すでに反対給付義務が発生している以上、債権譲渡時すでに契約解除を生ずるに至るべき原因が存在していたものというべきである」。）	398
	契約不適合責任に基づく追完に代わる損害賠償請求権（564・415）の法的根拠		309
	債権の譲渡における相殺権（469）	追完に代わる損害賠償債権の取得時は不適合物の引渡時（最判昭54.3.20）であることを前提にすると、本問では469条2項の適用の可否が問題となる（出題趣旨参照）。	401
	隣地通行権の成立要件（213）・範囲（211Ⅰ）	最判平2.11.20・百選Ⅰ71事件 最判平18.3.16・百選Ⅰ〔第6版〕70事件	168 170
	有償の地役権設定契約の解除の可否	現場思考	――
	「日常の家事」（761本文）に関する法律行為該当性	最判昭44.12.18・百選Ⅲ9事件	666
	日常家事代理権と表見代理	最判昭44.12.18・百選Ⅲ9事件	70 666
	第三者の本人相続における追認拒絶の可否	現場思考	――

【予備試験】

年度	論点名	備考	該当頁
H23	94条2項の「善意の第三者」		46
	不動産の仮装売買（94Ⅰ）の仮装名義人が他人物である当該不動産を一方に賃貸し、他方に売買した後、当該不動産の所有者を相続した場合における、賃借人と買主との法律関係	現場思考 法定承継取得説と順次取得説とで結論が異なり得る。	——
H24	保証と物上保証の異同	検索の抗弁（453）・事前求償権（460）・事後求償権（459）が、物上保証にも認められるかが問題となる（出題趣旨参照）。 なお、物上保証人の事前求償権につき、最判平2.12.18参照	371 376
	遺留分減殺請求権	改正民法下では、「遺留分侵害額請求権」（1046以下）という制度に改正されている。	——
H25	将来債権の譲渡担保契約（債権譲受人は将来債権をいつの時点で取得するのか）	最判平11.1.29・百選Ⅱ26事件 最判平19.2.15	278
	将来債権の譲渡担保契約後に債権者・引受人間でされた免責的債務引受の効力及び対抗力	現場思考	——
	将来債権の譲渡担保契約後に譲渡債権に付された譲渡禁止特約をもって債権譲受人に対抗することができるか	譲渡禁止特約に関する改正前民法466条2項の解釈が主に問題となった。	——
H26	請負契約における瑕疵担保責任（瑕疵修補請求権）	改正前民法634条1項（改正民法では削除されている）の解釈が主に問題となった。	——
	瑕疵修補に代わる損害賠償請求権	改正前民法634条2項前段（改正民法では削除されている）の解釈が主に問題となった。	——
H27	多数持分権者の少数持分権者に対する共有物の明渡請求	最判昭41.5.19・百選Ⅰ74事件	181

年度	論点名	備考	該当頁
H27	「責めに帰することができない事由」（415Iただし書）の有無	現場思考 所有権移転登記義務が不可分債務（430）に当たることを論じた上で、建物全部の所有権移転登記手続がされなかったことについて、共同相続人の1人にその損害の全部の賠償を求めることができるかどうかが問題となる（出題趣旨参照）。	733
H28	他人物売買の売主の責任		507
	他人物売買の買主が負う使用利益の返還義務	最判昭51.2.13・百選II45事件	486
	他人物売買の売主・買主・目的物の所有者の三者間の利害調整	現場思考	――
H29	実体的権利関係と登記原因の間に不一致が認められる場合の登記の効力		139
	94条2項（110条）類推適用	最判昭45.11.19 最判平18.2.23・百選I22事件	48
	原賃貸借契約が合意解除された場合の転貸借関係		554
H30	債務不履行責任（安全配慮義務違反）の成否	最判平3.4.11	457 458
	不法行為責任（使用者責任）の成否		635
	債務不履行責任と不法行為責任の比較		620
	協議離婚（仮装離婚）の有効性		667
	財産分与の詐害行為該当性	最判昭58.12.19	328 670
	詐害行為の取消しの範囲		336
R元	不動産物権変動の優劣	抵当権設定と贈与による所有権移転との対抗関係が問題となる（不完全物権変動説・最判昭33.10.14参照）。	127
	法定地上権の成否	最判昭53.9.29	249 251

年度	論点名	備考	該当頁
R元	取得時効の要件・効果	・要件については、自己物の時効取得の可否が特に問題となる（最判昭42.7.21・百選Ⅰ45事件）。 ・効果については、抵当権の消滅を伴うものであるのかについて論じることが求められる（出題趣旨参照）。	112
	時効完成前の「第三者」と登記	最判昭41.11.22	112
R2	無権代理人が後見人に就任した場合の追認拒絶の可否	現場思考 無権代理人の本人の地位を相続した場合（最判昭40.6.18）との異同等を踏まえて論述することが求められる（出題趣旨参照）。	――
	詐害行為取消権の要件		326
	債権者代位権の要件		317
	詐欺取消権が債権者代位権の代位行使の対象となるか		320

《略記表》

民⇒民法

一般法人⇒一般社団法人及び一般財団法人に関する法律

公益法人⇒公益社団法人及び公益財団法人の認定等に関する法律

不登⇒不動産登記法

動産・債権譲渡特例⇒動産及び債権の譲渡の対抗要件に関する民法の特例等
　　　　　　　　　　に関する法律

仮登記担保⇒仮登記担保契約に関する法律

利息⇒利息制限法

借地借家⇒借地借家法

戸籍⇒戸籍法

恩給⇒恩給法

商⇒商法

会社⇒会社法

民訴⇒民事訴訟法

人訴⇒人事訴訟法

非訟⇒非訟事件手続法

民執⇒民事執行法

破⇒破産法

通則⇒法の適用に関する通則法

独占禁止⇒私的独占の禁止及び公正取引の確保に関する法律
消費者契約⇒消費者契約法
特許⇒特許法
不正競争防止⇒不正競争防止法
著作権⇒著作権法
生活保護⇒生活保護法
刑訴⇒刑事訴訟法

本書の効果的利用法

平成29年債権法改正部分を下線で強調

【平29改正】で平成29年債権法改正の経緯・理由を丁寧に説明 なお、巻末には付録として『平成29年改正前民法（抜粋）』を掲載

各条文の趣旨を端的に指摘

関連する記述や詳細な記述が記載されている部分を⇒p. で表示し、当該部分の参照が可能

通説には通マークを明示し、短答式試験の過去問で問われた項目にも下記のマークを明示
司法試験 ⇒ 司
予備試験 ⇒ 予
司法試験・予備試験共通問題 ⇒ 共
司法書士試験 ⇒ 書

●契約　　　　　　　　　　　　　　　　総則［第541条］

第541条（催告による解除）

当事者の一方がその債務を履行しない場合において、相手方が相当の期間を定めてその履行の催告をし、その期間内に履行がないときは、相手方は、契約の解除をすることができる。ただし、その期間を経過した時における債務の不履行がその契約及び取引上の社会通念に照らして軽微であるときは、この限りでない。

[平29改正] 改正前民法における契約の解除は、「債務に対する責任追及の手段」として位置づけられていたが、改正民法における契約の解除は、「債権の履行を得られなかった債権者を契約の拘束力から解放するための手段」として位置づけられるに至った。そのため、改正民法下では、解除の要件として、債務者の帰責事由の存在は不要となった。

また、改正前民法下の判例は、不履行の部分が僅かである場合や契約目的を達成するために必要とはいえない付随的義務の不履行の場合には、契約の解除を認めていなかった（大判昭14.12.13、最判昭36.11.21・百選Ⅱ42事件等）。そこで、改正民法は、催告解除の要件を具体化する観点から、判例の基本的な考え方を前提に、催告解除の制限事由を明文化した（ただし書）。これにより、改正前民法下で論じられていた付随的債務の不履行による解除の可否は、履行が「軽微」か否かの判断に委ねられることになる。

[趣旨] 双務契約における債権者は、契約を存続させて、自分の債務を履行するとともに債務者に強制執行をかけ（414）、損害賠償を請求する（415）こともできる。しかし、債権者にとって、自分自身の債務から解放され、すでに履行したものを取り戻して原状に回復することの方が、一層有利である。そこで法は、債権者に対しこのような効果をもたらす解除権を認めた。

《注釈》

一　債務不履行に基づく催告解除の要件
①当事者の一方が債務を履行しないこと
②相当の期間を定めて催告すること
③相当の期間が経過したこと
④債務の不履行が契約及び取引上の社会通念に照らし軽微でないこと（ただし書）
⑤債務の不履行につき債務者に帰責性がないこと（543）

1　①当事者の一方が債務を履行しないこと
(1)　履行期に履行せず……
　　→履行が不可能である場合、履行不能による解除や危険負担の問題となる
(2)　履行期を徒過すること　⇒p.268
(3)　履行しないことが違法であること
　　債務者が同時履行の抗弁権（533）や留置権（295）を有する場合には、債権者は自分の債務の履行を提供しておかなければ解除することはできない。
　(a)　債権者が提供を怠る場合には、債務者が提供を怠るからといって、契約

467

先取特権の効力［第333条～第334条］

■第4節　先取特権の効力

《概説》

＜先取特権の第三者に対する効

動産	債務者がその目的動産を第三取得者に引き渡した後は、……きない（333） ∵一般先取特権は、動産にその存在が公示されていないので、第三取得者を保護する必要がある ＜第三取得者の意義＞ →所有権取得（賃借人、質権者を含まない） ＝善意・悪意を問わない 動産売買の先取特権の存在する動産が、集合物の構成部分となった場合には、集合動産譲渡担保権者は、引渡しを受けたものとして、特段の事情がない限り、「第三取得者」（333）に該当する（最判昭62.11.10） ＜「引き渡した」にも意義を含むか＞ →肯定（大判大6.7.26） ∵333条の趣旨は、公示のない動産上の先取特権の追及力を制限し、動産取引の安全を図る点にある
不動産	① 不動産の第三取得者と一般の先取特権者：不動産先取特権との優劣は、登記の先後による ∵一般の先取特権は登記なくして一般債権者に対抗できる(336) ∵一般先取特権は登記が困難であり、また債権額も比較的少額である 一般先取特権については、優先弁済を受ける目的物の順序が定められている(335) ∵一般先取特権は債務者の総財産を目的とするから、他の債権者の利益と調整する必要がある ① 不動産先取特権の効力を保存するためには、登記しなければならない ② 登記をなすべき時期 　→保存：保存行為完了後直ちに(337) 　工事：工事開始前(338) 　売買：売買契約と同時(340) ③ 不動産保存・工事の先取特権については、登記をすれば、目的不動産にすでに抵当権が設定されていても、これに優先する(339)

＊　債権に質権が付された動産が譲渡されたとしても、先取特権（質権人）が善意・無過失であるときは、319条により先取特権を取得し、占有改定後に生じた質料債権に効力を及ぼすことがある。

第333条（先取特権と第三取得者）

先取特権は、債務者がその目的である動産をその第三取得者に引き渡した後は、その動産について行使することができない。

第334条（先取特権と動産質権との競合）

先取特権と動産質権とが競合する場合には、動産質権者は、第330条の規定による第1順位の先取特権者と同一の権利を有する。

《注釈》

・不動産質権と先取特権とが競合する場合、不動産質権には抵当権の規定が準用さ

218

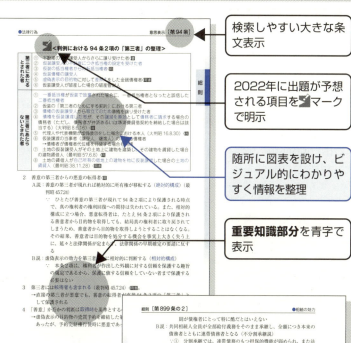

● 最新判例インターネットフォロー ●

本書の発刊後にも、短答式試験で出題されるような重要な判例が出されることがあります。

そこで、完全整理択一六法を購入し、アンケートにお答えいただいた方に、ウェブ上で最新判例情報を随時提供させていただきます。

・IDは〈WINSHIHOU〉、パスワードは〈kantaku〉となります。

書籍特典・司法試験 完全整理択一六法

LEC司法試験書籍
最新判例インターネットフォロー

司法試験合格のためには、最新判例を常に意識しておくことが必要です。
そこで、LECでは、最新判例の情報を確実に収集できるように、LEC司法試験書籍をご購入のみなさんに、インターネットで随時最新判例情報を提供いたします。

更新日	科目	判例内容
2021年 3月12日	憲法	最大判令3.2.24_孔子廟訴訟
2019年 10月17日	民法	最判令元.9.19– 債権執行における差押えによる請求債権の消滅時効の中断の効力
2019年 10月17日	民法	最判令元.8.9– 相続放棄における熟慮期間の起算点
2019年 4月15日	民事 訴訟	最判平31.3.5– 包括受遺者は嫡子縁組の無効の訴えを提起することができるか

※画面イメージ

アクセス方法

ＬＥＣ司法試験サイトにアクセス
（https://www.lec-jp.com/shihou/）
↓
ページ最下部の「書籍特典 購入者登録フォーム」へアクセス
（https://www.lec-jp.com/shihou/book/member/）
↓
「完全整理択一六法 書籍特典応募フォーム」にアクセスし、上記ID・パスワードを入力
↓
アンケートページにてアンケートに回答
↓
登録いただいたメールアドレスに最新判例情報ページへの
案内メールを送付いたします

完全整理　択一六法

総　則

第1編　総則

・第1章・【通則】

《概　説》

一　民法の三大原則（指導原則）

1　権利能力平等の原則

2　所有権絶対の原則

3　私的自治の原則

　　cf.　三大原則については、所有権絶対の原則・契約自由の原則・過失責任の
　　　原則を挙げる有力説もある

二　私的自治の原則から派生する原理

1　個人の意思が積極的に活動する場合

　　法律行為自由の原則・契約自由の原則・社団設立自由の原則・遺言自由の原則

2　個人の意思が消極的ないし違法的に活動する場合

　　過失責任の原則

第1条　（基本原則）

Ⅰ　私権は、公共の福祉に適合しなければならない。

Ⅱ　権利の行使及び義務の履行は、信義に従い誠実に行わなければならない。

Ⅲ　権利の濫用は、これを許さない。

《注　釈》

一　1項

　　私権（私法上認められる権利）の内容・行使は、社会共同生活全体の発展と調
和しなければならず、これに違反する範囲では私権としての効力を認めないこと
とした（私権の社会性）。

二　2項

1　本条項は、私的取引関係に入った者は、相互に相手方の信頼を裏切らないよ
　うに誠実に行動すべきことを要請している（信義誠実の原則）。この原則は、当
　初は債権者・債務者間の関係において問題とされたが、現在では物権関係や身
　分関係も含め、民法全般についても社会一般の倫理観念の要請に背かないよう
　にという意味で、広く適用すべき指針と解されている。

　　判例は、公共事業者としてダイヤル Q^2 事業を開始するに当たっては、同サ
　ービスの内容やその危険性等につき、十分な周知を図るとともに、その対策を
　講じておくべき責務があるとして、未成年の子が親に無断で利用したダイヤル
　Q^2 の通話料の請求を信義則ないし衡平の観念に照らし許されないとした（最判
　平 13.3.27）。

●通則 [第1条]

2 本条項から派生する機能として以下のものが挙げられる。

(1) 法律行為（契約）の解釈基準としての機能

(2) 社会的接触関係に立つ者の間の規範関係を具体化する機能

ex.1 契約締結上の過失 ⇒ p.456

ex.2 賃貸借関係の解除制限（信頼関係理論）
⇒ p.551

ex.3 雇用契約における安全配慮義務（最判昭 50.2.25・百選Ⅱ2事件）
⇒ p.457

ex.4 相隣的な生活妨害における受忍限度

ex.5 貸金業者は、債務者による開示要求が濫用にわたると認められるなど特段の事情のない限り、信義則上、金銭消費貸借契約の付随義務として、保存している業務帳簿に基づいて取引履歴を開示すべき義務を負う。この義務に違反して取引履歴の開示を拒絶したときは、その行為は違法性を有し、不法行為を構成する（最判平 17.7.19・平 17 重判 1 事件）

ex.6 土地の売買契約により、買主が所有権を取得し、その引渡しを受けた後に、売主がその土地に第三者のため地上権の設定登記をした場合には、売主が買主に対して残代金の支払を催告し、その不払を理由に売買契約を解除する旨の意思表示をしても、解除の効力は生じない（最判昭 43.5.30）〈司〉

(3) 明文のない場合、形式的法適用により不都合が生じる場合の準則となる機能

▪ 禁反言の原則、クリーンハンズの原則、事情変更の原則（⇒ p.459）、権利失効の原則（⇒ p.94）

ex.1 消費貸借契約の貸主が積極的に借主の誤信を招くような対応をしたため、借主が期限の利益を喪失していないものと信じて各期の支払を継続し、貸主も借主が誤信していることを知りながらその誤信を解くことなく弁済金を受領し続けたという事情がある場合、貸主は借主に対し、期限の利益を喪失した旨の主張をすることはできない（最判平 21.9.11）〈司〉

ex.2 不動産の共同相続人の 1 人が、単独相続の登記をして、これに抵当権を設定し、その設定登記をしながら、自己の持分を超える部分の抵当権の無効を主張して、その抹消登記手続を請求することはできない（最判昭 42.4.7）〈司〉

三 3項

「権利の濫用」とは、外見上は権利の行使のように見えても、実際には権利の行使として社会的に許される限度を超え、権利の行使として認めることができない場合をいう。「権利の濫用」かどうかは、当事者ひいては社会一般の利益状況の比較衡量（客観的要件）と権利行使者の害意（主観的要件）を総合して判断さ

［第2条］・権利能力［第3条］　　　　　　　　　　　　　　　　●人

れる（大判昭10.10.5・百選Ⅰ1事件）〈判〉。権利濫用の禁止も一般条項の1つであり、本条項は本条1項の原則を敷衍するものである。
* 権利濫用禁止の効果（「許さない」の意義）
  ① 権利本来の効力は認められない。
     ex.1 他人の形式的な侵害行為を排除することはできない（大判昭10.10.5・百選Ⅰ1事件）
     ex.2 形成権（解除権など）の場合、その行使によって生じるはずの法律関係は発生しない
  ② 正当な範囲を逸脱して他人に損害を与えたときには、不法行為として妨害除去あるいは損害賠償を命ぜられる場合がある（大判大8.3.3）〈判〉。
  ③ 権利の濫用が著しいときは、権利を剥奪される場合がある。もっとも、この効果は、特別の規定がある場合に限定すべきである。
     ex. 親権の喪失（834）

四　各項の関係

本条1項は原理に関する規定であるが、2項3項の適用範囲については争いがある。この点、判例は、2項3項の適用範囲は厳密に区別の必要がなく、両者は相互に関連し、相まって私権の社会性を規定していると解している。

第2条　（解釈の基準）

この法律は、個人の尊厳と両性の本質的平等を旨として、解釈しなければならない。

[趣旨] 民法も、憲法の精神（13、14、24Ⅱ）に則って解釈されるべきことを規定した。

・第2章・【人】

■第1節　権利能力

第3条

Ⅰ 私権の享有は、出生に始まる。
Ⅱ 外国人は、法令又は条約の規定により禁止される場合を除き、私権を享有する。

[趣旨] 憲法14条を受けて自然人は平等に完全な権利能力を有する旨を間接的に宣明した。

《注　釈》

一　権利能力の意義

権利能力とは、権利を得、義務を負いうる能力を意味し、近代の自然法思想に基づき、すべての個人に強行的に与えられている。
→自然人の権利能力に関する規定は強行規定であり、契約により制限できない
ex. 成年被後見人、破産手続開始の決定を受けた者も権利能力を有する

●人　　　　　　　　　　　　　　　　　　　　　　　　　　　権利能力［第3条］

二　権利能力の始期・終期

1　権利能力の始期は出生（胎児が母体から全部露出すること）である。

2　出生届の有無は権利能力の取得に関係ない。

3　自然人の権利能力は死亡のみによって消滅する。

三　胎児

1　原則

胎児に権利能力はない。

(1)　胎児は認知の訴え（787）を提起することができない。

(2)　母も、胎児を代理して、認知の訴えを提起できない〔司〕。

(3)　胎児に対する父親の認知（783 I）は、胎児の出生前に父親が死亡しても影響を受けない。

2　例外

損害賠償請求権（721）、相続（886）、遺贈（965）については、胎児はすでに生まれたものとみなされる〔司〕。　→権利行使できるということ

＊　「既に生まれたものとみなす」の意味〔司H26〕

A説：胎児が生きて生まれると相続の開始や不法行為の時に遡って権利能力を取得するのであって、胎児の間は彼の条件付権利を保全すべき代理人はいない（停止条件説）（大判昭7.10.6・百選 I〔第6版〕3事件）

ex.1　母が胎児を代理して加害者と和解することはできない（大判昭7.10.6・百選 I〔第6版〕3事件）〔司共〕

ex.2　母が相続放棄しても胎児が放棄したことにはならない

B説：「みなす」とは、あたかも未成年者と同じに扱う趣旨であり、法定代理人もいるが死産すると遡って権利能力がなかったことになる（解除条件説）

ex.1　胎児は出生前でも損害賠償請求権を行使できる

ex.2　母が胎児のために相続の開始があったことを知った時から3か月以内に限定承認又は放棄をしなかった場合は胎児は単純承認したものとみなされる（921 ②、915 I）

ex.3　胎児の父親が死亡し、その後胎児が死体で生まれたときには、被相続人の実父は最初から相続人であったことになる

ex.4　母は、胎児の出生前に胎児を共同相続人として遺産分割をすることができる（ただし、利益相反となる　⇒p.698）

四　外国人

諸国の立法例にならい、例外を認めつつも原則として外国人にも権利能力を認めた。

総則

5

意思能力［第３条の２］・行為能力　　　　　　　　　　　　　　　　　　●人

■第２節　意思能力

第３条の２

　法律行為の当事者が意思表示をした時に意思能力を有しなかったときは、その法律
行為は、無効とする。

[趣旨] 判断能力が不十分な者による意思表明に完全な拘束力を認めることは、表意
者本人の保護に欠けることになるため、意思能力を欠く者の行為は無効とされる
（大判明38.5.11・百選Ⅰ5事件）。しかし、改正前民法においては明文の規定がなか
ったため、改正民法は、これを明文で定めた。

《注　釈》

一　意義

　意思能力とは、自己の行為の結果を弁識するに足るだけの精神能力をいう。す
なわち、自分の行為の利害得失を判断する知的能力であり、およそ7〜10歳程度
の者の精神能力があれば意思能力が認められると解されている。

二　効果

1　法律行為の当事者が意思表示をした時に意思能力を有しなかったときは、そ
の法律行為は無効となる（3の2）。
　→意思無能力者は、現に利益を受けている限度において返還の義務を負う
　　（121の2Ⅲ前段）　⇒ p.83

2　意思無能力による無効を主張することができるのは、意思無能力者たる表意
者側のみであり、相手方は無効を主張することができない**圏**。
　∵　表意者本人の保護を目的とする制度

■第３節　行為能力

《概　説》

＜「能力」概念の整理＞

	意義	適格	各種の能力を欠く者の行為の効力
権利能力	私法上の権利・義務の帰属主体となる地位・資格	自然人・法人	権利・義務が帰属しない
意思能力	行為の結果を弁識するに足るだけの精神能力	具体的行為ごとに判断する（7〜10歳程度の能力）	無効（3の2）
責任能力	不法行為の面で自己の行為の責任を弁識するに足る精神能力	具体的行為ごとに判断する。判例上は、意思能力より少し高く設定されている（11〜12歳程度の能力）	不法行為責任を負わない（712、713）。ただし、714条参照

6

	意義	適格	各種の能力を欠く者の行為の効力
行為能力	自らの行為により法律行為の効果を確定的に自己に帰属させる能力	未成年者・成年被後見人・被保佐人につき制限される（5、9、13）	取り消すことができる

一　制限行為能力者制度

　意思能力を欠く者の行為は無効とされる（3の2）。しかし、意思能力を欠くか否かの証明・判断は容易ではない。そこで、一般的恒常的に行為能力が不十分とみられる者を定型化して画一的に制限行為能力者とし、これに保護者をつけて能力不足を補わせる反面、保護者の権限を無視した被保護者の行為を取り消しうるものとし、その財産の保全を図ると同時に、その結果生じる相手方の不利益を軽減する措置を講じた。

　ただし、身分行為については、行為能力の制度がそのまま適用されるわけではない。　⇒ p.652

<制限行為能力者の種類・権限>

	保護者の種類	保護者の権限の種類			
		代理権	同意権	追認権	取消権
未成年者	親権者又は未成年後見人	○ （824・859Ⅰ）	○ （5Ⅰ）	○ （122）	○ （5Ⅱ・120Ⅰ）
成年被後見人	成年後見人	○ （859Ⅰ）	×	○ （122）	○ （9本文・120Ⅰ）
被保佐人	保佐人	× ただし、876の4Ⅰ （＊1）	○ ただし、13Ⅰ、Ⅱ （＊2）	○ （122）	○ （13Ⅳ・120Ⅰ）
被補助人	補助人	× ただし、876の9Ⅰ （＊1）	× ただし、17Ⅰ （＊3）	○ （122）	○ （17Ⅳ・120Ⅰ）

＊1　特定の法律行為について保佐人又は補助人に代理権を付与する旨の審判
＊2　保佐人の同意を要する範囲（＝追認権、取消権の範囲）は13Ⅰ、Ⅱによる
＊3　特定の法律行為（13Ⅰの行為に限る）について補助人の同意を要する旨の審判

二　任意後見制度

　民法の定める法定後見制度と異なり、本人の自己決定権の尊重という観点か

行為能力［第4条〜第5条］　●人

ら、自分の判断能力が低下する状況に備えて、判断能力がしっかりしている段階
であらかじめ自分で後見人を選任するという制度を設けている（「任意後見契約に
関する法律」）。

1　本人の利益保護のため、家庭裁判所は任意後見監督人を選任する（法4 I）。

2　任意後見契約（法2①）を結んでも、本人は当然には行為能力を失わない
が、家庭裁判所は、本人の利益のため特に必要があると認めるときは、後見開
始の審判をすることができる（法10 I）＜司共＞。

任意後見契約に関する法律には、任意後見人の同意を得ずにした法律行為を
取り消すことができる旨の民法13条4項に相当する規定は存在しない。
　→本人が任意後見人の同意を得ずにした法律行為について制限行為能力を理
　　由に取り消すことはできない＜司＞

3　任意後見契約は、法務省令で定める様式の公正証書によってしなければなら
ない（法3）＜司＞。

第4条　（成年）
年齢18歳をもって、成年とする。

[趣旨] 18歳に満たない未成年者を知能発達の程度いかんにかかわらず一律に制限
行為能力者とし、法律行為の効力の決定を能率的にしたものである。

《注　釈》
▪ 原則として、年齢は出生の日から起算し、暦に従って日をもって計算する（年齢
計算ニ関ル法律）。140条の適用はない。

第5条　（未成年者の法律行為）
I　未成年者が法律行為をするには、その法定代理人の同意を得なければならない。
ただし、単に権利を得、又は義務を免れる法律行為については、この限りでない。
II　前項の規定に反する法律行為は、取り消すことができる。
III　第1項の規定にかかわらず、法定代理人が目的を定めて処分を許した財産は、そ
の目的の範囲内において、未成年者が自由に処分することができる。目的を定めな
いで処分を許した財産を処分するときも、同様とする＜共書＞。

[趣旨] 制限行為能力者たる未成年者を保護するため、未成年者が法律行為をするに
は法定代理人の同意を要し、同意を得ないでした法律行為は取り消すことができ
るものとした。

ただし、未成年者の不利益にならない行為（I ただし書）や法定代理人の包括的
同意があるといえる行為（5 III、6）、及び一定の身分行為については未成年者も単
独でなしうる。

《注　釈》
一　1項本文・2項

1　法定代理人
（1）　未成年者の法定代理人となるのは、原則として親権者（818、819）であ

●人 行為能力［第5条］

る。もっとも、親権者がいないとき、又は親権者が管理権を有しないときは（未成年）後見人である（838 ①）。未成年者が後見開始の審判を受けた場合も後見人が付される（838 ②）。　⇒ p.702

(2)　法定代理人は、**代理権**、**同意権**、**追認権**、**取消権**を有する。

(3)　父母共同親権（818 Ⅲ）の場合には、未成年者は父母双方の同意がなければ、有効な法律行為をすることができない。

(4)　父母共同代理名義でなした契約において、実際には一方の同意を得ていなかった場合でも、相手方が悪意でない限りは有効である（825 参照）。

2　同意を要する行為

　ex.1　貸金債権の弁済を受領すること（∵元本の消滅をきたす）

　ex.2　雇用契約をすること

　ex.3　法定代理人から送金される学費や生活費の残りを頭金に充て自動車の割賦購入契約を締結すること（∵割賦金支払債務を負担することになる）

　ex.4　相続の承認、限定承認、相続放棄

　ex.5　負担付贈与を受けること

　ex.6　解除の意思表示を受けること

3　未成年者の取消権　⇒ p.81

(1)　未成年者が同意を得ずになした法律行為を、行為能力の制限を理由に取り消す場合には法定代理人の同意は不要である（120 Ⅰ）▷親子。

(2)　法定代理人の取消権が時効（126）により消滅すれば、未成年者は固有の取消権を行使できない。

　＊　いずれかが取り消したとき、又は追認したときも他方の取消権は消滅する。　⇒ p.87

二　同意を要しない行為（Ⅰただし書）

　ex.1　単純贈与を受けること▷同書

　ex.2　口頭でした贈与をする旨の契約を、書面によらないものであることを理由に解除すること（550、5 Ⅰただし書）

三　身分行為

1　同意を要しない行為（意思能力は必要）

　ex.1　子の認知（780）、認知の訴え（787）、家庭裁判所の許可を得ての氏の変更（791）

　ex.2　15 歳に達した者が遺言により財産を処分すること（961、962）

2　同意を要する行為

　ex.　限定承認（922）

四　「目的を定めて処分を許した財産」（Ⅲ前段）

　ex.　旅行費・勉学費

五　「目的を定めないで処分を許した財産」（Ⅲ後段）▷同

　ex.　お小遣い

　＊　全財産の処分許可は、制限行為能力者制度の趣旨に反することを理由に否定

9

行為能力［第6条］　　　　　　　　　　　　　　　　　　　　　●人

するのが通説である。

　　cf.　処分を許された財産の処分によって得た財産は、当初の許可に制限がなければ自由に処分できる

《その他》

▪ 法定代理人の同意を要しない行為についても、意思能力は必要である。

▪ 未成年者が、取り消すことができることを知って法律行為をしたとしても、これを取り消すことができる〈司〉。

第6条　（未成年者の営業の許可）

Ⅰ　一種又は数種の営業を許された未成年者は、その営業に関しては、成年者と同一の行為能力を有する〈司共〉。

Ⅱ　前項の場合において、未成年者がその営業に堪えることができない事由があるときは、その法定代理人は、第4編（親族）の規定に従い、その許可を取り消し、又はこれを制限することができる。

《注　釈》

一　1項

1　「営業」とは営利を目的とした継続的事業を指し、商業に限らない。

　(1)　営業の許可は、1個又は数個の営業単位で特定の営業についてなされなければならず、1個の営業の一部やすべての営業を許可することはできない。

　(2)　営業の許可により、その営業に直接・間接に必要な一切の行為の他、その準備行為や補助行為もできる。

　　　cf.　ある土地での営業を許可しても、その土地の売買を許可したとはいえない

2　「成年者と同一の行為能力」とは、法定代理人の同意を要しないだけでなく、その範囲での法定代理権の消滅を意味する。

二　2項

1　「取り消し」の意味

　本条項の「取り消し」は撤回の意味であり、将来に向かってのみ効力を有する。

　　ex.　法定代理人が許可を取り消した場合でも、その営業に関して既にしていた商品仕入の申込みは行為能力の制限を理由に取り消すことはできない

2　取消後の第三者との関係

　(1)　本条項の取消しは、善意の第三者にも対抗できると解されている。

　　　ex.　取消後に未成年者がその営業に関する法律行為をした場合、相手方が取消しの事実につき善意でも、未成年者は法律行為を取り消すことができる

　(2)　ただし、未成年者も商業を営むには登記が必要なので、許可の取消しには登記の抹消を要し、それがないと善意の第三者は保護される（商5、9、10）。

●人   行為能力［第7条～第8条］

第7条　（後見開始の審判）
　精神上の障害により事理を弁識する能力を欠く常況にある者については、家庭裁判所は、本人、配偶者、4親等内の親族、未成年後見人、未成年後見監督人、保佐人、保佐監督人、補助人、補助監督人又は検察官の請求により、後見開始の審判をすることができる《同書》。

第8条　（成年被後見人及び成年後見人）
　後見開始の審判を受けた者は、成年被後見人とし、これに成年後見人を付する。

《注　釈》

一　後見開始の審判の要件（7）

1　「精神上の障害により事理を弁識する能力を欠く常況にある」
　　行為の結果を弁識するに足るだけの精神能力（意思能力）を欠くのを普通の状態としていること（およそ7歳未満の未成年者の能力程度）をいう。

2　「請求」
　　家庭裁判所は、職権で後見開始の審判をすることはできず、一定の者の請求が必要である《同》。なお、本人も後見開始の審判を請求することができ《同》、未成年者についても後見開始の審判をすることができる《共》。さらに、未成年後見人が選任されている場合であっても、家庭裁判所は、後見開始の審判をして成年後見人を付することができる《同》。

　　→家庭裁判所は、審判の要件を備えるときは、必ず審判をしなければならない《通》。

二　後見開始の審判の効果（8）

　　後見開始の審判がなされると、成年後見人が置かれる。成年後見人は、代理権・追認権・取消権を有するが、同意権はない。

　　成年後見人は家庭裁判所が職権で選任する（843Ⅰ）。必要に応じて複数人選任でき（Ⅲ）、法人を選任することも可能である（Ⅳ）。

　　成年被後見人となるのは、後見開始の審判を受けたときである（8）ので、契約を締結した成年者がその後に後見開始の審判を受けたとき、成年後見人は、その契約の当時、既にその成年者につき後見開始の事由が存在していたことを証明して、その成年者のした契約を取り消すことができない《同》。

三　被保佐人・被補助人に対する後見開始の審判の請求

1　被保佐人や被補助人本人が後見開始の審判の請求をするのに保佐人・補助人の同意は不要であり、また、保佐人も請求できる。

2　家庭裁判所は、被保佐人・被補助人に対して後見開始の審判をする場合、保佐開始・補助開始の審判を取り消す（19Ⅰ）。後見開始の審判がなされると、新たに成年後見人が選任され、従来の保佐人・補助人が当然に成年後見人となるわけではない。

行為能力［第9条～第10条］　　　　　　　　　　　　　　　　●人

四　被保佐人・被補助人につき、後見開始の審判をする場合、保佐開始・補助開始の審判は取り消される（19 I）

　　cf.　成年後見人の職務（858、859）

第9条　（成年被後見人の法律行為）

　成年被後見人の法律行為は、取り消すことができる。ただし、日用品の購入その他日常生活に関する行為については、この限りでない〈共書〉。

《注　釈》

一　財産上の行為

　成年被後見人のした行為は、原則として成年後見人の同意の有無にかかわらず常に取り消しうる〈同書〉。

1　成年被後見人は日常生活に関する行為以外のすべての財産行為について行為能力を有せず、成年後見人の同意を得て行った行為も、常に取り消すことができる。

2　成年被後見人が契約締結当時完全な意思能力を有していても、取り消せる。

3　意思能力を欠くが後見開始の審判を受けていない者の行為は無効である（3の2）。

4　「日常生活に関する行為」とは、本人が生活を営むうえで通常必要な法律行為を意味し、具体的範囲は各人により個別に判断される。

　　ex.　食料品、衣料品の購入、公共料金の支払

　　→「日常生活に関する行為」は取消権の対象から除外されているが、成年後見人は、「日常生活に関する行為」について成年被後見人を代理することができる（859 I 参照）〈同〉

二　身分上の行為

　成年被後見人が本心に復し意思能力が認められれば、有効に婚姻（738）〈予〉、協議上の離婚（764）、遺言（973）〈同〉ができる。

《その他》

・取り消すことができる行為の取消し（9、120）、後見開始の審判取消の請求（10）、他の法定後見（保佐、補助）の審判開始の請求は、成年被後見人が単独でなしうる。

第10条　（後見開始の審判の取消し）〈書〉

　第7条に規定する原因が消滅したときは、家庭裁判所は、本人、配偶者、4親等内の親族、後見人（未成年後見人及び成年後見人をいう。以下同じ。）、後見監督人（未成年後見監督人及び成年後見監督人をいう。以下同じ。）又は検察官の請求により、後見開始の審判を取り消さなければならない。

《注　釈》

◆　「消滅した」とは

　後見開始の実質的要件となる精神状態でなくなることをいう。保佐、補助開始

行為能力［第11条〜第12条］

の要件となる程度の精神状態まで回復した場合を含む。

　成年被後見人が能力を回復しても、家庭裁判所による後見開始の審判が取り消されなければ、成年被見人は制限行為能力者のままである。

第11条　（保佐開始の審判）

　精神上の障害により事理を弁識する能力が著しく不十分である者については、家庭裁判所は、本人、配偶者、4親等内の親族、後見人、後見監督人、補助人、補助監督人又は検察官の請求により、保佐開始の審判をすることができる〈同書〉。ただし、第7条に規定する原因がある者については、この限りでない〈同書〉。

第12条　（被保佐人及び保佐人）

　保佐開始の審判を受けた者は、被保佐人とし、これに保佐人を付する。

《注　釈》

一　保佐開始の審判の要件（11）

　精神上の障害により事理を弁識する能力が著しく不十分であること。なお、補助開始の審判の場合とは異なり、本人の同意は不要である〈同〉。

二　保佐人

1　保佐開始の審判があると、被保佐人に保佐人が付される（12）。

　保佐人には同意権があり（13Ⅰ）、一定の重要な行為に同意をすることで、被保佐人の不完全な管理権を補充する役目を有する。

2　保佐人には代理権はない。もっとも、被保佐人の申立て又は同意を要件として、当事者等が申し立てた特定の法律行為について家庭裁判所が保佐人に代理権を付与することができる（876の4）〈書〉。

行為能力［第13条］　　　　　　　　　　　　　　　　　　　　●人

第13条　（保佐人の同意を要する行為等）

Ⅰ　被保佐人が次に掲げる行為をするには、その保佐人の同意を得なければならない。ただし、第9条ただし書に規定する行為については、この限りでない〈書〉。
① 　元本を領収し、又は利用すること〈図〉。
② 　借財又は保証をすること。
③ 　不動産その他重要な財産に関する権利の得喪を目的とする行為をすること〈図〉。
④ 　訴訟行為をすること。
⑤ 　贈与、和解又は仲裁合意（仲裁法（平成15年法律第138号）第2条第1項に規定する仲裁合意をいう。）をすること〈書〉。
⑥ 　相続の承認若しくは放棄又は遺産の分割をすること〈書〉。
⑦ 　贈与の申込みを拒絶し、遺贈を放棄し、負担付贈与の申込みを承諾し、又は負担付遺贈を承認すること。
⑧ 　新築、改築、増築又は大修繕をすること。
⑨ 　第602条＜短期賃貸借＞に定める期間を超える賃貸借をすること。
⑩ 　前各号に掲げる行為を制限行為能力者（未成年者、成年被後見人、被保佐人及び第17条第1項の審判を受けた被補助人をいう。以下同じ。）の法定代理人としてすること。
Ⅱ　家庭裁判所は、第11条本文に規定する者又は保佐人若しくは保佐監督人の請求により、被保佐人が前項各号に掲げる行為以外の行為をする場合であってもその保佐人の同意を得なければならない旨の審判をすることができる。ただし、第9条ただし書に規定する行為については、この限りでない。
Ⅲ　保佐人の同意を得なければならない行為について、保佐人が被保佐人の利益を害するおそれがないにもかかわらず同意をしないときは、家庭裁判所は、被保佐人の請求により、保佐人の同意に代わる許可を与えることができる。
Ⅳ　保佐人の同意を得なければならない行為であって、その同意又はこれに代わる許可を得ないでしたものは、取り消すことができる〈書〉。

[趣旨] 被保佐人の一般財産すべてにわたって行為能力を制限し独立に保護者をつけるのは厳格かつ不必要なので、原則としてすべての行為を単独で行えるとしつつ、特定の基本財産の費消のみを防止すべく設けられたものである。

《注　釈》
一　保佐人の同意を要する行為

ex.1 　貸金の返済を受ける行為は1項1号の「元本を領収」にあたる
　　　　cf.　利息、賃料の領収は同意不要
ex.2 　約束手形の振出は1項2号の「借財」にあたる（大判大3.11.20）
ex.3 　時効利益の放棄、時効完成後の債務の承認には1項2号が類推適用される（大判大8.5.12）
ex.4 　不動産賃貸借の合意解除、電話加入権、株式・著作権等の知的財産権処分は1項3号にあたる
ex.5 　被保佐人Aが1項各号の行為を制限行為能力者Bの法定代理人（親権者等）としてする場合は1項10号にあたる

●人 行為能力［第14条］

→Aは自己の保佐人Cの同意を得なければならない

＊ 保佐人が、被保佐人の利益を害するおそれがないにもかかわらず同意をしないときは、被保佐人は家庭裁判所に請求して、保佐人の同意に代わる許可をもらうことができる（Ⅲ〈回〉）。保佐人の権限濫用を防止する趣旨である。

二 保佐人の同意を要しない行為

ex.1 成年被後見人の場合と同様、被保佐人は、日用品の購入その他日常生活に関する行為（9ただし書）を行うことができる（13Ⅰ柱書ただし書）〈難〉

ex.2 被保佐人が相手方の提起した訴えについて訴訟行為をするには、保佐人の同意を要しない（民訴32Ⅰ）〈回〉

ex.3 被保佐人は不在者の財産管理人、社団法人の理事、任意代理人、組合の業務執行者（代理・受任）のいずれにもなれる（∵代理人は行為能力者であることを要せず、また保佐開始は委任の終了原因でない）

ex.4 被保佐人も成年であれば婚姻の届出の証人（739Ⅱ）になれる

《その他》

▪ 時効の更新の効力を生じる承認は、保佐人の同意を要しない（152Ⅱ・大判大7.10.9参照）。

▪ 保佐人の同意を得た場合であっても、その同意にかかる法律行為を必ず行わなければならないわけではない〈難〉。

▪ 保佐人の同意が得られず訴えを提起できなくても、その債権の消滅時効は進行する（最判昭49.12.20）。

∵ 不同意は事実上の障害にすぎない ⇒ p.118

▪ 被保佐人が、保佐人の同意を得て、自己の不動産につき第三者との間で売買契約を締結した場合であっても、被保佐人がその売買契約の目的及び取引上の社会通念に照らして重要な錯誤に陥っており、かつ、そのことにつき重大な過失がないときは、その契約の取消しを主張することができる〈難〉。

第14条 （保佐開始の審判等の取消し）

Ⅰ 第11条本文に規定する原因が消滅したときは、家庭裁判所は、本人、配偶者、4親等内の親族、未成年後見人、未成年後見監督人、保佐人、保佐監督人又は検察官の請求により、保佐開始の審判を取り消さなければならない〈難〉。

Ⅱ 家庭裁判所は、前項に規定する者の請求により、前条第2項の審判の全部又は一部を取り消すことができる。

《注 釈》

▪ 「消滅した」（Ⅰ）とは、意思能力を完全に回復したこと、あるいは、補助開始の要件となる程度の精神状態まで回復したことをいう。

▪ 2項によって、被保佐人であることを取り消すのではなく、審判によって追加された保佐人の同意を必要とする行為（13Ⅱ）のみを取り消すものとした。

総則

15

行為能力［第15条～第18条］　　●人

第15条 （補助開始の審判）

Ⅰ 精神上の障害により事理を弁識する能力が不十分である者については、家庭裁判所は、本人、配偶者、4親等内の親族、後見人、後見監督人、保佐人、保佐監督人又は検察官の請求により、補助開始の審判をすることができる《司書》。ただし、第7条又は第11条本文に規定する原因がある者については、この限りでない《司》。

Ⅱ 本人以外の者の請求により補助開始の審判をするには、本人の同意がなければならない《司書》。

Ⅲ 補助開始の審判は、第17条第1項の審判又は第876条の9第1項＜補助人に代理権を付与する旨の審判＞の審判とともにしなければならない。

第16条 （被補助人及び補助人）

補助開始の審判を受けた者は、被補助人とし、これに補助人を付する。

第17条 （補助人の同意を要する旨の審判等）

Ⅰ 家庭裁判所は、第15条第1項本文に規定する者又は補助人若しくは補助監督人の請求により、被補助人が特定の法律行為をするにはその補助人の同意を得なければならない旨の審判をすることができる。ただし、その審判によりその同意を得なければならないものとすることができる行為は、第13条第1項に規定する行為の一部に限る《書》。

Ⅱ 本人以外の者の請求により前項の審判をするには、本人の同意がなければならない。

Ⅲ 補助人の同意を得なければならない行為について、補助人が被補助人の利益を害するおそれがないにもかかわらず同意をしないときは、家庭裁判所は、被補助人の請求により、補助人の同意に代わる許可を与えることができる《司》。

Ⅳ 補助人の同意を得なければならない行為であって、その同意又はこれに代わる許可を得ないでしたものは、取り消すことができる。

第18条 （補助開始の審判等の取消し）

Ⅰ 第15条第1項本文に規定する原因が消滅したときは、家庭裁判所は、本人、配偶者、4親等内の親族、未成年後見人、未成年後見監督人、補助人、補助監督人又は検察官の請求により、補助開始の審判を取り消さなければならない《司》。

Ⅱ 家庭裁判所は、前項に規定する者の請求により、前条第1項の審判の全部又は一部を取り消すことができる。

Ⅲ 前条第1項の審判及び第876条の9第1項＜補助人に代理権を付与する旨の審判＞の審判をすべて取り消す場合には、家庭裁判所は、補助開始の審判を取り消さなければならない。

[趣旨] 後見や保佐の制度では保護の対象にならない（心神喪失・耗弱の状態までには至らない）が、通常人に比べ判断能力の不十分な者の保護のために、補助の制度が設けられた。

●人　　　　　　　　　　　　　　　　　　　　　　　　　行為能力［第15条〜第18条］

《注　釈》

一　被補助人の意義

精神上の障害により事理を弁識する能力が不十分である者で、家庭裁判所によって補助開始の審判を受けた者（15 I）。

二　被補助人の能力の範囲

1　被補助人は、家庭裁判所が審判で定めた特定の法律行為のみについて、補助人の同意を得ないで単独で行ったときは、これを取り消すことができる（17 IV）。もっとも、補助人が、被補助人の利益を害するおそれがないにもかかわらず同意をしないときは、被補助人は家庭裁判所に請求して、補助人の同意に代わる許可をもらうことができる（17 III）《司》。補助人の権限濫用を防止する趣旨である。

2　その他の行為は単独で有効になしうる。

ex.　成年後見開始・保佐開始の審判の請求、日常生活に関する行為、取り消すことができる行為の取消し、時効の更新の効力を生じる債務承認、応訴

三　補助人

1　補助開始の審判があると、被補助人に補助人が付される（16）。本人以外の請求で補助開始の審判をなすには、本人の同意が必要である（15 II）《司》。

2　補助人の選任については、成年後見人選任に関する規定が準用され（876の7 II）、複数あるいは、法人を選任することもできる。そのため、当該行為についての取消権が認められ（120 I）、追認権も認められる（122）。

四　補助開始の審判

1　補助開始の審判は、それ自体の効果として同意権・代理権付与を伴わないので、補助開始の審判をなす場合には、同時に同意権付与（17 I）・代理権付与（876の9 I）の一方又は双方をしなければならない（15 III）《司》。

→被補助人のための同意権・代理権付与が補助開始の審判の要件となる

2　補助人に同意権を付与する場合、同意権は13条1項に列挙された特定の法律行為の一部に限られ、審判開始後の事情の変化で、対象となる法律行為の範囲を変更できる（17）。

3　補助人に代理権を付与する場合、被補助人の申立て又は同意を要件として、当事者等が申し立てた特定の法律行為について、家庭裁判所が補助人に代理権を付与することができる（876の9）。

→補助人に代理権だけが付与される場合、被補助人の行為能力は制限されない《司》

4　同意権付与・代理権付与のすべてを取り消す場合、補助開始の審判のみが存続しても意味がないため、家庭裁判所の職権で、開始の審判自体を取り消さなければならない（18 III）。

17

行為能力［第19条〜第20条］　　●人

第19条　（審判相互の関係）

Ⅰ　後見開始の審判をする場合において、本人が被保佐人又は被補助人であるときは、家庭裁判所は、その本人に係る保佐開始又は補助開始の審判を取り消さなければならない。

Ⅱ　前項の規定は、保佐開始の審判をする場合において本人が成年被後見人若しくは被補助人であるとき、又は補助開始の審判をする場合において本人が成年被後見人若しくは被保佐人であるときについて準用する。

［趣旨］ 11条ただし書、15条1項ただし書とともに、本条は、成年後見、保佐、補助の制度が抵触、重複しないよう配慮したものである〈同〉。

第20条　（制限行為能力者の相手方の催告権）

Ⅰ　制限行為能力者の相手方は、その制限行為能力者が行為能力者（行為能力の制限を受けない者をいう。以下同じ。）となった後、その者に対し、1箇月以上の期間を定めて、その期間内にその取り消すことができる行為を追認するかどうかを確答すべき旨の催告をすることができる。この場合において、その者がその期間内に確答を発しないときは、その行為を追認したものとみなす。

Ⅱ　制限行為能力者の相手方が、制限行為能力者が行為能力者とならない間に、その法定代理人、保佐人又は補助人に対し、その権限内の行為について前項に規定する催告をした場合において、これらの者が同項の期間内に確答を発しないときも、同項後段と同様とする〈改〉。

Ⅲ　特別の方式を要する行為については、前2項の期間内にその方式を具備した旨の通知を発しないときは、その行為を取り消したものとみなす。

Ⅳ　制限行為能力者の相手方は、被保佐人又は第17条第1項の審判を受けた被補助人に対しては、第1項の期間内にその保佐人又は補助人の追認を得るべき旨の催告をすることができる。この場合において、その被保佐人又は被補助人がその期間内にその追認を得た旨の通知を発しないときは、その行為を取り消したものとみなす〈改〉。

［趣旨］ 制限行為能力者のした法律行為は、追認又は取消しがあるまで効力が確定せず、不安定である。この不安定な状態から相手方を救済するため規定された。

《注　釈》

一　要件

1　催告の受領能力（98の2）があり、取消し・追認をなしうる者（120Ⅰ、122）に対し、催告すること。

2　1か月以上の期間を定めて確答を促すこと。

cf.「特別の方式を要する行為」（20Ⅲ）とは、後見人が後見監督人の同意を得て追認をなす場合等（826、864）である。なお、保佐人が追認するときは保佐監督人の同意を得なければならない旨の規定は存在しない（864、865Ⅰ参照）から、保佐人の追認（20ⅡⅢ）は、「特別の方式を要する行為」に当たらない〈同〉

●人　　　　　　　　　　　　　　　　　　　　　　　　　　　行為能力［第21条］

二　効果

　　催告を受けた者が単独で追認できる場合に返事をしなければ追認を擬制し、単独で追認できない場合は取消しを擬制する。

＊　従来、保佐人に対する催告の可否について争いがあったが、保佐人にも追認権が認められるので、保佐人に対する催告を認め、期間内に確答を発しない場合の効果は、追認擬制となる（20Ⅱ）。

cf.　相手方が法定代理人に対して追認するかどうかの催告をし、法定代理人が確答を発しなかったときでも、詐欺を理由とする意思表示の取消し（96Ⅰ）をなしうる

＜相手方の催告権＞

	催告の時期	催告の相手方	確答しなかった場合の効果	条文
未成年者 成年被後見人	行為能力者となった後	本人	単独で追認しうる行為→追認	1項
	制限行為能力者 である間	法定代理人	単独で追認しうる行為→追認	2項
			後見監督人の同意を要する行為 →取消し	3項
被保佐人 被補助人 （＊）	行為能力者となった後	本人	単独で追認しうる行為→追認	1項
	制限行為能力者 である間	本人	保佐人・補助人の同意を 要する行為→取消し	4項
		保佐人 補助人	単独で追認しうる行為→追認	2項
			保佐・補助監督人の同意を 要する行為→取消し	3項

＊　被補助人については、補助人の同意を要する旨の審判を受けたことが前提となっている。　⇒p.17

　　cf.　詐欺や強迫については、催告制度の適用はない

第21条　（制限行為能力者の詐術）

　制限行為能力者が行為能力者であることを信じさせるため詐術を用いたときは、その行為を取り消すことができない。

[趣旨]制限行為能力者のした法律行為の相手方の救済及び取引保護と同時に、詐術を用いた制限行為能力者に対する制裁として、取消権そのものを否定するという効果を与えた。

《注　釈》

一　「詐術」の意義

　　詐術は、制限行為能力者が行為能力者であると誤信させるため相手方に対し積極的術策を用いた場合に限られるものではない。制限行為能力者であることを黙

19

秘していた場合でもそれが制限行為能力者の他の言動などと相まって相手方を誤信させ又は誤信を強めたものと認められるときも含む。もっとも、制限行為能力者であることを終始黙秘していただけの場合は含まない（最判昭44.2.13・百選Ⅰ〔第6版〕6事件）。

> ex. 未成年者が偽造の法定代理人の同意書を善意の相手方に交付して、法定代理人の同意を得ていると信じさせる場合は「詐術」といえる（大判明37.6.16）

二 効果

1 取消権の消滅により、完全に有効な行為となる（法定代理人等の取消権も消滅する）。

2 相手方は詐欺を理由に取り消すことはできない。

  ∵ 行為能力に関しての詐術は法律行為の内容についてのものではなく、効果意思に瑕疵はない

《その他》

▪ 未成年者が婚礼の準備と偽って家具類を購入しても「詐術」にあたらず、直ちに転売しても未成年のままでは追認の能力がないので法定追認（125）の効果は生じない。

▪ 詐術による取消権の喪失（21）により、制限行為能力を理由として法律行為を取り消すことができなくなるにすぎず、別途、錯誤（95）の要件を充足するのであれば、取消しを主張することができる。

■第4節 住所

第22条 （住所）

各人の生活の本拠をその者の住所とする。

第23条 （居所）

Ⅰ 住所が知れない場合には、居所を住所とみなす。

Ⅱ 日本に住所を有しない者は、その者が日本人又は外国人のいずれであるかを問わず、日本における居所をその者の住所とみなす。ただし、準拠法を定める法律に従いその者の住所地法によるべき場合は、この限りでない。

第24条 （仮住所）

ある行為について仮住所を選定したときは、その行為に関しては、その仮住所を住所とみなす。

《注 釈》

▪ 住所は各人の生活の本拠であり（22）、債務の履行場所（484Ⅰ）、相続の開始場所（883）、裁判管轄地（民訴4）の基準として意味をもつ。

●人　　　　　　　　不在者の財産の管理及び失踪の宣告 ［第25条～第29条］

■第5節　不在者の財産の管理及び失踪の宣告

第25条　（不在者の財産の管理）

Ⅰ　従来の住所又は居所を去った者（以下「不在者」という。）がその財産の管理人（以下この節において単に「管理人」という。）を置かなかったときは、家庭裁判所は、利害関係人又は検察官の請求により、その財産の管理について必要な処分を命ずることができる〈翻〉。本人の不在中に管理人の権限が消滅したときも、同様とする。

Ⅱ　前項の規定による命令後、本人が管理人を置いたときは、家庭裁判所は、その管理人、利害関係人又は検察官の請求により、その命令を取り消さなければならない〈翻〉。

第26条　（管理人の改任）〈翻〉

不在者が管理人を置いた場合において、その不在者の生死が明らかでないときは、家庭裁判所は、利害関係人又は検察官の請求により、管理人を改任することができる。

第27条　（管理人の職務）

Ⅰ　前2条の規定により家庭裁判所が選任した管理人は、その管理すべき財産の目録を作成しなければならない。この場合において、その費用は、不在者の財産の中から支弁する。

Ⅱ　不在者の生死が明らかでない場合において、利害関係人又は検察官の請求があるときは、家庭裁判所は、不在者が置いた管理人にも、前項の目録の作成を命ずることができる。

Ⅲ　前2項に定めるもののほか、家庭裁判所は、管理人に対し、不在者の財産の保存に必要と認める処分を命ずることができる。

第28条　（管理人の権限）

管理人は、第103条＜権限の定めのない代理人の権限＞に規定する権限を超える行為を必要とするときは、家庭裁判所の許可を得て、その行為をすることができる〈翻〉。不在者の生死が明らかでない場合において、その管理人が不在者が定めた権限を超える行為を必要とするときも、同様とする。

第29条　（管理人の担保提供及び報酬）

Ⅰ　家庭裁判所は、管理人に財産の管理及び返還について相当の担保を立てさせることができる。

Ⅱ　家庭裁判所は、管理人と不在者との関係その他の事情により、不在者の財産の中から、相当な報酬を管理人に与えることができる〈翻〉。

[趣旨] 住所を去ったまま容易に帰ってくる見込みのない者（不在者）の、不在の状態が続く場合には、本人、債権者等の利害関係人、国民経済上の利益のためにも国家が関与してその財産を管理する必要が生じる。このような場合に関する規定が25条から29条である。

不在者の財産の管理及び失踪の宣告［第25条〜第29条］　●人

《注　釈》
一　「不在者」の意義
　　住所又は居所を去って容易に帰来する見込みのない者をいう。生死不明である
　必要はない。
二　管理を要する場合
　1　不在者が財産管理人を置かない場合（25 I 前段）
　　　不在者が管理人を置いている場合は、原則として家庭裁判所は干渉しない。
　　委任管理人の権限の範囲は委任契約により定まる。
　2　不在者が置いた財産管理人が権限を失った場合（25 I 後段）
　3　本人の生死が不明で、不在者が置いた財産管理人をコントロールすることが
　　できなくなった場合（26）
　　　cf.　不在者に法定代理人（親権者、後見人）がある場合は、法定代理人は親
　　　　族編の諸規定に従って財産管理をするので特別の措置を講じる必要がな
　　　　く、したがって、総則編は適用されない
三　管理の方法
　1　25条の場合（「財産の管理について必要な処分」）
　　⑴　不在者の費用で財産目録を作って管理すべき財産を明らかにする（27 I）。
　　⑵　管理行為（保存・利用・改良行為、103）を超えて財産を処分する必要の
　　　あるときは裁判所の許可を得なければならない（28 前段）。
　　⑶　家庭裁判所は、管理人に対し、財産の保存に必要な処分を命じ、また、必
　　　要に応じて担保を提供させ（29 I）、また不在者の財産から報酬を与えるこ
　　　とができる（29 II）。
　2　26条の場合
　　⑴　家庭裁判所は、利害関係人又は検察官の請求により、本人が置いた管理人
　　　を改任することができる（26）。
　　⑵　家庭裁判所は、改任することなく従来の管理人に対し、財産目録の作成、
　　　財産の保存に必要な処分を命じ（27 II III）、その権限を超える行為をする
　　　について許可を与え（28 後段）、必要に応じて担保を提供させ、また、報酬を
　　　与えることができる（29）。
　　　　cf.　不在者の生存が明らかな場合は、管理人に義務違反があっても本人が
　　　　後日内部的に処理すれば足り、家庭裁判所の干渉により改任する必要は
　　　　ない
　3　28条の場合
　　　財産の管理上越権行為（管理財産の売却、贈与、遺産分割等）の必要が生じ
　　た場合は、家庭裁判所の許可を得て行う。
　　⑴　選任管理人の場合は、一種の法定代理人なので権限の範囲は103条により
　　　定まる。
　　⑵　委任管理人の場合は、当事者間の契約により定まる（不在者の生死不明が
　　　要件）。

●人　　　　　　　　　　不在者の財産の管理及び失踪の宣告［第30条～第31条］

四　管理の終了

　　本人が後日管理人を置くか（25 Ⅱ）、自ら管理可能になったとき、不在者が死亡し又は失踪宣告を受けたときは、家庭裁判所が本人、管理人、利害関係人又は検察官等の申立てにより、命じた処分を取り消すことになり管理は終了する。当然に管理人の地位が失われるのではない。

《その他》

▪ 不在となった未成年者の財産を管理する権限は法定代理人にあり、財産管理人は置かれない。

▪ 家庭裁判所が選任した不在者の財産の管理人は、不在者を被告とする訴訟において、28条の許可を得ることなく、控訴、上告する権限を有する（最判昭 47.9.1)《司書》。

第30条　（失踪の宣告）

Ⅰ　不在者の生死が7年間明らかでないときは、家庭裁判所は、利害関係人の請求により、失踪の宣告をすることができる《書》。

Ⅱ　戦地に臨んだ者、沈没した船舶の中に在った者その他死亡の原因となるべき危難に遭遇した者の生死が、それぞれ、戦争が止んだ後、船舶が沈没した後又はその他の危難が去った後1年間明らかでないときも、前項と同様とする。

第31条　（失踪の宣告の効力）《共書》

　　前条第1項の規定により失踪の宣告を受けた者は同項の期間が満了した時に、同条第2項の規定により失踪の宣告を受けた者はその危難が去った時に、死亡したものとみなす。

[趣旨] 不在者の生死不明の状態が継続すること（失踪）は、不在者の財産・身分に関し利害関係をもつ者の地位を不確定な状態にしておくことになってしまう。そこで、利害関係人のために不在者を死亡したものとして取り扱って法律関係を確定させることとした。

《注　釈》

一　30条

1　1項は普通失踪、2項は特別失踪という。いずれももっぱら、生死不明の場合に関する制度である。

　　　cf.　類似の制度として認定死亡がある。認定死亡とは、死亡は確実だが死体の確認ができない場合に、戸籍上死亡扱いする制度をいう（戸籍 89）

2　宣告の請求権者である「利害関係人」とは、失踪宣告がされることによって直接に権利を取得し、又は義務を免れる者をいい、配偶者、推定相続人、生命保険金の受取人等はこれに含まれる《共》。なお、検察官は含まれない（∵近親者の感情に配慮するため）。

不在者の財産の管理及び失踪の宣告［第32条］　●人

＜普通失踪と特別失踪の相違＞

	普通失踪（30 I）	特別失踪（30 II）
失踪期間	7年	1年
起算点	生存が確認された最後の時（最後の音信）	危難が去った時
死亡の認定時期〈共〉	失踪期間の満了時（31 前段）	危難が去った時（31 後段）

二　31条

1　死亡とみなすことで、従来の住所を中心とした法律関係を終了させる趣旨である。「みなす」とは推定するのと異なり、宣告が存在する限り反証を挙げても効果がないことを意味する。

2　死亡したものとみなされた時点（普通失踪では失踪期間の満了時、特別失踪では危難が去った時）で相続が開始する〈司〉。

　　生存が確認されたり、異なる時期に死亡したことが判明しても、宣告が取り消されない限り宣告の効果は失われない。

《その他》

・失踪宣告は失踪者の権利能力を奪うものではない〈共〉。したがって、失踪者が他所で物を買ったり部屋を借りたりすることを妨げない。また、失踪者が失踪前の住所に帰来した場合でも、帰来後の新たな法律関係は、宣告を取り消さなくとも有効に成立する。

第32条　（失踪の宣告の取消し）

I　失踪者が生存すること又は前条に規定する時と異なる時に死亡したことの証明があったときは、家庭裁判所は、本人又は利害関係人の請求により、失踪の宣告を取り消さなければならない〈共〉。この場合において、その取消しは、失踪の宣告後その取消し前に善意でした行為の効力に影響を及ぼさない〈書〉。

II　失踪の宣告によって財産を得た者は、その取消しによって権利を失う。ただし、現に利益を受けている限度においてのみ、その財産を返還する義務を負う〈共書〉。

[趣旨] 失踪者の生存が判明し異時死亡の証明された場合の宣告の取消制度を定める。失踪宣告が取り消されると原則として以前の法律関係を復活させることになる。しかし、これを貫けば、失踪宣告を信頼した配偶者や相続人、契約の相手方等に思わぬ損失を与えるおそれがある。そこで、これを避けるために例外を認めた。

《注　釈》

一　1項

1　前段

　　失踪宣告は取り消されると効力を失い、原則として失踪宣告はなかったのと同じに扱われる。

　　ex.1　失踪宣告による委任の終了の効果は宣告の取消しにより消滅する

ex.2　失踪宣告の取消前の占有に基づいて、宣告によって得た財産を時効取得できる

2　後段

財産上、身分上の行為の区別なく適用される。

(1)　「善意」の意味

法律行為の当事者双方が善意であることを要する（大判昭 13.2.7）〈共書〉。

ex.　失踪宣告が事実に反することにつき悪意の相続人から相続財産を譲り受けた者は、たとえ善意であっても権利を取得しない

なお、一般的に、「善意」とはある事実を知らなかったことをいい、「悪意」とはある事実を知っていたことをいう。

(2)　絶対的構成と相対的構成

善意の権利取得者からの転得者が悪意の場合、転得者は有効に権利を取得しうるかについて、絶対的構成（善意者は確定的に権利を取得し、悪意者はそれを承継する）と相対的構成（悪意者に対する関係では処分行為は無効とする）とが対立している。

(3)　婚姻の場合

夫の失踪宣告後に妻が再婚した場合において、かつては、後婚の当事者双方が善意の場合、32 条 1 項後段の適用により後婚が有効となり、前婚は復活しないとする見解が通説とされていた。この見解によると、32 条 1 項後段の適用がない場合（一方又は双方悪意の場合）、失踪宣告の取消しによって前婚が復活するから、重婚状態が生じ、前婚の離婚事由（770 Ⅰ⑤）及び後婚の取消事由（732、744）となる。

もっとも、現在では、32 条 1 項後段の適用はなく、常に後婚のみを有効とすべきであるとする見解が通説ないし有力説とされている。この見解は、婚姻においては当事者の意思を尊重すべきだから、32 条 1 項後段の適用によって善意・悪意で決するのは妥当でないとしている。

二　2項

規定上は財産を得た者の善意・悪意を区別せず現存利益の返還で足りるが、悪意の場合は 704 条の悪意の返還者と同様、全利益に利息を付して返還すべきとするのが多数説である。

ex.1　生活費として費消した場合は現存利益がある

ex.2　浪費・盗まれた場合は現存利益はない

《その他》

▪ 失踪宣告後相続人悪意で第三者と相続財産につき売買があった場合、宣告が取り消されたときでも、相続人と第三者の売買は他人物売買（561）として有効である。この場合、第三者は取得時効の要件を満たせば相続財産につき所有権を取得する。

▪ Aの配偶者Bが失踪宣告を受けた場合、AとBの父母との姻族関係は当然には終了せず、Aが姻族関係を終了させる意思表示をしたとき消滅する（728 Ⅱ）。

同時死亡の推定［第32条の2］・法人の設立　　●法人

■第6節　同時死亡の推定

第32条の2

　数人の者が死亡した場合において、そのうちの1人が他の者の死亡後になお生存していたことが明らかでないときは、これらの者は、同時に死亡したものと推定する。

[趣旨] たとえば、同一危難で親子が死亡した場合、両者の死亡時の認定いかんで相続関係に大きく影響する。しかも同一危難にあって死亡した場合、死亡時の認定が困難なことが多い。そこで、それぞれの死亡時刻を証明するのが困難であり、その死亡時刻をめぐる利害関係者が存在している以上は、同時に死亡したと推定することが最も公平で理論的にも有用であると考えられたことから設けられた規定である。

《その他》

- 死者の間で相続は生じず圖、遺贈も効力を生じない（994 I）が、上記**[趣旨]** の事例で死亡した子にさらに子がいれば代襲相続できる（887 II）。

- 本条が適用されるのは死亡が確実な者の間での死亡時期に関してである。前提となる生死自体が不明の場合は、まず失踪宣告か認定死亡の制度で死亡の事実を確定することを要する。

・第3章・【法人】

■第1節　法人の設立

*　平成18年に、社団法人・財団法人の設立についての許可主義を根幹とする主務官庁制を廃止し、法人格の取得と公益性の判断を分離することを中身とする公益法人関連三法（①一般社団法人及び一般財団法人に関する法律、②公益社団法人及び公益財団法人の認定等に関する法律、③一般社団法人及び一般財団法人に関する法律及び公益社団法人及び公益財団法人の認定等に関する法律の施行に伴う関係法律の整備等に関する法律）が成立した。その結果、民法38条から84条までの規定は削除されることとなった。また、民法33条から37条の各規定も全面改正された。

《概　説》

一　法人の意義

　自然人以外のもので、法律上、権利・義務の主体たりうるものをいう。

　法人には、社団法人（人の集団を基礎とする法人）と財団法人（財産の集合を基礎とする法人）とがある。

二　法人本質論

　　A説：権利・義務の主体は本来自然人たる個人に限られ、法人は法技術的に権利・義務の主体を擬制されたものである（法人擬制説）

　　B説：法人の実体は現実には個人又は財産以外には存在せず、法人は法律関係における権利・義務の帰属点として認められる観念上の主体である（法人否認説）

●法人   法人の設立

C説：法人は、実質的に法的主体たりうる社会的実体である（法人実在説）

三　具体的法律関係

1　対外的活動

団体は、その名において取引をし、契約を結ぶことができる。

ex.　不動産登記は団体名義でできる

cf.　不動産が団体名義でなく理事個人名義であっても、そのことから直ちに不動産の所有者が法人でないとはいえない

2　財産関係◁囲

団体の財産は、構成員個人の財産と法的に区別された別個独立のものとなる。

(1)　構成員個人の債務について団体の財産が責任財産となることはない。

(2)　団体の債務について構成員個人の財産が責任財産となることはないのが原則であるが、例外もある（合名会社、会社576Ⅱ、580Ⅰ）。

(3)　構成員は、団体の財産について持分権を有しない。

＜社団法人・権利能力なき社団・組合の区別＞

	社団法人	権利能力なき社団	組合
構成員の結合	団体が構成員の個人的目的を超越し、独立の単一体として行動するため、構成員の結合は密接でない	団体が構成員の個人的目的を超越し、独立の単一体として行動するため、構成員の結合は密接でない	共同事業のため構成員が結合しているので、構成員の結合が密接であり、個性が重視される
組織	定款によって画一的に規律される	代表の方法、総会の運営、財産の管理その他団体としての主要な点が確定している（最判昭39.10.15・百選Ⅰ8事件）	構成員間の契約によって個別的に処理される
加入・脱退	自由 ∵　構成員の変更は初めから予定されている	自由 ∵　構成員の変更は初めから予定されている	一定の制限あり（677の2・678） ∵　構成員間の信頼関係が重視される
業務執行担当者	総会で選任され、代表権を有する理事が担当者となる	総会などで選任された特定の者が担当者になる	組合員全員が担当者になるか、全員によって選任された者が担当者となる
財産の帰属	財産は団体に帰属する。原則として、債務も団体の財産が引当てとなり、構成員は責任を負わない 例外：合名会社、合資会社	形式的には、社団に財産は帰属せず、構成員の総有と解されている。しかし、実質的には、財産は社団に帰属し、債務は社団財産の限度での責任とされ、構成員は有限責任を負うにとどまる	財産は合有的帰属となり、債務も組合員が一定の割合で無限責任を負う（675）

27

	社団法人	権利能力なき社団	組合
不動産登記名義	法人名義	代表者個人名義か構成員全員の共有名義 →社団名義及び代表者による肩書き登記は実務上認められていない	構成員全員の共有名義 →組合名義及び代表者による肩書き登記は実務上認められていない〈司〉

※ ただ、これらの区別は、それぞれ典型的なものについてであり、両者を厳格に区別することが困難なことがある。

※ cf.1 組合は、組合契約の締結によって設立されるから（667Ⅰ）、契約の締結である以上その設立には最低2人がいなければならないことになる。また、社団法人の設立は、法人設立という目的のために必ず2人以上の設立者が合同してなす合同行為であるからその設立行為を1人ですることはできない。

cf.2 社団法人の構成員は有限責任と解されているから、社団法人がその債務を完済できない場合であっても個人責任を負わない。他方、組合の組合員は無限責任を負うが、この場合組合の債権者はいきなり組合員の個人財産にかかっていってもよいとされている。

四 権利能力なき社団

1 意義〈司〉

社団としての実体を有しつつも、法律上権利・義務の帰属主体たりえない団体をいう。法人格は有しないが、団体としての独立性を承認され、社団法人に準じた扱いを受ける。

ex. 学術団体、学友会、町内会、クラブ

2 成立要件

①団体としての組織、②多数決の原則、③構成員の変更にもかかわらず団体が存続、④代表の方法、総会の運営、財産管理等、社団としての実体を備える必要がある（最判昭39.10.15・百選Ⅰ8事件）〈司〉。

3 法律関係

(1) 対外的活動

理事等の代表機関によって行われる。

→構成員全員又は全員から代理権を与えられた者による必要はない

cf. 民事訴訟法上の当事者能力がある（民訴29）

(2) 団体の財産

社団を構成する総社員の総有に属し、構成員の個人債務の引当てにならない（最判昭48.10.9・百選Ⅰ9事件）〈司〉。

→社員は持分権、分割請求権を有しない

(3) 団体の債務

構成員全員に総有的に帰属する。

→社団財産だけが責任財産となり、構成員は個人責任を負わない（最判昭48.10.9）〈司〉

(4) 不動産登記

社団名義及び社団代表資格（肩書）を表示した代表者名義ではできない〈司〉。

●法人 法人の設立

判例や実務では、代表者個人名義か構成員全員の共有名義でするものとされる。

→代表者の交代に際して、新代表者から旧代表者へ移転登記請求ができる

cf. 預金債権等については、肩書を付けて個人財産と区別することがある

4 公益法人制度改革の影響

(1) 一般法人法の制定により、非営利法人一般について準則主義により容易に法人格を取得することができるようになった。そのため、権利能力なき社団を法人並みに扱う必要性は低くなったといわれている。

(2) 登記名義人に対する差押え

代表者の債権者が代表者個人名義の団体財産（不動産）に強制執行を行った場合、真実の所有者である団体からの第三者異議の訴え（民執38）の提起を認める下級審裁判例がある。

この判例は、権利能力なき社団に団体名義での登記を認めない以上、団体に帰責性はなく、94条2項は類推適用できないという事情が背景にあったと考えられる。しかし、一般法人法の下では、権利能力なき社団は容易に法人格を取得できるのであり、あえて法人格を取得しなかった以上、本人の帰責性は認められることになり、94条2項を類推適用することができ、上記第三者異議の訴えの提起が認められないことにもなりうる。

五 権利能力なき財団

財団の実体を有する権利能力なき財団も、財団法人に準じた扱いを受ける。

ex. 権利能力なき財団に関する権利・義務が財団自体に帰属する（最判昭44.11.4)

六 一般社団法人の設立

1 原則

「準則主義」（一般法人22）が採られている。準則主義とは、法律の定める組織を備え、一定の手続によって公示したときに法人の設立が認められる場合をいう。これに対し、主務官庁が法定の要件の具備を認証することによって法人の設立が認められる場合を認証主義といい、宗教法人（宗教12以下）やNPO法人（NPO10以下）では認証主義が採られている。

2 経過

(1) 定款作成（一般法人10）

社員になろうとする者（「設立時社員」）2名以上が共同して作成し、その全員がこれに署名又は記名押印する。一般社団法人の設立行為（定款作成）は「合同行為」である。

(2) 公証人の認証（一般法人13）

定款記載事項を調査する。

(a) 「必要的記載事項」（一般法人11 I 各号）

「目的」（同①）「名称」（同②）「主たる事務所の所在地」（同③）、設立時社員の氏名又は名称及び住所（同④）他

法人の設立 ●法人

(b) 「任意的記載事項」（一般法人 12）

(c) 「記載禁止事項」

社員に剰余金又は残余財産の分配を受ける権利を与える旨の定款の定めは無効である（一般法人 11 Ⅱ）。

(3) 設立登記（一般法人 22、301）：効力発生要件

(4) 社員

経費負担義務（一般法人 27）、任意退社（一般法人 28）、法定退社（一般法人 29、30）

七 一般財団法人の設立

1 原則

準則主義（一般法人 163）

2 手続

(1) 定款作成（152）

設立者（2名以上あるときは、その全員）が作成する一般財団法人の設立行為（設立者による財産の拠出）は「単独行為」である。

(2) 公証人の認証（一般法人 155、152 Ⅱ）

(a) 「必要的記載事項」（一般法人 153 Ⅰ各号）

「目的」（同①）「名称」（同②）「主たる事務所の所在地」（同③）、設立者の氏名又は名称及び住所（同④）、設立に関して設立者が拠出する財産及びその価額（同⑤）他

(b) 「任意的記載事項」（一般法人 154）

(c) 一部例外（153 Ⅰ①及び⑧所掲事項）を除き、評議員会の決議によって定款の変更は可能である（一般法人 200 Ⅰ）。

(d) 「記載禁止事項」

「理事又は理事会が評議員を選任・解任すること」、「設立者に剰余金又は残余財産の分配を受ける権利を与えること」の定款の定めは無効である（一般法人 153 Ⅲ）。

(3) 財産の拠出

(a) 設立者は、定款認証後遅滞なく、財産（300万円以上）の全額を拠出しなければならない（一般法人 157）。

(b) 贈与・遺贈の規定の準用（一般法人 158）、設立者は法人の成立後は意思表示の瑕疵を理由として財産の拠出の無効又は取消しをすることができない（一般法人 165）。

(c) 拠出財産の帰属時期

生前処分による財産拠出の場合：一般財団法人成立時（一般法人 164 Ⅰ）

遺言による財産拠出の場合：遺言が効力を生じた時（一般法人 164 Ⅱ）

八 公益法人の認定

1 「公益目的事業」（公益法人 2④）

「学術、技芸、慈善その他の公益」に関する事業であって、「不特定かつ多数

●法人　　　　　　　　　　　　　　　　　　　　　　　　　　　法人の設立

の者の利益の増進に寄与」するもの。

2　「公益認定」（公益法人4）

　　行政庁は、公益目的事業を行う一般社団法人・一般財団法人からの申請があった場合には、当該事業の区分に応じて、許認可等行政機関、警察庁長官等、又は国税庁長官等から意見を聴取し（公益法人8）その「認定」を行う（公益法人4）。

＜株式会社と一般社団法人の対比表＞回

		一般社団法人	株式会社
目的・性格		非営利目的（＊1）	営利目的（会社5、105 Ⅰ①②Ⅱ）
設立に関する規律		準則主義（一般法人22）	準則主義（会社49）
法人の代表者		代表理事又は理事（＊2）	代表取締役（又は取締役）
社団性		あり（一般法人10）	あり（なお、1人会社も可能：会社471参照）
定款	**絶対的記載事項**	目的、名称、主たる事務所の所在地、設立時社員の氏名又は名称及び住所、社員の資格の得喪に関する規定、公告方法、事業年度（一般法人11 Ⅰ各号）	目的、商号、本店の所在地、設立に際して出資される財産の価額又はその最低額、発起人の氏名又は名称及び住所（会社27）
	記載禁止事項	社員に剰余金又は残余財産の分配を与える旨の定めは無効（一般法人11 Ⅱ）	剰余金配当及び残余財産分配の権利全部を与えない旨の定め（会社105 Ⅱ） 総会の決議事項を他の機関に移す旨の定め（295 Ⅲ） 取締役・執行役が株主でなければならない旨の定め（331 Ⅱ、402 Ⅴ）
機関	**必要的設置機関**	社員総会（一般法人35 Ⅰ） 理事（一般法人60 Ⅰ）	株主総会（会社295 Ⅰ） 取締役（会社326 Ⅰ）
	任意的設置機関 ※設置するためには定款の定めが必要	理事会、監事（＊3）、会計監査人（＊4）（一般法人60 Ⅱ）	取締役会、会計参与、監査役、監査役会、会計監査人、委員会（会社326 Ⅱ）
総会の議決権 （＊5）		1人1個の議決権（一般法人48 Ⅰ）	1株1個の議決権（会社308 Ⅰ）
資金調達		基金（一般法人131）（＊6）	社債、新株発行
解散事由		社員が欠けたことを含む（一般法人148④）	含まない（会社471参照） ※他の解散事由は同じ
投下資本の回収手段		任意退社（一般法人28） 法定退社（一般法人29） 除名（一般法人30）	株式譲渡（会社127） ※退社は不可

法人の設立［第33条］　　　　　　　　　　　　　　　　　　　　　●法人

		一般社団法人	株式会社
共通規定	役員等の任期	理事：2年（一般法人66 I） 監事：4年（一般法人67 I） 会計監査人：1年（一般法人69 I）	取締役：2年（会社332 I） 監査役：4年（会社336 I） 会計監査人：1年（会社338 I）
	表見代表	表見代表理事（一般法人82）	表見代表取締役（会社354）
	競業取引・利益相反取引	一般法人84条・92条	会社356条・365条
	報酬等に関する規律	一般法人89条	会社361条
	役員等の損害賠償責任（＊7）	一般法人111条、117条	会社423条、429条
	定款変更	社員総会特別決議（一般法人146、49 II④）	株主総会特別決議（会社466、309 II⑪）
	事業譲渡	社員総会特別決議（一般法人147、49 II⑤）	株主総会特別決議（会社467、309 II⑪）

＊1　このうち、公益活動を行っているものは、公益認定を受けて公益法人となること
　　ができる。
＊2　代表理事その他一般社団法人を代表する者を定めていない場合には、各理事は、
　　単独で一般社団法人を代表する（一般法人77 I II）〈圀〉。
＊3　会計監査人がいる場合及び理事会を設置する場合は監事の設置が義務付けられる
　　（一般法人61）。
＊4　大規模一般社団法人（一般法人2②）は、会計監査人の設置が義務付けられる
　　（一般法人62）。
＊5　普通決議・特別決議の決議要件（一般法人49、会社309）、議決権の代理行使
　　（一般法人50、会社310）、書面・電磁的方法による議決権行使（一般法人51・52、
　　会社311・312）は共通。
＊6　使途に法令上の制限はない。金銭以外の財産を拠出の目的としたときは検査役選
　　任の申立てが必要（一般法人137 I）。
＊7　責任免除に関する規律（一般法人112〜114、会社424〜426）、責任限定契約
　　（一般法人115、会社427）、競業取引における損害額の推定（一般法人111 II、会
　　社423 II）、利益相反取引における任務懈怠の推定（一般法人111 II、会社423
　　III）、自己のためにした利益相反取引に関する特則（一般法人116、会社428）、連
　　帯責任（一般法人118、会社430）、なども共通。

第33条　（法人の成立等）

I　法人は、この法律その他の法律の規定によらなければ、成立しない。
II　学術、技芸、慈善、祭祀、宗教その他の公益を目的とする法人、営利事業を営む
　　ことを目的とする法人その他の法人の設立、組織、運営及び管理については、この
　　法律その他の法律の定めるところによる。

［趣旨］法人の設立について、自由設立主義を採らず、民法その他の法律の規定によ
ってのみ設立されるという法人法定主義を宣明したものである。

●法人 法人の設立 ［第34条］

《注 釈》

＜法人設立の諸主義＞

種類	意義	具体例
当然設立	法律上当然に法人とされる場合	相続財産法人
準則主義	一定の要件を充足すれば自動的に設立が認められる場合（＊）	株式会社 一般社団法人・一般財団法人
認可主義	法律の定める要件を具備して主務官庁の認可を申請すれば必ず認可を得ることができ、その認可により設立が認められる場合	各種の協同組合 学校法人
認証主義	法律の定める要件を具備していることを主務官庁が確認（認証）することによって設立が認められる場合	宗教法人 NPO法人
特許主義	設立のためには特別の法律による特許が必要である場合	日本銀行 独立行政法人

＊ 株式会社は、その本店の所在地において設立の登記をすることによって成立する（会社49）。
　一般社団法人・一般財団法人も、その主たる事務所の所在地において設立の登記をすることによって成立する（一般法人22、163）。

◆ **公益法人の成立要件**
　1　公益に関する事業を目的とし、営利を目的としないこと
　　cf. 公益目的の手段として収益事業を営むことは差し支えない
　2　定款の作成
　3　公益認定
　　現在、法人を営利か非営利で区別し、公益法人は非営利法人のうち公益認定を受けたものとされている。

第34条 （法人の能力）
　法人は、法令の規定に従い、定款その他の基本約款で定められた目的の範囲内において、権利を有し、義務を負う。

[趣旨] 法人は、一定の目的のために組織され活動するものである。そこで、法人の権利能力の範囲は、その目的によって制限されるものとした（最判平8.3.19・百選Ⅰ7事件）通団。本条はすべての法人に適用される団。

法人の設立〔第34条〕 ●法人

《注　釈》

＜34条の解釈＞

	目的外の行為の効力	34条と一般法人法78条の関係
権利能力制限説 **（最判平8.3.19・** **百選 I 7事件）** 通	無　効	34条は、法人が法律行為を通して権利義務を取得しうべき範囲を規定している。これに対し、一般法人法78条は、不法行為に関する法人の権利能力を規定している

一　法人の権利能力の制限

1　性質による制限

　性・年齢・親族関係等に関する権利・義務は享有しえない。

　ex.　慰謝料請求権

2　法令による制限

　破産法人は破産の目的の範囲内で権利能力を有すると定められている（破35）。

3　目的による制限

　通説によれば、目的による制限を受ける。

二　「目的の範囲」の判断

1　営利法人

　定款に定める目的たる事業自体に属する行為のみならず、目的たる事業を遂行するために直接又は間接に必要な行為も目的の範囲内の行為である（最判昭27.2.15）。回

　ある行為が「目的の範囲内」に含まれるか否かは、客観的・抽象的に判断されており、現実にはあらゆる種類の取引行為が目的の範囲内とされている。

　ex.1　不動産等を保存し運用利殖を図る社団が、不動産を売却する行為

　ex.2　会社が、政党に政治資金を寄附する行為（最大判昭45.6.24・百選 I〔第6版〕8事件、八幡製鉄事件）

2　非営利法人

　法人の財産的基礎の安定を図ることによって、構成員の利益の保護を考慮し、目的の範囲内の行為を営利法人の場合よりも狭く厳格に解釈する。

(1)　目的の範囲内と認定された例

　ex.1　農業協同組合が、非組合員であるリンゴの移出業者からリンゴの販売委託を受けるとともに、後日その帳尻を準消費貸借に改めた行為（最判昭33.9.18）

　ex.2　信用協同組合が、非組合員から預金を受け入れた行為（最判昭35.7.27）

(2)　目的の範囲外と認定された例

　ex.　農業協同組合の非組合員に対する貸付け（最判昭41.4.26・百選 I〔第6版〕7事件）

　→目的の範囲外の行為であり、無効であっても、信義則上、その主張が許

●法人   法人の設立［第34条］

されない場合がある（最判昭44.7.4・百選Ⅰ84事件）

3　公益法人

公益目的の達成を図るため、法人の財産的基礎の安定を考慮し、目的の範囲を厳格に解釈する。

ex.　税理士会が、政党等政治資金規正法上の政治団体に寄附することは目的の範囲外である（最判平8.3.19・百選Ⅰ7事件）

三　代表者の権限に加えた制限

1　総説

一般法人法77条5項、197条等には、法人の代表者の代表権について、「（代表者の）権限に加えた制限は、善意の第三者に対抗することができない」という規定があり、営利法人・非営利法人を問わず共通に規定されている。

この点、2006（平成18）年改正前には社団法人の代表者（理事）の代表権に関して同旨の規定が民法に置かれていた（旧民54）。しかし、公益法人制度改革により、現在、この旧54条は削除されている。

2　一般法人法77条5項等の規定の趣旨

法人の自治規範（定款、寄附行為、総会決議等）による理事の代表権の制限は内部的なことであり、第三者は容易に認識することができない。このため、本条は第三者の利益を保護し、取引の安全を図った。

ex.　定款で理事長のみが代表権を有する旨を定めても善意の第三者に対抗できない

3　「善意」の意義

(1)　定款等による代表者の制限があることを知らないことであり（最判昭60.11.29・百選Ⅰ31事件）、無過失であることを要しない[論]。

cf.　代表権の内部的制限自体については悪意であっても、当該制限に係る手続を踏んだものと信じた第三者が、そう信ずるにつき正当な理由があるときは、110条を類推適用することができる　⇒ p.70

(2)　「善意」の主張・立証責任は第三者にある。

4　適用範囲

本条は、定款等による代表権の内部的規制についてのみ適用される。法令による原始的な代表権制限については適用されない。

四　法人の不法行為

1　総説

(1)　法人は、その「代表者がその職務を行うについて第三者に加えた損害を賠償する責任を負う」（一般法人78、197、会社350）。「職務を行うについて」の解釈については、民法715条と同様、外形標準説がとられている[論]。⇒ p.636参照

(2)　「代表者」とは、典型的には、一般社団法人の代表理事、株式会社の代表取締役である。もっとも、代表権をもっていれば、肩書きを問わず「代表者」にあたる。

法人の機関等［第35条〜第37条］　　　　　　　　　　　　　　　　　　　　●法人

(3)　法人の不法行為と表見代理

　　一般に、不法行為は事実的不法行為（ex. 交通事故）と、取引行為的不法行為（ex. 詐欺が絡む不法行為）に分けられる。この点、代表者が取引的不法行為を行った場合、一般法人法78条等と110条との関係が問題になる。

　　この問題については、①110条類推適用説、②選択的適用説、③110条優先適用説■で、争いがあり、判例の評価も分かれている。

2　代表者の個人的責任

　　代表者個人も、法人と連帯して不法行為責任を負う（大判昭 7.5.27）〈回〉。

　　∵　法人が賠償責任を負担しても、代表者その他の代表機関の行った不法行為であることには変わりがない

　　cf.　擬制説からは当然、実在説からも、代表者の行為に法人の機関としての行為の他に個人の行為としての側面（二面性）があることを理由に肯定される

■第2節　法人の機関等

《概　説》

　　公益法人制度改革により、非営利法人一般について法人の設立を準則主義とし、運用上の問題に対しては、法人の活動に対する内部的なコントロール（ガバナンス）の仕組みを会社法並みに作るという方向性を打ち出した。実際、一般法人法の規定などは、法人の組織について会社法が基本となって作られている。

第35条（外国法人）

Ⅰ　外国法人は、国、国の行政区画及び外国会社を除き、その成立を認許しない。ただし、法律又は条約の規定により認許された外国法人は、この限りでない。

Ⅱ　前項の規定により認許された外国法人は、日本において成立する同種の法人と同一の私権を有する。ただし、外国人が享有することのできない権利及び法律又は条約中に特別の規定がある権利については、この限りでない〈回〉。

第36条（登記）

　　法人及び外国法人は、この法律その他の法令の定めるところにより、登記をするものとする。

第37条（外国法人の登記）

Ⅰ　外国法人（第35条第1項ただし書に規定する外国法人に限る。以下この条において同じ。）が日本に事務所を設けたときは、3週間以内に、その事務所の所在地において、次に掲げる事項を登記しなければならない。

①　外国法人の設立の準拠法

②　目的

③　名称

④　事務所の所在場所

⑤　存続期間を定めたときは、その定め

⑥　代表者の氏名及び住所

Ⅱ　前項各号に掲げる事項に変更を生じたときは、３週間以内に、変更の登記をしなければならない。この場合において、登記前にあっては、その変更をもって第三者に対抗することができない。

Ⅲ　代表者の職務の執行を停止し、若しくはその職務を代行する者を選任する仮処分命令又はその仮処分命令を変更し、若しくは取り消す決定がされたときは、その登記をしなければならない。この場合においては、前項後段の規定を準用する。

Ⅳ　前２項の規定により登記すべき事項が外国において生じたときは、登記の期間は、その通知が到達した日から起算する。

Ⅴ　外国法人が初めて日本に事務所を設けたときは、その事務所の所在地において登記するまでは、第三者は、その法人の成立を否認することができる。

Ⅵ　外国法人が事務所を移転したときは、旧所在地においては３週間以内に移転の登記をし、新所在地においては４週間以内に第１項各号に掲げる事項を登記しなければならない。

Ⅶ　同一の登記所の管轄区域内において事務所を移転したときは、その移転を登記すれば足りる。

Ⅷ　外国法人の代表者が、この条に規定する登記を怠ったときは、５０万円以下の過料に処する。

第３８条〜第８４条　（法人の設立・管理・解散に関する規定）削除

・第４章・【物】

第８５条　（定義）

この法律において「物」とは、有体物をいう。

《注　釈》

◆　所有権の客体となるための要件

1　有体物であること（有体性、85）

85 条は、物権の客体を有体物に限定するための規定であるが、今日では、無体物の上にも所有権をはじめとする物権が成立することを認めざるを得ないため、85 条は物権の対象を限定する意味をもっていない。すでに民法の中でも権利の上に物権が成立する場合を規定している。

ex.　転抵当権（376 Ⅰ）、転質権（348）、権利質（362）、準占有権（205）

2　排他的支配が可能であること（支配可能性）

ex.　月や星は、有体物であっても、物権の客体とはならない

3　人の身体でないこと（非人格性）

→現代法では、人の身体に対して排他的支配は認められない

[第86条]　　　　　　　　　　　　　　　　　　　　　　　　　　　●物

* 分離された身体の一部（毛髪等）は、「物」として客体となりうる。
4 特定していること（特定性）
特定性具備の有無は、物理的状態のみならず、社会的・経済的な観点をも顧慮して決定される。したがって、当初の客体が終始固定していなくても（1個の物の構成部分が変更しても）特定性は失われるわけではない。
　　ex. 集合動産譲渡担保（最判昭 54.2.15）
5 独立しており、物の一部ではないこと（独立性、単一性）
　　cf. 一物一権主義との関係　⇒ p.122

＜物の概念の整理＞

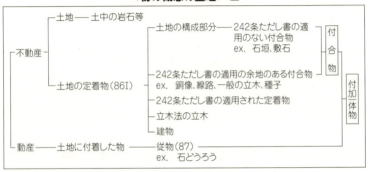

第86条（不動産及び動産）
Ⅰ　土地及びその定着物は、不動産とする。
Ⅱ　不動産以外の物は、すべて動産とする。

【平29改正】 改正民法下では、520条の20が新たに設けられ、無記名債権（証券に債権者を表示せず、債権の成立・存続・行使がすべて証券によってなされる債権）については、記名式所持人払証券に関する規定が準用されることとなった。そのため、改正前民法86条3項は削除された。

[趣旨] 民法は、不動産と動産とで取扱いに著しい差異（177、192、579等）を設けている。そこで、物を不動産と動産とに分類した。

《注　釈》
一　「土地」（Ⅰ）
地表を中心として、人の支配及び利用の可能な範囲内でその上下に及ぶ立体的存在である。
　　ex. 海は、国が一定範囲を区画し、他の海面から区別して排他的支配を可能にしたうえで、公用を廃止し、私人の所有に帰属させた場合には、その区画部分は所有権の客体たる土地にあたる（最判昭 61.12.16）
二　「定着物」（Ⅰ）
「定着物」とは、継続的に土地に固着し、固着して使用されることがその物の

●物 [第87条]

性質と認められるものをいう。ただし、「定着物」の不動産としての扱いには以下のような差が生じる。

1 土地の一部として、独立の不動産として扱われないもの

ex. 石垣、砂利

2 土地とは独立の不動産として扱われるもの

ex. 建物 ∵慣習

cf.1 建築中の建物（建前）は、屋根瓦を葺き荒壁を塗り終わった段階で建物となる（大判昭 10.10.1・百選Ⅰ11 事件）同

cf.2 建物の個数は、その区分が独立の建物としての効用を有するか否かで決せられる（大判昭 10.10.1・百選Ⅰ11 事件）

3 一定の条件の下で独立の不動産と認められるもの

立木法上の立木は、登記により完全に土地から独立の不動産となり、抵当権の設定が可能となる。

cf. 立木法の適用のない立木は、原則として土地の構成部分であり独立の物ではない。ただし、明認方法等により土地とは独立の取引客体とすることができる

三 「動産」

不動産以外の物（86Ⅱ）をいう。

第87条　（主物及び従物）

Ⅰ　物の所有者が、その物の常用に供するため、自己の所有に属する他の物をこれに附属させたときは、その附属させた物を従物とする。

Ⅱ　従物は、主物の処分に従う。

［趣旨］2個の独立性を有する物の間に客観的・経済的な主従結合関係がある場合に、個人の権利を害しない範囲でこれを法律的運命においても同一に取り扱い、その結合は破壊すべきではないという要請に応じて主物・従物制度を設けた。

《注　釈》

一　「従物」の要件

① 継続的に主物の効用を助けること

② 主物に付属すると認められる程度の場所的関係にあること

③ 主物と同一の所有者に属すること同

④ 独立性を有すること同

二　権利への準用

ex.1 質入債権が利息付の場合、質権の効力は利息債権に及ぶ

ex.2 賃借地上の建物の売買契約が締結された場合には、特段の事情のない限り、売主は買主に対して敷地の賃借権をも譲渡したものと認められる（大判昭 2.4.25）

[第88条〜第89条]・総則　　　　　　　　　　　　　　●法律行為

第88条　（天然果実及び法定果実）

Ⅰ　物の用法に従い収取する産出物を天然果実とする。

Ⅱ　物の使用の対価として受けるべき金銭その他の物を法定果実とする。

第89条　（果実の帰属）

Ⅰ　天然果実は、その元物から分離する時に、これを収取する権利を有する者に帰属する。

Ⅱ　法定果実は、これを収取する権利の存続期間に応じて、日割計算によりこれを取得する〈回〉。

[趣旨] 果実は、収益権者の収入に帰すべきものであるが、果実の観念及び果実の生ずるまでに収益権者に変動があった場合の果実の分配について争いを生ずるおそれがあるので、これを防止するため特に規定を設けた。89条は任意規定である。

《注　釈》

一　果実・元物

　　果実とは、物より生ずる経済的収益をいい、元物とは、果実を生ずる物をいう。

二　天然果実と法定果実

　1　天然果実

　(1)　物の経済的用途に従って有機的・無機的に産出される物をいう。

　　　ex.　牛乳、羊毛、野菜、果物、鉱物、土砂、石炭

　(2)　天然果実の収取権者は、分離する時に収取する権利のある者である。

　　　ex.　元物の所有者（206）、賃借権者（601）、地上権者（265）、永小作権者（270）

　2　法定果実

　　　物（元物）の使用の対価として受ける金銭その他の物をいう。発生する日を基準に、収取する権利の期間を日割で計算する。

　　　ex.　地代、家賃（大判大 14.1.20）、利息

・第5章・【法律行為】

■第1節　総則

《概　説》

一　法律行為の意義

　　人が法律効果を発生させようとする行為であり、意思表示という法律事実を要素とする法律要件をいう。

40

●法律行為　　　　　　　　　　　　　　　　　　　　　　　　　　　　　　総則

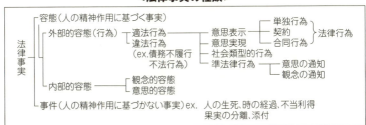

二　法律行為の種類・態様

1　単独行為
単一の意思表示により構成される法律行為のことをいう。

ex.　追認（116本文）、追認の拒絶（113Ⅱ）司、取消し（123）、相殺の意思表示（506Ⅰ前段）司、債務の免除（519）司、解除（540Ⅰ）、遺言（960）

2　契約
2つ以上の意思表示の合致により成立する法律行為のことをいう。

3　合同行為
2つ以上の意思表示が、相対立せずに同一の目的に向けられた形で合致することにより成立する法律行為のことをいう。

ex.　社団設立行為

三　準法律行為
意思表示を要素としない点で、法律行為と区別される。

1　意思の通知
意思の発表ではありながら意思が法律効果の発生を内容としない点で、意思表示と区別される。

ex.　催告（20、150、412Ⅲ、541）、受領の拒絶（493ただし書、494Ⅰ①）司

2　観念の通知
一定の事実の通知であって、意思の発表という要素を含まないものをいう。

ex.　代理権授与の表示（109）、債権譲渡の通知（467）、債務の承認（152Ⅰ）司、社員総会の招集（一般法人39）

四　法律行為の解釈　司H21 司H24

1　意義
(1)　法律行為の解釈とは、法律行為の文言にとらわれず、当事者の意図した目的を捉えて、法律行為のもつべき客観的・合理的意義を確定、補充、及び修正することを意味する。

(2)　法律行為の解釈における作業

①　まず、法律行為の内容は、主としてその要素である意思表示の内容によって定まるから、当事者がした意思表示の意味・内容を確定する（狭

総則 ［第90条］　　　　　　　　　　　　　　　　　　　　　　　　●法律行為

義の解釈）

② 　次に、当事者の意思表示が欠けている事項につき、慣習、任意規定、条理、信義則（1Ⅱ）、契約の趣旨等に照らして補充解釈する（法律行為の補充）

③ 　さらに、当事者の意思表示が明確であり、そのとおり合意している場合であっても、合意通りの法律効果を認めることが不当ないし不適切と判断される場合は、法律行為の内容を修正することがある（法律行為の修正）

2　判例

⑴　自家用自動車保険普通保険約款6章12条2号の事故通知義務の目的は保険事故を保険者に知らせることで、損害発生を最小限度にとどめるための必要な指示等の善後措置を速やかに講じることを可能にするもので、当該義務の法的性質は保険契約上の債務にあたるから、14条の免責規定は信義誠実の原則上許されない目的の下に事故通知をしなかった場合を除き、損害を被ったときにおいて取得する損害賠償請求権の限度において免れる趣旨を定めたものと解するのが相当である（最判昭62.2.20・百選Ⅰ20事件）。

⑵　X（下請負人）とY（元請負人）とが、本件請負契約の締結に際して、注文書と請書とを取り交わし、Yが請負代金の支払を受けた後にXに対して本件代金を支払う旨を合意したとしても、有償双務契約である本件請負契約の性質に即して、当事者の意思を合理的に解釈すれば、本件代金の支払につき、Yが上記支払を受けることを停止条件とする旨を定めたものとはいえず、本件請負契約においては、Yが上記請負代金の支払を受けたときは、その時点で本件代金の支払期限が到来すること、また、Yが上記支払を受ける見込みがなくなったときは、その時点で本件代金の支払期限が到来することが合意されたものと解するのが相当である（最判平22.10.14・平22重判4事件）。

第90条　（公序良俗）

公の秩序又は善良の風俗に反する法律行為は、無効とする。

［趣旨］本条は、法律行為の目的が反社会性を帯びるときにその効力を無効とすることにより、法律行為の社会的妥当性（実体的適法性）を要求している。

《注　釈》

一　公序良俗違反の類型

1　財産的秩序に反する行為

ex.1　他人の窮迫、軽率又は無経験を利用し著しく過当な利益を獲得することを目的とする法律行為は、善良の風俗に反する事項を目的とするものとして、無効となる（大判昭9.5.1・百選Ⅰ15事件）

ex.2　賭博債権の譲渡がなされた場合において、債務者が抗弁を放棄する旨の意思表示を行っても、賭博行為禁止の要請が取引安全の保護の要請を上回るため、債務者は譲受人に公序良俗違反による無効（90）を主張し

●法律行為   総則 ［第90条］

うる（最判平 9.11.11 参照）

cf.1　ホステスが自己の独自の客より、雇い主からの報酬以外の特別の利益を得るため、任意に雇い主に対して、その客の掛売りを求めるとともに、その保証契約を締結したものであるなどの事情があるときは、未だ公序良俗に反するものとはいえない（最判昭 61.11.20）

cf.2　個品割賦購入あっせんにおいて、購入者と販売業者との間の売買契約が公序良俗に反し無効とされる場合でも、売買契約と別個の契約である購入者とあっせん業者との間の立替払契約は、その効力を否定することを信義則上相当とする特段の事情のない限り、無効とならない（最判平 23.10.25・百選Ⅱ〔第 7 版〕56 事件）

2　倫理的秩序に反する行為

ex.1　妾関係の維持と密着した消費貸借契約は、本条に反し無効である

ex.2　不倫な関係を維持継続することを目的とする遺贈は無効であるが、もっぱら生計を被相続人に頼っていた受遺者の生活を保全するためになされ、かつ遺言内容が相続人らの生活基盤を脅かすものといえない包括遺贈は公序良俗に反するとはいえない（最判昭 61.11.20・百選Ⅰ 12 事件）

3　自由・人権を害する行為

ex.　男子の定年年齢を 60 歳、女子を 55 歳とする就業規則規定は、女子のみを理由とする不合理な差別を定めたものとして無効である（最判昭 56.3.24・百選Ⅰ 14 事件）

二　動機の不法 司H28

動機が相手方に表示された場合には、行為も不法性を帯び、公序良俗に反するということができる（最判昭 29.8.31）。たとえば、賭博の返済目的のために消費貸借契約を締結することは公序良俗に反する（大判昭 13.3.30・百選Ⅰ〔第 6 版〕15 事件）。

cf.　動機が表示されないのに相手方が不法な動機について悪意の場合の処理につき、判例の立場は不明である

三　公序良俗違反の効果

1　絶対的無効であり 司、追認は許されない（善意の第三者であっても保護されない）。

2　公序良俗違反の行為が履行された場合には、原状回復が許されない。

→不法原因給付となる（708）

3　公序良俗違反となるかの基準時は、法律行為時の公序に照らして判断され、行為時に公序良俗に反しない法律行為は、後に公序が変化しても有効である（最判平 15.4.18・百選Ⅰ 13 事件）。

4　法令違反

食品衛生法のような取締法規に反して食肉販売業の許可のない者が精肉を買い受けても、私法上は有効である（最判昭 35.3.18・百選Ⅰ 16 事件）。

ただし、同じく取締法規である建築基準法に違反する建物建築を目的とする

総則［第91条～第92条］・意思表示　　　　　　　　　　　　　　　　●法律行為

請負契約の効力については、①行為態様の悪質性、②違法建物の危険性、③事後的な是正の困難性を重視して、「本件各建物の建築は著しく反社会性の強い行為」であるから、公序良俗に反し無効であるとした判例がある（最判平23.12.16・平24重判1事件）。

第91条　（任意規定と異なる意思表示）
法律行為の当事者が法令中の公の秩序に関しない規定と異なる意思を表示したときは、その意思に従う。

［趣旨］公の秩序に関しない規定（任意規定）と異なった意思を当事者が表示した場合には、それに従うこととして、法律行為自由の原則を示し、他方で、公の秩序に関する規定（強行規定）には当事者の意思によっても反しえないという限界を示している。

《注　釈》
- 民法678条の組合から任意に脱退することができる旨を規定する部分は強行法規であり、これに反する組合契約における約定は効力を有しない（最判平11.2.23・百選Ⅰ17事件）。

第92条　（任意規定と異なる慣習）
法令中の公の秩序に関しない規定と異なる慣習がある場合において、法律行為の当事者がその慣習による意思を有しているものと認められるときは、その慣習に従う。

［趣旨］法律行為は慣習を前提としてなされることが多い。そこで、行為の解釈の際に法律行為の内容が不明確な場合には、慣習によって法律行為を補充することが当事者の予期に合致するので、慣習に従うものとした。

《注　釈》
一　慣習の適用
慣習があり、その慣習によって契約をするのが普通である場合には、反対の意思を表示しない限りは、慣習による意思を有するものと推定される（大判大10.6.2・百選Ⅰ19事件）。

二　民法92条と法の適用に関する通則法3条との関係
法の適用に関する通則法3条の慣習はいわゆる慣習法（人々の法的確信にまで達した慣習）を意味し、民法92条の慣習は、事実たる慣習（法的確信にまで達しなくても、ある狭い範囲で事実上行われる慣習）を意味するので、両者は矛盾しない㊀。

→事実たる慣習（92）＞任意規定＞慣習法（通則3）

■第2節　意思表示
《概　説》
一　意思表示
一定の法律効果の発生を欲する意思を外部に表現する行為をいう。

44

●法律行為 意思表示［第93条］

ex. 契約の申込み・承諾（**諸**）、契約の解除（540 Ⅰ）、無権代理行為の追認（116本文）

二 効果意思と表示意思

1 効果意思

一定の効果の発生を欲する内心の意思をいう。

2 表示意思

効果意思を外部へ表現しようとする意思をいう。

三 意思主義と表示主義

民法は、身分行為については個人意思の保護の見地から、意思主義的立法を採用し、他方、取引の安全を理想とする財産関係においては表示主義を重視している。

四 意思の不存在（欠缺）と瑕疵ある意思表示

意思の不存在とは、表示があっても内心の意思が欠けていることをいい（心裡留保・虚偽表示）、瑕疵ある意思表示とは、それ自体は存在するが、意思を形成する段階に欠陥があることをいう（錯誤・詐欺・強迫）。

第93条 （心裡留保）

Ⅰ　意思表示は、表意者がその真意ではないことを知ってしたときであっても、そのためにその効力を妨げられない。ただし、相手方がその意思表示が表意者の真意ではないことを知り、又は知ることができたときは、その意思表示は、無効とする**同**。

Ⅱ　前項ただし書の規定による意思表示の無効は、善意の第三者に対抗することができない。

【平29改正】改正前民法下においては、心裡留保について第三者を保護する規定は存在せず、判例（最判昭44.11.14）が改正前民法94条2項を類推適用することにより第三者の保護を図っていた。本条2項は、かかる判例法理を明文化したものである。

[趣旨]心裡留保の場合、意思と表示との不一致を表意者が認識しているから、表示通りの効果を与えても、表意者が害されることはない。そこで、本条1項は、表示主義を採用し、原則有効とする一方、表意者が真意ではないことにつき相手方が悪意・有過失の場合には、相手方を保護する必要がないので、意思主義により無効としたものである。本条2項は、心裡留保における善意の第三者を保護する規定である。

《注　釈》

一 意義

心裡留保とは、表意者が真意でないことを知りながら意思表示をすることをいう。

二 効果

1 原則：有効（Ⅰ本文）

2 例外：相手方が行為の当時、表意者の真意ではないことを知り（悪意）、又

は表意者の真意ではないことを知ることができたとき（有過失）は無効（Ⅰただし書）

→「真意ではないことを知り」とは、ただ表意者が真意ではないことを知ればよく、表意者の真意が具体的に何であるかを知る必要はない〈同〉

三　適用範囲

1　相手方のない法律行為にも1項本文の適用の余地はある。

→この場合、ただし書の適用はなく、意思表示は常に有効となる

2　身分上の行為については本人の意思を尊重すべきであるから、適用すべきでない〈同〉。

四　第三者の保護（Ⅱ）

1　表意者が93条1項ただし書により相手方に対して法律行為の無効を主張できる場合であっても、「善意の第三者」に対しては、無効を主張できない。

2　上記【平29改正】から、93条2項は94条2項と同趣旨のものと解されている。したがって、93条2項の「第三者」として保護されるためには、「善意」であれば足り、無過失を要しない〈同〉。また、「善意の第三者」には、悪意・有過失者からの転得者も含まれる。

第94条　（虚偽表示）

Ⅰ　相手方と通じてした虚偽の意思表示は、無効とする。

Ⅱ　前項の規定による意思表示の無効は、善意の第三者に対抗することができない。

[趣旨] 虚偽表示においては、表意者及び相手方は意思表示が虚偽であることを認識しているため、双方ともに法的拘束力を与えて保護する必要性がないから、当事者間においては無効とした（意思主義）。もっとも、虚偽の外形を信頼して法律関係に入った第三者を保護する必要があるので、善意の第三者に対しては無効を対抗できないとした（表示主義）。

《注　釈》

一　虚偽表示の意義

相手方と通じてした虚偽の意思表示をいう。

ex.　債権者による差押えを免れるために、売買の意思がないのに登記名義を移転すること

二　単独行為と虚偽表示

1　相手方のある単独行為には、本条1項が適用される余地がある（最判昭31.12.28）。

2　相手方のない単独行為でも、実質的に見て関係者の通謀といえる場合には本条1項が適用される。　ex. 共有部分の放棄（最判昭42.6.22）

三　「第三者」〈予H23〉

1　当事者及び包括承継人以外の者で、虚偽表示による法律行為の存在を前提として利害関係に立った第三者をいう（最判昭45.7.24）〈同〉。

●法律行為　　　　　　　　　　　　　　　　　　　　　意思表示 [第94条]

 ＜判例における94条2項の「第三者」の整理＞

第三者にあたるとされた者	① 不動産の仮装譲受人からさらに譲り受けた者〈書〉 ② 仮装譲受人の不動産につき抵当権の設定を受けた者 ③ 仮装の抵当権者からの転抵当権者〈司〉 ④ 仮装債権の譲受人 ⑤ 虚偽表示の目的物に対して差押えをした金銭債権者〈司書〉 ⑥ 仮装譲受人が破産した場合の破産管財人
第三者にあたらないとされた者	① 一番抵当権が仮装で放棄された場合に、一番抵当権者となったと誤信した二番抵当権者 ② 仮装の「第三者のためにする契約」における第三者 ③ 債権の仮装譲受人から取立てのため債権を譲り受けた者 ④ 債権を仮装譲渡した者が、その譲渡を無効として債務者に請求する場合の債務者（ただし、債務者が弁済あるいは準消費貸借契約を締結した場合は該当する）（大判昭8.6.16）〈書〉 ⑤ 代理人や代表機関が虚偽表示をした場合における本人（大判昭16.8.30）〈共〉 ⑥ 仮装譲渡の当事者（譲受人、譲渡人）の単なる債権者 　→債権者が債権者代位権を行使する場合も同様 ⑦ 土地の仮装譲受人がその土地上に建物を建築し、その建物を賃貸した場合の建物賃借人（最判昭57.6.8）〈司〉 ⑧ 土地の賃借人が自己所有の借地上の建物を他に仮装譲渡した場合の土地の賃貸人（最判昭38.11.28）〈司書〉

2　善意の第三者からの悪意の転得者〈司〉
　A説：善意の第三者が現れれば絶対的に所有権が移転する（絶対的構成）（最判昭45.7.24）
　　∵　ひとたび善意の第三者が現れて94条2項により保護される時点で、真の権利者の権利回復への期待は失われている。また、相対的構成に立つ場合、悪意転得者は、たとえ94条2項により保護される善意者から目的物を取得しても、結局真の権利者に取り戻されてしまうため、善意者から目的物を取得しようとすることはなくなる。その結果、善意者は目的物を処分する機会を事実上大きく失う上に、延々と法律関係が定まらず、法律関係の早期確定の要請に反する
　B説：虚偽表示の効力を第三者ごとに相対的に判断する（相対的構成）
　　∵　本条2項は、権利者が作出した外観に対する信頼を保護する趣旨の規定であるから、保護に値する信頼をしていない者まで保護する必要はない
3　第三者には転得者も含まれる（最判昭45.7.24）〈司書〉。
　→直接の第三者が悪意でも、善意の転得者が直接94条2項の「第三者」として保護される
4　「善意」か否かの判断は取得時を基準とする〈司共〉。
　→虚偽表示の目的物の売買予約を締結した第三者が売買予約成立時に善意であったが、予約完結権行使時に悪意であった場合について、当該第三者は

意思表示［第94条］　　　　　　　　　　　　　　　　　　　　　　　　　●法律行為

善意の第三者にあたらない（最判昭 38.6.7）◀同▶

また、無過失は不要（大判昭 17.3.23）であり、対抗要件も要しない（最判昭
55.9.11）◀同書▶。

5　虚偽表示の当事者やその包括承継人は、第三者に対して、177 条の対抗要件
の欠缺を主張できない（大判昭 10.5.31）◀共▶。

∵　94 条 2 項の効果により、第三者は所有権を虚偽表示の売主から直接取得
することから、第三者と虚偽表示の売主は当事者間の関係に類似する。ま
た、虚偽表示の買主は目的物の仮装譲受人であり、無権利者である
⇒ p.135、136

6　「善意」の立証責任は第三者にある（最判昭 41.12.22）◀同▶。

7　第三者・転得者が悪意で虚偽表示の無効を主張しうる場合でも、仮装譲受人
からは目的物の返還請求ができない。

8　善意の第三者は、有効を主張することも無効を主張することもできる。

四　適用範囲

1　2 項は原則として身分行為には適用がない。　∵本人の意思の尊重
ただし、財産関係に関連する相続については適用される。

2　要物契約（消費貸借（587）・質権設定）において仮装当事者間で物の引渡し
がなされなかった場合でも、2 項は適用される（大決大 15.9.4、大判昭 6.6.9）。

五　本条 2 項の類推適用　◀同H28 予H29▶

1　通謀のない場合でも、虚偽の登記などの外形があり、これを権利者が明示・
黙示に承認した場合（意思外形対応型）には、本条 2 項の類推適用により善意
の第三者は保護される（最判昭 45.9.22・百選Ⅰ21 事件）。

2　権利者が承認した外形以上の権利を第三者が取得した場合（意思外形非対応
型）、単に本条 2 項の類推適用によるだけでなく、110 条の法意から、善意・無過
失の第三者を保護すべきである（最判昭 45.11.19）◀同書▶。

3　真の権利者が自ら不実の登記の作出に関与していない場合でも、不動産所有
者が不必要に登記済証を預けたままにし、内容使途を確認することなく書類に
署名押印し、登記申請書へ自分の実印が押されるのを漫然とみていた等、あま
りに不注意な行為によって不実の登記がなされた場合、帰責性の程度は自ら外
観作出に積極的に関与したのと同視できるとしたうえで、本条 2 項及び 110 条
を類推適用した（最判平 18.2.23・百選Ⅰ22 事件）◀同▶。

cf.　通謀を欠く場合は、本来の 94 条の場面に比べて本人の帰責性が低いこ
とから、第三者に無過失を要求する立場もある

《その他》

▪ 不動産の仮装譲渡において、仮装譲受人（B）からの善意の第三者（C）と、仮
装譲渡人（A）から不動産を取得した者（D）は、対抗関係に立つ（最判昭
42.10.31）◀同共書▶。

→94 条 2 項によって AB 間の仮装譲渡が有効となって C が B から権利取得する
（順次取得説）のではなく、94 条 2 項によって A の無効主張が封じられた反射

48

●法律行為 意思表示［第95条］

的効果によってＣがＡから直接に権利を取得する（法定承継取得説）。したがって、ＣとＤは、Ａから二重譲渡されたのと同様の対抗関係に立つ

第95条 （錯誤）

Ⅰ　意思表示は、次に掲げる錯誤に基づくものであって、その錯誤が法律行為の目的及び取引上の社会通念に照らして重要なものであるときは、取り消すことができる〈共〉。
① 　意思表示に対応する意思を欠く錯誤
② 　表意者が法律行為の基礎とした事情についてのその認識が真実に反する錯誤〈書〉

Ⅱ　前項第２号の規定による意思表示の取消しは、その事情が法律行為の基礎とされていることが表示されていたときに限り、することができる〈書〉。

Ⅲ　錯誤が表意者の重大な過失によるものであった場合には、次に掲げる場合を除き、第１項の規定による意思表示の取消しをすることができない。
① 　相手方が表意者に錯誤があることを知り、又は重大な過失によって知らなかったとき〈書〉。
② 　相手方が表意者と同一の錯誤に陥っていたとき〈共〉。

Ⅳ　第１項の規定による意思表示の取消しは、善意でかつ過失がない第三者に対抗することができない〈共書〉。

［趣旨］錯誤に基づく意思表示を取り消すことができるとすることで、表意者を保護する一方、意思表示が有効であると信頼した相手方の取引の安全を確保するために、錯誤の主張が認められるための要件を限定し、両者の調整を図った。

《注　釈》

一　錯誤の意義〈司H21〉

錯誤とは、表意者の認識・判断と現実との間に食い違いがあり、その食い違いを表意者が知らないことをいう。

二　錯誤の類型

1　表示行為の錯誤

表示行為の錯誤とは、「意思表示に対応する意思を欠く錯誤」（95Ⅰ①）をいう。表示行為の錯誤には、以下の２種類のものがある。

(1)　表示上の錯誤（表示行為自体を誤った場合）
ex.　10円と言うべきところを100円と言った場合

(2)　内容の錯誤（効果意思と表示意思に食い違いがある場合）
ex.　１ドルで買うつもりだったが、ドルとポンドが同価値であると誤解し、１ポンドと表示した場合

2　動機の錯誤〈司R元〉

(1)　意味
動機の錯誤とは、「表意者が法律行為の基礎とした事情についてのその認識が真実に反する錯誤」（95Ⅰ②）のことをいう。内心的効果意思と表示に不一致はない〈書〉。

(2)　動機の錯誤の取扱い
動機の錯誤による意思表示の取消しは、「その事情が法律行為の基礎とさ

49

れていることが表示されていたときに限り」することができる（95Ⅱ）。これは、動機の錯誤に関する判例（最判平元.9.14・百選Ⅰ〔第7版〕24事件）を明文化したものであり、動機の表示により、取引の相手方に不測の損害が生じるのを防止する趣旨である。

この点、動機（法律行為の基礎とした事情についての表意者の認識）が「法律行為の内容」になっていることを要すると解すると、「表示」（95Ⅱ）とは意思表示を意味し、「表示されていた」（95Ⅱ）とは「意思表示の内容になっていた」と解することになる。かかる表示は、明示になされる場合のほか、黙示になされる場合も含む（最判平元.9.14・百選Ⅰ〔第7版〕24事件参照）。

ex.1　保証契約において、主債務者の資力やその他の担保権等の存在に関する錯誤（他に連帯保証人がいると誤信した場合等）は、動機の錯誤であり、特段の事情のない限り、当然には保証契約の内容とはならない（最判昭32.12.19）

∵　保証契約は、主債務者がその債務を履行しない場合に保証人が保証債務を履行することを内容とするもの

ex.2　保証契約において、主債務者が反社会的勢力でないことという動機は、たとえ明示又は黙示に表示されていたとしても、当事者の意思解釈上、当然に保証契約の内容となっているということはできない（最判平28.1.12・百選Ⅰ24事件）

∵　主債務者が反社会的勢力でないことは主債務者に関する事情の1つにすぎない

ex.3　信用保証機関と銀行の間で締結された信用保証契約において、融資先が企業としての実体を有しているという動機は、それが表示されていたとしても、当事者の意思解釈上、法律行為の内容となっているということはできない（最判平28.12.19・平29重判2事件）

∵①　金融機関による融資を躊躇させてしまい、信用力が十分でない中小企業者等の信用を補完して金融の円滑化を図るという信用保証協会の目的に反する

②　保証機関と銀行は、融資先が企業としての実体を有しない場合には保証債務を履行しない旨をあらかじめ定めるなどの対応が可能である

三　錯誤の要件 司R元

1　因果関係と重要性

意思表示が錯誤によって取り消しうるものとなるためには、

①　意思表示が「錯誤に基づく」こと

②　その錯誤が「法律行為の目的及び取引上の社会通念に照らして重要なものである」こと

が必要となる（95Ⅰ柱書）。なお、動機の錯誤においては、「その事情が法律行

●法律行為　　　　　　　　　　　　　　　　　　　　意思表示［第96条］

為の基礎とされていることが表示されていた」ことも要件となる（95Ⅱ）。

(1)　①「錯誤に基づく」意思表示であること

　　意思表示が「錯誤に基づく」とは、表意者が錯誤に陥らなければ、その意思表示をしなかったといえること（因果関係）をいう。

(2)　②「重要な」錯誤であること

　　意思表示が錯誤によって取り消しうるものになるためには、錯誤が客観的に重要なものであることが必要である（重要性）。

　　→法律行為の類型と個別事情を考慮し、通常一般人ならその錯誤がなければ意思表示をしないといえるかで判断する〈共〉

2　表意者に「重大な過失」（95Ⅲ柱書）がないこと

(1)　「重大な過失」とは、普通の人なら注意義務を尽くして錯誤に陥ることはなかったのに、著しく不注意であったために錯誤に陥ったことをいう（大判大 6.11.8）。「重大な過失」の立証責任は相手方にある（大判大 7.12.3）〈司〉。

(2)　表意者に重大な過失があったとしても、①「相手方が表意者に錯誤があることを知り、又は重大な過失によって知らなかったとき」（95Ⅲ①）、又は②「相手方が表意者と同一の錯誤に陥っていたとき」（共通錯誤、95Ⅲ②）には、錯誤取消しが可能になる。

四　効果

1　錯誤に基づく意思表示は取り消すことができる（95Ⅰ柱書）。

2　錯誤によって取り消すことができる行為は、瑕疵ある意思表示をした者又はその代理人若しくは承継人に限り、取り消すことができる（120Ⅱ）。

五　錯誤取消しと第三者保護

1　錯誤取消し前の第三者

　　錯誤取消しは、善意でかつ過失がない第三者に対抗することができない（95Ⅳ）。この規定における「第三者」とは、錯誤による意思表示が有効である間に、新たに法律上の利害関係を有するに至った者をいう〈共覆〉。

2　錯誤取消し後の第三者

　　錯誤取消しの後に第三者が生じた場合については、詐欺取消後の第三者保護の場合と同様、対抗問題として処理することになる。　⇒ p.54、128

第96条　（詐欺又は強迫）

Ⅰ　詐欺又は強迫による意思表示は、取り消すことができる。

Ⅱ　相手方に対する意思表示について第三者が詐欺を行った場合においては、相手方がその事実を知り、又は知ることができたときに限り、その意思表示を取り消すことができる〈司〉。

Ⅲ　前2項の規定による詐欺による意思表示の取消しは、善意でかつ過失がない第三者に対抗することができない〈書〉。

【平29改正】改正前民法下では、第三者による詐欺の場合、被欺罔者は、相手方の悪意を立証しなければ意思表示の取消しを主張することができなかった（改正前96

51

意思表示［第96条］　　　　　　　　　　　　　　　　　　　　　●法律行為

Ⅱ）。一方、心裡留保（改正93）の場合、真意でないことを知って意思表示をした表意者は、第三者に欺かれた表意者よりも帰責性が大きいにもかかわらず、相手方の悪意・有過失を立証すれば意思表示の無効を主張することができる。そこで、この不均衡を是正するため、本条2項に「知ることができたとき」（善意有過失）という文言を追加し、被欺罔者が意思表示を取り消すことができる場合を、相手方が悪意である場面のほか過失のある場面にも拡張した。また、改正前民法96条3項により善意の第三者として保護されるためには、無過失が必要であるとする考えが通説であったところ、本条3項は、かかる通説の考え方を明文化した。なお、本条1項は、改正前民法96条1項と変わらない。

[趣旨] 本条1項は、詐欺又は強迫による意思表示を取り消すことができるとすることで、表意者の保護を図っている。

　本条2項は、当事者以外の第三者による詐欺の場合、表意者は相手方が悪意・有過失のときに限り意思表示を取り消すことができるものとして、表意者と相手方との利益の調和を図っている。

　本条3項は、取引の安全の見地から、詐欺による意思表示の取消しを善意無過失の第三者に対抗できないと規定している。一方、強迫の場合は詐欺の場合と異なり、表意者が無過失である場合がほとんどであり、意思の自由の抑圧も大きいことから、取消しの効果を善意無過失の第三者にも対抗できるとすることで、表意者保護を図っている。

《注　釈》

一　詐欺

　「詐欺」とは、欺罔行為により他人を錯誤に陥れ、それによって意思表示をさせる行為をいう。

1　要件

①　欺罔行為

　　作為であると不作為であるとを問わず、相手方を欺く行為をいう。

　　→沈黙も欺罔行為にあたりうる〈書〉

　　欺罔行為は、社会通念上許される限度を超えた違法なものである必要がある。

②　錯誤による意思表示

③　①と②の間の因果関係（欺罔行為がなければ錯誤に陥らなかったという関係）

④　詐欺の故意（二段の故意＝騙す故意とそれにより意思表示をさせる故意）〈書〉

　　→相手方に詐欺の故意がない場合、表意者は96条1項により意思表示を取り消すことはできない。もっとも、この場合も表意者が意思表示の錯誤（95Ⅰ柱書）を主張することは妨げられない

⑤　第三者による詐欺の場合（96Ⅱ）における相手方の悪意・有過失

●法律行為 意思表示［第96条］

2 効果
意思表示を取り消すことができる。

→表意者がその意思表示を取り消さない限り、契約は有効であり、表意者は詐欺を理由として自らの債務の履行を拒絶することはできない〈司〉

(1) 1項
表意者に重大な過失があっても、取消しは制限されない。

(2) 2項
96条2項は、代理関係がある場合にも適用される。

(a) 本人が相手方を詐欺した場合
代理人が善意無過失であっても、相手方はその意思表示を取り消すことができる。

∵ 取消しにより影響を受ける本人自身が詐欺を行っている以上、本人の詐欺を「第三者の詐欺」と構成して相手方の取消権を制限する必要性がない

(b) 代理人が相手方を詐欺した場合
本人が善意無過失であっても、相手方はその意思表示を取り消すことができる。

∵ 当該法律行為の当事者は本人であって、本人は代理人選任のリスクを負担すべきであるから、本人との関係において、第三者（代理人）による詐欺（96Ⅱ）と構成すべきではなく、96条1項によって処理すべき

＊ なお、代理人が相手方に対して詐欺を行った場合における相手方の意思表示については、代理人の意思表示の瑕疵の問題ではないから、101条1項の適用を受けない。また、相手方が代理人に対してした意思表示の効力が「意思表示を受けた者がある事情を知っていたこと又は知らなかったことにつき過失があったことによって影響を受けるべき場合」にもあたらないため、同条2項が適用されることもない。

(3) 3項

(a) 「第三者」とは、詐欺による意思表示を前提として新たに利害関係に入った第三者をいう。

→取消前に登場した第三者をいい、取消後の第三者は含まない（大判昭17.9.30・百選Ⅰ55事件）〈司〉

＊ 善意無過失の「第三者」に対して詐欺取消しは対抗できないが、詐欺取消しを行うこと自体が妨げられるわけではない〈司〉。

総則

53

意思表示［第96条］　　　　　　　　　　　　　　　　　　　　　●法律行為

＜ 96 条 3 項の「第三者」の具体例の整理＞

該当例	売主Ａを騙してＡの不動産を買ったＢから転得したり、抵当権の設定を受けた者
	売主Ａを騙してＡの農地を買ったＢから、農地法５条の許可を停止条件として所有権を取得しうる地位につき譲渡担保の設定を受けた者
	詐欺による取得者Ｂの債権者のうち、①目的物を譲り受ける契約をした者、②目的物に対して差押えをした者、③Ｂが破産した場合の破産管財人
該当しない例	Ａ所有の不動産にＢの一番抵当権、Ｃの二番抵当権があり、Ｂが詐欺によってその一番抵当権を放棄し（その結果、いったんはＣの二番抵当権が一番抵当権に昇格する）、後にその放棄を取り消した場合のＣ
	Ｂ・Ｃ・ＤがＡに対して連帯債務を負担していて、Ｂが詐欺によって代物弁済をし（その結果Ｃ・Ｄは、いったんは連帯債務を免れる）、後にその代物弁済を取り消した場合のＣ・Ｄ〈共〉

(b)　登記の要否　⇒ p.128

　　「第三者」として保護されるために登記が必要かについては争いがあるが、判例は、第三者は登記がなくても 96 条 3 項によって保護されるとしている（最判昭 49.9.26・百選Ⅰ 23 事件）〈司〉。もっとも、この判決における第三者は仮登記を具備していたことから、およそ一切の登記をしていない第三者についてもこの判例があてはまるかどうかを疑問視する見解もある。

(c)　取消後の第三者　⇒ p.128

　　判例（大判昭 17.9.30・百選Ⅰ 55 事件）は、取消後の第三者の問題を対抗問題と考え、177 条の適用を認める〈司〉。

　∵①　一旦は欺罔者に移転した物権が、取消しによって被欺罔者に復帰すると構成すると（復帰的物権変動）、欺罔者への物権変動自体は否定されない結果、欺罔者から第三者への物権変動も可能となるため、被欺罔者と第三者とは欺罔者を起点とする二重譲渡類似の関係（対抗関係）に立つ

　　②　被欺罔者は意思表示の取消し後、いつでも登記を戻せるにもかかわらず、それを怠った点で権利を失ってもやむを得ないのであり、その限りで 177 条の趣旨が妥当する

　→もっとも、判例の考え方には、①取消前は遡及的無効、取消後は復帰的物権変動というように、取消しの効果につき立場が一貫していない、②取消前の第三者は善意・無過失でなければ保護されないにもかかわらず、取消後の第三者は悪意でも保護されるというのでは権衡を失する、との批判がある

二　強迫

　　「強迫」とは、他人に害意を示し、恐怖の念を生じさせる行為をいう。

　1　要件

　　①　強迫行為

●法律行為　　　　　　　　　　　　　　　　　　　　意思表示［第97条］

　　害悪を示して他人を畏怖させる行為をいう。害悪の内容は、財産に関わ
　　るものでも精神的なものでもよい。
　　　強迫行為は、社会通念上許される限度を超えた違法なものである必要が
　　ある《司》。
　②　畏怖による意思表示
　　　畏怖の程度は、表意者が完全に意思の自由を失うことまでは必要でない
　　《司》。
　　　→強迫の程度が極めて強く、表意者が意思表明の自由を完全に奪われた
　　　　状態でなされた意思表示は、意思の不存在を理由に無効となり、強迫
　　　　による取消しの問題とはならない（最判昭 33.7.1）
　③　①と②の間の因果関係
　④　強迫者の故意（二段の故意＝畏怖させる故意とそれにより意思表示をさ
　　せる故意）
２　効果
　　意思表示を取り消すことができる。
　⑴　詐欺と異なり、取消しは善意無過失の第三者にも対抗しうる（最判平
　　10.5.26）《司共書》。
　⑵　第三者による強迫の場合でも、相手方の善意・悪意、過失の有無を問わず
　　常に取り消すことができる《同共》。
　⑶　取消後の第三者については、詐欺の場合と同じ問題が生じる《共予》。
　　　⇒ p.54、128

《その他》

▪ 消費者契約において、誤認類型（重要事項の不実告知・断定的判断の提供・重要
事項の不利益事実の不告知、消費者契約４ⅠⅡ）や困惑類型（不退去・退去妨害
等、同４Ⅲ各号）、過量取引類型（同４Ⅳ）に該当する行為を事業者が行った場
合、消費者は当該契約の申込み又はその承諾の意思表示を取り消すことができる
《司》。この場合でも、民法 96 条に基づき、詐欺又は強迫を理由として取り消すこ
とができる（消費者契約６）《司》。

第97条　（意思表示の効力発生時期等）
Ⅰ　意思表示は、その通知が相手方に到達した時からその効力を生ずる《同》。
Ⅱ　相手方が正当な理由なく意思表示の通知が到達することを妨げたときは、その通知は、通常到達すべきであった時に到達したものとみなす。
Ⅲ　意思表示は、表意者が通知を発した後に死亡し、意思能力を喪失し、又は行為能力の制限を受けたときであっても、そのためにその効力を妨げられない《同共書》。

【平29改正】本条１項は、改正前民法 97 条１項の到達主義の適用場面を、隔地者
に対する意思表示以外の場面にも拡大するものである。本条２項は、判例（最判平
10.6.11・百選Ⅰ 25 事件）を踏襲し、相手方が正当な理由なく意思表示の通知が到達
することを妨げたときは、通常到達すべきであった時に到達したものとみなすと規

意思表示［第97条］　　　　　　　　　　　　　　　　　　　　　　●法律行為

定したものである。本条3項は、改正前民法97条2項の「行為能力を喪失したとき」を「行為能力の制限を受けたとき」に改めた上で、発信後に表意者が「意思能力を喪失」した場合を追加したものである。

［趣旨］意思表示の効力発生時期に関しては、表白主義、発信主義、到達主義、了知主義が考えられる。民法は、表意者と相手方の利害を考慮した上で、原則として到達主義を採用し、例外的にいくつかの領域においては発信主義を採用している（20参照）。

《注　釈》
一　到達主義の原則（Ⅰ）
1　原則としての到達主義

意思表示が相手方の支配圏内（了知しうる状態）に入れば到達があったといえる（最判昭36.4.20）〈共〉。相手方が現実に通知の有無、内容を了知する必要はなく、また相手方自身や受領権限を有する者が受領しなくてもよい（大判明45.3.13）〈書〉。

　　ex.　甲に対する意思表示を記載した書面が甲の住所に配達され、甲の妻が受領した場合には到達があったといえる

2　到達前は意思表示の撤回が可能である〈書〉。ただし、撤回の意思表示は前の意思表示より先に到達しなければ撤回の効力は認められない〈同〉。

3　例外としての発信主義

　　ex.　制限行為能力者の相手方のなした催告への確答（20）〈同〉

二　到達の妨害があった場合のみなし到達（Ⅱ）
相手方が正当な理由なく意思表示の通知が到達することを妨げたときは、その通知は、通常到達すべきであった時に到達したものとみなされる（97Ⅱ）。

→「意思表示の通知が到達することを妨げたとき」とは、意思表示が了知可能な状態に置かれることを相手方が妨げたことをいう

ex.1　相手方が正当な理由なく受領を拒んだ場合も、拒絶時に到達があったといえる〈共〉

ex.2　内容証明郵便が、受取人不在のため一定期間郵便局に留置された後に差出人に返戻されたケースで、郵便内容の推知可能性、郵便物受領の容易性を考慮して、遅くとも留置期間満了時に到達したと認定した判例（最判平10.6.11・百選Ⅰ25事件）がある〈同〉

三　表意者の死亡・意思能力喪失・行為能力喪失の影響（Ⅲ）
1　意思表示は、表意者が通知を発した後に死亡し、意思能力を喪失し、又は行為能力の制限を受けたときであっても、そのためにその効力を妨げられない（97Ⅲ）。

2　契約の申込みの場合の例外（526）

申込者が申込みの通知を発した後に死亡し、意思能力を有しない常況にある者となり、又は行為能力の制限を受けた場合において、申込者がその事実が生じたとすればその申込みは効力を有しない旨の意思を表示していたとき、又は

●法律行為　　　　　　　　　　　　意思表示［第98条～第98条の2］

　　　　相手方が承諾の通知を発するまでにその事実が生じたことを知ったとき
　　cf.　相手方が到達前に死亡した場合は、意思表示の受領能力の問題となる
　　　　→死者に受領能力はなく、原則として意思表示は効力を生じない。ただ
　　　　し、意思表示が相続人に承継される性質であれば有効とする立場もあ
　　　　る

四　適用範囲
　　97条1項は意思の通知、観念の通知にも類推適用される。
　　ex.　債務者に対する履行の催告書（意思の通知）を、債務者の同居人が受領
　　　　すれば、受領時に催告が到達したことになる

第98条　（公示による意思表示）

Ⅰ　意思表示は、表意者が相手方を知ることができず、又はその所在を知ることがで
　きないときは、公示の方法によってすることができる。

Ⅱ　前項の公示は、公示送達に関する民事訴訟法（平成8年法律第109号）の規定
　に従い、裁判所の掲示場に掲示し、かつ、その掲示があったことを官報に少なくと
　も1回掲載して行う。ただし、裁判所は、相当と認めるときは、官報への掲載に代
　えて、市役所、区役所、町村役場又はこれらに準ずる施設の掲示場に掲示すべきこ
　とを命ずることができる。

Ⅲ　公示による意思表示は、最後に官報に掲載した日又はその掲載に代わる掲示を始
　めた日から2週間を経過した時に、相手方に到達したものとみなす〈趣〉。ただし、表
　意者が相手方を知らないこと又はその所在を知らないことについて過失があったと
　きは、到達の効力を生じない〈同共〉。

Ⅳ　公示に関する手続は、相手方を知ることができない場合には表意者の住所地の、
　相手方の所在を知ることができない場合には相手方の最後の住所地の簡易裁判所の
　管轄に属する。

Ⅴ　裁判所は、表意者に、公示に関する費用を予納させなければならない。

第98条の2　（意思表示の受領能力）〈共予書〉

　意思表示の相手方がその意思表示を受けた時に意思能力を有しなかったとき又は未
成年者若しくは成年被後見人であったときは、その意思表示をもってその相手方に対
抗することができない。ただし、次に掲げる者がその意思表示を知った後は、この限
りでない。
　①　相手方の法定代理人
　②　意思能力を回復し、又は行為能力者となった相手方

[趣旨] 意思表示の到達により効力を生じさせるには、受信者がその内容を了知でき
る状態にあり、さらに、了知後適切な措置を採れることが前提となっている。そこ
で、法は意思表示の受信者に受領能力（法律上意思表示が到達したと判断されうる
能力）を要求した。

《注　釈》

▪受領無能力者（意思無能力者、未成年者、成年被後見人）側から到達を主張する
　ことはできる。

総則

57

代理　　　　　　　　　　　　　　　　　　　　　　　　　　　　　　　　　●法律行為

- 未成年者が例外的に行為能力を認められる場合（6Ⅰ参照）には、受領能力を有するものとされる。

■第3節　代理

《概　説》

一　代理制度の意義

代理人が本人のためにすることを示して、相手方に意思表示をし、また、相手方から意思表示を受けることによってその法律効果を直接本人に帰属させるという制度をいう。私的自治を拡張（任意代理）・補充（法定代理）する機能を有する。

＜代理の本質に関する学説＞

本人行為説	法律効果の発生は意思に基づくのであるから、代理関係での行為主体はその意思を有する本人であり、代理人は本人の意思の担い手にすぎない
代理人行為説	代理関係における行為主体は独立した代理人であって、代理人のなした行為の法律効果が本人に帰属する◀通

二　代理と類似の制度

＜間接代理、授権、代理占有、代表と代理の比較＞

	各制度や概念の内容・代理との比較等	例
間接代理	自己の名をもって法律行為をしながら、その経済的効果だけを委託者に帰属させる制度である。法律効果が行為者自身に帰属し本人に帰属しない点で、代理や授権と異なる	問屋（商551）仲買人
授権	自己の名において法律行為をすることによって、他人効を発生させる権限のことである。代理と同じように他人効を発生させるが、自己の名において行為する点が代理と異なる	授権について民法上規定はないが、判例は、処分行為に関する授権を認めている
代理占有（間接占有）	占有（権）を代理人によって取得することを代理占有という。しかし、占有は物を所持するという事実状態であるから、意思表示の代理とは何の関係もない。よって、その錯綜を避けるために、代理占有を「間接占有」と呼ぶこともある	建物賃貸借における賃貸人の占有
代表	代理は代理人の行為によって本人が権利義務を取得するのに対し、代表は代表機関の行為それ自体が法人の行為とみなされるものである。代表はいわば団体法概念であって、代理とは概念的・次元的に区別されるべきものであるが、民法・一般法人法上の両者の区別は曖昧である	株式会社の代表取締役

●法律行為　　　　　　　　　　　　　　　　　　　　　　　　　　代理［第99条］

<代理と使者の比較>

	代理の場合	使者の場合（＊）
意思決定	代理人が決定する	本人が決定する
行為者の能力	意思能力　必要 行為能力　不要（102本文）	意思能力　不要 行為能力　不要
本人の能力	意思能力　不要 行為能力　不要	意思能力　必要 行為能力　必要
意思の欠缺	代理人の意思と表示を比較	本人の意思と使者の表示を比較
意思表示の瑕疵	代理人で判断（101ⅠⅡ）	本人について判断
復任	制限あり（104～106）	原則として許される
責任	無権代理人の責任（117）	なし

＊ 使者とは、本人の決定した効果意思を相手方に表示し（表示機関）、又は完成した意思表示を伝達する（伝達機関）者をいう。使者を用いた場合、意思表示に関する要件はすべて本人について決せられる。

第99条　（代理行為の要件及び効果）
Ⅰ　代理人がその権限内において本人のためにすることを示してした意思表示は、本人に対して直接にその効力を生ずる。
Ⅱ　前項の規定は、第三者が代理人に対してした意思表示について準用する。

《注　釈》

一　代理行為の要件
① 本人のためにすることを示すこと
② 代理人の法律行為が有効に存在すること
③ 代理権の範囲内にあること

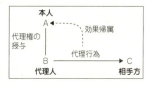

1　①本人のためにすることを示すこと（顕名主義、99Ⅰ）
　(1)　「本人のためにする」とは、本人に効果を帰属させようとする意思（代理的効果意思）があることである。本人の利益を図る意思は必要ではない。
　(2)　顕名は、必ずしも本人の氏名が明示されていなくても、周囲の事情から推断して、本人が誰であるかがわかればよい（100ただし書）。
　(3)　本人の名のみを表示して代理行為を行う場合（署名代理）であっても、代理人に代理意思があると認められる限り有効な代理行為といえる。
　　　代理人に代行権限がない場合、表見代理の規定（110）が類推適用される（最判昭44.12.19）。
　　　∵　相手方は代理権の存在を信頼したわけではないが、その信頼は取引上保護に値する

59

代理［第100条］　　　　　　　　　　　　　　　　　　　　　　●法律行為

　　2　②代理人の法律行為が有効に存在すること
　　3　③代理権の範囲内にあること
　　　　代理権とは、代理人による代理行為の効果を全面的に本人に帰属させる地位、権限をいう。
　　⑴　任意代理権の発生
　　　　任意代理権は、通常、委任（643）により生じる。
　　　　∵　代理は、本人に代わって意思表示（法律行為）をすることであり、委任は「法律行為をすることを相手方に委託」（643）する契約である
　　　　したがって、委任契約の効力として他人に任意代理権が授与される。任意代理権の範囲は、委任契約の内容の解釈によって決定される。
　　　　なお、雇用契約（623）や請負契約（632）等においても代理権が授与される場合があるが、これらの場合には、黙示的に委任契約も締結されているものと解される。
　　　　→売買契約を締結するための代理権には、相手方から取消しの意思表示を受ける権限も含まれる（最判昭34.2.13）〈司〉
　　⑵　法定代理権の発生
　　　　ex.　親権を行う父母（818、819Ⅲ本文）
二　代理行為の効果
　　1　代理人のなした法律行為（代理行為）の効果は、本人に直接に帰属する（99Ⅰ）。
　　2　代理行為に瑕疵原因があれば、それによる効果（錯誤による取消し等）も直接本人に帰属する。法律行為の当事者たる地位（それに基づく取消権、解除権）も本人に帰属する。
三　代理人による権限濫用の効力　⇒ p.65
《その他》
▪代理人が相手方の詐欺により売買契約を結んだ場合、代理人は特に取消権を付与されていない限り取り消し得ない。

第100条　（本人のためにすることを示さない意思表示）

　　代理人が本人のためにすることを示さないでした意思表示は、自己のためにしたものとみなす。ただし、相手方が、代理人が本人のためにすることを知り、又は知ることができたときは、前条第1項の規定を準用する〈共・書〉。

[趣旨]代理人が代理意思を有しているが、顕名を欠いて自己名義で行為を行った場合の相手方の保護について規定したものである。

《注　釈》
▪「本人のためにすることを知り」とは、代理人が代理意思を有している旨を周囲の事情から知っていることを意味する。
　　→本人が代理権を与えた事実、代理権を与えた旨を相手方が知っていても、本条ただし書は適用されない

●法律行為　　　　　　　　　　　　　　　　　　　　　　　　　　代理［第101条］

▪ 顕名は代理行為の時に必要であり、後に本人が代理人の代理意思を相手方に通知しても影響を及ぼさない。代理人と相手方との契約として確定する。
▪ 本条本文が適用される場合、意思表示の効果はすべて代理人に帰属するから、たとえ本人のためにするつもりであり、重過失がなかったとしても、代理人は錯誤取消し（95 I 柱書）を主張できない。

第101条　（代理行為の瑕疵）

Ⅰ　代理人が相手方に対してした意思表示の効力が意思の不存在、錯誤、詐欺、強迫又はある事情を知っていたこと若しくは知らなかったことにつき過失があったことによって影響を受けるべき場合には、その事実の有無は、代理人について決するものとする〈書〉。

Ⅱ　相手方が代理人に対してした意思表示の効力が意思表示を受けた者がある事情を知っていたこと又は知らなかったことにつき過失があったことによって影響を受けるべき場合には、その事実の有無は、代理人について決するものとする。

Ⅲ　特定の法律行為をすることを委託された代理人がその行為をしたときは、本人は、自ら知っていた事情について代理人が知らなかったことを主張することができない。本人が過失によって知らなかった事情についても、同様とする〈株〉。

【平29改正】 改正前民法101条1項の規定は、代理人の意思表示のみに関する規定であるのか、相手方から代理人への意思表示の場合も規定しているのかが不明確であった。そこで、改正民法はかかる点を明確にすべく、両者の場合を1項・2項に分けて規定した。また、本条3項は、改正前民法101条2項から「本人の指図に従って」との要件を除いたものである。これは、特定の法律行為の委託があれば本人の指図があったことは要件としない（不要である）という判例法理（大判明41.6.10等）を明文化するものである。

【趣旨】 代理人は自己の意思表示をなす者（代理人行為説）であるから、意思表示の瑕疵の有無などは代理人を基準とすべきことを規定している（Ⅰ・Ⅱ）。もっとも、本人が代理人の意思決定に影響を与えた場合には、公平の観点より代理人の知・不知に影響を及ぼすものとしている（Ⅲ）。

《注　釈》

一　「代理人」の意思表示の瑕疵（Ⅰ）

1　代理人が相手方に対してした意思表示に瑕疵があるかどうかは、代理人を基準に決定される（Ⅰ）。

　　ex.　即時取得（192）における善意・無過失の判断は、法人については第一次的にはその代表機関について決すべきであるが、その代表機関が代理人により取引したときは、その代理人について判断すべきである（最判昭47.11.21）〈書〉

　　cf.　法人の使用人が法人の目的の範囲外の行為を行い、法人に不当利得が生じたとしても、使用人に法人を代理する権限はないから、使用人の悪意をもって法人の悪意（704）とすることはできない（最判昭30.5.13）

61

代理〔第102条〕　　　　　　　　　　　　　　　　　　　　　　　　　　●法律行為

　　2　代理人の意思表示に錯誤、詐欺、強迫の事情があるときは、取り消しうる行
　　　為として本人に帰属する〈共〉。
　　　　cf.　代理人が詐欺・強迫をした場合　⇒ p.53
二　「相手方」の意思表示の瑕疵（Ⅱ）
　　　相手方が代理人に対してした意思表示の効力が意思表示を受けた者がある事情
　　を知っていたこと又は知らなかったことにつき過失があったことによって影響を
　　受けるべき場合、その事実の有無は、代理人を基準に決定される（Ⅱ）。
　　　ex.1　心裡留保（93Ⅰ）に基づいて相手方がした意思表示について代理人が相
　　　　　手方の真意を知り又は知ることができた場合
　　　ex.2　第三者による詐欺（96Ⅱ）に基づいて相手方がした意思表示について代
　　　　　理人が第三者による詐欺の事実を知っていた場合
三　「特定の法律行為」の意思表示（Ⅲ）
　　　ex.　買主の代理人が売主の無権利につき善意・無過失でも、買主自身が悪意
　　　　の場合、即時取得（192）は成立しない〈書〉

第102条　（代理人の行為能力）〈司書〉

　　制限行為能力者が代理人としてした行為は、行為能力の制限によっては取り消すこ
とができない。ただし、制限行為能力者が他の制限行為能力者の法定代理人としてし
た行為については、この限りでない。

【平29改正】制限行為能力者が他の制限行為能力者の法定代理人としてした行為
（未成年者Aの父Bが成年後見開始の審判を受けている場合において、成年被後見
人であるBがAの法定代理人として行為をしたような場合）については、①本人
（A）にその結果を負担させると、本人の保護という行為能力制度の目的が十分に達
せられないおそれがあり、また②本人が法定代理人（B）を直接選任するわけでは
ない以上、代理人が制限行為能力者であることのリスクを本人が引き受ける根拠は
ないから、本人を保護する必要がある。そこで、本条は、改正前民法102条にはな
かったただし書を新たに追加した。

《注　釈》
一　本条の意味
　　1　代理人は、意思能力者であればよく行為能力者である必要はない。
　　　　そして、代理人が制限行為能力者であったとしても、行為能力の制限を理由
　　　にその代理行為を取り消すことはできない（102本文）〈司共〉。
　　　　∵　代理行為の効果は本人に帰属し、代理人には帰属しないから代理人に不
　　　　　利益は及ばず、制限行為能力者保護の制度趣旨を妥当させる必要がない
　　　　cf.　代理人の後見開始は代理権の消滅事由とされている（111Ⅰ②）
　　2　もっとも、制限行為能力者が他の制限行為能力者の法定代理人としてした行
　　　為は、取り消すことができる（102ただし書）。
　　　　∵　制限行為能力者である本人を保護するため

●法律行為 代理［第103条］

二　委任契約の取消し

制限行為能力者が代理人になれるとしても、授権行為の基礎となる委任契約は
行為能力の制限を理由に取り消しうる（643、5Ⅱ、120Ⅰ）。

→委任契約が取り消されると、授権行為自体も効力を失う（有因）が、代理人
としてした行為自体は有効のままである

第103条　（権限の定めのない代理人の権限）

権限の定めのない代理人は、次に掲げる行為のみをする権限を有する。

① 保存行為🈞
② 代理の目的である物又は権利の性質を変えない範囲内において、その利用又は
改良を目的とする行為🈞

［趣旨］代理権があることは明らかだが、その範囲が不明な場合や、特に範囲を決め
ていない場合にこれを補充する規定が本条である。

《注　釈》

一　権限の定めなき代理人の権限

保存行為、利用行為、改良行為（後二者は物又は権利の性質を変えない範囲
で）をなしうる。

ex. 田畑を宅地に変更（改良行為）すると、性質を変えることとなるので、権限
の定めのない代理人は行うことができない

→処分行為はできないが、管理行為はできるということ

二　保存行為

財産の現状を維持する行為をいう。

ex. 家屋の修繕、消滅時効の完成猶予・更新、未登記不動産の保存登記

三　利用行為

収益を図る行為をいう。

ex. 現金を銀行預金にする、物の賃貸

cf. 現金を株式にすること、使用貸借は、利用行為ではない

四　改良行為

財産の経済的価値（使用価値、交換価値）を増加させる行為をいう。

ex. 家屋に電気・ガス・水道などの設備を施す、無利息の貸金を利息付に改
める

五　判断基準

いずれの行為に該当するかは、代理行為の性質によって定まる。

ex. 債務取立の代理人の代理権には、債務の承認を受ける権限を含むが、代
物弁済を受領する権限は含まない（大判大6.2.7）

総則

63

代理〔第104条〜第106条〕　　　　　　　　　　　　　●法律行為

第104条　（任意代理人による復代理人の選任）

　委任による代理人は、本人の許諾を得たとき、又はやむを得ない事由があるときでなければ、復代理人を選任することができない〈同〉。

第105条　（法定代理人による復代理人の選任）〈典〉

　法定代理人は、自己の責任で復代理人を選任することができる。この場合において、やむを得ない事由があるときは、<u>本人に対してその選任及び監督について</u>の責任のみを負う。

第106条　（復代理人の権限等）

Ⅰ　復代理人は、その権限内の行為について、本人を代表する。
Ⅱ　復代理人は、本人及び第三者に対して、<u>その権限の範囲内において</u>、代理人と同一の権利を有し、義務を負う〈典〉。

【平29改正】復代理人を選任できる要件（104）が厳格なこととの均衡から、改正前民法105条1項は、その責任を軽減するべく、復代理人の「選任及び監督」についてのみ任意代理人が責任を負う旨を定めていた。しかし、債務の履行においては、債権者本人の許諾を得た場合や、やむを得ない事由により債務者が履行補助者を選任した場合であっても、当然に債務者の責任が制限されるものではない。また、債務者が債権者の指名に従ってその債務の履行に第三者を用いた場合（改正前105Ⅱ参照）であっても、一律に債務者の責任が制限されるものではない。このように、同条は合理性を欠いていたことから、削除された。

[趣旨]私的自治のより一層の拡張・補充の要請に基づいて104条以下で復代理制度を設けている。任意代理人の場合、本人の信任に基づくものであり、いつでも辞任しうることから、復任権は制限されているのに対して、法定代理人の場合、権限が広範囲にわたり、その辞任も容易でなく、しかも、本人の信任に基づいたものでないことから、復任権は広く認められている。

《注　釈》

▪復代理人とは、代理人が自己の代理権限内の行為を行わせるために、代理人の名において選任した本人の代理人をいう。

●法律行為　　　　　　　　　　　　　　　　　　　　　　　　　　代理［第107条］

＜復代理に関する知識の整理＞

	任意代理	法定代理
復任権の存否（104、105前段）	・原則……なし（制限主義） ・例外……① 本人の許諾あるとき 　　　　　② やむを得ない事由あるとき	常に復任権あり（自由主義） ∵ 権限義務が広汎で辞任も困難
代理人の責任〈共〉	債務不履行の一般原則に従って責任を負う	・通常 　→復代理人の行為すべてについて責任を負う（「自己の責任で」、105前段） ・やむを得ない事由あり（同後段） 　→選任監督懈怠責任のみ負う
復代理人の地位 対代理人関係	① 復代理権は代理人の代理権に基礎を置く 　・復代理権は代理人の代理権の範囲を超えることはできない 　・復代理人が、復代理権の範囲外の行為をした場合には、その行為がたとえ代理人の代理権の範囲内であっても無権代理となる 　・代理人の代理権が消滅すると、復代理権も消滅する ② 代理人は代理権を譲渡するわけではない 　・復代理人を選任しても、代理人の代理権は消滅しない 　・代理人・復代理人は同等の立場で本人を代理する	
復代理人の地位 対本人関係	① 復代理人は本人の代理人である〈司〉 　・本人の名で代理行為を行い、その効果はすべて本人に帰属する 　→復代理人が代理行為をするに当たっては、本人のためにすることを示せば十分〈司共〉 ② 復代理人は代理人と同一の権利・義務を有する 　ex. 受領物引渡義務（646Ⅰ参照）〈共〉 　→代理人に引き渡せば義務は消滅する	

第107条 （代理権の濫用）

　代理人が自己又は第三者の利益を図る目的で代理権の範囲内の行為をした場合において、相手方がその目的を知り、又は知ることができたときは、その行為は、代理権を有しない者がした行為とみなす。

【平29改正】代理人の権限濫用行為について、改正前民法下では、改正前民法93条ただし書を類推適用し、無効となるとされていた（最判昭42.4.20・百選Ⅰ 26事件）〈司共予書〉。本条は、判例法理の93条ただし書の類推適用という結論を、無権代理行為とみなすという形で維持したものである。

《注　釈》

一　本人・相手方間の関係

　代理権の濫用が無権代理行為とみなされることにより、本条が適用される代理人の行為については、無権代理に関する一連の規定が適用され得る。

　→追認・追認拒絶に関する規定（113・116）、相手方の催告権に関する規定（114）、相手方の取消権に関する規定（115）、無権代理人の責任に関する規

総則

代理［第108条］　　　　　　　　　　　　　　　　　　　　　　　●法律行為

定（117）等の規定は、それぞれの要件が満たされる限り、代理権を濫用し
た代理人の行為に適用される

二　本人・転得者間の関係

　代理権濫用行為の相手方からの転得者の保護について特段の規定はないが、か
かる転得者の保護は94条2項の類推適用、192条などによって図られることとな
る。

第108条　（自己契約及び双方代理等）

Ⅰ　同一の法律行為について、相手方の代理人として、又は当事者双方の代理人とし
てした行為は、代理権を有しない者がした行為とみなす。ただし、債務の履行及び
本人があらかじめ許諾した行為については、この限りでない。

Ⅱ　前項本文に規定するもののほか、代理人と本人との利益が相反する行為について
は、代理権を有しない者がした行為とみなす。ただし、本人があらかじめ許諾した
行為については、この限りでない。

【平29改正】改正前民法108条は、同条に違反した場合の効果を明記しておらず、
その効果が無効なのか、それとも無権代理行為になるのか明らかとなっていなかっ
た。そこで、自己契約・双方代理は無権代理行為とみなすと規定された（Ⅰ）。ま
た、改正前民法下では、改正前民法108条の趣旨が利益相反行為についても及ぶと
する判例（大判昭7.6.6）が存在していたが、その旨の条文は存在しなかった。そこ
で、新たに利益相反行為を無権代理行為とみなす旨を明文化した（Ⅱ）。

[趣旨]自己契約・双方代理は、事実上代理人が自分1人で契約することになって、
本人（当事者の一方）の利益が不当に害されるおそれがあることから、本条1項本
文は、自己契約・双方代理を無権代理行為とみなしている。また、利益相反行為の
場合も、自己契約・双方代理と同様に、これを自由に認めると本人に不利益を生ず
るおそれがあるため、本条2項本文により無権代理行為とされた。

《注　釈》

一　意義

1　自己契約とは、特定の法律行為につき当事者の一方が相手方の代理人になる
ことをいう。

2　双方代理とは、特定の法律行為につき、1人の者が双方の代理人となること
をいう。

3　利益相反取引とは、代理人と本人との利益が相反する行為をいう。

二　違反の効果

　本条1項違反の自己契約・双方代理は無権代理行為とみなされる。また、本条
2項違反の利益相反行為も同様に無権代理行為とみなされる。もっとも、116条
本文により、本人に効果帰属させることは可能である。

三　自己契約、双方代理、利益相反行為が許容される場合

1　「債務の履行」（Ⅰただし書）
　∵　債務の履行であれば、あらかじめなすことが定まっており、本人の不利

●法律行為 代理［第109条］

　　益になることはない

　ex.　「債務の履行」に属さない行為でも、売買に基づく移転登記申請（最判
　　　　昭43.3.8）〈同〉、株式の名義書換は許される

　cf.　代物弁済（482）、期限未到来の債務の弁済は許されない

　＊　利益相反行為については、債務の履行が例外的に許容される旨の明文は
　　　存在しない。これは、「債務の履行」は本人の利益を害するものと解され
　　　ないため、そもそも利益相反行為に該当しないと考えられたからである。

　2　「本人があらかじめ許諾した行為」（Ⅰただし書、Ⅱただし書）〈同共〉
　　∵　自己契約・双方代理・利益相反行為の禁止は本人の利益を保護するもの
　　　　である

四　利益相反行為か否かの判断

　　利益相反行為にあたるかどうかは、826条にいう利益相反行為に関する判例
　（最判昭42.4.18）と同様に、代理人の動機や意図からではなく、代理行為自体を
　外形的客観的に考察して判定される。　⇒p.698

五　法定代理の場合

　　法定代理では、法定代理人・本人間の利益相反取引について特則が設けられる
　場合が多い（826、851④、860、876の2Ⅲ）。

第109条　（代理権授与の表示による表見代理等）

Ⅰ　第三者に対して他人に代理権を与えた旨を表示した者は、その代理権の範囲内に
　おいてその他人が第三者との間でした行為について、その責任を負う。ただし、第
　三者が、その他人が代理権を与えられていないことを知り、又は過失によって知ら
　なかったときは、この限りでない。

Ⅱ　第三者に対して他人に代理権を与えた旨を表示した者は、その代理権の範囲内に
　おいてその他人が第三者との間で行為をしたとすれば前項の規定によりその責任を
　負うべき場合において、その他人が第三者との間でその代理権の範囲外の行為をし
　たときは、第三者がその行為についてその他人の代理権があると信ずべき正当な理
　由があるときに限り、その行為についての責任を負う。

【平29改正】代理権授与表示がなされたものの代理権を有しない者が、表示された
代理権の範囲外の行為をした場合には、改正前民法109条・110条を重畳適用する
判例（最判昭45.7.28・百選Ⅰ32事件）が存在していた。本条2項は、かかる判例
法理を明文化したものである。なお、本条1項は、改正前民法109条と変わらない。

【趣旨】真正な代理権を欠く代理行為は、本来無効である。しかし、本人と無権代理
人との間に特殊な関係がある場合〈同〉には、無権代理人を真の代理人と誤認して取引
した相手方に不測の損害を与えかねない。そこで、109条、110条、112条で表見代
理制度を設け、本人の犠牲の下、相手方の保護を図っている。

　本条は、本人が第三者（相手方）に対して、他人に代理権を与えた旨表示した
が、実際には代理権を与えていなかったという類型について規定する。

代理［第109条］　　　　　　　　　　　　　　　　　　　　　　　●法律行為

《注　釈》

一　109条1項の要件（Ⅰ）

① 本人が第三者に対して、ある人に代理権を与えた旨の表示をしたこと
② 無権代理人が表示された代理権の範囲内で代理行為をすること
③ 相手方が善意・無過失であること

1　①本人が第三者に対して、ある人に代理権を与えた旨の表示をしたこと

(1)　「表示」とは、授権の意思表示でなく、観念の通知である。しかし、意思表示に関する規定が類推適用される⚞囲⚟。

(2)　表示の相手方は特定人でも不特定人でもよく、また、口頭でも文書でもよい。

(3)　「第三者」は授権表示を受けた直接の相手方に限られる。

(4)　白紙委任状交付の場合

　(a)　転々流通が予定されているとき

　　　委任状の交付は代理権の授与に他ならず、委任事項以外の行為が行われた場合でない限り、代理権授与契約が成立する（有権代理）。

　(b)　転々流通が予定されていないとき

　　　①ある者が本人から信頼され白紙委任状を預かったようなとき（直接型）と②ある者がその白紙委任状を他から手に入れたとき（間接型）の2つのケースが主に考えられる。

　　　①のケースでは、白紙委任状の補充をもって代理権授与の表示と見ることが可能である。なお、白紙委任状の交付を受けた者には何らかの代理権が授与されていることが多く、かかる者が委任事項以外の事項について代理した場合には、110条の成立可能性もあるが、何らの代理権も授与されていない場合には、110条の適用の余地はなく、109条1項又は2項の適用が問題となる。

　　　②のケースでは、白紙委任状の補充をもって代理権授与の表示と見るのは難しい。本人の意図せぬ代理権授与の外観が作出されているからである。判例（最判昭39.5.23・百選Ⅰ27事件）は、委任事項欄が濫用された場合に代理権授与表示の存在を否定している。一方、代理人を誰として補充するかはともかく、委任事項については濫用的な補充がされていなかった場合において、代理権授与表示の存在を認めている（最判昭42.11.10）。

2　②無権代理人が表示された代理権の範囲内で代理行為をすること

　授権表示の範囲を超えた無権代理行為の場合には、権限外の行為の表見代理を定めた109条2項（109Ⅰと110との重畳適用）が適用される。

3　③相手方が善意・無過失であること（Ⅰただし書）

　本人は、相手方の悪意・有過失を立証することで109条1項の責任を免れる（最判昭41.4.22）⚞囲⚟。

二　表示された代理権の範囲を超える場合（Ⅱ）

　本条2項は、109条1項の要件に110条の要件を上乗せするという構造になっ

●法律行為   代理［第110条］

ている。したがって、①代理行為、②顕名、③代理権授与表示の存在、④権限が
あると信じたこと、⑤④についての正当事由を主張立証しなければならない。

三　適用範囲
　　本条は、任意代理についてのみ適用され、法定代理には適用されない。

四　効果
　1　相手方の109条成立（表見代理）の主張で、効果は本人に全面的に帰属す
　　る。
　2　表見代理も広義の無権代理の一場面なので、相手方は表見代理を主張せず、
　　取消権を行使（115）してもよく、本人も追認（116）により効果帰属を確定的
　　にできる。　⇒p.78（無権代理人の責任（117）との関係）

五　判例（類推適用例）
　　東京地裁の一部局ではない組織が東京地裁厚生部と呼称され、地裁内で営業行
　為をしていた事案において、国は民法109条、商法14条等の法理に照らし東京地
　方裁判所当局は自ら責に任ずべきものと解した（最判昭35.10.21・百選I 28事件）
　◁同。

第110条　（権限外の行為の表見代理）
　　前条第1項本文の規定は、代理人がその権限外の行為をした場合において、第三者
　が代理人の権限があると信ずべき正当な理由があるときについて準用する。

［趣旨］本条は、何らかの代理権（基本代理権）を有する者が、その代理権の範囲
を超えて代理行為をした類型についての規定であり、代理権の範囲に対する信頼を
保護することで、取引安全、ひいては代理制度に対する信頼を維持しようとするも
のである。

《注　釈》
一　要件◁司H22
　　①　基本代理権が存在すること
　　②　代理人がその権限を逸脱した事項につき代理行為をしたこと
　　③　代理権ありと相手方が誤信し、かつ、そう誤信するにつき正当な理由があ
　　　ること
　1　①基本代理権が存在すること
　　　基本代理権は必ずしも私法上の法律行為における代理権である必要はない◁通。
　　単なる事実行為をなす権限は、基本代理権たりえない。預金の勧誘外交員が
　　単に勧誘行為を委託したのみでは110条の基本代理権とはならない（最判昭35.
　　2.19・百選I 29事件）。
　　＊　判例は一貫性を欠くと評価されている。
　　　　ex.1　印鑑証明書下付申請行為は公法上の行為であり、その権限は基本代
　　　　理権にあたらない　∵申請されても私法上の効果は生じない
　　　　ex.2　登記申請についての権限は基本代理権にあたる（最判昭46.6.3）◁拱
　2　②代理人がその権限を逸脱した事項につき代理行為をしたこと

代理［第110条］　　　　　　　　　　　　　　　　　　　　　　　●法律行為

(1)　代理人が代理権限を逸脱する行為を本人名義で行った場合には、本条は適用されない。しかし、相手方がこの者を本人であると信じたことに正当な理由がある場合には、本条が類推適用される（最判昭 44.12.19）司。

(2)　権限逸脱の行為は、基本代理権との関係で同種の同質的な行為である必要はない。

3　③代理権ありと相手方が誤信し、かつ、そう誤信するにつき正当な理由があること

(1)　「第三者」

「第三者」とは、無権代理行為の直接の相手方をいい、転得者を含まない（最判昭 36.12.12）共。

cf.　無権代理人の振り出した約束手形につき、本人が、110 条及び 112 条により受取人に対して振出人としての責任を負う場合には、被裏書人の正当理由・無過失を問題とすることなく、受取人からの被裏書人に対しても同様の責任（最判昭 35.12.27）を負う司

(2)　「正当な理由」

代理権があると信じたことにつき過失がないことをいう。本人に過失があることは必要でない（最判昭 34.2.5）司。

ex.　本人から、実印・印鑑証明書・権利証・委任状などを託された代理人が権限外の行為をした場合には正当な理由があると認められやすい

cf.1　夫婦の一方が他方の実印などを所持している場合は、必ずしも「正当な理由」があるとされるとは限らない

cf.2　継続取引上自己の負担する債務について、保証人の代理人として連帯保証契約を締結した者が、保証契約書、印鑑証明書を持参していても、期間及び限度額の定めのない責任の重い連帯保証であり、実父にも保証人になってもらえなかった等の事情のあるときは、本人に保証の意思を確認しなかった場合には正当な理由があるとはいえない（最判昭 51.6.25・百選Ⅰ 30 事件）

二　適用範囲

1　本条は法定代理にも適用される（大連判昭 17.5.20）共。

2　夫婦の一方が日常の家事に関する代理権の範囲を超えて第三者と法律行為をした場合、日常家事代理権（761）を基礎として本条の表見代理が成立するものではない。しかし、相手方に当該夫婦の日常家事に関する法律行為と信ずるにつき正当な理由がある場合には 110 条の趣旨が類推適用される（最判昭 44.12.18・百選Ⅲ 9 事件）司共司 R2。　⇒ p.666

《その他》

▪ 定款により不動産の売却には理事会の承認が必要とされていることを買主が知っていたために一般法人法 77 条 5 項にいう「善意」であるとはいえない場合でも、買主が、当該不動産売却につき理事会の決議があったと信じ、かつ信ずるにつき正当な理由がある場合には、本条が類推適用される（最判昭 60.11.29・百選Ⅰ 31

●法律行為　　　　　　　　　　　　　　　　　　　　　　　代理〔第111条〕

事件）。　⇒ p.35

第111条　（代理権の消滅事由）

Ⅰ　代理権は、次に掲げる事由によって消滅する。
　①　本人の死亡〈司〉
　②　代理人の死亡又は代理人が破産手続開始の決定若しくは後見開始の審判を受けたこと〈共書〉。
Ⅱ　委任による代理権は、前項各号に掲げる事由のほか、委任の終了によって消滅する。

［趣旨］本条は、代理権の消滅原因に関する通則的規定である。法定代理に特有のものは、個々の規定に委ねられている。

《注　釈》

一　代理権の消滅原因〈共子〉

1　代理権共通の消滅原因
　　本人の死亡（111 Ⅰ①）、代理人の死亡、破産手続開始の決定、後見開始の審判（111 Ⅰ②）。

2　任意代理特有の消滅原因
　　任意代理権は、「委任の終了」（111 Ⅱ）により消滅する。
　　∵　委任契約が消滅すると、代理権を存続させる意味がなくなる
　　委任は、以下の事由によって終了する。
　①　委任者又は受任者が委任の解除をした場合（651 Ⅰ）
　②　委任者の死亡（653①）
　③　受任者の死亡（同①）
　④　委任者が破産手続開始の決定を受けたこと（同②）
　⑤　受任者が破産手続開始の決定を受けたこと（同②）
　⑥　受任者が後見開始の審判を受けたこと（同③）
　　したがって、代理権共通の消滅原因と重複しない任意代理権特有の消滅原因は、上記①及び④である。

3　法定代理権特有の消滅原因
　　法律関係ごとに規定されている（25 Ⅱ、26、834、835 等）。

＜代理権の消滅原因＞

		死亡	破産手続開始の決定	後見開始	解約告知
任意代理	本人	○ （111 Ⅰ①）	○ （653②）	×	○ （651）
	代理人	○〈司〉 （111 Ⅰ②）	○〈書〉 （111 Ⅰ②）	○ （111 Ⅰ②）	○ （651）

代理［第112条］　　　　　　　　　　　　　　　　　　●法律行為

		死亡	破産手続開始の決定	後見開始	解約告知
法定代理	本人	○ (111Ⅰ①)	×	×	×
	代理人	○ (111Ⅰ②)	○ (111Ⅰ②)	○ (111Ⅰ②)	

二　復代理特有の消滅原因

1　代理人・復代理人間の授権行為ないしその基礎をなす対内関係の消滅
2　代理人の有する代理権の消滅〈判〉

第112条　（代理権消滅後の表見代理等）

Ⅰ　他人に代理権を与えた者は、代理権の消滅後にその代理権の範囲内においてその他人が第三者との間でした行為について、代理権の消滅の事実を知らなかった第三者に対してその責任を負う。ただし、第三者が過失によってその事実を知らなかったときは、この限りでない。

Ⅱ　他人に代理権を与えた者は、代理権の消滅後に、その代理権の範囲内においてその他人が第三者との間で行為をしたとすれば前項の規定によりその責任を負うべき場合において、その他人が第三者との間でその代理権の範囲外の行為をしたときは、第三者がその行為についてその他人の代理権があると信ずべき正当な理由があるときに限り、その行為についての責任を負う。

【平29改正】改正前民法112条は、無権代理行為の相手方の主観的要件について「善意」と規定していたが、善意の対象が明らかではなかったため、善意の対象が「代理権の消滅の事実」であることが明確に示された（Ⅰ）。また、改正前民法110条と112条を重畳適用する判例（大連判昭19.12.22・百選Ⅰ33事件）が明文化された（Ⅱ）。

[趣旨]代理権の消滅が取引の相手方には容易に知りえないことから代理権の存続への信頼を保護する趣旨である。本条は、代理権の消滅後なお代理人として行為をした類型についての規定である〈同〉。

《注　釈》

一　112条1項の要件（Ⅰ）

①　かつて存在していた代理権が代理行為当時には消滅していたこと
②　かつて存在した「その代理権の範囲内において」代理行為が行われたこと
③　「代理権の消滅の事実」につき相手方が善意・無過失であること

1　①かつて存在していた代理権が代理行為当時には消滅していたこと
　初めから代理権のない者の行った代理行為には本条は適用されない。なお、相手方が代理人とその代理権の消滅前に取引したことがなくても、本条は適用される（最判昭44.7.25）〈同〉。

2　②かつて存在した「その代理権の範囲内において」代理行為が行われたこと

●法律行為 代理［第113条］

代理権消滅後に、かつての代理権限を逸脱してなされた場合は、本条2項が適用される。

3　③代理権の消滅の事実につき相手方が善意・無過失であること

「代理権の消滅の事実を知らなかった」とは、過去に存在した代理権が代理行為の前に消滅したことを知らなかったことをいう。

→過去に代理権が存在していたことを知っていた者が、その代理権が消滅したことを知らなかったという過程が必要であり、単に代理行為時に代理権が存在しなかったことを知らなかったというだけでは、「善意」に当たらない

「第三者」は無権代理の直接の相手方に限られ、転得者は含まれない◀圏。

二　消滅した代理権の範囲を超える場合（Ⅱ）

本条2項は、112条1項の要件に110条の要件を上乗せするという構造になっている。したがって、本条2項に基づいて重畳適用を主張する者は、①代理行為、②顕名、③過去の代理権の存在、④代理権の消滅の事実、⑤④についての善意、⑥権限があると信じたこと、⑦⑥についての正当事由を主張・立証することになる。

三　適用範囲

法定代理には適用されない（∵「他人に代理権を与えた者」という文言）。

第113条　（無権代理）

Ⅰ　代理権を有しない者が他人の代理人としてした契約は、本人がその追認をしなければ、本人に対してその効力を生じない。

Ⅱ　追認又はその拒絶は、相手方に対してしなければ、その相手方に対抗することができない。ただし、相手方がその事実を知ったときは、この限りでない◀醤。

［趣旨］無権代理行為は、原則として本人に効果帰属しない。しかし、本人にとって有利な無権代理行為の場合等、本人が効果帰属を望む場合もある。そこで、本人に追認の途を残したのが本条である。

《注　釈》

一　追認権・追認拒絶権

1　意義

無権代理人がした契約は、その効果を生じない（有効とも無効とも確定しない）という不安定な状態に置かれる。本人がこの不安定な状態を解消するための権利が、追認権（契約を有効なものとして確定させる権利）及び追認拒絶権（契約を無効なものとして確定させる権利）である。

2　追認は、相手方又は無権代理人に対してなすことを要する。無権代理人に対してした場合は、本人と無権代理人との間では効力が生じ、無権代理人に対しては追認の効果を主張することができる（大判大8.10.23）◀斟が、相手方がその事実を知るまでは、相手方に対して追認したことを主張できない（113Ⅱ）。しかし、相手方がこの追認による効果を主張するときはその効果を免れることは

73

代理［第113条］　　　　　　　　　　　　　　　　　　　　　　　　●法律行為

できない（大判大14.12.24）。

3　追認が無権代理人に対してなされた場合、相手方はその事実を知るまでは取消権（115）を行使しうる〈共〉。

　　cf.　相手方が取消権を行使した後は、本人は追認権を行使できない

4　本条の適用の前提として、無権代理人が顕名をして行為をし、その法律的効果を他人に帰属させる意思を有することが必要である。

5　無権代理行為について本人が追認を拒絶した後は、本人であっても追認によってその行為を有効とすることができない（最判平10.7.17）〈同〉。

二　無権代理と相続

＜無権代理と相続に関する判例の整理＞

相続の内容		単独・共同	判例
無権代理人が本人を相続した場合（＊）		単独相続	本人が自ら法律行為をしたのと同様の法律上の地位を生じる（当然に有効な法律行為になる） →追認を拒絶することはできない （最判昭40.6.18）〈書〉
		共同相続	追認権は共同相続人に不可分に帰属する →①　他の共同相続人全員が追認している場合に無権代理人が追認を拒絶することは信義則上許されない ②　他の共同相続人全員の追認がない限り無権代理行為は、無権代理人の相続分に相当する部分においても当然に有効となるものではない （最判平5.1.21・百選Ⅰ36事件）〈同共書〉〈同H28〉
本人が無権代理人を相続した場合		単独相続	相続人たる本人が被相続人の無権代理行為の追認を拒絶しても何ら信義則に反しないから、被相続人の無権代理行為は本人の相続により当然有効となるものではない（両地位は併存し、融合しない） （最判昭37.4.20・百選Ⅰ35事件）〈同書〉
		共同相続	117条による無権代理人の債務が相続の対象となることは明らかであって、本人は相続により無権代理人の右債務を承継するのであり、本人として無権代理行為の追認を拒絶できる地位にあったからといって右債務を免れることはできない （最判昭48.7.3）〈同共書〉
無権代理人と本人の双方を相続した場合	まず無権代理人を相続し、次いで本人を相続した場合		相続人は本人の資格で無権代理行為の追認を拒絶する余地はなく、本人が自ら法律行為をしたと同様の法律上の地位ないし効果を生ずるものと解するのが相当である （最判昭63.3.1）〈同書〉
	まず本人を相続し、次いで無権代理人を相続した場合		判例は見当たらない

●法律行為　　　　　　　　　　　　　　　　　　　　　　　　　代理［第114条］

＊　本人の追認拒絶後に無権代理人が本人を相続したとしても、無権代理行為が有効になる
　ものではなく、無権代理人が本人の追認拒絶の効果を主張することがそれ自体信義則に反
　するとはいえない（最判平10.7.17）◀司共書▶
　∵　本人が生前に追認拒絶した後に死亡した場合、無権代理の効力が本人に及ばな
　　いことが確定する

三　他人物売買と相続

1　他人物売主が権利者を相続した場合
　相続により他人物売主が目的物の所有権を取得すると法律上の障害がなくな
り買主は当然に権利を取得する。
2　権利者が他人物売主を相続した場合
　権利者の地位と他人物売主の地位は同一人の下で併存し、権利者は、信義則
に反すると認められるような特別の事情のない限り、履行義務を拒否すること
ができる（最大判昭49.9.4）。

《その他》

▪不動産売買の無権代理行為後、本人が相手方に代金請求した場合には、黙示の追
認にあたる。

▪無権代理人が本人の不動産を売却した後に本人から不動産の譲渡を受けた場合
に、相手方が117条1項により履行を選択したときは、売買契約が無権代理人と
相手方の間に生じたのと同様の効果を生ずる（最判昭41.4.26）◀司共▶

▪未成年後見人が後見人に就任する前に、未成年後見人と称して未成年者所有の不
動産を売却した場合、未成年後見人に就任した後になって、無権代理行為の追認
を拒絶することは信義則上（1Ⅱ）許されない（最判昭47.2.18）。

▪成年後見人が、後見人就任前に成年被後見人の無権代理人により締結された契約
の追認を拒絶した場合には、諸般の事情を勘案して、追認拒絶が信義則に反しな
いと解される場合がある（最判平6.9.13・百選Ⅰ6事件）。

第114条　（無権代理の相手方の催告権）

　前条の場合において、相手方は、本人に対し、相当の期間を定めて、その期間内に
追認をするかどうかを確答すべき旨の催告をすることができる◀書▶。この場合において、
本人がその期間内に確答をしないときは、追認を拒絶したものとみなす◀書▶。

[趣旨]無権代理行為の追認は本人の自由であるが、その間相手方は不安定な状態
に置かれる。そこで、本条は本人に対して追認をなすかどうかを催告することがで
きるものとした。

《注　釈》

▪催告は意思の通知であり、意思表示ではないが、意思表示の規定が類推適用され
る。

▪催告の効果は、本人の確答により、無権代理契約は有効又は無効なものとして確
定する。もっとも、期間内に確答がない場合には追認拒絶が擬制され、契約は無
効なものとして確定する（後段）◀司共▶

cf.　本人の追認の意思表示は、相当期間内に到達することを要する（97Ⅰ）

75

代理［第115条〜第116条］　　　　　　　　　　　　　　　　　　●法律行為

《その他》

- 条文に制限がない以上、悪意の相手方にも認められる《同》。
- 催告期間経過前で、追認又は追認拒絶があるまでの間は、催告を撤回できる。
- 無権代理行為の相手方が代理人に対して相当の期間を定めて追認するか否を確答するよう催告した場合については、本条のような規定はない。
- 表見代理の成立（109、110、112）を主張しうる場合であっても、これを主張せずに本人に対して追認を催告し、本人の確答がない場合には、追認が拒絶されたものとみなされる。

第115条　（無権代理の相手方の取消権）

　代理権を有しない者がした契約は、本人が追認をしない間は、相手方が取り消すことができる《書》。ただし、契約の時において代理権を有しないことを相手方が知っていたときは、この限りでない《書》。

[趣旨] 無権代理行為の相手方は不安定な地位に置かれるので、代理権のないことを知らなかった相手方を保護するために相手方に取消権を与えた。

《注　釈》

一　取消権行使の要件

1　無権代理人に代理権がないことを知らないこと（ただし書）《同》
　　→過失の有無は不問
2　取消しは、本人・無権代理人のどちらに対して行ってもよい。
3　本人が追認する以前になすことが必要である《同》。

二　取消権行使の効果

1　無権代理行為の効果を無効なものとして確定する《同》。
2　無権代理行為による契約を取り消すと、相手方は無権代理人の責任（117 I）も表見代理（109、110、112）の主張をすることもできなくなる。

第116条　（無権代理行為の追認）

　追認は、別段の意思表示がないときは、契約の時にさかのぼってその効力を生ずる《共》。ただし、第三者の権利を害することはできない。

[趣旨] 本条本文は、追認をなす者の通常の意思を推測して追認の遡及効を規定する。もっとも、追認がなされるまでの間に本人・第三者間でなされた行為の効果が否定されることを防止すべく、ただし書を設けた。

《注　釈》

一　遡及効の例外

1　当事者（相手方）の同意があるとき（本文）
2　第三者の権利を害するとき（ただし書）
　　本条ただし書は、無権代理行為の相手方の取得した権利と第三者の取得した権利とが、ともに特段の対抗要件を要しないで排他的効力を主張する場合にのみ適用される。

76

●法律行為   代理［第117条］

∴　第三者がすでに排他的効力を得ている場合には、追認によってもその権
　利は害されない

ex.　AのCに対する代金債権につき、Aの無権代理人BがCから弁済を受け
　た後、Aの債権者Dがその代金債権を差し押さえた場合は、差押後にAが
　Bの弁済受領行為を追認しても、Dの差押えの効力を害するので遡及しな
　い（大判昭5.3.4）〈共〉

cf.　Aの無権代理人BがAの不動産をCに売った後、A自身がこれをDに売
　って登記を済ませた場合には、AがBの無権代理行為を追認してもDの地
　位は害されない（177）ので、本条ただし書は適用されない〈書〉

二　本条の類推適用

ex.1　無権利者が他人の権利を自己に属するものとして処分し、後に権利者が
　追認した場合には、本条の類推適用により処分の時に遡って効力を生じる
　（最判昭37.8.10・百選Ⅰ38事件）〈司〉

ex.2　譲渡制限特約のある預貯金債権について譲受人が悪意・重過失であって
　も、その後、債務者が承諾を与えたときは、右債権譲渡は譲渡の時に遡っ
　て有効となるが、本条の法意に照らし、第三者の権利を害することはでき
　ない（最判平9.6.5・百選Ⅱ25事件参照）⇒ p.391

ex.3　AがBに無断でAB間の婚姻の届出をした場合において、AB間の夫婦
　としての実質的な生活関係があり、かつBが届出の事実を知ってこれを追
　認したときは、その婚姻は届出の当初に遡って有効となる（最判昭
　47.7.25・百選Ⅲ3事件）⇒ p.660

《その他》

- 他人の子Aを自分の実子として届け出たB夫婦（戸籍上の親）が、Aが3歳の時
　にその代諾権者（797）としてC夫婦と養子縁組をした場合（無権代理行為）、養
　子となったAが15歳に達した後は、これを追認して有効な養子縁組とすることが
　できる（最判昭27.10.3）。

- 養子縁組の追認には本条ただし書は類推適用されない（最判昭39.9.8・百選Ⅲ40
　事件）。

第117条　（無権代理人の責任）

Ⅰ　他人の代理人として契約をした者は、自己の代理権を証明したとき、又は本人の
　追認を得たときを除き、相手方の選択に従い、相手方に対して履行又は損害賠償の
　責任を負う〈司書〉。

Ⅱ　前項の規定は、次に掲げる場合には、適用しない。

①　他人の代理人として契約をした者が代理権を有しないことを相手方が知ってい
　たとき。

②　他人の代理人として契約をした者が代理権を有しないことを相手方が過失によ
　って知らなかったとき。ただし、他人の代理人として契約をした者が自己に代理
　権がないことを知っていたときは、この限りでない〈司〉。

③　他人の代理人として契約をした者が行為能力の制限を受けていたとき。

77

代理［第117条］　　　　　　　　　　　　　　　　　　　　　　●法律行為

[平29改正]本条1項は、改正前民法117条1項の「自己の代理権を証明することができず、かつ、本人の追認を得ることができなかったときは」という表現を改め、この2つの要件の主張立証責任が代理人側にあることを明示した。また、本条2項は、改正前民法本条2項の規定を基本的に維持しつつ、本条2項2号ただし書において、無権代理人が自己に代理権のないことを知っていた場合（悪意）には、たとえ相手方に過失があった場合でも、相手方は無権代理人に本条1項所定の責任を追及することができる旨を新たに定めた。

[趣旨]本条は、代理行為の相手方をできる限り保護して取引の安全を図り、かつ代理制度の信頼を維持しようとして無権代理人に重い責任を負わせている。

《注　釈》

一　要件

① 無権代理であること（有権代理であることの証明ができないこと）

② 本人の追認がないこと（Ⅰ）〈司〉

③ 115条の取消権を行使していないこと

④ 代理権のないことにつき悪意・有過失でないこと（Ⅱ①②本文）〈司〉
　　→本条2項2号本文の「過失」があっても、無権代理人が代理権を有しないことについて悪意である場合には、責任追及が可能（Ⅱ②ただし書）

⑤ 無権代理人が行為能力の制限を受けていないこと（Ⅱ③）
　　→制限行為能力者保護の要請から加えられた要件

二　責任の内容

1 無権代理人の責任は、無過失責任である（最判昭62.7.7・百選Ⅰ34事件）〈書〉。
　　cf. 無権代理人に故意・過失があるのであれば、相手方は不法行為責任を追及することができる（相手方の過失は過失相殺の対象となるにすぎない）

2 無権代理人は表見代理の成立を理由に、相手方に対して自分が履行の責任を負わないと主張することはできない（最判昭62.7.7・百選Ⅰ34事件）〈供〉。
　　∵ 表見代理は相手方保護のための制度であって、その主張をするかどうかは相手方の選択に委ねられる

3 無権代理人は、相手方の選択に従い、①履行責任か、②損害賠償責任を負う（Ⅰ）〈司〉。

(1) 履行責任

　(a) 本来、本人との間で発生するはずであった法律関係が、そのまま相手方・無権代理人間の法律関係となる。
　　　→その権利義務一切の関係が、相手方との間に存在することになる

　(b) 相手方が履行責任を選択し無権代理人が代理契約の目的物の権利を取得すると、無権代理人と相手方との間に売買契約が生じたのと同様の効果が生じる（相手方は所有権を取得する）（最判昭41.4.26）。

(2) 損害賠償責任

　　信頼利益（契約が無効又は不成立であるのに、それを有効と信じたことによって被った損害）のみならず履行利益（債務の本旨に従った履行がなされ

ていれば債権者が得られたであろう利益）も含まれる（∵履行請求に代わる損害賠償）（大判大 4.10.2）。また、本条の損害賠償責任は、不法行為による賠償責任ではないから、3 年の短期消滅時効にはかからない（最判昭 32.12.5）同。

三　「過失」（Ⅱ②本文）の意義

A説：有過失を意味する（最判昭 62.7.7・百選Ⅰ 34 事件）論

∵　本条1項は無権代理人に無過失責任という重い責任を負わせるものであり、そのように他人の重い責任によって保護を受ける相手方には、重大な過失にとどまらず無過失まで要求してよい

B説：重過失を意味する

∵　無権代理人の責任は表見代理が成立しない場合における補充的な責任であるから、本条を機能させるためには2項の「過失」を「重過失」と読むべきである

第118条　（単独行為の無権代理）

　単独行為については、その行為の時において、相手方が、代理人と称する者が代理権を有しないで行為をすることに同意し、又はその代理権を争わなかったときに限り、第113条から前条までの規定を準用する。代理権を有しない者に対しその同意を得て単独行為をしたときも、同様とする。

《注　釈》

一　相手方のない単独行為の無権代理　ex. 寄附行為、相続の承認・放棄

1　絶対的に無効である。

　　→本人の追認も無効

2　無権代理人の責任も生じない。

二　相手方のある単独行為　ex. 解除

1　原則として無効である。

2　ただし、①能働代理（代理人が意思表示を行う場合）の場合、代理権なく行為することに行為当時相手方が同意し、代理権を争わない場合には、無権代理として不確定無効となる。また、②受働代理（代理人として相手方の意思表示を受ける場合）の場合、無権代理人の同意を得てなされた場合には、無権代理として不確定無効となる。

■第4節　無効及び取消し

《概　説》

一　無効・取消し

1　無効とは、法律効果を当初から全く生じないものとして取り扱うものである。

2　取消しとは、いったん法律効果を発生させた後に、これを消滅させる余地を認めるものである。

3　いずれも法目的達成のための技術で、無効とするか取消しとするかは立法政策により決まる。

無効及び取消し［第119条］　　　　　　　　　　　　　●法律行為

二　無効・取消しの差異

＜無効と取消しの差異の整理＞

	主張の要否	効力喪失時期	追認	消滅時効	具体例
無効	不要＝当然に効力なし	最初から効力なし	追認により効力を生じない（119本文）（＊）	なし〈同〉	・意思能力を欠く場合（3の2） ・90条違反
取消し	必要＝取消権者の取消しがあってはじめて効力を失う	取り消さない間は効力があるが、取り消されると最初から効力なし（121）	追認により確定的に有効になる（122）	あり（126）	・行為能力を欠く場合 ・詐欺・強迫による意思表示（96Ⅰ）

＊　ただし、無効であることを知って追認したときは、新たな行為をしたものとみなす（119ただし書）。

第119条　（無効な行為の追認）

　無効な行為は、追認によっても、その効力を生じない。ただし、当事者がその行為の無効であることを知って追認をしたときは、新たな行為をしたものとみなす。

[趣旨]本条本文は、無効なものは何人の主張であっても絶対的に効力がなく、追認によっても有効となしえないことを規定する。もっとも、反社会的行為でない限り、当事者が望む以上当該行為に何らかの法律効果を認めてよい。そこで、本条ただし書は、追認を当事者間では新たな行為をなしたものとみなすことにした。

《注　釈》

一　無効行為の非遡及的追認

　　本条の「無効」は確定的無効（90、91、93Ⅰただし書、94Ⅰ）を指す。

　　当事者が無効であることを知った上でこれを追認したときは、従前の無効原因が除去されている場合に限り、追認の時に従前の法律行為と同一内容の行為を新たになしたものとみなされる（ただし書）〈同書〉。しかし、法律行為の内容が強行法規又は公序良俗に反するような場合には、追認しても有効にならない。

二　無効行為の転換

1　無効行為の転換とは、無効な法律行為が他の法律行為の要件を備える場合、後者の有効な法律行為として効力を認めることをいう。

2　不要式行為への転換は自由である（119ただし書、524、528）。

3　要式行為への転換

（1）　一定の形式自体が要求される要式行為（ex.手形行為）への転換は許されない。

（2）　意思表示を慎重・明確にする必要から要式行為とされるものへの転換は可能である。

　　　ex.　秘密証書遺言→自筆証書遺言（971）

80

●法律行為 　　　　　　　　　　　　　　　　　　　　　無効及び取消し［第120条］

＜無効行為の転換に関する判例の整理＞

無効行為	転換の肯否
妾との間の子を本妻との間の嫡出子として届出	認知への転換を肯定 （最判昭 53.2.24・百選Ⅲ 30 事件）
妾との間の子をいったん他人の嫡出子として届け出た後、その他人の代諾により養子縁組	認知への転換を否定
他人の子を養子とするため、自分の嫡出子として届出	養子縁組への転換を否定 （最判昭50.4.8・百選Ⅲ39事件）

第120条 （取消権者）

Ⅰ 行為能力の制限によって取り消すことができる行為は、制限行為能力者（他の制限行為能力者の法定代理人としてした行為にあっては、当該他の制限行為能力者を含む。）又はその代理人、承継人若しくは同意をすることができる者に限り、取り消すことができる〈書〉。

Ⅱ 錯誤、詐欺又は強迫によって取り消すことができる行為は、瑕疵（かし）ある意思表示をした者又はその代理人若しくは承継人に限り、取り消すことができる〈共書〉。

【平29改正】本条１項については、新たにかっこ書部分が追加された。新たに追加された部分は、102条ただし書の規定に対応するものである。本条２項については、新たに「錯誤」が追加された。これは、錯誤による意思表示の効果が「無効」ではなく「取消し」に変更されたためである。

《注 釈》

◆ 取消権者

1 表意者自身（制限行為能力者、瑕疵ある意思表示をした者）〈同〉、法定代理人〈同〉、任意代理人、承継人が含まれる。

(1) 制限行為能力者自身は、意思能力があれば保護者の同意を得ずに単独で取り消すことができる〈書〉。この取消しの意思表示を行為能力の制限を理由に取り消すことはできない〈書〉。

(2) 制限行為能力者が他の制限行為能力者の法定代理人としてした行為は、取り消すことができる（102ただし書）。

∵ 制限行為能力者である本人を保護するため ⇒ p.62

(3) 「承継人」には、包括承継人の他、契約上の地位の特定承継人も含まれる〈同〉。

2 制限行為能力者の行為があった場合（Ⅰ）の取消権者には、「同意をすることができる者」も含まれる。したがって、保佐人（13Ⅰ本文）〈同〉、臨時保佐人（876の2Ⅲ）、保佐監督人（876の3Ⅱ、851③④）は取消権を有する。また、特定の法律行為について同意権を付与された補助人（17Ⅰ）、臨時補助人（876の7Ⅲ）、補助監督人（876の8Ⅱ、851③④）も、「同意をすることができる者」にあたり、取消権者となる。

総則

81

無効及び取消し［第121条～第121条の2］　　　　　　　　　　●法律行為

3　保証人は「承継人」にあたらず、取消権は認められない（大判昭20.5.21）
〈共〉。　⇒ p.367

第121条　（取消しの効果）〈警〉

取り消された行為は、初めから無効であったものとみなす。

《注　釈》

◆　取消しの効果

1　制限行為能力による取消しの場合は、何人にも対抗しうる〈司〉。第三者保護規
定は存在しない（絶対的取消）〈司書〉。

2　取消しの効果としては、遡及効が原則である（121）。しかし、民法上、例外
的に将来効とされる場合もある（婚姻の取消しの効果（748Ⅰ）〈司〉、縁組取消
しの効果（808Ⅰ、748Ⅰ）〈司〉等）。

3　取消しから生じる返還義務については、121条の2が規律する。

《その他》

・売買契約が第三者による詐欺を理由に取り消された（96Ⅱ）場合には、当事者双
方の原状回復義務（121の2Ⅰ）は、533条の類推適用により同時履行の関係にあ
る（最判昭47.9.7参照）〈司〉。　⇒ p.470

第121条の2　（原状回復の義務）

Ⅰ　無効な行為に基づく債務の履行として給付を受けた者は、相手方を原状に復させ
る義務を負う。

Ⅱ　前項の規定にかかわらず、無効な無償行為に基づく債務の履行として給付を受け
た者は、給付を受けた当時その行為が無効であること（給付を受けた後に前条の規
定により初めから無効であったものとみなされた行為にあっては、給付を受けた当
時その行為が取り消すことができるものであること）を知らなかったときは、その行
為によって現に利益を受けている限度において、返還の義務を負う〈共書〉。

Ⅲ　第1項の規定にかかわらず、行為の時に意思能力を有しなかった者は、その行為
によって現に利益を受けている限度において、返還の義務を負う。行為の時に制限
行為能力者であった者についても、同様とする。

【平29改正】当初から法律行為が無効の場合や取消しによって法律行為が無効とな
った場合について、給付をしたものの返還義務に関する規定は、改正前民法下では
不当利得に関する703条・704条の規定しかなかった。しかし、703条・704条は、
一方当事者が相手方に一方的に給付を行う場合を主に想定して設けられた規定であ
り、その法律行為が有償契約であった場合のように、当事者双方が互いに義務を負
う巻き戻し的清算を行うケースには適用されないという考え方が有力に主張されて
いた。そこで、本条1項は、無効の効果として、契約の解除に関する545条1項と
同様に、給付を受領した者の原状回復義務について規定した。

　他方で、本条2項は給付受領者の信頼を保護するために、本条3項は給付受領者
を保護するために、本条1項の例外として、給付受領者の返還義務の範囲を現存利

●法律行為 　　　　　　　　　　　　　　　　　　　　無効及び取消し ［第122条］

益に限ることとした。

《注　釈》

一　原則としての原状回復義務（Ⅰ）

1　無効な行為に基づく債務の履行として給付を受けた者は、相手方を原状に復させる義務を負う（Ⅰ）。

「無効な行為」とは、その行為が当初から無効である場合だけでなく、取り消すことができる行為が取り消されたことにより無効とされる場合（121）も含む。

2　「原状に復させる義務」とは、現存利益に限定されない利益全部の返還義務をいう。

∵　本条1項の規定にかかわらず、現存利益の返還で足りるとする本条2項・3項の反対解釈

3　現物返還ができない場合には、現物返還が不能となったときの価額で返還することとなる。

二　返還義務が現存利益の返還へと軽減される場合（Ⅱ Ⅲ）

1　無償行為について、善意の給付受領者の返還義務は現存利益に制限される（Ⅱ）。

∵　無償行為が無効であることを知らなかった給付受領者は、受領した物を自由に費消したり、処分したりできると考えるのが通常であるにもかかわらず、給付受領者が全面返還しなければならないとすると、給付受領者の期待を害する

2　本条1項にかかわらず、意思無能力者・制限行為能力者の返還義務は現存利益に制限される（Ⅲ）。

∵　意思無能力者・制限行為能力者の保護の必要性

3　利益を必要な出費に充てた場合には、現存利益が存在するものと認められる。

∵　本来であれば自己の財産から支出することにより自己の財産が減少するところ、受領した財産を支出に充てることで、自己の財産の減少を免れたという利益が現存するため

ex.　受領した金員を他人に対する弁済又は必要な生活費に支出したときは、現存利益がある（大判昭7.10.26）

cf.　賭博に浪費された場合には現存利益はない

第122条　（取り消すことができる行為の追認）

取り消すことができる行為は、第120条に規定する者が追認したときは、以後、取り消すことができない。

【趣旨】 取り消すことができる行為の追認は、有効性が不確定な行為を確定的に有効にする意思表示であるから、取消権の放棄の性質を有する。

無効及び取消し ［第123条〜第124条］　　　●法律行為

《注　釈》

一　追認権者

　取消権者（120）が追認権者となる。

二　第三者との関係

　表意者と第三者との関係は両者の優先劣後を決める一般原則（対抗関係）によって解決される。

三　効果

1　当初より有効なものとして確定する。

2　法定代理人により追認がなされると、たとえ制限行為能力者がそれを知らない場合であっても有効なものとして確定され、これを取り消すことができなくなる〈同書〉。

　　cf.　取り消すことができる行為によって取得した権利の全部の譲渡に対して、本人が同意を与えることは、通常黙示の追認があるとされる

第123条　（取消し及び追認の方法）

　取り消すことができる行為の相手方が確定している場合には、その取消し又は追認は、相手方に対する意思表示によってする。

《注　釈》

◆　「相手方」の意義

　「取り消すことができる行為の相手方」のことである〈回〉。取り消すことができる行為の相手方が取消しの対象たる行為から取得した権利をすでに第三者に譲渡した場合でも、元の相手方（譲渡人）が取消しの相手方であって、譲受人ではない（大判昭6.6.22）。

第124条　（追認の要件）

Ⅰ　取り消すことができる行為の追認は、取消しの原因となっていた状況が消滅し、かつ、取消権を有することを知った後にしなければ、その効力を生じない。

Ⅱ　次に掲げる場合には、前項の追認は、取消しの原因となっていた状況が消滅した後にすることを要しない。

　①　法定代理人又は制限行為能力者の保佐人若しくは補助人が追認をするとき。

　②　制限行為能力者（成年被後見人を除く。）が法定代理人、保佐人又は補助人の同意を得て追認をするとき。

【平29改正】本条1項は、改正前民法124条1項の内容に「取消権を有することを知った後にしなければ」効力を生じないことを追加し、判例法理（大判大5.12.28等）を一般化したものである。

　本条2項1号は、改正前民法124条3項を実質的に維持するものである。また、本条2項2号は、制限行為能力者（成年被後見人を除く）が法定代理人・保佐人・補助人の同意を得て追認することができるという異論のないルールを明文化したものである。

●法律行為   無効及び取消し［第125条］

《注　釈》

◆　追認をなしうる時期

1　取消しの原因となっていた状況が消滅した後（Ⅰ）

(1)　制限行為能力者の場合には行為能力者になった時から、錯誤・詐欺・強迫
　の場合にはその状況を脱した後、追認が可能となる<同書>。

　　→自由で正常な判断が可能な時期にならないと追認できないということ

(2)　取消しの原因となっていた状況が消滅していない場合でも、以下の場合に
　は追認が可能である（Ⅱ柱書）。

(a)　法定代理人又は制限行為能力者の保佐人若しくは補助人が追認をすると
　き（Ⅱ①）

(b)　制限行為能力者（成年被後見人を除く。）が法定代理人、保佐人又は補
　助人の同意を得て追認をするとき（Ⅱ②）

＊　これらの場合においては、法定代理人、保佐人、補助人自身は、取消原
　因の影響を受けておらず、本条1項による制約を認める必要がないことか
　ら、追認することができる。

2　取り消すことができる行為の了知後

(1)　追認は、取消権を有することを知った後にしなければ、その効力を生じな
　い（Ⅰ）。

∵　追認は、取消権の放棄の性質をもつから、放棄する権利の存在を知っ
　ていることが求められる

ex.　債務の承認・示談の申込みは、法定追認（125）にはあたらないので、
　取消原因を了知したうえでなさなければ、本条の「追認」とはならない

(2)　「取消権を有することを知った」といえるためには、そのような行為がされ
　たこと自体を認識していることが必要である。また、「取消権」についての正
　確な法的知識までは不要であるが、当該法律行為の効力を否定する権利があ
　ることを認識していることが必要である。

《その他》

▪契約当事者の双方が制限行為能力者である場合、一方当事者若しくはその法定代
　理人が追認権を行使し、又は法定追認となる事実を生じさせたとしても、他方当
　事者はなお取消権を行使しうる。

第125条　（法定追認）

追認をすることができる時以後に、取り消すことができる行為について次に掲げる
事実があったときは、追認をしたものとみなす。ただし、異議をとどめたときは、この
限りでない。

①　全部又は一部の履行

②　履行の請求

③　更改

④　担保の供与

⑤　取り消すことができる行為によって取得した権利の全部又は一部の譲渡

無効及び取消し［第125条］　　　　　　　　　　　●法律行為

⑥　強制執行

【平29改正】改正前民法125条は、「前条の規定により追認をすることができる時以後に」と規定していたが、本条は、「前条の規定により」という文言を削除した。これは、改正民法124条1項では、追認するためには「取消権を有することを知った」後でなければならないと定められているが、法定追認の要件としても「取消権を有することを知った」ことが必要となるかどうかについては、今後の解釈に委ねる趣旨である。なお、本条各号は、改正前民法125条各号と変わらない。

[趣旨] 黙示の追認とみられる事実があったとき等、追認の有無をめぐって法律関係が紛糾すれば取引の安定を阻害することになる。そこで、これを防止し、早期安定を図るべく法定追認を認めた。

《注　釈》
一　法定追認の要件

①　取り消すことができる行為につき125条列挙事由があること
②　取消権者により行われること
③　「追認をすることができる時以後」（柱書）に生じたこと〈同〉
④　異議をとどめないこと（柱書ただし書）

1　①取り消すことができる行為につき125条列挙事由があること

<125条列挙事由の整理>

全部又は一部の履行（①）	取消権者が ── 債務者として履行〈同〉 　　　　　　 ── 債権者として受領（大判昭8.4.28）〈書〉
履行の請求（②）	取消権者が請求する場合に限る（相殺の意思表示もこれにあたる）（大判明39.5.17）〈同〉
更改（③）	取消権者が、債権者・債務者であるとを問わない
担保の供与（④）	取消権者が ── 債務者として担保供与 　　　　　　 ── 債権者として担保の供与を受けた場合
取得した権利の全部又は一部の譲渡（⑤）	取消権者がなした場合に限る〈同書〉
強制執行（⑥）	取消権者が債権者として執行した場合に限る 債務者として執行を受けた場合は含まれない（大判昭4.11.22）

2　②取消権者により行われること

各いずれかの事由が取消権者（追認権者）によりなされることが必要である。

3　③「追認をすることができる時以後」（柱書）に生じたこと

「追認をすることができる時」とは、取消しの原因となっていた状況が消滅したときを意味する。取消権を有することを知っていたことも含まれるか否かは解釈に委ねられている。

●法律行為 　　　　　　　　　　　　　　　無効及び取消し［第126条］

* 　判例（大判大 12.6.11・百選Ⅰ 39 事件）は改正前民法 125 条につき、取消権を有することを知っていたことは不要であるとしている。
4 　④異議をとどめないこと
　　取消権者が、125 条各号の行為を行うにあたって、異議をとどめたときは、法定追認は生じない。

二　適用範囲
　無権代理行為の追認（115、116）には類推適用されない〈書〉。
　∵　本条は、取り消すことができる行為についての規定

第126条　（取消権の期間の制限）
　取消権は、追認をすることができる時から５年間行使しないときは、時効によって消滅する。行為の時から20年を経過したときも、同様とする〈株〉。

[趣旨]取り消すことができる行為を長期間放置しておくと相手方や第三者の立場を不安定ならしめるから、本条は取消しの主張に対して時間的制限を加えている。

《注　釈》
一　法的性質
1 　かつて判例は、両者とも消滅時効期間としたが、現在は明確でない。
2 　近時の有力説は、５年・20 年ともに除斥期間と解している。
　∵　取消権は形成権であることから、時効の完成猶予及び更新を認めるべきではない

二　取消しにより生じる返還請求権の行使期間
　A説：取消しにより生じる請求権は取消しの時から新たな消滅時効が進行する（大判昭 55.1.24）
　　　∵　取消権行使により生じる請求権は取消権とは別個独立の権利であるから、その消滅時効はその権利を行使しうる時、すなわち取消時から進行を始めると解すべきである
　B説：126 条は取消しにより生じる請求権をも含めて消滅時効期間（除斥期間）を定めたものであり、この請求権も５年以内（20 年以内）に行使することを要する
　　　∵　取消権行使の時から新たに消滅時効が進行するとするのでは、法律関係の早期確定を図った 126 条の趣旨が没却される

《その他》
▪ 未成年者の制限行為能力を理由とした取消権（5Ⅱ）は、未成年者が成年に達した時から起算され、５年で消滅する。
▪ 法定代理人につき取消権が消滅すれば、制限行為能力者の取消権も消滅する。

■第5節　条件及び期限

《概　説》

一　条件・期限の意義

1　条件とは、法律行為の効力の発生又は消滅を将来の不確定な事実の成就にかからしめる法律行為の付款をいう。

2　期限とは、法律行為の効力の発生・消滅又は債務の履行を、将来到来することの確実な事実の発生にかからしめる法律行為の付款をいう。

二　条件・期限に親しまない行為

法律行為に付款を付することは私的自治の原則から一般的に有効である。しかし、一定の法律行為にはその性質上付款を付けることが許されないことがある。

1　条件に親しまない行為

(1)　身分行為

身分秩序を不安定にし公序良俗に反するから、条件を付けることは許されない。

ex.　婚姻、縁組、相続の承認・放棄（915）、認知

(2)　単独行為

相手方を一方的に不安定な立場に置くことになるから、条件を付けることは原則として許されない。

ex.　相殺（506Ⅰ後段）、取消し、追認、選択債権における選択（407）

ただし、相手方に著しい不利益を与えない場合には、許される（大判明43.12.9）。

→債務者が弁済しないことを停止条件とする解除の意思表示や債務免除に条件を付することは許され、実際にも多く行われている

2　期限に親しまない行為

(1)　効果が直ちに発生すべき親族法上の行為

ex.　婚姻、縁組

(2)　遡及効のある行為

期限を付けるのは無意味であるため明文で禁止されている。

ex.　相殺（506Ⅰ後段）

三　出世払債務

「もし出世しなければ返済しなくてもよい」という場合には貸金返還請求権は停止条件付といえ、他方、「出世するまでは返済を猶予するが、出世の見込みがなくなればすぐに返済してもらう」という場合には不確定期限付といえる。結局、意思表示の解釈の問題であるが、判例は原則として不確定期限と解している（大判大 4.3.24）。

＊　不確定期限とは、到来することは確実であるが、その時期がいつか不明である期限をいう。　⇒ p.91

●法律行為 条件及び期限［第127条〜第130条］

第127条 （条件が成就した場合の効果）

Ⅰ 停止条件付法律行為は、停止条件が成就した時からその効力を生ずる。

Ⅱ 解除条件付法律行為は、解除条件が成就した時からその効力を失う。

Ⅲ 当事者が条件が成就した場合の効果をその成就した時以前にさかのぼらせる意思を表示したときは、その意思に従う〈書〉。

《注 釈》

一 停止条件（Ⅰ）

法律行為の効力の発生を将来の不確定な事実の成否にかからしめる法律行為の付款をいう〈書〉。

二 解除条件（Ⅱ）

法律行為の効力の消滅を将来の不確定な事実の成否にかからしめる法律行為の付款をいう。

三 条件成就の効果

原則として、条件成就の時に効果が生じる。もっとも、特約により効果を遡及させることは可能である（Ⅲ）。

第128条 （条件の成否未定の間における相手方の利益の侵害の禁止）

条件付法律行為の各当事者は、条件の成否が未定である間は、条件が成就した場合にその法律行為から生ずべき相手方の利益を害することができない〈同書〉。

第129条 （条件の成否未定の間における権利の処分等）

条件の成否が未定である間における当事者の権利義務は、一般の規定に従い、処分し、相続し、若しくは保存し、又はそのために担保を供することができる〈共〉。

第130条 （条件の成就の妨害等）

Ⅰ 条件が成就することによって不利益を受ける当事者が故意にその条件の成就を妨げたときは、相手方は、その条件が成就したものとみなすことができる〈書〉。

Ⅱ 条件が成就することによって利益を受ける当事者が不正にその条件を成就させたときは、相手方は、その条件が成就しなかったものとみなすことができる。

《注 釈》

一 「故意」の妨害（130Ⅰ）

1 「故意に」とは、条件の成就を妨げることを認識していることをいう。もっとも、条件成就を妨げたとしても、信義則に反するといえない場合には、同条1項は適用されない。

　　ex. 土地等の買受人が、取引業者に仲介を依頼し買受契約の成立を停止条件として一定額の報酬を支払う旨約束したのに、買受人が右業者を排除して直接売渡人との間に契約を成立させた場合には、業者は買受人に対し約定の報酬を請求しうる（最判昭39.1.23、最判昭45.10.22参照）〈同〉

2 過失による場合には、本条は適用されず、損害賠償（128）のみの問題とな

条件及び期限［第131条〜第134条］　　　　　　　　　　　　　　●法律行為

る。

二　故意の条件成就（130 II）

「不正に」とは、信義則に反して故意にという意味である。

* 同条2項は、故意の条件成就の場合に改正前民法130条を類推適用した判例（最判平 6.5.31・百選 I 40事件）を明文化したものである。

三　効果

1　当然に条件が成就又は不成就となるのではなく、条件が成就又は不成就とみなすことのできる権利（形成権）を取得する。

2　期待権を有する者の妨害者に対する損害賠償請求権（128）と130条の権利とは選択的に行使できる（最判昭 39.1.23）。

第131条　（既成条件）

I　条件が法律行為の時に既に成就していた場合において、その条件が停止条件であるときはその法律行為は無条件とし、その条件が解除条件であるときはその法律行為は無効とする。

II　条件が成就しないことが法律行為の時に既に確定していた場合において、その条件が停止条件であるときはその法律行為は無効とし、その条件が解除条件であるときはその法律行為は無条件とする。

III　前2項に規定する場合において、当事者が条件が成就したこと又は成就しなかったことを知らない間は、第128条＜条件の成否未定の間における相手方の利益の侵害の禁止＞及び第129条＜条件の成否未定の間における権利の処分等＞の規定を準用する。

第132条　（不法条件）

不法な条件を付した法律行為は、無効とする。不法な行為をしないことを条件とするものも、同様とする。

第133条　（不能条件）

I　不能の停止条件を付した法律行為は、無効とする。

II　不能の解除条件を付した法律行為は、無条件とする。

第134条　（随意条件）

停止条件付法律行為は、その条件が単に債務者の意思のみに係るときは、無効とする。

●法律行為　　　　　　　　　　　　　　　　　　　　　　　条件及び期限［第135条］

《注　釈》

＜条件の種類と効力＞〈同共〉

	条件の種類	効力	
既成条件	条件がすでに成就	停止条件	無条件(131Ⅰ)
		解除条件	無効(131Ⅰ)
	条件が不成就に確定	停止条件	無効(131Ⅱ)
		解除条件	無条件(131Ⅱ)
不法条件〈共〉	不法の条件		無効(132)
	不法な行為をしない条件（＊）		無効(132)
不能条件〈共〉	停止条件		無効(133Ⅰ)
	解除条件		無条件(133Ⅱ)
純粋随意条件	停止条件	単に債務者の意思のみにかかるとき	無効(134)〈同〉
		単に債権者の意思のみにかかるとき	有効
	解除条件	単に債務者の意思のみにかかるとき	有効
		単に債権者の意思のみにかかるとき	有効

＊　法律行為が全体として不法性を有しない場合には、無効とはならない。
　　ex. 不倫関係を絶つことを条件とする手切金の契約には、132条の適用はない

第135条　（期限の到来の効果）

Ⅰ　法律行為に始期を付したときは、その法律行為の履行は、期限が到来するまで、これを請求することができない。

Ⅱ　法律行為に終期を付したときは、その法律行為の効力は、期限が到来した時に消滅する。

《注　釈》

一　始期・終期

　始期とは、法律行為の効力の発生又は債務の履行に関する期限をいい、終期とは、法律行為の効力の消滅に関する期限をいう。

二　確定期限・不確定期限

　確定期限とは、到来する時期の確定している期限をいい、不確定期限とは、到来することは確実であるが、その時期がいつか不明である期限をいう。

三　期限到来の効果

1　債務の履行に始期が付けられたときは、期限到来時から請求が可能となる（Ⅰ）。

　法律行為の効力に始期が付けられたときは、期限到来時に効力を生ずる。

条件及び期限 ［第136条～第137条］　　　　　　　　　　　　　　　　●法律行為

2　法律行為の効力に終期が付けられたときは、期限到来時に消滅する（Ⅱ）。

3　期限の到来に、条件成就の場合のように遡及効を与えることは自己矛盾である〈書〉。

第136条　（期限の利益及びその放棄）

Ⅰ　期限は、債務者の利益のために定めたものと推定する。

Ⅱ　期限の利益は、放棄することができる。ただし、これによって相手方の利益を害することはできない。

《注　釈》

一　期限の利益（Ⅰ）

期限が到来するまでの間、法律行為の効力の発生・消滅又は債務の履行が猶予されることによって当事者が受ける利益をいう。期限の利益は、債務者の利益のためにあると推定される。

cf.　有償の金銭消費貸借は当事者の双方が期限の利益を有する〈同〉

二　期限の利益の放棄（Ⅱ）

期限の利益は、原則として単独で放棄が可能である。ただし、これにより相手方が損害を受けた場合には、その損害を賠償しなければならない。

ex.　弁済期前に借金を返済する場合でも、債権者に弁済期までの利息を支払う必要がある（大判昭9.9.15）〈同書〉

第137条　（期限の利益の喪失）

次に掲げる場合には、債務者は、期限の利益を主張することができない。

①　債務者が破産手続開始の決定を受けたとき。

②　債務者が担保を滅失させ、損傷させ、又は減少させたとき。

③　債務者が担保を供する義務を負う場合において、これを供しないとき。

［趣旨］ 債務者が、信用の基礎を失い、信頼関係を破る場合に公平の見地から債務者の期限の利益（136Ⅰ）を奪い債権者保護を図るものである。

《注　釈》

一　喪失事由

1　債務者が破産手続開始決定を受けたとき（①）

2　債務者が担保を滅失させ、損傷させ、又は減少させたとき（②）

ex.　債権者Aと債務者Bが、債権担保の目的で、BのCに対する債権につき代理受領契約を締結したが、これに反してBがCから弁済を受領した場合
　　　⇒ p.282

→債務者の故意・過失を要しない〈画〉

3　債務者が担保を供する義務を負う場合において、これを供しないとき（③）〈同〉

ex.　保証人が破産手続開始決定を受け、債務者が新たなる保証人を立てなければならないにもかかわらず（450Ⅱ）、これを怠った場合

二　期限の利益喪失約款

1　意義・有効性

●期間の計算　　　　　　　　　　　　　　　　　　　　　　［第138条〜第143条］

　　期限の利益喪失約款とは、割賦払債務で債務者が1回でも弁済を怠った場合、あるいは、債務者が他から強制執行を受けた場合には、債務者が期限の利益を失うことを内容とする約款をいう。

　　かかる約款も、債務者又は第三者の利益を不当に害するものでない限り有効である。

2　消滅時効の起算点　⇒ p.116

・第6章・【期間の計算】

第138条　（期間の計算の通則）

　　期間の計算方法は、法令若しくは裁判上の命令に特別の定めがある場合又は法律行為に別段の定めがある場合を除き、この章の規定に従う。

第139条　（期間の起算）

　　時間によって期間を定めたときは、その期間は、即時から起算する〈司〉。

第140条

　　日、週、月又は年によって期間を定めたときは、期間の初日は、算入しない。ただし、その期間が午前零時から始まるときは、この限りでない〈司共〉。

第141条　（期間の満了）

　　前条の場合には、期間は、その末日の終了をもって満了する。

第142条

　　期間の末日が日曜日、国民の祝日に関する法律（昭和23年法律第178号）に規定する休日その他の休日に当たるときは、その日に取引をしない慣習がある場合に限り、期間は、その翌日に満了する〈司〉。

第143条　（暦による期間の計算）

Ⅰ　週、月又は年によって期間を定めたときは、その期間は、暦に従って計算する。

Ⅱ　週、月又は年の初めから期間を起算しないときは、その期間は、最後の週、月又は年においてその起算日に応当する日の前日に満了する〈司〉。ただし、月又は年によって期間を定めた場合において、最後の月に応当する日がないときは、その月の末日に満了する〈司〉。

《注　釈》

一　意義

　　期間とは、ある時点からある時点までの継続した時間の区分をいう。

二　適用範囲

　　将来に向かって継続する期間のみならず、過去に遡って継続する期間にも準用される。

総則　　　　　　　　　　　　　　　　　　　　　　　　　●時効

・第7章・【時効】

■第1節　総則

《概　説》

一　時効制度の存在理由

1　長期にわたって継続した事実状態を法律上も尊重し法律関係の安定を図る。

2　権利の上に眠っている者は、法の保護を受けるに値しない。

3　立証の困難を救済する。

二　時効制度と類似する制度・原則

1　除斥期間

除斥期間とは、一定の時の経過に権利消滅の効果を認める制度である。もっぱら権利自体の性質（権利発生からしばらく時が経つと権利関係の存否が不明確になる）から、あるいは公益上の必要から、権利関係を速やかに確定するため、権利の行使期間を限定する。

ex.　193条の回復請求権、195条、201条1項・3項

＊　形成権に期間制限が付いている場合は、一般に除斥期間と解してよい。

→　126条は規定上時効により消滅すると定められているが、これを除斥期間と解するのが多数説である

2　権利失効の原則

権利失効の原則とは、信義に反して長く権利を行使しないでいると、信義則（1Ⅱ）上その権利の行使が阻止されるという原則をいう（最判昭30.11.22）。

＜消滅時効・除斥期間・権利失効の原則＞

	消滅時効	除斥期間	権利失効の原則
起算点	・主観的起算点（166Ⅰ①） →権利を行使することができることを知った時 ・客観的起算点（同②） →権利を行使することができる時	権利の発生時	法定されていない （信義則の適用形式）
期間	法定されている		
完成猶予・更新	あり	なし	
援用	必要（145）	不要	
遡及効	あり（144）	なし	

三　時効の完成猶予及び更新

1　意義

時効の完成猶予事由と更新事由を合わせて、時効の障害事由という。

(1)　時効の完成猶予とは、時効の更新のための手続がとられた場合（権利行使

●時効 　　　　　　　　　　　　　　　　　　　　　　　　　　　　　　　　　　　総則

型）や、時効完成の時にあたって、権利者による時効の更新のための措置を不可能又は著しく困難にする事情がある場合（権利行使困難型）に、一定期間時効の完成を猶予するものをいう。

(2) 　時効の更新とは、時効がいったん進行を始めた後、時効の基礎である事実状態と相容れない事実が存在するために、その進行が断絶し、それまでに経過した期間が無意味になることをいう。

2 　平成29年改正前の民法下では、時効の中断は、時効が完成すべき時が到来しても時効の完成が猶予されるという「完成猶予」の効果と、時効期間の経過が無意味なものとなり、新たに零から時効期間を進行させる「更新」の効果とがあったが、全て「中断」という1つの概念を用いていたため、意味内容が理解しにくかった。そこで、改正民法下では、時効の中断は、その効果に着目して時効の「完成猶予」と「更新」の二つの概念に再構成された。また、「更新」事由と「完成猶予」事由については、おおむね、(a)権利行使の意思を明らかにしたと評価できる事実が生じた場合を「完成猶予」事由として規定し、(b)権利の存在について確証が得られたと評価できる事実が生じた場合を「更新」事由として規定している。

3 　また、改正前民法下では、時効の停止に時効の完成猶予の効果が認められていたが、「停止」という表現では、あたかも時効期間の進行自体が途中で止まり、停止事由が消滅した後に残存期間が再度進行するかのような誤解を生じかねなかったため、「停止」は「完成猶予」に再構成された。

＜時効障害事由＞

時効障害事由			完成猶予期間	更新時
完成猶予及び更新事由	権利行使型	裁判上の請求（147Ⅰ①）支払督促（同②）和解・調停（同③）破産手続参加・再生手続参加・更生手続参加（同④）	その事由が終了するまでの間（147Ⅰ柱書）→更新とならずにその事由が終了した場合は、その終了の時から6か月を経過するまでの間（147Ⅰ柱書かっこ書）	確定判決等により権利が確定したときは、その事由が終了した時（147Ⅱ）（＊1）
		強制執行（148Ⅰ①）担保権の実行（同②）形式的競売（同③）財産開示手続等（同④）	その事由が終了するまでの間（148Ⅰ柱書）→申立ての取下げ又は法律の規定に従わないことによる取消しによってその事由が終了した場合は、その終了の時から6か月を経過するまでの間（148Ⅰ柱書かっこ書）	その事由が終了した時（148Ⅱ本文。左記の取下げ又は取消しの場合を除く（148Ⅱただし書））

総則 ［第144条］　　　　　　　　　　　　　　　　　　　　　　●時効

	時効障害事由	完成猶予期間	更新時
完成猶予事由	**権利行使型** 仮差押え（149①）仮処分（同②）	その事由の終了時から6か月を経過するまでの間	―
	催告（150）（＊2）	催告時から6か月を経過するまでの間	―
	協議を行う旨の合意（151）（＊3）	以下のいずれか早い時までの間 →①その合意の時から1年を経過した時（151 I ①） ②1年未満の協議期間を定めたときは、その期間の経過時（同②） ③相手方に対して協議続行を拒絶する旨の通知がなされたときは、その通知時から6か月を経過した時（同③）	―
	権利行使困難型 未成年者又は成年被後見人に対する時効（158）	これらの者が行為能力者となった時、又は法定代理人が就職した時から6か月を経過するまでの間	―
	夫婦間の権利の時効（159）	婚姻解消時から6か月を経過するまでの間	―
	相続財産に関する時効（160）	相続人が確定した時等から6か月を経過するまでの間	―
	天災その他避けることのできない事変（161）	その障害が消滅した時から3か月を経過するまでの間	―
更新事由	承認（152）	―	承認時

＊1　確定判決等によって確定した権利については、10年より短い時効期間が定められていても、更新後の時効期間は10年となる（169 I）。
＊2　完成猶予中にされた再度の催告による完成猶予の効力は生じない（150 II）。
＊3　完成猶予中にされた再度の協議の合意により、最長5年の完成猶予の効力が生じる（151 II）。

第144条　（時効の効力）

　時効の効力は、その起算日にさかのぼる。

［趣旨］時効が完成すると、その効果は時効期間の最初の時点に遡る（144）。時効は時効期間中継続した事実状態をそのまま保護する制度であるから当然のことであり、

96

●時効 　　　　　　　　　　　　　　　　　　　　　　総則 ［第145条］

また、そうでないと起算日から完成日に至る錯綜した権利関係の争いを招き、時効
制度の意味が失われるからである。

《注　釈》
一　起算点
1　消滅時効
　(1)　主観的起算点は、「債権者が権利を行使することができることを知った時」
　　　（166Ⅰ①）である。
　(2)　客観的起算点は、「権利を行使することができる時」（同②）である。
2　取得時効
　　起算点は占有（準占有）を開始した時点であるが、明定する規定がない。
　187条の存在から、占有の開始時点を選択することは可能であるはずだが、判
　例（最判昭 35.7.27）は時効の基礎たる事実の開始した時期を起算点として決定
　すべきであるとして、固定的に捉えている〈司書〉。

二　遡及効
1　消滅時効
　　消滅時効が完成するとその起算点から権利を有していなかったことになる。
　この結果、たとえば債務を負っていた場合であっても、起算日以後の利息・遅
　延損害金を支払う必要はなくなる。
2　取得時効
　　取得時効が完成すると起算点から権利を有していたことになる（原始取得）
　〈司〉。この結果、時効取得による所有権移転登記の登記原因の日付は、時効の
　起算日である占有開始日となる。また、たとえば土地の取得時効の場合には、
　その果実は占有者に属し、起算日以後の占有は不法占拠ではなくなる。
　　ex.1　地代相当額を前所有者に返還する必要はない
　　ex.2　時効期間中に権利を侵害した者は前所有者にではなく権利取得者に対
　　　　　して賠償責任（709）を負う

第145条　（時効の援用）
　時効は、当事者（消滅時効にあっては、保証人、物上保証人、第三取得者その他権利
の消滅について正当な利益を有する者を含む。）が援用しなければ、裁判所がこれによっ
て裁判をすることができない。

【平29改正】改正前民法 145 条では、単に「当事者が援用しなければ」とされてい
たのに対し、改正民法 145 条では、消滅時効に関して、保証人・物上保証人・第三
取得者、その他権利の消滅について正当な利益を有する者も援用権者に含まれる旨
明記された。
【趣旨】時効の利益を受けることを潔しとしない当事者の意思を尊重する点にある。

総則［第145条］　　　　　　　　　　　　　　　　　●時効

《注　釈》

一　援用の性質

＜援用の性質をめぐる学説の整理＞

	実体法説		訴訟法説
時効とは	一定の事実状態が永続する場合に、それが真実の権利関係と一致するか否かを問わず、そのまま権利関係として認めようとする実体法上の制度		時の経過自体に人証・書証に優越する証拠価値を与える訴訟法上の証拠方法に関する制度
時効の性格と効力	実体法上の権利の得喪		訴訟法上の証拠方法としての性格（法定証拠）
	不確定効果説	確定効果説（旧判例）	
	不確定的な権利の得喪（145を重視）	確定的な権利の得喪（162、166を重視）	
	停止条件説（最判昭61.3.17・百選Ⅰ41事件）	解除条件説（＊）	
援用の意義	時効により生ずる効力を確定させる意思表示	訴訟法上の攻撃防御方法の提出	法定証拠を裁判所に提出する行為
裁判外の援用	裁判外でも可能	裁判上なす必要あり	
145条の趣旨	時効の効果を時効の利益を享受する当事者の良心に委ねる	当事者主義、弁論主義の原則を厳格に貫き、その者に抗弁の機会を与える	
適用法理	法律行為の法理→意思表示	訴訟法上の法理	
援用権者の範囲	事実上、差異なし		
援用の時期	具体的には口頭弁論終結前		
効果の範囲	相対効		
撤回	不可	可（攻撃防御の1つ）	
放棄の意義	効力を発生させないことに確定させる意思表示	完成した効力を消滅させる意思表示→一種の贈与	証拠を援用しないという意思表示あるいは自己の無権利又は義務を自認する行為

＊　不確定効果説の解除条件説では、消滅時効期間の経過した債務の履行は、債権を復活させる効果とともに債権を消滅させる効果を有する。

●時効　　　　　　　　　　　　　　　　　　　　　　　　　　　　　総則［第145条］

二　援用権者

1　当事者の意義

時効は「当事者」が援用することができる。「当事者」には、「消滅時効にあっては、保証人、物上保証人、第三取得者その他権利の消滅について正当な利益を有する者を含む」（かっこ書）。改正前民法下では、「当事者」を「時効によって直接に利益を受ける者」とする判例法理が妥当しており、本条の「正当な利益を有する者」についても妥当すると解されている。取得時効の援用権者については、かっこ書は適用されず、改正前民法下の判例法理が妥当する。

2　取得時効

(1) 判例により時効援用権が肯定された者

(a) 賃借権者（賃借権の取得時効）

(b) 地上権者（地上権の取得時効）

(2) 判例により時効援用権が否定された者

(a) 家屋賃借人（土地所有権の取得時効）〈共書〉

(b) 表見相続人（相続財産の取得時効）　⇒ p.722

3　消滅時効

(1) 判例により時効援用権が肯定された者

(a) 再売買の予約がなされ、仮登記がなされた不動産の第三取得者・抵当権者（予約完結権の消滅時効）

(b) 詐害行為の受益者（取消権者の被保全債権の消滅時効）（最判平10.6.22）〈司共書〉

(c) 譲渡担保権者から被担保債権の弁済期後に目的物を譲り受けた第三者（譲渡担保権設定者が譲渡担保権者に対して有する清算金支払請求権の消滅時効）（最判平11.2.26）〈共〉

* 改正前民法下の判例では、連帯債務者が他の連帯債務者の債務の消滅時効を援用することができるとしていた。しかし、441条本文が規定されたことで、他の連帯債務者の時効が完成したとしても連帯債務者間で利益を受けることはなくなった。そのため、本条の「当事者」にその場合の連帯債務者は含まれない。

(2) 判例により時効援用権が否定された者

(a) 債務者・物上保証人の一般債権者

(b) 後順位抵当権者（先順位抵当権者の被担保債権の消滅時効）（最判平11.10.21・百選Ⅰ42事件）〈司共書〉

(c) 債権者代位権の第三債務者（債権者代位権の被保全債権の消滅時効）

(d) 表見相続人からの第三取得者（相続回復請求権の消滅時効）　⇒ p.722

三　援用権の喪失

1

消滅時効が完成した後に債務を承認した債務者は、承認した時点において時効完成の事実を知らなくても、信義則上消滅時効を援用できない（最大判昭41.4.20・百選Ⅰ43事件）〈司共書〉。

99

総則［第146条］　　　　　　　　　　　　　　　　　　　　　　　　　●時効

　2　1の場合であっても、承認以後再び時効が完成すれば援用できる（最判昭
　　45.5.21）〈同〉。
　3　消滅時効の援用が信義則・権利濫用の法理により許されない場合もある（最
　　判昭 51.5.25）。

四　援用の効力

　　援用の効力は相対的効力である（最判平 13.7.10）。　→他の援用権者には影響し
　ない
　　被相続人の占有により取得時効が完成した場合、その共同相続人の1人は、自
　己の相続分の限度においてのみ、取得時効を援用できるにとどまる（最判平
　13.7.10）〈同書〉。

第146条　（時効の利益の放棄）〈書〉

　時効の利益は、あらかじめ放棄することができない。

[趣旨] 時効による権利の得喪は1つの公益的な制度であり、さらに消滅時効の場合
は、債権者の強制によりあらかじめ放棄を約束させられる濫用を防止するため、本
条が規定された。

《注　釈》

一　時効利益の放棄

　　完成後に放棄することは 145 条の趣旨にも合致し、有効である。
　　時効の利益を放棄した後は、その時効の効果を援用することが許されないが、
　放棄後新たに時効期間が完成猶予・更新なしに経過した場合には新たな時効が完
　成する（最判昭 45.5.21 参照）。

二　放棄の効力

　　相対的であり、放棄した者に限って援用権を失うだけである。
　　ex.　主債務者が主債務の消滅時効の利益を放棄しても、保証人や物上保証人
　　　は主債務の消滅時効を援用することができる〈共書〉

《その他》

▪ 時効利益の放棄は、債務者が時効完成を知って行うことが必要である（最判昭
　35.6.23）。また、相手方に対する意思表示を要するが、その際、相手方の同意は
　不要である（大判大 8.7.4）〈同〉。
▪ 消滅時効完成後に債務の承認をした事実から、その債務の承認が、時効が完成し
　たことを知ってされたものであると推定することは許されない（最大判昭
　41.4.20・百選Ⅰ 43 事件）。　⇒ p.99
▪ 債務者が時効を援用した場合には債務者において同一内容の債務を当然に負担す
　るものとする旨の特約や時効期間を延長する旨の特約など、時効の完成を困難に
　する債権者・債務者間の特約は、本条の趣旨に反し無効である。逆に、時効完成
　を容易にする特約は有効である。

●時効　　　　　　　　　　　　　　　　　　　　　　　　　　　　総則〔第147条〕

第147条　（裁判上の請求等による時効の完成猶予及び更新）

Ⅰ　次に掲げる事由がある場合には、その事由が終了する（確定判決又は確定判決と同一の効力を有するものによって権利が確定することなくその事由が終了した場合にあっては、その終了の時から6箇月を経過する）までの間は、時効は、完成しない。

① 裁判上の請求
② 支払督促
③ 民事訴訟法第275条第1項の和解又は民事調停法（昭和26年法律第222号）若しくは家事事件手続法（平成23年法律第52号）による調停
④ 破産手続参加、再生手続参加又は更生手続参加

Ⅱ　前項の場合において、確定判決又は確定判決と同一の効力を有するものによって権利が確定したときは、時効は、同項各号に掲げる事由が終了した時から新たにその進行を始める。

【平29改正】本条1項は、裁判上の請求（①）、支払督促の申立て（②）、裁判上の和解・民事調停・家事調停の申立て（③）、破産手続参加等（④）を「完成猶予」事由としている。これらの事由は、権利行使の意思を明らかにしたと評価できる事実が生じた場合にあたるとして、「完成猶予」事由に割り振られている。本条2項は、確定判決又は確定判決と同一の効力を有するものによって権利が確定したときを「更新」事由としており、権利の存在について確証が得られたと評価できる事実が生じたと判断された場合にあたることから、「更新」事由に割り振られている。

《注　釈》

一　裁判上の請求等による時効の完成猶予（Ⅰ）

1　裁判上の請求（①）

「裁判上の請求」とは、権利者が裁判上で権利の存在を主張することをいう。訴えを提起して原告として権利行使することが典型であるが、これに限られず、反訴（民訴146）の提起や相手方の消極的確認の訴えに対する応訴も「裁判上の請求」に含まれる。

　　ex.　連帯保証人の債務を担保する物上保証人に対する抵当権実行に伴う競売開始決定の連帯保証人への送達と、主債務の時効の完成猶予について⇒p.107

　　cf.1　被告として留置権及び被担保債権の存在を抗弁として主張した時は、被担保債権についての「催告」（150）として時効の完成が猶予されるにとどまる（最大判昭38.10.30、最判昭44.11.27参照）

　　cf.2　債権譲渡の通知（467）は、譲渡の事実を知らせるものにすぎず（観念の通知）、権利の主張にはあたらないから、「裁判上の請求」には該当しない

2　支払督促（②）

「支払督促」は、その申立てが訴えの提起に擬制されたり、あるいは、それ自体が確定判決と同様の効力を有することから、時効の完成猶予の効力が認め

101

総則［第148条］　　　　　　　　　　　　　　　　　　　　　　●時効

られる。
3　和解及び調停（③）
　「和解」及び「調停」には、確定判決と同一の効力が認められる場合があることから、裁判上の請求と同様に完成猶予の効力が認められる。
4　破産手続参加等（④）
　破産債権の届出（破111以下）、破産手続開始の申立て（破18）（最判昭35.12.27）は、時効完成猶予の効力を生ずる。
二　裁判上の請求等による時効の更新（Ⅱ）
　「同項各号に掲げる事由が終了した時」（Ⅱ）とは、裁判上の請求（Ⅰ①）では裁判が確定した時、支払督促の申立て（同②）では支払督促が確定した時、裁判上の和解・民事調停・家事調停の申立て（同③）では和解・調停が成立した時、倒産手続参加（同④）では権利の確定に至り手続が終了した時と解されている。

第148条　（強制執行等による時効の完成猶予及び更新）

Ⅰ　次に掲げる事由がある場合には、その事由が終了する（申立ての取下げ又は法律の規定に従わないことによる取消しによってその事由が終了した場合にあっては、その終了の時から6箇月を経過する）までの間は、時効は、完成しない。
①　強制執行
②　担保権の実行
③　民事執行法（昭和54年法律第4号）第195条に規定する担保権の実行としての競売の例による競売
④　民事執行法第196条に規定する財産開示手続又は同法第204条に規定する第三者からの情報取得手続
Ⅱ　前項の場合には、時効は、同項各号に掲げる事由が終了した時から新たにその進行を始める。ただし、申立ての取下げ又は法律の規定に従わないことによる取消しによってその事由が終了した場合は、この限りでない。

［趣旨］強制執行の手続や担保権の実行がなされれば、もはや権利の上に眠る者とはいえず、永続した事実状態が変更される。このことから、強制執行、担保権の実行は時効の完成猶予及び更新事由とされた。また、形式的競売も、債権者としての権利行使の側面を否定できないことから、時効の完成猶予及び更新事由とされた。さらに、財産開示手続等も、権利者による権利の実現に向けられた手続である上、仮差押えや仮処分のような手続の暫定性はないことから、時効の完成猶予及び更新事由とされた。

《その他》
▪ 強制執行（148Ⅰ①）には、差押えをすることのほか、差押えを経ない強制執行の手続も含まれる。また、他の債権者の申立てにより開始された強制執行において配当要求することをも含むとされる（最判平11.4.27参照）。一方、担保権者が債権届出をすることは、そのような性質を有せず、本条1項1号及び2号には該当しない。

●時効　　　　　　　　　　　　　　　　　　　　総則［第149条～第150条］

第149条　（仮差押え等による時効の完成猶予）

　次に掲げる事由がある場合には、その事由が終了した時から6箇月を経過するまでの間は、時効は、完成しない〈同〉。

① 仮差押え
② 仮処分

[趣旨] 民事保全手続の開始に債務名義は不要であること、民事保全手続が暫定的なものにすぎないこと、本条各号の事由は本案の訴えの提起又はその続行が予定されていることから、本条各号の事由は、権利行使の意思を明らかにしたと評価できる事実が生じた場合として「完成猶予」事由とされた。

第150条　（催告による時効の完成猶予）

Ⅰ　催告があったときは、その時から6箇月を経過するまでの間は、時効は、完成しない。

Ⅱ　催告によって時効の完成が猶予されている間にされた再度の催告は、前項の規定による時効の完成猶予の効力を有しない〈同〉。

[趣旨] 裁判上の請求などの時効の更新及び完成猶予の手続をとるのが遅れて時効が完成してしまうのを防止する措置として催告を定めたものである。

《注　釈》

▪「催告」とは、裁判外で、債権者が債務者に対して履行を請求することをいう（意思の通知）。催告があったときは、その時から6箇月を経過するまでの間は、時効は、完成しない（Ⅰ）。

　　ex.1　手形の呈示（手38）を伴わない催告でも、催告としての効力が生じる（最判昭38.1.30参照）

　　ex.2　売買契約において当事者が互いに同時履行の抗弁権（533）を有する場合、売主が自己の債務提供なしに買主に履行を催告した場合でも、催告としての効力を生ずる〈難〉

▪催告によって時効の完成が猶予されている間にされた再度の催告は、本条1項の規定による時効の完成猶予の効力を有しない（Ⅱ）。本条2項は、催告を繰り返すことで時効完成を引き延ばすことを認めないという判例法理（大判大8.6.30）を明文化するものである。ただし、本条2項が想定しているのは、裁判外の催告が繰り返されるケースであり、裁判外の催告が行われた後に裁判上の催告（訴えの提起等）が行われた場合において、当該裁判上の催告に時効完成猶予の効力が認められるかどうかは、解釈に委ねられている。

総則［第151条］　　●時効

第151条　（協議を行う旨の合意による時効の完成猶予）

Ⅰ　権利についての協議を行う旨の合意が書面でされたときは、次に掲げる時のいずれか早い時までの間は、時効は、完成しない。

①　その合意があった時から1年を経過した時

②　その合意において当事者が協議を行う期間（1年に満たないものに限る。）を定めたときは、その期間を経過した時

③　当事者の一方から相手方に対して協議の続行を拒絶する旨の通知が書面でされたときは、その通知の時から6箇月を経過した時

Ⅱ　前項の規定により時効の完成が猶予されている間にされた再度の同項の合意は、同項の規定による時効の完成猶予の効力を有する。ただし、その効力は、時効の完成が猶予されなかったとすれば時効が完成すべき時から通じて5年を超えることができない。

Ⅲ　催告によって時効の完成が猶予されている間にされた第1項の合意は、同項の規定による時効の完成猶予の効力を有しない。同項の規定により時効の完成が猶予されている間にされた催告についても、同様とする。

Ⅳ　第1項の合意がその内容を記録した電磁的記録（電子的方式、磁気的方式その他人の知覚によっては認識することができない方式で作られる記録であって、電子計算機による情報処理の用に供されるものをいう。以下同じ。）によってされたときは、その合意は、書面によってされたものとみなして、前3項の規定を適用する。

Ⅴ　前項の規定は、第1項第3号の通知について準用する。

[趣旨] 当事者が互いに紛争の解決に向けた協議をしている場合であっても、時効の完成が間近に迫れば、時効完成を防止する措置として訴訟提起などを検討せざるを得なかった。そこで、当事者に自発的で柔軟な紛争解決を行わせるために、協議を行う旨の合意がなされた場合には時効の完成が猶予されることとした。

《注　釈》

一　完成猶予の要件

1　権利についての協議を行う旨の合意（Ⅰ）

完成猶予がされるためには、権利についての協議が事実上なされるだけでは足りず、当事者間で協議を行う旨の合意がなされる必要がある。

∵　どのような状態が協議といえるのかは明確ではないが、協議を行うことを対象とした合意の存否であればその判断は比較的容易であり、事後的な紛争が生じにくい

2　書面又は電磁的記録（Ⅳ）

協議を行う旨の合意は、書面又は電磁的記録によってなされる必要がある（Ⅳ）。

∵　事後的に時効の完成猶予がされたか否か等をめぐり紛争が生ずる事態を避けるため

「書面」又は「電磁的記録」は、当事者双方の協議意思が現れているものでなければならない。当事者の署名や記名・押印は要求されない。また、1通の

●時効　　　　　　　　　　　　　　　　　　　　　　　　　　総則［第152条］

書面で合意がなされる必要はない。

3　催告との関係（Ⅲ）

催告によって時効の完成が猶予されている間（時効が本来完成すべき時が到来しているものの、完成猶予事由の効力によって時効の完成が猶予された状態）に本条1項の合意がなされたとしても、時効の完成猶予の効力を有しない（Ⅲ前段）。

→催告による時効の完成猶予の効力しか認められないということ

同様に、本条1項の規定により時効の完成が猶予されている間に催告をしても、時効の完成猶予の効力を有しない（Ⅲ後段）。

→協議を行う旨の合意による時効の完成猶予の効力しか認められないということ

二　完成猶予の期間等

1　期間（Ⅰ）

協議による時効の完成猶予の効力は、下記のとおり存続する（Ⅰ）。

① 当該合意に期間の定めがない場合
→1号と3号のいずれか早い時まで

② 当該合意に1年未満の期間の定めがある場合
→2号と3号のいずれか早い時まで

③ 当該合意に1年以上の期間の定めがある場合
→1号と3号のいずれか早い時まで

2　再度の合意（Ⅱ）

本条1項によって時効の完成が猶予されている間に、再度協議を行う旨の合意がされれば、その合意の時点から本条1項に従って時効の完成が更に猶予される（Ⅱ本文）。この合意は、繰り返しすることができるが、本来の時効が完成すべき時から通算して5年を超えることができない（同ただし書）。

第152条　（承認による時効の更新）

Ⅰ　時効は、権利の承認があったときは、その時から新たにその進行を始める。

Ⅱ　前項の承認をするには、相手方の権利についての処分につき行為能力の制限を受けていないこと又は権限があることを要しない。

[趣旨]承認がなされると権利の存在が当事者の間で明確にされる上、承認があれば権利者は権利保全のために特別の措置を講ずる必要がないと考えることが普通であることから、権利の承認を時効の更新事由として定めている。また、承認は観念の通知であり、法律行為ではない。そのため、本条2項は、承認者が処分の能力又は権限を有することを要しないことを明記している。

《注　釈》

一　意義及び効果

「承認」とは、時効の利益を受ける者が、権利の不存在（取得時効の場合）又は権利の存在（消滅時効の場合）を権利者に対して表示することをいい（観

総則［第153条］   ●時効

念の通知）、特別の方式を要しない。「承認」は、時効によって権利を失うべき
者の代理人に対してした場合も有効である（大判大 10.2.1）〈供〉。
1　「承認」にあたる場合
　　ex.1　債務者が債務の一部を弁済する場合（大判大 8.12.26）〈書〉
　　ex.2　債務者が利息の一部を支払った場合（大判昭 3.3.24）
　　ex.3　債務者が弁済の猶予を懇請した場合（大判昭 2.1.31）
　　ex.4　債務者が債権譲渡に対して 467 条の「承諾」をした場合〈供〉
　　ex.5　債務者が訴訟上の相殺を主張し、受働債権につき債務の承認がされた
　　　　ものと認められる場合（その後相殺の主張が撤回されたとしても、承認
　　　　による時効更新の効力は失われない）（最判昭 35.12.23 参照）
2　「承認」にあたらない場合
　　ex.1　債務者が債務の存否を調査するため猶予を求めること
　　ex.2　債務者が他の債権者のために二番抵当を設定すること（一番抵当を有
　　　　する債権者との関係で承認とはならない）（大判大 6.10.29）
　　ex.3　物上保証人が被担保債権の存在を承認すること（債務者のみならず物
　　　　上保証人自身との関係でも「承認」にあたらない）（最判昭 62.9.3）
3　承認の効果
　　権利の承認があったときは、その時点から時効が更新される（Ⅰ）。
二　管理の能力又は権限の要否
　　本条2項の反対解釈として、管理能力・権限の存在は必要と解される。
　　ex.1　未成年者が法定代理人の同意を得ないでした承認は、取り消すことがで
　　　　きる（5Ⅱ）（大判昭 13.2.4 参照）　→取り消されると時効は更新しない
　　ex.2　被保佐人が単独でした承認は、時効更新事由となる（大判大 7.10.9 参照）

第153条　（時効の完成猶予又は更新の効力が及ぶ者の範囲）

Ⅰ　第147条又は第148条＜裁判上の請求等・強制執行等による時効の完成猶予
　及び更新＞の規定による時効の完成猶予又は更新は、完成猶予又は更新の事由が生
　じた当事者及びその承継人の間においてのみ、その効力を有する〈圓〉。
Ⅱ　第149条から第151条まで＜仮差押え等・催告・協議を行う旨の合意による時
　効の完成猶予＞の規定による時効の完成猶予は、完成猶予の事由が生じた当事者及
　びその承継人の間においてのみ、その効力を有する。
Ⅲ　前条の規定による時効の更新は、更新の事由が生じた当事者及びその承継人の間
　においてのみ、その効力を有する。

[趣旨]本条は、時効の完成猶予及び更新の効果が相対的であることを規定する。
《注　釈》
一　時効の完成猶予・更新の効力が及ぶ者の範囲
　　時効の完成猶予及び更新は、原則として、完成猶予及び更新行為に関与した者
　（当事者）又はその承継人についてでなければ生じない。
　　ex.1　建物の共有者の1人が、その建物を占有し所有権を主張する者に対し持

●時効　　　　　　　　　　　　　　　　　　　　　　　総則［第154条］

分確認の訴えを提起しても、他の共有者に対する完成猶予及び更新の効果
は生じない

ex.2　連帯保証人が債務を承認したことにより保証債務の時効が更新したとき
でも、その効力は主債務者に及ばない

ex.3　（連帯）保証人が（連帯）保証債務の一部を弁済しても、主債務の残部
について時効は完成猶予及び更新しない〈同〉

二　例外

1　地役権の取得時効の不可分性（284 Ⅱ）

2　完成猶予及び更新の効力を行為の当事者以外に及ぼす特則（457 Ⅰ等）

3　取得時効（162）は、占有者が任意にその占有を中止し、又は他人によって
その占有を奪われたときは、すべての者に対して、中断する（自然中断、164）。
⇒ p.114

4　物上保証人が、主たる債務者の承認により生じた被担保債権の時効更新の効
力を否定することは、担保権の付従性に抵触し許されない（最判平 7.3.10）〈共〉。

第154条

第148条第1項各号＜強制執行等による時効の完成猶予及び更新＞又は第149
条各号＜仮差押え等による時効の完成猶予＞に掲げる事由に係る手続は、時効の利益
を受ける者に対してしないときは、その者に通知をした後でなければ、第148条又は
第149条の規定による時効の完成猶予又は更新の効力を生じない。

[趣旨] 本条の趣旨は、時効の利益を受ける者が知らない間に時効の完成猶予及び更
新の効果が生じると解すると、その者にとって不測の不利益となることから、これ
を防止する点にある。

《注　釈》

一　債務者に対する通知のある場合

物上保証人に対する担保不動産競売の申立てにより、競売開始決定がなされ、
決定正本が債務者に送達された場合は、債権者の債務者に対する被担保債権につ
いて消滅時効は完成猶予される（最判昭 50.11.21 参照）。

二　債務者に対する通知のない場合

主債務者の連帯保証人の債務を担保する物上保証人に対する競売申立てと連帯
保証人への開始決定の送達（主債務者に通知はない）は、連帯保証債務の消滅時
効は完成猶予されるが、主債務の消滅時効を完成猶予する効力を有しない（最判
平 8.9.27 参照）。

∵①　抵当権の実行としての競売手続では、執行裁判所が職権で手続を進行
し、債権者の関与の度合いが希薄であり、「裁判上の請求」（147 Ⅰ①）と
しての完成猶予は認められない

②　競売開始決定の送達は、申立ての対象たる財産への差押えを債務者に告
知し不服申立ての機会を与えるためにすぎず、債務者に対する弁済の請求
ではないので、「催告」（150）にもあたらない

総則［第155条〜第160条］　●時効

三　時効の完成猶予の効力発生時期

　物上保証人に対する債権者の競売申立てにより競売開始が決定され、債務者にその決定正本が送達された場合には、その正本送達時に時効の完成猶予の効力が生じる（最判平 8.7.12 参照）。

　また、原債権の担保権実行後に、委託を受けた保証人が代位弁済（499）し、差押債権者の承継申出をした場合、上記承継の申出について主債務者に対して本条の通知がなされなくても、求償権の消滅時効は、承継の申出の時から不動産競売の手続終了まで完成猶予される（最判平 18.11.14・平 19 重判 1 事件参照）。

四　債務者に対する適用の可否

　債権執行における差押えによる請求債権の消滅時効の完成猶予・更新において、その債務者は、消滅時効の完成猶予・更新の当事者にほかならない。したがって、上記完成猶予・更新の効力が生ずるためには、その債務者が当該差押えを了知し得る状態に置かれることを要しない（最判令元 .9.19・令元重判 2 事件参照）。

五　占有者の取得時効との関係

　抵当権者の競売申立てに基づき、競売開始決定の登記がされ差押えの効力が生じても、所有権取得登記を経由していない当該抵当不動産の占有者に通知されない限り、占有者の取得時効についての時効の完成猶予及び更新事由とはならない（最判昭 43.12.24 参照）。

第155条〜第157条　（差押え、仮差押え及び仮処分、承認、中断後の時効の進行）　削除

第158条　（未成年者又は成年被後見人と時効の完成猶予）

Ⅰ　時効の期間の満了前 6 箇月以内の間に未成年者又は成年被後見人に法定代理人がないときは、その未成年者若しくは成年被後見人が行為能力者となった時又は法定代理人が就職した時から 6 箇月を経過するまでの間は、その未成年者又は成年被後見人に対して、時効は、完成しない。

Ⅱ　未成年者又は成年被後見人がその財産を管理する父、母又は後見人に対して権利を有するときは、その未成年者若しくは成年被後見人が行為能力者となった時又は後任の法定代理人が就職した時から 6 箇月を経過するまでの間は、その権利について、時効は、完成しない。

第159条　（夫婦間の権利の時効の完成猶予）

　夫婦の一方が他の一方に対して有する権利については、婚姻の解消の時から 6 箇月を経過するまでの間は、時効は、完成しない。

第160条　（相続財産に関する時効の完成猶予）

　相続財産に関しては、相続人が確定した時、管理人が選任された時又は破産手続開始の決定があった時から 6 箇月を経過するまでの間は、時効は、完成しない。

●時効　　　　　　　　　　　　　　　　　　　　総則［第158条～第161条］

第161条　（天災等による時効の完成猶予）

時効の期間の満了の時に当たり、天災その他避けることのできない事変のため第1
47条第1項各号＜裁判上の請求等による時効の完成猶予及び更新＞又は第148条
第1項各号＜強制執行等による時効の完成猶予及び更新＞に掲げる事由に係る手続を
行うことができないときは、その障害が消滅した時から3箇月を経過するまでの間は、
時効は、完成しない。

【平29改正】 改正前民法158条～161条は時効の停止事由について定めていたが、
停止事由は「完成猶予」事由に再構成された。また、改正前民法161条は、時効の
停止期間を2週間と定めていたが、近時の大規模災害を想定して、「3箇月」の時
効猶予期間に変更された。

【趣旨】 158条～161条は、時効期間満了の間際などに、時効が完成すれば権利を失
うべき者に権利行使が事実上期待できない事由がある場合、その者を救済するた
め、一定期間時効の完成を猶予することとした。

《注　釈》

一　未成年者又は成年被後見人と時効の完成猶予（158 Ⅰ Ⅱ）

1　時効期間満了前6か月以内に未成年者又は成年被後見人に法定代理人がいな
い場合（同Ⅰ）

(1)　同項によって時効の完成が猶予される時効は、未成年者又は成年被後見人
にとって不利益となる時効に限られる。

(2)　時効完成前6か月内に至って法定代理人が欠けた場合の他、それより以前
から欠けていて6か月内に至るまで就職しなかった場合も含む。

(3)　時効の期間満了前6か月以内の間に精神上の障害により事理を弁識する能
力を欠く常況にある者に法定代理人がない場合において、少なくとも、時効
の期間満了前の申立てに基づき後見開始の審判がされたときは、民法158条
1項の類推適用により、法定代理人が就職した時から6か月を経過するまで
の間は、時効は完成しない（最判平26.3.14・平26重判2事件参照）。

2　未成年者又は成年被後見人がその財産を管理する父母又は後見人に対して権
利を有する場合（同Ⅱ）

∵　それらの者が未成年者や成年被後見人に代わって、自分に対して時効の
完成猶予の手続をとることは期待できない

二　夫婦の一方が他方に対して有する権利の場合（159）

1　「婚姻解消の時」とは、離婚、婚姻の取消し及び夫婦の一方の死亡を含む。

2　婚姻前から有する権利であるか婚姻後から有する権利であるかは問わない。

三　相続財産に関する権利の場合（160）

1　相続財産とは、相続の開始（882）によって被相続人から相続人に移転する
積極・消極の財産、すなわち権利義務の総称である。

2　「……に関して」とは、相続財産の利益になる場合と不利益になる場合を含
む。

取得時効［第162条］　●時効

四　天災その他避けることのできない事変があった場合（161）

「天災その他避けることのできない事変」とは、暴動や戦乱のような、天災に比すべき外部の障害をいい、権利者の疾病や不在などの主観的事由は含まない。

《その他》

- 債務者が国外にいるときであっても、時効は完成猶予しない回。

■第2節　取得時効

《概　説》

<取得時効と消滅時効の要件>

要件＼種類		取得時効（162）		消滅時効（166）
一定の事実状態の存在	客観	① 他人の物 ② 平穏・公然 ③ 自主占有	客観	権利の不行使
	主観	善意・無過失（10年の取得時効の場合）	主観	
一定の事実状態が一定期間継続すること	積極	善意・無過失→10年 悪意・有過失→20年	積極	債権→5年又は10年（166Ⅰ）（＊） その他→20年（166Ⅱ）
	消極	① 完成猶予・更新事由がないこと ② 自然中断（164）がないこと	消極	完成猶予・更新事由がないこと
意思表示（不確定効果説による）		援用（145）		

＊　債権者が権利を行使することができることを知った時から5年間行使しないとき（166Ⅰ①）、又は権利を行使することができる時から10年間行使しないとき（166Ⅰ②）に、債権は時効によって消滅する。なお、人の生命又は身体の侵害による損害賠償請求権の場合は、166条1項2号の適用については、同号中「10年間」とあるのは、「20年間」となる（167）。

第162条　（所有権の取得時効）

Ⅰ　20年間、所有の意思をもって、平穏に、かつ、公然と他人の物を占有した者は、その所有権を取得する。

Ⅱ　10年間、所有の意思をもって、平穏に、かつ、公然と他人の物を占有した者は、その占有の開始の時に、善意であり、かつ、過失がなかったときは、その所有権を取得する。

《注　釈》

一　取得時効の要件　司H24

1　「所有の意思」

「占有」は、所有の意思をもった占有（自主占有）でなければならない。所

●時効　　　　　　　　　　　　　　　　　　　　　取得時効［第162条］

有の意思とは、所有者として物を排他的に支配しようとする意思をいう。所有
の意思がなければ、いくら占有を継続しても所有権を時効取得することはない。
ただし、所有の意思は推定される（186 I）。

(1) 所有の意思の有無の判断基準

占有取得の原因たる事実によって外形的・客観的に定められる（最判昭
45.6.18）共書。

(2) 所有の意思がある場合の具体例

ex.1　土地の所有権を譲り受けることを内容とする交換契約（当事者が互
いに金銭以外の財産権を移転することを約することによって成立する
契約、586 I）に基づき引渡しを受けた者が、交換契約によって土地
の所有権を取得できなかったとき

ex.2　他人物売買で、買主が直ちにその所有権を取得できるものでないこ
とを知っていたとき（悪意占有となるにすぎない）（最判昭56.1.27）

ex.3　解除条件付売買において解除条件が成就して売買契約が失効した場
合の買主の占有（最判昭60.3.28）共書

ex.4　他人の土地の占有者が、土地を賃貸しているとき（間接占有）共

ex.5　無効な売買契約に基づいて買主が土地を占有しているとき

ex.6　不法占拠による占有を開始して明渡通告を受けたが、これを拒絶し
て占有し続けたとき

(3) 所有の意思がない場合の具体例

ex.1　売買契約成立後、当事者が契約を合意解除したにもかかわらず買主
が占有しているとき

ex.2　土地賃借人として土地を占有してきたとき

2　「平穏に、かつ、公然と」

「平穏に、かつ、公然と」とは、暴行若しくは強迫又は隠匿による占有でない
ことであるが、186条1項により推定される。

→時効取得を争う側で、暴行若しくは強迫又は隠匿による占有であることを
立証しなければならない同

3　善意・無過失（162 II）

(1) 善意・無過失とは、自己に所有権があるものと信じ、かつ、そのように信
じるにつき過失がないことをいう（大判大8.10.13）同。

→占有の目的物件に対し抵当権が設定されていることや、その抵当権設定
登記が経由されていることを知り、又は不注意により知らなかった場合
でも、善意・無過失の占有と認められる（最判昭43.12.24）共

この善意・無過失は、占有の始めにおいて問題となり、その後に悪意となって
も、時効期間に影響を与えない同。

(2) 善意は推定されるが（186 I）、無過失は推定されない（大判大8.10.13）
共書。

(3) 占有者の承継人は自己の占有のみを主張してもよいし、自己の占有に加え

111

て前占有者の占有を併せて主張してもよい（187 Ⅰ）。
* 占有の承継があった場合、前主が善意・無過失で占有を開始すれば、承継人の善意・悪意を問わず、10年の取得時効が認められる（最判昭53.3.6・百選Ⅰ46事件）◀同書。

4 他人の物
(1) 自己物 ◀同H24予元

「他人の」とは例示にすぎず、自己物についても時効取得できる（最判昭42.7.21・百選Ⅰ45事件）◀同。
∵① 自己物であっても、その登記を経由していないために所有権の取得の立証が困難であったり、所有権の取得を第三者に対抗できないなどの場合において、取得時効による権利取得を主張できると解するのが制度本来の趣旨に合致する
② 「他人の」と規定したのは、通常の場合において、自己物について取得時効を援用することは無意味であるからであって、自己物について取得時効の援用を許さない趣旨ではない

(2) 物の一部
一筆の土地の一部や、他人の土地に権限なく植え付けた樹木等、物の一部についても時効取得できる（大連判大13.10.7）◀書。

(3) 公用物
原則として取得時効の対象とならない。ただし、公用物としての形態・機能を全く喪失し、公共用財産として維持すべき理由がない場合は、黙示に公用が廃止されたものとして取得時効の成立が認められる（最判昭51.12.24）。

5 占有の継続
占有は、10年ないし20年の時効期間中継続しなければならない。
→前後2つの時点で占有が行われたことが立証されれば、その間は占有は継続したものと推定される（186 Ⅱ）◀同。

二 取得時効の効果
1 原始取得 ◀予R元

時効が完成し援用されると、占有者（又は準占有者）は、所有権（又は他の財産権）を取得する。これは原始取得であるから、新権利者は、前権利者の下で存在した制限に拘束されない。ただし、取得時効の基礎となる占有それ自体に制限が存在すれば、かかる制限が付いた権利を取得する◀過。

2 取得時効と登記（判例の準則） ⇒ p.130
(1) 占有開始当初からの所有者との関係
原権利者は物権変動の当事者そのものであり、時効取得者は登記なくして原権利者に時効取得を主張しうる。

(2) 時効完成前の承継人との関係 ◀予R元
時効完成前の承継人は、時効完成時において所有者であるがゆえに、時効

取得者にとっては第三者ではなく当事者であり、時効取得者は登記なくして時効取得を主張しうる〈司〉。

　　ex.1　甲の乙の土地に対する取得時効完成前に、乙が丙に抵当権の設定をし登記も済ませた場合、甲は時効完成後丙に抵当権登記の抹消を請求しうる〈共〉

　　ex.2　時効完成前に所有権を取得した者が、完成後に移転登記をなしたとしても、時効取得者はその者に対して、登記なくして取得時効を主張しうる（最判昭41.11.22）〈司共〉

　　ex.3　不動産の二重譲渡があった場合、第一買主は第二買主に対し占有取得時を起算点として登記なくして取得時効を主張しうる（最判昭46.11.5・百選Ⅰ57事件）

(3) 時効完成後の承継人との関係

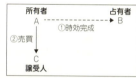

　　時効完成後の承継人と、時効取得者は二重譲渡と類似の関係に立ち、時効取得者は登記なくして時効取得を対抗できない（最判昭33.8.28）〈司共〉。

　　ex.　時効完成後に登記名義人から土地を譲り受け登記も済ませた丙に対し、時効取得者甲は、登記の抹消を請求できない

(4) 時効期間の起算点

　　時効取得者が起算点を任意に選択し、時効の完成時期を遅らせることはできない（最判昭35.7.27）。　⇒ p.97、130

(5) 再度の取得時効の完成

　　時効完成後の第三者が登記を具備した時点から、さらに時効取得に必要な期間占有を継続すれば、新たに取得時効が完成し、登記なくして時効取得を対抗することができる（最判昭36.7.20）〈司書〉。

第１６３条　（所有権以外の財産権の取得時効）

所有権以外の財産権を、自己のためにする意思をもって、平穏に、かつ、公然と行使する者は、前条の区別に従い２０年又は１０年を経過した後、その権利を取得する。

《注　釈》

一　「所有権以外の財産権」

1　取得時効の認められる権利

　　ex.1　用益物権（地上権〈司〉・永小作権・地役権（283）など）、質権

　　ex.2　不動産賃借権（最判昭62.6.5・百選Ⅰ47事件）〈司〉　⇒ p.540

2　取得時効の認められない権利

　　ex.　法定担保物権（留置権・先取特権）、一度行使すると消滅する権利（取消権・解除権）

二　「自己のためにする意思」

権利者として当該権利を行使することをいう。

取得時効［第164条〜第165条］・消滅時効［第166条〜第167条］　　●時効

三 「平穏に、かつ、公然と行使」 ⇒p.111

第164条 （占有の中止等による取得時効の中断）

第162条の規定による時効は、占有者が任意にその占有を中止し、又は他人によってその占有を奪われたときは、中断する。

第165条

前条の規定は、第163条の場合について準用する。

[趣旨] 取得時効は、占有の継続が要求される。そのため占有がなくなった場合には、取得時効が中断する旨を本条は規定する（自然中断）。

《注　釈》

◆ 自然中断事由

1　占有者が自ら任意に占有を中止する場合
2　占有を奪われた場合
　　権利者により奪われた場合も第三者により奪われた場合も含む。
　　cf. 占有を奪われた時から1年以内に、占有回収の訴えを提起すれば、占有は継続したものとされる（203ただし書）〈同書〉

■第3節　消滅時効

《概　説》

消滅時効とは、一定の財産権について、権利不行使という事実状態が一定期間継続した場合に、その権利を消滅させる制度である。

第166条 （債権等の消滅時効）

Ⅰ　債権は、次に掲げる場合には、時効によって消滅する。
① 債権者が権利を行使することができることを知った時から5年間行使しないとき〈共書〉。
② 権利を行使することができる時から10年間行使しないとき。
Ⅱ　債権又は所有権以外の財産権は、権利を行使することができる時から20年間行使しないときは、時効によって消滅する。
Ⅲ　前2項の規定は、始期付権利又は停止条件付権利の目的物を占有する第三者のために、その占有の開始の時から取得時効が進行することを妨げない。ただし、権利者は、その時効を更新するため、いつでも占有者の承認を求めることができる。

第167条 （人の生命又は身体の侵害による損害賠償請求権の消滅時効）

人の生命又は身体の侵害による損害賠償請求権の消滅時効についての前条第1項第2号の規定の適用については、同号中「10年間」とあるのは、「20年間」とする。

【平29改正】 改正民法166条1項は、改正前民法167条が規定している消滅時効の期間について、主観的起算点から5年間、客観的起算点から10年という二元的なシステムを採用するものであり、消滅時効について大きな変更を加えるものである。そして、現代的な取引類型に適合しなくなった改正前民法170条〜174条の規定

●時効　　　　　　　　　　　　　　　　　消滅時効［第166条〜第167条］

（職業別の短期消滅時効）は削除され、本条に基づいて処理されるとともに、商法
522条の定める商事消滅時効も廃止された。

［趣旨］主観的起算点と客観的起算点による二元的な消滅時効制度を採用した理由
は、主観的起算点から進行する消滅時効だけでは、債権者の認識がない限り、永遠
に消滅時効が完成しないこととなり妥当でないとされたためである。また、167条
は、生命・身体という法益の重要性に鑑み、生命・身体の侵害による損害賠償請求
権についての消滅時効期間を長期化するものである。

《注　釈》

一　消滅時効の要件

① 事実状態の存在
② 事実状態が一定期間継続すること（166〜169）
③ 完成猶予及び更新のないこと（147以下）
④ 当事者の援用（145）

二　債権の消滅時効の起算点

1　客観的起算点（166 Ⅰ②）

消滅時効の客観的起算点は、「権利を行使することができる時」である。「権
利を行使することができる時」とは、権利の行使に法律上の障害がなく、その
性質上、その権利行使が現実に期待できる時をいう（最大判昭45.7.15、最判平
8.3.5）。単なる事実上の障害（債権者の病気・不在・権利進行時期の不知とい
った個人的な事情）は、時効の進行期間を妨げない。

(1) 確定期限の定めのある債権

期限到来時から進行する《同書》。

(2) 不確定期限の定めのある債権

期限到来時から進行する《同》。

(3) 期限の定めのない債権

(a) 原則

債権成立（発生）時から進行する。

→不当利得返還請求権（703、704）のような法定債権は、原則として期
限の定めのない債権となる

(b) 返済の時期を定めない消費貸借

契約成立から相当期間経過後から進行する。

(c) 債務不履行による損害賠償請求権（415）

本来の債務の履行を請求しうる時から進行する《同》。

cf.　じん肺のような進行性疾患で発病までに長時間を要する場合の、使
用者の安全配慮義務違反による損害賠償請求権

→損害が発生した時、すなわち最終の行政上の決定を受けた時から
進行する（最判平6.2.22・百選Ⅰ44事件）《同》

(d) 不法行為に基づく損害賠償請求権（709）

主観的起算点による消滅時効は、被害者又は法定代理人が、損害及び加

害者を知った時に進行し、客観的起算点による消滅時効は不法行為の時から進行する（724①②）。　⇒ p.648

cf. 継続的不法行為に基づく損害賠償請求権の主観的起算点による消滅時効は、被害者が各損害を知った時から個別に進行する

→夫婦の一方が、他方配偶者と第三者の同棲により第三者に対して取得する慰謝料請求権の主観的起算点による消滅時効は、一方配偶者が同棲の事実を知った時から進行する

(4)　期限付又は停止条件付債権

期限到来時又は条件成就時から進行する。

(5)　解除条件付債権

債権の成立時から進行する。　→条件成就未定の間も進行する

(6)　不作為債権

違反行為のなされた時から進行する。

(7)　期限の利益喪失約款付債権

1回の不履行があっても、各割賦金につき約定弁済期から、順次消滅時効が進行する。債権者が特に残額債務の弁済を求める旨の意思表示をした場合に限り、その時から全額について消滅時効が進行する（大連判昭15.3.13、最判昭42.6.23）〈司書〉。

(8)　預金債権

普通預金債権は預入れの時から進行する。当座預金は契約終了時から進行する（大判昭10.2.19）。

自動継続定期預金契約における預金払戻請求権の消滅時効は、それ以降自動継続の取扱いがされることのなくなった満期日が到来した日から進行する（最判平19.4.24・平19重判2事件）。

2　主観的起算点（166 I①）

消滅時効の主観的起算点は、「権利を行使することができることを知った時」である。「権利を行使することができることを知った時」とは、客観的起算点の到来を債権者が知った時であり、権利行使が期待可能な程度に、当該権利の発生及びその履行期の到来その他権利行使にとっての障害がなくなったことを債権者が知った時を意味する。

三　債権の消滅時効期間

1　民事債権一般

債権の消滅時効期間は、原則として、主観的起算点から起算するものは5年（166 I①）、客観的起算点から起算するものは10年（166 I②）である。

＊　契約に基づく一般的な債権は、権利発生時にその権利を行使できることを認識しているのが通常であるため、「権利を行使することができることを知った時」（主観的起算点、166 I①）と「権利を行使することができる時」（客観的起算点、同②）は基本的に一致する。そのため、権利を行使することができる時から5年の経過によって、時効により消滅するものと解されている。

●時効 消滅時効［第166条〜第167条］

2 不法行為による損害賠償請求権 ⇒ p.648

3 生命又は身体の侵害による損害賠償請求

客観的起算点から進行する消滅時効の期間が20年間に延長されている（167）。

4 定期金債権 ⇒ p.119

5 判決で確定した権利 ⇒ p.119

四 債権以外の財産権の消滅時効

債権又は所有権以外の財産権は、権利を行使することができる時から20年間行使しないときは、時効によって消滅する（166Ⅱ）。ただし、後述の通り、形成権は債権に準じて166条1項が適用される。

1 所有権

所有権は時効にかからない。

ex.1 所有権に基づく物権的請求権や登記請求権も消滅時効にかからない（大判大11.8.21、最判昭51.11.5）通 司共書

ex.2 譲渡担保を設定した債務者の受戻権も消滅時効にかからない

2 所有以外の物権

(1) 留置権、占有権、先取特権、共有物分割請求権は消滅時効の対象とならない。

∵ 一定の事実状態又は法律関係が存在する限り存続する

(2) 質権・抵当権も、独自には消滅時効の対象とならない。

cf. 抵当権は、債務者及び抵当権設定者以外との関係では（396参照）、独自に不行使によって消滅時効にかかる（大判昭15.11.26参照）

(3) 用益物権（地上権・永小作権・地役権）は消滅時効の対象となる 同。地役権については、継続的でない地役権は最後の行使の時から起算し、継続的な地役権は、その行使を妨げる事実が生じた時から起算される（291）。

3 形成権

形成権の時効期間は、特別の規定がない場合、債権に準じて166条1項に従い消滅時効にかかる（大判大10.3.5、最判昭56.6.16）。

(1) 解除権

債務不履行の時から消滅時効は進行する（大判大6.11.14）。

cf. 契約解除に基づく原状回復請求権（545Ⅰ本文）の消滅時効は、解除権行使の時から進行する（最判昭35.11.1）司共

∵ 契約解除に基づく原状回復請求権は、本来の債権とは別個の、解除により発生する期限の定めのない債権であるため

(2) 予約完結権

予約の成立した時から進行する（大判大10.3.5）。

4 身分権・親族権

財産的色彩の強いものを除いて、消滅時効にかからない。

消滅時効〔第166条～第167条〕　　　　　　　　　　　　　　●時効

《その他》

- 被保佐人が弁済期の到来した債権の弁済を請求する訴えを提起するにつき保佐人の同意（13 I ④）を得られなくても、その債権の消滅時効は進行する（最判昭49.12.20）。
- 法定代理人がいなくても未成年者の有する債権の消滅時効は進行する。
- 同時履行の抗弁権が付着した債権であっても、消滅時効は弁済期から進行する〈論〉。
- 弁済供託における供託物取戻請求権（496 I）の消滅時効は、供託による免責の効果を受ける必要がなくなった時から進行する（最大判昭45.7.15参照）。
  ⇒ p.429
- 相続回復請求権は、相続人又はその法定代理人が相続権を侵害された事実を知った時から5年間行使しないとき、又は相続開始の時から20年を経過したとき時効によって消滅する（884）。

＜消滅時効と履行遅滞＞

種類			消滅時効の起算点		遅滞の時期
			客観的起算点	主観的起算点	期限到来の時 （412 I）
確定期限のある債権			期限到来の時〈論〉		
不確定期限のある債権			期限到来の時〈論〉	債権者が権利を行使することができることを知った時（166 I ①）	期限の到来した後に履行の請求を受けた時、又はその期限の到来したことを知った時のいずれか早い時（412 II）
期限の定めのない債権	原則		債権成立（発生）の時		履行の請求を受けた時（412 III）
	例外	① **不法行為に基づく損害賠償請求権**	不法行為時（724 ②）	被害者又はその法定代理人が損害及び加害者を知った時（724 ①）	不法行為時（最判昭58.9.6）
		② **債務不履行に基づく損害賠償請求権**	本来の債務の履行を請求しうる時〈論〉	債権者が権利を行使することができることを知った時（166 I ①）	履行の請求を受けた時（412 III）
		③ **消費貸借に基づく返還請求権**	①催告あるとき→催告後相当期間経過後 ②催告ないとき→契約成立から相当期間経過後		催告後相当期間経過後（591 I、大判昭5.1.29）

118

●時効　　　　　　　　　　　　　　　　　　　　　　消滅時効〔第168条〜第169条〕

第168条　（定期金債権の消滅時効）

Ⅰ　定期金の債権は、次に掲げる場合には、時効によって消滅する。

① 債権者が定期金の債権から生ずる金銭その他の物の給付を目的とする各債権を行使することができることを知った時から10年間行使しないとき〈註〉。

② 前号に規定する各債権を行使することができる時から20年間行使しないとき。

Ⅱ　定期金の債権者は、時効の更新の証拠を得るため、いつでも、その債務者に対して承認書の交付を求めることができる。

【平29改正】本条1項は、定期金債権（基本権としての定期金債権（ex. 終身年金債権）をいう。なお、基本権とは、支分権を発生させる源の基本的な権利をいい、支分権とは、定期金債権において各期日に支払を請求する権利をいう）の消滅時効について根本的な変更を加えるものである。すなわち、本条1項1号は、「債権者が定期金の債権から生ずる金銭その他の給付を目的とする各債権〔支分権〕を行使することができることを知った時」という主観的起算点を定めるとともに、その期間を10年と定め、本条1項2号は、「権利を行使することができる時」という客観的起算点を定めた上で、その期間を20年とするものである。なお、本条2項は、「中断」を「更新」に変更した点以外に変更はない。

《注　釈》

- 判例（最判平30.7.17・平30重判1事件）は、受信契約に基づく受信料債権には、改正前民法168条1項前段（改正168Ⅰ）の規定は適用されないとした。

∵ 放送法の趣旨は、公共放送事業者の事業運営の財源につき、受信設備を設置した者に広く公平に受信料を負担させることによって賄うことにあり、受信設備を設置した者に対し受信契約の締結を強制する旨の規定に基づき締結される受信契約によって受信料債権は発生するところ、受信契約に基づく受信料債権について改正前民法168条1項前段の適用があるとすれば、受信契約を締結している者が将来生ずべき受信料の支払義務についてまでこれを免れ得ることとなり、上記放送法の趣旨に反する

第169条　（判決で確定した権利の消滅時効）

Ⅰ　確定判決又は確定判決と同一の効力を有するものによって確定した権利については、10年より短い時効期間の定めがあるものであっても、その時効期間は、10年とする〈共書〉。

Ⅱ　前項の規定は、確定の時に弁済期の到来していない債権については、適用しない。

《注　釈》

◆ 判決で確定した権利

短期消滅時効の対象となる債権も、確定判決又は確定判決と同一の効力を有するもの（裁判上の和解、調停等）により確定したときは、時効期間は10年となる（Ⅰ）。

∵ 判決等の確定によって証拠力が強固になる

119

消滅時効［第170条～第174条］　　　　　　　　　　　　　　　　　●時効

1　保証人に対する勝訴の確定判決により、主債務者の消滅時効は延長されない（大判昭20.9.10）。しかし、主債務者に対する勝訴の確定判決により、保証人の時効期間も延長される（最判昭43.10.17）。

2　判決確定当時に弁済期の未到来の債権は、期限到来時から本来の消滅時効が進行する（Ⅱ）〈同〉。

第170条～第174条　（3年の短期消滅時効、2年の短期消滅時効、1年の短期消滅時効）　削除

完全整理　択一六法

物　権

●総則

第2編　物権

・第1章・【総則】

《概　説》
一　物権の意義・性質
1　意義
物権とは、物を直接的・排他的に支配する権利をいう。
2　性質
(1)　直接性

他人の行為を介在せずに、自己の意思のみに基づいて物を支配できることをいう。
(2)　排他性

1つの物権が存在する物の上には、同じ内容の物権は成立しえないことをいう。

二　物権の客体
1　客体の要件
物権の客体は、有体性・支配可能性・非人格性・特定性・独立性・単一性を備えていることを要する。　⇒p.37、38

金銭は単なる価値そのものであり、特段の事情がない限り、占有者が（その占有取得の理由、占有を基礎付ける正当な権利の有無を問わず）所有権者となる（最判昭39.1.24・百選Ⅰ77事件）〈司〉。
2　一物一権主義
(1)　意義

1つの物権の客体は、1個の独立物でなければならないとの原則をいう（物権の排他性を示す「1つの物には1つの所有権」という意味で用いられることもあるので注意）。
(2)　根拠

①物の一部や物の集団の上に1個の物権を認める社会的必要性がないこと、②物の一部や物の集団の上に物権が成立していることを示す公示方法がないのに、これを認めると権利関係が複雑となり取引の迅速・安全を害すること、が挙げられる。
(3)　例外

社会的必要性があり公示方法があれば、一物一権主義の趣旨に反しないことから、例外が認められている。
(a)　物の一部について

ex.1　一筆の承役地の一部を対象とする地役権も認められる（282Ⅱ）〈司予〉

●総則

> ex.2 一筆の土地を細分化するには分筆手続を要するが、事実上区画して譲渡すれば、当事者間では分筆前の一筆の土地の一部でも移転する。ただし、第三者に対抗するには、分筆と移転登記を要する（大連判大13.10.7・百選Ⅰ10事件）
>
> ex.3 土地の一部についての取得時効が認められる場合がある（大連判大13.10.7）
>
> > ∵ 性質上占有は土地の一部にも成立する

(b) 複数の物について〈予〉

> ex.1 抵当権の効力は抵当不動産の付加一体物にも及ぶ（370本文）
>
> ex.2 集合動産譲渡担保〈団〉 ⇒ p.276
>
> ex.3 企業を構成する各種の物・権利を一体として担保権の目的物とすることができる（企業担保法等）
>
> cf. 物権の客体は原則として有体物（85）だが、例外的に権利質（362）、権利を目的とする抵当権（369Ⅱ）など財産権を客体とする物権の成立も認められる

三 物権の優先的効力

1 物権相互間の優先的効力

互いに相容れない物権相互間では、時間的に先に成立した物権が優先するという原則を示す。物権の排他性が根拠である。

しかし、取引安全のため公示の原則が採用されている結果、優先的効力は、実際には不動産では「登記」（177）、動産では「引渡し」（178）を先に備えた方が優先することになっている。ただし、先取特権では、その趣旨から、取得の先後にかかわらず、優先順位が法定されている（329以下）。

2 債権との関係における優先的効力

(1) 原則

同一物について物権と債権が競合する場合には、その成立の前後にかかわらず、物権が債権に優先する。

(2) 例外

(a) 不動産賃借権は、登記又は引渡しがあれば、例外的に物権に優先する（605、借地借家10Ⅰ、31）。

(b) 仮登記のある物権変動行為を目的とした債権（不登105）

四 物権的請求権

1 意義

物権的請求権とは、物権の内容を完全に実現することが妨げられ、あるいは、そのおそれがある場合に、その妨害を生じさせている者に対して物権の内容の完全な実現を可能にするような行為を請求できる権利をいう〈基〉。

物権的返還請求権、物権的妨害排除請求権、物権的妨害予防請求権がある。

2 根拠

明文上根拠はないが、物権の直接支配性から円満な支配状態を回復し、予防

123

●総則

する必要がある。さらに、占有権にすら訴権が認められており（197以下）、202条1項が「本権の訴え」を認めていることも根拠になる。

3　要件

＜物権的請求権の要件・相手方＞

	要件	請求の相手方（＊1）
物権的返還請求権〈共書〉〈司H26 司H30〉	他人の占有により物権が侵害されていること ・占有回収の訴えと異なり、詐取・遺失の場合も除外されない ex．土地上に他人が無権限で建物を建てているような場合	現に目的物を占有している者（＊2） ・占有回収の訴えと異なり、善意の転得者に対しても行使できる ・占有者は間接占有でもよい〈書〉が、占有補助者、占有機関に対しては行使できない〈司共予書〉
物権的妨害排除請求権	他人の占有以外の方法によって物権が侵害されていること	現に妨害状態を生じさせている者（＊3～5） →妨害を排除する権限を有しない者は被告とならない
物権的妨害予防請求権	物権侵害のおそれがあること〈司〉 ・妨害が現実に生じる必要はない	将来、請求権者の有する物権を妨害するおそれのある者

＊1　物権的請求権は、物権の侵害等によって当然に発生するから、不法行為に基づく損害賠償請求権と異なり、相手方の故意・過失や責任能力の有無を問わない〈司書〉。

＊2　土地の不法占拠者が建物所有権を他人に譲渡しても、自らの意思で取得した建物所有権の登記名義を保有する場合は、土地の所有者はその者に対して妨害排除請求権を行使できる（最判平6.2.8・百選Ⅰ51事件）〈司共予書〉〈司H30〉。

＊3　他人の土地上に無権限で建てられた建物を取得した者は、建物所有権の移転登記を経なくとも土地所有者からの明渡請求に応じなければならない〈共書〉。

＊4　建物の賃借人が賃貸借契約を解除されたにもかかわらず占有を続け、さらに当該建物を第三者に売却したときは、賃借人は現在占有していない以上物権的請求権の相手方とならない。

＊5　虚偽表示による登記名義人のように、建物の所有権を取得したことがない者は、所有者との合意により登記名義人となっていたとしても、敷地所有者に対して建物収去義務を負わない（最判昭47.12.7）〈司書〉。

4　費用負担の問題

A説：費用は相手方が負担する（大判昭12.11.19・百選Ⅰ50事件）

∵　物権的請求権は相手方に一定の行為を請求する権利である（ただし、侵害状態・危険状態が自然力、不可抗力による場合は別途修正する）

B説：費用は原則として請求者が負担する（相手方が不法行為者の場合は不法行為による損害賠償請求として、物権的請求権実現の費用を相手方に請求できる）

∵　物権的請求権は物権の円満な状態を回復するための物に対する追求権であって、人に対する権利ではない

5　権利行使期間

物権的請求権は、物権と独立して消滅時効にかからない（大判大11.8.21）〈司共〉。

●総則　　　　　　　　　　　　　　　　　　　　　　　　　　　　［第175条］

* 所有権に基づく物権的請求権は永久に存続するとするのが判例・通説であるが、権利失効の原則が適用される余地はある。
6 返還請求権における利害調整
  占有者は物権的返還請求を受ける相手方の地位に立つので、その際の占有者の権利義務が規定されている（189〜191、196）。
7 他の請求権との関係
  請求権は競合する。
  →不法行為に基づく損害賠償請求権（709）や不当利得返還請求権（703、704）とは請求権競合の関係に立つ
  →賃貸借契約終了に基づく契約上の請求権として建物の返還請求権と所有権に基づく物権的返還請求権も請求権競合の関係に立つ（大判昭12.7.10）〈共書〉。

第175条 （物権の創設）
物権は、この法律その他の法律に定めるもののほか、創設することができない。

[趣旨] ①封建的な権利関係を廃し、②排他性を有する物権を限定し類型化することで取引安全を図るために物権法定主義を規定したものである。

《注　釈》
一　物権法定主義の意義
　　新しい物権の種類を作ることと、物権の法定された内容を変更することは認められないとするものである。
　　ただし、慣習法上認められる物権もある。
　ex. 水利権、温泉専用権（大判昭15.9.18・百選Ⅰ49事件）、譲渡担保権（大判大3.11.2）
二　「この法律その他の法律」
　　憲法上の「法律」のみを意味し、命令、条例を含まない。

＜物権の分類＞

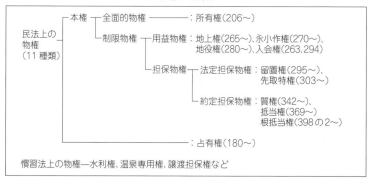

125

［第176条］　　　　　　　　　　　　　　　　　　　　　　　●総則

第176条　（物権の設定及び移転）

物権の設定及び移転は、当事者の意思表示のみによって、その効力を生ずる。

[趣旨]本条は、物権変動に関して意思主義を採ることを宣言したものである。もっとも、何らかの形式的行為の時を物権変動の効力発生時期とする当事者の特約を排除するものでない〈回〉。

《注　釈》

一　意思主義と形式主義

意思主義とは、物権変動を生ずるには意思表示のみで足り、登記や占有など形式・表象は不要とする立法例をいう。これに対し、形式主義とは、物権変動を生ずるには意思表示の他に一定の形式・表象を必要とする立法例をいう。

二　物権行為の独自性・無因性

1　意義

(1)　独自性の肯否

物権変動を生ずるには、債権契約とは別個独立の物権移転そのものに向けられた当事者の合意を要するか、という問題を指す。

ex.　物権行為の独自性を認める立場では、一筆の土地を贈与する契約において、贈与契約の意思表示の他、当該土地の所有権を移転する意思表示の2つの意思表示が必要である〈回〉

(2)　無因性（有因性）の肯否

債権契約が無効であったり取り消されたりしても、物権移転の効果が保持されるか、という問題を指す。

2　意思主義との関係

意思主義をとる現行民法の下でも、物権行為の独自性・無因性を肯定することは理論的には可能であるが、判例はいずれも否定する。

ex.　売買の場合、債権発生を目的とする意思表示によって、物権変動も生じる（最判昭33.6.20・百選Ⅰ52事件）

●総則 [第177条]

三 物権変動の時期

<物権変動の時期に関する学説の整理>

学説	内容	批判
契約時説〈国〉	原則：契約の効力発生時に物権変動が生ずる（最判昭33.6.20・百選Ⅰ52事件） 例外：①特約があればそれによる（最判昭35.3.22）〈審〉 ②不特定物売買や他人物売買のように直ちに物権変動を生ぜしめるにつき障害があるときは、それが除去された時〈予書〉	実際の取引では、登記・引渡し・代金支払のいずれかがなされた時に所有権が移転するとの認識が強い
登記・引渡し・代金支払時説	特約があればそれにより、特約がない場合には登記・引渡し・代金支払のいずれかがなされた時に物権変動が生ずる	登記・引渡し・代金支払が別々の時点に行われた場合をどう解すべきかが明らかではない
所有権の漸次移転説	所有権はある一時点に全面的に移転するのではなく所有権の内実をなす様々な機能が徐々に移転しそのすべてが移転した時に所有権が移転する	所有権の移転時期に統一性がなく、明確性を欠く

※ 物権変動に関する意思主義（176）と形式主義、物権行為の独自性の肯否、さらには独自性を肯定した場合の債権的意思表示との関係における有因・無因性と、物権変動の時期の各論点の結論は、理論上必然的な関係にはないとされる。

第177条　（不動産に関する物権の変動の対抗要件）

　不動産に関する物権の得喪及び変更は、不動産登記法（平成16年法律第123号）その他の登記に関する法律の定めるところに従いその登記をしなければ、第三者に対抗することができない。

[趣旨]物権が排他的性質をもつことから、どのような物につき誰がどのような権利をもっているかを、登記という公示により明らかにしようとするもの（公示の原則）。公示の原則を採ることにより取引の安全かつ迅速化を図ることができる。

《注　釈》

一　「対抗することができない」の意味

　権利者の側から見て、権利者であっても登記がないと当事者以外の者に対しては自分が権利者であることを主張できないことを意味する（不完全物権変動説）〈予R元〉。

　→登記を怠ると不利益を被るため登記が促進され、取引の迅速化・安全化に資する

二　公示の原則と公信の原則

1　公示の原則

　物権変動について、登記のような外界から認識しうるものを要求する原則をいう。取引当事者間で正常な権利移転があったことを前提としたうえで、第三

［第177条］　　　　　　　　　　　　　　　　　　　　　　　　　●総則

者との利害の調節・優劣関係を図る社会的制度である。公示がなければ物権変動もないとの信頼（消極的信頼）の保護を図る制度である。

→登記に公信力はない

2　公信の原則　⇒ p.155

真の権利状態と異なる公示が存在する場合に、公示を信頼して取引した者に対し公示通りの権利状態があったと同様の保護を与える制度をいう。公示があれば物権変動もあるだろうとの信頼（積極的信頼）の保護を図る制度である。

三　登記を対抗要件とする物権変動

1　一般論

177条は、物権変動の原因の種類について特に制限をしていない。

判例（大連判明41.12.5・百選Ⅰ54事件）も、意思表示による物権変動（176参照）に限らず、すべての物権変動について177条が広く適用され、登記を要する旨判示している（無制限説）。

∵　177条は公示の原則により第三者の取引の安全を図る規定であるから、物権変動の原因が意思表示によるか否かで177条の適用の有無を区別すべきではない

cf.　民法上規定のある11種類の物権のうち、占有権・留置権・一般先取特権・入会権（大判大10.11.28）注を除く物権について、登記が対抗要件とされる。物権以外では、不動産賃借権（605・所有者の承諾が必要）・不動産買戻権（581）等について登記がなされる

2　取消しと登記　⇒ p.54

(1)　取消前の第三者

取消しの遡及効により、物権変動は初めから無効であったものとみなされる（121）から、第三者は無権利者からの譲受人ということになる。そして、登記に公信力がない以上、表意者は、第三者に対して、不動産の所有権を主張できるのが原則である。

もっとも、第三者保護規定がある場合（95Ⅳ、96Ⅲ等）、この規定が適用されれば、第三者は表意者から有効に権利を取得し（法定承継取得説）、第三者と表意者は前主・後主の関係に立つ。したがって、第三者と表意者は対抗関係には立たないから、177条は適用されない。

→少なくとも詐欺に関して、第三者は対抗要件としての登記がなくても物権の取得を主張することができる（最判昭49.9.26・百選Ⅰ23事件）

→制限行為能力や強迫を理由とする取消しには第三者保護規定がない以上、上記原則のとおり、第三者は保護されず本人・表意者の保護が優先される

(2)　取消後の第三者

判例（大判昭17.9.30・百選Ⅰ55事件）は177条の適用を認めており、第三者は、表意者よりも先に登記を備えることで、表意者に権利の取得を対抗することができる（復帰的物権変動説）同。

●総則 [第177条]

　　∵　取消しの遡及効（121）は法的な擬制にすぎず、取り消すことができる
　　行為もそれが取り消されるまでは有効であるから、実質的には、いったん
　　相手方に移転した権利が取消しによって表意者に移転する復帰的物権変動
　　を観念することができ、相手方を起点とした二重譲渡類似の関係に立つと
　　考えることができる
　＊　なお、取消後の第三者との関係でも取消しの遡及効を貫徹し、端的に、相
　　手方名義の登記を信頼した第三者を保護するために、94条2項を類推適用す
　　べきであるとする見解もある（94条2項類推適用説）。
　　　→第三者は善意であれば足り、対抗要件を備える必要はない
3　解除と登記　⇒ p.487
　(1)　解除前の第三者
　　　当事者の一方がその解除権を行使したときは、各当事者は、その相手方を
　　原状に復させる義務を負う（545 I 本文）。判例（大判明44.10.10、最判昭
　　51.2.13・百選Ⅱ45事件）は、解除の効果につき、直接効果説（解除により契
　　約関係が遡及的に消滅するという見解）に立っている。
　　　そして、解除により契約関係が遡及的に消滅することで不測の損害を被る
　　第三者を保護するために、545条1項ただし書は「第三者の権利を害するこ
　　とはできない」と規定して、解除の遡及効を制限している。
　　　したがって、545条1項ただし書が適用されれば、解除前の第三者は解除
　　権者から有効に権利を取得し、第三者と解除権者は前主・後主の関係に立つ
　　ことになるため、第三者と解除権者は対抗関係には立たない。そうすると、
　　177条は適用されず、第三者は登記がなくても物権の取得を主張できるとも
　　思える。
　　　しかし、判例（最判昭33.6.14）は、上記2(1)「取消前の第三者」の場合と
　　異なり、登記を経由していない者は「第三者」として保護されない旨判示し
　　ている。
　　　→対抗要件としての登記ではなく、権利保護資格要件としての登記（第三
　　　　者保護規定における保護を受けるための要件としての登記）を要求した
　　　　ものと解されている
　　　∵　545条1項ただし書は、何ら帰責性のない解除権者の犠牲のもとに第
　　　　三者を保護するものである以上、「第三者」は高度の利害関係を有して
　　　　いることが必要
　　＊　なお、545条1項ただし書の「第三者」として保護されるためには、解
　　　　除原因の存在につき善意・悪意を問わない。
　　　　∵　解除原因が存在しても、解除するか否かは解除権者の意思によるも
　　　　　のであり、必ずしも解除されるとは限らない
　(2)　解除後の第三者
　　　判例（最判昭35.11.29・百選Ⅰ56事件）は177条の適用を認めており、第
　　三者は、解除権者よりも先に登記を備えることで、解除権者に権利の取得を

[第177条]　　　　　　　　　　　　　　　　　　　　　　　　　　　●総則

対抗することができる◆同書。

∴　解除の遡及効は法的な擬制にすぎず、解除される契約もそれが解除されるまでは有効であるから、実質的には、いったん相手方に移転した権利が解除によって解除権者に移転する復帰的物権変動を観念することができ、相手方を起点とした二重譲渡類似の関係に立つと考えることができる

4　取得時効と登記　⇒ p.112

取得時効による所有権の取得（162ⅠⅡ）に177条が適用されるかどうかについては、以下のような判例法理が形成されている。

(1)　判例法理①（当事者との関係）

時効取得者が占有を開始した当時の所有者は、時効取得者との関係では物権変動の「当事者」と同視される。

∴　時効取得者が取得時効により所有権を原始取得する結果、時効完成時の所有者は反射的にその所有権を失うという関係にあり、このような関係は「当事者」間の権利移転と異ならない

→時効取得者は、その者が占有を開始した当時の所有者に対して、登記なくして時効取得を対抗することができる（大判大 7.3.2）

(2)　判例法理②（時効完成前の第三者との関係）

時効取得者の時効完成前に、元の所有者から所有権を取得した第三者（時効完成前の第三者）も、上記(1)と同様、時効完成時の所有者に他ならない。すなわち、取得時効により反射的に所有権を失うのは、元の所有者ではなく時効完成前の第三者であるから、時効取得者と時効完成前の第三者との関係も、物権変動の「当事者」と同視される。

→時効取得者は、時効完成前の第三者に対して、登記なくして時効取得を対抗することができ（最判昭 41.11.22）、これは、第三者が時効完成後に登記を備えたとしても、同様である（最判昭 42.7.21）◆司共

(3)　判例法理③（時効完成後の第三者との関係）

時効取得者の時効完成後に、元の所有者から所有権を取得した第三者（時効完成後の第三者）は、上記(1)(2)と異なり、177条の「第三者」に当たる。

∴①　時効取得者と時効完成後の第三者は、元の所有者を起点とした二重譲渡類似の関係に立つ

②　時効取得者は、時効完成後の第三者よりも先に時効取得を原因とする自己名義の登記をすることができたのに、これを怠った以上、失権してもやむを得ない

→時効取得者は、時効完成後の第三者に対して、登記なくして時効取得を対抗することはできない（大連判大 14.7.8、最判昭 33.8.28）◆司共

(4)　判例法理④（時効期間の起算点）

時効期間の起算点は、時効の基礎となる事実を開始した時点（占有開始時）に固定され、時効取得者が起算点を任意に選択し、時効の完成時期を遅

130

●総則

[第177条]

らせることはできない（最判昭35.7.27）。

　∵　第三者の登場後に時効が完成するように起算点を動かすことで、時効取得者は登記なくして時効取得を第三者に対抗できることとなるが、それでは判例法理③が無意味になる

(5)　判例法理⑤（再度の取得時効の完成）

　　時効取得者は、時効完成後の第三者が登記を具備した時点から、さらに時効取得に必要な期間占有を継続すれば、新たに取得時効が完成し、登記なくして時効取得を対抗することができる（最判昭36.7.20）同書。

　∵　時効完成後の第三者が登記を具備した時点で、判例法理③により、時効取得者は時効取得を対抗できなくなるが、再度の取得時効を完成させれば、時効取得者とその第三者は物権変動の「当事者」と同視できる

　　そして、判例法理⑤は、時効完成後の第三者が不動産の譲渡を受けた場合のみならず、その不動産を目的とする抵当権の設定を受けた場合についても妥当する。

　　→不動産の取得時効の完成後、所有権移転登記がされることのないまま、第三者が原所有者から抵当権の設定を受けて抵当権設定登記を了した場合において、当該不動産の時効取得者である占有者が、その後引き続き時効取得に必要な期間占有を継続したときは、抵当権の消滅を妨げる特段の事情がない限り、占有者は、不動産を時効取得し、その結果、抵当権は消滅する（最判平24.3.16・百選Ⅰ58事件）共同書

　　これに対し、判例法理⑤は、不動産につき賃借権を有する者がその対抗要件を具備しない間に、当該不動産に抵当権が設定されてその旨の登記がされた場合には妥当しない。

　　→不動産につき賃借権を有する者がその対抗要件を具備しない間に、当該不動産に抵当権が設定されてその旨の登記がされた場合、賃借人は、抵当権設定登記後に時効取得に必要な期間、継続的に目的不動産を用益したとしても、目的不動産の第三取得者に対し賃借権を対抗することはできない（最判平23.1.21・百選Ⅰ48事件）書

＊　なお、時効完成後に抵当権が設定登記された場合において、いったん取得時効を援用して所有権移転登記を具備した時効取得者が、抵当権設定登記の時点から、さらに占有を継続して再度の取得時効を主張・援用し、抵当権設定登記の抹消登記手続を請求することはできない（最判平15.10.31）。

　∵①　抵当権者は時効完成後の第三者であり、時効取得者による登記よりも先に抵当権設定登記が具備されている

　　②　時効取得者は、いったん取得時効を援用して確定的に所有権を取得した以上、起算点を後の時点にずらして、再度、取得時効の完成を主張・援用することはできない

5　相続と登記

131

［第177条］　　　　　　　　　　　　　　　　　　　　　　　●総則

(1)　共同相続と登記　⇒ p.731

　　共同相続人の１人が自己の持分を超えて第三者に相続財産を処分した場合、法定相続分を超えない部分については、登記その他の対抗要件を備えなくても、その権利の承継を第三者に対抗することができる（899の２Ⅰ反対解釈、最判昭38.2.22・百選Ⅰ59事件参照）。

(2)　遺産分割と登記

　(a)　遺産分割前の第三者　⇒ p.746

　　　遺産分割がされる前でも、各共同相続人は、自己の持分を自由に処分することができる（前掲最判昭38.2.22・百選Ⅰ59事件参照）。そのため、共同相続人の一人（甲）は、遺産分割前に自己の持分について第三者に譲渡したり、抵当権の設定等をすることができる。

　　　　→その後、他の共同相続人（乙）の単独所有とする旨の遺産分割協議が成立したとしても、乙は、第三者に対して、遺産分割の遡及効（909本文）を主張することはできない

　　　　∵　法は、第三者の取引の安全を保護するため、「第三者の権利を害することはできない」（909ただし書）と規定して、遺産分割の遡及効を制限している

　　　　もっとも、「第三者」（909ただし書）として保護されるためには、権利保護資格要件としての登記を備えている必要があるものと解されている。

　(b)　遺産分割後の第三者　⇒ p.734

　　　上記(1)のとおり、法定相続分を超えない部分については、登記その他の対抗要件を備えなくても、その権利の承継を第三者に対抗することができる（899の２Ⅰ反対解釈）。

　　　しかし、自己の法定相続分を超える部分（他の共同相続人の持分部分）に係る所有権の取得を第三者に対抗するためには、登記を備えなければならない（899の２Ⅰ、最判昭46.1.26・百選Ⅲ72事件参照）。

(3)　相続放棄と登記　⇒ p.758

　　相続放棄により、相続人は「初めから相続人とならなかったものとみなす」（相続放棄の遡及効、939）。

　　相続放棄の遡及効については、遺産分割の場合と異なり、第三者保護規定はない（909ただし書参照）。判例（最判昭42.1.20・百選Ⅲ73事件）も、相続放棄の「効力は絶対的で、何人に対しても、登記等なくしてその効力を生ずる」としている 同予書

　　　∵　相続放棄は、相続人に権利義務の強制的な承継を免れさせるためにあるから、放棄者の意思を尊重すべきである

　　　→「次条及び第901条の規定により算定した相続分」（899の２Ⅰ）は、相続放棄を受けて定まる相続分ということになる

　　　＊　なお、遺産分割と登記の問題に関する前掲判例（最判昭46.1.26・百選Ⅲ72事件）は、相続放棄の場合と遺産分割の場合とで処理を異にする

132

●総則   ［第177条］

理由として、以下の2点を挙げている。

① 遺産分割の遡及効を制限する規定は民法にあるが、相続放棄の遡及効についてはそのような規定がない

② 遺産分割の場合の方が相続放棄の場合より第三者の出現可能性が大きく、法的安定性の見地から遺産分割の場合に第三者保護を厚くする必要がある

(4) 遺言と登記

被相続人は、遺言により、①自己の財産の全部又は一部を処分する遺贈（964）、②法定相続分と異なる相続分の指定（902）、③遺産分割方法の指定（908）をすることができる。

これらのうち、②③は遺言の内容に従って行われる相続（遺言相続）であり、899条の2の適用を受ける一方、①は899条の2の適用を受けず、177条の適用を受ける。

　　＊　なお、①遺贈は、相続人でない者に対してもすることができるが、②相続分の指定③遺産分割方法の指定は、相続人に対してのみすることができる。

(a) 遺贈と登記　⇒ p.771

遺贈による権利の取得は、「相続による権利の承継」（899の2Ⅰ）ではないため、899条の2は適用されない。

判例（最判昭39.3.6・百選Ⅲ74事件）は、「遺贈の場合においても不動産の二重譲渡等における場合と同様、登記をもって物権変動の対抗要件とするものと解すべきである」として、177条を適用している〈同共予書〉。

　　∵①　遺贈は遺言者の意思表示によって物権変動の効果を生ずる点で贈与と異なるところはない

　　②　不動産に関する物権変動につき広く登記をもって対抗要件とする177条の趣旨からして遺贈をその例外とする理由はない

(b) 相続分の指定と登記

相続分を指定する遺言による権利の取得は、「相続による権利の承継」（899の2Ⅰ）であるため、899条の2が適用される。

　→自己の法定相続分を超える部分については、登記を備えなければ、第三者に対抗することができない（899の2Ⅰ）

(c) 「相続させる」旨の遺言と登記　⇒ p.745

特定の財産を特定の相続人に「相続させる」旨の遺言（特定財産承継遺言、1014Ⅱ参照）について、判例（最判平3.4.19・百選Ⅲ87事件）は、遺言書の記載から、その趣旨が遺贈であることが明らかであるか、又は遺贈と解すべき特段の事情がない限り、遺産分割方法の指定の一場合であり、何らの行為を要せずして、被相続人の死亡の時に直ちに当該遺産が当該相続人に相続により承継されるとしている。

「相続させる」旨の遺言による権利の取得は、「相続による権利の承継」

物権

［第177条］　　　　　　　　　　　　　　　　　　　　　●総則

（899の2 I）であるため、899条の2が適用される。
　　→承継した財産のうち法定相続分を超える部分については、登記を備え
　　　なければ、第三者に対抗することができない（899の2 I）

＜不動産物権変動と登記の要否の整理＞

取消しと登記	取消前	・第三者保護規定がある場合（95 IV、96 III等） →登記なくして対抗できる（最判昭 49.9.26・百選 I 23事件） ・第三者保護規定がない場合（制限行為能力・強迫を理由とする取消し等） →原則のとおり、第三者は保護されず本人・表意者が保護される
	取消後	登記がなければ対抗できない（177、大判昭 17.9.30・百選 I 55 事件）〈司〉
解除と登記	解除前	登記がなければ対抗できない（545 Iただし書、及び権利保護資格要件としての登記）（最判昭 33.6.14）〈司〉
	解除後	登記がなければ対抗できない（177、最判昭 35.11.29・百選 I 56 事件）〈司書〉
取得時効と登記 **（判例法理）**		① 時効取得者は、占有を開始した当時の所有者に対して、登記なくして対抗できる（大判大 7.3.2） ② 時効取得者は、時効完成前の第三者に対して、登記なくして対抗できる（最判昭 41.11.22）〈司共〉 ③ 時効取得者は、時効完成後の第三者に対して、登記がなければ対抗できない（大連判大 14.7.8、最判昭 33.8.28）〈司共〉 ④ 時効取得者は、起算点を任意に選択し、時効の完成時期を遅らせることはできない（最判昭 35.7.27） ⑤ 時効取得者は、時効完成後の第三者が登記を具備した時点から、改めて時効取得に必要な期間占有を継続して時効が完成すれば、新たな時効取得を登記なくして対抗できる（最判昭 36.7.20）〈司書〉
共同相続と登記		法定相続分を超えない部分については、登記なくして対抗できる（899の2 I反対解釈、最判昭 38.2.22・百選 I 59 事件参照）
遺産分割と登記	分割前	登記がなければ対抗できない（909 ただし書、及び権利保護資格要件としての登記）
	分割後	法定相続分を超える部分については、登記がなければ対抗できない（899の2 I、最判昭 46.1.26・百選 III 72 事件参照）
相続放棄と登記		登記なくして対抗できる（899の2 I反対解釈） → 899条の2第1項の「次条及び第901条の規定により算定した相続分」は、相続放棄を受けて定まる相続分ということになる
遺贈と登記		登記がなければ対抗できない（177、最判昭 39.3.6・百選 III 74 事件）〈司共予書〉
相続分の指定と登記		法定相続分を超える部分については、登記がなければ対抗できない（899の2 I）

●総則 ［第177条］

「相続させる」旨の遺言と登記	法定相続分を超える部分については、登記がなければ対抗できない（899の2Ⅰ）

四 「第三者」の範囲

1 一般論 司H26

「第三者」とは、当事者及びその包括承継人（相続人・包括受遺者）以外の者で登記の欠缺を主張する正当な利益を有する者をいう（大連判明41.12.15）司書。善意者はもとより、単純悪意者であっても「第三者」に当たるが、背信的悪意者（物権変動について悪意であり、かつ、登記の欠缺を主張することが信義に反すると認められる事情のある第三者）は「第三者」に当たらない（最判昭31.4.24）司。

cf. 両立しえない物権相互間の優先的効力を争う者とする立場も学説上有力である

2 「第三者」に当たる場合

(1) 物権取得者 司H22

ex.1 二重譲渡における譲受人相互間（大判昭9.5.1）司

ex.2 取消後の第三者（大判昭17.9.30・百選Ⅰ55事件）

ex.3 解除後の第三者（最判昭35.11.29・百選Ⅰ56事件）

ex.4 時効完成後の第三者（大連判大14.7.8、最判昭33.8.28）

ex.5 遺贈後その登記が未了の間に遺贈に係る不動産を譲り受けた者（最判昭39.3.6・百選Ⅲ74事件）司書

ex.6 他物権（地上権・地役権・質権・抵当権など）取得者（大判昭5.7.14）共

(2) 差押債権者・仮差押債権者

ex. 不動産につき遺贈による移転登記がなされない間に、共同相続人の1人に対する強制執行として、その持分を差し押さえた者（大判昭8.4.20）司

(3) 賃借人 共

ex. 他人に賃貸中の土地を譲り受けた者は、所有権移転登記を経由しなければ賃借人に所有権を対抗し得ず、賃貸人たる地位を取得したことも主張できない（605の2Ⅲ、最判昭49.3.19・百選Ⅱ59事件）司共書
→賃料請求・賃借人の債務不履行に基づく解除権・賃貸借終了に基づく明渡請求をすることはできない

(4) 共有者

ex.1 不動産の共有者の1人が自己の持分を譲渡した場合の、他の共有者（最判昭46.6.18）司書

ex.2 持分を放棄した場合にその放棄持分を差し押さえた第三者 書

(5) 背信的悪意者からの転得者

ex. 不動産の二重譲渡において、第2買主たる背信的悪意者から当該不動産を譲り受け、登記も具備した者（転得者）は、自分自身が第1買主

135

[第177条]　　　　　　　　　　　　　　　　　　　　　　　　　　　　　　●総則

に対する関係で背信的悪意者と評価されない限り、その不動産の取得を第1買主に対抗できる（最判平 8.10.29・百選Ⅰ 61 事件）〈司共予書〉

∵　背信的悪意者といえども権利は有効に取得するが、信義則上登記の欠缺を主張し得ないにすぎない。よって、その者からの転得者も有効に権利を承継する

cf.　第2譲受人が善意で転得者が背信的悪意者の場合に、転得者は自らの背信性から第1譲受人の登記の欠缺を主張できないとする下級審判例がある（相対的構成）。学説上は、善意買主の下で権利関係は確定し、転得者はそれを承継するとの立場が有力である（絶対的構成）

(6)　制限物権取得者
(7)　強制執行における買受人

3　「第三者」に当たらない場合

(1)　無権利者

ex.1　登記簿上所有者として表示されているにすぎない実体法上の無権利者、その相続人（最判昭 34.2.12）、及び無権利者からの転得者（大判昭 17.3.26）

ex.2　無効な法律行為に基づく譲受人、その承継人（大判昭 5.4.11）

ex.3　遺言執行者がいる場合において相続人から遺贈不動産を譲り受けた悪意者（1013 ⅠⅡ）

ex.4　目的物の仮装譲受人

ex.5　消滅した債権を被担保債権とする抵当権者

ex.6　相続を放棄した者からの相続財産譲受人

ex.7　共同相続人の1人が無断で単独相続の登記をして第三者に処分した場合の第三者（899 の 2 Ⅰ反対解釈、最判昭 38.2.22・百選Ⅰ 59 事件参照）

→他の共同相続人の法定相続分について無権利者となる

(2)　不法行為者、不法占有者（最判昭 25.12.19・百選Ⅰ 62 事件）〈司予書〉〈司H26〉

ex.　二重に譲渡された未登記建物を第三者が不法行為により毀損した場合は、各譲受人は建物登記を備えずに第三者に損害賠償請求できる

(3)　背信的悪意者（不登5参照）（最判昭 35.3.31）〈司H22〉

ex.1　第三者が自己の行為と矛盾した態度をとり、信義則（禁反言）に照らしてこれを認め難い場合〈司〉

ex.2　第1買主に高値で売りつけようとして買い受けた場合

ex.3　第1買主に害意をもって積極的に売主を教唆して売らせた場合

ex.4　詐欺、強迫により登記申請行為を妨げた場合

ex.5　甲が時効取得した不動産につき、取得時効完成後に乙が当該不動産を譲り受けて登記を了した場合、乙が、譲受けの時点で、甲が多年にわたり当該不動産を占有している事実を認識し、甲の登記の欠缺を主張することが信義に反するものと認められる事情が存在するときは、

●総則 ［第177条］

乙は背信的悪意者に当たる（最判平18.1.17・百選Ⅰ60事件）◀書

→時効取得の成立（物権変動）につき悪意でない場合、背信的悪意者に当たらないのが原則である（⇒ p.135）。しかし、時効取得の場合、その要件全てにつき第三者が認識するのは困難であるから、要件を全て具体的に認識しなくても、背信的悪意者に当たることを認めた

ex.6　不動産の売主と買主の間の紛争において、買主に所有権があることを確認する旨の示談に立会人として関与し、示談書に立会人として署名捺印した第三者が、買主に所有権移転登記がされる前に、売主に対する債権に基づいて当該不動産を差し押さえた場合（最判昭43.11.15）◀司

(4)　所有権が転々移転した場合の前々主（最判昭39.2.13）◀司書

(5)　地役権の事例

ex.1　通行地役権（210）の承役地が譲渡された場合、譲渡時に、承役地が要役地の所有者により継続的に通路として使用されていることがその位置、形状、構造等の物理的状況から客観的に明らかであり、かつ譲受人がそのことを認識し又は認識可能であったときは、譲受人は、通行地役権が設定されていることを知らなくても、特段の事情がない限り、「第三者」に当たらない（最判平10.2.13・百選Ⅰ63事件）◀司書

ex.2　通行地役権の承役地が担保不動産競売により売却された場合、最先順位の抵当権の設定時に、承役地が要役地の所有者によって継続的に通路として使用されていることが客観的に明らかであり、かつ抵当権者がそのことを認識し又は認識可能であったときは、特段の事情がない限り、抵当権者が通行地役権者に対して地役権設定登記の欠缺を主張することは信義に反するものであって、抵当権者は「第三者」に当たらない。そして、承役地が担保不動産競売により売却されたとしても、通行地役権は消滅せず、通行地役権者は、買受人に対し、当該通行地役権を主張することができる（最判平25.2.26・平25重判4事件）◀書

cf.　袋地所有者の囲繞地通行権について囲繞地の所有者は、「第三者」に当たらない　⇒ p.168

五　登記請求権

1　登記権利者が登記義務者に対して登記申請に協力すべきことを求める権利をいう。

2　登記請求権の発生原因：多元説

(1)　物権的登記請求権

登記が実体的な権利関係と一致しない場合に、その不一致を除去するため、物権の効力として生ずる。

ex.1　甲から乙、乙から丙へと、順次、所有権移転登記がされている場合

において、甲が真の所有者であるときの甲の丙に対する所有権移転登記請求（最判昭 34.2.12）《同》

ex.2　所有者でない者のした所有権保存登記が存在する場合の、無権利者である登記名義人に対する真正の所有者からの所有権移転登記請求（大判大 7.5.13）

ex.3　被担保債権の弁済により消滅した第1順位の抵当権についての土地所有者、第2順位抵当権者による抹消請求（大判大 8.10.8）《同予書》

ex.4　弁済による代位により抵当権を取得した保証人の、主債務者所有地上の抵当権に関する移転登記請求

ex.5　時効取得者の原所有者（当事者）に対する移転登記請求

(2)　物権変動的登記請求権

物権変動の過程をそのまま登記に表す必要があるという登記法上の要請に従い、物権変動の事実そのものから生ずる。

ex.1　目的不動産を転売した買主の売主に対する移転登記請求（大判大 5.4.1）《同》

ex.2　不動産売買契約が解除された場合の買主が売主に対してなす、抹消登記請求

ex.3　甲から乙、乙から丙へと、順次、所有権移転登記がされたが、各取引が無効であった場合における乙の丙に対する抹消登記請求（最判昭 36.4.28）《同》

(3)　債権的登記請求権

当事者間の契約ないし特約の効果として生じる。

ex.1　第三者が所有する不動産を他人物売買（561）した場合《同》

ex.2　同意ある中間省略登記

cf.　不動産賃貸借において賃借人は合意なくしては登記請求権を有しない

3　登記引取請求権

自分の下にある登記の抹消に協力せよ、という請求も認められる。

ex.　売買契約に基づき所有権移転登記を経由した後に、買主が売主の債務不履行を理由に契約を解除した場合、買主は売主に登記の抹消を請求できる

六　不動産登記の有効要件

1　形式的要件

登記は、不動産登記法が定める手続に従ってなされる必要がある。形式的要件に関しては、次のような問題がある。

(1)　登記申請手続の瑕疵

登記の記載が実体的権利関係に符合する場合には有効とされうる。

ex.1　偽造文書による登記（登記義務者にその登記を拒みうる特段の事情がなく、登記権利者が登記申請の適法を信じるにつき正当な理由があるとき）（最判昭 37.5.24）

●総則 ［第177条］

ex.2　無権代理人による登記申請に対し、本人が追認した場合（最判昭 42.10.27）〈司〉

(2)　登記の後発的遺脱と不法・不当抹消

有効になされた登記の抹消・遺脱につき、権利者に帰責事由が存する場合には対抗力が消滅するが（最判昭 42.9.1）〈司〉、抵当権設定者・第三者による不法な申請や登記官の過誤による登記の抹消など、権利者に帰責事由が存しない場合には対抗力は消滅しない（最判昭 36.6.16）〈書〉。

2　実質的要件

登記は、実体的権利関係に合致していることが必要である。もっとも、登記された登記原因等が実体的権利関係と合致しない場合であっても、権利の同一性を害さず、真実の権利関係を公示するに足りるものと認められるときは、その登記は有効であると解されている〈予H29〉。

実質的要件に関しては、次のような問題がある。

(1)　中間省略登記　⇒下記七

(2)　登記の流用　⇒下記八

七　中間省略登記

1　関係当事者の合意に基づく場合

従来、判例（最判昭 40.9.21・百選 I 53 事件）は、中間省略登記について、関係当事者の合意があれば、無効とはしないものと考えていた〈司〉。しかし、不動産登記法の改正に伴い、登記の申請の際には登記原因を証明する情報の添付が必須とされ（不登 61）、また、登記官による本人確認が認められることとなったため（不登 24）、登記実務上、中間省略登記をすることは困難になっている。

不動産の所有権が、元の所有者から中間者に、次いで中間者から現在の所有者に、順次移転した場合に、不動産の現在の所有者が元の所有者に対し、真正な登記名義の回復を原因とする所有権移転登記手続を請求することは、物権変動の過程を忠実に登記記録に反映させようとする不動産登記法の原則に照らし、許されない（最判平 22.12.16・平 23 重判 4 事件）〈司〉。

2　中間者の同意なしになされた場合

ex.1　中間者は抹消を求める正当な利益がない限り、抹消請求をなし得ない（最判昭 35.4.21）〈司〉

ex.2　中間者に無効主張する正当な利益がある場合でも、中間者以外の第三者は無効を主張できない（最判昭 44.5.2）

八　登記の流用

1　抵当権の被担保債権が弁済された後、抵当権登記を抹消せず新債権を担保する抵当権登記として流用する場合　⇒ p.233

(1)　流用前に利害関係に入った第三者との関係では無効である（大判昭 8.11.7）。

∵　消滅への期待を保護

(2)　流用後に利害関係に入った第三者との関係では有効である（大判昭

139

［第177条］　　　　　　　　　　　　　　　　　　　　　　　　　　　●総則

11.1.14）。

∵　抵当権が存在することを前提としている

2　滅失した旧建物の登記を新建物の登記として流用する場合

第三者が登場しない場合でも、新建物の登記としての効力を有しない（最判昭40.5.4）〈同〉。

九　仮登記

1　将来なされるべき本登記の順位を保全するためになされる登記（不登105）

2　仮登記の効力

仮登記自体は順位保全効のみを有し、対抗力はない（177条の「登記」にあたらない）。

cf.　後に本登記に改められた場合、単に本登記の順位が、仮登記の順位によって定まるにすぎないとする立場（順位遡及説）（最判昭54.9.11）と、本登記の対抗力も仮登記の時まで遡るとする立場（対抗力遡及説）がある

《その他》

- 登記があればそれと異なることを主張する者が反証を挙げなければならず、これがなければ登記通りの権利関係があることになる（最判昭38.10.15）〈同〉。
- 登記原因が真実と違ったり、抹消登記すべきところ移転登記しても有効である（大判大5.12.13）。
- 未登記建物の譲受人は、自ら直接保存登記ができる。

［明認方法］

一　明認方法により公示される権利

慣習上、所有権に限られる〈予〉。

∵　不動産登記に比べ、公示力が不十分

→所有権の移転・留保、取消し・解除による所有権の復帰的変動に限られる

二　明認方法の態様

立木の所有権に関する明認方法の態様としては、誰が現在の所有者であるかを明らかにする方法（木の皮を削り、誰が所有者であるかを墨書きする方法（大判大9.2.19）や、山林内に炭焼小屋を作って伐採に着手する方法（大判大4.12.8）等）を講ずれば足り、登記簿のように権利移転の原因等を明示する必要はない〈同〉。

三　対抗力の存続と明認方法

明認方法により対抗力が生じるには、第三者が取引関係に入った時点で明認方法が存続している必要がある（最判昭36.5.4・百選Ⅰ65事件）〈書〉。

cf.　登記の場合は、適法になされた登記がその後消滅しても、対抗力は存続する（最判昭34.7.24）

＜明認方法の対抗力＞

論点	結論
立木所有権の譲渡	立木のみの二重譲渡の場合は明認方法の先後による（最判昭33.7.29）

●総則 [第178条]

論点	結論
立木所有権の留保	Ａが立木所有権を留保して土地をＢに売った後、Ｂが立木まで自分のものであるとしてＣに売ったときは、Ａの明認方法とＣの土地の登記の先後で決まる（大判昭 9.10.30）〈司共書〉
立木の植栽	Ｂがａ所有の土地を購入してその上に立木を植栽したが、Ａは移転登記がなされていないのに乗じて、その土地をさらにＣに譲渡し、移転登記を完了したという場合、Ｂは 242 条ただし書類推適用により所有権を留保できる →留保した立木所有権を第三者に対抗するためには、明認方法等立木所有権を公示する対抗要件が必要である（最判昭 41.10.21）〈司〉
土地と立木をともに譲渡した場合の処理	土地とともに立木の売買がなされた場合、明認方法は立木についても対抗要件として認められない（最判昭 34.8.7）〈司書〉 →Ａが所有地上の立木をＢに譲渡し、土地をＣに譲渡した場合、立木の所有権帰属は、Ｂの明認方法とＣの土地所有権登記との対抗関係になるのであって、ＢＣの明認方法のいずれが早いかによって決められるのではない
対抗力の存続と明認方法	明認方法は、登記に代わるものとして第三者が容易に所有権を認識することができる手段で、しかも、第三者が利害関係を取得する当時にもそれだけの効果をもって存在するものでなければならない（最判昭 36.5.4・百選Ⅰ65 事件）

物権

第178条 （動産に関する物権の譲渡の対抗要件）

　動産に関する物権の譲渡は、その動産の引渡しがなければ、第三者に対抗することができない。

[趣旨]動産は、不動産登記のような公示方法を採ることは技術的に不可能であり取引も頻繁であるため、引渡しすなわち占有の移転を公示方法としたものである。

＊　また、動産を担保化して資金調達を可能にすることへのニーズを充たすため、法人がする動産の譲渡については、動産及び債権の譲渡の対抗要件に関する民法の特例等に関する法律に基づき、一定の要件の下で「動産譲渡登記ファイル」に登記をすれば第三者に対抗できる制度が設けられている。当該動産の譲渡につき動産譲渡登記ファイルに譲渡の登記がされたときは、当該動産について民法 178 条の「引渡し」があったものとみなされる（動産・債権譲渡特例３Ⅰ）。引渡しと同法による登記があった場合には、早い方が第三者に対して対抗できる〈書〉。

《注　釈》

一　「引渡し」

　現実の引渡し（182）だけでなく、簡易の引渡し（182Ⅱ）、占有改定（183、最判昭 30.6.2・百選Ⅰ64 事件）、指図による占有移転（184）も含む（最判昭 34.8.28）〈司〉。

二　引渡しを対抗要件とする物権変動範囲

　動産所有権の譲渡とその復帰的変動に限られる。

141

［第179条］　　　　　　　　　　　　　　　　　　　　　　　　●総則

→先取特権は占有とは無関係である。占有権・留置権・質権は占有を成立・存
続要件とするため、含まれない

三　「第三者」の範囲

賃借人は含むが、受寄者は含まれない（最判昭29.8.31・百選Ⅰ〔第6版〕61事
件）〈書〉。

《その他》

▪ 観念的な占有移転では公示方法が不明確で取引の安全を害する。
→公信の原則（192）を別途採用して、取引の安全を図っている

第179条　（混同）〈書〉

Ⅰ　同一物について所有権及び他の物権が同一人に帰属したときは、当該他の物権は、
消滅する。ただし、その物又は当該他の物権が第三者の権利の目的であるときは、
この限りでない。

Ⅱ　所有権以外の物権及びこれを目的とする他の権利が同一人に帰属したときは、当
該他の権利は、消滅する。この場合においては、前項ただし書の規定を準用する。

Ⅲ　前2項の規定は、占有権については、適用しない。

《注　釈》

一　意義

併存させておく必要のない2個の法律上の地位が同一人に帰することをいう。

二　所有権と制限物権が同一人に帰した場合（Ⅰ）

1　原則（Ⅰ本文）

制限物権は消滅する〈同〉。

ex.1　Aの所有地に地上権を有するBがAを相続したとき

ex.2　Aの所有地に抵当権を有するBがAから土地所有権を譲り受けたとき

→Aの所有地に抵当権を有するBがAからその所有地につき譲渡担保
権の設定を受け、譲渡担保を原因とする所有権移転登記を経由して
も、抵当権は消滅しない〈書〉

∵　譲渡担保権を取得したというだけでは確定的に当該不動産の所
有権を取得したとはいえない

2　例外（Ⅰただし書）

(1)　その物が第三者の権利の目的となっている場合

(a)　物権の保存に意味があるので、混同は生じない。

ex.1　Aの所有権とBの一番抵当権とが混同を生じても、Cの二番抵当
権があれば、Bの一番抵当権は消滅しない〈共〉

ex.2　AとBが、CからC所有の土地を賃借した後、Cが死亡してAが
単独で当該土地を相続した場合、当該土地の賃借権は、AとBの準
共有状態（264）にあるから、Aの賃借権は消滅しない〈同〉

(b)　もっとも、その物が第三者の権利の目的となっている場合であっても、
物権の存続の実益がなければ（第三者の権利が本人に比べ優位の場合）、

●総則 ［第179条］

混同が生じ物権は消滅する（例外の例外）。

ex.1 Aの所有権とBの二番抵当権とが混同したとき、Cの一番抵当権があっても、Bの二番抵当権は消滅する◁司書

ex.2 BがAの債権者であり、かつAの不動産に一番抵当権を有している場合、AがBを相続する等、AB間に地位の混同が生じれば被担保債権は消滅し（520本文）、Cが二番抵当権を有していたとしてもBの抵当権は付従性により消滅する◁司書

∵ 被担保債権が混同により消滅し、その付従性により抵当権は消滅する

(2) その制限物権が第三者の権利の目的となっている場合

ex.1 Aの所有権とBの地上権が混同を生じた場合において、Bの地上権にCの抵当権が設定されているとき、Bの地上権は混同によって消滅しない◁司

ex.2 Aの所有権とBの地上権が混同を生じた場合において、その地上権をBとCが準共有しているとき、Bの地上権は混同によって消滅しない◁司書

(3) 所有権と賃借権の混同

特定の土地につき所有権と賃借権とが同一人に帰属するに至った場合であっても、その賃借権が対抗要件を具備したものであり、かつ、その対抗要件を具備した後に当該土地に抵当権が設定されていたときは、本条1項ただし書の準用により、賃借権は消滅しない（最判昭46.10.14）◁司書。

不動産の賃借人が賃貸人から当該不動産を譲り受けてその旨の所有権移転登記をしないうちに、第三者が当該不動産を二重に譲り受けてその旨の所有権移転登記をしたため、前の譲受人である賃借人において当該不動産の取得の後の譲受人である第三者に対抗できなくなった場合には、いったん混同により消滅した賃借権は、当該第三者の所有権取得によって、同人に対する関係では消滅しなかったこととなる（最判昭40.12.21）◁書。

三 制限物権とこれを目的とする他の権利が同一人に帰した場合（Ⅱ）

1 原則（Ⅱ本文）

他の権利は消滅する。

ex. 地上権が抵当に入っている場合に、抵当権者が地上権を買い受けた場合

2 例外（Ⅱただし書）

(1) 制限物権が第三者の権利の目的である場合

ex. Aの地上権の上にBが一番抵当権を有し、さらにCが二番抵当権を有するときに、Aの地上権とBの抵当権が混同を生じても、Bの抵当権は消滅しない

(2) 制限物権を目的とする他の権利が第三者の権利の目的である場合

ex. Aの地上権の上にBが抵当権を有し、Bの抵当権がさらにCの抵当

143

の目的となっているとき、Aの地上権とBの抵当権が混同を生じても、Cの転抵当権のためにBの抵当権は消滅しない【答】

四 占有権と本権の混同

占有権は本権と混同を生じても消滅しない（Ⅲ）。占有権は占有の事実を保護することを目的とする権利であって、本権とは存在の次元を異にし、両立しうるからである。

五 効果

物権は絶対的に消滅し、何らかの事由で混同以前の状態が復帰しても消滅した権利は復活しない。

→混同を生じさせた法律行為自体が無効、遡及的に消滅する場合は物権は復活する（大判大 9.9.8）

ex. 地上権者が売買により目的物の所有権を取得したため地上権は混同で消滅しても売買契約が解除されると地上権は復活する

・第2章・【占有権】

■第1節　占有権の取得

《概　説》

＜占有の態様＞

概念	意義	区別の実益
自主占有 ・ **他主占有**	自主占有：所有の意思をもってする占有 他主占有：自主占有以外の占有	・所有権の取得時効（162） ・無主物先占（239） ・占有者の損害賠償責任（191ただし書）
善意占有 ・ **悪意占有**	善意占有：本権がないにもかかわらず、あると誤信してする占有 悪意占有：本権がないことを知り、又は本権の有無に疑いをもちつつ行う占有	・取得時効（162Ⅱ） ・占有者の果実取得（189、190） ・回復者に対する占有者の責任（191） ・費用償還請求権（196） ・即時取得（192）等
過失ある占有 ・ **過失なき占有**	過失ある占有：本権があると誤信するにつき過失がある場合 過失なき占有：本権があると誤信するにつき過失がない場合 ＊　これは善意占有についてなされる区別である	・取得時効（162、163） ・即時取得（192）

●占有権   占有権の取得［第180条］

概念	意義	区別の実益
瑕疵ある占有 ・ **瑕疵なき占有**	瑕疵ある占有：悪意、過失、暴行、強迫、隠匿、不継続等、完全な占有としての効果の発生を妨げる事情を伴う占有	・取得時効における瑕疵の承継（187 Ⅱ） ・即時取得（192）
	瑕疵なき占有：善意、無過失、平穏、公然等、完全な占有としての効果を生ずる事情を備える占有	

* 無過失については推定されないとするのが判例・通説である（ただし、判例は、即時取得につき、188条により占有の適法性が推定され、無権利者から動産を買い受けた者が自己に過失がないことを立証する必要はないとしている）。

第180条　（占有権の取得）

占有権は、自己のためにする意思をもって物を所持することによって取得する。

《注　釈》

一　意義

法律上の根拠や権原の有無にかかわらず、物を自己のためにする意思で事実上支配することを<u>占有</u>という。そして、この事実状態に対する法的保護を占有権という。

二　要件

① 「自己のためにする意思」

② 「所持」

1　① 「自己のためにする意思」

(1)　所持による<u>事実上の利益を自己に帰属</u>させようとする意思をいう。

(2)　この意思の有無についての判断は純粋に<u>客観的</u>になされる。

→占有を生ぜしめた<u>権原ないし原因の性質</u>によって客観的に決定されなければならない（最判昭 45.6.18）⇒ p.111

ex. 所有権譲受人、盗人、地上権者、賃借人、留置権者等はこの意思を有する

(3)　この意思は、自分の責任において物を所持する者にも認められる。

ex. 受任者、受寄者、請負人、運送人

(4)　積極的に自ら利益を受ける場合に限らず、消極的に責任を追及されないという場合でもよい。

ex. 無償受寄者、配達人、未成年者の財産管理をなす親権者

(5)　この意思は<u>一般的・潜在的</u>にあると考えられればよい。この意思は占有取得の要件であるが、占有継続の要件ではない。

ex. 知らない間に届けられた注文品についても認められる

(6)　意思能力なき者は占有意思も欠く。

物権

145

占有権の取得［第181条］　●占有権

　　　　→自分が所持することのみで占有を取得することはできない。ただし、代理人による意思の補充、代理人による間接占有を認めることは可能である

2　②「所持」

（1）物に対する事実上の支配をいい、物理的な握持は不要である。社会観念上、物がその人の事実的支配内にあると認められる客観的関係があればよい。

　　　ex.　建物を占有使用する者はその敷地も占有する（∵建物はその敷地を離れて存在しえない）（最判昭34.4.15）。外出中の留守宅の家財道具に対しても占有がある◀司▶

（2）物の所持は、他人を介してすることができる（代理占有（間接占有）、占有補助者）。

3　所持される物は、公用物でも、物の一部でもよい。

第181条　（代理占有）

占有権は、代理人によって取得することができる。

《注　釈》

一　代理占有・自己占有の意義

1　占有代理人が所持をなし、本人がこれに基づいて占有権を取得するという関係を代理占有といい、占有者が自ら所持をする占有を自己占有という。

　　　ex.　賃借人（占有代理人）が物を所持している（自己占有）場合にその所持を通じて所有者本人が占有（代理占有）を有する

2　本人の事実的支配の道具ないし機関にすぎないものを占有補助者・占有機関といい、代理占有と区別される。　⇒下記四参照

3　占有の観念化（182Ⅱ）を認める前提として、代理占有を認めた。これにより本人（間接占有者）にも占有訴権（197～202）が認められる。

二　代理占有の成立要件

①　占有代理人が所持を有すること

　　　ex.　占有代理人が本人の承諾を得て目的物を質入したときは、二重の代理占有関係を生じ、本人の（間接）占有は失われない◀司▶

　　　→占有補助者や占有機関の所持は、代理占有ではない

②　占有代理人が本人のためにする意思を有すること

　　　→客観的な権原の性質によって決まり、自己のためにする意思と併存していてもよい

　　　→本人の側に、代理人に占有させる意思のあることは不要である◀書▶

③　本人と占有代理人との間に占有代理関係が存在すること

　　　→外形上のものであれば足り、法律上有効なものであることを要せず、賃貸借契約の終了後であっても、また、当初から無効であってもよい◀書▶

●占有権　　　　　　　　　　　　占有権の取得〔第182条〜第183条〕

三　代理占有の効果

1　**本人**も占有権を**取得**し、種々の法律効果を受ける。

　　ex.　取得時効、動産の対抗要件、占有訴権

2　第三者の占有代理人に対する権利行使は、同時に**本人**に対する**権利行使**となる。

　　ex.　地上権者（占有代理人）に対する明渡請求は、地上権設定者（本人）の取得時効につき完成猶予・更新の効力がある

3　占有の善意・悪意、侵害の有無等は、**第一次的**には直接に支配関係の成立する**占有代理人**により決する。しかし、**本人が悪意**の場合は、本人を保護する必要がないことから、**占有代理人が善意**でも**悪意占有**となる。　　⇒p.61

四　**占有補助者（占有機関）**

1　意義

　　その他人自身は独立の所持者（占有者）と認められず、本人の所持の道具ないし機関にすぎない者をいう。

　　ex.1　建物賃借人と同居している**配偶者・子**〈味〉、他人の使用人として家屋に居住する者（最判昭 35.4.7）

　　ex.2　会社の土地の所持につき、株式会社の**代表取締役**に独立の占有はない（最判昭 32.2.15・百選Ⅰ66 事件）〈同書〉

　　　　→代表取締役個人のためにも所持するものと認めるべき特別の事情がある場合には、代表取締役も直接占有者たる地位を有する〈新〉

2　区別基準

　　社会通念上、本人の事実的支配の道具ないし機関と認められるかにより判断する。

3　区別の実益

　　占有補助者には、民法の占有に関する規定・時効取得の規定は適用されない。

　　→占有補助者には占有が認められないため、占有訴権なども認められない

《その他》

▪ 用益権者、受寄者など、一時占有すべき権利義務を有する関係にあり、他人のためにする賃借人らの占有を直接占有といい、その他人（賃貸人等）に認められる占有を間接占有という。

第182条　（現実の引渡し及び簡易の引渡し）

Ⅰ　占有権の譲渡は、占有物の引渡しによってする。

Ⅱ　譲受人又はその代理人が現に占有物を所持する場合には、占有権の譲渡は、当事者の意思表示のみによってすることができる。

第183条　（占有改定）

代理人が自己の占有物を以後本人のために占有する意思を表示したときは、本人は、これによって占有権を取得する〈同書〉。

占有権の取得［第184条〜第185条］　　●占有権

第184条　（指図による占有移転）

　代理人によって占有をする場合において、本人がその代理人に対して以後第三者のためにその物を占有することを命じ、その第三者がこれを承諾したときは、その第三者は、占有権を取得する。

［趣旨］占有権の取得原因には大別して承継取得と原始取得があり、ここでは意思表示に基づく占有権の承継取得を規定する。いずれも「引渡し」(178) を要件とする点で共通する。

《注　釈》

一　現実の引渡しによる占有の移転（182 I）

　1　占有権譲渡の合意と占有の引渡しによって効力を生じる。
　2　引渡しは、物理的な意味ではなく、社会通念上物を譲渡人の支配圏から譲受人の支配圏に移転させることを意味する。

二　意思表示だけによる占有の移転

　1　簡易の引渡し（182 II）
　　　すでに譲受人（又は代理人）が目的物を所持している場合に、当事者の意思表示のみによってなされる引渡しをいう。
　2　占有改定（183）
　　　物の譲渡後も譲渡人が引き続きその物を代理人として所持する場合になされる引渡しをいう。
　　cf.1　外部から権利の移転を最も推知しにくい点で問題を生じる　⇒ p.157
　　cf.2　譲渡人が譲受人の占有機関となる場合、譲受人本人は自己占有を取得するので、占有改定ではない（大判大 4.9.29）
　3　指図による占有移転（184）
　(1)　目的物を第三者が保持している場合に、譲渡人がその第三者に対し以後その物を譲受人のために占有せよと命じ、譲受人がこれを承諾することによってなされるものである。《共書》
　(2)　占有代理人に対する一方的意思表示があれば足り、占有代理人の承諾は不要である（占有代理人の意思に反しても構わない）《書》。
　　cf.　指図による占有移転の方法により、第三者に対して賃貸（寄託）中の物も返還を受けずに有効に質入（344）することができる

第185条　（占有の性質の変更）

　権原の性質上占有者に所有の意思がないものとされる場合には、その占有者が、自己に占有をさせた者に対して所有の意思があることを表示し、又は新たな権原により更に所有の意思をもって占有を始めるのでなければ、占有の性質は、変わらない。

《注　釈》

一　自主占有・他主占有

　　自主占有とは、「所有の意思」（所有者として占有する意思）をもってする占有

●占有権   占有権の取得 ［第186条］

をいい、他主占有とは、その他の占有をいう。　⇒p.110

→両者の区別は、取得時効（162）、占有者の損害賠償責任（191）、無主物占有（239）等に影響する

ex.　買主、盗人、被相続人の自主占有を相続した相続人の占有は自主占有にあたる

二　他主占有から自主占有へ転換する場合 [司]

1　他主占有者が、自己に占有をさせた者に対し所有の意思あることを表示すること

ex.1　賃借人が賃貸人に所有の意思があることを表示する場合

ex.2　受寄者が寄託物を自己の物として質入しても、当然には自主占有に転換しない

ex.3　占有中に解除権を行使したことは「所有の意思」が失われたものといえる

2　他主占有者が「新たな権原により更に所有の意思をもって占有を始める」こと [書]

ex.1　賃借人が賃借物を買い取った場合（大判昭 5.6.12）[司]

ex.2　売買契約が結果的に無効であった場合

三　相続と新たな権原

相続人（又は委託相続財産管理人）が被相続人の死亡により相続財産の占有を承継したばかりでなく、新たに相続財産を事実上支配することによって占有を開始しその占有に所有の意思があると認められる場合には、被相続人の占有が他主占有であったときにも相続人は 185 条にいう「新たな権原」により所有の意思をもって占有を始めたものというべきである（最判昭 47.9.8）[書]。

cf.　他主占有を相続した者が自己の自主占有による時効取得を主張する場合、186 条は適用されない

→相続人は、自己の占有が独自に要件をみたすことを立証しなければならない（最判平 8.11.12・百選 I 67 事件）[司]

物権

《その他》

▪共同相続人の1人が単独に相続したものと信じて相続開始とともに相続財産を現実に占有し管理使用を専行し公租公課も支払っていたなどの事情があり、他の相続人が何ら関心をもたず異議も述べなかった場合、相続人は相続の時から相続財産につき単独所有者としての自主占有を取得する（最判昭 47.9.8）[書]。

第186条　（占有の態様等に関する推定）

Ⅰ　占有者は、所有の意思をもって、善意で、平穏に、かつ、公然と占有をするものと推定する。

Ⅱ　前後の両時点において占有をした証拠があるときは、占有は、その間継続したものと推定する。

149

占有権の取得［第187条］　　　　　　　　　　　　　●占有権

《注　釈》

一　1項

1　趣旨

　　物の支配の秩序を維持することを目的とする占有制度において、社会に現に存する占有は瑕疵を帯びない正当なものであると一応推定することが制度目的に沿うことから規定された〈回〉。

2　所有の意思の推定が覆された例

　　外形的客観的に見て他人の所有権を排斥して占有する意思を有していなかったものと解される事情（他主占有事情）が証明されるときは、占有者の内心の意思いかんを問わず、その所有の意思は否定される（最判昭58.3.24）。

3　所有の意思の推定が覆されなかった例

　　土地の譲渡を受けながら長年にわたって移転登記を求めることもなく放置し、固定資産税を負担しなかったという事実は、それが他主占有事情の判断において常に決定的なものではなく、占有者と登記簿上の所有名義人との間の人的関係等、当該不動産に賦課される税額等の事情も総合して考慮すると、他主占有事情として十分でない（最判平7.12.15）。

4　本条により、善意占有が無過失に基づくという推定はなされない。

　　→短期取得時効（162Ⅱ）を主張する者は、無過失である点については立証責任を負う

　　cf.　即時取得（192）

二　2項

1　趣旨

　　現状は変更なく継続してきた状態であると推定することが占有制度の本旨に適合することから規定された。

2　具体例

　　甲から乙、乙から丙と順次相続された場合、甲の占有開始の事実と丙の占有の事実を証明することにより甲の占有開始時から現在までの継続占有が推定される。

第187条　（占有の承継）

Ⅰ　占有者の承継人は、その選択に従い、自己の占有のみを主張し、又は自己の占有に前の占有者の占有を併せて主張することができる〈同書〉。

Ⅱ　前の占有者の占有を併せて主張する場合には、その瑕疵をも承継する。

[趣旨] 占有権が承継される場合における占有権の二面性を認め、占有承継人はその選択に従って自己固有の占有のみを主張することも、自己の占有に前の占有者の占有を併せて主張することも承認し、ただ後者の場合には前の占有者の瑕疵も承継することとした。

●占有権　　　　　　　　　　　　　　　　　　　　　　　　　　占有権の効力

《注　釈》

一　「前の占有者」（Ⅰ）

「前の占有者」は、直前の者に限らず、現占有者より以前のすべての占有者をいう。占有者が複数ある場合には、特定の占有者の占有を選択して、併せて主張することができる。

二　適用範囲

1　本条1項は、相続のような包括承継の場合にも適用される（最判昭 37.5.18）〈司書〉。　⇒ p.729

2　被相続人の占有に属していた物は被相続人の死亡により相続人が所持ないし管理しているか否か及び相続の開始を知っているか否かにかかわりなく相続人の占有に移る。

3　本条1項は、権利能力なき社団の占有する不動産を、法人格を取得した以後当該法人が引き継いで占有している場合にも適用される（最判平元 .12.22）〈司共〉。

三　瑕疵の承継（Ⅱ）

不動産の占有主体に変更があって承継された2個以上の占有が併せて主張された場合には、162条2項にいう占有者の善意・無過失は、その主張にかかる最初の占有者につきその占有開始の時点において判定すれば足りる（最判昭 53.3.6・百選Ⅰ 46 事件）〈司〉。

■第2節　占有権の効力

《概　説》

＜果実取得権（189、190）・損害賠償請求権（191）・費用償還請求権（196）＞

<table>
<tr><th></th><th colspan="2">善意占有者</th><th>悪意占有者</th></tr>
<tr><td>果実取得権
（189、190）</td><td colspan="2">○
ただし、敗訴・暴行・強迫・隠匿の場合は×</td><td>×
返還＋消費・懈怠等の代価償還</td></tr>
<tr><td>損害賠償の範囲
（占有者の責めによる占有物の滅失・損傷・191）</td><td>自主占有
現に利益を受ける限度</td><td>他主占有
損害の全部</td><td>損害の全部</td></tr>
<tr><td rowspan="2">費用償還請求
の可否
（196）</td><td>必要費
（＊1）</td><td colspan="2">○
ただし、果実を取得した場合は、通常の必要費は償還請求しえない（いわば当然相殺）</td></tr>
<tr><td>有益費
（＊2）</td><td colspan="2">価格の増加が現存する場合に限り…○
ただし、費用か増加額かは回復者が選択（196Ⅱ本文）
悪意の占有者に対しては、裁判所は、回復者に期限を許与しうる（同ただし書）
（→留置権不発生、295Ⅰただし書）</td></tr>
</table>

（○：占有者が回復者に権利行使できる　×：回復者に権利行使できない）

＊1　必要費＝保存費用・修繕費用等、物の保存と管理に必要な費用

＊2　有益費＝占有物の改良のために費やした金額その他の有益な費用

占有権の効力 ［第188条］   ●占有権

第188条 （占有物について行使する権利の適法の推定）

占有者が占有物について行使する権利は、適法に有するものと推定する。

[趣旨] 物を占有して本権行使の外観を備える者は、多くの場合適法な本権を有する
ものであるという蓋然性を基礎に本条が規定された。

《注　釈》
一　推定の範囲

1　占有者は、通常は、所有権を有するとの推定を受ける。

2　本条は、権利が適法に存在ないし帰属することを推定する規定であり、権利
が適法に取得・設定されたことを推定する規定ではない。

→所有権者から提起された建物明渡請求訴訟において、占有者が賃借権の存
在を主張する場合、占有者が自ら賃借権の取得を主張・立証しなければな
らない（最判昭 35.3.1）

∵　賃貸借関係の存否が争われているとき、賃借人たるべき者が目的物を
占有していたからといって、その者が適法な賃借人であるとの推定は生
じない

3　現在の占有によって本条の推定を受ける者は、以前も適法な権利を有してい
たと推定される。また、以前に占有した者は、その占有の間は適法に権利を有
していたと推定される。本条の権利は所有権等の物権だけでなく、占有をなす
ことを正当とするすべての権利（賃借人、受寄者の権利等）を含む。ただし、
186条の存在により通常は占有者は所有者と推定される（大判大 13.9.25）。

二　推定の効果

1　「推定する」とは、反証を挙げて破られるまで正当な本権があるとの主張につ
いて挙証責任を負わないことをいう。

→防御的な性質を有する

2　占有者は本条の推定により登記の申請をしたり、自己の占有が正当な権原に
基づくことの証明に代えることはできない（大判明 39.12.24）。

3　本条の推定は、占有者の利益のためだけでなく不利益のためにも適用される。

ex.　賃借人がその所有物の上に先取特権の負担を受ける場合にも、賃借人
の占有する物はその所有と推定される

4　占有者だけでなく、第三者も推定の効果を援用することができる。

ex.　債務者の占有物を差し押さえた債権者は、債務者の所有と推定する効
果を援用することができる

三　不動産の占有と権利の推定

登記のある不動産については、本条の推定の適用はなく、登記に推定力を与え
るべきであり、未登記の不動産についてだけ本条の推定をなすべきである。

●占有権 　　　　　　　　　　　　　　　　　　　占有権の効力［第189条］

第189条 （善意の占有者による果実の取得等）

Ⅰ　善意の占有者は、占有物から生ずる果実を取得する。
Ⅱ　善意の占有者が本権の訴えにおいて敗訴したときは、その訴えの提起の時から悪意の占有者とみなす。

[趣旨] 果実を取得する権利がないにもかかわらず、これを有するものと誤信して占有する者は、果実を取得し、消費するのが普通である。にもかかわらず、あとで本権者からその返還ないし代償を請求されるとすると善意占有者にとって酷である。そこで、本権者・占有者間の法律関係につき、占有に独自の効力を与えたものである。

《注　釈》

一　要件

　　① 「善意の占有者」であること
　　② 「果実」

1　①「善意の占有者」であること

⑴　善意の占有者とは、果実収取権を含む本権（所有権、地上権等）を有すると誤信する占有者をいう。
　　→果実収取権を含まない本権（留置権、動産質権等）があると誤信しても本条の適用はない

⑵　善意であれば過失の有無は問わない。

⑶　善意の判定時期は、果実につき独立の所有権が成立する時である。
　　ex.1　天然果実は元物から分離する時
　　ex.2　法定果実は善意の存続した期間に日割をもって決する

⑷　本権の訴えで敗訴したときは、起訴の時に遡って悪意占有者とみなされる（Ⅱ）。〈司〉

2　②「果実」

取得される果実には、天然果実、法定果実の他、占有物の利用による利益も含まれる（大判大14.1.20）。

二　効果

1　本条は、所有者と占有者の間に物権侵害の関係しかない場合に適用される〈通〉。

2　契約の解除によって物を返還する場合については、本条の適用はなく、その物を使用収益した利益を返還しなければならない（最判昭34.9.22）。
　　∵　契約関係の清算としての性格を重視するべき

また、法律行為の無効・取消しによって物を返還する場合も、上記と同様に、原則として本条の適用はないと解されている。

cf.　不当利得した金銭の運用利益には本条の適用はなく、703条が適用される（最判昭38.12.24・百選Ⅱ77事件）　⇒ p.615

153

占有権の効力［第190条〜第191条］　　●占有権

《その他》

- 本条2項により悪意の占有者とみなされることだけを理由に、占有者に故意・過失があるとして不法行為の成立を認めることはできない（大判昭18.6.19）。

第190条　（悪意の占有者による果実の返還等）

Ⅰ　悪意の占有者は、果実を返還し、かつ、既に消費し、過失によって損傷し、又は収取を怠った果実の代価を償還する義務を負う。

Ⅱ　前項の規定は、暴行若しくは強迫又は隠匿によって占有をしている者について準用する。

[趣旨] 真正の権利者をして適当な時期に収取させなかったため生じた損害につき、悪意占有者に賠償させる趣旨から認められた。悪意の不当利得に関する一般規定たる704条の特則になる。

《注　釈》

◆　適用範囲

1　本条は不法行為の規定を排除するものではない（請求権競合）が（大判昭18.6.19）、果実の償還・代価償還については不法行為の特則をなしている。

2　575条により本条の適用が排除されることがある（大連判大13.9.24）。

第191条　（占有者による損害賠償）

占有物が占有者の責めに帰すべき事由によって滅失し、又は損傷したときは、その回復者に対し、悪意の占有者はその損害の全部の賠償をする義務を負い、善意の占有者はその滅失又は損傷によって現に利益を受けている限度において賠償をする義務を負う。ただし、所有の意思のない占有者は、善意であるときであっても、全部の賠償をしなければならない。

[趣旨] 占有物の滅失・損傷が生じた場合について、善意占有者と悪意占有者それぞれについて、回復者との関係を規定したものである。

《注　釈》

一　「占有者」

1　回復者との関係で占有すべき本権を有しない者をいう。

→両者の間に法律関係が存在すれば、回復者との関係はそれにより決せられる

2　現存利益の賠償に限定されて保護を受けるのは、所有の意思を有する善意占有者のみである。

∵　所有の意思を有しない他主占有者は、本来物の返還についての認識があるため、損害全部の賠償をさせても酷とはいえない

二　「滅失」

物理的滅失のみならず、物を第三者に譲渡して返還の不能である場合を含む（大判昭2.2.16）。

●占有権 　　　　　　　　　　　　　　　　　　　　　占有権の効力［第192条］

> **第192条　（即時取得）**
> 　取引行為によって、平穏に、かつ、公然と動産の占有を始めた者は、善意であり、かつ、過失がないときは、即時にその動産について行使する権利を取得する。

［趣旨］動産の取引において、占有を信頼して取引をした者は、譲渡人の権利の有無とは関係なく権利を取得するという、公信の原則を採用したものである。

《注　釈》

一　即時取得の要件 ◀司H21 司H27▶

① 目的物が「動産」であること
② 前主が無権利者であること
③ 前主に占有があること
④ 前主との間に有効な「取引行為」が存在すること
⑤ 平穏・公然・善意・無過失で占有を取得すること

1　①目的物が「動産」であること
　　即時取得の目的物は動産に限られる。ただし、以下のような例外がある。
　　cf.　不動産については、登記・占有のいずれにも公信力は認められない

(1)　登録済の自動車
　　　公示方法が具備されているから公信の原則を適用する必要はない（最判昭62.4.24）◀同書▶。ただし、未登録の自動車には適用がある（最判昭45.12.4）◀同▶。

(2)　金銭
　　　金銭の流通保護を徹底するため、金銭の所有権は占有があるところに存在すると解される。
　　　→不当利得（703）の問題として処理すべきである（最判昭39.1.24・百選Ⅰ77事件）

(3)　不動産の一部
　(a)　伐採前の立木
　　　　立木のまま非所有者から譲り受け、自ら伐採した場合、不動産の一部を構成するので即時取得の対象とならない。
　　　　cf.1　無権利者が伐採した木を譲り受けた場合は即時取得の対象となる
　　　　cf.2　山林に生立している立木を買い受けて伐採した者は、即時取得の主張ができない（大判昭7.5.18）
　(b)　稲立毛・未分離の果実
　　　　判例は即時取得の対象としているが、学説からは批判されている。

(4)　債権
　　　即時取得の対象とならない。

(5)　従物（87）
　　　動産であれば従物も即時取得の対象となる。

2　②前主が無権利者であること
(1)　前主が無権利者である場合に限定される。

155

占有権の効力 ［第192条］ ●占有権

- (a) 制限行為能力者や無権代理人による処分の場合、意思表示の瑕疵・欠缺の場合、即時取得の適用はない《司共書》。
  - ∴ 制限行為能力者保護制度、無権代理制度等が無意味になる
- (b) 契約が無効の場合、取消し・解除により遡及的に消滅した場合も、即時取得の適用はない《共》。
  - ∴ 無効制度や取消権・解除権を認めて保護を図った趣旨が失われる
- (2) (a)(b)の場合でも、その取引をした者からさらに目的物を譲り受けた転得者には即時取得の適用がある《司共予書》。
  - ＊ 信頼の対象が「前主が権利者であること」ではない点に注意
  - cf. 当事者間で目的動産の譲渡禁止特約がなされても、第三者は有効に権利を承継取得する
    - ∴ 特約は第三者に対抗できない

3 ③前主に占有があること

権利者らしい外観を信頼した者を保護する制度であることから要求される。
→占有の態様（直接占有か間接占有か・自主占有か他主占有か・前主の占有意思の有無・占有権者か占有補助者等の所持機関か）は問わない

4 ④前主との間に有効な「取引行為」が存在すること

- (1) 即時取得は、取引の安全を保護する制度であるから、占有の承継は取引行為に基づくことを要する。
  - ex.1 任意・強制競売における競落には即時取得の適用がある（最判昭42.5.30）《司書》
  - ex.2 贈与・質権設定契約には即時取得の適用がある《司》
- (2) 「取引行為」にあたらない場合、即時取得は適用されない《共》。
  - ex.1 相続によって相続財産中にある他人の動産を取得した場合《司書》
  - ex.2 他人の山林を自己の山林と誤信して伐採し、動産たる伐木を取得した場合《司》
  - ex.3 飼主不明の迷い犬を拾った場合
- (3) 取引行為が有効でない場合、即時取得は適用されない《司》。
  - ex. 取引行為自体が無効・無権代理によるもの
  →取引行為自体の瑕疵は、192条により治癒されない
  - cf. (2)(3)いずれの場合も、転得者については、即時取得が適用される

5 ⑤平穏・公然・善意・無過失で占有を取得すること

- (1) 平穏・公然・善意は推定される（186 Ⅰ）《司共》。
  無権利者から動産を買い受けた者は自己の無過失の立証責任を負わない《司共書》。
  - ∴ 占有者は188条により権利を適法に有すると推定される
  - cf.1 10年の時効取得を主張する者は、自己の無過失の立証責任を負う（大判大8.10.13）
  - cf.2 半信半疑の場合は「善意」とはいえない《司》

●占有権　　　　　　　　　　　　　　　　　　占有権の効力［第193条］

(2)　善意・無過失は占有取得の時に存在すれば足り、その後に悪意になっても
　　よい〈共書〉。

　　ex.　他人物売買で代金完済まで所有権が留保される特約がなされた場合、
　　　　目的物の現実の引渡しの時に善意・無過失であれば、後の代金完済時に
　　　　悪意でも即時取得が成立する

(3)　「占有を始めた」に現実の引渡し（182Ⅰ）や簡易の引渡し（182Ⅱ）が含
　　まれることに争いはない。他方、占有改定（183）や指図による占有移転
　　（184）が「占有を始めた」といえるかについては争いがある。

　(a)　占有改定と即時取得〈同書〉

　　　判例（最判昭35.2.11・百選Ⅰ68事件）は、即時取得により目的物の所
　　有権を取得しうるためには、一般外観上従来の占有状態に変更を生ずるよ
　　うな占有を取得することを要するとし、占有改定は一般外観上変更を来た
　　さないため、「占有を始めた」には含まれないとしている。

　(b)　指図による占有移転と即時取得〈書〉

　　　判例は、2つの類型に分けて検討している。

　①　目的物が所有者の支配内にとどまる場合

　　　原所有者Ｘから動産の管理を委ねられたＡが、Ｘに無断でＢに売却
　　し、ＡがＢのために引き続き動産の管理を継続することとされた（占有
　　改定）後、さらにＢがＹに動産を転売し、Ａに対して以後Ｙのために管
　　理するよう通知（指図による占有移転）したような場合、判例（大判昭
　　8.2.13）は即時取得を否定する。

　②　目的物が所有者の支配から離れた場合〈共予〉

　　　原所有者Ｘから動産の管理を委ねられたＡが、動産を自己の物である
　　としてＢに預けた上で、Ｘに無断でＹに動産を売却し、Ｂに対して以後
　　Ｙのために管理するよう通知（指図による占有移転）したような場合、
　　判例（最判昭57.9.7）は即時取得を肯定する。

二　効果

1　所有権・質権〈書〉・譲渡担保権を取得する。

　cf.　譲渡担保権の取得については、占有改定が問題となることが多い
　　　⇒ p.272

2　原始取得である。　→前主に存した制限は取得者に承継されない

3　即時取得者は、元の権利者に対して不当利得返還義務（703）を負わない〈画
　〈同〉。

第193条　（盗品又は遺失物の回復）

　前条の場合において、占有物が盗品又は遺失物であるときは、被害者又は遺失者は、
盗難又は遺失の時から2年間、占有者に対してその物の回復を請求することができる。

［趣旨］盗品・遺失物のように権利者の意思によらないで占有を離れた物について
は、特に真実の所有者を保護するため、即時取得の例外を設けた。

物権

占有権の効力［第194条］　　　　　　　　　　　　　　　　　　　　　　　●占有権

《注　釈》
一　適用範囲
1　「盗品又は遺失物」
　(1)　「盗品」とは、窃盗又は強盗によって占有者の意思に反してその占有を剥奪された物をいう。また、「遺失物」とは、窃盗、強盗以外の方法で占有者の意思によらずにその占有を離れた物をいう。
　(2)　対象物の拡張はなされない。
　　　→詐取された物、横領された物、恐喝された物に本条は適用されない《書》
2　回復請求権者は「被害者又は遺失者」である《司》。
　(1)　賃借人や受寄者も含まれる《共予書》。
　　　→原所有者も、本条に基づく回復請求権を行使できる
　(2)　動産質権者は回復請求権を行使できない。
　　　∵　質物の占有を失えば質権の対抗力を失い（352）、占有回収の訴えによらなければならない
　　　→善意の特定承継人には請求ができない（200Ⅱ）
3　回復請求の期間
　　盗難又は遺失の時から2年である《書》。相手方（占有者）の占有開始時ではない。
4　回復請求の相手方は直接の善意取得者に限らずその特定承継人も含む《予》。
　　代価の弁償を要しない。　cf.　194条

二　回復請求権の法的性質（所有権の帰属）
＜回復請求権の法的性質＞《書》

	原所有者帰属説（大判大10.7.8）《司》	善意者取得説《通》
内容	所有権は原所有者に留保されている →本回復請求権は占有の回復を認めるものにすぎない	善意取得者は所有権を即時に取得する →原所有者は所有権の回復を求めると同時に占有の回復を請求することとなる
理由	もし、即時取得者が盗品又は遺失物の所有権・質権を取得すると解すると回復請求権を有することについて疑問のない被害者又は遺失者たる賃借人・受寄者等は最初からもっていない権利を回復して取得することになって不合理である	盗品・遺失物でも回復請求されない場合もあり、善意取得者に所有権の即時取得を認めないとその場合の理論構成が現実から遊離したものになってしまう
192条との関係	193条の規定により192条の適用が排除される	193条は192条の例外として特に2年間に限り所有権の回復を認めた

第194条
　　占有者が、盗品又は遺失物を、競売若しくは公の市場において、又はその物と同種の物を販売する商人から、善意で買い受けたときは、被害者又は遺失者は、占有者が支払った代価を弁償しなければ、その物を回復することができない。

●占有権 　　　　　　　　　　　　　　　　　　　　　　　　　占有権の効力［第195条］

[趣旨] 善意取得者が盗品・遺失物を商人や競売によって買い受けたときは、その取引を保護する必要が大きくなるので、代価を弁償しなければ回復請求できないものとした。

《注　釈》

一　代価弁償の性質

<代価弁償の性質>

	抗弁権説	請求権説（最判平12.6.27・百選Ⅰ69事件）《通》《同書》
内容	回復者が回復請求をする際に、占有者は回復者が代価を弁償するまでその引渡しを拒みうるにすぎない	回復者に対する抗弁はもちろん、物が何らかの事由で回復者に帰してもなお独立の請求権として代価弁償をなしうる
結果	一度回復者に交付した後は、代価の弁償も物の交付も請求できない	即時取得者は、一度任意に交付した後でも、代価を弁償するかこれを欲しないなら目的物を返還するか、いずれかを請求する権利を失わない

※　占有者は、弁償の提供があるまで、盗品等の使用収益を行う権限を有する（最判平12.6.27・百選Ⅰ69事件）《同書》。

二　適用範囲 《同予》

「競売」には、強制競売、任意競売のいずれも含まれる。「公の市場」とは広く店舗を意味し、「その物と同種の物を販売する商人」とは、行商人等を指す。

本条によって善意取得者が代価を請求しうるのは、「買い受けた」場合であり、贈与を受けた場合等には、本条は適用されない。

三　物が滅失した場合の回復請求権

回復請求権は、その物が現存することを前提としているため、物が滅失した場合、回復請求権は消滅し、さらに、被害者は回復に代わる賠償を請求することもできない（最判昭26.11.27）《書》。

第195条（動物の占有による権利の取得）

家畜以外の動物で他人が飼育していたものを占有する者は、その占有の開始の時に善意であり、かつ、その動物が飼主の占有を離れた時から1箇月以内に飼主から回復の請求を受けなかったときは、その動物について行使する権利を取得する。

《注　釈》

▪「家畜」か否かの判断は、地方ごとに、また時代によって異なる。

▪「善意」の対象は、無主物であることについての誤信である。所有者を特定できなくても他に誰か、飼養主がいる旨誤信した場合は含まない（大判昭7.2.16）。

▪1か月の起算点は「飼主の占有を離れた時」であり、占有取得時ではない。

物権

159

占有権の効力［第196条］   ●占有権

第196条　（占有者による費用の償還請求）

Ⅰ　占有者が占有物を返還する場合には、その物の保存のために支出した金額その他
の必要費を回復者から償還させることができる。ただし、占有者が果実を取得した
ときは、通常の必要費は、占有者の負担に帰する《書》。

Ⅱ　占有者が占有物の改良のために支出した金額その他の有益費については、その価
格の増加が現存する場合に限り、回復者の選択に従い、その支出した金額又は増価
額を償還させることができる。ただし、悪意の占有者に対しては、裁判所は、回復
者の請求により、その償還について相当の期限を許与することができる。

[趣旨] 占有者が権原なく占有物に費用をかけ、物の価値を維持・増加させた場合の
投下費用の回収について規定したものである。

《注　釈》

一　必要費

物の保存と管理に必要な費用をいう。　ex. 修繕費、飼養費、公租公課

1　占有者は、その善意・悪意を問わず、また、所有の意思の有無を問わず、必
要費の全額の償還を請求することができる（Ⅰ）《同書》。

2　占有者が果実を取得した場合には、必要費のうち、通常の必要費（ex. 小修
繕費、公租公課）は占有者の負担となる（Ⅰただし書）《同共書》。

∴　果実により得た利益で支弁できる

→占有者は臨時費（ex. 水害による家屋の大修繕費）ないし特別費の償還は、
常に請求することができる

二　有益費

物を改良し、物の価値を増加させる費用をいう。

ex. 雨戸の新調、排水工事

1　占有者は、有益費について、その価格の増加が現存する場合に限り、回復者
の選択に従い、占有者の費やした金額又は増加額を償還せしめることができる
（Ⅱ本文）《予》。

ex. 占有者の善意・悪意を問わず、有益費の全額の返還請求は認められない

2　悪意の占有者も善意の占有者と同様、有益費償還請求権自体を認められる点
は異ならない。しかし、裁判所は、回復者の請求によって、その償還につき一
定の期限の猶予を与えることができる（Ⅱただし書）。

→償還請求権は「弁済期にない」ことになり、占有者はその物の上に留置権
を行使できなくなる（295Ⅰただし書）

cf.　償還請求権は、占有者の善意・悪意又は必要費・有益費を問わず留置権
により保護される

160

●占有権　　　　　　　　　　　　　　　　　　　　　　　　　　占有権の効力［第197条］

＜費用償還請求に関する規定の処理＞

	必要費	有益費
占有者 (196)	原則：返還時に全額請求できる 例外：果実を取得した場合、通常の 　　　必要費は占有者の負担	返還時に価格の増加が現存する限り、 出捐額又は増加額を回復者の選択に 従い請求できる（悪意占有者に対し ては、裁判所は期限を許与すること ができる）
留置権 (299) 質権(＊1) (350)	支出した全額を償還請求できる同共 →196条と異なり、留置物・質権か 　ら生ずる果実を取得したときでも 　必要費の償還を請求できる	返還時に価格の増加が現存する限り、 出捐額又は増加額を所有者の選択に 従い請求できる（ただし、裁判所は 所有者の請求により期限を許与する ことができる） →196条と異なり、裁判所の許与に 　関し、留置権者・質権者の善意・ 　悪意を問わない
買戻権 (583)	占有者の費用償還請求の場合と同じ	占有者の費用償還請求の場合と同じ （ただし、裁判所は売主の請求により 相当の期限を許与できる）
使用貸借 (595) (＊2)	通常の必要費は、借主の負担 それ以外は、買戻しの場合と同じ	買戻しの場合と同じ
賃貸借 (608)	直ちに全額請求できる	占有者の費用償還請求の場合と同じ （ただし、裁判所は賃貸人の請求によ り相当の期限を許与できる）

＊1　不動産質権以外の質権（357、359）
＊2　配偶者居住権（1034）・配偶者短期居住権（1041）も使用貸借と同様。

第197条　（占有の訴え）

占有者は、次条から第202条までの規定に従い、占有の訴えを提起することができる。他人のために占有をする者も、同様とする。

［趣旨］自力救済を禁じる一方で、物の事実的支配を一応保護することによる社会秩序を維持するためのものである。

《注　釈》

一　占有訴権の主体

1　間接占有者・他主占有者・悪意占有者も含むすべての占有者同。
　　ex.　盗人、所有者、賃借人、質権者、受寄者
2　占有補助者は、「占有者」ではないので、占有訴権の主体とはならない。

二　占有訴権の内容

占有妨害の態様によって、占有保持の訴え（198）、占有保全の訴え（199）、占有回収の訴え（200）の3種が予定されている。

161

占有権の効力［第198条～第199条］　　　　　　　　　　●占有権

＜占有訴権についての整理＞

	占有保持の訴え（198）	占有保全の訴え（199）	占有回収の訴え（200）
要件	占有者の占有が妨害されているとき	占有を妨害されるおそれがあるとき	占有者の占有が奪われたとき
具体例	他人の物が理由なく庭園に放置されている場合	隣地の樹木が倒れそうになった場合	他人に動産を盗み取られた場合
目的物	不動産	不動産	不動産・動産
請求内容	妨害の停止及び損害賠償	妨害の予防又は損害賠償の担保	目的物返還及び損害賠償
行使期間（201）	①　妨害の存する間又は消滅した後1年以内（201Ⅰ本文） ②　ただし、侵害者の工事着手の時から1年を経過したとき又は工事完成後は妨害停止を求めえない（201Ⅰただし書）	①　妨害の危険の存する間（201Ⅱ本文） ②　ただし、侵害者の工事着手の時から1年を経過したとき、又は工事完成後は妨害予防を求めえない（201Ⅱただし書）	侵奪の時から1年以内（201Ⅲ）

物権

第198条　（占有保持の訴え）

　占有者がその占有を妨害されたときは、占有保持の訴えにより、その妨害の停止及び損害の賠償を請求することができる。

《注　釈》

一　妨害

　妨害は社会通念上、認容すべき程度を超えている場合に限る。また、妨害者の故意・過失は不要である。

二　妨害の停止

　1　「妨害の停止」とは、妨害を除去し、原状を回復することをいう。その費用は妨害者が負担する（大判大5.7.22）。ただし、妨害者に故意・過失がない場合には費用を負担させるべきではないとする反対説がある。

　2　妨害停止請求の相手方は、現在の占有妨害者である（大決昭5.8.6）。

三　損害賠償請求

　損害賠償請求は、不法行為に基づくものであり、妨害者の故意・過失が必要である。

第199条　（占有保全の訴え）

　占有者がその占有を妨害されるおそれがあるときは、占有保全の訴えにより、その妨害の予防又は損害賠償の担保を請求することができる。

●占有権 占有権の効力［第200条］

《注 釈》

一 妨害予防に要する費用

一般人の立場から、妨害の客観的可能性がある場合に、現に妨害の危険を生ぜしめている者が負担する。その者の故意・過失の有無を問わない〈書〉。

二 損害賠償の担保請求

相手方の故意・過失は必要でない〈書〉。

三 妨害予防請求と担保請求の関係

他の2種類の占有訴権とは異なり選択的である（∵いずれかの請求で目的が達成される）。

第200条 （占有回収の訴え）

Ⅰ 占有者がその占有を奪われたときは、占有回収の訴えにより、その物の返還及び損害の賠償を請求することができる〈書〉。

Ⅱ 占有回収の訴えは、占有を侵奪した者の特定承継人に対して提起することができない。ただし、その承継人が侵奪の事実を知っていたときは、この限りでない〈書〉。

《注 釈》

一 内容（Ⅰ）

1 占有の侵奪

占有者の意思に基づくことなく占有が奪われたことをいう。

ex.1 詐取、遺失は含まれない〈司書〉

ex.2 強制執行による場合、著しく違法性を帯びていない限り、占有の侵奪とはいえない（最判昭38.1.25）〈書〉

ex.3 賃貸借終了後も、賃借人が占有を継続する場合は、占有の侵奪はない〈司〉

cf. 賃貸借終了後も、賃借人が占有を継続する場合において、賃貸人が実力で目的物の占有を奪ったときは、たとえ賃貸人が本権に基づく返還請求をなしうる場合であっても、被侵奪者である賃借人は、占有回収の訴えを提起できる（大判昭7.4.13）〈書〉

2 返還

侵奪された物の占有を取り戻させ、侵奪前の占有を回復させることをいう。

3 損害賠償請求

「損害」は占有を侵奪されたことによる損害であるから、占有の回復されるべき目的物の価格によって決定されるべきではなく、占有侵奪により失われた目的物の利用利益によって決定される（大判大13.5.22）〈書〉。

二 請求の相手方（Ⅱ）

1 相手方の故意・過失は問わない〈司〉。

2 侵奪者が目的物を第三者に貸与している場合でも、当該侵奪者に対して占有回収の訴えを提起できる〈書〉。

3 悪意の特定承継人には占有回収の訴えを提起できる（ただし書）〈予書〉。

物権

163

占有権の効力［第201条〜第202条］　　　　　　　　　　　●占有権

「承継人が侵奪の事実を知っていたとき」とは、承継人が何らかの形で占有
侵奪があったことについて認識していた場合をいい、占有の侵奪を単なる可能
性のある事実として認識していただけでは足りない（最判昭 56.3.19）〈司書〉。

4　特定承継人には、侵奪者からの賃借人・受寄者も含まれる。
　→侵奪者・悪意の特定承継人からの賃借人・受寄者などその占有代理人とな
　　る第三者に対しては、当該第三者が悪意の場合のみ占有回収の訴えを提起
　　できる（大判昭 19.2.18）〈司〉

5　一度善意の特定承継人が現れた後は、その後の悪意の特定承継人に対しても
　占有回収の訴えは提起できない（絶対的構成）（大判昭 13.12.26）〈書〉。

三　交互侵奪

　たとえば、Aの所有する洋服をBが盗んだのでAがこれを奪い返すというよう
に、占有を侵奪されて占有回収の訴えを提起できる者（A）が現実の占有者
（B）から物を侵奪したという場合、BはAに返還を請求しうる。

第201条　（占有の訴えの提起期間）

Ⅰ　占有保持の訴えは、妨害の存する間又はその消滅した後1年以内に提起しなけれ
ばならない〈供〉。ただし、工事により占有物に損害を生じた場合において、その工事
に着手した時から1年を経過し、又はその工事が完成したときは、これを提起する
ことができない〈司〉。

Ⅱ　占有保全の訴えは、妨害の危険の存する間は、提起することができる。この場合
において、工事により占有物に損害を生ずるおそれがあるときは、前項ただし書の
規定を準用する〈司〉。

Ⅲ　占有回収の訴えは、占有を奪われた時から1年以内に提起しなければならない〈書〉。

《注　釈》

▪占有回収の訴えについては、占有を「奪われた時から」1年以内に提起しなけれ
ばならない。
　→侵奪者から悪意の特定承継人に移転した場合、その者に対する提訴期間も最初
　　に侵奪者が占有を侵奪した時から起算する（特定承継人の占有取得時からでは
　　ない）

第202条　（本権の訴えとの関係）

Ⅰ　占有の訴えは本権の訴えを妨げず、また、本権の訴えは占有の訴えを妨げない。

Ⅱ　占有の訴えについては、本権に関する理由に基づいて裁判をすることができない。

[趣旨] 事実的支配を保護するために行使される権利としての占有訴権と法律上ある
べき支配状態を実現するために行使される本権の訴えとは別個の目的を有するもの
である。本条は両者の関係について規定する〈司〉。

＊　本権とは、占有を法律上正当なものとさせる実質的権利をいう。
　　ex.　所有権、地上権、賃借権〈司〉
　　cf.　一般先取特権（306）は物を占有する権利を含まない物権であるから、そ

●占有権　　　　　　　　　　　　　　　　　　　　　　占有権の消滅［第203条］

れに基づく本権の訴えとして返還請求権を行使することはできない《同》

《注　釈》

一　1項

占有訴権と本権の訴えを同時に提起しても別々に提起してもよいし《画》、一方で敗訴しても他方を提起することもできる。

二　2項

両種の訴えは別個に取り扱われる。

ex.1　占有回収の訴えの相手方に所有権その他の本権があったとしても、それを理由に占有回収の請求を否認することができない《同》

ex.2　占有の訴えに対し防御方法として本権の主張はなしえない。しかし、本権に基づく反訴（民訴146）を提起することはできる（最判昭40.3.4・百選Ⅰ70事件）《共書》

■第3節　占有権の消滅

第203条　（占有権の消滅事由）

占有権は、占有者が占有の意思を放棄し、又は占有物の所持を失うことによって消滅する。ただし、占有者が占有回収の訴えを提起したときは、この限りでない。

[趣旨] 占有権取得の要件である占有意思と占有事実（180）に対応させて、占有権の消滅事由を規定したものである。

《注　釈》

◆　自己占有権の消滅

1　物権一般の消滅原因による消滅

ただし、その性質上、混同（179Ⅲ）・消滅時効（166以下）は適用がない。

2　占有権特有の消滅原因

(1)　「占有の意思を放棄」すること

(2)　「所持を失う」こと《書》

(a)　各場合につき、社会通念に従って判断する。

ex.　占有者が自宅でその物を見失っても、その物が屋内にある限り占有は消滅しない（大判大15.10.8）

(b)　例外

占有者が占有を侵奪されて所持を失った場合に、占有者が占有回収の訴えを提起したときは、占有は失われなかったものとして取り扱われる。

→占有を侵奪された場合でも、適法な占有回収の訴え（200）により占有を回復すれば、占有の中断はなかったものとみなされる《同予》

ただし、占有回収の訴えに勝訴して現実に占有を回収したことを要する（最判昭44.12.2）《予》。

cf.　侵奪から1年以内に侵奪者から任意に目的物の返還を受けた場合、占有の中断はなかったものとみなされる

165

占有権の消滅［第204条］・準占有［第205条］　　　　●占有権

第204条　（代理占有権の消滅事由）

Ⅰ　代理人によって占有をする場合には、占有権は、次に掲げる事由によって消滅する。

　①　本人が代理人に占有をさせる意思を放棄したこと。

　②　代理人が本人に対して以後自己又は第三者のために占有物を所持する意思を表示したこと。

　③　代理人が占有物の所持を失ったこと。

Ⅱ　占有権は、代理権の消滅のみによっては、消滅しない。

《注　釈》

◆　代理占有の消滅

1　本人が占有代理人に占有をさせる意思を放棄する場合

2　占有代理人が、本人に対して「自己又は第三者のために占有物を所持する」という意思を表示した場合

3　占有代理人が占有物の所持を失った場合

4　占有代理関係の消滅のみによっては、消滅しない。

　　ex.　賃貸借契約の期間が満了したのみでは、代理占有は消滅しない〈書〉

　　　　∵　貸主・借主という外形が存在している限り、その消滅を認めるべきではない

■第4節　準占有

第205条

　この章の規定は、自己のためにする意思をもって財産権の行使をする場合について準用する。

《注　釈》

一　意義

準占有とは、物の支配を伴わない財産的利益の事実的支配関係をいう。

二　成立要件

　①　「自己のためにする意思」を有すること

　②　「財産権の行使」のあること

　　→一般取引観念上、財産権がその者の事実的支配のうちに存すると認められる客観的事情があることをいう

　　cf.　所有権、賃借権など占有を伴う財産権行使には準占有が成立しない

三　準占有の認められる「財産権」

準占有は物の所持を本質的内容としない財産権に限り成立する。

1　準占有の成立するもの

　①債権（大判大 10.5.30）、②特定の債権関係（電話加入権）、③物の占有を目的としない担保物権（先取特権、抵当権）、④地役権（最判平 12.3.29）、⑤準物権（鉱業権、漁業権）、⑥無体財産権（著作権、特許権、商標権）、⑦形成権

166

●所有権 　　　　　　　　　　　　　所有権の限界〔第206条〜第209条〕

（取消権、解除権）

　2　準占有の成立しないもの◀通

　　　①所有権、②地上権、③永小作権、④質権、⑤賃借権等

四　準占有の効果

　　占有に関する規定が準用される。

　ex.　占有訴権（197以下）→侵害排除・現状保全的効力

　　　取得時効（162以下）、果実収取権（189、190）、費用償還請求権（196）

　　　→本権取得的効力

　　　占有の公示力（178）、本権推定力（188）→本権公示的効力

　cf.　即時取得（192）は準用されない◀通

　　　∵　即時取得は動産の占有に公信力を認めた制度

・第3章・【所有権】

■第1節　所有権の限界

第1款　所有権の内容及び範囲

第206条　（所有権の内容）

　所有者は、法令の制限内において、自由にその所有物の使用、収益及び処分をする権利を有する。

第207条　（土地所有権の範囲）

　土地の所有権は、法令の制限内において、その土地の上下に及ぶ。

第208条　（建物の区分所有）　削除

《注　釈》

▪ 206条は所有権の絶対性について使用・収益・処分の自由と制限とを規定する。

▪ 「法令」とは憲法29条2項、民法1条1項の「公共の福祉」による制約を示し、具体的には法律、条例、法律の委任ある命令を意味する。

第2款　相隣関係

第209条　（隣地の使用請求）

Ⅰ　土地の所有者は、境界又はその付近において障壁又は建物を築造し又は修繕するため必要な範囲内で、隣地の使用を請求することができる◀書。ただし、隣人の承諾がなければ、その住家に立ち入ることはできない◀書。

Ⅱ　前項の場合において、隣人が損害を受けたときは、その償金を請求することができる◀回。

物
権

所有権の限界［第210条〜第211条］　　●所有権

第210条　（公道に至るための他の土地の通行権）

Ⅰ　他の土地に囲まれて公道に通じない土地の所有者は、公道に至るため、その土地を囲んでいる他の土地を通行することができる。

Ⅱ　池沼、河川、水路若しくは海を通らなければ公道に至ることができないとき、又は崖があって土地と公道とに著しい高低差があるときも、前項と同様とする。

《注　釈》

一　「公道に通じない」の意味

公道に一応は通じることはできるが、その経路・幅員が社会通念に照らすとその土地の用途に応じた利用に不適当である場合を含む。

ex.1　土地が路地状部分ですでに公道に通じており、既存建物所有により土地の利用に支障がない場合、東京都条例所定の幅員に欠けるために増築につき建築確認が得られないとしても、通路の拡張を求めることによる囲繞地通行権は成立しない（最判昭37.3.15）

ex.2　自動車による通行を前提とする210条通行権の成否及びその具体的内容は、他の土地について自動車による通行を認める必要性、周辺の土地の状況、自動車による通行を前提とする210条通行権が認められることにより他の土地の所有者が被る不利益等の諸般の事情を総合考慮して判断すべきである（最判平18.3.16・百選Ⅰ〔第6版〕70事件）書 同R2

二　「通行することができる」

1　囲繞地所有者が、袋地所有者の通行を妨害する場合、袋地所有者はその所有権に基づく妨害排除ができる。

2　袋地が共有の場合、共有者の1人が通行している場合でも、他の共有者も通行権をもつ。

3　囲繞地の通行に当たり、原則的に償金支払が必要となり、これを怠ると債務不履行責任が生じうるが、囲繞地所有者は通行権の消滅請求はできない。

三　対抗要件の要否

袋地の所有権を取得した者は、所有権取得登記を経由しなくても、囲繞地所有者ないし囲繞地につき利用権を有する者に対して、囲繞地通行権を主張できる（最判昭47.4.14）同書。

∵　公示制度とは無関係である

第211条 書

Ⅰ　前条の場合には、通行の場所及び方法は、同条の規定による通行権を有する者のために必要であり、かつ、他の土地のために損害が最も少ないものを選ばなければならない 同R2。

Ⅱ　前条の規定による通行権を有する者は、必要があるときは、通路を開設することができる 書。

168

●所有権 　　　　　　　　　　　　　　　　　　所有権の限界［第211条～第213条］

第212条

第210条の規定による通行権を有する者は、その通行する他の土地の損害に対して償金を支払わなければならない。ただし、通路の開設のために生じた損害に対するものを除き、1年ごとにその償金を支払うことができる。

第213条

Ⅰ　分割によって公道に通じない土地が生じたときは、その土地の所有者は、公道に至るため、他の分割者の所有地のみを通行することができる《司》。この場合においては、償金を支払うことを要しない。

Ⅱ　前項の規定は、土地の所有者がその土地の一部を譲り渡した場合について準用する《書》。

［趣旨］第一に、袋地所有者は他の分割者（213Ⅰ）又は譲渡関係者（213Ⅱ）の所有地のみを通行できるにすぎない。譲渡・分割と無関係な第三者所有の囲繞地には迷惑を掛けるべきではない、というのが趣旨である。第二に、袋地所有者は通行地の損害に対して償金を支払わなくてよい（無償通行権）《司書》。分割・譲渡の当事者は袋地の発生を当然予期できるので、分割・譲渡の価格等を定める際に通行料等の問題も実質的には処理しているはずであることが根拠とされる。

＜210条と213条の違い＞

	210条	213条
通行対象地	特に限定なし（ただし、211）	他の分割者又は譲渡人ないし譲受人の所有地のみ
償金支払の要否	必要（212）	不要《司》

《注　釈》

一　土地の一部譲渡（213Ⅱ）の具体例

ex.1　同一人の所有する数筆の土地の一部を譲渡した場合（最判平5.12.17）《書》

ex.2　全部を数人に譲渡した場合

ex.3　数筆の土地の一部が担保権実行により競売された場合（最判平5.12.17）《書》

二　分割・一部譲渡によって袋地を生じた場合

1　通行権者は、他の分割者又は譲受人の所有地のみを通行する権利を有する（213）。

2　袋地所有者が後に別の隣接地を取得し、自己所有地を通って公路に出ることができるようになった場合、213条の通行権は主張できない。

三　袋地・囲繞地につき特定承継が生じた場合

209条以下の規定と同様、本条の無償通行の権利・負担も袋地に付着した物権的権利・負担であると解されている。したがって、袋地・囲繞地につき特定承継が生じても、無償通行の権利・負担は特定承継人に及ぶ（最判平2.11.20・百選Ⅰ

物
権

169

所有権の限界〔第214条～第221条〕　　　　　　　　　　　　　　　●所有権

71 事件）〈書〈司R2〉。

第214条　（自然水流に対する妨害の禁止）

土地の所有者は、隣地から水が自然に流れて来るのを妨げてはならない〈書〉。

第215条　（水流の障害の除去）

水流が天災その他避けることのできない事変により低地において閉塞したときは、高地の所有者は、自己の費用で、水流の障害を除去するため必要な工事をすることができる〈書〉。

第216条　（水流に関する工作物の修繕等）

他の土地に貯水、排水又は引水のために設けられた工作物の破壊又は閉塞により、自己の土地に損害が及び、又は及ぶおそれがある場合には、その土地の所有者は、当該他の土地の所有者に、工作物の修繕若しくは障害の除去をさせ、又は必要があるときは予防工事をさせることができる〈司〉。

第217条　（費用の負担についての慣習）

前2条の場合において、費用の負担について別段の慣習があるときは、その慣習に従う。

第218条　（雨水を隣地に注ぐ工作物の設置の禁止）

土地の所有者は、直接に雨水を隣地に注ぐ構造の屋根その他の工作物を設けてはならない〈司書〉。

第219条　（水流の変更）

Ⅰ　溝、堀その他の水流地の所有者は、対岸の土地が他人の所有に属するときは、その水路又は幅員を変更してはならない。

Ⅱ　両岸の土地が水流地の所有者に属するときは、その所有者は、水及び幅員を変更することができる。ただし、水流が隣地と交わる地点において、自然の水路に戻さなければならない。

Ⅲ　前2項の規定と異なる慣習があるときは、その慣習に従う。

第220条　（排水のための低地の通水）

高地の所有者は、その高地が浸水した場合にこれを乾かすため、又は自家用若しくは農工業用の余水を排出するため、公の水流又は下水道に至るまで、低地に水を通過させることができる。この場合においては、低地のために損害が最も少ない場所及び方法を選ばなければならない。

第221条　（通水用工作物の使用）

Ⅰ　土地の所有者は、その所有地の水を通過させるため、高地又は低地の所有者が設けた工作物を使用することができる。

Ⅱ　前項の場合には、他人の工作物を使用する者は、その利益を受ける割合に応じて、工作物の設置及び保存の費用を分担しなければならない〈司〉。

170

第222条 （堰の設置及び使用）

Ⅰ　水流地の所有者は、堰を設ける必要がある場合には、対岸の土地が他人の所有に属するときであっても、その堰を対岸に付着させて設けることができる。ただし、これによって生じた損害に対して償金を支払わなければならない。

Ⅱ　対岸の土地の所有者は、水流地の一部がその所有に属するときは、前項の堰を使用することができる。

Ⅲ　前条第2項の規定は、前項の場合について準用する。

第223条 （境界標の設置）

土地の所有者は、隣地の所有者と共同の費用で、境界標を設けることができる〈同書〉。

第224条 （境界標の設置及び保存の費用）

境界標の設置及び保存の費用は、相隣者が等しい割合で負担する。ただし、測量の費用は、その土地の広狭に応じて分担する〈書〉。

第225条 （囲障の設置）

Ⅰ　2棟の建物がその所有者を異にし、かつ、その間に空地があるときは、各所有者は、他の所有者と共同の費用で、その境界に囲障を設けることができる〈同〉。

Ⅱ　当事者間に協議が調わないときは、前項の囲障は、板塀又は竹垣その他これらに類する材料のものであって、かつ、高さ2メートルのものでなければならない。

第226条 （囲障の設置及び保存の費用）

前条の囲障の設置及び保存の費用は、相隣者が等しい割合で負担する。

第227条 （相隣者の一人による囲障の設置）

相隣者の1人は、第225条第2項に規定する材料より良好なものを用い、又は同項に規定する高さを増して囲障を設けることができる。ただし、これによって生ずる費用の増加額を負担しなければならない。

第228条 （囲障の設置等に関する慣習）

前3条の規定と異なる慣習があるときは、その慣習に従う。

第229条 （境界標等の共有の推定）

境界線上に設けた境界標、囲障、障壁、溝及び堀は、相隣者の共有に属するものと推定する〈同書〉。

第230条

Ⅰ　1棟の建物の一部を構成する境界線上の障壁については、前条の規定は、適用しない。

Ⅱ　高さの異なる2棟の隣接する建物を隔てる障壁の高さが、低い建物の高さを超えるときは、その障壁のうち低い建物を超える部分についても、前項と同様とする。ただし、防火障壁については、この限りでない。

所有権の限界［第231条〜第234条］　　●所有権

第231条　（共有の障壁の高さを増す工事）

Ⅰ　相隣者の1人は、共有の障壁の高さを増すことができる。ただし、その障壁がその工事に耐えないときは、自己の費用で、必要な工作を加え、又はその障壁を改築しなければならない。

Ⅱ　前項の規定により障壁の高さを増したときは、その高さを増した部分は、その工事をした者の単独の所有に属する。

第232条

前条の場合において、隣人が損害を受けたときは、その償金を請求することができる。

第233条　（竹木の枝の切除及び根の切取り）

Ⅰ　隣地の竹木の枝が境界線を越えるときは、その竹木の所有者に、その枝を切除させることができる〈同書〉。

Ⅱ　隣地の竹木の根が境界線を越えるときは、その根を切り取ることができる〈同書〉。

《注　釈》

▪ 境界標等は隣接地所有者と共同の費用で設置するよう協力することを請求でき、設置した境界標は共有となる（223、225、229）。

第234条　（境界線付近の建築の制限）

Ⅰ　建物を築造するには、境界線から50センチメートル以上の距離を保たなければならない。

Ⅱ　前項の規定に違反して建築をしようとする者があるときは、隣地の所有者は、その建築を中止させ、又は変更させることができる〈同〉。ただし、建築に着手した時から1年を経過し、又はその建物が完成した後は、損害賠償の請求のみをすることができる。

《注　釈》

一　意義

1年の経過制限の下、建築の自由を前提としつつ、採光、通風、延焼防止などの観点から、隣接する土地所有権相互の利用調整を図ろうとするものである。

二　建築基準法65条との関係

建築基準法65条は防火と合理的・効率的な土地利用の見地から相隣関係を規律するものであり（234条1項の特則）、相隣者の同意や接境建築の慣習（236）がなくても、同条所定の建築物につき私法上接境建築が許される（最判平元.9.19・百選Ⅰ〔第6版〕71事件）。

172

●所有権　　　　　　　　　　所有権の限界［第235条～第238条］・所有権の取得

第235条

Ⅰ　境界線から1メートル未満の距離において他人の宅地を見通すことのできる窓又は縁側（ベランダを含む。次項において同じ。）を設ける者は、目隠しを付けなければならない。

Ⅱ　前項の距離は、窓又は縁側の最も隣地に近い点から垂直線によって境界線に至るまでを測定して算出する。

第236条　（境界線付近の建築に関する慣習）

前2条の規定と異なる慣習があるときは、その慣習に従う。

第237条　（境界線付近の掘削の制限）

Ⅰ　井戸、用水だめ、下水だめ又は肥料だめを掘るには境界線から2メートル以上、池、穴蔵又はし尿だめを掘るには境界線から1メートル以上の距離を保たなければならない。

Ⅱ　導水管を埋め、又は溝若しくは堀を掘るには、境界線からその深さの2分の1以上の距離を保たなければならない。ただし、1メートルを超えることを要しない。

第238条　（境界線付近の掘削に関する注意義務）

境界線の付近において前条の工事をするときは、土砂の崩壊又は水若しくは汚液の漏出を防ぐため必要な注意をしなければならない。

物権

■第2節　所有権の取得

《概　説》

一　所有権の取得原因

　　所有権の取得原因には、承継取得と原始取得があるが、本節は原始取得原因である無主物先占、遺失物拾得、埋蔵物発見、添付の4種について規定する。

<無主物先占、遺失物拾得、埋蔵物発見>

取得原因	目的物	取得者
無主物先占 （239 Ⅰ）	無主の動産 （＊1）	先占者（所有の意思で占有をした者）
家畜外動物の取得（＊2） （195）	他人が飼育していた動物で家畜でないもの	占有を取得した者
遺失物拾得（240）	遺失物（占有者の意思によらずにその占有を離脱したもの）	拾得者
埋蔵物発見（241）	埋蔵物（土地等に包蔵され所有権が何人に帰属するか判別できないもの）	発見者。他人の物から発見した場合は、その物の所有者と折半する

＊1　無主の不動産は先占の対象にならず国庫に帰属する（239 Ⅱ）。
＊2　先占と拾得との中間形態である。

173

所有権の取得［第239条〜第240条］　　●所有権

二　添付

　　所有者を異にする2個以上の物が結合して1個の物ができた場合に、社会経済的見地より1個の物としての所有権を認め復旧の請求を認めず、そこから生ずる不公平を別個に解決する（248）のが、添付（付合・混和・加工）の趣旨である。
　　→添付により生じた物を1個の物と扱う規定は強行規定であるが、その物が誰に帰属するかに関する規定は任意規定である

＜添付＞

	意義・要件	効果
不動産の付合（242）	不動産から動産を分離・復旧することが不動産の社会経済価値を損なうとき	① 原則として不動産の所有者が付合した物の所有権を取得する（242本文） ② 例外として権原により動産を付属させた者の所有権の留保を認める（242ただし書）
動産の付合（243、244）	① 損傷しなければ分離することができなくなったとき ② 分離のため過分の費用を要するとき	① 主従の区別が可能なときは、主たる動産の所有者が合成物の所有権を取得する（243） ② 主従の区別が不可能なときは、付合当時の価格割合に応じて合成物を共有する（244）
混和（245）	異なった所有者に属する物が混じりあって識別ができなくなったとき	動産の付合と同じ
加工（246）	他人の動産に工作を加え新たな物を製作したとき	① 加工物の所有権は材料の所有者に帰属するのが原則（246Ⅰ本文） ② 工作によって、生じた価格が著しく材料の価格を超えるときは、加工者がその所有権を取得する（246Ⅰただし書） ③ 加工者が材料の一部を供したときは、その材料の価格に工作によって生じた価格を加えたものが他人の材料の価格を超えるときに限り、加工者がその物の所有権を取得する（246Ⅱ）

第239条　（無主物の帰属）

Ⅰ　所有者のない動産は、所有の意思をもって占有することによって、その所有権を取得する。
Ⅱ　所有者のない不動産は、国庫に帰属する。

第240条　（遺失物の拾得）

　遺失物は、遺失物法（平成18年法律第73号）の定めるところに従い公告をした後3箇月以内にその所有者が判明しないときは、これを拾得した者がその所有権を取得する。

● 所有権 所有権の取得〔第241条〜第242条〕

第241条 （埋蔵物の発見）

埋蔵物は、遺失物法の定めるところに従い公告をした後6箇月以内にその所有者が判明しないときは、これを発見した者がその所有権を取得する。ただし、他人の所有する物の中から発見された埋蔵物については、これを発見した者及びその他人が等しい割合でその所有権を取得する。

《注 釈》

一　無主物の帰属（239） 旧

「所有者のない動産」（以下無主物と呼ぶ）とは、現に所有者がいない動産をいう。
→かつて誰かの所有に属しても放棄されると無主物となる

二　遺失物の拾得（240）

平成18年の遺失物法全面改正に伴い民法の対応条文も改正された。具体的には、保管期間が従来の6か月から3か月に短縮された。

三　埋蔵物の発見（241）

「埋蔵物」とは、土地・建物・その他の物（包蔵物）の中に置かれて、誰が所有者であるかが容易には判断しにくい物である。無主物（239）とは異なり、所有者の存在を前提とし、発見（最初の覚知）という事実行為があれば足り、占有を取得する必要はない。

第242条 （不動産の付合）

不動産の所有者は、その不動産に従として付合した物の所有権を取得する。ただし、権原によってその物を附属させた他人の権利を妨げない。

［趣旨］ 分離・復旧を認めることは、社会経済上の見地からも、当事者にとっても不利益であることから設けられたものである。

cf.　付合の制度趣旨を一物一権主義からの取引安全のための制度とする立場もある

《注 釈》

一　要件

① 付合する物は動産であること 通
② 動産が不動産と結合して一体化して、分離復旧が社会通念上不可能か、分離することができても分離により社会的経済的に見て著しく不利益な状態となること

二　効果

1　原則

不動産の所有者は、強い付合は常に、弱い付合は原則として付合した物の所有権を取得する（本文）。これにより、付合した物の所有者であった者（付着者）は、収去義務を負わず 判、償金請求権（248）を取得し、それをもとに留置権も行使できる。

cf.1　償金請求権（248）は不当利得返還請求の本質をもつ

175

cf.2 本条の「付合」の概念が243条（動産の付合）と同義か争いがあるが、多数説は同義と解している

2 例外

付着者が権原（当該不動産を利用し、物を付属させうる権利 ex. 地上権、永小作権、賃借権など）により動産を付属せしめたときは、付着者は動産の所有権を留保でき（ただし書）、収去義務を負う。

ただし、権原ある者が付属させた物でも、それが不動産と一体化し、構成部分となって独立の存在をもたなくなれば（強い付合）、ただし書の適用を受けない（最判昭44.7.25・百選Ⅰ73事件）。

→ただし書は弱い付合の場合にのみ適用される

ex. 土地の賃借人が自己の材料を用いその地上に造成した石垣は、賃貸人である土地所有者の承諾を得て造成しても、本条ただし書の適用はない
⇒ p.38

＜不動産の付合の構造＞

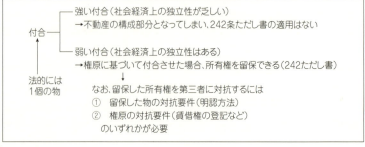

三 具体例

1 建物の付合

(1) 建物の賃借人は、賃貸人の承諾を得れば、増改築の権原を有する（大判大5.11.29）。

(2) 増改築部分だけでは建物としての独立性がない場合（強い付合）、賃借人に権原があったとしてもただし書の適用はない。
∵ 既存建物の構成部分となる

(3) 独立性の有無の判断は、物理的構造、利用又は取引上の独立性を判断して行う。
→経済的効用の独立性、周壁による確定的遮蔽性、独立の出入口の存在

ex. 建物新築部分の構造、利用方法を考察し、新築部分が従前の建物に接して築造され、構造上建物としての独立性を欠き、従前の建物と一体となって利用され取引されるべき状態にあるときは、従前部分と構造的に接合していなくても、新築部分は従前の建物に付合する（最判昭44.7.25・百選Ⅰ73事件）

●所有権　　　　　　　　　　　　　　　　所有権の取得〔第243条～第246条〕

2　立木・樹木・農作物の付合
(1)　立木・樹木
ex.1　他人所有の山林を自己所有の山林と誤信して植林し、数年間手入れ
してきたとしても、樹木は土地に付合し土地の構成部分となる。した
がって、山林所有者は付着者に対して樹木を伐採し土地から撤去する
ことを求めることができない
ex.2　山林を取得して未登記のまま立木を植栽したところ、第三者に山林
が二重に譲渡され移転登記が経由されたために山林所有権を対抗でき
なくなった場合、本条ただし書の類推により、立木の地盤への付合は
遡って否定される（最判昭35.3.1）
(2)　農作物
ex.1　種が権原を有しない者によって播かれた場合には、播かれた種から
生育した苗の所有権は土地所有者が取得する（最判昭31.6.19）〈回〉
ex.2　農地を買い受けた者は、買受前に売主が播いた種が、買受後地上に
芽を出して成育した農作物の所有権を取得しうる〈回〉
＊　判例は、権原により付合させた者が農作物の所有権を留保すると
している。
(3)　権原に基づく留保所有権を第三者に公示するための対抗要件の要否
判例は、稲立毛については不要、立木については必要としている（明認方
法）。

物権

第243条　（動産の付合）

所有者を異にする数個の動産が、付合により、損傷しなければ分離することができ
なくなったときは、その合成物の所有権は、主たる動産の所有者に帰属する〈共書〉。分
離するのに過分の費用を要するときも、同様とする。

第244条

付合した動産について主従の区別をすることができないときは、各動産の所有者は、
その付合の時における価格の割合に応じてその合成物を共有する〈共〉。

第245条　（混和）

前2条の規定は、所有者を異にする物が混和して識別することができなくなった場
合について準用する〈書〉。

第246条　（加工）

Ⅰ　他人の動産に工作を加えた者（以下この条において「加工者」という。）があると
きは、その加工物の所有権は、材料の所有者に帰属する。ただし、工作によって生じ
た価格が材料の価格を著しく超えるときは、加工者がその加工物の所有権を取得す
る〈回〉。

Ⅱ　前項に規定する場合において、加工者が材料の一部を供したときは、その価格に
工作によって生じた価格を加えたものが他人の材料の価格を超えるときに限り、加
工者がその加工物の所有権を取得する〈書〉。

177

所有権の取得［第243条〜第248条］　　●所有権

第247条　（付合、混和又は加工の効果）

Ⅰ　第242条から前条までの規定により物の所有権が消滅したときは、その物について存する他の権利も、消滅する〈権〉。

Ⅱ　前項に規定する場合において、物の所有者が、合成物、混和物又は加工物（以下この項において「合成物等」という。）の単独所有者となったときは、その物について存する他の権利は以後その合成物等について存し、物の所有者が合成物等の共有者となったときは、その物について存する他の権利は以後その持分について存する。

第248条　（付合、混和又は加工に伴う償金の請求）

第242条から前条までの規定の適用によって損失を受けた者は、第703条＜不当利得の返還義務＞及び第704条＜悪意の受益者の返還義務等＞の規定に従い、その償金を請求することができる。

［趣旨］ 分離・復旧を認めることは、社会経済上の見地からも当事者にとっても不利益であることから、添付が認められた。

《注　釈》

一　添付の意義

1　添付とは、所有者の異なる2個以上の物が何らかの形で結合・混合し、過分の費用を要せずにそれらを分離・復旧することが不可能ないし著しく困難となった場合には、分離・復旧を認めないことをいう。

2　種類

(1) 付合〈司H27〉

「付合」とは、所有者を異にする数個の動産が結合して、損傷せずに分離することができなくなり、あるいは分離に過分の費用を要する場合をいう。

ex.　他人の椅子にペンキを塗った場合

(2) 混和

「混和」とは、異なった所有者に属する物が混じり合って識別できなくなる場合をいう。

ex.　他人のウィスキーに水を混入した場合

(3) 加工〈司H27〉

「加工」とは、他人の動産に工作を加え新たな物を製作することをいう。

ex.1　他人の襖に絵を描いた場合

ex.2　建築途中の未だ独立の不動産に至らない段階の建物（建前）に第三者が材料を提供して工事を施し、独立の不動産である建物に仕上げた場合（最判昭54.1.25・百選Ⅰ72事件）〈共〉

∵　建前は土地から独立した動産である

→所有権の帰属は、246条2項により決する〈書〉

∵　建物建築は、材料に付して施される工作が特段の価値を有する

二　効果

1　当事者に分離・復旧は認められない（強行規定）。

178

● 所有権　　　　　　　　　　　　　　　　　　　　　　　　　　　　　　　共有

2　所有権は原則として主たる物の所有者、材料所有者が取得する（任意規定）
〈司共〉。

　　cf.　不動産への加工では、加工物は常に不動産所有者に帰属する

3　所有権を失った者は公平の観点から、所有権を取得した者に対し償金請求権
を有する（248・任意規定）〈司共〉〈司H27〉。

　→添付の効果は242条以下により生じるため「法律上の原因なく」（703）と
はいえないので、248条を設けた。なお、この償金請求権は、権利者の一
方的意思表示によって法律関係の変動を生じさせるものではなく、形成権
としての性質を有しない〈司〉

4　添付により物の所有権が消滅すると、その物上に存在した他の権利（ex. 第
三者の賃借権）も消滅する（247Ⅰ・強行規定）。この場合、担保物権者は物上
代位（304）によって、旧所有者の有する償還請求権の上に権利を行使するこ
とができる。

　　しかし、その物の所有者が新しい物の単独所有者や共有者となったときは、
その権利は新しい物又はその共有持分上に存在する（247Ⅱ・強行規定）。

■第3節　共有

《概　説》

　数人が1つの物を所有することを共同所有という。共同所有には、共有・合有・
総有の諸形態があるが、本節は、共有について規定する。

＜共同所有の諸形態＞

	各人の結合関係	管理権と収益権との関係	目的物の譲渡及び分割の請求		具体例
			各人の持分権について	目的物全体について	
共有 (249)	ある目的物を共有する限りで偶然的に関係するにすぎず、団体を形成しない（249）	管理権も収益権も（他の持分権による制約を受けるとはいえ）各人に帰属する（252）	いつでも譲渡することができ〈司〉、分割を求めることもできる〈予〉（256Ⅰ）	共有物の譲渡は共有者全員の同意がなければできない（251 参照）	共同相続財産（最判昭30.5.31）
合有	共同目的達成のため、団体的結合を作っている（667・共同事業）	収益権は（団体的に制約を受けるとはいえ）各人に帰属するが、管理権は団体に属する（674、670）	結合の存する限り、譲渡の自由は実質的に制限されているし（676Ⅰ）、分割を求めることもできない（676Ⅲ）	持分権について譲渡及び分割の請求が制限されている以上、目的物全体についてもすることができない	組合財産〈通〉

179

共有［第249条～第252条］　　　　　　　　　　　　　　●所有権

| | 各人の結合関係 | 管理権と収益権との関係 | 目的物の譲渡及び分割の請求 | | 具体例 |
			各人の持分権について	目的物全体について	
総有	各人は団体に包摂されるが、各人も全面的に独立性を失うわけではない	収益権は各人に属するが、管理権は団体に属する	譲渡及び分割の請求のいずれもすることができない ∵ 団体の構成員はそもそも持分権を有しないため		入会権●遁権利能力なき社団の財産関係（最判昭39.10.15・百選Ⅰ8事件）

物
権

＜共有の対外関係（判例）＞

共有者の1人から請求できるもの	保存行為	・ 共有物返還請求権（共有物全部について）共（＊1） ・ 妨害排除請求権（共有物全部について） ・ 不法登記の抹消請求権（共有物全部について）同書
	・ 共有物侵害に基づく損害賠償請求権（自己の持分について）（最判昭51.9.7）共予書 ・ 持分権に基づく登記請求権（自己の持分について） ・ 持分権に基づく登記請求権（共有物全部について）（最判平15.7.11・百選Ⅰ75事件）共書 ・ 持分権確認請求権 ・ 持分権に基づく時効の完成猶予又は更新（自己の持分について）（＊2）	
共有者全員から請求する必要のあるもの	・ 物を共有していることの確認請求 ・ 共有地の境界確定を求める訴え ・ 共有物全部についての完成猶予又は更新 ・ 共有者名義への所有権移転登記手続請求	

＊1 共有者の一部の者から共有物を占有することを承認された第三者に対しては、持分に応じ利用の阻害をしないよう請求できるのみで、返還請求は認められない共。ただし、この場合でも、持分権侵害に基づく損害賠償請求ないし不当利得返還請求をすることができる。

＊2 時効の完成猶予又は更新の効力は、全共有者に及ばない。

第249条 （共有物の使用）

各共有者は、共有物の全部について、その持分に応じた使用をすることができる。

第250条 （共有持分の割合の推定）

各共有者の持分は、相等しいものと推定する。

第251条 （共有物の変更）

各共有者は、他の共有者の同意を得なければ、共有物に変更を加えることができない。

第252条 （共有物の管理）

共有物の管理に関する事項は、前条の場合を除き、各共有者の持分の価格に従い、その過半数で決する。ただし、保存行為は、各共有者がすることができる。

●所有権　　　　　　　　　　　　　　　　　　　　共有［第249条〜第252条］

《注　釈》

一　共有物の使用・収益・処分

1　使用

(1) 共有者は共有物の全部を使用でき、その使用は持分に応じたものである。

(2) 具体的な使用方法については、通常共有者で協議される。この協議は、目的物の「管理」にあたる。

2　収益

共有物の収益に関しても、249条が適用される。

ex.　天然果実：持分の割合で取得

法定果実：持分割合で分割債権を取得（427）

3　処分

共有物の処分は「変更」にあたり、他の共有者全員の同意を要する（251）（大判明 37.3.16）。

cf.　持分権の処分は、各共有者が各自自由に処分可能であり、譲渡や抵当権の設定等を自由に行うことができる〈司共書〉

二　共有の対内関係

1　共有持分の割合

各共有者の持分の割合は、共有が当事者の意思に基づいて発生する場合には、合意により決定される。その他共有が法律上発生するときには、法律上持分が規定される（241ただし書、244、900）こともある。

持分の割合が明らかとならないときは持分の割合は等しいものと推定される（250・補充規定）。

→持分の割合は、共有物の使用（249）、管理（252本文）、負担（253）、担保責任（261）などの基準となる

cf.　本条の特則：241条ただし書、244条、245条、900条〜902条

2　共有物の引渡請求

(1) 共有持分の価格が過半数を超えるものであっても、共有物を単独で占有する他の共有者に対して当然にはその明渡しを請求することはできず、多数持分権者が少数持分権者に対して共有物の明渡しを求めるためには、その明渡しを求める理由を主張立証しなければならない（最判昭 41.5.19・百選 I 74 事件）〈書〉。そして、「明渡しを求める理由」としては、少数持分権者の占有を失わせる共有者間の協議の成立などが挙げられる〈司共予書〉〈予H27〉。

(2) 多数持分権者が、共有者間の協議を経ずに単独で第三者に共有地の占有使用を承認した場合も、他の少数持分権者は、かかる第三者に対し、土地全体の明渡しを求めることはできない（最判昭 63.5.20）〈同共〉。

3　その他の共有者相互の関係

(1) 共有者間で持分権の存否、範囲について争いがあるときは、一方の共有者は、単独で相手方に対して、持分権の確認の請求をすることができる（大判大 13.5.19）。

物権

181

共有［第253条］　　　　　　　　　　　　　　　　　　　　　　●所有権

(2) 共有者の1人から他の数名の共有者がその持分を買い受けたときは、各自
　自己の買い受けた持分の移転登記を請求することができる（大判大 11.7.10）。
(3) 共有者の1人が約定の方法に反する目的物の使用収益をしたり、他の共有
　者の使用収益を妨害したとき、他の共有者の同意なく共有物を変更しようと
　したときは、他の共有者は単独で持分に基づく物権的請求権として、その差
　止めを請求することができる（最判平 10.3.24）〈司共書〉。
(4) 単独で建物を他人に賃貸していた共有者に対し持分に応じた賃料相当額の
　不当利得返還請求をすることができる（最判平 12.4.7）〈司共〉。
(5) 共有者間の合意により共有者の1人が共有物を単独で使用する旨を定めた
　場合には、その共有者は、合意が変更され又は共有関係が解消されるまでの
　間は、共有物を単独で使用でき、他の共有者に対して不当利得返還義務を負
　わない（最判平 10.2.26）〈予〉。

三　共有物の管理（252）

　本条は任意規定であり、これに反する特約も有効である。

＜保存行為、管理行為、変更行為＞

概念	意義	具体例	要件
保存行為 (252ただし書)	共有物の現状を維持する行為	・ 目的物の修繕〈予〉 ・ 腐敗しやすい物の売却 ・ 共有物の侵害に対する妨害排除請求 ・ 不法占有者に対する返還請求〈司書〉 ・ 不法な登記の抹消請求〈司共書〉 　（最判平 15.7.11・百選Ⅰ75事件）	各共有者が単独でなしうる
管理行為 (252本文)	目的物の利用改良行為	・ 物全部の使用貸借契約、賃貸借契約の締結と取消し・解除〈司共書〉 　→解除につき、544条1項は適用されない ・ 共有地の地ならし	持分の価格の過半数で決める
変更行為 (251)	共有物の性質若しくは形状又はその両者を変更すること	・ 山林の伐採〈司〉 ・ 農地の宅地への変更 ・ 物全部の処分（売買契約の締結）と取消し・解除	共有者全員の同意が必要

第253条　（共有物に関する負担）

Ⅰ　各共有者は、その持分に応じ、管理の費用を支払い、その他共有物に関する負担
を負う。
Ⅱ　共有者が1年以内に前項の義務を履行しないときは、他の共有者は、相当の償金
を支払ってその者の持分を取得することができる〈司〉。

《注　釈》

一　「管理の費用」（Ⅰ）

　1　保存（252ただし書）・「管理」（利用及び改良・252本文）のみならず、共有
者全員の同意を得て行った共有物の変更（251）も含む。

182

●所有権   共有［第254条～第255条］

    ex.1 共有者の1人がなした共有物の不法占拠者に対する明渡請求の裁判費
          用
    ex.2 共有物の地中に廃棄された有害物質の除去費用
  2 本条は、共有者間の内部における負担についての規定であり、対外的な第三
    者との関係では適用されない。
      →第三者に対しては、原則として不可分債務を負う（大判昭 7.6.8）
二 持分売渡請求権（Ⅱ）
    償金は、不履行者の負担部分全額を払って持分を取得しなければならない（大
  判明 42.2.25）。
      →一部取得は許されない

第254条 （共有物についての債権）

  共有者の1人が共有物について他の共有者に対して有する債権は、その特定承継人
に対しても行使することができる〈同共〉。

[趣旨]共有者間の債権の確保のために、持分の包括承継人のみならず特定承継人
への請求を認めたものである。
《注　釈》
◆ 「共有者に対して有する債権」
    ex.1 共有物保存・管理費用の立替債権〈予書〉
    ex.2 共有物分割による債権 →分割契約につき登記は不要（最判昭 34.11.26）
    ex.3 不分割契約上の債権
    cf. 本条の権利行使については、共有物の登記を要しない
《効　果》
    共有者の1人が共有物について他の共有者に対して有する債権は、その特定承継
人に対しても行使することができる〈予書〉。

第255条 （持分の放棄及び共有者の死亡）

  共有者の1人が、その持分を放棄したとき、又は死亡して相続人がないときは、そ
の持分は、他の共有者に帰属する〈同書〉。

[趣旨]持分権の放棄は動産の場合には先占の対象となり（239Ⅰ）、不動産は国庫
の所有に属する（239Ⅱ）はずである。また、共有者の1人が相続人なくして死亡
したときは持分権は国庫に帰属する（959）はずである。しかし、立法政策上、民
法は持分権を他の共有者に帰属させることとした（共有の弾力性）。
＊ 共有は、持分による制約さえなければ、いつでも完全・円満な支配権としての
    所有権に復帰する性質を有する。これを共有の弾力性という。
《その他》
▪ 共有持分権の放棄が他の共有者との通謀虚偽表示による場合には、94条2項が
  類推適用される（最判昭 42.6.22）。
▪ 共有不動産の持分権の放棄がされた場合、他の共有者は持分権の移転登記を備え

物
権

183

共有［第256条～第258条］　　　　　　　　　　　　●所有権

なければ、第三者に持分取得を対抗できない（最判昭44.3.27）〈書〉。
- 他の共有者の持分取得は原始取得だが、放棄された持分に担保権の設定がある場合、その負担を受けたまま他の共有者が取得する（担保者の承諾のない持分放棄は、担保権者に対抗し得ない（398））〈画〉。
- 共有者が相続人なくして死亡した場合に、特別縁故者への持分権の分与（958の3）と本条との関係が問題となるが、前者による処理が優先する（最判平元.11.24・百選Ⅲ55事件）〈同予書〉。　　⇒p.763
- 共有者間の協議は不要〈予〉。

第256条　（共有物の分割請求）
Ⅰ　各共有者は、いつでも共有物の分割を請求することができる。ただし、5年を超えない期間内は分割をしない旨の契約をすることを妨げない〈同書〉。
Ⅱ　前項ただし書の契約は、更新することができる。ただし、その期間は、更新の時から5年を超えることができない。

第257条
前条の規定は、第229条＜境界標等の共有の推定＞に規定する共有物については、適用しない。

第258条　（裁判による共有物の分割）
Ⅰ　共有物の分割について共有者間に協議が調わないときは、その分割を裁判所に請求することができる。
Ⅱ　前項の場合において、共有物の現物を分割することができないとき、又は分割によってその価格を著しく減少させるおそれがあるときは、裁判所は、その競売を命ずることができる。

［趣旨］ 共有における各共有者は所有権の本質をもつ持分権を有することから、いつでも共有物の分割請求ができるとする反面、契約による制限をも認める旨を規定したものである。

《注　釈》
一　256条1項
1　遺産分割前の遺産は共有とされる（大判大10.6.8）。
2　分割請求権は一種の形成権である〈画〉。
3　5年の期間を超える不分割特約は無効である。
4　不分割特約は持分の特定承継人にも拘束力を有する。しかし、不動産の場合には、その旨の登記がなければ対抗できない（不登59⑥）。

二　協議による分割の方法
1　協議による分割は共有者全員でするが、持分通りに行われなくてもよい（最判昭62.4.22）。
2　方法は、現物分割、代金分割（共有物を売却して代金を分ける）、価格賠償（共有者の1人が共有物全体の所有権を取得して他の共有者に持分の価格を支

●所有権　　　　　　　　　　　　　　　　　　　　共有［第256条～第258条］

払う）がある。

三　裁判による分割（258）

1　「共有者間に協議が調わないとき」（Ⅰ）

現実に協議をした上で不調に終わった場合に限られず、共有者の1人が協議に応じない場合（大判明40.4.13）、他の共有者が分割すべきでないことを争う場合（最判昭46.6.18）等が含まれる。

共有物分割訴訟においては、共有者の全員が当事者とならなければならない（固有必要的共同訴訟、民訴40参照）◁司。

2　裁判による分割の方法

(1)　原則

現物分割による。

> ex.1　分割の対象となる共有物が多数の不動産である場合には、これらの不動産が外形上一団とみられるときはもとより、数箇所に分かれて存在するときでも、一括して分割の対象とし、分割後のそれぞれの部分を各共有者の単独所有とすることも許される（最判昭45.11.6）◁司

> ex.2　共有者が多数である場合には、分割請求権者の持分の限度で現物を分割し、残りは他の者の共有として残す分割も許される（最判平4.1.24）◁司

(2)　例外

(a)　裁判所は、「現物を分割することができないとき」又は「分割によってその価格を著しく減少させるおそれがあるとき」は、競売を命ずることができ（Ⅱ）、この場合、競売をして得た代金を分割することとなる。「分割することができないとき」とは、現物分割が物理的に不可能な場合だけでなく、社会通念上適正な現物分割が著しく困難な場合も含まれる（最判昭46.6.18）◁司。

(b)　共有者の取得する現物の価格に過不足をきたすときは、持分の価額以上の現物を取得する共有者はその超過分の対価を支払うことで、現物分割による所有権を取得できる（最大判昭62.4.22）。

(c)　一定の場合には、共有物を共有者のうちの1人の単独所有又は数人の共有とし、これらの者から他の共有者に対して持分の価格を賠償させる方法（全面的価格賠償）による分割をすることも許される（最判平8.10.31・百選Ⅰ76事件）◁司共書。

(d)　遺産共有持分と他の共有持分とが併存する共有物について、共有者が共有関係の解消を求める方法としての裁判上の手続は、共有物分割訴訟（258）であり、共有物分割の判決によって遺産共有持分権者に分与された財産は遺産分割（907）の対象となる。また、共有物分割訴訟で価格賠償による分割の判決がされたときは、賠償金の支払を受けた遺産共有持分権者は、支払を受けた時点で確定的に賠償金を取得するものでなく、遺産分割がされるまでの間これを保管する義務を負う。そして、裁判所は、その

共有［第259条］ ●所有権

判決で各遺産共有持分権者の保管すべき賠償金の範囲を定めた上で、各自の保管すべき範囲に応じた額の賠償金を支払うことを命ずることができる（最判平25.11.29・平26重判3事件）〈登〉。

(3) 共同相続財産の持分譲渡がなされた場合

遺産分割前に、一部の共同相続人から相続財産の共有持分権を譲り受けた第三者が、他の相続人との共同所有関係を解消するために裁判上とるべき手続は、遺産分割請求(907)ではなく、共有物分割請求(258)である（最判昭50.11.7）〈同共書〉。

四 効果

1 分割により、従前の共有関係は終了し、各共有者は取得部分につき単独所有者となる。分割の遡及効は生じない（将来効）〈登〉。

2 各共有者は他の共有者が分割によって得た物につき、その持分に応じて売主と同様の担保責任を負う(261)。

∵ 実質的には、共有者間での持分の一部の交換又は売買と同じ意味をもつ

3 持分権上の担保物権

(1) 持分権者が共有物の全部又は一部を取得した場合

(a) 全部取得

担保物権の目的となっている範囲では持分権はそのまま存続する。担保物権はその持分上に存在して影響を受けない。

→共有者が新たに取得した部分について、抵当権の効力は及ばない

(b) 一部取得

持分権者の取得した部分にも、他の共有者の取得した部分にも、各々持分権が消滅せずに存続し、それらの持分権上に担保物権が存在する。

(2) 共有物が代金分割・価格賠償により、第三者又は他の共有者に帰属し、持分権者が代金又は価格を取得する場合

担保物権者は、その持分権者の受ける代金や価格の上に物上代位(304)することで権利行使する。加えて、担保物権は、他人に帰属した持分権者の持分上にも存続する〈通〉。

第259条 （共有に関する債権の弁済）

Ⅰ 共有者の1人が他の共有者に対して共有に関する債権を有するときは、分割に際し、債務者に帰属すべき共有物の部分をもって、その弁済に充てることができる。

Ⅱ 債権者は前項の弁済を受けるため債務者に帰属すべき共有物の部分を売却する必要があるときは、その売却を請求することができる。

《注 釈》

▪ 本条の「債権」は、254条の「債権」よりも広く、共有物購入資金の立替債権も含む。

●所有権　　　　　　　　　　　　　　　　　　　　　　共有［第260条～第263条］

第260条　（共有物の分割への参加）

Ⅰ　共有物について権利を有する者及び各共有者の債権者は、自己の費用で、分割に参加することができる。

Ⅱ　前項の規定による参加の請求があったにもかかわらず、その請求をした者を参加させないで分割をしたときは、その分割は、その請求をした者に対抗することができない。

第261条　（分割における共有者の担保責任）

各共有者は、他の共有者が分割によって取得した物について、売主と同じく、その持分に応じて担保の責任を負う 同書。

第262条　（共有物に関する証書）

Ⅰ　分割が完了したときは、各分割者は、その取得した物に関する証書を保存しなければならない。

Ⅱ　共有者の全員又はそのうちの数人に分割した物に関する証書は、その物の最大の部分を取得した者が保存しなければならない。

Ⅲ　前項の場合において、最大の部分を取得した者がないときは、分割者間の協議で証書の保存者を定める。協議が調わないときは、裁判所が、これを指定する。

Ⅳ　証書の保存者は、他の分割者の請求に応じて、その証書を使用させなければならない。

第263条　（共有の性質を有する入会権）

共有の性質を有する入会権については、各地方の慣習に従うほか、この節の規定を適用する。

《注　釈》

一　意義

入会権とは、村落等、一定の地域に居住する住民の集団が山林原野・漁場・用水等を総有的に支配する権利をいう。

二　準用規定・慣習

共有の性質を有する入会権（入会権の地盤が入会権者に帰属している場合）には共有の規定を準用（263）し、共有の性質を有しない入会権には地役権の規定を準用（294）する。もっとも、共有や地役権の規定が入会権に準用される余地はほとんどなく、慣習に委ねられる。

三　判例

1　入会団体が権利能力なき社団にあたる場合、当該入会団体は入会地にかかる総有権確認の訴えの原告適格を有し、規約等の定める授権手続に従い代表者に訴訟追行させることができる（最判平 6.5.31・百選Ⅰ 78 事件）。

2　入会権の処分に関する慣習にも本条の効力が及ぶ。ゆえに、一部の入会権者の合意のみで入会権を処分できるとの慣習も、公序良俗に反するなどの特段の事情がない限り有効である（最判平 20.4.14・平 20 重判 2 事件）。

物権

共有［第264条］　　　　　　　　　　　　　　　　　　　　　　　●所有権

3(1)　入会権の目的となっている山林原野の使用収益権は、入会権そのものについての管理処分の権能とは異なり、入会団体の構成員たる資格に基づいて個別的に認められる権能であるから、別段の慣習がない限り、各自が単独で行使することができる（最判昭 57.7.1）。

　　　→かかる使用収益権の行使を妨害する者がある場合には、その者が入会団体の構成員であるかどうかを問わず、各自が単独で、その者に対し、妨害排除を請求することが可能⦿

(2)　もっとも、入会団体の構成員は、かかる使用収益権に基づいて、入会地について経由された地上権設定登記の抹消登記手続を請求することはできない（前掲最判昭 57.7.1）⦿。

　　　∵　使用収益権自体は、特段の事情のない限り、単に登記が存在することのみによっては格別の妨害を受けない

(3)　ただし、上記登記の存在は、入会権自体に対しては侵害的性質をもつから、入会権自体に基づいて上記登記の抹消登記手続を請求することは可能であるが、入会団体の構成員各自において、入会権自体に対する妨害排除としての抹消登記手続を請求することはできない（前掲最判昭 57.7.1）。

　　　∵　入会団体の個々の構成員は、共有におけるような持分権又はこれに類する権限を有するものではない

第264条　（準共有）

　この節の規定は、数人で所有権以外の財産権を有する場合について準用する。ただし、法令に特別の定めがあるときは、この限りでない。

《注　釈》

- 準共有とは、数人が共同して所有権以外の財産権を有する場合である。
  →特定の権利につき、別段の定めがない限り共有の規定が準用される
  ex.　地上権・地役権・抵当権、無体財産権
- 債権にも準共有が成立するが、多数当事者の債権関係についての規定（427 以下）が適用されるので、準共有とする意義は少ない。
- 形成権の準共有も認められる。
  ex.　取消権、解除権、予約完結権（大判大 12.7.27）

●地上権

・第4章・【地上権】

《概　説》

<地上権、賃借権、借地権の比較>

		地上権	賃借権（民法）	普通借地権（借地借家法）
存続期間	約定期間ある場合	① 最長、最短の制限なし ② 永久地上権も可	① 最長期間：50年（604） ② 最短期間：制限なし	① 最短期間の制限 → 30年以上 ② 30年以下に定めた場合 → 30年とする（借地借家3）
	約定期間ない場合	① 慣習による ② 当事者の請求により20年以上50年以下の範囲内で裁判所が決定（268Ⅱ） ③ 地上権者は自由に放棄できる。ただし1年前の予告又は1年間の地代支払が必要（268Ⅰ）	いつでも解約申入可 →申入れの後 ・土地：1年 ・建物：3か月 ・動産：1日 経過後終了（617）	存続期間の法定 → 30年（借地借家3）
対抗力		① 177条 ② 地上権の設定登記必要	① 605条 ② 賃借権の設定登記必要	建物に関する登記のみで足りる（借地借家10）
譲渡性		地主の承諾の有無を問わず譲渡可能（*）〈同書〉	賃貸人の承諾必要（612）	裁判所による「承諾に代わる許可」の裁判（借地借家19、20）〈同〉
地代・賃料		地代は地上権の要素でない	賃料は賃貸借契約の要素 賃料減額あり（611Ⅰ）	当事者に事情変更による地代等の増減請求権あり（借地借家11）
建物収去、買取請求権等		① 地主の買取権 ② 地上権者の収去権（269Ⅰ）	① 賃借人の収去権（622・599Ⅰ） ② 地主に買取権なし	① 更新なき場合の買取請求権（借地借家13） ② 建物新取得者の買取請求権（借地借家14）

物

権

*　その他、担保に供すること（369Ⅱ）、賃貸することも可能。

［第265条〜第267条］　　　　　　　　　　　　　　●地上権

第265条　（地上権の内容）

　地上権者は、他人の土地において工作物又は竹木を所有するため、その土地を使用する権利を有する〈司〉。

第266条　（地代）

Ⅰ　第274条から第276条まで＜小作料の減免・永小作権の放棄・消滅請求＞の規定は、地上権者が土地の所有者に定期の地代を支払わなければならない場合について準用する〈書〉。

Ⅱ　地代については、前項に規定するもののほか、その性質に反しない限り、賃貸借に関する規定を準用する。

第267条　（相隣関係の規定の準用）

　前章第1節第2款（相隣関係）の規定は、地上権者間又は地上権者と土地の所有者との間について準用する。ただし、第229条＜境界標等の共有の推定＞の規定は、境界線上の工作物が地上権の設定後に設けられた場合に限り、地上権者について準用する〈書〉。

《注　釈》

一　意義

1　地上権とは、工作物又は竹木を所有するために他人の土地を使用することができる権利をいう。

　　cf.　建物所有目的の地上権は、借地借家法による修正がなされる（借地借家2①）　⇒ p.541

2　①有償・無償を問わない〈司書〉、②存続期間の制限はない〈司書〉。

3　設定行為、時効取得（163）、遺言（964）により取得できる。

二　効力

1　地上権設定者（地主）の権利義務

　　地主は地上権者の土地使用を受忍すべき消極的義務を負う。

　　→土地の利用は地上権者に委ねられ、地主自らは使用できない

　　しかし、土地の修補義務等の積極的義務を負うものではない〈司書〉

2　地上権者の権利義務

(1)　地上権者は地主の承諾なしに、自由に移転・処分することができる〈司〉。

　　→譲渡・賃貸も可能である〈書〉。一般先取特権・抵当権の目的ともなりうる（369）

　　cf.　譲渡禁止特約も有効だが、特約の登記が認められないため第三者に対抗できない〈司書〉

(2)　特約のある場合に限り地代支払義務を負う（266）。特約なき限り、無償とされる〈司〉。地代は金納に限らず、物納でもよい。

　　cf.　地代支払義務を負う場合の永小作権・賃貸借規定の準用〈司〉　⇒ p.193

(3)　地上権者は、物権的請求権として妨害排除請求権・妨害予防請求権を有す

190

●地上権

［第268条］

る⟨回⟩。また、地上権は、地役権（⇒ p.195）と異なり、土地の占有権原として機能するため、地上権者は、物権的請求権として返還請求権も有する。

(4) 地上権者は、地上権設定者に対する登記請求権を有する⟨回⟩。

3　対抗力

(1) 登記することによって第三者に対抗できる（177）。地主は登記義務を負う。

　cf.　借地借家法による修正　⇒ p.541

(2) 地上権の地代は登記事項である。

　→登記がないと地上権の譲受人に地代支払の負担を対抗できない

第268条　（地上権の存続期間）

Ⅰ　設定行為で地上権の存続期間を定めなかった場合において、別段の慣習がないときは、地上権者は、いつでもその権利を放棄することができる⟨回⟩。ただし、地代を支払うべきときは、1年前に予告をし、又は期限の到来していない1年分の地代を支払わなければならない⟨書⟩。

Ⅱ　地上権者が前項の規定によりその権利を放棄しないときは、裁判所は、当事者の請求により、20年以上50年以下の範囲内において、工作物又は竹木の種類及び状況その他地上権の設定当時の事情を考慮して、その存続期間を定める。

物権

《注　釈》

一　存続期間

1　当事者が存続期間を定めた場合

　地上権の存続期間は、短期・長期ともに自由である。永久地上権とすることも可能である（大判明 36.11.16）。

　cf.　借地借家法による修正

2　当事者が存続期間を定めなかった場合

　①慣習（協議による）、②当事者の請求により裁判所が定める（20〜50 年）⟨書⟩。

二　消滅原因

1　物権一般に共通の消滅原因

　ex.　客体たる土地の消滅、消滅時効（166 Ⅱ）、第三者による当該土地所有権の取得時効

2　地上権特有の消滅原因

(1) 地代を内容としない地上権

　地上権者は自由に放棄することができる。

(2) 地代を内容とする地上権

　(a) 土地所有者からの解除

　　永小作権の規定を準用する（266 Ⅰ、276）。

　(b) 地上権者からの放棄

　　存続期間がない場合、1年前の予告又は1年分の地代の支払が必要であ

191

[第269条〜第269条の2]　　　　　　　　　　　　　　　●地上権

る。存続期間がある場合、永小作権の規定を準用する（266 I、275）。

第269条　（工作物等の収去等）

I　地上権者は、その権利が消滅した時に、土地を原状に復してその工作物及び竹木を収去することができる🈳。ただし、土地の所有者が時価相当額を提供してこれを買い取る旨を通知したときは、地上権者は、正当な理由がなければ、これを拒むことができない。

II　前項の規定と異なる慣習があるときは、その慣習に従う。

[趣旨] 地上権の消滅に伴い地上権者は原状回復義務を負い、付合が生じない限り（242 ただし書）土地に付属させた物の収去権を有する。しかし、収去が社会経済的に不利益な場合も考慮し、地主からの買取権を認めたものである。

《注　釈》

一　地上権者の収去権

1　収去権は収去義務でもある。

2　収去不能か著しく困難な物については、収去権も収去義務もない。

　　→費用償還請求で調整を図る。必要費については、地上権者自らが修補義務を負うので償還できない🈳。有益費については償還請求できる（608 II ・196 II 類推）

二　地主（地上権設定者）の買取権

地主は自由に買取の決定をなしうる🈳。

→地上権者は、正当理由なく買取権の行使を拒むことはできない

cf.　地上権者には（建物）買取請求権はない（異なる慣習があればそれによる・269 II）🈳

第269条の2　（地下又は空間を目的とする地上権）

I　地下又は空間は、工作物を所有するため、上下の範囲を定めて地上権の目的とすることができる🈳。この場合においては、設定行為で、地上権の行使のためにその土地の使用に制限を加えることができる。

II　前項の地上権は、第三者がその土地の使用又は収益をする権利を有する場合においても、その権利又はこれを目的とする権利を有するすべての者の承諾があるときは、設定することができる。この場合において、土地の使用又は収益をする権利を有する者は、その地上権の行使を妨げることができない🈳。

《注　釈》

▪区分地上権の目的は、工作物の所有に限定される。

▪第三者がすでに使用収益権を有する場合には、第三者及びその権利を目的とするすべての者の承諾が必要である🈳。

●永小作権　　　　　　　　　　　　　　　　　　　　　　　　　［第270条〜第273条］

・第5章・【永小作権】

《概　説》

＜永小作権と地上権の比較＞

	永小作権	地上権（＊）
設定目的	耕作又は牧畜	工作物又は竹木の所有
地代	要素である（270）	要素でない（266）
存続期間	(1)　設定行為によるとき 　　　20年〜50年（278 Ⅰ） (2)　設定行為で定めないとき（278 Ⅲ） 　①　慣習 　②　30年 (3)　永代小作権不可 (4)　更新可	(1)　設定行為によるとき 　　　最長最短制限なし（268 Ⅰ） (2)　設定行為で定めないとき（268 ⅠⅡ） 　①　慣習 　②　20年〜50年（裁判所が定める） (3)　永久地上権可 (4)　更新可
譲渡禁止特約	物権的効力（272、登記方法あり）	債権的効力（登記方法なし）
準用規定	(1)　賃貸借の主な規定（273） 　①　目的物の一部滅失による小作 　　　料減額（611 Ⅰ） 　②　小作料の支払時期（614） 　③　不動産賃貸の先取特権（312） (2)　地上権の規定（279） 　①　収去権（269） 　②　地主の買取権（269） 　③　有益費償還請求権 (3)　相隣関係の規定（類推）	(1)　賃貸借の主な規定（266 Ⅱ） 　①　目的物の一部滅失による地代 　　　減額（611 Ⅰ） 　②　地代の支払時期（614） 　③　不動産賃貸の先取特権（312） (2)　永小作権の規定（266 Ⅰ） 　①　地代の減免（274） 　②　地上権の放棄（275） 　③　地上権の消滅請求（276） (3)　相隣関係の規定（267）

＊　建物所有目的的の地上権については借地借家法の適用があることに注意。

第270条　（永小作権の内容）

永小作人は、小作料を支払って他人の土地において耕作又は牧畜をする権利を有する。

第271条　（永小作人による土地の変更の制限）

永小作人は、土地に対して、回復することのできない損害を生ずべき変更を加えることができない。

第272条　（永小作権の譲渡又は土地の賃貸）

永小作人は、その権利を他人に譲り渡し、又はその権利の存続期間内において耕作若しくは牧畜のため土地を賃貸することができる。ただし、設定行為で禁じたときは、この限りでない。

第273条　（賃貸借に関する規定の準用）

永小作人の義務については、この章の規定及び設定行為で定めるもののほか、その性質に反しない限り、賃貸借に関する規定を準用する。

[第270条〜第279条]　　　　　　　　　　　　　　　　　　●永小作権

第274条　（小作料の減免）

　永小作人は、不可抗力により収益について損失を受けたときであっても、小作料の免除又は減額を請求することができない〔書〕。

第275条　（永小作権の放棄）

　永小作人は、不可抗力によって、引き続き3年以上全く収益を得ず、又は5年以上小作料より少ない収益を得たときは、その権利を放棄することができる。

第276条　（永小作権の消滅請求）

　永小作人が引き続き2年以上小作料の支払を怠ったときは、土地の所有者は、永小作権の消滅を請求することができる〔書〕。

第277条　（永小作権に関する慣習）

　第271条から前条までの規定と異なる慣習があるときは、その慣習に従う。

第278条　（永小作権の存続期間）

Ⅰ　永小作権の存続期間は、20年以上50年以下とする。設定行為で50年より長い期間を定めたときであっても、その期間は、50年とする。

Ⅱ　永小作権の設定は、更新することができる。ただし、その存続期間は、更新の時から50年を超えることができない。

Ⅲ　設定行為で永小作権の存続期間を定めなかったときは、その期間は、別段の慣習がある場合を除き、30年とする。

第279条　（工作物等の収去等）

　第269条＜工作物等の収去等＞の規定は、永小作権について準用する。

《注　釈》
一　意義
　1　永小作権とは、耕作又は牧畜のために他人の土地を利用する物権をいう。
　2　有償（270）に限る〔司書〕。また、存続期間の制限（278）がある〔書〕。
二　効力
　1　永小作権者の権利・義務
　（1）　永小作人は、設定行為や土地の性質によって定まった用法に従って土地を使用できる（273、616、594Ⅰ）。
　　　　設定行為で譲渡・賃貸を禁ずることが認められており、登記すれば第三者にも対抗できる。
　（2）　土地に永久の損害を与えるような変更を加えてはならない（271）。
　2　対抗力
　　　登記をすることによって第三者に対抗しうる（177）。
　　cf.　地上物の収去と買取については地上権と同一の処理を行う

●地役権 [第280条〜第281条]

・第6章・【地役権】

《概 説》

地役権とは、一定の目的に従ってある土地（要役地）の便益のために、他人の土地（承役地）を利用する権利をいう（280本文）。

ex. 通行地役権、用水地役権

他人の土地の利用という点で、地上権・永小作権・不動産賃借権と共通するが、地役権は要役地、承役地という2つの土地の利用の調整機能をもつ点で、相隣関係に近い面も有する。

＜地役権と相隣関係＞

	地役権	相隣関係
意義	一定の目的に従ってある土地（要役地）の便益のために、他人の土地（承役地）を利用する権利	相近接する不動産所有権の相互の利用を調整することを目的とする関係
発生	当事者の契約	法律上当然発生
性質	所有権とは別個の物権	所有権の内容そのもの
内容・機能	① 要役地の便益に供しうる内容は契約で定まる（便益の種類・内容は自由）。ただし、相隣関係に関する強行法規に反することができない（280ただし書） ② 要役地と承役地が隣接する必要はない	① 土地利用に必要最小限度の範囲で隣地の利用を認める ② 隣接地の間で生ずる

物権

第280条 （地役権の内容）

地役権者は、設定行為で定めた目的に従い、他人の土地を自己の土地の便益に供する権利を有する。ただし、第3章第1節（所有権の限界）の規定（公の秩序に関するものに限る。）に違反しないものでなければならない。

第281条 （地役権の付従性）

Ⅰ 地役権は、要役地（地役権者の土地であって、他人の土地から便益を受けるものをいう。以下同じ。）の所有権に従たるものとして、その所有権とともに移転し、又は要役地について存する他の権利の目的となるものとする〈司〉。ただし、設定行為に別段の定めがあるときは、この限りでない。

Ⅱ 地役権は、要役地から分離して譲り渡し、又は他の権利の目的とすることができない〈予書〉。

《注 釈》

一 地役権の設定

1 地役権は必ず2個の土地（要役地と承役地）の存在を前提とするが、両土地は互いに隣接する必要はない〈同書〉。

2 要役地は一筆又は数筆の土地であることを要するが、承役地は土地の一部でもよい。

195

［第280条〜第281条］ ●地役権

3　地役権者は土地所有者、地上権者等物権者に限られる。賃借人は地役権者たりえない。

4　存続期間について制限はない《同書》。永久とすることも可能である《画》。

5　無償のものとして設定することができる《同書》。なお、有償の特約は当事者間で債権的効力を有するにすぎず、第三者には対抗できない。

　∵　地代・報酬について登記方法がない

二　法的性質

地役権は、承役地の所有者・用益権者との共同使用権たる性質を有する《書》。

→地役権に基づく物権的請求権は妨害排除請求・妨害予防請求のみが可能《同書》。返還請求はなしえない《同書》

　∵　地役権者の承役地に対する排他的独占的権利行使を認めるものではない

→同一地上に数個の地役権を設定しうる

三　付従性・随伴性

1　要役地の所有権が移転すれば、特約がない限り地役権も移転する（281 I 本文前段）《書》。

　∵　地役権は要役地の便宜のために存在する権利

→要役地の所有権の移転について登記があれば、承役地の所有者及びその包括承継人、第三者に対し地役権を対抗しうる（大判大13.3.17）《同予書》

cf.　承役地の所有権が移転した場合、要役地所有者が通行地役権を主張するには、原則として登記を要する（177）。

しかし、①通路の継続的使用の事実が客観的に明らかで、②それにつき承役地の譲受人が認識可能ならば、譲受人が善意でも「第三者」（177）にあたらない（最判平10.2.13・百選 I 63事件）《予書》。　⇒ p.137

また、通行地役権の承役地が担保不動産競売により売却された場合においても、最先順位の抵当権の設定時に、①承役地が要役地の所有者によって継続的に通路として使用されていることが客観的に明らかであり、②それにつき抵当権者が認識可能ならば、特段の事情がない限り、登記がなくても、通行地役権は上記の売却によっては消滅せず、通行地役権者は、買受人に対し、当該通行地役権を主張することができる（最判平25.2.26・平25重判4事件）《書》。　⇒ p.137

2　地役権は要役地上の他の権利の目的となる（281 I 本文後段）。

(1)　地上権・永小作権・賃借権等を設定した場合、これらの権利者は地役権を行使しうる《書》。

(2)　抵当権・質権を設定した場合、これらの権利の効力は地役権に及ぶ。

3　1・2いずれの場合も、原則として承役地の所有者の承諾は不要である。特約で禁止・制限することは可能だが、第三者に対抗するには登記を要する。

4　要役地から独立して地役権のみを処分することはできない（281 II）《司》。

　∵　要役地の便益のための権利であるから、要役地に付従する

● 地役権

[第282条〜第284条]

第282条 （地役権の不可分性）

Ⅰ　土地の共有者の1人は、その持分につき、その土地のために又はその土地について存する地役権を消滅させることができない。

Ⅱ　土地の分割又はその一部の譲渡の場合には、地役権は、その各部のために又はその各部について存する。ただし、地役権がその性質により土地の一部のみに関するときは、この限りでない。

[趣旨] 本条は、地役権の不可分性を規定し、要役地又は承役地が共有関係であるとき、地役権と要役地共有者・承役地共有者とをめぐる個々の法律関係を宣明したものである。不可分性は土地の共有ゆえに生じる当然の帰結である。

《注　釈》

一　消滅における不可分性（Ⅰ）

　　要役地又は承役地の共有者の1人は、自己の持分についてだけ地役権を消滅させることはできない〈同書〉。

二　分割・譲渡における不可分性（Ⅱ本文）

　1　要役地が分割・譲渡された場合

　　　地役権は各部のために存続する。

　2　承役地が分割・譲渡された場合

　　　地役権は各部の上に存続する。

三　時効における不可分性

＜要役地共有の場合の時効における不可分性＞

取得時効	時効完成	共有者の1人の時効完成は全共有者に効力を生じる（284Ⅰ）〈共
	完成猶予・更新	共有者の1人に対する時効の完成猶予・更新は全共有者に効力を生じない（284ⅡⅢ）
消滅時効		共有者の1人による時効の完成猶予・更新は全共有者に効力を生じる（292）〈同

cf.　民法は地役権については、取得しやすく消滅しにくい方向で規定を設けている

第283条 （地役権の時効取得）

　地役権は、継続的に行使され、かつ、外形上認識することができるものに限り、時効によって取得することができる。

第284条

Ⅰ　土地の共有者の1人が時効によって地役権を取得したときは、他の共有者も、これを取得する〈同予書〉。

Ⅱ　共有者に対する時効の更新は、地役権を行使する各共有者に対してしなければ、その効力を生じない。

Ⅲ　地役権を行使する共有者が数人ある場合には、その1人について時効の完成猶予の事由があっても、時効は、各共有者のために進行する。

[第285条〜第289条]　　　　　　　　　　　　　　　　　　●地役権

《注　釈》

◆　時効による取得

1　すでに成立している地役権をその要役地とともに取得する場合
2　従来成立していない地役権を新たに取得する場合
　　「継続的に行使され、かつ、外形上認識することができるもの」に限って時効取得が認められる（283）。
　(1)　通行地役権の時効取得に関し、「継続的に行使され」といえるためには、承役地上に通路が開設されること、しかもその開設は要役地所有者によってなされることが必要である（最判昭30.12.26）〈同予書〉。
　　　＊　要役地所有者が、道路の拡張のため他人にも土地の提供を働きかけ、自らも所有地の一部を提供した場合、要役地所有者による通路の開設がなされたといえる（最判平6.12.16）。
　(2)　承役地所有者による時効の完成猶予・更新を可能にするため「外形上認識できるもの」であることが必要とされている。

第285条　（用水地役権）

Ⅰ　用水地役権の承役地（地役権者以外の者の土地であって、要役地の便益に供されるものをいう。以下同じ。）において、水が要役地及び承役地の需要に比して不足するときは、その各土地の需要に応じて、まずこれを生活用に供し、その残余を他の用途に供するものとする。ただし、設定行為に別段の定めがあるときは、この限りでない。
Ⅱ　同一の承役地について数個の用水地役権を設定したときは、後の地役権者は、前の地役権者の水の使用を妨げてはならない。

第286条　（承役地の所有者の工作物の設置義務等）

　設定行為又は設定後の契約により、承役地の所有者が自己の費用で地役権の行使のために工作物を設け、又はその修繕をする義務を負担したときは、承役地の所有者の特定承継人も、その義務を負担する〈書〉。

第287条

　承役地の所有者は、いつでも、地役権に必要な土地の部分の所有権を放棄して地役権者に移転し、これにより前条の義務を免れることができる〈書〉。

第288条　（承役地の所有者の工作物の使用）

Ⅰ　承役地の所有者は、地役権の行使を妨げない範囲内において、その行使のために承役地の上に設けられた工作物を使用することができる。
Ⅱ　前項の場合には、承役地の所有者は、その利益を受ける割合に応じて、工作物の設置及び保存の費用を分担しなければならない。

第289条　（承役地の時効取得による地役権の消滅）〈書〉

　承役地の占有者が取得時効に必要な要件を具備する占有をしたときは、地役権は、これによって消滅する。

● 地役権　　　　　　　　　　　　　　　　　　　　　　　　　　　　　　　　　　　　[第290条～第294条]

第290条

　前条の規定による地役権の消滅時効は、地役権者がその権利を行使することによって中断する。

第291条　（地役権の消滅時効）

　第166条第2項に規定する消滅時効の期間は、継続的でなく行使される地役権については最後の行使の時から起算し、継続的に行使される地役権についてはその行使を妨げる事実が生じた時から起算する予。

第292条

　要役地が数人の共有に属する場合において、その1人のために時効の完成猶予又は更新があるときは、その完成猶予又は更新は、他の共有者のためにも、その効力を生ずる司書。

第293条

　地役権者がその権利の一部を行使しないときは、その部分のみが時効によって消滅する。

《注　釈》

◆　地役権の消滅原因

1　第三者による承役地の時効取得
　(1)　第三者が承役地を時効取得した場合、地役権は原則として消滅する（289）。∵原始取得
　(2)　しかし、地役権の存在を認め、制限的に土地を占有した場合には、第三者は地役権の負担付の所有権のみを時効取得する（290）。

2　地役権自体の消滅時効
　(1)　時効期間は20年である（166Ⅱ）。
　(2)　起算点は、不継続地役権では最後の権利行使の時、継続地役権ではその行使を妨げるべき事実の生じた時である（291）。
　(3)　地役権の不行使が部分的であった場合には、その部分のみが時効消滅する（293）司書。

第294条　（共有の性質を有しない入会権）

　共有の性質を有しない入会権については、各地方の慣習に従うほか、この章の規定を準用する。

＜土地利用権一般＞

	地上権	永小作権	地役権	賃借権
用益内容	工作物・竹木の所有目的(265)	耕作・牧畜の目的(270)	土地の便益のための利用（280）	使用収益全般(601)

物権

199

[第294条]　　　　　　　　　　　　　　　　　　　　　　●担保物権総論

	地上権	永小作権	地役権	賃借権
土地利用の対価	要素でない 約定可（266） 登記可能	要素（成立要件） である（270） 登記可能	要素でない 約定可 登記不可	成立要件（有償契約）である （601）登記可能
権利の存続期間	規定なし 永久可 約定なし（268） →建物所有目的 （借地借家3）	20〜50年 約定→慣習 30年（278Ⅲ）	長短期とも規定なし	50年以下（604Ⅰ） 借地借家法3条・29条2項による修正
第三者への対抗要件	登記（177） 借地借家法に特殊な対抗要件	登記（177） 譲渡禁止特約も登記可能	登記（177） 目的、範囲等の特約の登記も可	登記（605） 借地借家法に特殊な対抗要件
物の占有	あり	あり	なし	あり
物権的請求権の内容	妨害排除 妨害予防 返還〈回〉	妨害排除 妨害予防 返還	妨害排除 妨害予防のみ 返還は不可	対抗要件を備えれば 妨害排除（605の4①） 返還（605の4②）
消滅原因・終了原因	土地所有者からの消滅請求（266Ⅰ、276） 地上権者による地上権の放棄（266Ⅰ、275）	土地所有者からの消滅請求（276） 小作人による永小作権の放棄（275）	承役地の時効取得による消滅（289） 地役権の時効消滅（166Ⅱ、291、293）	解約申入（617）、解除（612、541等）、特別法による修正
①譲渡・②賃貸（転貸）・③担保権設定	①②：明文はないが可 ③：可（369Ⅱ）	①②：可（272） ③：可（369Ⅱ）	①②③：地役権を要役地から分離して譲渡や他の権利の目的とすることは不可（281Ⅱ）（＊1）	①②：可（賃貸人の承諾、612Ⅰ） ③：債権質の設定は可（賃貸人の承諾）。なお、抵当権につき（＊2）

＊1　もっとも、要役地の所有権が移転するときは要役地のために設定された地役権も移転し、要役地が他の権利（抵当権等）の目的となるときは、地役権もその目的となる（281本文。地役権の随伴性）。

＊2　借地上の建物について設定された抵当権の効力は建物の従たる権利である借地権にも及ぶ。

《担保物権総論》

一　約定担保権と法定担保物権

　1　約定担保権

　　　当事者間の設定行為によってはじめて生ずる担保物権をいう。

　2　法定担保物権

●担保物権総論

一定の要件の下にその成立が法律上当然に認められる担保物権をいう。当事者間の合意によって設定することはできない〈同〉。

二　物的担保と人的担保

1　物的担保

債務者又は第三者に属する財産の上に成立し、債務の弁済なきときにその財産に対する権利行使が認められる制度をいう。「物」を特定の債権の引当てとするものであり、金銭債権の担保に利用されるのが一般である。債権の経済的価値の確保を目的としてなされるので、物的担保の目的とするに足る財産が存在する場合に設定できる。

ex.　抵当権、質権等

2　人的担保

債務者以外の第三者にも債務の履行を求めることができるようにする制度をいう。債権者は、債務者の一般財産のみならず、債務者以外の者の一般財産からも弁済を受けることが可能になる。

ex.　保証債務（446以下）、連帯債務（436以下）

3　両者の比較

財産の価値に基礎を置く物的担保は、人的信用に依存する人的担保に比べ、安定性・確実性に富む。

三　担保物権の通有性

1　付従性

担保物権は、被担保債権があってはじめて存在し、被担保債権が弁済等により消滅すれば消滅するという性質をいう。

2　随伴性

担保物権は、被担保債権が他人に移転すれば、それに伴って移転するという性質をいう。

3　不可分性

担保物権者は、債権全部の弁済を受けるまで目的物の上に権利を行使しうる（296、305、350、372）という性質をいう。

4　物上代位性

担保物権者は、目的物の売却・賃貸・滅失・損傷等により債務者が受ける金銭その他の物に対しても権利を行いうる（304、350、372）という性質をいう。

四　担保物権の効力

1　優先弁済的効力

担保物権者が債務の弁済が得られないときに、目的物を換価したうえ、他の債権者に先立って弁済を受けうる効力をいう。

2　留置的効力

担保物権者が、目的物を手元に留置し、債務者に心理的圧迫を加えることにより債務の弁済を促す効力をいう。

物権

［第295条］　　　　　　　　　　　　　　　　　　　　　　　　　　　●留置権

＜担保物権総論のまとめ＞〈司共書〉

	法定担保物権		約定担保物権			
	留置権	先取特権	質権	抵当権	確定前の根抵当権	確定後の根抵当権
付 従 性	○	○	○	○	×	○
随 伴 性	○（＊1）	○	○	○	×	○
不 可 分 性	○	○	○	○	○	○
物上代位性	×	原則 ○（＊2）	○	○	○	○
優先弁済権	×	○	○	○	○	○
留置的効力	○	×	○	×	×	×

＊1　留置権の随伴性は、被担保債権とともに目的物の占有が移転する限りで認められる〈司〉。

＊2　一般先取特権（306）の場合には物上代位性は問題にならない（∵一般先取特権は特定の目的物の上にではなく、総財産の上に成立する）。

・第7章・【留置権】

《概　説》

　民法は、当事者間の公平を図るため、法律上当然生ずる担保物権（法定担保物権）として留置権を認めた。これは、他人の物を占有している者が、その物に関して生じた債権を有する場合に、その弁済を受けるまでその物を留置することによって、債務者の弁済を間接的に強制することのできる担保物権である。

　留置権は、付従性、随伴性、不可分性を有するが、物上代位性は有しない。また、優先弁済的効力は認められないが、留置的効力は認められる〈共書〉。

第295条　（留置権の内容）〈司H27〉

Ⅰ　他人の物の占有者は、その物に関して生じた債権を有するときは、その債権の弁済を受けるまで、その物を留置することができる。ただし、その債権が弁済期にないときは、この限りでない〈共〉。

Ⅱ　前項の規定は、占有が不法行為によって始まった場合には、適用しない。

《注　釈》

一　成立要件〈司〉

　①　債権と物との間に牽連関係があること（「その物に関して生じた債権」・Ⅰ本文）

　②　債権が弁済期にあること（Ⅰただし書）

　③　留置権者が他人の物を占有していること（「他人の物の占有者」・Ⅰ本文）

●留置権　　　　　　　　　　　　　　　　　　　　　　　　　　　　　　　［第295条］

　　④　占有が不法行為によって始まったものでないこと（Ⅱ）
二　債権と物との間に牽連関係があること（要件①について）
📍1　債権が物自体から発生した場合
　　(1)　「その物に関して生じた債権」と認められる例
　　　　ex.1　賃借家屋に賃借人が支出した必要費・有益費（608）などの償還請
　　　　　　求権（大判昭 9.10.23）〈同書〉
　　　　ex.2　不動産の買主が売買代金を支払わずにその不動産の所有権を第三者
　　　　　　に譲渡した場合の代金請求権（最判昭 47.11.16・百選Ⅰ 79 事件）〈同〉
　　　　ex.3　仮登記担保権者から清算金の支払を受けるまでに目的不動産が仮登
　　　　　　記担保権者から第三者に譲渡された場合の、清算金支払請求権（最判
　　　　　　昭 58.3.31）〈同〉
　　　　ex.4　寄託物の瑕疵により生じた損害賠償請求権（661）
　　　　ex.5　建物買取請求権（借地借家 13）の行使によって生じた建物代金債権
　　　　　　（判例は、建物だけでなく敷地についても留置権の成立を認めている）
　　　　　　（大判昭 18.2.18）〈共〉
　　(2)　「その物に関して生じた債権」ではないとされる例
　　　　ex.1　賃借物を使用・収益する債権（∵物自体を目的とする債権は、物に
　　　　　　関して生じた債権とはいえない）〈書〉
　　　　ex.2　借地借家法 33 条による造作買取代金請求権と家屋との関係（∵造
　　　　　　作代金債権は家屋に関して生じたものではない）（最判昭 29.1.14）〈同書〉
　　　　ex.3　借家人の敷金返還請求権（622 の 2 Ⅰ）（最判昭 49.9.2・百選Ⅱ 65 事
　　　　　　件）〈共〉　⇒ p.562
　2　債権が物の返還請求権と同一の法律関係・事実関係から発生した場合
　　(1)　「その物に関して生じた債権」と認められる例
　　　　ex.1　建物の売買契約が取り消された場合の、不当利得による売買代金の
　　　　　　償還請求権
　　　　ex.2　偶然に靴を互いに取り違えてはき帰った場合の返還請求権
　　(2)　「その物に関して生じた債権」ではないとされる例
　　　　ex.1　譲渡担保権者が目的物を第三者に売却した場合の、設定者の有する
　　　　　　債務不履行による損害賠償請求権（最判昭 34.9.3）
　　　　ex.2　不動産が二重売買され、第二の買主が先に所有権移転登記を経由し
　　　　　　たため、第一の買主が所有権を取得できなくなったことにより売主に
　　　　　　対し取得した、履行不能による損害賠償請求権（最判昭 43.11.21）
　　　　　　〈共書〉
　　　　ex.3　他人の物の売買による買主が、その物の真の所有者から返還請求を
　　　　　　受けた場合の、売主の売買契約不履行に基づく損害賠償請求権（最判
　　　　　　昭 51.6.17）〈同書〉
三　債権が弁済期にあること（要件②について）
　　有益費の償還請求権について、裁判所が物の回復請求者に相当の猶予期限を許

物権

[第295条]　　　　　　　　　　　　　　　　　　　　　　　　　　　　　　　　●留置権

与した場合には、占有者は、その物の留置権を失う（196 Ⅱただし書、608 Ⅱただし書等）。

四　留置権者が他人の物を占有していること（要件③について）

1　「他人」とは、債務者に限らず、第三者でもよい〈通〉〈予書〉。

　ex.　物の賃借人が当該物を修繕に出した場合、修繕者としての留置権が成立する

　cf.　商事留置権（商 521）は債務者所有物に限定している

2　「物」は、動産でも不動産でもよいが、不動産のときにも登記を対抗要件とすることはない（∵留置権は占有を成立要件とする）。

五　占有が不法行為によって始まったものでないこと（要件④について）

当初適法に有していた占有権原を後に失って、もはや占有すべき権利のないことを知りながら、なお他人の物を占有することは不法であるから、本条2項の類推適用により、かかる占有者も留置権の行使ができない（最判昭 51.6.17）。

　ex.1　建物を買い受けてその引渡しを受けていた買主が、売買契約が解除された後に、建物に必要費・有益費を支出した場合（最判昭 41.3.3）

　ex.2　賃貸借契約解除後に賃借人が賃借物件に有益費を支出した場合（295 Ⅱ類推、最判昭 46.7.16・百選Ⅰ 80 事件）〈共書〉

　　cf.1　契約解除前に支出した有益費の償還請求権に基づく留置権の行使は、解除の原因が債務不履行であったとしても妨げられない（∵契約解除前の占有は適法な占有である）

　　cf.2　適法に留置権を行使している間に、さらに有益費を支出した場合は、その支出分に関しても留置権が成立する

六　効力

1　留置的効力

被担保債権が弁済を受けるまで、その物を留置しうることをいう（留置権の中心的効力）。

　→債務者の債務は先履行ではなく、留置権の消滅後にしか目的物返還を請求できないものではない。引換給付判決を得られることになる（最判昭 47.11.16・百選Ⅰ 79 事件）〈司共〉

　(1)　留置するとは、目的物の占有を継続することである。

　　→目的物である土地の引渡しを拒むことは可能であるが、当該土地の登記の移転を拒むことはできない

　(2)　借家人が、賃貸借継続中にその家屋に費やした修繕費の償還請求権に基づいて、賃貸借終了後留置権を行使し、その家屋を継続使用することによって使用利益を収めたときは、その収益は、不当利得（703、704）として目的物の所有者に返還しなければならない（∵留置権者に収益を保有させる理由はない）（大判昭 13.12.17）〈共書〉。

2　第三者に対する対抗力

留置権は物権であるから、債務者のみならず、それ以外のすべての人に対し

●留置権 **[第296条〜第298条]**

てこれを主張することができる（最判昭47.11.16・百選Ⅰ79事件）《同共》。

3　優先弁済的効力

留置権には優先弁済権はないが、一定の場合には競売の権利が認められている（形式競売）（民執195）。競売により得られた換価金は、留置権者が所有者に返還する義務を負うが、所有者が債務者である場合には、債権と相殺することによって、事実上優先弁済を受けることとなる《共書》。

《その他》

▪ 双務契約上の債権は、留置権によっても同時履行の抗弁権によっても保護されることがある。

→留置権も同時履行の抗弁権も公平の原則によるもの

第296条　（留置権の不可分性）

留置権者は、債権の全部の弁済を受けるまでは、留置物の全部についてその権利を行使することができる。

《注　釈》

▪ 留置権者は、留置物の一部を債務者に引き渡した場合においても、特段の事情のない限り、債権の全部の弁済を受けるまで、留置物の残部につき留置権を行使することができる《同共》。

第297条　（留置権者による果実の収取）

Ⅰ　留置権者は、留置物から生ずる果実を収取し、他の債権者に先立って、これを自己の債権の弁済に充当することができる《書》。

Ⅱ　前項の果実は、まず債権の利息に充当し、なお残余があるときは元本に充当しなければならない《同》。

[趣旨]留置権者は、目的物に対する留置的効力しかなく、目的物から優先弁済を受ける権利やそれを使用・収益する権利をもたないとされる（したがって、物上代位性もない）。本条は、留置権者の権利として、留置権の目的物から生じた果実から他の債権者に優先して弁済を受けることを認めた《同書》。

《注　釈》

▪ 本条の「果実」には、天然果実のみならず、法定果実も含む。

→留置物を賃貸し、その賃料を優先的に弁済に充当することも、債務者の承諾があれば（298Ⅱ）可能である。また、天然果実の場合は、競売を行い換金したうえで充当できる

第298条　（留置権者による留置物の保管等）

Ⅰ　留置権者は、善良な管理者の注意をもって、留置物を占有しなければならない。

Ⅱ　留置権者は、債務者の承諾を得なければ、留置物を使用し、賃貸し、又は担保に供することができない《同書》。ただし、その物の保存に必要な使用をすることは、この限りでない。

物
権

［第299条］　　　　　　　　　　　　　　　　　　　　　　　　　　　●留置権

Ⅲ　留置権者が前2項の規定に違反したときは、債務者は、留置権の消滅を請求することができる〈書〉。

［趣旨］留置権者は、留置権によって、被担保債権が弁済されるまで目的物を保管することになる。そこで、本条は留置物の保管と利用に関する留置権者の義務を明らかにしている。

《注　釈》

一　「善良な管理者の注意」（Ⅰ）　⇒p.285

　　善管注意義務を怠ったために損害を生じさせた場合は、留置権者は、債務者又は所有者に対して損害賠償責任を負う。

二　「債務者の承諾」（Ⅱ本文）

　　債務者と所有者が異なるときは、「債務者」を所有者と読み替える（最判昭40.7.15）。

三　「その物の保存に必要な使用」（Ⅱただし書）

　　ex.1　家屋の賃借人が賃借中に支出した費用の償還請求権につき留置権を行使し、その償還を受けるまで当該家屋に居住することは、他に特別の事情のない限り、「その物の保存に必要な使用」にあたる（→賃貸人の承諾不要）（最判昭47.3.30）

　　ex.2　売買契約を解除された木造帆船の買主が、解除前支出した修理費の償還請求権につき留置権を行使中に、右船舶をもって遠距離に航海し貨物の運送業務に当たることは「その物の保存に必要な使用」にあたらない（∵契約解除前と同じ使用形態であっても、航行の危険性等から）（最判昭40.7.15）

四　消滅請求（Ⅲ）

1　意義

　　注意義務違反があっても当然には留置権は消滅しない。

　　債務者又は所有者は、留置権者に注意義務違反があれば損害が生じなくても消滅請求できる〈司〉。

2　消滅請求をなしうる者の範囲

　　債務者（所有者も含む）の他、留置物の第三取得者も消滅請求できる。

3　消滅請求権の性格

　　留置権者の承諾を要しないで、債務者の留置権者に対する一方的な意思表示によって留置権消滅の効果を発生させる形成権である〈国〉。

　　cf.　留置権者が所有者から留置物の使用につき承諾を受けた後に所有権を譲り受け、対抗要件を備えた者は、留置権者の目的物使用を理由とする消滅を請求することはできない（最判平9.7.3）〈書〉

第299条　（留置権者による費用の償還請求）

Ⅰ　留置権者は、留置物について必要費を支出したときは、所有者にその償還をさせることができる〈書〉。

●留置権　　　　　　　　　　　　　　　　　　　　　　　　　　　　［第300条〜第301条］

> Ⅱ　留置権者は、留置物について有益費を支出したときは、これによる価格の増加が
> 現存する場合に限り、所有者の選択に従い、その支出した金額又は増価額を償還さ
> せることができる。ただし、裁判所は、所有者の請求により、その償還について相
> 当の期限を許与することができる。

[趣旨]留置権者が目的物を留置するのは、被担保債権の弁済を得るためであり、目
的物の使用収益権を有しないのであるから（298Ⅱ）、留置権者がその目的物につい
て管理費用を負担するいわれはない。そこで、本条は留置権者が留置物に関して必
要費や有益費を支出した場合には、それを所有者から償還させることができるもの
と定めた。　⇒ p.161

《注　釈》

▪ 留置権者の必要費償還請求権には、196条1項ただし書のような果実収取の場合
の関係規定はなく、必要費に関して果実を収取し債権に充当しても全額について
の償還請求ができる。

▪ 留置権者が必要費の償還請求権を被担保債権として建物を留置中、留置物につい
てさらに必要費を支出した場合は、すでに生じている費用償還請求権とともに、
右建物について留置権を行使することができる（最判昭33.1.17）〈司〉。

▪ 期限の許与は、留置権者の善意悪意を問わず認められる。

第300条　（留置権の行使と債権の消滅時効）

留置権の行使は、債権の消滅時効の進行を妨げない〈司書〉。

[趣旨]留置権の行使(目的物を留置すること)そのものは、当然に被担保債権を行使
することにはならないため、被担保債権の時効の完成猶予・更新事由にならない旨を
定めた〈司〉。

《注　釈》

一　留置権と消滅時効

1　留置権の抗弁を提出して被担保債権の存在を主張したときは、「裁判上の請
求」（147Ⅰ①）又は「催告」（150）にあたり、時効の完成猶予の効力が生じる
（最大判昭38.10.30参照）。　⇒ p.101、103

2　留置物の使用又は賃貸に関し、債務者が債権者に承諾を与えても、時効の更
新事由たる債務の承認があるとはいえない。

二　留置権と履行遅滞

留置権は履行遅滞を正当化する事由となるので、履行遅滞の責任を生じない（大
判昭13.2.14）。

第301条　（担保の供与による留置権の消滅）〈共書〉

債務者は、相当の担保を供して、留置権の消滅を請求することができる。

[趣旨]留置権によって担保される債権の額は、比較的僅少な場合が多い。目的物に
比べてわずかな債権額のためにその物を留置されることは債務者に酷であり、かえ

［第302条］・総則［第303条］　　　　　　　　　　　　　　　●先取特権

って不公平である。また、留置物の代わりとなる相当な担保を得れば、債権者たる留置権者にも損失はない。そこで、本条は、債務者の相当な担保の提供による留置権の消滅を認めた。

《注　釈》

- 「担保」は物的担保であると人的担保であるとを問わない。
- 「供して」とは、担保権設定契約の申込みや保証契約の申込みでは足りず、現実に担保権設定や保証契約を締結することを要する。
- 消滅請求は債務者の単独の意思表示でなしうるが、担保の提供には留置権者の承諾を要する。承諾を得られない場合は承諾に代わる判決を得て消滅請求しうる。

第302条　（占有の喪失による留置権の消滅）

　留置権は、留置権者が留置物の占有を失うことによって、消滅する〈共書〉。ただし、第298条第2項の規定により留置物を賃貸し、又は質権の目的としたときは、この限りでない〈共〉。

[趣旨] 留置権の成立要件でありまたその存続要件である占有を失えば、目的物を留置して弁済を促すという留置権の本質的作用が不能になる。そこで、本条は、留置権が占有の喪失によって消滅することを定めた（ただし、占有回収の訴えを起こせば、留置権を回復しうる（203ただし書））。

《その他》

- 留置権に基づく留置物の返還請求は認められない〈同〉。
- 目的物が滅失することによって留置権も消滅した場合は、それによって債務者が受けるべき金銭に物上代位はできない。

・第8章・【先取特権】

《概　説》

　ある債務者に対する多数の債権者は、対等の立場で、平等に弁済を受けるのが原則である（債権者平等の原則）。しかし、社会政策的考慮、公平の原則、当事者の意思の推測等から特定の債権者を保護すべき場合も存する。そこで、民法は、法律の定める特殊の債権を有する者が債務者の財産から優先弁済を受ける権利たる先取特権を認めた（法定担保物権）。

　先取特権は、付従性・随伴性〈予書〉・不可分性・物上代位性を有する（ただし、一般の先取特権は債務者の総財産の上に成立するものであるから物上代位性は問題とならない）。また、優先弁済的効力を有するが、留置的効力は有しない。

■第1節　総則

第303条　（先取特権の内容）

　先取特権者は、この法律その他の法律の規定に従い、その債務者の財産について、他の債権者に先立って自己の債権の弁済を受ける権利を有する〈群〉。

●先取特権　　　　　　　　　　　　　　　　　　　　　　　　総則〔第304条〕

第304条　（物上代位）

Ⅰ　先取特権は、その目的物の売却、賃貸、滅失又は損傷によって債務者が受けるべき金銭その他の物に対しても、行使することができる。ただし、先取特権者は、その払渡し又は引渡しの前に差押えをしなければならない。
Ⅱ　債務者が先取特権の目的物につき設定した物権の対価についても、前項と同様とする。

《注　釈》

一　物上代位

1　物上代位は、目的物の売却等により生ずる請求権（債権）上に効力を及ぼすのであり、その金銭の上に効力を及ぼすものではない〈同〉。
2　「滅失又は損傷によって債務者が受けるべき金銭」とは、保険金、損害賠償請求権等を指す。
3　動産先取特権は、不動産先取特権と異なり追及力（担保に提供された財産の所有権を取得した第三者に対しても、担保物権に基づく交換価値支配を主張できるという効力・性質）を有さないため（333）、その代金に物上代位を認める実益が大きい。

二　「差押え」の意義

304条1項ただし書において差押えを要求している趣旨は、物上代位の目的となる債権の特定性が保持されるとともに、目的債権の弁済をした第三債務者又は目的債権を譲り受け若しくは目的債権につき転付命令を得た第三者等が不測の損害を被ることを防止することにある（最判昭60.7.19・百選Ⅰ82事件）。

一般先取特権については、304条1項ただし書の適用はなく、目的財産の払渡し又は引渡しの前に差押えをしなくても先取特権を行使することができる〈同〉。なぜなら、一般先取特権は債務者の総財産に対して効力を及ぼすものであるため、通常の先取特権のように、物上代位の対象が一般財産に混入することによって生じる不都合が観念できず、304条1項ただし書の趣旨が妥当しないからである。

三　判例

ex.1　債務者が破産手続の開始の決定（破30）を受けた場合でも、その動産の転売代金債権につき物上代位権を行使できる〈同〉

ex.2　物上代位権行使の目的たる債権について、一般債権者が差押え又は仮差押えの執行をしたにすぎないときは、その後に先取特権者が右債権に物上代位権を行使することができる〈同書〉

ex.3　ex.2の場合に、右債権について物上代位権者が得た転付命令（民執193Ⅱ、159）が第三債務者に送達される時までに、その債権について他の債権者が差押え、仮差押えの執行又は配当要求をした場合でも、転付命令はその効力を生じる

ex.4　304条1項ただし書は、抵当権とは異なり公示方法が存在しない動産売買の先取特権については、物上代位の目的債権の譲受人等の第三者の利益

209

総則［第305条］　　　　　　　　　　　　　　　　　　　　　　　●先取特権

を保護する趣旨をも含む。そうすると、動産売買の先取特権者は、物上代
位の目的債権が譲渡され、第三者に対する対抗要件が備えられた後におい
ては、目的債権を差し押さえて物上代位権を行使することはできない（最
判平17.2.22・平17重判3事件）〈司書〉

ex.5　請負工事に用いられた動産の売主は、原則として、請負人が注文者に対
して有する請負代金債権に対して動産売買の先取特権（311⑤）に基づく
物上代位権を行使することはできないが、請負代金全体に占める当該動産
の価額の割合や請負契約における請負人の債務の内容等に照らして請負代
金債権の全部又は一部を右動産の転売による代金債権と同視するに足りる
特段の事情がある場合に物上代位権を行使することができる（最決平
10.12.18・百選Ⅰ81事件）〈司〉

第305条　（先取特権の不可分性）

第296条＜留置権の不可分性＞の規定は、先取特権について準用する。

■第2節　先取特権の種類

第1款　一般の先取特権
《概　説》

＜一般先取特権＞

債権の種類	目的物	立法趣旨	条文
共益費用 （債権者の1人が債務者の財産を保存・清算・配当するため支出した費用）	債務者の総財産〈予〉	全債権者がかかる費用支出により弁済を得たのであるから、他の債権者に優先して弁済を受けさせるべきという公平の原理	306① 307
雇用関係 （①給料債権②退職金〈司〉③年末手当等）		使用人（労働者。同居の親族や家事使用人を含む）の生活を保護するという社会政策的配慮	306② 308
葬式費用 （①債務者、②債務者の扶養すべき親族の葬式費用）		資力の乏しい者が葬式をすることを容易にするという社会政策的配慮	306③ 309
日用品供給 （①債務者（自然人に限る〈司〉）、②債務者の扶養すべき同居の親族、その家事使用人の生活に必要な最後の6か月分の飲食料費・燃料及び電気費用）		日用品の供給者を保護することで、間接的に資力の乏しい者の生活を保護するという社会政策的配慮	306④ 310

●先取特権　　　　　　　　　　　　先取特権の種類〔第306条〜第310条〕

第306条　（一般の先取特権）

　次に掲げる原因によって生じた債権を有する者は、債務者の総財産について先取特権を有する⟨刊⟩。
① 共益の費用
② 雇用関係⟨同⟩
③ 葬式の費用
④ 日用品の供給

第307条　（共益費用の先取特権）

Ⅰ　共益の費用の先取特権は、各債権者の共同の利益のためにされた債務者の財産の保存、清算又は配当に関する費用について存在する。
Ⅱ　前項の費用のうちすべての債権者に有益でなかったものについては、先取特権は、その費用によって利益を受けた債権者に対してのみ存在する。

第308条　（雇用関係の先取特権）

　雇用関係の先取特権は、給料その他債務者と使用人との間の雇用関係に基づいて生じた債権について存在する⟨同⟩。

第309条　（葬式費用の先取特権）

Ⅰ　葬式の費用の先取特権は、債務者のためにされた葬式の費用のうち相当な額について存在する。
Ⅱ　前項の先取特権は、債務者がその扶養すべき親族のためにした葬式の費用のうち相当な額についても存在する。

第310条　（日用品供給の先取特権）

　日用品の供給の先取特権は、債務者又はその扶養すべき同居の親族及びその家事使用人の生活に必要な最後の6箇月間の飲食料品、燃料及び電気の供給について存在する。

第2款　動産の先取特権
《概　説》

＜動産先取特権＞

債権の種類	目的物	立法趣旨	条文
不動産賃貸借から生じた賃貸人の債権 ① 賃借人の総清算の場合→315条 ② 敷金がある場合→316条	賃借地に備え付けた動産等、賃借人の動産（313、314に詳細な規定）	賃貸人はこのような動産を賃料の担保として期待するのが通常であり、かかる期待を保護する	311① 312〜316
宿泊客が負担すべき宿泊料、飲食料	旅館にある宿泊客の手荷物	宿泊客が持ち込んだ手荷物に対する旅館主の期待を保護する	311② 317

物権

211

先取特権の種類［第311条〜第313条］　　●先取特権

債権の種類	目的物	立法趣旨	条文
旅客・荷物の運送賃、付随の費用	運送人の占有する依頼人の荷物	運送人の期待を保護する	311 ③ 318
① 動産の保存費 ② 動産に関する権利を保存・承認・実行のために要した費用	当該動産	公平の観念	311 ④ 320
動産の代価、その利息			311 ⑤ 321
① 種苗・肥料の代価、その利息 ② 蚕種・蚕の飼養に供した桑葉の代価、その利息	① 種苗・肥料の利用から生じた果実 ② 蚕種・桑葉から生じた物		311 ⑥ 322
農業の労務者についての最後の1年間の賃金	労務によって生じた果実・製作物	① 公平の観念 ② 社会政策的配慮	311 ⑦ 323
工業の労務者についての最後の3か月間の賃金			311 ⑧ 324

物
権

第311条　（動産の先取特権）〈回〉

　次に掲げる原因によって生じた債権を有する者は、債務者の特定の動産について先取特権を有する。
　① 不動産の賃貸借
　② 旅館の宿泊
　③ 旅客又は荷物の運輸
　④ 動産の保存
　⑤ 動産の売買
　⑥ 種苗又は肥料（蚕種又は蚕の飼養に供した桑葉を含む。以下同じ。）の供給
　⑦ 農業の労務
　⑧ 工業の労務

第312条　（不動産賃貸の先取特権）

　不動産の賃貸の先取特権は、その不動産の賃料その他の賃貸借関係から生じた賃借人の債務に関し、賃借人の動産について存在する〈同書〉。

第313条　（不動産賃貸の先取特権の目的物の範囲）

Ⅰ　土地の賃貸人の先取特権は、その土地又はその利用のための建物に備え付けられた動産、その土地の利用に供された動産及び賃借人が占有するその土地の果実について存在する。
Ⅱ　建物の賃貸人の先取特権は、賃借人がその建物に備え付けた動産について存在する。

●先取特権　　　　　　　　　　　　　先取特権の種類［第314条〜第321条］

《注　釈》

- 判例は、本条2項の「動産」に建物の常用に供するためのものだけでなく、一定期間継続して備え付けておくために持ち込んだ賃借人の貴金属も含まれるとしている。

第314条

賃借権の譲渡又は転貸の場合には、賃貸人の先取特権は、譲受人又は転借人の動産にも及ぶ〈囲〉。譲渡人又は転貸人が受けるべき金銭についても、同様とする〈囲〉。

第315条　（不動産賃貸の先取特権の被担保債権の範囲）

賃借人の財産のすべてを清算する場合には、賃貸人の先取特権は、前期、当期及び次期の賃料その他の債務並びに前期及び当期に生じた損害の賠償債務についてのみ存在する。

物
権

《その他》

- 314条については新賃借人や転借人が新たに備え付けた動産の上に、譲渡、転貸を受ける以前に発生した先取特権の効力が及ぶことになり酷であると批判されている。

第316条〈囲〉

賃貸人は、第622条の2第1項に規定する敷金を受け取っている場合には、その敷金で弁済を受けない債権の部分についてのみ先取特権を有する。

第317条　（旅館宿泊の先取特権）

旅館の宿泊の先取特権は、宿泊客が負担すべき宿泊料及び飲食料に関し、その旅館に在るその宿泊客の手荷物について存在する。

第318条　（運輸の先取特権）

運輸の先取特権は、旅客又は荷物の運送賃及び付随の費用に関し、運送人の占有する荷物について存在する。

第319条　（即時取得の規定の準用）

第192条から第195条まで＜即時取得＞の規定は、第312条から前条までの規定による先取特権について準用する〈囲〉。

第320条　（動産保存の先取特権）

動産の保存の先取特権は、動産の保存のために要した費用又は動産に関する権利の保存、承認若しくは実行のために要した費用に関し、その動産について存在する。

第321条　（動産売買の先取特権）

動産の売買の先取特権は、動産の代価及びその利息に関し、その動産について存在する。

213

先取特権の種類 ［第322条～第327条］　　　　　　　　　　●先取特権

第322条　（種苗又は肥料の供給の先取特権）

種苗又は肥料の供給の先取特権は、種苗又は肥料の代価及びその利息に関し、その種苗又は肥料を用いた後1年以内にこれを用いた土地から生じた果実（蚕種又は蚕の飼養に供した桑葉の使用によって生じた物を含む。）について存在する。

第323条　（農業労務の先取特権）

農業の労務の先取特権は、その労務に従事する者の最後の1年間の賃金に関し、その労務によって生じた果実について存在する。

第324条　（工業労務の先取特権）

工業の労務の先取特権は、その労務に従事する者の最後の3箇月間の賃金に関し、その労務によって生じた製作物について存在する。

第3款　不動産の先取特権

《概　説》

＜不動産先取特権＞

債権の種類	目的物	立法趣旨	条文
①　不動産の保存費 ②　不動産に関する権利の保存・承認・実行のために要した費用	当該不動産	公平の観念	325 ① 326
設計者・施工者・監理者が、債務者の不動産に関してした工事の費用			325 ② 327
不動産の代価、その利息			325 ③ 328

第325条　（不動産の先取特権）

次に掲げる原因によって生じた債権を有する者は、債務者の特定の不動産について先取特権を有する。

①　不動産の保存
②　不動産の工事
③　不動産の売買

第326条　（不動産保存の先取特権）

不動産の保存の先取特権は、不動産の保存のために要した費用又は不動産に関する権利の保存、承認若しくは実行のために要した費用に関し、その不動産について存在する。

第327条　（不動産工事の先取特権）

Ⅰ　不動産の工事の先取特権は、工事の設計、施工又は監理をする者が債務者の不動産に関してした工事の費用に関し、その不動産について存在する。

●先取特権　　先取特権の種類［第328条］・先取特権の順位［第329条〜第330条］

Ⅱ　前項の先取特権は、工事によって生じた不動産の価格の増加が現存する場合に限り、その増価額についてのみ存在する〈略〉。

第328条　（不動産売買の先取特権）

不動産の売買の先取特権は、不動産の代価及びその利息に関し、その不動産について存在する。

■第3節　先取特権の順位
《概　説》

先取特権が競合した場合に、物権の一般原則からいえば、先に成立したものが後から成立したものに優先すべきことになる。しかし、先取特権はそれぞれ特殊な理由に基づいて、一定の債権を保護するために認められるものである。そこで、その優劣も成立の時の前後に拘泥しないで各種債権の保護の必要性の強弱に応じて定めることが制度の趣旨に適うことから、本節では先取特権相互間の優先順位を定めている。

第329条　（一般の先取特権の順位）

Ⅰ　一般の先取特権が互いに競合する場合には、その優先権の順位は、第306条各号に掲げる順序に従う。

Ⅱ　一般の先取特権と特別の先取特権とが競合する場合には、特別の先取特権は、一般の先取特権に優先する。ただし、共益の費用の先取特権は、その利益を受けたすべての債権者に対して優先する効力を有する〈同共〉。

《注　釈》

▪ 本条2項ただし書の「すべての債権者」には、特別の先取特権者も含まれる。

第330条　（動産の先取特権の順位）〈共予〉

Ⅰ　同一の動産について特別の先取特権が互いに競合する場合には、その優先権の順位は、次に掲げる順序に従う。この場合において、第2号に掲げる動産の保存の先取特権について数人の保存者があるときは、後の保存者が前の保存者に優先する。

① 　不動産の賃貸、旅館の宿泊及び運輸の先取特権

② 　動産の保存の先取特権

③ 　動産の売買、種苗又は肥料の供給、農業の労務及び工業の労務の先取特権

Ⅱ　前項の場合において、第1順位の先取特権者は、その債権取得の時において第2順位又は第3順位の先取特権者があることを知っていたときは、これらの者に対して優先権を行使することができない。第1順位の先取特権者のために物を保存した者に対しても、同様とする。

Ⅲ　果実に関しては、第1の順位は農業の労務に従事する者に、第2の順位は種苗又は肥料の供給者に、第3の順位は土地の賃貸人に属する〈同〉。

215

先取特権の順位 ［第331条〜第332条］　　　　　　　　　　　　　　●先取特権

第331条　（不動産の先取特権の順位）

Ⅰ　同一の不動産について特別の先取特権が互いに競合する場合には、その優先権の
順位は、第325条各号に掲げる順序に従う〈■〉。

Ⅱ　同一の不動産について売買が順次された場合には、売主相互間における不動産売
買の先取特権の優先権の順位は、売買の前後による〈■〉。

第332条　（同一順位の先取特権）〈同書〉

同一の目的物について同一順位の先取特権者が数人あるときは、各先取特権者は、
その債権額の割合に応じて弁済を受ける。

物
権

＜先取特権の順位＞

優先		
↑	共益費用　→利益を受けた総債権者に対し優先（329Ⅱただし書）	

動産 当事者の期待保護に基づくものを最も優先させ、次いで、公平の観念の強弱により、順序を定めている（330Ⅰ）

 不動産

不動産賃貸 旅館宿泊 運輸	動産質権（334）	不動産保存	**抵当権・不動産質権と不動産先取特権とが競合した場合** 登記のある①不動産保存、②不動産工事の先取特権は抵当権に優先する（339）
例外1 債権取得当時、第2・3順位の先取特権者を知っていたときは優先しない（330Ⅱ前段） 例外2 第1順位者のため物を保存した者に対しても優先しない（330Ⅱ後段）		不動産工事	不動産売買先取特権との関係については規定がないが、登記の先後によると解されている
動産保存 数人の保存者がある場合、後の保存者が優先（330Ⅰ柱書後段） ∵前の保存者は後の保存者の保存行為で利益を受ける			**抵当権・不動産質権と一般の先取特権とが競合した場合** ① 双方とも登記なし 　→先取特権が優先（336本文） ② 抵当権（不動産質権）に登記あり、先取特権に登記なし 　→抵当権が優先（336ただし書） ③ 双方とも登記あり 　→登記の先後による
動産売買 種苗・肥料の供給 農業労務 工業労務		不動産売買 同一の不動産につき逐次売買があったときは、前の売主が優先（331Ⅱ）	

↓	一般先取特権（329Ⅰ、Ⅱ本文）→306条の順序による	
劣後		

先取特権の効力［第333条～第334条］　　　　　　　　　　　　●先取特権

■第4節　先取特権の効力

《概　説》

＜先取特権の第三者に対する効力＞

動産	債務者がその目的動産を第三取得者に引き渡した後は、もはや先取特権を行使できない（333）〈同〉 ∵　一般先取特権・動産先取特権は、動産上にその存在が公示されていないので、第三取得者を保護する必要がある ＜第三取得者の意義＞ →所有権取得者（賃借人、質権者を含まない） →善意・悪意を問わない〈同〉 動産売買の先取特権の存在する動産が、集合物の構成部分となった場合には、集合動産譲渡担保権者は、引渡しを受けたものとして、特段の事情がない限り、「第三取得者」（333）に該当する（最判昭62.11.10）〈同〉 ＜「引き渡した」に占有改定を含むか＞ →肯定（大判大6.7.26）〈同書〉（＊） ∵　333条の趣旨は、公示のない動産上の先取特権の追及力を制限し、動産取引の安全を図る点にある
不動産	①　不動産の第三取得者と一般の先取特権者・不動産先取特権者との優劣は、登記の先後による ②　一般の先取特権者は登記なしで一般債権者に対抗できる（336） ∵　一般先取特権は登記が困難であり、また債権額も比較的少額である
	一般先取特権には、優先弁済を受ける目的物の順序が定められている（335） ∵　一般先取特権は債務者の総財産を目的とするから、他の債権者の利益と調整する必要がある
	①　不動産先取特権の効力を保存するためには、登記しなければならない ②　登記をなすべき時期 →保存：保存行為完了後直ちに（337） 工事：工事開始前（338） 売買：売買契約と同時（340） ③　不動産保存・工事の先取特権については、登記をすれば、目的不動産にすでに抵当権が設定されていても、これに優先する（339）〈同書〉

＊　借家に賃借人が備え付けた動産が譲渡されたとしても、先取特権者（賃貸人）が善意・無過失であるときは、319条により先取特権を取得し、占有改定後に生じた賃料債権等に効力を及ぼすことがある。

第333条　（先取特権と第三取得者）〈書〉

　先取特権は、債務者がその目的である動産をその第三取得者に引き渡した後は、その動産について行使することができない。

第334条　（先取特権と動産質権との競合）〈共書〉

　先取特権と動産質権とが競合する場合には、動産質権者は、第330条の規定による第1順位の先取特権者と同一の権利を有する。

《注　釈》

▪ 不動産質権と先取特権とが競合する場合、不動産質権には抵当権の規定が準用さ

●先取特権 先取特権の効力 ［第335条〜第339条］

れるので（361）、抵当権と先取特権とが競合する場合と同じ扱いとなる。

- 先取特権と留置権との関係においては、留置権に優先弁済的効力が認められないため、優先の問題は生じない。
  →目的物が留置されているとしても、先取特権者は、競売申立てをなしうる。しかし、競落人が目的物を受け取るには、留置権者に債務の弁済をなす必要があるので、結果として留置権者が優先することになる
- 先取特権は法定担保物権であり、当事者の合意により法律に定めのない効力を発生させることは物権法定主義から認めることはできないので、333条を排除する特約は無効であり、当該物の転得者を拘束しない《共》。

物
権

第335条 （一般の先取特権の効力）《共》

Ⅰ 一般の先取特権者は、まず不動産以外の財産から弁済を受け、なお不足があるのでなければ、不動産から弁済を受けることができない《司書》。

Ⅱ 一般の先取特権者は、不動産については、まず特別担保の目的とされていないものから弁済を受けなければならない。

Ⅲ 一般の先取特権者は、前2項の規定に従って配当に加入することを怠ったときは、その配当加入をしたならば弁済を受けることができた額については、登記をした第三者に対してその先取特権を行使することができない。

Ⅳ 前3項の規定は、不動産以外の財産の代価に先立って不動産の代価を配当し、又は他の不動産の代価に先立って特別担保の目的である不動産の代価を配当する場合には、適用しない。

第336条 （一般の先取特権の対抗力）

一般の先取特権は、不動産について登記をしなくても、特別担保を有しない債権者に対抗することができる。ただし、登記をした第三者に対しては、この限りでない《書》。

第337条 （不動産保存の先取特権の登記）《司予書》

不動産の保存の先取特権の効力を保存するには、保存行為が完了した後直ちに登記をしなければならない。

第338条 （不動産工事の先取特権の登記）

Ⅰ 不動産の工事の先取特権の効力を保存するためには、工事を始める前にその費用の予算額を登記しなければならない《司予書》。この場合において、工事の費用が予算額を超えるときは、先取特権は、その超過額については存在しない《書》。

Ⅱ 工事によって生じた不動産の増価額は、配当加入の時に、裁判所が選任した鑑定人に評価させなければならない。

第339条 （登記をした不動産保存又は不動産工事の先取特権）

前2条の規定に従って登記をした先取特権は、抵当権に先立って行使することができる《司共書》。

219

先取特権の効力［第340条〜第341条］　　　　　　　　　　　　　　●質権

第340条　（不動産売買の先取特権の登記）

　不動産の売買の先取特権の効力を保存するためには、売買契約と同時に、不動産の代価又はその利息の弁済がされていない旨を登記しなければならない〈*判*〉。

第341条　（抵当権に関する規定の準用）〈*判*〉

　先取特権の効力については、この節に定めるもののほか、その性質に反しない限り、抵当権に関する規定を準用する。

［趣旨］先取特権は、抵当権と類似しており、目的物の占有を要件としない担保物権である。その類似性ゆえに抵当権の規定が準用される。

《注　釈》

◆　**先取特権の消滅**

　1　物権一般の消滅原因
　　　ex.　目的物の滅失・放棄
　2　被担保債権の消滅
　　　被担保債権が存続する限りは債権者の変更や地位の喪失があっても先取特権は消滅しない。
　3　目的物の第三取得者への引渡し（動産の場合）
　　　→代金への物上代位（304）が可能である
　4　第三取得者による代価弁済（378）〈*判*〉・抵当権消滅請求（379〜386）（不動産の場合）

・第9章・【質権】

《概　説》

　質権は、債権者がその債権の担保として債務者又は第三者（物上保証人）から提供を受けた物を占有し、かつその物につき他の債権者に先立って自己の債権の弁済を受けることのできる約定担保物権である。

　付従性、随伴性、不可分性、物上代位性という、担保物権の通有性をすべて有し、また、優先弁済的効力及び留置的効力をともに有する。

●質権

＜質権の概要＞

	動産質	不動産質	権利質
設定契約の要件	・合意＋引渡し（要物契約、344） ・引渡し→占有改定含まず（345） 　指図による占有移転は可能		・指図証券：合意＋裏書＋交付（520の7・520の2） ・記名式所持人払証券、無記名証券：合意＋交付（520の17・520の13、570の20・520の17・520の13） ・上記以外の場合：合意のみ
目的	譲渡可能な動産	土地、建物	所有権以外の権利 ex.　無体財産権、債権、株式 →譲渡可能な権利に限られる
被担保債権	債務不履行の場合に金銭的評価できるもの →将来発生する債権でも可	動産質と同様 →ただし、対抗要件としての被担保債権の登記が必要	動産質と同様
対抗要件	占有の継続（352）	登記（177）	・467条の規定に従った通知又は承諾（364）⇒p.231 ・法人の場合、債権譲渡登記ファイルへの登記でも可〈司

物

権

＜質権と抵当権の異同＞

	質権		抵当権
	動産	**不動産**	
成立要件	要物契約（占有移転）（344）		諾成契約
対抗要件	占有継続（352）	登記（177）	
被担保債権の範囲	無制限（346）	・限定（361・375） ・特約がない限り利息請求不可（358・359）	限定（375）
効力の範囲	引き渡された動産とその果実（350・297）に限定	付加一体物に及ぶ（361・370）	付加一体物に及ぶ（370）
果実収取権	充当権あり（350・297）	あり（356）	なし
使用収益権	なし	あり（356）	なし
代価弁済・抵当権消滅請求の可否	不可	可（378、379、361）	

221

総則［第342条～第344条］　　　　　　　　　　　　　　　●質権

	質権		抵当権
	動産	不動産	
流担保契約	不可（349）弁済期到来後のみ可		可（372参照）
簡易弁済	可（354）	不可	
侵害に対して	占有回収の訴えのみ（353）	質権に基づく返還請求	抵当権に基づく妨害排除請求等
順位変更	不可	可（361・374）	可（374）
存続期間	なし	あり（360）	なし
費用償還請求	質権者から可能（350・299）		第三取得者が競落人に可能（391）

物権

■第1節　総則

第342条　（質権の内容）

　質権者は、その債権の担保として債務者又は第三者から受け取った物を占有し、かつ、その物について他の債権者に先立って自己の債権の弁済を受ける権利を有する〈予書〉。

《注　釈》

◆　質権設定契約の当事者

　1　質権者は、質権によって担保される債権の債権者である。

　2　設定者は、債務者に限らず、第三者もなることができる（物上保証人）〈書〉。

第343条　（質権の目的）〈書〉

　質権は、譲り渡すことができない物をその目的とすることができない。

[趣旨] 本条は、質権の留置的効力と優先弁済機能（目的物を換価して代金を弁済に充てること）を発揮させるために、目的物を譲渡しうるものに限ったものである。

《注　釈》

◆　「譲り渡すことができない物」

　　ex.　あへん、偽造通貨のような禁制物

第344条　（質権の設定）

　質権の設定は、債権者にその目的物を引き渡すことによって、その効力を生ずる〈共書〉。

[趣旨] 要物契約性を示す本条は、物権変動につき意思主義を原則とする民法（176）の例外をなす。これは、質権の存在を公示して他の債権者に警告しようとすることと、質権設定者から目的物を奪うことによって留置的効力を発揮させようとする目的からきている。

222

●質権 　　　　　　　　　　　　　　　総則 ［第345条〜第346条］

《注 釈》

一　効力の及ぶ範囲

設定契約によって目的とされたもの、すなわち引渡しがあったものに及ぶ。

ex.　従物（87）であっても、主物とともに引渡しがあった場合にだけ質権の効力がこれに及ぶ

二　「引き渡す」の意味

占有改定（183）は「引き渡す」に含まれない〈同書〉。

∵　占有改定では質物が質権設定者の手元に残るため、質権の存在を十分に公示することができず、また、質権設定者が使用できる状態にある限り留置的効力は確保されない

これに対して、質権者や他人の手元に質物が存在する状態でなされる簡易の引渡し（182Ⅱ）や指図による占有移転（184）は「引き渡す」に含まれる（後者につき、大判昭9.6.2）〈同書〉。

第345条　（質権設定者による代理占有の禁止）

質権者は、質権設定者に、自己に代わって質物の占有をさせることができない〈同〉。

[趣旨] 本条は、質権設定における要物性を貫くために規定されたものである。

《注 釈》

◆　質物の設定者への任意返還

1　動産質の場合

質権は消滅せず、第三者に対する対抗力を失うのみである〈同書〉。

∵　質権者による占有は質権成立の要件であって、質権存続の要件ではない

cf.　動産質権は消滅するとする説もある

∵　質権者自らが占有を放棄する以上質権の効力が失われるのは当然

2　不動産質の場合〈同〉

質権の効力には何ら影響がない（大判大5.12.25）。

∵　不動産質においては、質物の占有は第三者への対抗要件ではない

第346条　（質権の被担保債権の範囲）

質権は、元本、利息、違約金、質権の実行の費用、質物の保存の費用及び債務の不履行又は質物の隠れた瑕疵によって生じた損害の賠償を担保する〈同〉。ただし、設定行為に別段の定めがあるときは、この限りでない〈書〉。

[趣旨] 本条は、当事者が設定契約において被担保債権の範囲を定めなかった場合に備えてその範囲を定めたものである。質権者の下に占有があり、第三者との利害衝突の危険性が減少するので抵当権の被担保債権の範囲よりも拡大されている〈同〉。

《注 釈》

一　「利息」

重利も含まれる。不動産質の場合には、特約がある場合のみ利息を請求できるが、第三者に対抗するためには、その特約の登記が必要となる。

物
権

223

総則［第347条〜第348条］　　●質権

二　「違約金」

違約罰の予定であるか否かを問わない。不動産質の場合は、違約金を対抗するために登記が必要となる。

三　「損害の賠償」

1　「質物の隠れた瑕疵によって生じた損害」とは、質物の引渡しを受ける際に、通常の注意をしても気付くことができなかった、質物の不完全さから生じた損害という意味であり、目的物が人又は他の物に与えた損害のことをいう。

2　不動産質である場合には、375条の規定が準用される。

第347条　（質物の留置）

質権者は、前条に規定する債権の弁済を受けるまでは、質物を留置することができる。ただし、この権利は、自己に対して優先権を有する債権者に対抗することができない。

[趣旨]本条は、留置的効力によって債務者に心理的強制を加え、間接的に債務の履行を実現させようとする質権の機能を発揮させるため規定された。

《注　釈》

一　本文

質権が消滅する前に設定者から質物の返還を請求された場合、質権者はこれを拒絶することができるし、競売により抵当権のように消滅もしないため、返還請求の訴えがなされても、引換給付の判決でなく、原告敗訴の判決がなされる（大判大9.3.29）〈圖〉。

二　ただし書

1　自分に対して優先権をもつ者に対しては留置的効力を主張できない。

∵　優先弁済的効力において、他の担保物権者に劣る場合には、強力な保護を認める必要はない

ex.　先順位の質権者、質権に優先する先取特権をもつ者

→留置権の留置的効力とは異なる

2　優先権をもつ者によって質物が競売されるとき、質権者はその引渡しを拒むことができず、ただ、順位に応じてその売得金から弁済を受けることができるにすぎない。

第348条　（転質）

質権者は、その権利の存続期間内において、自己の責任で、質物について、転質をすることができる〈圖〉。この場合において、転質をしたことによって生じた損失については、不可抗力によるものであっても、その責任を負う〈圖〉。

[趣旨]本条は、質権者が一度質物に固定させた資金を、被担保債権の弁済期以前に再び流動させることを可能にしようというものである。

●質権　　　　　　　　　　　　　　　　　　　　　　　　　総則［第348条］

《注　釈》

一　意義

転質には、①質権設定者の承諾を得てなされる承諾転質（350、298Ⅱ）と、②承諾を要さず質権者の責任においてこれをなす責任転質とがある（大連判大14.7.14）。

→本条の適用がある場合、298条2項は排除される

二　責任転質の法的性質

共同質入説、単独質入説（質権譲渡説と質権質入説）、質物質入説の諸説あるが、具体的結論自体の違いは解釈の変化によって次第に解消されてきており、転質の性質についての議論の実益は小さくなっている。

三　責任転質の要件

① 転質権の被担保債権額が、原質権の被担保債権額を超過しないこと
② 原質権の存続期間の範囲内において転質をなすこと
③ 質物の引渡し等、質権設定契約の一般的要件を備えること

→上記①②の要件に関しては、これを不要と考え、③のみが責任転質の成立要件であると考える見解が有力である

四　責任転質の効果

1　原質権者の責任

転質をしなければ生じなかったはずの損害については、不可抗力による場合にも責任を負う（後段）。

2　原質権及びその被担保債権に対する効力

(1) 転質がなされた場合、原質権そのものが拘束を受けてその放棄等が制限されるのみでなく、原質権の被担保債権もまた転質によって拘束を受け、放棄や弁済等によってこれを消滅させることができなくなる。

(2) (1)の拘束を債務者に対抗するためには、債権譲渡の場合と同様、転質権の設定を原質権者から債務者に通知するか、債務者がこれを承諾することが必要となる。

(3) 原質権者がその被担保債権のうち、転質権の被担保債権額を超える部分について弁済を受けたり質権を実行することはできない。

3　転質権の実行

(1) 転質権者が転質権を実行するためには、原質権の被担保債権についてもまた弁済期が到来しなければならない。

(2) 転質権を実行した場合の売得金は、まず転質権者の優先弁済に充て、残余のあるときに原質権者がこれから弁済を受ける。

(3) 共同質入説によれば、転質権者が原質権の被担保債権を直接取り立てることが可能であるが、単独質入説では債権質が行われていないので不可能であるとされる。

五　承諾転質（350、298）

1　成立要件

原質権の被担保債権の額や弁済期による拘束はない。

物権

225

総則［第349条～第350条］　　　　　　　　　　　　　　　　　　　●質権

2　効力

　　転質権は原質権から全く独立しているので、転質権はそれ自体について要件
　が整えば、原質権実行の要件の成否にかかわらず実行できる等の効力が認めら
　れる。

第349条　（契約による質物の処分の禁止）

　　質権設定者は、設定行為又は債務の弁済期前の契約において、質権者に弁済として
　質物の所有権を取得させ、その他法律に定める方法によらないで質物を処分させるこ
　とを約することができない。

[趣旨] 経済的に優位な立場にある質権者が、弁済期前の債務者の窮迫状態に乗じ
て暴利をむさぼるのを防ぐため、質権者が質物から優先弁済を受けるためには、法
律の定める方法によるべきとし、当事者の任意の協定によることを禁止した（強行
規定）。

《注　釈》

一　弁済期到来後の流質契約

　　弁済期到来後の流質契約は禁止されない。

　　∵　弁済期が到来すれば、債務者が差し迫った事情から不利益な契約を強制さ
　　　れるおそれが少ない

　　cf.　商事質（商515）や質屋営業法の特例では、流質契約が認められる

二　質権設定者が欲する場合

　　質権設定者が弁済に代えて任意に質物の所有権を質権者に移すことができると
　いうような契約は、所有権を移すか否かが質権設定者の意思に委ねられているの
　だから、本条により禁止されない（大判明37.4.5）。

第350条　（留置権及び先取特権の規定の準用）

　　第296条から第300条まで＜留置権の不可分性・果実の収取・留置物の保管
　等・費用の償還請求・留置権の行使と債権の消滅時効＞及び第304条＜物上代位＞
　の規定は、質権について準用する。

[趣旨] 本条は、担保物権一般に共通する不可分性・物上代位性等について、留置
権・先取特権の規定が質権にも準用されるべきことを定める。

《注　釈》

◆　準用規定の概要

1　不可分性（296準用）

　　ex.　金銭債権を質入した場合は、被担保債権額の超過部分にも質権は及ぶ
　　　が、優先弁済は超過部分につきなしえず取立てもできない

2　果実からの優先弁済受領権（297準用）

　(1)　天然果実は、抵当権と異なり、質権者が収取して優先的に弁済充当するこ
　　　とができる。

　(2)　法定果実は、質権者が所有者の承諾を得て質物を使用したり賃貸したりす

●質権 総則［第351条］・動産質［第352条］

る場合等に問題となるが（298Ⅱ）、その結果生じた使用利益や賃貸料等は天然果実同様に取り扱ってもよいものとされる。

3 留置権者の留置物保管義務（298準用）〈同書〉

「担保に供することができない」が、責任転質（348）はなしうる。

不動産質権の場合、承諾なく使用収益をなしうる（356）。

4 留置権者の費用償還請求権（299準用）〈同共〉

5 被担保債権の消滅時効（300準用）〈同〉

6 物上代位（304準用）

質物が売却されたとしても、追及力を失うわけではないので、売却代金に関して、物上代位を行使する必要性は乏しい。

第351条 （物上保証人の求償権）

他人の債務を担保するため質権を設定した者は、その債務を弁済し、又は質権の実行によって質物の所有権を失ったときは、保証債務に関する規定に従い、債務者に対して求償権を有する。

[趣旨] 物上保証人が第三者として債務者の債務を進んで弁済し又は質権の実行によって質物の所有権を失った場合には、自分の出捐をもって他人の債務を消滅させたのであるから、保証人が主たる債務者の債務を弁済したときと同様の関係を呈する。そこで、物上保証人の求償権能に関して、保証人の場合と同様に取り扱うものとした。

《注 釈》

▪ 債務者の委託を受けずに物上保証人となることも可能であり、その場合でも、物上保証人と質権者との間では、有効な質権が成立する。ただし、委託の有無によって求償権の範囲は異なる。

■第2節 動産質

第352条 （動産質の対抗要件）〈書〉

動産質権者は、継続して質物を占有しなければ、その質権をもって第三者に対抗することができない。

《注 釈》

一 「占有」

1 「占有」を失うと、質権を第三者に対抗できなくなるが、質権は消滅しない〈同書〉。

2 代理占有も含む（ただし、質権設定者による代理占有を除く（345））。

ex. 質権者が目的物を賃貸したり修繕等のため他人に保管させたりしても対抗力は消滅しない

二 「第三者」

質権設定者や債務者（質権設定者が別にいる場合）は含まれない。

ex. 質権設定者が質物を奪い取った場合に、質権者がそれを取り戻そうとする

動産質〔第353条〜第355条〕・不動産質〔第356条〕　　　　　●質権

　ときには、質権それ自体に基づく返還請求をなしうる

第353条　（質物の占有の回復）

　動産質権者は、質物の占有を奪われたときは、占有回収の訴えによってのみ、その質物を回復することができる〈司書〉。

[趣旨] 占有を失えば対抗力がなくなるとしながら（352）、物権的請求権等を認めることは調和がとれず、質権者を保護しすぎる。そこで、本条は、質権自体に基づく本権の訴えを禁じ、質物回復の可能性を占有侵奪の場合に限った。

《注　釈》

◆　「占有を奪われた」

　　質権者がその意に反して占有を失ったことを意味する。よって、質権者が質物を遺失したとか詐欺に掛かって物を引き渡してしまった等の場合には、もはやいかなる方法によってもこれを取り戻すことはできない。

第354条　（動産質権の実行）

　動産質権者は、その債権の弁済を受けないときは、正当な理由がある場合に限り、鑑定人の評価に従い質物をもって直ちに弁済に充てることを裁判所に請求することができる〈司書〉。この場合において、動産質権者は、あらかじめ、その請求をする旨を債務者に通知しなければならない。

[趣旨] 質権者は、原則として競売（民執190）により権利を実行するが、本条は、動産質の実行について特別に簡便な方法を認めたものである。

《注　釈》

▪　「正当な理由」（前段）とは、競売が必要ない場合や、質物の価格が低すぎて競売の費用がかさみすぎる場合等である。

第355条　（動産質権の順位）

　同一の動産について数個の質権が設定されたときは、その質権の順位は、設定の前後による。

《注　釈》

▪　代理占有も占有に含まれることから、同一動産上に複数の質権を設定しうる〈司〉。

■第3節　不動産質

第356条　（不動産質権者による使用及び収益）

　不動産質権者は、質権の目的である不動産の用法に従い、その使用及び収益をすることができる〈司書〉。

[趣旨] 質権者は原則として質物を使用収益することができないが、この原則を不動産質においても貫くと、目的不動産は質権者が設定者からその占有を取り上げている関係上、誰にも利用されないことになって社会経済上不利益であり、他方質権者

●質権 不動産質［第357条～第360条］

に利用させても目的不動産を損壊する危険は小さい。そこで、本条は、設定行為に別段の定めがない限り質権者がその用法に従い目的不動産を使用しうることを認めた。本条から、不動産質権者の果実収取権が認められる。

《注　釈》

▪ 不動産質権者が天然果実を収取した場合でも、利息の弁済に充当しなければならないわけではない。

▪ 「用法に従い」使用収益することができるのであるから、不動産質権者が、目的不動産を賃貸し、その賃料を収受することは可能である。しかし、畑を水田として使用することや住宅を店舗として使用することは不可能である。

第357条　（不動産質権者による管理の費用等の負担）

不動産質権者は、管理の費用を支払い、その他不動産に関する負担を負う。

[趣旨]不動産質権者による目的不動産の使用収益権を認めた（356）反面で課せられた負担である。

第358条　（不動産質権者による利息の請求の禁止）

不動産質権者は、その債権の利息を請求することができない。

[趣旨]利息は債権元本の使用の対価であり、不動産に質権が設定される場合、その物の代価は少なくとも債権の元本額に相当するのが常であるから、その果実の価額は前条の費用を控除してもなお、少なくとも債権の利息に相当するのが通例であると考えられる。そこで、使用収益額・管理費用・利息額の間の複雑な計算を避けることも考慮して、本条は任意規定として規定された。

第359条　（設定行為に別段の定めがある場合等）

前3条の規定は、設定行為に別段の定めがあるとき、又は担保不動産収益執行（民事執行法第180条第2号に規定する担保不動産収益執行をいう。以下同じ。）の開始があったときは、適用しない。

第360条　（不動産質権の存続期間）

Ⅰ　不動産質権の存続期間は、10年を超えることができない。設定行為でこれより長い期間を定めたときであっても、その期間は、10年とする。

Ⅱ　不動産質権の設定は、更新することができる。ただし、その存続期間は、更新の時から10年を超えることができない。

[趣旨]不動産の用益権を長く所有者以外の者に委ねると、不動産の効用を全うできないと考えられたため、本条が規定された。

《その他》

▪ 存続期間の定めがない場合にも、質権は不成立になるのではなく、設定の時から10年は存続すると解される（大判大6.9.19）。

▪ 弁済期を3年後、存続期間を4年間と設定した場合、質権者は、3年を経過した

不動産質［第361条］・権利質［第362条］　　　　　　　　　　　　　●質権

後1年間で質権を実行せねばならない。
→その間実行せず存続期間の4年間を経過した場合は、無担保債権となる

第361条　（抵当権の規定の準用）

　不動産質権については、この節に定めるもののほか、その性質に反しない限り、次章（抵当権）の規定を準用する。

《注　釈》

▪ 準用される規定のうち、主要なものは、373条、375条、378条、388条である。

■第4節　権利質

第362条　（権利質の目的等）

Ⅰ　質権は、財産権をその目的とすることができる。
Ⅱ　前項の質権については、この節に定めるもののほか、その性質に反しない限り、前3節（総則、動産質及び不動産質）の規定を準用する。

[趣旨] 本条は、資本主義の発達に伴い財産権の有する交換価値を担保化する必要性に対処すべく、財産権を目的とした質権の設定をすることを可能ならしめるために規定された。

《注　釈》

一　権利質の目的となる債権

1　財産的価値を有し、譲渡可能（343参照）であることを要する。

　ex.　扶養を受ける権利（881）、恩給を受ける権利（恩給11Ⅰ本文）は、たとえ質権者が譲渡できないことについて善意であったとしても、目的としえない

　cf.　譲渡制限の意思表示がされた債権（譲渡制限特約付債権）が質権の目的とされた場合、その特約について質権者が悪意であったとしても、預貯金債権の場合を除き、質権設定の効力は妨げられない（466Ⅱ、466の5Ⅰ）。ただし、債務者は、悪意・重過失の質権者に対し、債務の履行を拒むことができ、また、弁済等の債務の消滅事由をもって対抗することができる（466Ⅲ）

2　質権者が債務者である債権も質入れすることができる（大判昭11.2.25）。

二　債権質の効力の及ぶ範囲

　　債権全部の弁済を受けるまで全債権に及ぶ（350、296）。また、債権質の効力は利息債権や担保権（質権・抵当権・保証など）にも及び、債権の侵害に対する損害賠償請求権や保険金請求権にも及ぶ（350、304）。

三　債権質の設定者に対する効力

1　質権設定者は、質入れした債権の取立て、相殺、免除等、債権を消滅・変更させる一切の行為その他当該債権の担保価値を害するような行為を行うことは許されない。

●質権　　　　　　　　　　　　　　　　　　　権利質［第363条〜第365条］

∵　質権設定者は担保価値維持義務を負う

ex.　債権質権設定者である賃借人が、正当な理由なく賃貸人に対し未払債務
　　を生じさせて目的債権たる敷金返還請求権の発生を阻害する行為（最判平
　　18.12.21・百選Ⅰ83事件）

2　質権設定者は、時効の完成を妨げるため、自ら第三債務者に催告（150、
147）したり、債権存在の確認訴訟を提起することができる（大判昭5.6.27）〈司〉。
また、質入債権を他に譲渡することもできる〈司〉。

第363条　（債権質の設定）　削除

【平29改正】本条は、指図証券の質入れに関する改正民法520条の7が新設された
ことに伴い、削除された。

第364条　（債権を目的とする質権の対抗要件）〈司〉

　債権を目的とする質権の設定（現に発生していない債権を目的とするものを含む。）
は、第467条＜債権の譲渡の対抗要件＞の規定に従い、第三債務者にその質権の設
定を通知し、又は第三債務者がこれを承諾しなければ、これをもって第三債務者その
他の第三者に対抗することができない。

【平29改正】改正前民法で用いられていた「指名債権」という文言は、すべて「債
権」に統一された。また、改正民法466条の6第1項が将来債権も譲渡することが
可能であることを明文で定めるに至ったため、本条も所要の文言の変更をした。

《注　釈》

一　第三債務者の承諾

　質権者を特定しないでなされた第三債務者の承諾は、第三者に対する対抗要件
とは認められない（最判昭58.6.30）〈司〉。

二　第三債務者以外の第三者

1　債権の譲受人や同一債権に対する質権取得者、差押債権者が含まれる。

2　これらの者に対する対抗要件は、「通知」又は「承諾」が、確定日付ある証
書をもってなされる必要がある〈司〉。

三　質入債権に対する拘束力

　債権差押についての規定（481Ⅰ）が準用される（大判大5.9.5）〈司〉。

ex.　設定者と第三債務者との間で債権の取立て・相殺等、質入債権を消滅・
　　変更させても、これを質権者に対抗できない

《その他》

▪法人が債権を目的として質権を設定した場合については、動産及び債権譲渡の対
抗要件に関する民法の特例等に関する法律に基づき、債権譲渡登記ファイルへの
登記によって第三者対抗要件を具備することも可能である（動産・債権譲渡特例
14）〈司〉。

第365条　（指図債権を目的とする質権の対抗要件）　削除

権利質〔第366条～第368条〕　　　　　　　　　　　　　　　　　　　●抵当権

【平29改正】改正前民法365条は、「指図債権を質権の目的としたときは、その証書に質権の設定の裏書をしなければ、これをもって第三者に対抗することができない」とするものであったが、指図証券の質入れに関する改正民法520条の7が新設されたことに伴い、削除された。

第366条　（質権者による債権の取立て等）

Ⅰ　質権者は、債権の目的である債権を直接に取り立てることができる。

Ⅱ　債権の目的物が金銭であるときは、質権者は、自己の債権額に対応する部分に限り、これを取り立てることができる〈共書〉。

Ⅲ　前項の債権の弁済期が質権者の債権の弁済期前に到来したときは、質権者は、第三債務者にその弁済をすべき金額を供託させることができる。この場合において、質権は、その供託金について存在する〈書〉。

Ⅳ　債権の目的物が金銭でないときは、質権者は、弁済として受けた物について質権を有する〈司書〉。

《注　釈》

▪ 質権者は、質入債権の目的物を直接自己へ引き渡す旨を請求でき、引渡しがなされた場合はその債権は弁済されたことになる（Ⅰ）〈司〉。

▪ 質権者は、質権の目的である債権を直接に取り立てることができる（Ⅰ）。質権の目的である債権の目的物が金銭である場合、かかる取立てが認められるためには、質権者の被担保債権の弁済期が到来するとともに、質権の目的たる債権の弁済期が到来しなくてはならない（Ⅲ参照）〈司〉。

▪ 質権の目的である債権の目的物が金銭である場合、質権者は自己の債権額部分に限り、取り立てることができ、これを弁済に充当できる（Ⅱ）〈共〉。

第367条及び第368条　削除

・第10章・【抵当権】

《概　説》

一　意義

　　債権者が、債権の担保として債務者又は第三者から占有を移転しないで提供を受けた不動産、地上権、永小作権につき、他の債権者に先立って自己の債権の弁済を受けることのできる約定担保物権である（369）。

　　生産設備の占有を移さずに担保化することで、抵当権設定者の債務返済の容易化と抵当権者の債権の実現という両者の目的を果たさせており、資本主義の維持・発展に重要な役割を担う制度である。

二　特質

　　抵当権は、付従性、随伴性、不可分性、物上代位性及び優先弁済的効力を有する点で質権と共通する。しかし、目的物の占有を抵当権設定者（債務者又は物上

●抵当権   総則［第369条］

保証人）にとどめ、引き続いて使用収益を許す非占有担保物権であり、留置的効力を有しない点で質権と異なる（公示方法は登記による）。登記・登録等、占有以外の方法による公示手段がない場合、抵当権の目的とすることはできない。

■第1節 総則

第369条 （抵当権の内容）

Ⅰ 抵当権者は、債務者又は第三者が占有を移転しないで債務の担保に供した不動産について、他の債権者に先立って自己の債権の弁済を受ける権利を有する《書》。

Ⅱ 地上権及び永小作権も、抵当権の目的とすることができる《同予書》。この場合においては、この章の規定を準用する。

《注 釈》

一 抵当権設定契約

1 契約の性質

抵当権は、直接に抵当権の成立を目的とする契約によって設定される（抵当権設定契約）。この契約は、諾成契約である《同》。

2 契約の当事者

(1) 抵当権者は抵当権によって担保される債権の債権者である。

(2) 設定者は担保物について処分権を有していることが必要である。したがって、設定者となるのは通常債務者であるが、処分権を有している限り、債務者以外の第三者であってもよい（物上保証人）。

 * 物上保証人の地位は、質権の場合と同様である。したがって、質権に関する351条（物上保証人の求償権）が準用される（372）。

3 無効な債権を担保する抵当権の効力

この場合、付従性により、抵当権も無効となるのが原則である。もっとも、無効な貸付けによって利益を受けた債務者が、抵当権ないしその実行の無効を主張することは、信義則上許されないと判断される場合がある（最判昭44.7.4・百選Ⅰ84事件）。

二 抵当権の対抗要件

1 登記をしなければ、第三者に対抗できない（177）。

 cf. 被担保債権の債権譲渡による随伴性により、抵当権を取得した場合は、債務者に対する通知・承諾があれば登記なくして債務者に抵当権の効力を主張できる

2 登記の流用の可否

被担保債権の不成立・消滅にもかかわらず抵当権の登記のみが抹消されずに残存している場合に、この登記を他の債権のために設定された抵当権に流用できるか。

(1) 流用前の第三者との関係では、同一の担保物、同額の債権担保であっても無効である（大判昭8.11.7）《同》。

(2) 流用後の第三者との関係では、抵当権者は流用登記をもって対抗できる（大判

総則［第370条］　　　　　　　　　　　　　　　　　　　　　　　●抵当権

昭11.1.14)。

三　抵当権の目的となりうる物

抵当権は、登記・登録等の公示方法が可能なものについて設定することができる。

ex.　自動車（自動車抵当法）、航空機（航空機抵当法）等は特別法により抵当権設定が認められている

cf.　共有物に抵当権を設定する場合は、共有者全員の同意が必要となる（251）

四　抵当権の被担保債権

1　通常は金銭債権であるが、物の引渡請求権など金銭債権以外の債権であっても差し支えない（∵債務不履行によって金銭債権となる）〈共〉。

2　被担保債権の態様

(1)　債権の一部について抵当権を設定することも、数個の債権をあわせて被担保債権とすることも（最判昭33.5.9）、可能である。

(2)　将来発生する債権のために抵当権を設定することも可能である（将来発生する債権が、消費貸借契約に基づく貸金返還請求権である場合につき大判明38.12.6、保証人の求償権である場合につき最判昭33.5.9）〈同共書〉。

(3)　被担保債権が無効なときは、抵当権もまたその効力を生じない（最判昭30.7.15）〈同〉。もっとも、債務者が貸付行為（ex.労働金庫の目的の範囲内に属しない員外貸付）の無効を主張して、不当利得返還債務を弁済せずに抵当権とその実行手続の無効を主張することは、信義則上許されない（最判昭44.7.4・百選 I 84事件）。

第370条　（抵当権の効力の及ぶ範囲）

抵当権は、抵当地の上に存する建物を除き、その目的である不動産（以下「抵当不動産」という。）に付加して一体となっている物に及ぶ〈同書〉。ただし、設定行為に別段の定めがある場合及び債務者の行為について第424条第3項に規定する詐害行為取消請求をすることができる場合は、この限りでない〈書〉。

《注　釈》

一　本文　「付加して一体となっている物」（付加一体物）

1　付合物（242）

(1)　抵当不動産に付合した物（242）は、不動産の構成部分となって独立性を失っているから、付合の時期を問わず、付加一体物に含まれる〈同〉。

ex.1　土地に対する立木〈同〉・庭石、建物に対する増築建物・付属建物（大決昭9.3.8）

ex.2　建物の内外を遮断する雨戸・ガラス戸・建具類は取り外しが容易であっても建物の一部を構成するから、独立の動産（従物）とはいえず、付加一体物となる（大判昭5.12.18）〈書〉

(2)　他人が「権原」により不動産に付属させた場合には、抵当権の効力は及ばない。　⇒p.176

ex. 建物所有者が建物に抵当権を設定した場合における建物賃借人が設置した造作には抵当権の効力は及ばない（∵賃借人の所有に属する）

2　従物（87）

(1)　従物と付加一体物との関係

A説：370条の「付加一体物」に従物を含める
→抵当権設定の前後を問わず従物には抵当権の効力が及ぶ

B説：370条の「付加一体物」に従物を含めない（87条2項で処理）

B1説：87条2項の「処分」は抵当権の設定を意味する。
→抵当権設定前の従物にのみ抵当権の効力が及ぶ

B2説：87条2項の「処分」は抵当権の設定から実行までを意味する。
→抵当権設定の前後を問わず従物には抵当権の効力が及ぶ

(2)　従物が主物より高価であっても、主物に対する抵当権の効力が及ぶ。

ex.　ガソリンスタンドの店舗建物に対する抵当権は、建物価格の4倍以上の価値を有する地下タンク等の諸設備に及ぶ（最判平2.4.19）〈司書〉

3　従たる権利

抵当不動産（建物）の敷地賃借権のように抵当不動産に従たる権利についても、従物の場合と同様に、抵当権の効力が及ぶ（最判昭40.5.4・百選I 86事件）〈司書〉。もっとも、抵当権実行としての競売がされたときに当該敷地賃借権が買受人に当然に移転するわけではなく、賃借権の譲渡には地主の承諾又は承諾に代わる裁判所の許可（借地借家20 I）が必要である〈司〉。

4　対抗要件

従物に対する抵当権の対抗要件は主たる不動産の抵当権設定登記をもって370条により具備される（最判昭44.3.28・百選I 85事件）〈予書〉。

二　ただし書

1　「設定行為に別段の定めがある場合」は、抵当権の効力は及ばない〈書〉。

これは抵当不動産の付合物や従物を抵当権の効力が及ぶ目的物の範囲から除外する特約を認める規定であって、土地について設定された抵当権の効力をその土地上の建物にも及ぼす特約を認めるものではない〈供〉。

ただし、土地の本質的構成部分となっている付合物は、その存在を土地と分離して観念することが不可能であるから（ex.盛土、石垣）、こうした物を抵当権の効力が及ぶ範囲から除外する特約をすることはできない。

2　「債務者の行為について第424条第3項に規定する詐害行為取消請求をすることができる場合」も、抵当権の効力は及ばない。

→424条による取消しと異なり、裁判所に取消しを請求する必要はなく、当然に抵当権の効力が及ばないという点で、424条1項の特則となる

三　分離物（ex. 抵当地上の立木が伐採された場合）

1　通常の使用・収益による分離の場合

分離された物には抵当権は及ばない（∵非占有担保物権）

2　通常の使用・収益によらない分離の場合

総則〔第371条～第372条〕　　●抵当権

(1)　学説

A説：①分離物が抵当不動産上にある間は、第三者に売却されても抵当権は分離物に及び、第三者にも対抗できるが、②搬出されたときは、第三者に対する対抗力を失うので、当該分離物が第三者の所有に帰すると抵当権は消滅する

B説：第三者に即時取得（192）されるまで抵当権の追及力が及ぶ

(2)　判例

ex.1　抵当権に基づく競売開始決定後は、差押えの効力が生ずる結果、抵当権の効力がこれに及ぶ

ex.2　競売開始決定以前でも、抵当権者は伐採木材の搬出を禁止する権利を有する

3　崩壊木材と抵当権の効力〈司〉

抵当権の目的たる家屋が天災のため崩壊した場合、抵当目的物がなくなって登記は効力を失うに至るから、崩壊木材についてはもはや抵当権の効力を問題にできない（大判大 5.6.28）。

《その他》

▪ 互いに主従の関係にない甲乙2棟の建物が、その間の隔壁を除去する等の工事により1棟の丙建物となった場合には、甲乙の合体を不動産と不動産の付合と捉え（242、247Ⅱ類推）、179条1項ただし書に準じて共有持分権は融合せず、甲の抵当権は甲の価格に応じる共有持分権の上に存続する（最判平 6.1.25）〈司書〉。370条により甲乙の各抵当権は丙建物全体に及び、丙建物抵当権の準共有になるとする立場もある。

第371条

抵当権は、その担保する債権について不履行があったときは、その後に生じた抵当不動産の果実に及ぶ〈司共書〉。

[趣旨] 平成15年改正で民事執行法に導入された担保不動産収益執行の手続（民執180②）を機能させるため、被担保債権が債務不履行に陥った後の果実に抵当権が及ぶことを明示した。

《注　釈》

▪ 被担保債権の債務不履行後は、抵当不動産の果実（法定果実だけでなく天然果実も含む）に抵当権の効力が及ぶ（最判平元 .10.27・百選Ⅰ 87 事件）〈司共書〉。

第372条　（留置権等の規定の準用）

第296条＜留置権の不可分性＞、第304条＜物上代位＞及び第351条＜物上保証人の求償権＞の規定は、抵当権について準用する。

[趣旨] 本条は、不可分性、物上代位性及び物上保証人の求償関係について規定したものである。

236

●抵当権　　　　　　　　　　　　　　　　　　　　　　　総則［第372条］

《注　釈》

一　不可分性（296準用）

1　抵当権の効力は、被担保債権の全部の弁済があるまでは、抵当目的物の全部に及ぶ[共]。

2　被担保債権の全部の弁済があるまでは、抵当権者は目的物の全部に対して抵当権を実行しうる。

　　ex.　被担保債権が、抵当不動産の価額を上回る場合、物上保証人が、その不動産価額を抵当権者に支払っても、抵当権は消滅しない

二　物上代位性（304準用）

1　物上代位の目的物

　「目的物の売却、賃貸、滅失又は損傷によって債務者が受けるべき金銭その他の物」である（372、304）。

(1)　売却代金

　　抵当権には目的物に対する追及力があるので、売却代金を物上代位の目的物とする必要は必ずしもないことから解釈上争いあるも、通説はこれを肯定する。

　　cf.　買戻特約付売買の買主から目的不動産につき抵当権の設定を受けた者は、抵当権に基づく物上代位権の行使として、買戻権の行使により買主が取得した買戻代金債権を差し押さえることができる（最判平11.11.30）〈書〉

(2)　賃料・用益物権の地代

　　抵当権は抵当権設定者に目的物の使用・収益を許すものだから、収益に対して抵当権の効力が及ばないのが原則である。しかし、372条によって準用される304条は、払渡前の差押えを要件として賃料等の法定果実に抵当権の効力が及ぶ（物上代位）と規定している。さらに、371条は、抵当債務の不履行後は抵当権の効力は果実に及ぶと規定する。両者は、適用要件を異にし、並存するものであるが、物上代位による差押えがあった後に371条に基づく収益執行（民執180②）が開始されたという場合には、物上代位による差押えの効力は停止するという調整規定が置かれている（民執93の4、188）。

　　＊　学説は権利金も賃料の一種であるとして物上代位が及ぶと解しているが、権利金について物上代位した場合には、抵当権者が賃借権を承認したものとされ、それ以後、この賃借権は覆滅しないと解している。

　　cf.　抵当権者は、抵当不動産の賃借人を所有者と同視することを相当する場合を除いて、抵当不動産の賃借人が取得すべき転貸賃料債権について、物上代位できない（最決平12.4.14）〈司共予書〉

(3)　目的物の滅失・損傷による損害賠償請求権[共]

　　第三者の不法行為により目的物が滅失・損傷した場合には、抵当権者は抵当権侵害を理由として第三者に対して損害賠償請求をなしうる（大判昭

7.5.27)。もっとも、賠償額、損害発生時期等、複雑な問題を回避するため、通常、抵当権者は抵当目的物の所有者による所有権侵害を理由とする損害賠償請求権に物上代位する。

(4) 保険金請求権

判例は、保険金請求権への物上代位を認める。

有力説は、保険金請求権は物の滅失・損傷により当然に生ずるのではなく、保険契約を締結して保険料を支払う対価として生ずるものであるとして物上代位を否定する。

2 代位権行使の要件（「払渡し又は引渡しの前に差押えをしなければならない」）

(1) 物上代位制度の趣旨

A説：本条は、抵当権が目的物の交換価値を支配する権利であることに基づく当然の規定であり（価値権説）、差押えの意義は、代位目的物が債務者の一般財産に混入することを防ぐことにある（特定性維持説）ので、抵当権者自らが差押えをなすことを要しない

→転付命令・債権譲渡によって目的債権の帰属が変わったとしても、債権の特定性が維持されている以上、払渡しがなされるまでは、物上代位権の行使は妨げられない

B説：物上代位は抵当権者を保護するために民法が特に認めた制度であり（特権説）、差押えは、物上代位権を公示する手段となり、それによって他の債権者・当該債権の譲受人等を害さないようにするものである（優先権保全説）ので、抵当権者自らが差押えをなすことを要する

→当該債権の譲渡・対抗要件具備や転付命令の前に差し押さえなければ、物上代位権を行使することはできない

C説：差押えは、第三債務者の二重弁済を防ぐための制度であり、競合する第三者と物上代位権者との関係を規律するものではない（第三債務者保護説）（最判平 10.1.30・百選 I 88 事件）

(2) 「払渡し又は引渡しの前」

ex.1 「払渡し又は引渡し」には、債権譲渡は含まれず、抵当権者は、物上代位の目的債権が譲渡され第三者に対する対抗要件が備えられた後においても、自ら目的債権を差し押さえて物上代位権を行使することができる（最判平 10.1.30・百選 I 88 事件）〈司書〉

ex.2 債権について一般債権者の差押えと抵当権者の物上代位に基づく差押えが競合した場合、両者の優劣は、一般債権者の申立てによる差押命令の第三債務者への送達と抵当権設定登記の先後による（最判平 10.3.26）〈共〉

ex.3 抵当権の物上代位の目的となる債権に対する転付命令が第三債務者に送達されるまでに抵当権者が当該債権の差押えをしなかったときは、

●抵当権   抵当権の効力

　　　　　　抵当権者はもはや物上代位をなしえない（最判平 14.3.12）〈司共書〉

　　ex.4　抵当権者が賃料債権を差し押さえた後は、抵当不動産の賃借人は、
　　　　　抵当権設定登記の後に賃貸人に対して取得した債権を自働債権とする
　　　　　賃料債権（受働債権）との相殺（505）をもって、抵当権者に対抗でき
　　　　　ない（最判平 13.3.13・平 13 重判 5 事件）〈司共〉　⇒ p.444
　　　　　　→抵当権設定登記の後に取得した債権であっても、抵当権者による
　　　　　　　差押えがなされる前であれば、賃借人は賃貸人に対する債権と賃
　　　　　　　料債権との相殺を抵当権者に対抗できる〈書〉

　　ex.5　抵当権者が明渡し前に賃料債権を差し押さえたとしても、当該賃貸
　　　　　借契約が終了し、目的物が明け渡されたときは、賃料債権は、敷金の
　　　　　充当によりその限度で消滅する（622 の 2、最判平 14.3.28・平 14 重判
　　　　　3 事件）〈司共書〉

三　物上保証人の求償権（351、459 等）　⇒ p.227

■第 2 節　抵当権の効力

《概　説》

◆　抵当権侵害

　　抵当権も物権である以上、抵当権の内容が侵害されたときには、その排除を求
　める物権的請求権が生じ、また、不法行為に基づく損害賠償請求権（709）が発
　生することもある。

　　しかし、抵当権は、本来、目的物の利用を伴わず、単に目的物の交換価値を把
　握するだけの価値権であるため、所有権侵害のような典型的な物権侵害と異なっ
　た側面を有する。

　　ex.1　通常の経済的用途に従った利用であれば、目的物を第三者に用益させて
　　　　　も抵当権侵害にならない

　　ex.2　目的物に対する侵害があり、価値が減少したとしても、抵当権が被担保
　　　　　債権額について優先弁済を受けることができるのであれば、損害があると
　　　　　はいえない

　　ex.3　抵当権者は、抵当不動産に対する第三者の占有により賃料相当の損害を
　　　　　被るものではない（最判平 17.3.10・百選 I 89 事件）

物
権

239

抵当権の効力 ●抵当権

＜第三者による抵当権侵害＞

物権	抵当権者の救済方法	抵当権に基づく物権的請求権

(1) 山林の伐採・伐木の搬出の差止めの可否
→第三者の抵当権侵害行為に対し、抵当権に基づく差止請求が可能（伐採の禁止につき大判昭6.10.21、搬出の禁止につき大判昭7.4.20）〈共書

(2) すでに搬出された伐木の返還請求の可否
→①抵当権者への返還請求については否定
②伐木を元の所在地に戻すように請求する権利は認める〈通
※土地建物とともに抵当権の目的とされた動産が不動産から搬出された場合、抵当権者は第三者が即時取得しない限り、不動産の元へ戻すことを請求できる
ex. 抵当権の対象となった工場に設置された機械（最判昭57.3.12・百選I 90事件）

(3) 法律上は無効であっても、事実上抵当権の行使に障害となりうる登記がある場合（ex.すでに弁済がなされているにもかかわらず未だ先順位の抵当権登記が抹消されていない場合）
→抵当権者は登記の抹消を請求できる（大判昭15.5.14）〈同共

(4) 第三者が抵当不動産を不法占有することにより抵当不動産の交換価値の実現が妨げられ抵当権者の優先弁済請求権の行使が困難となるような状態があるときは、抵当権者は、抵当不動産の所有者に対し、抵当不動産を適切に維持又は保存するよう求める請求権を有し、これを被保全債権として、「423条の法意に従い、所有者の不法占有者に対する妨害排除請求権を代位行使することができる」。その場合、目的不動産の所有者のための管理を目的として、直接自己への明渡請求ができる（最大判平11.11.24）〈同書

この場合抵当権者は、抵当権に基づく妨害排除請求として、上記状態の排除を求めることもできる（最大判平11.11.24）

(5) 抵当権設定登記後に抵当不動産の所有者から占有権原の設定を受けてこれを占有する者に対しても、抵当権者は、当該占有者に対し、抵当権に基づく妨害排除請求として、排除を求めることができる

抵当権者は、抵当権設定者に抵当目的物の維持管理が期待できない場合、占有者に対し、直接自己への当該抵当不動産の明渡しを求めることができる（最判平17.3.10・百選I 89事件）〈同書

抵当権者の救済方法	抵当権侵害に対する損害賠償請求権 同H-22	(1) 「損害」の意味 →損害が発生したといえるためには、目的物の価値減少だけでは足りず、価値減少のために被担保債権の弁済を受けえなくなったことを要する（大判昭 3.8.1） (2) 抵当権者による請求の可否 ・物上代位説 通（＊） 　→所有権者のみが損害賠償請求権を有し、抵当権者はそれに物上代位をなしうるにとどまる 　∵　請求権の競合を認めると、法律関係が錯綜する ・競合説（大判昭 7.5.27） 　→抵当権者、所有権者ともに損害賠償請求権を有し、両者は競合する 　∵　不法行為により抵当目的物の交換価値が侵害されている以上、抵当権者にも損害賠償請求権が成立する (3) 損害賠償請求をなしうる時期 →抵当権実行前でも弁済期以後であれば損害賠償請求が可能 　∵　実行前であっても弁済期以後であれば損害額の算定が可能であり、抵当権の実行をまっていては損害の回復が困難となる場合もある

＊　物上代位説も、所有権者が第三者に対して損害賠償請求権を取得しない場合（第三者が抵当権設定登記を不法に抹消したり、抵当権の実行手続を不当に遅延させた場合など）には、抵当権者の第三者に対する不法行為に基づく損害賠償請求権を認める。
　∵　物上代位権は抵当不動産の滅失・損傷に基づく損害賠償請求権について認められるにすぎない（304 参照）

＜設定者による抵当権侵害＞

抵当権者の救済方法	差止請求、所在地への返還請求	抵当権に基づく物権的請求権として認める 通
	期限の利益の喪失（137②）（＊）	抵当権者は直ちに被担保債権の支払請求ができるとともに、残存する担保目的物に対して抵当権を実行できる →この場合、設定者の故意・過失を問わない 通
	増担保請求	(1) 増担保の特約があれば当然に増担保請求をなしうる (2) 特約がなくても、黙示の増担保特約を認めるなどして増担保請求を肯定しようとするのが学説の多数である

＊　不法行為による損害賠償請求（709）も考えられるが、この場合には、抵当権者は期限の利益の喪失を主張して抵当権を実行すればよいため、認める意味は乏しい。

第373条 （抵当権の順位）

　同一の不動産について数個の抵当権が設定されたときは、その抵当権の順位は、登記の前後による。

[趣旨] 順位確定の原則とは同一の財貨の上の抵当権はすべて確定した順位を保有して相互に侵すことなしという原則をいう。本条は、「抵当権の順位は、登記の前後による」という意味での順位確定の原則を定めたものである。

抵当権の効力［第374条～第375条］　　●抵当権

→不動産工事・保存の先取特権は例外（339）

* 　順位確定の原則には、「一度得た順位は、先順位の抵当権の消滅により、上昇しない」という意味もある。しかし、民法はこの意味での順位確定の原則を採用せず、順位上昇の原則を採用している。

第374条　（抵当権の順位の変更）

Ⅰ　抵当権の順位は、各抵当権者の合意によって変更することができる〈司書〉。ただし、利害関係を有する者があるときは、その承諾を得なければならない。

Ⅱ　前項の規定による順位の変更は、その登記をしなければ、その効力を生じない。

《注　釈》

一　意義

　　抵当権の順位の変更とは、被担保債権より完全に切り離された、順位の絶対的な変更である〈適〉。

二　要件

　　①　各抵当権者の合意（Ⅰ本文）

　　②　利害関係人（転抵当権者、被担保債権の差押権者等）があるときには、その者の承諾（Ⅰただし書）

三　効力発生要件

　　順位変更登記をもって効力が発生する（Ⅱ）〈司〉。

　　→これに対し、抵当権の譲渡・放棄及び抵当権の順位の譲渡・放棄の登記は、受益者相互間の対抗要件にすぎない（376Ⅱ）〈司〉

四　効果

　　順位の譲渡（376）と異なり、絶対的効力が生じる。

　　→一番抵当権者Aと一般債権者Cとの間の抵当権の譲渡であれば、二番抵当権者Bには影響を及ぼさないが、順位の変更の場合、二番抵当権者Bの優先弁済額にも影響を及ぼす

第375条　（抵当権の被担保債権の範囲）

Ⅰ　抵当権者は、利息その他の定期金を請求する権利を有するときは、その満期となった最後の2年分についてのみ、その抵当権を行使することができる〈司書〉。ただし、それ以前の定期金についても、満期後に特別の登記をしたときは、その登記の時からその抵当権を行使することを妨げない。

Ⅱ　前項の規定は、抵当権者が債務の不履行によって生じた損害の賠償を請求する権利を有する場合におけるその最後の2年分についても適用する。ただし、利息その他の定期金と通算して2年分を超えることができない。

[趣旨] 抵当権は、担保目的物が設定者の手元に置かれて（非占有担保性）、抵当権設定後も後順位抵当権者や一般債権者等の第三者が目的物について利害関係をもつことが少なくない。そこで、抵当権者の優先弁済権をある範囲に限定して、第三者の利益を保護しようとする趣旨である。

●抵当権　　　　　　　　　　　　　　　　　　　　抵当権の効力［第376条］

《注　釈》

- 本条は、他の債権者との関係で抵当権者の優先弁済権を制限したものであり、債務者、物上保証人、抵当不動産の第三者取得者又は設定者は元本債権の他、利息・損害金の全額を弁済しなければ抵当権を消滅させることはできない（大判大4.9.15）〈予書〉。

《その他》

- 利息その他の定期金（ex. 地代、終身年金）が弁済期限到来後に登記されれば、登記の時から375条の制約を超えて抵当権を行うことができる。
- 遅延損害金について利率の約定がある場合には、予定された利率による最後の2年分に限って抵当権の効力が及ぶ。遅延期間が弁済期後2年にならない場合には、その前の延滞約定利息と通算して2年分とされる（Ⅱ）。

第376条　（抵当権の処分）

Ⅰ　抵当権者は、その抵当権を他の債権の担保とし、又は同一の債務者に対する他の債権者の利益のためにその抵当権若しくはその順位を譲渡し、若しくは放棄することができる。

Ⅱ　前項の場合において、抵当権者が数人のためにその抵当権の処分をしたときは、その処分の利益を受ける者の権利の順位は、抵当権の登記にした付記の前後による。

[趣旨] 抵当権者の投下資本流動化の要請に応えると同時に、設定者の資金調達の要請に応える点に、本条の趣旨がある。

　抵当権を被担保債権とともに処分する方法として、①抵当権付債権の譲渡、②抵当権付債権の質入がある。また、抵当権を被担保債権から切り離して処分する方法としては、③転抵当、④抵当権の譲渡、⑤抵当権の放棄、⑥抵当権の順位の譲渡、⑦抵当権の順位の放棄、⑧抵当権の順位の変更がある。本条は、③から⑦を規定する。

《注　釈》

一　転抵当（Ⅰ前段）

　抵当権者が、その抵当権をもって他の債権の担保とすることを転抵当という。

1　転抵当の法的性質

　　原抵当権者の把握する抵当権の担保価値を優先的に転抵当権者に把握させる抵当権再度設定説、抵当権と被担保債権とを共同で転抵当権者に質入れする抵当権・債権共同質入説等がある。

2　要件

　　①　転抵当権の被担保債権額が原抵当権の被担保債権額を超過しないこと

　　②　転抵当権の被担保債権の弁済期は、原抵当権の被担保債権の弁済期と同時かそれ以前であること

　＊　なお、①②の要件は、効果の問題ゆえ要件から削除すべきとするのが、最近の学説の大勢である。

　　　→①②の要件を充足しなくても転抵当権は取得しうるが、この要件をみた

243

した場合に比べて効果面が異なる
3　対抗要件
(1)　転抵当も物権であるから、第三者にそれを主張するためには登記が必要である（177）。
(2)　転抵当権者相互間では、付記登記の先後による（Ⅱ）〈司〉。
(3)　債務者等に対抗するためには通知・承諾が必要である（377Ⅰ）。
4　効果
(1)　転抵当権を実行するには、転抵当権の被担保債権の弁済期が到来するだけでなく、原抵当権の被担保債権の弁済期が到来することが必要である。
(2)　競売代金については、まず転抵当権者が配当を受け、残金があれば原抵当権者にも配当される。
(3)　原抵当権者に残金が出る場合には、原抵当権者も自分の抵当権で競売ができるが、残金が出ない場合には、競売できないとするのが判例である。

二　抵当権の譲渡・放棄（Ⅰ後段）

抵当権の譲渡・放棄とは、同一の債務者に対する他の債権者の利益のために、その被担保債権と切り離して抵当権だけを処分（譲渡・放棄）することをいう。

抵当権の譲渡・放棄の受益者が抵当権を実行するには、自己の債権の弁済期が到来しているだけでなく、譲渡・放棄をした抵当権者の債権の弁済期も到来している必要がある〈書〉。

抵当権の譲渡・放棄の登記は、受益者相互間の対抗要件にすぎない（376Ⅱ）〈司〉。

三　抵当権の順位の譲渡・放棄（Ⅰ後段）

抵当権の順位の譲渡・放棄とは、同一の債務者に対する他の債権者の利益のために、その順位だけを譲渡・放棄することをいう。

抵当権の順位の譲渡・放棄の登記は、受益者相互間の対抗要件にすぎない（376Ⅱ）〈司〉。

抵当権の順位の譲渡・放棄は、処分者と受益者との間の処分契約によって行われ、債務者・抵当権設定者・中間順位の担保権者等の同意を必要としない。なお、抵当権の譲渡・放棄の場合も同様である〈司書〉。

＜抵当権又はその順位の譲渡・放棄＞〈司書〉

競売代金200万とする

●抵当権   抵当権の効力［第377条］

		受益者	処分の結果と受益者との関係	具体例
抵当権	譲渡	一般債権者（D）	受益者が優位	B→D ・D＝100万 ・C＝100万 ・B＝0
抵当権	放棄	一般債権者（D）	両者同位	B→D ・Dに対する関係で優先権を失う 　→Bの受けるべき100万をBとDの債権額の比（1：2）で分配
抵当権の順位	譲渡	後順位抵当権者（C）	受益者が優位	B→C ・C＝150万 ・B＝50万 ・D＝0
抵当権の順位	放棄	後順位抵当権者（C）	両者同位	B→C ・BとCの配当合計額200万をBとCの債権額に比例して平等に分配

《その他》

▪ 抵当権の順位の譲渡がなされた後に、譲渡人の債権が消滅した場合の順位の譲渡の効力については、順位の変更（374）の場合とは異なり争いがある。

→絶対的効力説（順位譲渡の効力は変わらないとする見解）、相対的効力説（順位譲渡の効力は消滅するとする見解）がある

第377条　（抵当権の処分の対抗要件）

Ⅰ　前条の場合には、第467条＜債権の譲渡の対抗要件＞の規定に従い、主たる債務者に抵当権の処分を通知し、又は主たる債務者がこれを承諾しなければ、これをもって主たる債務者、保証人、抵当権設定者及びこれらの者の承継人に対抗することができない🈟。

Ⅱ　主たる債務者が前項の規定により通知を受け、又は承諾したときは、抵当権の処分の利益を受ける者の承諾を得ないでした弁済は、その受益者に対抗することができない。

[趣旨] 本条は、抵当権の処分の効力を債務者、保証人、設定者及びその承継人に対抗しうるには、処分者による債務者に対する処分の通知又は債務者の承諾を要するとすることにより、これらの者が誤った弁済をしないよう配慮したものである🈟。

《その他》

▪ 本条の通知・承諾があった場合、転抵当権者の承諾を得ず弁済しても転抵当権者には対抗できない。

▪ 転抵当の場合、目的物の占有状態に変更は生じないので、責任転質（348）の場合のような責任は生じない。

抵当権の効力〔第378条〜第382条〕　　　　　　　　　●抵当権

第378条　（代価弁済）

　抵当不動産について所有権又は地上権を買い受けた第三者が、抵当権者の請求に応じてその抵当権者にその代価を弁済したときは、抵当権は、その第三者のために消滅する〈同書〉。

[趣旨] 代価弁済の制度は、抵当権消滅請求（379）とともに、抵当権の設定されている不動産の第三取得者を保護する制度である。

《注　釈》

一　要件

　　① 所有権又は地上権を買い受けること
　　　　→地上権を買い受けるとは、地上権の全存続期間の地代を一括して対価として支払ったことをいう
　　② 抵当権者の請求
　　　　→もっとも、第三取得者はこれに応じる必要はない〈共〉
　　③ 代価の弁済
　　　　→抵当権者の提示した額（代価）を支払うこと

二　効果

　　1　弁済額が抵当債権額に満たなくとも、抵当権は第三取得者のために消滅する〈共〉。
　　　　第三取得者が地上権を取得した場合には、抵当権は消滅せず、ただ、地上権者に対抗できないということにとどまる。
　　2　買主は、抵当権者に支払った範囲で、代金債務を免れる。
　　3　債務者は、第三取得者が代価弁済をした範囲で債務を免れる。
　　4　代価弁済後の残余債務については、無担保債務として依然存続する。
　　　　→債権者はこれを一般債権者として債務者に請求することになる

第379条　（抵当権消滅請求）

　抵当不動産の第三取得者は、第383条の定めるところにより、抵当権消滅請求をすることができる〈書〉。

第380条

　主たる債務者、保証人及びこれらの者の承継人は、抵当権消滅請求をすることができない〈同書〉。

第381条

　抵当不動産の停止条件付第三取得者は、その停止条件の成否が未定である間は、抵当権消滅請求をすることができない〈書〉。

第382条　（抵当権消滅請求の時期）

　抵当不動産の第三取得者は、抵当権の実行としての競売による差押えの効力が発生する前に、抵当権消滅請求をしなければならない〈書〉。

●抵当権　　　　　　　　　　　　　　抵当権の効力［第379条〜第386条］

第383条　（抵当権消滅請求の手続）

　抵当不動産の第三取得者は、抵当権消滅請求をするときは、登記をした各債権者に対し、次に掲げる書面を送付しなければならない。
　①　取得の原因及び年月日、譲渡人及び取得者の氏名及び住所並びに抵当不動産の性質、所在及び代価その他取得者の負担を記載した書面
　②　抵当不動産に関する登記事項証明書（現に効力を有する登記事項のすべてを証明したものに限る。）
　③　債権者が2箇月以内に抵当権を実行して競売の申立てをしないときは、抵当不動産の第三取得者が第1号に規定する代価又は特に指定した金額を債権の順位に従って弁済し又は供託すべき旨を記載した書面

第384条　（債権者のみなし承諾）

　次に掲げる場合には、前条各号に掲げる書面の送付を受けた債権者は、抵当不動産の第三取得者が同条第3号に掲げる書面に記載したところにより提供した同号の代価又は金額を承諾したものとみなす。
　①　その債権者が前条各号に掲げる書面の送付を受けた後2箇月以内に抵当権を実行して競売の申立てをしないとき。
　②　その債権者が前号の申立てを取り下げたとき。
　③　第1号の申立てを却下する旨の決定が確定したとき。
　④　第1号の申立てに基づく競売の手続を取り消す旨の決定（民事執行法第188条において準用する同法第63条第3項若しくは第68条の3第3項の規定又は同法第183条第1項第5号の謄本が提出された場合における同条第2項の規定による決定を除く。）が確定したとき。

第385条　（競売の申立ての通知）

　第383条各号に掲げる書面の送付を受けた債権者は、前条第1号の申立てをするときは、同号の期間内に、債務者及び抵当不動産の譲渡人にその旨を通知しなければならない。

第386条　（抵当権消滅請求の効果）

　登記をしたすべての債権者が抵当不動産の第三取得者の提供した代価又は金額を承諾し、かつ、抵当不動産の第三取得者がその承諾を得た代価又は金額を払い渡し又は供託したときは、抵当権は、消滅する。

[趣旨] 抵当権消滅請求とは、第三取得者自らが代価を評価して、抵当権者に対してその価額をもって抵当権を消滅させるよう請求する制度である。これは代価弁済と同様に不動産の第三取得者の保護を図る制度であるが、代価弁済とは異なり、目的不動産の第三取得者にイニシアティブを与えるものである。

《注　釈》

一　抵当権消滅請求権者

　1　原則として、抵当不動産について所有権を取得した者（379）である。
　　　目的不動産に、根抵当権が設定されている場合でも請求が可能である（元本

抵当権の効力 ［第387条］ ●抵当権

の確定前、確定後のいずれでも）。

2 例外として、以下の者は消滅請求権者に含まれない。

① 主たる債務者、保証人、及びその承継人（380）〈書

② 停止条件付第三取得者（381）は、条件成就未定の間は消滅請求ができない。

③ 譲渡担保権者（最判平7.11.10・平7重判3事件）〈共

＊ 改正前の滌除制度における判例ではあるが、抵当権消滅請求においても同様と考えられる。

④ 地上権設定を受けた者〈司

二 抵当権消滅請求の時期

第三取得者は、抵当権の実行としての競売による差押えの効力発生前に抵当権消滅請求をすることが必要である（382）。

三 抵当権消滅請求の手続

債権者への書面の送達が必要である（383）。

四 抵当権消滅請求の効果

抵当権者が一定期間内に競売の申立てをしない等によって承諾が擬制される（384）か、又は、抵当権者が第三取得者から提案があった金額を承諾した場合で、かつ、第三取得者がその金額を支払うか又は供託した場合には、抵当権が消滅する（386）。

五 増価競売の廃止

平成15年改正により増価競売の制度は廃止され、抵当権者が抵当権消滅請求を受けた場合の対抗措置を普通の競売の申立てでよいとし、抵当権者は買受けの義務を負わないものとされた（384①）。

第387条 （抵当権者の同意の登記がある場合の賃貸借の対抗力）

Ⅰ 登記をした賃貸借は、その登記前に登記をした抵当権を有するすべての者が同意をし、かつ、その同意の登記があるときは、その同意をした抵当権者に対抗することができる。

Ⅱ 抵当権者が前項の同意をするには、その抵当権を目的とする権利を有する者その他抵当権者の同意によって不利益を受けるべき者の承諾を得なければならない。

[趣旨] 賃貸用物件については、賃借人が入居していることが価値を高めることもある。このような場合には、賃借権の対抗を認めることが抵当権者、抵当権設定者、賃借人の利益に適うため、抵当権に劣後する賃貸借であっても抵当権者の同意を得たもので、かつその同意が登記された場合には対抗力が付与される。

《注 釈》

◆ 要件

① 抵当権に劣後する賃貸借について、その登記があること〈司

② その賃借権の登記前に登記した抵当権を有するすべての者が賃借権に対抗力を付与することにつき同意していること〈共書

●抵当権　　　　　　　　　　　　　　　　　　　　　　抵当権の効力［第388条］

　③　その同意について登記があること

第388条　（法定地上権）〈予R元〉

　　土地及びその上に存する建物が同一の所有者に属する場合において、その土地又は
　建物につき抵当権が設定され、その実行により所有者を異にするに至ったときは、そ
　の建物について、地上権が設定されたものとみなす〈論〉。この場合において、地代は、
　当事者の請求により、裁判所が定める。

[趣旨] 土地とその上の建物とは別個の物であるから、同一の所有者に属する場合に
も、別々に抵当権の目的となる。そして我が民法は自己借地権を認めておらず
（179、520、なお借地借家15）、抵当権の設定時に将来のために借地権を設定し得な
いため、土地とその上の建物とを所有する者が、土地又は建物に抵当権を設定し競
売されると、建物は土地の上に存続し得ないことになる。

　しかし、それでは社会経済上不利益であるばかりでなく、抵当権設定当事者の意
思にも反することになる。すなわち、建物は土地の利用権を伴わずには存在し得な
いから、所有者が土地だけに抵当権を設定するときは建物のために地上権を保留す
る意思であり、また建物だけに抵当権を設定するときは、建物のために地上権を設
定する意思であるとみるのが妥当である。

　そこで、民法は、建物のために法律上当然に地上権が発生するものと定めたので
ある。

《注　釈》

一　法定地上権の要件

　①　抵当権設定当時に土地の上に建物が存在していたこと（前段）
　②　抵当権設定当時同一人がその土地と建物を所有していたこと（前段）
　③　両者の一方又は双方に抵当権が設定され、競売の結果別々の所有者が両者
　　を所有するようになったこと（前段）

抵当権の効力［第388条］　　　　　　　　　　　　　●抵当権

1　①抵当権設定当時に土地の上に建物が存在していたこと

＜法定地上権の要件①の整理（判例）＞

更地に抵当権が設定された場合		①　抵当権設定後、建物が建築され、抵当権が実行された場合、法定地上権は成立しない（大判大 4.7.1 等）**同書**	不成立
		②　抵当権設定当時、土地上に建物が存在しなかった場合、たとえ抵当権者が更地への建物の建築を承認する旨の合意をしたとしても、法定地上権は成立しない（最判昭 36.2.10、最判昭 51.2.27）	不成立
		③　抵当権設定の際、抵当権設定当事者間において、将来土地上に建物を建築した場合には地上権を設定したものとみなす旨の合意をしたとしても、法定地上権は成立しない（大判大 7.12.6）**書**	不成立
		④　一番抵当権設定後、建物が建築され、土地に二番抵当権が設定された場合、二番抵当権の実行により土地が競売されても、法定地上権は成立しない（最判昭 47.11.2 等）**同共書**	不成立
建物が再築された場合	土地のみに抵当権が設定されていた場合	土地に対する抵当権設定当時、その土地上に建物が存在していたが、その後、建物が滅失し又は取り壊されて再築された場合、再築された新建物が旧建物と同一性を維持しているときは、旧建物を基準として法定地上権が成立する（大判昭 10.8.10）	成立
	土地と建物の双方に抵当権が設定されていた場合	土地・建物に共同抵当権が設定され、その後、建物が取り壊されて新建物が再築されたときは、新建物と土地の所有者が同一であり、かつ、新建物が建築された時点での土地の抵当権者が新建物について土地の抵当権と同順位の共同抵当権の設定を受けた等の特段の事情のない限り、法定地上権は成立しない（最判平 9.2.14・百選Ⅰ 92 事件）（＊）**同共書**	原則不成立
建物保存登記がされていない場合		土地に対する抵当権設定当時、土地上の建物の所有権保存登記がなくとも、法定地上権は成立する（大判昭 14.12.19 等）**同書**	成立

＊　なお、旧判例は当該事例の場合、抵当権が把握するのは、個別的価値であるとの理解の下、新建物について法定地上権の成立を認めていた。

●抵当権   抵当権の効力［第388条］

2 ②抵当権設定当時同一人がその土地と建物を所有していたこと

＜法定地上権の要件②の整理（単独所有の場合）＞

土地・建物の所有が別人であるが、所有者間に親族関係がある場合	親族関係があっても所有者同士を民法上同一人物と扱うことはできないから、法定地上権は成立しない（最判昭51.10.8参照）	不成立
抵当権設定時には土地・建物の所有が別人であったが、実行時には同一人に帰属している場合	① 建物に対する抵当権設定後、土地と建物が同一人に帰属しても、土地利用権は混同の例外として存続するため、法定地上権は成立しない（最判昭44.2.14）〈書〉	不成立
	② 土地に対する抵当権設定後、土地と建物が同一人に帰属しても、対抗要件（605、借地借家10）を備えた土地利用権は混同の例外として存続するため、法定地上権は成立しない（最判昭46.10.14）	不成立
一番抵当権設定時には別人であったが、二番抵当権設定時には同一人に帰属している場合	① 土地に対する一番抵当権設定時点で土地と建物の所有者が異なり、土地に対する二番抵当権設定時点で土地と建物が同一の所有者に帰属していた場合、一番抵当権を実行しても、法定地上権は成立しない（最判平2.1.22）〈書〉 →ただし、二番抵当権の実行までに一番抵当権が設定契約の解除によって消滅した場合、法定地上権が成立する（最判平19.7.6・百選Ⅰ91事件）〈司共書〉	原則不成立
	② 建物に対する一番抵当権設定時点で土地と建物の所有者が異なり、建物に対する二番抵当権設定時点で土地と建物が同一の所有者に帰属していた場合、一番抵当権を実行しても、法定地上権が成立する（大判昭14.7.26）〈書〉	成立
抵当権設定時は土地・建物の所有が同一人であったが、実行時には別人に帰属している場合（＊）	抵当権設定当時、抵当権者・設定者ともに法定地上権の成立を予期しているはずであるから、法定地上権が成立する（土地に抵当権が設定された事案につき、大連判大12.12.14）〈書〉	成立
抵当権設定時、土地・建物の所有は同一人に帰属しているが、登記名義では別人に帰属している場合〈予R元〉	所有者と登記名義人が異なる場合、抵当権者は、土地と建物の所有者が異なると評価することも考えられるが、土地と建物の所有者が異なると評価したならば少なくとも約定利用権の存在を覚悟していたといえるし、かつ、現況の調査をすれば同一所有者であることを知りうるため、法定地上権が成立する（最判昭48.9.18、最判昭53.9.29）〈書〉	成立

＊ 仮差押え時は土地・建物の所有者が同一人であったが、強制競売手続における差押え時には別人の所有となった場合、法定地上権（民執81）は成立する（最判平28.12.1・平29重判6事件）。

251

抵当権の効力 ［第388条］　　　　　　　　　　　　　　　　　　　　　●抵当権

＜共有関係と所有者の同一性＞

AB共有土地上にA単独所有建物が存在する場合（買受人D）

Aの土地持分権に抵当権が設定された場合	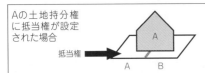	建物のために法定地上権は成立しない（最判昭29.12.23）〈共書〉
建物に抵当権が設定された場合		建物のために法定地上権は成立しない

A単独所有土地上にAB共有建物が存在する場合（買受人D）

土地に抵当権が設定された場合	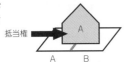	建物全体のために法定地上権が成立し（最判昭46.12.21）、ABは法定地上権を準共有する〈書〉
Aの建物持分権に抵当権が設定された場合		建物全体のために法定地上権が成立し、BDは法定地上権を準共有する

AC共有土地上にAB共有建物が存在する場合（買受人D）

Aの債務を担保するために、ACが土地の各持分に共同して抵当権を設定した場合	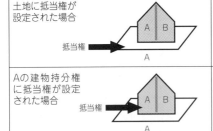	建物のために法定地上権は成立しない ＊　もっとも、他の共有者が法定地上権の発生をあらかじめ容認していたとみることができるような特段の事情がある場合には、法定地上権が成立しうる。土地共有者が親族であるといった、登記簿に公示されない人的関係は、ここでいう特段の事情には含まれない（最判平6.12.20・百選Ⅰ93事件）〈書〉

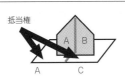

＊　この事案と異なり、土地・建物の共有者がともにＡＢである場合であり、Ａが土地の自己の共有持分に抵当権を設定した事案においても、建物のために法定地上権（388）は成立しない（最判平6.4.7）〈司〉。

3 　③両者の一方又は双方に抵当権が設定され、競売の結果別々の所有者が両者を所有するようになったこと

(1) 「土地又は建物につき」

　　土地・建物がともに抵当権の目的となり、競売の結果それぞれ別人の所有となった場合や、一方だけが競売された場合にも、388条規定の場合と同様の事態が生ずるので、本条が適用される。

(2) 「実行」

　　抵当権が実行された場合に限らず、抵当権者でない他の債権者の申立てによる強制競売の結果、土地建物が別異者の所有となった場合にも、法定地上権の成立が認められる（大判昭 9.2.28）〈書〉。

二　法定地上権の内容

1　法定地上権の成立時期

　　土地・建物の競売により競落人に所有権が移転する時

2　存続期間・地代〈司書〉

　　存続期間は当事者の協議により定まり、協議が調わないときは、借地借家法3条本文により30年となる。地代については当事者の協議が調わないときは、裁判所が決定する（388後段）。

3　対象敷地の範囲

　　法定地上権の及ぶ範囲は、建物の敷地に限られず、建物の利用に必要な土地を含む。

4　対抗要件

　　物権の一般原則に従い、第三者にその権利を対抗するためには、地上権の登記又は建物の登記（借地借家10Ⅰ）を具備する必要がある〈書〉。

cf.　法定地上権を取得した者は、敷地の競落人に対しては、登記なくして地上権を主張できる

《その他》

▪抵当権設定当事者間における、抵当権の実行時に、あらかじめ法定地上権を成立させる、又は成立させない旨の特約は効力を有しない（前者につき大判大 7.12.6、後者につき大判明 41.5.11）。

∵　法定地上権は公益的な制度であり、特約によって成否を左右できない強行法規である

第389条　（抵当地の上の建物の競売）〈予〉

Ⅰ　抵当権の設定後に抵当地に建物が築造されたときは、抵当権者は、土地とともにその建物を競売することができる〈抵〉。ただし、その優先権は、土地の代価についてのみ行使することができる〈書〉。

Ⅱ　前項の規定は、その建物の所有者が抵当地を占有するについて抵当権者に対抗することができる権利を有する場合には、適用しない。

[趣旨] 更地に抵当権が設定された後に建物が築造されても法定地上権は成立せず、

抵当権の効力 ［第390条～第391条］　　●抵当権

更地として競売することが可能なはずだが、建物収去の問題などの不都合や、一括競売の方が容易といったことから、一括競売を認め、ただし書で抵当権者が不当に利益を受けるのを避けたものである。

　なお、抵当権設定後に築造された建物であれば、第三者が築造したものであっても、抵当権者は一括競売を申し立てることができる。

《注　釈》

◆　一括競売

1　要件
　①　抵当権設定当時、抵当地上に建物がないこと〈司〉
　②　抵当権設定後に、当該土地の所有者又は第三者が新たに建物を築造・所有すること（Ⅰ）

2　効果
　①　抵当権者は、土地と建物を一括して競売することができる（Ⅰ本文）。
　②　一括競売しても、競売代金に対して優先権を主張できるのはあくまで土地についてのみであり、建物の競売代金については優先権をもたない（Ⅰただし書）〈共〉。
　③　一括競売は抵当権者に課された義務ではない（大判大15.2.5）〈司書〉。

第390条　（抵当不動産の第三取得者による買受け）

　抵当不動産の第三取得者は、その競売において買受人となることができる〈書〉。

第391条　（抵当不動産の第三取得者による費用の償還請求）

　抵当不動産の第三取得者は、抵当不動産について必要費又は有益費を支出したときは、第196条＜占有者による費用の償還請求＞の区別に従い、抵当不動産の代価から、他の債権者より先にその償還を受けることができる〈司〉。

《注　釈》

◆　第三取得者の諸権利

1　競買権（390）
　　通常、物の所有者は買主になれないことから、誰もが買受人になれる旨を注意的に規定したもの。買受人には第三取得者の他、抵当権設定者も含む。ただし、民事執行法上、債務者は買受けの申出ができないとされる（民執188・68）。

2　費用償還請求権（391）〈共〉
　　第三取得者の支出した必要費や有益費は、一種の共益費と考えられるため、優先的な償還請求権を認めた。なお、抵当不動産の売却代金が先に抵当権者に交付されてしまったため、第三取得者が償還を受けられなかった場合、第三取得者は、抵当権者に対して不当利得の返還を請求できる（最判昭48.7.11）〈書〉。
　　cf.　196条2項の裁判所による期限の許与は、本条に関して問題とならない

●抵当権　　　　　　　　　　　　　　　　　　抵当権の効力［第392条］

第392条　（共同抵当における代価の配当）

Ⅰ　債権者が同一の債権の担保として数個の不動産につき抵当権を有する場合において、同時にその代価を配当すべきときは、その各不動産の価額に応じて、その債権の負担を按分する〈囫〉。

Ⅱ　債権者が同一の債権の担保として数個の不動産につき抵当権を有する場合において、ある不動産の代価のみを配当すべきときは、抵当権者は、その代価から債権の全部の弁済を受けることができる。この場合において、次順位の抵当権者は、その弁済を受ける抵当権者が前項の規定に従い他の不動産の代価から弁済を受けるべき金額を限度として、その抵当権者に代位して抵当権を行使することができる〈囮書〉。

[趣旨] 共同抵当においては、各不動産は被担保債権の全額を担保することになるが、共同抵当権者の意思にまかせると、後順位抵当権者の保護が十分でなく、また当該不動産の担保価値を固定させてしまう弊害がある。これを防止するため、共同抵当の本来の機能を制限し後順位抵当権者の保護を図ったのが本条である。

物権

《注　釈》

一　共同抵当の意義

共同抵当とは、同一債権の担保として、数個の不動産の上に抵当権が設定される場合をいう。この方法によれば、担保物権の不可分性（372、296）により、各不動産が、被担保債権全額を担保することになるので、抵当権の担保としての機能は一層確実となる。

二　同時配当と異時配当

1　1項（同時配当）

共同抵当の目的である各不動産を同時に競売し代価を配当する場合（同時配当）には、各不動産の価額に応じて債権の負担を分けることにしている。後順位抵当権者がいない場合でも適用される（大判昭10.4.23）。

2　2項（異時配当）

共同抵当の目的である複数の不動産のうち、1つについてだけ競売し代価を配当する（異時配当）場合には、共同抵当権者は、債権全額の優先弁済を得られる。競売された不動産の後順位抵当権者は、同時配当の場合に他の不動産から共同抵当権者に配当されるべき金額の限度で、共同抵当権者に代位することができる。

255

抵当権の効力 [第392条]　●抵当権

三　共同抵当の具体的問題点

＜不動産が双方とも債務者所有の場合＞ 同

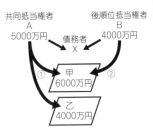

同時配当	異時配当	
	甲が先に競売	乙が先に競売
A 甲→ 3000万 乙→ 2000万	A 甲→ 5000万	A 乙→ 4000万 甲→ 1000万
B 甲→ 3000万	B 甲→ 1000万 乙→ 2000万 （代位・392 II）	B 甲→ 4000万

＜一方の不動産が債務者所有で、他方の不動産が物上保証人所有の場合＞ 同書

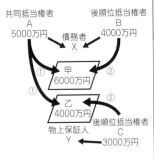

同時配当	異時配当	
	甲が先に競売	乙が先に競売
A 甲→ 5000万 （＊1）	A 甲→ 5000万	A 乙→ 4000万 甲→ 1000万
B 甲→ 1000万	B 甲→ 1000万	C 乙→ 3000万 （＊2）
C 乙→ 3000万	C 乙→ 3000万	Y 甲→ 1000万
Y 乙→ 1000万	Y 乙→ 1000万	B 甲→ 1000万

＊1　物上保証人の代位（499）への期待を保護するため、392条1項による割付はなされない（最判昭61.4.18）。

＊2　Yは、4000万円につき甲不動産に対して一部弁済による代位（502 I）をなしうる。この場合、Yは甲不動産上の1番抵当権を行使することができるが、そのためには、Aの同意を得て、Aとともに行使する必要があり（502 I）、Y単独で行使することはできない（Aは単独で抵当権を行使できる。502 II）。

　Aは、残債権額1000万円について、Yに優先して甲不動産より配当を受けることができる（502 III、最判昭60.5.23・百選I 94事件）。

　Cは、Cの抵当権がY自身が設定したものであることから、物上代位（372、304）をするのと同様にYに優先し、3000万円の配当を受けることができる（差押不要）（前掲判例）。

　なお、Y・A間において、Aの同意がない限り、Yは弁済等によって取得する権利を行使できないとする特約があっても、後順位抵当権者Cは、Yが弁済等により取得する抵当権から優先弁済を受ける権利を失わない（前掲判例）。 書

※　債務者所有の不動産について競売がなされたときは、もともと第二順位の抵当権者は、物上保証人所有の乙不動産について代位することができない。

＜不動産が双方とも同一物上保証人所有の場合＞
（最判平 4.11.6・百選Ⅰ 95 事件参照）

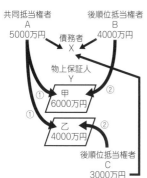

順位	同時配当	異時配当 甲が先に競売	異時配当 乙が先に競売
1	A 甲→3000万 乙→2000万	A 甲→5000万	A 乙→4000万 甲→1000万
2	B 甲→3000万 -------- C 乙→2000万	B 甲→1000万 乙→2000万 （392Ⅱ）	C 甲→2000万 （392Ⅱ）
3		C 乙→2000万	B 甲→3000万

＜一方の不動産が物上保証人所有で、他方の不動産が他の物上保証人所有の場合＞

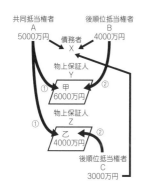

順位	同時配当	異時配当 甲が先に競売	異時配当 乙が先に競売
1	A 甲→3000万 乙→2000万	A 甲→5000万	A 乙→4000万 甲→1000万
2	B 甲→3000万 -------- C 乙→2000万	B 甲→1000万 乙→2000万	C 甲→2000万 （＊）
3		C 乙→2000万	B 甲→3000万

* Zは501条3項3号・2号により甲不動産に割り付けられた額（3000万円）の限度で甲不動産に弁済者代位でき、その結果Aに1000万円（Aの債権の残額）、Zに2000万円配当される。ただ、後順位抵当権者Cは物上代位と同様に、Zに優先して弁済を受けうる。その限りで392条を適用したのと同じ結論になるが、他に保証人がいたりすると、弁済者代位できる金額が異なってくるから、帰結が392条を適用した場合と常に一致するとは限らない。

抵当権の効力 ［第393条〜第394条］　　　　　　　　　　　　　　　　●抵当権

＜後順位抵当権者と第三取得者の関係＞

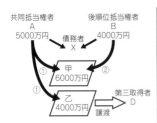

第三取得者Ｄと後順位抵当権者Ｂとの優劣は、物権法の原則から、それぞれの対抗要件取得の時点の先後で決する。
1　ＤよりＢが先に登記を備えていれば、Ｂの代位が優先する（392Ⅱ）。
2　Ｄへの移転登記後にＢの抵当権が設定されたのであれば、不動産の一部が物上保証人に帰属する共同抵当と同じであるから、Ｄの代位が優先する。

＜共同抵当の一部放棄＞

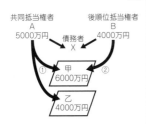

1　Ａが乙不動産上の抵当権を放棄したうえで甲不動産の抵当権を実行した場合、後順位抵当権者Ｂの保護については、504条の法意を類推適用して、抵当権者は放棄しなければ後順位抵当権者が代位しえた限度において、存続する不動産の配当について後順位抵当権者に優先し得ない（大判昭11.7.14）。
2　仮に、先順位の共同抵当権者Ａが優先弁済を受けたときは、後順位抵当権者ＢはＡに対して不当利得返還請求が可能である（最判平4.11.6・百選Ⅰ95事件）。

第393条　（共同抵当における代位の付記登記）

前条第2項後段の規定により代位によって抵当権を行使する者は、その抵当権の登記にその代位を付記することができる。

［趣旨］代位の目的たる不動産につき新たに権利を取得した者や、代位の対象たる抵当権の処分の相手方に対する関係では、付記登記が対抗要件となる。債務者や代位のときに後順位抵当権を有していた者に対しては、この付記登記がなくとも代位を対抗できるとする見解が一般的である。

第394条　（抵当不動産以外の財産からの弁済）

Ⅰ　抵当権者は、抵当不動産の代価から弁済を受けない債権の部分についてのみ、他の財産から弁済を受けることができる。
Ⅱ　前項の規定は、抵当不動産の代価に先立って他の財産の代価を配当すべき場合には、適用しない。この場合において、他の各債権者は、抵当権者に同項の規定による弁済を受けさせるため、抵当権者に配当すべき金額の供託を請求することができる。

［趣旨］抵当権者は、通常は同時に一般債権者でもあって、その抵当不動産から優先的に弁済を受ける他に、それ以外の一般財産からも弁済を受けうる。しかし、これを無制限に認めると、一般債権者との間で公平を欠く。そこで、抵当権者と一般債権者の利益調節のために本条が設けられた。

●抵当権　　　　　　　　　　　　　抵当権の効力［第395条］・抵当権の消滅

《その他》

- 本条1項は、抵当権者が抵当権を実行しないで、一般財産に執行した場合、他の債権者に異議を申し立てることができる権利を与えたにとどまり、債務者との関係で制約を受けるものではない（大判大15.10.26）。

第395条　（抵当建物使用者の引渡しの猶予）

Ⅰ　抵当権者に対抗することができない賃貸借により抵当権の目的である建物の使用又は収益をする者であって次に掲げるもの（次項において「抵当建物使用者」という。）は、その建物の競売における買受人の買受けの時から6箇月を経過するまでは、その建物を買受人に引き渡すことを要しない〈書〉。

①　競売手続の開始前から使用又は収益をする者〈書〉

②　強制管理又は担保不動産収益執行の管理人が競売手続の開始後にした賃貸借により使用又は収益をする者

Ⅱ　前項の規定は、買受人の買受けの時より後に同項の建物の使用をしたことの対価について、買受人が抵当建物使用者に対し相当の期間を定めてその1箇月分以上の支払の催告をし、その相当の期間内に履行がない場合には、適用しない。

[趣旨] 抵当権に後れる賃貸借は、その期間の長短にかかわらず抵当権者及び競売における買受人に対抗することはできないとする一方で、建物賃貸借についてのみ賃借人保護の要請を考慮し、明渡しまでに一定期間を猶予することとされた（395）。これは、劣後する権利は保護されないという物権の排他性を原則としつつ、抵当目的物の収益の必要性にも配慮したものである。

《注　釈》

一　明渡猶予期間適用対象者

①　抵当権者に劣後する建物の賃借人〈司書〉

②　強制管理又は担保不動産収益執行の管理人が、競売手続開始後にした賃貸借により使用又は収益をする者

二　効果

①　建物の賃借人は買受人の買受けの時より6か月を経過するまではその建物を買受人に引き渡す必要がない（Ⅰ）〈司〉。

②　買受人が建物使用の対価の支払を催告したにもかかわらず、賃借人が相当期間内に建物使用の対価の支払を怠った場合には、明渡猶予期間の適用はない（Ⅱ）〈司書〉。

■第3節　抵当権の消滅

《概　説》

◆　抵当権の消滅原因

抵当権の消滅原因には、物権一般に共通のもの、担保物権に共通のものの他、抵当権に特有のものがある。

1　物権一般に共通のもの

- 目的物の滅失〈抵〉、混同（179）、放棄

259

抵当権の消滅 ［第396条〜第397条］　　　　　　　　　　　　　　　●抵当権

　　cf.　抵当権の目的が地上権・永小作権である場合、その放棄は抵当権者に対
　　　　抗することができない（398）
　2　担保物権に共通のもの
　　▪ 被担保債権の弁済　∵付従性
　　　→被担保債権のない抵当権の存続は認められないため、被担保債権の消滅
　　　　は登記なくして第三者に対抗できる（先順位の抵当権者の被担保債権が
　　　　弁済により消滅した場合、後順位の抵当権者は、物権的請求権に基づ
　　　　き、消滅した先順位の抵当権の抹消登記手続を求めることができる〈同〉）
　　▪ 目的物の競売（民執188、59）
　　　抵当権者自身による担保不動産競売の他、他の抵当権者あるいは一般債権
　　　者等による競売がなされた場合も、目的物の上に存する抵当権は消滅する
　　　（消除主義）〈共〉
　　　ex.　債務者が所有する同一の不動産について、第1順位の抵当権と第2順
　　　　　位の抵当権が設定され、それぞれその旨の登記がされている場合、第1
　　　　　順位の抵当権の実行としての競売の結果、第1順位の抵当権者のみが
　　　　　配当を受けたときであっても、第2順位の抵当権は消滅する〈共〉
　3　抵当権に特有のもの
　　▪ 代価弁済（378）、抵当権消滅請求（379）
　　▪ 抵当権の時効消滅（396）

第396条　（抵当権の消滅時効）

　抵当権は、債務者及び抵当権設定者に対しては、その担保する債権と同時でなけれ
ば、時効によって消滅しない〈共書〉。

[趣旨] 本条の趣旨は、債権が消滅時効にかからないで抵当権のみが消滅時効にか
かるのを防ぐことにある。

《注　釈》

◆　第三取得者や後順位抵当権者との関係

　第三取得者及び後順位抵当権者との関係では、被担保債権と離れて、166条2
項により20年の消滅時効にかかる（大判昭15.11.26参照）。　　⇒ p.117

第397条　（抵当不動産の時効取得による抵当権の消滅）

　債務者又は抵当権設定者でない者が抵当不動産について取得時効に必要な要件を具
備する占有をしたときは、抵当権は、これによって消滅する〈書〉。

[趣旨] 抵当不動産につき取得時効が完成すると、占有者は原始的に完全な所有権を
取得し、その反射として、その上の抵当権も消滅する。しかし、このような効果を、
本来債務ないし責任を負担する債務者や設定者に及ぼすことは不合理なので、取得
時効の効果をこれらの者について制限した規定、と解するのが一般的である〈共〉。

●抵当権 抵当権の消滅［第398条］・根抵当

《注　釈》

◆ 「債務者又は抵当権設定者でない者」の意義

抵当不動産の第三取得者に本条の適用はない（第三取得者は「債務者又は抵当権設定者でない者」にあたらない）（大判昭15.8.12）。

ex. 第三取得者が未登記の場合、善意・無過失の占有者として有効に時効取得し、抵当権のない所有権を取得できる（最判昭43.12.24）

cf. 第三取得者に本条の適用を認め、抵当権の存在を知りつつ時効取得した者は、抵当権付所有権を取得するにすぎないとする有力説がある

第398条　（抵当権の目的である地上権等の放棄）

地上権又は永小作権を抵当権の目的とした地上権者又は永小作人は、その権利を放棄しても、これをもって抵当権者に対抗することができない。

[趣旨] 地上権や永小作権上の抵当権は、地上権や永小作権の消滅とともに消滅する。しかし抵当権設定者が、第三者の権利の目的となっているそれらの権利を、その第三者の同意なしに、ほしいままに消滅させることは許されないので、本来自由であるべき権利放棄との調整を考慮するため規定された。

しかし、本条は抵当権者に対する関係を制限するものであるから、目的物の所有者に対する関係では「放棄」は有効である。よって、弁済に伴う抵当権の消滅により、地上権、永小作権も消滅する。

《注　釈》

▪借地上の建物を抵当に入れた場合に、借地権（地上権・賃借権）を放棄したり、借地契約を合意解除したりしても、本条の類推適用により、借地権の消滅を抵当権者及びその競落人に対抗できない（大判大11.11.24、大判大14.7.18）〈同共書〉。もっとも、賃料不払等を理由に債務不履行解除することは可能である〈同〉。

▪抵当権の目的である地上権が、地代不払で消滅（266Ⅰ・276）した場合、抵当権は消滅する。

■第4節　根抵当

《概　説》

一　意義・性質

1　根抵当権は、抵当権の一種であって、根抵当権者と債務者との間に生じるところの不特定の債権を担保するものである。企業取引に際し、頻繁に借入れや返済をする場合その都度抵当権を設定するのは煩雑であるため、一定の範囲に属する不特定の債権を極度額の限度で担保する根抵当権が認められた。

2　付従性・随伴性は緩和されている。

(1)　付従性の緩和（398の2）

　(a)　基本契約の存在は根抵当権設定の要件ではない。

　(b)　被担保債権は、不特定の債権である。

　　→第三者の予測可能性の確保のため、債権は不特定であっても、「一定

261

根抵当［第398条の2］　　　　　　　　　　　　　　　●抵当権

の範囲に属する」ことが必要であり、包括根抵当権は認められない〈同〉

ex.　特定の継続的取引契約により生じる債権（継続的商品供給契約、当座貸越契約）、債務者との一定種類の取引によって生じる債権、手形上又は小切手上の債権、電子記録債権など

→一定種類の取引によって生じる債権に関し、被担保債権の範囲を「信用金庫取引による債権」として設定された根抵当権の被担保債権には、信用金庫の根抵当債務者に対する保証債権も含まれる（最判平 5.1.19）

(c)　普通抵当権は、被担保債権が消滅すると抵当権も消滅するが、根抵当権は極度額に達するまで、約定により発生したすべての債権を担保するので、被担保債権に属する特定の債権が弁済により消滅しても根抵当権自体は消滅しない。

(2)　随伴性の否定（398の7）〈同〉

普通抵当権は、被担保債権が譲渡された場合、抵当権もそれに伴って移転するが、根抵当権の場合、個々の被担保債権が他に譲渡されても、債権の譲受人は根抵当権を取得しない。

∵　法律関係の錯綜防止

二　根抵当権設定契約の内容

設定契約においては、極度額、根抵当債務者、担保すべき債権の範囲につき合意されなければならない。

三　確定

1　元本の確定とは、根抵当権の被担保債権が元本債権に関してその流動性を喪失して、元本債権と根抵当権との特定的結び付きが生じ、それ以後において発生する元本債権はもはやその根抵当権によって担保されなくなる状態を生ずることをいう。

2　確定により根抵当権者が優先弁済権をもつ元本が確定する。利息等につき375条の制限が排除される点を除けば普通抵当権と同じになる。もっとも、根抵当権の特殊性からの効果として398条の21（極度額の減額請求）、398条の22（根抵当権の消滅請求）がある。

第398条の2　（根抵当権）

Ⅰ　抵当権は、設定行為で定めるところにより、一定の範囲に属する不特定の債権を極度額の限度において担保するためにも設定することができる。

Ⅱ　前項の規定による抵当権（以下「根抵当権」という。）の担保すべき不特定の債権の範囲は、債務者との特定の継続的取引契約によって生ずるものその他債務者との一定の種類の取引によって生ずるものに限定して、定めなければならない。

Ⅲ　特定の原因に基づいて債務者との間に継続して生ずる債権、手形上若しくは小切手上の請求権又は電子記録債権（電子記録債権法（平成19年法律第102号）第2条第1項に規定する電子記録債権をいう。次条第2項において同じ。）は、前項の規定にかかわらず、根抵当権の担保すべき債権とすることができる〈書〉。

262

●抵当権 根抵当［第398条の3～第398条の4］

第398条の3 （根抵当権の被担保債権の範囲）

Ⅰ 根抵当権者は、確定した元本並びに利息その他の定期金及び債務の不履行によって生じた損害の賠償の全部について、極度額を限度として、その根抵当権を行使することができる〈団〉。

Ⅱ 債務者との取引によらないで取得する手形上若しくは小切手上の請求権又は電子記録債権を根抵当権の担保すべき債権とした場合において、次に掲げる事由があったときは、その前に取得したものについてのみ、その根抵当権を行使することができる。ただし、その後に取得したものであっても、その事由を知らないで取得したものについては、これを行使することを妨げない。

① 債務者の支払の停止

② 債務者についての破産手続開始、再生手続開始、更生手続開始又は特別清算開始の申立て

③ 抵当不動産に対する競売の申立て又は滞納処分による差押え

【平29改正】398条の2第3項は、手形・小切手の流通性、取引の実情等を考慮して、根抵当権者が債務者との取引によらないで取得した「手形上若しくは小切手上の請求権」（いわゆる回り手形・小切手）も根抵当権の被担保債権とすることを例外的に認めているところ、この趣旨は、根抵当権者が債務者との取引によらないで取得した電子記録債権（いわゆる回り電子記録債権）にも同様に当てはまることから、同項の適用対象に「電子記録債権」が追加された。また、398条の3第2項も、上記と同じく、電子記録債権を「手形上若しくは小切手上の請求権」と同様に扱うこととした。

《注 釈》

一 被担保債権の範囲

①一定事由の発生により、範囲の確定した元本、②利息、その他定期金、③債務不履行によって生じた遅延損害金等の損害賠償請求権が含まれる〈団〉。ただし、②について普通抵当権のような制限（375）はない〈同書〉。

二 極度額

根抵当権者は、後順位担保権者など配当を受けることのできる第三者がなく、競売代金に余剰が生じた場合でも、極度額を超える部分の交付を受けることができない（最判昭48.10.4）〈団〉。

第398条の4 （根抵当権の被担保債権の範囲及び債務者の変更）〈団〉

Ⅰ 元本の確定前においては、根抵当権の担保すべき債権の範囲の変更をすることができる〈団〉。債務者の変更についても、同様とする。

Ⅱ 前項の変更をするには、後順位の抵当権者その他の第三者の承諾を得ることを要しない〈団〉。

Ⅲ 第1項の変更について元本の確定前に登記をしなかったときは、その変更をしなかったものとみなす〈団〉。

物権

263

根抵当［第398条の4～第398条の6］　　　　　　　　　●抵当権

第398条の5　（根抵当権の極度額の変更）

　根抵当権の極度額の変更は、利害関係を有する者の承諾を得なければ、することができない〈同書〉。

第398条の6　（根抵当権の元本確定期日の定め）

Ⅰ　根抵当権の担保すべき元本については、その確定すべき期日を定め又は変更することができる〈同書〉。

Ⅱ　第398条の4第2項＜後順位の抵当権者その他の第三者の承諾は不要＞の規定は、前項の場合について準用する〈同書〉。

Ⅲ　第1項の期日は、これを定め又は変更した日から5年以内でなければならない。

Ⅳ　第1項の期日の変更についてその変更前の期日より前に登記をしなかったときは、担保すべき元本は、その変更前の期日に確定する。

《注　釈》

一　根抵当権の被担保債権の範囲の変更（398の4）

　元本の確定前は、根抵当権者と設定者との間で、合意により被担保債権の範囲を変更することができる（398の4Ⅰ前段）。この場合、極度額を変更するわけではないから、後順位抵当権者その他の第三者の承諾を要しない（同Ⅱ）。

　そして、被担保債権の範囲変更後の基準に合致するものが被担保債権となるから、変更前は被担保債権であった債権も、変更後の基準に合致しない限り、被担保債権から外れる。逆に、変更前は被担保債権でなかった債権も、変更後の基準に合致すれば、変更時に既に発生している債権であっても担保される〈書〉。

二　根抵当権の極度額の変更（398の5）

1　意義

　根抵当権は、極度額という枠内で、目的物の独立した担保価値支配権となる。それゆえ、その価値支配権をめぐって多数の利害関係人が生じることになるから、その枠を規定する極度額は、利害関係人の承諾を得なければ変更することはできない。

2　利害関係人

　拡大変更の場合：後順位抵当権者、差押債権者

　縮小変更の場合：転抵当権者〈書〉

＜根抵当権の変更＞

変更内容	被担保債権の範囲 （398の4）	債務者 （398の4）	極度額 （398の5）	元本確定期日 （398の6）
当事者	根抵当権者と根抵当権設定者			
可能な時期 （＊1）（＊2）	元本確定前に限る		元本確定の前後 を問わない〈書〉	確定期日前
利害関係人の 承諾の要否	不要（債務者の承諾も不要）〈書〉		利害関係人全員 の承諾必要	不要

● 抵当権　　　　　　　　　　　　　　　　　　　　　　　　　根抵当［第398条の7〜第398条の9］

変更内容	被担保債権の範囲 （398の4）	債務者 （398の4）	極度額 （398の5）	元本確定期日 （398の6）
登記の要否	必要（元本確定前の登記…効力要件）		必要（効力要件）	必要（期日前の登記…効力要件）

＊1　確定前にのみなしうること
　　　①相続による包括承継（398の8）、②合併による包括承継（398の9）
　　　③根抵当権の分割、全部・一部譲渡（398の12、398の13）
＊2　確定後にのみなしうること
　　　①被担保債権の処分（随伴性あり）、②根抵当権の譲渡、放棄等（398の11）
　　　③根抵当権消滅請求（398の22）

第398条の7　（根抵当権の被担保債権の譲渡等）

Ⅰ　元本の確定前に根抵当権者から債権を取得した者は、その債権について根抵当権を行使することができない《同書》。元本の確定前に債務者のために又は債務者に代わって弁済をした者も、同様とする《書》。

Ⅱ　元本の確定前に債務の引受けがあったときは、根抵当権者は、引受人の債務について、その根抵当権を行使することができない。

Ⅲ　元本の確定前に免責的債務引受があった場合における債権者は、第472条の4第1項＜免責的債務引受による担保の移転＞の規定にかかわらず、根抵当権を引受人が負担する債務に移すことができない。

Ⅳ　元本の確定前に債権者の交替による更改があった場合における更改前の債権者は、第518条第1項＜更改後の債務への担保の移転＞の規定にかかわらず、根抵当権を更改後の債務に移すことができない《書》。元本の確定前に債務者の交替による更改があった場合における債権者も同様とする。

第398条の8　（根抵当権者又は債務者の相続）

Ⅰ　元本の確定前に根抵当権者について相続が開始したときは、根抵当権は、相続開始の時に存する債権のほか、相続人と根抵当権設定者との合意により定めた相続人が相続の開始後に取得する債権を担保する《書》。

Ⅱ　元本の確定前にその債務者について相続が開始したときは、根抵当権は、相続開始の時に存する債務のほか、根抵当権者と根抵当権設定者との合意により定めた相続人が相続の開始後に負担する債務を担保する。

Ⅲ　第398条の4第2項＜後順位の抵当権者その他の第三者の承諾は不要＞の規定は、前2項の合意をする場合について準用する。

Ⅳ　第1項及び第2項の合意について相続の開始後6箇月以内に登記をしないときは、担保すべき元本は、相続開始の時に確定したものとみなす《書》。

第398条の9　（根抵当権者又は債務者の合併）

Ⅰ　元本の確定前に根抵当権者について合併があったときは、根抵当権は、合併の時に存する債権のほか、合併後存続する法人又は合併によって設立された法人が合併後に取得する債権を担保する。

根抵当［第398条の10～第398条の11］　　　　　　　　●抵当権

Ⅱ　元本の確定前にその債務者について合併があったときは、根抵当権は、合併の時に存する債務のほか、合併後存続する法人又は合併によって設立された法人が合併後に負担する債務を担保する。

Ⅲ　前2項の場合には、根抵当権設定者は、担保すべき元本の確定を請求することができる〈翻〉。ただし、前項の場合において、その債務者が根抵当権設定者であるときは、この限りでない〈翻〉。

Ⅳ　前項の規定による請求があったときは、担保すべき元本は、合併の時に確定したものとみなす。

Ⅴ　第3項の規定による請求は、根抵当権設定者が合併のあったことを知った日から2週間を経過したときは、することができない。合併の日から1箇月を経過したときも、同様とする〈翻〉。

《注　釈》

◆　根抵当権者又は債務者の相続（398の8）

　根抵当権者、債務者いずれの死亡のときも、その相続人（又は相続人の1人）が取引を引き継ぐときは、その者の取得する債権、又は負う債務を担保するものとして根抵当権は存続する。この点の合意（前者は、根抵当権者の相続人と根抵当権設定者間で、後者は、根抵当権者と根抵当権設定者の相続人によってなされる）は、相続開始後6か月以内に登記することを要し、それを欠くと根抵当権は相続時に確定したものとみなされる〈司〉。

第398条の10　（根抵当権者又は債務者の会社分割）

Ⅰ　元本の確定前に根抵当権者を分割をする会社とする分割があったときは、根抵当権は、分割の時に存する債権のほか、分割をした会社及び分割により設立された会社又は当該分割をした会社がその事業に関して有する権利義務の全部又は一部を当該会社から承継した会社が分割後に取得する債権を担保する。

Ⅱ　元本の確定前にその債務者を分割をする会社とする分割があったときは、根抵当権は、分割の時に存する債務のほか、分割をした会社及び分割により設立された会社又は当該分割をした会社がその事業に関して有する権利義務の全部又は一部を当該会社から承継した会社が分割後に負担する債務を担保する。

Ⅲ　前条第3項から第5項までの規定は、前2項の場合について準用する。

第398条の11　（根抵当権の処分）〈司〉

Ⅰ　元本の確定前においては、根抵当権者は、第376条第1項＜抵当権の処分＞の規定による根抵当権の処分をすることができない。ただし、その根抵当権を他の債権の担保とすることを妨げない〈翻〉。

Ⅱ　第377条第2項＜抵当権の処分の対抗要件＞の規定は、前項ただし書の場合において元本の確定前にした弁済については、適用しない。

[趣旨]根抵当権の独立的な性質から、その処分についても普通抵当権とは異なる処分形態が求められた。そこで、普通抵当権に関する376条のうち、転抵当のみが認められ、その他の処分（譲渡・放棄）はなしえない。ただし、先順位抵当権者から

後順位の根抵当権者が順位の譲渡・放棄の利益を得ることは認められる（398の15）。

第398条の12 （根抵当権の譲渡）
Ⅰ　元本の確定前においては、根抵当権者は、根抵当権設定者の承諾を得て、その根抵当権を譲り渡すことができる〈同書〉。
Ⅱ　根抵当権者は、その根抵当権を２個の根抵当権に分割して、その一方を前項の規定により譲り渡すことができる。この場合において、その根抵当権を目的とする権利は、譲り渡した根抵当権について消滅する。
Ⅲ　前項の規定による譲渡をするには、その根抵当権を目的とする権利を有する者の承諾を得なければならない。

第398条の13 （根抵当権の一部譲渡）
元本の確定前においては、根抵当権者は、根抵当権設定者の承諾を得て、その根抵当権の一部譲渡（譲渡人が譲受人と根抵当権を共有するため、これを分割しないで譲り渡すことをいう。以下この節において同じ。）をすることができる〈同書〉。

《注　釈》

＜根抵当権の処分＞

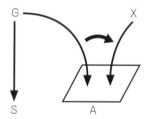

根抵当権者Ｇ（極度額1000万）
債務者Ｓ
根抵当権設定者Ａ
受益者Ｘ

全部譲渡（＊１）	Ｘが極度額1000万の根抵当権の単独権利者となる
分割譲渡（＊２）	Ｇが極度額の４割をＸに譲渡すると、Ｇが極度額600万、Ｘが400万の同順位の根抵当権を取得する
一部譲渡（＊３）	ＧＸが極度額1000万の根抵当権を共有する（持分率は当事者の合意がなければ債権額による）

＊１　受益者は自由に極度額を利用することができる。被担保債権の範囲や債務者を変更することも受益者の必要に応じて行われる。
＊２　譲渡人と譲受人は同順位の根抵当権者となる。譲受人は＊１と同様に自由に極度額を利用できる。
＊３　譲渡人・譲受人間は、根抵当権の準共有状態となる。

根抵当［第398条の14～第398条の16］　●抵当権

＜根抵当権の変更・処分と関与者のまとめ＞

	甲のほかに誰の関与が必要か	関係のない人	条文
順位の変更	丁戊	乙丙	374
転抵当	戊	乙丙丁	398の11 Ⅰ ただし書
譲　渡	丙（承諾）・戊（分割譲渡）	乙丁	398の12
被担保債権の範囲の変更	丙（合意）	乙丁戊	398の4
債務者の変更	丙（合意）	乙丁戊	398の4
極度額の変更	減額…丙（合意）・戊	乙丁	398の5
	増額…丙（合意）・丁	乙戊	398の5

第398条の14　（根抵当権の共有）

Ⅰ　根抵当権の共有者は、それぞれその債権額の割合に応じて弁済を受ける。ただし、元本の確定前に、これと異なる割合を定め、又はある者が他の者に先立って弁済を受けるべきことを定めたときは、その定めに従う。

Ⅱ　根抵当権の共有者は、他の共有者の同意を得て、第398条の12第1項の規定によりその権利を譲り渡すことができる。

第398条の15　（抵当権の順位の譲渡又は放棄と根抵当権の譲渡又は一部譲渡）

抵当権の順位の譲渡又は放棄を受けた根抵当権者が、その根抵当権の譲渡又は一部譲渡をしたときは、譲受人は、その順位の譲渡又は放棄の利益を受ける。

第398条の16　（共同根抵当）

第392条＜共同抵当における代価の配当＞及び第393条＜共同抵当における代位の付記登記＞の規定は、根抵当権については、その設定と同時に同一の債権の担保として数個の不動産につき根抵当権が設定された旨の登記をした場合に限り、適用する。

●抵当権　　　　　　　　　　　　　　　　　　根抵当［第398条の17〜第398条の20］

第398条の17　（共同根抵当の変更等）

Ⅰ　前条の登記がされている根抵当権の担保すべき債権の範囲、債務者若しくは極度
額の変更又はその譲渡若しくは一部譲渡は、その根抵当権が設定されているすべて
の不動産について登記をしなければ、その効力を生じない。

Ⅱ　前条の登記がされている根抵当権の担保すべき元本は、１個の不動産についての
み確定すべき事由が生じた場合においても、確定する。

第398条の18　（累積根抵当）〈司〉

数個の不動産につき根抵当権を有する者は、第398条の16＜共同根抵当＞の場
合を除き、各不動産の代価について、各極度額に至るまで優先権を行使することがで
きる。

《注　釈》

◆　共同根抵当、累積根抵当の意義

共同根抵当とは、同一の債権の担保として数個の不動産上に根抵当権を設定す
るものをいう（398の16）。

累積根抵当とは、各不動産につきそれぞれ極度額を定め、根抵当権者の被担保
債権を累積負担させるものをいう（398の18）〈司〉。

《その他》

▪ 398条の16は、累積根抵当の例外をなすもので、当事者が特に392条の適用を
受ける共同根抵当関係を希望し、その条件をみたす限りで認められる。

▪ 累積根抵当の場合、複数の不動産上の根抵当権が398条の2における「担保すべ
き不特定の債権の範囲」を共通にしていても、各々が独立の存在としてそれぞれ
の極度額まで債権を担保するものとされ、確定についても個別に決せられる。

第398条の19　（根抵当権の元本の確定請求）

Ⅰ　根抵当権設定者は、根抵当権の設定の時から3年を経過したときは、担保すべき
元本の確定を請求することができる〈書〉。この場合において、担保すべき元本は、そ
の請求の時から2週間を経過することによって確定する。

Ⅱ　根抵当権者は、いつでも、担保すべき元本の確定を請求することができる〈司書〉。
この場合において、担保すべき元本は、その請求の時に確定する。

Ⅲ　前2項の規定は、担保すべき元本の確定すべき期日の定めがあるときは、適用し
ない。

第398条の20　（根抵当権の元本の確定事由）

Ⅰ　次に掲げる場合には、根抵当権の担保すべき元本は、確定する。

①　根抵当権者が抵当不動産について競売若しくは担保不動産収益執行又は第37
2条において準用する第304条＜物上代位＞の規定による差押えを申し立てた
とき。ただし、競売手続若しくは担保不動産収益執行手続の開始又は差押えがあ
ったときに限る。

②　根抵当権者が抵当不動産に対して滞納処分による差押えをしたとき。

物
権

269

根抵当 ［第398条の21〜第398条の22］　　　　　　　　　●非典型担保

③　根抵当権者が抵当不動産に対する競売手続の開始又は滞納処分による差押えが
あったことを知った時から2週間を経過したとき。
④　債務者又は根抵当権設定者が破産手続開始の決定を受けたとき。
Ⅱ　前項第3号の競売手続の開始若しくは差押え又は同項第4号の破産手続開始の決
定の効力が消滅したときは、担保すべき元本は、確定しなかったものとみなす。た
だし、元本が確定したものとしてその根抵当権又はこれを目的とする権利を取得し
た者があるときは、この限りでない。

第398条の21　（根抵当権の極度額の減額請求）

Ⅰ　元本の確定後においては、根抵当権設定者は、その根抵当権の極度額を、現に存
する債務の額と以後2年間に生ずべき利息その他の定期金及び債務の不履行による
損害賠償の額とを加えた額に減額することを請求することができる《同書》。
Ⅱ　第398条の16＜共同根抵当＞の登記がされている根抵当権の極度額の減額につ
いては、前項の規定による請求は、そのうちの1個の不動産についてすれば足りる。

[趣旨]根抵当権には、普通抵当権における375条のような被担保債権の範囲を限定
する規定がなく、その根抵当権の実行までは、元本確定後に生じる利息等が極度額
に達するまで担保される。しかし、それでは目的不動産残部の担保価値の利用が妨
げられるなど根抵当権設定者が不必要な拘束を受けることになるため、本条の減額
請求が認められたのである。なお、根抵当権の元本が確定した後の極度額減額請求
権は、一方的意思表示によって極度額の減額という法律関係の変動が生じるもの
で、形成権としての性質を有する《同》。

第398条の22　（根抵当権の消滅請求）

Ⅰ　元本の確定後において現に存する債務の額が根抵当権の極度額を超えるときは、
他人の債務を担保するためその根抵当権を設定した者又は抵当不動産について所有
権、地上権、永小作権若しくは第三者に対抗することができる賃借権を取得した第
三者は、その極度額に相当する金額を払い渡し又は供託して、その根抵当権の消滅
請求をすることができる《共書》。この場合において、その払渡し又は供託は、弁済の
効力を有する。
Ⅱ　第398条の16＜共同根抵当＞の登記がされている根抵当権は、1個の不動産に
ついて前項の消滅請求があったときは、消滅する。
Ⅲ　第380条及び第381条＜抵当権消滅請求をすることができない者＞の規定は、
第1項の消滅請求について準用する。

《非典型担保》

《概　説》

一　非典型担保の種類

民法上の「担保物権」以外の非典型担保物権として重要なものは、譲渡担保、
売渡担保、仮登記担保、所有権留保がある。なお、物権ではないが、債権担保の

●非典型担保

手段として債権譲渡・質入と同様の機能を果たすものとして、代理受領がある。

二　非典型担保物権登場の背景

1　動産

動産は原則として抵当権の目的とすることができず、また質に入れる（＝債権者に占有を移す）ことになじまない場合がある。

2　不動産

抵当権の設定・実行は手続が面倒で費用がかかる。

＜仮登記担保・譲渡担保・所有権留保の比較＞

	仮託される法形式	担保目的の法形式上の所有者	被担保債権	主な担保目的物	通常の場合の目的物の占有
仮登記担保	主として代物弁済予約又は停止条件付き代物弁済契約	債務者（ないし物上保証人）	金銭債権	不動産	債務者（ないし物上保証人）
譲渡担保	目的物の譲渡	債権者	特に制限なし	動産	債務者（ないし物上保証人）
所有権留保	売買目的物所有権の不移転	債権者（売主）	売買代金債権	動産	債務者（買主）

［譲渡担保］

一　意義

譲渡担保とは、債権担保のため物の所有権（あるいはその他の財産権）を法律形式上債権者に譲渡して、信用授受の目的を達するもので、信用の授受を債権・債務の形式で残しておくものをいう（狭義）。

ex.　ＡとＢが消費貸借をし、ＢがＡに対して担保としての物の所有権を移転するような場合をいい、ＡはＢに対して債務の弁済を請求する権利を有する

cf.　信用授受を売買の形式によって行い、債権・債務関係を残さないもの（具体的には買戻特約付売買や、再売買の予約等）を売渡担保という　⇒ p.279

二　法的構成

Ａ説：所有権は、譲渡担保権者に完全に移転し、ただ、譲渡担保権者は、その所有権を担保の目的以外には行使しないという義務（債権的拘束）を設定者に対して負うにすぎない（所有権的構成）

Ｂ説：担保の実質を重視し、譲渡担保（所有権の移転）を担保権の設定と考え、所有権は依然設定者（債務者）に帰属している（担保的構成）

三　譲渡担保の設定

1　設定契約の当事者

⑴　設定者

●非典型担保

譲渡担保は、設定者と担保権者との契約により設定される。設定者は債務者自身であるのが普通だが、質権や抵当権の場合と同様、第三者（物上保証人）でもよい。

(2) 譲渡担保権者

譲渡担保権者は債権者本人であるのが普通だが、第三者が担保権者となることも可能である。

2 目的物

①財産的価値、②譲渡性があれば、目的物に制限はない（cf. 集合動産譲渡担保）。

3 対抗要件

(1) 動産

譲渡担保権を第三者に対抗するための要件は、「引渡し」(178) である。占有改定 (183) の方法によることも認められる（最判昭 30.6.2・百選 I 64 事件）同書。また、設定者が目的物を直接占有したことがなく、間接占有しているにすぎない場合も、譲渡担保権者は占有改定により対抗要件を具備することができる（最決平 29.5.10・平 29 重判 5 事件）

なお、法人がする動産の譲渡担保については、動産譲渡登記ファイルに譲渡の登記がされたときは、当該動産について民法 178 条の「引渡し」があったものとみなされる（動産・債権譲渡特例 3 I）ので、この方法により対抗要件を具備することも可能である。

(2) 不動産

登記が対抗要件である。「売買」を原因とする所有権移転登記の他、「譲渡担保」を原因とする所有権移転登記も認められる。

四 対内的効力

1 譲渡担保権の及ぶ範囲

(1) 被担保債権の範囲

譲渡担保権によって担保されるべき債権の範囲は、強行法規又は公序良俗に反しない限り、その設定契約の当事者間において自由に定めることができる（最判昭 61.7.15）共。

抵当権についての 375 条は後順位抵当権者の保護の規定であり、不動産譲渡担保の場合は後順位担保権者の生じる余地はないので、同条は類推適用されない通同書。

また、不動産の譲渡担保者が、その不動産に設定された先順位の抵当権の被担保債権を代位弁済したことにより取得する求償権は、譲渡担保設定契約において特段の定めのない限り、被担保債権には含まれない（最判昭 61.7.15）書。

(2) 目的物の範囲

付合物・従物については、抵当権の効力の及ぶ範囲に関する 370 条を類推適用してよい通同書。従たる権利（土地の賃借権等）についても、譲渡担保

●非典型担保

権の効力が及ぶ（最判昭 51.9.21 参照）《共書》。

また、物上代位（304）も認められる（最判平 11.5.17）《書》。

2　設定者による占有・利用

譲渡担保権が設定された後も、設定者が目的物を占有し、利用することができる。

→目的物件の不法占有者に対して、その返還を請求することができる（最判昭 57.9.28）《司書》。

* この占有・利用は、担保の構成からは設定者の所有権に基づく権能にすぎない。これに対して、所有権の構成からは、形式的に使用貸借（593）又は賃貸借契約（601）が締結され、設定者の占有・利用はこの使用貸借又は賃貸借に基づくものということになる。

3　譲渡担保権の実行

(1)　被担保債権について債務者の遅滞が生じることが必要である。

債務者が債務の履行を遅滞したときは、処分清算型・帰属清算型を問わず譲渡担保権者は、目的不動産を処分する権限を取得する《司》。

(2)　債権者が担保権を実行するためには、目的物の占有を取得することが必要である。目的物の占有が債務者の下にある場合、債権者は債務者の占有する目的物の引渡しを請求することができるが、特別の事情がある場合を除き、処分清算型、帰属清算型を問わず、清算金の支払と引換えにのみなしうる（最判昭 46.3.25・百選 I 97 事件）《司書》。

* 債務不履行が生じたときに、担保目的物から優先弁済を受けるために、他に処分しなければならないものを処分清算型、自己に帰属させるものを帰属清算型という。

(3)　譲渡担保権設定者は、譲渡担保権者や目的物の譲受人等の第三者に対し、清算金支払請求権を被担保債権とする留置権を主張することができる（最判平 9.4.11）《司書》。

4　受戻権

(1)　債務者が弁済期に弁済しなかったとしても、それをもって直ちに目的物が譲渡担保権者に帰属するわけではなく、譲渡担保権者が譲渡担保権の実行を完了するまでは、債務者は債務の全額を弁済して譲渡担保権を消滅させ、目的物の所有権を回復することができる（受戻権）《書》。

(2)　受戻権の消滅時期は、処分清算型の場合には第三者との処分契約締結時、帰属清算型の場合には清算金の支払又は提供時である。さらに、判例（最判平 6.2.22・百選 I 98 事件）は、不動産譲渡担保契約について、債務者が弁済期に債務の弁済をしない場合、債権者は、帰属清算型か処分清算型かを問わず、目的物を処分する権能を取得し、債権者がこの権能に基づいて目的物を処分したときは、受け戻すことができなくなるとしている《司書》。

(3)　譲渡担保権設定者は、債務を弁済して目的物の所有権を回復することができるが、債務の弁済と目的物の返還は同時履行の関係に立たない（最判平 6.9.8）《共書》。

273

●非典型担保

　∵　債務の弁済が目的物の返還よりも先履行の関係に立つ

　また、譲渡担保権設定者は、譲渡担保権者が清算金の支払又は提供をせず、清算金がない旨の通知もしない間に譲渡担保の目的物の受戻権を放棄しても、譲渡担保権者に清算金の支払を請求できない（最判平 8.11.22）〈司書〉。

5　清算義務

　目的物の価格が債務額を超過するとき、譲渡担保権者がその超過額を返還しなければならない。

　その存否、額は、清算金の支払又は提供時（清算金のないときは、その旨通知したとき）、清算しないで第三者に処分したときは処分時に確定する（最判昭 62.2.12）〈司書〉。

五　対外的効力

＜設定者側の第三者と譲渡担保権者の関係＞

事案（動産譲渡担保を前提（＊））	所有権的構成	担保的構成
設定者が目的物を譲渡した場合	第三者は即時取得（192）した場合に限り所有権を取得する ∵　設定者は無権利者である	第三者は所有権を取得する ∵　設定者は所有者である →第三者が譲渡担保権の存在について善意・無過失の場合、譲渡担保権の負担のない所有権を即時取得する
設定者が第三者のために重ねて譲渡担保を設定した場合〈司書〉	二重譲渡と同様、対抗要件具備の先後により優劣が決定される →先に占有改定を受けた者が優先する →後に設定を受けた者の保護は占有改定と即時取得の問題となる	対抗要件具備の順序に従い第2順位の譲渡担保権が設定される →第2順位の譲渡担保権者は、第1順位担保権者の清算金から弁済を受ける →先順位の担保権がないと信頼していた場合、第1順位の譲渡担保権の即時取得の問題が生じる（占有改定と即時取得の問題）
設定者の一般債権者が目的物を差し押さえた場合	譲渡担保権者は第三者の差押えに対し、第三者異議の訴え（民執38）をなしうる（最判昭 58.2.24）〈司書〉 ∵　目的物の所有権は、譲渡担保権者に移転しているから、設定者の一般債権者による執行は不当である →第三者は目的物について譲渡担保権設定者が受ける清算金にかかっていくしかない	譲渡担保権者は第三者の差押えに対し、第三者異議の訴えをなしうる ∵　担保的構成を貫徹すると、公的競売手続中で優先弁済を受ければ足りるが、民事執行法は優先弁済請求の訴えを廃止している

＊　不動産の譲渡担保では、登記名義が譲渡担保権者に移転している場合が多く、設定者の処分は実際上は考えにくい。仮に登記が設定者の下にあり、設定者が第三者に処分した場合には、所有権的構成では二重譲渡の関係になる（担保的構成では第三者は

274

●非典型担保

確定的に所有権を取得するので、いずれにせよ登記を備えた第三者が譲渡担保権者に優先する）。

<譲渡担保権者側の第三者と設定者の関係>

事案	所有権的構成	担保的構成 （不動産譲渡担保を前提）
譲渡担保権者が弁済期前に目的物を譲渡した場合 （＊1）	譲受人は目的物の所有権を取得する（大判大9.6.2） →債務者は弁済提供をして目的物を受け戻せるが、二重譲渡のような関係になり、対抗問題となる	譲受人は所有権を取得しない →目的物が不動産の場合、善意・無過失の譲受人は94条2項類推適用により完全な所有権を取得する（＊2）
債務者が弁済期に弁済した後、譲渡担保権者が目的物を処分した場合	設定者と譲受人のうち、対抗要件を先に備えた方（背信的悪意者を除く）が所有権を排他的に取得する（最判昭62.11.12）〈同書〉 ∵ 譲渡担保権者が設定者と譲受人に二重譲渡したのと同じ関係になる	譲受人は所有権を取得しない →設定者は自己の登記名義を回復しうるのに放置していたのであるから、94条2項類推適用により譲受人は保護されうる（＊2）
弁済期後譲渡担保権者が目的物を譲渡した後に債務者が弁済した場合（受戻権の消滅時期）	<処分清算型> 弁済期到来後に債務者が弁済をしない場合、債権者は、帰属清算型か処分清算型かを問わず、目的物を処分する権能を取得し、債権者がこの権能に基づいて目的物を第三者に譲渡したときは、譲受人は目的物の所有権を確定的に取得し、債務者の受戻権は消滅する（譲受人が背信的悪意者の場合も含む）（最判平6.2.22・百選I 98事件）〈同書〉 <帰属清算型> 　判例：処分契約の成立とともに受戻権は消滅する（譲受人が背信的悪意者の場合も含む）（最判平6.2.22・百選I 98事件）〈同書〉 　学説：清算金の提供によってはじめて受戻権は消滅する 　　　→設定者は、清算金の提供までは、第三者との関係でも受戻権の行使を主張できる	
第三者が譲渡担保権者から譲渡担保権の設定を受けた場合	第三者は譲渡担保権を取得する（大判大9.9.25） ∵ 譲渡担保権者は、外形上所有者である	第三者は転譲渡担保権を取得し、譲渡担保権者の被担保債権額を超えない範囲で優先弁済権を有する ∵ 譲渡担保権者は担保権を有しているにすぎないので、転抵当（376 I 前文）の場合に準じて考えればよい

物権

●非典型担保

事案	所有権的構成	担保的構成 （不動産譲渡担保を前提）
譲渡担保権者の一般債権者が目的物を差し押さえた場合	＜不動産の場合＞ ・弁済期前 　設定者は、第三者異議の訴えを提起できる（最判平18.10.20・平18重判6事件）司 ・弁済期後 　設定者は、第三者異議の訴えを提起できない（同判例）書 ＜動産の場合＞ 　占有が設定者の下にあれば、事実上差押えはできない	＜不動産の場合＞ ・弁済期前 　第三者異議の訴えを提起できると解しうる ・弁済期後 　第三者異議の訴えを提起できると解する余地がある ＜動産の場合＞ 　占有が設定者の下にあれば、事実上差押えはできない

＊1　設定者は譲渡担保権者に対して、設定契約の債務不履行として、損害賠償を請求できる。

＊2　動産の譲渡担保の場合、譲渡担保権者による第三者への譲渡は、担保的構成では指図による占有移転と即時取得の問題となる。

六　集合動産譲渡担保

1　有効性

①種類、②所在場所、③量的範囲を指定するなど何らかの方法で目的物の範囲が特定されている限り、集合物という1つの物を目的とする譲渡担保として有効である（集合物論）（最判昭62.11.10）司書。

→債務者所有の物とそれ以外の物とを明確に識別する指標が示されるとか、また、現実にその区別ができるような適宜な措置が講じられた形跡が全くないときは、特定性を欠く（最判昭57.10.14）書

ex.「甲倉庫内に保管された商品乙50トン中20トン」を目的物と定めたのみでは、特定性を欠く（最判昭54.2.15参照）書

∵　どの部分が譲渡担保の目的物を構成しているか不明であるため

2　対抗要件

占有改定又は動産譲渡の登記が対抗要件である。集合物自体の占有改定により、その後に構成部分が変化したとしても、集合物としての同一性が損なわれない限り、新たにその構成部分となった動産を包含する集合物について、対抗要件具備の効力が及ぶ（最判昭62.11.10）書。

3　集合動産譲渡担保と先取特権の関係

A説：譲渡担保の設定により先取特権の追及力は制限され、目的物には譲渡担保の効力のみが及ぶ（333条説）（最判昭62.11.10）書

∵①　譲渡担保の法的性質に関する所有権的構成からは、譲渡担保権者は目的物の所有権を取得するから、333条の「第三取得者」にあたる

②　333条の「引き渡し」には占有改定も含まれるので、譲渡担保の設定によって先取特権の追及力は制限される

B説：原則として動産譲渡担保権は動産売買先取特権に優先するが、譲渡担

276

●非典型担保

保権者が先取特権の存在を知っていた場合には、先取特権が優先する（334条説）

∵① 譲渡担保権は実質的には担保権の設定にすぎないから、譲渡担保権者は333条の「第三取得者」にあたらない

② 譲渡担保権の実質からは、動産質権と同列に捉え、動産譲渡担保権と動産先取特権の優劣は、動産質権と動産先取特権の優劣を定める334条により決すべきである

4 集合動産譲渡担保設定者には、その通常の営業の範囲内で、譲渡担保の目的を構成する動産を処分する権限が付与されており、この権限内でされた処分の相手方は、当該動産について確定的に所有権を取得することができるが、通常の営業の範囲を超える売却処分をした場合には、この権限に基づかないものである以上、譲渡担保契約に定められた保管場所から搬出されるなどして当該譲渡担保の目的である集合物から離脱したと認められる場合でない限り、当該処分の相手方は目的物の所有権を承継取得することはできない（最判平18.7.20・百選Ⅰ99事件）〈司書。

構成部分の変動する集合動産を目的とする集合動産譲渡担保権の効力は、目的動産が滅失した場合に譲渡担保権設定者に対して支払われる損害保険金に係る請求権にまで及ぶ。もっとも、譲渡担保権設定者が通常の営業を継続している場合には、目的動産の滅失により上記請求権が発生したとしても、合意などの特段の事情がない限り、譲渡担保権者は上記請求権に対し物上代位権を行使することは許されない（最決平22.12.2・平23重判6事件）〈司書。

七　債権譲渡担保 〈司H18〉

1　金銭債権の譲渡担保

債権を担保にする方法として、日本では主に譲渡担保が用いられている。金銭債権の譲渡担保は、譲渡担保設定者が第三債務者に対して有する金銭債権を債権者に譲渡し、債務者の債務不履行があれば債権者がその債権を行使して第三債務者から金銭を回収し、自らの債権の満足に充てるという方法で行われる。

このように、債権の譲渡担保は形式的には債権譲渡の方式で行われるため、譲渡担保権の設定を第三債務者や他の第三者に対する対抗要件を具備するためには、債権譲渡の規定に従い、確定日付ある第三債務者への通知又は第三債務者からの確定日付ある承諾を具備する必要がある（467Ⅱ）。また、法人が債権譲渡をした場合、動産・債権譲渡特例法により、譲渡登記によっても第三者に対する対抗要件を具備することができる（いわゆるサイレント方式）（動産・債権譲渡特例4Ⅰ）。

2　集合債権譲渡担保

(1)　意義

集合債権譲渡担保とは、現在債権及び将来債権を包括的に譲渡担保にとる方法をいう。

●非典型担保

(2) 将来債権の譲渡担保 〈司H18 予H25〉

将来発生する複数の債権を譲渡担保の目的債権とすることは可能である（466 の 6 I）。

判例（最判平 11.1.29・百選 II 26 事件）も、将来発生すべき債権を目的とする債権譲渡契約について、契約締結時において債権の発生可能性が低かったことは、契約の効力を当然に左右するものではないとした上で、契約内容が譲渡人の営業活動等に対して社会通念に照らし相当とされる範囲を著しく逸脱する制限を加え、又は他の債権者に不当な不利益を与えるものであるとみられるなどの特段の事情の認められる場合には、右契約は公序良俗に反するなどとして、その効力の全部又は一部が否定されることがあるものというべきであるが、譲渡の目的とされる債権が特定されている限り、将来債権の包括的譲渡は有効であるとしている〈書〉。

そして、包括的に譲渡した債権は、譲渡契約時に、確定的に譲渡されたことになる（最判平 13.11.22・百選 I 100 事件）。

→取立ての通知をするまでは集合譲渡債権の取立てを譲渡担保設定者に留保するという集合債権譲渡担保契約について、発生した債権も将来発生する債権も譲渡担保権者に確定的に譲渡されており、譲渡担保設定者に取立権限が付与されているにすぎない（最判平 13.11.22・百選 I 100 事件）

→譲渡担保の目的とされた将来債権が発生した場合、譲渡担保権者は、譲渡担保設定者の特段の行為を要することなく、当然に、当該債権を担保の目的で取得することができる（最判平 19.2.15）〈書〉

(3) 集合債権の特定性

集合債権譲渡担保が有効に設定されるためには、目的債権の範囲が特定されている必要がある。すなわち、将来発生する債権のうち、どの債権が担保の目的となっているかが識別できなければならない。

判例は、譲渡の効果が発生する時点で、債権者、債務者、及び発生原因等の考慮要素により、「譲渡の目的となるべき債権を譲渡人が有する他の債権から識別することができる程度に特定されていれば足りる」としている（最判平 12.4.21）。

(4) 集合債権譲渡担保の対抗要件

(a) 民法上の対抗要件

集合債権譲渡担保は、債権譲渡の形式で行われるから、譲渡担保の設定を第三債務者や他の第三者に対する対抗要件を具備するためには、債権譲渡の規定に従い、債権譲渡の第三者に対する対抗要件は、第三債務者への確定日付ある通知又は第三債務者からの確定日付ある承諾を具備する必要がある（467 II）。

そして、包括的に当事者、債権の発生原因、期間を特定して行う1つの通知又は承諾であっても、対抗要件として有効であり、かつ、その時点で

●非典型担保

未だ発生していない将来債権についても対抗力が生じる（最判平 13.11.22
・百選 I 100 事件）◆同書。

(b) 動産・債権譲渡特例法上の対抗要件◆同H18

　　法人による債権譲渡の場合、債権譲渡登記ファイルに譲渡登記をしたと
きは第三者に対して対抗できる（動産・債権譲渡特例 4 I）。もっとも、こ
の譲渡登記は第三者に対する対抗要件であるから、第三債務者は譲渡登記
されただけでは譲渡の対抗を受けない。しかし、譲渡人又は譲受人から、
第三債務者に登記事項証明書を添付した通知がなされ、または第三債務者
が承諾したときは、第三債務者に対しても対抗できることとなる（同 II）。

［売渡担保］
◆ 意義

　売渡担保とは、債権担保のため物の所有権（あるいはその他の財産権）を法律
形式上債権者に譲渡して、信用授受の目的を達するもので、信用授受を売買の形
式によって行い、債権・債務関係を残さないものをいう。具体的には、買戻し、
再売買予約という形がとられる。

　買戻しとは、売買契約の際の特約によって、売主が代金額及び契約の費用を買
主に返還することによって売買契約を解除し、目的物を取り戻すことをいう（579
以下）。再売買予約とは、債務者の不動産の所有権を担保の目的で債権者の下に
いったん移転し、債務の弁済がなされると予約完結権が行使されて、再売買とい
う形で買い戻されるものをいう。　⇒ p.501

［仮登記担保］
一 意義

　仮登記担保とは、金員の交付に際し、貸金の回収が不可能となる場合に備え
て、債務者若しくは第三者（物上保証人）の所有権（多くの場合不動産）を債権
者に移転させ、それによって本来の債務の履行に代える旨を約し、債権者が有す
る期待権を仮登記又は仮登録によって保存する形式の担保をいう。

　cf.　譲渡担保は担保設定時にあらかじめ所有権を移転するという形をとるのに
　　　対し、仮登記担保は弁済がない場合に所有権を移転する形をとる点で異なる

二 仮登記担保の法的性質

　抵当権に近い担保物権の性質を有する。

　→可能な限り抵当権の規定を類推適用する。付従性・随伴性・不可分性（372、
　　296）・物上代位性（372、304）等を有する

三 仮登記担保の設定

1 「仮登記担保契約」の要件（仮登記担保 1）

　① 担保を目的とすること

　② 金銭債務を担保すること

　③ 債務不履行があるとき、所有権その他の権利（地上権・賃借権等）を債
　　権者に移転することを内容とするものであること

　④ 仮登記・仮登録できるものであること

物権

●非典型担保

2 公示方法

仮登記・仮登録によって公示する。この場合の仮登記（仮登録もこれに準ずる）を「担保仮登記」という（仮登記担保4Ⅰ、20）。

→本来仮登記には順位保全の効力のみが認められ対抗力は認められないが、担保仮登記は優先弁済権の本登記としての効力をも有していると解される

四 仮登記担保権の効力

1 仮登記担保権の効力

弁済がなされない場合に、①目的物不動産の所有権を取得するか（競売によらない私的実行）、②優先弁済を受けること（競売による優先弁済）をその中心とする。

2 仮登記担保法による私的実行

私的実行とは、仮登記を本登記にして目的不動産を自己のものにすることをいう。私的実行は、債務者が履行遅滞に陥った場合若しくは仮登記担保契約において担保仮登記権利者に所有権を移転するものとされている日が到来した場合に、清算金の見積額を設定者に通知して行う。このとき、通知の到達から2か月を経過することで所有権が移転する（仮登記担保2Ⅰ）。

五 仮登記担保権の消滅

通常の担保権と同様の原因により消滅する。

ex. 弁済・時効等による被担保債権の消滅、目的物の競売（仮登記担保16Ⅰ）、目的物の滅失

cf. 仮登記担保権の目的物となっている不動産につき所有権を取得した者による、被担保債権の消滅時効の援用 ⇒ p.99

[**所有権留保**]

一 意義

売主が目的物の引渡しを終えつつ、代金が完済されるまで目的物の所有権を留保する制度をいう。目的物の売買契約中に、売主から買主への所有権移転を代金完済まで留保するという特約を付けることによって行われる。

cf. 所有権留保は初めから債権者が所有権を有している点で、債務者の有する所有権を債権者に移転する譲渡担保とは異なる

二 法的構成 （司H21）

A説：目的物の所有権は従前通りに売主に帰属し、買主は目的物の利用権と、代金完済という停止条件の成就によって所有権を取得する期待（128、129）を有する（所有権的構成）

∵ 所有権留保は、もともと目的物と被担保債権の間に牽連性がない譲渡担保と異なり、被担保債権と目的物との間に価値的均衡がとれているのが通常であるから、清算義務の発生の余地が少なく、それゆえ売主に所有権を与えて目的物の全価値の支配を許してよい

B説：売主は残存代金を被担保債権とする担保権を有するにとどまり、所有権からこれを差し引いた物権的地位を買主が有する（担保的構成）

●非典型担保

∵ 引渡しを受けた買主は、すでに所有者としての意識の下に目的物を
支配し、他方で売主としても単純な金銭貸借の意識しかもっていない
のが通常である

三 対内的効力

1 目的物の使用・収益

買主は実質的所有者であるから、特約がない限り自由に使用・収益すること
ができる。特約がある場合の特約違反は、留保所有権実行の理由になりうる。

2 目的物の滅失・損傷

(1) 目的物が買主に引き渡された後に滅失・損傷した場合には、売主に帰責事
由がある場合を除き、買主は代金の支払を拒むことができない。

∵ 危険の移転（567）

(2) 滅失・損傷につき買主に帰責事由がある場合や買主が善意の第三者に目的
物を処分して留保所有権を消滅させた場合には、買主は不法行為責任（709）
を負う。買主が善管注意義務を負う旨の特約がある場合には、債務不履行責
任（415）も負う。

四 対外的効力 司H27 司H30

1 売主と買主側の第三者

(1) 所有権的構成に立てば、買主は無権利者であるから、相手方が即時取得
（192）した場合にのみ売主は所有権を失う。

(2) 担保的構成に立てば、買主は所有者であるから、相手方は所有権を買主か
ら承継取得する。相手方が留保所有権の存在につき善意・無過失である場合
には、所有権留保のつかない所有権を取得することになる。

cf. サブディーラーがディーラーから所有権留保付で中古自動車を買い受
け、その自動車を更にユーザーに転売しユーザーから代金完済を受けた
にもかかわらず、ディーラーに代金を支払わないまま倒産した場合にお
いて、ディーラーからユーザーへの所有権に基づく引渡請求は権利濫用
（1Ⅲ）となる（最判昭 50.2.28・百選Ⅰ〔第6版〕100 事件） 司

2 買主と売主当事者側の第三者

(1) 所有権的構成に立てば、売主は第三者に所有権を譲渡できる。

(2) 担保的構成に立てば、留保所有権を被担保債権とともに処分できる。

cf. 買主が目的物を直接占有しているため、売主が目的物を第三者に処分
することは通常考えられない

3 動産留保所有権とその動産が放置された土地の所有権 書

動産留保所有権者は、残債務弁済期の経過後は、当該動産について占有・処
分機能を有するので、留保所有権が担保権の性質を有するからといって、撤去
義務や不法行為責任を免れることはない。もっとも、留保所有権者は、当該動
産が第三者の所有権の行使を妨害している事実を知らなければ不法行為責任を
問われることはなく、これを知ったときに不法行為責任を負う（最判平
21.3.10・百選Ⅰ 101 事件）。

物
権

281

4　譲渡担保権者との関係

売買代金の額が期間ごとに算定される継続的な売買契約において、売主が買主に対し当該売買契約の目的物の転売を包括的に承諾していたものの、一つの期間に納品された目的物の所有権は当該期間の売買代金完済までは売主に留保される旨の定めが存在していた場合、当該定めは「目的物の引渡しからその完済までの間、その支払を確保する手段を売主に与えるものであって、その限度で目的物の所有権を留保するものである」こと、目的物の転売の包括的な承諾は買主に当該目的物の売買代金を支払うための資金を確保させる趣旨と解されることなどの事情の下では、所有権留保の目的物の所有権は売買代金が完済されるまで買主に移転せず、当該目的物について買主から譲渡担保権の設定を受けた者は、その譲渡担保権を主張することができない（最判平30.12.7・令元重判4事件）。

[代理受領]

一　意義

代理受領とは、債務者が第三債務者に対して有する債権について、債権者が取立てないし受領の委任を受け、債権者は第三債務者から受領した金銭を債務者に対する債権に充足することにより、他の債権者に優先して債権を回収することをいう。

構造的には債務者の第三債務者に対する債権を債権者に譲渡ないし質入れすることと何ら変わりはない。

二　効力

1　債権者Aと債務者Bの間には、債権の弁済受領に関する委任関係が成立する。弁済の受領等、委任の内容に反する行為がなされれば、Bは137条2号の担保毀滅行為として期限の利益を失う囲。　⇒ p.92

2　債権者Aと第三債務者Cとの間では、法形式的には、Aは弁済受領権限をもつのみで、直接取立権を有しない。

→債権債務関係はあくまでBC間にある

ex.1　BはCに債権の時効の完成猶予のための催告をすることができる

ex.2　AがCからの弁済を受領した場合、Aは、Bに対する受領金の引渡債務（受働債権）とBのAに対する債務（自働債権）を相殺（505 I）することができる

3　Cが代理受領を承諾することは、正当の理由なくAの利益を侵害しない趣旨を含むものであるから、CのBへの弁済は義務違反となり、Aに対して不法行為を構成する（最判昭44.3.4）囲。

→Cの弁済自体は有効

4　債務者に対する他の債権者が債務者の第三債務者に対する債権を差し押さえた場合、債権者は差押債権者に対抗できない。この点で、質権や譲渡担保に代替するほどの効力はない。

完全整理　択一六法

債　権

債権の目的　　　　　　　　　　　　　　　　　　　　　　　　　　●総則

第3編　債権

・第1章・【総則】

《概　説》

一　債権の意義

債権とは、特定人（債権者）が特定人（債務者）に対して一定の財産上の行為
を請求することを内容とする権利である。

→債務者のみに対する権利（相対権）

cf.　物権とは、物に対する直接の支配権をいう

→すべての人に主張しうる（絶対権）

二　債権の本質（物権と債権の性質における差異）

1　直接性の有無

物権は、自ら物を直接的に支配するものである（物に対する直接的支配）の
に対し、債権は、常に他人（債務者）の行為を通じて物を支配するものである
（物に対する間接的支配）。

2　排他性の有無

同一の物の上に直接の支配が存在しうるのは1つのみであるから、1つの物
に同一内容の物権が併存することは許されない（一物一権主義）。よって、物
権は排他性を有するといえる。これに対し、近代法の下では、人の行為は意思
の自由を前提とするので、人が行為しようとする意思を支配することはできな
いから、同一の特定人に対する同一内容の債権の併存は認められる。よって、
債権は排他性を有しないといえる。

3　不可侵性の有無　⇒ p.297

(1)　債権侵害と不法行為の成否

絶対権である物権には不可侵性があり、他方、相対権である債権には不可
侵性がないとも思える。しかし、債権も権利である以上、第三者の不当な侵
害を許さないという意味で不可侵性があり、侵害者に対して不法行為による
損害賠償の義務を認めるべきとされる。

(2)　不動産賃借権に基づく妨害排除請求・返還請求の可否

対抗要件を備えた不動産賃貸借の不動産賃借人は、不動産賃借権に基づい
て妨害排除請求権・返還請求権を行使することができる（605の4、最判昭
28.12.18・百選Ⅱ57事件等参照）。　⇒ p.545

■第1節　債権の目的

《概　説》

一　債権の目的の意義

債権は、債務者に対して一定の行為を請求できる権利であるが、この債務者の

●総則　　　　　　　　　　　　　　　　　　　債権の目的〔第399条〜第400条〕

なすべき一定の行為（給付）のことを、債権の目的（債権の内容）という。

二　給付の要件

1　適法性

公序良俗・強行法規に反する内容をもつ給付は法律上保護されない（90、91）。

2　確定性

債権成立の時に具体的に確定している必要はないが、履行時までにこれを確定できるだけの標準が定まっていることが必要である。

＊　実現可能性は、給付の要件とはならない（412の2Ⅱ参照）。

第399条　（債権の目的）

債権は、金銭に見積もることができないものであっても、その目的とすることができる〈回〉。

［趣旨］本条は、取引行為以外の約束についても法律的拘束力を認めるという大原則を規定する。

第400条　（特定物の引渡しの場合の注意義務）

債権の目的が特定物の引渡しであるときは、債務者は、その引渡しをするまで、<u>契約その他の債権の発生原因及び取引上の社会通念に照らして定まる善良な管理者の注意</u>をもって、その物を保存しなければならない。

［平29改正］特定物の引渡義務が契約によって生じたものである場合、当該契約と無関係に債務者の注意義務の内容や程度が決まるわけではなく、債務者が尽くすべき注意義務の具体的な内容が契約の趣旨を踏まえて決定されるべきことに異論はない。そこで、本条は、特定物の引渡義務を負う債務者がその引渡しをするまで、「善良な管理者の注意」をもって特定物を保存する義務を負うことを一般的に定めつつ（改正前民法400条の立場を維持しつつ）、その「善良な管理者の注意」が「契約その他の債権の発生原因及び取引上の社会通念」に照らして定まることを明記した。

《注　釈》

一　「善良な管理者の注意」（善管注意義務）の意義

善管注意義務とは、職業や社会・経済的地位に応じて<u>一般的・客観的</u>に要求される注意義務をいう（本人の能力とは無関係であることに注意）。もっとも、本条の善管注意義務は、債務者に契約その他の債権の発生原因と関係のない注意義務まで課すものではない。

→善管注意義務を尽くさず（帰責事由に基づいて）目的物を滅失・損傷させた場合は債務不履行責任が生じる

＊　「契約……及び<u>取引上の社会通念</u>に照らして」とは、契約の内容（契約書の記載等）、契約の性質（有償・無償の別）、契約の目的、契約締結に至る経緯その他契約をめぐる一切の事情を考慮し、取引通念をも勘案して、評価・認定さ

285

債権の目的［第401条］　●総則

れる契約の趣旨に照らして、という意味である。

二　注意義務の増減

1　善管注意義務を負うのは履行期までではなく、引渡時までである。

2　債務者が履行遅滞中に当事者双方の責めに帰することができない事由によって履行不能となった場合には、その履行不能は債務者の責めに帰すべき事由によるものとみなされる（413の2Ⅱ）。　⇒p.303

→債務者の責めに帰すべき事由に基づく不能とみなされる結果、債務者は債務不履行責任を負う

cf.　不可抗力の場合ではあるが、危険負担の問題とはならない

3　債権者が受領遅滞に陥った後は、債務者の善管注意義務（400）が自己の財産に対するのと同一の注意に軽減される（413Ⅰ）。　⇒p.301

三　民法における注意義務

＜注意義務の整理＞

善管注意義務が要求される場合	財産法	① 留置権者（298Ⅰ） ② 質権者（350・298Ⅰ）〈司〉 ③ 特定物の引渡義務者（400）〈司〉（＊） ④ 使用借主（593、400） ⑤ 賃借人（601、400） ⑥ 有償の受寄者（657、400） ⑦ 有償・無償の受任者（644） ⑧ 通常の事務管理者（698 反対解釈）
	家族法	① 後見監督人（852・644） ② 後見人（869・644） ③ 遺言執行者（1012Ⅲ・644）
自己の財産に対するのと同一の注意義務が要求される場合	財産法	・　無償の受寄者（659）〈司〉
	家族法	① 親権者（827）〈司〉 ② 相続放棄者（940Ⅰ） ③ 限定承認者（926Ⅰ）〈司〉、他にも918条1項、944条1項等

＊　特定物の引渡義務者が負う善管注意義務（400）は、債権者の受領遅滞により、自己の財産に対するのと同一の注意義務へと軽減される（413Ⅰ）。

第401条　（種類債権）

Ⅰ　債権の目的物を種類のみで指定した場合において、法律行為の性質又は当事者の意思によってその品質を定めることができないときは、債務者は、中等の品質を有する物を給付しなければならない。

Ⅱ　前項の場合において、債務者が物の給付をするのに必要な行為を完了し、又は債権者の同意を得てその給付すべき物を指定したときは、以後その物を債権の目的物とする。

[趣旨] 本条は、種類債権において、どの程度の品質の物を給付しなければならないかについて、一定の基準を示す（Ⅰ）とともに、種類債権の特定の生ずる時期につ

●総則　　　　　　　　　　　　　　　　　　　　　　　債権の目的 ［第 401 条］

いて規定する（Ⅱ）。

《注　釈》

一　種類債権

1　種類債権

(1)　種類債権とは、一定種類の物の一定量の引渡しを目的とする債権をいう。

(2)　種類債権の目的物は通常代替物であるが、不代替物であっても、当事者が
その取引において個性に着目していない限り種類債権が成立する。

(3)　種類物は中等の品質を具備することによって不特定物となる（Ⅰ）。

2　制限種類債権

制限種類債権とは、特定の場所・範囲によって制限されている種類債権をい
う。

ex.　A工場ため池に保管されているタール（最判昭 30.10.18・百選Ⅱ1 事
件）、深川B倉庫内の米

→制限された範囲内の物が消滅すれば履行不能となる（最判昭 30.10.18・百
選Ⅱ1 事件参照）〈司〉

3　種類債権の給付義務

(1)　当事者が品質を明らかにしていない場合は、中等の品質を給付する（Ⅰ）。

(2)　制限種類債権は、通常品質は問題とならない。

二　種類債権の特定〈司H30〉

1　種類債権において給付すべき目的物を具体的に確定することを種類債権の特
定という。

2　特定時期

(1)　合意による特定

両当事者の合意によって、給付目的物として、種類物の中から一定数量の
部分を他の部分から区別することが可能な程度に分離した時点で特定が生ず
る。

(2)　債務者の行為による特定（「物の給付をするのに必要な行為を完了」・Ⅱ前
段）

履行の場所で債権者が受け取ろうと思えば受け取れる状態に物を置いた時
点で特定が生ずる〈供〉。

(3)　同意による指定（「債権者の同意を得てその給付すべき物を指定」・Ⅱ後段）

当事者間の特約をもって、債権者・債務者又は第三者のいずれかが給付目
的物の特定を一方的に決定する権利を行使した時点で特定が生ずる。

債権

287

債権の目的〔第401条〕　　　　　　　　　　　　　　　　　●総則

<債務者の行為による特定の方法>

持参債務	債務者が、債権者の住所地又は指定する第三地までの運送義務を負う債務 →債務者が目的地まで運送し、目的地で債権者に現実の提供をした（債権者がいつでも受領することの可能な状態に置いた）時点（大判大8.12.25）で特定が生じる〈圖
取立債務	債権者が、自ら目的物を取立てにいく債務 →債務者が目的物を分離して口頭の提供をした（分離・準備・通知をした）時点で特定が生じる 　∵　債権者が引き取りに来なければ現実の提供ができないため、債権者の取立てがあれば直ちに引渡可能な状態に置いて、その旨を債権者に通知することで特定が生ずる 　cf.　債務者が目的物を分離していつでも引渡しができる状態にしているだけでは、口頭の提供としては有効であるが、目的物の分離がなされていない状態であるため、特定は認められない（最判昭30.10.18・百選Ⅱ1事件参照）
送付債務	債務者が、債権者の住所地又は指定する第三地までの運送の手配をする債務（運送費用は債権者が負担する） →債務者が運送人に引渡しをした（発送をした）時点で特定が生じる 　cf.　運送費用を債務者が負担する（債権者の住所地又は指定する第三地における履行が債務者の義務である）場合は、持参債務と同様（現実の提供の時点で特定が生ずる）

3　特定の効果

(1) 給付義務の軽減

債務者は特定した物のみを給付すべき義務を負い（401Ⅱ）、その物が滅失すれば債務者は給付義務を免れる。

→特定しない場合は、債務者は調達義務を負う

ただし、特定が生じた後でも、債権者の利益を害さない限り他の物をもって代えることができる（変更権）（大判昭12.7.7）。

(2) 危険負担

特定後に滅失すれば履行不能となり、履行不能につき債務者に帰責性がなければ危険負担の問題となる（536参照）。

→なお、種類物が特定されただけでは目的物の滅失の危険は買主に移転しない。危険を買主に移転させるには特定の事実だけでなく、目的物を買主に引き渡すか（567Ⅰ）、若しくは買主の受領拒絶・受領不能（567Ⅱ）が必要となる

(3) 所有権の移転

種類債権の場合、債権発生の時点では給付すべき物は確定しうべき状態にはあるが、まだ確定していない。そのため、所有権の移転は176条の意思主義によることはできず、特定により、はじめて所有権が移転することになる。

(4) 善管注意義務

債務者は、特定の時から引渡しまで善管注意義務（400）を負う。

●総則　　　　　　　　　　　　　　　　　　債権の目的［第402条〜第404条］

三　特定と弁済の提供（492、493）

1　特定は履行の対象を確定させる効果を有するものであるのに対し、弁済の提供は債務不履行責任から債務者を免れさせる効果を有する。

2　取立債務においては、分離せずとも口頭の提供とはなるが、特定は生じない（最判昭30.10.18・百選Ⅱ1事件参照）。

第402条 （金銭債権）

Ⅰ　債権の目的物が金銭であるときは、債務者は、その選択に従い、各種の通貨で弁済をすることができる。ただし、特定の種類の通貨の給付を債権の目的としたときは、この限りでない。

Ⅱ　債権の目的物である特定の種類の通貨が弁済期に強制通用の効力を失っているときは、債務者は、他の通貨で弁済をしなければならない。

Ⅲ　前2項の規定は、外国の通貨の給付を債権の目的とした場合について準用する。

第403条

外国の通貨で債権額を指定したときは、債務者は、履行地における為替相場により、日本の通貨で弁済をすることができる〈司書〉。

《注　釈》

一　金銭債務の給付方法

金銭債務の債務者は、各種の通貨で支払ってよい（402Ⅰ）。

二　債務不履行の責任

1　金銭債権においては、金銭の特定がなく、金銭の滅失も考えられないから、債務者は給付義務から免れることはなく、履行不能はない。

2　債務者の履行遅滞につき債権者は損害の発生の立証を要せず（419Ⅱ）、また、債務者は、履行遅滞が不可抗力に基づくものであっても免責されない（419Ⅲ）。　⇒p.314

　　ex.　交通不通のために期日に履行できなかったとしても、債務者は履行遅滞の責めを免れない

第404条 （法定利率）

Ⅰ　利息を生ずべき債権について別段の意思表示がないときは、その利率は、その利息が生じた最初の時点における法定利率による〈司〉。

Ⅱ　法定利率は、年3パーセントとする。

Ⅲ　前項の規定にかかわらず、法定利率は、法務省令で定めるところにより、3年を1期とし、1期ごとに、次項の規定により変動するものとする。

Ⅳ　各期における法定利率は、この項の規定により法定利率に変動があった期のうち直近のもの（以下この項において「直近変動期」という。）における基準割合と当期における基準割合との差に相当する割合（その割合に1パーセント未満の端数があるときは、これを切り捨てる。）を直近変動期における法定利率に加算し、又は減算した割合とする〈司〉。

Ⅴ　前項に規定する「基準割合」とは、法務省令で定めるところにより、各期の初日の属する年の6年前の年の1月から前々年の12月までの各月における短期貸付けの平均利率（当該各月において銀行が新たに行った貸付け（貸付期間が1年未満のものに限る。）に係る利率の平均をいう。）の合計を60で除して計算した割合（その割合に0・1パーセント未満の端数があるときは、これを切り捨てる。）として法務大臣が告示するものをいう。

《注　釈》
一　意義

1　利息債権とは、利息の支払を目的とする債権をいう。これには、法律行為によって生ずる場合（約定利息）と、法律の規定によって生ずる場合（法定利息）とがある。

cf.　利息債権は元本債権の存在を前提として発生するものであるから、物の使用料や償却費などは利息ではない

2　利息債権には、①基本権たる利息債権（利息を生ずることを目的とする基本的な債権）と、②支分権たる利息債権（基本権たる利息債権の効果として一定期において一定額を支払うべき支分権）とがある。

ex.　100万円を1年間借金しその利息が年12%で月額1万円の返済約定だとすると、この約定通りの利息を支払わねばならない基本権的利息債権は元金債務が完済されるまで存続するとともに、毎月1万円ずつ支払うべき債権が支分権たる利息債権とされる

<元本債権と利息債権の関係>

	基本権たる利息債権	支分権たる利息債権
成立の付従性	あり	あり
消滅の付従性	あり	（＊）
処分の随伴性	あり	なし

＊　利息債権は元本債権から発生し、元本債権が消滅すれば、原則として全体的に消滅する（付従性あり）。元本債権が遡及的に消滅すれば、利息債権の消滅も遡及する。ただし、弁済期が到来し、すでに発生した一定額の利息債権については付従性から切断されて独立性を有するものと解する（独立して弁済でき、譲渡することもできる）判。

二　利率

1　法定利率・約定利率の意義

金銭の消費貸借について利息をとるかどうか、利率をいくらに定めるかについては、当事者の合意に委ねられているが、利息をとるという合意がない限り、民法では無利息が原則である（589Ⅰ）。一方、商法では民法の原則が修正され、商人間の金銭の消費貸借については当然に利息が生じるものとされている（商513Ⅰ）。

●総則 　　　　　　　　　　　　　　　　　　　　債権の目的［第404条］

　　法律の規定により利息が発生する場合（法定利息）において、利率につき法
律に特段の定めがないときは、その利率は404条の規定する法定利率による。
また、当事者の合意により利息が発生する場合（約定利息）、その利率は第一
に当事者の合意によって定まる（約定利率）が、当事者が合意しなかったとき
は法定利率による。

　　なお、約定利率については、法外な高利から債務者を保護するという趣旨か
ら、利息制限法による制限がある。

2　法定利率の基準時

　　利息を生ずべき債権（元本債権）について別段の意思表示がないときは、そ
の利率は、「その利息が生じた最初の時点」（利息を支払う義務の履行期ではな
く、利息を支払う義務が生じた最初の時点）における法定利率による（404
Ⅰ）。

　　→適用される法定利率の基準時は「その利息が生じた最初の時点」であり、
　　　その後に法定利率が変動しても、支払うべき法定利率は変更されず、固定
　　　されたままである

3　法定利率の変動制

　　民法は、法定利率について、変動制を基礎とする制度を採用している。

　　まず、①改正民法施行時（令和2年4月1日）は年3％の法定利率から始ま
り（404Ⅱ）、②1期（3年）ごとに法定利率の見直しを行う（404Ⅲ）。その
際、③直近変動期（変更がない場合は改正民法施行時の期）の「基準割合」と
当期の「基準割合」との差をはかり、その差が1％を超えたときは、小数点以
下を切り捨てて直近変動期の法定利率に加減する（404ⅣⅤ）。　⇒下記図表参
照

　　「基準割合」とは、「各期の初日の属する年の6年前の年の1月から前々年の
12月までの各月」（過去5年間の各月）における「短期貸付けの平均利率」（当
該各月において銀行が新たに行った貸付期間1年未満の貸付けに係る利率の平
均、404Ⅴかっこ書）の合計を60で除して計算した割合（0.1％未満の端数切
捨て）として法務大臣が告示するものをいう（404Ⅴ）。

　　→要するに、年3％の法定利率から始まり、3年ごとに、過去5年間の市中
　　　金利の平均値の新旧比較を行い、直近変動期の法定利率に1％刻みの加減
　　　をするということである

債権

債権の目的〔第404条〕　　　　　　　　　　　　　　　　　　　　●総則

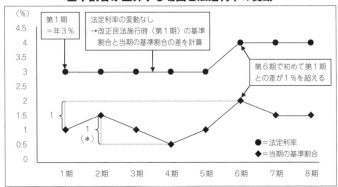

＊　第2期と第4期との間でも1％の差が生じているが、法定利率が変動するのは直近変動期（改正民法施行時）の基準割合と当期の基準割合との間に1％を超える差が生じた場合であり、第1期と第2期及び第1期と第4期との間の差は±0.5％しか生じていない以上、法定利率は変動しない。

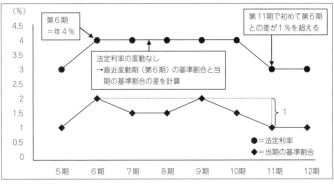

三　利息制限法

1　利息制限法は、法外な高利から債務者を保護する趣旨で設けられたものである。

2　利息が制限利率によって計算した金額を超える場合、その超過部分についてその利息契約は無効である（利息制限1柱書）。

3　利息制限法に定める利率を超えた利息分の支払

（1）　制限利息超過支払部分は489条により残元本に充当される（最大判昭39.11.18参照）。

（2）　利息制限法所定の制限を超えて任意に支払を継続し、制限超過部分を元本に充当すると、計算上元本が完済となったとき、その後に支払われた金額

●総則　　　　　　　　　　　　　　　　　　　債権の目的［第405条〜第406条］

は、債務が存在しないのにその弁済として支払われたものに他ならないから、不当利得（703、704）として返還請求できる（最大判昭43.11.13）。

⑶　利息を元本とともに一度に任意に支払った場合も不当利得として返還請求できる（最判昭44.11.25）。

⑷　受取証書の交付

支払が貸金業者の預金又は貯金口座に対する払込みによってなされたときであっても、特段の事情のない限り、貸金業者はその都度直ちに受取証書を債務者に交付しなければならない（最判平11.1.21）。この受取証書交付義務及びその記載事項は貸金業法で明示されたが、これを他の記載で代替できるとした内閣府令は法の委任の範囲を逸脱した違法な規定として無効である（最判平18.1.13・百選Ⅱ56事件）。

⑸　期限の利益喪失特約のうち、支払期日に制限超過部分の支払を怠った場合に期限の利益を喪失するとしている部分は、利息制限法1条の趣旨に反して無効であり、支払期日に約定の元本及び利息の制限額を支払いさえすれば、制限超過部分の支払を怠ったとしても、債務者は期限の利益を喪失することはない（最判平18.1.13・百選Ⅱ56事件）。

第405条　（利息の元本への組入れ）

利息の支払が1年分以上延滞した場合において、債権者が催告をしても、債務者がその利息を支払わないときは、債権者は、これを元本に組み入れることができる。

《注　釈》

- 重利（複利）とは、弁済期に達した利息を元本に組み入れてこれを元本の一部として利息を付することをいう。

- 重利の特約がない場合でも、①利息が1年以上延滞し、②債権者から催告しても債務者がその利息を支払わないときに限り、債権者は遅滞利息を元本に組み入れることができる〈司〉。

- 金銭債務の不履行があった場合でも、405条の要件をみたさない限り、利息についての遅滞利息は生じない（419条によって利息につき当然に遅滞利息が発生するものではない）（大判大6.3.5）。

- 特約による重利（約定重利）も当然有効だが、利息制限法による制限を受ける（最判昭45.4.21）。

第406条　（選択債権における選択権の帰属）

債権の目的が数個の給付の中から選択によって定まるときは、その選択権は、債務者に属する〈司共〉。

《注　釈》

一　意義

1　選択債権とは、甲か乙かのいずれかを引き渡すことを内容とする債権をいう。

ex.　試験に合格したら、新車を買うか旅行に連れて行く

293

債権の目的［第407条〜第409条］ ●総則

2 甲・乙が同一種類の物であることも、特定物であることも必要ないが、個々の給付は、選択に値するだけの異なる個性を有する必要がある。

3 選択がされないと給付物が特定されず、特定されない場合は強制執行もできない。

二 選択債権の成立

当事者の法律行為、又は法律の規定により生じる。法律の規定により生じる場合としては、無権代理人の責任（117 Ⅰ）、占有者の費用償還請求権（196 Ⅱ）、留置権者の費用償還請求権（299 Ⅱ）、賃借人の費用償還請求権（608 Ⅱ）等がある。

三 選択債権と類似の概念

1 種類債権では数個の給付が各々個性を有していない。　⇒ p.287

2 任意債権とは1個の給付を債権の本来の目的とするが、当事者が相手方の同意なくそれを他の給付に代える権利（代用権・補充権）を有するものをいう。任意債権では本来の給付が決まっており、代用の給付は補充的なものにすぎない点で選択権とは異なる。

第407条 （選択権の行使）
Ⅰ 前条の選択権は、相手方に対する意思表示によって行使する。
Ⅱ 前項の意思表示は、相手方の承諾を得なければ、撤回することができない〈司〉。

第408条 （選択権の移転）
債権が弁済期にある場合において、相手方から相当の期間を定めて催告をしても、選択権を有する当事者がその期間内に選択をしないときは、その選択権は、相手方に移転する。

第409条 （第三者の選択権）
Ⅰ 第三者が選択をすべき場合には、その選択は、債権者又は債務者に対する意思表示によってする。
Ⅱ 前項に規定する場合において、第三者が選択をすることができず、又は選択をする意思を有しないときは、選択権は、債務者に移転する。

《注 釈》

一 選択権の行使

1 選択の意思表示（407 Ⅰ）は、相手方のある単独行為であり、相手方の承諾を必要とせず、相手方に到達した時に（97 Ⅰ）選択の効果を生じ、以後、給付の目的物は特定する。　→選択債権の特定（集中）という

2 選択の撤回（407 Ⅱ）
いったんした選択の意思表示を撤回するには、相手方の承諾が必要となる（407 Ⅱ）。なお、錯誤・詐欺・強迫によりなされた選択は、民法総則編に定める一般原則（95・96 Ⅰ）により取り消しうる。

二 選択権者

1 特約のない限り債務者が有する（406）〈司〉。

● 総則　　　　　　　　　　　　　　　　　　　　　債権の目的［第410条］

2　当事者以外の第三者に選択させることにしてもよい（409）。その場合、当該
　第三者は、債権者・債務者の一方に意思表示すれば足りる。
3　選択権の移転
⑴　選択権者に対して相当の期間を定めてその間に選択せよと催告し、それに
　もかかわらず選択されなかった場合に、選択権が相手方に移転する（408）。
⑵　選択権を有する第三者が選択をすることができず、又は選択をする意思を
　有しない場合には、弁済期の到来や第三者への催告を要することなく、選択
　権は債務者に移転する（409 Ⅱ）。

第410条　（不能による選択債権の特定）

　債権の目的である給付の中に不能のものがある場合において、その不能が選択権を
有する者の過失によるものであるときは、債権は、その残存するものについて存在す
る。

《注　釈》

◆　不能による選択債権の特定

1　債権の目的である給付の中に、履行不能となった給付がある場合には、原則
　として、債権はその残存する給付に限定されない（410 反対解釈）。
2　例外的に、「選択権を有する者の過失」により給付が不能になった場合には、
　債権はその残存する給付に限定される。債権者、債務者以外の第三者が選択権
　を有する場合も本条は適用される。
　　なお、残存する給付が数個あるときは、その数個の給付についての選択債権
　として存続する。
3　限定されない場合、選択権者は、不能となった給付を選択することができる。
⑴　選択権者が債権者であれば、履行不能による契約解除（542 Ⅰ①）をする
　ことができ、債務者に帰責事由があるときは、履行不能による損害賠償
　（415）を請求することができる。
⑵　選択権者が債務者であれば、履行不能となった給付を選択することができ
　き、債権者は、履行不能による契約解除（542 Ⅰ①）をすることができる。

＜不能による選択債権の特定の有無＞

選択権者 不能原因	債権者	債務者	第三者
債権者の過失	○	×	×
債務者の過失	×	○	×
第三者の過失	×	×	○
不可抗力	×	×	×

（○印は特定する）

債権の目的［第411条］・債権の効力　　　　　　　　　　　　　　　　　●総則

第411条　（選択の効力）

　選択は、債権の発生の時にさかのぼってその効力を生ずる。ただし、第三者の権利
を害することはできない。

《注　釈》

◆　選択の遡及効

　1　選択は債権発生の時から効力を生じるので（本文）、選択された物が特定物
　　ならそれが債権発生の時から給付の目的物であったことになる。
　2　第三者が選択前に選択されるべき物を買い受けた場合
　　　選択権の遡及効による物権の移転と、第三者の権利との優劣は、対抗要件を
　　どちらが先に備えたかにより決せられる（177、178）。
　　　→本条ただし書は無意味な規定

■第2節　債権の効力

《概　説》

一　総説

　1　債権の内容をなす給付を債務者が任意に履行する場合
　　　その履行は正当化される（債権の最小限度の効力）。
　2　債権の内容をなす給付を債務者が任意に履行しない場合
　　(1)　債権者は、国（裁判所）に、判決による履行を訴求でき、履行の強制
　　　　（414）を求めることができる。
　　(2)　履行の強制に限界がある場合（414Ⅰただし書）や債権者が履行の強制を
　　　　欲しない場合には、債権者は損害賠償（415以下）による金銭的満足（417）
　　　　を受けることになる。
　　(3)　金銭的満足を受ける前提として、債務者の一般財産が保全されることが必
　　　　要である。そのために債権者代位権（423）及び詐害行為取消権（424以下）
　　　　制度が規定されている。
　3　第三者によって債権が侵害され、債権の実現が阻止される場合（「第三者の
　　債権侵害」）には、債権者は第三者に対し損害賠償請求（709）や妨害排除請求
　　をなしうる。

二　自然債務

　　自然債務とは、債務者が任意に履行をしない場合に、債権者が判決による履行
　を訴求しえない債務をいう団。
　　　ex.　徳義上の支払の約束にとどまる債務（カフェー丸玉女給事件）、消滅時効
　　　　　にかかった債務、不法原因に基づく債務（708）

三　債務と責任

　1　責任なき債務
　　　債務者に属する財産は、債権の摑取力（債権者が債務者の一般財産に対して
　　かかっていくことのできる効力）に服し、債務の引当になるのが通常であるが、

●総則　　　　　　　　　　　　　　　　　　　　　　　　　　債権の効力 ［第412条］

責任を伴わないあるいは制限される債務もある。このような債務は責任なき債
務と呼ばれる。

　ex.　限定承認（922）、強制執行をしない旨の特約ある債務

　→債務につき判決を訴求しうる点で、自然債務と異なる

2　債務なき責任

責任だけあって債務のない法律関係を債務なき責任という。

　ex.　物上保証人、抵当不動産の第三取得者

四　第三者の債権侵害　⇒ p.625

1　不法行為の成否

709 条の要件をみたす限り、不法行為責任が成立する（大判大 4.3.20）《重》。

　∵　債権といえども権利である以上、不可侵性を備えている

2　妨害排除請求権の存否

(1)　対抗要件を備えた不動産賃貸借の不動産賃借人は、不動産賃借権に基づ
いて妨害排除請求権・返還請求権を行使することができる（605 の 4、最判
昭 28.12.18・百選Ⅱ 57 事件等参照）。　⇒ p.545

(2)　対抗力を備えていない賃借権の場合についての明文はないが、賃貸人の所
有権に基づく妨害排除請求権の代位行使（423）（大判昭 4.12.16）や、占有権
に基づく占有訴権（197〜202）により救済されうる。

第1款　債務不履行の責任等

第412条　（履行期と履行遅滞）

Ⅰ　債務の履行について確定期限があるときは、債務者は、その期限の到来した時か
ら遅滞の責任を負う。

Ⅱ　債務の履行について不確定期限があるときは、債務者は、その期限の到来した後
に履行の請求を受けた時又はその期限の到来したことを知った時のいずれか早い時
から遅滞の責任を負う。

Ⅲ　債務の履行について期限を定めなかったときは、債務者は、履行の請求を受けた
時から遅滞の責任を負う。

《注　釈》

一　履行遅滞の意義

履行遅滞とは、履行が可能であるのに履行期を徒過した場合をいう。

二　履行遅滞の要件

①　債務が履行期に履行可能なこと

②　履行期を徒過したこと

③　履行しないことが違法であること

＊　債務者は、免責事由の存在を主張・立証しなければ、責任を免れることは
できない。　⇒ p.307

1　①債務が履行期に履行可能なこと

履行期に履行が不可能な場合には、初めから履行不能（412 の 2 Ⅰ）の問題

297

債権の効力［第412条］　　　　　　　　　　　　　　　　　　　　　　　　●総則

となり、履行期を徒過した後に履行が不能となれば、その時から履行不能となる。

2　②履行期を徒過したこと

履行遅滞を生ずるには、履行期が到来することが絶対に必要だが、履行期が到来しただけで必ず遅滞になるわけではなく、債務の種類（ex.取立債務（493ただし書）の場合）や履行期の種類により差異がある。

＜遅滞に陥る時期＞

債務の種類		遅滞に陥る時期（＊1）
期限の定めのある債務	確定期限債務	原則：期限到来時（412Ⅰ） 例外：期限到来に加えて、 　①　指図証券等の場合は、証券の提示が必要 　　（520の9、520の18、520の20） 　②　取立債務の場合は、債権者が必要な協力をすることが必要
	不確定期限債務	期限の到来した後に履行の請求を受けた時、又はその期限の到来したことを知った時のいずれか早い時（412Ⅱ）
期限の定めのない債務（＊2）		履行の請求を受けた時〔書〕（412Ⅲ）（＊3）
	期限の定めのない消費貸借（591）	催告から相当期間経過後（591Ⅰ）
	不法行為に基づく損害賠償債務（709）	不法行為時〔同書〕（＊4）

＊1　消滅時効の起算点との比較　⇒p.118
＊2　法律の規定により生ずる債権（ex.不当利得返還債務）は、原則として期限の定めのない債務である〔同〕。
＊3　期限の定めのない債務は債務発生と同時に履行期が到来しているから、債権者はいつでも履行を請求できる。
　　　→請求の到達した翌日から遅延損害金が発生する〔同〕
＊4　不法行為と相当因果関係に立つ損害である弁護士費用の損害賠償請求権も不法行為による損害賠償債務に含まれるので、不法行為時に発生し、かつ、遅滞に陥る（最判昭58.9.6）〔同〕。

3　③履行しないことが違法であること

債務者に留置権（295）、同時履行の抗弁権（533）等、履行遅滞を正当化するような事由のある場合には、履行遅滞の責任を生じない。

　　→自己の債務についての履行の提供が必要

4　免責事由　⇒p.307

三　履行遅滞の効果

1　効果

①　遅延賠償（遅滞によって生じた損害の賠償）の請求

　　→事情によっては填補賠償（履行に代わる損害の賠償）の請求も可能

●総則　　　　　　　　　　　　　　　　　　債権の効力［第412条の2］

　　　　　　　⇒ p.308
②　本来の給付の請求
③　契約から生じた債務については、契約解除権が発生する（541、542 など）。
④　履行の強制（414 Ⅰ）
⑤　違約金の効力発生、担保権の実行など
　　cf.　遅滞後は不可抗力による損害についても責任を負う　⇒ p.303
２　解除しうる債務不履行　⇒ p.478

第412条の2　（履行不能）

Ⅰ　債務の履行が<u>契約その他の債務の発生原因及び取引上の社会通念に照らして不能</u>であるときは、債権者は、その債務の履行を請求することができない。

Ⅱ　契約に基づく債務の履行がその契約の成立の時に不能であったことは、第415条の規定によりその履行の不能によって<u>生じた損害の賠償を請求することを妨げない</u>〈司〉。

【平29改正】改正前民法下では、債務の履行が不能であるときは、債権者はその債務の履行を請求することができないとされていたが、その明文規定がなかった。本条1項は、その旨を明文化するものである。

　本条2項は、原始的不能に関する規律を定めたものである。すなわち、改正前民法下の伝統的な学説は、契約に基づく債務の履行が原始的不能である場合、その契約は無効であり、そのような無効な契約を締結させたことについて売主に過失があるときは、売主は損害賠償責任を負うものと解していた（契約締結上の過失）。これに対し、本条2項は、契約に基づく債務の履行が<u>原始的不能であっても、そのために契約が効力を妨げられることはない</u>（契約は有効のまま）としつつ、415条に基づく損害賠償請求権を行使することが可能であることを定めている。

《注　釈》
一　履行不能の意義

　履行不能か否かは、債務の履行が<u>契約その他の債務の発生原因及び取引上の社会通念</u>に照らして判断される（Ⅰ）。物理的不能に限られない。

　ex.　不動産の売主が目的物を第三者に譲渡して移転登記した場合（最判昭35.4.21）〈国〉〈司〉

　＊　履行不能か否かは、「契約その他の債務の発生原因及び取引上の社会通念」に照らして判断されるが、この規律によって当事者の契約内容を変容させることは予定されておらず、その意味で、本条1項は、<u>任意規定</u>である。

　　ex.　製作物供給契約上の特約において、ある原材料の価額が一定額以上に高騰した場合には履行不能と扱う旨が定められ、現にそのような価額の高騰が生じた場合に、契約及び取引通念に照らして判断した結果、履行不能とは認められないといったことは想定されていない

二　履行不能の要件
①　履行が不能であること

299

② 履行不能が違法なものであること

1 ①履行が不能であること

(1) 履行不能には、債権成立の時に履行可能であって、その後に不能となる場合（後発的不能）と、債権成立の前から不能の場合（原始的不能）がある。「不能」には、いずれの場合も含まれる。

→原始的不能の場合でも契約は無効とはならず、有効に成立する。この場合、債権者は、債務者に対して、履行の請求をすることはできないが（412の2Ⅰ）、損害賠償請求や解除をなしうる（同Ⅱ、542Ⅰ①）。損害賠償の範囲は、信頼利益（原始的不能の契約が有効であると信頼したことによって被った損害）に限られず、履行利益にまで及ぶ

(2) 履行期に給付することの不能が確実になった場合は、履行期の到来をまたずに不能となる（ex.請負工事の期限前に請負人が倒産）。

履行期が徒過された後に不能となるときにも、この時点で履行不能となる。

(3) 改正前民法634条1項と本条との関係について　⇒ p.569

2 ②履行不能が違法なものであること

ex.　他人の動物の保管者が緊急避難（720Ⅱ）としてこれを殺した場合には、保管者の責任は生じない

3 免責事由　⇒ p.307

三　履行不能の効果

1 債権者は、その債務の履行を請求することができない（412の2Ⅰ）。

2 履行不能が債務者の帰責事由による場合

① 債務者は、損害賠償責任を負う（415Ⅰ本文、Ⅱ柱書）。

→債権者は、債務の履行に代わる損害賠償（塡補賠償）を請求できる（415Ⅱ①）。この場合、契約を解除しなくても塡補賠償を請求できるが、債権者は自己の反対給付の履行を免れない圏。解除して損害賠償を請求する場合には、自己の反対給付を履行せずに塡補賠償を請求することができる

② 債権者は、契約を解除することができる（542Ⅰ①）。

3 履行不能が当事者双方の帰責事由によらない場合

① 債務者は、損害賠償責任を負わず（415Ⅰただし書）、反対給付の履行も拒むことができる（536Ⅰ）。

② 債権者は、契約を解除することができる（542Ⅰ①）。

4 履行不能が債権者の帰責事由による場合

① 債務者は、損害賠償責任を負わない（415Ⅰただし書）。

② 債権者は、反対給付の履行を拒絶することができず（536Ⅱ前段）、契約を解除することもできない（543）。

5 債権者は、債務者が、その債務が履行不能となったのと同一の原因により債務の目的物の代償である権利又は利益を取得したときは、代償請求権を取得する（422の2）。　⇒ p.316

●総則　　　　　　　　　　　　　　　　　　　　　　　債権の効力［第413条］

第413条　（受領遅滞）

Ⅰ　債権者が債務の履行を受けることを拒み、又は受けることができない場合において、その債務の目的が特定物の引渡しであるときは、債務者は、履行の提供をした時からその引渡しをするまで、自己の財産に対するのと同一の注意をもって、その物を保存すれば足りる。

Ⅱ　債権者が債務の履行を受けることを拒み、又は受けることができないことによって、その履行の費用が増加したときは、その増加額は、債権者の負担とする〈同〉。

【平29改正】改正前民法は受領遅滞の効果として「遅滞の責任を負う」としか規定しておらず、その効果が明確ではなかった。そこで、本条は413条の2第2項とともに、受領遅滞の効果につき明文化したものである。

[趣旨]債務の本旨に従った履行の提供をした債務者と受領をなさなかった債権者との利害関係を調整するものである。

《**注　釈**》

一　意義

　　受領遅滞とは、債務の履行につき、受領その他債権者の協力を必要とする場合で、債務者が債務の本旨に従った提供をしたにもかかわらず、債権者が債務の履行を受けることを拒んだり（受領拒絶）、又は債務の履行を受けることができないため（受領不能）、履行が遅延している状態になることをいう。

二　法的性質

　　A説：公平の観点から信義則上法が特に定めた法定責任と捉える（法定責任説）

　　　　∵　債権を行使することは債権者の権利であって義務ではないから、特約・慣習がない限り、債権者には給付を受領すべき法律上の義務（受領義務）はない

　　　　＊　A説における現実の不都合性を回避すべく、債権者の一般的受領義務は認めないものの、例外的に債権者に信義則上の引取義務を認める折衷説もある。

　　B説：債権者は受領義務を負い、その不受領が債務不履行となる（債務不履行責任説）

　　　　∵　債権の内容の実現は多くの場合に両当事者の協力によらなければ完成できないものであるから、債権者にも、信義則の要求する程度において給付の実現に協力すべき法律上の義務がある

　　cf.　判例は法定責任説を採る（最判昭40.12.3）が、継続的取引において、その特殊性から信義則上受領義務を認めている（最判昭46.12.16・百選Ⅱ55事件）〈書〉

三　要件

1　債務の本旨に従った履行の提供（弁済の提供）があること　⇒p.423

　　ex.　第三者が債務者の意思に反して債務を弁済することができる場合に、当

301

債権の効力［第413条］　　　　　　　　　　　　　　　　　　●総則

　　　　該第三者がなした履行の提供は、債務の本旨に従った履行の提供といえる
　　＊　なお、受領遅滞の効果が発生するには、履行が可能なことが前提となって
　　　いる。したがって、履行不能と評価される場合は、もはや受領遅滞としては
　　　処理できず、履行不能として処理される。
　2　債権者が債務の履行を受けることを拒み、又は受けることができないこと
　　ex.1　使用者が工場を閉鎖して労働者の就業を拒絶すること
　　ex.2　売買契約の買主が目的物の引取を拒絶すること
　　ex.3　使用者の失火によって工場が焼失したため労働者の就業を受け容れら
　　　れなくなること
　　＊　受領不能・受領拒絶について債権者の責めに帰すべき事由があることが必
　　　要かにつき争いがあるが、法定責任説は不要とし、債務不履行責任説は必要
　　　とする。
　3　履行不能と受領遅滞
　　　債務の履行が不能なために受領も不能になった場合、給付不能の原因が債権
　　者と債務者のどちらの支配に属する範囲内の事由に基づくかを区別基準とす
　　る。
　　ex.1　病気・交通機関の途絶による就労不能の場合　→履行不能
　　　∵　債務者の支配に属する範囲内の事由による
　　ex.2　工場の焼失による就労不能の場合　→受領遅滞
　　　∵　債権者の支配に属する範囲内の事由による

四　効果

＜弁済提供の効果・受領遅滞の効果＞〈回〉

	法定責任説	債務不履行責任説
弁済提供の効果（＊1）	① 履行遅滞責任を免れる（492） 　・ 債権者から損害賠償・遅延利息（遅延損害金）・違約金を請求されない 　・ 契約を解除されない 　・ 債権を担保するために設定されていた担保権を実行されない 　・ 約定利息が発生しない ② 債権者の同時履行の抗弁権（533）が消滅する	
受領遅滞の効果	① 債務者の善管注意義務（400）が自己の財産に対するのと同一の注意義務へと軽減される（413 I） ② 増加費用は債権者の負担となる（413 II） ③ 受領遅滞中の履行不能の場合、その履行不能は債権者の責めに帰すべき事由によるものであるとみなされる（413の2 II） 　・ 債権者は履行不能による損害賠償を請求できない（415 I ただし書） 　・ 債権者は契約を解除できない（543） 　・ 双務契約の債権者は反対給付の履行を拒絶できない（危険の移転、536 II本文） 　・ 売買その他の有償契約の債権者（買主等）は、上記に加えて追完請求・代金減額請求もできない（567 II・559） ④ 債務者に供託権（494 I）が発生する	
		⑤ 債務者からの損害賠償請求 ⑥ 債務者からの解除（＊2）

302

●総則 　　　　　　　　　　　　　債権の効力 ［第413条の2〜第414条］

* 1　受領遅滞には弁済の提供が論理的に先行するので、弁済の提供の効果（492）が当然に生じる。
* 2　請負契約において、注文者が目的物の引取りを遅滞していても、特段の事情が認められない限り債務者である請負人は右請負契約を解除することはできない（最判昭40.12.3）〈司〉。

第413条の2　（履行遅滞中又は受領遅滞中の履行不能と帰責事由）

Ⅰ　債務者がその債務について遅滞の責任を負っている間に当事者双方の責めに帰することができない事由によってその債務の履行が不能となったときは、その履行の不能は、債務者の責めに帰すべき事由によるものとみなす。

Ⅱ　債権者が債務の履行を受けることを拒み、又は受けることができない場合において、履行の提供があった時以後に当事者双方の責めに帰することができない事由によってその債務の履行が不能となったときは、その履行の不能は、債権者の責めに帰すべき事由によるものとみなす。

[趣旨] 本条1項は、履行遅滞中に、当事者双方に帰責事由がなく履行が不能になったときに、債務者に帰責事由があるものとみなすことで、履行不能を理由とする損害賠償請求権を債権者に与えるものである。

また、本条2項は、債権者が受領遅滞中に当事者双方の責めに帰することができない事由によって履行不能となった場合には、その履行不能を「債権者の責めに帰すべき事由によるものとみなす」ことにより、①債権者が契約を解除できないこと（543参照）、②双務契約の場合には、債権者は反対債務の履行拒絶をすることができないこと（536Ⅱ参照）を明示したものである。また、③債務者は、履行不能による損害賠償責任を負わないことになる（415Ⅰ）。

第414条　（履行の強制）

Ⅰ　債務者が任意に債務の履行をしないときは、債権者は、民事執行法その他強制執行の手続に関する法令の規定に従い、直接強制、代替執行、間接強制その他の方法による履行の強制を裁判所に請求することができる。ただし、債務の性質がこれを許さないときは、この限りでない。

Ⅱ　前項の規定は、損害賠償の請求を妨げない〈司〉。

【平29改正】 本条1項は、改正前民法414条が規定していた直接強制・代替執行・間接強制に関する手続法的な準則を取り外し、それらを民事執行法等に委ねたものである。その結果、改正前民法414条2項本文及び3項は代替執行（民執171参照）に移行し、同条2項ただし書は意思表示の擬制（民執177参照）に移行した。これにより、改正前民法414条2項・3項は削除された。

[趣旨] 債務者が債権者に対し債権の目的たる給付をしない場合、自力救済は禁止されていることから、国家機関が債権者の申立てによって強制的に給付を実現することとしている。なお、強制執行をしない旨の特約は有効であり、債権者は右特約に反して強制執行をすることができない（大判大15.2.24）〈司〉。

303

債権の効力［第414条］　　　　　　　　　　　　　　　　　　　　●総則

《注　釈》

一　直接強制（民執43以下、同168〜170）

　　国家の執行機関の力により、債務者の意思にかかわりなく直接に債権内容を実現させる強制方法をいう。

　＊　金銭債務は、原則として直接強制のみが認められる〈共〉。

二　代替執行（民執171）

　　債権者が裁判所に請求し、その裁判に基づいて、第三者（債権者でもよい）の手により債務者に代わって債権の内容を実現させ、その費用は債務者から強制的に徴収するという方法をいう。

　　→謝罪広告について、判例（最判昭31.7.4）は代替執行を認めている〈司〉

　　種類債権の履行の強制については、債権者は市場で代品を取得すればよく、代替執行になじまないので、代替執行をすることはできないと解されている〈共〉。

三　間接強制（民執172、173）

　1　債務の履行を確保するために相当と認める一定額の金銭の支払を命ずることにより債務者を心理的に圧迫して債権内容を実現させる方法をいう。

　2　債権者からの申立てにより、直接強制や代替執行が可能な債務についても間接強制による強制履行が可能である（民執173Ⅰ）〈司〉。

　3　債務者の人格を不当に圧迫し、人格尊重の理念に反する場合は、間接強制は認められない。

　　ex.1　人格尊重の見地から、妻の同居義務について間接強制は認められない（大決昭5.9.30）

　　ex.2　監護親に対し非監護親が子と面会交流をすることを許さなければならないと命ずる審判において、面会交流の日時又は頻度、各回の面会交流時間の長さ、子の引渡しの方法等が具体的に定められているなど監護親がすべき給付の特定に欠けるところがないといえる場合は、当該審判に基づき監護親に対して間接強制をすることができる（最決平25.3.28・百選Ⅲ21事件）

　4　債務者が履行しようと思ってもすぐに実現できない内容の債務は間接強制しえない。

　　ex.　特殊の設備や第三者の協力を要する債務

四　意思表示の擬制（民執177Ⅰ）

　　法律行為を目的とする債務は、判決をもって債務者の意思表示に代えることができ、このことを前提に、民事執行法上も判決の確定時に債務者はその意思表示をしたものとみなされている（民執177Ⅰ）〈司〉。

　　もっとも、債務者の自由意思の尊重のため、相続放棄などの意思表示を強制することはできない〈共〉。

五　履行の強制と損害賠償（414Ⅱ）

　　強制履行に関する414条1項の規定は、損害賠償の請求を妨げない（414Ⅱ）。債務不履行に基づく損害賠償請求が強制履行にかかわらず認められることを注意

●総則 債権の効力［第415条］

的に規定したものである。

＜債務の種類と強制履行の方法の整理＞

債務の種類	強制履行の方法
引渡債務	・直接強制又は間接強制が可能〈共 ・金銭債権については、原則として直接強制しか認められないが、扶養義務等に係る金銭債権についてのみ、例外的に間接強制も可能（民執167の15）
代替的作為債務	・代替執行又は間接強制が可能〈同
不代替的作為債務	・間接強制のみ可能（＊1）
不作為債務	・代替執行又は間接強制が可能（＊2、＊3）〈同
意思表示をする債務	・判決をもって債務者の意思表示に代えることが可能（意思表示の擬制）〈同 ex. 不動産の移転登記については、判決による単独申請が可能（不登63Ⅰ）

＊1　不代替的作為債務のうち、夫婦の同居義務や芸術作品の創作義務等は間接強制すら許されず（414Ⅰただし書）、債務不履行に基づく損害賠償請求ができるにとどまる。

＊2　不作為義務の違反があっても、除去すべき有形的状態が存在しない場合や「将来のため適当な処分」（民執171Ⅰ②）が考えられない場合には、代替執行はできない。

＊3　間接強制をするには、債権者において、債務者がその不作為義務に違反するおそれがあることを立証すれば足り、債務者が現にその不作為義務に違反していることを立証する必要はない（最決平17.12.9）〈同。

第415条　（債務不履行による損害賠償）

Ⅰ　債務者がその債務の本旨に従った履行をしないとき又は債務の履行が不能であるときは、債権者は、これによって生じた損害の賠償を請求することができる。ただし、その債務の不履行が契約その他の債務の発生原因及び取引上の社会通念に照らして債務者の責めに帰することができない事由によるものであるときは、この限りでない。

Ⅱ　前項の規定により損害賠償の請求をすることができる場合において、債権者は、次に掲げるときは、債務の履行に代わる損害賠償の請求をすることができる。

①　債務の履行が不能であるとき。

②　債務者がその債務の履行を拒絶する意思を明確に表示したとき〈同。

③　債務が契約によって生じたものである場合において、その契約が解除され、又は債務の不履行による契約の解除権が発生したとき。

《注　釈》

一　債務不履行の意義

債務不履行とは、債務者が債務の本旨に従った債務の履行をしないことをいう。

305

債権の効力［第415条］　　　　　　　　　　　　　　　　　　　　●総則

二　債務不履行に基づく損害賠償請求の要件〔司H19 司H25〕

1　総説

①　債務の存在

②　債務不履行の事実（債務の本旨に従った履行がされなかったこと）

③　損害の発生

④　債務不履行と損害との間の因果関係

　これらの要件については債権者が主張・立証しなければならない。また、③損害が特別の事情（416Ⅱ）によって生じた場合、債権者は、債務者が債務不履行時に特別の事情を予見すべきであったことを主張・立証しなければならない。

　これに対して、債務者は、債務の不履行が契約その他の債務の発生原因及び取引上の社会通念に照らして債務者の責めに帰することができない事由（免責事由）の存在を主張・立証しなければ、責任を免れることはできない。

2　①債務の存在

　契約によって債務が発生する。いかなる内容の債務を負うかは、契約解釈によって確定される。

3　②債務不履行の事実

　債務不履行には、(ⅰ)履行遅滞、(ⅱ)履行不能、(ⅲ)不完全履行の3つの態様がある。

(1)　履行遅滞　⇒ p.297

(2)　履行不能　⇒ p.299

(3)　不完全履行

　不完全履行とは、不完全な給付をしたことをいい、履行遅滞・履行不能のいずれにも含まれないものである。

(a)　履行過程において債権者の一般的法益に損害を与えた場合

　たとえば、売買契約における売主の中心的義務は目的物の給付義務であるが、それ自体は果たしつつ、その履行過程において債権者の一般的法益を侵害した場合に債務不履行責任を追及できるのかが問題となる。

　ex.　タンスの売買において、引渡しの際、売主が誤って買主宅の床（フローリング）を傷つけた場合

　→契約関係にある当事者間では、契約の履行を通じて相手方の生命・身体・財産に損害を与えないという義務が当事者の合理的意思解釈によって導かれる。したがって、債務者が、この義務に違反するときは、債務不履行責任が認められる（415）

(b)　目的物の瑕疵が原因となって拡大損害が生じた場合

　目的物の瑕疵自体による損害以上の損害を与えている場合、損害の全部について債務不履行責任を追及できるのかが問題となる。

　ex.　鶏の売買において、売主が給付した鶏の一部が病気であったため、買主の他の鶏に病気が伝染した場合

●総則 債権の効力［第415条］

　　　→売買契約における売主の義務は、本来、目的物の給付義務につきる
　　　　が、契約関係にある当事者間では、当該給付義務以外にも、契約の履
　　　　行を通じて相手方の生命・身体・財産に損害を与えないという義務が
　　　　当事者の合理的意思解釈によって導かれ、かかる義務に違反するとき
　　　　は債務不履行責任が認められる
　4　③損害の発生
　　　損害とは、もし加害行為がなかったとしたならばあるべき利益状態と、加害
　　がなされた現在の利益状態との差をいう（差額説、最判昭39.1.28）。
　　＊　損害の種類　⇒ p.626
　5　④債務不履行と損害との間の因果関係
　　　因果関係とは、債務不履行がなければ損害が発生しなかったであろうという
　　関係（事実的因果関係）をいう。もっとも、事実的因果関係があれば全ての損
　　害が賠償されるわけではない。どのような損害が賠償されるか（損害賠償の範
　　囲）については、後述する。　⇒ p.309

三　免責事由
　1　意義
　　　415条1項ただし書は、債務者の損害賠償責任の免責事由を規定するととも
　　に、その主張・立証責任が債務者にあることも併せて示している。
　　　この免責事由には、「契約その他の債務の発生原因及び取引上の社会通念に
　　照らして」という文言が付加されており、免責事由の有無は契約の内容に即し
　　て捉えられるものであることを明らかにしている。すなわち、契約の場合には、
　　免責事由の有無は契約の趣旨に照らして判断されるのであり、「帰責事由」と
　　「過失」を同一視する改正前民法下の従来の解釈は、改正民法下では認められ
　　ない（過失責任原則の否定）。
　　　また、「取引上の社会通念」という表現がなされている趣旨は、免責事由が
　　契約当事者の主観的意思のみによってではなく、当該契約の性質、契約をした
　　目的、契約締結に至る経緯その他の事情をも考慮して判断することを示すこと
　　にある。
　2　履行遅滞後の履行不能
　　　履行遅滞中に当事者双方の責めに帰することができない事由によって履行不
　　能となった場合には、その履行不能は債務者の責めに帰すべき事由によるもの
　　とみなされる（413の2Ⅰ）。

四　履行補助者 司H25
　1　履行補助者の意義
　　　履行補助者とは、債務を履行するために債務者が履行の過程に使用した者を
　　いう。
　　　ex.　売買の売主が、買主に目的物を送付するにあたって、運送業者を使って
　　　　送付した場合の運送業者等
　2　履行補助者の行為に対する債務者の責任

債権

307

債権の効力［第415条］ ●総則

　　履行補助者の行為に対して債務者が責任を負うか否かは、①債務不履行の有無を契約内容に即して確定する際に、履行補助者の「行為」をどのように組み込むかというレベル（本旨不履行の確定レベル）と、②債務不履行が認められた場合に、契約・取引上の社会通念に照らして債務者の免責事由の有無を判断する際の考慮要素として、履行補助者の「行為」をどのように評価するかというレベル（免責レベル）に区分して判断される。

　　ex.1　結果債務（ある結果の実現が保証されている債務）の場合は、免責レベルで判断される。

　　ex.2　手段債務（ある結果の実現が保証されていない債務）の場合は、履行補助者の行為が債務の履行過程に組み込まれているかという本旨不履行の確定レベルの問題として扱う。

　　　　→この場合には、①債務者が、履行補助者の行為を根拠として、損害賠償請求責任を負う場合と、②選任・指揮・監督義務違反という債務者自身の行為を根拠として、債務者が損害賠償責任を負う場合がある

五　債務不履行の効果

1　遅延賠償と塡補賠償

　　賠償されるべき損害は、履行が可能かどうかによって、その内容を異にする。

(1)　遅延賠償：履行の遅延を理由とする損害賠償（本来の履行と併せて請求される損害賠償）

　　→履行遅滞の場合に問題となる。遅延賠償は、「遅延履行＋遅延賠償」として本来の債権と価値的同一性を保つことになる

　　＊　履行遅滞に陥る時期（412）

　　cf.　履行遅滞の効果　⇒ p.298

(2)　塡補賠償：債務の履行に代わる損害賠償（415Ⅱ参照）

　　→債務者が塡補賠償の責任を負うのは、次の場合である

　　①　債務の履行が不能であるとき（415Ⅱ①）

　　　　cf.　履行不能の効果　⇒ p.300

　　②　債務者がその債務の履行を拒絶する意思を明確に表示したとき（同②）

　　③　債務が契約によって生じたものである場合において、その契約が解除され、又は債務の不履行による契約の解除権が発生したとき（同③）

　　＊　415条2項3号にいう「債務の不履行による契約の解除権が発生したとき」は、履行遅滞後に債権者が履行の催告をしたにもかかわらず、相当期間を経過してもなお債務者が履行をしなかったような場合を想定している。

2　損害賠償の範囲（416）

3　賠償方法（417）

　　損害を金銭に評価してその額を支払うという金銭賠償が原則とされる。

　　→任意規定

●総則 債権の効力［第416条］

> * 不完全履行の場合には、追完請求権が生じる。追完請求権は、引き渡された物の修補（修補請求権）、代替品との取替え（代物請求権）、給付のやり直しなどといったさまざまな形態であらわれる。

六 追完に代わる損害賠償請求権 司R2

追完に代わる損害賠償請求権の法的根拠については、以下のとおり争いがある。

> A説：415条1項に基づく立場
>> ∵① 415条2項の文言は追完に代わる損害賠償請求権を想定していない
>>
>> ② 415条2項3号の定める「解除権が発生したとき」でなくても、損害賠償請求権を認めるべき場合がある
>
> B説：415条2項の適用又は類推適用に基づく立場
>> ∵（直接適用説から）追完に代わる損害賠償も履行に代わる損害賠償の一種である
>>
>> （類推適用説から）履行請求権と履行に代わる損害賠償請求権の関係は、追完請求権と追完に代わる損害賠償請求権の関係と同質である

七 請求権競合

債務不履行が同時に不法行為（709）の要件もみたす場合、それぞれに基づく損害賠償請求が認められる（請求権競合、最判昭38.11.5、最判昭44.10.17）。

> ex. 借家人が失火で賃貸人所有の借家を焼いてしまったような場合
>
> cf. 失火責任法は、債務不履行の場合には適用されない ⇒ p.623

八 免責条項の有効性 団

民法は、免責条項について一般的な規定を設けていない。そのため、私的自治の原則や契約自由の原則（521参照）に照らすと、免責条項は、原則として有効であると解されている。

もっとも、債務者の故意又は重過失による損害賠償責任をも免責する条項は、債権者の利益を一方的に害するものであり、信義則（1Ⅱ）又は公序良俗（90）に違反するものとして無効であると解されている。

> →債務者は、一切損害賠償責任を負わない旨の免責条項がある場合でも、債務者が故意に債務を履行しなかったときには、当該免責条項による免責が認められない

第416条 （損害賠償の範囲）

Ⅰ 債務の不履行に対する損害賠償の請求は、これによって通常生ずべき損害の賠償をさせることをその目的とする。

Ⅱ 特別の事情によって生じた損害であっても、当事者がその事情を予見すべきであったときは、債権者は、その賠償を請求することができる。

【平29改正】本条は、改正前民法416条2項の「予見し、又は予見することができた」という要件を「予見すべきであった」という規範的な要件に改めた上で、その

309

債権の効力［第416条］　　　　　　　　　　　　　　　　　　●総則

規定内容を維持したものである〈同〉。

[趣旨] 債務不履行と因果関係のある損害を通常損害と特別損害とに分け、前者は無条件的に、後者は特別事情を予見すべきであったことの立証があれば賠償義務が及ぶとするものである。

《注　釈》

◆　416条1項・2項の解釈（相当因果関係説）

　　本条1項は、相当因果関係の原則を定め、通常事情により通常生ずべき損害（通常損害）の賠償責任を定めたものである（大判大7.8.27・百選Ⅱ7事件）。

　　本条2項は、特別事情により通常生ずべき損害（特別損害）について、当事者に特別事情に関する予見可能性があることを前提に、当該事情を予見すべきであった場合に損害賠償の範囲に入ることを明らかにしたものである。

　∵　416条2項は「特別の事情によって生じた損害」と規定するから、それ以外の「通常の事情によって生じた損害」は、同条1項によって賠償される。そして、416条1項は「通常生ずべき損害」と規定しており、それ以外の異常な損害については1項・2項ともに言及していないので、1項・2項ともに「通常生ずべき損害」のみが賠償される

＜416条1項・2項の解釈（相当因果関係説）＞

		当事者の予見可能性 （＊1、＊2）	相当因果関係	
			あり	なし
1項	通常事情	——	○ （通常損害）	×
2項 〈司H24〉	特別事情	あり	○ （特別損害）	×
		なし	×	×

○：損害賠償の対象となる　　×：損害賠償の対象とならない

＊1　当事者の意義：債務者のみ
　　∵　特別事情が債務者にとって予見すべきであったと認められれば、それによって発生した損害を債務者に賠償させる方が公平である

＊2　予見可能性の判断時点：債務不履行時〈同書〉
　　∵　これから債務不履行となる段階でどのような損害が生じるかを予測すべきであったのならば、それを賠償すべきである

＜損害賠償額の算定基準時（判例の整理）＞

原則	履行不能の場合（＊）には、原則として、履行不能時の時価が基準となる（最判昭37.11.16）

310

● 総則   債権の効力［第417条～第417条の2］

目的物の価格が騰貴している場合	＜履行不能時に債務者が騰貴事実を予見すべきであった場合＞ 　債権者は騰貴した現在（事実審の口頭弁論終結時）の価格で損害賠償を請求することができる（最判昭37.11.16） 　∵　債務不履行がなければ、債権者は騰貴した価格のあるその目的物を現に保有しえたはずである 　→債権者が転売目的ではなく自己使用目的でその目的物の売買契約を締結した場合も同様（最判昭47.4.20・百選Ⅱ9事件） ＜債権者が騰貴前に目的物を他に処分したと予想される場合＞ 　債権者は騰貴した現在の価格で損害賠償を請求できない（最判昭37.11.16）
目的物の価格が一旦騰貴した後に下落した場合	＜騰貴した時に転売等により騰貴価格による利益を確実に取得したと予想される場合＞ 　債権者は騰貴した価格（中間最高価格）で損害賠償を請求できる（最判昭37.11.16）

＊　履行遅滞の場合、判例の立場は一貫しておらず、債権者が履行遅滞を理由に解除した事案においては、解除時の時価が基準となるとするもの（最判昭28.12.18・百選Ⅱ8事件）がある一方、履行期の時価が基準となるとするもの（最判昭36.4.28）や、解除後に債権者が第三者と代替取引をした時点の時価が基準となるとするもの（大判大5.10.27、大判大7.11.14）もある。

《その他》

▪416条は不法行為の場合にも類推適用される（大連判大15.5.22）。　⇒p.627

第417条　（損害賠償の方法）

　損害賠償は、別段の意思表示がないときは、金銭をもってその額を定める〈司共〉。

第417条の2　（中間利息の控除）

Ⅰ　将来において取得すべき利益についての損害賠償の額を定める場合において、その利益を取得すべき時までの利息相当額を控除するときは、その損害賠償の請求権が生じた時点における法定利率により、これをする。

Ⅱ　将来において負担すべき費用についての損害賠償の額を定める場合において、その費用を負担すべき時までの利息相当額を控除するときも、前項と同様とする〈司〉。

［趣旨］本条は、改正前民法下の判例（最判平17.6.14）を踏まえ、損害賠償の算定に当たって中間利息を控除する場合には法定利率による旨を明文で定めると共に、404条が法定利率について変動制を採用しているために問題となる、中間利息の算定の基準となる法定利率の基準時を定めるものである。

《注　釈》

一　中間利息の控除

　将来定期的に生じると予測される不利益に対して損害賠償義務を負う場合、損害賠償の方法の1つとして、予測される将来の不利益を現在の価額に換算して一度に支払う一時金賠償方式がある。一時金賠償方式は、本来ならば定期的に支払われるべき金銭を一括して受け取る方式であるため、債権者は受け取った金銭を

債権の効力［第418条］　　●総則

運用することが可能となり、これによって得た利得は不当利得となる。そのため、この利得の調整として行われるのが、中間利息の控除である。

→定期金賠償方式では中間利息の控除は不要

中間利息の計算には、「その損害賠償の請求権が生じた時点」における法定利率を用いる（417の2Ⅰ）。

→417条の2の規定は、722条1項により、不法行為による損害賠償に準用される

二　「利益」及び「費用」の具体例

1　417条の2第1項（及び同条を準用する722Ⅰ）の「将来において取得すべき利益」としては、たとえば、安全配慮義務違反によって発生した事故により生じた人身侵害に基づく逸失利益等が挙げられる。

2　417条の2第2項（及び同条を準用する722Ⅰ）の「将来において負担すべき費用」としては、たとえば、安全配慮義務違反によって発生した事故により、将来生じる介護・看護費用等が挙げられる。

三　「その損害賠償の請求権が生じた時点」

1　法定利率の基準時は「損害賠償の請求権が生じた時点」であり、債務不履行に基づく損害賠償請求権であれば、不履行時点が基準時となる。

cf.　722条1項により準用される不法行為による損害賠償の場合は、不法行為時が基準時となる

2　債務不履行に基づく損害賠償請求権の場合、中間利息の控除に用いる法定利率と遅延損害金の算定に用いる法定利率とが異なる場合が生じうる。

∵　中間利息の控除に用いる法定利率は債務不履行時（417の2Ⅰ）のものである一方、債務不履行に基づく損害賠償請求は期限の定めのない債務であるため、遅延利息の算定に用いる法定利率は損害賠償請求時（412Ⅲ、419Ⅰ本文）のものとなり、両者の基準時が異なるため

cf.　不法行為に基づく損害賠償請求の場合、損害賠償請求権は不法行為時に発生し、遅滞に陥るため、原則として、中間利息の控除に用いる法定利率も、遅延利息の算定に用いる法定利率も、共に不法行為時のものとなる

第418条　（過失相殺）

　債務の不履行又はこれによる損害の発生若しくは拡大に関して債権者に過失があったときは、裁判所は、これを考慮して、損害賠償の責任及びその額を定める。

【平29改正】改正前民法418条は、単に「債務の不履行に関して」とだけ規定していたところ、通説は、「関して」の中に債務不履行自体についての過失と、損害の発生及び拡大についての過失の双方を含むものと解釈しており、裁判例（東京地判平20.3.3等）も、損害の発生・拡大に関する債権者の過失を理由とする過失相殺を認めていた。そこで、本条は改正前民法418条の文言に「損害の発生若しくは拡大」についての過失を追加し、このような通説・裁判例の考え方を明文化した。

［趣旨］本条は損害賠償制度を指導する公平の原則と債権関係を支配する信義則（1

●総則　　　　　　　　　　　　　　　　　　　　　　　債権の効力［第418条］

Ⅱ）とを具現化したものである。

《注　釈》

一　意義

1　過失相殺とは、債務の不履行又はこれによる損害の発生若しくは拡大に関し、債権者にも過失があったときに、裁判所が、損害賠償の責任及び賠償額を決定するに際して、債権者の過失を考慮する制度をいう。

＊　損害軽減義務

債務不履行が生じた場合に、債権者は損害の発生を最小限にするために積極的な行為をしなければならないという信義則上の義務をいう。学説上、損害軽減義務を過失相殺（418）との関係で論ずる見解もあるが、判例（最判平21.1.19・百選Ⅱ6事件　⇒p.546）は、損害軽減措置を怠ったことを過失相殺の問題としてではなく、「通常生ずべき損害」（416Ⅰ）の範囲を定めるに当たって考慮しており、改正民法下でも、このような損害軽減義務の位置付けに影響はないものと解されている。

2　「債権者に過失があった」とは、債権者が契約上、損害の発生・拡大を回避するために課されている措置をとらなかったことをいう。

3　本条は、適切な損害賠償額を算出するためのルールであるから、債務者の主張がなくても、裁判所は職権で過失相殺をすることができるが、債権者の過失を裏付ける具体的事実については、債務者が立証責任を負う（最判昭43.12.24）。

二　効果

裁判所は、責任及び額について必ず斟酌しなければならない。その上で、賠償額を軽減しうるだけでなく、事情によっては賠償責任を否定することもできる▣。

cf.　不法行為での過失相殺（722Ⅱ）では、裁判所は賠償額を定めるにつき被害者に過失があればこれを斟酌することができる。過失相殺をするか否かは裁判所の自由裁量であるが、加害者の賠償責任そのものを全部免責することはできない（大判大9.11.26）　⇒p.646、647

三　損益相殺　⇒p.628

債務不履行は、債権者に損害を与えると同時に、利益を与え又は出費を免れさせることがある。このような場合に、その利益が債務不履行と相当因果関係に立つものである限り、これを控除した残額を賠償額としなければならないとするのが損益相殺であり、明文はないが、公平の理念から解釈上認められている。

ex.1　運送契約の不履行によって旅客を死亡させた運送人が、被害者が生きていたならば得られたであろう収益を賠償する場合には、生存中の生活費等を控除しなければならない（大判大2.10.20）

ex.2　（不法行為の場合）被保険者たる家屋所有者が家屋の焼失により保険金の支払を受けたときに、その限度で加害者に対する損害賠償請求権を失うのは、損益相殺によるものではない（最判昭50.1.31）

ex.3　売買の目的物である新築建物に重大な瑕疵がありこれを建て替えざるを

313

債権の効力［第419条］ ●総則

得ない場合において、当該瑕疵が構造耐力上の安全性にかかわるものであるため建物が倒壊する具体的なおそれがあるなど、社会通念上、建物自体が社会経済的な価値を有しないと評価すべきものであるときには、上記建物の買主がこれに居住していたという利益については、当該買主からの工事施工者等に対する建て替え費用相当額の損害賠償請求において損益相殺ないし損益相殺的な調整の対象として損害額から控除することはできない（最判平22.6.17・平22重判11事件）

第419条 （金銭債務の特則）

Ⅰ 金銭の給付を目的とする債務の不履行については、その損害賠償の額は、債務者が遅滞の責任を負った最初の時点における法定利率によって定める。ただし、約定利率が法定利率を超えるときは、約定利率による〔司〕。

Ⅱ 前項の損害賠償については、債権者は、損害の証明をすることを要しない。

Ⅲ 第1項の損害賠償については、債務者は、不可抗力をもって抗弁とすることができない。

［趣旨］本条は、現代社会における金銭の万能的作用と極度の融通性に基づき、金銭債務の不履行に関して特則を定めたものである。

《注 釈》

一 要件に関する特則

1 債権者は、損害の証明をすることを要しない（419Ⅱ）。これは、債務不履行による損害賠償を請求するには損害の発生及び賠償額を証明しなければならないという原則に対する特則である。

2 金銭債権の債務者は、不可抗力の抗弁（415Ⅰただし書）をもって対抗することができない（419Ⅲ）〔司書〕。

3 常に履行遅滞となり、履行不能は認められない。

二 効果に関する特則

1 原則

(1) 金銭債務の遅滞による損害賠償の額は、実際に生じた損害額いかんにかかわりなく、債務者が遅滞の責任を負った最初の時点における約定又は法定利率（404）により計算するのが原則であり、債権者は約定又は法定利率以上の実損害が生じたことを立証しても、その賠償を請求できない（最判昭48.10.11）〔司共書〕。

(2) 法定利率より高い約定利率が定められている場合に限り、約定利率によって計算する（419Ⅰただし書）〔書〕。

2 例外

(1) 法律に別段の定めがある場合

ex. 647条、650条、669条、873条2項

(2) 当事者間で遅延賠償の予定（420）がなされている場合

●総則　　　　　　　　　　　　　　　　　　　債権の効力［第420条〜第421条］

> ### 第420条　（賠償額の予定）
> Ⅰ　当事者は、債務の不履行について損害賠償の額を予定することができる。
> Ⅱ　賠償額の予定は、履行の請求又は解除権の行使を妨げない〈司〉。
> Ⅲ　違約金は、賠償額の予定と推定する。
>
> ### 第421条
> 前条の規定は、当事者が金銭でないものを損害の賠償に充てるべき旨を予定した場合について準用する〈共書〉。

【平29改正】420条1項は、改正前民法420条1項後段を削除するものであり、それ以外に変更はない。これは、損害賠償額の予定がされた場合において、それが過大であった場合等に、裁判所が信義則（1Ⅱ）や公序良俗（90）等に基づき、その損害賠償額の予定条項を無効としたり、予定賠償額を減額したりすることを認める必要があり、現にこのような判決をする裁判例も多く見受けられることを考慮して、その障害となる改正前民法420条1項後段を削除したものである。

【趣旨】債務不履行の場合に債務者が賠償すべき額を、あらかじめ当事者間の契約で定めておき、損害の発生及びその額を債権者が立証する面倒を避け、それに絡まる紛争を予防するのが狙いである。

《注　釈》

一　損害賠償額の予定（420Ⅰ）

1　意義

損害賠償額の予定とは、債務不履行の場合に債務者が賠償すべき額をあらかじめ当事者間の契約で定めておくことである。

2　効果

(1)　債権者は、債務不履行の事実さえ証明すれば、予定賠償額を請求できる（大判大11.7.26）。

(2)　特約のない限り、債務者は損害が発生しなかったとか、実損害が予定賠償額より少ないなどの主張はできない。債権者も、実損害が予定賠償額より多いとは主張できない。

賠償額の予定がある場合でも、過失相殺（418）を行うことは許される（最判平6.4.21）〈司共〉。

(3)　損害賠償額の予定がされた場合において、それが過大であった場合等に、裁判所が信義則（1Ⅱ）や公序良俗（90）等に基づき、その損害賠償額の予定条項を無効としたり、予定賠償額を減額したりすることができる。

もっとも、裁判所が予定賠償額を増額することは認められない。

また、金銭消費貸借であれば、利息制限法の制限を受ける。　⇒p.292

(4)　賠償額の予定がなされていても、履行の請求や解除をなしうる（420Ⅱ）〈司〉。

二　違約金（420Ⅲ）

1　意義

債権の効力 ［第422条～第422条の2］　　　　　　　　　　　　●総則

①債務不履行の場合に債務者が債権者に支払うべきことを約束した金銭という損害賠償の予定としての意味と、②損害は別に立証して賠償させるという違約罰としての意味がある。

2　違約金は損害賠償の予定と推定される（420Ⅲ）が、違約金が違約罰の意味をもつときは、当事者が反証して、推定を覆すことも可能である〈司〉。

第422条　（損害賠償による代位）

債権者が、損害賠償として、その債権の目的である物又は権利の価額の全部の支払を受けたときは、債務者は、その物又は権利について当然に債権者に代位する。

[趣旨] 賠償権利者をして、その損害賠償以上の利益を得させないことを目的とする。

《注　釈》

一　意義

賠償者の代位とは、債務者が損害賠償として債権の目的である物又は権利の価額の全部を支払った場合に、債権者に代わって、その物又は権利及びこれに代わるものを法律上当然に取得することをいう。

二　要件（「物又は権利の価額の全部の支払を受けたとき」）

1　一部について賠償を受けた場合には適用がない。

2　損害賠償額全部を受ける方法は、必ずしも弁済の方法によることを要せず、弁済と同視される代物弁済（482）や相殺（505）の方法によってもよい。

三　効果（「債務者は、その物又は権利について当然に債権者に代位する」）

債権の目的物又は権利につき、賠償者が当然に債権者の権利を取得する。

→譲渡行為や対抗要件は不要〈司〉

cf.　422条は、不法行為についても類推適用されうる

第422条の2　（代償請求権）

債務者が、その債務の履行が不能となったのと同一の原因により債務の目的物の代償である権利又は利益を取得したときは、債権者は、その受けた損害の額の限度において、債務者に対し、その権利の移転又はその利益の償還を請求することができる〈司〉。

【平29改正】 本条は、改正前民法下の判例（最判昭41.12.23・百選Ⅱ10事件）・通説が公平の見地から認めている代償請求権を明文で規定したものである。

《注　釈》

一　具体例

①　特定物債権の目的物を第三者が故意・過失により破壊した場合

→債務者は引渡義務を免れるが、第三者に対して損害賠償請求権を取得したときは、債権者はその損害の限度で債務者に対してその移転を請求できる

②　建物賃貸借において、隣家からの延焼により建物が焼失した場合

→賃借人が火災保険金を受け取ったときには、賃貸人はその損害の限度で

●総則　　　　　　　　　　　　　　　　　　　　　　　　　債権の効力［第423条］

これを移転することを請求できる（最判昭41.12.23・百選Ⅱ10事件）〈回〉

二　債務者の帰責事由との関係

A説：代償請求は、債務の履行不能につき債務者に帰責事由のない場合にのみ
　　　認められれば足りる
　　　∵　帰責性があれば債務者は損害賠償責任を負うので、あえて代償請求
　　　　を債権者に認める必要がない

B説：債務者に帰責事由のある場合でも代償請求を認めうる
　　　∵　債権者としては債務者に対して損害賠償請求権を主張するよりも、
　　　　対象の確定的な代償請求権を行使した方が有利な場合もある

＊　代償請求権の要件として、債務者に帰責事由がないことを要求するか否か
　について、422条の2は、「債務者の責めに帰すべき事由」という文言を用い
　ていないものの、帰責事由を不要とする立場に立ったというわけではなく、
　依然として解釈に委ねられている。

第2款　債権者代位権

第４２３条　（債権者代位権の要件）〈予R2〉

Ⅰ　債権者は、自己の債権を保全するため必要があるときは、債務者に属する権利
（以下「被代位権利」という。）を行使することができる。ただし、債務者の一身に
専属する権利及び差押えを禁じられた権利は、この限りでない。

Ⅱ　債権者は、その債権の期限が到来しない間は、被代位権利を行使することができ
ない。ただし、保存行為は、この限りでない。

Ⅲ　債権者は、その債権が強制執行により実現することのできないものであるときは、
被代位権利を行使することができない。

［趣旨］債権者代位権は、債務者がその財産権を行使しない場合に、債権者がその
債権を保全するために債務者に代わってその権利を行使して債務者の責任財産の維
持・充実を図る制度である。強制執行と異なり、債務名義（民執22）も不要である
こと、行使の際に債務者の同意が不要であること、執行の目的となりえない権利
（ex.解除権・取消権）についても行使できること等の利点がある。

《注　釈》

一　要件

1　被保全債権についての要件
　①　被保全債権が存在すること（423 Ⅰ本文）
　②　被保全債権が弁済期にあること（423 Ⅱ本文）

2　債務者についての要件
　③　代位債権者が「自己の債権を保全」する必要があること（423 Ⅰ本文）
　④　債務者が未だ権利を行使していないこと

3　代位行使される権利（被代位権利）に関する要件
　⑤　被代位権利が存在すること（423 Ⅰ本文）
　⑥　被代位権利が債務者の一身に専属する権利、差押えを禁じられた権利では

317

ないこと（423 Ⅰ ただし書）

二　被保全債権についての要件

1　①被保全債権が存在すること（423 Ⅰ 本文）

(1)　原則として、債権者代位権行使により保全されるべき債権（被保全債権）は、金銭債権であることを要する。

∵　債権者代位権は、「自己の債権を保全するため」（423 Ⅰ 本文）に認められる権利であり、第三債務者に対する権利行使により債務者の一般財産が充実し、その一般財産から一般債権者として金銭的に満足を受けるものであるから

＊　なお、被保全債権が金銭債権以外でも債権者代位権が認められる場合について　⇒p.324

(2)　また、詐害行為取消権と異なり、被保全債権は債権者代位権を行使する時に存在していればよく、被代位権利の成立前に存在している必要はない（最判昭 33.7.15）〈同共〉。

(3)　被保全債権が強制執行により実現することのできないものであるときは、被代位権利を行使することができない（423 Ⅲ）。

∵　債権者代位権は強制執行の準備を目的とする制度であるから

cf.1　単なる期待権（ex. 推定相続人による被相続人の権利の代位行使）は、被保全債権にはならない（最判昭 30.12.26）〈通〈同〉

cf.2　借地人の所有する建物の借家人は、借地人が土地の賃貸人に対して有する建物買取請求権（借地借家13）を代位行使できない（最判昭 38.4.23）〈同書〉

∵　建物買取請求権の行使により借地人が受ける利益は建物の代金債権にすぎないため、借家人の賃借権は被保全債権にあたらない ⇒ p.541

cf.3　離婚によって生ずる財産分与請求権（768）は、協議あるいは審判等によって具体的内容が形成されるまでは、被保全債権たりえない（最判昭 55.7.11）〈同〉

∵　財産分与請求権は、協議や審判等によって具体的内容が形成されるまでは、その範囲及び内容が不確定、不明確である

2　②被保全債権が弁済期にあること（423 Ⅱ 本文）

(1)　原則

債権者の債権の履行期が到来していない間は、代位権の行使は許されない〈書〉。

∵　債権の担保は、債務者が履行期に弁済しない場合に、はじめて債権者がこれについて直接債権の満足を受けることができる

(2)　例外

保存行為は急いでする必要があるし、債務者に不利益を与えないため、保存行為は弁済期前でも代位行使できるとされている（423 Ⅱ ただし書）。

●総則 債権の効力［第423条］

ex. 時効の完成猶予、未登記の権利の登記

三 債務者についての要件

1 ③代位債権者が「自己の債権を保全」する必要があること（423 I 本文）

債権者が債務者の権利を行使しなければ自己の債権について完全な満足を受けられないおそれがあること（債務者の無資力）が必要となる。

∵ 債務者の財産が十分にある場合は、債務者の財産管理への干渉を認める必要はないから

なお、債務者の無資力は、債権者がその主張・立証責任を負う（最判昭40.10.12）。

→債権者代位権の転用事例では不要とされる　⇒ p.324

＊ 金銭債権保全のためであっても無資力要件が不要とされる場合がある。

ex. BがAに土地を売却し、その代金の一部を受け取った後に死亡し、CＤがBを相続したところ、CはAから残代金の支払を受けることを望んだが、DはAへの移転登記義務の履行を拒否した場合、AからCDへの登記請求権と、CからAの残代金請求権とは、同時履行の関係に立ち、Cは、同時履行の抗弁権を失わせてAに対する代金債権を保全するため、Aの資力の有無を問わず、Aに代位して、Dに対するAの所有権移転登記請求権を行使できる（最判昭50.3.6・百選 II 12事件）

2 ④債務者が未だ権利を行使していないこと

明文規定はないものの、債務者がすでに権利行使をしている場合には、その結果の良否にかかわらず、もはや債権者は代位権を行使できないと解されている（最判昭28.12.14）。

∵ 債務者の財産管理の自由をむやみに侵害しないため、債権者の干渉はなるべく必要最小限に限られるべきである

＊ なお、債務者が被代位権利を行使している場合において、債権者に残された方法としては、①詐害行為取消権を行使するか、②債務者が訴訟を提起しているときは、その訴訟に補助参加（民訴42）等をして自己の権利を保全することが考えられる。

四 代位行使される権利（被代位権利）に関する要件

1 ⑤被代位権利が存在すること（423 I 本文）

(1) 債権者代位権は、債権の引当てとなる責任財産の保全（これによる強制執行の準備）を目的とする制度であるから、債務者に属する共同担保の保全に適するすべての権利が、原則として代位の客体となる。

ex. 損害賠償請求権、登記請求権、解除権、取消権、第三者のためにする契約の受益の意思表示（537 II）（大判大 16.9.30）、相殺権

(2) 債権の譲渡人による債権譲渡通知は債権者代位権の対象とならない（大判昭5.10.10）。この点、債権譲渡通知請求権の代位行使は認められることと区別を要する。

2 ⑥被代位権利が債務者の一身に専属する権利、差押えを禁じられた権利では

債権

319

債権の効力［第423条］　　　　　　　　　　　　　　　　　　　　●総則

ないこと（423 Ⅰただし書）◀共◀予R2

(1) 債務者の一身専属権

　ここで問題とされる一身に専属する権利とは、権利を行使するか否かが権利者の個人的意思に委ねられるべき権利をいう（行使上の一身専属権）。

　∵　債務者の人格に対する不当な干渉を排除するため

① 身分法上の権利、身分法上の財産法的権利、権利行使が債務者の自由な意思によって決定されるべき権利◀司

　　ex.　夫婦間の契約の取消権（754）◀予、財産分与請求権（768、771。ただし、権利内容が具体化した後は代位行使可能◀通◀共予）、人格侵害による慰謝料請求権（ただし、いったん被害者が権利を行使し具体的な金額が確定すれば、その代位行使は可能（最判昭58.10.6）◀司予）◀共、認知請求権（787）◀司

② 権利行使を債務者の意思のみに委ねるのを妥当とする権利

　　ex.　契約の申込み・承諾、債権譲渡の通知（467 Ⅰ）

　　cf.1　時効援用権（145）（最判昭43.9.26）◀司共書は代位権の目的となる

　　cf.2　錯誤取消権（95）も代位権の目的となる

　　　∵　錯誤の事実を認識しながら錯誤の主張をせず、無資力に陥って履行をしない債務者の意思を尊重する必要性は乏しいのに対し、債権保全の必要性は大きい

(2) 差押えを禁じられた権利

　　ex.　一定の割合の給料債権（民執152参照）等

　∵　差押えを禁じられた権利は責任財産を構成せず、強制執行の準備として無意味であるから、代位の客体とならない

五　行使方法・範囲

1　行使方法

　債権者代位権は、裁判外でも裁判上でも行使できる◀書。

(1) 代位権の行使は、債権者が自己の名において債務者の権利を行使するのであって、債務者の代理人として行使するのでない。

(2) 代位権行使の相手方（第三債務者等）は、債務者に対して有するすべての抗弁（同時履行の抗弁権等）を代位債権者に対して主張できる（423の4）◀司共。

　∵　相手方からすれば債務者の権利が行使されていることに変わりはない

　　ただし、94条2項の「第三者」には虚偽表示による無効を対抗しえない。

　　ex.　不動産が甲→乙→丙と譲渡された場合、甲乙間の売買が虚偽表示で無効（94 Ⅰ）でも、転得者たる丙が善意ならば丙は乙に代位して所有権移転登記請求権を行使しうる◀通

(3) 他方、債権者は債務者自身が提出しうる攻撃防御方法しか主張し得ないのが原則である◀司。

　→第三債務者の提出した債務者に対する債権を自働債権とする相殺の抗

●総則 債権の効力 ［第423条］

に対し、代位債権者の提出することのできる再抗弁は、債務者自身が主張することのできる再抗弁事由に限定されるべきであって、債務者と関係のない、代位債権者の独自の事情に基づく抗弁を提出することはできない（最判昭54.3.16）〈同

(4) 債権者は債務者に代位して、債権の取立て、登記の申請、担保権の実行、訴訟の提起、強制執行等をなしうる。

この場合、代位債権者は、被代位債権を行使するにあたり、善管注意義務を負う〈共。

∵ 代位債権者と債務者の間に法定委任の関係が生じる

2 範囲

債権者は、被代位権利の目的が可分であるときは、自己の債権の額の限度においてのみ、被代位権利を行使することができる（423の2）。

六 代位債権者の請求内容

1 債権者は、被代位権利が金銭の支払又は動産の引渡しを目的とするものであるときは、相手方に対し、その支払又は引渡しを自己に対してすることを求めることができる（423の3前段）。

∵ 債務者が相手方からその物を自発的に受け取らないときは、代位権行使の目的が達成されない

→ただし、債務者が第三債務者に対して有する所有権移転登記請求権を債権者が代位行使する場合（423の7参照）、債権者は、第三債務者から直接自己への移転登記を求めることはできず、債務者への移転登記を請求できるにすぎない

423条の3前段の場合において、相手方が債権者に対してその支払又は引渡しをしたときは、被代位権利は消滅する（423の3後段）。

2 423条の3により、金銭を受領した代位債権者は、自らに対する債務者の受領金返還請求権と債務者に対する被保全債権（金銭債権）とを相殺することにより、他の債権者に優先して自己の被保全債権を回収することができる（事実上の優先弁済）。

もっとも、423条の5により、債権者代位権の行使を受けた相手方であっても、債務者に対して債務を履行することが可能であり、債務者自身も自ら取立てをすることができる。そして、債務者が相手方からの債務の履行を受領することで、被代位権利は消滅するから、このような場合、代位債権者による被保全債権の事実上の優先弁済は達成できなくなる。

七 効果

債権者が債務者に代位して債務者の権利を行使した効果は、直接債務者に帰属し、総債権者の共同担保となる。

→債権者代位権を行使した債権者は、他の債権者に対して優先弁済権を持たず、他の債権者と平等に分配を受ける

債権の効力［第423条の2］　　　　　　　　　　　　　　　　　●総則

＜債権者代位権の効果＞

債務者への効果の帰属	債権者が債務者の権利を代位行使すると、その効果は直接債務者に帰属する →債権者が優先弁済を受けるためには、あらためて①債務者から任意弁済を受けるか、又は②債務名義に基づいて強制執行手続を経なければならない →ただし、代位行使した債権の目的物が金銭である場合は、債権者は相殺によって事実上優先弁済を受け得る（423の3）
時効の完成猶予・更新	・債権者Aの代位により、債務者Bの第三債務者Cに対する債権（被代位権利）の時効は完成猶予（147Ⅰ①）、更新（同Ⅱ）されうる ・これに対して、AのBに対する債権（被保全債権）の時効は完成猶予・更新されない
費用償還請求権	代位債権者は債権者代位権の行使に要した費用の償還請求権を有する →一種の法定委任関係に基づく費用償還請求権（650Ⅰ）と解する見解や、事務管理に基づく費用償還請求権（702）と解する見解がある →この費用は、共同担保の保全のための共益費用であるから、債権者は債務者の総財産上に先取特権を有する（306①、307）
代位訴訟の判決の効力	代位権行使が訴訟によって行われた場合、判決の既判力は、債務者にも及ぶ（法定訴訟担当、民訴115Ⅰ②） ∵　代位して訴訟をする債権者もまた債務者のために訴訟を管理する権限がある →債務者に訴訟に関与する機会を保障（手続保障）すべく、債権者は、被代位権利の行使に係る訴えを提起したときは、遅滞なく、債務者に対し、訴訟告知をしなければならない（423の6）

八　債権者代位権の転用　⇒ p.324

> **第423条の2　（代位行使の範囲）**
>
> 　債権者は、被代位権利を行使する場合において、被代位権利の目的が可分であるときは、自己の債権の額の限度においてのみ、被代位権利を行使することができる。

【平29改正】本条は、被代位債権が可分である場合には、代位債権者は被保全債権の額を上限として債権者代位権を行使できることを明記するものである。本条は、判例法理（最判昭44.6.24・百選Ⅱ11事件）と同様の準則であり、債権者による債務者の財産管理への介入は抑制的であるべきである、という視点に立つものである。

　　⇒ p.321

●総則 債権の効力［第423条の3〜第423条の5］

第423条の3 （債権者への支払又は引渡し）

債権者は、被代位権利を行使する場合において、被代位権利が金銭の支払又は動産の引渡しを目的とするものであるときは、相手方に対し、その支払又は引渡しを自己に対してすることを求めることができる。この場合において、相手方が債権者に対してその支払又は引渡しをしたときは、被代位権利は、これによって消滅する。

【平29改正】本条は、被代位権が金銭の支払又は動産の引渡しを目的とするものである場合、代位債権者が債権者代位権を行使しても、債務者がこれらの受領を拒否すると、債権者代位権の目的が達成できないため、代位債権者に直接取立権・受領権を認めるべきであるという、改正前民法下における判例（最判昭 29.9.24）・通説の考え方を明示的に規定したものである。　⇒ p.321

第423条の4 （相手方の抗弁）

債権者が被代位権利を行使したときは、相手方は、債務者に対して主張することができる抗弁をもって、債権者に対抗することができる。

【平29改正】本条は、債権者代位権の行使を受けた相手方が、代位債権者に対して、自らが債務者に対して主張できる抗弁（相殺、同時履行、権利の消滅等）をもって対抗することができる旨定めたものである。これは、被代位権利の相手方からみれば、債務者の権利が行使されていること自体に変わりはないからであり、改正前民法下での判例（大判昭 11.3.23）・通説の考え方を明文化したものである。

他方、本条は、相手方が代位債権者に対して有する固有の抗弁をもって、代位債権者に対抗することができないことも含意している（債権者代位権に基づいて行使される被代位権利は、債務者の相手方（第三債務者）に対する権利であるため。最判昭 54.3.16 参照）。　⇒ p.320

第423条の5 （債務者の取立てその他の処分の権限等）🔢

債権者が被代位権利を行使した場合であっても、債務者は、被代位権利について、自ら取立てその他の処分をすることを妨げられない。この場合においては、相手方も、被代位権利について、債務者に対して履行をすることを妨げられない。

【平29改正】改正前民法下における判例（最判昭 48.4.24）・通説は、履行期後に債権者が債権者代位権を行使した場合においても、裁判外の行使も含めて、債務者に通知するか又は債務者がこれを知った後は、債務者は被代位権利を処分することができなくなるものと解していた。

これに対し、改正民法 423 条の 5 は、上記の判例・通説の考え方を変更した。すなわち、債権者が債務者の権利を代位行使したからといって、債務者の被代位権利にかかる処分権限が制限されるものではないとする。これは、代位行使によって差押えと同様の効果が生じるわけではないから、債権者が債務者の権利を代位行使することによって債務者の被代位権利に係る処分権限が制限されるとすると、債務者の地位が著しく不安定となるためである。

債権

323

債権の効力 ［第423条の6〜第423条の7］　　●総則

債務者は、代位債権者から代位行使に係る通知を受けても、又は改正民法423条の6に基づく訴訟告知を受けても、被代位権利に係る処分権限に影響はなく、相手方に対して権利行使（履行請求）することができる。相手方も、債務者に対して履行することができ、債務者がその履行を受領すれば、たとえ代位債権者が債権者代位訴訟において直接弁済をすべき旨の勝訴判決を取得・確定しても、その権利は消滅する。

このことは、他の債権者についても同様であり、ある債権者が代位行使しても、債務者の処分権限に対する制限がないのであるから、他の債権者は、被代位権利を差し押さえたり、又は代位行使したりすることが可能である。

第４２３条の６　（被代位権利の行使に係る訴えを提起した場合の訴訟告知）
債権者は、被代位権利の行使に係る訴えを提起したときは、遅滞なく、債務者に対し、訴訟告知をしなければならない〈共〉。

【平29改正】本条は、債権者代位訴訟を提起した債権者に対して、株主代表訴訟（会社法849 IV参照）と同様に、債務者に対する訴訟告知を義務付けるものである。代位債権者はいわゆる法定訴訟担当（民事訴訟法115 I ②参照）であり、その判決の効力は債務者に対しても及ぶ。したがって、本条は、債権者に対して、遅滞なく債務者に対する訴訟告知をする義務を負わせた。この訴訟告知により、債務者は債権者代位訴訟に関与する機会が保障（手続保障）されることになる。

第４２３条の７　（登記又は登録の請求権を保全するための債権者代位権）
登記又は登録をしなければ権利の得喪及び変更を第三者に対抗することができない財産を譲り受けた者は、その譲渡人が第三者に対して有する登記手続又は登録手続をすべきことを請求する権利を行使しないときは、その権利を行使することができる。この場合においては、前3条の規定を準用する。

【平29改正】本条は、責任財産の保全を目的としない債権者代位権（いわゆる転用型）として、登記・登録請求権を被保全債権とする場面のみを定めている。もっとも、この場合以外の転用型の債権者代位権を否定する趣旨ではなく、今後の解釈に委ねる趣旨である。

《注　釈》

◆　債権者代位権の転用

本条は、423条の4（相手方の抗弁）・423条の5（債務者の取立てその他の処分の権限等）・423条の6（被代位権利の行使に係る訴えを提起した場合の訴訟告知）の規定を準用する。

なお、本条は、転用型の場面を規定しているため、その性質上、代位行使の範囲（423の2）及び債権者への支払又は引渡し（423の3）に関する規定は適用されない。また、債務者の無資力要件は不要である（最判昭50.3.6・百選 II 12事件）。

●総則　　　　　　　　　　　　　　　　　　　　　　債権の効力［第423条の7］

＜債権者代位権の転用＞

	被保全債権	事　案	判　例
非金銭債権保全への転用	登記請求権〈同〉（＊）	不動産がA→B→Cと譲渡されたが、登記が未だAの下にある	Cが、C→Bに対する登記請求権を被保全債権として、B→Aに対する登記請求権を代位行使することを認めた（大判明43.7.6・百選Ⅱ〔第7版〕14事件）
	賃借権（土地の使用収益を受ける債権）〈同〉	BがAから賃借していた土地上に、Cが勝手に建物を建て、その土地を不法に占拠している場合に、土地所有者AがCに対して土地明渡請求権を行使しない	BのAに対する賃貸借契約上の債権（使用収益を受ける債権）を被保全債権として、土地所有者AのCに対する土地明渡請求権の代位行使を認めた（大判昭4.12.16）
	債権譲渡通知請求権	Aの甲に対する債権が、A→B→Cと譲渡されたが、甲に対して債権譲渡の通知がなされない	CはBに代位して、Aに対し、Bへの譲渡を甲に通知すべき旨を訴求できるとした（大判大8.6.26）〈頻〉
	担保価値維持請求権〈同〉	抵当権の目的物が第三者により不法に占拠されている	所有者の不法占拠者に対する妨害排除請求権を抵当権者は代位行使することができる（最大判平11.11.24）
金銭債権保全への転用（特殊例）	共同相続人の代金債権〈同〉	BはAに土地を売却し、その代金の一部を受け取った後に死亡し、CDがBを相続した。CはAから残代金の支払を受けることを望んだが、Dは、Aへの移転登記義務の履行を拒否した	A→C・Dの登記請求権とC→Aの残代金請求権とは同時履行の関係に立つとし、Cは同時履行の抗弁権を失わせてAに対する代金債権を保全するため、Aの資力の有無を問わず、Aに代位して、相続人DのAに対するAの所有権移転登記手続請求権を行使できるとした（最判昭50.3.6・百選Ⅱ12事件）

＊　登記・登録請求権を被保全債権とする債権者代位権の転用については、423条の7が明文で規定している。

第3款　詐害行為取消権

《概　説》

　詐害行為取消権は、債務者が、債権の共同担保（責任財産）の不足を知りつつ財産減少行為をした場合に、その行為の効力を否認して、責任財産の維持・回復を図り、後に続く強制執行に備えることを目的とする制度である。

　改正民法は、相手方が受益者の場合と転得者の場合とを区別して、全体の規律を構成している（424、424の5）。このような構成を採用したのは、①転得者は債務者の詐害行為の直接の相手方ではなく、債務者の経済状況等について知り得る立場にはないこと、②受益者と転得者とでは利害状況が異なることを考慮したことによる。

債権の効力［第424条］　　　　　　　　　　　　　　　　　　　　　　　●総則

　詐害行為取消権においては、債務者の責任財産を保全する必要性、債務者が自己の財産を管理する自由という債権者代位権で問題となる要素に加えて、債権回収や受益者・転得者の取引の安全についても考慮する必要がある。このことから、債権者代位権とは異なり、「転用」という考え方は採り得ない。

第1目　詐害行為取消権の要件

第424条　（詐害行為取消請求）〈行R2〉

Ⅰ　債権者は、債務者が債権者を害することを知ってした行為の取消しを裁判所に請求することができる。ただし、その行為によって利益を受けた者（以下この款において「受益者」という。）がその行為の時において債権者を害することを知らなかったときは、この限りでない。

Ⅱ　前項の規定は、財産権を目的としない行為については、適用しない。

Ⅲ　債権者は、その債権が第1項に規定する行為の前の原因に基づいて生じたものである場合に限り、同項の規定による請求（以下「詐害行為取消請求」という。）をすることができる。

Ⅳ　債権者は、その債権が強制執行により実現することのできないものであるときは、詐害行為取消請求をすることができない。

【平29改正】本条1項・2項は、詐害行為取消請求の相手方が受益者であることを念頭に置きつつ、改正前民法424条1項・2項にいう「法律行為」を単に「行為」と変更している。これは、「法律行為」の中に弁済（準法律行為）や債務の承認（観念の通知）といった厳密には法律行為ではないものも包含されていることを反映したためである。もっとも、あらゆる行為が含まれるわけではなく、法律行為に準じて判断すべきである。この点、対抗要件の具備が「行為」に含まれて詐害行為取消請求の対象となるかどうかについては、依然として解釈に委ねられている。

　本条3項は、被保全債権が詐害行為の前の原因に基づいて生じたものである場合には、詐害行為取消請求をすることができる旨規定し、詐害行為取消請求が認められる範囲を拡張している。これは、詐害「行為の前の原因に基づいて」生じた債権の債権者は、「原因」の時点における責任財産による引当てを期待していたといえ、詐害行為を取り消すことによって責任財産を回復することにつき保護に値する利益を有すると解されることによる。

　本条4項は、詐害行為取消権が強制執行の準備を目的とするものである以上、強制執行により実現できない債権（不執行の合意のある債権、夫婦の同居義務（752）等）を保全するために詐害行為取消請求をするのは不適切であるという観点から新設された規定であり、423条3項と同趣旨のものである。

《注　釈》

一　債権者側の要件

①　被保全債権が存在すること

②　被保全債権の発生原因が詐害行為前に成立したこと（Ⅲ）

1　①被保全債権が存在すること

●総則 債権の効力 ［第424条］

(1) 被保全債権は金銭債権であり、原則として特定物債権は被保全債権とならない。

(2) しかし、特定物債権（特定物の引渡しを目的とする債権）といえども、その目的物を債務者が処分することにより、その債務者が無資力となった場合には、当該特定物債権者は、右処分行為を詐害行為として取り消すことができる（最大判昭36.7.19・百選Ⅱ15事件）〈共〉。

　　∵　特定物債権も、究極において損害賠償債権に変じうるから、債務者の一般財産により担保されなければならないことは金銭債権と同様である
　　→特定物債権者が詐害行為取消請求をするためには、行使時点までに、特定物債権の内容が損害賠償請求権になっていなければならない〈圃〉〈書〉

(3) 質権や抵当権のような物的担保を伴う債権については、優先弁済権が保障されているため、担保物の価額が債権額に不足する限度においてのみ取消請求が認められる。

　　債務者以外の物上保証や優先弁済権の保障されない人的担保を伴う債権については、債権全額について取消請求が認められる。

(4) 被保全債権は、強制執行可能な債権でなければならない（Ⅳ）。

2　②被保全債権の発生原因が詐害行為前に成立したこと（Ⅲ）

(1) 「詐害行為の前の原因」に当たるためには、被保全債権の発生原因の全部が詐害行為の前に備わっている必要はなく、その主たる発生原因が備わっていれば足りる。

　　ex.1　詐害行為以前に発生原因が存在する債権で詐害行為当時履行期が未到来のもの〈書〉

　　ex.2　詐害行為以前に締結された保証契約に基づく事後求償権（459・462参照）

　　ex.3　調停により将来発生することとなった婚姻費用分担請求権（最判昭46.9.21）

(2) 詐害行為となる不動産の譲渡行為が取消権者の債権成立前になされた場合であっても、それが債権者の債権の発生原因よりも後になされたものであれば、その不動産の譲渡は詐害行為となり得る。

(3) 詐害行為後に債権が譲渡されても、譲受人は取消請求ができる。

　　∵　債権は同一性を保ったまま移転する

　　cf. 被保全債権が譲渡された場合、詐害行為取消権も譲受人に移転する

　　　　∵　詐害行為取消権は害された特定の債権につき発生するものである

(4) 詐害行為後に、旧来の債権を目的として準消費貸借（588）がなされても、準消費貸借の債権者は詐害行為を取り消しうる（最判昭50.7.17）。

　　∵　両債権は同一性を有する

二　債務者側の要件

1　客観的要件

　　③　債務者の無資力

④ 財産権を目的とする行為（Ⅱ参照）

(1) ③債務者の無資力

　　共同担保である責任財産を減少させ、総債権者に完全な弁済をなしえない状態に陥ることが必要である。

　　債務者の無資力は詐害行為時と取消権行使時（厳密には事実審の口頭弁論終結時）の双方の時点で必要となる（大判大 15.11.13）同。

　∵　行為当時において無資力であっても、詐害行為取消権を行使した時点で資力が回復していれば責任財産の状態は債権者にとって十分であり、債権者による債務者の財産管理権への介入は無意味である

　　債権者は、詐害行為時に債務者が無資力であったことを主張・立証すれば足り、受益者・転得者は、取消請求時までに債務者の資力が回復していることを抗弁として主張・立証しなければならない（大判大 5.5.1）共。

　　ex.1　債務者が現在無資力であっても、法律行為の当時に資力を有していたときは、当該法律行為を取り消しえない

　　ex.2　債務者が第三者に債権者を害する贈与（549）をしても、後に資力を回復した場合は、贈与を取り消しえない

(2) ④財産権を目的とする行為（Ⅱ参照）

(a) 身分行為は取消請求の目的とならない。

　　離婚に伴う財産分与については、768条3項の趣旨に反して不相当に過大であり、財産分与に仮託してなされた財産処分であると認められるような特段の事情のない限り、詐害行為とはならない（最判昭 58.12.19）同予書。予H30。離婚に伴う財産分与としての金銭給付の合意がなされた場合、前述のような特段の事情があるときは、不相当に過大な部分についてその限度において詐害行為となる（最判平 12.3.9・百選Ⅲ 19 事件）共。

　　cf.1　離婚に伴う慰謝料支払について、当該配偶者が負担すべき損害賠償義務の額を超えた金額の慰謝料を支払う旨の合意がなされた場合、債務の額を超えた部分についてその限度において詐害行為となる（最判平 12.3.9・百選Ⅲ 19 事件）

　　cf.2　相続放棄（938）は詐害行為取消権行使の対象とならないが（最判昭 49.9.20）同共、遺産分割協議（907Ⅰ）は取消権行使の対象となりうる（最判平 11.6.11・百選Ⅲ 69 事件）同共書

(b) 法律行為のほか、準法律行為も取消請求の対象となる。

　　ex.　債務免除等の単独行為、会社の設立等の合同行為、債務の承認

　　　＊　新設分割（会社2㉚）について、新設分割によって設立された株式会社にその債権に係る債務が承継されず、新設分割について異議を述べることもできない新設分割株式会社の債権者は、詐害行為取消権を行使して新設分割を取り消すことができる（最判平 24.10.12・平 24 重判 6 事件）。

　　cf.　債権譲渡の通知（467）について、債権譲渡行為自体が詐害行為を

●総則　　　　　　　　　　　　　　　　　　　　　　　　　債権の効力 ［第424条］

構成しない場合には、譲渡の通知のみを切り離して詐害行為として取り消すことはできない（最判平10.6.12・百選Ⅱ17事件）。

(c) 無効の行為も取消請求の対象となる（大判昭6.9.16参照）。　⇒ p.333

＜詐害行為取消しの対象となる行為の整理＞

取り消しうる行為	財産権を目的とする行為	契約、単独行為（権利の放棄、債務の免除・承認）、遺産分割協議（最判平11.6.11・百選Ⅲ69事件）
	財産減少の効果を伴う準法律行為	催告、時効更新のための債務の承認（152Ⅰ）
	法律行為をしたと同様の効果が与えられる場合	追認・追認拒絶がなされたとみられる場合 ex. 法定追認の効果を生じる行為（125各号）、意思表示に代わる判決（民執177参照）
	裁判上の法律行為	裁判上の和解、相殺、請求の放棄・認諾
取り消しえない行為	債務者の自由意思に委ねられるべき行為	債務者の不作為や労務を目的とする法律行為、贈与や遺贈を拒絶する行為
	身分行為	婚姻（739）、養子縁組（799）、相続の承認・放棄（915） cf. 離婚による財産分与（768）については、不相当に過大であり、財産分与に仮託してされた財産処分であると認めるに足りるような特段の事情があれば、その不相当に過大な部分の限度において、取消しの対象となる
	強制執行により実現することのできない債権	424条4項、民事執行法152条等

2　主観的要件（Ⅰ本文）

　　債務者の行為が「債権者を害することを知って」なされたことを要する。もっとも、「必ずしも害することを意図しもしくは欲し」たことまでを要しない（最判昭35.4.26）。

3　行為の詐害性

　　詐害行為の成否の判断は、客観的・主観的要件を相関的に判断して行う。
　　→客観的に行為の詐害性が弱ければ主観的には債権者を害する意図まで必要となるが、客観的に行為の詐害性が強ければ主観的には債務超過の認識で足りる

(1) 不動産その他の財産の譲渡

　(a) 無償又は不当な廉価で譲渡した場合には詐害行為となる。

　(b) 不動産の売却　⇒ p.330

(2) 弁済・代物弁済

　(a) 弁済は原則として詐害性はないが、①債務者が支払不能の時になされた場合（424の3Ⅰ①）、又は②債務者と受益者とが通謀して他の債権者を害する意図をもって行われた場合（424の3Ⅰ②）に詐害行為となる。

債権

329

債権の効力 ［第424条の2］　　　　　　　　　　　　　　　　　　　　　　　　●総則

　　(b)　代物弁済（482）　⇒ p.332
　(3)　担保設定行為　⇒ p.331
三　受益者側の要件
　　受益者が受益行為時に「債権者を害すべき事実」を知っている場合に限り、詐
害行為取消請求をなし得る（Ⅰただし書）。もっとも、この要件については、転得
者を相手方とする詐害行為取消請求の場合と異なり（424の5参照）、善意である
こと（債権者を害することを知らなかったこと）について、受益者側が主張・立
証しなければならない 共。受益者は、受益の時点において善意であれば、その後
に詐害の事実を知ったとしても、詐害行為取消請求を受けることはない。
四　転得者側の要件　⇒ p.333
五　詐害行為取消請求の方法
　　債権者は、詐害行為の取消しを「裁判所に請求」して行う（424Ⅰ本文、424
の5）書。具体的には、訴え（反訴）を提起して行わなければならず、抗弁とし
て行使することはできない（最判昭39.6.12）同共。
　　　∵①　裁判所にその要件の充足の有無を判断させる必要がある
　　　　②　取消しの効果を判決主文で明確に示すことが適当である

第424条の2　（相当の対価を得てした財産の処分行為の特則）
　　債務者が、その有する財産を処分する行為をした場合において、受益者から相当の
対価を取得しているときは、債権者は、次に掲げる要件のいずれにも該当する場合に
限り、その行為について、詐害行為取消請求をすることができる。
　①　その行為が、不動産の金銭への換価その他の当該処分による財産の種類の変更
　　により、債務者において隠匿、無償の供与その他の債権者を害することとなる処
　　分（以下この条において「隠匿等の処分」という。）をするおそれを現に生じさせ
　　るものであること。
　②　債務者が、その行為の当時、対価として取得した金銭その他の財産について、
　　隠匿等の処分をする意思を有していたこと。
　③　受益者が、その行為の当時、債務者が隠匿等の処分をする意思を有していたこ
　　とを知っていたこと。

［趣旨］本条は、相当の対価を得て行った財産の処分行為について、原則としてその
詐害行為性を否定する一方、本条各号の掲げる要件の全てを満たす場合に限り、例
外的に詐害行為取消請求の対象となる旨を規定するものである。
《注　釈》
一　要件
　1　債務者が受益者から相当の対価を取得していること（柱書）。
　　　→相当の対価については、処分行為時における当該財産の適正な市場価格に
　　　　基づき算定されるため、処分の後に目的物の価格が上昇したとしても詐害
　　　　行為とは評価されない
　2　財産処分行為が、不動産の金銭への換価その他の当該処分による財産の種類
　　の変更により、債務者において隠匿等の処分をするおそれを現に生じさせるも

330

●総則 債権の効力［第424条の3］

のであること（①）。

→隠匿等の処分をする「おそれ」の程度としては、「現に」、すなわち具体的な危険性が認められる程度のものでなければならない

3 債務者が、その行為の当時、対価として取得した金銭その他の財産について、隠匿等の処分をする意思を有していたこと（②）。

→「隠匿等の処分をする意思」とは、当該行為が責任財産を減少させる効果を有することの認識（一般的な詐害意思）に加え、処分の対価等を隠匿するなどして債権者の権利実現を妨げる意思のあることをいう

4 受益者が、その行為の当時、債務者が隠匿等の処分をする意思を有していたことを知っていたこと（③）。

→この要件は、受益者の悪意の要件（424 Iただし書）と重複するものの、これを主張・立証するのは取消債権者側であるという点で、受益者の悪意の要件と異なる

二 その他

新たな借入れとそのための担保設定行為の詐害性の有無は、当該行為が経済的には担保の目的物を売却して資金調達をしたのと同様の実態を有することから、本条によって処理される。

債権

第424条の3 （特定の債権者に対する担保の供与等の特則）

Ⅰ 債務者がした既存の債務についての担保の供与又は債務の消滅に関する行為について、債権者は、次に掲げる要件のいずれにも該当する場合に限り、詐害行為取消請求をすることができる。

① その行為が、債務者が支払不能（債務者が、支払能力を欠くために、その債務のうち弁済期にあるものにつき、一般的かつ継続的に弁済することができない状態をいう。次項第1号において同じ。）の時に行われたものであること。

② その行為が、債務者と受益者とが通謀して他の債権者を害する意図をもって行われたものであること。

Ⅱ 前項に規定する行為が、債務者の義務に属せず、又はその時期が債務者の義務に属しないものである場合において、次に掲げる要件のいずれにも該当するときは、債権者は、同項の規定にかかわらず、その行為について、詐害行為取消請求をすることができる。

① その行為が、債務者が支払不能になる前30日以内に行われたものであること。

② その行為が、債務者と受益者とが通謀して他の債権者を害する意図をもって行われたものであること。

[趣旨] 本条は、偏頗行為（特定の債権者を利する行為）についても、債務者による出捐と同額の債務の消滅をもたらすものであって、計数上、責任財産を減少させるものではないことを理由に、原則として詐害行為に当たらないことを規定しつつ、詐害行為取消請求の対象となるための例外要件を定めたものである。

債権の効力［第424条の4～第424条の5］　　　　　　●総則

《注　釈》

◆　要件

1　既存の債務についての担保の供与又は債務の消滅に関する行為（偏頗行為）が、債務者が支払不能状態に陥った時に、債務者と受益者とが通謀して他の債権者を害する意図をもって、債務者により行われたこと（Ⅰ①②）。

　　　∵　支払不能状態に陥る前の時点では、弁済等は債務者にとっては義務の履行であり、債権者にとっては権利の行使であるため、債権者間の平等を確保する必要性は生じない

2　偏頗行為が、債務者の義務に属せず、又はその時期が債務者の義務に属しないものである場合において、債務者が支払不能になる前30日以内に、債務者と受益者とが通謀して他の債権者を害する意図をもって、債務者により行われたこと（Ⅱ①②）。

　　「債務者の義務に属せず、又はその時期が債務者の義務に属しないもの」とは、非義務行為といわれ、①代物弁済のように、債務者のした債務消滅行為が債務者の義務に属さない場合、又は②期限前弁済のように、その時期に当該行為をすることが債務者の義務に属さない場合をいう。

第424条の4　（過大な代物弁済等の特則）

　債務者がした債務の消滅に関する行為であって、受益者の受けた給付の価額がその行為によって消滅した債務の額より過大であるものについて、第424条に規定する要件に該当するときは、債権者は、前条第1項の規定にかかわらず、その消滅した債務の額に相当する部分以外の部分については、詐害行為取消請求をすることができる。

[趣旨] 本条は、たとえ債務者が債務の消滅に関する行為をした場合であっても、受益者の受けた給付の価額が当該行為によって消滅した債務額よりも過大であり、かつ424条所定の要件を満たすときは、その超過部分について詐害行為取消請求をすることができる旨定めたものである。

《注　釈》

▪ 本条の適用場面としては、代物弁済が行われた場合や、債務者が所有する財産を第三者に適正価格で売却し、その売却代金を弁済に充てる場合等がある。なお、代物弁済は非義務行為（424の3Ⅱ）でもあるから、424条の3第2項所定の要件が満たされれば、代物弁済が過大かどうかを問わず、代物弁済全体を取り消すことができる。

第424条の5　（転得者に対する詐害行為取消請求）

　債権者は、受益者に対して詐害行為取消請求をすることができる場合において、受益者に移転した財産を転得した者があるときは、次の各号に掲げる区分に応じ、それぞれ当該各号に定める場合に限り、その転得者に対しても、詐害行為取消請求をすることができる。

●総則　　　　　　　　　　　　　　　　　　　債権の効力［第424条の5］

> ① 　その転得者が<u>受益者</u>から転得した者である場合　その転得者が、転得の当時、債務者がした行為が債権者を害することを知っていたとき。
> ② 　その転得者が<u>他の転得者</u>から転得した者である場合　その転得者及びその前に転得した<u>全ての転得者</u>が、それぞれの転得の当時、債務者がした行為が債権者を害することを知っていたとき。

［趣旨］ 本条は、受益者からの転得者を詐害行為取消請求の相手方とする場合の要件を、受益者を相手とする場合に比して限定し、取引の安全を確保する趣旨に出たものである。

《注 釈》

一　要件

1 　受益者に対する詐害行為取消請求が認められるための要件が満たされていること<共>。

→受益者の悪意も必要

2 　①受益者からの転得者を詐害行為取消請求の相手方とする場合には、その<u>転得者が、転得の当時、債務者がした行為が債権者を害することを知っていたこと</u>（424の5①）。

→受益者の悪意について知っていることは要求されていない

②<u>転得者からの転得者を詐害行為取消請求の相手方とする場合には、当該転得者及びその前のすべての転得者</u>（中間転得者）が、それぞれの転得の当時、<u>債務者がした行為が債権者を害することを知っていたこと</u>（424の5②）。

→前の転得者の悪意について知っていることは要求されていない

二　その他

1 　債務者の行為が虚偽表示（94Ⅰ）であることについて、転得者が善意の第三者（94Ⅱ）にあたるとしても、転得者が詐害の事実につき悪意である場合には、当該行為を詐害行為として取り消すことができる（大判昭6.9.16）<共>。

2 　①の転得者及び②の転得者及び中間転得者の悪意については、<u>取消債権者側</u>が主張・立証しなければならない。

cf.　受益者を相手取って詐害行為取消請求をする場合は、<u>受益者側</u>が自己の善意を主張・立証しなければならない

3 　転得者が債務者の親族、同居者、取締役、親会社その他の債務者の内部者であったときは、当該転得者は、その転得の当時、債務者がした受益者との間の行為について債権者を害すべき事実を知っていたものと推認される（悪意の推認）。

＜受益者・転得者の要件＞

受益者	転得者	効果
○	○	受益者・転得者いずれに対しても請求不可
○	×	受益者・転得者いずれに対しても請求不可

債権の効力〔第424条の6〕　　　　　　　　　　　　　　　　　　　　　　●総則

受益者	転得者	効果
×	○	受益者に対してのみ請求可（価額償還）《書》 転得者の所有権には影響なし
×	×	受益者に対して価額償還 転得者に対して現物返還　のいずれも請求できる

（○：善意、×：悪意）

第2目　詐害行為取消権の行使の方法等

第424条の6　（財産の返還又は価額の償還の請求）《棋》

Ⅰ　債権者は、受益者に対する詐害行為取消請求において、債務者がした行為の取消しとともに、その行為によって受益者に移転した財産の返還を請求することができる。受益者がその財産の返還をすることが困難であるときは、債権者は、その価額の償還を請求することができる。

Ⅱ　債権者は、転得者に対する詐害行為取消請求において、債務者がした行為の取消しとともに、転得者が転得した財産の返還を請求することができる。転得者がその財産の返還をすることが困難であるときは、債権者は、その価額の償還を請求することができる。

【平29改正】本条は、詐害行為取消権の性質を折衷的に解する改正前民法下の判例（大連判明44.3.24・百選Ⅱ14事件）・通説を明文化したものである。すなわち、詐害行為取消権は、債権者の担保となる責任財産を保全するべく、債務者の詐害行為を取り消し、かつ、その財産を行為前の状態に回復させるものである。なお、詐害行為取消訴訟において、詐害行為の取消しとともに原状回復の請求をするか、その取消しのみを請求するかは、取消債権者の自由に委ねられている《棋》。

《注　釈》

◆　逸出財産の取戻し

1　現物返還が原則である（Ⅰ前段、Ⅱ前段）。

　(1)　受益者を相手方とする詐害行為取消請求の場合

　　　ここにいう現物返還とは、①受益者に対して引き渡された物の返還、及び②受益者に交付された金銭の支払を指す（②は、現物返還が困難である場合に含まれない）。

　(2)　転得者を相手方とする詐害行為取消請求の場合

　　　ここにいう現物返還とは、転得者に対して引き渡された物の返還を指す。転得者が取得した金銭の支払を取消債権者が求める場合は、現物返還ではなく、価額償還として扱われる（受益者の場合と異なる。424の9Ⅰ参照）。

2　現物返還が困難であるときは、価額償還を請求することができる（Ⅰ後段、Ⅱ後段）。

　　→価額償還における価額の算定基準時は、原則として詐害行為取消訴訟の事実審口頭弁論終結時である（最判昭50.12.1）

●総則 債権の効力［第424条の7～第424条の8］

(1) 取消しの目的物が受益者ではなく転得者の下に存在する場合は、「財産の返還をすることが困難であるとき」に当たるため、価額償還によるほかない。

(2) 抵当権の設定された不動産が詐害行為の目的物である場合において、受益者又は転得者の下で当該抵当権が消滅し、抵当権設定登記が抹消されたようなときは、もはや原状回復は不可能であるから、「財産の返還をすることが困難であるとき」に当たる。このような場合、逸出財産の回復方法は、価額償還による（最大判昭36.7.19・百選II 15事件参照）。

もっとも、抵当権が設定された建物をその抵当権者に代物弁済として供するような場合は、債務者がした債務の消滅行為が債務者の義務に属さないもの（非義務行為、424の3 II 柱書）に当たり、当該行為が詐害行為となる場合（過大な代物弁済等の特則（424の4）が適用される場合を除く。）には、代物弁済が全体として取り消される（424の3 II）。この場合、債権者は、当該建物所有権移転登記の抹消登記手続を請求することができるから、当該建物自体を債務者の一般財産として回復することができる。そして、抵当権者が当該建物を債務者に返還したときは、債務者に対する債権が復活し、抹消されていた抵当権設定登記も復活する（425の3）。

第424条の7 （被告及び訴訟告知）

I 詐害行為取消請求に係る訴えについては、次の各号に掲げる区分に応じ、それぞれ当該各号に定める者を被告とする。《共》

① 受益者に対する詐害行為取消請求に係る訴え　受益者

② 転得者に対する詐害行為取消請求に係る訴え　その詐害行為取消請求の相手方である転得者

II 債権者は、詐害行為取消請求に係る訴えを提起したときは、遅滞なく、債務者に対し、訴訟告知をしなければならない。

【平29改正】本条1項は、改正前民法下の判例（大連判明44.3.24・百選II 14事件）・通説の結論を明文化し、受益者又は転得者を被告とすることを定めた。他方、同項の反対解釈から、債務者は被告とならない（債務者には被告適格がない）《同共》と解されており、債務者を被告とする訴えは不適法却下される。

本条2項は、債権者代位訴訟を提起した債権者に対して、債務者に対する訴訟告知を義務付ける423条の6と同趣旨の規定である。債務者が被告とならないことは上記のとおりであるが、詐害行為取消請求を認容する確定判決の効力は債務者にも及ぶことから（425参照）、債務者に対する手続保障を確保するために、訴訟告知義務が規定された。

第424条の8 （詐害行為の取消しの範囲）

I 債権者は、詐害行為取消請求をする場合において、債務者がした行為の目的が可分であるときは、自己の債権の額の限度においてのみ、その行為の取消しを請求することができる。

債権の効力［第424条の9］　　　　　　　　　　　　　　　●総則

> Ⅱ　債権者が第424条の6第1項後段又は第2項後段の規定により価額の償還を請
> 求する場合についても、前項と同様とする。

【平29改正】詐害行為取消権は、あくまで特定債権者の個別具体的な債権を保全するものであって、共同担保の保全を直接の目的にするものではない。そのため、改正前民法下の判例（大判大9.12.24等）・通説は、債務者がした詐害行為の目的物が金銭のように可分である場合、債権者による詐害行為の全部の取消しを認めず、債権者が損害を受ける限度でのみ、詐害行為取消請求を認めていた。本条1項は、かかる判例・通説の考え方を明文化するものである。また、本条2項は、債権者が受益者又は転得者に対して価額償還請求をする場合も、本条1項と同様とする旨を定める。

《注　釈》

一　目的物が可分である場合

1　債権者は、自己の債権の額の限度においてのみ、取消請求をなしうる（Ⅰ）書。

　→受益者又は転得者に対し価額償還請求をする場合も同様である（Ⅱ）

2　「債務者がした行為の目的が可分であるとき」としては、①金銭債務を弁済する行為が取り消される場合、②金銭債務を免除する行為が取り消される場合等が考えられる。

＊　取消しの範囲の基準となる被保全債権額には、遅延損害金も含まれる（最判平8.2.8）。

二　目的物が不可分である場合 予H30

本条1項の反対解釈から、債務者がした詐害行為の目的物が不可分である場合（不動産の譲渡契約等）、取消債権者は、自己の債権額にかかわらず、当該行為の全部を詐害行為として取り消すことができる（最判昭30.10.11等）同共。

＊　詐害行為の目的物が登記又は登録を伴うものである場合には、その抹消を請求しうる。

第424条の9　（債権者への支払又は引渡し）

Ⅰ　債権者は、第424条の6第1項前段又は第2項前段の規定により受益者又は転得者に対して財産の返還を請求する場合において、その返還の請求が金銭の支払又は動産の引渡しを求めるものであるときは、受益者に対してその支払又は引渡しを、転得者に対してその引渡しを、自己に対してすることを求めることができる。この場合において、受益者又は転得者は、債権者に対してその支払又は引渡しをしたときは、債務者に対してその支払又は引渡しをすることを要しない。

Ⅱ　債権者が第424条の6第1項後段又は第2項後段の規定により受益者又は転得者に対して価額の償還を請求する場合についても、前項と同様とする。

【趣旨】本条は、詐害行為取消権を行使することにより取り戻されるものが金銭又は動産である場合、取消債権者が債務者の詐害行為を取り消しても債務者がこれらの

●総則 債権の効力 ［第424条の9］

受領を拒否すると、債務者の責任財産の保全という詐害行為取消権の目的を達成できなくなることから、取消債権者に受益者又は転得者に対する直接取立権・受領権を明示的に認めたものである。これは、423条の3と同趣旨の規定である。なお、転得者に対する金銭の支払請求は、本条においては価額の償還請求（Ⅱ）として位置づけられる。

《注　釈》

◆　取消債権者の直接取立権・受領権

1　被告とされた受益者が取消債権者に対して金銭の支払又は動産の引渡しをしたとき、又は被告とされた転得者が取消債権者に対して動産の引渡しをしたときは、その受益者・転得者は、債務者に対する支払義務又は引渡義務を免れる（Ⅰ後段）。価額の償還をした場合も同様である（Ⅱ）。

　　不動産については、直接債権者への引渡し・所有権移転登記を請求することはできない（最判昭53.10.5・百選Ⅱ16事件）〈同共〉。

　　∵　債務者の責任財産を戻した上で、これを差し押さえて強制執行を行うことが、「全ての債権者に対してもその効力を有する」という425条の趣旨に合致する

2　取消債権者による直接取立権・受領権が認められる結果、金銭を受領した取消債権者は、債務者の返還請求権と被保全債権とを相殺することにより、事実上の優先弁済を受けることができる。この点、改正民法下において当該相殺を禁ずる規定は設けられていないため、被保全債権の事実上の優先弁済を阻止することは困難となっている。

　　そこで、他の債権者の利益保護の観点から、①他の債権者の分配請求を認めることができないか、②受益者も債権者である場合に按分額の支払拒絶権を認めることができないかが問題となる。

⑴　①については、詐害行為取消権は有害な行為を取り消し逸出した財産の回復を求める制度であって、債権者間の平等・満足を目的とするものではないこと、そもそも分配の手続等が現行法上規定されていないことから、取消債権者が他の債権者に平等の割合による分配の義務を負うと解することはできず、他の債権者の分配請求は否定すべきとするのが判例（最判昭37.10.9）である。

⑵　②については、詐害行為取消権は債務者の責任財産を回復するための制度であり、債権の満足や財産の分配をする制度ではないこと、按分額の支払を拒むことができるとすれば、いち早く自己の債権につき弁済を受けた受益者を保護することになり、総債権者の利益を無視することになることから、受益債権者の按分額の支払拒絶権は否定すべきとするのが判例（最判昭46.11.19・百選Ⅱ〔第7版〕19事件）である〈同〉。

3　詐害行為取消請求を認容する確定判決の効力は債務者にも及ぶことから（425参照）、詐害行為取消請求の認容判決が確定したときは、債務者は、受益者・転得者に対して逸出財産の返還・償還を求めることができ、受益者・転得

債権の効力［第425条］ ●総則

者が債務者にこれらを返還・償還すれば、取消債権者の直接取立権・受領権は消滅する。なお、この状況下においては、相殺による事実上の優先弁済の余地はない。

第3目 詐害行為取消権の行使の効果

第425条 （認容判決の効力が及ぶ者の範囲）

詐害行為取消請求を認容する確定判決は、債務者及びその全ての債権者に対してもその効力を有する〈珠〉。

【平29改正】本条は、詐害行為取消請求を認容する確定判決の効力が、被告とされた受益者又は転得者のほか、「債務者」のみならず、取消債権者を含む債務者の「全ての債権者」にも及ぶと定めている。そして、「全ての債権者」には、詐害行為の時又は判決確定時より後に債権者になった者も含まれる。

この点、詐害行為取消しの効果が「債務者」にも及ぶとした点は、改正前民法下での相対的取消し（詐害行為取消しの効果は取消債権者と受益者・転得者との間でのみ生じ、債務者には及ばない）の考え方が妥当しなくなった点で、改正前民法からの大きな変更であると評されている。改正された本条により、改正前民法下での相対的取消しの考え方に対する疑義（取消債権者と債務者との関係では取消しの効果が生じない以上、逸出財産が債務者の責任財産に復帰することの説明ができないという疑義）は解消された。

《注 釈》

一 確定判決の効力

1 本条にいう「確定判決……の効力」としては、形成力と既判力が想定されている。そして、認容判決が確定することでこれらの効力が債務者にも及ぶ。そのため、債務者の手続保障を確保するために、取消債権者に対して、債務者への遅滞なき訴訟告知義務が課されている（424の7Ⅱ）。

→取消債権者は、代位債権者と異なり、法定訴訟担当（民訴115Ⅰ②参照）ではないため、敗訴判決の効力は債務者には及ばない

2 詐害行為取消しの効果は、詐害行為取消判決の確定により生じ、また、過去に遡って生ずる。したがって、受領した物の返還債務も、取消判決の確定により受領時に遡って生ずる。この返還債務は期限の定めのない債務であり、詐害行為取消判決の確定前にされた履行の請求も「履行の請求」（412Ⅲ）に当たり、これを受けた時に遅滞に陥る（最判平30.12.14・令元重判6事件参照）。

二 認容判決の効力が及ぶ者

1 受益者を被告とする詐害行為取消請求を認容する確定判決の効力は、転得者には及ばない。

2 本条が「……に対しても」と規定しているように、転得者を被告とする場合の詐害行為取消請求を認容する確定判決は、債務者や当該訴訟の当事者（債権者・転得者）のほか、債務者の全ての債権者に対しても及ぶ。

●総則 債権の効力 ［第425条の2〜第425条の3］

もっとも、当該転得者の前者（受益者又は当該転得者より前の転得者）にはその効果が及ばない。そのため、当該転得者が債務者に現物返還・価額償還をしても、当該転得者はその前者（受益者又は当該転得者より前の転得者）に反対給付の返還を求めたり、その前者に対して有していた債権の回復等を求めたりすることは許されない。

第425条の2　（債務者の受けた反対給付に関する受益者の権利）

　債務者がした財産の処分に関する行為（債務の消滅に関する行為を除く。）が取り消されたときは、受益者は、債務者に対し、その財産を取得するためにした反対給付の返還を請求することができる。債務者がその反対給付の返還をすることが困難であるときは、受益者は、その価額の償還を請求することができる。

[趣旨] 本条は、詐害行為取消しの効果が債務者にも及ぶことを前提として、債務者と受益者との利益衡量の観点から、債務者に対する受益者の反対給付返還請求権・価額償還請求権を定めるものである。

《注　釈》

◆　受益者による反対給付返還請求権・価額償還請求権

1　債務者Aが自己の所有する甲動産（200万円相当）を受益者Bに50万円で売却した場合において、Aの債権者Cがかかる売買契約を詐害行為として取り消し、甲動産の自己への引渡しを求めて詐害行為取消請求に係る訴えを提起したケースを想定する。

　Cの請求を容認する判決が確定した場合、受益者Bは、甲動産をCに引き渡さなければならないが、本条前段により、債務者Aに対して、支払った50万円の返還を請求することができる。

2　甲動産とBの乙動産（200万円相当）とが交換され、その後債務者Aが受益者Bから取得した乙動産を売却するなどして、すでに乙動産を所有していないようなケースでは、受益者Bは、本条後段により、債務者Aに対して、乙動産の価額である200万円の償還請求をすることができる。

3　なお、本条の文言から、受益者が詐害行為によって逸出した財産又はその価額を取消債権者又は債務者に返還・償還することが先履行かどうかは明らかではないが、425条の3との整合性を考慮すると、受益者による取消債権者・債務者への返還・償還が先履行になるものと解されている。

第425条の3　（受益者の債権の回復）

　債務者がした債務の消滅に関する行為が取り消された場合（第424条の4＜過大な代物弁済等の特則＞の規定により取り消された場合を除く。）において、受益者が債務者から受けた給付を返還し、又はその価額を償還したときは、受益者の債務者に対する債権は、これによって原状に復する。

【平29改正】 本条は、改正前民法下での判例法理（大判昭16.2.10）を明文化するものである。すなわち、債務者がした債務の消滅に関する行為（代物弁済など）が詐

債権の効力［第425条の4］　　　　　　　　　　　　　　　　　　　　　　●総則

害行為として取り消された場合（過大な代物弁済等の特則に関する424条の4により取り消された場合を除く。）、その受益者が債務者から受けた給付を返還し、又はその価額の「全部」を償還したときは、受益者の債務者に対する債権は原状に復する。受益者の債権の回復と受益者による給付又はその価額の返還・償還との間に同時履行の関係はなく、受益者による給付又はその価額の返還・償還が先履行と解されている。

《注　釈》

▪ 過大な代物弁済等の特則に関する424条の4の規定で取り消された場合が除外されているのは、同条による取消しの場合、過大な部分のみが取り消されるのであって、受益者が取り消された過大な部分の価額を償還したとしても、当該代物弁済によって消滅した債務の額に相当する部分の価額を償還したことにはならず、受益者の債務者に対する債権が回復することはないためである。

第425条の4　（詐害行為取消請求を受けた転得者の権利）

　債務者がした行為が転得者に対する詐害行為取消請求によって取り消されたときは、その転得者は、次の各号に掲げる区分に応じ、それぞれ当該各号に定める権利を行使することができる。ただし、その転得者がその前者から財産を取得するためにした反対給付又はその前者から財産を取得することによって消滅した債権の価額を限度とする。

①　第425条の2に規定する行為が取り消された場合　その行為が受益者に対する詐害行為取消請求によって取り消されたとすれば同条の規定により生ずべき受益者の債務者に対する反対給付の返還請求権又はその価額の償還請求権

②　前条に規定する行為が取り消された場合（第424条の4＜過大な代物弁済等の特則＞の規定により取り消された場合を除く。）　その行為が受益者に対する詐害行為取消請求によって取り消されたとすれば前条の規定により回復すべき受益者の債務者に対する債権

[趣旨] 本条は、425条の2及び425条の3と同様の見地から、転得者において、受益者による反対給付返還請求権・価額償還請求権ないし回復すべき受益者の債務者に対する債権を行使することができる旨を定める。もっとも、転得者に過剰な利益を与えることを防ぐために、柱書ただし書においてその上限が設けられている。

《注　釈》

◆　転得者が行使する権利

　債務者Aが自己の所有する甲動産（200万円相当）を受益者Bに50万円で売却し、さらに、受益者Bが転得者Cに甲動産を120万円で売却した場合において、Aの債権者Dが転得者Cを相手取り、AB間の売買契約を詐害行為として取り消した上で、甲動産の自己への引渡しを求めて詐害行為取消請求に係る訴えを提起したケースを想定する。

　このケースにおいて、Dの請求が認められた場合、転得者Cは、甲動産を取消債権者D又は債務者Aに返還しなければならない。もっとも、かかる訴えの確定判決の効力は、転得者Cの前者である受益者Bには及ばない（425参照）。そのた

め、転得者Cが現物返還・価額償還をしても、転得者Cは前者である受益者Bに反対給付の返還等を求めることは許されず、また、425条の3のような債権の回復も認められない。

しかしながら、これでは転得者が一方的に不利であるから、前者から取得した財産又はその価額を返還・償還した転得者の保護を図る必要がある（なお、転得者による給付又はその価額の返還・償還が先履行であることは、前2条と同様である）。そこで、本条は、詐害行為取消しの対象となった行為が受益者を被告とする詐害行為取消請求によって取り消されたとすれば、受益者が債務者に対して有していたはずの債権の行使を、転得者に認めることとした。

したがって、Cは、Bの反対給付である代金50万円について、Aに対して請求することができる。

第4目　詐害行為取消権の期間の制限

第426条

詐害行為取消請求に係る訴えは、債務者が債権者を害することを知って行為をしたことを債権者が知った時から2年を経過したときは、提起することができない。行為の時から10年を経過したときも、同様とする。

【平29改正】詐害行為取消権は、実体法上の形成権とは異なり、裁判所による形成行為を求める訴えの性質を有するものである。そこで、本条は、改正前民法426条が詐害行為取消権について定めていた消滅時効・除斥期間を、詐害行為取消請求に係る訴えの出訴期間に改めるとともに、長期の期間を20年から10年に短縮した。また、改正前民法426条前段が時効の起算点について「債権者が取消しの原因を知った時」と規定していたものを、「債務者が債権者を害することを知って行為をしたことを債権者が知った時」と明確に規定し直した。

《注　釈》

一　起算点

「債務者が債権者を害することを知って行為をしたことを債権者が知った時」（前段）の要件について、債権者が詐害の客観的事実を知った場合は、特段の事情がない限り、債務者の詐害意思をも知ったものと推定される（最判昭47.4.13）。

二　その他

詐害行為取消訴訟を提起した場合、債権者が債務者に対する債権（被保全債権）の存在を主張しても、被保全債権についての消滅時効の完成猶予・更新をもたらさない（最判昭37.10.12 参照）。

∴　被保全債権自体は訴訟物でなく、「裁判上の請求」（147Ⅰ①）にあたらないため

■第3節　多数当事者の債権及び債務
《概　説》

<多数当事者の債権及び債務のまとめ>

<table>
<tr>
<th colspan="2"></th>
<th>対外的効力</th>
<th colspan="2">1人につき生じた事由</th>
<th>内部関係</th>
</tr>
<tr>
<td rowspan="2">分割</td>
<td>債権</td>
<td rowspan="2">個別的・無影響、分割割合は平等と推定（427）</td>
<td colspan="2" rowspan="2">無影響</td>
<td rowspan="2">特別の場合にのみ分配・分担する</td>
</tr>
<tr>
<td>債務</td>
</tr>
<tr>
<td rowspan="2">不可分</td>
<td>債権</td>
<td>連帯債権に同じ（428、432）</td>
<td colspan="2">請求（履行遅滞、時効の完成猶予・更新）、弁済（代物弁済、供託、提供、受領遅滞）以外は無影響（428、435の2本文）</td>
<td>内部関係の割合に応じて給付利益を分与　特別の事情がない限り内部割合は平等と推定</td>
</tr>
<tr>
<td>債務</td>
<td>連帯債務に同じ（430、436）</td>
<td colspan="2">弁済（代物弁済、供託、提供、受領遅滞）、更改、相殺以外は無影響（430、441本文）</td>
<td>連帯債務に同じ（430、442～445）</td>
</tr>
<tr>
<td rowspan="2">連帯</td>
<td>債権</td>
<td>各債権者は、全ての債権者のために全部又は一部の履行を請求することができ、債務者は、全ての債権者のために各債権者に対して履行をすることができる（432）</td>
<td colspan="2">原則として無影響（435の2本文）　例外として請求、更改、免除、相殺、混同（432～435）</td>
<td>不可分債権に同じ</td>
</tr>
<tr>
<td>債務
（*）</td>
<td>債権者は、その連帯債務者の1人に対し、又は同時に若しくは順次に全ての連帯債務者に対し、全部又は一部の履行を請求することができる（436）</td>
<td colspan="2">原則として無影響（441本文）　例外として弁済（代物弁済、供託、提供、受領遅滞）、更改、相殺、混同（438～440）</td>
<td>平等分担の立場で一定の範囲の求償を認める（442～445）</td>
</tr>
<tr>
<td rowspan="3">保証債務</td>
<td></td>
<td></td>
<td>主たる債務者</td>
<td>保証人</td>
<td rowspan="3"><受託保証人>
弁済その他免責のあった日以後の法定利息及び避けることのできなかった費用その他の損害の賠償を包含する（459Ⅱ・442Ⅱ、459の2Ⅱ）
<無委託保証人>
保証人となったことが主たる債務者の意思に反しないときは免責行為をした当時に、意思に反するときは求償する時点で主たる債務者が利益を受ける限度で求償可（462）</td>
</tr>
<tr>
<td>普通</td>
<td>保証人に催告・検索の抗弁権あり(452、453)</td>
<td rowspan="2">原則として及ぶ</td>
<td>主たる債務を消滅させる行為（弁済、代物弁済、供託、相殺）以外は、無影響</td>
</tr>
<tr>
<td>連帯</td>
<td>保証人に催告・検索の抗弁権なし(454)</td>
<td>影響を与える（連帯債務と同様・458）</td>
</tr>
</table>

●総則 　　　　　　　　　　　　　　　　　　　多数当事者の債権及び債務 ［第427条］

＊　改正前民法下では、（真正）連帯債務と不真正連帯債務（多数の連帯債務者が同一内容の給付について全部を履行すべき義務を負い、連帯債務者間に主観的な共同関係がない場合をいう）の区別がなされていたが、改正民法下では、（真正）連帯債務の絶対的効力事由を限定し、かつ、求償のルールをすべての連帯債務に適用するとしているため、（真正）連帯債務と不真正連帯債務の区別は無用のものとなったと解されている。もっとも、求償権に関する442条1項の適用の可否については争いがある。⇒p.356、644

第1款　総則

第427条　（分割債権及び分割債務）
数人の債権者又は債務者がある場合において、別段の意思表示がないときは、各債権者又は各債務者は、それぞれ等しい割合で権利を有し、又は義務を負う。

[趣旨] 近代法の個人主義思想並びに法律関係の簡明化という見地から、分割債権関係を多数当事者の債権関係の原則形態とする。

《注　釈》

一　意義

分割債権関係とは、もともと1個の同一の給付を目的とした債権・債務が多数の者に分割的に帰属する関係、すなわち多数の者が自己の持分につき独立して債権を有し、又は債務を負担する関係をいう。

二　成立

1　1個の可分給付につき「数人の債権者又は債務者がある場合」であること

　(1)　数人の債権者がある場合（分割債権）

　　　ex.1　共有物に対する不法行為による損害賠償請求権（最判昭29.4.8・百選Ⅲ65事件）通

　　　ex.2　相続財産中の生命保険金請求権などの金銭債権（大判大9.12.22）通共

　(2)　数人の債務者がある場合（分割債務）

　　　ex.1　数人が共同でした売買契約による代金債務（大判大4.9.21）

　　　ex.2　連帯債務が共同相続された場合、共同相続人は、相続分に応じた分割債務としてこれを承継し、本来の債務者とともに連帯債務者となる（最判昭34.6.19・百選Ⅲ62事件）予書

2　「別段の意思表示がないとき」であること

連帯債務が成立するには、その旨の明示若しくは黙示の意思表示がなければならず、連帯の推定は認められない（大判大4.9.21）。

三　効力

1　対外的効力

各債権・債務は相互に全く独立したものとして取り扱われ、各債権者は自分の債権だけを単独で行使でき、また各債務者は自分の債務だけを弁済すべきことになる。

多数当事者の債権及び債務 ［第428条］　　●総則

2　1人について生じた事由

　　各債権・債務は独立した権利・義務であるから、1人の債権者・債務者につき生じた事由は、すべて相対的効力しかなく、他の債権者・債務者に影響を与えない。

3　内部関係

　　他の債権者の分を受領したり、他の債務者の分を支払うのは、委任（643）か事務管理（697）、場合によっては不当利得（703、704）や不法行為（709）の問題となる。

4　共同相続の場合　⇒ p.732、733

第2款　不可分債権及び不可分債務

第428条　（不可分債権）

次款（連帯債権）の規定（第433条＜連帯債権者の1人との間の更改又は免除＞及び第435条＜連帯債権者の1人との間の混同＞の規定を除く。）は、債権の目的がその性質上不可分である場合において、数人の債権者があるときについて準用する。

【平29改正】本条は、不可分債権が成立する場合を「債権の目的がその性質上不可分である場合」に限定している。この点について、改正前民法428条は、「債権の目的がその性質上又は当事者の意思表示によって不可分である場合」と規定していたが、改正民法下では、当事者の意思表示によって性質上可分な債権を不可分債権とすることは許されないこととなった。そして、本条は、不可分債権における対外的効力について、連帯債権の場合と同様の処理をするものとしている。もっとも、連帯債権者の1人との間の更改又は免除があった場合に関する433条と、連帯債権者の1人との間の混同に関する435条は準用されない。

《注　釈》

一　意義

　　不可分債権とは、多数人が1個の不可分給付を目的とする債権を有する場合をいう。

二　成立

1　「性質上」の「不可分」とは、給付が分割できない性質である場合をいう。

　　ex.　使用貸借・賃貸借の終了を原因とする家屋明渡請求権を数名の貸主が行使する場合（最判昭42.8.25）🔲

2　性質上可分か不可分かは、単に物理的・自然的な性状によってではなく、取引の実際ないし取引上の通念を標準としつつ、問題処理の妥当性を勘案して決められる。

　　ex.　共有者の所有権に基づく共有物返還請求権（大判大10.3.18）

3　本来可分給付の性質を有する金銭債権でも、不可分的な利益供与の対価であるときは、不可分債権となる（ex. 共同賃貸人の賃料債権）。

三　効力

1　対外的効力は、連帯債権と同様である。

●総則 多数当事者の債権及び債務［第429条〜第430条］

→各債権者は、「全ての債権者のために」債務者に対し全部又は一部の履行を請求でき、債務者は、「全ての債権者のために」各債権者に対して履行をすることができる（428、432）

2　1人について生じた事由の効力
(1)　履行の請求には絶対的効力が生じる（428、432）。
(2)　不可分債権では、債務者は誰か1人の債権者に履行すれば「全ての債権者のために」履行したことになる（428、432）ため、弁済その他債権者に満足を与える事由及びこれに関連する事由については、絶対的効力が生じる。
→弁済・供託・弁済の提供・受領遅滞についても絶対的効力が生じる
(3)　(1)・(2)の事由を除いては、相対的効力が原則となる（428、435の2本文）。
→連帯債権では絶対的効力事由である更改・免除（433）及び混同（435）も、不可分債権では相対的効力事由である（428）

第429条　（不可分債権者の1人との間の更改又は免除）

不可分債権者の1人と債務者との間に更改又は免除があった場合においても、他の不可分債権者は、債務の全部の履行を請求することができる。この場合においては、その1人の不可分債権者がその権利を失わなければ分与されるべき利益を債務者に償還しなければならない囲。

【平29改正】本条は、改正前民法429条1項の「分与される利益」という文言を「分与されるべき利益」に変更した上で、基本的な内容を維持しつつ同条2項を削除したものである。改正前民法429条2項が削除されたのは、改正民法428条により不可分債権の対外的効力について連帯債権に関する規律が包括的に準用され、相対的効力の原則に関する改正民法435条の2も準用される結果、あえて改正前民法429条2項を残しておく必要がなくなったためである。

《注　釈》

▪不可分債権者相互間の内部関係については明文の規定はないが、債務の履行を受けた債権者は、内部関係の割合に応じて利益を分与すべきと解される。その際の分配割合は、特別の事情がない限り平等と推定される。

第430条　（不可分債務）

第4款（連帯債務）の規定（第440条＜連帯債務者の1人との間の混同＞の規定を除く。）は、債務の目的がその性質上不可分である場合において、数人の債務者があるときについて準用する。

【平29改正】本条は、不可分債権が成立する場合を「債務の目的がその性質上不可分である場合」に限定した上で、連帯債務に関する規定を包括的に準用することで、連帯債務と同様の処理をすることとした。

この点、不可分債権では更改に関する433条を準用していないが、更改は同一性を有しない新たな債務を成立させることによって旧債務を消滅させるものであることから、不可分債務においては絶対的効力事由として更改に関する438条を準用す

債権

345

多数当事者の債権及び債務［第431条］　　　　　●総則

ることとされた。

　次に、連帯債務においては混同が絶対的効力事由とされている一方、本条は連帯債務者の1人との間の混同に関する440条を準用していないため、不可分債務における混同は相対的効力しか有しない。これは、連帯債務において混同を相対的効力事由としてしまうと、他の連帯債務者は混同により債権者としての地位も有する連帯債務者に履行した上でその者に求償を求めるという迂遠な処理が必要となるため、混同を絶対的効力事由とする必要があるのに対し、不可分債務においては、混同により債権者としての地位も有する不可分債務者に履行をした上でその者に求償を求めても、不可分債務の履行の内容とその求償の内容が通常異なるため、必ずしも迂遠な処理とはいえないからである。

《注　釈》

一　成立

「債務の目的がその性質上不可分である場合」に成立する。

ex.1　共有物を売却した場合の目的物の引渡義務（大判大 12.2.23）

ex.2　賃借権を共同相続した場合の賃料支払義務（大判大 11.11.24）

ex.3　共有地上に地役権を設定する債務

二　効力

1　対外的効力は、連帯債務と同様である（430、436）。

→債権者は、債務者の1人又は全ての債務者に対して、同時又は順次に全部又は一部の履行を請求できる

2　1人について生じた事由の効力

(1)　明文にはないが、弁済・供託・弁済の提供・受領遅滞は絶対的効力を生じると解される。

(2)　(1)の事由及び更改・相殺を除いては、相対的効力が原則となる（430、441本文）。

3　内部関係も連帯債務と同様である（430、442〜445）。

第431条　（可分債権又は可分債務への変更）

　不可分債権が可分債権となったときは、各債権者は自己が権利を有する部分についてのみ履行を請求することができ、不可分債務が可分債務となったときは、各債務者はその負担部分についてのみ履行の責任を負う。

[趣旨]不可分債権・債務も、本来その主体の数だけの別個・独立の債権であって、目的たる給付が不可分であるがゆえに特別の扱いが認められているにすぎない。したがって、給付が可分になれば、当然に分割債権・債務に変ずる。

《その他》

- 家屋の引渡しを目的とする債権・債務が債務者の過失により滅失して損害賠償債権・債務に変じた場合、「不可分債務が可分債務となったとき」といえ、当該債権・債務は分割債権・債務となる。

- 不可分債権が分割債権に転化した後に債権者の1人が全額弁済を受けても、その

●総則　　　　　　　　　　　　　　多数当事者の債権及び債務［第432条〜第433条］

効果は他の債権者に及ばない。

第3款　連帯債権

《概　説》

一　意義

　連帯債権とは、数人の債権者が、同一内容の給付について、各自が独立に全部又は一部の履行を請求でき、かつそのうちの1人が弁済を受けた範囲で他の債権者の債権も消滅する多数当事者の債権をいう。

二　性質

　連帯債権は、債権者の数に応じた数個の独立した債権である。

　→相対的効力が原則とされる（435の2本文）

三　成立

　連帯債権は、「債権の目的がその性質上可分である場合」において、「法令の規定又は当事者の意思表示によって」成立する（432）。

　　ex.1　復代理人に対する本人の権利と代理人の権利（106Ⅱ参照）

　　ex.2　転借人に対する転貸人の権利と原賃貸人の権利（613参照）

第432条　（連帯債権者による履行の請求等）

　債権の目的がその性質上可分である場合において、法令の規定又は当事者の意思表示によって数人が連帯して債権を有するときは、各債権者は、全ての債権者のために全部又は一部の履行を請求することができ、債務者は、全ての債権者のために各債権者に対して履行をすることができる。

【平29改正】本条は、改正前民法下において解釈上認められていた「連帯債権」に関する規定を新設するものである。

《注　釈》

▪ この場合、各債権者は、履行の請求をするに当たり、他の債権者の同意を得ることを要しない〈団〉。

第433条　（連帯債権者の1人との間の更改又は免除）〈団〉

　連帯債権者の1人と債務者との間に更改又は免除があったときは、その連帯債権者がその権利を失わなければ分与されるべき利益に係る部分については、他の連帯債権者は、履行を請求することができない。

【趣旨】連帯債権は、通常、金銭債権であって性質上可分なものであるから、更改又は免除があった債権者以外の債権者が、債務者に対して、連帯債権全体について履行を求めるとともに、更改又は免除があった債権者がその権利を失わなければ分与されるべき利益に係る部分を債務者に償還しなければならないというのは、迂遠である。そこで、不可分債権の場合（429参照）と異なり、連帯債権では、更改又は免除が絶対的効力事由とされた。

《注　釈》

▪ その連帯債権者がその権利を失わなければ分与されるべき利益とは、その連帯債

347

多数当事者の債権及び債務 ［第434条～第435条］ ●総則

権者が連帯債権について有している持分的な利益をいうとされる。例えば、連帯債権者ＡＢが債務者Ｃに対して100万円の連帯債権（ＡとＢの持分は各50万円）を有している場合において、ＡとＣとの間に更改又は免除があったときは、ＢはＣに対して50万円のみの履行を請求できるにとどまる。

第434条　（連帯債権者の1人との間の相殺）〈同〉

　債務者が連帯債権者の1人に対して債権を有する場合において、その債務者が相殺を援用したときは、その相殺は、他の連帯債権者に対しても、その効力を生ずる。

【平29改正】本条が想定する場面は、連帯債権者ＡＢが債務者Ｃに100万円の連帯債権を有している場合において、債務者であるＣの側から、Ａに対して有する100万円の債権をもって相殺をするような場合である。

　本条によれば、Ｃの相殺の効果はＢにも及ぶことになるから、Ｂは、Ｃに対して連帯債権を行使することができない。その結果、Ｂは、Ａに対して求償権を行使することとなるが、Ａが無資力である場合、ＢはＡから償還を受けることができず、不当であるとも思える。しかし、無資力のＡが弁済を受領し、その現金を費消したような場合を想定すると、ＢはＡから償還を受けることができず、当然、債務者であるＣに対して連帯債権を行使することもできないのであるから、弁済と実質的に同じ効果をもたらす相殺の場面においても、Ａの無資力のリスクをＢが負担するのはむしろバランスが取れているものと考えられる。また、Ｂに相殺の効力が及ばないとすると、相殺をした債務者Ｃの相殺に対する期待が害されることとなり、妥当でない。本条は、債務者が連帯債権者の1人に対して債権を有する場合において、その債務者が相殺を援用したときには、その相殺は絶対的効力事由となるとしたものである。

　なお、本条からは明らかではないが、連帯債権者から相殺がされたときも同様に絶対的効力事由となると解されている。

第435条　（連帯債権者の1人との間の混同）〈同〉

　連帯債権者の1人と債務者との間に混同があったときは、債務者は、弁済をしたものとみなす。

【平29改正】本条によれば、連帯債権者ＡＢが債務者Ｃに対して100万円の連帯債権（ＡとＢの持分は各50万円）を有している場合において、ＡとＣとの間で混同が生じたときは、ＡとＢの連帯債権は消滅し、ＡはＣから100万円を受け取った場合と同様に、Ｂに対して分与金として50万円を支払うことになる。このように、本条は、混同を絶対的効力事由とするものである。

　この点、連帯債権における混同を不可分債権におけるのと同様に相対的効力事由であるとした場合（428参照）、上記のケースでは、Ｂは債務者でもあるＡに対して、債権全部の履行を請求することができ、Ａが債務の全部を履行すると、Ｂは連帯債権者でもあるＡに対して、受け取ったものからＡの取り分を分配することになる。しかし、このような処理は連帯債権が、通常、金銭債権であり、履行の内容と

●総則 　　　　　多数当事者の債権及び債務［第435条の2〜第436条］

求償の内容が同一であることからすれば、迂遠である。そこで、上記のとおり、本条は、混同を絶対的効力事由として規定した。

> **第435条の2　（相対的効力の原則）** 🈩
>
> 第432条から前条まで＜履行の請求等・更改・免除・相殺・混同＞に規定する場合を除き、連帯債権者の1人の行為又は1人について生じた事由は、他の連帯債権者に対してその効力を生じない。ただし、他の連帯債権者の1人及び債務者が別段の意思を表示したときは、当該他の連帯債権者に対する効力は、その意思に従う。

【平29改正】 本条は、連帯債権においても、相対的効力が原則であることを定めるとともに、債務者と他の連帯債権者の1人が別段の意思表示をしたときは、当該他の連帯債権者に対する効力はその意思に従うとする規律を付加するものである。

第4款　連帯債務
《概　説》
一　意義
連帯債務とは、数人の債務者が、同一内容の給付について、各自が独立に全部の給付をなすべき債務を負担し、そのうちの1人の給付があれば、他の債務者の債務も消滅する多数当事者の債務をいう。

二　性質
連帯債務は、債務者の数に応じた数個の独立した債務である。

→相対的効力が原則とされる（441 本文）

ex.1　債権者は、特定の債務者に対する債権だけを分離して譲渡できる

ex.2　各債務ごとに態様（利息・条件・期限の有無など）が異なってもよい 🈩

ex.3　連帯債務者の1人についてのみ保証人が存在したり、物的担保が設定されてもよい

三　成立
1　連帯債務は、債務の目的がその性質上可分である場合において、「法令の規定又は当事者の意思表示によって」成立する。

ex.1　日常家事債務（761）の場合

ex.2　併存的債務引受をした場合の債務引受人と原債務者との関係（最判昭41.12.20・百選Ⅱ 31事件）🈔　⇒ p.401

ex.3　連帯債務を共同相続した場合　⇒ p.733

2　1人の債務者についての無効・取消しがあっても他の債務者については有効な債務が成立する（437）。

> **第436条　（連帯債務者に対する履行の請求）** 🈔
>
> 債務の目的がその性質上可分である場合において、法令の規定又は当事者の意思表示によって数人が連帯して債務を負担するときは、債権者は、その連帯債務者の1人に対し、又は同時に若しくは順次に全ての連帯債務者に対し、全部又は一部の履行を請求することができる。

349

多数当事者の債権及び債務 [第437条〜第438条]　●総則

【平29改正】 本条は、連帯債務が「法令の規定又は当事者の意思表示」によって成立することを明記するとともに、債務の目的が「その性質上可分である場合」に限定するものである。「その性質上可分である場合」という要件が設定されたことによって、改正前民法下の解釈で許容されていた「その性質上可分」な債務が当事者の意思表示によって「不可分債務」となるという取扱いは認められないこととなった。

《注　釈》

- 「法令の規定」によって連帯債務が成立する場合としては、共同不法行為者の責任（719Ⅰ）、日常家事債務の連帯責任（761）等が挙げられる。

第437条　（連帯債務者の1人についての法律行為の無効等）

連帯債務者の1人について法律行為の無効又は取消しの原因があっても、他の連帯債務者の債務は、その効力を妨げられない。

《注　釈》

- 連帯債務は別個独立の債務であるから、その成立原因も個別的に扱うのが当事者の意思に適う。そこで本条は、連帯債務者の1人について無効・取消しの原因があっても、他の連帯債務者の債務は完全に有効に成立するものとした〈同共〉。
- 1個の契約で連帯債務を負担する場合にも適用される。
- 本条は任意規定である〈通〉。

第438条　（連帯債務者の1人との間の更改）〈同書〉

連帯債務者の1人と債権者との間に更改があったときは、債権は、<u>全て</u>の連帯債務者の利益のために消滅する。

[趣旨] 当事者間の法律関係の決済を容易にするため、あるいは当事者の意思を推測して、更改に絶対的効力を認める。

《注　釈》

＜連帯債務者の1人との間の更改＞

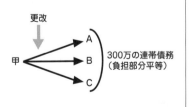

1　甲とAとの更改によりB・Cは債務を免れる。
　　→Aは、他の連帯債務者B・Cの意思に反しても更改できる
2　B・Cは新たな債務について責任を負担しない。
3　AはB・Cに対して負担部分を求償できる。
4　もっとも、甲・A間の更改の際、B・Cに影響しない旨の特約を締結することは可能である（任意規定）。

第439条 (連帯債務者の1人による相殺等)

Ⅰ 連帯債務者の1人が債権者に対して債権を有する場合において、その連帯債務者が相殺を援用したときは、債権は、全ての連帯債務者の利益のために消滅する。

Ⅱ 前項の債権を有する連帯債務者が相殺を援用しない間は、その連帯債務者の負担部分の限度において、他の連帯債務者は、債権者に対して債務の履行を拒むことができる。

【平29改正】本条1項は、改正前民法436条1項と同様の条文である。相殺は実質的に弁済と同様の効果をもたらすため、絶対的効力事由とするのが適切であると解されている。

本条2項は、改正前民法436条2項が「連帯債務者の負担部分についてのみ他の連帯債務者が相殺を援用することができる」旨規定して、連帯債務を消滅させることができるように読める文言を、「連帯債務者の負担部分の限度において、他の連帯債務者は、債権者に対して債務の履行を拒むことができる」旨変更することで、履行拒絶の効果である旨明示したものである。相殺は、債務者が債権者に対して有する債権を処分して受働債権を消滅させる行為であるところ、債権者に対して債権を有する債務者ではない他の連帯債務者がこれを行使する権限はないから、履行拒絶の限度でその効果を認めるという改正前民法下の通説の解釈を明文化したものである。

＜連帯債務者の1人による相殺等＞

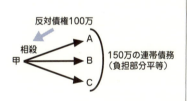

1 Aが甲に対する反対債権（100万）で相殺したとき（Ⅰ）
→A・B・Cは50万（150万－100万）の連帯債務を負担する
2 Aが相殺を援用しない間（Ⅱ）
→甲の請求に対し、B・CはAの負担部分に対応する50万の限度で履行を拒絶することができる。他方、甲とAとの関係では、甲はAに150万の債権を、Aは甲に100万円の債権を有したままである

第440条 (連帯債務者の1人との間の混同)

連帯債務者の1人と債権者との間に混同があったときは、その連帯債務者は、弁済をしたものとみなす。

[趣旨]法律関係を簡易に決済するため、混同に弁済と同様の絶対的効力を認めた。

《注　釈》

＜連帯債務者の１人との間の混同＞

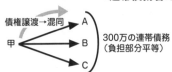

- Ａが甲の有する債権を譲り受けた場合混同が生じ、ＡはＢ・Ｃに対して求償権を有する〈行〉。

第４４１条　（相対的効力の原則）〈共予〉

第４３８条＜連帯債務者の１人との間の更改＞、第４３９条第１項＜連帯債務者の１人による相殺＞及び前条＜連帯債務者の１人との間の混同＞に規定する場合を除き、連帯債務者の１人について生じた事由は、他の連帯債務者に対してその効力を生じない。ただし、債権者及び他の連帯債務者の１人が別段の意思を表示したときは、当該他の連帯債務者に対する効力は、その意思に従う。

【平29改正】本条は、相対的効力の原則を定める改正前民法440条の規律を維持した上で、これにただし書を加え、債権者と他の連帯債務者の１人が別段の意思表示をしたときは、当該他の連帯債務者に対する効力はその意思に従うとするものである。

《注　釈》

一　「債権者及び他の連帯債務者の１人が別段の意思を表示したとき」（ただし書）

　　ex.　債権者Ａ、連帯債務者ＢＣＤがそれぞれ存在する場合において、ＡＢ間で「ＡがＣに対して履行の請求をしたときは、Ｂに対しても履行の請求をしたものとする」との合意をした場合

二　改正民法下で新たに相対的効力事由となるもの

　　連帯債務者の１人に対する履行の請求（改正前434）、免除（改正前437）、連帯債務者の１人についての時効の完成（改正前439）の規定はそれぞれ削除されたため、絶対的効力事由から相対的効力事由へと改まった。

＊　なお、免除に関しては、全ての連帯債務者の債務を免除する意思で、債権者が１人の債務者に免除の意思を表示したときは、その免除に絶対的効力が認められる（最判平 10.9.10・百選Ⅱ 21 事件）。

第４４２条　（連帯債務者間の求償権）

Ⅰ　連帯債務者の１人が弁済をし、その他自己の財産をもって共同の免責を得たときは、その連帯債務者は、その免責を得た額が自己の負担部分を超えるかどうかにかかわらず、他の連帯債務者に対し、その免責を得るために支出した財産の額（その財産の額が共同の免責を得た額を超える場合にあっては、その免責を得た額）のうち各自の負担部分に応じた額の求償権を有する〈同共〉。

Ⅱ　前項の規定による求償は、弁済その他免責があった日以後の法定利息及び避けることができなかった費用その他の損害の賠償を包含する。

●総則 多数当事者の債権及び債務 ［第442条］

［趣旨］求償権が認められているのは、連帯債務者の1人が自己の財産をもって共同の免責を得た場合には、他の連帯債務者も免責の効果を享受するため、その負担部分に応じて分担するのが公平に適うからである。

《注　釈》
一　負担部分
1　負担部分については、当事者間の特約によって決定することができる。
2　特約がなくとも連帯債務を負担することにより受けた利益の割合が異なる場合には、負担部分はその割合に従う《共》。
3　1・2により定まらない場合は、平等の割合とされる。
4　連帯債務者が、共同の免責を得たときは「免責を得た額が自己の負担部分を超えるかどうかにかかわらず」求償権を取得する（442Ⅰ）。
　∵　連帯債務者の1人が自己の負担部分を超えない弁済をした場合においても、一部求償を認めることにより、債務者間の公平に資する上、連帯債務の弁済も促進され、債権者にとっても不都合がない
　ex.　連帯債務者ＡＢＣが債権者Ｄに対して600万円の連帯債務を負担している場合（ＡＢＣの負担部分は各自3分の1、各200万円）において、ＡがＤに150万円を支払った場合、その額はＡの負担部分を超えないものの、ＡはＢＣの負担部分である3分の1に応じた額（各50万円）について、求償権を有することになる

二　求償権の成立要件
1　出捐があること
　弁済の他、代物弁済、供託、相殺、更改、混同《同予》などを含む。
　cf.　免除そのものは求償の基礎にならないが、免除を受けるための一部弁済や出費は求償の基礎となりうる
2　「共同の免責を得た」（Ⅰ）こと
　連帯債務者全員の負っている債務を消滅又は減少させたこと、したがって他の連帯債務者の債務をも免責させたことをいう。

《その他》
▪本条2項は任意規定である。
　→法定利率より高い約定利率や任意弁済の翌日以降の遅延損害金を定めても有効である
▪「避けることができなかった費用」（Ⅱ）には弁済のために債権者方まで出向いた交通費を含む。

債権

353

多数当事者の債権及び債務［第443条］　　●総則

第４４３条　（通知を怠った連帯債務者の求償の制限）

Ⅰ　他の連帯債務者があることを知りながら、連帯債務者の１人が共同の免責を得ることを他の連帯債務者に通知しないで弁済をし、その他自己の財産をもって共同の免責を得た場合において、他の連帯債務者は、債権者に対抗することができる事由を有していたときは、その負担部分について、その事由をもってその免責を得た連帯債務者に対抗することができる。この場合において、相殺をもってその免責を得た連帯債務者に対抗したときは、その連帯債務者は、債権者に対し、相殺によって消滅すべきであった債務の履行を請求することができる〈同共〉。

Ⅱ　弁済をし、その他自己の財産をもって共同の免責を得た連帯債務者が、他の連帯債務者があることを知りながらその免責を得たことを他の連帯債務者に通知することを怠ったため、他の連帯債務者が善意で弁済その他自己の財産をもって免責を得るための行為をしたときは、当該他の連帯債務者は、その免責を得るための行為を有効であったものとみなすことができる〈継〉。

【平29改正】本条１項は、改正前民法443条１項の内容を基本的に維持し、連帯債務者の抗弁権行使の機会を確保するとともに、「連帯債務者の１人が債権者から履行の請求を受けたことを他の連帯債務者に通知しないで弁済をし……」という文言を、「他の連帯債務者があることを知りながら、連帯債務者の１人が共同の免責を得ることを他の連帯債務者に通知しないで弁済をし……」という文言に変更するものである。ここで、通知すべき内容につき「連帯債務者の１人が共同の免責を得ること」に変更されたのは、求償権の範囲を制限することとの関係では、債権者から履行の請求を受けたことよりも、自らが弁済等をしようとしていることを通知したか否かを問題にすべきとの判断によるものである。

　本条２項は、改正前民法443条２項の内容を基本的に維持し、他の連帯債務者の二重弁済を防止するとともに、「他の連帯債務者があることを知りながら」という文言を付加するものである。

《注　釈》

一　事前の通知を怠った場合（443 Ⅰ）

　1　他の連帯債務者に対し、債権者に対する債権を有している旨通知する必要はない。

　2　「他の連帯債務者があることを知りながら」

　　　事前通知をしなければならないのは、弁済等の行為をした連帯債務者が他の連帯債務者の存在につき悪意の場合に限られる。

　　　→事前通知を怠った連帯債務者が他の連帯債務者の存在につき善意の場合、求償を受けた他の連帯債務者は債権者に対抗することのできる事由をもって事前通知をしなかった連帯債務者に対抗できない

二　事後の通知を怠った場合（443 Ⅱ）

　　　たとえば、ＡＢＣが負担部分平等で90万円の連帯債務を負っており、Ａが弁済したことをＣに通知しなかったため、ＣがＡの弁済を知らずに、弁済する旨を他の債務者に通知して弁済したような場合である。

●総則 多数当事者の債権及び債務［第444条］

1 「他の連帯債務者があることを知りながら」

第一弁済者（A）が他の連帯債務者の存在につき悪意でありながら事後通知を怠った場合に限り、善意の第二弁済者（C）は、自己の弁済を有効とみなすことができる。

→Aが他の連帯債務者の存在につき善意の場合、Cはたとえ善意であっても自己の弁済を有効とみなすことができず、第一弁済（Aの弁済）が有効となる

2 第二弁済者Cの弁済は当然に有効となるのではなく、Cの主張があって初めて有効となる。

3 「有効であったものとみなすことができる」の意味

第二弁済は、第一弁済者との関係でのみ有効となるという意味である（相対的効果説）（大判昭7.9.30）🔲。

→第一弁済者（A）は、第二弁済者（C）以外の債務者（B）に対しては求償権を有する

三 事前の通知・事後の通知ともに怠った場合

判例（最判昭57.12.17・百選Ⅱ20事件）は、第一弁済の事後通知、第二弁済の事前通知のいずれもがなかった場合につき、第一弁済が有効となり、第二弁済者は、自己の弁済を有効とみなすことはできないとしている🔲。

債権

第444条 （償還をする資力のない者の負担部分の分担）

Ⅰ 連帯債務者の中に償還をする資力のない者があるときは、その償還をすることができない部分は、求償者及び他の資力のある者の間で、各自の負担部分に応じて分割して負担する。

Ⅱ 前項に規定する場合において、求償者及び他の資力のある者がいずれも負担部分を有しない者であるときは、その償還をすることができない部分は、求償者及び他の資力のある者の間で、等しい割合で分割して負担する。

Ⅲ 前2項の規定にかかわらず、償還を受けることができないことについて求償者に過失があるときは、他の連帯債務者に対して分担を請求することができない。

[趣旨] 連帯債務者中に無資力者がいる場合、弁済者にのみ償還する資力が無いことの結果を負わせるのは公平に反することから、償還できない部分については、弁済と他の資力ある連帯債務者が、その負担部分に応じて負担することにした。

《注 釈》

◆ **連帯債務者ABCのうち、Aが全額弁済し、Cが無資力者であった場合**

1 無資力者Cと弁済者Aが負担部分を有し、他の債務者Bが負担部分を有しない場合には、AがCの負担部分を負担することとなり、Bに求償することはできない（444Ⅰ参照）。

2 無資力者Cのみが負担部分を有し、弁済者Aと他の資力ある債務者Bが負担部分を有しない場合、ABが平等分担する（444Ⅱ）。

355

多数当事者の債権及び債務［第445条］　●総則

第445条　（連帯債務者の1人との間の免除等と求償権）

連帯債務者の1人に対して債務の免除がされ、又は連帯債務者の1人のために時効が完成した場合においても、他の連帯債務者は、その1人の連帯債務者に対し、第442条第1項の求償権を行使することができる。

【平29改正】本条は、改正民法下では免除・消滅時効の完成が相対的効力事由であることを前提に、連帯債務者の1人について免除・消滅時効の完成という事由が生じても、他の連帯債務者は、その1人の連帯債務者に対して求償することができることを定め、この点に関する解釈上の問題に明確なルールを設けたものである。もっとも、免除につき当事者間において別段の合意をすることは可能である（441ただし書）。

《注　釈》

◆　連帯の免除

1　意義

連帯の免除とは、債権者と連帯債務者との関係において連帯債務者の債務額をその負担部分に制限することをいう。一種の債務の免除であるから、債権者の単独行為でなしうる（519）。

2　種類

連帯の免除には、①連帯債務者全員に対してなされる場合（絶対的連帯免除）と、②連帯債務者の一部の者に対してなされる場合（相対的連帯免除）とがある。

3　効力

(1) 絶対的連帯免除では、連帯債務は消滅して分割債務となり、求償関係も消滅する。

(2) 相対的連帯免除では、免除を受けた連帯債務者だけが負担部分につき分割債務を負担し、他の連帯債務者の連帯債務には何ら影響を及ぼさない同。

ただし、連帯の免除を受けた場合でも、負担部分の範囲では求償関係が存続する。

［不真正連帯債務］

一　意義

不真正連帯債務とは、主観的共同関係がなく、債務者の1人について生じた事由が他の債務者に影響を及ぼさない連帯債務をいう。

改正民法下では、（真正）連帯債務の絶対的効力事由が限定され、かつ、求償のルールをすべての連帯債務に適用するとしているため、（真正）連帯債務と不真正連帯債務の区別は無用のものと解されている。なお、後述のように、求償権に関する442条1項の適用の可否については争いがある。

ex. 被用者の損害賠償債務と使用者の損害賠償債務（大判昭12.6.30）、共同不法行為者（719）が負担する損害賠償債務（最判昭57.3.4）、法人の不法行為責任における法人の賠償義務（一般法人78）と理事その他の代表者の賠償

●総則 　　　　　　　　　　　　　　　　　　　　多数当事者の債権及び債務 ［第445条］

義務（709）（大判昭7.5.27）

二　対外的効力及び1人について生じた事由

連帯債務と同じ（436以下）。

三　求償権と負担部分

1　判例上、不真正連帯債務の典型と解されている共同不法行為について、連帯債務者相互の間における求償を公平の見地から認め、その負担部分に関しては、過失の割合で定めるという解釈論がほぼ確立している。

2　改正前民法下の判例（最判昭63.7.1・百選Ⅱ97事件）は、「被用者がその使用者の事業の執行につき第三者との共同の不法行為により他人に損害を加えた場合において、右第三者が自己と被用者との過失割合に従って定められるべき自己の負担部分を超えて被害者に損害を賠償したときは、右第三者は、被用者の負担部分について使用者に対し求償することができる」としていた。この点について、改正民法下では、2つの見解が存在する。

　　A説：不真正連帯債務について、改正民法442条1項を適用すべきであると解する見解

　　　∵①　改正民法下では、連帯債務に関する規律（436以下）で統一的な処理が可能であるため、従来の連帯債務と不真正連帯債務とを区別する必要がない

　　　　②　一部求償を認める方が各債務者の負担を公平にする

　　　　③　自己の負担部分を超えなくても求償を認めることで連帯債務の弁済が促進されるから債権者に不利益は生じない

　　B説：不真正連帯債務について、改正民法442条1項を適用すべきではないと解する見解

　　　∵　一部しか弁済されていない場合は、他の連帯債務者は、弁済をした連帯債務者からの求償に応じるよりもむしろそれを被害者への賠償に充てることが被害者保護に資するため、上記判例の趣旨が改正民法下も妥当する

＜絶対的効力事由のまとめ＞

	不可分債権 （428）	連帯債権 （432以下）	不可分債務 （430）	連帯債務 （436以下）	連帯債務 （改正前 民法下）
弁済 （代物弁済・ 供託等）	○	○	○	○	○
請求	○ （428、432）	○ （432）	× （改正前 434削除）	× （改正前 434削除）	○ （改正前434）
相殺	○ （428、434）	○ （434）	○ （430、439）	○ （439）	○ （改正前436）

多数当事者の債権及び債務 [第446条]　　●総則

	不可分債権 （428）	連帯債権 （432以下）	不可分債務 （430）	連帯債務 （436以下）	連帯債務 （改正前 民法下）
更改	× （433準用 しない、429）	○ （433）	○ （430、438）	○ （438）	○ （改正前435）
免除	× （433準用 しない、429）	○ （433）	× （改正前 437削除）	× （改正前 437削除）	○ （改正前437）
混同	× （435 準用しない）	○ （435）	× （440 準用しない）	○ （440）	○ （改正前438）
消滅時効の 完成	× （改正前 439削除）	× （改正前 439削除）	× （改正前 439削除）	× （改正前 439削除）	○ （改正前439）

第5款　保証債務
第1目　総則

第446条　（保証人の責任等）
Ⅰ　保証人は、主たる債務者がその債務を履行しないときに、その履行をする責任を負う。
Ⅱ　保証契約は、書面でしなければ、その効力を生じない。〈司共〉
Ⅲ　保証契約がその内容を記録した電磁的記録によってされたときは、その保証契約は、書面によってされたものとみなして、前項の規定を適用する〈司〉。

《注　釈》
一　意義

他人の債務を保証した者は、他人がその債務を履行しない場合に、その債務を他人に代わって履行する責任を負う。この保証人によって保証される他人の債務を主たる債務といい、保証人の債務を保証債務という。

二　法的性質
1　別個独立性

保証債務は、債権者と保証人との間の契約によって設定される、主たる債務とは別個の債務である。

2　付従性　⇒ p.361
3　随伴性

主たる債務者に対する債権が移転すると、保証人に対する債権もともに移転する（∵保証債務は債権担保を目的とする）〈共〉。

●総則 多数当事者の債権及び債務 ［第446条］

→ただし、免責的債務引受の場合　⇒ p.406

4　補充性

保証人は、主たる債務者がその債務を履行しない場合に、はじめてその債務を履行すればよい（446）。このことから、保証人は、債権者からの請求に対して、①まず主たる債務者に請求せよという催告の抗弁権（452）と、②まず主たる債務者の財産に執行せよという検索の抗弁権（453）とをもつ。

三　成立

1　保証債務の発生要件は、①主債務の存在、②保証契約の成立、③②が書面又は電磁的記録によってされたこと（446ⅡⅢ）の３つである。主債務者の同意は不要である〈司〉。

(1)　保証契約は債権者と保証人だけで有効に締結できる〈共〉。

→主たる債務の一部のみの保証も可能

(2)　保証契約は、書面でしなければ、その効力を生じない（要式行為、446Ⅱ）。その趣旨は、保証契約の内容を明確に確認し、また、保証意思が外部的に明らかになることを通じて保証をするに当たっての慎重さを要請する点にある〈同H25〉。

保証契約がその内容を記録した電磁的記録によってされたときは、その保証契約は、書面によってされたものとみなされ、その効力を有する（446Ⅲ）。

保証債務の内容が明確に記載された保証契約書又はその申込み等の意思表示が記載された書面にその者が署名し若しくは記名押印し、又はその内容を了知した上で他の者に指示等して署名ないし記名押印の代行をさせることにより、書面を作成した場合、その他保証人となろうとする者が保証債務の内容を了知した上で債権者に対して書面で上記と同視しうる程度に明確に保証意思を表示したと認められる場合に限り、その効力を生ずる（東京高判平24.1.19）。

(3)　保証人と主たる債務者との間の内部事情は、保証契約の成立には影響を及ぼさない〈通〉。

(4)　保証委託契約の無効は、保証契約に影響しない（大判大6.9.25）。

(5)　他に連帯保証人があると誤信して連帯保証をした場合でも、特にその旨を保証契約の内容としたのでなければ、保証人の錯誤は動機の錯誤にすぎない（最判昭32.12.19）。

cf.　被保証人の同一性の錯誤　⇒ p.50

(6)　保証人が主たる債務者に騙されて債権者と保証契約を締結した場合は、第三者による詐欺にあたる。　⇒ p.53

2　保証人の要件（450）

(1)　保証人となる資格については何らの制限もないから、当事者間の契約で、いかなる人でも保証人になることができる。

(2)　債権者が法律上又は契約によって保証人を立てる義務がある場合には、その保証人は行為能力者であること、弁済の資力を有することという２つの要

多数当事者の債権及び債務［第447条］　　　●総則

件を備える者でなければならない（450 I）。

3　主たる債務が存在すること　⇒ p.361

　　主たる債務が成立しなかったり、すでに消滅しているときは、保証債務も効力を生じない（∵保証債務は主たる債務の存在を前提とする（付従性））。

　　主たる債務につき免責的債務引受がなされた場合、保証債務は消滅する。

第447条　（保証債務の範囲）

I　保証債務は、主たる債務に関する利息、違約金、損害賠償その他その債務に従たるすべてのものを包含する。

II　保証人は、その保証債務についてのみ、違約金又は損害賠償の額を約定することができる。

[趣旨] 1項は、保証債務の範囲につき債権者・保証人間に特約がない場合の補充規定である。2項は、保証債務の別個独立性に基づいて、保証債務についてのみ違約金や損害賠償の額を約定しうることを認めるが、これは、保証債務の履行を確実にするにすぎないので、内容の付従性（448）には反しない〈共〉。

《注　釈》

◆　**解除に伴う原状回復義務と損害賠償義務**

1　原状回復義務

(1)　解除に遡及効を認めた場合（直接効果説）、本来的債務と同一性がないことから保証人が責任を負うかが問題となる。

(2)　特定物売買の売主の保証の場合には、特に反対の意思表示のない限り、売主の債務不履行により契約が解除された場合における原状回復義務についても責任を負う（最大判昭 40.6.30・百選 II 22 事件）〈司共〉。

　　∵　売主の債務不履行に起因して売主が買主に対し負担する可能性のある債務につき責任を負担する趣旨で保証がなされるのが通常

　　cf.　合意解除から生じる債務については保証人は責任を負わないのが原則である（∵保証人に過大な責任を負担させる結果となるおそれがある）が、合意解除が債務不履行に基づくものであり、解除の際に定められた約定の債務が実質的に見て解除権の行使による解除によって負担すべき主債務者の債務より重いものでない限り、特段の事情がなければ主債務者の保証人は約定の債務についても責めに任ぜられる（最判昭 47.3.23）

2　損害賠償義務

　　契約解除後の損害賠償義務が保証債務の範囲に含まれるかについても、原状回復義務の場合と同様に、保証契約の趣旨に照らして判断すべきであり、通常、保証人の責任は肯定されるものと解されている。

　　ex.　賃借人の賃借物返還義務の不履行による損害賠償義務についても、保証人は責任を負う（最判昭 30.10.28）〈司〉

360

●総則 多数当事者の債権及び債務［第448条］

第448条 （保証人の負担と主たる債務の目的又は態様）

Ⅰ 保証人の負担が債務の目的又は態様において主たる債務より重いときは、これを主たる債務の限度に減縮する。

Ⅱ 主たる債務の目的又は態様が保証契約の締結後に加重されたときであっても、保証人の負担は加重されない。

【平29改正】本条2項は、保証契約の締結後に主債務の内容が加重された場合であっても、保証債務にその影響は及ばないとする通説的な準則を明文化したものである。なお、本条1項は改正前民法448条と内容において変わらない。

《注 釈》

一 意義

付従性とは、保証債務が主たる債務の存在を前提とし、主たる債務に従たる性質をもつことをいう。本条は、内容の付従性を定める。

二 付従性

1 成立における付従性

(1) 主たる債務が不成立である場合や、無効・取消しにより遡及的に消滅した場合には、保証債務も不成立・無効となる。

(2) 主たる債務は必ずしも現実に発生している必要はない。

→将来の債務のための保証や将来増減する債務を決算期に一定の限度額まで保証するいわゆる根保証（⇒ p.376）を成立させることも可能である

(3) 主たる債務が条件付のものであるときは、保証も条件付で効力を生じる。

2 消滅に関する付従性

主たる債務が消滅すれば（ex. 弁済・更改・免除）、保証債務も消滅する〈回〉。

3 目的・態様における付従性

(1) 主たる債務の同一性が失われずに目的・範囲を変更する場合、保証債務もそれに応じて変更する。

(2) 保証債務は、その目的・態様において主債務より重くてはならない（448Ⅰ）。この付従性は当事者の特約で排除することはできない。

∵ 保証債務の本質

ex. 保証人が同意しても、保証債務を主たる債務より重くすることはできない

cf. 保証債務自体についての違約金や損害賠償の額について約定する場合（447Ⅱ）は、本条の例外であり、主たる債務よりも重い負担となりうる〈回〉

(3) 主たる債務の目的又は態様が保証契約の締結後に加重されても、保証人の負担は加重されない（448Ⅱ）。

4 主たる債務者の抗弁権の援用（457Ⅱ）

ex. 同時履行の抗弁権（533）、相殺権（457Ⅲ）等

5 主たる債務者について生じた事由は、原則として保証人にも効力が及ぶ

多数当事者の債権及び債務［第449条〜第450条］　　●総則

　(457 I)。

《その他》

- 主たる債務の弁済期が延期されれば保証債務の弁済期も延期される（大判大9.3.24）<u>通</u><u>共</u>。
- 主債務者が死亡し、相続人が限定承認（922）を行った場合、保証人の債務、責任は影響を受けない。

第449条　（取り消すことができる債務の保証）

　行為能力の制限によって取り消すことができる債務を保証した者は、保証契約の時においてその取消しの原因を知っていたときは、主たる債務の不履行の場合又はその債務の取消しの場合においてこれと同一の目的を有する独立の債務を負担したものと推定する<u>共</u>。

《注　釈》

一　「その債務の取消し」

　本条の適用は、行為能力の制限を理由とする取消しの場合に限られる。

∵　主たる債務の消滅にもかかわらず保証人に別個独立の債務を負担させることは、保証債務の付従性からすれば最小限にとどめられなければならない

二　「不履行」

1　制限行為能力者の帰責事由による不履行の場合、損害賠償債務に転じた主たる債務に保証債務は及ぶので、本条は無意味である。
2　制限行為能力者の帰責事由によらない不履行の場合、保証人に独立の債務を負わせることは酷であるから、本条の推定は働かない。

第450条　（保証人の要件）

Ⅰ　債務者が保証人を立てる義務を負う場合には、その保証人は、次に掲げる要件を具備する者でなければならない。
① 　行為能力者であること<u>共</u>。
② 　弁済をする資力を有すること。
Ⅱ　保証人が前項第2号に掲げる要件を欠くに至ったときは、債権者は、同項各号に掲げる要件を具備する者をもってこれに代えることを請求することができる。
Ⅲ　前2項の規定は、債権者が保証人を指名した場合には、適用しない<u>共</u>。

《注　釈》

◆　「債務者が保証人を立てる義務を負う場合」(450 I柱書)

1　契約による場合
2　法律の規定による場合
　　ex.　留置権消滅請求の際の担保提供義務（301）など
3　裁判所の命令による場合
　　ex.　不在者管理人の担保提供義務（29）など

●総則　　　　　　　　　　　　　　　多数当事者の債権及び債務 ［第451条〜第453条］

《その他》

- 保証人が後に制限行為能力者となってもいったん発生した保証債務には何の影響もないため、債権者に代替請求権を認めていない（450Ⅱ）。

第451条　（他の担保の供与）

　　債務者は、前条第1項各号に掲げる要件を具備する保証人を立てることができないときは、他の担保を供してこれに代えることができる。

《注　釈》

- 債務者が要件を備えた保証人を立てることができない場合には、担保供与義務の不履行であるから、債務者は期限の利益を失う（137③）。

第452条　（催告の抗弁）

　　債権者が保証人に債務の履行を請求したときは、保証人は、まず主たる債務者に催告をすべき旨を請求することができる。ただし、主たる債務者が破産手続開始の決定を受けたとき、又はその行方が知れないときは、この限りでない。

[趣旨] 保証債務の補充性として、債権者からの債務履行の請求に対して、まず自分より前に主たる債務者に催告をするよう求める催告の抗弁権を定める。しかし、保証人が催告の抗弁権を行使しても、債権者は主たる債務者に対して、裁判上たると裁判外たるとを問わず、一度催告するのみでよく、その結果にかかわらず再び保証人に請求できるため、保証人は一時的に履行を拒絶し延期できるにすぎず、その実効性は必ずしも大きくない。

第453条　（検索の抗弁）

　　債権者が前条の規定に従い主たる債務者に催告をした後であっても、保証人が主たる債務者に弁済をする資力があり、かつ、執行が容易であることを証明したときは、債権者は、まず主たる債務者の財産について執行をしなければならない回。

[趣旨] 保証債務の補充性として、債権者からの債務履行の請求に対して、まず主たる債務者の財産について執行するよう求める検索の抗弁権を定める。保証人としては、債権者がまず主たる債務者の財産について執行するまでは、保証債務の履行を拒絶できるという点で、催告の抗弁権に比べて保証人保護の実効性が大きい。

《注　釈》

一　要件

1　「弁済をする資力」は全額弁済できる資力は必要でない。

　　一部の弁済をなしうるにすぎない資力であっても、それが総債務額に対して相当な額であるならば「弁済をする資力」ありと考えて差し支えない（大判昭8.6.13）。

2　「執行が容易である」か否かは、現実に弁済を受けることが容易か否かにより決する（大判昭8.6.13）。

　　画一的には判断できないものの、一般的に、金銭・有価証券は執行が容易で

363

あり、不動産は原則として容易でないとされる。

二　効果

1　債権者はまず主たる債務者の財産に執行しなければ、保証人に対して履行請求することができない。ただし、一度執行すれば効果がなくても妨げないし、後日資産状態が改まっても重ねて検索の抗弁権を主張することはできない（大判昭 8.6.13）。

2　主たる債務者に対して強制執行しない場合は、保証人は債権者が直ちに執行すれば弁済を得ることができた限度においてその義務を免れる（455）。

《その他》

- 催告・検索の抗弁を行使しなくても保証人が主たる債務者に行使しうる権利（求償権など）に影響を与えない。

第454条　（連帯保証の場合の特則）

保証人は、主たる債務者と連帯して債務を負担したときは、前2条の権利を有しない。

[趣旨] 通常の保証の場合、保証人は補充的二次的責任を負うにとどまるが、連帯保証の場合は、保証人は主たる債務者とともに連帯して債務を負うことになる。そこで、連帯保証にあっては保証債務の性質の1つである補充性がないことを定めた。

cf.　通常の保証ではあるが保証人相互間に全額弁済の特約がある場合を保証連帯という。この保証連帯はあくまで通常の保証なので、補充性は認められる。

第455条　（催告の抗弁及び検索の抗弁の効果）

第452条＜催告の抗弁＞又は第453条＜検索の抗弁＞の規定により保証人の請求又は証明があったにもかかわらず、債権者が催告又は執行をすることを怠ったために主たる債務者から全部の弁済を得られなかったときは、保証人は、債権者が直ちに催告又は執行をすれば弁済を得ることができた限度において、その義務を免れる**[趣旨]**。

《注　釈》

◆　連帯の合意の位置付け

連帯保証債務は保証債務のもつ補充性を奪って債権者の権利を保護するものであると考えられているため、連帯保証債務の請求にかかる要件事実も、保証債務の履行請求に対し、検索・催告の抗弁がなされ、これに対し連帯の合意による再抗弁がなされることになる。

第456条　（数人の保証人がある場合）

数人の保証人がある場合には、それらの保証人が各別の行為により債務を負担したときであっても、第427条＜分割債権及び分割債務＞の規定を適用する。

[趣旨] 共同保証における保証人と債権者との関係を規定する。保証人の責任を軽減して共同保証人相互間の関係を簡略にしている。

●総則　　　　　　　　　　　　　　　　　　　多数当事者の債権及び債務［第457条］

《注　釈》

一　意義

　共同保証とは、数人が同一の主たる債務について保証債務を負担することをいう。

二　分別の利益

　1　原則

　　共同保証人は、原則として、主たる債務の額を平等の割合で分割した額についてのみ保証債務を負担する。

　2　例外（分別の利益がなく、主たる債務全額の保証債務を負担する場合）

　⑴　主たる債務が不可分債務である場合

　⑵　各保証人が全額弁済すべき特約をした場合（保証連帯）

　⑶　連帯保証（⇒ p.367）の場合

第457条　（主たる債務者について生じた事由の効力）

Ⅰ　主たる債務者に対する履行の請求その他の事由による時効の<u>完成猶予及び更新</u>は、保証人に対しても、その効力を生ずる。

Ⅱ　保証人は、主たる債務者が<u>主張することができる抗弁</u>をもって債権者に対抗することができる。

<u>Ⅲ　主たる債務者が債権者に対して<u>相殺権、取消権又は解除権</u>を有するときは、これらの権利の行使によって主たる債務者がその債務を免れるべき限度において、保証人は、債権者に対して債務の履行を拒むことができる。</u>

【平29改正】本条1項は、改正民法下では時効の「中断」が「更新」に、「停止」が「完成猶予」に変更されたことに伴い、改正前民法457条1項の「中断」を「完成猶予及び更新」に変更するものである。

　本条2項は、保証債務が主債務の履行を担保するものであることを踏まえ、改正前民法下での一般的な解釈に従い、相殺に限らず、主債務者が債権者に対して抗弁を主張することができる場合には、保証人も債権者にその抗弁をもって対抗することができる旨を明文化したものである。

　本条3項は、主たる債務者が債権者に対して相殺権・取消権・解除権を有する場合において、保証人は、これらの権利を行使することによって主たる債務者がその債務を免れる限度で債務の履行を拒絶できる旨定めたものであり、439条2項と同趣旨の規定である。

[趣旨]1項は、保証債務のみが時効消滅することを防止し、債権担保の維持を図り、2項・3項は、保証人に主債務者が有する抗弁による対抗や履行拒絶を認めることで、保証人の保護を図った。

《注　釈》

一　主たる債務者に生じた事由の効力

　1　原則

　　保証人にも効力が及ぶ（∵保証債務の付従性）。

債権

365

多数当事者の債権及び債務［第457条］ ●総則

ex. 主たる債務の消滅時効の完成猶予及び更新（457 Ⅰ、153の例外）、債権譲渡の通知〈同書〉

cf. 主たる債務者が破産しても、保証人は免責されない（破253 Ⅱ参照）

∵ 主たる債務者が破産しても、債務や責任が減縮されるわけではない

2 例外

(1) 主たる債務者が主たる債務について時効の利益を放棄しても、その効果は保証人には及ばない（大判昭6.6.4）〈共〉

(2) 債権者と主たる債務者との間で、保証契約成立後に主たる債務を加重しても、保証債務に効力を及ぼさない（448 Ⅱ）。

→軽減された場合には効力が及ぶ

(3) 主たる債務者が死亡し相続人が限定承認（922）しても、保証人の責任は軽減されない。

∵ 限定承認があっても、相続人は主たる債務をそのまま承継し、責任が相続財産の範囲に制限されるにすぎない

二　保証人について生じた事由の効力

1 原則

保証人について生じた事由は、主たる債務を消滅させる行為（弁済、代物弁済、供託、相殺）の他は、主たる債務者に影響しない。

ex.1 保証人が保証債務の一部を弁済しても、主たる債務の残部につき時効は更新しない ⇒ p.107

ex.2 保証人に履行を請求しても主たる債務の時効の完成は猶予されない

ex.3 保証人に対してなされた債権譲渡の通知（467）は、主たる債務者及び保証人についても効力を生じない

→いずれの債権譲渡についても、対抗要件は主債務者の通知・承諾〈同〉

2 例外

(1) 連帯保証については例外がある。 ⇒ p.368

(2) 保証人が主たる債務を相続したことを知りながら保証債務の弁済をした場合、当該弁済は、特段の事情のない限り、主たる債務者による承認として当該主たる債務の消滅時効が更新される（最判平25.9.13・平25重判3事件参照）。

∵① 保証債務の付従性に照らすと、保証債務の弁済は通常、主たる債務が消滅せずに存在していることを当然の前提としている

② 主たる債務者兼保証人の地位にある個人が主たる債務者としての地位と保証人としての地位により異なる行動をすることは想定し難いから、主たる債務を相続したことを知りながらした保証債務の弁済は、主たる債務の承認を表示することを包含する

三　保証人の抗弁権

1 保証人は、主たる債務者の抗弁権を債権者に対抗できる（保証債務の付従性、457 Ⅱ）。

ex.1 相殺の抗弁〈共予〉、同時履行の抗弁権 (533)
ex.2 主たる債務が時効で消滅したときは、主たる債務者が時効利益を援用するかどうかに関係なく、保証人は自分に対する関係で、これを援用して保証債務の消滅を主張することができる (145) (大判昭 8.10.13)〈通〉〈司共〉
cf. 消滅時効の完成後に主たる債務者が債務の承認をし、それを知った保証人も保証債務を承認した場合には、保証人が、主たる債務の時効援用によって責任を免れることは、信義則上許されない (最判昭 44.3.20)

2 判例 (大判昭 20.5.21) は、保証人は 120 条に規定する取消権者にあたらないとして、主たる債務者が有する取消権の行使を認めない〈共〉。もっとも、保証人は、主たる債務者が債権者に対して有する相殺権、取消権又は解除権の行使によって債務を免れる限度で、債務の履行を拒むことができる (457 Ⅲ)。

第458条 (連帯保証人について生じた事由の効力)〈予〉

第438条<連帯債務者の1人との間の更改>、第439条第1項<連帯債務者の1人による相殺>、第440条<連帯債務者の1人との間の混同>及び第441条<相対的効力の原則>の規定は、主たる債務者と連帯して債務を負担する保証人について生じた事由について準用する。

【平29改正】本条は、連帯債務における絶対的効力事由・相対的効力事由に関する規定の改正に伴い、連帯保証人について生じた事由の効力に関する改正前民法 458 条を変更するものである。本条によれば、更改 (438)、相殺 (439 Ⅰ)、混同 (440) が絶対的効力事由とされ、それ以外の事由は相対的効力事由 (441 本文) とされる。特に、連帯保証人に対する履行の請求・免除が絶対的効力事由から相対的効力事由に変更された点が重要である。

【趣旨】普通の保証において、保証人に生じた事由は主たる債務者に及ばない (⇒ p.366) が、連帯保証においては、主たる債務者にも及ぶ旨を規定する。絶対的効力が及ぶ事由は負担部分を前提とした規定を除き連帯債務の場合と同様である。

《注 釈》
一 意義・成立
　連帯保証とは、保証人が主たる債務者と連帯して保証債務を負担する場合をいう。
　連帯保証は、債権者と保証人の間の保証契約に「連帯して」といった文言を入れるなどして、連帯保証契約が締結されることにより成立する〈予〉。

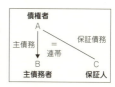

二 性質
1 補充性なし →催告・検索の抗弁権なし (454)
2 付従性あり →437 条の準用なし
3 分別の利益なし →債権者は各連帯保証人に全額請求可〈予〉 ⇒ p.375

三 1人について生じた事由の効力
1 主たる債務者について生じた事由の効力

多数当事者の債権及び債務 ［第458条の2〜第458条の3］　●総則

普通の保証と同様、すべて連帯保証人に及び、連帯債務規定の適用はない
（∵保証債務の付従性）。
2　連帯保証人について生じた事由の効力
(1)　連帯債務の規定が準用される（438〜441）が、更改（438）・相殺（439
Ⅰ）・相対的効力の原則（441）は保証債務の性質として当然に認められる
〈予書〉。
(2)　連帯保証人には負担部分がないから、その存在を前提とする439条2項
（他債務者の履行拒絶）は準用の余地がない。

四　内部関係
普通の保証と同様である。　⇒ p.369 以下

《その他》
▪ 主たる債務が商行為により生じたとき、保証が商行為であるときは常に連帯保証
となる（商511）。

第４５８条の２　（主たる債務の履行状況に関する情報の提供義務）〈同書〉

保証人が主たる債務者の委託を受けて保証をした場合において、保証人の請求があ
ったときは、債権者は、保証人に対し、遅滞なく、主たる債務の元本及び主たる債務
に関する利息、違約金、損害賠償その他その債務に従たる全てのものについての不履
行の有無並びにこれらの残額及びそのうち弁済期が到来しているものの額に関する情
報を提供しなければならない。

【平29改正】本条は、個人保証・法人保証を問わず、委託を受けた保証人から請求
を受けた債権者は、遅滞なく、主たる債務の履行状況に関する情報を提供しなけれ
ばならない旨定めるものである。この規定は、主たる債務者が債務不履行に陥った
ものの、保証人が長期間にわたってそのことを知らず、遅延損害金が積み重なって
甚大な額になってしまった場合に、保証人が債権者からその履行を求められるのは
酷であることから、かかる結果を回避するために新設された。
　なお、情報提供義務に違反した場合の効果については規定がないが、債務不履行
の一般法理（415・541以下）に従って処理される。

《注　釈》
▪ 情報提供義務の対象たる「残額」等には、主たる債務それ自体だけではなく、そ
れに付随するものであって保証債務の対象となるもの（447Ⅰ参照）も含むと解
される。

第４５８条の３　（主たる債務者が期限の利益を喪失した場合における情報の提供義務）

Ⅰ　主たる債務者が期限の利益を有する場合において、その利益を喪失したときは、
債権者は、保証人に対し、その利益の喪失を知った時から2箇月以内に、その旨を
通知しなければならない〈同書〉。

●総則 多数当事者の債権及び債務［第459条］

Ⅱ 前項の期間内に同項の通知をしなかったときは、債権者は、保証人に対し、主たる債務者が期限の利益を喪失した時から同項の通知を現にするまでに生じた遅延損害金（期限の利益を喪失しなかったとしても生ずべきものを除く。）に係る保証債務の履行を請求することができない〈答〉。

Ⅲ 前2項の規定は、保証人が法人である場合には、適用しない〈答〉。

【平29改正】本条は、保証人が個人である場合において、主たる債務者が期限の利益を喪失した場合における債権者の情報提供義務を定めるものである。

《注 釈》

▪ 債権者が本条1項の通知を怠ったからといって、主たる債務についての期限の利益喪失の効果を保証人に主張できなくなるわけではない。主たる債務者が期限の利益を失えば、通知の有無にかかわらず、保証人も期限の利益を喪失し、保証人は、残債務の全額に相当する保証債務についてその履行に応じなければならない。

第459条 （委託を受けた保証人の求償権）〈司H28〉

Ⅰ 保証人が主たる債務者の委託を受けて保証をした場合において、主たる債務者に代わって弁済その他自己の財産をもって債務を消滅させる行為（以下「債務の消滅行為」という。）をしたときは、その保証人は、主たる債務者に対し、そのために支出した財産の額（その財産の額がその債務の消滅行為によって消滅した主たる債務の額を超える場合にあっては、その消滅した額）の求償権を有する〈同〉。

Ⅱ 第442条第2項＜連帯債務者間の求償権の範囲＞の規定は、前項の場合について準用する。

[趣旨]保証における対内関係としての費用償還請求・求償関係について、委託を受けて保証した者は、委任事務の処理者とみることができるから、その出捐は、委任事務処理費用の償還の法理（650）に従うことになるはずである。しかし、保証における内部関係の特殊性に着目して、委任の右規定を適用せず、保証人の求償権に関する特別規定を設けた。

《注 釈》

一 求償権の発生・行使

1 一部弁済でも、その額について求償権が発生する。

2 主債務の弁済期前に保証人が弁済しても、求償権は成立する。ただし、期限前の弁済につき主債務者の承諾がない場合には、主債務の弁済期後でなければ求償権は行使できない（459の2Ⅲ）。

3 求償権につき、保証人・主たる債務者間で特約をなすことも可能である。

cf. この特約は、弁済による代位により債権者の担保権を行使する際には、抵当権者・後順位担保権者に対して対抗できる

二 「債務を消滅させる行為」（Ⅰ）

弁済以外で、保証人の財産的出捐により債務消滅をもたらしたときをいう。

多数当事者の債権及び債務〔第459条の2〕 ●総則

ex. 代物弁済（482）、供託（494）、更改（513）、相殺（505）、債権者が保証
人の財産に強制執行をして満足を得た場合

→物上保証人が第三者弁済により債務を消滅させた場合だけでなく担保権が実
行された結果、自己の不動産所有権を失う場合も「自己の財産」をもって債
務を消滅させたと同様に考えうる（351条による保証債務に関する規定の準
用）

cf. 免除を受けた場合は、たとえ債務が消滅しても保証人の出捐がないので求
償権は発生しない

三 物上保証の目的物についての第三取得者

第三取得者が自己の財産をもって弁済した場合、第三取得者が物上保証人に類
似する地位にあることから、372条・351条の規定を準用し、かつ物上保証人に
対する債務者の委託の有無によって本条ないし462条の規定が準用される。

《その他》

▪ 460条の事前求償権は本条に定める事後の求償権とは別個の権利であってその法
的性質も異なるから、事前求償権を取得した者がその行使が可能な時から進行す
るその消滅時効期間が満了しても、当該保証人が、弁済その他自己の出捐をもっ
て主たる債務を消滅させるべき免責行為をしたことにより本条1項に基づき取得
する事後求償権の消滅時効は、免責行為をしたときから進行する（最判昭
60.2.12）<u>判</u>。

第459条の2 （委託を受けた保証人が弁済期前に弁済等をした場合の求償権）

Ⅰ 保証人が主たる債務者の委託を受けて保証をした場合において、主たる債務の弁
済期前に債務の消滅行為をしたときは、その保証人は、主たる債務者に対し、主た
る債務者がその当時利益を受けた限度において求償権を有する。この場合において、
主たる債務者が債務の消滅行為の日以前に相殺の原因を有していたことを主張する
ときは、保証人は、債権者に対し、その相殺によって消滅すべきであった債務の履
行を請求することができる。

Ⅱ 前項の規定による求償は、主たる債務の弁済期以後の法定利息及びその弁済期以
後に債務の消滅行為をしたとしても避けることができなかった費用その他の損害の
賠償を包含する。

Ⅲ 第1項の求償権は、主たる債務の弁済期以後でなければ、これを行使することが
できない。

【平29改正】本条は、委託を受けた保証人に対し、主たる債務の弁済期到来前に保
証債務の弁済その他の債務の消滅行為を行うことを認める一方、主たる債務者の期
限の利益を害することのないよう、求償権行使の範囲（Ⅰ前段、Ⅱ）及び時期（Ⅲ）
の点において制限を課すことで、両者の利害調整を図るものである。

●総則　　　　　　　　　　　　　　　　　　　　　多数当事者の債権及び債務［第460条］

第460条　（委託を受けた保証人の事前の求償権）

　保証人は、主たる債務者の委託を受けて保証をした場合において、次に掲げるとき
は、主たる債務者に対して、あらかじめ、求償権を行使することができる。
　①　主たる債務者が破産手続開始の決定を受け、かつ、債権者がその破産財団の配
　　当に加入しないとき。
　②　債務が弁済期にあるとき。ただし、保証契約の後に債権者が主たる債務者に許
　　与した期限は、保証人に対抗することができない圓。
　③　保証人が過失なく債権者に弁済をすべき旨の裁判の言渡しを受けたとき。

[趣旨] 保証人の弁済は委任事務処理費用としての性質を有し、保証人は当然その
前払請求（649）ができそうである。しかし、常に前払請求できるとしたのでは主債
務者自ら弁済すればよく保証を委託するのは迂遠な結果を招くこと、前払を受けた
保証人が保証債務の履行をしない危険もあること等に鑑み、委任事務処理費用の前
払請求の規定を排除又は制限する特則規定として本条を置いたと解するのが通説で
ある。

《注　釈》

一　物上保証人の事前求償権〈予H24〉

　A説：物上保証人にも事前求償権が認められる。
　　　∵①　物上保証人の担保提供は、委任事務に必要な物的有限責任の負
　　　　　担であり、その負担は現実化する可能性が高い
　　　　②　物上保証人は、保証人と異なり、催告・検索の抗弁権を行使する
　　　　　ことなく競売を甘受しなければならない
　B説：物上保証人には事前求償権は認められない（最判平2.12.18）〈通〉〈司予書〉
　　　∵①　物上保証とは、他人のために物的担保を提供することであり、物
　　　　　上保証の委託は、担保物権の設定行為の委任である
　　　　②　物上保証人は、債務を負担することなく、物的有限責任を負担す
　　　　　るにすぎず、被担保債権の弁済は、物上保証人の委託の趣旨には含
　　　　　まれない
　　　　③　担保物の客観的価値は、その存否さえも競売してみなければ確定
　　　　　し得ない

二　事前求償権を被保全債権とする仮差押えと事後求償権の時効完成猶予

　　事前求償権と事後求償権は別個の権利であるにもかかわらず、事前求償権を被
保全債権とする仮差押えは、事後求償権の消滅時効の完成を猶予させる効力を有
する（最判平27.2.17・平27重判5事件参照）。
　　　∵①　事前求償権は、事後求償権を確保するために認められた権利であり、事
　　　　　前求償権を被保全債権とする仮差押えをすれば、事後求償権についても権
　　　　　利を行使しているのと同等のものとして評価することができる
　　　　②　委託を受けた保証人が事前求償権を被保全債権とする仮差押えをした場
　　　　　合であっても、459条1項所定の行為をした後に改めて事後求償権につい

債権

371

多数当事者の債権及び債務〔第461条～第462条〕 ●総則

て消滅時効の完成猶予の措置を採らなければならないとすることは、当事者の合理的な意思ないし期待に反する

第461条 （主たる債務者が保証人に対して償還をする場合）

Ⅰ　前条の規定により主たる債務者が保証人に対して償還をする場合において、債権者が全部の弁済を受けない間は、主たる債務者は、保証人に担保を供させ、又は保証人に対して自己に免責を得させることを請求することができる。

Ⅱ　前項に規定する場合において、主たる債務者は、供託をし、担保を供し、又は保証人に免責を得させて、その償還の義務を免れることができる。

[趣旨] 主たる債務者が保証人に弁済資金を提供したうえ、さらに債権者に弁済しなければならない危険を防止するため、主たる債務者に、保証人の事前求償に対する対抗手段を認める。

第462条 （委託を受けない保証人の求償権）

Ⅰ　第459条の2第1項＜委託を受けた保証人が弁済期前に弁済等をした場合の求償権＞の規定は、主たる債務者の委託を受けないで保証をした者が債務の消滅行為をした場合について準用する。

Ⅱ　主たる債務者の意思に反して保証をした者は、主たる債務者が現に利益を受けている限度においてのみ求償権を有する〈共子〉。この場合において、主たる債務者が求償の日以前に相殺の原因を有していたことを主張するときは、保証人は、債権者に対し、その相殺によって消滅すべきであった債務の履行を請求することができる。

Ⅲ　第459条の2第3項＜委託を受けた保証人が弁済期前に弁済等をした場合の求償権の行使時期＞の規定は、前2項に規定する保証人が主たる債務の弁済期前に債務の消滅行為をした場合における求償権の行使について準用する。

【平29改正】 本条1項は、改正前民法462条1項の内容と変わらない。委託を受けた保証人（受託保証人）が主たる債務につき期限前弁済をした場合に関し、同一の内容を定める459条の2第1項が本条よりも前の箇所に設けられたことから、当該規定を準用するという形式をとったものである。また、本条2項も改正前民法462条2項と同一である。

　本条3項は、受託保証人が主たる債務につき期限前弁済をした場合（459の2）と同様、委託を受けない保証人が主たる債務につき期限前弁済をした場合に求償権を行使することができるのは、主たる債務について弁済期が到来した後であることを示したものである。

[趣旨] 保証人が、主たる債務者の委託を受けないで保証した場合にその出捐によって保証債務を履行したときは、その出捐は事務管理の費用といえ、その法理に基づき費用の償還請求ができるはずである（702）。しかし、保証人と主たる債務者の特殊な内部関係に即して、特別に、保証人の求償権の発生要件及びその範囲を定めたのが本条である。

●総則   多数当事者の債権及び債務［第463条］

第463条　（通知を怠った保証人の求償の制限等）

Ⅰ　保証人が主たる債務者の委託を受けて保証をした場合において、主たる債務者にあらかじめ通知しないで債務の消滅行為をしたときは、主たる債務者は、債権者に対抗することができた事由をもってその保証人に対抗することができる。この場合において、相殺をもってその保証人に対抗したときは、その保証人は、債権者に対し、相殺によって消滅すべきであった債務の履行を請求することができる。

Ⅱ　保証人が主たる債務者の委託を受けて保証をした場合において、主たる債務者が債務の消滅行為をしたことを保証人に通知することを怠ったため、その保証人が善意で債務の消滅行為をしたときは、その保証人は、その債務の消滅行為を有効であったものとみなすことができる。

Ⅲ　保証人が債務の消滅行為をした後に主たる債務者が債務の消滅行為をした場合においては、保証人が主たる債務者の意思に反して保証をしたときのほか、保証人が債務の消滅行為をしたことを主たる債務者に通知することを怠ったため、主たる債務者が善意で債務の消滅行為をしたときも、主たる債務者は、その債務の消滅行為を有効であったものとみなすことができる。

【平29改正】本条1項は、改正前民法463条1項・443条1項所定の保証人の事前通知義務とその違反の効果に関するルール（主たる債務者が債権者に対して有する抗弁による対抗）を、委託を受けた保証人に限って認めるものである。委託を受けない保証人（無委託保証人）については、委託を受けた保証人よりも求償額が制限されているため、事前通知義務を課すまでもなく、上記ルールの適用を受けないものとされた。本条2項は、改正前民法463条2項の実質的な内容を維持するものであり、本条3項も、改正前民法463条1項・443条2項のルールを一部修正して引き継ぐ内容のものとなっている。

【趣旨】主たる債務者と保証人の二重弁済を防止し、あるいは抗弁権があるのに弁済してしまうという不利益を避けるため、保証人に弁済をなす前と後とに主たる債務者に対してこれを通知する義務が課され、これを怠ると求償権に制限を受けることがあることを規定する。

《注　釈》

一　受託保証人の事前通知義務（Ⅰ）

1　受託保証人が弁済をする場合には、主債務者に対する事前の通知が必要である。

2　事前の通知を怠った場合、主債務者は債権者に対抗できる事由を受託保証人に対抗できる。

二　主債務者の事後通知義務（Ⅱ）

1　主債務者が弁済をした場合には、受託保証人に対する事後の通知が必要である。

2　事後の通知を怠ったことにより受託保証人が善意で更なる弁済をした場合、受託保証人は自己の弁済を有効とみなすことができる。

債権

373

多数当事者の債権及び債務［第464条］　　●総則

三　保証人の事後通知義務（Ⅲ）

1　委託の有無にかかわらず、保証人が事後の通知を怠ったことにより主債務者が善意で更なる弁済をした場合、主債務者は自己の弁済を有効とみなすことができる。
2　主債務者の意思に反する委託を受けない保証人が弁済をした後に主債務者が善意で更なる弁済をした場合、主債務者は自己の弁済を有効とみなすことができる。
　　→事後通知を怠ったか否かにかかわらず、委託を受けない保証人が主債務者に対し求償をした時までに主債務者が弁済していたときは、主債務者に対し求償できない

＜保証人の求償権＞

	事前求償権の行使	求償権の内容
委託を受けた保証人（受託保証人）	○（460）	・事前通知あり →支出した財産額（支出した財産額が消滅した債務額を超える場合にはその消滅した額、459Ⅰ） ・事前通知なし →支出した財産額（支出した財産額が消滅した債務額を超える場合にはその消滅した額、459Ⅰ） →主債務者は債権者に対抗することができた事由を保証人に対抗することができる（463Ⅰ）
主債務者の意思に反しない無委託保証人	×	事前通知の有無に関係なく、債務消滅行為時に利益を受けている限度（462Ⅰ・459の2Ⅰ）
主債務者の意思に反する無委託保証人	×	事前通知の有無に関係なく、求償時に利益を受けている限度（現存利益、462Ⅱ）

《その他》

▪ 本条は、物上保証人にも適用される（351、372）。

第464条　（連帯債務又は不可分債務の保証人の求償権）

　連帯債務者又は不可分債務者の1人のために保証をした者は、他の債務者に対し、その負担部分のみについて求償権を有する。

[趣旨] 求償関係の複雑化及び循環を避けるために、不可分債務者又は連帯債務者の1人のために保証した者は、他の不可分債務者又は連帯債務者に対しても、その負担部分に限って求償権を有するものとし、保証人のなす一度の求償によって決着をつけられるようにしたものである。

《注　釈》

▪ 保証人は、被保証人に対し全額求償することも、保証しなかった各債務者に対し負担部分について直接求償することも可能である。

374

● 総則　　　　　　　　　　　　　　　　　　多数当事者の債権及び債務［第465条］

- 保証人の有する求償権の範囲は、被保証人が他の債務者に対して取得すべき求償権の範囲と同一である。
  - →被保証人以外の他の債務者に負担部分がない場合には、被保証人が無資力である場合でも、他の債務者に求償することはできない

> **第465条　（共同保証人間の求償権）**
> Ⅰ　第442条から第444条まで＜連帯債務者間の求償権等＞の規定は、数人の保証人がある場合において、そのうちの1人の保証人が、主たる債務が不可分であるため又は各保証人が全額を弁済すべき旨の特約があるため、その全額又は自己の負担部分を超える額を弁済したときについて準用する。
> Ⅱ　第462条＜委託を受けない保証人の求償権＞の規定は、前項に規定する場合を除き、互いに連帯しない保証人の1人が全額又は自己の負担部分を超える額を弁済したときについて準用する。

［趣旨］ 主たる債務者が償還の資力を十分有していない場合に、弁済など免責行為をなした保証人だけに損失を負担させるとすることは他の共同保証人との関係において不公平になることから、本条を置いて共同保証人間の公平を図った。なお、数人の保証人がある場合については、456条（⇒ p.364）参照。

《注　釈》
一　1項（分別の利益がない場合）
　　1　各共同保証人は全額弁済義務を負う。共同保証人の1人が全額又は自己の負担部分を超過する額の弁済をなしたときは、連帯債務者の1人がなした弁済と同様に考えることができるので、連帯債務者間の求償の規定を準用した。
　　2　連帯債務と異なるのは、負担部分を超える弁済をした場合にその超える部分についてだけ、他の共同保証人に求償しうると解されていることである。
　　∵　負担部分については主たる債務者に対する求償だけで満足し、それを超えた部分は共同に負担すべきものとするのが共同保証の趣旨である
二　2項（分別の利益がある場合）
　　1　各保証人は、対外関係のみならず内部関係でも、全部弁済義務を負担しないのが原則である。
　　2　共同保証人の1人が全額又は自己の分割債務額を超過する額の弁済をなしたときは、事務管理の場合と同様の関係になるので、委託を受けない保証人の規定を準用する。
三　**主債務者に対する求償権の時効の完成猶予・更新の効力が共同保証人間の求償権にも及ぶか**
　　共同保証人間の求償権は、共同保証人間の負担を最終的に調整するためのものであり、共同保証人間の公平を確保するものであって、保証人が主債務者に対して取得した求償権を担保するためのものではない。よって、保証人が主債務者に対して取得した求償権の消滅時効の完成猶予・更新事由がある場合であっても、共同保証人間の求償権について消滅時効の完成猶予・更新の効力は生じない（最

375

多数当事者の債権及び債務［第465条］ ●総則

判平 27.11.19・平 28 重判 5 事件参照）。

＜保証と物上保証の比較＞ 予H24

	保証人	物上保証人
責任の範囲	その一般財産	担保に供した特定財産
直接の履行請求の可否	○	×
付従性・随伴性	○	○（根抵当では緩和）
補充性（催告・検索の抗弁）	○（452、453）	× 通
主債務の時効援用権	○（145）	○（145）
保証人に対する時効の完成猶予・更新	○（457 Ⅰ）	○（最判平 7.3.10）
抗弁権の援用	○（457 Ⅱ）	×（＊）
事前求償権の有無	○（460）	×（最判平 2.12.18）
事後求償権の有無	○（459）	○（351、459）
求償権の範囲	○（459）	○（351、459）
複数存在する場合の処理	・共同保証人間 ・分別の利益がないとき、特約なければ平等	・複数の物上保証 ・担保不動産の価格の割合で負担

＊ 物上保証人についても、保証人と同様、他人の債務を負担する者であることから、相殺権等について、物上保証人による援用を認めるべきであるとする見解もある。

［根保証（継続的保証）］
一　意義
　一定の期間の間に継続的に生じる不特定の債務を担保する保証をいう。以下の3類型がある。
　①　継続的な売買取引・銀行取引等から生ずる不特定の債務の保証（信用保証）
　②　不動産賃貸借から生ずる賃借人の債務の保証（アパートの賃貸借の保証等）
　③　被用者についての身元保証
1　根保証における分類
　以下の2つによる分類が可能である。
　(1)　保証期間の有無
　　保証人が責任を負う期間の定めがあるものと、期間の定めのないものとがある。
　(2)　限度額の有無
　　保証人が無限定の責任を負うのではなく、一定額を限度として責任を負うことが定められているものと、限度額が定められていないものとがある。
　　保証期間も限度額も定められていないものを包括根保証という。包括根保証は保証人の責任が過大となることが多いことから、根保証契約の解釈で

●総則 多数当事者の債権及び債務

は、保証人を保護する方向で解釈する必要があると考えられている。

2　根保証契約の被保証債権の譲渡

個人貸金等根保証契約（465の3Ⅰ）に該当しない一般の根保証契約について、根保証契約の被保証債権を譲り受けた者は、その譲渡が当該根保証契約に定める元本確定期日前にされた場合であっても、当該根保証契約の当事者間において被保証債権の譲受人の請求を妨げるような別段の合意がない限り、保証人に対し、保証債務の履行を求めることができる（最判平24.12.14・百選Ⅱ24事件）〈共〉。

cf.　元本確定前に根抵当権者から個々の被担保債権を譲り受けた者は、その債権について根抵当権を行使できない（398の7Ⅰ）

二　保証人の解約権

1　任意解約権

保証期間の定めがない場合に、主たる債務が発生し続ける限り永遠に保証人が責任を負わなければならないとすることは保証人に酷である。そのため、同じく継続的契約関係である賃貸借において期間の定めがない場合に任意解約権が法定されている（617Ⅰ）のと同様、解釈上、保証人にも、取引の性質から判断して相当な期間が経過した場合には、保証人は一方的に契約を解約することができると解釈され、任意解約権が認められている。

2　特別解約権

(1)　保証期間の定めがない場合

通常、取引は自己の危険で行うものであり、自己責任の原則から、保証人は、相当期間が経過するまでは責任を免れないのが原則である。しかし、根保証の場合は、保証人保護の要請が強いことから、任意解約権の他にも、特別の事情変更による解約権が認められる。

(2)　保証期間の定めがある場合

任意解約権が認められないのは当然であるが、特別解約権が認められるかは争いがある。

A　否定説：保証期間を定めた以上は、その期間については責任を負うべきである。

B　肯定説：事情変更の原則の適用の問題であり、それを認めるだけの事情の変更がある以上は、期間の定めは特別解約権を否定するだけの理由とならない。

(3)　解約までに生じた債務は全て保証されるか

解約権が発生しているにもかかわらず保証人が解約をしないので、そのまま債権者が主たる債務者と取引を継続した場合、基本たる保証契約が有効なままであることから、一切の債務が保証されるかが問題となる。

A　無制限説：保証人はいざというときのための担保であるから、保証人からの回収を期待して取引を継続しても何ら責められるべきものではない。

多数当事者の債権及び債務　　　　　　　　　　　　　　　　　　　　　　　　●総則

B　制限説：保証人が支払っても主債務者から回収できないことを知りな
がら、保証人が解約しないことを奇貨として債権者がそのま
ま取引を継続することは信義則に反する。しかも、保証人保
護の要請が強いことから、保証の範囲は信義則上妥当な範囲
に限界付けられるべきである。

三　相続の問題

1　相続までに生じた個々の保証債務

相続前に既に発生していた特定の保証債務は、当然に相続される（896 本
文）。

2　根保証契約の保証人たる地位

根保証契約は、主債務者と保証人との間に人的に特別な関係があったために
締結されたもので、「被相続人の一身に専属したもの」（896 ただし書）にあた
り、相続性は否定される（最判昭 37.11.9）。身元保証についても、身元保証法
に規定はないが、相続性は否定されている（大判昭 18.9.10）<u>同</u>。

［賃借人の債務の保証］

一　位置付け

賃借人の債務の保証については、不特定の債務を保証するという点で根保証に
位置付けられるから、保証人が個人である場合には、個人根保証契約の規定
（465 の 2 以下）が適用される。

二　解約権

保証期間の定めのない場合でも、相当期間が経過しただけでは保証契約の解約
は認められない<u>同</u>。

∵　保証人の予期しない額にわたる損害が生じる危険があまりない

ただし、期間の定めのない保証契約を締結後、相当の期間が経過し、かつ賃借
人がしばしば賃借料の支払を怠り将来においても誠実にその債務を履行する見込
みがない場合には、保証人は賃貸人に対する一方的意思表示により保証契約を解
約できる（大判昭 8.4.6）<u>論</u>。

三　相続性

保証人が死亡し、相続が開始した場合には、これにより元本の確定した債務に
係る保証債務が相続の対象となる（465 の 4 Ⅰ③参照）。相続開始後に生じた賃借
人の債務について保証債務を負うことはない。

→主たる債務者（賃借人）又は保証人の死亡は、元本確定事由（465 の 4 Ⅰ③）
であるため、賃借人が死亡した場合、その相続人が賃貸借関係を相続した後
に生じた相続人（賃借人）の債務についても、保証人が保証債務を負うこと
はない

第2目　個人根保証契約

《概　説》

◆　意義

改正前民法下においては、貸金等債務に係る個人根保証のみが規律対象となっ

●総則 多数当事者の債権及び債務 ［第465条の2］

ていたが、個人根保証における保証人保護の強化を図るために、個人根保証一般につき、改正前民法の規律の適用が拡張されることとなった。

第465条の2 （個人根保証契約の保証人の責任等）

Ⅰ 一定の範囲に属する不特定の債務を主たる債務とする保証契約（以下「根保証契約」という。）であって保証人が法人でないもの（以下「個人根保証契約」という。）の保証人は、主たる債務の元本、主たる債務に関する利息、違約金、損害賠償その他その債務に従たる全てのもの及びその保証債務について約定された違約金又は損害賠償の額について、その全部に係る極度額を限度として、その履行をする責任を負う。

Ⅱ 個人根保証契約は、前項に規定する極度額を定めなければ、その効力を生じない〈同〉。

Ⅲ 第446条第2項及び第3項＜保証契約の有効要件としての書面・電磁的記録＞の規定は、個人根保証契約における第1項に規定する極度額の定めについて準用する。

《注　釈》

一　意義

個人根保証契約とは、一定の範囲に属する不特定の債務を主たる債務とする保証契約（根保証契約）であって、保証人が法人でないものをいう（Ⅰ）。

二　保証人の範囲

保証人は、個人である場合に限定される〈同〉。

∵ 根保証における保証人が個人の場合には、人的無限責任を負うことに伴う経済生活の破綻のおそれがあるのに対し、法人の場合には、そのようなおそれはないゆえに、保証の要否や必要の範囲につき合理的な判断が期待できることから、なお契約自由の原則に委ねるべきこととした

三　極度額

1 保証人は、主たる債務の元本、主たる債務に関する利息、違約金、損害賠償その他その債務に従たる全てのもの及びその保証債務について約定された違約金又は損害賠償の額について、その全部に係る極度額を限度として、その履行をする責任を負う（Ⅰ）。

2 個人根保証契約は、極度額を定めなければ効力を生じない（Ⅱ）。

「極度額を定め」るとは、当事者間の合意により金額的な上限を定めることをいう。

3 極度額の定めには要式性が求められる（Ⅲ）。

多数当事者の債権及び債務［第465条の3］　　●総則

第465条の3　（個人貸金等根保証契約の元本確定期日）

Ⅰ　個人根保証契約であってその主たる債務の範囲に金銭の貸渡し又は手形の割引を受けることによって負担する債務（以下「貸金等債務」という。）が含まれるもの（以下「個人貸金等根保証契約」という。）において主たる債務の元本の確定すべき期日（以下「元本確定期日」という。）の定めがある場合において、その元本確定期日がその個人貸金等根保証契約の締結の日から5年を経過する日より後の日と定められているときは、その元本確定期日の定めは、その効力を生じない。

Ⅱ　個人貸金等根保証契約において元本確定期日の定めがない場合（前項の規定により元本確定期日の定めがその効力を生じない場合を含む。）には、その元本確定期日は、その個人貸金等根保証契約の締結の日から3年を経過する日とする。

Ⅲ　個人貸金等根保証契約における元本確定期日の変更をする場合において、変更後の元本確定期日がその変更をした日から5年を経過する日より後の日となるときは、その元本確定期日の変更は、その効力を生じない。ただし、元本確定期日の前2箇月以内に元本確定期日の変更をする場合において、変更後の元本確定期日が変更前の元本確定期日から5年以内の日となるときは、この限りでない。🈡

Ⅳ　第446条第2項及び第3項＜保証契約の有効要件としての書面・電磁的記録＞の規定は、個人貸金等根保証契約における元本確定期日の定め及びその変更（その個人貸金等根保証契約の締結の日から3年以内の日を元本確定期日とする旨の定め及び元本確定期日より前の日を変更後の元本確定期日とする変更を除く。）について準用する。

【平29改正】本条は、改正前民法465条の3の内容に変更を加えることなく、その適用範囲を「個人貸金等根保証契約」（個人根保証契約であってその主たる債務の範囲に金銭の貸渡し又は手形の割引を受けることによって負担する債務が含まれるもの）に限定するものである。これは、改正民法465条の2がそのルールを「貸金等根保証契約」から「個人根保証契約」全般に拡張して適用する旨を規定したことに伴う改正である。

《注　釈》

◆　元本確定期日

1　元本確定期日とは、個人貸金等根保証契約において主たる債務の元本の確定すべき期日をいう（Ⅰ）。

元本確定期日を経過した後は、保証すべき主たる債務の元本が確定し、その後は確定した元本と、これに対する利息・損害金についてのみ保証責任を負う。

2　元本確定期日の定めの有無（ⅠⅡ）

元本確定期日の定めの有無	元本確定期日
元本確定期日がその個人貸金等根保証契約の締結の日から5年を経過する日より前の日と定められているとき（Ⅰ）	定められた元本確定期日（Ⅰ）🈡

380

●総則 多数当事者の債権及び債務［第465条の4］

元本確定期日の定めの有無	元本確定期日
元本確定期日の定めがない場合（元本確定期日がその個人貸金等根保証契約の締結の日から5年を経過する日より後の日と定められているときも含む）（Ⅱ）	その個人貸金等根保証契約の締結の日から3年を経過する日（Ⅱ）〈同共〉

3 元本確定期日の変更（Ⅲ）

元本確定期日の変更	元本確定期日
変更後の元本確定期日がその変更をした日から5年を経過する日より前の日となるとき	変更された元本確定期日
変更後の元本確定期日がその変更をした日から5年を経過する日より後の日となるとき	元本確定期日の変更は、その効力を生じない
変更後の元本確定期日がその変更をした日から5年を経過する日より後の日となるときであっても、元本確定期日の前2か月以内に元本確定期日の変更をする場合において、変更後の元本確定期日が変更前の元本確定期日から5年以内の日となるとき	変更された元本確定期日

4 元本確定期日の定め及びその変更には、要式性が要求される（Ⅳ）。もっとも、その個人貸金等根保証契約の締結の日から3年以内の日を元本確定期日とする旨の定め及び元本確定期日より前の日を変更後の元本確定期日とする変更の場合には、要式性は要求されない（Ⅳかっこ書）。

第465条の4 （個人根保証契約の元本の確定事由）

Ⅰ 次に掲げる場合には、個人根保証契約における主たる債務の元本は、確定する。ただし、第1号に掲げる場合にあっては、強制執行又は担保権の実行の手続の開始があったときに限る。
① 債権者が、保証人の財産について、金銭の支払を目的とする債権についての強制執行又は担保権の実行を申し立てたとき。
② 保証人が破産手続開始の決定を受けたとき。
③ 主たる債務者又は保証人が死亡したとき。
Ⅱ 前項に規定する場合のほか、個人貸金等根保証契約における主たる債務の元本は、次に掲げる場合にも確定する。ただし、第1号に掲げる場合にあっては、強制執行又は担保権の実行の手続の開始があったときに限る。
① 債権者が、主たる債務者の財産について、金銭の支払を目的とする債権についての強制執行又は担保権の実行を申し立てたとき。
② 主たる債務者が破産手続開始の決定を受けたとき。

【平29改正】改正前民法465条の2以下では、個人貸金等根保証契約を除く個人根保証契約における元本確定期日に制限を設けておらず、元本確定事由の定めもない。そこで、本条1項は、個人根保証契約全般についての元本確定事由を定めてい

381

債権

多数当事者の債権及び債務［第465条の5］　●総則

る。また、本条2項は、個人貸金等根保証契約独自の元本確定事由を定めている。

《注　釈》

◆　個人根保証契約の元本確定事由

1　本条1項1号にいう「担保権の実行を申し立て」とは、担保不動産競売の他、抵当不動産についての物上代位（372、304）も含まれる。ただし、強制執行又は担保権の実行の申立てがあった場合でも、その手続の開始があったときに限り、元本確定事由とされている（I柱書ただし書）〈司〉。

2　個人根保証契約の元本確定事由（I①～③）から、個人貸金等根保証契約の元本確定事由（II①②）が除外されている理由は、以下のとおりである。
　すなわち、個人貸金等根保証契約以外の個人根保証契約として想定されているのは、賃貸借契約における賃料債務の根保証契約と、継続的売買契約における代金債務の根保証契約であるところ、いずれの場合も①②の事由が生じても契約が当然に終了するわけではない。そのため、主たる債務者の資力が悪化しても債権者が目的物を貸し続けたり、供給しなければならないから、これらの賃料債務・代金債務についても保証人が負担するのが債権者との関係で合理的であるとの理由による。

第465条の5　（保証人が法人である根保証契約の求償権）

I　保証人が法人である根保証契約において、第465条の2第1項＜個人根保証契約の保証人の責任限度＞に規定する極度額の定めがないときは、その根保証契約の保証人の主たる債務者に対する求償権に係る債務を主たる債務とする保証契約は、その効力を生じない〈司〉。

II　保証人が法人である根保証契約であってその主たる債務の範囲に貸金等債務が含まれるものにおいて、元本確定期日の定めがないとき、又は元本確定期日の定め若しくはその変更が第465条の3第1項若しくは第3項＜5年を経過する日より後の日となるときは、その効力を生じない＞の規定を適用するとすればその効力を生じないものであるときは、その根保証契約の保証人の主たる債務者に対する求償権に係る債務を主たる債務とする保証契約は、その効力を生じない。主たる債務の範囲にその求償権に係る債務が含まれる根保証契約も、同様とする。

III　前2項の規定は、求償権に係る債務を主たる債務とする保証契約又は主たる債務の範囲に求償権に係る債務が含まれる根保証契約の保証人が法人である場合には、適用しない。

【平29改正】本条1項は、①法人根保証契約の求償権に対して個人保証（個人求償保証）がされ、かつ、②この個人求償保証が根保証契約でない場合には、法人根保証契約において極度額が定められていなければ、個人求償保証は効力を生じないとするものである。②において、個人求償保証が根保証契約である場合を除外しているが、これは、個人求償保証が根保証契約であれば、465条の2以下が適用され、極度額を定めなければ当該個人求償保証は効力を生じないことになる（465の2II）から、この点を問題とすれば足りると考えられたためである。

　本条2項は、本条1項を前提に、法人貸金等根保証契約における個人求償保証

●総則　　　　　　　　　　　　多数当事者の債権及び債務［第465条の6］

（本条1項と異なり、根保証契約も含む）について、改正前民法465条の5の規定を維持するものである。

　本条3項は、法人保証を介在させ、465条の2以下の適用を回避することで個人求償保証の保証人が害されることを防止するという本条1項の趣旨が、法人保証には妥当しないと考えられ規定されたものである。

第3目　事業に係る債務についての保証契約の特則

第465条の6　（公正証書の作成と保証の効力）

Ⅰ　事業のために負担した貸金等債務を主たる債務とする保証契約又は主たる債務の範囲に事業のために負担する貸金等債務が含まれる根保証契約は、その契約の締結に先立ち、その締結の日前1箇月以内に作成された公正証書で保証人になろうとする者が保証債務を履行する意思を表示していなければ、その効力を生じない〈同〉。

Ⅱ　前項の公正証書を作成するには、次に掲げる方式に従わなければならない。

① 保証人になろうとする者が、次のイ又はロに掲げる契約の区分に応じ、それぞれ当該イ又はロに定める事項を公証人に口授すること。

　イ　保証契約（ロに掲げるものを除く。）　主たる債務の債権者及び債務者、主たる債務の元本、主たる債務に関する利息、違約金、損害賠償その他その債務に従たる全てのものの定めの有無及びその内容並びに主たる債務者がその債務を履行しないときには、その債務の全額について履行する意思（保証人になろうとする者が主たる債務者と連帯して債務を負担しようとするものである場合には、債権者が主たる債務者に対して催告をしたかどうか、主たる債務者がその債務を履行することができるかどうか、又は他に保証人があるかどうかにかかわらず、その全額について履行する意思）を有していること。

　ロ　根保証契約　主たる債務の債権者及び債務者、主たる債務の範囲、根保証契約における極度額、元本確定期日の定めの有無及びその内容並びに主たる債務者がその債務を履行しないときには、極度額の限度において元本確定期日又は第465条の4第1項各号若しくは第2項各号＜個人根保証契約の元本確定事由＞に掲げる事由その他の元本を確定すべき事由が生ずる時までに生ずべき主たる債務の元本及び主たる債務に関する利息、違約金、損害賠償その他その債務に従たる全てのものの全額について履行する意思（保証人になろうとする者が主たる債務者と連帯して債務を負担しようとするものである場合には、債権者が主たる債務者に対して催告をしたかどうか、主たる債務者がその債務を履行することができるかどうか、又は他に保証人があるかどうかにかかわらず、その全額について履行する意思）を有していること。

② 公証人が、保証人になろうとする者の口述を筆記し、これを保証人になろうとする者に読み聞かせ、又は閲覧させること。

③ 保証人になろうとする者が、筆記の正確なことを承認した後、署名し、印を押すこと。ただし、保証人になろうとする者が署名することができない場合は、公証人がその事由を付記して、署名に代えることができる。

④ 公証人が、その証書は前3号に掲げる方式に従って作ったものである旨を付記して、これに署名し、印を押すこと。

多数当事者の債権及び債務〔第465条の7〕　　●総則

Ⅲ　前2項の規定は、保証人になろうとする者が法人である場合には、適用しない。

【平29改正】本条1項は、「事業のために負担した貸金等債務を主たる債務とする保証契約」又は「主たる債務の範囲に事業のために負担する貸金等債務が含まれる根保証契約」において、保証人となる者が個人である場合には、保証契約の締結に先立って、「その締結の日前1箇月以内に作成された公正証書」で「保証債務を履行する意思」を表示していなければ、事業に係る債務についての根保証契約は効力を生じないとするものである。

本条2項は、手続の細目を定めている。また、本条3項は、保証人が法人である場合には要保護性を欠くことから、本条の適用がないことを定めている。

《注　釈》

一　事業

一定の目的をもってされる同種の行為の反復的・継続的な遂行を意味し、「営利」という要素は必要でない。

二　事業のために負担した債務

事業の用に供するために負担した債務を意味する。

主たる債務の融資の目的が特定されておらず、その債務が事業のために負担するものである可能性が排除されていない場合の根保証（ex.使用目的が特定されていないキャッシュカードを用いた貸金債務の根保証）も、本条の規律対象となる。

第465条の7　（保証に係る公正証書の方式の特則）

Ⅰ　前条第1項の保証契約又は根保証契約の保証人になろうとする者が口がきけない者である場合には、公証人の前で、同条第2項第1号イ又はロに掲げる契約の区分に応じ、それぞれ当該イ又はロに定める事項を通訳人の通訳により申述し、又は自書して、同号の口授に代えなければならない。この場合における同項第2号の規定の適用については、同号中「口述」とあるのは、「通訳人の通訳による申述又は自書」とする。

Ⅱ　前条第1項の保証契約又は根保証契約の保証人になろうとする者が耳が聞こえない者である場合には、公証人は、同条第2項第2号に規定する筆記した内容を通訳人の通訳により保証人になろうとする者に伝えて、同号の読み聞かせに代えることができる。

Ⅲ　公証人は、前2項に定める方式に従って公正証書を作ったときは、その旨をその証書に付記しなければならない。

【平29改正】本条は、「事業に係る債務」についての個人保証がなされる場合（465の6）における公正証書の方式について、公正証書遺言の方式の特則（口がきけない者が公正証書遺言をする場合、遺言者又は証人が耳が聞こえない者である場合の特則）に関する969条の2と同様の内容の特則を新設するものである。

384

●総則　　　　　　　　　多数当事者の債権及び債務［第465条の8〜第465条の9］

第465条の8　（公正証書の作成と求償権についての保証の効力）

Ⅰ　第465条の6第1項及び第2項並びに前条＜公正証書の作成・方式＞の規定は、事業のために負担した貸金等債務を主たる債務とする保証契約又は主たる債務の範囲に事業のために負担する貸金等債務が含まれる根保証契約の保証人の主たる債務者に対する求償権に係る債務を主たる債務とする保証契約について準用する。主たる債務の範囲にその求償権に係る債務が含まれる根保証契約も、同様とする。

Ⅱ　前項の規定は、保証人になろうとする者が法人である場合には、適用しない。

【平29改正】本条1項は、465条の6所定の「事業に係る債務」についての保証契約が締結される場合において、その保証人が主たる債務者に対して取得する求償権を担保するために個人求償保証がされる場合についても、465条の6第1項・第2項（公正証書の作成・方式）及び465条の7（公正証書の方式の特則）が適用される旨規定している。

　本条2項は、求償保証の保証人となろうとする者が法人である場合には、本条1項を適用しない旨規定している。

第465条の9　（公正証書の作成と保証の効力に関する規定の適用除外）

前3条の規定は、保証人になろうとする者が次に掲げる者である保証契約については、適用しない。

① 主たる債務者が法人である場合のその理事、取締役、執行役又はこれらに準ずる者

② 主たる債務者が法人である場合の次に掲げる者

イ 主たる債務者の総株主の議決権（株主総会において決議をすることができる事項の全部につき議決権を行使することができない株式についての議決権を除く。以下この号において同じ。）の過半数を有する者

ロ 主たる債務者の総株主の議決権の過半数を他の株式会社が有する場合における当該他の株式会社の総株主の議決権の過半数を有する者

ハ 主たる債務者の総株主の議決権の過半数を他の株式会社及び当該他の株式会社の総株主の議決権の過半数を有する者が有する場合における当該他の株式会社の総株主の議決権の過半数を有する者

ニ 株式会社以外の法人が主たる債務者である場合におけるイ、ロ又はハに掲げる者に準ずる者

③ 主たる債務者（法人であるものを除く。以下この号において同じ。）と共同して事業を行う者又は主たる債務者が行う事業に現に従事している主たる債務者の配偶者

【平29改正】本条は、いわゆる経営者保証又はそれに準ずる保証がなされる場合には、465条の6〜8を適用せず、公正証書の作成を要しない旨の特則を定めるものである。

　いわゆる経営者保証は、本条1号に該当する場合であり、法人である主たる債務者の経営者に当たる取締役等が「事業に係る債務」についての保証契約を締結する

債権

385

多数当事者の債権及び債務［第465条の10］ ●総則

場合は、その取締役等が個人であっても、公正証書の作成を要しない。その理由として、これらの者は主債務者の事業の状況を把握することができる立場にあり、保証のリスクを十分に認識せずに保証契約を締結するおそれが類型的に低いといえることのほか、これらの者による保証が融資の前提とされていることが実際にも少なくない実情に鑑みれば、厳格な意思確認の手続を義務づけるとかえって時間やコストを要することとなり、資金調達が阻害されるおそれがあることが挙げられる。

本条2号は、この経営者保証に準ずる保証がなされる場合についての規定である。

本条3号は、主たる債務者が個人事業主である場合等において、その事業主の共同経営者や、当該事業に現に従事している配偶者が「事業に係る債務」についての保証契約を締結する場合は、その共同経営者・配偶者が個人であっても、公正証書の作成を要しないとするものである。個人事業主に関しては、経営と家計の分離が必ずしも十分でないことから、現に配偶者を保証人とすることによって金融機関から融資を受けている事例も少なくないという実情に加え、個人事業主の配偶者は、特に事業に現に従事している場合においては事業の状況等をよく知り得る立場にあり、保証のリスクを認識することが可能であるから、当該事業の損益を個人事業主と実質的に共有する立場にあるといえることがその理由である。

第465条の10　（契約締結時の情報の提供義務）

Ⅰ　主たる債務者は、事業のために負担する債務を主たる債務とする保証又は主たる債務の範囲に事業のために負担する債務が含まれる根保証の委託をするときは、委託を受ける者に対し、次に掲げる事項に関する情報を提供しなければならない。

①　財産及び収支の状況

②　主たる債務以外に負担している債務の有無並びにその額及び履行状況

③　主たる債務の担保として他に提供し、又は提供しようとするものがあるときは、その旨及びその内容

Ⅱ　主たる債務者が前項各号に掲げる事項に関して情報を提供せず、又は事実と異なる情報を提供したために委託を受けた者がその事項について誤認をし、それによって保証契約の申込み又はその承諾の意思表示をした場合において、主たる債務者がその事項に関して情報を提供せず又は事実と異なる情報を提供したことを債権者が知り又は知ることができたときは、保証人は、保証契約を取り消すことができる。

Ⅲ　前2項の規定は、保証をする者が法人である場合には、適用しない。

【平29改正】本条1項は、主たる債務者が「事業に係る債務」についての保証を個人に委託する場合において、保証人となろうとする者に対し、契約締結時の情報提供義務を主たる債務者に課し、その提供すべき情報を列挙したものである。本条1項各号が列挙した情報は、保証人が保証債務の履行を求められることがあるかどうかを予測するために必要不可欠な事項となっている。

本条2項は、主たる債務者が情報を提供せず、又は事実と異なる情報を提供したために、委託を受けたものがその事項について誤認をし、それによって保証契約の申込み又はその承諾の意思表示をしてしまった場合について規定している。これは、

●総則　　　　　　　　　　　　　　　　　　　　　　　　　債権の譲渡

主たる債務者が情報を提供せず又は事実と異なる情報を提供したことについて、債権者が悪意・有過失であったときに、保証人は保証契約を取り消すことができるとすることで、債権者の保証債権取得の利益と保証人の予想外の保証債務の履行を回避する利益との調整を図るものである。

本条3項は、本条1項・2項が個人保証の場合における保証人の保護を目的とする規定であることに照らし、保証人が法人である場合にはこれらの規定が適用されないことを定めたものである。

■第4節　債権の譲渡
《概　説》
一　意義
1　債権譲渡は、旧債権者（譲渡人）と新債権者（譲受人）との間の合意のみにより効力を生ずる諾成・不要式の契約である〈共〉。
　　cf.　法律上当然に移転する場合（422、499）、裁判所の命令により移転する場合（転付命令）、単独行為（遺言・寄附行為）により移転する場合のいずれも債権譲渡ではない
2　債権は譲渡されても同一性を失わない。
　　cf.　債権者の交替による更改（513③）は、従前の債権が消滅し、同一性のない新債権が成立する点で、債権譲渡と区別される
　(1)　債権に付随している利息債権・違約金債権・保証債権・担保権などの権利は譲受人に移転する（随伴性）。
　(2)　債権に付着している同時履行・期限猶予などの各種の抗弁権も当然に譲受人に移転する。

二　債権譲渡の法的性質
　債権譲渡は、債権自体を移転することを目的とする契約であり、処分行為としての性質を有する。
1　売買・贈与等の原因行為と債権譲渡契約とは法理的に区別され、債権譲渡契約は準物権的行為と解されている〈判〉。もっとも、同一の意思表示に両者を包含しているものとみることも可能である。
2　原因行為の無効・取消し・解除は債権譲渡の効力に当然に影響する（有因関係）。
　　ex.　債権譲渡を含む契約の解除により、債権は当然に譲渡人に復帰する（大判昭3.12.19）

三　効力発生要件
　①　当事者間に有効な契約が成立すること
　②　債権が譲渡可能なもの（466）であり、かつ有効な債権として存在すること
　③　譲渡人が当該債権につき処分権を有すること
　　　→債権譲渡においては、譲渡人に処分権限がないときは、たとえ譲受人が善意・無過失であっても、譲受人は当該債権を取得しない

債権

387

債権の譲渡［第466条］　　　　　　　　　　　　　　　　　　　　●総則

第466条　（債権の譲渡性）

Ⅰ　債権は、譲り渡すことができる。ただし、その性質がこれを許さないときは、この限りでない。

Ⅱ　当事者が債権の譲渡を禁止し、又は制限する旨の意思表示（以下「譲渡制限の意思表示」という。）をしたときであっても、債権の譲渡は、その効力を妨げられない。〈予〉

Ⅲ　前項に規定する場合には、譲渡制限の意思表示がされたことを知り、又は重大な過失によって知らなかった譲受人その他の第三者に対しては、債務者は、その債務の履行を拒むことができ、かつ、譲渡人に対する弁済その他の債務を消滅させる事由をもってその第三者に対抗することができる。

Ⅳ　前項の規定は、債務者が債務を履行しない場合において、同項に規定する第三者が相当の期間を定めて譲渡人への履行の催告をし、その期間内に履行がないときは、その債務者については、適用しない。

【平29改正】改正前民法466条2項は、譲渡禁止特約を有効とし、同特約に違反した譲渡は、相手方が善意・無過失である場合を除き無効と解されてきた（物権的効力説）。しかし、債権譲渡を重要な資金調達手段として積極的に活用したいと考える中小企業にとって、同特約は資金調達の支障となっていた。かかる問題に対応すべく新設されたのが、本条2項以下の規定である。まず、債権の譲渡制限の意思表示（譲渡制限特約）がなされた場合における債権譲渡を有効とし（Ⅱ）、この場合において、譲受人その他の第三者が悪意・重過失のときに、債務者が取りうる対抗手段について新たに規定を設けた（Ⅲ）。さらに、債務者につき本条3項の適用が除外される場合についても新たに規定を設けた（Ⅳ）。

[趣旨]資本主義経済の下では、投下した資本の流動化を図るためには債権の譲渡が不可欠であることから、債権の自由譲渡性の原則とともに（Ⅰ本文）、例外的に譲渡が制限される場合について規定している（Ⅰただし書）。

《注　釈》

一　債権の自由譲渡性（Ⅰ本文）

ex.1　将来債権（ex.賃料債権、診療報酬債権）も、譲渡できる（466の6Ⅱ）

→例外的に、契約内容等諸般の事情を総合的に考慮し、特段の事情が認められる場合には、債権譲渡契約が公序良俗に反するなどとして効力が否定されることがある（最判平11.1.29・百選Ⅱ26事件）〈司書〉

ex.2　連帯債務者の1人に対する債権も譲渡できる

二　債権の性質上譲渡が許されない場合（Ⅰただし書）

1　債権者を異にすることでその給付内容が全く変更してしまう債権は、絶対的に譲渡性が認められない。

ex.　自分の肖像画を描かせる債権

cf.　賃貸人は、賃料債権を賃貸人たる地位と切り離して第三者に譲渡できる

2　特定の債権者であることが重要な債権は、債務者の承諾がなければ譲渡性は認められない。

●総則 債権の譲渡［第466条の2］

 ex. 委任者の債権（大判大 6.9.22）、賃借人の債権（612 I）

三　法律上譲渡が禁止される場合

 ex. 民法上の扶養請求権（881）、恩給請求権（恩給11）

四　当事者が譲渡制限の意思表示をした場合（Ⅱ）

 譲渡制限特約について、譲受人が悪意・重過失でも、当該債権譲渡は有効であり、債権者は譲受人となる。

 →譲渡人には、譲渡債権についての履行請求権も債務者に対する取立権もない

五　債権譲渡の譲受人等が譲渡制限特約につき悪意・重過失の場合（Ⅲ）

 1　本条3項は、譲受人その他の第三者（譲受人等）が悪意・重過失である場合に、債務者が以下の対抗手段をとりうることを規定する。

 (1) 譲渡制限特約を主張して履行を拒絶することができる。

 (2) 譲渡人に対する弁済その他の債務消滅事由をもって対抗することができる。

  →悪意・重過失の譲受人等との関係では、本条2項によって債権者ではなくなった譲渡人に対する弁済等は有効となる

 2　譲受人等が悪意・有過失であっても、債務者は譲渡制限特約の抗弁を放棄する旨の意思表示として、債権譲渡を承諾することができる**予**。

  ∵　譲渡制限特約は、債務者の利益を考慮して締結されるもの

六　本条3項の適用が除外される場合（Ⅳ）

 債務者が、譲渡制限特約につき悪意・重過失の譲受人等からの請求に対しては同特約の悪意を理由に履行を拒み、譲渡人からの請求に対しても債権者ではないことを理由に履行を拒むことで、結局双方に支払わない事態が生じうる。そこで、本条4項は、かかる不都合を解消するため、①債務者が履行をしない場合に、②悪意・重過失の譲受人が相当の期間を定めて債務者に対し、「譲渡人に履行するように」との催告をしたにもかかわらず、③債務者がその期間内に履行をしないとき、本条3項の適用が除外されるものとした。

第466条の2　（譲渡制限の意思表示がされた債権に係る債務者の供託）

Ⅰ　債務者は、譲渡制限の意思表示がされた金銭の給付を目的とする債権が譲渡されたときは、その債権の全額に相当する金銭を債務の履行地（債務の履行地が債権者の現在の住所により定まる場合にあっては、譲渡人の現在の住所を含む。次条において同じ。）の供託所に供託することができる**予**。

Ⅱ　前項の規定により供託をした債務者は、遅滞なく、譲渡人及び譲受人に供託の通知をしなければならない。

Ⅲ　第1項の規定により供託をした金銭は、譲受人に限り、還付を請求することができる。

債権の譲渡［第466条の3〜第466条の4］　　　●総則

第466条の3

前条第1項に規定する場合において、譲渡人について破産手続開始の決定があったときは、譲受人（同項の債権の全額を譲り受けた者であって、その債権の譲渡を債務者その他の第三者に対抗することができるものに限る。）は、譲渡制限の意思表示がされたことを知り、又は重大な過失によって知らなかったときであっても、債務者にその債権の全額に相当する金銭を債務の履行地の供託所に供託させることができる。この場合においては、同条第2項及び第3項の規定を準用する。

【平29改正】466条の2第1項の趣旨は、譲渡制限特約付き金銭債権が譲渡された場合に、弁済の相手方の判断に迷う債務者を保護する点にある。これは、譲受人が「債権者」に定まる結果、従前認められていた債権者不確知を理由とする供託ができなくなるとの懸念が生じるため、これを解消するために新設された。466条の2第2項は、供託の通知に関する495条3項と同趣旨で設けられた規定であり、債権者が有する供託金還付請求権の消滅時効の起算点を決する点で意義を有する。466条の2第3項は、「債権者」たる譲受人にのみ供託金還付請求が帰属し、譲渡人がこれを有しないことを明らかにした規定である。この結果、譲渡人の債権者も供託金還付請求権を差し押さえることができないこととなる。

466条の3の趣旨は、譲受人が倒産手続外で債権全額の回収を受けられるようにすることで、財産不足時において譲受人が負うリスク（債権全額の回収が見込めない事態）を除去し、もって資金調達の円滑化を図り、債権譲渡を促進する点にある。譲受人は、金銭債権の「全額」を譲り受けた者でありさえすればよく、譲渡制限特約についての善意・悪意は問わない（466の3前段かっこ書）。この趣旨は、供託金をめぐる権利関係の複雑化を避ける点にある。

第466条の4　（譲渡制限の意思表示がされた債権の差押え）

Ⅰ　第466条第3項＜譲渡制限の意思表示の第三者に対する効力＞の規定は、譲渡制限の意思表示がされた債権に対する強制執行をした差押債権者に対しては、適用しない。

Ⅱ　前項の規定にかかわらず、譲受人その他の第三者が譲渡制限の意思表示がされたことを知り、又は重大な過失によって知らなかった場合において、その債権者が同項の債権に対する強制執行をしたときは、債務者は、その債務の履行を拒むことができ、かつ、譲渡人に対する弁済その他の債務を消滅させる事由をもって差押債権者に対抗することができる。

【平29改正】本条1項は、譲渡制限特約により差押禁止財産を作り出すことはできないとの改正前民法下の判例法理（最判昭45.4.10）を明文化したものである。改正民法466条2項の下では、悪意・重過失者に対する同特約付債権の譲渡も有効であり、差押えの有効性も問題なく認められるが、この場合でも、債務者が差押債権者に対し同特約の抗弁（466Ⅲ）を対抗できるかはなお問題となり得る。そして、債務者のかかる抗弁の対抗を許すことは、結局、合意により差押禁止財産と同等のものが作出される事態を許すことに他ならず、妥当でない。この点に鑑み、同特約付

●総則　　　　　　　　　　　　　　　　　　債権の譲渡［第466条の5］

債権の差押えについては466条3項の適用が排除されることを明らかにした。

　本条2項は、差押債権者が悪意・重過失の譲受人の債権者である場合、債務者は当該債権者に対し同特約の抗弁を対抗できる旨規定する。改正民法466条2項の下では、悪意・重過失者への債権譲渡も有効であり、差押えの有効性も問題なく認められるが、当該差押債権者に執行債務者たる悪意・重過失の譲受人が有する権利以上の権利を認めるべきではない。この点に鑑み、譲受人が悪意・重過失者である場合には、差押債権者の善意・悪意を問わず、債務者による同特約の抗弁の対抗が認められることを明らかにした。

第４６６条の５　（預金債権又は貯金債権に係る譲渡制限の意思表示の効力）

Ⅰ　預金口座又は貯金口座に係る預金又は貯金に係る債権（以下「預貯金債権」という。）について当事者がした譲渡制限の意思表示は、第４６６条第２項＜譲渡制限の意思表示をしても債権譲渡の効力は妨げられない＞の規定にかかわらず、その譲渡制限の意思表示がされたことを知り、又は重大な過失によって知らなかった譲受人その他の第三者に対抗することができる。

Ⅱ　前項の規定は、譲渡制限の意思表示がされた預貯金債権に対する強制執行をした差押債権者に対しては、適用しない。

【平29改正】本条1項は、譲渡制限特約付の預貯金債権が譲渡された場合は、物権的効力説に立つ旨規定する。つまり、同特約付預貯金債権が譲渡された場合、悪意・重過失の譲受人との関係において当該譲渡は無効となり、債権者は譲渡人となる。このように、預貯金債権についてのみ特別に466条2項の例外を定めた趣旨は、以下の問題に対応する点にある。預貯金債権に譲渡制限特約が付されているのは周知の事実のため、銀行は預金債権の譲渡に関する管理を考慮する必要がない前提でシステムを構築しているところ、改正民法466条2項を預貯金債権にも適用すると、管理等に要するコストが著しく増大する。その上、頻繁に入出金が行われる膨大な預金口座を管理する銀行にとっては円滑な払戻し業務に支障が生じ、市民にとっても不利益となる。さらには、現金と同様の機能を営んでいるという預貯金債権の性質上、債権流動化による資金化にはなじまない。そこで、本条1項により、預貯金債権についてのみ特別に466条2項の例外が定められた。

　本条2項は、預貯金債権の差押債権者に対して、譲渡制限特約を対抗することができない旨規定する。譲渡制限特約により差押えや転付命令を封じることはできないという従来の判例（最判昭45.4.10参照）及び通説を明文化したものである。

《注　釈》

一　「預貯金債権」の範囲（Ⅰ）

　本条にいう「預貯金債権」は、流動性・決済性の預貯金債権に限られるわけではなく、定期性・固定性の預貯金債権についても妥当する。

二　差押債権者への対抗不能（Ⅱ）

　悪意・重過失の譲受人の一般債権者による預貯金債権の差押えは効力を有しない。

391

債権の譲渡［第466条の6］　　　　　　　　　　　　　　　　　　　　　　●総則

　∵　悪意・重過失の譲受人等との関係では預貯金債権の譲渡は無効となり
　　（Ⅰ）、当該譲受人等は債権者ということができない

第466条の6　（将来債権の譲渡性）

Ⅰ　債権の譲渡は、その意思表示の時に債権が現に発生していることを要しない。

Ⅱ　債権が譲渡された場合において、その意思表示の時に債権が現に発生していない
ときは、譲受人は、発生した債権を当然に取得する。

Ⅲ　前項に規定する場合において、譲渡人が次条の規定による通知をし、又は債務者
が同条の規定による承諾をした時（以下「対抗要件具備時」という。）までに譲渡制
限の意思表示がされたときは、譲受人その他の第三者がそのことを知っていたもの
とみなして、第466条第3項＜譲渡制限の意思表示の第三者に対する効力＞（譲
渡制限の意思表示がされた債権が預貯金債権の場合にあっては、前条第1項）の規
定を適用する。

【平29改正】本条1項は、判例法理（最判平11.1.29・百選Ⅱ26事件）<u>同R元</u>を具体
化し、将来発生すべき債権も譲渡することが可能であることを明文化したものであ
る。

　本条2項は、将来債権の譲渡においては債権が発生したときに譲受人がその債権
を当然に取得することを明示したものである（最判平13.11.22・百選Ⅰ100事件参
照）。

　本条3項は、将来債権が譲渡された場合において、譲渡時には譲渡制限特約が付
されていなかったが、その後、債権者・債務者間で譲渡制限特約が付された場合の
処理を規定する。この趣旨は、債務者対抗要件（467）を備えた譲受人の債権取得
に係る利益と、譲渡制限特約により債権者を固定する債務者の利益との調整を図る
点にある。

《注　釈》

一　将来発生債権の譲渡が例外的に無効となる場合

　本条1項は、将来債権譲渡が例外的に無効となる余地を否定するものではな
い。

　　→契約内容等諸般の事情を総合的に考慮し、特段の事情が認められる場合に
　　　は、右契約が公序良俗に反するなどとして効力が否定されることがある（最
　　　判平11.1.29・百選Ⅱ26事件）

二　将来債権の譲渡後に譲渡制限特約が付された場合

　1　将来債権の譲渡後、467条所定の債務者対抗要件が具備される前に譲渡制限
　　特約が付された場合

　　　→譲受人等は譲渡制限特約について「悪意」とみなされ（466の6Ⅲ）、債務
　　　者は譲渡制限特約をもって譲受人等に対抗できる

　　　∵　債務者の利益を優先

　2　将来債権の譲渡後、467条所定の債務者対抗要件が具備された後に譲渡制限
　　特約が付された場合

●総則 債権の譲渡［第467条］

→譲受人等の主観的態様のいかんを問わず、**債務者は譲渡制限特約を譲受人等に対抗することができない**（466の6Ⅲ反対解釈）
∵ 譲受人の利益を優先

第467条　（債権の譲渡の対抗要件）

Ⅰ　債権の譲渡（現に発生していない債権の譲渡を含む。）は、譲渡人が債務者に通知をし、又は債務者が承諾をしなければ、債務者その他の第三者に対抗することができない。

Ⅱ　前項の通知又は承諾は、確定日付のある証書によってしなければ、債務者以外の第三者に対抗することができない。

【動産及び債権の譲渡の対抗要件に関する民法の特例等に関する法律】

第4条（債権の譲渡の対抗要件の特例等）

Ⅰ　**法人が債権**（金銭の支払を目的とするものであって、民法第3編第1章第4節の規定により譲渡されるものに限る。以下同じ。）を譲渡した場合において、当該債権の譲渡につき債権譲渡登記ファイルに譲渡の登記がされたときは、当該債権の債務者以外の第三者については、同法第467条の規定による確定日付のある証書による通知があったものと**みなす**。この場合においては、当該登記の日付をもって確定日付とする〈同書〉。

Ⅱ　前項に規定する登記（以下「債権譲渡登記」という。）がされた場合において、当該債権の譲渡及びその譲渡につき**債権譲渡登記**がされたことについて、譲渡人若しくは譲受人が当該債権の債務者に第11条第2項に規定する**登記事項証明書**［注・動産の譲渡又は債権の譲渡について、動産譲渡登記ファイル又は債権譲渡登記ファイルに記録されている事項を証明した書面］を交付して通知をし、又は当該債務者が承諾をしたときは、当該債務者についても、前項と同様とする〈同書〉。

Ⅲ　債権譲渡登記がされた場合においては、民法第466条の6第3項、第468条第1項並びに第469条第1項及び第2項の規定は、前項に規定する場合に限り適用する。この場合において、同法第466条の6第3項中「譲渡人が次条」とあるのは「譲渡人若しくは譲受人が動産及び債権の譲渡の対抗要件に関する民法の特例等に関する法律（平成10年法律第104号）第4条第2項」と、「同条」とあるのは「同項」とする。

Ⅳ　第1項及び第2項の規定は当該債権の譲渡に係る第10条第1項第2号に掲げる事由に基づいてされた債権譲渡登記の抹消登記について、民法第468条第1項並びに第469条第1項及び第2項の規定はこの項において準用する第2項に規定する場合について、それぞれ準用する。この場合において、同法第468条第1項中「対抗要件具備時」とあるのは「動産及び債権の譲渡の対抗要件に関する民法の特例等に関する法律第4条第4項において準用する同条第2項に規定する通知又は承諾がされた時（以下「対抗要件具備時」という。）」と、同項並びに同法第469条第1項及び第2項中「譲渡人」とあるのは「譲受人」と、「譲受人」とあるのは「譲渡人」と読み替えるものとする。

債権

債権の譲渡［第467条］　　　　　　　　　　　　　　　　　　　　　●総則

> **第8条（債権譲渡登記）**
> Ⅰ　指定法務局等に、磁気ディスクをもって調製する債権譲渡登記ファイルを備える。
> Ⅱ～Ⅴ　省略

［趣旨］債権譲渡が譲渡人・譲受人間の意思表示によってなされる結果、その事実を知り得ない債務者が二重弁済の危険を負うことを防止するため、債務者に対する対抗要件として通知・承諾を要求し（Ⅰ）、さらに債権の二重譲渡があった場合など、同一の債権について両立し得ない法律上の地位を取得した者の優劣を決定するため、第三者に対する対抗要件として特に確定日付のある通知・承諾を要求した（Ⅱ）。なお、この債権譲渡に関する特例法が制定されている。

《注　釈》
一　債務者に対する対抗要件（Ⅰ）

1　通知
(1)　通知は、事実の通知又は観念の通知であるが、意思表示に関する規定が準用される。
　　　ex.　錯誤・詐欺・強迫による通知は取り消すことができ、意思能力を欠く通知や虚偽表示による通知は無効である
(2)　通知は譲渡人のみがなしえ譲受人が代位してすることはできない（大判昭5.10.10）
　　　ただし、譲受人は譲渡人に譲渡の通知をするよう請求できる。譲受人が譲渡人の代理人又は使者として通知を行うことも可能である。
　　　ex.　Aの甲に対する債権がBCと順次譲渡された場合、CはBに代位して、Aに対し、AからBへの譲渡の通知を甲にすべきことを請求できる（大判大8.6.26）
　　　cf.　Aの甲に対する債権がBCと順次譲渡された場合、Aは中間者Bの同意を得て、甲に対し、債権がAからCに譲渡された旨の通知をすることができる
(3)　譲渡前の通知は無効である。ただし、将来発生する債権を譲渡したときはその通知で足り、将来発生した時に改めて通知をする必要はない。通知は譲渡と同時でなくともよいが、譲渡後に通知された場合にはその時から対抗力を生じる。
(4)　対抗要件に関する規定は強行法規であり、通知を不要とする旨の特約は無効である（大判大10.2.9）。
(5)　債権譲渡の通知がない場合でも、債務者の側から譲渡の効力を認めることは可能である。

2　承諾
(1)　「承諾」とは、債務者が債権譲渡の事実についての認識を表明することであり観念の通知であるが、意思表示の規定が準用される。

●総則   債権の譲渡 ［第467条］

ex. 代理人・使者による承諾が可能である

(2) 承諾の相手方は、譲渡人・譲受人のいずれでもよい（大判大6.10.2）〈通〈同〉。譲渡人が債務者の代理人として承諾をなすことも可能である（大判昭4.2.23）。

(3) 譲渡の目的たる債権及びその譲受人がいずれも特定している場合には、譲渡前の承諾も有効であり対抗要件となる（最判昭28.5.29）。

3 債務者が債権譲渡の事実を知っている場合でも、通知・承諾を欠く場合には債権譲渡の事実を債務者に対抗できない。

→債務者は譲渡人に弁済すればよい

4 適用範囲

(1) 本条は、意思表示による債権移転について適用があり、法律上当然に債権が移転する場合には適用されない。

ex. 相続、合併

(2) 弁済をするについて正当な利益を有する者が債権者に代位する場合の債権移転に関しては、本条の適用がなく（500かっこ書）、通知・承諾は不要だが、弁済をするについて正当な利益を有しない者が債権者に代位する場合の債権移転に関しては、本条が適用され、通知・承諾が必要となる（500、499）。

二　第三者に対する対抗要件（Ⅱ）

1 確定日付ある証書によって通知・承諾することで第三者に対する対抗要件を具備しうる〈共書〉。

通知の到達又は承諾の証明に確定日付によることを要するとするものではない（大連判大3.12.22）。

2 「第三者」とは、通知・承諾の欠缺を主張する正当な利益を有する者であり、譲渡債権そのものに法律上の利益を有する者に限る（大判大4.3.27）。譲渡により間接的に影響を受けるにすぎない者は含まれない。

＜467条2項の「第三者」の例＞

判例上、「第三者」にあたるとされた者	① 債権の二重譲受人 ② 債権上の質権者 ③ 債権を差し押さえた、譲渡人の債権者〈同〉 ④ 債権の譲渡人が破産した場合における破産債権者
判例上、「第三者」にあたらないとされた者	① 債権譲渡が無効である場合の無権利者 ② 譲渡債権の保証人 ③ 債権譲渡によって間接的に影響を受ける、債務者の単なる債権者 　ex.1 甲の乙に対する債権を丙が譲り受けて、これを自働債権として自己の乙に対する債務と相殺した場合に、この受働債権を相殺後に差し押さえた乙の債権者丁 　ex.2 甲が乙に対する債権を自己の丙に対する債務の代物弁済として譲渡した場合に、その代物弁済によって消滅した丙の甲に対する債権を丙から譲り受けた丁

3 対抗関係は存在する債権についてその帰属を争う関係であるから、債権がい

395

ったん消滅すれば、対抗関係の生じる余地はない。
  ex. 第一の債権譲渡後、債権が弁済等により消滅すれば、その後第二の債権譲渡が行われ、確定日付ある通知が具備されても、その譲渡行為は無効であり第二譲受人は優先しえない（大判昭 7.12.6）

4 譲受人相互間の優劣関係は債務者にも効力を及ぼす。よって、債務者は対抗力を有する第三者に対して弁済をしなければならない。
　他に譲受人がいない場合、単なる通知承諾も債務者に対する対抗力は有するからその譲受人への弁済は有効となる。
　債務者が劣後譲受人に弁済してしまった場合、優先譲受人の債権譲渡行為又は対抗要件に瑕疵があると誤信してもやむを得ないときは、478 条によりその弁済は有効となる（最判昭 61.4.11・百選Ⅱ 33 事件）

5 確定日付ある通知・承諾が複数存在する場合

(1) 優劣の基準
  A説：通知が債務者に到達した日時又は承諾の日時の先後により優劣を決する（到達時説）（最判昭 49.3.7・百選Ⅱ 29 事件）
    ∵ 467 条は、債務者の債権譲渡の認識を通じて債権の帰属を公示するという点にその趣旨があり、確定日付が要求されるのは、当事者による日時の仮装を可及的に防止するためのものにすぎない
  B説：確定日付の先後によって優劣を決する（確定日付説）
    ∵ 画一的に優劣を決しうる
(2) 複数の確定日付ある通知が同時に到達した場合、各譲受人は全額の弁済を請求することができ、債務者は単に同順位の譲受人が他に存在することを理由に弁済の責めを免れることはできない（最判昭 55.1.11）
  →到達時の先後不明も同時到達と扱う（最判平 5.3.30・百選Ⅱ 30 事件）
(3) 確定日付ある通知の到達の先後が不明であって、各譲受人が互いに自己が優先的地位にあることを主張しえないため、債務者が債権額を供託した場合、供託金額が両債権額の合計に足りないときは、各譲受人は、債権額に応じて供託金を按分した額の供託金還付請求権を分割取得する（最判平 5.3.30・百選Ⅱ 30 事件）。
6 単なる通知と確定日付ある通知が存在する場合

●総則 債権の譲渡［第468条］

単なる通知しか具備していなければ、いかに先に到達しても、確定日付ある通知を具備した第三者に対抗できない（大連判大8.3.28）〈**通**〉〈**共**〉。

7 二重譲受人双方ともに確定日付のない通知しか具備していない場合〈**共**〉

A説：債務者は、いずれの譲受人からの請求も拒めるが、いずれかの譲受人に弁済すれば、その弁済は有効であり、債務者は免責される〈**通**〉

∵ 確定日付ある証書によらない通知・承諾も債務者に対しては対抗力をもつが、それが二重に行われるときは、いずれの対抗力も優先的なものではなくなるとみるのが妥当である

B説：債務者はいずれの譲受人からの請求も拒めず、その請求に応じて弁済すれば有効である

∵ 債務者への対抗要件はみたされている（467Ⅰ）以上、債務者に対する請求を否定すべき理由はない

8 同一の債権に対する債権譲渡と債権差押えとの間の優劣は、債権譲渡についての第三者対抗要件が具備された日時と債権差押・転付命令が第三債務者へ送達された日時の先後によって決せられる（最判昭58.10.4）〈**同**〉。

《その他》

▪ 抵当権付債権を譲り受けた者は、通知・承諾を具備すれば、債務者との関係においては、登記がなくとも抵当権の取得を主張できる。

▪ 債権の譲渡予約につき確定日付のある証書により債務者に対する通知又は承諾がされても、予約の完結による債権譲渡の効力は、当該予約についてされた通知又は承諾をもって、第三者に対抗することはできない（最判平13.11.27）〈**同**〉。

第468条 （債権の譲渡における債務者の抗弁）〈**同予**〉

Ⅰ 債務者は、対抗要件具備時までに譲渡人に対して生じた事由をもって譲受人に対抗することができる。

Ⅱ 第466条第4項＜催告の期間内に履行がないとき＞の場合における前項の規定の適用については、同項中「対抗要件具備時」とあるのは、「第466条第4項の相当の期間を経過した時」とし、第466条の3＜譲渡人に破産手続開始の決定があったとき＞の場合における同項の規定の適用については、同項中「対抗要件具備時」とあるのは、「第466条の3の規定により同条の譲受人から供託の請求を受けた時」とする。

【平29改正】改正前民法468条1項は、いわゆる異議をとどめない承諾について規定していたが、改正民法下では削除されるに至った。これは、債務者が単に債権が譲渡されたことについて認識した旨の通知をしただけで、抗弁の喪失という債務者にとって予期せぬ重大な効果が生じるのは、債務者保護の見地から妥当でなく、その正当化根拠の説明も困難と考えられてきたためである。

本条1項は、債務者が通知を受けるまで譲渡人に対して生じた事由によって譲受人に対抗することができる旨を定めた改正前民法468条2項の規定を、「対抗要件具備時」（債権譲渡の通知を受け、又は債権譲渡の承諾をしたとき）までと改めることにより、債務者対抗要件一般に拡張した。本条2項は、譲渡制限特約付債権が

譲渡された場合における譲受人に対抗可能な抗弁の基準時についての特則を定めたものである。

《注　釈》

一　「対抗要件具備時までに譲渡人に対して生じた事由」（Ⅰ）

1　意義 同R2

既発生の抗弁や抗弁権の発生原因にとどまらず、抗弁権発生の基礎となる事実まで含む。

ex. 譲渡債権の不成立、取消し・解除などによる債権の消滅、弁済、消滅時効の完成、その他による債権の全部又は一部の消滅、同時履行の抗弁権（533）共、限定承認（922）の抗弁、相殺の抗弁同

2　468条1項と第三者保護規定の優劣

(1)　468条1項と545条1項ただし書の優劣

譲受人は「第三者」（545Ⅰただし書）として保護されない（大判大7.9.25）。

→債務者は譲受人に対して解除を対抗しうる

∵　「第三者」（545Ⅰただし書）とは、解除された契約から生じた法律効果を基礎として新たな利害関係を取得した者であって、解除により消滅する債権そのものの譲受人は含まれない

(2)　468条1項と94条2項の優劣

譲受人は「善意の第三者」（94Ⅱ）として保護される（大判大3.11.20）。93条2項についても同様に解する。

→債務者は虚偽表示及び心裡留保により債権が不成立であることを対抗し得ない

∵　虚偽表示及び心裡留保により債務を負担した債務者を468条1項により保護する必要はない

(3)　468条1項と96条3項の優劣

譲受人は「第三者」（96Ⅲ）として保護される。95条4項についても同様に解する。

→債務者は詐欺及び錯誤により債権が不成立であることを対抗し得ない

∵　錯誤に関しては、情報収集を怠り騙されたという債務者の帰責性より、自分で間違ったという点で錯誤に陥った債務者の帰責性のほうがより大きい

二　基準時の修正（Ⅱ）

1　譲渡制限特約付債権が譲渡された場合において、譲受人等が悪意・重過失であり、かつ債務者が債務を履行しないときは、抗弁の基準時は、「対抗要件具備時」ではなく、譲受人等が催告をした後「相当の期間を経過した時」である（468Ⅱ）。

2　譲渡制限特約が付された債権が譲渡された場合において、譲渡人につき破産開始手続の決定があったときは、抗弁の基準時は、「対抗要件具備時」ではなく、「譲受人から供託の請求を受けた時」である（468Ⅱ）。

● 総則　　　　　　　　　　　　　　　　　　　　　　　　　　債権の譲渡 ［第469条］

三　抗弁放棄の意思表示に関わる問題

1　明文はないが、債務者自身の意思表示により抗弁を放棄するのは自由である。

2　一般論として、放棄される抗弁の範囲が債務者にとって識別可能な程度に特定されていなければならない。

3　抗弁放棄の意思表示と90条の無効との関係

賭博債権の譲渡がなされた場合において、債務者が抗弁を放棄する旨の意思表示を行っても、賭博行為禁止の要請が取引安全の保護の要請を上回るため、債務者は譲受人に公序良俗違反による無効（90）を主張しうる（最判平9.11.11参照）。

4　抗弁放棄の意思表示が有効とされれば、譲受人等の善意・悪意は問われない。

四　抗弁放棄の意思表示の効果

1　抗弁放棄の意思表示に基づき、譲受人は、抗弁事由のない債権を譲り受けたことになる。

2　抵当権付き債権と抗弁放棄の意思表示

(1)　被担保債権が弁済などにより消滅した場合には、抵当権も消滅し（付従性）、この抵当権の消滅は抹消登記なくして第三者に対抗できる（大判大9.1.29）〈圓〉。

(2)　抗弁放棄の意思表示前に抵当不動産を取得した者は、債務者による抗弁放棄の意思表示にかかわらず、譲受人に対して抵当権の不存在又は消滅を主張することができる（最判平4.11.6・百選Ⅱ〔第7版〕30事件参照）。

《その他》

▪ 譲渡人へ弁済したが、債務者が不注意で弁済の抗弁を放棄し、二重弁済を強いられた場合、譲渡人に対して何らかの請求ができるかが問題となる。

→譲渡人には通常少なくとも過失が認められるであろうことから、不法行為に基づく損害賠償をすることが考えられる

第469条　（債権の譲渡における相殺権）

Ⅰ　債務者は、対抗要件具備時より前に取得した譲渡人に対する債権による相殺をもって譲受人に対抗することができる。

Ⅱ　債務者が対抗要件具備時より後に取得した譲渡人に対する債権であっても、その債権が次に掲げるものであるときは、前項と同様とする。ただし、債務者が対抗要件具備時より後に他人の債権を取得したときは、この限りでない。

①　対抗要件具備時より前の原因に基づいて生じた債権〈貼〉

②　前号に掲げるもののほか、譲受人の取得した債権の発生原因である契約に基づいて生じた債権

Ⅲ　第466条第4項＜催告の期間内に履行がないとき＞の場合における前2項の規定の適用については、これらの規定中「対抗要件具備時」とあるのは、「第466条第4項の相当の期間を経過した時」とし、第466条の3＜譲渡人に破産手続開始の決定があったとき＞の場合におけるこれらの規定の適用については、これらの規定中「対抗要件具備時」とあるのは、「第466条の3の規定により同条の譲受人から供託の請求を受けた時」とする。

【平29改正】本条1項は、債務者対抗要件（467Ⅰ）具備時前に「取得」していた自働債権による相殺は譲受人に対抗できるとし、差押えと相殺の場面（511Ⅰ）と同様、無制限説（最大判昭45.6.24・百選Ⅱ39事件参照）に立つことを明文化した規定である。本条2項1号も、差押えと相殺の場面（511Ⅱ）と同様の規律となっている。その趣旨は、譲受人の対抗要件具備時に自働債権が発生していないものの、それ以前に債権の取得原因が存在する場合における、当該債権を自働債権とする債務者の相殺への期待を保護する点にある。本条2項2号は、差押えと相殺の優劣が問題となる局面以上に相殺への期待が保護される局面を拡張している。将来債権譲渡の場面では、譲渡後も譲渡人と債務者との間における取引が継続することが想定されるため、債務者の相殺への期待をより広く保護する必要性があること、また、将来債権の譲受人は継続的取引から生じる将来債権を譲り受ける以上債務者からの相殺のリスクを予測しておくべきであることが根拠となっている。本条3項は、譲渡制限付特約債権が譲渡された場合において、債務者が相殺をもって対抗することができる場面を定めるにあたり準拠すべき時点についての特則を定めた規定である。

《注　釈》
一　469条1項・2項の構造
1　債権譲渡があった場合に、譲渡人に対して有する反対債権が以下のいずれかに該当する場合には、債務者は当該債権による相殺をもって譲受人に対抗することができる。

①　債務者対抗要件具備時より前に債務者が取得した債権（Ⅰ）

②　債務者対抗要件具備時より「前の原因」に基づき債務者が取得した債権（Ⅱ①）

③　「譲受人の取得した債権の発生原因である契約」に基づき生じた債権（Ⅱ②）

→いずれも、譲受人が債務者対抗要件を具備したときよりも前の時点において、債務者の相殺への期待が認められるもの

2　上記②③のいずれかに該当する場合でも、債務者対抗要件具備時より後に他人から取得した債権による相殺をもって譲受人に対抗することはできない（469Ⅱ柱書ただし書）。

∴　譲受人が債務者対抗要件を具備した時よりも前の時点において、債務者の相殺への期待を認めることができない

●総則 債務の引受け［第470条］

二 債権譲渡と相殺の優劣（Ⅰ）

無制限説（最大判昭45.6.24・百選Ⅱ39事件参照）

→債務者は、自働債権が債務者対抗要件具備時前に取得されたものである限り、自働債権の弁済期が到来して相殺適状にさえ達すれば、対抗要件具備時より後においても相殺できる

三 「前の原因」（Ⅱ①）〈司R2〉

1 譲渡債権を発生させた原因である契約と同一のものである必要はない。

2 契約に限らず、不法行為や不当利得も「前の原因」に含まれる。

ex. 譲受人から譲渡債権の履行請求を受けた債務者は、譲受人が債務者対抗要件を具備する前になされた不法行為に基づく損害賠償請求権を自働債権として、譲受人に相殺を対抗できる。

四 「譲受人の取得した債権の発生原因である契約」（Ⅱ②）〈司R2〉

1 譲渡債権を発生させる「原因」である「契約」と同一のものである必要がある。

cf. 469条2項1号にいう「前の原因」

2 将来債権譲渡がなされた場面を想定しており、かかる場合に限って適用される。

ex. 将来の請負報酬債権が譲渡され、債務者対抗要件が具備された後に請負契約が締結されたところ、請負契約における目的物の不適合を理由とする修補に代わる損害賠償請求権が発生した場合

■第5節 債務の引受け

第1款 併存的債務引受

第470条 （併存的債務引受の要件及び効果）

Ⅰ 併存的債務引受の引受人は、債務者と連帯して、債務者が債権者に対して負担する債務と同一の内容の債務を負担する。

Ⅱ 併存的債務引受は、債権者と引受人となる者との契約によってすることができる。

Ⅲ 併存的債務引受は、債務者と引受人となる者との契約によってもすることができる。この場合において、併存的債務引受は、債権者が引受人となる者に対して承諾をした時に、その効力を生ずる。

Ⅳ 前項の規定によってする併存的債務引受は、第三者のためにする契約に関する規定に従う。

【平29改正】本条は、改正前民法下では規定が存在しなかったものの、判例・学説ともに異論なく認めていた併存的債務引受について、その要件及び効果を明文で定めたものである。

　本条1項は、併存的債務引受における債務者と引受人は、反対に解すべき特段の事情のない限り連帯債務関係に立つとの判例理論（最判昭41.12.20・百選Ⅱ31事件）を明文化した規定である。

債権

401

債務の引受け [第471条] ●総則

本条2項は、併存的債務引受が債権者・債務者・引受人（「引受人となる者」）の三面契約によって行うことができることを当然の前提とした上で、債権者と引受人との間の契約ですることもできる旨規定する。

本条3項・4項は、併存的債務引受が債務者と引受人との間の契約ですることもでき、この場合の併存的債務引受は第三者のためにする契約である旨規定する。

《注 釈》
一 意義

引受人Cは債務者Bと連帯して、同一内容の債務を負担する。なお、引受人Cは、従来の債務者Bの債務の一部について債務を引き受けることもできる（大判大8.6.25）。

【併存的債務引受】

二 要件

1 保証に類似する結果、債務者Bの意思に反しても、債権者A・引受人C間の契約で行いうる（470Ⅱ）同。

2 債務者B・引受人C間の契約も第三者のためにする契約として有効であり、債権者Aが受益の意思表示をすれば、引受人Cへの債権を取得する同共。この場合において、債権者の「承諾」は、第三者のための契約にいう「受益の意思表示」に相当し、併存的債務引受の効力要件と解される（470ⅢⅣ）。

三 効果

1 債務者Bと引受人Cとの間に連帯債務関係が生じる（470Ⅰ）同共。債務者Bの委託がない場合も同様である。
→債務者・引受人に生じた事由が他の者に及ぼす影響や、債務者・引受人のいずれかが弁済した場合における求償関係といった問題については、特別の合意がない限り連帯債務に関する規定（436以下）が準用される同

2 原債務の時効消滅の効果は、相対効の原則に服するため（441本文）、原債務者の負担部分について債引受人には及ばない。

第471条 （併存的債務引受における引受人の抗弁等）

Ⅰ 引受人は、併存的債務引受により負担した自己の債務について、その効力が生じた時に債務者が主張することができた抗弁をもって債権者に対抗することができる。

Ⅱ 債務者が債権者に対して取消権又は解除権を有するときは、引受人は、これらの権利の行使によって債務者がその債務を免れるべき限度において、債権者に対して債務の履行を拒むことができる同。

【平29改正】本条1項は、債権者からの権利主張に対して、引受人は併存的債務引受の効力が生じたとき（債務者・引受人間の契約による併存的債務引受の場合は、受益者たる債権者の承諾時）に債務者が主張することができた抗弁をもって、債権者に対抗することができる旨規定する。

本条2項は、債務者が債権者に対して取消権又は解除権を有する場合に、「これらの権利の行使によって債務者がその債務を免れるべき限度」で、引受人が債権者に対し、債務の履行を拒むことができる旨規定する。

●総則 債務の引受け［第472条］

《注　釈》

一　「債務者が主張することができた抗弁」（Ⅰ）

1　債務者・引受人間の契約による併存的債務引受がなされた場合、引受人は、「債務者に対して主張することができる抗弁」についても、債権者に対抗できる。

∵　この場合の併存的債務引受は第三者のためにする契約（470 ⅢⅣ）

→債務者・引受人間の引受契約に基づく抗弁（債務者に対して主張することができる抗弁）をもって債権者（「その契約の利益を受ける第三者」）に対抗可（539）

2　債権者・引受人間の契約による併存的債務引受がなされた場合、引受人は、「債務者が主張することができた抗弁」についてのみ、債権者に対抗できる。

二　債務者の履行拒絶（Ⅱ）

本条2項に相殺権は規定されていないが、債務者が債権者に対して相殺権を有するときは、引受人は、債権者に対して債務の履行を拒むことができる。

→併存的債務引受がなされた場合の債務者と引受人との間には連帯債務関係が生じるから（470 Ⅰ）、引受人は、債務者の負担部分の限度において、債権者に対して債務の履行を拒むことができる

第2款　免責的債務引受

第472条　（免責的債務引受の要件及び効果）

Ⅰ　免責的債務引受の引受人は債務者が債権者に対して負担する債務と同一の内容の債務を負担し、債務者は自己の債務を免れる。

Ⅱ　免責的債務引受は、債権者と引受人となる者との契約によってすることができる。この場合において、免責的債務引受は、債権者が債務者に対してその契約をした旨を通知した時に、その効力を生ずる。

Ⅲ　免責的債務引受は、債務者と引受人となる者が契約をし、債権者が引受人となる者に対して承諾をすることによってもすることができる。

【平29改正】本条は、併存的債務引受（470）と同様、明文にはないが改正前民法下の判例・学説が認めていた免責的債務引受について、その要件及び効果を明文化したものである。

本条1項は、免責的債務引受の意義について規定する。

本条2項は、免責的債務引受が債権者・債務者・引受人（「引受人となる者」）の三面契約によって行うことができることを当然の前提とした上で、債権者と引受人との契約によってもすることができる旨規定する。

本条3項は、免責的債務引受が債務者と引受人との契約によってもなしうること、ただし、その効力要件として「債権者が引受人となる者に対して承諾をすること」が必要となることを規定する。その趣旨は、債権者の関知しないところで債務者が変更されることにより、債務の引当てとなる一般財産にも変更が生じ、債権者が予期せぬ不利益を被る事態を防止する点にある。

403

《注　釈》
一　意義
債務が債務者から引受人に移転し、従来の債務者は債務を免れる（472 Ⅰ）。

【免責的債務引受】

二　要件
1. 三面契約（A・B・C）の他、債権者A・引受人C間の契約でなしうる。この場合、債務者の意思に反して行うことも認められる。
   ∵　債務免除が債権者の一方的意思表示でできることとの均衡を図るため
2. 債務者B・引受人C間の契約も、債権者Aの承諾を要件として肯定してよい（472 Ⅲ）[判]。
   (1) ここにいう「承諾」の効力は、債務者・引受人間の契約時まで遡らない。
      →債務者・引受人間の契約の成立から債権者の承諾までの間に、免責的債務引受によって消滅する債権者の債務者に対する債権を第三者が差し押さえた場合、その後になされた承諾は、この第三者による差押えの効力に影響を及ぼさない
   (2) 債権者を利する契約でないため、第三者のためにする契約に関する規定は適用されない。
      cf. 併存的債務引受（470 ⅢⅣ）
   (3) 債務者・引受人間で免責的債務引受の合意がなされたものの、債権者が併存的債務引受なら承諾する旨を通知した場合
      →債務者の免責が得られなくても、引受人となる者は債務を引き受ける趣旨の契約であったか否かという、債務者・引受人間の合意解釈による

三　効果
1. 債務は同一性を失うことなく引受人Cに移転する（472 Ⅰ）[判]。したがって、旧債務者が債権者に対して有していた抗弁も引受人に移転する（472の2 Ⅰ）。
   もっとも、引受人は、旧債務者が債権者に対して有している債権を自働債権、自己の引き受けた債務を受働債権とする相殺をすることはできない。
   ∵　他人の債権を処分することになるため
2. 債務者が債権者に対して取消権又は解除権を有する場合、引受人は債権者に対し、「免責的債務引受がなければこれらの権利の行使によって債務者がその債務を免れるべき限度」で債務の履行を拒むことができる（472の2 Ⅱ）。
3. 保証債務は、保証人の書面による承諾がなされれば、引受人に引き継がれる（472の4 Ⅲ～Ⅴ）。

第472条の2（免責的債務引受における引受人の抗弁等）

Ⅰ　引受人は、免責的債務引受により負担した自己の債務について、その効力が生じた時に債務者が主張することができた抗弁をもって債権者に対抗することができる。

●総則　　　　　　　　　　　　　　　　　　　　　　　債務の引受け［第472条の3］

> Ⅱ　債務者が債権者に対して取消権又は解除権を有するときは、引受人は、免責的債務引受がなければこれらの権利の行使によって債務者がその債務を免れることができた限度において、債権者に対して債務の履行を拒むことができる〈回〉。

【平29改正】本条1項は、債権者からの権利主張に対して、引受人は免責的債務引受の効力が生じたとき（債務者・引受人間の契約による免責的債務引受の場合は、債権者の承諾時）に債務者が主張することができた抗弁をもって、債権者に対抗することができる旨規定する。

本条2項は、債務者が債権者に対して取消権又は解除権を有する場合に、「免責的債務引受がなければこれらの権利の行使によって債務者がその債務を免れるべき限度」で、引受人が債権者に対し、債務の履行を拒むことができる旨規定する。

《注　釈》

一　「債務者が主張することができた抗弁」（Ⅰ）

債務者・引受人間の契約による免責的債務引受がなされた場合、引受人は債務者に対して主張することができる抗弁をもって債権者に対抗することはできない。

∵　債務者・引受人間の契約による免責的債務引受は、第三者のためにする契約ではない

cf.　債務者・引受人間の契約による併存的引受債務がなされた場合（471Ⅰ）

二　債務者の履行拒絶（Ⅱ）

債務者が相殺権を有していたとしても、引受人は債務の履行を拒むことができない。

∵　免責的債務引受がなされた場合の債務者と引受人との間には連帯債務関係は生じず、439条2項の適用もない

cf.　併存的債務引受において債務者が債権者に対し相殺権を有する場合（471Ⅱ）

第472条の3　（免責的債務引受における引受人の求償権）

免責的債務引受の引受人は、債務者に対して求償権を取得しない。

【平29改正】本条は、引受人が免責的債務引受によって引き受けた債務を履行したとしても、債務者に対して求償できない旨規定する。免責的債務引受における引受人は、債務者の債務を自己の債務として引き受けて履行する以上、債務者の債務を最終的に自らが負担するという意思があるものといえ、求償関係を発生させる基礎に欠けると考えられるためである。

《注　釈》

一　債務者・引受人間に特段の合意がある場合

引受人が履行した債務相当額の支払を債務者に請求することは妨げられない。

二　債務者の委託に基づいて引受人が債務を引き受けた場合

特段の合意がなくても、引受人は委任事務処理費用の償還請求権（649・650）として、債務相当額の支払を債務者に請求できる。

405

債務の引受け［第472条の4］　　　　　　　　　　　　　　　●総則

第472条の4　（免責的債務引受による担保の移転）

Ⅰ　債権者は、第472条第1項＜免責的債務引受の効果＞の規定により債務者が免れる債務の担保として設定された担保権を引受人が負担する債務に移すことができる〈同〉。ただし、引受人以外の者がこれを設定した場合には、その承諾を得なければならない。

Ⅱ　前項の規定による担保権の移転は、あらかじめ又は同時に引受人に対してする意思表示によってしなければならない。

Ⅲ　前2項の規定は、第472条第1項＜免責的債務引受の効果＞の規定により債務者が免れる債務の保証をした者があるときについて準用する。

Ⅳ　前項の場合において、同項において準用する第1項の承諾は、書面でしなければ、その効力を生じない。

Ⅴ　前項の承諾がその内容を記録した電磁的記録によってされたときは、その承諾は、書面によってされたものとみなして、同項の規定を適用する。

【平29改正】本条1項本文は、免責的債務引受によって債務者が免れる債務に設定された担保権（物的担保）を、引受人が負担する債務に移すことができる旨規定する。移転する担保権の優先順位は維持されたまま、引受人の債務を担保する。ただし、本条1項ただし書により、当該担保権を設定した者が引受人以外の者である場合には、その者の承諾（担保移転の承諾の意思表示）を得る必要がある。この趣旨は、当該担保権を設定した者にとって誰が債務者であるかは重大な事項であることから、当該担保権設定者を保護する点にある。かかる趣旨から、当該担保権設定者が引受人である場合には、その承諾を要しない。

　本条2項は、担保権の移転は免責的債務引受を行うよりも前に、又は免責的債務引受と同時に、引受人に対する意思表示によって行わなければならないと規定する。この趣旨は、免責的債務引受によって被担保債務が消滅すれば原則として担保権も消滅するという、担保権の消滅における付従性との抵触を回避する点にある。

　本条3項は、債務者の債務に付された保証債務を引受人の債務を担保するものとして移すためには、保証人の承諾を要する旨規定する。

　本条4項は、保証人が引受人のもとで債務を履行する責任を負うためには、保証人が書面をもって、その責任を負う旨の承諾をすることを要する旨規定する。これは、保証契約の要式行為性（446ⅡⅢ）と平仄を合わせたものである。

　本条5項は、当該承諾がその内容を記録した電磁的記録によってなされた場合、書面によってなされたものとみなされる旨規定する。

《注　釈》

◆　**担保移転の承諾（Ⅰただし書）**

　　①　免責的債務引受がされた債務について物上保証人や担保財産の第三取得者がいる場合において、当該物上保証人・第三取得者が引受人でない場合
　　　　→当該物上保証人・第三取得者の承諾を得なければ、引受人が負担する債務を担保するものとして、当該担保権を移転することができない

　　②　物上保証人や担保財産の第三取得者が引受人である場合

●総則 債権の消滅

　　　→当該物上保証人・第三取得者の承諾は不要
③　債務者が提供する担保権については、債務者・引受人間の契約によって成
立する免責的債務引受の場合も、債権者・引受人間の契約によって成立する
免責的債務引受の場合も、債務者の承諾を得なければ、債務者が負担する債
務を担保するものとして、当該担保権を移転することができない。

[履行引受]

一　意義

引受人Cが債務者Bに対して債務を履行する義務を
負う。

二　要件

債権者Aの意思にかかわらず債務者B・引受人C間
の契約でなしうる。

三　効果

債務者Bは引受人Cに対して債権者Aに支払うべきことを請求できる。
　→引受人Cが直接債権者Aに対して債務を負うわけではない

【履行引受】
A
債権者
↓
B ──────→ C

■第6節　債権の消滅

《概　説》

債権は、債権者が債務者に給付を要求することを内容とする権利であるから、給
付内容が実現されれば、目的を達して消滅する。また、給付内容の実現が不能とな
った場合や、内容を実現させる必要がなくなった場合にも、その手段としての現実
性を失うから消滅する。

<債権の消滅～原因による分類>

目的の消滅	目的の実現……………弁済、代物弁済、供託、担保権の実行、強制執行
	目的の実現不能………債務者の責めに帰することができない履行不能
目的の消滅以外の債権消滅原因	目的の実現不必要……相殺、更改、免除、混同
	権利一般の消滅原因…消滅時効の援用、終期の到来、取消し、解除、告知、解除条件の成就、債権の消滅を目的とする契約

<債権の消滅～法的性質による分類>

法律行為	一方の行為	債権者の行為……免除
		債務者の行為……供託（供託所との契約）、相殺
	双方の行為	債権者・債務者間の行為……代物弁済、更改
準法律行為		弁済
事　件		混同、債務者の責めに帰することができない履行不能

債
権

407

債権の消滅 ［第473条］　　　　　　　　　　　　　　　　　　　　　　●総則

第1款　弁済

第1目　総則

第473条　（弁済）

　債務者が債権者に対して債務の弁済をしたときは、その債権は、消滅する。

【平29改正】改正前民法下では、弁済によって債権が消滅すると言う基本的なルールが明文上存在しなかった。本条は、弁済が債務の消滅原因であることを明らかにするため新設された規定である。

《注　釈》

一　弁済の意味

　「弁済」とは、債務者がその内容である給付を実現して債権者の利益を充足させる行為をいい、これにより債権はその目的を達して消滅することになる。

　履行は債権の動的側面から見た場合であり、弁済は債権の消滅という側面から見た場合であり、両者は同一のものである。

二　弁済の性質

　弁済は、準法律行為としての性質をもつと解される。

　∵　弁済は、債権の目的が達せられたという事実によって債権を消滅させるものであり、弁済をする者の効果意思に基づいて債権の消滅という効果を発生させるものではない

　→詐欺により弁済した場合でも、弁済を取り消すことなく不当利得の返還請求（703、704）をなしうる

＜弁済のまとめ＞

5W1H	原則	例外
誰が（弁済をなす者）	債務者	第三者（474）
誰に（弁済受領者）	債権者	受領権者・受領権者としての外観を有する者（478）
何を（弁済の目的）	債権の目的（399、401、483）	―
いつ（弁済の期日）	弁済期（412）	弁済期前（136 Ⅱ）
どこで（弁済の場所）	債権者の現在の住所（484 Ⅰ）	特定物について債権発生当時その物の存在した場所（484 Ⅰ）
どのように（弁済の方法）	善管注意義務（400）	自己の財産に対するのと同一の注意義務（659）

●総則　　　　　　　　　　　　　　　　　　　　　　債権の消滅［第474条］

第474条　（第三者の弁済）

Ⅰ　債務の弁済は、第三者もすることができる。

Ⅱ　弁済をするについて正当な利益を有する者でない第三者は、債務者の意思に反して弁済をすることができない〈圖〉。ただし、債務者の意思に反することを債権者が知らなかったときは、この限りでない。

Ⅲ　前項に規定する第三者は、債権者の意思に反して弁済をすることができない〈圖〉。ただし、その第三者が債務者の委託を受けて弁済をする場合において、そのことを債権者が知っていたときは、この限りでない。

Ⅳ　前3項の規定は、その債務の性質が第三者の弁済を許さないとき、又は当事者が第三者の弁済を禁止し、若しくは制限する旨の意思表示をしたときは、適用しない。

[趣旨] 給付実現行為たる弁済は、必ずしも債務者の行為をまたないでも第三者の行為によって実現できる場合が多い。債権者にとっては給付者が誰であるかは関心がなく、第三者にとっても債務者に代わって弁済する必要がある場合が少なくない。そこで、本条1項は、一定の例外（Ⅱ・Ⅲ・Ⅳ参照）を除き、一般に第三者の弁済を有効なものとして認める旨規定する。

《注　釈》

一　第三者の弁済の意味

1　「第三者の弁済」とは、第三者が他人の債務を他人の債務として、自己の名において弁済することである。

　　→第三者が他人の債務を自己の債務として弁済するときには広義の非債弁済（707）となり、債務者本人の名においてなす場合は権限なき限り、無権代理となる

2　「弁済」とは、本来の意味の弁済に限らず、代物弁済（482）・供託（494）も含まれるが、相殺（505Ⅰ）はこれに含まれない。

　　∵　対立する両債権の当事者間の公平を図る相殺の趣旨に反する

二　第三者の弁済が許されない場合

1　2項

(1)　弁済をするについて「正当な利益」を有するとは、債務の弁済につき法的利害関係のあることをいう。

　　→弁済による代位が生じる（499）。この場合、対抗要件の具備は不要である（500）

　　ex.　借地上の建物賃借人（敷地の地代弁済について）（最判昭63.7.1・百選Ⅱ32事件）〈圖〉〈同共書〉、保証人（委託の有無を問わない）〈圉〉、物上保証人〈圉〉、後順位担保権者、担保目的物の第三取得者は、「正当な利益」を有する

　　cf.　債務者の妻の姉妹の夫（大判昭14.10.13）は、「正当な利益」を有しない

　　→債務者の意思に反しても弁済をなすことが可能

409

債権の消滅［第475条］　　　　　　　　　　　　　　　　　　　●総則

(2) 「債務者の意思に反して」とは、第三者の弁済当時に債務者の意思に反することを意味する。あらかじめその意思を表示したかどうかにかかわらず、事実上債務者の意思に反する場合をいう（大判大6.10.18）。ただし、この場合であっても、債務者の意思に反することを債権者が知らなかった場合には、当該弁済は有効となる（474 Ⅱただし書）。

2　3項

(1) 「債権者の意思に反して」弁済をすることができないとは、正当な利益を有しない第三者からの弁済の提供が債務者の意思に反しない場合であっても、債権者がこの受領を拒絶できることが原則であることを意味する。

→債権者は、「正当な利益」を有するか否かという客観的に判断可能な要件によってのみ、第三者からの給付を受領するか、拒絶するかを決定できる

(2) ただし、債務者の委託を受けた弁済であることを債権者が知っていた場合には、当該弁済は有効となる（474 Ⅲただし書）。

3　4項

(1) 「債務の性質が第三者の弁済を許さないとき」
一身専属的給付は、債務の性質上、第三者弁済が許されない。

(2) 「当事者が第三者の弁済を禁止し、若しくは制限する旨の意思表示をしたとき」
契約により生じた債務については契約をもって、単独行為により生じた債務については一方的意思表示をもって、第三者の弁済を禁じ、若しくは制限することができる。

cf.　当事者が第三者による弁済を禁じた場合でも、保証人は自己の保証債務の弁済をなすことができる

三　第三者の弁済の効果

1　第三者の弁済が要件をみたして有効な場合は、債務者の債務は消滅し、第三者は債務者に対し求償権を取得する（弁済提供の効果も通常の債務者による弁済の提供と同一の効果）。

→弁済による債務の消滅は絶対的なもの

2　第三者の弁済が要件をみたさない場合、弁済は無効であり、第三者は債権者に対して不当利得返還請求権を取得する。

第475条　（弁済として引き渡した物の取戻し）

弁済をした者が弁済として他人の物を引き渡したときは、その弁済をした者は、更に有効な弁済をしなければ、その物を取り戻すことができない。

[趣旨]弁済者たる債務者が、他人所有の物を引き渡したとき、弁済者には処分権限がないため所有権の移転等の処分の効果が生ずることはなく、通常は弁済の効力は生じない。したがって、債務者はその物の取戻しを請求しうるはずである。しかし他方で、債権者にしてみれば、反対給付をしているような場合に債務者から無条件

● 総則　　　　　　　　　　　　　　　　　　　　　債権の消滅［第476条］

に物の取戻しを請求されると不都合である。そこで本条は、弁済者の取戻しに制限
を加え、債権者の利益、ひいては取引の安全を保護しようとした。

《注　釈》

◆　適用範囲

1　①債権の目的が物の給付であり、②種類物（不特定物）の引渡しを目的とす
る債権について適用される。
∵　特定物の引渡しを目的とする債権の場合には、弁済者は「更に有効な弁
済」をすることができない

2　債権者が、即時取得（192）の要件を具備して、その物の所有権を取得した
ときは、債権は消滅する〈囲〉。したがって、債権者は弁済者に対しても真の所有
者に対しても返還を要せず、債権者は不当に利得したことにならない（大判大
9.11.24）。なお、弁済者は真の所有者からの返還請求には対抗しえず、不当利
得返還の問題が生じる。

第４７６条　（弁済として引き渡した物の消費又は譲渡がされた場合の弁済の効力等）

　<u>前条</u>の場合において、債権者が弁済として受領した物を善意で消費し、又は譲り渡
したときは、その弁済は、有効とする〈囲〉。この場合において、債権者が第三者から賠
償の請求を受けたときは、弁済をした者に対して求償をすることを妨げない。

債
権

[趣旨] 前条の場合、弁済は無効であるのが原則である。しかし、債権者が善意で物
を消費・譲渡した場合にこの原則を貫くと、債権者に酷な結果となり、弁済者にも
再履行の費用と手数をかける。そこで、両者間の公平と便宜を考慮して、この弁済
を有効とした。

《注　釈》

一　弁済者に対する関係（前段）

　債権者が適法に権利を取得したものと信じてその物を消費・譲渡した場合は、
その弁済は有効となり、債権は消滅する。弁済者が代物を提供しての取戻請求も
できなくなる。この場合、消費・譲渡時の善意を要するが、無過失までは要求さ
れていない。

二　所有者に対する関係

　債権者が他人の物の引渡しを受けた場合は、さらに有効な弁済があるまではそ
の受領した物を留置できるが（475）、真の所有者からの所有権に基づく、若しく
は不当利得による返還請求には対抗できない。債権者が所有者に対して不当利得
又は不法行為による賠償責任を果たしたときは、債権者は弁済者に求償できる
（476後段）。

三　本条の適用範囲

　債権者が、即時取得（192）・取得時効（162）により目的物の所有権を取得する
と、弁済は完全に効力を生ずる（大判大9.11.24）ため、本条を適用する必要はな
い。
∵　債権者は所有者の返還請求に応ずる必要はない

411

債権の消滅［第477条〜第478条］　　●総則

第477条　（預金又は貯金の口座に対する払込みによる弁済）〈同旨〉

　債権者の預金又は貯金の口座に対する払込みによってする弁済は、債権者がその預金又は貯金に係る債権の債務者に対してその払込みに係る金額の払戻しを請求する権利を取得した時に、その効力を生ずる。

［趣旨］預貯金口座への振込みによる弁済は、現代における債務の履行方法として一般化している。本条は、債権者の預貯金口座への振込みによる弁済が許容されている場合における、弁済の効力発生時期について規定するものである。

《その他》

- 「債権者がその預金又は貯金に係る債権の債務者に対してその払込みに係る金額の払戻しを請求する権利を取得した時」がいつの時点を指すのかは、当該預貯金契約の解釈に委ねられている。

  - ex.　顧客と銀行との取引における預金契約においては、入金記帳がされた時点で弁済としての効力が生じる

    - ∵　通常、顧客と銀行との取引における預金契約においては、預金者の預金口座に振込額の入金が記録された時に預金債権が発生し、預金者が払戻請求権を取得する（最判平8.4.26・百選Ⅱ72事件）

- どの預貯金口座への払込みによって弁済をすることができるのかについても、当事者間の合意の解釈に委ねられている。

第478条　（受領権者としての外観を有する者に対する弁済）

　受領権者（債権者及び法令の規定又は当事者の意思表示によって弁済を受領する権限を付与された第三者をいう。以下同じ。）以外の者であって取引上の社会通念に照らして受領権者としての外観を有するものに対してした弁済は、その弁済をした者が善意であり、かつ、過失がなかったときに限り、その効力を有する。

【平29改正】本条は、「受領権者」への弁済が有効であることを前提にしつつ、改正前民法478条の「債権の準占有者」という文言を「取引上の社会通念に照らして受領権者としての外観を有するもの」に改めた上で、改正前民法478条の内容を実質的に維持するものである。本条が「受領権者」を「債権者及び法令の規定又は当事者の意思表示によって弁済を受領する権限を付与された第三者」と定義し、「受領権者」への弁済も有効であることを前提にしたことにより、いわゆる代理受領（債権者以外の第三者に弁済の受領権限を与えて弁済を受領させること）も明文化されたものと考えられる。

　本条の改正に伴い、改正前民法479条の「弁済を受領する権限を有しない者」という文言も、「受領権者以外の者」（479参照）に変更された（規定内容に変更はない）。

　なお、改正前民法480条は受取証書の持参人に対する弁済の効力についての特則を定めていたが、削除された。これにより、受取証書の持参人に対する弁済の有効性についても、本条によって処理されることとなった。

● 総則   債権の消滅 ［第478条］

《注 釈》

一 「受領権者……以外の者であって取引上の社会通念に照らして受領権者としての外観を有するもの」

1　以下の①ないし③の類型すべてを含むものと解される。

　①　債権帰属誤認型

　　ex.　債権譲渡が無効なのに有効だと思い譲受人に弁済をした場合

　②　受領権者誤認型

　　ex.　債権者の有効な代理権を持つ代理人と思いこれに弁済をした場合

　③　債権者の同一性誤認型

　　ex.　Aを債権者Bと勘違いしてAに弁済をした場合

2　「取引上の社会通念に照らして受領権者としての外観を有するもの」（表見受領権者）

　　本条では、これがどのような者を指すのかについての具体的な明示はないが、以下の者たちを指すものと解される。

　　ex.1　債権者の代理人と詐称して債権を行使する者（詐称代理人）（最判昭37.8.21・百選Ⅱ〔第7版〕36事件参照）

　　ex.2　債権譲渡が無効であるときの譲受人

　　ex.3　受取証書の持参人

3　受領権者としての外観の作出につき、債権者の帰責事由は必要ではない。

　　cf.　表見代理（109・110・112）については、外観作出につき本人の帰責事由が必要となる

二 「弁済」

弁済は任意でなされたものに限らない（大判昭15.5.29）。

ex.　転付命令（民執159）

cf.　無権限者のした機械払の方法による預金の払戻しについても、478条の適用がある（最判平15.4.8・百選Ⅱ35事件参照）

三 弁済者の善意・無過失

1　弁済者は弁済時に善意・無過失〈同〉であることが必要である。

　∵　取引の安全の保護

　　弁済手続に数人の者が段階的に関与して一連の手続をなしている場合において、当該一連の手続のいずれかの部分の事務担当者に過失があるとされるときには、弁済者はその無過失を主張することができない（最判昭37.8.21・百選Ⅱ〔第7版〕36事件）。

2　債権の二重譲渡において劣後譲受人に弁済した場合は、受領権者としての外観を有する者に対する弁済として本条により保護される場合がある（最判昭61.4.11・百選Ⅱ33事件参照）〈共〉。　⇒p.396

3　銀行の払戻し

⑴　銀行の無権限者に対するキャッシュカードによる払戻しについて、真正なカードが用いられて正しい暗証番号が入力された場合は、銀行は免責約款に

債
権

413

債権の消滅［第478条］　　●総則

より免責される（最判平 5.7.19）。

(2)　無権限者のした機械払の方法による預金の払戻しについても、478 条の適用があり、これが非対面のものであることをもって同条の適用を否定すべきではない。また、受領権者としての外観を有する者に対する機械払の方法による預金の払戻しにつき銀行が無過失であるというためには、払戻しの際に機械が正しく作動したことだけでなく、銀行において、預金者による暗証番号等の遺漏がないようにさせるため当該機械払の方法により預金の払戻しが受けられる旨を預金者に明示すること等を含め、機械払システムの設置管理の全体について、可能な限度で無権限者による払戻しを排除しうるよう注意義務を尽くしていたことを要する（最判平 15.4.8・百選Ⅱ 35 事件参照）共。

四　受領権者としての外観を有する者に対する弁済の効果

1　弁済は有効とされ、債権は消滅し、債務者は債務を免れる。弁済者は受領権者としての外観を有する者に対し返還請求することはできない（大判大 7.12.7）。

∵　本条による債権消滅の効果は絶対的なもの

2　真の債権者は受領権者としての外観を有する者に対して不当利得に基づく返還請求（703、704）又は不法行為に基づく損害賠償請求（709）をなしうる共。弁済者が有過失で行った受領権者としての外観を有する者への弁済が有効とならなくても、真の権利者は受領権者としての外観を有する者に対して不当利得に基づく返還請求をなしうる（最判平 16.10.26 参照）司。

五　預金担保貸付

預金担保貸付の一般的な形態としては、預金債権に対して質権という担保物権を付けるとともに、満期に貸付債権と相殺するという相殺の予約をしておくという方法がとられる。

1　預金者の認定

預金の名義人と出捐者とが異なる場合は、出捐者が預金者である（客観説）（最判昭 48.3.27）。

2　預金担保貸付と 478 条共

銀行が預金者と貸付の相手方が異なるにもかかわらず、預金者＝貸付相手方と信じて貸付を行い、後に相殺した場合、金融機関として負担すべき相当の注意義務を尽くしたと認められるときには、478 条類推適用により銀行は保護される（最判昭 59.2.23・百選Ⅱ 34 事件参照）司（なお、いわゆる契約者貸付について、最判平 9.4.24）。

∵　①定期預金への担保権設定、②貸付、③相殺予約、④相殺という一連の行為を全体として捉える

3　善意・無過失の判断時期

相殺時ではなく、貸付時に善意・無過失であればよい（最判昭 59.2.23・百選Ⅱ 34 事件）。

∵　預金担保貸付による相殺は、実質的に定期預金の期限前解約による払戻し（期限前払戻は銀行の義務であり弁済と同視される）とみることができ

414

●総則 　　　　　　　　　　　　　　　　　　　　債権の消滅 ［第479条〜第481条］

る

第479条 （受領権者以外の者に対する弁済）

　前条の場合を除き、受領権者以外の者に対してした弁済は、債権者がこれによって利益を受けた限度においてのみ、その効力を有する〈同共〉。

[趣旨] 弁済が無効の場合、弁済者は真の債権者に対し債務を免れず、弁済を受領した者に対し不当利得返還を請求しうるはずである。しかし、弁済受領者が受領物を不当利得として返還し、債務者は改めて債権者に対して弁済するとすれば無用の煩雑を招く。そこで、本条は債権者が弁済により事実上利益を得た限度で、債権消滅の効力を認めた。

《注　釈》

- 債権者の受領は弁済と因果関係のある利益を受けることで足り、受領したもの自体を受け取ることを要しない。
- 弁済者が弁済受領者に弁済を受領する権限がないことを知っていたときでも、債権者が利益を受けた限度で、その弁済の効力が生じる（大判昭18.11.13）〈同〉。

第480条 （受取証書の持参人に対する弁済）　削除

【平29改正】 改正前民法480条は受取証書の持参人に対する弁済の効力についての特則を定めていたが、削除された。これは、真正の受取証書の持参人に対する弁済と他の受領権者としての外観を有する者に対する弁済とを区別し、異なる準則に従って処理をする合理的な理由が見出しがたいこと、真正の受取証書の持参人に対する弁済がなされた場合には、別途、弁済をした者の善意・無過失を事実上推定すれば足りることなどの理由に基づく。これにより、受取証書の持参人に対する弁済の有効性については、478条によって処理されることとなった。

第481条 （差押えを受けた債権の第三債務者の弁済）

Ⅰ　差押えを受けた債権の第三債務者が自己の債権者に弁済をしたときは、差押債権者は、その受けた損害の限度において更に弁済をすべき旨を第三債務者に請求することができる。

Ⅱ　前項の規定は、第三債務者からその債権者に対する求償権の行使を妨げない。

[趣旨] 第三債務者がその支払を差し止められたときは、その債権者（差押債務者）は第三債務者からの弁済を受領することができない（民執145Ⅰ参照）ため、第三債務者の弁済の効力を差押債権者との関係では否定するものである。

《注　釈》

一　要件

　「差押えを受けた」（Ⅰ）とは、債権者が自己の債権者から債権の差押え・仮差押え・仮処分を受けた場合である。

債
権

415

二 効果

第三債務者のなした弁済は、差押債務者との関係では有効であるが、差押債権者に対してはこれを主張できない（最判昭 40.11.19）。

→第三債務者が差押債務者に弁済をなした場合、差押債権者は第三債務者に対し弁済を請求できる（Ⅰ）。これにより二重払を強いられた第三債務者は、差押債務者に対して求償しうる（Ⅱ）。〈司〉

《その他》

▪ 転付命令（取立命令）が無効な場合には本条は適用されないが、受領権者としての外観を有する者に対する弁済（478）として有効となる。

▪ 賃料債権の差押えを受けた債務者は、当該賃料債権の処分を禁止されるが（民執145Ⅰ）、その発生の基礎となる賃貸借契約が終了したときは、差押えの対象となる賃料債権は以後発生しないことになるから、賃借人において賃料債権が発生しないことを主張することが信義則上許されないなどの特段の事情がない限り、差押債権者は、第三債務者である賃借人から、賃貸借契約終了後に支払期の到来する賃料債権を取り立てることができない（最判平 24.9.4・平 24 重判 8 事件）。

第４８２条　（代物弁済）〈重〉

弁済をすることができる者（以下「弁済者」という。）が、債権者との間で、債務者の負担した給付に代えて他の給付をすることにより債務を消滅させる旨の契約をした場合において、その弁済者が当該他の給付をしたときは、その給付は、弁済と同一の効力を有する。

【平29改正】本条は、代物弁済契約が諾成契約であることを明示するとともに、代物弁済契約に従って代物が給付された時点において、債権が消滅する旨を規定するものである。改正前民法下の伝統的通説は、代物弁済の法的性質について、いわゆる要物契約説（代物弁済の合意・現実の代物給付・債権の消滅が同時に生じるとの考え方）の立場に立っていたが、本条により要物契約説は否定されることとなった。

《注　釈》

一　意義

代物弁済とは、本来の給付に代えて他の給付をすることにより債権を消滅させる債権者と弁済者との契約をいう。

cf.　代物弁済契約が締結された場合でも、本来の債権に代わる新たな債権が発生するわけではない点で更改（513 以下）と異なる

二　要件

1　債権の存在

債権が存在しない場合には代物弁済は無効となり、非債弁済（705）となる。

2　本来の給付に代えて他の給付をすることについての当事者間の合意の存在

(1)　「弁済者」は、債務者に限らず第三者でもよい。

(2)　「給付」の種類に制限はなく、本来の給付に相当する価値を有することも要しない。

●総則 債権の消滅［第482条］

三 効果

1 代物弁済による債務消滅の効果を主張する場合には、代物弁済の合意が成立したことのほか、代物弁済契約に従って他の給付がなされたことの主張・立証が必要となる（最判昭 39.11.26 参照）。

→「他の給付」が所有権の移転や債権の譲渡である場合には、対抗要件を具備しなければ代物弁済による債務消滅の効果が生じない（最判昭 60.12.20）〈司〉。ただし、不動産の所有権移転登記に必要な一切の書類の授受によって効力を生じさせる旨の特約は有効であり、この場合、書類の授受のみで債権は消滅する（最判昭 43.11.19）〈司〉

2 所有権移転の効果は、原則として当事者間の代物弁済契約の意思表示によって生ずる（176）（最判昭 57.6.4 参照）〈司〉。

→代物弁済による目的物の所有権移転後に、元の債務の発生原因となった契約が解除された場合、解除の意思表示によって元の債務は遡及的に消滅し、代物弁済による目的物の所有権移転の効果も遡って失われる（最判昭 60.12.20）〈司〉

3 代物弁済契約も有償契約であるため、給付された目的物が契約内容に不適合であった場合、他の有償契約と同様の処理がなされる（559、562 以下）。

→債権者による追完請求（562）等

＊ 代物弁済契約に適合した代物が給付・完了するまでは、債権は消滅しないため、債権者は依然として本来の給付を債務者に請求することができる。また、代物が他人の物であったためにその真の所有者から追奪された場合も、債権は消滅せず、債権者は依然として本来の給付を債務者に請求することができる。

4 代物弁済の合意と当初の給付

代物弁済契約が締結された場合でも、本来の債権に代わる新たな債権が発生するわけではないため、代物弁済契約が締結された後でも、債権者は、「当初の給付」を請求することができる。

→債権者が「当初の給付」を債務者に請求した場合において、債務者が「代物の給付」をすることができるか、また、債権者が「代物の給付」を債務者に請求した場合において、債務者が「当初の給付」をすることができるかについては、個々の代物弁済契約の解釈により判断される

四 代物弁済の予約

代物弁済の予約とは、債務者が将来弁済できないときには代物弁済するという、債権者と債務者の間の予約である。金銭の借主の所有不動産について、担保目的でなされることが多く、通常その仮登記がなされる。このように、不動産の代物弁済の予約は、実質的には担保的機能を営むものであるため、「仮登記担保法」により規制されている。

《その他》

▪ 既存の金銭債務（原因債務）の履行に代えて手形を振り出した場合は原因債務が

債
権

417

債権の消滅［第483条］　　　　　　　　　　　●総則

消滅し、履行のために手形を振り出した場合は原因債務が消滅せずに手形債務と
併存することになる。そして、判例（大判大7.10.29）は、どちらにあたるかの判
断は、当事者の意思を基準として決めるべきとする。当事者の意思が不明の場合
には、判例（最判昭45.10.22）は、既存債務に関しての約束手形の振出は、「支払
に代えて」ではなく、「支払のために」なされたと推定されるとする〈司〉。

第483条　（特定物の現状による引渡し）〈書〉

　債権の目的が特定物の引渡しである場合において、契約その他の債権の発生原因及
び取引上の社会通念に照らしてその引渡しをすべき時の品質を定めることができない
ときは、弁済をする者は、その引渡しをすべき時の現状でその物を引き渡さなければ
ならない。

【平29改正】本条は、改正前民法483条に「契約その他の債権の発生原因及び取引
上の社会通念に照らしてその引渡しをすべき時の品質を定めることができない」と
いう文言を追加したものである。

　この点、引き渡すべき特定物の品質は当事者間の合意によって常に定まるため、
改正前民法483条を存置する必要はないとの見方により、改正前民法483条は削除
される予定であった。もっとも、不当利得により特定物の引渡しをしなければなら
ない場合（法定債権としての特定物引渡債権が発生する場合）には、引渡しをすべ
き時点の現状で利得した特定物を引き渡さなければならないということが債務の内
容になる。そこで、「契約その他の債権の発生原因及び取引上の社会通念に照らし
てその引渡しをすべき時の品質を定めることができない」という文言を追加する形
で、改正前民法483条を残すこととなった。

　なお、特定物ドグマ（特定物売買においては、当事者がその物の個性に着目して
取引をした以上、売主の履行義務はその物自体を給付することに尽きており、その
物に瑕疵があったとしても売主は債務不履行責任を負わないという考え方）は、上
記文言が付されたことにより、本条を根拠とすることができなくなった。

《注　釈》

一　本条の適用場面

　本条の適用によって、現状引渡義務で足りるとされるのは、主として、法定債
権としての特定物引渡債権である。

　　cf.　売買契約や請負契約が締結された場面では、本条の適用の余地はない

　　　　∵　これらの契約が締結される場面では、「契約その他の債権の発生原因
　　　　　及び取引上の社会通念に照らしてその引渡しをすべき時の品質を定める
　　　　　こと」（483）ができる

二　果実の引渡し

　目的物に果実が生じたときは、債務者はこれを取得できるが、引渡しをなすべ
き時期以後の果実は、債権者に引き渡さなければならない。

　　→売買については575条の特則あり

● 総則 債権の消滅［第484条］

第484条 （弁済の場所及び時間）

Ⅰ 弁済をすべき場所について別段の意思表示がないときは、特定物の引渡しは債権発生の時にその物が存在した場所において、その他の弁済は債権者の現在の住所において、それぞれしなければならない〈同共書〉。

Ⅱ 法令又は慣習により取引時間の定めがあるときは、その取引時間内に限り、弁済をし、又は弁済の請求をすることができる〈書〉。

《注 釈》

一 弁済の場所の決定

1 当事者の意思表示により決定する。意思表示は、明示・黙示を問わない。

2 別段の意思表示がなくても、その債権の発生原因の性質上、弁済場所が特定する場合がある。

ex. 地代の支払を一定の時、一定の場所で受ける債権は賃貸借契約と同時に発生し、これにより将来発生すべき個々の地代を受ける場所が決まる

3 特別規定による決定

ex.1 売買の目的物の引渡しと同時に代金を支払う場合は引渡場所が弁済地となる（574）

ex.2 受寄物は保管をなすべき場所で返還することが必要とされる（664）

4 以上によっても弁済の場所が決定されない場合は、484条1項の原則が適用される。

二 弁済の場所

1 原則

(1) 意思表示や給付の性質などから弁済場所が決定される場合や、特定物の引渡しの場合を除いて、「債権者の現在の住所」で弁済の提供をすることが必要である（持参債務の原則）〈共〉。

(2) 「債権者の現在の住所」とは、弁済の時点での住所である。債権が譲渡された場合には、新債権者の住所が弁済地となる〈同〉。ただし、そのための増加費用は債権者の負担となる（485ただし書）。

2 特定物の引渡しにおける例外

(1) 特定物の引渡しを目的とする債務については、債権の発生当時その物の存在した場所で引き渡さなければならない（取立債務）〈同〉。

(2) ただし、特定物引渡債務も、それが履行不能により損害賠償債務に転化した場合は、原則に戻って持参債務になる（大判昭11.11.8）〈同〉。

三 弁済時間

弁済時間について民法上は各別の時間の指定がない（142参照）。しかし、法令又は慣習により取引時間の定めがあるときはその取引時間内に限られる（484Ⅱ）。もっとも判例は、取引時間外でも任意に弁済を受領しそれが弁済期日内であれば遅滞の責任を負わないとする（最判昭35.5.6）〈同〉。

債権

419

債権の消滅［第485条〜第487条］　　　　　　　　　　　　　　　　　　　●総則

第485条　（弁済の費用）

　弁済の費用について別段の意思表示がないときは、その費用は、債務者の負担とする。ただし、債権者が住所の移転その他の行為によって弁済の費用を増加させたときは、その増加額は、債権者の負担とする〈同書〉。

《注　釈》

一　原則（本文）

　「弁済の費用」は、特約がない限り、債務者が負担するのが原則である〈本文〉。
　ex.　運送費、荷造費、登記費用、関税、債権譲渡の際の通知費
　cf.　契約費用は、原則として当事者双方が平分して負担する（558、559）

二　例外（ただし書）

　債権者の住所の移転やその他の行為により「弁済の費用」が増加した場合は、増加費用は債権者の負担となる〈但書〉。その場合でも、債務者は、弁済費用を求償するか、弁済額からこれを控除できるにとどまり、同時履行の抗弁権を主張することはできないと解されている。

第486条　（受取証書の交付請求等）

Ⅰ　弁済をする者は、弁済と引換えに、弁済を受領する者に対して受取証書の交付を請求することができる。

Ⅱ　弁済をする者は、前項の受取証書の交付に代えて、その内容を記録した電磁的記録の提供を請求することができる。ただし、弁済を受領する者に不相当な負担を課するものであるときは、この限りでない。

【平29改正】本条1項は、受取証書の交付請求が弁済の提供と引換給付の関係に立つという判例（大判昭16.3.1）を明文化するものであり、内容的には改正前民法486条と変わらない。

[趣旨]次条とともに弁済事実の立証を容易にし、二重弁済の危険を避ける点にある。

《注　釈》

▪ 受取証書とは、弁済を受領した旨を記載した文書である。
▪ 受取証書交付請求権は、一部弁済・代物弁済の場合にも認められる。もっとも、一部弁済の場合には、債務の本旨に従った提供ではないので、弁済と引換えに受取証書の交付請求をすることは認められない。この場合、債権者が任意に一部履行を受け取ったならば、弁済者は受取証書の交付を請求できるにとどまり、先履行の関係に立つことに変わりはない。

第487条　（債権証書の返還請求）

　債権に関する証書がある場合において、弁済をした者が全部の弁済をしたときは、その証書の返還を請求することができる。

●総則 債権の消滅［第488条〜第489条］

《注　釈》

一　債権証書

債権証書とは、債権の成立を証明する文書である。通常、債務者が作成し、債権者に交付されるものであり、その所有権は債権者にある（大刑判明43.10.13）。

二　債権証書の返還を請求できる場合

弁済者が、全部の弁済をなしたときに、その証書の返還を請求できる回。一部弁済者は、債権証書の返還請求権を行使できない。もっとも、一部弁済でも、弁済金額の不足が僅少であるときには、信義則（1Ⅱ）の適用により、債権者は証書の返還を拒否できない（大判昭9.2.26）。

三　同時履行との関係

債権証書の返還と弁済とは同時履行の関係に立たない。

∵　受取証書の交付が同時履行の関係にあれば、それにより債務者の保護は可能である

第488条　（同種の給付を目的とする数個の債務がある場合の充当）

Ⅰ　債務者が同一の債権者に対して同種の給付を目的とする数個の債務を負担する場合において、弁済として提供した給付が全ての債務を消滅させるのに足りないとき（次条第1項に規定する場合を除く。）は、弁済をする者は、給付の時に、その弁済を充当すべき債務を指定することができる。

Ⅱ　弁済をする者が前項の規定による指定をしないときは、弁済を受領する者は、その受領の時に、その弁済を充当すべき債務を指定することができる。ただし、弁済をする者がその充当に対して直ちに異議を述べたときは、この限りでない。

Ⅲ　前2項の場合における弁済の充当の指定は、相手方に対する意思表示によってする。

Ⅳ　弁済をする者及び弁済を受領する者がいずれも第1項又は第2項の規定による指定をしないときは、次の各号の定めるところに従い、その弁済を充当する。

①　債務の中に弁済期にあるものと弁済期にないものとがあるときは、弁済期にあるものに先に充当する。

②　全ての債務が弁済期にあるとき、又は弁済期にないときは、債務者のために弁済の利益が多いものに先に充当する予。

③　債務者のために弁済の利益が相等しいときは、弁済期が先に到来したもの又は先に到来すべきものに先に充当する。

④　前2号に掲げる事項が相等しい債務の弁済は、各債務の額に応じて充当する。

第489条　（元本、利息及び費用を支払うべき場合の充当） 回

Ⅰ　債務者が1個又は数個の債務について元本のほか利息及び費用を支払うべき場合（債務者が数個の債務を負担する場合にあっては、同一の債権者に対して同種の給付を目的とする数個の債務を負担するときに限る。）において、弁済をする者がその債務の全部を消滅させるのに足りない給付をしたときは、これを順次に費用、利息及び元本に充当しなければならない。

債
権

債権の消滅［第488条～第491条］　●総則

Ⅱ　前条の規定は、前項の場合において、費用、利息又は元本のいずれかの全てを消滅させるのに足りない給付をしたときについて準用する。

第490条　（合意による弁済の充当）

前2条の規定にかかわらず、弁済をする者と弁済を受領する者との間に弁済の充当の順序に関する合意があるときは、その順序に従い、その弁済を充当する。

第491条　（数個の給付をすべき場合の充当）

1個の債務の弁済として数個の給付をすべき場合において、弁済をする者がその債務の全部を消滅させるのに足りない給付をしたときは、前3条の規定を準用する。

【平29改正】改正前民法では、充当に関する規定が分かりにくく、充当に関する合意がある場合にはその合意を優先させる旨を規定する条文もなかった。そこで、改正民法488条～491条において、充当に関する規定を整理し、490条において、充当に関する合意がある場合にはその合意を優先させる旨の規定を新たに設けた。

《注　釈》

一　充当の方法

弁済の充当の方法には、①合意による充当（490）、②当事者の一方による指定充当（488ⅠⅡⅢ）、③法定充当（488Ⅳ）がある。

①合意による充当では、充当の順序に制限はないが、②当事者の一方による指定充当では、489条所定の順序に反する充当の指定をすることができない。そして、当事者双方が充当の指定をしない場合又は弁済受領者による指定充当に対して弁済者が直ちに異議を述べた場合（488Ⅱただし書）には、③法定充当に移行する。

③法定充当では、弁済期にあるもの（488Ⅳ①）→債務者のために利益の多いもの（同②）→弁済期が先に到来したもの又は先に到来すべきもの（同③）の順序で充当されるが、それでも充当の先後が決定されないときは、各債務の額に応じて充当される（同④）。

二　合意充当

1　弁済の充当に関する合意（490）は、弁済時に存在している債務への充当合意のみならず、将来発生する債務への充当合意としてすることもできる（最判平26.7.24参照）。

2　既に弁済の効果を生じている場合であっても、当事者は、後の合意によってこの効果を覆し、充当関係を変更することもできる（最判昭35.7.1参照）。ただし、利害関係のある第三者が既に登場していたときは、既に生じた弁済の効果を事後的な充当合意によって覆したことをもって、この者に対抗することができない。

三　指定充当（当事者の一方の指定による充当）

1　当事者間に充当の合意がない場合は、当事者の一方の指定による。

⑴　弁済者は、給付時に、弁済を充当すべき債務又は給付を指定できる（488

Ⅰ、491）〈同〉。特約がなければ、弁済受領者はその指定を拒否することができない。

(2) 弁済者が指定しないときは、弁済受領者が、その受領時において、その弁済充当を指定できる。ただし、弁済者が、その充当に対して直ちに異議を述べれば、その充当は無効となり、法定充当に移行する（488Ⅱ、491）〈同予〉。

(3) 充当の指定は、相手方に対する意思表示で行う（488Ⅲ、491）。

2 指定充当の場合でも、489条に反する充当はなしえない〈予〉。

3 488条1項に基づく弁済充当特約において、債権者において任意の時期に充当の指定ができる旨が合意されているとしても、上記合意に基づき弁済受領後いつまでも充当の指定をすることが許されるとすると、法的安定性が著しく害されるので、弁済充当特約に基づく充当指定権の行使が許されない場合（弁済受領後1年以上経過した時期において初めて充当指定権を行使する場合等）がある（最判平22.3.16・平22重判3事件）。

四　法定充当

当事者が充当の指定をせず、又は、債権者に対して遅滞なく異議を述べたときは、法定充当となる。その充当は、次の順序に従う（488Ⅳ、491）〈同〉。

1 弁済期にあるもの（488Ⅳ①）
　履行期にあればよく、履行遅滞であることを要しない。

2 債務者のために利益の多いもの（488Ⅳ②）
　ex. 無利息債務よりは利息付債務、低利の債務よりは高利の債務、無担保債務よりは担保付債務が、債務者のために利益が多いといえる

3 弁済期が先に到来したもの又は先に到来すべきもの（488Ⅳ③）
　cf. 期限の定めのない債務の場合、先に成立した債務が「弁済期が先に到来したもの」にあたる（大判大6.10.20）〈同〉

4 以上の基準で先後が決定されない場合には、各債務の額に応じて充当する（488Ⅳ④）。
　cf. 不動産競売手続における配当金が同一担保権者の有する数個の被担保債権の全てを消滅させるに足りない場合、その配当金は、488条4項ないし489条の規定に従って充当される（最判昭62.12.18参照）

第492条　（弁済の提供の効果）〈重要〉

　債務者は、弁済の提供の時から、債務を履行しないことによって生ずべき責任を免れる。

[趣旨] 弁済に債権者の協力が必要な場合に、債権者が協力しなければ債務者は債務不履行の責任を負う危険が生ずる。そこで、民法は、誠実な弁済の提供がなされたら、債務者の不履行責任を免れさせることとした。

《注　釈》

一　弁済の提供

「弁済の提供」とは、債務者側において給付を実現するために必要な準備をし

債権の消滅〔第493条〕　　　　　　　　　　　　　　　　　　　　●総則

て、債権者の協力を求めることである。

→弁済をなすにつき「正当な利益」を有する第三者の弁済（474Ⅱ）によっても通常の弁済の提供と同様の効果を生じる

二　弁済提供の効果

1　債務不履行を理由とする損害賠償、遅延利息、違約金を支払う必要がなく、また担保権も実行されない面。

　　cf.　弁済の提供により債務は消滅せず、担保物の返還は請求できない

2　双務契約の場合は、相手方の同時履行の抗弁権（533）を消滅させる。⇒ p.468

3　約定利息の発生を止める。

4　受領遅滞の効果との関係　⇒ p.302

第493条　（弁済の提供の方法）

弁済の提供は、債務の本旨に従って現実にしなければならない。ただし、債権者があらかじめその受領を拒み、又は債務の履行について債権者の行為を要するときは、弁済の準備をしたことを通知してその受領の催告をすれば足りる。

《注　釈》

一　現実の提供（本文）

現実の提供といえるためには、債務者は、債権者が給付を受領する以外には何もしなくてもよいほどに提供しなければならない。その程度は、取引上の慣習や信義則に従って判断されることになる。債務の本旨に従ってなすことを要する。

1　金銭債務

(1)　履行期後に弁済する場合には、代金債務とともに遅延損害金を併せて提供しなければならない（大判大8.11.27）面。

(2)　提供された金額が債務額にごくわずかに不足しても、信義則上、有効な提供となる（最判昭35.12.15）面。

(3)　金銭債務の債務者が、有効な提供をなすのに交付すべきものは金銭に限られない。

　　ex.1　郵便為替（大判大8.7.15）面、振替貯金払出証書（大判大9.2.28）、銀行振出の小切手（最判昭37.9.21）は有効な提供になる

　　ex.2　預金証書（大判大15.9.30）、郵便切手、個人振出の小切手（最判昭35.11.22）面面、デパートの商品券は有効な提供にならない

(4)　金銭を持参して支払う旨述べれば、呈示しなくても現実の提供となる。期日に現金を持参していつでも支払える準備ができていればよく、たとえ債権者が不在であった場合（大判明38.3.11）や、履行の場所に来なかった場合（大判大7.6.8）でも、現実の提供があったとされる面。金銭を持参するのは債務者本人でなくともよい（大判昭5.4.7）。

　　ex.　同道した転買人

(5)　甲建物を賃貸した賃貸人が賃借人に対して賃料の支払を求めたところ、賃

●総則   債権の消滅［第493条］

借人が、乙建物及び丙土地も賃貸借の目的物であると主張して、甲建物の賃
料に乙建物・丙土地の賃料を合わせた金額を、その全額が受領されるのでな
ければ支払わない意思で提供した場合には、債務の本旨に従った履行の提供
があったものとすることはできない〈同〉。

∵　賃貸人が、争われている目的物に相当する賃料をも合わせて受領すれ
　　ば、それが賃貸借の目的物となっていることを承認していたと認められ
　　る資料となるおそれがある

2　金銭債務以外
(1)　目的物を交付すべき場所が債権者の住所である場合には、そこに目的物を
　届ければ債権者が不在のために物を持ち帰っても現実の提供となる。
(2)　目的物につき、契約内容に適合しない物を提供しても、債務の本旨に従っ
　た提供とはいえない。

二　口頭の提供（ただし書）〈同〉

口頭の提供とは、債務者が現実の提供をなすに必要な準備を完了して、弁済受
領権者にその受領を催告することをいう。①「債権者があらかじめその受領を拒」
んだ場合、②履行のために債権者の行為を必要とする場合に、口頭の提供が許さ
れる。

1　①「債権者があらかじめその受領を拒」んだ場合
　受領拒絶は黙示でもよい。受領期日の延期、契約解除の主張、反対給付の不
履行などを債権者が相当な理由なく行うことは、全て受領の拒絶に該当する。

2　②履行のために債権者の行為を必要とする場合
(1)　履行のために債権者の行為を必要とする債務には、取立債務（484Ⅰ）
〈同共〉、登記債務、加工債務、債権者の指定する場所や期日において履行する
　債務（大判大9.11.4）などがある。

cf.　履行期日が定まった取立債務は、履行地で弁済の準備をすれば現実の
　　　提供となる　→受領の催告は不要〈書〉

(2)　債権譲渡の当事者間において譲渡の効力に争いが生じても、「債権者の行
　為を要する」債務とはならず、債務者が履行遅滞の責任を免れるためには、
　口頭の提供ではなく現実の提供をする必要がある。

3　口頭の提供の方法
　弁済の準備をしたことを通知して、その受領を催告すればよい。
(1)　弁済の準備
　債権者の行為を必要とする場合は協力行為があれば直ちに履行できる程度
　の準備をすることを要する〈同〉。
　ex.1　現金を銀行から引き出して手元に置くこと
　ex.2　銀行に対する確実な資金借受契約をしておくこと（大判大7.12.4）

(2)　通知・催告
　債権者が契約そのものの存在を否定するなど債務者が口頭の提供をしても
　債権者が弁済を受領しない意思が明確であると認められた場合には、債務者

債
権

425

債権の消滅［第494条］　●総則

は口頭の提供をしなくとも債務不履行の責めを免れる（最判昭32.6.5）。
受領拒絶の意思が明確な場合でも、債務者が弁済の準備もできないような不
良な経済状態にある場合には、口頭の提供は免除されない（最判昭44.5.1）。

第2目　弁済の目的物の供託

第494条　（供託）

Ⅰ　弁済者は、次に掲げる場合には、債権者のために弁済の目的物を供託することが
できる。この場合においては、弁済者が供託をした時に、その債権は、消滅する。
①　弁済の提供をした場合において、債権者がその受領を拒んだとき。
②　債権者が弁済を受領することができないとき。
Ⅱ　弁済者が債権者を確知することができないときも、前項と同様とする。ただし、
弁済者に過失があるときは、この限りでない。

【平29改正】本条は、改正前民法494条の内容を維持しつつ、債権者の受領拒絶を
理由とする供託の要件について、弁済者が「弁済の提供をした」（Ⅰ①）ことを追加
するものである。これは、債権者があらかじめ受領を拒んでいたとしても、弁済者
は、原則として弁済の提供（口頭の提供）をしなければ供託することができないとい
う判例法理（大判大10.4.30）を明文化したものである。また、本条2項について
は、債権者不確知を理由とする供託の有効性を争う者が弁済者に過失があることに
ついての主張・立証責任を負うことを明確にするため、条文構造が改められた。

[趣旨]本条は、一般的な弁済供託の原因として、①債権者受領拒否、②債権者受
領不能、③債権者不確知の3態様を規定し、かつ、弁済供託の効果として、債務の
消滅を定めている。

《注　釈》

一　供託の法的性質

供託者と供託所との間に締結される第三者（債権者）のためにする寄託契約
（657）である。ただし、債権者が供託物引渡請求権を取得するのに、受益の意
思表示は不要である。

二　供託の有効要件

①「弁済の提供をした場合において、債権者がその受領を拒んだ」こと、②
「債権者が弁済を受領することができない」こと、又は、③弁済者が過失なく債
権者を確知することができないことが必要である。

三　債権者の受領拒否及び受領不能（Ⅰ）

1　債権者の受領拒否（Ⅰ①）
(1)　「弁済の提供をした場合において」
→債権者があらかじめ受領を拒んでも、原則として債務者は口頭の提供を
してからでないと供託できない（Ⅰ①）
(2)　口頭の提供をしても債権者が受領を拒むであろうことが明確な場合には、
例外的に債務者は直ちに供託できる（大判明45.7.3）。

426

●総則　　　　　　　　　　　　　　　　　　　　　　　　　　債権の消滅［第494条］

2　債権者の受領不能（Ⅰ②）

　債権者の受領不能は、事実上の受領不能であると法律上の受領不能であるとを問わない。受領不能に債権者の帰責事由は不要であり、その不能は一時的なものでよい（大判昭 9.7.17）。

　　ex.1　交通途絶により債権者が履行の場所に現れない場合（事実上の受領不能）

　　ex.2　債権者が制限行為能力者でありながらその法定代理人又は保佐人がいない場合（法律上の受領不能）

四　債権者不確知（Ⅱ）〈司〉

　債権者を確知できない理由は、事実上の理由であると法律上の理由であるとを問わない。

　　ex.1　債権者が死亡して相続人が誰であるかを確知することができないとき（事実上の理由）

　　ex.2　債権譲渡の当事者間において譲渡の効力につき争いが生じ、債務者に真の債権者が誰であるか確知することができないとき（法律上の理由）〈司〉

　　ex.3　差押えが重複するとき（法律上の理由）

五　供託の目的物・内容

1　供託の目的物は、原則として弁済の目的物である。

　　→弁済の目的物が供託に適しない等の場合は、競売代価の供託（497）

2　供託が債務消滅の効果を生ずるためには、供託の目的物が債務の本旨に従った有効な弁済と等しいものでなければならない〈司〉。

　　ex.1　元本の他に遅延損害金がある場合には、その全額を供託しなければ供託は無効であり、特約のない限り元本債権のみが消滅することにはならない

　　ex.2　供託した金額に僅少の不足額がある場合、弁済の提供と同様、信義則（1Ⅱ）により、供託相当分につき（債務全額についてではない）有効な供託となる（最判昭 35.12.15）

　　ex.3　交通事故による損害賠償請求訴訟の控訴審係属中に、加害者が被害者に対し、第一審判決によって命じられた損害賠償金の全額を任意に弁済提供した場合には、その提供額が損害賠償債務の全額に満たないことが控訴審において判明したとしても、その弁済提供はその範囲で有効であり、被害者がその金員の受領を拒絶したことを理由になされた弁済供託も有効である（最判平 6.7.18）〈司〉

六　供託の効果

1　債権の消滅

　供託の効果として、供託の時点で、債権が消滅し、債務者は債務から解放される（Ⅰ柱書）。

　　→供託による債権の消滅は、供託物の取戻しを解除条件とする

　　　∵　供託物が取り戻されると、供託がされなかったものとみなされる（496

債権の消滅 ［第495条〜第496条］　　　　　　　　　　　　　　　　●総則

Ⅰ後段）

2　債権者の供託物還付請求権の取得

　　債務者が債権者の給付に対して弁済するという債務の場合には、債権者はその給付をしなければ供託物の還付を請求しえない（498Ⅱ）。

　　ex.　同時履行の抗弁権（533）を有する買主が代金を供託した場合

3　供託物所有権の移転

　(1)　金銭等の消費物の場合には、消費寄託（666）として、その所有権はいったん供託所に帰属し、債権者は供託所から受け取った時にその所有権を取得する。

　(2)　特定物の場合には、供託所は所有権を取得せず、単に保管するにすぎない。

《その他》

▪ 債務者が供託をして債権者に供託の通知（495Ⅲ）をしたときは、供託が無効であっても、債権の消滅時効は更新する（152Ⅰ）。

第495条　（供託の方法）

Ⅰ　前条の規定による供託は、債務の履行地の供託所にしなければならない〈司〉。

Ⅱ　供託所について法令に特別の定めがない場合には、裁判所は、弁済者の請求により、供託所の指定及び供託物の保管者の選任をしなければならない。

Ⅲ　前条の規定により供託をした者は、遅滞なく、債権者に供託の通知をしなければならない。

《注　釈》

◆　供託の方法

1　供託の当事者

　　供託契約の当事者は、供託者と供託所である。供託者は債務者に限らず、弁済をすることのできるすべての第三者を含む。

2　供託の通知、供託書正本の交付

　　債務者の債権者に対する供託の通知（Ⅲ）と供託書正本の交付は、供託の有効要件ではなく、弁済の効力は供託により生ずると解される。

第496条　（供託物の取戻し）

Ⅰ　債権者が供託を受諾せず、又は供託を有効と宣告した判決が確定しない間は、弁済者は、供託物を取り戻すことができる。この場合においては、供託をしなかったものとみなす〈司〉。

Ⅱ　前項の規定は、供託によって質権又は抵当権が消滅した場合には、適用しない。

[趣旨] 供託は弁済者の保護を目的とする制度であるから、民法は債権者又は債務者に不利益とならない限り、供託物の取戻しを弁済者に認めた（Ⅰ）。また、質権・抵当権が供託により消滅した場合については、質権・抵当権の復活を認めると第三者に不測の損害を及ぼすことを考慮して、取戻権が発生しないものとした（Ⅱ）。

● 総則 債権の消滅 ［第497条］

《注　釈》
一　供託物の取戻しの効果
取戻しは供託の取消し（撤回）である。

→取戻しがなされると供託はなかったものとなり、債権は消滅しなかったことになる。したがって、保証人の同意がなくとも保証債務は復活し、供託後の利息なども支払わなければならない

二　供託物の取戻しができなくなる場合 回
1　債権者が供託を受諾したとき（Ⅰ前段）
2　供託を有効と宣告した判決が確定したとき（Ⅰ後段）
3　供託により質権・抵当権が消滅したとき（Ⅱ） 共
4　供託者が取戻権を放棄したとき
5　供託物取戻請求権が時効消滅したとき

→供託物取戻請求権は、供託時ではなく、紛争の解決などによって債権の不存在が確定するなど、供託者が免責の効果を受ける必要が消滅した時から、10年の消滅時効にかかる（最大判昭45.7.15参照）

第497条　（供託に適しない物等）

弁済者は、次に掲げる場合には、<u>裁判所の許可を得て</u>、弁済の目的物を競売に付し、その代金を供託することができる。
①　その物が供託に適しないとき。
②　その物について滅失、損傷その他の事由による<u>価格の低落</u>のおそれがあるとき。
③　その物の<u>保存</u>について<u>過分の費用</u>を要するとき。
④　前3号に掲げる場合のほか、その物を供託することが困難な事情があるとき。

【平29改正】 本条は、自助売却に関する規定であり、改正前民法497条の内容を基礎としつつ、新たに自助売却できる事由として、「その他の事由による価格の低落のおそれがあるとき」（②）、「前3号に掲げる場合のほか、その物を供託することが困難な事情があるとき」（④）という事由を追加するものである。

《注　釈》
▪「その他の事由による価格の低落のおそれがあるとき」（②）としては、たとえば、市場での価格の変動が激しく、放置しておけば暴落するような場合等が挙げられる。
▪「その物を供託することが困難な事情があるとき」（④）としては、たとえば、債務の履行地に当該物品を保管することができる供託法所定の供託所が存在しないために、事実上物品供託ができない場合等が挙げられる。

債権の消滅［第498条～第500条］　●総則

＜供託と自助売却の整理＞

	意義	要件	効果
供託 （494）	弁済者が弁済の目的物を債権者のために供託所に寄託して債務を免れる制度	①債権者の受領拒否（494Ⅰ①）、②債権者の受領不能（同Ⅰ②）、又は③債権者不確知（同Ⅱ）	①　債権が消滅（494） ②　債権者の目的物還付請求権（496）
自助売却 （497）	債務者が給付義務を免れるために自ら弁済の目的物を競売すること	①　497条各号の事由のいずれかに該当すること ・目的物が供託に適しない（同①） ・目的物に滅失・損傷・その他の事由による価格の低落のおそれがある（同②） ・目的物の保存に過分の費用を要する（同③） ・同条1号～3号の場合の他、その物を供託することが困難な事情がある（同④） ②　裁判所の許可	競売の代金を供託できる（供託により債権は消滅する）

第498条　（供託物の還付請求等）

Ⅰ　弁済の目的物又は前条の代金が供託された場合には、債権者は、供託物の還付を請求することができる。

Ⅱ　債務者が債権者の給付に対して弁済をすべき場合には、債権者は、その給付をしなければ、供託物を受け取ることができない〈司〉。

【平29改正】本条1項は、供託の基本的効果である債権者の供託物還付請求権の取得を明文で規定したものである。本条2項は、改正前民法498条と変わらない。

第3目　弁済による代位

第499条　（弁済による代位の要件）

債務者のために弁済をした者は、債権者に代位する。

第500条〈司〉

第467条＜債権の譲渡の対抗要件＞の規定は、前条の場合（弁済をするについて正当な利益を有する者が債権者に代位する場合を除く。）について準用する。

【平29改正】改正前民法499条は、「債務者のために弁済をした者は、その弁済と同時に債権者の承諾を得て、債権者に代位することができる。」と規定していたが、債権者が弁済を受領した上で、原債権者への代位のみを拒否することができるのは不均衡という点から、改正民法499条では、債権者の承諾に係る要件が削除された。これにより、改正前民法下で区別されていた法定代位（弁済をするについて正

●総則　　　　　　　　　　　　　　　　　　債権の消滅［第499条〜第500条］

当な利益を有する者が弁済することによって債権者に代位する場合）と任意代位
（弁済をするについて正当な利益を有しない者が弁済することによって債権者に代位
する場合）が要件面で違いはなくなり、その相違点は、改正民法500条が規定する
ように、任意代位の場合には債権譲渡の債務者対抗要件・第三者対抗要件を具備し
なければ代位の事実を債務者・第三者に対抗できない、という点のみとなった。

[趣旨] 弁済が第三者や共同債務者（連帯債務者・保証人等）のような終局的債務
者でない者により行われた場合には、これらの者は求償権を取得する。この求償権
を確保するために認められたのが、弁済による代位（代位弁済）の制度である。す
なわち、債務者について消滅した債権者の権利が求償権の範囲で弁済者に移転する
ものとされるのである《共》。

《注　釈》

一　意義

　債務者のために弁済をした者は、債権者に代位する（499）。したがって、「弁
済をするについて正当な利益を有する者」（500かっこ書）以外の者も、弁済によ
って当然に代位するが、債権譲渡の債務者対抗要件・第三者対抗要件を具備しな
ければ、代位の事実を債務者・第三者に対抗することができない（500）。

> →「弁済をするについて正当な利益を有する者」は、弁済によって当然に代位
> する。譲渡ではなく法律上の移転であるから、対抗要件は不要である
> ⇒ p.395

> cf.　弁済者が弁済による代位により取得した原債権を行使して訴訟においてそ
> の給付を請求するためには、原債権の発生原因事実のほか求償権の発生原因
> 事実も主張立証しなければならない（最判昭61.2.20）《予》

二　要件

① 弁済その他（ex. 代物弁済、供託、相殺など）で債権者を満足させたこと
> →担保権の実行・強制執行や、債権者と債務者との間で混同が生じた場合も
> これに準じる

② 弁済者が債務者に対して求償権を有すること

三　「弁済をするについて正当な利益を有する者」（500かっこ書）

1　「弁済をするについて正当な利益を有する者」とは、弁済しないことにより自
己に損失が及ぶ法律上の地位にある者をいう。すなわち、①弁済しないと債権
者から執行を受ける地位にある者や、②弁済しないと債務者に対する自己の権
利が価値を失う地位にある者がこれに当たる。

2　「弁済をするについて正当な利益を有する者」の具体例
> ex.　保証人《書》、物上保証人《司予》、連帯債務者（大判昭11.6.2）、後順位抵当
> 権者（大決昭6.12.18）《司》、債務者の財産保全の必要がある場合の一般債
> 権者、担保目的物の第三取得者（大判明40.5.16）

四　代位の効果（501〜504）

1　弁済者は、債権の効力及び担保としてその債権者が有していた一切の権利を
行使することができる（501Ⅰ）《司》。

431

債権の消滅［第501条］　　●総則

　　　　→弁済による代位は、債権の法定移転であり、債権譲渡ではない

2　代位弁済者が弁済による代位によって取得した担保権を実行する場合にその被担保債権として扱うべきものは、求償権ではなく原債権である（最判昭59.5.29・百選Ⅱ36事件）

3　弁済による代位の効果は、求償権確保にあり、これにより本来の債務者に対する固有の求償権は失わず、行使もできる。

4　弁済者が弁済による代位により取得した原債権と求償権とは別個に消滅時効にかかる（最判昭61.2.20）。

第５０１条　（弁済による代位の効果）

Ⅰ　前２条の規定により債権者に代位した者は、債権の効力及び担保としてその債権者が有していた一切の権利を行使することができる。

Ⅱ　前項の規定による権利の行使は、債権者に代位した者が自己の権利に基づいて債務者に対して求償をすることができる範囲内（保証人の１人が他の保証人に対して債権者に代位する場合には、自己の権利に基づいて当該他の保証人に対して求償をすることができる範囲内）に限り、することができる。

Ⅲ　第１項の場合には、前項の規定によるほか、次に掲げるところによる。

①　第三取得者（債務者から担保の目的となっている財産を譲り受けた者をいう。以下この項において同じ。）は、保証人及び物上保証人に対して債権者に代位しない。

②　第三取得者の１人は、各財産の価格に応じて、他の第三取得者に対して債権者に代位する。

③　前号の規定は、物上保証人の１人が他の物上保証人に対して債権者に代位する場合について準用する。

④　保証人と物上保証人との間においては、その数に応じて、債権者に代位する。ただし、物上保証人が数人あるときは、保証人の負担部分を除いた残額について、各財産の価格に応じて、債権者に代位する。

⑤　第三取得者から担保の目的となっている財産を譲り受けた者は、第三取得者とみなして第１号及び第２号の規定を適用し、物上保証人から担保の目的となっている財産を譲り受けた者は、物上保証人とみなして第１号、第３号及び前号の規定を適用する。

【平29改正】本条１項・２項は、改正前民法501条柱書前段の内容を基本的に維持するものである。本条２項かっこ書は、共同保証人の１人が債権者に弁済した場合において、当該共同保証人による代位を認めた上で、当該共同保証人が他の共同保証人に代位求償するときの上限を、共同保証人に対する求償権額に限定する旨規定したものである。本条３項は、改正前民法501条後段及び各号の枠組みを基本的に維持するものであり、本条３項１号～４号は、改正前民法501条2号～5号にそれぞれ対応している（下記の図表参照）。もっとも、以下の点で変更されている。

　①改正前民法501条１号が要件としていた代位の付記登記は、不要とされた。そのため、保証人は、債務者からの第三取得者に対して、付記登記がなくても債権者に代位して担保権を実行することができる。これは、抵当権付きの債権が譲渡され

●総則　　　　　　　　　　　　　　　　　　　　　　　債権の消滅［第501条］

た場合には、代位の付記登記が担保権取得の第三者対抗要件とされていないこととのバランスを失している等の理由に基づく。

②改正前民法501条2号は、単に「第三取得者」とだけ規定していたため、その「第三取得者」が債務者からの第三取得者のみを指すのか、それとも物上保証人からの第三取得者をも含むのかが明らかでなかった。そこで、本条3項1号は、「第三取得者（債務者から担保の目的となっている財産を譲り受けた者をいう。以下この項において同じ。）」と規定するとともに、本条3項5号は、その「第三取得者」からの第三取得者を「第三取得者」とみなし、物上保証人からの第三取得者を「物上保証人」とみなすこととした。

なお、保証人及び物上保証人が「第三取得者」に対し代位できることは本条1項により当然に導かれるため、とくに規定は設けられていない。

《注　釈》
一　代位者・債務者間の効果

弁済者は、自己の求償権の範囲内において（特約に基づく遅延損害金を含む）、債権の効力・担保として債権者が有していた一切の権利を行使することができる〈同〉。

1　「担保」とは、広く人的担保・物的担保の一切をいう。

2　代位によって債権自体が移転するので、債権に付着した瑕疵や抗弁は当然に代位者に承継される。

　　ただし、取消権・解除権のような契約当事者の地位に付随する権利は、代位によって移転せず、取消し・解除は契約当事者のみなしうる。　⇒p.435

3　代位弁済者が弁済による代位によって取得した担保権を実行する場合において、その被担保債権として扱うべきものは原債権である〈同〉。

4　保証人が債権者に代位弁済した後、債務者が保証人に内入弁済（借金の一部弁済）した場合、求償権と原債権にそれぞれ内入弁済があったとして、民法の規定に従って弁済の充当があったとする（最判昭60.1.22）〈同〉。

　　∵　代位する原債権は求償権を確保するために認められたものであり、保証人と主債務者との間では事実上同一のものである

二　代位者相互間の効果

当事者間で結んだ代位の割合を変更する旨の特約は有効である。この特約は、後順位抵当権者等の第三者にも効力を及ぼす（最判昭59.5.29・百選Ⅱ36事件）〈同〉。

<代位者相互間の関係について>

	改正民法	改正前民法
保証人が代位弁済をした場合、第三取得者に対して代位することができる	明文なし （501 Ⅰより明らか）	501 ①

433

債権の消滅［第502条］　　　　　　　　　　　　　　　　　　　●総則

	改正民法	改正前民法
物上保証人が代位弁済をした場合、第三取得者に対して代位することができる	明文なし（501 Ⅰより明らか）	明文なし
第三取得者が代位弁済をした場合であっても、保証人に対して代位することができない	501 Ⅲ①	501 ②
第三取得者が代位弁済をした場合であっても、物上保証人に対して代位することができない	501 Ⅲ①	明文なし
代位弁済した第三取得者が他の第三取得者に代位する場合の代位の割合	各財産の価格に応じて代位可能（501 Ⅲ②）	501 ③
代位弁済した物上保証人が他の物上保証人に代位する場合の代位の割合	各財産の価格に応じて代位可能（501 Ⅲ③）	501 ④
保証人・物上保証人間の代位の割合	・頭数に応じて代位可能（501 Ⅲ④本文） ・物上保証人が数人あるときは、保証人の負担部分を除いた残額について、各財産の価格に応じて代位可能（501 Ⅲ④ただし書）（＊）	501 ⑤

＊　保証人が物上保証人を兼ねていても、1人として頭数を数える（最判昭61.11.27）〈同予〉。

　　物上保証人が死亡し、担保目的物に相続があった場合、弁済時の共有持分権者をそれぞれ1人として頭数を数える（最判平9.12.18）〈同〉。

三　代位者・債権者間の効果（503、504）

　　債権者は代位者に対して、代位した権利の行使を容易にさせる義務を負う。

第502条　（一部弁済による代位）

Ⅰ　債権の一部について代位弁済があったときは、代位者は、債権者の同意を得て、その弁済をした価額に応じて、債権者とともにその権利を行使することができる〈同〉。

Ⅱ　前項の場合であっても、債権者は、単独でその権利を行使することができる。

Ⅲ　前2項の場合に債権者が行使する権利は、その債権の担保の目的となっている財産の売却代金その他の当該権利の行使によって得られる金銭について、代位者が行使する権利に優先する。

● 総則　　　　　　　　　　　　　　　　　　　　　　債権の消滅［第502条］

Ⅳ　第１項の場合において、債務の不履行による契約の解除は、債権者のみがすることができる。この場合においては、代位者に対し、その弁済をした価額及びその利息を償還しなければならない。

【平29改正】改正前民法下では、改正前民法502条１項の「債権者とともにその権利を行使する」との文言の解釈をめぐり、２つの問題が指摘されていた。第１の問題は、担保権の実行をできるのは誰か、という問題である。この点、判例（大決昭6.4.7・百選Ⅱ〔第７版〕41事件）は、債権者だけでなく、一部弁済をした代位者も単独で担保権を実行できる旨判示していたが、この判例の考え方には、担保権の目的物の換価時期を選択できるという債権者の利益が害される等の難点があった。そこで、本条１項は、「代位者は、債権者の同意を得て」という文言を追加することにより、代位者による単独の担保権実行を認めないこととして、上記の判例法理を変更するとともに、本条２項において、「債権者は、単独でその権利を行使することができる」旨定めるに至った。

次に、第２の問題は、競売手続の配当段階において、債権者と代位者のどちらが優先するか、という問題である。この点、判例（最判昭60.5.23・百選Ⅰ94事件）は、債権者が代位者に優先する旨判示していた。本条３項は、「その債権の担保の目的となっている財産の売却代金その他の当該権利の行使によって得られる金銭」については、債権者が代位者に優先する旨定めることで、上記の判例法理を、抵当権の実行の場合を超えて、弁済者代位を通じての原債権からの満足が問題となる場面一般に拡張した上で、明文化したものである。なお、本条４項は、改正前民法502条２項と実質的に変わらない。

《注　釈》

一　担保権の実行申立て（ⅠⅡ）

　1　「債権者の同意を得て」（Ⅰ）

　　　→一部代位者は債権者と共同してのみ担保権を実行できる

　2　１項の場合であっても、債権者は単独で権利行使ができる（Ⅱ）。

二　担保権の実行による配当（Ⅲ）

　　「その債権の担保の目的となっている財産の売却代金その他の当該権利の行使によって得られる金銭」については、債権者が代位者に優先する（原債権者優先主義）。

三　１項の場合における債務不履行による契約の解除（Ⅳ）

　1　4項前段

　　　弁済による代位は、契約当事者の地位の移転ではないから、この地位に付属する解除権はそもそも代位の対象とはならず、前段は後段を導くための規定にすぎない圓。

　　　→全部代位の場合にも、代位者は解除権を行使することはできない

　2　4項後段

　　　一部弁済を受けた債権者が、残債務の不履行によって契約を解除した場合、

435

すでに弁済を受けた分を含めて債権は遡及的に消滅する。そのため、債権者が受けた一部弁済は不当利得となる。

→後段は、悪意の不当利得（704）に準じ、債権者に特別の返還義務を負わせたもの

四　一部代位と区別される場合（複数債権の1個についての全部代位弁済）

債権者・債務者間に複数の債権が存在し、そのうち1個の債権について全部代位弁済がなされた場合（不動産を目的とする1個の抵当権が数個の債権を担保し、そのうちの1個の債権のみについての保証人が当該債権に係る残債務全額につき代位弁済した場合）は、502条の想定する一部代位の問題ではない。この場合において、代位弁済の問題をどのように解すべきかが問題となる。

判例（最判平17.1.27）は、上記の例において、「当該抵当権は債権者と保証人の準共有となり、当該抵当不動産の換価による売却代金が被担保債権のすべてを消滅させるに足りないときには、債権者と保証人は、両者間に上記売却代金からの弁済の受領についての特段の合意がない限り、上記売却代金につき、債権者が有する残債権額と保証人が代位によって取得した債権額に応じて案分して弁済を受ける」としている〈同書〉。

∵①　502条1項所定の債権の一部につき代位弁済がされた場合とは異なり、債権者は、上記保証人が代位によって取得した債権について、抵当権の設定を受け、かつ、保証人を徴した目的を達して完全な満足を得ており、保証人が当該債権について債権者に代位して上記売却代金から弁済を受けることによって不利益を被るものとはいえない

②　保証人が自己の保証していない債権についてまで債権者の優先的な満足を受忍しなければならない理由はない

第503条　（債権者による債権証書の交付等）

Ⅰ　代位弁済によって全部の弁済を受けた債権者は、債権に関する証書及び自己の占有する担保物を代位者に交付しなければならない〈同〉。

Ⅱ　債権の一部について代位弁済があった場合には、債権者は、債権に関する証書にその代位を記入し、かつ、自己の占有する担保物の保存を代位者に監督させなければならない。

第504条　（債権者による担保の喪失等）

Ⅰ　弁済をするについて正当な利益を有する者（以下この項において「代位権者」という。）がある場合において、債権者が故意又は過失によってその担保を喪失し、又は減少させたときは、その代位権者は、代位をするに当たって担保の喪失又は減少によって償還を受けることができなくなる限度において、その責任を免れる〈同〉。その代位権者が物上保証人である場合において、その代位権者から担保の目的となっている財産を譲り受けた第三者及びその特定承継人についても、同様とする。

Ⅱ　前項の規定は、債権者が担保を喪失し、又は減少させたことについて取引上の社会通念に照らして合理的な理由があると認められるときは、適用しない〈同〉。

●総則 債権の消滅［第503条〜第504条］

《注 釈》

一 503条

　「債権に関する証書」（503 I）には、債権証書だけではなく、借用書・売買目的物の受取証など債権の存在を証明する書類や、違約金証書、担保設定証書なども含まれる。

二 免責（504）の要件

　1 当事者の存在

　　⑴ 「弁済をするについて正当な利益を有する者」（504 I 前段）

　　　　共同抵当不動産の一部について抵当権の放棄があった後に残存抵当不動産の一部を取得した者（第三取得者）も、債権者に対して本条の免責の効果を主張できる（504 I 後段）。

　　⑵ 「債権者」とは、原債権者に限られず、債権譲渡や代位等によって債権者の地位を承継した者も含まれる。

　　　　ex. 代位弁済した連帯保証人は、他の連帯保証人に対して、代位した抵当権につき保存義務を負う（大判昭9.10.16）

　2 担保の喪失・減少

　　⑴ 「担保」とは、弁済による代位の対象となるべき物的又は人的担保をいう。

　　　　ex. 担保権の放棄・損傷・順位変更、保証の免除

　　⑵ 担保保存義務免除特約の効力

　　　　債権者と物上保証人との間に担保保存義務免除の特約があるため、債権者が担保を喪失し、又は減少させたときに、右特約の効力により504条による免責の効果が生じなかった場合は、担保物件の第三取得者への譲渡によって改めて免責の効果が生ずることはないから、第三取得者は、免責の効果が生じていない状態の担保の負担がある物件を取得したことになり、債権者に対し、504条による免責の効果を主張することはできない（最判平7.6.23・百選 II 37事件）〈司〉。

　3 故意又は過失

　　「故意又は過失」とは、担保の喪失・減少についての故意・過失である（大判明40.5.16）。

　　　ex. 債権者の不適当な処置による抵当権の実行の遅れにより、目的不動産の価値が著しく低落した場合

三 免責（504）の効果

　免責の効果は、担保の喪失・減少があれば法律上当然に生じ、債権者に対する弁済や免責請求を必要としない（大判昭6.3.16）〈司〉。

437

債権の消滅［第505条］　　●総則

第2款　相殺

第505条　（相殺の要件等）〈司H26〉

Ⅰ　2人が互いに同種の目的を有する債務を負担する場合において、双方の債務が弁済期にあるときは、各債務者は、その対当額について相殺によってその債務を免れることができる〈供〉。ただし、債務の性質がこれを許さないときは、この限りでない。

Ⅱ　前項の規定にかかわらず、当事者が相殺を禁止し、又は制限する旨の意思表示をした場合には、その意思表示は、第三者がこれを知り、又は重大な過失によって知らなかったときに限り、その第三者に対抗することができる。

[趣旨] 本条は、相殺をなしうるための要件と効果を定めたものである。当事者の契約による相殺以外に、単独行為の相殺制度が認められたのは、実際の便宜（決済方法の簡易化、担保的機能）と結果の公平とによる。

《注　釈》

一　相殺の意義

　　相殺とは、債権者と債務者とが相互に同種の債権・債務を有する場合に、その債権と債務とを対当額において消滅させる一方的意思表示（単独行為）をいう。相殺しようとする側の債権を自働債権、相殺される側の債権を受働債権という。

二　相殺適状

　　相殺をする（相殺権の発生）には、双方の債権が相殺適状にあることが必要である。相殺適状とは、次の諸要件を具備する債権の対立状態をいう。

1　「2人が互いに」債務を負担すること（505Ⅰ本文）

(1)　当事者間に債権が対立すること

　(a)　原則として、自働債権は相殺者が被相殺者に対して有する債権であることが必要である。

　　　→条文上の例外あり（連帯債務・439Ⅱ、保証債務・457Ⅱ）

　(b)　原則として、他人に対する債権をもって相殺することはできない。

　　　→条文上の例外あり（連帯債務・443Ⅰ、保証債務・463Ⅰ、債権譲渡・468Ⅰ）

　(c)　受働債権は、被相殺者が相殺者に対して有する債権であることが必要である。

　　　ex.　抵当不動産の第三取得者は、抵当権者に対する債権をもって抵当権者が債務者に対して有している債権と相殺することはできない（大判昭8.12.5）〈司書〉

(2)　対立する債権が有効に存在すること

　　いずれか一方の債権が不存在又は無効であるときには、相殺は無効である。

　　相殺の意思表示前に一方の債権が弁済・解除・相殺によって消滅した場合には、弁済・解除・相殺前に相殺適状にあったとしても相殺はなしえない（最判昭54.7.10）〈供〉。

438

●総則　　　　　　　　　　　　　　　　　　　　　　　　　　　債権の消滅［第505条］

　　ただし、時効消滅前に相殺適状にあった場合は相殺できる（508）。
2　双方の債権が「同種の目的」を有すること（505Ⅰ本文）
　　相殺は、原則として金銭又は代替物を目的とする種類債権に限られる。目的
　が同種であればよいから、原因又は債権額が同一であることや、履行期若しく
　は履行地が同一であることは必要ではない（507本文）。
　　cf.　合意に基づく相殺（相殺契約）においては、双方の債権が「同種の目
　　　的」を有するものでなくてもよいと解されている（大判昭17.2.18）〈司〉。
3　「双方の債務が弁済期にある」こと（505Ⅰ本文）
⑴　自働債権のみならず受働債権についても、弁済期が現実に到来しているこ
　とが必要である（最判平25.2.28・百選Ⅱ38事件）。
　　∵　「双方の債務が弁済期にあるとき」（505Ⅰ本文）という文理
　　→既に弁済期にある自働債権と弁済期の定めのある受働債権とが相殺適状
　　　にあるというためには、受働債権につき、期限の利益を放棄することが
　　　できるというだけではなく、期限の利益の放棄又は喪失等により、その
　　　弁済期が現実に到来していることを要する（最判平25.2.28・百選Ⅱ38
　　　事件）〈司〉。
　　　∵①　「双方の債務が弁済期にあるとき」（505Ⅰ本文）という文理
　　　　②　受働債権の債務者がいつでも期限の利益を放棄することができる
　　　　　ことを理由に両債権が相殺適状にあると解することは、その債務者
　　　　　が既に享受した期限の利益を自ら遡及的に消滅させることとなって、
　　　　　相当でない
⑵　弁済期の到来している受働債権に対し、弁済期の定めのない債権を自働債
　権として相殺することができる。この場合、自働債権についてまだ催告がな
　されておらず債務者が履行遅滞となっていなくても差し支えない（大判昭
　17.11.19）。
　　→弁済期の定めのない債権については、契約成立と同時に弁済期にあるた
　　　め、いつでも相殺可〈司〉
4　「債務の性質」が相殺を許すものであること（505Ⅰただし書）
⑴　使用者が、労働者に対する不法行為に基づく損害賠償請求権を自働債権と
　して、労働者の賃金債権と相殺することは許されない（最判昭31.11.2）。
⑵　自働債権に相手方の同時履行の抗弁権（533）、催告及び検索の抗弁権
　（452、453）（最判昭32.2.22）等が付着している場合、相殺が許されない
　〈司共書〉。
　　ただし、自働債権と受働債権がともに同時履行の関係にある場合には、例
　外的に相殺が認められる。
　　ex.　請負目的物の修補請求に代わる損害賠償請求権を自働債権とし、請
　　　　負人の報酬請求権を受働債権として相殺することは可能である〈共〉
　　cf.　受働債権に抗弁権が付着している場合は、相殺可
⑶　受任者が有する代弁済請求権（650Ⅱ前段）に対しては、委任者は、受

債権

439

債権の消滅 ［第506条］　　　　　　　　　　　　　　　　　●総則

　　任者に対する債権をもって相殺することができない（最判昭47.12.22）。
　　⇒p.579
三　相殺禁止
　　相殺適状を生じても、次の場合、相殺は禁止又は制限される。
　1　当事者が相殺を禁止又は制限する旨の意思表示をしたとき（505Ⅱ）。ただ
　　し、特約につき善意・無重過失の第三者に対しては対抗できない（505Ⅱ）。
　2　法律による禁止（不法行為等により生じた債権・509、差押禁止債権・510、
　　差し押さえられた債権・511等）。
《その他》
▪有価証券に表章された金銭債権を債務者が「受働債権」として相殺するに当たっ
　ては、有価証券の占有は要しない（最判平13.12.18）《共》。

＜相殺が禁止される債権＞

	自動債権とすることが禁止されるもの	受働債権とすることが禁止されるもの
条文上禁止されるもの	差し押さえられた債権（民執145Ⅰ） 弁済期前の債権（505Ⅰ本文）	不法行為等により生じた債権（509） 差押禁止債権（510） 差し押さえられた債権（511Ⅰ）
解釈上禁止されるもの	抗弁権が付着した債権 質権が設定された債権	質権が設定された債権

第506条　（相殺の方法及び効力）

　Ⅰ　相殺は、当事者の一方から相手方に対する意思表示によってする。この場合にお
　　いて、その意思表示には、条件又は期限を付することができない《書》。
　Ⅱ　前項の意思表示は、双方の債務が互いに相殺に適するようになった時にさかのぼ
　　ってその効力を生ずる。

[趣旨] 本条は、相殺の方法を裁判上・裁判外を問わず意思表示によるとした。ま
た、双方の債権が相殺適状にあるときは、既に双方の債権関係は決済されたとする
のが当事者の意思に添うため、相殺の遡及効を認めた。

《注　釈》
一　相殺の方法（Ⅰ）
　1　相殺は一方的な意思表示による（一種の形成権）。
　⑴　相対立する債権を意思表示によって消滅させる意思が示されれば足り、相
　　殺を明言することを要しない。
　　　ex.　相手方の債務額から自己の債権額を控除して請求すれば、相殺の意
　　　　　思表示といえる
　⑵　相殺する債権は示されることを要するが、債権の同一性を認識する程度に
　　示されれば足りる。
　⑶　相殺の意思表示の相手方は、その時点において受働債権を有する者であ
　　る。そのため、受働債権が譲渡された場合、相殺の意思表示の相手方は「譲

440

●総則　　　　　　　　　　　　　　　　債権の消滅［第507条～第508条］

受人」である（大判明38.6.3、最判昭32.7.19）〈共〉。

2　条件・期限及び順序

法律関係の安定を図るため、相殺に条件を付することはできない〈司共予〉。また、相殺は遡及効を有するため、期限を付することは無意味である（Ⅰ後段）〈司〉。

cf.　506条1項後段は法定相殺に関する規定であり、合意に基づく相殺（相殺契約）においては、公序良俗（90）に反しない限り、相殺の意思表示に条件・期限を付することもできる〈共〉

二　相殺の遡及効（Ⅱ）

1　相殺の効力は相殺適状成立時に遡及するため、適状成立後に発生した利息は発生しなかったことになり、支払済の利息については不当利得の返還の問題（703）を生ずる。また、相殺適状後に生じた遅滞の効果（損害賠償、違約金等）も消滅する〈司〉。

2　賃貸借契約が賃料不払のために適法に解除された以上、その後、賃借人の相殺の意思表示により右賃料債務が遡及して消滅しても、解除の効力に影響がない（最判昭32.3.8）〈司共書〉。

第507条　（履行地の異なる債務の相殺）

相殺は、双方の債務の履行地が異なるときであっても、することができる〈書〉。この場合において、相殺をする当事者は、相手方に対し、これによって生じた損害を賠償しなければならない。

第508条　（時効により消滅した債権を自働債権とする相殺）

時効によって消滅した債権がその消滅以前に相殺に適するようになっていた場合には、その債権者は、相殺をすることができる〈司共書〉。

［趣旨］本条は、対立する両債権が相殺適状にあるとき、当事者はあえて自分の債権の消滅も考えずに自動的に決済されたように考えて過ごす事情を顧慮して、当事者間のこのような信頼を保護するものである。

《注　釈》

一　本条の適用例

1　消滅時効が援用された自働債権はその消滅時効期間が経過する以前に受働債権と相殺適状にあったことを要する（最判平25.2.28・百選Ⅱ38事件）〈予書〉。

∵　当事者の相殺に対する期待を保護するという508条の趣旨

→既に時効消滅にかかった債権を譲り受け、これを自働債権として相殺しても、時効の援用があれば相殺は効力を生じない（最判昭36.4.14）〈通〉〈司書〉

2　債権者が保証人に対して債務を負担していた場合、その債務と保証債務が相殺適状になった後に、主債務について時効が完成しても、債権者は主債務にかかる保証人に対する債権と、保証人の債権とを相殺することができる（大判昭8.1.31）。

債権の消滅［第509条］　　　　　　　　　　　　　　　　　　　　　●総則

二　期間の経過した債権への類推適用

　　請負契約において、注文者が637条1項所定の制限に係る期間の経過した損害
賠償請求権を自働債権とし、請負人の報酬請求権を受働債権としてする相殺も、
本条を類推適用して認められる（最判昭51.3.4）。

《その他》

▪ 受働債権の消滅時効が完成している場合に、時効の利益を放棄して相殺すること
は自由である（146）〈司〉。

▪ 相手方が既に時効の援用をしているかどうかは、本条の適用上は問題とならない
〈共〉。

第509条　（不法行為等により生じた債権を受働債権とする相殺の禁止）

　　次に掲げる債務の債務者は、相殺をもって債権者に対抗することができない。ただ
し、その債務者がその債務に係る債権を他人から譲り受けたときは、この限りでない
〈共〉。

　　①　悪意による不法行為に基づく損害賠償の債務〈共〉

　　②　人の生命又は身体の侵害による損害賠償の債務（前号に掲げるものを除く。）
〈司書〉

【平29改正】改正前民法509条は、不法行為によって生じた債権を受働債権とする
相殺を一律に禁止していたが、それでは相手方の無資力のリスクを相殺によって回
避することができないという不都合が存在するため、相殺禁止の範囲を制限すべき
であるとの指摘がなされていた。そこで、改正民法509条は、相殺を禁ずる場合を
2つに限定することとした。

【趣旨】本条は、不法行為の被害者に現実の給付を得させることの他、債権者による
不法行為の誘発を防止するために規定されたものである。

《注　釈》

一　本条1号

　　不法行為の誘発防止という趣旨から、「悪意による不法行為に基づく損害賠償
の債務」を負担する債務者による相殺を禁止している。

　　「悪意」というためには、単なる故意では足りず、積極的な「損害を与える意
図」（害意）まで必要と解されている。

二　本条2号

　1　被害者に現実の給付を得させるという趣旨から、「人の生命又は身体の侵害
による損害賠償の債務」を負担する債務者による相殺を禁止している。

　　　「損害賠償の債務」には、不法行為に基づく損害賠償債務のみならず、債務
不履行（保護義務違反・安全配慮義務違反など）に基づく損害賠償債務も含ま
れる。

　　　∵　請求権が競合した場合に請求原因によって相殺禁止の区別をする合理的
な理由がない

　2　本条1号・2号からすると、悪意による不法行為に基づく損害賠償債務（①）

●総則　　　　　　　　　　　　　　　　　債権の消滅［第510条～第511条］

でなく、かつ人の生命又は身体の侵害による損害賠償債務（②）でもない場合
（双方の過失に起因する同一の不法行為（交通事故等）によって生じた物的損
害についての損害賠償債権相互間等）に限り、その不法行為に基づく損害賠償
債権を受働債権とする相殺が可能となる。

三　本条柱書ただし書

上記2つの債務にかかる債権を他人から譲り受けた場合には、相殺することが
できる。

∵　この場合に相殺を認めても、不法行為の誘発防止や被害者に現実の給付を
得させるという趣旨に抵触しない

第510条　（差押禁止債権を受働債権とする相殺の禁止）

債権が差押えを禁じたものであるときは、その債務者は、相殺をもって債権者に対
抗することができない。

《注　釈》

一　差押禁止債権の具体例

扶養料・俸給・恩給・扶助料（民執152、恩給11Ⅲ、生活保護58等）

二　本条の適用範囲

1　差押禁止債権を自働債権として相殺することは可能である。

2　差押禁止債権を自働債権とする相殺や相殺契約による相殺の場合は、本条の
適用はない。

第511条　（差押えを受けた債権を受働債権とする相殺の禁止）

Ⅰ　差押えを受けた債権の第三債務者は、差押え後に取得した債権による相殺をもっ
て差押債権者に対抗することはできないが、差押え前に取得した債権による相殺を
もって対抗することができる〈書〉。

Ⅱ　前項の規定にかかわらず、差押え後に取得した債権が差押え前の原因に基づいて
生じたものであるときは、その第三債務者は、その債権による相殺をもって差押債
権者に対抗することができる。ただし、第三債務者が差押え後に他人の債権を取得
したときは、この限りでない〈共〉。

[趣旨] 本条1項は、差押制度の実効性を確保し差押債権者を保護するため、差押
えを受けた債権の第三債務者は、その後に取得した債権を自働債権として相殺して
も、差押債権者に対抗できないと規定する〈回〉。一方で、相殺の担保的機能に対する
期待を保護すべく、差押え前に取得した債権を自働債権とする相殺については、こ
れを差押債権者に対抗できると規定する。

本条2項は、差押え時点における第三債務者の相殺への期待を保護するため、差
押え後に取得した自働債権でも、それが差押えより前の原因に基づいて生じたもの
である場合、第三債務者はその自働債権による相殺を差押債権者に対抗することが
できる旨規定する。しかし、差押え後に取得した他人の債権でもってする相殺は、
当該期待を保護するに値しないため、これを認めないと規定する。

443

債権の消滅［第511条］　●総則

《注　釈》
一　差押えの時期と受働債権及び自働債権の弁済期との関係

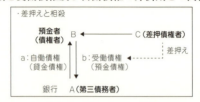

　判例（最大判昭45.6.24・百選Ⅱ39事件）は、第三債務者は自働債権が債権差押前に取得されたものである限り、自働債権の弁済期が到来して相殺適状にさえ達すれば、差押後においても相殺できるとしている（無制限説）司共予書。

　そして、511条1項はかかる判例法理を明文化した。

　∵　相殺の担保的機能を重視

＊　抵当権に基づく物上代位と相殺

　判例（最判平13.3.13・平13重判5事件）は、抵当権者が物上代位権を行使して賃料債権の差押えをした後は、抵当不動産の賃借人は、抵当権設定登記後に賃貸人に対して取得した債権を自働債権とする賃料債権との相殺をもって、抵当権者に対抗できないとしている 共書 司H25。　⇒ p.239

　この点、無制限説によれば、自働債権の取得と差押えの前後で相殺の可否が異なるため、自働債権の取得が抵当権設定登記後でも差押前であれば相殺が認められそうである。

　しかし、本判例は、自働債権の取得と抵当権設定登記の前後で相殺の可否を分けている。これは、抵当権の効力が代位債権に及ぶことは抵当権設定登記によって公示されており、抵当権設定登記後に自働債権を取得した場合には、たとえ差押前であっても、相殺についての合理的な期待が生じないためと解されている。

＜一般債権による差押えと相殺＞

＜抵当権に基づく物上代位と相殺＞

※　債権取得後、差押前に相殺をすることは認められる（511Ⅰ）。

二 債権譲渡と相殺

債権が譲渡され、その債務者が、債権譲渡の「通知」を受ける前に譲渡人に対し反対債権を取得していた場合、債務者は、譲受人に相殺を主張できるか。

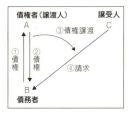

判例（最判昭 50.12.8・百選Ⅱ 28 事件）は、債務者は譲渡債権及び反対債権の弁済期の先後を問わず、両者の弁済期が到来すれば、譲受人に相殺を主張できるとしている（無制限説）。

そして、469 条 1 項はかかる判例法理を明文化し、債務者対抗要件具備時前に「取得」していた自働債権による相殺は、譲受人に対抗できると規定した。
⇒ p.399
∵ 債権譲渡の場合も差押えの場合と同様に考えるべきである

三 差押え後に取得した自働債権による相殺

1 「前の原因」（Ⅱ本文）は、債権譲渡と相殺の場面（469 Ⅱ①参照）と同様、差押えを受けた債権と同一の契約による債権を自働債権とする場合に限らない。
    ex. 差押えより前に委託を受けた保証人が差押えより後に保証債務を履行した場合、これによって生じた事後求償権を自働債権として、保証人は相殺を差押債権者に対抗することが可能となる
2 本条 2 項と同様の規律は、債権譲渡と相殺の場面でも設けられている。

第 512 条（相殺の充当）

Ⅰ 債権者が債務者に対して有する 1 個又は数個の債権と、債権者が債務者に対して負担する 1 個又は数個の債務について、債権者が相殺の意思表示をした場合において、当事者が別段の合意をしなかったときは、債権者の有する債権とその負担する債務は、相殺に適するようになった時期の順序に従って、その対当額について相殺によって消滅する。

Ⅱ 前項の場合において、相殺をする債権者の有する債権がその負担する債務の全部を消滅させるのに足りないときであって、当事者が別段の合意をしなかったときは、次に掲げるところによる。
 ① 債権者が数個の債務を負担するとき（次号に規定する場合を除く。）は、第 488 条第 4 項第 2 号から第 4 号まで＜法定充当＞の規定を準用する。
 ② 債権者が負担する 1 個又は数個の債務について元本のほか利息及び費用を支払うべきときは、第 489 条＜元本、利息及び費用を支払うべき場合の充当＞の規定を準用する。この場合において、同条第 2 項中「前条」とあるのは、「前条第 4 項第 2 号から第 4 号まで」と読み替えるものとする。

債権の消滅［第512条〜第512条の2］　　　　　　　　　　　　●総則

Ⅲ　第1項の場合において、相殺をする債権者の負担する債務がその有する債権の全部を消滅させるのに足りないときは、前項の規定を準用する。

第512条の2

債権者が債務者に対して有する債権に、1個の債権の弁済として数個の給付をすべきものがある場合における相殺については、前条の規定を準用する。債権者が債務者に対して負担する債務に、1個の債務の弁済として数個の給付をすべきものがある場合における相殺についても、同様とする。

《注　釈》

一　512条1項

　判例（最判昭56.7.2）は、自働債権・受働債権として複数の債権が対立関係にある場合において、相殺をする債権者の債権が債務者に対し負担する債務の全部を消滅させるのに足りないときは、充当に関する合意がなければ、まず元本債権相互間で相殺適状となった時期の順に従って相殺の順序を決めるべきであるとしている。本条1項は、かかる判例法理を明文化したものといえる。

二　512条2項

1　法定充当

　　上記判例は、時期を同じくする元本債権相互間及び元本債権とその利息・費用債権との間で、488条4項・489条（いずれも指定充当を認める規定）を準用して相殺の充当を行うべきであると判示していた。

　　これに対し、本条2項によれば、当事者が別段の合意をしなかった場合には、当事者による指定充当を認めず、本条2項1号・2号の定める方法による法定充当に従って処理すべきであると規定しており、上記判例法理を否定している。

2　具体例

(1)　本条2項1号の事例としては、次のようなケースが考えられる。

　　債権者Xが債務者Yに対して元本100万円の自働債権A（弁済期：4月1日）を有している。これに対し、債務者Yが債権者Xに対して元本60万円の受働債権B（弁済期：6月1日）、元本40万円の受働債権C（弁済期：8月1日）、元本40万円の受働債権D（弁済期：8月1日）を有する場合において、Xが10月1日に相殺したときは、まず、受働債権Bに充当される（512Ⅰ）。次に、弁済期を同じくする受働債権CDについて、各債務の額に応じて充当される結果（512Ⅱ①・488Ⅳ④）、受働債権CDについて、それぞれ元本20万円が残ることになる。

(2)　本条2項2号の事例としては、次のようなケースが考えられる。

　　債権者Xが債務者Yに対して元本100万円の自働債権A（弁済期：8月1日）を有する。これに対し、債務者Yが債権者Xに対して元本100万円、利息10万円の受働債権B（弁済期：10月1日）を有する場合において、Xが12月1日に相殺の意思表示をしたときには、費用・利息・元本の順に充当さ

●総則　　　　　　　　　　　　　　　　　　　　　　　　　　　債権の消滅〔第513条〕

れる結果（512Ⅱ②・489Ⅰ）、まず自働債権Aは受働債権Bの利息10万円
に充当された後、受働債権Bの元本100万円に充当され、受働債権Bの元本
10万円が残ることになる。

三　512条3項

債権者が相殺した場合において、相殺する債権者の負担する債務（受働債権に
係る債務）が債権者の有する債権（自働債権）の全部を消滅させるに足りない
ときには、相殺に関する法定充当（512Ⅱ）の規律を準用する。

四　512条の2

債権者が債務者に対して有する債権（債務）に、1個の債権（債務）の弁済と
して数個の給付をすべきものがある場合における相殺については、512条の規律
を準用する。

第3款　更改

第513条　（更改）

当事者が従前の債務に代えて、新たな債務であって次に掲げるものを発生させる契
約をしたときは、従前の債務は、更改によって消滅する。
① 従前の給付の内容について重要な変更をするもの
② 従前の債務者が第三者と交替するもの
③ 従前の債権者が第三者と交替するもの

債
権

【平29改正】本条は、改正前民法513条1項における「債務の要素」の内容を明確
化したものである。

《注　釈》

一　意義

更改とは、旧債務に代えて、給付の内容について重要な変更をした新たな債務
（513①）、債務者が交代した新たな債務（513②）、又は債権者が交替した新たな
債務（513③）を成立させることを内容とする契約である。

二　要件

1　消滅すべき債務の存在

旧債務と新債務とは有因関係にある。

→更改によって消滅すべき債務が存在しない場合、更改は無効であって、新
債務も成立しない

2　新債務の成立

新債務が成立しない場合、更改は無効であって、原則として旧債務は消滅し
ない。

3　更改の意思

更改となるためには、①給付の内容についての重要な変更、②債務者の交
替、又は③債権者の交替に加え、当事者が新債務の成立によって旧債務を消滅
させようとする意思（更改意思）が必要である。

447

債権の消滅［第514条］　　　　●総則

三　効果

1　旧債務の消滅

旧債務の消滅（513柱書）に伴い、旧債務の担保のために存在した担保権、保証債務、違約金などの従たる権利も消滅する。ただし、質権及び抵当権は、更改当事者の特約によって、旧債務の目的の限度で新債務に移すことができる（518 Ⅰ本文）。

2　新債務の成立

新旧両債務に同一性がない以上、旧債務に付着していた抗弁権等は消滅する。債権者の交替による更改の場合であっても、更改契約の当事者として関与している以上、旧債務に伴う抗弁権は消滅する。

3　更改契約の解除

更改契約は契約の1つであり、新債務が履行されないときは、契約解除の一般原則によって解除することができる（大判大 5.5.8）。

(1)　新旧両債務が当事者間だけに存在したときは、旧債務が復活する（大判昭 3.3.10）。

(2)　旧債務が新債務の当事者以外の間にも存在したときは、旧債務は復活しない（大判大 6.4.16）。

四　更改と類似の作用を有するもの

1　更改では新旧債務は同一性を失うが、債権譲渡・債務引受では債権・債務は同一性を失わない。

→同一性の維持により、旧債権・債務に付随していた担保・抗弁権は新債権者・債務者に受け継がれる

2　更改では新債務を成立させるが、代物弁済（482）では債務が消滅する。

第514条　（債務者の交替による更改）

Ⅰ　債務者の交替による更改は、債権者と更改後に債務者となる者との契約によってすることができる。この場合において、更改は、債権者が更改前の債務者に対してその契約をした旨を通知した時に、その効力を生ずる。

Ⅱ　債務者の交替による更改後の債権者は、更改前の債務者に対して求償権を取得しない。

【平29改正】 本条1項は、債務者の交替による更改について、債権者・旧債務者・新債務者間の三面契約によって成立することを当然の前提としつつ、債権者・新債務者間の契約によっても成立することを定めたものである。また、債権者・引受人間の契約による免責的債務引受（472 Ⅱ）の場合と要件面での平仄を合わせ、債務者の意思に反する場合でも、債権者・新債務者間の契約に基づき、債務者の交替による更改をすることが可能となった。

更改の本質は旧債務の消滅と新債務の発生であり、新債務者は自己の債務として新債務を負担することとなるため、新債務者の旧債務者に対する求償権を観念することができない。本条2項はその旨を明文化するものであり、債権者・引受人間の

●総則 　　　　　　　　　　　　　　　　　　　債権の消滅［第515条〜第518条］

契約による免責的債務引受（472の3）と効果面での平仄を合わせたものである。

第515条　（債権者の交替による更改）

Ⅰ　債権者の交替による更改は、更改前の債権者、更改後に債権者となる者及び債務者の契約によってすることができる。

Ⅱ　債権者の交替による更改は、確定日付のある証書によってしなければ、第三者に対抗することができない〈同書〉。

【平29改正】債権者の交替による更改は、債務者に新債権者との間で新たな債務を負担させるものであるため、新旧債権者のほか債務者の意思も無視することはできず、債権譲渡と異なり、債務者も契約当事者となる必要がある。このことから、改正前民法下においても、債権者の交替による更改は新旧債権者と債務者との三面契約によってのみすることができると解されてきた〈書〉。本条1項は、その旨を債権者の交替による更改の要件として明文で規定したものである。なお、本条2項は、改正前民法515条と変わらない。

第516条〜第517条　（債権者の交替による更改、更改前の債務が消滅しない場合）　削除

【平29改正】改正前民法516条は、異議をとどめない承諾に関する債権譲渡の規定（改正前民法468Ⅰ）を準用する規定であったところ、改正前民法468条1項が削除されることとなったため（468参照）、これに伴い改正前民法516条も削除された。

改正前民法517条は、その反対解釈により、債権者が新債務の不成立事由を知っている場合には、債権者に旧債務を免除する意思があると考えられることを理由として、旧債務は消滅すると解してきた。しかし、かかる考え方は、新債務に不成立事由があることを債権者が知っていれば一律に免除の意思表示をしたものとみなすに等しいものであり、かかる枠組みに合理的な理由は見出せないことから、改正前民法517条は削除された。

第518条　（更改後の債務への担保の移転）

Ⅰ　債権者（債権者の交替による更改にあっては、更改前の債権者）は、更改前の債務の目的の限度において、その債務の担保として設定された質権又は抵当権を更改後の債務に移すことができる。ただし、第三者がこれを設定した場合には、その承諾を得なければならない〈同書〉。

Ⅱ　前項の質権又は抵当権の移転は、あらかじめ又は同時に更改の相手方（債権者の交替による更改にあっては、債務者）に対してする意思表示によってしなければならない。

【平29改正】本条1項は、改正前民法518条本文・ただし書と内容において実質的に変わらない。

本条2項は、質権・抵当権の移転は「あらかじめ又は同時」に更改の相手方に対

449

債権の消滅［第519条〜第520条］　　●総則

して行われなければならない旨規定している。これは、担保権の消滅における付従性と抵触するのを避けるための規定である。すなわち、更改によって被担保債権である旧債務が消滅すると、債務に付従する人的・物的担保もまた当然に消滅するのが原則である。しかし、当事者は更改によって同一の利益を得ようとするものであるほか、実際の便宜を図る必要があることからしても、質権・抵当権（ともに約定担保物権）が担保していた債務の範囲で質権・抵当権の移転を認めるべきであるところ、更改の後に質権・抵当権を移転するのでは担保権の消滅における付従性と抵触してしまう。そこで、免責的債務引受の場合（472の4Ⅱ）と同様、遅くとも更改契約の時点までに質権・抵当権の移転の合意をしなければならない旨の規定を設けることで、付従性との抵触の問題を回避したものである。

第4款　免除

第519条
債権者が債務者に対して債務を免除する意思を表示したときは、その債権は、消滅する。

《注　釈》

一　意義

1　「免除」とは、債権を無償で消滅させる債権者の一方的意思表示をいう。免除は債権の放棄であるから、債権者の単独行為であり、債務者の承諾を必要としない 同共。

2　免除は単独行為であるからその意思表示の撤回はできない。新たに債務者に不利益を課すものではないから、条件・期限を付けることは可能である。

二　効果

1　免除により債権・債務は消滅する。また、債権に伴う担保物権・保証債務などの従たる権利・義務も消滅する。

2　債権が第三者の目的となっている場合は、免除をすることができない（∵免除によって第三者の利益を害することは許されない）。

　　ex.　債権が差し押さえられている場合・質権が設定されている場合

第5款　混同

第520条
債権及び債務が同一人に帰属したときは、その債権は、消滅する。ただし、その債権が第三者の権利の目的であるときは、この限りでない。

《注　釈》

一　意義

「混同」とは、同一債権について債権者としての地位と債務者としての地位が同一人に帰属することをいう。

●総則 債権の消滅［第520条］

二 本文

1 混同により債権は消滅するのが原則である。

ex. 土地の賃借人がその土地の所有権を取得する場合、土地の賃借権は消滅する（大判昭5.6.12）

2 不動産の賃借人が賃貸人から当該不動産の所有権を取得した場合、混同により賃借権は消滅する。もっとも、その賃借人が所有権移転登記を経由しない間に、第三者が当該不動産を譲り受けてその旨の所有権移転登記を経由したことにより、所有権を対抗することができなくなった場合には、一度混同によって消滅した賃借権は、当該第三者との関係では消滅しなかったことになる（最判昭47.4.20）〈司〉。

三 ただし書

債権を存続させることに法律上意味がある場合は、債権は混同によって消滅しない〈司〉。

ex.1 家屋の転借人が当該家屋の所有者たる賃貸人の地位を承継しても、賃貸借関係及び転貸借関係は当事者間に合意のない限り消滅しない（最判昭35.6.23）〈司〉

ex.2 保証人が主債務を相続した場合、保証が債権者に特別の利益を与えない限り（保証債務のために担保物権が設定されているなど）、保証債務は消滅する〈司予〉

ex.3 混同により消滅する債権が、第三者の権利の目的になっている場合（遺贈の対象とされている場合、債権質に供されている場合など）には消滅しない〈司〉

cf. 所有権と賃借権の混同を179条1項ただし書の準用により否定した例〈司〉
⇒ p.143

債権

451

有価証券［第520条の2〜第520条の10］　　●総則

■第7節　有価証券

第1款　指図証券

第520条の2　（指図証券の譲渡）

　指図証券の譲渡は、その証券に譲渡の裏書をして譲受人に交付しなければ、その効力を生じない。

第520条の3　（指図証券の裏書の方式）

　指図証券の譲渡については、その指図証券の性質に応じ、手形法（昭和7年法律第20号）中裏書の方式に関する規定を準用する。

第520条の4　（指図証券の所持人の権利の推定）

　指図証券の所持人が裏書の連続によりその権利を証明するときは、その所持人は、証券上の権利を適法に有するものと推定する。

第520条の5　（指図証券の善意取得）

　何らかの事由により指図証券の占有を失った者がある場合において、その所持人が前条の規定によりその権利を証明するときは、その所持人は、その証券を返還する義務を負わない。ただし、その所持人が悪意又は重大な過失によりその証券を取得したときは、この限りでない。

第520条の6　（指図証券の譲渡における債務者の抗弁の制限）

　指図証券の債務者は、その証券に記載した事項及びその証券の性質から当然に生ずる結果を除き、その証券の譲渡前の債権者に対抗することができた事由をもって善意の譲受人に対抗することができない。

第520条の7　（指図証券の質入れ）

　第520条の2から前条までの規定は、指図証券を目的とする質権の設定について準用する。

第520条の8　（指図証券の弁済の場所）

　指図証券の弁済は、債務者の現在の住所においてしなければならない。

第520条の9　（指図証券の提示と履行遅滞）

　指図証券の債務者は、その債務の履行について期限の定めがあるときであっても、その期限が到来した後に所持人がその証券を提示してその履行の請求をした時から遅滞の責任を負う。

第520条の10　（指図証券の債務者の調査の権利等）

　指図証券の債務者は、その証券の所持人並びにその署名及び押印の真偽を調査する権利を有するが、その義務を負わない。ただし、債務者に悪意又は重大な過失があるときは、その弁済は、無効とする。

●総則　　　　　　　　　　　　　　　有価証券［第520条の２〜第520条の12］

第５２０条の11　（指図証券の喪失）

　指図証券は、非訟事件手続法（平成２３年法律第５１号）第１００条に規定する公示催告手続によって無効とすることができる。

第５２０条の12　（指図証券喪失の場合の権利行使方法）

　金銭その他の物又は有価証券の給付を目的とする指図証券の所持人がその指図証券を喪失した場合において、非訟事件手続法第１１４条に規定する公示催告の申立てをしたときは、その債務者に、その債務の目的物を供託させ、又は相当の担保を供してその指図証券の趣旨に従い履行をさせることができる。

【平29改正】民法典の中に「有価証券」に関する一般規定が新たに設けられた。

《注　釈》

一　「指図証券」及び「裏書」の意義（520の２）

　　「指図証券」とは、証券において権利者として指定された者又はその者が指示する者に対して給付する旨の記載がある証券をいう。

　　「裏書」とは、指図証券の譲渡を目的とする証券的行為をいい、手形法上の裏書とは、手形法に定められた一定の方式による手形債権の譲渡行為をいう。

　　520条の２は、裏書と証券の交付が指図証券の譲渡の効力要件であると定めている。

二　裏書の方式、権利の推定、善意取得（520の３〜５）

　1　裏書の方式（520の３）

　　　本条は、裏書の方式について規定している。手形法上の裏書の方式としては、記名式裏書と白地式裏書がある（手形法77Ⅰ①、13Ⅰ）。記名式裏書とは、裏書人の署名のほか、裏書文句と被裏書人の名称を記載した裏書をいい、白地式裏書とは、被裏書人の名称を記載しないでする裏書をいう。

　2　権利の推定（520の４）

　　　本条は、指図証券の所持人が裏書の連続によりその権利を証明するときは、その所持人の権利が推定される旨規定するものである。「裏書の連続」とは、証券の記載上、受取人から最後の被裏書人に至るまで各裏書の記載が間断なく続いていることをいう。

　3　善意取得（520の５）

　　　本条は、指図証券の善意取得について規定している。ここにいう善意取得とは、裏書によって善意無重過失で証券を取得した者は、その裏書が無効であったとしても、その証券上の権利を取得するものをいう。

三　人的抗弁の切断、質入れ（520の６〜７）

　1　人的抗弁の切断（520の６）

　　　本条は、指図証券の譲渡における債務者の抗弁の切断について規定するものである。

　2　質入れ（520の７）

　　　本条は、指図証券を質権の目的とする場合も、520条の２〜６までの規定を

453

有価証券〔第520条の13〜第520条の16〕　　●総則

準用し、指図証券の譲渡の場合と同様の扱いをすることを定めている。

四　弁済の場所（520の8）

484条1項は、弁済の場所について、「弁済をすべき場所について別段の意思表示がないときは、特定物の引渡しは債権発生の時にその物が存在した場所において、その他の弁済は債権者の現在の住所において、それぞれしなければならない。」と定めている。本条は、その特則として、弁済すべき場所を「債務者の現在の住所」と定めている。

五　指図証券の提示と履行遅滞、債務者の調査の権利（520の9〜10）

412条1項は、「債務の履行について確定期限があるときは、債務者は、その期限の到来した時から遅滞の責任を負う。」旨定めているところ、520条の9は、その特則として、「期限が到来した後に所持人がその証券を提示してその履行の請求をした時から遅滞の責任を負う。」と定めている。

また、520条の10は、指図証券の債務者の調査の権利について定めている。

六　公示催告手続、指図証券喪失の場合の権利行使方法（520の11〜12）

520条の11は、指図証券は公示催告手続によって無効とすることができると規定している。公示催告手続とは、公示催告によって当該公示催告に係る権利につき失権の効力を生じさせるための一連の手続をいう（非訟事件手続法100）。具体的には、裁判所が掲示板に掲示し、かつ官報に掲載する方法で行われる。

また、520条の12は、指図証券喪失の場合の権利行使方法について定めている。

第2款　記名式所持人払証券

第520条の13　（記名式所持人払証券の譲渡）

記名式所持人払証券（債権者を指名する記載がされている証券であって、その所持人に弁済をすべき旨が付記されているものをいう。以下同じ。）の譲渡は、その証券を交付しなければ、その効力を生じない。

第520条の14　（記名式所持人払証券の所持人の権利の推定）

記名式所持人払証券の所持人は、証券上の権利を適法に有するものと推定する。

第520条の15　（記名式所持人払証券の善意取得）

何らかの事由により記名式所持人払証券の占有を失った者がある場合において、その所持人が前条の規定によりその権利を証明するときは、その所持人は、その証券を返還する義務を負わない。ただし、その所持人が悪意又は重大な過失によりその証券を取得したときは、この限りでない。

第520条の16　（記名式所持人払証券の譲渡における債務者の抗弁の制限）

記名式所持人払証券の債務者は、その証券に記載した事項及びその証券の性質から当然に生ずる結果を除き、その証券の譲渡前の債権者に対抗することができた事由をもって善意の譲受人に対抗することができない。

●総則 有価証券［第520条の17〜第520条の20］

第520条の17　（記名式所持人払証券の質入れ）

　第520条の13から前条までの規定は、記名式所持人払証券を目的とする質権の設定について準用する。

第520条の18　（指図証券の規定の準用）

　第520条の8から第520条の12まで＜指図証券の弁済の場所・指図証券の提示と履行遅滞・指図証券の債務者の調査の権利等・指図証券の喪失・指図証券喪失の場合の権利行使方法＞の規定は、記名式所持人払証券について準用する。

【平29改正】520条の13〜17までは、記名式所持人払証券について、指図証券と同様の規定を置き、520条の18は、指図証券の規定（520条の8〜12）を準用するものである。

第3款　その他の記名証券

第520条の19

Ⅰ　債権者を指名する記載がされている証券であって指図証券及び記名式所持人払証券以外のものは、債権の譲渡又はこれを目的とする質権の設定に関する方式に従い、かつ、その効力をもってのみ、譲渡し、又は質権の目的とすることができる。

Ⅱ　第520条の11＜指図証券の喪失＞及び第520条の12＜指図証券喪失の場合の権利行使方法＞の規定は、前項の証券について準用する。

【平29改正】本条は、指図証券・記名式所持人払証券以外の記名証券は、債権譲渡又はこれを目的とする質権の設定に関する方式に従い、かつ、その効力をもってのみ、譲渡し、又は質権の目的とすることができると規定するとともに、当該証券の喪失と公示催告手続について、指図証券に関する規定を準用するものである。

第4款　無記名証券

第520条の20

　第2款（記名式所持人払証券）の規定は、無記名証券について準用する。

【平29改正】無記名証券とは、証券上に特定の権利者名が表示されておらず、その所持人が権利者としての資格を有する証券をいう。たとえば、入場券・乗車券・商品券等である。

　改正民法下では、無記名証券も有価証券となり、無記名証券を譲渡するには、証券の交付が効力要件となるほか（520の20、520の13）、無記名証券の善意取得については、520条の15により処理される。

455

総則　　　　　　　　　　　　　　　　　　　　　　　　　　　　　　　　●契約

・第2章・【契約】

■第1節　総則

《概　説》

一　契約の意義

　　契約とは、複数の相対立する当事者が、互いに意思を表示し合い、かつ、これらの意思表示を内容的に合致させることにより、一定の事項について拘束力をもつ共同の取決めをする行為をいう。

二　契約自由の原則

　　個人が、独立かつ自由な人格者として、社会生活において、その意思に基づき自由に契約を締結して、その生活関係を処理することができることをいう。

　　cf.　所有権絶対の原則、過失責任の原則とともに、近代私法の三大原則とされる　⇒p.2

　　契約自由の原則の内容としては、以下のものが挙げられる。

1　契約締結の自由

　　何人も契約をするかどうかを自由に決定することができる（521Ⅰ）。

2　内容決定の自由

　　契約の当事者は、契約の内容を自由に決定することができる（521Ⅱ）。

3　相手方選択の自由

　　法令に特別の定めがある場合を除き、何人も契約の相手方を自由に選択することができる。

4　方式の自由

　　何人もどのような方式で契約を締結してもよいし、方式を備えることすら不要である。契約の成立には、法令に特別の定めがある場合を除き、書面の作成その他の方式を具備することは不要である（522Ⅱ）。

三　契約と信義則（1Ⅱ）

　　契約は当事者相互の信頼の基礎の上に成り立っており、契約当事者は相互に信頼し合い、その信頼に応えるような行動を基礎としなければならない。このように、契約法の分野においては、信義則が強く作用する。

1　契約締結上の過失

　(1)　類型

　　(a)　契約締結上の準備段階に過失があり、不利な内容の契約を締結させられた場合

　　　　契約は有効に成立したが、一方当事者が契約締結に必要となる重要な情報を提供する義務（情報提供義務）やかかる情報に関する説明をする義務（説明義務）を怠ったため、他方当事者が自ら考えていたものとは異なる給付を受けて損害を被ったような場合である。

　　　　ex.　マンションの隣地に高層建物が建つのを知りながらこれを告げず、その結果マンションの買主が日照等の被害を受けた場合

456

●契約   総則

> * 判例（最判平 23.4.22・百選Ⅱ 4 事件）は、「契約の一方当事者が、契
>   約締結に先立ち、信義則上の説明義務に違反して、当該契約を締結する
>   か否かに関する判断に影響を及ぼすべき情報を相手方に提供しなかった
>   場合には、当該当事者は相手方が契約締結により被った損害につき、不
>   法行為責任を負うことは格別、債務不履行責任を負うことはない」とす
>   る。説明義務と契約により生じた義務は異なるからである。

(b) 契約締結の準備段階において過失があったが、契約締結に至らなかった
   場合

   相手方の契約成立への期待を裏切って当事者の一方が契約交渉を打ち切
   り、相手方に無用の出捐をさせたような場合である。

      ex. マンション販売業者が相手方の希望に沿って設計の変更・工事の
         手直しまでしたにもかかわらず、契約締結に至らなかった場合（最判
         昭 59.9.18・百選Ⅱ 3 事件）

(2) 効果

   相手方は過失ある者に対し、信義則上の注意義務違反を理由として、その
   契約を有効と誤信したことにより生じた損害（信頼利益）の賠償請求権を有
   する。

      ex. 土地の売買契約を有効と信じ土地を調査に行った場合の調査費

2 安全配慮義務 予H30

(1) 意義 回

   ある法律関係に基づいて特別な社会的接触の関係に入った当事者間におい
   て、当該法律関係の付随的義務として当事者の一方又は相手方に対して信義
   則上負う義務をいう（最判昭 50.2.25・百選Ⅱ 2 事件）。

   →拘置所に収容された被勾留者に対して、国は安全配慮義務を負わない
     （最判平 28.4.21・平 28 重判 4 事件）

      ∵ 未決勾留による拘禁関係は、勾留の裁判に基づき被勾留者の意思に
         かかわらず形成され、法令等の規定に従って規律されるものであり、
         当事者の一方又は双方が相手方に対して信義則上の安全配慮義務を負
         うべき特別な社会的接触の関係とはいえない

(2) 類型

(a) 給付義務としての安全配慮義務

   生命・健康等の安全の配慮自体を契約目的とし、安全配慮義務自体が給
   付義務となる場合。

      ex. 入院患者に対する病院の義務、託児所の乳幼児に対する義務

(b) 付随義務としての安全配慮義務

   給付義務の中核をなす給付は別に存在し、それに付随して債権者の生
   命・健康等の安全に配慮すべき義務が債務者に課される場合。

      ex. 使用者が被用者の就労にあたり、被用者の生命・健康等を危険か
         ら保護するよう配慮する義務

債権

総則　　　　　　　　　　　　　　　　　　　　　　　　　　　　　　●契約

(3)　安全配慮義務の具体的内容

　　問題となる当該具体的状況に照らして、個別的・具体的に判断される。

　　ex.　使用者は、雇用契約において労務の提供の場所、設備等につき、労務
　　　　者の生命及び身体等を危険から保護するよう配慮すべき義務を負う

　　　　　→使用者が負う安全配慮義務には、被用者が運転者として道路交通
　　　　　　法等に基づき当然に負うべき通常の注意義務は含まれない（最判昭
　　　　　　58.5.27）🔲

(4)　安全配慮義務違反の主張・立証責任

　　国が国家公務員に対して負う安全配慮義務に違反したことを理由とする損
　　害賠償請求訴訟において、右義務の内容を特定し、かつ、義務違反に該当す
　　る事実を主張・立証する責任は、原告にある（最判昭 56.2.16）🔲。

(5)　履行遅滞となる時期

　　安全配慮義務違反を理由とする損害賠償債務は、期限の定めのない債務で
　　あり、債務者が履行の請求を受けた時に履行遅滞（412 Ⅲ）となる（最判昭
　　55.12.18）🔲。

　　＊　債務不履行責任と不法行為責任の比較　⇒ p.620

(6)　消滅時効の起算点

　　じん肺に罹患したことを理由とする損害賠償請求権については、症状に関
　　する最終の行政上の決定を受けた時から（最判平 6.2.22・百選Ⅰ 44 事件）、
　　じん肺によって死亡したことを理由とする損害賠償請求権については、死亡
　　した時から（最判平 16.4.27・百選Ⅱ 109 事件）、消滅時効が進行する。

(7)　第三者による加害と安全配慮義務

　　使用者は、宿直勤務の場所である社屋内に盗賊等が容易に侵入できないよ
　　うな物的施設を施したり、宿直員を増員したり、宿直員に安全教育を施す等
　　の措置を講じる義務を負っており、使用者がかかる義務を一切履行しない状
　　況下で、勤務場所に第三者が侵入し、労働者に危害を加えた場合には、使用
　　者は安全配慮義務違反による損害賠償責任を負う（最判昭 59.4.10）🔲。

(8)　下請企業の労働者に対する元請企業の安全配慮義務

　　下請企業に雇用される労働者が元請企業の労働者と同視できる場合、元請
　　企業と下請企業の労働者とは特別な社会的接触の関係に入ったといえ、元請
　　企業は、信義則上、右労働者に対し安全配慮義務を負う（最判平 3.4.11）🔲
　　予H30。

(9)　弁護士費用

　　労働者が、使用者に対し、安全配慮義務違反を理由とする債務不履行に基
　　づく損害賠償を請求する場合、弁護士費用についても、安全配慮義務違反と
　　相当因果関係に立つ損害として、その賠償を請求できる（最判平 24.2.24・平
　　24 重判 5 事件）。

(10)　遺族固有の慰謝料請求権

　　労働者の遺族らは、遺族固有の慰謝料請求権を取得しない（最判昭 55.12.18）

458

●契約　　　　　　　　　　　　　　　　　　　　　　　　　　　　　　　　　総則

〈同。

∵　雇用契約ないしこれに準ずる法律関係の当事者ではない労働者の遺族らが、雇用契約ないしこれに準ずる法律関係上の債務不履行により固有の慰謝料請求権を取得するとは解しがたい

3　積極的債権侵害

不完全給付により拡大損害を生じた場合一般をいうとして、本来の義務の不履行（遅滞・不能）でなく、付随的義務の不履行・違反として処理される。

ex.　契約の履行に伴って、契約の目的物以外の契約当事者の財産が侵害された場合又は契約当事者以外の者の生命又は身体が害された場合、その侵害行為は債務不履行となりうる

4　事情変更の原則

契約締結後、当事者の責めに帰することができない事由により社会経済事情に当事者の予想しなかった急激な変動が生じた場合、契約内容をこれに応ずるように変更修正し、ことによっては解約することもある程度認められる、という原則をいう。

ex.　戦争の勃発・敗戦に伴う事情の変更、インフレーションの激化

cf.　事情変更の理由により当事者に解除権を認めるには、その事情変更が、客観的に観察して信義則上当事者を契約によって拘束することが著しく不合理と認められる場合であることを要する（最判平 9.7.1・百選Ⅱ 40 事件）

5　契約終了と信義則

(1)　契約存続中に生じたことについて善後措置を講ずる義務

ex.　委任終了後の応急処分義務（654）

(2)　契約存続中に生じた事実関係の処理

ex.　地上権・永小作権・賃貸借関係などの消滅後における原状回復の権利・義務（269・279、622・599ⅠⅡ）

四　典型契約の分類

典型契約（有名契約）とは、民法第 3 編第 2 章に規定されている 13 種類の契約をいう。典型契約以外の契約を、非典型契約（無名契約）という。

1　双務契約・片務契約

双務契約とは、契約当事者が互いに対価的意義を有する債務を負担する契約をいい、片務契約とは、一方の当事者のみが債務を負うか、又は双方の当事者が債務を負担するけれども、それが互いに対価的意義を有しない契約をいう。

→同時履行の抗弁権（533）、危険負担（536）の適否につき区別の実益がある

2　有償契約・無償契約

有償契約とは、契約当事者が互いに対価的意義を有する出捐をする契約をいい、無償契約とは、一方の当事者のみが出捐をするか、又は双方の当事者が出捐をするけれども、それが互いに対価的意義を有しない契約をいう。

→売買の規定（特に契約不適合責任）が準用されるかにつき区別の実益があ

債権

総則　　　　　　　　　　　　　　　　　　　　　　　　　　　　　　●契約

　　る　⇒ p.499 以下
　　cf.　双務契約はすべて有償契約である。しかし、有償契約はすべて双務契約
　　　とは限らない（ex. 利息付消費貸借）
　3　諾成契約・要物契約
　　諾成契約とは、当事者の意思表示の合致のみで成立する契約をいい、要物契
　約とは、当事者の合意の他に、一方の当事者が物の引渡しその他の給付をなす
　ことを成立要件とする契約をいう。
　4　要式行為・不要式行為
　　要式行為とは、法の要求する要式を履行しないと契約が不成立となる法律行
　為をいい、不要式行為とは、要式を履行しなくても契約が成立する法律行為を
　いう。民法上の典型契約は、書面でする消費貸借（587 の 2）を除き、すべて
　不要式契約である。

＜典型契約の分類＞

	双務・片務	有償・無償	諾成・要物	解除の遡及効の有無
贈　　与	片務	無償	諾成	あり
売　　買	双務	有償	諾成	あり
交　　換	双務	有償	諾成	あり
消費貸借	片務（＊）	無償（特約で有償）	要物（587 の 2 は諾成）	あり
使用貸借	片務	無償	諾成	なし（解釈）
賃貸借	双務	有償	諾成	なし（620）
雇　　用	双務	有償	諾成	なし（630）
請　　負	双務	有償	諾成	あり
委　　任	片務（双務もある）	無償（特約で有償）	諾成	なし（652）
寄　　託	片務（双務もある）	無償（特約で有償）	諾成	なし
組　　合	契約総則その他の規定を排除すべきと解されるところ、合同行為とする説が有力			なし（684）
和　　解	双務	有償	諾成	あり

＊　書面による消費貸借（587 の 2）も片務契約である
　∵　貸主の「貸す債務」と借主の「返す債務」に対価的牽連性はない

●契約　　　　　　　　　　　　　　　　　　　総則［第521条〜第522条］

第1款　契約の成立

第521条　（契約の締結及び内容の自由）

Ⅰ　<u>何人も、法令に特別の定めがある場合を除き、契約をするかどうかを自由に決定</u>
<u>することができる。</u>

Ⅱ　<u>契約の当事者は、法令の制限内において、契約の内容を自由に決定することがで</u>
<u>きる。</u>

【平29改正】本条は、契約自由の原則のうち、契約締結の自由（Ⅰ）、内容決定の自
由（Ⅱ）を明文で定めるとともに、これらの自由が法令の制限に服することを明示
したものである。なお、①契約締結の自由、②内容決定の自由、③相手方選択の自
由、④方式の自由を合わせて、契約自由の原則と呼ぶ。　　⇒p.456

《注　釈》

▪本条1項の「法令に特別の定めがある場合」とは、契約の締結を拒絶できない場
合（鉄道運送法13、ガス事業法16、水道法15等）などである。

▪本条2項の「法令の制限」とは、強行規定（91）・公序良俗規定（90）、信義則・
権利濫用（1ⅡⅢ）による制限を指す。

第522条　（契約の成立と方式）

Ⅰ　<u>契約は、契約の内容を示してその締結を申し入れる意思表示（以下「申込み」と</u>
<u>いう。）に対して相手方が承諾をしたときに成立する。</u>

Ⅱ　<u>契約の成立には、法令に特別の定めがある場合を除き、書面の作成その他の方式</u>
<u>を具備することを要しない。</u>

【平29改正】本条1項は、「申込み」を「契約の内容を示してその締結を申し入れ
る意思表示」と定義した上で、申込みと承諾の合致によって契約が成立することを
定めたものである。本条2項は、契約自由の原則のうち、方式の自由について明文
で定めるとともに、521条と同じく、この原則も法令の制限に服することを明示した
ものである。

《注　釈》

一　「申込み」と「承諾」

1　「申込み」とは、特定の内容を有する契約を締結しようという意思をもって他
人に対してなされる意思表示である。

「申込み」といえるためには、内容が確定していること、及び相手方の承諾に
表意者が拘束されることが必要である。

→相手方の承諾に対し、なお表意者が契約するかどうかの自由を留保してい
る場合は、申込みとはいえず、いわゆる申込みの誘引にすぎない

2　「承諾」とは、申込みに対してこれを応諾し、申込みの通りの契約を締結しよ
うという意思表示である。意思表示に関する一般原則に従い、通常は明示によ
ってなされるが、黙示による承諾も認められている（大判大8.10.9）。

承諾は、契約を成立させる意思をもって申込受領者から申込者に対してなさ

461

総則［第523条］　　　　　　　　　　　　　　　　　　　　●契約

れなければならない（主観的合致）。また、承諾の内容は、申込みの内容と合
致しなければならない（客観的合致）。なお、申込みに変更を加えた承諾につ
いては、528条参照。　⇒p.466
3　申込みに対し、承諾をする義務や、諾否の返事をする義務はない（契約自由
の原則）。
二　「法令に特別の定めがある場合」（Ⅱ）
一定の方式を備えていることが契約の成立要件とされている要式契約の場合
（保証契約（446ⅡⅢ）、諾成的消費貸借（587の2）等）や、要式契約とはされ
ていないものの、方式を備えることに一定の意味がある場合（書面による贈与
（550）等）などが挙げられる。

第523条　（承諾の期間の定めのある申込み）

Ⅰ　承諾の期間を定めてした申込みは、撤回することができない〈同〉。ただし、申込者
が撤回をする権利を留保したときは、この限りでない〈同〉。
Ⅱ　申込者が前項の申込みに対して同項の期間内に承諾の通知を受けなかったときは、
その申込みは、その効力を失う〈同書〉。

【平29改正】本条1項は、改正前民法521条1項（「承諾の期間を定めてした契約
の申込みは、撤回することができない。」）に、申込者が撤回権を留保した場合の例
外をただし書として追加するものである。なお、本条2項は、改正前民法521条2
項と変わらない。
改正前民法522条は、承諾の通知が延着したことのリスクを申込者に課していた
が、改正前民法526条1項（隔地者間の契約の成立時期：発信主義）の削除及び改
正民法97条1項（意思表示の効力発生時期：到達主義）により、改正民法下では、
契約の成立時期について到達主義が適用されることとなった。その結果、承諾の通
知が延着したことのリスクも承諾の意思表示をした者（相手方）が負担すべきであ
り、申込者にかかるリスクを課すのは妥当ではないと考えられたため、改正前民法
522条は削除された。

《注　釈》
一　申込みの拘束力
申込みが相手方に到達すると、申込者は原則として撤回（意思表示をした者
が、取消原因に基づかず、一方的な意思表示により、その意思表示をなかったも
のとすること）することができない（523Ⅰ本文、525Ⅰ本文）。申込者に対して
生じるこのような効力を、申込みの拘束力という。
→承諾期間を定めて申込みをした場合において、申込者がその期間内に撤回し
たとしても、撤回権を留保していない限り、かかる撤回は無効であり、相手
方が承諾の意思表示をすれば契約が成立する（523Ⅰ）
二　申込みの効力（承諾適格）の存続期間
申込みが相手方に到達すると、申込みに対して承諾すれば契約を有効に成立さ
せることのできる効力が生じる。このような効力を、申込みの承諾適格という。

●契約　　　　　　　　　　　　　　　　　　　　　　　　　総則［第524条～第525条］

→承諾期間の定めのある申込みの承諾適格は、その期間内存続し（523Ⅱ）、期間が経過すれば自動的に消滅する

第524条　（遅延した承諾の効力）

申込者は、遅延した承諾を新たな申込みとみなすことができる〈同〉。

［趣旨］承諾は申込みと同様の内容をもつ、契約締結への意思表示であるから、遅延した承諾であっても、これを申込者の側で新たなる申込みと解しても不都合は特に生じない。本条はこのことを明らかにしたものである。

第525条　（承諾の期間の定めのない申込み）

Ⅰ　承諾の期間を定めないでした申込みは、申込者が承諾の通知を受けるのに相当な期間を経過するまでは、撤回することができない〈同書〉。ただし、申込者が撤回をする権利を留保したときは、この限りでない〈同〉。

Ⅱ　対話者に対してした前項の申込みは、同項の規定にかかわらず、その対話が継続している間は、いつでも撤回することができる。

Ⅲ　対話者に対してした第1項の申込みに対して対話が継続している間に申込者が承諾の通知を受けなかったときは、その申込みは、その効力を失う。ただし、申込者が対話の終了後もその申込みが効力を失わない旨を表示したときは、この限りでない。

【平29改正】本条1項は、改正前民法524条の規範を維持しつつ、その適用対象を隔地者以外に拡大するとともに、申込者が撤回権を留保した場合の例外をただし書として追加するものである。同項の趣旨は、申込みを承諾するか否かを決めるために費用を支出した相手方が、申込みの撤回によって損失を被ることを防止する点にある。

本条2項は、対話の継続中は申込みの撤回によって相手方が害されるおそれがないことなどを理由に、対話者間でなされた承諾期間の定めのない申込みにつき、「対話が継続している間」はいつでも撤回することができるとする改正前民法下の通説を明文化したものである。

本条3項は、対話者間における承諾期間の定めのない申込みについて、「対話が継続している間」に申込者が承諾の通知を受けなかった場合、原則としてその申込みは対話の終了後に効力を失う（Ⅲ本文）が、申込者が対話の終了後もその申込みが効力を失わない旨表示したときは、例外的に対話の終了後も効力を失わない（Ⅲただし書）旨規定するものである。これにより、同趣旨の規定である改正前商法507条は削除された。

《注　釈》

一　申込みの拘束力

1　申込みの撤回が制限される「相当な期間」（Ⅰ本文）とは、申込みの到達に必要な時間、相手方が諾否を決するために必要な調査及び検討をする時間、承諾の通知が申込者に到達するのに必要な時間などを合わせたものである。

債権

463

総則［第526条］　　　　　　　　　　　　　　　　　　　　　●契約

　2　「相当な期間」の経過後は申込みを撤回することができる。
　3　対話者間における承諾期間を定めない申込みにおいて、申込者が対話の終了
　後もその申込みが効力を失わない旨を表示したとき（Ⅲただし書）は、撤回権
　を留保した場合を除き、承諾の通知を受けるのに相当な期間を経過するまでは、
　その申込みを撤回することができない（Ⅰ）。
二　**申込みの効力（承諾適格）の存続期間**
　「相当な期間」の経過後であれば申込みの撤回が可能であるが、かかる期間の
　経過によって当然に申込みの承諾適格が消滅するわけではない。
　　→承諾期間の定めのない申込みの承諾適格は、「相当な期間」の経過後であっ
　　ても、取引慣行と信義則に従い、申込みを撤回しうる時からさらに相当期間
　　が経過するまで存続する◀圏

第526条　（申込者の死亡等）

　申込者が申込みの通知を発した後に死亡し、意思能力を有しない常況にある者とな
り、又は行為能力の制限を受けた場合において、申込者がその事実が生じたとすれば
その申込みは効力を有しない旨の意思を表示していたとき、又はその相手方が承諾の
通知を発するまでにその事実が生じたことを知ったときは、その申込みは、その効力
を有しない◀同書。

【**平29改正**】本条は、申込者の死亡等による申込みの失効に関する改正前民法525
条に、以下の変更を加えたものである。すなわち、97条3項（改正前97Ⅱ）の改
正に伴い、改正前民法525条の適用場面に申込者が「意思能力を有しない常況にあ
る者」となった場合を追加した。次に、改正前民法525条は、「申込者が反対の意
思を表示した場合」とだけ規定していたところ、その内容を具体的に規定し直した。
また、改正前民法525条が明示していなかった申込者の死亡等についての相手方の
認識に係る時点について明記した。

[**趣旨**]意思表示後に表意者が死亡し、あるいは意思能力や行為能力を失ったときで
あっても、意思表示の効力に影響はないのが原則である（97Ⅲ）。本条は、申込者
が死亡等の事実が生じたとすればその申込みは効力を有しない旨の意思を表示してい
たとき、又はその相手方が承諾の通知を発するまでにその事実が生じたことを知っ
ていた場合について、申込者（又はその相続人）の保護のために、97条3項の例
外を設けたものである。

《注　釈》

一　申込者が死亡し、意思能力を喪失し又は行為能力の制限を受けた場合

　◀同共
　1　①申込者が申込みの通知を発した後に死亡し、意思能力を喪失し又は行為能
　力の制限を受けた場合において、②申込者がその事実が生じたとすればその申
　込みは効力を有しない旨の意思を表示していたとき、又は申込みの相手方が承
　諾の通知を発するまでにその事実を知ったときは、その申込みは効力を有しない
　（526）。

●契約　　　　　　　　　　　　　　　　　　　　　　　　　総則［第527条］

　2　申込者に死亡等の事実が生じたのが申込みの通知の到達の前であるか後であ
　　るかにかかわらず、本条が適用される。

　　　→申込みの通知の到達前に申込者の死亡等の事実が生じ、到達後に相手方が
　　　　その事実を知ったときであっても、本条が適用され、申込みは効力を失う

二　申込みの相手方が死亡するか意思能力又は行為能力を有しない場合

　1　申込みの通知の到達前に、申込みの相手方が意思能力を喪失し又は行為能力
　　の制限を受けていた場合には、受領能力（98の2）の問題となる。　⇒ p.57

　2　申込みの通知の到達前に、申込みの相手方が死亡した場合には、死者に対し
　　て申し込んだことになり、効力を生じない。

第527条　（承諾の通知を必要としない場合における契約の成立時期）〈司〉

　申込者の意思表示又は取引上の慣習により承諾の通知を必要としない場合には、契
約は、承諾の意思表示と認めるべき事実があった時に成立する。

[趣旨] 本条は、迅速に申込みに応じた申込受領者が不測の損害を受けることを防止
するため、申込者が特に承諾を必要としないとした場合、あるいは商慣習上承諾が
必要とされない場合には、承諾の意思表示に代わる何らかの事実行為（意思実現行
為）があった時に契約が成立するものとした。

《注　釈》

◆　意思実現による契約の成立

　1　申込者が特に承諾を必要としないとした場合、あるいは商慣習上承諾が必要
　　とされない場合において、意思実現行為があった場合には、承諾者による事実
　　行為を承諾の意思表示と同一視して、このような意思実現行為があった時に契
　　約が成立する。

　　　ex.　手紙でホテルの部屋を予約し、ホテル側が返事を出すことなく部屋を準
　　　　備したような場合

　2　意思実現行為と黙示の承諾との違いは、申込受領者の行為が申込者に向けて
　　なされたものか否かの点にある。

　　　cf.　注文者の売買の申込みに対し品物を発送するような場合は、申込者に対
　　　　し発せられているので、黙示の承諾と解される

《その他》

◆　交叉申込み

　1　交叉申込みとは、当事者双方が、相手方の申込みを知らずに同一内容の申込
　　みを行った場合をいう。

　2　交叉申込みは、本条の規定する意思実現による場合に加えて、申込みと承諾
　　の意思表示の合致以外の方法により契約が成立する場合の1つである。

　　　∵　申込みと承諾の合致はなくとも、契約を成立させようとする当事者の意
　　　　思表示の内容は合致しているため、契約の成立を肯定してよい

　3　遅い方の意思表示の到達時に契約が成立する（97 I）。

債
権

465

総則［第528条～第532条］　　　　　　　　　　　　　●契約

第528条　（申込みに変更を加えた承諾）

　承諾者が、申込みに条件を付し、その他変更を加えてこれを承諾したときは、その申込みの拒絶とともに新たな申込みをしたものとみなす〈回〉。

[趣旨] 承諾の内容は申込みの内容と一致することを要する（客観的合致）。よって、変更を加えた応諾は承諾ではない。しかし、取引円滑の見地から、申込みに変更を加えた承諾は、申込みの拒絶とともに新たな申込みをしたものとみなすとした。

第529条　（懸賞広告）

　ある行為をした者に一定の報酬を与える旨を広告した者（以下「懸賞広告者」という。）は、その行為をした者がその広告を知っていたかどうかにかかわらず、その者に対してその報酬を与える義務を負う。

第529条の2　（指定した行為をする期間の定めのある懸賞広告）

Ⅰ　懸賞広告者は、その指定した行為をする期間を定めてした広告を撤回することができない。ただし、その広告において撤回をする権利を留保したときは、この限りでない。

Ⅱ　前項の広告は、その期間内に指定した行為を完了する者がないときは、その効力を失う。

第529条の3　（指定した行為をする期間の定めのない懸賞広告）

　懸賞広告者は、その指定した行為を完了する者がない間は、その指定した行為をする期間を定めないでした広告を撤回することができる。ただし、その広告中に撤回をしない旨を表示したときは、この限りでない。

第530条　（懸賞広告の撤回の方法）

Ⅰ　前の広告と同一の方法による広告の撤回は、これを知らない者に対しても、その効力を有する。

Ⅱ　広告の撤回は、前の広告と異なる方法によっても、することができる。ただし、その撤回は、これを知った者に対してのみ、その効力を有する。

第531条　（懸賞広告の報酬を受ける権利）

Ⅰ　広告に定めた行為をした者が数人あるときは、最初にその行為をした者のみが報酬を受ける権利を有する。

Ⅱ　数人が同時に前項の行為をした場合には、各自が等しい割合で報酬を受ける権利を有する。ただし、報酬がその性質上分割に適しないとき、又は広告において1人のみがこれを受けるものとしたときは、抽選でこれを受ける者を定める。

Ⅲ　前2項の規定は、広告中にこれと異なる意思を表示したときは、適用しない。

第532条　（優等懸賞広告）

Ⅰ　広告に定めた行為をした者が数人ある場合において、その優等者のみに報酬を与えるべきときは、その広告は、応募の期間を定めたときに限り、その効力を有する。

Ⅱ　前項の場合において、応募者中いずれの者の行為が優等であるかは、広告中に定めた者が判定し、広告中に判定をする者を定めなかったときは懸賞広告者が判定する。

Ⅲ　応募者は、前項の判定に対して異議を述べることができない。

Ⅳ　前条第２項の規定は、数人の行為が同等と判定された場合について準用する。

第2款　契約の効力

《概　説》

一　契約の効力の発生要件

1　契約の内容が確定できるものであること

2　契約の内容が適法であって社会的妥当性のあるものであること

→公序良俗・強行規定に反する契約は無効である（90・91）

二　双務契約の特殊の効力

双務契約にあっては、当事者が対価的意義を有する債務を負担するが、両債務について次の特殊な効力が存在する。

1　同時履行の抗弁権（533）

一方の債務が履行されない以上、原則として、他方の債務もまた履行される必要がない（533）。

2　危険負担（536）

一方の債務が履行できなくなると、他方の反対給付も履行しなくてよい（536Ⅰ）。

第533条　（同時履行の抗弁）

双務契約の当事者の一方は、相手方がその債務の履行（債務の履行に代わる損害賠償の債務の履行を含む。）を提供するまでは、自己の債務の履行を拒むことができる〈回〉。ただし、相手方の債務が弁済期にないときは、この限りでない。

【平29改正】本条は、改正前民法533条にかっこ書を追加するものである。これにより、履行（追完）に代わる損害賠償請求権（塡補賠償請求権）とその対価の履行請求権との同時履行関係（買主の履行に代わる損害賠償請求権と売主の代金支払請求権との同時履行関係、注文者の追完に代わる損害賠償請求権と請負人の報酬請求権との同時履行関係）に関するルールが一般的なものとして明文化されることとなった。その結果、改正前民法571条（売主の担保責任と同時履行）、改正前民法634条2項後段（注文者の瑕疵修補に代わる損害賠償請求と同時履行）は削除された。

[趣旨]1つの双務契約から生じた各債務が、他方の債務の履行と無関係に履行されるのは、公平ではなく、通常の当事者の意思に反する。また、取引の簡易迅速な処理に適さないといえる。そこで、民法は、双務契約の各債務の間の履行上の牽連関係を、同時履行の抗弁権という形で認めた。

総則［第533条］　　　　　　　　　　　　　　　　　　　　　　　　●契約

《注　釈》

一　成立要件

① 同一の双務契約から生ずる両債務の存在

② 双方の債務がともに弁済期にあること

③ 相手方が自己の債務の履行又はその提供をしないで他方の債務の履行を請求してきたこと

1　①同一の双務契約から生ずる両債務の存在

ex.　土地の売買契約における、売主の所有権移転登記義務と買主の代金支払義務（大判大 7.8.14）〈回〉

債務の履行に代わる損害賠償債務（本文かっこ書）に加え、遅延賠償など本来の債務の不履行による損害賠償や、売買や請負の目的物が契約の内容に適合しない場合の損害賠償も、「債務」に含まれる。

また、双務契約が存在する場合でなくとも準用・類推適用される場合がある。　⇒ p.470

2　②双方の債務がともに弁済期にあること

⑴ 契約の趣旨により、一方の債務者が先履行義務を負担する場合、先履行義務者に同時履行の抗弁権はない。

cf.　不安の抗弁権

双務契約において、後履行義務者の財産状態が契約締結後に甚だしく悪化した場合、先履行義務者は自己の債権が満足を受けられるかどうか不安となる。この場合、先履行義務者といえども、無条件に先履行する必要はなく、公平を図るために何らかの抗弁権を認めようとする考えが有力である。この抗弁権を不安の抗弁権という

⑵ 一方の債務者が先履行義務を負担する場合でも、後履行義務の期限到来後は、先履行義務者に同時履行の抗弁権が認められる〈週〉〈回〉。

3　③相手方が自己の債務の履行又はその提供をしないで他方の債務の履行を請求してきたこと

⑴ 相手方の弁済提供による同時履行の抗弁権の消滅

⒜ 相手方が履行を請求してきた場合、その履行の提供が継続されない限り、同時履行の抗弁権を主張できる（最判昭 34.5.14）〈回書〉。

⒝ 相手方が契約解除を選択した場合、同時履行の抗弁権を失う（最判昭 36.6.22）〈回〉。

⑵ 当事者の一方が自己の債務を履行しない意思を明確にした場合

その相手方が自己の債務の弁済を提供しなくても、当事者の一方は抗弁権を主張しえなくなる（大判大 3.12.1、最判昭 41.3.22）。

⑶ 一部ないし不完全な履行の場合

同時履行の抗弁権の趣旨に鑑み、公平の原則に従って解決する。

債務が可分の場合には、相手方の提供した部分又は額の割合で一部の履行を拒むことができ、債務が不可分の場合は相手方の提供した部分が重要か否

●契約   総則［第533条］

かによる。

  cf. 相手方の一部の履行が、債務の本旨に従った履行でないとして受領を
      拒絶できる場合には、当然に同時履行の抗弁権が認められる

二 効果
 1 自分の債務の履行の拒絶ができる。
    →相手方が現実の履行を求めて訴えを提起した場合は、引換給付判決がなさ
      れる《司予》
 2 自分の債務を履行しなくても履行遅滞にはならない（大判大 14.10.29）。
    →損害賠償請求（415）されたり、解除されることはない《司予》
      ただし、債務の支払のために手形・小切手が交付された場合には、抗弁権を
    有していても債務の履行期を徒過しているときは履行遅滞の責任を負う（最判
    昭 40.8.24）。
    cf.1 同時履行の抗弁権が付着している債権の時効消滅 ⇒ p.118
    cf.2 相手方から同時履行の抗弁権を対抗される権利主張でも、自己の債権
        の消滅時効の完成は猶予される ∵債権行使の意思は明確
 3 相殺されない。 ⇒ p.439

三 同時履行の抗弁権と留置権の比較
    同時履行の抗弁権は、債務者に自己の債務の履行を拒否する権能を認める点に
  おいて、留置権（295）と類似する。しかし、同時履行の抗弁権が双務契約の効
  力の一種であり、留置権が担保物権の一種である点で差異が生じる。

＜同時履行の抗弁権と留置権の比較＞

	同時履行の抗弁権	留置権
発　生	その債務と債権が１個の双務契約から生じ、互いに対価関係をなして対立（＊1）	１個の物につき、その返還債務とその物から生じた債権とが対立
内　容《共》	給付の内容いかんを問わず履行拒絶可	他人の物を留置しうるにとどまる
効　力	相手方に対してのみ主張可能	第三者に対しても主張できる
対抗要件《共》	なし	なし（ただし、占有継続が存続要件）
裁判上の効力	引換給付判決（大判明 44.12.11）《共予書》（＊2）	引換給付判決（最判昭 33.3.13）《共書》
代担保請求	なし《共書》	あり（301）《共書》
競売権	なし	あり
履行拒絶の割合	不履行度合に応じて割合的	不可分（296）

＊1 留置権者が被担保債権を譲渡した場合、目的物の占有を継続していても、留置権
  を主張できないが、同時履行の抗弁権を主張しうる者が債権を譲渡した後でも、契
  約の当事者たる地位までは譲渡していないから、依然同時履行の抗弁権を主張しう
  る。

                                                                        469

総則［第533条］ ●契約

＊2 目的物引渡しの訴えに対し、留置権・同時履行の抗弁権について権利者が権利を行使する意思表示をしない限り、裁判所は引換給付の判決をすることはできない（最判昭27.11.27・民訴百選51事件）〈同予〉。

四 本条の準用・類推適用

1 当事者に双務契約が存在する場合でなくとも、両当事者の対立する債務に関連させ、交換的に履行させることが公平の原則ないし信義則（1Ⅱ）に適する場合もある。そこで、このような場合には、条文上・解釈上、533条の準用・類推適用が認められている。

2 条文による準用
（1） 解除による双方の原状回復義務（546）〈同〉
（2） 負担付贈与における負担と贈与（553）
（3） 終身定期金契約の債務不履行解除の際の双方の原状回復義務（692）

3 解釈による類推適用
（1） 未成年取消し（5Ⅱ）による双方の原状回復義務（大判大14.3.3）〈同〉
（2） 第三者の詐欺による契約の取消し（96Ⅱ）における双方の原状回復義務（最判昭47.9.7）〈予〉
　　詐欺による契約の取消し（96Ⅰ）における双方の原状回復義務〈同予〉
（3） 賃貸借における賃貸人の修繕義務（606Ⅰ）と賃借人の賃料支払義務（大判大10.9.26）
　　修繕義務が履行されないために目的物の使用収益ができないほどの場合であることを要する。
（4） 建物買取請求権（借地借家13）と土地の明渡し（最判昭35.9.20）
　　cf. 同時履行の抗弁権を有していたとしても、居住によって得た利益は返還しなければならない
（5） 債務の支払と手形の返還（最判昭33.6.3、最判昭35.7.8）

4 同時履行の抗弁権が認められない場合
（1） 賃貸借終了時における敷金返還義務と目的物明渡義務（622の2Ⅰ①参照、最判昭49.9.2・百選Ⅱ65事件参照）〈同書〉 ⇒ p.562
（2） 造作買取請求権（借地借家33）と建物の明渡し（最判昭29.7.22）〈同〉
（3） 弁済と債権証書の返還（大判昭16.3.1） ⇒ p.421
（4） 弁済と抵当権登記の抹消手続（最判昭57.1.19、最判昭63.4.8）（cf. ただし、弁済することを条件として抹消登記手続を請求することは認められる（最判昭35.4.21、最判昭44.5.2）〈同〉）
（5） 弁済と譲渡担保目的物の返還〈同〉
（6） 弁済と担保仮登記の抹消手続
　　cf. (4)(5)(6)については弁済が先履行である（最判昭57.1.19、最判昭63.4.8、最判平6.9.8、最判昭61.4.11）〈共〉

470

●契約 　　　　　　　　　　　　　　　　　　　総則［第534条～第536条］

第534条～第535条　（債権者の危険負担、停止条件付双務契約における危険負担）　削除

【平29改正】改正前民法534条は、特定物の引渡しを目的とする債務が債務者の責めに帰することのできない事由によって履行不能となった場合には、反対債務は消滅せず、債権者がその危険を負担する旨規定していた（債権者主義）。その説明として、「利益の存するところに損失も帰する」という考えを基礎に据えたものや、「所有者は危険を負担する」という考えを基礎に据えたものがあった。しかし、前者に対しては、目的物の値上がりによる利益に対応するのは値下がりによる損失であって、滅失・損傷による損失まで負担するのは公平に反するとの批判がなされ、後者に対しては、改正前民法534条にいう「危険」とは目的物の滅失・損傷の危険であるのに、目的物に対する実質的な支配を度外視して、観念的な所有権の帰属で「危険」の負担者を決めることには問題があるとの批判がなされていた。また、原始的不能であれば契約は無効となり、債権者は反対債務を免れるにもかかわらず、たまたま契約締結後に目的物が滅失した場合には、債権者は反対債務を免れ得ないとするのは、結論として不均衡であるといった批判も加えられていた。このように、改正前民法534条及びこれに関連する同法535条に合理性は見出せないことから、平成29年改正により、削除されるに至った。

債権

第536条　（債務者の危険負担等）

Ⅰ　当事者双方の責めに帰することができない事由によって債務を履行することができなくなったときは、債権者は、反対給付の履行を拒むことができる〈回〉。

Ⅱ　債権者の責めに帰すべき事由によって債務を履行することができなくなったときは、債権者は、反対給付の履行を拒むことができない〈回〉。この場合において、債務者は、自己の債務を免れたことによって利益を得たときは、これを債権者に償還しなければならない。

【平29改正】改正前民法下における危険負担は、双務契約において、債務者の責めに帰することができない事由によって債務の履行が不能となったときに、反対債務が当然に消滅するか否かという効果と結び付けられて設計されていた（債権消滅構成）。改正民法は、この債権消滅構成を改め、双務契約において、債務者による債務の履行が不能であるときに、債権者が、債務者からの反対債務の履行請求を拒絶できるか否かという効果と結びつけた設計（履行拒絶権構成）を採用した。つまり、債権者が、債務の履行不能を理由として反対債権を消滅させるためには、解除の意思表示をしなければならないこととなる。これは、改正民法下では、債権者は、債務者の帰責事由の有無を問うことなく、契約を解除することができるとされたこと（⇒ p.478）との矛盾・抵触を避けるためである。

【趣旨】本条は、双務契約において、一方の債務が履行不能となった場合に、反対債務の債務者が履行を拒絶することを認めるものである（Ⅰ）。他方で、履行不能が債権者の責めに帰すべき事由によって生じた場合にまで債権者に履行拒絶権を認

471

総則［第536条］　　　　　　　　　　　　　　　　　　　　　　　　●契約

める必要はないので、この場合には、債権者の履行拒絶権を否定する（Ⅱ前段）と
共に、債務を免れたことによって得た利益の償還を義務付けるものである（Ⅱ後
段）。

《注　釈》
一　危険負担の意義
1　契約成立後、各債務が完全に履行される前に、一方の債務が当事者の責めに
　帰することができない事由によって履行不能となった場合に、反対債務の履行
　がどのようになるかを扱うのが、危険負担の問題である。
　　→危険負担の制度が扱っているのは、反対債務の履行を拒絶することができ
　　　るか否かという問題であり、反対債務が消滅するかどうかという問題は、
　　　解除の制度が扱っている
　　　∵　一方の債務が履行不能となった場合の反対債務の消滅・存続は、債権
　　　　者の意思に委ねるのが妥当である
2　危険負担の規定は任意規定であるから、当事者の特約で排除することができ
　る。

二　要件及び効果
1　1項
　(1)　要件
　　①　「債務を履行することができなくなった」こと
　　②　①が「当事者双方の責めに帰することができない事由」に基づくもの
　　　であること
　　cf.　主張立証責任の観点からは、536条1項に基づいて自己の反対給付債
　　　務の履行を拒絶したい債権者は、債務者の債務が履行不能となったこと
　　　のみを主張すれば足りると考えられている。履行不能について債権者に
　　　帰責事由があることは、債権者による履行拒絶の主張を否定したい債務
　　　者が主張立証することになる
　(2)　効果
　　(a)　債権者は反対給付の履行を拒むことができる。
　　(b)　危険負担による履行拒絶は、同時履行の抗弁のような一時的（延期的）
　　　な抗弁ではなく、履行不能を理由とした永久的な抗弁である。また、履行
　　　拒絶の抗弁が認められた場合には、引換給付判決ではなく、請求棄却判決
　　　が出される。
　　(c)　1項は、債権者の反対給付の履行拒絶権を定めたに過ぎないが、債権者
　　　が既に反対給付を履行していた場合、債権者は、不当利得として、給付し
　　　たものの返還を請求することができると考えられている。
　　　　∵　この場合には、給付されたものの保持を認める必要はない
2　2項
　(1)　債権者の責めに帰すべき事由によって債務を履行することができなくなっ
　　たときは、債権者は、反対給付の履行を拒むことができない（Ⅱ前段）。

472

●契約　　　　　　　　　　　　　　　　　　　　　総則［第537条～第539条］

(2)　(1)の場合において、債務者が自己の債務を免れることによって利益を得たときは、これを債権者に償還しなければならない（Ⅱ後段）。

　　cf.　債権者の受領遅滞中に、当事者双方の責めに帰することができない事由によって履行不能を生じた場合　⇒ p.303

(3)　本条2項は、「反対給付の履行を拒むことができない」との文言を用いているが、役務提供型契約との関係では、本条2項に基づいて、報酬を請求できるという効果を持つと考えられている。

第537条　（第三者のためにする契約）

Ⅰ　契約により当事者の一方が第三者に対してある給付をすることを約したときは、その第三者は、債務者に対して直接にその給付を請求する権利を有する。

Ⅱ　前項の契約は、その成立の時に第三者が現に存しない場合又は第三者が特定していない場合であっても、そのためにその効力を妨げられない〈司〉。

Ⅲ　第1項の場合において、第三者の権利は、その第三者が債務者に対して同項の契約の利益を享受する意思を表示した時に発生する〈司〉。

第538条　（第三者の権利の確定）

Ⅰ　前条の規定により第三者の権利が発生した後は、当事者は、これを変更し、又は消滅させることができない。

Ⅱ　前条の規定により第三者の権利が発生した後に、債務者がその第三者に対する債務を履行しない場合には、同条第1項の契約の相手方は、その第三者の承諾を得なければ、契約を解除することができない〈司〉。

第539条　（債務者の抗弁）

債務者は、第537条第1項＜第三者のためにする契約＞の契約に基づく抗弁をもって、その契約の利益を受ける第三者に対抗することができる。

《注　釈》

一　意義

1　第三者のためにする契約とは、契約当事者の一方が第三者に直接に債務を負担することを相手方に約する契約をいう。独立の契約類型ではなく、契約の法律効果の一部を第三者に帰属させる特約（付款）にすぎない。

　　ex.1　併存的債務引受が債務者間でなされる場合（470 ⅢⅣ）　⇒ p.401

　　ex.2　死亡の際の保険金の受取人を自己の妻と定めた夫と保険会社の生命保険契約

2　契約当事者

(1)　第三者のためにする契約は、諾約者（第三者に対して債務を負担する者）及び要約者（第三者への履行を諾約者に請求する者）がそれぞれ自己の名においてするものであって、要約者が第三者の代理人になるものではない（大判大 8.2.1）。

(2)　第三者のためにする契約がなされる背後にある要約者と諾約者の関係を

473

総則［第537条〜第539条］　　　　　　　　　　　　　　●契約

「補償関係」といい、要約者と受益者の関係を「対価関係」という。補償関係とは、諾約者が第三者（受益者）に対し債務を負担することに対する補償を要約者が諾約者にする関係をいい、対価関係とは、要約者が第三者（受益者）に利益を与える原因をいう。

　　　→対価関係の不存在・瑕疵などは、契約の効力に影響しない〈回〉

　　　∵　対価関係は、補償関係と異なり、第三者のためにする契約の要素ではない

　3　代理との相違

<第三者のためにする契約と代理>

	第三者のためにする契約		代理
受益者	権利しか帰属しない	本人	権利ばかりでなく義務も生じる
要約者	権利義務が帰属する	代理人	権利義務が帰属しない

二　成立要件

　1　要約者・諾約者間の有効な契約の成立

　2　第三者に直接権利を取得させる趣旨が契約の内容とされること（537Ⅰ）

　3　第三者に付随的な負担を負わせることも可能である（大判大8.2.1）。この場合、第三者は負担を拒絶して利益だけを享受することはできない。

　4　第三者のためにする契約の締結時に第三者が存しない場合（ex. 胎児、設立前の法人）〈回〉、又は第三者が特定していない場合であっても、そのために効力を妨げられない（537Ⅱ）。しかし、受益の意思表示時には、現存し特定することを要する。

　5　受益の意思表示は契約の成立要件ではない。

　　　cf.　諾約者に対する受益者の権利の発生には、受益の意思表示を要する（537Ⅲ）

三　効果

<受益者・要約者・諾約者の地位>

要約者・諾約者間の関係	①　要約者・諾約者間に契約上の権利・義務が発生 ②　受益者に取得させた権利についても、要約者は、諾約者に対し、受益者に履行すべきことを請求できる〈回〉 ③　取消し→要約者・諾約者は、契約につき取消原因があれば取り消しうる〈回〉 　　取消しの意思表示は受益の意思表示後においても相手方にする〈回〉 ④　諾約者の債務不履行を理由とする解除・損害賠償請求 　　→第三者の受益の意思表示前は可能 　　→第三者の受益の意思表示後においては、要約者は、第三者の承諾を得なければ契約を解除することができない（538Ⅱ）〈回〉が、要約者に独自の損害があれば損害賠償請求が可能 ⑤　法律行為の相手方の善意・悪意、過失・無過失が問題となる場合には、もっぱら要約者について考慮する 　　∵　法律行為をするのは受益者ではなく、要約者である

474

総則［第539条の2］

受益者・諾約者間の関係	① 諾約者は第三者に対し給付する義務を負い、受益者は直接諾約者に対し給付を請求する権利を有する（537Ⅰ） →第三者が債務者に対して受益の意思表示をした時に権利が発生（537Ⅲ） →諾約者が要約者との契約から生じる抗弁（同時履行の抗弁等）を有するときは、諾約者はこれを受益者に対しても主張できる（539） ② 受益の意思表示は黙示でもよい ③ 受益の意思表示をなしうる地位はいわゆる形成権であり、受益者の債権者は、受益者に代位して受益の意思表示をなしうる（大判昭16.9.30） →その消滅時効は、166条2項ではなく同条1項の消滅時効に服する ∵ 形成権行使の結果生じる債権と同様に解すべき なお、消滅時効の客観的起算点（166Ⅰ②）は、第三者のためにする契約の締結時である（大判昭18.4.16） ④ 受益者は自ら契約したのではないから、取消権・解除権を有しない ⑤ 受益の意思表示により権利が発生した後は、要約者・諾約者がこれを変更したり消滅させたりすることはできない（538Ⅰ） →受益の意思表示前は変更・消滅可能（538Ⅰ反対解釈） ⑥ 第三者が受益の意思表示をした後に諾約者の債務不履行があるときは、第三者は損害賠償請求権を有する ⑦ 受益の意思表示をした後の第三者の不受領は受領遅滞となる →諾約者の責任は第三者・要約者の両者に対する関係で軽減される（413Ⅰ） ⑧ 要約者と諾約者間において、諾約者が受益者に対して有する債権を免除する旨を約した場合、諾約者による債務免除の意思表示（519）がなくても、受益の意思表示があれば受益者の債務は消滅する（大判大5.6.26）

※ 第三者保護規定の適用については、第三者は契約当事者と同様に扱われる。

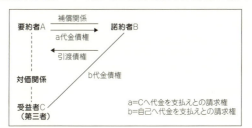

第3款 契約上の地位の移転

第539条の2

契約の当事者の一方が第三者との間で契約上の地位を譲渡する旨の合意をした場合において、その契約の相手方がその譲渡を承諾したときは、契約上の地位は、その第三者に移転する。

【平29改正】改正前民法下では、契約上の地位の移転は譲渡人と譲受人の合意によりすることができるが、重大な影響を受ける相手方の承諾が要件となると解されていた。本条はかかる見解を明文化するものである。

総則［第540条］　　　　　　　　　　　　　　　　　　　　　　　　　　●契約

《注　釈》
一　意義
　　契約上の地位の移転とは、契約によって、契約当事者としての地位を譲渡人から譲受人に移転することをいう。
二　要件
　　① 契約当事者の一方が第三者との間で契約上の地位を譲渡する合意をしたこと
　　② 契約の相手方がその譲渡を承諾すること
　1　①契約当事者の一方が第三者との間で契約上の地位を譲渡する合意をしたこと
　　　→本条による規律の対象となるのは、事業譲渡のような特定承継（個々の権利義務を承継すること）における当事者の合意による移転であり、相続や合併などの包括承継（他人の権利義務を一身専属権を除き一括して承継すること）や当事者の合意によらない移転（ex. 裁判所の命令に基づく移転）などは、規律の対象外である
　2　②契約の相手方がその譲渡を承諾すること
　　　→契約によっては、一部の当事者の意思にかかわらず、契約上の地位の移転が生じることもある
　　　ex. 不動産賃貸人たる地位の移転（605の2）　⇒ p.542
三　効果
　1　契約上の地位の移転を受けた者が新たな当事者となり、移転した者は契約関係から離脱する。
　2　契約から発生する債権債務（将来発生する債権債務や付随的な債権債務を含む）のほか、取消権・解除権も契約上の地位の移転に基づいて移転する。
　　　→既に発生した債権債務の移転の有無は当事者の合理的意思により判断する

第4款　契約の解除

第540条　（解除権の行使）
Ⅰ　契約又は法律の規定により当事者の一方が解除権を有するときは、その解除は、相手方に対する意思表示によってする。
Ⅱ　前項の意思表示は、撤回することができない〈司〉。

《注　釈》
一　契約の解除の意義
　　契約の解除とは、契約が締結された後に、その一方の当事者の意思表示によって、その契約が初めから存在しなかったのと同様の状態に戻す効果を生じさせる制度をいう。
二　解除権の種類
　1　法定解除権（法律の規定によって取得する場合）

● 契約　　　　　　　　　　　　　　　　　　　　　　　　　　　　　総則［第540条］

　　　　ex.　債務不履行による解除（541以下）、各種契約の特殊な解除権（612Ⅱ、
　　　　　　641、651Ⅰ等）
　　2　約定解除権（契約によって解除権を留保した場合）
　　　　ex.　解約手付の授受（557Ⅰ）、不動産の買戻特約（579前段）等
三　解除と類似の制度
　　1　告知
　　　　告知とは、契約によって生じている継続的な法律関係を当事者の一方的な意
　　思表示によって終了させることをいう。
　　　　cf.　その効力が将来に向かってのみ生じ、契約が初めから存在しなかったの
　　　　　　と同様の状態に戻す効果が生じない点で、解除と異なる
　　2　解除契約（合意解除）
　　　　解除権の有無を問わず、契約当事者が今までの契約を解消して契約がなかっ
　　たのと同一の状態をつくることを内容としてなす新たな契約（相互の合意）を
　　いう。
　　　　cf.1　その意思表示が、一方的意思表示ではなく相手方との合意である点で、
　　　　　　解除と異なる
　　　　cf.2　適法な転貸借では、原賃貸借の合意解除は、転借人に対抗できない
　　　　　　（613Ⅲ）
　　3　撤回
　　　　まだ終局的な法律効果を生じていない法律行為や意思表示の効力が将来発生
　　しないように阻止することをいう。
　　4　取消し
　　　　瑕疵ある意思表示又は法律行為の効力を表意者その他の特定の者が遡及的に
　　消滅させることをいう（121）。
　　5　上記の他、解除条件・失権約款がある。
四　解除権の行使
　　　　解除権の行使は相手方に対する意思表示によってなされる（Ⅰ）。
　　1　撤回不可（Ⅱ）
　　　　∵　相手方の信頼を保護するため　→相手方の承諾があれば撤回できる（最
　　　　　　判昭51.6.15）
　　　　cf.　制限行為能力や錯誤・詐欺・強迫を理由とする解除の意思表示の取消し
　　　　　　は可能
　　2　条件を付けられない。
　　　　∵　相手方の地位を不安定にするから
　　　　→催告期間内の不履行を停止条件とする解除の意思表示は有効（大判明
　　　　　　43.12.9）〈司書〉
　　3　期限を付けられない。　⇒p.88
　　　　∵　遡及効がある解除に期限を付することは無意味

債
権

477

総則［第541条］　　　　　　　　　　　　　　　　　　　　　　　●契約

第541条　（催告による解除）

　当事者の一方がその債務を履行しない場合において、相手方が相当の期間を定めてその履行の催告をし、その期間内に履行がないときは、相手方は、契約の解除をすることができる。ただし、その期間を経過した時における債務の不履行がその契約及び取引上の社会通念に照らして軽微であるときは、この限りでない。

【平29改正】改正前民法における契約の解除は、「債務者に対する責任追及の手段」として位置づけられていたが、改正民法における契約の解除は、「債務の履行を得られなかった債権者を契約の拘束力から解放するための手段」として位置づけられるに至った。そのため、改正民法下では、解除の要件として、債務者の帰責事由の存在は不要となった《誓》。

　また、改正前民法下の判例は、不履行の部分が僅かである場合や契約目的を達成するために必須とはいえない付随義務の不履行の場合には、契約の解除を認めていなかった（大判昭14.12.13、最判昭36.11.21・百選Ⅱ42事件等）。そこで、改正民法は、催告解除の要件を具体化する観点から、判例の基本的な考え方を前提に、催告解除の制限事由を明文化した（ただし書）。これにより、改正前民法下で論じられていた付随義務の不履行による解除の可否は、履行が「軽微」か否かの判断に委ねられることになる。

[趣旨]双務契約における債権者は、契約を存続させて、自分の債務を履行するとともに債務者に強制執行をかけ（414）、損害賠償を請求する（415）こともできる。しかし、債権者にとって、自分自身の債務から解放され、すでに履行したものを取り戻して原状に回復することの方が、一層有利である。そこで法は、債権者に対しこのような効果をもたらす解除権を認めた。

《注　釈》

一　債務不履行に基づく催告解除の要件《同H19》

　① 当事者の一方が債務を履行しないこと
　② 相当の期間を定めて催告すること
　③ 相当の期間が経過したこと
　④ 債務の不履行が契約及び取引上の社会通念に照らし軽微でないこと（ただし書）
　⑤ 債務の不履行につき債権者に帰責性がないこと（543）

1　①当事者の一方が債務を履行しないこと
　(1) 履行期に履行が可能なこと
　　　→履行が不可能である場合、履行不能による解除や危険負担の問題となる
　(2) 履行期を徒過すること　⇒p.298
　(3) 履行しないことが違法であること
　　　債務者が同時履行の抗弁権（533）や留置権（295）を有する場合には、債権者は自分の債務の履行を提供しておかなければ解除することはできない《同》。
　　(a) 債権者が提供を怠る場合には、債務者が提供を怠るからといって、契約

●契約　　　　　　　　　　　　　　　　　　　　　　　　　　総則［第541条］

を解除することはできない（最判昭29.7.27、最判昭51.12.2）。

∵　債務者は、債権者が履行の提供をしない以上同時履行の抗弁権
（533）を有する

ア　債務の履行について確定期限が定められているときに、債権者がその
期限に提供した場合、債権者がその後に催告するには、提供を必要とし
ない。

イ　履行期として定められた確定期限に当事者双方が履行の提供をしなか
った場合、又は初めから履行期の定めがない場合には、債権者は、催告
と同時に提供すればよい（最判昭36.6.22）。

ウ　催告に示された履行期が一定の日時であるとき、債権者はその日時に
提供すればよい。債務者がその期日を徒過すれば遅滞に陥り、解除でき
る状態になるので、債権者はその後提供を継続しなくともよい（最判昭
36.6.22）同。

エ　履行期が一定の期間内とされたときは、債権者は、期間中は提供又は
準備を継続しなければならない（最判昭29.7.27）。

オ　債権者は、催告期間内に自己の債務の提供をし、相手方を履行遅滞に
陥れれば、その後重ねて催告する必要はない（大判大6.6.27）。

∵　履行遅滞は解除権発生の要件であり、催告の要件ではない

(b)　債権者側の提供の程度は、事情により軽減される。

∵　双務契約の解除の場合には、債務者は自己の債務の履行を怠ってい
るため相手方の債務履行を拒絶する場合が多い

→債権者のなす履行を受領する意思のないことが明白な場合には、債権
者は提供をしないで履行を催告し、その履行がないときは契約を解除
することができる（大判大10.11.9、最判昭34.8.28）

cf.　受領遅滞（413）にある債権者は、改めて受領意思を表示し、自己
の債務について履行の提供をしなければ有効に解除し得ない（最判昭
35.10.27）

2　②相当の期間を定めて催告すること

(1)　「相当の期間」の意義

これから履行の準備をして履行をするのに必要な期間ではなく、すでに履
行の準備をしてある債務者が履行をするのに必要な期間をいう。

(2)　「催告」の意義

債務者に対して債務の履行を促す債権者の通知をいう。履行がなければ解
除をする旨を警告する必要はない（大判昭15.9.3）同共。

(a)　過大催告、過小催告も債務の同一性がわかればよい（大判昭9.6.2）同。

(b)　不相当な期間を定めた催告、期間の定めのない催告も有効であり、相当
期間経過後に解除できる（最判昭31.12.6、大判大2.2.2）同。

(c)　期限の定めのない債務の場合、412条3項の催告と541条の催告は兼ね
ることができ、各別に行う必要はない（大判大6.6.27）同。

債
権

479

総則［第541条］　　　　　　　　　　　　　　　　　　　　　　　　●契約

　　(d)　①542条に基づく解除の場合、②催告不要の旨の特約がある場合には、催告は不要である。
　　(e)　予備的な催告も有効である〈司〉。
　　　　ex.　賃貸借契約の終了を理由に目的物の返還を請求しつつ、予備的に賃貸借契約が存続していれば一定額の賃料を支払うべき旨の催告（最判昭40.3.9）
　　(f)　催告期間内に履行しなければ契約を解除する旨の意思表示を他方当事者がしたときは、その催告期間内に履行がなければ、解除の効果が発生する（停止条件付解除）〈司共〉
3　③相当の期間が経過したこと
4　④債務の不履行が契約及び取引上の社会通念に照らし軽微であること（ただし書）
　(1)　軽微性の判定時期
　　　不履行が軽微であるかどうかは、催告期間の経過時において判断される。
　(2)　軽微性の判定基準
　　　取引観念を考慮し、契約の趣旨に照らして判断される。
　　　→不履行が軽微な場合には、①違反された義務自体が契約全体から見て軽微な場合（付随的債務のうち、契約全体からみて重要度が低い義務に違反があった場合）と、②義務違反の態様が軽微な場合（給付の遅れや不完全さが軽微な場合）とが含まれる
　(3)　付随的債務の不履行に基づく解除の可否が問題となった事例としては、以下のものが挙げられる。
　　　ex.1　不動産売買契約において買主の租税負担義務の不履行を理由とする解除は認められない（最判昭36.11.21・百選Ⅱ42事件）〈司〉
　　　ex.2　代金完済まで土地上に工作物を築造しないという約款違反は付随的義務にとどまらず解除は認められる（最判昭43.2.23・百選Ⅱ43事件）
5　⑤債務の不履行につき債権者に帰責性がないこと（543）　⇒p.483

二　一部履行遅滞の場合の解除権

1　債務が可分の場合
　　債務が可分であって、その一部を履行しただけでも債権者にとって価値がある場合には、履行していない部分についてのみ解除権が発生する（大判大14.2.19）。もっとも、給付が可分でも全部の給付がなされなければ契約の目的を達成することができない場合には、契約全部を解除することができる（最判昭52.12.23）。
2　債務が不可分の場合
　　債務が不可分の場合には、原則として契約全部について解除権が発生する。もっとも、一部遅滞の程度がその契約及び取引上の社会通念に照らして軽微であるときは、この限りでない（541ただし書）。

●契約   総則［第542条］

《その他》

- 同一当事者間の債権債務関係が、その形式は甲契約及び乙契約といった2個以上の契約からなる場合でも、それらの目的が相互に密接に関連付けられていて、社会通念上、甲契約又は乙契約のいずれかが履行されるだけでは契約を締結した目的が全体としては達成されないと認められる場合は、甲契約上の債務の不履行を理由に、その債権者は法定解除権の行使として甲契約とあわせて乙契約も解除できる（最判平8.11.12・百選Ⅱ44事件）。

第542条　（催告によらない解除）

Ⅰ　次に掲げる場合には、債権者は、前条の催告をすることなく、直ちに契約の解除をすることができる。

① 債務の全部の履行が不能であるとき。

② 債務者がその債務の全部の履行を拒絶する意思を明確に表示したとき。

③ 債務の一部の履行が不能である場合又は債務者がその債務の一部の履行を拒絶する意思を明確に表示した場合において、残存する部分のみでは契約をした目的を達することができないとき〈同コ〉。

④ 契約の性質又は当事者の意思表示により、特定の日時又は一定の期間内に履行をしなければ契約をした目的を達することができない場合において、債務者が履行をしないでその時期を経過したとき〈同コ〉。

⑤ 前各号に掲げる場合のほか、債務者がその債務の履行をせず、債権者が前条の催告をしても契約をした目的を達するのに足りる履行がされる見込みがないことが明らかであるとき。

Ⅱ　次に掲げる場合には、債権者は、前条の催告をすることなく、直ちに契約の一部の解除をすることができる。

① 債務の一部の履行が不能であるとき。

② 債務者がその債務の一部の履行を拒絶する意思を明確に表示したとき。

［趣旨］本条は、債務不履行によって契約目的の達成が不可能になった結果として、当該債務不履行により債権者が契約を維持する利益ないし期待を失っている場合に、催告によることなく契約関係の全部（Ⅰ）又は一部（Ⅱ）を解消することを認める規定である。なお、解除に債務者の帰責事由が不要であることは前条と同様である〈響〉。

《注　釈》

◆　無催告解除の要件

① 542条1項各号・2項各号の事由があること

② ①の事由につき債権者に帰責性がないこと（543）

1　① 542条1項各号・2項各号の事由があること

(1)　履行不能（Ⅰ①、同③、Ⅱ①）

　　履行不能にあたるかは、契約その他の債務の発生原因及び取引上の社会通念に照らして判断される。　⇒ p.299

　　ex.1　不動産の売主が当該不動産を第三者に二重譲渡し、その第三者が所

債権

481

総則［第542条］　　　　　　　　　　　　　　　　　　　　　　　　　●契約

有権移転登記（177）を具備した場合（最判昭35.4.21）司書

cf.　買戻し（579）等その他の手段により所有権を回復することが可能な場合、仮登記の場合には履行不能とはいえない（大判大11.12.2、最判昭44.5.27）

ex.2　土地の賃貸人が当該土地を第三者に二重賃貸し、その第三者が土地上に建物を建築・使用している場合（最判昭52.3.11）

ex.3　不動産の売主がその不動産上に抵当権を設定したが、無資産で抵当権を抹消できない状態にあった場合（大判大11.11.13）

＊　一部履行不能の場合、残存する部分のみでは契約目的を達成できないときは契約の全部の解除が可能となる（Ⅰ③）。そうでない場合は、契約の一部の解除ができるにとどまる（Ⅱ①）。

(2)　履行拒絶（Ⅰ②、同③、Ⅱ②）

(a)　履行拒絶の意思が表示された時期は履行期の前後いずれであってもよい。

(b)　「明確に表示」とは、単に債務者の拒絶の意思が表明されているのみでは足りず、拒絶の意思が明確なものであって、その意思が表示されていることを要する。

＊　契約の一部の履行を拒絶する意思が明確に表示された場合、残存する部分のみでは契約目的を達成できないときは契約の全部の解除が可能となる（Ⅰ③）。そうでない場合は、契約の一部の解除ができるにとどまる（Ⅱ②）。

(3)　定期行為（Ⅰ④）

契約内容から判断して、給付の性質上又は当事者の意思によると、特定の日時又は一定の期間内に債務の内容に適合した履行がされなければ契約目的を達成することができないものを定期行為という。

(a)　絶対的定期行為（契約の性質による定期行為）

ex.　商人が中元の進物用のうちわを6月中に送付すべき約束でした売買契約（大判大9.11.15）

(b)　相対的定期行為（当事者の意思表示による定期行為）

動機が相手方に示され、履行期を厳守することが契約目的からして必要かつ重要であることについて、当事者間に了解があることを要する。

ex.　4月上旬の繁忙期に料理店を営むために、3月30日までに家屋を明け渡して引き渡すことを目的とする家屋の売買契約

(4)　催告しても履行を受ける見込みがないことが明らかであるとき（Ⅰ⑤）

同号は契約目的達成不能を理由とする無催告解除の補充的な包括規定である。本条により解除をなしうる具体例としては、以下のものが挙げられる。

ex.1　売買契約において目的物に契約不適合が認められ、売主による追完が期待できないため契約の目的を達成することができない場合

ex.2　賃貸借契約において賃借人が信頼関係を破壊するような態度をとっ

482

●契約　　　　　　　　　　　　　　　　　　　　　　総則［第543条〜第544条］

た場合

ex.3　付随義務・保護義務違反により契約の目的を達成することができない場合

2　②①の事由につき債権者に帰責性がないこと（543）

第543条　（債権者の責めに帰すべき事由による場合）

債務の不履行が債権者の責めに帰すべき事由によるものであるときは、債権者は、前2条の規定による契約の解除をすることができない《拱》。

［趣旨］ 債務不履行について帰責事由が認められる債権者に契約の拘束力からの離脱を認めるのは妥当ではないため、そのような場合における契約の解除を制限した。

《その他》

▪ 受領遅滞中に生じた履行不能について当事者双方に帰責事由がない場合、その履行不能は債権者の帰責事由によるものとみなされる（413の2Ⅱ）。　⇒ p.303

第544条　（解除権の不可分性）

Ⅰ　当事者の一方が数人ある場合には、契約の解除は、その全員から又はその全員に対してのみ、することができる。

Ⅱ　前項の場合において、解除権が当事者のうちの1人について消滅したときは、他の者についても消滅する《繊》。

［趣旨］ 契約の一方又は双方の当事者が複数いる場合、各自の負担部分に応じた解除を認めるとすれば、法律関係を複雑にして不便となるだけでなく、通常の当事者の意思にも反することになる。そこで本条は、全員について解除させることとした（解除不可分の原則）。

《注　釈》

一　解除権の行使方法　⇒ p.477

解除権行使の相手方は、通常、契約の相手方である。

→権利が譲渡されても、契約上の地位の移転（539の2）がない限り、譲受人は解除権をもたない

→権利が譲渡され、契約上の地位の移転がなされていない場合において、その譲渡人が解除をなす場合は、譲受人の同意を要する（大判大14.12.15）

∵　譲渡人の解除権の行使により、譲受人の債権が消滅する

二　解除権の不可分性

分割・不可分・連帯債務を問わず適用される。

1　行使における不可分性（Ⅰ）

(1)　意思表示まで同時になされる必要はない。同時になされなかった場合、解除の意思表示が全員に対して到達した時、又は全員の意思表示が到達した時に解除の効果が生じる。

(2)　本条は強行規定ではない。　→当事者全員の特約で排除することができる

(3)　初めから当事者が複数である場合だけでなく、後に当事者が複数になった

債権

483

総則［第545条］　　　　　　　　　　　　　　　　　　　　　●契約

場合にも本条は適用される。

ex.　賃借権を相続した共同相続人に対する契約解除の意思表示（大判大12.6.1）

(4)　当事者が複数であっても、その内部関係によって一部の者で意思決定ができる場合は、本条は適用されない。

ex.　共有物の賃貸が共有物管理（252）となる場合（最判昭39.2.25）⇒ p.182

2　消滅における不可分性（Ⅱ）

行使における不可分性を認めた結果認められる。

(1)　相手方が複数で、その1人に対する解除権が消滅した場合も含む。

(2)　解除権の消滅原因は問わない。

→複数の解除権者の1人が解除権を放棄した場合も、全員について解除権が消滅する

第545条　（解除の効果）

Ⅰ　当事者の一方がその解除権を行使したときは、各当事者は、その相手方を原状に復させる義務を負う。ただし、第三者の権利を害することはできない〈司〉。

Ⅱ　前項本文の場合において、金銭を返還するときは、その受領の時から利息を付さなければならない〈司共予〉。

Ⅲ　第1項本文の場合において、金銭以外の物を返還するときは、その受領の時以後に生じた果実をも返還しなければならない〈司予〉。

Ⅳ　解除権の行使は、損害賠償の請求を妨げない。

[趣旨] 目的を達成できなくなった契約を解消して、その契約が存在しなかったのと同じ状態に回復することを目的とするものである。

《注　釈》

一　解除の効果の法的構成

1　問題の所在

契約による法的拘束からの解放、原状回復、損害賠償という3つのことを、解除という1つの行為から論理的に矛盾なく導き出すために、解除の法的構成をどうしたらいいか、ということが問題となる。

＜解除の効果の法的構成＞〈書〉

	直接効果説（大判大7.12.23、大判大8.4.7）（＊1）	間接効果説（＊1）
意義	契約が解除されると解除の直接の効果として契約上の債権・債務は初めに遡って消滅する	契約が解除されても、解除の効果として契約上の債権・債務が消滅するのではなく、ただ当事者間に原状回復の債権・債務関係を発生させるにとどまり、それが履行されることによってはじめて契約関係は消滅する

●契約   総則［第545条］

		直接効果説（大判大7.12.23、大判大8.4.7）（＊1）	間接効果説（＊1）
解除	未履行債務	債務の遡及的消滅により履行義務を免れる	履行を拒絶する抗弁権が発生
解除	既履行債務	法律上の原因のない給付として不当利得返還義務を生ずる〈司〉	解除時から新たに返還債務を生ずる
返還義務の性質		一種の不当利得返還義務 ただし、解除の場合は原状回復義務まで拡大されている	解除による原状回復は解除特有のものであり、不当利得とは何ら関係がない（独自の権利）
545条1項ただし書の意義		解除に物権的効果を認める以上、権利の転得者を保護するために解除の遡及効を制限しなければならない	契約により生じた物権変動も、解除により直接の影響を受けないから、第三者の保護はすべて対抗問題として処理される（545Ⅰただし書は注意規定）〈司〉
545条4項の意義		債権者を保護するために、解除の遡及効の範囲に制限を加えて、債務不履行による損害賠償請求権を契約解除にもかかわらず存続させたもの →履行利益の賠償（大判大7.11.14、最判昭28.12.18・百選Ⅱ8事件）〈通〉（＊2）	解除における損害賠償もすでに発生した債務不履行による損害賠償が存続したもの（∵解除に遡及効なし） →履行利益の賠償

＊1　その他、解除によって、未履行債務はその時点で消滅する（直接効果説と同様。
　　もっとも遡及効を認めない点では異なる）が、既履行債務については消滅せず、新
　　たな返還義務を生じるにとどまる（間接効果説と同様）とする折衷説もある。
＊2　解除の遡及効を貫けば、損害賠償は、契約が解除されることなく完全に履行され
　　ると誤信したために被った損害、すなわち信頼利益の賠償であるということになる。

2　解除の遡及効の及ぼす影響（直接効果説に立った場合）
（1）解除された契約自体から生じた法律効果は解除により遡及的に消滅する。
　（a）契約によって生じた債権・債務は解除により消滅する。
　（b）物権移転の効果も当然に消滅する。
　　　ex.　契約の効果として所有権移転が生じていた場合、所有権も当然に
　　　　　復帰する（大判大10.5.17）
　（c）債権譲渡契約において、譲渡人が債務者へ通知をなした後（又は債務者
　　　が承諾した後）に譲渡契約を解除した場合、当事者間においてはその債権
　　　は譲渡人に復帰する。しかし、債務者への通知・承諾がなければ、その復
　　　帰を債務者に対抗し得ない（大判明42.5.14）。
　　　　∵　債権譲渡契約の解除の事実を債務者は容易に知り得ない
（2）解除された契約によって消滅した権利も、原則として復活する。
　（a）更改契約（513）・和解契約（695）
　　　　更改契約や和解契約が解除されたときは、これらの契約によって消滅し
　　　た権利が復活する（大判大9.7.15、大判昭13.12.7）。

債権

485

総則［第545条］　　　　　　　　　　　　　　　　　　　　　●契約

(b) 賃貸人が賃借人に賃貸物を売却した場合

その後この売買契約が解除されたときは、賃借人が所有権を取得した結果、混同によって消滅した賃貸借関係が原則として復活する（最判昭40.12.21）。

(c) 相殺

解除によって消滅する債権が解除以前に相殺に用いられていた場合には、契約が解除されればその債権は初めから存在しなかったことになるから、相殺は無効となり反対債権が復活する（大判大9.4.7、最判昭32.3.8）。

二　原状回復義務（Ⅰ本文）

1　目的物が存在すればその物を返還する義務を負う。目的物につき必要費・有益費の支出があった場合は、196条の規定により処理される。

2　目的物が受領者の下で滅失・損傷して原物返還が不能になった場合には、その価格を返還する義務を負う。

3　代替物は同種・同等・同量の物を返還すればよい。

4　金銭を返還するときは、受領の時から利息を付けて返還しなければならず（Ⅱ）、金銭以外の物を返還するときは、受領の時から生じた果実を返還しなければならない（Ⅲ）。また、給付を受けた金銭以外の物から生じた使用利益も返還すべきである（最判昭51.2.13・百選Ⅱ45事件）〈予H28〉

cf.　特定物の売買における売主の保証人は、特に反対の意思表示のない限り、売主の債務不履行により契約が解除された場合に、原状回復義務である既払代金の返還義務についても保証責任を負う（最大判昭40.6.30・百選Ⅱ22事件）〈司〉　⇒ p.360

三　損害賠償義務（Ⅳ）

直接効果説に立つと、債務不履行による損害賠償責任と考えられる。

1　原則として解除時の時価を基準とする（最判昭28.10.15、最判昭28.12.18・百選Ⅱ8事件）。

目的物の価格が騰貴している場合　⇒ p.311

2　履行不能を理由とする解除の場合には、不能が履行期前に生じたのであれば履行期の時価を基準とする（最判昭36.4.28）。不能が履行期後に生じた場合は、履行不能時の価格を基準とする（最判昭35.4.21）。

四　解除と「第三者」（Ⅰただし書）〈司H20〉

1　「第三者」とは、解除された契約から生じた法律効果を基礎として、解除までに新たな権利を取得した者をいう（大判明42.5.14参照）。善意・悪意を問わない。ただし、対抗要件を要する（最判昭33.6.14）〈司書〉。

ex.　解除により消滅する債権自体の譲受人・差押債権者は「第三者」にあたらない

●契約 　　　　　　　　　　　　　　　　　　　　　総則［第546条〜第548条］

2　解除と物権変動の関係　⇒ p.129

＜解除と物権変動の関係＞

解除の効果	解除前の第三者	解除後の第三者
直接効果説	545 Ⅰただし書（ただし、登記必要）〈同〉	177（大判大 10.5.17）〈同書〉（94 Ⅱ類推も可）
間接効果説（折衷説）	177〈同〉	177〈同〉

第546条　（契約の解除と同時履行）

　　第533条＜同時履行の抗弁＞の規定は、前条の場合について準用する〈同共〉。

[趣旨] 解除は、1個の契約の解消によって両当事者が互いに契約のなかった状態を回復しようとするものだから、原状回復の債権・債務を同時履行の関係に立たせることが公平である。そこで、本条は533条を準用した。

第547条　（催告による解除権の消滅）

　　解除権の行使について期間の定めがないときは、相手方は、解除権を有する者に対し、相当の期間を定めて、その期間内に解除をするかどうかを確答すべき旨の催告をすることができる。この場合において、その期間内に解除の通知を受けないときは、解除権は、消滅する〈同予〉。

[趣旨] 解除権の行使について期間の定めがない場合には、相手方は解除されるかどうかわからないという不安定な状態に置かれる。そこで、このような不安定な地位に立たされる相手方を保護するため、本条が規定された。

《注　釈》

▪ この催告によって解除権が消滅しても本来の契約上の債権・債務には影響はない〈共〉。
　→債権者は本来の給付又は塡補賠償を請求しうる

第548条　（解除権者の故意による目的物の損傷等による解除権の消滅）

　　解除権を有する者が<u>故意</u>若しくは<u>過失</u>によって契約の目的物を著しく損傷し、若しくは返還することができなくなったとき、又は加工若しくは改造によってこれを他の種類の物に変えたときは、解除権は、消滅する〈譜〉。<u>ただし、解除権を有する者がその解除権を有することを知らなかったときは、この限りでない</u>〈同予〉。

[趣旨] 自らの故意・過失により目的物の原物返還を不可能にしておきながら解除権を認めることは、信義則（1 Ⅱ）上許されず、また解除権を放棄したものと同視しうる。したがって、そのような場合には、原則として解除権の行使は認められない（本文）。もっとも、解除権を有することを知らない段階で目的物に損傷を加えた場合等にまで解除権を喪失するのは酷であり、解除権を放棄した場合と同視することもできないことから、例外的に解除権の行使を認めている（ただし書）。

487

総則［第548条の2］　　　　　　　　　　　　　　　　　　　　　●契約

《注　釈》

一　本条による解除権の消滅

1　「解除権を有する者」の行為は、解除権が現実に発生した後の行為に限られない。

　　ex.　不完全な履行を受領した者が自ら目的物を損傷した後で催告し、解除をしようとする場合

2　「返還をすることができなくなったとき」には、目的物が第三者に譲渡された場合も含まれる。

3　目的物が代替物である場合は、それが滅失しても目的物と同種・同量・同品質の物を返還すればよいから、原物の返還ができなくても解除権は消滅しない。

4　目的物の損傷・改変等が目的物の僅少な部分にとどまる場合には、目的物全部につき解除権を失わない。給付が可分な場合には、その部分についてのみ解除権が消滅する。

5　解除権者の故意・過失によらない滅失、損傷ならば解除権は消滅しない〔司〕。

二　本条及び前条以外の事由による解除権の消滅

1　解除権行使前の債務の履行

　　履行遅滞による解除権が発生した後でも、債権者が解除をする前に債務者が本来の給付に遅滞による損害をも加えたものを提供したときは、一度生じた解除権はこれによって消滅する（大判大6.7.10）〔司共〕。

2　解除権の放棄

　　解除権者が解除権を放棄した場合も消滅する。

3　解除権の失効

　　相手方がもはや解除権の行使はないものと信じるほど長い間、解除権を行使せずに放置している場合には、信義則（1Ⅱ）上、解除権を消滅させるのを妥当とする（権利失効の原則、最判昭30.11.22）〔司〕。

4　解除権の消滅時効

　　解除権は、債権に準じ、債務不履行の時から10年（166Ⅰ②）、又は債権者が債務不履行の事実を知った時から5年（同①）の消滅時効にかかる。

　　cf.　解除権行使の結果生ずる原状回復義務は、解除時を起算点として、原則5年又は10年の期間の経過によって消滅する（大判大6.11.14）

第5款　定型約款

第548条の2　（定型約款の合意）

<u>Ⅰ　定型取引（ある特定の者が不特定多数の者を相手方として行う取引であって、その内容の全部又は一部が画一的であることがその双方にとって合理的なものをいう。以下同じ。）を行うことの合意（次条において「定型取引合意」という。）をした者は、次に掲げる場合には、定型約款（定型取引において、契約の内容とすることを目的としてその特定の者により準備された条項の総体をいう。以下同じ。）の個別の条項についても合意をしたものとみなす〔予〕。</u>

488

●契約 　　　　　　　　　　　　　　　　　　　　　総則［第548条の2］

① 定型約款を契約の内容とする旨の合意をしたとき。

② 定型約款を準備した者（以下「定型約款準備者」という。）があらかじめその定型約款を契約の内容とする旨を相手方に表示していたとき〈**略**〉。

Ⅱ 前項の規定にかかわらず、同項の条項のうち、相手方の権利を制限し、又は相手方の義務を加重する条項であって、その定型取引の態様及びその実情並びに取引上の社会通念に照らして第1条第2項＜信義誠実の原則＞に規定する基本原則に反して相手方の利益を一方的に害すると認められるものについては、合意をしなかったものとみなす。

【平29改正】現代社会では、「約款」（多数の取引に対して一律に適用するために事業者により作成され、あらかじめ定型化された契約条項）に基づく取引が広く行われている。約款における契約では、当事者が個別に合意をする場面は少ないため、当事者の合意がない限り契約の拘束力は生じないという民法の原則上、約款の細則が契約内容になるかどうか争いになることも少なくなかった。にもかかわらず、改正前民法においては約款に関する規定が存在しなかったため、約款に関するルールを明確に規定する必要性が極めて高かった。そこで、平成29年民法（債権関係）改正により、「定型約款」という概念が新たに設けられ、その限度で「約款」の効力が認められることとなった。

《注 釈》

一 548条の2第1項

本条1項は、「定型約款」に該当するための要件と、「定型約款」の個別の条項について合意したものとみなすための要件を規定している。

1 「定型約款」に該当するための要件

定型約款とは、定型取引において、契約の内容とすることを目的として当該定型取引の当事者の一方により準備された条項の総体をいう（548の2Ⅰ柱書）。

そして、定型取引とは、ある特定の者が不特定多数の者を相手方として行う取引であって、その内容の全部又は一部が画一的であることがその双方にとって合理的なものをいう（548の2Ⅰ柱書）。

「定型約款」に該当するための要件をまとめると、次のようになる。

① 定型取引に用いられるものであること
①－1 ある特定の者が不特定多数の者を相手方として行う取引であること
①－2 取引の内容の全部又は一部が画一的であることがその双方にとって合理的なものであること
② 契約の内容とすることを目的として準備されたものであること
③ 当該定型取引の当事者の一方により準備されたものであること

これらの要件を満たすものであれば、事業者間の取引において用いられるものであっても、定型約款として548条の2以下の規定が適用される。

ex. 生命保険約款、損害保険約款、旅行業約款、宿泊約款、運送約款、預金規定

489

総則［第548条の2］　　　　　　　　　　　　　　　　　　　　　　　　　　●契約

(1) ①－1は、相手方の個性に着目せずに行う取引であるかどうかに注目した要件である。

> →労働契約のように労働者の能力・人格・技能など相手方の個性に着目して行われる取引は、「不特定多数の者」の要件を満たさず、定型取引に当たらないが、一定の集団に属する者との間で行われる取引であっても、相手方の個性に着目せずに行われるものであれば、「不特定多数の者」の要件を満たす

(2) ①－2にいう「取引の内容の全部又は一部が画一的であることがその双方にとって合理的なもの」とは、多数の相手方に対して同一の内容で契約を締結することが通常であり、かつ、相手方が交渉を行わず、一方当事者が準備した契約条項の総体をそのまま受け入れて契約の締結に至ることが取引通念に照らして合理的である取引（相手方の交渉による修正の余地のない取引）を意味する。

> →当事者の個別的な交渉によって内容が変更されるものであったり、当事者の一方にのみ利便性が認められるものは、①－2の要件を満たさない
>
> なお、「取引の内容の……一部が画一的であること」とされたのは、定型約款の定義に当てはまる場合であっても、例外的に定型条項の一部について別段の合意がされた場合、当該合意に係る個別合意条項（個別交渉条項）を定型約款から除外する趣旨である。

(3) ②にいう「契約の内容とすることを目的」とするとは、当該定型約款を契約内容に組み込むことを目的とするという意味である。

(4) ③は、当該定型取引の当事者の一方により準備されたものであることを示している。

2　「定型約款」の個別の条項について合意したものとみなすための要件

上記1の要件によって契約条項の総体が「定型約款」に該当したとしても、直ちに、当事者が当該「定型約款」の個別の条項について合意したものとみなされるわけではない。本条1項は、「定型約款」の個別の条項について合意したものとみなすための要件について、次のように規定している（定型約款におけるみなし合意）。

> ① 定型約款を契約の内容とする旨の合意をしたとき（548の2Ⅰ①）
> 又は
> ② 定型約款を準備した者（定型約款準備者）があらかじめその定型約款を契約の内容とする旨を相手方に表示していたとき（548の2Ⅰ②）

(1) 上記①は、定型取引を行うことの合意（定型取引合意）をした者が定型約款を契約の内容とする旨の合意をしたときは、「定型約款」の個別の条項について合意したものとみなす旨規定するものである。

> →定型取引合意をした者は、その定型約款の全ての条項を具体的に認識していることを要しない

(2) 上記②は、定型約款準備者があらかじめその定型約款を契約の内容とする

●契約　　　　　　　　　　　　　　　　　　　　　　　　　総則［第548条の3］

旨を相手方に表示していたときも、定型取引合意をした者は「定型約款」の
個別の条項について合意したものとみなす旨規定するものである。ここでは、
あらかじめ定型約款が相手方に表示された上で両当事者が定型取引に合意す
るというケースが想定されており、定型取引合意をした者は、定型約款が契
約の内容に組み込まれることについて黙示の同意をしたものと考えられてい
る。

二　548条の2第2項

1　本条2項は、消費者契約法10条（消費者の利益を一方的に害する条項の無
効）と同様の枠組みを採用するものであるが、同法10条は「無効とする」と
規定しているのに対して、本条2項は「合意をしなかったものとみなす」と規
定しており、初めから契約内容に組み込まれなかったとする点で、消費者契約
法10条（契約内容となった上で無効となる）と異なる。

　　cf.　事業者と消費者との契約（消費者契約）において定型約款が使用された
　　　　場合、消費者は定型約款準備者である事業者に対し、本条に基づく不当条
　　　　項の効力否定の主張と消費者契約法10条に基づく不当条項の無効という
　　　　主張を選択的に行使できる

2　本条2項の「その定型取引の態様及びその実情並びに取引上の社会通念に照
らして第1条第2項に規定する基本原則に反して相手方の利益を一方的に害す
ると認められるもの」という文言には、合意内容の希薄性（契約内容を具体的
に認識しなくても定型約款の個別の条項について合意をしたものとみなされる
という定型約款の特殊性）、契約締結の態様、合理的な取引慣行その他取引全
体に関する事情を広く考慮し、当該条項の不当性の有無を判断するということ
が含意されている。

　　具体的には、定型約款の個別の条項が信義に反して相手方の利益を一方的に
害する場合（不当条項　ex.解約する場合に過大な違約金が発生する条項、い
かなる場合であっても事業者は責任を負わないという条項等）、又は予測し難い
条項が置かれ、その条項が相手方の多大な負担を強いるような場合（不意打ち
条項　ex.ある商品を購入したら継続的なメンテナンス費用を支払わなければ
ならない条項等）には、当該条項の不当性が認められる。

第548条の3　（定型約款の内容の表示）

Ⅰ　定型取引を行い、又は行おうとする定型約款準備者は、定型取引合意の前又は定
型取引合意の後相当の期間内に相手方から請求があった場合には、遅滞なく、相当
な方法でその定型約款の内容を示さなければならない〈書〉。ただし、定型約款準備者
が既に相手方に対して定型約款を記載した書面を交付し、又はこれを記録した電磁
的記録を提供していたときは、この限りでない。

Ⅱ　定型約款準備者が定型取引合意の前において前項の請求を拒んだときは、前条の
規定は、適用しない。ただし、一時的な通信障害が発生した場合その他正当な事由
がある場合は、この限りでない〈同書〉。

総則［第548条の4］　　　　　　　　　　　　　　　　　　　　　　●契約

【平29改正】改正民法は、契約締結前の相手方に対する定型約款の内容の開示を要件から除外しており（548の2Ⅰ参照）、定型約款が契約内容となるかという問題と、定型約款の内容の開示の問題を別個の問題として区別しているところ、本条は、その定型約款の内容の表示に関して規定するものである。

《注　釈》

一　548条の3第1項

1　本条1項本文は、定型取引合意の前又は合意の後相当の期間内に相手方から請求があった場合に限って、定型約款準備者に遅滞なく相当な方法での定型約款の内容の開示義務を課すものであり、言い換えれば、定型約款の事前開示を定型約款の拘束力（定型約款が契約内容に組み込まれる効力）を発生させるための要件としていない。

　∵　定型約款準備者が相手方に対して常に定型約款の内容を事前に開示しなければ定型約款の拘束力が生じないとすると、契約が煩雑になり定型約款が上手く機能しない一方、相手方に対しては、締結する（した）契約に用いられる定型約款の内容を確認する機会を与える必要もあるため、「定型取引合意の前又は定型取引合意の後相当の期間内に相手方から請求があった場合」に限定して定型約款の内容の開示義務を課すことで、両者のバランスを取った

　→相手方から請求がなかった場合には、定型約款準備者は相手方に対して事前に定型約款の内容を開示しなくても、定型約款の拘束力を生じさせることができる

　なお、開示義務違反の効果は、債務不履行に基づく損害賠償義務である。

2　本条1項ただし書によれば、定型約款準備者がすでに相手方に対して定型約款を記載した書面・電磁的記録を交付・提供していたときは、定型約款準備者は、定型約款の内容の開示義務を負わない。

　∵　定型約款を記載した書面等の事前交付により、相手方に対して、定型約款の内容を確認する機会を与えている

二　548条の3第2項

本条2項は、定型約款準備者が相手方に対して定型約款の事前開示を不当に拒絶した場合にまで、定型約款の拘束力を認めるのは不当であるため、一時的な通信障害が発生した場合その他正当な事由がある場合を除き、548条の2の規定が適用されない旨規定するものである。

第548条の4　（定型約款の変更）

Ⅰ　定型約款準備者は、次に掲げる場合には、定型約款の変更をすることにより、変更後の定型約款の条項について合意があったものとみなし、個別に相手方と合意をすることなく契約の内容を変更することができる〈醤〉。

①　定型約款の変更が、相手方の一般の利益に適合するとき〈醤〉。

●契約   総則［第548条の4］

② 定型約款の変更が、契約をした目的に反せず、かつ、変更の必要性、変更後の
内容の相当性、この条の規定により定型約款の変更をすることがある旨の定めの
有無及びその内容その他の変更に係る事情に照らして合理的なものであるとき。

Ⅱ 定型約款準備者は、前項の規定による定型約款の変更をするときは、その効力発
生時期を定め、かつ、定型約款を変更する旨及び変更後の定型約款の内容並びにそ
の効力発生時期をインターネットの利用その他の適切な方法により周知しなければ
ならない＜略＞。

Ⅲ 第1項第2号の規定による定型約款の変更は、前項の効力発生時期が到来するま
でに同項の規定による周知をしなければ、その効力を生じない＜略＞。

Ⅳ 第548条の2第2項＜不当条項・不意打ち条項は合意しなかったものとみなす
＞の規定は、第1項の規定による定型約款の変更については、適用しない。

【平29改正】定型約款を用いて多数の取引が行われた後、法令の改正など事業を取
り巻く環境の変化によって、定型約款を変更する合理的な必要性が生じる場合があ
る。定型約款を用いた契約は相手方が多数である場合が多く、定型約款準備者が相
手方と個別に定型約款の変更に係る合意をしなければならないとすると、定型約款
の変更が事実上不可能になることもあり得る。他方、定型約款準備者が一方的な意
思によって常に定型約款を変更できてしまうとすると、相手方の権利・利益への影
響が大きく、また契約の拘束力の発生根拠である当事者の合意を無視することにな
り妥当でない。そこで、本条は、定型約款準備者の利益と相手方の利益の双方に配
慮し、定型約款の変更要件を定め、その要件を満たす場合には、個別に相手方と合
意をすることなく契約の内容を変更することができる旨規定した。

《注　釈》

一　548条の4第1項

1　本条1項が規定する定型約款の変更の要件は、次のとおりである。

> ① 定型約款の変更が、相手方の一般の利益に適合するとき（548の4Ⅰ①）
> 又は
> ② 定型約款の変更が、契約をした目的に反せず、かつ、変更の必要性、変更
> 後の内容の相当性、この条の規定により定型約款の変更をすることがある旨
> の定めの有無及びその内容その他の変更に係る事情に照らして合理的なもの
> であるとき（548の4Ⅰ②）

上記①の要件は、相手方にとって有利になる場合である。また、上記②の要
件は、当該定型約款の変更の必要性、変更後の内容の相当性等に照らし、定型
約款の変更が合理的なものといえる場合である。

2　上記②の要件を判断するに当たっては、定型約款の変更の効力が肯定された
場合に相手方が受ける不利益と、定型約款の変更の効力を否定された場合に定
型約款準備者が受ける不利益の利益衡量が基礎となる。

そして、合理性判断の際の考慮要素として、条文上は「変更の必要性、変更
後の内容の相当性、この条の規定により定型約款の変更をすることがある旨の
定めの有無及びその内容その他の変更に係る事情」が示されているが、これら

493

はあくまで例示列挙であり、合理性判断の際には定型約款の変更に係る全ての事情が考慮される。

→相手方に解除権を付与するといった相手方の不利益を回避・補填・軽減する措置が現在の定型約款に講じられているか、個別に相手方と合意をすることにどの程度の困難が伴うか、といった事情も考慮事由となる

二　548条の4第2項

本条2項は、定型約款準備者の周知義務を規定するものである。

→定型約款準備者が本条1項に基づいて定型約款の変更をするときは、①効力発生時期を定め、かつ、②インターネットその他の適切な方法により、定型約款を変更する旨、変更後の定型約款の内容、効力発生時期を周知しなければならない

三　548条の4第3項

本条3項は、本条1項2号による定型約款の変更は、変更後の定型約款の効力発生時期が到来するまでに周知をしなければ、変更の効力が生じない旨定めるものである。

→本条1項1号による定型約款の変更が行われた場合には、たとえ変更後の定型約款の効力発生時期が到来した後に周知がなされた場合であっても、変更の効力が生じる

∵　本条1項1号による定型約款の変更は、相手方にとって有利な変更であるから、周知が遅れても相手方にとって不利益はない

四　548条の4第4項

本条4項は、定型約款の変更に際しては、548条の2第2項を適用しない旨定めるものである。

∵　定型約款の変更の合理性は専ら548条の4第1項によって判断されるが、この基準は548条の2第2項所定の要件よりも厳格であり、考慮事情も異なるため

■第2節　贈与

《概　説》

一　意義

1　贈与とは、贈与者が受贈者に対して無償である財産を相手方に与えることを目的とする契約である。贈与の目的物は「ある財産」(549)であれば足りるため、他人に属する財産の贈与契約も有効である。

2　「財産を……与える」(549)とは、贈与者の財産の減少により受贈者の財産が増加することであり、受贈者のために地上権や地役権を設定する約束をすることも贈与である。

二　法的性質

無償・片務・諾成契約である。

●契約　　　　　　　　　　　　　　　　　　　　　贈与［第549条～第550条］

第549条　（贈与）

　贈与は、当事者の一方が<u>ある</u>財産を無償で相手方に与える意思を表示し、相手方が受諾をすることによって、その効力を生ずる。

《注　釈》

一　贈与契約の成立

　贈与は契約であるから、贈与者・受贈者の意思の合致が必要である〈司共〉。この意思の認定の解釈は、対価なしに一方的に相手方に財産を与える契約であることに留意して、動機も含めた慎重な判断が必要である。

二　贈与者の義務

　贈与者は契約により負担した債務を履行しなければならない〈司〉。
　→特定物の贈与者は、善管注意義務を負う（400）〈司〉

第550条　（書面によらない贈与の解除）〈司〉

　書面によらない贈与は、各当事者が<u>解除をする</u>ことができる。ただし、履行の終わった部分については、この限りでない。

[趣旨] 本条は、贈与の意思を明確にするとともに軽率に贈与しないよう戒め、紛争の発生を防止するため規定された。

《注　釈》

一　贈与の「書面」の記載（本文）

　贈与者の意思が書面に表示されていれば足りる〈司〉。

ex.1　贈与契約書でなくともよい（最判昭60.11.29・百選Ⅱ 47事件）

ex.2　受贈者の氏名や承諾の意思表示が書面上明らかでなくともよい

ex.3　書面による贈与の書面の作成は、贈与契約の成立と同時でなくともよい（大判大5.9.22）

ex.4　売買契約書によって登記がなされたが、他の証拠から無償譲渡であることが立証された場合は、「書面」にあたる（大判大15.4.7）

cf.　贈与者が自分の日記に贈与契約を締結した事実を記載した場合は、「書面」にあたらない

二　書面によらない贈与の「解除」（本文）

　「各当事者」の解除を認める以上、受贈者からの解除も可能である。
　→負担付贈与の場合に実益がある
　贈与者が故意・過失により目的物を著しく損傷するなどした場合であっても、548条が適用されることはない。
　∵　目的物はまだ引き渡されておらず、548条の予定する状況とは異なる

三　「履行の終わった」（ただし書）〈司〉

　債務の履行は債務の本旨に従って給付を実現することであるが、贈与の履行が終わるとは、これよりも緩く、贈与者の贈与の意思を明確に表す程度の徴表であればよい。

贈与〔第551条〕　　　　　　　　　　　　　　　　　　　　　　●契約

1　不動産贈与
　　　不動産の引渡しがあれば移転登記が済んでいなくても（最判昭31.1.27）〈司〉、また、不動産の移転登記があれば引渡しが済んでいなくとも（最判昭40.3.26）〈司〉、履行は終わったものとされる。
2　動産贈与
　　　引渡しの有無により判断される。
3　引渡しには、現実の引渡しのみならず簡易の引渡し・占有改定も含まれる〈司〉。
4　現実贈与（意思表示と同時に実行行為の完了する贈与）においては、本条による解除が問題となる余地はない。
5　条件付贈与契約の場合、たとえ引渡しがなされても、条件が成就していない限り取り消しうる（最判昭41.10.7）。
6　書面によらない贈与の目的物が、その履行前に合意により他の物に変更されても、履行と同視することはできない。

《その他》

▪書面による贈与であったとしても意思表示一般の取消しは何ら妨げられない。
▪書面による贈与や履行が終了した場合でも、親族間の情誼関係が贈与者の責めに帰すべき事由によらずして破綻消滅し、右贈与の効果をそのまま維持存続させることが諸般の事情からみて信義衡平の原則上不当と解されるときは、贈与者の贈与物返還請求を認めるのが相当である、とする下級審判例（新潟地判昭46.11.12）がある。

第551条　（贈与者の引渡義務等）

Ⅰ　贈与者は、贈与の目的である物又は権利を、贈与の目的として特定した時の状態で引き渡し、又は移転することを約したものと推定する〈司〉。
Ⅱ　負担付贈与については、贈与者は、その負担の限度において、売主と同じく担保の責任を負う。

[趣旨] 贈与契約においても、財産移転契約たる売買契約と同様に、引き渡すべき目的物が契約の内容に適合していなかった場合には、贈与者は、債務不履行責任を負うとするのが妥当である（契約責任説）。しかし、本条1項は、贈与の無償性に鑑み、贈与者の責任を売買契約の売主のものよりも軽減することを定めた。

《注　釈》

一　「贈与の目的として特定したときの状態」

　「贈与の目的として特定した時の状態」とは、特定物の贈与においては贈与契約を締結した時の状態を指し、それ以外の贈与においては目的物が特定した時（401Ⅱ）の状態を指す。

二　贈与者が責任を負う場合

1　贈与者が責任を負う場合としては、①「推定」（Ⅰ）に対する反証（当事者間での別段の合意等）がなされた場合、②負担付贈与の場合（Ⅱ）が挙げられる。

●契約   贈与［第552条～第553条］

②の場合、贈与者は負担の限度で責任を負う。この場合において、目的物の価額が負担の額に足りないとき、贈与者は負担の額と等しくなるまで損害を賠償すべきものと解されている。

2　上記①又は②の場合、受贈者は債務不履行の一般的な規律に従い、損害賠償請求（415）、解除（541以下）、追完請求（562）をすることができる。また、金銭の支払を内容とする負担付贈与の場合には、その減額請求（563）が可能となる。

第552条　（定期贈与）
定期の給付を目的とする贈与は、贈与者又は受贈者の死亡によって、その効力を失う〈司〉。

《注　釈》
- 定期贈与とは、一定の時期ごとに無償で財産を与える契約をいう。
  ex.　毎月一定の学費・生活費を与える
- 当事者の人的関係が重視されるため、贈与者又は受贈者の死亡によって効力は消滅する。ただし、反対の特約は可能である（∵本条は任意規定）。
  なお、本条は書面による贈与契約（550参照）でも適用がある〈司〉。

第553条　（負担付贈与）
負担付贈与については、この節に定めるもののほか、その性質に反しない限り、双務契約に関する規定を準用する〈司〉。

[趣旨] 負担付贈与では受贈者が負担を負うが、これは本来贈与者の給付と対価関係にあるわけではない。しかし実質的には、負担の範囲内では両者が対価関係にあるとみられる。そこで、法は負担付贈与にも有償・双務契約に関する規定（533、536等）を準用するものとした。諾成契約である点は変わらない。

《注　釈》
一　意義

「負担付贈与」とは、贈与契約の一部として受贈者に一定の給付義務を負担させる契約をいう。受贈者の負担から利益を受ける者は、贈与者でも第三者でも不特定多数の者でも構わない。負担は贈与契約の付款にすぎず、履行がなされなくても贈与契約は効力を生じる。

二　解除の可否

受贈者が負担を履行しないときは、贈与者は契約を解除できる（541以下準用）（最判昭53.2.17）〈司〉。
　　cf.　危険負担の準用の問題を生じるのは、主として負担だけが履行不能となった場合と解される
　　　∵　贈与者の給付が履行不能となれば受贈者の負担は自ずから消滅する

《その他》
- 負担付贈与が書面によらない場合は、550条に従って解除することができる。

497

贈与［第554条］　　　　　　　　　　　　　　　　　　　　　　　　●契約

cf. 負担のみが履行されている場合には、当事者は解除することができないとす
るのが多数説である

第554条　（死因贈与）

　贈与者の死亡によって効力を生ずる贈与については、その性質に反しない限り、遺
贈に関する規定を準用する。

［趣旨］死因贈与は、死亡が効力発生要件である点などで遺贈に実質的に類似する
ため、遺贈に関する規定が準用される。

《注　釈》

一　意義

　死因贈与とは、贈与者の死亡によって効力を生ずる贈与をいう。

二　遺贈の規定の準用

　原則として遺贈に関する規定は死因贈与にも準用されるが、贈与は契約である
ことからすべての規定が準用されるわけではなく、準用されるのは効力に関する
規定であり、遺贈が単独行為であるための規定（方式に関する規定等）は準用さ
れない（最判昭32.5.21）〈通〉〈同〉。

＜遺贈の規定の準用＞

準用される規定	準用されない規定
遺言の効力に関する規定（985、991〜） 遺言の執行に関する規定（1006〜） 遺言の撤回に関する規定（1022〜）〈同〉（＊）	能力に関する規定（961、962） 方式に関する規定（967） 承認・放棄に関する規定等（986〜990）

＊　判例は、死因贈与については遺言の撤回に関する1022条がその方式に関する部分
　を除いて準用されるとして、贈与者の内容証明郵便による撤回を認めている。ただ、
　特段の事情があるとみられる場合には、例外的に撤回できないとしており、贈与者の
　生前にすでに負担の履行が済んでいたことが、「特段の事由」にあたるとする（最判昭
　57.4.30・百選Ⅲ86事件）〈共〉。

三　遺贈と死因贈与

＜遺贈と死因贈与の異同＞

	遺　贈	死因贈与
法的性質	単独行為 →受贈者の承諾不要	契約 →受贈者の承諾必要
能　力	15歳（961） →15歳以上の者がした遺贈は制限 　行為能力を理由とする取消不可	18歳（4）
代　理	不可	可
方　式	厳格に法定（967〜）	遺贈の条文は準用されない
胎児への遺贈・ 死因贈与の可否	可（886・965）	不可〈同〉

●契約　　　　　　　　　　　　　　　　　　　　　　　　　　　売買［第555条］

■第3節　売買

第1款　総則

《概　説》

一　意義

売買とは、当事者の一方（売主）がある財産権を相手方（買主）に移転することを約束し、これに対して買主がその代金を支払うことを約束する契約をいう。

二　法的性質

売買は、有償・双務・諾成契約である。

三　売買の種類

本条以下で規定される売買は、債権契約としての売買契約であるが、日常生活において行われる現実売買（あらかじめ特別の合意なく、財貨と金銭とを即時に交付し合う形態の売買。ex. 自動販売機や通常の店頭販売）も、債権契約としての売買の一種として、本節の規定が適用される。

契約自由の原則からすると、売買契約の形態は当事者が自由に定めうる。特殊形態の売買の中でも典型的な例としては以下のようなものがある。

1　見本売買

見本により目的物の品質、属性を定めた売買で、目的物の性質が保証されたものをいう。見本売買成立には、契約締結途上で単に見本の提示のみならず、目的物を見本で定める明示・黙示の意思表示を要する。給付物が見本に適合しないときは売主の債務不履行とされる🈩。

2　試味売買（試験売買）

目的物が買主の意に適したら買うとの、条件付売買をいう。試味売買では、売買の効力発生が買主の任意に委ねられ、売買の一方の予約（556）の一態様といえる。そこで、売主が相当期間を定めて催告し、期間内に買主が確答しない場合は、契約は無効となるとされる（556Ⅱ類推）。

3　継続的商品売買

商品売買が継続・反復して行われる場合であり、現象面からは単発の売買が何度も締結されている状態である。

第555条　（売買）

売買は、当事者の一方がある財産権を相手方に移転することを約し、相手方がこれに対してその代金を支払うことを約することによって、その効力を生ずる。

《注　釈》

一　売主の義務

1　①財産権移転債務（555、560）、②果実引渡債務（575）、③契約不適合責任（562以下）を負う。

ex.1　不動産の売主は、買主に対し、登記義務を負う（560）

ex.2　賃借権の譲渡人は、譲受人に対し、遅滞なく賃貸人の承諾を得る義務

499

売買［第556条］　　　　　　　　　　　　　　　　　　　　　　　　　●契約

　　がある（560）▶共

　2　「財産権」とは、財産的価値のある権利を指し、物権・債権・無体財産権な
　　どを広く含む。性質上、法律上譲渡不能なものでない限りすべてが売買の目的
　　物となる。逆に定義すると、強行法規違反、公序良俗違反以外のすべての権利
　　が財産権といえる。

　　　ex.　現存せず将来生じる物、第三者の所有物、物の一部だが独立の所有権
　　　　の対象となるもの等も、「財産権」に含まれる

二　買主の義務

　1　①代金支払債務（555）、②利息支払債務（575Ⅱ）を負う。

　2　売主の財産権移転債務と対価関係に立つのは、金銭債務に限られる。他のも
　　のであるときは、売買ではなく交換となる（586）。

　3　すべての売買契約において、代金額は何らかの方法で定める必要がある（契
　　約の成立要件）。

第556条　（売買の一方の予約）

Ⅰ　売買の一方の予約は、相手方が売買を完結する意思を表示した時から、売買の効
　力を生ずる。

Ⅱ　前項の意思表示について期間を定めなかったときは、予約者は、相手方に対し、
　相当の期間を定めて、その期間内に売買を完結するかどうかを確答すべき旨の催告
　をすることができる。この場合において、相手方がその期間内に確答をしないとき
　は、売買の一方の予約は、その効力を失う。

[趣旨] 予約完結権者の一方的な意思表示により本契約が締結されたという法律効果
を与えるとともに（Ⅰ）、予約義務者の法的地位の安定を図るため催告権が認められ
た（Ⅱ）。

《注　釈》

一　「売買の一方の予約」（Ⅰ）

　1　意義

　　　「売買の一方の予約」とは、売主又は買主となる者の一方だけが、本契約た
　　る売買を成立させるという意思表示をする権利（予約完結権）を有し、これに
　　基づき相手方に対して本契約を成立させるという意思表示（完結の意思表示）
　　をすれば、相手方の承諾をまたずに、直ちに本契約たる売買は成立するという
　　ことをあらかじめ約束することである。

　2　一方の予約・双方の予約、片務予約・双務予約

　　　片務予約とは、一方が本契約締結の権利を有し、他方がこれに応じこれに承
　　諾する義務を負担するものをいう。相手方が承諾に応じない場合、それを求め
　　る訴えを提起しなければならない。

　　　これら「一方の予約」「片務予約」に対応して、当事者の双方が本契約の締
　　結権をもつ「双方の予約」や、双方が承諾義務を負う「双務予約」もある。

　3　予約完結権

●契約 　　　　　　　　　　　　　　　　　　　　　　　　売買［第557条］

(1) 一方の予約の場合、予約完結権は一種の形成権であるが、その消滅時効は債権に準じて（166Ⅰ①②）5年又は10年である（大判大4.7.13、大判大10.3.5）。　⇒p.117

(2) 不動産についての物権移転を内容とする予約完結権は仮登記することができ、それにより第三者に対する対抗力を取得する。　⇒p.140

(3) 予約完結権は相手方の承諾を得ることなく譲渡でき、譲渡の第三者対抗要件は債権譲渡に準じて義務者への通知・承諾である（大判大13.2.29）。予約完結権が仮登記によって保全されている場合には通知・承諾は不要であり、その際の対抗要件は仮登記への権利移転の付記登記である（大判大4.4.5）。

4 相手方の催告権

予約完結権行使（完結の意思表示）についての催告に対し、期間内に確答がなされない場合は売買予約の効力は失われる〈司〉。

二 再売買予約　⇒p.520

再売買予約とは、担保目的でなされ、たとえばBがその所有不動産をいったんAに売却し、将来AがBにこれを売り渡すことにつき予約することをいう。

第557条 （手付）

Ⅰ 買主が売主に手付を交付したときは、買主はその手付を放棄し、売主はその倍額を現実に提供して、契約の解除をすることができる〈書〉。ただし、その相手方が契約の履行に着手した後は、この限りでない〈書〉。

Ⅱ 第545条第4項<解除権の行使は損害賠償の請求を妨げない>の規定は、前項の場合には、適用しない。

【平29改正】本条1項本文は、改正前民法557条1項の基本的な内容を維持しつつ、売主が手付を倍返しして解除する場合には、解除の意思表示に際して「現実の提供」が必要であるとの判例法理（最判昭51.12.20ほか）を明文化したものである。また、改正前民法557条1項は、「当事者の一方が契約の履行に着手するまでは」と定めていたことから、履行に着手した側の当事者もその後は手付解除をすることができないのではないかとの問題が生じていた。そこで、本条1項ただし書は、改正前民法下での判例法理（最大判昭40.11.24・百選Ⅱ48事件）を明文化し、「相手方が契約の履行に着手した後」にはもはや手付の放棄・倍返しをして解除することができないとすることで、解釈上の疑いが生じないようにした。なお、本条2項は改正前民法557条2項と同様の内容である。

《注 釈》

一 手付の意義

売買契約の締結の際に当事者の一方から他方に対して一定額の金銭が支払われることがある。このように、手付とは、契約締結に際し、又はその後代金等の弁済期までに、当事者の一方より相手方に対して交付される金銭その他の有価物をいう。

売買［第557条］　　●契約

二　手付の目的・種類

1　証拠手付とは、契約を締結したということを示し、その証拠という趣旨で交付される手付をいう。手付が解約手付・違約手付の効果をもつ場合でも、常にそれと兼ねて最小限この効果をもっていると考えられている。

2　解約手付とは、手付の金額だけの損失を覚悟すれば、相手方の債務不履行がなくても契約を解除できるという趣旨で交付される手付をいう。

　　cf.　手付の授受があれば原則として解約手付と解する（最判昭24.10.4・百選Ⅱ〔第6版〕47事件）📖
　　　　→当事者の特約により解約手付としての性質を排除することはできる
　　　　　　∵　本条は任意規定

3　違約手付

　　違約手付とは、債務の不履行に対する威嚇として、履行を促す趣旨で交付される手付をいう。違約手付は、その性質に応じて違約罰と損害賠償の予定に分類される。

　(1)　違約罰

　　　買主が債務の履行をしないときに、損害賠償とは別に没収される金銭として交付されるものをいう。

　　　cf.　違約手付は契約の拘束力を強めるつもりで交付されるものであるから、契約の解除を可能とし拘束力を弱める解約手付とは両立しえないとも考えられるが、判例（最判昭24.10.4・百選Ⅱ〔第6版〕47事件）は、両者の両立を認め、違約罰の約定があっても、それだけでは手付による解除を排除する意思表示があったとはいえないとする📖

　(2)　損害賠償額の予定

　　　損害賠償額の予定としての手付とも呼ばれるもので、損害賠償額が手付の額に制限されるものをいう（420参照）。

　　　cf.　損害賠償額の予定として手付が授受された場合に、違約手付であることの認定の他にさらに解約手付の性質を同時に認めることも可能（最判昭24.10.4・百選Ⅱ〔第6版〕47事件）

三　解約手付による解除の要件

1　手付の放棄・手付の倍返しの現実の提供（557Ⅰ本文）

　　買主による手付の放棄により、売主は既に受領していた手付を確定的に取得することができる。これとの均衡を保つため、売主は買主に対し、「倍額を現実に提供」する必要がある。

　　　→供託までは不要📖
　　cf.　買主が受領をあらかじめ拒んでいるときであっても、買主に対し、単に口頭により手付の倍額を償還する旨を告げその受領を催告するのみでは足りず、倍額につき現実の提供を行うことを要する（最判平6.3.22）📖

2　「履行に着手した」（557Ⅰただし書）の意義

　　「履行に着手した」とは、債務の内容たる給付の実行に着手すること、すな

502

●契約   売買［第558条］

わち客観的に外部から認識しうるような形で履行行為の一部をなし、又は履行の提供をするために欠くことのできない前提行為をした場合を指す（最大判昭40.11.24・百選Ⅱ48事件）《同書》。したがって、履行期以前の行為について履行の着手を認めることも可能であるが、履行の着手にあたるか否かについては、当該行為の態様、債務の内容、履行期が定められた趣旨・目的等諸般の事情を総合勘案して決する（最判平5.3.16）。

なお、本条1項ただし書で規定されているとおり、「履行に着手した」ことの主張立証責任は、手付解除の有効性を争う相手方が負う。

(1) 履行の着手にあたる例

 ex.1 買主が履行期到来後、売主にしばしば明渡しを求め、この間明渡しがあればいつでも残代金の支払をなしうる状態にあった場合（最判昭26.11.15）

 ex.2 履行期前に代金を提供した場合（最判昭41.1.21）《書》

(2) 履行の着手にあたらない例

 ex.1 買主が代金支払のために資金を銀行から借り入れる準備をした場合

 ex.2 履行期前に買主が銀行から融資に応じる旨の通知を受け取った場合

3 特約

本条1項は任意規定であり、履行着手後にも手付による解除ができる旨を当事者間で特約しても、有効である。

四　解約手付による解除の効果

1 手付が交付されている場合に債務不履行によって解除されると、損害賠償額の予定を兼ねる手付でない限り、一般原則通り手付の額と無関係に債務不履行に基づく損害賠償を請求できる。この場合、手付を交付した者は不当利得返還請求権（703）をもつが、損害賠償額から差し引かれるものとして扱われる。

2 解除しても損害賠償の問題は生じない（557Ⅱ）《同》。

 ∵ 解約手付による解除は約定解除権の行使であって、債務不履行による解除（541以下）とは異なる

3 合意で契約が解除または取り消された場合には、特約のない限り、交付した者が不当利得として手付の返還を請求できる（大判昭11.8.10）。

《その他》

▪ 手付は、交付されれば、その所有権は相手方に移転する。

▪ 主たる契約である売買契約が取り消されれば手付契約も効力を失う。

第558条　（売買契約に関する費用）

売買契約に関する費用は、当事者双方が等しい割合で負担する《同書》。

［趣旨］売買契約は有償・双務契約であり、当事者が平等に利益を有するので、契約締結に必要な諸費用は当事者双方が平等に負担すべき旨を規定した。

債権

503

売買〔第559条〕　　　　　　　　　　　　　　　　　　　　　　　　　　●契約

《注　釈》

◆　「費用」の意義

「費用」とは、目的物の評価・測量費用等売買契約の締結に必要な費用をいう。
⇒ p.420

第559条　（有償契約への準用）

この節の規定は、売買以外の有償契約について準用する。ただし、その有償契約の
性質がこれを許さないときは、この限りでない。

[趣旨] 売買は、有償契約の典型例であるから、本節の規定を売買以外の有償契約
に準用することにした。

第2款　売買の効力

《概　説》

◆　契約不適合責任総説

一　契約不適合責任の法的性質

売主は、目的物又は権利について、契約の内容に適合するものを移転する義務
を負う。すなわち、売主が買主に物の引渡し又は権利移転をしたとしても、その
内容が契約内容に適合しない場合は、売主としての義務が履行されておらず、売
買契約上の債務不履行があったものと評価される。この場合において、買主が売
主に対して求めることのできる法的救済について規律するのが562条以下の規定
であり、その法的性質は、債務不履行責任である（契約責任説）。

二　契約不適合責任の概要

民法は、目的物又は権利が契約内容に適合しない場合について、買主の追完請
求、代金減額請求、損害賠償請求及び解除を認める。まず、目的物が契約内容に
適合しない場合について規定し（562〜564）、これらの規定を権利が契約内容に
適合しない場合について準用している（565）。このように、目的物に関する契約
内容の不適合と、権利に関する契約内容の不適合とを大別しつつ、共通のルール
を設けているが、目的物が契約内容に適合しない場合の一部についてのみ、特別
のルールを設けている。すなわち、目的物の種類又は品質が契約内容に適合しな
い場合は、売主の担保責任に期間制限（566）があり、また、競売における特則
の対象から除外されている（568 Ⅳ）。

<契約不適合責任の概要>

契約不適合の種類		契約不適合責任の効果
目的物	種類・品質・数量（＊1）	① 追完請求権（562）（＊2） ② 代金減額請求権（563）（＊2） ③ 損害賠償請求権（564・415） ④ 契約の解除（564・541、542）

504

●契約　　　　　　　　　　　　　　　　　　　　　　　　　売買［第559条］

契約不適合の種類	契約不適合責任の効果
権利	移転した権利が契約内容に適合しない場合（権利の一部が他人に属する場合も含む）（＊3）	① 追完請求権（565・562） ② 代金減額請求権（565・563） ③ 損害賠償請求権（565・564・415） ④ 契約の解除（565・564・541、542）
	売買の目的不動産に契約内容に適合しない抵当権等が存する場合	費用の償還請求（570）

＊1　担保責任の期間制限（566）は、種類・品質に関する契約不適合については適用されるが、数量に関する契約不適合については適用されない。また、競売における担保責任の特則（568Ⅰ～Ⅲ）は、種類・品質に関する契約不適合については適用されない（同Ⅳ）が、数量に関する契約不適合については適用される。
＊2　買主に帰責事由がある場合には請求することができない（562Ⅱ、563Ⅲ）。
＊3　他人物売買である場合（権利の全部が他人に属する場合）は、権利移転義務（561）の不履行として、通常の債務不履行責任（415、541・542）として処理される。

<契約不適合責任の効果>

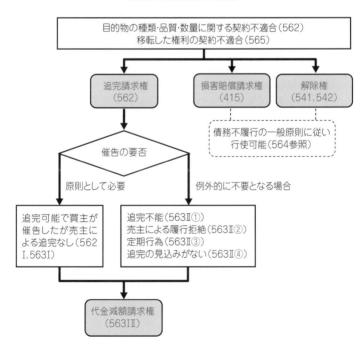

売買［第559条］　　　　　　　　　　　　　　　　　　　　　　　　　　　　　●契約

三　契約不適合の内容〈司R2〉

562条～564条は、「引き渡された目的物が種類、品質、又は数量に関して契約の内容に適合しないものであるとき」を要件としている。この要件に該当するか否かは、契約当時の取引上の社会通念をしん酌し、契約当事者間において目的物がどのような性状・性質を有することが予定されていたかを基準として判断される（最判平22.6.1・百選Ⅱ50事件参照）。なお、「引き渡された目的物」が特定物か不特定物か、代替物か不代替物かは問われない。

1　種類・品質に関する契約内容の不適合

⑴　種類・品質に関する契約内容の不適合には、物理的不適合（目的物に不具合があるなど）のほか、環境的不適合（購入したマンションの日照・景観阻害など）、心理的不適合（購入した居住用不動産で自殺があったような場合など）が含まれる。

⑵　種類・品質に関する契約内容の不適合は、売買の目的である「物」又は「権利」について判断しなくてはならない。

>ex.　建物とその敷地の賃借権が売買の目的とされた場合に、敷地に賃貸人において修繕義務（606Ⅰ）を負担すべき欠陥があったとしても、賃貸人に修繕義務の履行を請求し、又は賃貸借の目的物に契約内容の不適合があるとして担保責任を追及することは格別、売買の目的物に契約内容の不適合があるとすることはできない（最判平3.4.2・百選Ⅱ54事件参照）〈司〉

⑶　法令上の制限（ex.購入した土地が道路予定地に指定されていて、建物を建てても除却しなくてはならない場合）が付されていることが物に関する契約内容の不適合であるか、権利に関する契約内容の不適合であるかは解釈に委ねられている。改正前民法下の判例（最判昭41.4.14）は、法令上の制限を目的物の種類・品質に関する契約内容の不適合として扱っている。しかし、このように考えると、競売目的物の種類・品質に関し契約内容の不適合があった場合、568条4項によって売主の責任が否定されてしまうため、買主の保護に欠ける。そのため、権利に関する契約内容の不適合として位置づけ、同条1項を適用し、買主の救済を図るべきであるとの見解もある。

2　数量に関する契約内容の不適合

⑴　数量に関する契約内容の不適合は、数量に特別の意味を与え、それを基礎として売買を行っていた場合に問題となり、改正前民法565条の数量指示売買の場合をも含む。

⑵　数量指示売買とは、当事者において目的物の実際に有する数量を確保するため、その一定の面積、容積、重量、員数又は尺度があることを売主が契約において表示し、かつ、この数量を基礎として代金額が定められた売買をいう（最判昭43.8.20）。

●契約   売買［第560条～第561条］

第560条　（権利移転の対抗要件に係る売主の義務）

　売主は、買主に対し、登記、登録その他の売買の目的である権利の移転についての対抗要件を備えさせる義務を負う。

[趣旨] 売買契約における売主が買主に対して、目的物の対抗要件を備えさせるために必要な行為をすべき義務を負うことについては、学説上異論がない。本条は、その旨を明文化したものである。

第561条　（他人の権利の売買における売主の義務）

　他人の権利（権利の一部が他人に属する場合におけるその権利の一部を含む。）を売買の目的としたときは、売主は、その権利を取得して買主に移転する義務を負う。

[趣旨] 目的物の権利が他人に属し、売主の物でないときには、処分権がないため物権的には何の効力も生じない。もっとも、債権的関係としては、売主は第三者よりその権利を取得して買主に移転しなければならない債務を負担する。本条は、この当然の事理を規定したものである。

《注　釈》

一　他人物売買の効力

1　他人の物を売買契約の目的としても、売買契約は有効である。

2　権利の一部が他人に属するものを売買契約の目的としても、売買契約は有効である（561かっこ書）。

3　目的物の所有者が売買契約成立時から当該目的物を他に譲渡する意思がなく、したがって売主が買主に移転できない場合でも、なおその売買は有効に成立する（最判昭25.10.26）〈同書〉。

二　他人の権利の売主をその権利者が相続した場合

　他人の権利の売主をその権利者が相続し債務者としての履行義務を承継した場合でも、権利者は、信義則に反すると認められるような特別の事情のない限り、売主としての履行義務を拒否することができる（最大判昭49.9.4）〈同〉。　⇒ p.75

三　所有権の移転時期

　特定物売買において、所有権は支障のない限り直ちに買主に移転する。したがって、売主が所有者たる他人から目的物を取得する契約を締結したとき、所有権は売主を経由して、何の意思表示も要せずに直ちに買主に帰属することになる（最判昭40.11.19）〈同〉。

《その他》

- 他人物売買の契約当事者は、他人物売主と買主であって、真の所有者が事後的に同意してもその者が契約当事者となるわけではない。

- 売主が他人の権利を取得して買主に移転することができない場合、買主は、契約時に当該権利が売主に属しないことを知っていたかどうかにかかわらず、契約の解除や損害賠償請求をすることができる〈同〉〈予H28〉。

- 無権利者を委託者とする物の販売委託契約は、無権利者と受託者との間に有効に

507

売買［第562条］　　　　　　　　　　　　　　　　　　　　●契約

成立しているのであり、たとえ当該物の所有者が、自己と受託者との間に同契約に基づく債権債務を発生させる趣旨で追認をしたとしても、同契約に基づく債権債務が所有者に帰属することにはならない（最判平23.10.18・百選Ⅰ37事件）。

> **第562条　（買主の追完請求権）**
> Ⅰ　引き渡された目的物が種類、品質又は数量に関して契約の内容に適合しないものであるときは、買主は、売主に対し、目的物の修補、代替物の引渡し又は不足分の引渡しによる履行の追完を請求することができる。ただし、売主は、買主に不相当な負担を課するものでないときは、買主が請求した方法と異なる方法による履行の追完をすることができる。
> Ⅱ　前項の不適合が買主の責めに帰すべき事由によるものであるときは、買主は、同項の規定による履行の追完の請求をすることができない供。

【平29改正】本条は、物の種類・品質・数量に関して契約の内容に適合する物を引き渡すべき義務を売主に課している。そして、売主が引き渡した物が契約の内容に適合しなかった場合、売主は債務不履行責任を負い（契約責任説の採用）、買主は、売主に対して、目的物の修補・代替物の引渡し・不足分の引渡しによる履行の追完を請求することができる。

このように、本条が買主の追完請求権を一般的に規定したことによって、改正前民法下で肯定されていた特定物ドグマ（特定物売買においては、当事者がその物の個性に着目して取引をした以上、売主の履行義務はその物自体を給付することに尽きており、その物に瑕疵があったとしても売主は債務不履行責任を負わないという考え方）は、改正民法下では否定されることとなった。なお、改正法では、売買以外の契約類型に関しても契約責任説からの規律が貫徹され、民法典全体として契約不適合に関する責任についての構造と規律の統合化が図られている。

《注　釈》
一　追完請求権の要件
1　「引き渡された目的物が種類、品質又は数量に関して契約の内容に適合しないもの」であること（562Ⅰ本文）　⇒p.506
2　契約内容の不適合が「買主の責めに帰すべき事由によるもの」でないこと（同Ⅱ）
∵　買主の帰責事由により契約内容の不適合が生じた場合にまで、売主に追完義務の負担を負わせることは妥当でない

二　追完方法の選択権
1　買主は、売主に対して、①目的物の修補、②代替物の引渡し又は③不足分の引渡しによる履行の追完を請求できる（Ⅰ本文）。この規定は、追完方法の選択権を買主に与えるものである。
2　買主に「不相当な負担」を課するものでなければ、売主は買主が請求した方法とは異なる方法で履行の追完をすることができる（Ⅰただし書）。
ex.　売買によって工場に設置されたクレーンに欠陥がある場合において、買

508

●契約   売買［第563条］

主が別のクレーンの納品を求めたときは、売主は、買主に不相当な負担を
課すものでない限り、工場に設置されたクレーンを修理する方法で履行を
追完することができる

第563条（買主の代金減額請求権）〈司R2〉

Ⅰ　前条第1項本文に規定する場合において、買主が相当の期間を定めて履行の追完
の催告をし、その期間内に履行の追完がないときは、買主は、その不適合の程度に
応じて代金の減額を請求することができる〈共〉。

Ⅱ　前項の規定にかかわらず、次に掲げる場合には、買主は、同項の催告をすること
なく、直ちに代金の減額を請求することができる〈司〉。

① 履行の追完が不能であるとき。

② 売主が履行の追完を拒絶する意思を明確に表示したとき〈書〉。

③ 契約の性質又は当事者の意思表示により、特定の日時又は一定の期間内に履行
をしなければ契約をした目的を達することができない場合において、売主が履行
の追完をしないでその時期を経過したとき。

④ 前3号に掲げる場合のほか、買主が前項の催告をしても履行の追完を受ける見
込みがないことが明らかであるとき。

Ⅲ　第1項の不適合が買主の責めに帰すべき事由によるものであるときは、買主は、
前2項の規定による代金の減額の請求をすることができない〈司〉。

[趣旨] 契約内容の不適合があった場合に、対価的不均衡を是正するべく契約内容
の不適合の割合に応じて代金減額を認めることが、買主を救済する手段としては合
理的であることなどから、本条により買主の代金減額請求権を認めることとした。

《注　釈》

一　代金減額請求権の法的性質

1　代金減額請求権は、形成権である。

2　代金減額請求権は、損害賠償請求権ではない。

　　→買主から代金減額請求を受けた売主が、「契約内容の不適合は売主の責め
　　　に帰することができない事由によるものである」（415Ⅰただし書参照）と
　　　の抗弁を主張することはできない

二　代金減額請求の要件

買主の代金減額請求は、売買契約の一部解除と同様の機能を営む。そこで、本
条は解除の要件と同様のルールを定めている。　⇒ p.478、481

1　催告による代金減額請求の要件

① 「引き渡された目的物が種類、品質又は数量に関して契約の内容に適合し
ないもの」であること（562Ⅰ本文）　⇒ p.506

② 「買主が相当の期間を定めて履行の追完の催告をし、その期間内に履行の
追完がない」こと（追完請求権の優位性、563Ⅰ）

③ 契約内容の不適合が「買主の責めに帰すべき事由によるもの」でないこと
（563Ⅲ）

　　∵　買主の帰責事由により契約内容の不適合が生じた場合にまで、売主に

債権

509

売買［第564条］　　　　　　　　　　　　　　　　　　　　　　　　●契約

　　　　　追完義務の負担を負わせることは妥当でない
　2　催告によらない代金減額請求の要件
　　①　「引き渡された目的物が種類、品質又は数量に関して契約の内容に適合しないもの」であること（562Ⅰ本文）⇒ p.506
　　②　本条2項各号のいずれかに該当すること（563Ⅱ柱書）
　　③　契約内容の不適合が「買主の責めに帰すべき事由によるもの」でないこと（563Ⅲ）

三　救済方法相互の関係
　1　代金減額請求をする場合には、まず追完の催告をしなければならず（563Ⅰ）、追完請求が奏功しなかった場合にはじめて、代金減額請求が可能となる（追完請求の優位性）。
　2　代金減額の意思表示をなした後は、契約不適合を理由とする履行の追完請求（562Ⅰ本文）や、追完に代わる損害賠償請求、契約全部の解除を行うことはできない。
　　　∵　代金減額請求権は契約の一部解除の性質を有するので、上記救済方法と両立し得ない
　3　代金減額請求をなしたとしても、付随義務違反・保護義務違反による損害賠償が否定されるわけではない。また、他の解除原因がある場合の解除の可能性が否定されるわけではない。

《その他》
▪ 本条は、代金減額請求が認められる場合の減額割合の算定基準時について特に規定を設けておらず、解釈に委ねられている。この点、代金減額請求は、引き渡された物を売買の目的物として受領するという買主の意思の表明でもあることを理由に、引渡時の価値を基準にすべきであるとする見解等がある。
▪ 売買目的物の数量を指示して売買したところ、数量が約定のものを超えていたとき（数量超過売買）、本条を類推適用して買主に対して代金の増額を主張することはできない（最判平13.11.27参照）。

> **第564条　（買主の損害賠償請求及び解除権の行使）**
> 　前2条の規定は、第415条＜債務不履行による損害賠償＞の規定による損害賠償の請求並びに第541条及び第542条＜催告による解除・催告によらない解除＞の規定による解除権の行使を妨げない〈共書〉。

[趣旨] 売主は、物の種類・品質・数量に関して、契約の内容に適合した物を提供すべき義務を負っており、かかる義務に違反して契約の内容に適合しない物を提供した売主は、債務不履行責任を負う（契約責任説）。
　したがって、買主は、追完請求権（562）・代金減額請求権（563）のほか、債務不履行の一般原則に従い、債務不履行に基づく損害賠償請求（415）及び解除権（541、542）をも行使することができる。本条は、この点について規定する。

510

●契約　　　　　　　　　　　　　　　　　　　　　売買［第565条〜第566条］

第565条　（移転した権利が契約の内容に適合しない場合における売主の担保責任）

前3条の規定は、売主が買主に移転した権利が契約の内容に適合しないものである場合（権利の一部が他人に属する場合においてその権利の一部を移転しないときを含む《同。》）について準用する。

[趣旨] 本条は、契約の内容に適合した権利を供与すべき義務を売主に課し、これに違反した売主は債務不履行責任を負うことを前提に、売主が移転した権利が契約の内容に適合しない場合についても、売買契約の目的物が契約の内容に適合しない場合と同様の規律を及ぼすものである。

《注　釈》

一　権利に関する契約内容の不適合

  ex.1　売買目的物の上に地上権・地役権・抵当権などの制限物権が存在している場合

  ex.2　不動産売買において、その不動産のために存在するものとされていた敷地利用権が実際には存在しなかった場合

  ex.3　不動産売買において、その不動産の上に対抗力を有する他人の賃借権が存在している場合

二　権利の一部を移転しない場合（かっこ書）

「権利の一部を移転しないとき」とは、権利の一部が他人に属することを意味する。

  cf.　権利の全部が他人に属する場合においてその権利を移転しない場合は、一般の債務不履行責任による

    ∵　移転した権利が不完全であったのではなく、履行がされていない場合にあたる

第566条　（目的物の種類又は品質に関する担保責任の期間の制限）

売主が種類又は品質に関して契約の内容に適合しない目的物を買主に引き渡した場合において、買主がその不適合を知った時から1年以内にその旨を売主に通知しないときは、買主は、その不適合を理由として、履行の追完の請求、代金の減額の請求、損害賠償の請求及び契約の解除をすることができない。ただし、売主が引渡しの時にその不適合を知り、又は重大な過失によって知らなかったときは、この限りでない。

[平29改正] 改正前民法570条・566条3項は、地上権等がある場合等における売主の担保責任及び目的物に隠れた瑕疵があった場合の売主の担保責任について、買主が事実を知ってから1年という期間制限を加えていたが、本条本文はこれを変更し、「種類又は品質」に関する契約不適合を知った買主に、1年以内にその旨を売主に通知する義務を課し、この義務を怠った買主は契約不適合を理由とする権利を失う（失権）ものとした。

[趣旨] ①目的物の引渡し後は履行が終了したとの期待が売主に生ずることから、こ

511

売買［第566条］　　　　　　　　　　　　　　　　　　　　　　　　　　●契約

のような売主の期待を保護する点、②「種類又は品質」に関する契約不適合の有無
は目的物の使用や時間経過による劣化等により比較的短時間で判断が困難となるこ
とから、買主の通知により売主にその存在を認識し把握する機会を与える点、③短
期の期間制限を設けることにより法律関係を早期に安定させる点にある。もっとも、
売主が引渡し時にその不適合を知り、又は重大な過失によって知らなかったときは、
売主保護の必要はなく、上記①②の趣旨が妥当しないことから、期間制限を適用し
ないこととした（同ただし書）。

《注　釈》

一　適用対象

1　本条は「種類又は品質」に関する契約不適合については適用があるが、数量
不足については適用されない（562Ⅰ参照）〈供〉。

∵　「数量」に関する契約内容の不適合は、引渡しをする売主にとっては比
較的容易に判断することができる

2　「権利」に関する契約内容の不適合の場合についても、期間制限の対象とな
らない。

∵　売主が契約の内容に適合した権利を移転したという期待を抱くことは想
定し難い。また、短期間で契約内容の不適合の判断が困難になるともいえ
ない

二　契約内容の不適合の「通知」

「通知」の趣旨は、「種類又は品質」に関する契約不適合の有無の判断が比較的
短時間で困難となるため、買主の通知により売主にその存在を認識し把握する機
会を与える点にある。そのため、「通知」は、単に契約内容の不適合がある旨を
抽象的に伝えるのみでは不十分である。

もっとも、買主に過大な負担を強いるべきではないから、「通知」は、細目にわ
たる必要はなく、契約不適合の内容を把握することが可能な程度に、その不適合
の種類・範囲を通知すれば足りると解されている。

三　消滅時効との関係

本条は、債権の消滅時効に関する一般原則（166Ⅰ）を排除するものではない。
したがって、契約不適合を理由とする買主の権利は、時効によって消滅する。時
効の起算点は、目的物の引渡し時である（最判平13.11.27・百選Ⅱ53事件）
〈司共書〉。

ex.1　目的物の引渡しを受けた買主が、契約不適合の事実を知らないまま、目
的物の引渡しから10年が経過した場合、買主の権利は時効により消滅す
る（166Ⅰ②）

ex.2　目的物の引渡しを受けた買主が、契約不適合を知ったにもかかわらず売
主に通知をしなかった場合、その不適合の事実を知った時から1年の経過
により、契約不適合を理由とする買主の権利は失われる（566）

ex.3　目的物の引渡しを受けた買主が、契約不適合を知った時から1年以内に
その旨を売主に通知した場合、その不適合の事実を知った時から5年（166

● 契約   売買［第567条］

Ⅰ①）の経過により、又は目的物の引渡しから10年（166Ⅰ②）の経過により、買主の権利は時効により消滅する

　→両者のうち先に期間が満了した時点で買主の権利は消滅する

第567条　（目的物の滅失等についての危険の移転）

Ⅰ　売主が買主に目的物（売買の目的として特定したものに限る。以下この条において同じ。）を引き渡した場合において、その引渡しがあった時以後にその目的物が当事者双方の責めに帰することができない事由によって滅失し、又は損傷したときは、買主は、その滅失又は損傷を理由として、履行の追完の請求、代金の減額の請求、損害賠償の請求及び契約の解除をすることができない。この場合において、買主は、代金の支払を拒むことができない。

Ⅱ　売主が契約の内容に適合する目的物をもって、その引渡しの債務の履行を提供したにもかかわらず、買主がその履行を受けることを拒み、又は受けることができない場合において、その履行の提供があった時以後に当事者双方の責めに帰することができない事由によってその目的物が滅失し、又は損傷したときも、前項と同様とする。

【平29改正】改正前民法534条は、特定物の引渡しを目的とする債務が債務者の責めに帰することができない事由によって履行不能となった場合には、反対債権は消滅せず、債権者がその危険を負担する旨規定していた（債権者主義）。しかし、目的物に対する実質的な支配領域の移転を度外視して、観念的な所有権の帰属で「危険」の負担者を決めることには問題があるとかねてから批判されていた。そのため、学説では、目的物の実質的な支配が債権者の領域に移転した時以後にその適用場面を制限する解釈が広く支持されてきた。

　そこで、改正民法567条1項は、原則として、目的物の滅失・損傷に関する危険は、目的物の引渡しによって売主から買主に移転する旨規定した。

[趣旨]目的物の支配が売主から買主の下に移転した場合（Ⅰ）や、買主が契約に適合した目的物の受領を拒絶等した場合（Ⅱ）において、その後に目的物が当事者双方の責めに帰することができない事由によって滅失・損傷したときは、公平の観点から、買主に危険が移転するものとされた。

《注　釈》

一　567条1項

1　本条1項における危険の移転は、目的物が買主の支配領域に入ったことを理由とするから、「引渡し」とは、引渡しの受領を意味するものと解されている。

2　引渡し時に目的物に契約内容の不適合があった場合や、その引渡しが遅延した場合、買主は、目的物の滅失・損傷とは別の理由、すなわち、目的物の契約内容の不適合や履行遅滞を理由として、その責任を追及することができる。

3　目的物が種類物である場合、原則として、契約の内容に適合しない目的物の引渡しでは「特定」（401Ⅱ）は生じない。そのため、この場合には、567条1項は適用されず、上記2と同様に処理される。

4　目的物が種類物である場合において、「特定」の効果が生じたとしても（たと

債
権

513

売買［第568条］　　　　　　　　　　　　　　　　　　　　　　　　　●契約

えば、取立債務において種類物を特定して他の種類物から分離したとしても）、
「引渡し」によって買主側への支配領域の移動がなければ、目的物の滅失・損
傷の危険は買主に移転しない。

二　567条2項

　引渡しの提供があったとき以後の目的物の滅失・損傷が売主の責めに帰すべき
事由による場合には、買主は追完請求権・代金減額請求権・損害賠償請求権・解
除権を行使することができる。もっとも、受領遅滞の効果によって、売主の注意
義務が軽減されている点に注意を要する（413 I 参照）。

第568条　（競売における担保責任等）

Ⅰ　民事執行法その他の法律の規定に基づく競売（以下この条において単に「競売」
　という。）における買受人は、第541条及び第542条＜催告による解除・催告に
　よらない解除＞の規定並びに第563条＜買主の代金減額請求権＞（第565条＜
　移転した権利が契約の内容に適合しない場合における売主の担保責任＞において準
　用する場合を含む。）の規定により、債務者に対し、契約の解除をし、又は代金の減
　額を請求することができる。

Ⅱ　前項の場合において、債務者が無資力であるときは、買受人は、代金の配当を受
　けた債権者に対し、その代金の全部又は一部の返還を請求することができる。

Ⅲ　前2項の場合において、債務者が物若しくは権利の不存在を知りながら申し出な
　かったとき、又は債権者がこれを知りながら競売を請求したときは、買受人は、こ
　れらの者に対し、損害賠償の請求をすることができる。

Ⅳ　前3項の規定は、競売の目的物の種類又は品質に関する不適合については、適用
　しない。

【平29改正】561条から567条までの規律が改正され、これに伴って強制競売にお
ける担保責任について規定した568条1項も改正された。本条1項では損害賠償請
求及び解除に加え、代金減額請求が認められることになる。さらに、「強制競売」を
単に「競売」と改めたことで、競売一般に適用されることとなった。本条4項は、
目的物の種類・品質に関する不適合につき本条1項ないし3項の規定を適用しない
こととして、改正前民法570条ただし書の内容を実質的に維持するものである。本
条2項・3項は、改正前民法568条2項・3項と変わらない。

［趣旨］競売制度の信用を維持し、競売の結果取得した物に関する紛争を防止すべ
く、担保責任を軽減したものである。

《注　釈》

一　物の不適合について

　競売の目的物の種類又は品質に関する不適合については、何人に対しても担保
責任は追及できない（568 Ⅳ）。数量不足に関する不適合がある場合には追及でき
る。

　　∵　買受人はある程度の瑕疵を覚悟している

二　権利の不適合について

　1　債務者が無資力の場合、代金の配当を受けた債権者に対して、代金の全部又

514

●契約 　　　　　　　　　　　　　　売買［第569条〜第570条］

は一部の返還を請求できる（568Ⅱ）。

∵　公平の観念から、債権者に第二次的な責任を認めた

ex.　建物が借地権付のものとして強制競売されたところ、実際は借地権が存在しなかった場合（競売直前に解除されていた）、買受人は、そのために建物買受の目的を達することができず、債務者が無資力のときには、568条1項・2項に基づき、解除又は代金減額請求をした上で、債権者に代金の返還を請求することができる〈司〉

2　損害賠償請求は、原則として認められない（568Ⅰ参照）。

→ただし、①債務者が物若しくは権利の不存在を知りながら申し出なかったとき、又は②債権者がこれを知りながら競売を請求したときは、買受人は、債務者又は債権者に対し、損害賠償を請求することができる（568Ⅲ）

3　解除・代金減額請求は、通常の場合と同様の要件の下で認められる〈裁〉。

第569条　（債権の売主の担保責任）

Ⅰ　債権の売主が債務者の資力を担保したときは、契約の時における資力を担保したものと推定する。

Ⅱ　弁済期に至らない債権の売主が債務者の将来の資力を担保したときは、弁済期における資力を担保したものと推定する。

［趣旨］ 債権の売買において、目的たる債権に瑕疵が存するときは、売主は一般原則に従って担保責任を負う。債務者の資力いかんについては、売主は当然には責任を負わず、特約をした場合にのみ責任を負う。本条は、以上に関する意思推定規定である。

《注　釈》

▪債権の売主の担保責任の内容は、損害賠償義務である。

▪売主が時期を定めず、単に資力を担保したときは、売買契約時の債務者の資力を担保したものと推定される。

▪弁済期前の債務について、特に将来の資力を担保したときは、弁済期における資力を担保したものと推定される。

第570条　（抵当権等がある場合の買主による費用の償還請求）

買い受けた不動産について契約の内容に適合しない先取特権、質権又は抵当権が存していた場合において、買主が費用を支出してその不動産の所有権を保存したときは、買主は、売主に対し、その費用の償還を請求することができる。

【平29改正】 本条は、改正前民法567条2項の内容に「質権」を追加した上で、同項の規律を維持するものである。他方、改正前民法567条1項及び3項は削除された。これは、「売買の目的である不動産について存した先取特権又は抵当権の行使により買主がその所有権を失ったとき」は、権利の移転について全部不能となっているため、改正民法下では債務不履行の一般原則によって処理されることになり、契約の解除及び損害賠償について特別の規定を要しないと考えられたためである。

515

売買［第571条～第573条］　　　　　　　　　　　　　　　●契約

[趣旨]先取特権・質権・抵当権といった担保物権は被担保債権の弁済があれば消滅し、買主の取得した権利は完全なものとなる。よって、売主の担保責任は、担保権実行の結果買主が所有権を喪失した場合や、買主が費用を支出して担保権を消滅させその所有権を保存した場合に生じる。さらに、買主が悪意の場合にも、取得後の担保権消滅への期待は保護されるべきであるので、買主の善意・悪意を問わず、担保責任の追及を認めた。

《注　釈》

◆　適用範囲

担保権の存在について悪意の買主も保護されるが、当事者間で売買代金を定めるに当たり、担保権の被担保債権額の控除がなされた場合には本条は適用されない。

∵　買主が売主の債務を引き受けるか、少なくとも履行引受の特約を認定できる

第571条　（売主の担保責任と同時履行）　削除

第572条　（担保責任を負わない旨の特約）〈同共〉

売主は、<u>第562条第1項本文又は第565条</u>＜引き渡された目的物・移転した権利が契約の内容に適合しないものであるとき＞<u>に規定する場合における担保の責任を負わない旨の特約をしたときであっても、知りながら告げなかった事実及び自ら第三者のために設定し又は第三者に譲り渡した権利については、その責任を免れることができない。</u>

《注　釈》

- 売買の目的物の契約不適合に基づく損害賠償請求権と代金支払債務は同時履行の関係に立つ（533）。なお、対当額で相殺することもできる（最判昭50.2.25）。
- 売主の担保責任に関する規定は任意規定である。
  →特約によって免除（軽減）しても加重してもよい〈同〉
- 売主が知って告げなかった事実、第三者のために権利を設定し、あるいは第三者に譲渡した権利については、免除特約がある場合にも担保責任は生じる。
  ∵　信義則に反する行為について、免責を認める必要はない
- なお、572条は、559条を介して、有償契約一般に準用される。

第573条　（代金の支払期限）〈書〉

売買の目的物の引渡しについて期限があるときは、代金の支払についても同一の期限を付したものと推定する。

[趣旨]双務契約である売買においては、両当事者は通常、同時履行の抗弁権（533）を有するから、売買の目的物引渡債務についてのみ期限の定めがある場合にも、買主の代金債務について同一の期限の定めがあるものと推定するのが衡平である。よって、本条が規定された。

●契約　　　　　　　　　　　　　　　　　　　　　売買［第574条〜第575条］

第574条　（代金の支払場所）

売買の目的物の引渡しと同時に代金を支払うべきときは、その引渡しの場所において支払わなければならない。

《注　釈》

◆　適用範囲

1　「目的物の引渡しと同時に代金を支払うべきとき」とは、特約がなされている場合に限らず、573条によって推定がなされる場合も含む。

2　特約があった場合でも、買主が引渡しを受けただけで代金を支払わなかったときには、原則通り（484）、売主の現在の住所で支払うべきである（大判昭2.12.27）〈共〉。

第575条　（果実の帰属及び代金の利息の支払）

Ⅰ　まだ引き渡されていない売買の目的物が果実を生じたときは、その果実は、売主に帰属する〈難〉。

Ⅱ　買主は、引渡しの日から、代金の利息を支払う義務を負う。ただし、代金の支払について期限があるときは、その期限が到来するまでは、利息を支払うことを要しない。

［趣旨］本条は、売主・買主間の権利関係を画一的に解決するため、果実を収受する利益と管理費用の差は代金の利息に等しいとみて、売主は目的物を引き渡すまでは果実を収受し管理費用を負担する反面、買主は代金の利息を支払う必要はないとして、両当事者間の複雑な関係を簡潔に解決し衡平を図ろうとした。

《注　釈》

一　「まだ引き渡されていない」（Ⅰ）

目的物が引き渡されていない理由は問わない。買主が代金を支払わない理由も問わない。

二　果実収取権の帰属

1　売主は、売買の目的物の引渡しを遅滞しているときでも代金の支払を受けない限り引渡しの時まで果実を収取できる（大連判大13.9.24）〈司〉。

　　cf.　買主は、遅滞にあるときでも、目的物の引渡しを受けるまでの期間に対応する代金の利息を支払う必要はない（大判大4.12.21）〈共〉

2　本条の趣旨から、買主が代金の一部を支払ったのみでは果実収取権は移転しない。　　→果実収取権は依然売主に帰属

3　売主が代金支払・供託を受けたときは、売主は遅滞にあるか否かにかかわらず、以後の果実収取権を失う（大判昭7.3.3）〈司〉。

　　∵　売主に代金の利用と果実取得の二重の得を認めることは不均衡

4　買主が代金の支払をしていなくても、目的物の引渡しを受けた以上、575条の趣旨は妥当しないから、買主は果実収取権を有する〈司〉。

5　買主が目的物の引渡しを受けた場合、原則として利息の支払を要する。ただ

債権

517

売買［第576条～第577条］　　●契約

し、代金の支払に期限があるときは、その期限が到来するまでは、買主は利息を支払う義務はない（Ⅱただし書）同。

第576条　（権利を取得することができない等のおそれがある場合の買主による代金の支払の拒絶）

売買の目的について権利を主張する者がある<u>ことその他の事由</u>により、<u>買主がその買い受けた権利の全部若しくは一部を取得することができず</u>、又は失うおそれがあるときは、買主は、その危険の程度に応じて、代金の全部又は一部の支払を拒むことができる。ただし、売主が相当の担保を供したときは、この限りでない。

【平29改正】 改正前民法576条は、売買の目的について「権利を主張する者がある」ために買主が買い受けた権利を「失うおそれがあるとき」に、買主に代金支払拒絶権を認めていたが、目的物上に用益物権があると主張する第三者が存在する場合もこれに含まれるほか、売主と買主の公平の観点から、買主が権利を取得できないおそれがある場合にも代金支払拒絶権を行使することができるものと解されていた。

そこで、改正民法576条は、「権利を主張する者がある」という改正前民法576条の要件に「その他の事由」という文言を付け加えるとともに、「失うおそれがある」場合のほか「取得することができないおそれがある」場合も付け加えた（「おそれがある」というためには、権利取得を疑うことにつき客観的に合理的な根拠を要する）。これにより、買主は、権利の取得の前後を問わず、また売買の目的について所有権のみならず用益物権があると主張する者がいる等の場合についても、代金支払拒絶権を行使することができる。

《その他》

- 土地又は建物の賃借人は、賃借物に対する権利に基づき自己に対して明渡しを請求することができる第三者からその明渡しを求められた場合には、それ以後賃料の支払を拒絶できる（最判昭50.4.25参照）共予。　⇒ p.536

第577条　（抵当権等の登記がある場合の買主による代金の支払の拒絶）共

Ⅰ　買い受けた不動産について<u>契約の内容に適合しない</u>抵当権の登記があるときは、買主は、抵当権消滅請求の手続が終わるまで、その代金の支払を拒むことができる同書。この場合において、売主は、買主に対し、遅滞なく抵当権消滅請求をすべき旨を請求することができる。

Ⅱ　前項の規定は、買い受けた不動産について<u>契約の内容に適合しない</u>先取特権又は質権の登記がある場合について準用する。

[趣旨] 買い受けた不動産上に担保物権が存在する場合、買主は抵当権消滅請求をすることができる（379、341、361）が、抵当権消滅請求のために担保物権者に支払った費用は、売主の債務の弁済となるものであるから、売主から償還を受けることとなる（570）。本条は簡便性・公平の見地から、買主が抵当権消滅請求をする場合には、その終了まで買主に代金の支払拒絶権を認め、代金額から抵当権消滅請求

● 契約 　　　　　　　　　　　　　　　　　　売買［第578条〜第579条］

に要した費用を差し引いて売主に支払うようにさせた。

《注　釈》

◆　代金の支払拒絶権が認められない場合

1　売主が買主に遅滞なく抵当権消滅請求をすべきことを請求したにもかかわらず、買主が遅滞なく抵当権消滅請求をしない場合（577Ⅰ後段）。

2　売主の供託請求（578）に応じず、買主が代金を供託しない場合（大判昭14.4.15）〈■〉。

3　当事者間で売買契約の代金を定めるに当たり、担保物権による負担を考慮して代金を決定した場合。　　⇒ p.516

《その他》

▪不動産売買において、目的物に抵当権が設定されているだけでは、買主は約定代金のうち被担保債権に相当する額を拒絶することはできない。

第578条　（売主による代金の供託の請求）

　前2条の場合においては、売主は、買主に対して代金の供託を請求することができる。

［趣旨］本条は、前2条の場合に買主に代金支払拒絶権を認めたこととの衡平上、買主の無資力による危険から売主を保護することを目的とする規定である。

《注　釈》

▪売主が本条の供託金請求をしたにもかかわらず買主が代金支払・供託のいずれもしない場合には、買主は576条、577条の代金支払拒絶権を失う（大判昭14.4.15）〈■〉。

▪権利を主張する者が現れて権利喪失の危険が生じた576条の場面において、売主は、買主が権利を失うおそれが消失するまでは供託金を受領できない。

第3款　買戻し

第579条　（買戻しの特約）

　不動産の売主は、売買契約と同時にした買戻しの特約により、買主が支払った代金（別段の合意をした場合にあっては、その合意により定めた金額。第583条第1項＜買戻しの実行＞において同じ。）及び契約の費用を返還して、売買の解除をすることができる〈予〉。この場合において、当事者が別段の意思を表示しなかったときは、不動産の果実と代金の利息とは相殺したものとみなす〈予■〉。

《注　釈》

◆　買戻しの意義

　買戻しとは、たとえばBがその所有不動産をAに売却するに当たり、それと同時に買主が払った代金及び契約の費用を返還して売主が後日売買を解除する旨を特約することをいう。再売買の予約と同じく、債権担保のために用いられることが多い。

売買［第579条］　　　　　　　　　　　　　　　　　　　　　　　　　　　　●契約

　なお、買戻しの特約と売買契約は不可分に結合しているわけではないため、後
に買戻しの特約のみを合意解除することは可能である（大判大10.3.31）。

＊　買戻特約付売買契約で、目的不動産を売主が引き続き占有している場合に
　　は、特段の事情がない限り、債権担保目的で締結されたと推認される。債権担
　　保目的で締結された買戻特約付売買契約は、特段の事情のない限り、譲渡担保
　　契約と解するのが相当である（最判平18.2.7・百選Ⅰ96事件）。

＜買戻しと再売買予約の比較＞

	買戻し	再売買予約
目的物	不動産に限る（579前段）（＊1）	制限なし
特約の時期	売買契約と同時（579前段）（＊2）登記も同様	制限なし
返還すべき額	代金（＊3）と契約の費用（579前段）利息を支払う旨の特約は有効だが買戻しに際して提供する必要はない（583Ⅰ）（＊4）必要費・有益費を要求する特約は無効	制限のための規定なし
対抗要件	登記（581Ⅰ）	仮登記
行使される権利	買戻権	予約完結権
譲渡性	あり（買主の承諾不要）	あり（買主の承諾不要）
譲渡の対抗要件	登記（ただし買戻権が登記されていないときは通知・承諾による）	仮登記の付記登記（仮登記がなされていないときは通知・承諾による）
権利行使期間	・定めがなければ5年内（580Ⅱ）・定めがあっても10年を超えられない（580Ⅰ）・一度定めたときは伸長不可（580Ⅱ）	・定めがなければ5年又は10年・定めがあればそれによる∵消滅時効（166）
意思表示の相手方	転得者（転得者が対抗要件を備えていない場合には、譲渡人でよい）	予約の相手方
効果	契約の解除（579）	売買契約の成立

＊1　動産を目的物とした場合、再売買の予約として556条の規定に従う。
＊2　売買契約と同時に買戻特約をしなかったとしても、「売主は、買主が支払った代金
　　及び契約の費用を返還して、売買契約を解除することができる」との合意は、579
　　条以下の適用はないが有効である（大判大11.5.5）。
＊3　別段の合意をした場合は、その合意により定めた額（579かっこ書）。
＊4　買戻しの際に利息の支払が不要（579前段）なのは、当事者間で特約がない限り
　　不動産の果実と相殺したものとみなされる（後段）ためである（大判大15.1.28）。

520

第５８０条　（買戻しの期間）

Ⅰ　買戻しの期間は、１０年を超えることができない予。特約でこれより長い期間を定めたときは、その期間は、１０年とする。

Ⅱ　買戻しについて期間を定めたときは、その後にこれを伸長することができない予。

Ⅲ　買戻しについて期間を定めなかったときは、５年以内に買戻しをしなければならない。

［趣旨］本条は買戻期間を強行的に制限している。これは、買戻権の永続によって不安定な状態を続けさせることは、不動産の改良をおろそかにせしめ、かつその融通を妨げるゆえんであるばかりでなく、不動産の価格騰貴の傾向が買戻代金の固定と適合しなくなるという理由に基づく。

第５８１条　（買戻しの特約の対抗力）

Ⅰ　売買契約と同時に買戻しの特約を登記したときは、買戻しは、第三者に対抗することができる。

Ⅱ　前項の登記がされた後に第６０５条の２第１項＜不動産の賃貸人たる地位の移転＞に規定する対抗要件を備えた賃借人の権利は、その残存期間中１年を超えない期間に限り、売主に対抗することができる。ただし、売主を害する目的で賃貸借をしたときは、この限りでない。

［趣旨］本条は買戻特約を物権化して買戻権の財産的価値を確保・強化する一方で（Ⅰ)、利用権保護との調和を図る（Ⅱ)。

《注　釈》

- 買戻権の行使により、これに劣後する権利は買戻権者に対抗することができない（Ⅰ）(大判大 10.3.4、大判大 13.4.21)。
- 不動産上に賃借人が存在する場合も、原則として賃借権を買戻権者に対抗できないが、605 条の２第１項に規定する対抗要件を備えた賃借権は、売主（買戻権者）を害する目的で賃借した場合を除き、残期１年間に限り対抗できることを認めた（Ⅱ)。

  →買戻権者の利益と賃借人の利用権との調和

第５８２条　（買戻権の代位行使）

売主の債権者が第４２３条＜債権者代位権の要件＞の規定により売主に代わって買戻しをしようとするときは、買主は、裁判所において選任した鑑定人の評価に従い、不動産の現在の価額から売主が返還すべき金額を控除した残額に達するまで売主の債務を弁済し、なお残余があるときはこれを売主に返還して、買戻権を消滅させることができる。

［趣旨］売主の債権者が買戻権を代位行使する目的は、買戻代金と目的不動産の時価との差額価値にあり目的不動産の取得にはないので、この債権者の利益と買主の利益との調和を図ったものである。

売買 ［第583条～第585条］　　　　　　　　　　　　　　　　　　　　　　●契約

第583条　（買戻しの実行）

Ⅰ　売主は、第580条＜買戻しの期間＞に規定する期間内に代金及び契約の費用を提供しなければ、買戻しをすることができない。

Ⅱ　買主又は転得者が不動産について費用を支出したときは、売主は、第196条＜占有者による費用の償還請求＞の規定に従い、その償還をしなければならない。ただし、有益費については、裁判所は、売主の請求により、その償還について相当の期限を許与することができる。

《注　釈》

- 買戻権の行使方法は、買戻期間内に、相手方（転得者）に対する意思表示によって、代金・契約費用を提供して行う。
- 提供は原則として現実の提供でなければならないが、買主が買戻特約の存在を争っている場合には口頭の提供で足りるとされる（大判大10.9.21）。
- 買戻しの効果としては、先の売買契約が遡及的に効力を失い、売主（買戻権者）は費用償還義務（196）を負う。

第584条　（共有持分の買戻特約付売買）

不動産の共有者の1人が買戻しの特約を付してその持分を売却した後に、その不動産の分割又は競売があったときは、売主は、買主が受け、若しくは受けるべき部分又は代金について、買戻しをすることができる。ただし、売主に通知をしないでした分割及び競売は、売主に対抗することができない。

第585条

Ⅰ　前条の場合において、買主が不動産の競売における買受人となったときは、売主は、競売の代金及び第583条＜買戻しの実行＞に規定する費用を支払って買戻しをすることができる。この場合において、売主は、その不動産の全部の所有権を取得する。

Ⅱ　他の共有者が分割を請求したことにより買主が競売における買受人となったときは、売主は、その持分のみについて買戻しをすることはできない。

《注　釈》

一　584条

不動産の共有持分を買戻特約付で譲渡し、その後、買戻権行使前に不動産が分割された場合の方法について規定する。

1　買戻権者に分割・競売の通知がなされた場合（本文）

買戻権者は、現物分割による場合には買主の受けた部分について、代金分割・価格賠償による場合には代金についてのみ、買戻しをすることができる。

2　買戻権者への通知がなされない場合（ただし書）

通知なく分割がなされた場合、買戻権者は分割がなされていないものとして、持分について買戻しをすることができる。

●契約　　　　　　　　　　　　　　　　　　交換［第586条］・消費貸借

二　585条

分割が競売によって行われ、買戻権の相手方が目的不動産全部の買受人となった場合の分割について規定する。

1　買主が分割請求をした場合（Ⅰ）

買戻権者は、持分のみ、あるいは不動産全部の買戻しをすることができる。

2　買主以外の他の共有者が分割請求をした場合（Ⅱ）

売主は、持分のみの買戻しをすることができない（必ず目的物全部の買戻しが必要）。

■第4節　交換

第586条

Ⅰ　交換は、当事者が互いに金銭の所有権以外の財産権を移転することを約することによって、その効力を生ずる。

Ⅱ　当事者の一方が他の権利とともに金銭の所有権を移転することを約した場合におけるその金銭については、売買の代金に関する規定を準用する。

《注　釈》

一　意義

交換とは、当事者が互いに金銭の所有権以外の財産権を移転する契約をいう。

二　法的性質

交換は、有償・双務・諾成契約である。

三　効力

交換は有償契約であるから、売買の規定が準用される（559）。

目的物の価格差を埋めるために「金銭」所有権が移転する場合、この金銭（補足金）についても売買の代金に関する規定が準用される。

■第5節　消費貸借

《概　説》

一　意義

消費貸借とは、金銭その他の代替物を借りて、後にこれと同種・同等・同量の物を返還する契約をいう。

二　法的性質

消費貸借は、無利息の場合は無償・片務・要物契約である〈司〉。利息付消費貸借は有償契約ではあるが、片務・要物契約である。なお、利息に関する約定をしなかった場合、無利息の消費貸借となる〈司〉。

<消費貸借・使用貸借・賃貸借の比較>〈司〉

	消費貸借	使用貸借	賃貸借
債務の内容	借りた物を消費し同種・同等・同量の別の物を返す	借りた物そのものを返す	借りた物そのものを返す

債　権

523

消費貸借 ［第587条〜第587条の2］　　　　　　　　　　　　●契約

	消費貸借	使用貸借	賃貸借
有償か無償か	無償も有償（＊）もある	無償	有償
要物か諾成か	要物 ※ 諾成的消費貸借契約（587の2）も認められる	諾成	諾成
そ の 他	・借主は目的物の所有権を取得する	・目的物の所有権は貸主に留保される ・当事者間に特殊な人的関係がある場合に利用される	・目的物の所有権は貸主に留保される

＊ 利息付消費貸借において、借主は、特約のない限り、元本を受け取った日を含めた利息を支払わなければならない（最判昭33.6.6）〈同共〉。

第587条 （消費貸借）

消費貸借は、当事者の一方が種類、品質及び数量の同じ物をもって返還をすることを約して相手方から金銭その他の物を受け取ることによって、その効力を生ずる〈同〉。

第587条の2 （書面でする消費貸借等）

Ⅰ 前条の規定にかかわらず、書面でする消費貸借は、当事者の一方が金銭その他の物を引き渡すことを約し、相手方がその受け取った物と種類、品質及び数量の同じ物をもって返還をすることを約することによって、その効力を生ずる〈同〉。

Ⅱ 書面でする消費貸借の借主は、貸主から金銭その他の物を受け取るまで、契約の解除をすることができる。この場合において、貸主は、その契約の解除によって損害を受けたときは、借主に対し、その賠償を請求することができる〈書〉。

Ⅲ 書面でする消費貸借は、借主が貸主から金銭その他の物を受け取る前に当事者の一方が破産手続開始の決定を受けたときは、その効力を失う。

Ⅳ 消費貸借がその内容を記録した電磁的記録によってされたときは、その消費貸借は、書面によってされたものとみなして、前3項の規定を適用する。

【平29改正】 現代社会において、住宅売買や企業の大型プロジェクトの際には金融機関との間でローンを組むのが一般的であるが、消費貸借が厳密に要物契約であるとすると、金融機関から確実に融資を受けられる保証はない。このことを踏まえ、判例（最判昭48.3.16）は諾成的消費貸借契約を認めるに至った。そして、改正民法は、諾成的消費貸借契約を認めるべき実務上の必要性を踏まえつつ、消費貸借に関する安易・軽率な合意に拘束されることを防止するため、諾成的消費貸借契約は書面等による旨の規律が導入された。

《注 釈》

一　587条の2第1項

諾成的消費貸借契約が「書面」でなされたといえるための要件は、①貸主の貸す意思と、②借主の借りる意思がともに書面に表れていること、すなわち、消費

524

●契約　　　　　　　　　　　　　　　　　　　　　　消費貸借［第588条］

貸借の合意が書面化されていることが必要と解されている。

　同じ要式契約であっても、保証人が一方的に債務負担をする保証契約の場合（446Ⅱ参照）とは異なる。

二　587条の2第2項

　諾成的消費貸借契約の成立後、目的物が交付される前に、資金需要がなくなった借主に借りる債務を負わせて借入を強いるのは不合理である。そこで、かかる借主を契約の拘束力から解放すべく、諾成的消費貸借契約の借主の解除権を定めた（587の2Ⅱ前段）。

　他方で、かかる解除権行使により貸主に資金調達コスト等の損害が発生した場合、これを貸主に負担させるべきではない。そこで、かかる場合に貸主は損害賠償請求をすることができる（同項後段）。ここにいう「損害」としては、貸付金の調達コストなどのいわゆる積極的損害が想定されている。

三　587条の2第3項

　本条3項は、諾成的消費貸借契約において、借主が貸主から金銭その他のものを受け取る前に「当事者の一方」が破産手続開始の決定を受けたときは、その効力を失うと規定するものであり、改正前民法589条と同趣旨の規定である。

四　587条の2第4項

　諾成的消費貸借契約が電磁的記録によってされた場合も、書面による諾成的消費貸借契約と同様に扱うものとしている。

第588条　（準消費貸借）

　金銭その他の物を給付する義務を負う者がある場合において、当事者がその物を消費貸借の目的とすることを約したときは、消費貸借は、これによって成立したものとみなす。

[趣旨] 本条は、消費貸借の要物性を緩和したものである。

《注　釈》

一　意義

　準消費貸借とは、金銭その他の物を給付する義務を負っている者が、相手方との契約により、その物を消費貸借の目的とすることを約したときに成立したものとみなされる契約をいう〈共〉。

二　要件

1　「その物を消費貸借の目的とすること」

　既存の消費貸借に基づく返還債務について準消費貸借とすることも可能である（大判大2.1.24）〈同〉。

2　旧債務が有効に成立していること

　旧債務が無効・不存在の場合、準消費貸借も無効である（最判昭43.2.16）〈同〉。

　　∵　旧債務の消滅と新債務の成立とは原因・結果の関係に立つ

　　cf.1　準消費貸借が無効である場合、旧債務は消滅しない

525

消費貸借 ［第589条～第590条］　　●契約

cf.2　将来において発生する金銭債務を基礎としても準消費貸借は締結でき、
　　　金銭が貸与された時に準消費貸借は当然に効力を生ずる（最判昭40.10.7）
　　　◁回

三　効果

　準消費貸借においては、元の債務と準消費貸借によって生じた債務との関係が
問題となることが多い（更改や和解におけるのと共通の問題）。

＜準消費貸借・和解・更改の比較＞

	準消費貸借	和解	更改
旧債務のために存在した人的・物的担保	原則として存続 →当事者の意思によるがそれが明らかでないときは存続と推定される	原則として存続	消滅する ただし、518条1項
旧債務に付着した抗弁	諸般の事情を斟酌し、当事者の意思を探究して決せられる◁回 ex.　同時履行の抗弁権は存続	和解によって互譲の対象となった部分は消滅し、そうでない部分は存続	消滅する

第589条　（利息）

Ⅰ　貸主は、特約がなければ、借主に対して利息を請求することができない◁譜。

Ⅱ　前項の特約があるときは、貸主は、借主が金銭その他の物を受け取った日以後の
　利息を請求することができる。

【平29改正】本条1項は、消費貸借は無利息が原則であり、特約がなければ利息を
請求することができないとの解釈を明文化したものである。また、本条2項は、利
息は元本の受領日から発生するとの判例（最判昭33.6.6）法理を明文化したもので
ある。

《注　釈》

◆　利息発生の起算日

　　要物契約としての消費貸借であると、諾成的消費貸借であるとを問わず、金銭
　等を受け取った日から、その受け取った金額について利息が発生する（Ⅱ）。

　　∵　利息は金銭等の利用の対価であるため

第590条　（貸主の引渡義務等）

Ⅰ　第551条＜贈与者の引渡義務等＞の規定は、前条第1項の特約のない消費貸借
　について準用する。

Ⅱ　前条第1項の特約の有無にかかわらず、貸主から引き渡された物が種類又は品質
　に関して契約の内容に適合しないものであるときは、借主は、その物の価額を返還
　することができる◁譜。

526

●契約

消費貸借 ［第591条］

[趣旨]無利息の消費貸借の貸主に贈与者の引渡義務等と同様の義務を課すことにより、貸主の負担を軽減するとともに、借主を保護するために、契約不適合の場合における借主からの価額返還を認めたものである。

《注　釈》

一　贈与の引渡義務等（551）の準用（Ⅰ）

贈与の引渡義務等について規定する551条は、贈与の無償性に着目して、贈与者の負担を売買契約の売主よりも軽減する規定であるところ、無利息の消費貸借も無償性という点で贈与と共通するため、551条を準用して統一的な処理を図った。

すなわち、無利息の消費貸借の貸主は、目的物が消費貸借の目的として特定した時（401Ⅱ）の状態で、その目的物を引き渡せば足りる（590・551Ⅰ）。

なお、利息付消費貸借における借主は、履行の追完請求権や損害賠償請求権、解除権を行使することができる（559・562、564）。

二　借主からの価額返還（Ⅱ）

契約内容に適合しない物が目的物として交付された場合、借主は、交付された目的物に代わり、その目的物の価額を返還することができる（Ⅱ）。

∵　契約不適合の目的物と同じ程度に契約不適合の物を調達して返還するのは通常困難である

→利息の特約の有無を問わない

第591条　（返還の時期）

Ⅰ　当事者が返還の時期を定めなかったときは、貸主は、相当の期間を定めて返還の催告をすることができる。

Ⅱ　借主は、返還の時期の定めの有無にかかわらず、いつでも返還をすることができる〈書〉。

Ⅲ　当事者が返還の時期を定めた場合において、貸主は、借主がその時期の前に返還をしたことによって損害を受けたときは、借主に対し、その賠償を請求することができる。

《注　釈》

一　消費貸借における返還時期

1　貸主の返還請求

（1）　返還時期の定めがない場合

貸主は、相当の期間を定めて返還の催告をすることができ（591Ⅰ）、この催告の後相当の期間が経過することによって、借主は履行遅滞の責任を負う（大判昭5.1.29）〈司共書〉。

（2）　返還時期の定めがある場合

貸主は、借主が期限の利益を放棄・喪失しない限り（136）、期限到来まで返還請求できない〈司〉。

→借主が破産手続開始の決定を受けた場合には、期限の定めの有無にかか

527

消費貸借［第592条］・使用貸借［第593条〜第593条の2］　　●契約

わらず、貸主は返還請求できる

∴　借主は、破産手続開始の決定により期限の利益を失う（137 ①）

2　借主からの返還

借主は、返還時期の定めの有無にかかわらず、いつでも返還できる（591 Ⅱ）。

二　損害賠償

消費貸借において返還の時期を定めた場合、貸主はその時期に返還されるものと期待するのが通常であることから、借主による期限前の返還（期限前弁済、591 Ⅱ）によって貸主に損害が生じた場合、貸主はその損害及び額を主張して損害賠償を請求できる（591 Ⅲ）ものとした。

第592条　（価額の償還）

借主が貸主から受け取った物と種類、品質及び数量の同じ物をもって返還をすることができなくなったときは、その時における物の価額を償還しなければならない。ただし、第402条第2項＜通貨が強制通用の効力を失っているとき＞に規定する場合は、この限りでない。

《注　釈》

▪ 借主において、同種・同等・同量の物を返還することが客観的に不能になった場合には、不能となった時点における価額を償還しなければならない。金銭消費貸借で、その通貨が返却時に強制通用力を失ったときは、他の通貨で返還できる。

■第6節　使用貸借

《概　説》

一　意義（593）

使用貸借とは、当事者の一方がある物を引き渡すことを約し、相手方がその受け取った物について無償で使用及び収益をして契約が終了したときに返還をすることを約することにより成立する契約である。

二　法的性質

使用貸借は、無償・片務・諾成契約である。

三　使用貸借と賃貸借の比較　⇒ p.534

第593条　（使用貸借）

使用貸借は、当事者の一方がある物を引き渡すことを約し、相手方がその受け取った物について無償で使用及び収益をして契約が終了したときに返還をすることを約することによって、その効力を生ずる。

第593条の2　（借用物受取り前の貸主による使用貸借の解除）

貸主は、借主が借用物を受け取るまで、契約の解除をすることができる〈固〉。ただし、書面による使用貸借については、この限りでない。

●契約　　　　　　　　　　　　　　　　　　　使用貸借［第593条〜第596条］

第594条　（借主による使用及び収益）

Ⅰ　借主は、契約又はその目的物の性質によって定まった用法に従い、その物の使用
及び収益をしなければならない。

Ⅱ　借主は、貸主の承諾を得なければ、第三者に借用物の使用又は収益をさせること
ができない〈司〉。

Ⅲ　借主が前2項の規定に違反して使用又は収益をしたときは、貸主は、契約の解除
をすることができる〈司〉。

第595条　（借用物の費用の負担）

Ⅰ　借主は、借用物の通常の必要費を負担する〈司〉。

Ⅱ　第583条第2項＜買戻しにおける売主の費用償還義務＞の規定は、前項の通常
の必要費以外の費用について準用する。

第596条　（貸主の引渡義務等）

第551条＜贈与者の引渡義務等＞の規定は、使用貸借について準用する。

【平29改正】改正前民法593条は、使用貸借を要物契約として定めていた。しか
し、現代社会においては、使用貸借は単に情誼的・恩恵的な関係によるものだけで
なく、経済的な取引の一環として行われることも多くなっており、目的物が引き渡
されるまで契約上の義務が生じないのでは、取引の安全が害されることになるため、
目的物の引渡し前でも、使用貸借に契約の拘束力を認める必要がある。そこで、改
正民法593条は、使用貸借を諾成契約へと改めた。

債権

《注　釈》

一　貸主の権利義務

1　借主の目的物受取前の解除権（593の2）

「書面による使用貸借」の場合を除き、貸主は、借主がまだ目的物を受領し
ていない段階であれば、使用貸借を解除することができる。

∵　使用貸借は諾成契約であるが、無償契約たる性質も考慮し、贈与におけ
る贈与者と同様に（550参照）、契約の拘束力を緩和し解除を認めるのが適
切である。もっとも、「書面による使用貸借」の貸主は、軽率に契約を締
結したものとは通常考えられないため、あえて契約の拘束力を弱める理由
がない

2　解除権（598ⅠⅡ）

3　使用収益を許容すべき義務

借主が目的物を使用収益するのを妨げないという消極的な義務である。ただ
し、貸主が借主の正当な用益を妨げるときは債務不履行責任を生ずる。

4　引渡義務等

無償契約であることから、贈与者の引渡義務等の規定（551）が準用される
（596）。

(1)　目的である物又は権利を、使用貸借の目的として特定した時（使用貸借契

529

使用貸借［第593条～第596条］　　　　　　　　　　　　　　　　●契約

約時）の状態で引き渡し、又は移転することを約したものと推定される（596・551Ⅰ）。

→同規定の下では、原則として、目的物の契約不適合について債務不履行責任を負うことはない。しかし、上記推定が覆れば、目的物に契約不適合があることを貸主が知らずに使用貸借したときであっても、目的物の契約不適合について貸主が債務不履行責任を負うこともあり得る

(2) 負担付の使用貸借においては、負担の限度において売主と同じ契約不適合責任を負う（596・551Ⅱ）。

二　借主の権利義務

1　使用収益権

(1) 契約の内容、それにより定まらないときは、その目的物の性質により定まった用法に従う必要がある（用法遵守義務、594Ⅰ）。また、貸主の承諾を得ずに第三者に使用収益させることはできない（594Ⅱ）。

(2) 借主が(1)に違反した場合には、貸主は契約を無催告解除しうる（594Ⅲ）〈償〉。

→解除の効果は遡及しない（告知）　⇒ p.477

(3) 損害が生じた場合には、貸主は目的物の返還を受けた時から1年以内にその賠償を請求しうる（600Ⅰ）。

(4) 使用借権も、第三者の侵害行為により消滅させられたときは、財産権として賠償（709）の対象となる。

ex. 地上建物の滅失までという約定で設定された土地の使用貸借が、建物賃借人の失火による建物の焼失によって消滅したという場合、土地の使用借主は土地使用にかかる経済的利益の喪失による損害の賠償を建物賃借人に対して請求することができる（最判平6.10.11）

(5) 借主の目的物に対する使用収益権は、貸主に対して請求しうる債権としてのみ機能するのであって、貸主以外の第三者に対して主張しうるものではない。

ex. 借主Bは貸主Aの相続人Dから甲土地を譲り受けたEに対して使用借権を主張することはできず、EはBに対し、乙建物を収去して甲土地を明け渡すよう請求することができる

2　目的物引渡請求権等

貸主は、使用貸借契約の合意により目的物を特定時の状態で引き渡す債務を負う（593、596・551Ⅰ）。したがって、貸主が目的物を引き渡さないときは、借主は、債務不履行の一般的な規律により、履行の請求（562参照）、債務不履行による損害賠償請求（415）、契約の解除（541、542）をすることができる。

3　解除権

借主は、「書面による使用貸借」を締結した場合であっても、いつでも契約を解除することができる（598Ⅲ参照）。

4　目的物保管義務

● 契約　　　　　　　　　　　　　　　　　　　　使用貸借［第597条～第598条］

(1) 目的物の保管につき善管注意義務を負う（400）〈同〉。
(2) 借主は通常の必要費（目的物の現状維持に必要な補修費・修繕費等）を負担する（595Ⅰ）〈供〉。もっとも、特別の必要費と有益費は貸主に償還請求が可能となる（595Ⅱ、583Ⅱ、196）。
　　→特別の必要費は支出額を、有益費は有益費の価額の増加が現存する場合に限り、貸主の選択で、支出額又は増価額を、それぞれ償還できる〈同共〉
5 目的物返還義務
(1) 借主は、契約終了時に目的物を返還する義務を負う（593）。
(2) 附属物の収去義務を負い（599Ⅰ）、収去権を有する（同Ⅱ）。目的物に損傷が生じたときは、原状回復義務を負う（同Ⅲ本文）。

第597条　（期間満了等による使用貸借の終了）

Ⅰ　当事者が使用貸借の期間を定めたときは、使用貸借は、その期間が満了することによって終了する。

Ⅱ　当事者が使用貸借の期間を定めなかった場合において、使用及び収益の目的を定めたときは、使用貸借は、借主がその目的に従い使用及び収益を終えることによって終了する〈同〉。

Ⅲ　使用貸借は、借主の死亡によって終了する〈同〉。

第598条　（使用貸借の解除）

Ⅰ　貸主は、前条第２項に規定する場合において、同項の目的に従い借主が使用及び収益をするのに足りる期間を経過したときは、契約の解除をすることができる。

Ⅱ　当事者が使用貸借の期間並びに使用及び収益の目的を定めなかったときは、貸主は、いつでも契約の解除をすることができる。

Ⅲ　借主は、いつでも契約の解除をすることができる。

【平29改正】改正民法は、使用貸借関係が消滅する事由に関する改正前民法597条（借用物の返還の時期）・599条（借主の死亡による使用貸借の終了）を、使用貸借の終了事由の観点から新たに構築し直し、①一定の事実の発生による終了（597）と、②解除による終了（598）とに区別して規律した。

《注　釈》

一　使用貸借の終了（597）

1 使用貸借の期間の定めがある場合において、当該期間が満了したとき（同Ⅰ）。

2 使用貸借の期間の定めがない場合において、使用・収益の目的を定めたときは、借主がその目的に従い使用・収益を終えたとき（同Ⅱ）。

3 借主が死亡したとき（同Ⅲ）。
　　→貸主の死亡によっては終了しない〈同共書〉

二　使用貸借の解除

1 貸主の解除権

(1) 使用貸借の期間の定めがない場合において、使用・収益の目的を定めたと

使用貸借［第597条〜第598条］　●契約

きは、借主がその目的に従い使用・収益を終えていなくても、使用・収益をするのに足りる期間を経過したとき（598 Ⅰ）。
　→使用貸借の期間の定めがなく、また、使用・収益の目的の定めもない場合には、貸主はいつでも解除できる（同Ⅱ）
(2) 借主が用法遵守義務に違反し又は無断で第三者に借用物を使用収益させたとき（594 Ⅲ）。
(3) 借主がその他の債務不履行をしたとき（541）。

2　借主の解除権
　借主は、いつでも契約の解除をすることができる（598 Ⅲ）。

3　解除（598、594 Ⅲ）の効力
　遡及効がなく、将来に向かって効力が生じる。

三　使用貸借契約の終了・貸主による解除のまとめ

＜使用貸借契約の終了・貸主による解除のまとめ＞

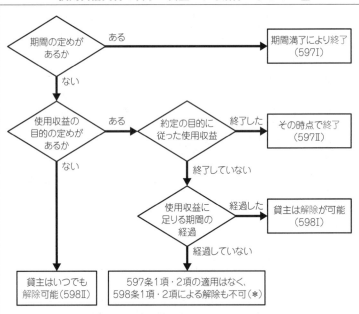

* もっとも、用法遵守義務違反（594 Ⅲ）やその他債務不履行（541）を理由とする解除が可能。
※ 上記のほか、借主が死亡した時点で終了する（597 Ⅲ）。また、借主が借用物を受け取るまで、貸主は解除が可能（593の2。ただし、書面によらない使用貸借に限る）。

●契約　　　　　　　　　　　　　　　　　　使用貸借［第599条〜第600条］

《その他》

▪ 使用貸借当事者間で信頼関係が破壊された場合に、598条1項の類推適用により使用貸借契約の解約が認められる場合がある（最判昭42.11.24参照）。

第599条　（借主による収去等）

Ⅰ　借主は、借用物を受け取った後にこれに附属させた物がある場合において、使用貸借が終了したときは、その附属させた物を収去する義務を負う。ただし、借用物から分離することができない物又は分離するのに過分の費用を要する物については、この限りでない。

Ⅱ　借主は、借用物を受け取った後にこれに附属させた物を収去することができる。

Ⅲ　借主は、借用物を受け取った後にこれに生じた損傷がある場合において、使用貸借が終了したときは、その損傷を原状に復する義務を負う。ただし、その損傷が借主の責めに帰することができない事由によるものであるときは、この限りでない。

【平29改正】改正前民法598条は、「借主は、借用物を原状に復して、これに附属させた物を収去することができる」と規定して、借主の収去権のみを定めているが、解釈上、同条を根拠として、借主は原状回復義務及び収去義務を負うものと解されていた。そこで、本条は、上記解釈を踏まえて、これらの義務を明文化した。

《注　釈》

一　附属物の収去義務（Ⅰ）〈回〉

借主は、使用貸借が終了したときは、借用物に附属させた物を収去する義務を負う（Ⅰ本文）。もっとも、附属物を分離することができない場合や、附属物の分離に過分の費用を要する場合については、借主は収去義務を負わない（同ただし書）。

なお、収去は、借主の権利でもある（Ⅱ）。

二　原状回復義務（Ⅲ）

借主が目的物を受け取った後にこれに生じた損傷については、原則として、借主が原状回復義務を負う（Ⅲ本文）。もっとも、目的物の損傷が借主の責めに帰することができない事由によるものである場合には、貸主と借主の公平の観点から、借主は原状回復義務を負わない（同ただし書）。

→賃貸借の場合（621）と異なり、通常損耗や経年変化も原状回復義務の内容に含まれるかについては規定がなく、個々の使用貸借契約の解釈により定まる

第600条　（損害賠償及び費用の償還の請求権についての期間の制限）

Ⅰ　契約の本旨に反する使用又は収益によって生じた損害の賠償及び借主が支出した費用の償還は、貸主が返還を受けた時から1年以内に請求しなければならない。

Ⅱ　前項の損害賠償の請求権については、貸主が返還を受けた時から1年を経過するまでの間は、時効は、完成しない。

【趣旨】貸主が目的物を貸し渡している期間中は、貸主が目的物の状況を把握するの

533

は困難であるところ、借主が用法遵守義務に違反した時から10年（166 I ②）でその損害賠償請求権が消滅時効にかかるとすると、10年以上継続する使用貸借の場合には、貸主が借主の用法遵守義務違反を把握することができたときには既に消滅時効が完成しているという不都合な事態が生じ得る。そこで、かかる不都合に対処するために、本条2項は、契約の本旨に反する使用・収益によって生じた損害賠償請求権は、貸主が返還を受けた時から1年を経過するまでは時効が完成しない旨（時効の完成猶予）を規定した。

■第7節　賃貸借

第1款　総則

《概　説》

一　意義

賃貸借とは、賃貸人がある物を賃借人に使用収益させ、これに対して賃借人が使用収益の対価（賃料）を支払い、契約終了時にその物を返還する契約をいう。

二　法的性質

賃貸借は、有償・双務・諾成・不要式契約である〈回〉。

→有償契約である点で売買に関する担保責任の規定（562以下、559）が、双務契約である点で533条以下が適用される

cf.1　賃貸借の賃料支払債務と対価関係に立つのは、賃貸人の目的物を使用収益させる債務全体である

→目的物の引渡債務と賃料支払債務は対価関係になく、同時履行の関係に立たない

∵　目的物引渡債務は、目的物を使用収益させる債務の一部にすぎない

cf.2　異常に低廉な賃料を定めた貸借関係を賃貸借と認定するためには、特別の事情の存在を確定する必要がある（大判大14.2.26）〈回〉

<使用貸借と賃貸借の比較> 〈共〉

使用貸借	賃貸借
無償（＊）	有償
目的物の新所有者に対抗できない	対抗要件（605、借地借家10、31等）を具備すれば、目的物を新所有者に対抗できる
借主たる地位に基づく妨害排除請求は認められない	対抗要件を具備すれば、「妨害の停止」や「返還」を請求できる（605の4①②）
貸主は修繕義務を負わない	貸主は修繕義務を負う（606 I 本文）
借主の用法遵守義務あり（594 I）	借主の用法遵守義務あり（616、594 I）
借主は、貸主の承諾なく第三者に使用収益させることができない（594 II）	借主は、貸主の承諾なく賃借権を譲渡し、又は転貸することができない（612 I）

●契約　　　　　　　　　　　　　　　　　　　　　　　　賃貸借［第601条］

使用貸借	賃貸借
借主は通常の必要費を負担する（595 Ⅰ）	必要費は貸主が負担し（606参照）、借主が必要費を支出したときは貸主に償還請求できる（608 Ⅰ）
借主の収去義務・収去権あり（599 ⅠⅡ）	借主の収去義務・収去権あり（622・599 ⅠⅡ）
借主は原状回復義務を負う（通常損耗・経年変化を含むかは契約の趣旨による）（599 Ⅲ）	借主は原状回復義務を負う（通常損耗・経年変化を含まない）（621本文・同かっこ書）
借主が死亡した場合、特約のない限り契約が終了し（597 Ⅲ）、相続人の権利承継は認められない	借主が死亡した場合、相続人の権利承継が認められる

＊　建物の借主が、建物を含む貸主所有の不動産に賦課された固定資産税等の支払を負担するような事実があっても、この負担が建物の使用収益に対する対価の意味をもつものと認めるに足りる特段の事情のない限り、当該貸借関係は使用貸借である（最判昭41.10.27）〈回〉。

第601条　（賃貸借）
　賃貸借は、当事者の一方がある物の使用及び収益を相手方にさせることを約し、相手方がこれに対してその賃料を支払うこと<u>及び引渡しを受けた</u>物を契約が<u>終了したときに返還することを</u>約することによって、その効力を生ずる。

［趣旨］本条により、賃貸人の使用収益させる義務と賃借人の賃料支払義務が互いに対価関係に立つことが明らかにされている。

《注　釈》
一　総説
　賃借人は目的物を占有し、現実の使用収益権能を有する。賃借権は債権である以上、その権能は本来債務者に対する請求権であるはずだが、社会的に重要な機能を果たす不動産賃借権は、賃貸人保護の点から民法や特別法により修正され、物権化して以下のような性質をもつ。

　①対抗力の付与、②妨害排除請求権の承認、③処分（譲渡・転貸）の簡易化、④存続期間の長期化、⑤時効取得を肯定、⑥二重賃貸借関係の処理
　　⇒ p.540

二　他人物賃貸借
　1　賃貸人・賃借人間の関係
　　(1)　賃貸借契約の有効性
　　　　他人物賃貸借も有効に成立する（559・561）。
　　　→賃借人は、原則として錯誤取消しの主張（95）もできない
　　　∵　他人物売買も有効に成立する以上、目的物が賃貸人に属するか否かは、法律行為の目的及び取引上の社会通念に照らして重要なものである

債権

535

とはいえず、賃貸人を所有者と誤信していたとしても錯誤にはあたらない

(2) 賃貸人の使用収益させる債務が履行不能になった場合（616の2）

ex. 所有者から目的物の返還請求を受けた場合

賃借人は、賃貸人の使用収益させる債務の不履行を理由として、損害賠償を請求し（415Ⅰ）、又は賃貸借契約を解除することができる（542Ⅰ①）。また、賃借人が賃貸人に賃貸権限がないことにつき悪意であっても、賃貸人に帰責性がある場合（ex.賃貸人が所有者から賃貸権限を得るための交渉を怠っていた場合）には、賃借人は損害賠償を請求し、又は解除をすることができる。

cf. 賃貸物につき権利を主張する第三者から明渡請求を受け、賃貸人の使用収益させる債務が履行不能になるおそれが生じた後は、賃借人は、賃貸人に対して賃料支払を拒絶することができる（559・576本文、最判昭50.4.25参照）

2 所有者・賃貸人間の関係

(1) 不当利得返還請求

賃貸人が賃借人から受領した賃料は賃貸借契約の当事者たる賃貸人・賃借人間では正当なものであるが、所有者・賃貸人間では「法律上の原因」（703）がないものであるから、所有者は、賃貸人が収得した賃料額を不当利得として賃貸人に返還請求できる（703、704）。

cf. 賃貸権限がないことにつき賃貸人が善意であった場合、所有者は賃料を返還請求しえない（189Ⅰ）

賃借人が他人物賃貸人に賃料を支払った場合、利得は賃借人ではなく賃貸人に存するが、賃借人が賃料支払を拒絶した場合には賃借人に使用価値相当分の利得があり、所有者は、賃借人に不当利得の返還を請求すべきである。

(2) 不法行為責任

所有者の権利侵害につき賃貸人に故意・過失があれば、所有者は賃貸人に不法行為に基づく損害賠償請求をすることができる（709）。

3 所有者・賃借人間の関係

(1) 明渡請求

所有者との関係では賃借人は無権限であるから、所有者は、所有権に基づき目的物の明渡請求をすることができる。

cf. この場合、賃借人は賃貸人に対する損害賠償請求権を被担保債権とする留置権（295Ⅰ）の主張をすることはできない

(2) 不当利得返還請求

賃借人が賃貸人に賃料を支払っていた場合、賃料が相当額でなく通常より低廉でない限り、賃借人の利得はなく、所有者は、賃借人に返還請求をなしえない。賃借人が賃料を支払っていない場合又は滞納している場合、所有者は、賃料相当額を賃借人に請求しうる。

∵ 賃借人は、賃貸人に対して賃料支払義務を負っているので利得がないとも考えられるが、終局的に利益を収めるべき所有者と現実に使用収益した賃借人との間に不当利得が成立すると解するのが公平に適し、不当利得制度の趣旨に合致する

(3) 不法行為責任

賃貸人が賃貸権限を有していなかったことを、賃借人が知っていたか過失により知らなかった場合には、所有者は賃借人に不法行為による損害賠償請求をなしうる（709）。

cf. 賃貸人との共同不法行為（719）となることもありうる

<他人物賃貸借のまとめ>

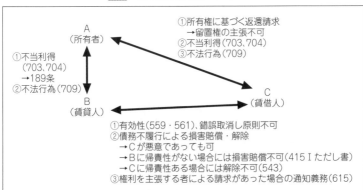

第602条 （短期賃貸借）

処分の権限を有しない者が賃貸借をする場合には、次の各号に掲げる賃貸借は、それぞれ当該各号に定める期間を超えることができない（固）。契約でこれより長い期間を定めたときであっても、その期間は、当該各号に定める期間とする。

① 樹木の栽植又は伐採を目的とする山林の賃貸借　10年
② 前号に掲げる賃貸借以外の土地の賃貸借　5年
③ 建物の賃貸借　3年
④ 動産の賃貸借　6箇月

[趣旨] 賃貸借は、いわゆる管理行為であって処分行為ではないが、期間の長い賃貸借には、実際上、処分行為に近い効果がある。そこで本条は、処分の権限を有しない者が、単なる管理行為としてなしうる賃貸借を短期賃貸借に限定し、その期間の上限も目的物に応じて異なるものとした。

《注　釈》
一　要件

処分の権限を有しない者とは、不在者の財産管理人（28）、権限の定めのない

賃貸借［第603条～第604条］　　　　　　　　　　　　　　　●契約

代理人（103）、後見監督人のある場合の後見人（864）、各種の場合の相続財産管理人（918 Ⅲ、943 Ⅱ、950 Ⅱ、953）等である。

二　効果

　処分の権限を有しない者が本条所定の期間を超える賃貸借をした場合、契約自体の効果は処分の能力又は権限に関するそれぞれの規定によって決せられる。

→後見監督人のある場合の後見人の行為は取り消しうるものとなり（865）、不在者の財産管理人、権限の定めのない代理人、相続財産管理人の行為は無権代理行為となる

　もっとも、その期間については、各号所定の期間となる（柱書後段）。

第603条　（短期賃貸借の更新）

　前条に定める期間は、更新することができる。ただし、その期間満了前、土地については1年以内、建物については3箇月以内、動産については1箇月以内に、その更新をしなければならない。

《注　釈》

- 短期賃貸借はいずれも更新できるが、その更新期間も各々602条所定の期間を超えられない。
- 更新は目的物の種類に応じ、満了前の本条の期間内にしなければならない。
  - ∵　契約後すぐに更新して、事実上602条の期間制限を無意味にすることを防ぐ
- 更新前後の賃貸借は同一性を有し、特約のない限り更新前の条件が更新後にも引き継がれる。

第604条　（賃貸借の存続期間）

Ⅰ　賃貸借の存続期間は、50年を超えることができない。契約でこれより長い期間を定めたときであっても、その期間は、50年とする。

Ⅱ　賃貸借の存続期間は、更新することができる。ただし、その期間は、更新の時から50年を超えることができない。

【平29改正】本条は、賃貸借の存続期間を20年から50年に伸長するものである。改正前民法604条は、長期間にわたる賃貸借は目的物の所有者にとって過度の負担となり得ることから、存続期間の上限を20年に限定していた。もっとも、20年を超える存続期間を定めるニーズ（大型プロジェクトや重機・プラントのリース契約等）が存在しており、存続期間の上限を20年に限定したままだと経済活動上の不都合が生じ得るとされてきた。また、民法の起草者は、存続期間20年を超えるものについては地上権・永小作権が利用されることを想定していたものの、これらの利用が実際にはほとんどないため、賃貸借の存続期間を引き延ばす必要があると考えられていた。そこで、以上の点を踏まえ、賃貸借の存続期間を伸長する一方で、その上限を永小作権（278）と同様の50年と定めることとなった。

● 契約　　　　　　　　　　　　　　　　　　　　　　賃貸借［第605条］

《注　釈》

一　民法上の存続期間

1　最長期間は50年、最短期間に制限はない。

2　契約期間が「永久」とされる賃貸借は、期間の定めのないものと解釈される（最判昭27.12.11）。

二　契約期間の更新に関する借地借家法の規定

1　借地契約の更新についての修正

合意による更新（4）、借地権者の請求による更新（5Ⅰ、6）、借地権消滅後の使用継続による更新（5Ⅱ、6）、滅失建物の再築による更新（7、8）

2　借家契約の更新についての修正

期間満了前に賃貸人から更新拒絶の通知のない場合の更新（26Ⅰ）、使用の継続に対して賃貸人が異議を述べない場合の更新（26Ⅱ）

三　借地借家法の存続期間

＜民法と借地借家法における存続期間＞

	最長期間の合意	最短期間の合意	期間の定めなき場合
民　法	原則：50年（604） 例外：短期賃貸借 （602）	制限なし	解約申入後の猶予期間 （617）→土地：1年 建物：3か月
借地関係 （＊2）	原則：制限なし （借3ただし書） 例外：定期借地権 （借23Ⅰ：事業 用50年未満）	原則：30年（借3、9） 例外：定期借地権 （借22：長期型50年 24：建物買取型30年 23：事業用10年）	30年（借3）
借家関係	原則：制限なし （借29Ⅱ＊1） 例外：定期借家権 （借38） 取壊し予定の建 物の賃貸借（借 39）	原則：1年未満のものは期 間の定めなきものと なる（借29Ⅰ） 例外：借38、39、40	解約申入後の猶予期間 （借27、28） →6か月＋正当事由

（借…借地借家法）

＊1　借家関係については、民法604条は適用されない。

＊2　借地借家法は、借地方式による多様な利用を可能にするため、存続期間が一定期間に限られる定期借地権を認めている（借22以下）。

第2款　賃貸借の効力

第605条　（不動産賃貸借の対抗力）

不動産の賃貸借は、これを登記したときは、その後その不動産について**物権**を取得した者その他の第三者に対抗することができる。

[趣旨] 本条は、不動産賃借権の特殊性を考慮し、これを登記した場合に対抗力を

債
権

539

付与することとし、賃借人の保護を図ったものである。

《注　釈》
一　不動産賃借権の物権化

＜不動産賃借権の物権化＞

	原　則	物権化
対抗力	「売買は賃貸借を破る」	「売買は不動産賃貸借を破らない」 不動産賃借権は登記をすれば以後の物権取得者に対抗しうる（605、借地借家31…引渡し、借地借家10Ⅰ…借地上の建物の登記）〈司〉
第三者に対する効力	賃貸人に対する請求権にすぎない	第三者が目的不動産の占有を妨害しているときは妨害の停止を、これを占有しているときは返還を請求できる（605の4）
賃借権の譲渡性	賃貸人の承諾を得ない限り、賃借権の譲渡・転貸はできず、無断で行うと解除原因となる（612）	借地に関しては、譲渡・転貸について借地権設定者の承諾が得られない場合、裁判所はそれに代わる許可を与えることができる（借地借家19Ⅰ）〈共〉
賃借権の存続期間	存続期間は原則として、50年を超えることができず（604Ⅰ）、更新も50年が上限となる（604Ⅱ）	建物所有目的の借地については、最短期間が30年とされ（借地借家3）、上限はない（同3ただし書）。一定の場合に法定更新され（同5）、更新拒絶には正当事由が要求される（同6）。借家についても、1年未満のものは期間の定めがないものとされ（同29Ⅰ）、上限はない（同29Ⅱ）。法定更新と正当事由に関する制度も導入されている（同26、27、28）
賃借権の時効取得	債権の時効取得は認められない	①土地の継続的用益という外形的事実が存在し、②それが賃借の意思に基づくことが客観的に表現されている場合、時効取得が認められる（最判昭43.10.8、最判昭62.6.5・百選Ⅰ47事件）〈司書〉〈司H29〉 不動産につき賃借権を有する者がその対抗要件を具備しない間に、当該不動産に抵当権が設定されてその旨の登記がされた場合、賃借人は、抵当権設定登記後に時効取得に必要な期間、継続的に目的不動産を用益したとしても、目的不動産の第三取得者に対し賃借権を対抗することはできない（最判平23.1.21・百選Ⅰ48事件）〈共書〉
二重賃貸借の処理	債権であるから、同一内容の債権が併存的に成立する	対抗要件を具備することで排他性を取得するから（605、借地借家10Ⅰ、31）、対抗要件を先に具備した者が優先する

二　登記方法
賃貸人・賃借人の共同申請を原則とする（不登60）。

●契約 賃貸借［第605条］

→賃借人には、特約がない限り、登記請求権がない（大判大 10.7.11）〈予書〉

　不動産賃借権に対抗力を付与しても、賃貸人が賃借権の登記に非協力的な場合が多い実情の下では、十分に機能しない。そこで、特別法により賃借権の登記に代わる対抗力の取得が認められている（借地借家 10 Ⅰ、31）。

三　借地関係

1　借地権の意義

　借地権とは、建物所有を目的とする地上権・土地の賃借権をいう（借地借家 2 ①）〈司〉。

　一時使用目的の場合には除外されているものもある（借地借家 25）。

2　対抗力の付与

　土地の上に借地権者が登記された建物を所有していれば、借地権は排他性を備えることができるとして、対抗力を認める（借地借家 10 Ⅰ）〈司書〉。

（1）親族名義・譲渡担保権者名義の建物登記と借地借家法 10 条

　建物登記は借地人名義であることを要し、親族名義・譲渡担保権者名義で建物登記がなされた場合、借地借家法 10 条 1 項による借地権の対抗力は否定される（最大判昭 41.4.27・百選Ⅱ 58 事件）〈司予〉。

（2）表示の登記と借地借家法 10 条

　不動産登記は、不動産の表示の登記と権利の登記からなる。177 条の「登記」には権利の登記のみが含まれ表示の登記は含まれないが、借地借家法 10 条 1 項の「登記」には、権利の登記に限られず表示の登記も含まれる（最判昭 50.2.13）〈司〉。

（3）登記に記載された建物の所在番地表示が、実際とは多少相違していても、登記の表示全体から建物との同一性が判別できればよい。

3　建物買取請求権（借地借家 13、14）〈司〉

（1）建物代金支払と土地明渡との同時履行の抗弁権・留置権

　借地人は、建物代金支払があるまで、建物のみならず土地についても同時履行の抗弁権（533）・留置権（295 Ⅰ）を行使しうる（大判昭 18.2.18、最判昭 35.9.20）。⇒ p.203、470

　第三者が借地上の建物を取得したが借地権設定者が賃借権譲渡を承諾しない場合は、第三者に建物買取請求権が認められる（借地借家 14）。

（2）債務不履行解除がなされた場合

　借地人は、建物買取請求権を有しない（最判昭 35.2.9）。

　∵　建物買取請求権の規定は誠実な借地人保護の規定である

　cf.　定期借地権（借地借家 22、23）については、公正証書による特約で建物買取請求権を排除できる〈司〉

（3）借地人の所有する建物の借家人による借地人の建物買取請求権の代位行使の可否　⇒ p.318

4　その他

（1）借地条件の変更及び増改築の承諾に代わる許可の裁判（借地借家 17）

債権

541

賃貸借［第605条の2］　　　　　　　　　　　　　　　　　　　　●契約

- (2) 借地契約更新後の建物の再築の承諾に代わる許可の裁判（借地借家18）
- (3) 賃借権譲渡、転貸の承諾に代わる許可の裁判（借地借家19）共
- (4) 建物競売等の場合における土地の賃借権譲渡の転貸の承諾に代わる許可の裁判（借地借家20）
  - →賃借権の目的である土地と他の土地とにまたがって建築されている建物を競売により取得した第三者が、借地借家法20条1項に基づき、賃借権の譲渡の承諾に代わる許可を求める旨の申立てをした場合において、借地権設定者が、同条2項、同法19条に基づき、自ら当該建物及び賃借権の譲渡を受ける旨の申立てをすることは許されない
    - ∵　目的外の土地上の建物部分やその敷地の利用権を譲渡することを命ずることは、裁判所の権限の範囲外（最決平19.12.4・平20重判5事件）

四　借家関係

1　対抗力の付与

　　建物の賃借権は、「建物の引渡し」があれば対抗力を取得する（借地借家31）書。

2　造作買取請求権（借地借家33）

- (1) 代金支払と建物明渡との同時履行の抗弁権・留置権
  借家人は、同時履行の抗弁権・留置権を行使しえない（最判昭29.1.14、最判昭33.3.13）回。
  - ∵　造作代金債務と建物引渡債務とは発生原因を異にし、かつ、両者の間には対価上の牽連関係がない
- (2) 債務不履行解除がなされた場合
  借家人は、造作買取請求権を行使しえない（大判昭13.3.1）。
  - ∵　造作買取請求権は、賃貸借期間の満了等の場合について誠実な借家人を保護するために規定したものである

3　内縁の妻の借家権の承継　⇒ p.657

第605条の2　（不動産の賃貸人たる地位の移転）

Ⅰ　前条、借地借家法（平成3年法律第90号）第10条又は第31条その他の法令の規定による賃貸借の対抗要件を備えた場合において、その不動産が譲渡されたときは、その不動産の賃貸人たる地位は、その譲受人に移転する。

Ⅱ　前項の規定にかかわらず、不動産の譲渡人及び譲受人が、賃貸人たる地位を譲渡人に留保する旨及びその不動産を譲受人が譲渡人に賃貸する旨の合意をしたときは、賃貸人たる地位は、譲受人に移転しない。この場合において、譲渡人と譲受人又はその承継人との間の賃貸借が終了したときは、譲渡人に留保されていた賃貸人たる地位は、譲受人又はその承継人に移転する。

Ⅲ　第1項又は前項後段の規定による賃貸人たる地位の移転は、賃貸物である不動産について所有権の移転の登記をしなければ、賃借人に対抗することができない。

●契約　　　　　　　　　　　　　　　　　　　　　　　　賃貸借［第605条の2］

<u>Ⅳ　第1項又は第2項後段の規定により賃貸人たる地位が譲受人又はその承継人に移転したときは、第608条の規定による費用の償還に係る債務及び第622条の2第1項の規定による同項に規定する敷金の返還に係る債務は、譲受人又はその承継人が承継する</u>〈共〉。

【平29改正】本条1項は、対抗要件（605、借地借家10、31等）を具備した不動産賃借人は、賃貸不動産の譲受人にも賃借権を主張することができることを前提として、賃貸不動産の譲渡とともに、賃貸人たる地位も賃貸不動産の譲受人に当然に移転するという判例法理（大判大10.5.30）〈同R元〉を明文化した。

　本条2項前段は、賃貸人たる地位の当然承継が生じる場面において、譲渡人と譲受人間の合意によって賃貸人たる地位を譲渡人に留保するための要件について、改正前民法下における判例（最判平11.3.25・百選Ⅱ〔第6版〕33事件）が示す「特段の事情」の内容を明文化し、譲渡人への地位の留保を認めている。また、同項後段は、譲渡人への地位の留保がなされている場合において、譲渡人と譲受人又はその承継人との間の賃貸借が終了したときは、譲渡人に留保されていた賃貸人たる地位が当然に譲受人又はその承継人に移転する旨規定した。

　本条3項は、賃貸不動産の譲受人は、譲渡された賃貸不動産の所有権移転登記をしなければ、その賃貸人たる地位の移転（当然承継）を不動産賃借人に対抗することができない旨判示する改正前民法下の判例法理（最判昭49.3.19・百選Ⅱ59事件）を明文化した。

　本条4項は、賃貸人たる地位が譲受人等に移転した場合には、費用償還債務（608）・敷金返還債務（622の2Ⅰ）も譲受人等に承継される旨規定した。

《注　釈》
一　賃貸人たる地位の移転（Ⅰ）〈同H20〉
1　賃貸借関係の移行・存続

　　対抗要件（605、借地借家10、31等）を備えた賃借権が設定された不動産の譲受人は、譲渡人から賃貸人たる地位を承継するとともに、譲渡人は賃貸借関係から離脱し、賃借人・譲受人間に従来の賃貸借関係がそのまま移行・存続する。

　　cf.　同項は、地上権者が賃貸人である場合における当該地上権の譲受人についても類推適用されると解されている

2　合意・承諾の要否

　　本項による賃貸人の地位の移転に際し、賃貸不動産の譲渡人・譲受人間の合意、並びに賃借人の承諾は不要である。

3　賃借権に対抗力がない場合

(1)　目的不動産の譲受人は、賃貸人たる地位を承継せず、賃借人に対して明渡請求ができる。

　　∵　賃借権は、賃貸人に対して賃料と引換えに賃借物を使用収益させることを求める債権にすぎないため、賃借人は譲受人に自己の賃借権を主張

543

賃貸借［第605条の2］　　　　　　　　　　　　　　　　　　　　　　　　●契約

することができない（「売買は賃貸借を破る」）

　　→賃借人に対する明渡請求が害意に基づく場合には、当該請求は、権利濫
　　　用（1Ⅲ）として棄却されうるが、その場合も譲受人が所有権を失うわ
　　　けではないので、占有権原のない賃借人は、不法行為に基づき賃料相当
　　　額の損害賠償義務（709）を負う（最判昭41.6.24）回

(2)　賃借権に対抗力がない場合であっても、譲渡人・譲受人間で合意すれば、
　　譲受人が賃貸人たる地位を承継することができ、その際に賃借人の同意は不
　　要である（605の3）。

(3)　数個の土地の借地権者が、ある土地について対抗要件（借地借家10Ⅰ）
　　を備えていなくても、他の土地について対抗要件を備えており、これらの土
　　地が社会通念上相互に密接に関連する一体として利用されている場合、対抗
　　要件のない借地権が設定されている土地の買主による明渡請求が、権利濫用
　　（1Ⅲ）にあたり許されないことがある（最判平9.7.1）H29

(4)　譲受人からの明渡請求が認められた場合には、賃借人は譲渡人に賃貸借契
　　約の履行不能に基づく損害賠償請求（601、415Ⅰ）ができる。

二　賃貸人たる地位の留保（Ⅱ）

1　賃貸不動産の譲渡に際し、譲渡人と譲受人の間で、賃貸人たる地位を譲渡人
　に留保するとの合意をし、かつ、その不動産を譲受人が譲渡人に賃貸するとの
　合意をしたときは、賃貸人たる地位は賃貸不動産の譲受人に移転しない（譲渡
　人に留保される）（Ⅱ前段）。

　　→譲渡人・譲受人間に賃貸借関係が、譲渡人・賃借人間に転貸借関係が成立
　　　することになり、賃借人は賃貸不動産を従前どおり使用・収益すること が
　　　できる

2　譲渡人と譲受人等との間の賃貸借が終了したときは、賃貸人たる地位は譲受
　人等に移転する（Ⅱ後段）。

　　→従前の内容での不動産賃貸人としての地位が保持され、賃借人は譲受人等
　　　からの所有権に基づく明渡請求を拒むことができる

三　賃貸人たる地位の移転を貸借人に対抗するための要件（Ⅲ）

1　賃貸不動産の譲受人は、その不動産の所有権移転登記をすれば、不動産賃借
　人の同意の有無にかかわらず、賃貸人たる地位を不動産賃借人に対抗すること
　ができる。

2　賃借人側から未登記の譲受人を新賃貸人と認めることはできるため、賃借人
　による未登記譲受人に対する賃料の支払は有効である（最判昭46.12.3）。

四　賃貸人たる地位の移転と敷金返還・費用償還債務（Ⅳ）

敷金返還債務について、判例（最判昭44.7.17）によれば、旧賃貸人（譲渡人）
に対する賃借人の未払賃料・損害賠償等の支払義務がある場合には当然にこれに
充当され、その残額が新賃貸人（譲受人等）に移転する回書。

　　→賃貸借終了後明渡前に、目的不動産の所有権が移転した場合は、敷金に関す
　　　る権利義務は、譲渡人と譲受人の合意のみでは譲受人に承継されない（最判

544

●契約　　　　　　　　　　　　　　賃貸借［第605条の3〜第605条の4］

昭48.2.2・百選Ⅱ〔第7版〕61事件）〈同〉
∴　賃貸借契約終了後における敷金に関する権利義務の承継は、債務引受の
性質を有することから、債権者である賃借人の合意が必要

> **第605条の3　（合意による不動産の賃貸人たる地位の移転）**
>
> 　不動産の譲渡人が賃貸人であるときは、その賃貸人たる地位は、賃借人の承諾を要
> しないで、譲渡人と譲受人との合意により、譲受人に移転させることができる〈司書〉。
> この場合においては、前条第3項及び第4項の規定を準用する。

【平29改正】本条前段は、賃貸不動産の譲渡人が賃貸人であるときは、譲渡人と譲
受人の合意によって、賃借人の承諾を得ることなく、賃貸人たる地位を譲受人に移
転することができる旨規定する。これは、「貸す債務」の債務者（賃貸人）の交替
（免責的債務引受）と考えられる場面で、債権者（賃借人）の承諾（472Ⅲ参照）を
不要とするものであり、改正前民法下の判例法理（最判昭46.4.23・百選Ⅱ41事件）
〈司R元〉を明文化したものである。また、本条後段は、この場合にも前条と同じく、賃
貸不動産の所有権移転登記をしなければ、譲受人は賃貸人たる地位を賃借人に対抗
することができないこと（605の2Ⅲ）、費用償還債務・敷金返還債務も譲受人に承
継されること（同Ⅳ）を規定する。

　なお、賃借人が対抗要件を備えている場合については、605条の2が規定してい
ることから、605条の3が問題となる場面は、**賃借人が対抗要件を備えていない場
合**となる。

> **第605条の4　（不動産の賃借人による妨害の停止の請求等）**
>
> 　不動産の賃借人は、第605条の2第1項に規定する対抗要件を備えた場合におい
> て、次の各号に掲げるときは、それぞれ当該各号に定める請求をすることができる。
> 　①　その不動産の占有を第三者が妨害しているとき　その第三者に対する妨害の停
> 止の請求〈書〉
> 　②　その不動産を第三者が占有しているとき　その第三者に対する返還の請求〈同〉

【平29改正】本条は、対抗要件を備えた不動産賃貸借の不動産賃借人は、不動産賃
借権に基づいて妨害排除請求権・返還請求権を行使することができるとする判例法
理（最判昭28.12.18・百選Ⅱ57事件等）を明文化したものである（ただし、不動産
賃借権に基づく妨害予防請求権までは認めていない）。

《注　釈》

- 本条にいう「第三者」には、不法占拠者のほか、劣後する二重賃借人も含まれ
る。
- 本条による請求には対抗要件が必要であるが、対抗要件を備えていない場合で
も、不動産賃借権を保全するために、賃貸人の所有権に基づく妨害排除請求権を
代位行使（423Ⅰ）しうる。　⇒p.325

債権

545

賃貸借［第606条］　　　　　　　　　　　　　　　　　　　　　　　　　　●契約

第606条　（賃貸人による修繕等）

Ⅰ　賃貸人は、賃貸物の使用及び収益に必要な修繕をする義務を負う。ただし、賃借人の責めに帰すべき事由によってその修繕が必要となったときは、この限りでない〈共書〉。

Ⅱ　賃貸人が賃貸物の保存に必要な行為をしようとするときは、賃借人は、これを拒むことができない。

[趣旨]賃貸人は賃借人に対して、賃貸目的物を使用収益させる債務があり（601）、その結果として修繕義務を負う。この点で、使用貸主や用益物権における所有者とは異なる。

《注　釈》

一　賃貸人の修繕義務

1　賃貸人の修繕義務は、賃借人の責めに帰すべき事由による破損の場合には、生じない（Ⅰただし書）。

2　賃貸目的物が滅失した場合には、賃貸人は修繕義務を負わない。

3　修繕は賃貸人の義務であると同時に、目的物の保存行為を行う権利でもあるので、賃借人は修繕を拒めない（Ⅱ）〈予〉。

二　賃貸人の修繕義務不履行の場合

1　賃貸人が修繕義務を履行しないときには、賃借人は賃貸人に対し不履行を理由とする損害賠償請求（415）をなしうる。

→事業用店舗の賃貸借において、賃貸人の修繕義務不履行により賃借人に生じた営業利益喪失の損害については、「通常生ずべき損害」（416Ⅰ）に当たり、賃貸人に対してその賠償を請求できるが、賃借人が営業を別の場所で再開する等の損害回避減少措置をなしえた時期以降の営業利益相当の損害については、条理上及び「通常生ずべき損害」の解釈上、賃貸人に対してその全部の賠償を請求できない（最判平21.1.19・百選Ⅱ6事件）〈共〉

2　賃貸人の修繕義務が賃料支払期以前に発生したが、これを履行しないため目的物が使用収益に適する状態に回復しない間は、賃借人は賃料支払を拒絶することができる（大判大10.9.26参照）〈同〉。

→目的物が使用収益に適する状態に回復しない間は、そもそも賃料債務は発生しないのではないかという問題点を指摘する見解もある

3　使用収益が妨げられただけの場合は、その割合に応じた賃料の一部の支払のみを拒むことができる（大判大5.5.22）。

三　修繕義務を賃借人に負わせる特約

一定の範囲で修繕を賃借人の義務とすることを特約してもよい（最判昭29.6.25）。ただし、このような特約は賃貸人が修繕義務を負わないという趣旨のものにすぎず、大修繕は依然として賃貸人の義務である。

→賃借人が家屋使用中に生じる一切の汚損・破壊箇所を自己の費用で修繕し目的家屋を当初と同一の状態に維持すべき義務を負うという趣旨のものではな

●契約　　　　　　　　　　　　　　　　　　　賃貸借［第607条〜第608条］

い（最判昭 38.11.28）

第607条　（賃借人の意思に反する保存行為）

　賃貸人が賃借人の意思に反して保存行為をしようとする場合において、そのために賃借人が賃借をした目的を達することができなくなるときは、賃借人は、契約の解除をすることができる〈予〉。

[趣旨] 賃借人が、賃貸人の修繕（保存行為）を受忍しなければならないという不利益に配慮して、賃借人の解除権を認めたものである。

第607条の2　（賃借人による修繕）

　賃借物の修繕が必要である場合において、次に掲げるときは、賃借人は、その修繕をすることができる。
　①　賃借人が賃貸人に修繕が必要である旨を通知し、又は賃貸人がその旨を知ったにもかかわらず、賃貸人が相当の期間内に必要な修繕をしないとき。
　②　急迫の事情があるとき。

[趣旨] 賃借物を修繕することは他人の所有権への干渉となるため、本来的には、処分権限を有する賃借物の所有者のみが賃借物を修繕することができるところ、本条は、賃借人が賃借物を修繕することができる2つの例外的な場合について規定している。すなわち、本条1号は、修繕の必要が生じた旨を賃貸人に通知し（615本文参照）、又は賃貸人がその旨を知ったにもかかわらず、賃貸人が相当の期間内に必要な修繕をしない場合について賃借人による修繕を認め、本条2号は、急迫の事情がある場合について賃借人による修繕を認めた。

第608条　（賃借人による費用の償還請求）

　Ⅰ　賃借人は、賃借物について賃貸人の負担に属する必要費を支出したときは、賃貸人に対し、直ちにその償還を請求することができる〈書〉。
　Ⅱ　賃借人が賃借物について有益費を支出したときは、賃貸人は、賃貸借の終了の時に、第196条第2項＜占有者による有益費の償還請求＞の規定に従い、その償還をしなければならない〈司〉。ただし、裁判所は、賃貸人の請求により、その償還について相当の期限を許与することができる。

[趣旨] 賃借人が賃貸目的物に対して費用を支出した場合、不当利得の観点から賃貸人への費用償還請求権を認めたものである。

《注　釈》

一　費用の範囲

　1　必要費の範囲〈司H25〉

　　　必要費は、単に目的物自体の原状を維持し、又は目的物自体の原状を回復する費用に限定されず、通常の用法に適する状態において目的物を保存するために支出した費用も含む（大判昭 12.11.16）。

　　　→必要費は全額を償還請求できる

547

賃貸借［第609条〜第610条］　　　　　　　　　　　　　　　●契約

　2　有益費の範囲

　　　有益費は、賃借物の改良のために費やし、それによりその客観的価値を増すものの他、賃借物以外のものに加えた改良によって賃借物の価値を増加させる場合の費用も含む（大判昭5.4.26）〈過〉。

　　　→使用収益自体を可能にするために支出した費用は、それにより目的物の改良の結果が生じても、有益費として償還請求できない（大判大9.10.16）

二　償還請求権の時期

　　　必要費は支出後直ちに〈司予〉、有益費は賃貸借終了時に償還請求できる。

　　　→賃借人が有益費を支出した場合、未払賃料債務のうち対当額の支払拒絶はできない

　　　→有益費は、占有者の有益費償還の場合と同様に償還される　⇒ p.160

三　償還義務者・権利者

　　　ex.　賃借人が有益費を支出後、賃貸人が交替した場合は、特段の事情のない限り、新賃貸人が償還義務者たる地位を承継するから、賃借人は旧賃貸人に有益費の償還を請求できない（最判昭46.2.19）〈司〉

《その他》

・費用の償還は、目的物の返還の時期から1年以内（除斥期間、622・600Ⅰ）に、また必要費は費用支出時から、有益費は賃貸借終了時からそれぞれ5年又は10年以内（消滅時効、166Ⅰ①②）に請求しなければならない〈編〉。

・費用償還請求権のための消極的な要件として、その費用が、建物とは独立性ある増築に費やされていないことを要する。

　ex.　賃借人が賃借建物に勝手に造作を取り付け、建物と別個の所有権の客体となっている場合には、費用償還請求権の問題にはならない

　→造作買取請求権（借地借家33）の問題

・賃借人は、賃料不払で賃貸借契約が解除された場合も、既に支出した費用の償還請求権を有するときは建物を留置できる。

・賃借人が賃貸人に対し、賃貸借終了後、建物の増築部分に係る有益費の償還を請求したが、建物返還前に賃貸人及び賃借人双方の帰責事由なくして増築部分が滅失した場合、賃貸人が利得すべき増加価値は既に消滅していることから、特段の事情のない限り、賃借人の有益費償還請求権は消滅する（最判昭48.7.17）〈編〉。

第609条　（減収による賃料の減額請求）〈司〉

　耕作又は牧畜を目的とする土地の賃借人は、不可抗力によって賃料より少ない収益を得たときは、その収益の額に至るまで、賃料の減額を請求することができる。

第610条　（減収による解除）

　前条の場合において、同条の賃借人は、不可抗力によって引き続き2年以上賃料より少ない収益を得たときは、契約の解除をすることができる。

●契約　　　　　　　　　　　　　　　　賃貸借［第611条〜第612条］

第611条　（賃借物の一部滅失等による賃料の減額等）

Ⅰ　賃借物の一部が滅失その他の事由により使用及び収益をすることができなくなった場合において、それが賃借人の責めに帰することができない事由によるものであるときは、賃料は、その使用及び収益をすることができなくなった部分の割合に応じて、減額される《同共書》。

Ⅱ　賃借物の一部が滅失その他の事由により使用及び収益をすることができなくなった場合において、残存する部分のみでは賃借人が賃借をした目的を達することができないときは、賃借人は、契約の解除をすることができる。

[趣旨] 賃料とは、賃借物が賃借人による使用収益可能な状態に置かれたことの対価として発生するものであるから、賃借物の一部滅失等により使用収益不能な部分が生じたときは、賃料もその不能部分に対応する割合で当然に発生しないと解すべきである。もっとも、賃借人に帰責事由がある場合にまで賃料の減額を認めるべきではない。他方で、賃借物の一部滅失等により、残存する部分のみでは賃借人が賃借をした目的を達することができない場合であれば、賃借人の帰責事由の有無を問わず、賃借人による契約の解除を認めるのが相当である。そこで、本条は、以上の趣旨を規定として具体化した。

《注　釈》

◆　使用収益させる債務の後発的一部不能

1　賃借人に帰責事由がない場合
　⑴　減額請求は不要であり、使用収益不能部分の割合に応じて当然に減額される（Ⅰ）《共》。
　　　→賃借物の一部滅失等が賃借人の責めに帰することができない事由によるものであったことは、賃借人側が主張・立証責任を負う
　　　∵　賃借物が賃借人の支配下にあることから、賃貸人が賃借人の帰責事由の有無について把握するのは困難
　⑵　「滅失」とは、賃貸目的物自体の滅失だけでなく、他の物の滅失で賃借物の利用価値が減少する場合も含む。

2　賃借人に帰責事由がある場合
　　　賃料は減額されず（Ⅰ参照）、賃貸人は、賃借人に対し、損害賠償請求をすることができる（415Ⅰ）。

3　賃借人は、目的物の一部滅失等により、残存部分では賃貸借の目的を達し得ない場合には、契約を解除できる（611Ⅱ）。
　　　→賃借人に帰責事由がある場合でも、解除することができる

第612条　（賃借権の譲渡及び転貸の制限）

Ⅰ　賃借人は、賃貸人の承諾を得なければ、その賃借権を譲り渡し、又は賃借物を転貸することができない《書》。

Ⅱ　賃借人が前項の規定に違反して第三者に賃借物の使用又は収益をさせたときは、賃貸人は、契約の解除をすることができる。

債権

賃貸借［第612条］　　　　　　　　　　　　　　　　　　　　　　　　●契約

[趣旨] 大事な財産を賃貸人の承諾を得ないで第三者に使用収益させること（無断譲渡・転貸）は、賃貸人・賃借人間の信頼関係を破る最大の不信行為と考えられたため、本条は、賃借権の無断譲渡・転貸があれば原則として解除できるものとした。ただし、不動産賃貸借においては賃借人にも投下資本を回収する必要性があるため、2項は立法的（借地借家19）にも、解釈上も制限的に適用されている。

《注　釈》

一　賃貸人の「承諾」

1　賃借権の譲渡・転貸に必要とされる賃貸人の「承諾」は、事前・事後を問わないし、その相手方は賃貸人でも譲受人・転借人でもよい（最判昭31.10.5）。

2　「承諾」は明示・黙示を問わないが、その後に承諾に基づく譲渡・転貸契約の締結がなされていなくても、もはや撤回できないとされる（最判昭30.5.13）。

3　譲渡について賃貸人の承諾があるときは、譲渡人は賃貸借関係から離脱して、譲受人が賃借人になる。

4　譲渡について賃貸人の承諾がある場合には、賃貸借関係が同一の内容で譲受人に移転する。しかし、旧賃借人の保管義務違反による損害賠償債務は特にこれを引き受ける契約がない限り移転しない〈司〉。

二　無断譲渡・転貸の要件

賃借人が賃貸人の承諾なく、現実に第三者に賃借物の使用・収益をさせたことが必要である〈司〉。

→単に無断譲渡・転貸契約を締結しただけでは足りない

1　賃借権の無断譲渡・転貸にあたるとされた例

 ex.1　賃借地上の建物の売買契約が締結された場合には、特段の事情のない限り、売主は買主に対し敷地の賃借権をも譲り渡したものと認められる（最判昭47.3.9）

  ∵　建物所有のためには土地賃借権の存在が必要不可欠なので、土地賃借権は建物所有権の従たる権利として、主たる権利の処分に従う（87Ⅱ類推）　⇒ p.39

 ex.2　賃借地上の建物が抵当権の実行により競落された場合には、特段の事情のない限り、建物敷地の賃借権も旧建物所有者との関係では、競落人に移転する（最判昭40.5.4・百選Ⅰ 86事件）

2　賃借権の無断譲渡・転貸にあたらないとされた例

 ex.1　賃借人が賃借地上に築造した建物を第三者に賃貸しても、土地賃借人は建物所有のため自ら土地を使用しているものであるから、賃借地を第三者に転貸したとはいえない（大判昭8.12.11）〈司〉〈司H29〉

  →第三者に独立の使用収益権が与えられていなければ転貸にあたらない

 ex.2　賃借人が借地上の建物につき譲渡担保権を設定した場合、建物所有権の移転は債権担保の趣旨でされたものであり、譲渡担保権者によって担保権が実行されるまでの間は譲渡担保権設定者は受戻権を行使して建物

550

●契約 賃貸借［第612条］

所有権を回復できるのであるから、譲渡担保権設定者が引き続き建物を使用している限り、右建物の敷地について本条にいう賃借権の譲渡・転貸がされたとは解されない（最判平9.7.17・平9重判9事件）

cf. この場合でも、譲渡担保権者が建物の引渡しを受け使用・収益するときは、建物の敷地について本条にいう賃借権の譲渡・転貸がされたと解する（最判平9.7.17・平9重判9事件）📖

ex.3 賃借人である小規模で閉鎖的な有限会社が、持分譲渡及び役員交代により実質的な経営者が交代しても、そのことは本条にいう賃借権の譲渡にはあたらない（最判平8.10.14・百選Ⅱ60事件）

三 無断譲渡・転貸の効果

1 原則

無催告解除（612Ⅱ）が可能である。

目的物の一部転貸がなされた場合、一部転貸自体が許されないときは全体について解除ができる（大判昭10.4.22、最判昭32.11.12）。

無断譲渡・転貸を理由とする賃貸借契約の解除権は、譲受人・転借人が目的物の使用収益を開始した事実を賃貸人が知った時から5年（166Ⅰ①）、又は譲受人・転借人が目的物の使用収益を開始した時から10年（166Ⅰ②）の消滅時効にかかる（最判昭62.10.8参照）司共。

2 修正（信頼関係理論）司H20 司H29

(1) 賃借人が賃貸人の承諾なく第三者に目的物を使用・収益させた場合でも、その行為が賃貸人に対する背信的行為と認めるに足りない特段の事情があるときは、解除権は発生しない（最判昭28.9.25）司。

(2) 「特段の事情」（背信性）の有無の判断基準

物的・経済的側面のみならず、個人的信頼関係、譲渡・転貸の対象の種別その他当事者の諸事情をも考慮して判断する（総合事情判断説）（最判昭42.11.24）通。具体的には、以下の事情を考慮する。

(a) 譲渡・転貸部分の範囲・継続性

ex. 譲渡・転貸部分がわずかである場合、又は譲渡・転貸が一時的である場合には、原則として背信性は否定される

(b) 利用主体の変更の実質性

ex. 譲受人・転借人が同居の賃借人の近親者である場合や、賃借人が個人経営を法人組織に改めただけの場合は、実質的に譲渡・転貸がないといえ、背信性は否定される

(3) 解除権が制限される場合の法律関係

承諾のない譲渡・転貸が背信的行為にあたらないとされた以上、賃貸人の承諾があったのと同様に、適法な譲渡・転貸になる。

→譲渡の場合、譲受人のみが賃借人となり、譲渡人は賃貸借関係から離脱し、特段の意思表示がない限り、賃貸人に対して契約上の債務を負わない（最判昭45.12.11）

債権

551

賃貸借［第613条］　　　　　　　　　　　　　　　　　　　　　　●契約

四　無断譲渡・転貸の場合の法律関係

賃貸人をA、賃借人をB、譲受人（又は転借人）をCとする。

1　B・C間の関係

(1)　B・C間では譲渡・転貸は有効である（最判昭26.5.31）。Bは、Cに対して、譲渡・転貸が無効であることを主張して目的物の返還を請求できない。転貸の場合に、BはCに賃料を請求することができる。🈐

(2)　Bは、Cに対してAの承諾を取り付ける義務を負う（最判昭34.9.17）。

→承諾を取り付けられない場合、Bは債務不履行責任を負う

2　A・B間の関係

Aは、原則として、A・B間の賃貸借契約を解除することができる。

→Bは依然賃借人の地位を失っていないので解除の意思表示はBに対してなされるべき

3　A・C間の関係

(1)　A・B間の賃貸借契約が解除された場合は、CはAに対する関係では不法占拠者となる。AはCに対し、所有権に基づいて妨害排除請求のみならず、直接自己下に引渡しを請求できる（大判昭15.2.23、最判昭26.4.27）🈐。また、AがBから賃料の支払を受けたという特段の事情のない限り、AはCに賃料相当額について不法行為に基づく損害賠償請求（709）・不当利得返還請求（703、704）も可能となる。

Cが費用を支出していても、それに基づく留置権の主張はできない（295Ⅱ類推）。

(2)　Aは、A・B間の賃貸借契約を解除することなく、Cに対して妨害排除・明渡しを請求することができる（最判昭26.5.31）。

《その他》

▪ 本条に基づき解除できる場合、転借人に対して通知・催告する必要はない。

▪ 無断転貸において、賃貸人が転借人に明渡請求したときは、転借人は、転貸人との転貸借契約を解除することができる。

第613条　（転貸の効果）

Ⅰ　賃借人が適法に賃借物を転貸したときは、転借人は、賃借人と賃貸人との間の賃貸借に基づく賃借人の債務の範囲を限度として、賃貸人に対して転貸借に基づく債務を直接履行する義務を負う。この場合においては、賃料の前払をもって賃貸人に対抗することができない。

Ⅱ　前項の規定は、賃貸人が賃借人に対してその権利を行使することを妨げない。

Ⅲ　賃借人が適法に賃借物を転貸した場合には、賃貸人は、賃借人との間の賃貸借を合意により解除したことをもって転借人に対抗することができない。ただし、その解除の当時、賃貸人が賃借人の債務不履行による解除権を有していたときは、この限りでない🈐。

【平29改正】本条1項は、改正前民法613条1項に「賃貸人と賃借人との間の賃貸

●契約　　　　　　　　　　　　　　　　　　　　　　　賃貸借［第613条］

借に基づく賃借人の債務の範囲を限度として」という文言を追加し、賃貸人に対する転借人の「転貸借に基づく債務」の内容とその限度を明らかにした。

　本条3項は、適法な転貸借がなされた場合には、賃貸人と賃借人が賃貸借契約を合意解除しても、賃貸人はその合意解除をもって転借人に対抗できない（大判昭9.3.7）が、合意解除の当時、賃借人（転貸人）の債務不履行により賃貸借契約を解除することができた場合はこの限りでない（最判昭62.3.24）とする判例法理を明文化するものである。

《注　釈》

一　承諾転貸における法律関係

1　「転貸借に基づく債務」（I前段）の意義

　(1)　賃料支払義務だけでなく、目的物返還義務・目的物保管義務等も含み〈司〉、転借人の責めに帰すべき事由により目的物を滅失・損傷させた場合には、賃貸人に対して直接損害賠償義務を負う。

　(2)　転借人は、賃貸人に対し、「貸借人の債務の範囲を限度として」（I前段）、義務を負う〈司〉。

　　　→転借人の賃貸人に対する賃料債務の支払時期は、転借人・賃借人双方の債務の弁済期が到来した時点である。また、賃料は、転借料と賃借料双方の範囲内である〈司書〉

　　　→目的物が契約に適合せず、使用収益に適する状態が回復されない間は、賃借人（転貸人）は、賃貸人に対して賃料支払を拒絶することができるため（⇒ p.546）、転借人も、賃貸人に対して賃料支払を拒絶することができる〈司〉

　(3)　転借人は、「賃料の前払」（I後段）以外の義務については賃貸人、賃借人のいずれか一方に履行すれば、他方に対する義務は免責される。

　(4)　転借人は賃貸人に対し権利を有するものではないから、適法な転借人は、修繕の要求や家屋につき支出した有益費の償還を賃貸人に請求することはできない〈司共書〉。

　　　→ただし、転借人は、賃借人の賃貸人に対する修繕請求（606 I本文）を代位行使できる（423 I本文）

2　「賃料の前払」（I後段）の意義

　「賃料の前払」とは、転貸借契約における賃料を、その契約で定められた弁済期よりも前に支払うことをいう（大判昭7.10.8）。

3　承諾転貸における転貸人・転借人間の法律関係

　原則として通常の賃貸借契約（601）と同様であり、たとえば、転貸人は転借人に対して修繕義務を負う（606 I本文）〈司〉。もっとも、転借人が賃貸人に対して負う義務（ex.賃料支払、契約終了に伴う目的物の返還）を直接履行すれば、その限度で賃貸人に対する義務を免れる点で特殊性がある。

4　承諾転貸における原賃貸借の賃貸人・賃借人間の法律関係

　転貸借の存在によって影響を受けない。

賃貸借［第613条］　　　　　　　　　　　　　　　　　　　　　　　　　●契約

→承諾転貸において、転借人が目的物を滅失・損傷させた場合、賃借人は賃貸人に対してどのような責任を負うかが問題となるが、これについては、賃貸人がした転貸の承諾（612 I）をどのように解釈するかによって処理すべきであり、通常、賃貸人の転貸への承諾には賃借人を免責する趣旨まで含まないことから、原則として、賃借人もその責任を負うと解されている

二　賃貸借関係終了の効果

1　期間満了による終了

原賃貸借が期間満了で終了すれば、転貸借は、直ちには消滅しないとしても、転借人は転借権を原賃貸人に対抗できなくなるので、原賃貸人との関係では不法占拠者となり、原賃貸人からの目的物返還請求に応じざるを得ない（最判昭31.4.5）共。

∵　転貸借は、基本となる賃貸借の存在を前提に賃借人が有する権利の範囲内で成立するものである

→その結果、転貸人の使用収益させる義務が履行不能となり、転貸借も転借人の解除をまたずに終了する（最判昭31.4.5）

cf.　借地借家法の適用がある場合、原賃貸人は原賃貸借の終了を転借人に「通知」することを要し、それを欠くと転借人に終了を対抗できない（借地借家34 I）。通知がなされると、転貸借は通知がなされた日から6か月を経過すると終了する（II）という修正がなされる

2　合意解除による終了 予H29

賃貸人と賃借人が賃貸借契約を合意解除しても、賃貸人は合意解除をもって転借人に対抗することはできない（III本文）同書共。その結果、①転貸借関係は存続し、原賃貸借関係もその限度で存続するという見解（原賃貸借契約存続説）と、②原賃貸借関係は合意解除により消滅したことを前提として、原賃貸人と転借人が直接の賃貸借関係に立つとする見解（直接関係肯定説）がある。

3　債務不履行解除による終了

(1)　転借人の地位

賃借人の債務不履行により賃貸借が解除されたときは、転貸借は履行不能により終了し、転借人は賃貸人に対抗することができない（最判昭36.12.21）。承諾転貸がなされていた場合でも同様である。

(2)　転貸借契約が履行不能となる時期

承諾転貸において、賃貸借契約が賃借人の債務不履行を理由とする解除により終了した場合、転貸借は、原則として賃貸人が転借人に対して目的物の返還を請求した時に、転貸人の転借人に対する債務の全部の履行不能により終了する（616の2、最判平9.2.25・百選II 64事件参照）共。

(3)　転借人に対する催告の要否

賃料の延滞を理由に賃貸借を解除するには、賃貸人は賃借人に催告すれば足り、転借人にその支払の機会を与える必要はない（最判平9.2.25・百選II

●契約　　　　　　　　　　　　　　　　　　賃貸借［第614条～第616条］

64事件）《同》。

4　サブリース

(1)　意義

　　サブリースとは、不動産会社が賃貸ビルの所有者（ビルオーナー）からビルを一棟借りし、これをテナントへ転貸借して転貸料を収取する反面、ビルオーナーには空室が生じても一定の賃料を支払うことを約束する契約である。

(2)　判例

(a)　賃料自動増額特約の下でも、不動産会社は賃料減額請求権の行使をすることができ（借地借家32）、当事者が当初に現実に賃料を合意した日以降の諸般の事情を総合考慮して賃料減額請求の当否が決せられる（最判平20.2.29・平20重判4事件、最判平15.10.21・百選Ⅱ67事件）。

(b)　サブリース契約は、形式上転貸借であるが、実質において不動産会社が知識・経験を利用して安定した賃料収入を得ることを企図したものであり、ビルオーナーも最初から不動産会社が転貸することを予定して結ばれたものであるから、ビルオーナーは信義則上、（期間満了による）不動産会社との賃貸借契約終了をテナント（転借人）に対抗できない（最判平14.3.28・百選Ⅰ3事件）。

《その他》

▪賃借権の譲渡・転貸の場合において、賃貸人の有する不動産賃貸の先取特権（312）は、譲受人・転借人の動産にも及ぶ（314前段）。

第614条　（賃料の支払時期）

　賃料は、動産、建物及び宅地については毎月末に、その他の土地については毎年末に、支払わなければならない。ただし、収穫の季節があるものについては、その季節の後に遅滞なく支払わなければならない。

第615条　（賃借人の通知義務）《予》

　賃借物が修繕を要し、又は賃借物について権利を主張する者があるときは、賃借人は、遅滞なくその旨を賃貸人に通知しなければならない。ただし、賃貸人が既にこれを知っているときは、この限りでない。

第616条　（賃借人による使用及び収益）

　第594条第1項＜借主による使用及び収益＞の規定は、賃貸借について準用する。

[趣旨]同じく貸借型契約である使用貸借契約に関する借主の使用収益上の義務（用法遵守義務）の規定を準用し、賃借人の義務を明確にしたものである。なお、平成29年改正により、本条では、使用貸借に関する規定の準用対象から原状回復・収去に関する規定が外されている（622参照）。

債権

555

賃貸借［第616条の2〜第618条］　　　　　　　　　　　　　　　　●契約

第3款　賃貸借の終了

第616条の2　（賃借物の全部滅失等による賃貸借の終了）〈司〉

　賃借物の全部が滅失その他の事由により使用及び収益をすることができなくなった場合には、賃貸借は、これによって終了する。

【平29改正】本条は、賃借物の全部が滅失等により使用・収益することができなくなった場合には、賃貸借は当然に終了するという判例法理（最判昭32.12.3等）を明文化するものである。これは、賃借物の全部が滅失した場合等には、もはや賃貸借契約の目的を達成することが不可能であるにもかかわらず、契約の解除をしない限り賃料債務が発生するというのは不当であると考えられたことによる。

　賃貸借の目的物の滅失等について契約当事者の一方に帰責事由がある場合でも、賃貸借契約自体は当然に終了し、その後、債務不履行等による損害賠償請求（415）により処理がなされる。

第617条　（期間の定めのない賃貸借の解約の申入れ）

　Ⅰ　当事者が賃貸借の期間を定めなかったときは、各当事者は、いつでも解約の申入れをすることができる。この場合においては、次の各号に掲げる賃貸借は、解約の申入れの日からそれぞれ当該各号に定める期間を経過することによって終了する〈司〉。
　①　土地の賃貸借　1年〈司〉
　②　建物の賃貸借　3箇月
　③　動産及び貸席の賃貸借　1日
　Ⅱ　収穫の季節がある土地の賃貸借については、その季節の後次の耕作に着手する前に、解約の申入れをしなければならない。

[趣旨]本条は、期間の定めのない賃貸借は常に期限が到来しているものという前提に立って、いつでも解約申入ができるが、終了には一定期間の経過を要するとして、処理を図ったものである〈司〉。

《注　釈》

◆　不動産についての特別法による修正

　1　建物所有目的の借地権の存続期間は最短期が30年とされているので（借地借家3）、解約申入によって賃貸借が終了する余地はない〈司〉。
　2　借家関係においては、賃貸人からの解約申入の場合、猶予期間を6か月とし、加えて明確な「正当の事由」の存在を要求しており（借地借家27、28）、本条は賃貸人からの解約申入には適用されない〈司〉。

第618条　（期間の定めのある賃貸借の解約をする権利の留保）〈司〉

　当事者が賃貸借の期間を定めた場合であっても、その一方又は双方がその期間内に解約をする権利を留保したときは、前条の規定を準用する。

●契約　　　　　　　　　　　　　　　　　　　　　　　　賃貸借［第619条］

第619条　（賃貸借の更新の推定等）〈司書〉

Ⅰ　賃貸借の期間が満了した後賃借人が賃借物の使用又は収益を継続する場合において、賃貸人がこれを知りながら異議を述べないときは、従前の賃貸借と同一の条件で更に賃貸借をしたものと推定する。この場合において、各当事者は、第617条の規定により解約の申入れをすることができる。

Ⅱ　従前の賃貸借について当事者が担保を供していたときは、その担保は、期間の満了によって消滅する。ただし、<u>第622条の2第1項に規定する敷金</u>については、この限りでない。

[趣旨] 約定期間終了後における当事者の意思の推定を基礎に、更新制度を置いた。

《注　釈》

一　要件

① 賃貸借終了後、賃借人が目的物の使用収益を継続していること（Ⅰ前段）

② 賃貸人が、これを知って異議を述べないこと（Ⅰ前段）

二　効果

①前賃貸借と同一の条件で賃貸借がなされたものと推定され、②その賃貸借の期間は、期間の定めのないものとみなされ、いつでも解約申入ができるとされる（Ⅰ）。さらに、③担保は敷金を除き、消滅する（Ⅱ）。

三　借地借家法

1　借地借家法に規定される法定更新（借地借家5Ⅱ、26Ⅱ）の適用がある場合には、本条の適用は排除される。

2　借地借家法は、契約の更新を原則とし（借地借家4、5Ⅰ、26Ⅰ参照）、「正当の事由」がある場合にのみ更新拒絶ができるとする（法定更新、借地借家6、28）〈司予〉。

　　cf.1　建物所有を目的とする借地契約の更新拒絶につき旧借地法4条1項（借地借家6）所定の「正当の事由」があるかどうかを判断するに当たっては、土地所有者側の事情と借地人側の事情を比較考量してこれを決すべきである

　　　　右判断に際し、特段の事情のない限り借地人側の事情として借地上にある建物賃借人の事情をも斟酌することは許されない（最判昭58.1.20・百選Ⅱ61事件）

　　cf.2　「正当の事由」（借地借家6）の判断に際して、立退料等金員の提供ないし増額の申出で、事実審口頭弁論の終結時までにされたものについては、土地所有者に信義に反するような事情がない限り、原則としてこれを補完事由として考慮することができる（最判平6.10.25・百選Ⅱ62事件）〈司〉

3　期間の定めのある建物の賃貸借契約においては、公正証書による等書面によって契約するときに限り、契約の更新がないこととする旨を定めることができる（借地借家38Ⅰ）〈司〉。

賃貸借［第620条］　　　　　　　　　　　　　　　　　　　　●契約

四　合意更新

1　合意更新の意義

期間満了に際し、当事者は合意によっても賃貸借契約を更新することができる。法定更新の場合、更新後は、期間の定めのない契約となる（619 I 後段、617 I）が、合意更新の場合、期間を定めることができる。

2　更新料

(1)　更新料とは、契約期間が満了し、賃貸借契約を更新する際に、賃貸人と賃借人の間で授受される金員である。更新料は、一般に、賃料の補充ないし前払、賃貸借契約を継続するための対価等の趣旨を含む複合的な性質を有するとされている（最判平 23.7.15・百選 II 63 事件）。

(2)　賃貸借契約における更新料条項は、更新料の額が賃料の額、賃貸借契約が更新される期間等に照らし高額に過ぎるなどの特段の事情がない限り、消費者契約法 10 条にいう「民法第 1 条第 2 項に規定する基本原則に反して消費者の利益を一方的に害するもの」には当たらない（前掲最判平 23.7.15・百選 II 63 事件）。

(3)　更新料の不払が解除原因となるかについて　⇒ p.559

第620条　（賃貸借の解除の効力）

賃貸借の解除をした場合には、その解除は、将来に向かってのみその効力を生ずる。この場合においては、損害賠償の請求を妨げない。

【平29改正】本条後段に関して、損害賠償の成否及びその免責事由の有無は、債務不履行の一般原則（415）に従って処理されるということを明らかにするため、改正前民法 620 条後段における「当事者の一方に過失があったときは」という文言が削除された。これは、415 条 1 項ただし書によれば、債務者の帰責事由の有無は「契約その他の債務の発生原因及び取引上の社会通念」に照らして判断されるのであり、改正前民法下での「過失」＝「帰責事由」という解釈は、改正民法下では認められないためである（過失責任原則の否定）。

[趣旨]いったん有効に成立した契約が、債務不履行等によって解除され、遡って無効にされるとすると、その法律関係を前提にして積み上げられてきた個々の法律行為や法律関係がすべて覆されることになるので、賃貸借のような継続的契約関係においては当事者間の清算がきわめて複雑なものとなる。そこで本条前段は、遡及効を否定した。

《注　釈》

一　解除原因

1　賃借人から解除がなされる場合

①　賃貸人が賃借人の意思に反する保存行為をした場合（607）

②　耕作又は牧畜を目的とする土地の賃借人が不可抗力によって引き続き 2 年以上賃料より少ない収益を得たとき（609・610）

③　賃借人に過失なく賃借物が一部滅失し賃借をした目的の達成が不能となっ

た場合（611 II）

④　賃貸人の債務不履行（使用収益させる義務違反）に基づく解除

2　賃貸人から解除がなされる場合

①　賃借人の無断譲渡・転貸（612 II）

②　賃借人の債務不履行（賃料延滞、用法遵守義務違反）に基づく解除

二　賃借人の債務不履行による解除

1　判例の準則

(1)　継続的な契約である賃貸借契約において、賃借人の債務不履行があった場合、判例（大判昭14.12.13等参照）は、628条の類推適用などにより「やむを得ない事由」がないと解除できないとするのではなく、541条以下の一般的な規定を適用しつつ、信頼関係破壊の法理を用いて必要な修正を加えている。

(2)　賃借人の義務違反が賃貸借の基礎をなす「信頼関係の破壊」にあたるのでないときは、催告のうえ解除の意思表示をする手続がとられていても解除の効力は認められない。　⇒ p.551

ex.　増改築禁止特約は有効であるが、増改築が借地人の土地の通常の利用上相当であり、土地賃貸人に著しい影響を及ぼさないため、信頼関係を破壊するおそれがあると認めるに足りないときは、解除権を行使はできない（最判昭41.4.21）

cf.　賃借人の義務違反が「信頼関係の破壊」にあたる場合には、賃貸人は催告することなく契約を解除することができる（542 I ⑤）

(3)　賃貸人たる地位の移転があった場合、譲受人が移転前の賃料不払を理由に解約するためには、譲渡人より不払賃料債権を譲り受けていなくてはならない。

(4)　更新料の不払が当該賃貸借契約の解除原因となりうるかは、単に更新料の支払がなくとも法定更新されたかどうかという事情のみならず、当該賃貸借成立後の当事者双方の事情、当該更新料の支払の合意が成立するに至った経緯その他諸般の事情を総合考量したうえ、具体的事実関係に即して判断されるべきである（最判昭59.4.20）。

2　無催告解除特約の効力

信頼関係破壊の法理により催告解除を制限していることが無意味とならないよう、かかる特約は、催告することなく解除しても不合理ではないような事情がある場合に無催告解除を許す条項と制限解釈されて、効力が認められる（最判昭43.11.21、最判昭51.12.17）。

ex.　借家契約において滞納家賃が3か月分以上に達したときは催告を要せず解除できる、という特約は有効である（大判明43.12.9）

三　解除の非遡及効

1　解除の非遡及効

本条に規定される解除の非遡及効（告知）は、雇用（630）、委任（652）、組

賃貸借［第621条〜第622条］　　　　　　　　　　　　　　　　　　●契約

合（684）に明文で準用されている。使用貸借や寄託についても解釈によって、継続的契約である性質から当然に解除の効果は遡及しないと解されている。

　→遡及効を有しない各種継続的契約においては、法文上「解除」とされている場合でも告知を意味する◀囲　⇒p.477

2　本条後段は、注意規定である。

　→解除（告知）に遡及効がない以上、告知前に生じた損害賠償請求権は告知により影響を受けないのは当然

第621条　（賃借人の原状回復義務）

　賃借人は、賃借物を受け取った後にこれに生じた損傷（通常の使用及び収益によって生じた賃借物の損耗並びに賃借物の経年変化を除く。以下この条において同じ。）がある場合において、賃貸借が終了したときは、その損傷を原状に復する義務を負う◀供。ただし、その損傷が賃借人の責めに帰することができない事由によるものであるときは、この限りでない。

【平29改正】改正前民法下の判例（最判平17.12.16）は、通常損耗が生じることは賃貸借契約を締結する時に当然予定されており、通常は修繕費等の必要経費を織り込んで賃料額が定められるのであって、賃借人が通常損耗の回復義務を負うとすると、賃借人は予期しない特別の負担を課されることになるから、特約がある場合を除き、賃借人は通常損耗の回復義務を負わない旨判示していた。本条本文は、かかる判例法理を明文化するとともに、「賃借物の経年変化」も賃借人の原状回復義務の対象から外している。

《注　釈》

- 判例は、通常損耗に該当する例として、①家具の設置による床・カーペットのへこみ、設置跡、②ＴＶ・冷蔵庫等の後部壁面の黒ずみ、③鍵の取り替え（破損・鍵の紛失のない場合）等を挙げている。
- 通常損耗の補修費用につき賃借人が負担する旨の特約をする場合には、賃借人の明確な合意が必要である（最判平17.12.16）。
- 賃借人の責めに帰することができない事由の主張立証責任は、賃借人が負う。
- 賃借人が原状回復義務を履行しないときは、債務不履行に基づく損害賠償責任を負う（最判平17.3.10）。

第622条　（使用貸借の規定の準用）

　第597条第1項＜期間満了による使用貸借の終了＞、第599条第1項及び第2項＜借主の収去義務及び収去権＞並びに第600条＜損害賠償及び費用の償還の請求権についての期間の制限＞の規定は、賃貸借について準用する。

【平29改正】改正前民法下では、明文の規定はなかったが、賃借人が賃借物を受け取った後に賃借物に附属させた物について、賃貸借が終了したときには、賃借人が収去義務を負うと一般に解されていた。そこで、本条は、その旨を規定した（622、599Ⅰ本文）。ただし、附属物を分離することができない場合や附属物の分離に過分

●契約　　　　　　　　　　　　　　　　　　　　　　　　　　賃貸借［第622条の2］

の費用を要する場合は、典型的な収去義務の履行不能であるため、これらの場合に
おいては賃貸人が収去義務の履行を請求できないことを規定している（622、599 I
ただし書）。さらに、本条は、損害賠償及び費用償還についての期間制限に関して、
600条を準用している。

《注　釈》

◆　収去、有益費償還請求権、造作買取請求権

　賃借人の収去権（622・599 II）が問題となる場合、有益費償還請求（608）、造
作買取請求（借地借家 33　⇒ p.542）のいずれで解決をすべきかが問題となる。

1　付属物が建物から全く独立性を有さず、これを分離して収去することが不可
　能、又は損傷しなければ収去できない場合
　　　→有益費償還請求の問題のみが生じ、収去権（収去義務）は生じない
2　付属物が建物からの独立性を有し、賃借人自身の所有権が認められる場合
　　　→有益費償還請求権の問題は生じない
　(1)　「造作」の要件をみたす物
　　　　→造作買取請求権又は収去権（収去義務）が認められる
　　　　∵　造作は、その分離可能性ゆえに費用償還請求の対象とならない
　　　　cf.　賃借人の債務不履行により賃借権が消滅した場合には、造作買取請求
　　　　　　はなしえない（最判昭 31.4.16）　⇒ p.542
　(2)　「造作」ではない物
　　　　→収去権（収去義務）のみが認められる
3　賃借人の所有権は認められない（付合する）が、収去することができる場合
　　　→収去権（収去義務）又は有益費償還請求権が認められる

第4款　敷金

第622条の2

I　賃貸人は、敷金（いかなる名目によるかを問わず、賃料債務その他の賃貸借に基
づいて生ずる賃借人の賃貸人に対する金銭の給付を目的とする債務を担保する目的
で、賃借人が賃貸人に交付する金銭をいう。以下この条において同じ。）を受け取っ
ている場合において、次に掲げるときは、賃借人に対し、その受け取った敷金の額
から賃貸借に基づいて生じた賃借人の賃貸人に対する金銭の給付を目的とする債務
の額を控除した残額を返還しなければならない。
①　賃貸借が終了し、かつ、賃貸物の返還を受けたとき。
②　賃借人が適法に賃借権を譲り渡したとき。
II　賃貸人は、賃借人が賃貸借に基づいて生じた金銭の給付を目的とする債務を履行
しないときは、敷金をその債務の弁済に充てることができる。この場合において、
賃借人は、賃貸人に対し、敷金をその債務の弁済に充てることを請求することがで
きない。

[趣旨] 本条は、判例・通説に基づき、敷金の定義やその返還時期等、敷金に関する
基本的な規律を明文化した。本条1項1号はいわゆる明渡時説（最判昭 48.2.2・百

債
権

561

選Ⅱ〔第7版〕61事件）を明文化したものであり、賃借物の返還が先履行となる。また、同2号も、判例（最判昭53.12.22・百選Ⅱ66事件）の結論を明文化したものであり、賃借権の適法な譲渡があった場合においては、旧賃借人が差し入れた敷金は新賃借人に承継されない。

《注　釈》

一　敷金の意義

敷金とは、いかなる名目によるかを問わず、賃料債務その他の賃貸借に基づいて生ずる賃借人の賃貸人に対する金銭の給付を目的とする債務を担保する目的で、賃借人が賃貸人に交付する金銭をいう（Ⅰ柱書かっこ書）。

この要件に該当するものであれば、当事者間で「保証金」や「権利金」と呼ばれていたとしても、本条の適用を受ける。

二　敷金契約の法的性質

一種の停止条件付返還義務を伴う金銭所有権の移転であり、賃貸借契約に付随する従たる契約だが、別個の契約である〈同〉。

三　敷金返還請求権

1　発生時期

(1)　賃貸借が終了し、かつ、賃貸物の返還を受けたとき（Ⅰ①）

→敷金返還債務と賃借物の返還債務は同時履行関係にない（最判昭49.9.2・百選Ⅱ65事件参照）〈同〉

(2)　賃借人が適法に賃借権を譲渡したとき（Ⅰ②）

→賃借権の適法な譲渡があった場合においては、旧賃借人が差し入れた敷金は新賃借人に承継されない

2　被担保債権の範囲

賃貸人は、敷金から「賃貸借に基づいて生じた賃借人の賃貸人に対する金銭の給付を目的とする債務の額」（未払賃料・損害賠償等）を控除した残額を賃借人に返還しなければならない（Ⅰ柱書）。

四　敷金の充当（Ⅱ）

賃貸借契約存続中においては、不履行に陥った賃料債務等について、賃貸人は敷金をその弁済に充てることができる（Ⅱ前段）。もっとも、賃借人が敷金を延滞賃料等の弁済に充当するよう賃貸人に請求することはできない（Ⅱ後段）〈審〉。

賃貸借契約が終了し目的物が返還された場合、又は賃借人が適法に賃借権を譲渡した場合には、賃貸人は敷金の額から賃借人の金銭債務の額を控除した残額を返還しなければならない（Ⅰ柱書）。

《その他》

1　賃貸人たる地位の移転と敷金関係（605の2Ⅳ）　⇒ p.544

2　居住用の家屋の賃貸借における敷金につき、賃貸借契約終了時にそのうちの一定金額又は一定割合の金員（敷引金）を返還しない旨の特約（敷引特約）がされた場合であっても、災害により賃借家屋が滅失し、賃貸借契約が終了したときは、特段の事情がない限り、敷引特約を適用することはできず、賃貸人は

●契約 　　　　　　　　　　　　　　　　　　　　　　雇用［第623条〜第624条］

賃借人に対し敷引金を返還すべき義務を負う（最判平10.9.3）〈重〉。
　∴　賃貸借契約が災害により当事者が予期していない時期に終了した場合に
　　ついてまで、敷引特約が成立していたと解することはできない
　なお、上記の「特段の事情」としては、いわゆる礼金として合意された場合
のように当事者間に明確な合意が存する場合が挙げられる〈重〉。
3　賃貸借契約の目的物の返還時に残存する賃料債権等は、敷金が存在する限度
において敷金の充当により当然に消滅することになり、賃料債権について物上
代位による差押えがなされた場合においても、その消滅を抵当権者に主張する
ことができる（最判平14.3.28・平14重判3事件）〈司〉。　⇒ p.239
4　賃貸借終了後明渡前の敷金返還請求権の転付命令（民執159）は、明渡前に
おいては敷金返還請求権は未確定な債権として転付命令の対象となる適格がな
いため、無効となる（最判昭48.2.2・百選Ⅱ〔第7版〕61事件）〈司〉。

■第8節　雇用

《概　説》

一　意義

雇用とは、他人の労働それ自体を利用することを目的とする契約である。雇用
関係に対しては労働法が特別法としての性格を有するので、ほとんど労働基準法
の適用を受け、わずかに同居親族だけを使用する事業や事務所又は家事使用人の
雇用関係のみが適用除外となっている。

二　法的性質

有償・双務・諾成・不要式契約である。
1　雇用は、労働者自らが労働を提供することそれ自体を目的とする点で、他の
労働供給型契約とは異なる。すなわち、労働の結果としての仕事の完成を目的
とする請負や、一定の事務処理という裁量的な行為を目的とする委任と異なる
特質をもつ。　⇒ p.573
2　雇用契約の各当事者（使用者・労働者）には、契約上の付随義務として安全
配慮義務が認められる（最判昭50.2.25・百選Ⅱ2事件）。　⇒ p.457

第623条　（雇用）

雇用は、当事者の一方が相手方に対して労働に従事することを約し、相手方がこれ
に対してその報酬を与えることを約することによって、その効力を生ずる。

第624条　（報酬の支払時期）

Ⅰ　労働者は、その約した労働を終わった後でなければ、報酬を請求することができ
ない。
Ⅱ　期間によって定めた報酬は、その期間を経過した後に、請求することができる〈司〉。

債権

563

雇用［第624条の2～第627条］　　　　　　　　　　　　　　●契約

第624条の2　（履行の割合に応じた報酬）

労働者は、次に掲げる場合には、既にした履行の割合に応じて報酬を請求すること
ができる。
① 使用者の責めに帰することができない事由によって労働に従事することができ
なくなったとき。
② 雇用が履行の中途で終了したとき。

[趣旨] 報酬の支払時期にかかわらず、労務提供に対する対価としての報酬という観
点から、割合的な報酬請求を認めた。

《注　釈》

▪ 報酬の支払時期は後払が原則であるが（624 Ⅰ）、前払の特約を結ぶこともできる
同。
▪ 使用者の責めに帰すべき事由によって労務に従事することができなくなった場合、
労働者は、536条2項前段の法意に照らして、対応する期間における報酬全額を
請求することができると解されている。もっとも、労働者が労働従事義務を免れ
たことによって利益を得たときには、これを使用者に償還しなければならない
（536 Ⅱ後段）。

第625条　（使用者の権利の譲渡の制限等）

Ⅰ 使用者は、労働者の承諾を得なければ、その権利を第三者に譲り渡すことができ
ない。
Ⅱ 労働者は、使用者の承諾を得なければ、自己に代わって第三者を労働に従事させ
ることができない。
Ⅲ 労働者が前項の規定に違反して第三者を労働に従事させたときは、使用者は、契
約の解除をすることができる。

第626条　（期間の定めのある雇用の解除）

Ⅰ 雇用の期間が5年を超え、又はその終期が不確定であるときは、当事者の一方は、
5年を経過した後、いつでも契約の解除をすることができる。
Ⅱ 前項の規定により契約の解除をしようとする者は、それが使用者であるときは3
箇月前、労働者であるときは2週間前に、その予告をしなければならない。

第627条　（期間の定めのない雇用の解約の申入れ）

Ⅰ 当事者が雇用の期間を定めなかったときは、各当事者は、いつでも解約の申入れ
をすることができる。この場合において、雇用は、解約の申入れの日から2週間を
経過することによって終了する。
Ⅱ 期間によって報酬を定めた場合には、使用者からの解約の申入れは、次期以後に
ついてすることができる。ただし、その解約の申入れは、当期の前半にしなければ
ならない。
Ⅲ 6箇月以上の期間によって報酬を定めた場合には、前項の解約の申入れは、3箇
月前にしなければならない。

564

●契約　　　　　　　　　　　　　　　　　　　雇用［第628条～第631条］

第628条 （やむを得ない事由による雇用の解除）

　当事者が雇用の期間を定めた場合であっても、やむを得ない事由があるときは、各当事者は、直ちに契約の解除をすることができる。この場合において、その事由が当事者の一方の過失によって生じたものであるときは、相手方に対して損害賠償の責任を負う。

第629条 （雇用の更新の推定等）

Ⅰ　雇用の期間が満了した後労働者が引き続きその労働に従事する場合において、使用者がこれを知りながら異議を述べないときは、従前の雇用と同一の条件で更に雇用をしたものと推定する。この場合において、各当事者は、第627条の規定により解約の申入れをすることができる。

Ⅱ　従前の雇用について当事者が担保を供していたときは、その担保は、期間の満了によって消滅する。ただし、身元保証金については、この限りでない。

第630条 （雇用の解除の効力）

　第620条＜賃貸借の解除の効力＞の規定は、雇用について準用する。

第631条 （使用者についての破産手続の開始による解約の申入れ）

　使用者が破産手続開始の決定を受けた場合には、雇用に期間の定めがあるときであっても、労働者又は破産管財人は、第627条の規定により解約の申入れをすることができる。この場合において、各当事者は、相手方に対し、解約によって生じた損害の賠償を請求することができない。

債権

【平29改正】改正民法626条1項は、実際の適用場面が想定できず、その内容の合理性にも疑義があると考えられていた改正前民法626条1項ただし書を削除した上で、改正前民法626条1項の「雇用が当事者の一方若しくは第三者の終身の間継続すべきとき」という文言を「その終期が不確定であるとき」という文言に改めたものである。また、改正民法626条2項は、労働者が契約を解除しようとする場合の予告期間を3か月から2週間に短縮するものである。これは、労働者の辞職の自由を確保する趣旨であり、また、期間の定めのない雇用契約に関する627条1項と平仄を合わせたものである。

　改正民法627条3項は、文言自体は改正前民法627条3項と変わらないが、同条2項を受けた規定であるため、その規律の対象も使用者からの解約申入れに限られる。これは、①6か月未満の期間により報酬を定めた場合に、解約の申入れの時期によって雇用の終了時期が大きく異なることは不合理であること、②6か月以上の期間により報酬を定めた場合に、労働者の辞職の自由を確保する必要があることによる。

　以上のことから、改正民法下では、労働者からの解約申入れについては、専ら627条1項に従って処理される。すなわち、当事者が雇用の期間を定めなかった場合、労働者はいつでも解約の申入れをすることができ、当該雇用契約は、解約申入れの日から2週間を経過することによって終了する。

565

請負［第632条］　　　　　　　　　　　　　　　　　　　　　　　　　　　　●契約

《注　釈》

- 雇用契約において期間の定めがある場合、使用者が破産手続開始の決定を受けても、契約は当然には終了しない（631・627参照）。
- 雇用契約では人的要因が重要とされるため、解釈上、労働者の死亡は契約の終了事由とされる。

■第9節　請負

《概　説》

一　意義

　　請負とは、当事者の一方（請負人）がある仕事を完成することを約束し、相手方（注文者）がその仕事の結果に対してこれに報酬を与えることを約束することによって成立する契約をいう。

　　cf.　製作物供給契約

　　　　単純に仕事の完成を目的とした請負契約とは異なり、さらに製作物の所有権を移転することを目的としており、売買契約の要素をも混合した内容となっている点に特色がある

　　　　　→売買契約と請負契約の両法条を混合させて適用する立場が通説

二　法的性質

　　有償・双務・諾成・不要式契約である〈論〉。

第632条　（請負）

　　請負は、当事者の一方がある仕事を完成することを約し、相手方がその仕事の結果に対してその報酬を支払うことを約することによって、その効力を生ずる。

《注　釈》

一　請負契約の効力

1　請負人の仕事完成義務

（1）　仕事に着手する義務

（2）　契約に従い仕事をする義務

（3）　完成物引渡義務

2　注文者の報酬支払義務

　　請負契約は、報酬額が具体的に定められていなくても、報酬額の決定方法が定められていれば成立する（東京地判昭48.7.16）〈論〉。

3　履行補助者・下請負人の使用

（1）　仕事の完成に必要な労働は、請負人自身が提供する必要はない（下請の原則的自由）。

　　　　→請負人は、個人の労働に重点を置いている場合、あるいは特約のある場合を除き、自由に履行補助者に仕事を完成させることができる

（2）　請負人は、自分で仕事を完成しないで、さらに第三者（下請負人）に請け負わせることができる。

　　　　→請負契約に下請負禁止の特約があっても、下請負契約は当然に無効とな

566

●契約　　　　　　　　　　　　　　　　　　　　　　　　　請負［第632条］

らず、請負人が特約違反の責任（債務不履行）を負うにすぎない

(3)　下請負人や履行補助者の責めに帰すべき事由につき、請負人がすべて責任を負う。

(4)　注文者が下請を承諾していても、下請人との間に直接の契約関係は生じないので、注文者は、下請人に対して目的物の引渡請求はできない。また、請負契約が解除により終了しても、下請負契約が当然に終了するわけではない。

二　製作物所有権の移転・帰属 〈同〉〈同R元〉

1　特約があるときは、それに従う。

cf.　建築物完成前に請負代金の全額が支払われていた場合には、特別の事情がない限り、建築家屋は工事完成と同時に注文者に帰属させるという、暗黙の合意が当事者間にあると推認される（最判昭46.3.5）

2　特約がないとき

(1)　注文者が材料の全部又は主要部分を提供した場合

所有権は注文者に帰属する（大判昭7.5.9）。

→加工に関する246条1項ただし書は適用されない

(2)　請負人が材料の全部又は主要部分を提供した場合

所有権は請負人に帰属し、引渡しによって注文者に移転する（大判明37.6.22）。

3　建築途中の建物への第三者による工事と所有権の帰属

建築物の請負契約において、目的物が土地とは独立の建物となる時期は建物の用途で異なり、一般家屋では屋根と荒壁があれば天井や床がなくても建物となる。建前はその前段階であり、土地の定着物として付合せず、独立の動産とされる（大判昭10.10.1・百選Ⅰ11事件）。

(1)　第一の請負人が、未だ独立の不動産に至らない建前を築造したままの状態で放置し、これに第二の請負人が材料を提供して工事を施し、独立の不動産である建物に仕上げた場合においての建物所有権の帰属は、243条（動産の付合）の規定によるのではなく、むしろ246条2項（加工）の規定により決定すべきである（最判昭54.1.25・百選Ⅰ72事件）。　⇒p.178

(2)　246条2項の規定により所有権の帰属を決定するに当たっては、第二の請負人の工事終了時における状態に基づき、第一の請負人が建築した建前の価格と第二の請負人が施した工事及び材料価格を比較すべきである（前掲最判昭54.1.25・百選Ⅰ72事件）。

→基準時は建前が独立の不動産になった時点ではなく、工事終了時である

4　注文主と元請負人による所有権帰属についての特約と下請負人の材料提供

建物建築工事の注文者と元請負人との間に、請負契約が途中で解除された際の出来形部分の所有権は注文者に帰属する旨の約定がある場合、当該契約が途中で解除されたときは、元請負人から一括して当該工事を請け負った下請負人が自ら材料を提供して出来形部分を築造したとしても、特段の事情の

債権

567

請負〔第633条〕　　　　　　　　　　　　　　　　　　　　　　　　　　●契約

ない限り、出来形部分の所有権は注文者に帰属する（最判平5.10.19・百選Ⅱ69
事件）。

三　危険負担

＜目的物の滅失・損傷と危険負担＞

		請負人に帰責事由	注文者に帰責事由	双方に帰責事由なし
仕事完成前の滅失・損傷	期限までに完成可能	請負人の仕事完成義務は存続する		
		請負人の債務不履行（履行遅滞）	注文者に対して損害賠償請求が可能（415・709）	増加費用は請負人の負担
	期限までに完成不可能	契約の解除（＊1）、損害賠償請求（415）が可能（＊2）	536条2項により、注文者は報酬請求を拒むことができない（最判昭52.2.22・百選Ⅱ68事件参照）（＊3）	536条1項により、注文者は報酬請求を拒むことができる 契約の解除も可能（542Ⅰ①）
仕事完成後の滅失・損傷		契約の解除（＊1）、損害賠償請求（415）が可能	536条2項により、注文者は報酬請求を拒むことができない（＊3）	536条1項により、注文者は報酬請求を拒むことができる 契約の解除（＊1）も可能

＊1　目的物が滅失した場合には、全部の履行不能（542Ⅰ①）を理由に契約の解除が
可能であり、目的物が損傷したにとどまる場合には、契約の目的達成不能（542Ⅰ
③）等を理由に契約の解除が不可。
＊2　注文者が残工事に要した費用として請負人に請求できるのは、その費用のうち未
施工部分に相当する請負代金を超える部分に限られる（最判昭60.5.17）。
＊3　請負人は自己の債務を免れたことによる利益を注文者に償還しなければならない
（536Ⅱ後段）（最判昭52.2.22・百選Ⅱ68事件）。

第633条　（報酬の支払時期）

　報酬は、仕事の目的物の引渡しと同時に、支払わなければならない。ただし、物の
引渡しを要しないときは、第624条第1項＜労働終了後でなければ報酬を請求でき
ない＞の規定を準用する。

［趣旨］本条は、請負人の仕事の完成義務と対価関係に立つ注文者の報酬支払債務
につき、その弁済時期を定めたものである。原則として報酬は後払（完成が先履
行）とする。

《注　釈》

一　「同時に、支払わなければならない」（本文）の意味

　請負人の目的物の引渡義務と注文者の報酬支払義務は、同時履行の関係に立つ
（大判大5.11.27）。
　→目的物の完成と支払は同時履行ではない
　→物の引渡しを要しないときも、報酬は後払である（633ただし書・624Ⅰ）

●契約　　　　　　　　　　　　　　　　　　　請負［第634条〜第635条］

同

二　報酬債権の譲渡・差押えの可否

　請負人の報酬債権は請負契約成立の時に発生するものであるから、工事完成前でも、報酬債権に対する差押え・転付命令（民執159）が可能となる（大判明44.2.21）。また、譲渡も可能である。

第６３４条　（注文者が受ける利益の割合に応じた報酬）

　次に掲げる場合において、請負人が既にした仕事の結果のうち可分な部分の給付によって注文者が利益を受けるときは、その部分を仕事の完成とみなす。この場合において、請負人は、注文者が受ける利益の割合に応じて報酬を請求することができる。
　①　注文者の責めに帰することができない事由によって仕事を完成することができなくなったとき。
　②　請負が仕事の完成前に解除されたとき。

【平29改正】改正前民法下の判例（最判昭56.2.17）は、仕事の一部について完成済みであるという状況において、注文者が請負人の債務不履行を理由に請負契約を債務不履行解除する場合、仕事の内容が可分であり、かつ、注文者が既に完成した給付に関して利益を有するときは、特段の事情のない限り、既に完成した給付については契約を解除することができない旨判示していた。本条は、かかる判例法理を、「請負が仕事の完成前に解除されたとき」（634②）にも拡張するものである。

《注　釈》

一　要件
　①　「注文者の責めに帰することができない事由によって仕事を完成することができなくなった」こと（634①）又は「請負が仕事の完成前に解除された」（634②）こと
　　→両当事者に帰責事由がない場合及び請負人に帰責事由がある場合も、「注文者の責めに帰することができない」に含まれる。これに対し、注文者に帰責事由がある場合には、請負人は報酬全額を請求することができる（536Ⅱ前段）
　②　仕事の内容が可分であること
　③　注文者が既に完成した給付に関して利益を有すること

二　効果
　①　請負人が既にした仕事の結果のうち可分な部分の給付によって注文者が利益を受けるときは、その部分は仕事の完成とみなされる（柱書前段）
　②　請負人は注文者の受ける利益の割合に応じて報酬を請求できる（柱書後段）

第６３５条　（請負人の担保責任）　削除

【平29改正】

一　改正前民法634条の削除
　1　改正前民法634条1項の削除

債権

569

請負 ［第635条］　　　　　　　　　　　　　　　　　　　　　　　　●契約

　　改正前民法634条1項本文は、注文者の瑕疵修補請求権について規定していたところ、改正民法下では請負契約において目的物に種類・品質に関する契約内容の不適合が存在するときは目的物の修補等の追完を請求することができる（559、562）ため、改正前民法634条1項本文は不要となり、削除された。

　　また、改正前民法634条1項ただし書は、「瑕疵が重要でない場合において、その修補に過分の費用を要するとき」は瑕疵の修補を請求できない旨規定していたところ、「瑕疵が重要でない場合において、その修補に過分の費用を要するとき」は、改正民法412条の2第1項の「契約その他の債務の発生原因及び取引上の社会通念に照らして不能であるとき」に含めて処理される。そのため、改正前民法634条1項ただし書は不要となり、削除された。

2　改正前民法634条2項の削除

　　改正前民法634条2項は、①注文者の瑕疵修補に代わる損害賠償請求権と、②その損害賠償債務と請負報酬債務との同時履行関係について規定していたところ、改正民法下では、①注文者の瑕疵修補に代わる損害賠償請求権について、請負契約の目的物に種類・品質に関する契約内容の不適合が存在するときは損害賠償請求をすることができ（559、564、415）、②その損害賠償債務と請負報酬債務との同時履行関係については、533条かっこ書（「債務の履行に代わる損害賠償の債務の履行を含む。」）によって規律される。そのため、改正前民法634条2項は不要となり、削除された。

3　また、改正前民法下では認められていなかった請負報酬減額請求も、563条が準用されることにより可能となった。

二　改正前民法635条の削除

1　改正前民法635条本文の削除

　　改正前民法635条本文は、請負契約の契約目的達成不能の場合における注文者の解除権について規定していたところ、改正民法下では、請負契約の目的物に種類・品質に関する契約内容の不適合が存在するときは、解除権を行使することができる（559、564、541）。そのため、改正前民法635条本文は不要となり、削除された。

2　改正前民法635条ただし書の削除

　　改正前民法635条ただし書は、請負の目的物が建物その他の土地工作物である場合における解除権の制限について規定していたところ、①同条ただし書の趣旨は、社会経済上の損失を回避するとともに、請負人に酷な結果を回避する点にあったのに対し、契約目的を達成できないような重大な瑕疵のある土地の工作物を維持しても社会経済的な利益の増進が図られるとは限らないこと、②判例（最判平14.9.24）は、建物に重大な瑕疵があるためにこれを建て替えざるを得ない場合には、建替費用相当額の損害賠償を注文者に認め、解除をしたのと同様の経済的地位を認めていることから、もはや改正前民法635条ただし書には存在意義がないため、同条ただし書は削除された。

●契約　　　　　　　　　　　　　　　　　　　請負［第636条～第640条］

三　その他

　請負の目的物の契約内容の不適合を理由とする追完請求・損害賠償請求・請負報酬減額請求・解除に関して、改正前民法下の考え方（仕事の完成前は債務不履行、仕事の完成後は瑕疵担保という区別）は、改正民法下では妥当せず、「仕事の完成」の前後で区別する意味はないと解されている。

第６３６条　（請負人の担保責任の制限）

　請負人が種類又は品質に関して契約の内容に適合しない仕事の目的物を注文者に引き渡したとき（その引渡しを要しない場合にあっては、仕事が終了した時に仕事の目的物が種類又は品質に関して契約の内容に適合しないとき）は、注文者は、注文者の供した材料の性質又は注文者の与えた指図によって生じた不適合を理由として、履行の追完の請求、報酬の減額の請求、損害賠償の請求及び契約の解除をすることができない。ただし、請負人がその材料又は指図が不適当であることを知りながら告げなかったときは、この限りでない。

【平29改正】本条は、請負人の瑕疵担保責任が仕事の目的物の種類・品質に関する契約内容の不適合に基づく責任へと改められたこと等に対応するべく文言を改めたものであり、その内容面については、改正前民法636条の規律を基本的に維持するものである。

《注　釈》

- 注文者の供した材料の性質又は注文者の与えた指図によって不適合が生じた場合には、追完や報酬減額に関する一般的な規律（559・562Ⅱ・563Ⅲ）ではなく、本条ただし書により追完請求や報酬減額請求の可否が定まる。

第６３７条　（目的物の種類又は品質に関する担保責任の期間の制限）

Ⅰ　前条本文に規定する場合において、注文者がその不適合を知った時から１年以内にその旨を請負人に通知しないときは、注文者は、その不適合を理由として、履行の追完の請求、報酬の減額の請求、損害賠償の請求及び契約の解除をすることができない。

Ⅱ　前項の規定は、仕事の目的物を注文者に引き渡した時（その引渡しを要しない場合にあっては、仕事が終了した時）において、請負人が同項の不適合を知り、又は重大な過失によって知らなかったときは、適用しない。

第６３８条～第６４０条　（請負人の担保責任の存続期間、担保責任の存続期間の伸長、担保責任を負わない旨の特約）　削除

【平29改正】改正前民法637項1項は、「仕事の目的物を引き渡した時」から１年以内という期間制限を設けていたが、改正民法637条１項は、売買における規律（566）に合わせ、注文者に対して、契約内容の不適合を「知った時から１年以内にその旨を請負人に通知」する義務を課し、かかる通知を怠ったときは、注文者の権利を失うという効果（失権効）を規定した。これは、目的物を引き渡した後は履行が終了したという請負人の期待を保護する必要がある一方、注文者が契約不適合を

知らない場合であっても引渡し又は仕事の終了時から1年以内に権利行使をしなければならないとするのは注文者に過度の負担となるためである。そして、637条の改正によって規定を維持する必要性が乏しくなった改正前民法638条は削除された。

また、一般に合意により担保責任の存続期間の伸長はできると解されているところ、あえて伸長ができるとする規定を設けると、特則がない限り伸長できないという反対解釈のおそれがあったため、存続期間の伸長を規定していた改正前民法639条は削除された。

さらに、改正民法下においては、担保責任を負わない旨の特約についての規定である572条が、559条を介して有償契約一般に準用される。そのため、同旨の規定である改正前民法640条は意義を失うことから、削除された。

《注　釈》
▪ 売買の場合と同様に請負人が引渡しの時（引渡しを要しない場合は仕事が終了した時）にその不適合を知り、又は重大な過失によって知らなかったときは、かかる請負人を注文者からの通知がないからとの理由で免責するのは不当であるため、この場合は注文者の権利は失権しない（637Ⅱ）。

第641条　（注文者による契約の解除）
　請負人が仕事を完成しない間は、注文者は、いつでも損害を賠償して契約の解除をすることができる。

[趣旨] 契約成立後、何らかの事情で注文者がもはや請負人による仕事の完成を必要としないと考えるに至った場合にまで請負人の仕事を継続させることは、注文者にとっては無用のことであり、また、社会経済上も不利益である。そこで本条は、一定の要件の下に、注文者の解除権を認める。

《注　釈》
一　要件及び効果
1　注文者は、契約の成立後、仕事完成前であればいつでも解除権を行使することができる。

「損害を賠償して契約の解除をする」という表現がされているが、解除前においては損害額が不明確でその算定も困難であるため、まず解除をし、その後に請負人に損害があればその賠償の責に任ぜられるものと解されている。すなわち、解除権行使の方法は単なる意思表示で足り、損害賠償の提供を要しない（大判明37.10.1）。

2　解除権の行使により、請負契約は遡及的に消滅する（545Ⅰ）。　⇒ p.484

二　給付が可分である場合の解除の可否
給付が可分で当事者がその給付について利益を有するときは、すでに完成した部分については解除できず、未完成の部分について解除できるにすぎない（大判昭7.4.30）。

●契約　　　　　　　　　　　　　　　　　　　　　　　　　請負［第642条］・委任

> **第642条　（注文者についての破産手続の開始による解除）**
>
> Ⅰ　注文者が破産手続開始の決定を受けたときは、請負人又は破産管財人は、契約の解除をすることができる〈趣〉。ただし、請負人による契約の解除については、仕事を完成した後は、この限りでない。
>
> Ⅱ　前項に規定する場合において、請負人は、既にした仕事の報酬及びその中に含まれていない費用について、破産財団の配当に加入することができる。
>
> Ⅲ　第1項の場合には、契約の解除によって生じた損害の賠償は、破産管財人が契約の解除をした場合における請負人に限り、請求することができる。この場合において、請負人は、その損害賠償について、破産財団の配当に加入する。

[趣旨] 後払である請負人の報酬債権を確保して請負人を保護すべく、本来、当然には契約に影響を与えない注文者の破産手続開始の決定をもって、請負人・破産管財人に請負契約の解除権を与えるものである。他方で、仕事が既に完成した後は請負人を保護するという趣旨が妥当せず、その場合は請負人の解除権を認めていない。なお、請負人が破産手続開始の決定を受けても、注文者に解除権は発生しない。

■第10節　委任

《概　説》

一　意義

　　委任は、雇用・請負と並んで他人の労働を利用する契約の一種であるが、特定の不動産の売却・賃貸や訴訟事件の処理等の一定の事務を処理するための統一的な労働である。したがって、受任者は自己の知識・経験・才能などをフルに活用し多少の裁量権を行使して事務を処理するため、受任者には本質的に自主性が要請される。

二　法的性質

　　無償・片務・諾成・不要式契約であるのが原則だが、特約により有償となるときは、有償・双務契約になる（648Ⅰ）〈司共書〉。

＜請負・雇用・委任の比較＞

	請負（632）	雇用（623）	委任（643）
契　約　の　目　的	仕事の完成	労働の利用それ自体	一定の事務処理を相手方の自由な判断を信頼して委ねること
仕事完成の要否	必要	不要	不要
労務供給の程度	独立的	従属的	独立的
解除の遡及効〈予〉	あり（620準用せず）	なし（630・620）	なし（652・620）
共　　通　　点	いずれも、他人の労働を利用する点で共通する		

債権

委任［第643条〜第644条］　　　　　　　　　　　　　　　●契約

第643条　（委任）

委任は、当事者の一方が法律行為をすることを相手方に委託し、相手方がこれを承諾することによって、その効力を生ずる。

《注　釈》

◆　代理権授与との関係

実際は、委任が法律行為の委託を目的とする場合には、委任が同時に受任者に対する代理権の授与を伴うことが少なくない。

cf.　事務が事実行為の場合　→準委任（656）

しかし、委任は一定の事務の処理を目的とする委任者・受任者間の契約であり、他方、代理権の授与は代理人が本人に直接効果の生じる法律行為をなしうる権限を本人によって授与されることであり、法律上の構成は明確に区別される。

→両者に必然的な関係はなく、一方があっても他方がないことがある

ex.　AがBに事務を委任し、BはCに適法に復委任した場合、Cが相手方とした契約の効果はAには帰属しない

第644条　（受任者の注意義務）

受任者は、委任の本旨に従い、善良な管理者の注意をもって、委任事務を処理する義務を負う。

《注　釈》

一　「善良な管理者の注意」

受任者に要求される「善良な管理者の注意」とは、債務者が従事する職業、その社会的・経済的地位などに応じて一般的に要求される注意をいう。受任者は有償・無償を問わず、かかる善管注意義務を負う〈囲〉。　⇒ p.286

cf.　無償寄託では、受寄者は、善管注意義務を負わない（659）

二　自ら事務を処理する義務

受任者は、原則として、自ら委任事務を処理しなければならない〈囲〉。

→ただし、①委任者の許諾を得たとき、又は②やむを得ない事由があるときは例外（644の2Ⅰ）

三　付随義務（645〜647）

＜委任・寄託・組合・事務管理における権利・義務の比較＞

	受任者 （委任）	受寄者 （寄託）	業務執行組合員 （組合）	事務管理者 （事務管理）
善管注意義務	○ （644）	・有償→○（400） ・無償 　→自己の財産と 　同一の注意義 　務（659）	○ （671・644）	○ （ただし698）

574

●契約　　　　　　　　　　　　　　　　　　　　委任［第644条の2］

	受任者 （委任）	受寄者 （寄託）	業務執行組合員 （組合）	事務管理者 （事務管理）
報 告 義 務	○ （645）	危険通知義務 （660）	○ （671・645）	○（701・645）〈同書〉 ・管理開始通知義務（699）
引 渡 義 務	○ （646）	○ （665・646）	○ （671・646）	○ （701・646）
利息支払・損害賠償義務	○ （647）	○ （665・647）	○ （671・647）	○ （701・647）
報酬支払請求権	特約あれば○ （648）	特約あれば○ （665・648）	特約あれば○ （671・648）	×
費用前払請求権	○ （649）	○ （665・649）	○ （671・649）	×
費用償還請求権	○ （650 I）	○ （665・650 I）	○ （671・650 I）	有益費につき○ （702 I） ・本人の意思に反する場合は現存利益ある限度で○（702 Ⅲ）
債務代弁済・担保供与請求権	○ （650 Ⅱ）	○ （665・650 Ⅱ）	○ （671・650 Ⅱ）	有益債務につき○ （702 Ⅱ・650 Ⅱ） ・本人の意思に反する場合は現存利益ある限度で○（702 Ⅲ）
損害賠償請求権	○ （650 Ⅲ） 委任者の過失不要	○ （661） 寄託者の過失必要	○ （671・650 Ⅲ）	×

債権

第644条の2　（復受任者の選任等）

Ⅰ　受任者は、委任者の許諾を得たとき、又はやむを得ない事由があるときでなければ、復受任者を選任することができない。

Ⅱ　代理権を付与する委任において、受任者が代理権を有する復受任者を選任したときは、復受任者は、委任者に対して、その権限の範囲内において、受任者と同一の権利を有し、義務を負う。

[趣旨] 復代理は復代理人が第三者との間でした法律行為の効果が直接本人に及ぶかどうかといういわば「外部関係」の問題であるのに対し、復委任は復委任者が委任者に対してどのような権利義務を有するかといういわば「内部関係」の問題であって、これらは代理権授与の有無にかかわらない。そこで、本条1項は、復代理に関する104条とは別に、復受任者の選任が認められる要件について、104条と同趣

575

委任［第645条～第647条］　　　　　　　　　　　　●契約

旨の規律を定めるものとした。また、本条2項は、復代理における本人・復代理人の権利義務関係に関する106条2項と同趣旨の規律を定めるものである。

第645条　（受任者による報告）

受任者は、委任者の請求があるときは、いつでも委任事務の処理の状況を報告し、委任が終了した後は、遅滞なくその経過及び結果を報告しなければならない。

《注　釈》

◆　報告義務

報告義務は、善管注意義務に付随する義務である。

1　報告すべき場合

(1)　委任者の請求があればいつでも、委任者に報告する義務を負う《趣》。委任者の利益のために必要があれば、委任者の請求がなくても報告すべきものとされている。

(2)　委任終了後は、「遅滞なく」報告する義務を負う。

2　特約による報告義務免除の可否

本条は強行規定ではない。

→明示又は黙示の特約により、報告義務を軽減又は免除しうる

第646条　（受任者による受取物の引渡し等）

Ⅰ　受任者は、委任事務を処理するに当たって受け取った金銭その他の物を委任者に引き渡さなければならない。その収取した果実についても、同様とする。

Ⅱ　受任者は、委任者のために自己の名で取得した権利を委任者に移転しなければならない。

《注　釈》

◆　「果実」（Ⅰ後段）の意味

天然果実と法定果実とを含む（88）。

第647条　（受任者の金銭の消費についての責任）

受任者は、委任者に引き渡すべき金額又はその利益のために用いるべき金額を自己のために消費したときは、その消費した日以後の利息を支払わなければならない。この場合において、なお損害があるときは、その賠償の責任を負う。

《注　釈》

一　本条の責任の根拠

受任者は、委任者のために金銭を受け取った場合は、速やかにこれを委任者に引き渡すか、銀行等へ預金して、その安全と利殖を図ることが、善良な管理者の注意（644）として当然要求される。

→かかる注意義務に反した受任者に、利息支払義務と損害賠償義務を認めた

二　一般の損害賠償の原則との関係

委任者は、特に受任者の故意・過失の有無、損害の証明の有無を問わず、当然

●契約　　　　　　　　　　　　　　　　　　　　　　　　　委任［第648条］

に法定利息を請求しうる。したがって、本条は、一般の損害賠償の原則に対する例外規定たる419条（金銭債務の特則）に対して、さらに例外をなす関係にある。　⇒p.314

第648条　（受任者の報酬）

Ⅰ　受任者は、特約がなければ、委任者に対して報酬を請求することができない。

Ⅱ　受任者は、報酬を受けるべき場合には、委任事務を履行した後でなければ、これを請求することができない。ただし、期間によって報酬を定めたときは、第624条第2項＜期間経過後に報酬を請求できる＞の規定を準用する。

Ⅲ　受任者は、次に掲げる場合には、既にした履行の割合に応じて報酬を請求することができる。

① 委任者の責めに帰することができない事由によって委任事務の履行をすることができなくなったとき。

② 委任が履行の中途で終了したとき。

《注　釈》

一　委任者の報酬支払義務の発生

1　原則として委任は無償契約であり、特約がなければ報酬を請求することができない（Ⅰ）囲。なお、現在では委任契約の大多数が有償であることから、明示の特約がなくても報酬支払義務が認められる場合は多いとされる。

ex.　弁護士が訴訟事件を受任するに当たり、何ら報酬についての特約をしなかった場合でも、委任者にその報酬を請求できる（最判昭37.2.1）

2　委任が途中で終了した場合

(1)　委任者の責めに帰することができない事由によって委任契約が履行不能となった場合、又は受任者の履行の途中で委任契約が終了した場合司共、受任者は、既にした履行の割合に応じて報酬を請求することができる（Ⅲ）。

(a)　委任者の責めに帰することができない事由によって委任契約が履行不能となった場合（Ⅲ①）とは、当事者双方の責めに帰することができない事由によって履行不能となった場合、及び受任者の責めに帰すべき事由によって履行不能となった場合を指す。

→受任者に帰責事由がある履行不能の場合に、委任事務の履行を受けられなくなった委任者が損害賠償を請求することは可能

これに対し、委任者に帰責事由がある場合には、受任者は報酬全額を請求することができる（536Ⅱ前段）。

(b)　委任が履行の中途で終了した場合（Ⅲ②）とは、委任が解除された場合（651Ⅰ）や、履行の途中で終了事由が生じた場合（653各号参照）を指す。これらの場合には、受任者に責めに帰すべき事由があっても、受任者は既にした履行の割合に応じて、報酬を請求することができると解される。

(2)　成功報酬の支払に条件が定められている場合に、委任者が故意に条件の成就を妨げたときは、受任者は条件が成就したものとみなして（130Ⅰ）、その報酬を請求できる（最判昭45.10.22）。

委任［第648条の2］　　　　　　　　　　　　　　　　　　　　　　　　　　　　●契約

二　報酬支払義務の発生時期（Ⅱ）

1　報酬は特約がない限り、後払である〈回〉。

→受任者は、報酬に関して同時履行の抗弁権を主張できない

2　期間をもって報酬を定めた場合の報酬支払時期は期間経過後である。

第648条の2　（成果等に対する報酬）

Ⅰ　委任事務の履行により得られる成果に対して報酬を支払うことを約した場合において、その成果が引渡しを要するときは、報酬は、その成果の引渡しと同時に、支払わなければならない。

Ⅱ　第634条＜注文者が受ける利益の割合に応じた報酬＞の規定は、委任事務の履行により得られる成果に対して報酬を支払うことを約した場合について準用する。

[趣旨]「成果完成型」の委任（ex. 弁護士の成功報酬、不動産仲介業者の報酬）は、仕事の完成義務を負わない点で請負契約とは異なるものの、事務処理の結果として成果が達成されて初めて報酬を請求できる点で、請負契約に類似する。そこで、本条は、成果の引渡しと報酬支払の同時履行を規定し（Ⅰ）、請負の場合（633本文）と同趣旨の規律を定めるとともに、請負に関する634条（注文者が受ける利益の割合に応じた報酬）を準用（648の2Ⅱ）している。なお、本条は任意規定であり、これと異なる合意を定めることも可能である。

《注　釈》

◆　成果完成型の委任における規律

1　報酬の支払時期

(1)　委任事務の履行により得られる成果に対する報酬支払が約束され、その成果の引渡しを要するときは、報酬はその成果の引渡しと同時に支払われなければならない（Ⅰ）。

(2)　成果の引渡しを要しないときは、原則どおり、委任事務の履行後に支払われなければならない（648Ⅱ本文）。

2　委任の履行不能又は解除時の報酬請求

(1)　委任者の責めに帰することができない事由によって（双方に帰責事由がない場合及び受任者に帰責事由がある場合を含む）委任事務の履行ができず、成果を得ることができなくなった場合（648の2Ⅱ・634①）、又は委任が成果を得る前に解除された場合（648の2Ⅱ・634②）において、既にされた委任事務の履行の結果が可分であり、かつ、その給付によって委任者が利益を受けるときは、既に給付された部分について成果が得られたものとみなされる。その結果、受任者は、委任者に対して、委任者が受ける利益の割合に応じて、報酬を請求することができる。

(2)　委任者に帰責事由がある場合には、受任者は報酬全額を請求することができる（536Ⅱ前段）。

●契約　　　　　　　　　　　　　　　　　　　　委任［第649条〜第650条］

第649条　（受任者による費用の前払請求）

委任事務を処理するについて費用を要するときは、委任者は、受任者の請求により、その前払をしなければならない🈩。

第650条　（受任者による費用等の償還請求等）

Ⅰ　受任者は、委任事務を処理するのに必要と認められる費用を支出したときは、委任者に対し、その費用及び支出の日以後におけるその利息の償還を請求することができる🈩。

Ⅱ　受任者は、委任事務を処理するのに必要と認められる債務を負担したときは、委任者に対し、自己に代わってその弁済をすることを請求することができる。この場合において、その債務が弁済期にないときは、委任者に対し、相当の担保を供させることができる。

Ⅲ　受任者は、委任事務を処理するため自己に過失なく損害を受けたときは、委任者に対し、その賠償を請求することができる。

［趣旨］受任者は委任者との信頼関係に基づいて、委任者のために委任事務を処理するのであるから、委任事務に必然的に発生する負担があれば、それを委任者に請求しうるのは当然である。そこで、649条、650条では受任者に対して特別の経済的負担を負わせないよう、受任者にいくつかの権利を与えた。

債権

《注　釈》

一　費用前払請求権（649）

委任者の費用前払と受任者の事務処理とは、同時履行の関係に立たない。もっとも、受任者が費用の前払がないために事務の処理に着手しないことは、正当理由ありと解すべきであるから、履行遅滞とはならない。　⇒ p.298

二　費用償還請求権（650Ⅰ）🈩

1　受任者は、委任事務処理に必要であるとして出費した費用と支出日以後の利息を事後的に請求しうる🈩共。

→支出の当時「必要と認められる」費用か否かは、純客観的標準ではなく、受任者の過失ない判断を標準とすべきである🈩

2　「費用」とは、受任者が善管注意義務をもって処理に必要と判断して立て替えたものをいう。必ずしも事実上必要かつ有益な費用であることを要しない。

費用は金銭でも、その他の財産でもよい。

三　代弁済請求権（650Ⅱ前段）

1　受任者は、事務処理のために受任者が負担した債務を、委任者に自ら弁済するよう請求しうる🈢。

2　受任者が有する代弁済請求権に対しては、委任者は、受任者に対する債権をもって相殺することができない（最判昭47.12.22）🈢。　⇒ p.439

∵　両債権は同種の債権ではなく、また、相殺を認めれば、受任者は自己資金をもって事務処理費用の立替払を強制されることになる

579

委任［第651条］　　　　　　　　　　　　　　　　　　　　　●契約

四　担保供与請求権（650Ⅱ後段）

1　受任者は、委任者に対して、自己に担保を供与するよう請求しうる。
2　相当の担保とは、受任者の負担した債務の担保ではなく、受任者が自ら弁済することによって生じうる損害（ex. 弁済期までに委任者が無資力となり、受任者がなした立替金を償還できない）に対する担保のことを指す。

五　損害賠償請求権（650Ⅲ）

1　受任者は、委任事務の処理のために被った損害について、受任者に過失がない場合に、委任者に対して損害賠償請求をなしうる〈司〉。
2　委任者に、損害発生についての故意・過失は不要である。
　　→一種の無過失責任

> #### 第651条　（委任の解除）
>
> Ⅰ　委任は、各当事者がいつでもその解除をすることができる〈司〉。
> Ⅱ　前項の規定により委任の解除をした者は、次に掲げる場合には、相手方の損害を賠償しなければならない。ただし、やむを得ない事由があったときは、この限りでない。
> ①　相手方に不利な時期に委任を解除したとき〈司〉。
> ②　委任者が受任者の利益（専ら報酬を得ることによるものを除く。）をも目的とする委任を解除したとき。

【平29改正】本条2項2号は、受任者の利益をも目的とする委任であっても、その契約において委任者が委任契約の解除権を放棄していたものと解されない事情があるときは、委任者はやむを得ない事由がなくても、委任契約を解除することができ、受任者の被る不利益は損害賠償により塡補すれば足りるとした判例（最判昭56.1.19・百選Ⅱ71事件）を一部明文化した規律である。

《注　釈》

一　任意解約権（Ⅰ）

1　意義
　　委任契約は、当事者間の対人的信頼関係を基礎とする契約であるから、この信頼関係が崩れると以後の委任事務の継続は無益である。そこで、原則として、委任者・受任者のいずれからでも、何ら特別の理由がなくても自由に解除（解約告知）できる（Ⅰ）〈司共〉。
　　cf.　委任者が受任者の債務不履行を理由に解除をした（541）が、債務不履行の事実がなかった場合でも、受任者に対する不信の表明があったといえるので、解除の意思表示は本条の解除の意思表示として効力を生じる（大判大3.6.4）〈司〉
　　なお、本条所定のルールは任意規定であるため、任意解約権を放棄する合意も契約自由の原則から有効である。
2　解除の可否が問題となった事例
　　受任者の利益のためにも委任がされた場合であっても、委任契約が当事者間

●契約   委任 ［第652条］

の信頼関係を基礎とする契約であることに徴すれば、受任者が著しく不誠実な行動に出る等、やむを得ない事由があるときは、委任者は契約解除が可能である。さらに、やむを得ない事由がない場合であっても、その契約において委任者が委任契約の解除権を放棄していたものと解されない事情があるときは、委任契約を解除することができる（前掲最判昭56.1.19・百選Ⅱ71事件）〈司書〉。

∵　委任契約が受任者の利益のためにもなされていることを理由として委任者の意思に反して事務処理を継続させることは、委任者の利益を阻害し委任契約の本旨に反する

二　任意解除をした当事者の損害賠償責任（Ⅱ）

1　責任が生じる場合

(1)　本条1項による任意解除がなされた場合、①一方が相手方に不利な時期に委任を解除したとき、又は②委任者が受任者の利益をも目的とする委任を解除したときには、解除した当事者は、相手方に生じた損害の賠償をしなければならない。

ここで、「受任者の利益」（Ⅱ②）のための委任とは、委任事務処理自体によって受任者が利益を受ける委任類型であり、単なる有償委任はこれにあたらない。

ex.　債務者（委任者）が第三者（委任者の債務者）に対して有する債権の取立てを債権者（受任者）に委任し、債権者が第三者から取り立てた金員をもって（受任者の委任者に対する）債権の弁済に充当することにより、受任者である債権者が利益を得る場合

(2)　本条2項柱書の「損害」とは、委任契約が解除されなければ受任者が得たであろう利益から受任者が債務を免れることによって得た利益を控除したものである。

この「損害」には、契約を解除されたことによって得ることができなくなった報酬（得べかりし報酬）は、原則として含まれないと解すべきである。

∵①　「受任者の利益」（Ⅱ②）には、報酬以外のものが想定されている

②　委任が解除された場合の受任者の報酬は限定されている（648Ⅲ、648の2Ⅱ、634②）

③　報酬は、現実になされた事務処理の対価である

2　責任が生じない場合

(1)　受任者の利益をも目的とする委任であっても、「専ら報酬を得ること」を目的とする場合（Ⅱ②かっこ書）

(2)　やむを得ない事由がある場合（Ⅱ柱書ただし書）

受任者側の事由として、受任者の疾病や委任者の不誠実な行為などが挙げられ、委任者側の事由として、委任者にとってその事由を処理する必要が全くないことなどが挙げられる。

第652条　（委任の解除の効力）

第620条＜賃貸借の解除の効力＞の規定は、委任について準用する〈共書〉。

581

委任［第653条～第656条］・寄託　　　　　　　　　　　　　　　　●契約

第653条　（委任の終了事由）

委任は、次に掲げる事由によって終了する。

① 委任者又は受任者の死亡

② 委任者又は受任者が破産手続開始の決定を受けたこと。

③ 受任者が後見開始の審判を受けたこと〈司書〉。

《注　釈》

＜委任の終了事由＞〈司共書〉

	死亡（653①）	破産手続開始の決定（653②）	後見開始の審判（653③）
委任者	○（＊）	○	×
受任者	○	○	○

＊ 「委任者が死亡した場合、委任者の相続人が委任者の地位を当然に承継する」旨の委任者・受任者間の約定は有効である（最判平4.9.22参照）〈司〉。

cf. 請負においては、注文者が死亡しても請負契約が終了することはない〈司〉

第654条　（委任の終了後の処分）

委任が終了した場合において、急迫の事情があるときは、受任者又はその相続人若しくは法定代理人は、委任者又はその相続人若しくは法定代理人が委任事務を処理することができるに至るまで、必要な処分をしなければならない。

第655条　（委任の終了の対抗要件）

委任の終了事由は、これを相手方に通知したとき、又は相手方がこれを知っていたときでなければ、これをもってその相手方に対抗することができない〈司共〉。

第656条　（準委任）

この節の規定は、法律行為でない事務の委託について準用する〈司共〉。

■第11節　寄託

《概　説》

一　意義

寄託は、物の保管を委託する契約である。民法は寄託を典型契約の1つとして規定しているが、今日の寄託制度は、生産された大量の商品・運送途中の貨物等の動産を保管する倉庫営業や金銭を寄託する銀行などが重要な機能を果たしている。そこで、寄託制度の大部分は商法の適用を受ける（商595～617）ため、民法上の寄託のもつ意義は比較的小さい。

二　法的性質

無償・片務・諾成・不要式契約が原則であるが、特約により有償となれば、有償・双務契約になる（665・648）。

582

●契約   寄託［第657条〜第657条の2］

第657条 （寄託）

　寄託は、当事者の一方がある物を保管することを相手方に委託し、相手方がこれを承諾することによって、その効力を生ずる。

【平29改正】本条は、改正前民法では要物契約とされていた寄託契約を諾成契約へと変更するものである。寄託契約が要物契約であるとされたのは無償寄託を原則とするローマ法以来の沿革に由来するものであるが、①現代において要物契約性を維持する合理的な理由を見出せないこと、②実務上も、倉庫寄託契約を中心として諾成的な寄託契約や寄託の予約が広く用いられており、取引の実態からも乖離していることから、平成29年民法（債権関係）改正で諾成契約へと変更された。

《注　釈》

- 寄託物は、寄託者の所有する物でなくてもよい。なお、所有者が所有権に基づいて当該寄託物の返還を受寄者に請求した場合については、660条参照。　⇒ p.586
- 「当事者の一方がある物を保管することを相手方に委託し、相手方がこれを承諾する」という文言には、保管した物を相手方に返還することを約するという意味も含まれる。
- 寄託者が寄託物の引渡義務を負うとの特約がない限り、寄託者は、受寄者に対して、寄託物の引渡義務を負わない。

第657条の2 （寄託物受取り前の寄託者による寄託の解除等）

Ⅰ　寄託者は、受寄者が寄託物を受け取るまで、契約の解除をすることができる。この場合において、受寄者は、その契約の解除によって損害を受けたときは、寄託者に対し、その賠償を請求することができる。

Ⅱ　無報酬の受寄者は、寄託物を受け取るまで、契約の解除をすることができる。ただし、書面による寄託については、この限りでない。

Ⅲ　受寄者（無報酬で寄託を受けた場合にあっては、書面による寄託の受寄者に限る。）は、寄託物を受け取るべき時期を経過したにもかかわらず、寄託者が寄託物を引き渡さない場合において、相当の期間を定めてその引渡しの催告をし、その期間内に引渡しがないときは、契約の解除をすることができる。

【平29改正】寄託契約が諾成契約へと変更されたことに伴い、契約成立後、受寄者が寄託物を受け取るまでの間に生じうる問題への対処を明確化する必要が生じた。本条は、この問題に対処するため、寄託者（Ⅰ）及び受寄者（ⅡⅢ）の解除権について規定するものである。

《注　釈》

一　寄託者による解除（Ⅰ）

1　有償・無償を問わず、受寄者が寄託物を受け取るまでの間であれば、「寄託者」は、契約を解除することができる（Ⅰ前段）。

　∵　寄託契約は諾成契約であるため、契約成立後、受寄者が寄託物を受け取るまでの間に寄託の必要がなくなったような場合であっても、当事者は契

寄託［第658条］　　　　　　　　　　　　　　　　　　　　　　　　●契約

約に拘束される。しかし、寄託契約は寄託者のために締結されるものであり、寄託物の返還時期の定めがあっても、寄託者はいつでも返還を請求できる（662Ⅰ）のであるから、寄託物の受取り前においても、寄託者による契約の解除を認め、寄託物の授受を不要とすることができるようにしておくのが合理的である

2　657の2第1項前段に基づく解除により受寄者に損害が生じた場合、受寄者は、その損害の賠償を寄託者に請求することができる（同後段）。

「損害」の意義については、以下の2説に大別される。

A説：広く生じうる損害一般を想定すべきではなく、寄託者に対する償還請求が可能であった費用に係る損害に限定すべきである

B説：契約が解除されなければ受寄者が得たと認められる利益から、受寄者が債務を免れることによって得た利益を控除したものである

二　受寄者による解除（ⅡⅢ）

1　「無報酬の受寄者」（無償寄託の受寄者）は、「書面による寄託」がなされた場合を除き、寄託物を受け取るまでの間であれば、契約を解除することができる（Ⅱ本文）〈同〉。

∵　無償寄託については、一般に好意的な契約と解されることから、契約に強い拘束力を認めるべきではなく、また、無償寄託の受寄者に解除権を与えて受寄者を保護する必要がある。他方、「書面による寄託」については、無償であっても軽率になされるおそれが乏しく、受寄者の意思を明確にすることによって後日の紛争の防止を図ることができるため、受寄者に解除権を与えないとしても不都合はない

cf.　本条2項ただし書と同趣旨の規定は、使用貸借にも置かれている（593の2ただし書）　⇒ p.528

2　有償寄託と書面による無償寄託の受寄者は、寄託物を受け取るべき時期を経過したにもかかわらず寄託者が寄託物を引き渡さない場合には、相当の期間を定めて催告をした上で、その期間内に引渡しがなければ契約を解除することができる（Ⅲ）。

∵　寄託者が寄託物を引き渡さず、解除もしない場合において、受寄者がいつまでも契約に拘束されるのは不都合である

→書面によらない無償寄託がなされた場合において、本条3項と同様の事態が生じたときは、その受寄者は、本条2項により契約を解除することができる

第658条　（寄託物の使用及び第三者による保管）

Ⅰ　受寄者は、寄託者の承諾を得なければ、寄託物を使用することができない〈同〉。

Ⅱ　受寄者は、寄託者の承諾を得たとき、又はやむを得ない事由があるときでなければ、寄託物を第三者に保管させることができない〈同共〉。

Ⅲ　再受寄者は、寄託者に対して、その権限の範囲内において、受寄者と同一の権利を有し、義務を負う。

●契約　　　　　　　　　　　　　　　　　　　　　　　　　　寄託［第659条］

【平29改正】改正前民法658条1項は、寄託者の承諾を得なければ、第三者に寄託物を保管させることはできない旨規定していた。しかし、たとえ再寄託の必要性が生じても、寄託者の承諾を得ることができない場合には再寄託をすることができず不都合であると指摘されていた。そこで、本条2項は、「寄託者の承諾を得たとき」に加え、「やむを得ない事由があるとき」にも再寄託をすることができると規定した。また、改正前民法658条2項は、再寄託に関して改正前民法105条を準用する旨規定していたが、平成29年改正により改正前民法105条が削除された（⇒ p.64）ため、これにあわせて、本条3項は、再受寄者の責任について規定した。

[趣旨]寄託は、当事者間の信頼関係に基づき、受寄者が寄託者のために寄託物を保管することを目的とする。したがって、原則として、寄託の目的を超えた寄託物の使用や第三者による保管は認められない。そこで、例外的にこれを認める場合につき、利益状況の類似する復委任（644の2参照）の規律を踏まえつつ、一般的な規定を置いた。

《注　釈》

一　受寄物の使用・再寄託の要件

1　受寄物を使用するためには、「寄託者の承諾」が必要となる（Ⅰ）。

2　受寄物を第三者に保管（再寄託）させるためには、「寄託者の承諾」又は「やむを得ない事由」が必要となる（Ⅱ）。

二　再寄託の効果

1　受寄者
　　再受寄者の行為によって生じた結果について債務不履行の一般原則に従って責任を負う。
　　∵　再寄託が適法になされたからといって、受寄者の責任を軽減する必要はなく、債務者が履行補助者を用いた場合の一般原則に委ねることで足りる

2　再受寄者
　　再受寄者は、寄託者に対して、その権限の範囲内において、受寄者と同一の権利・義務を有する（Ⅲ）。
　　ex.　再受寄者は、寄託者に対して、保管費用の償還を請求することができる（665、650Ⅰ）〈共〉

第659条　（無報酬の受寄者の注意義務）

　無報酬の受寄者は、自己の財産に対するのと同一の注意をもって、寄託物を保管する義務を負う〈司〉。

《注　釈》

◆　受寄者の注意義務〈司H24〉

1　無償受寄者は、本条により「自己の財産に対するのと同一の注意」義務をもって受寄物を保管する。

2　有償受寄者は原則通り特定物の引渡義務者として善管注意義務（400）を負う。もっとも、400条は、当事者が契約で定めていない場合の補充的・一般的

585

寄託［第660条］　　　　　　　　　　　　　　　　　　　　　●契約

規定であるとされているから、有償受寄者の注意義務について、当事者の特約
によって、これを軽減することもできる〈回〉。

　→財産法上で自己の財産に対するのと同一の注意義務を負う者は、受領遅滞
　　（413 I）の場合を除き、無償受寄者のみである　⇒p.286

3　商人がその営業の範囲内において寄託を受けた場合には、その商人が無償受
寄者であっても、善管注意義務を負う（商595）〈同予〉。

第660条　（受寄者の通知義務等）

Ⅰ　寄託物について権利を主張する第三者が受寄者に対して訴えを提起し、又は差押
え、仮差押え若しくは仮処分をしたときは、受寄者は、遅滞なくその事実を寄託者
に通知しなければならない〈同共〉。ただし、寄託者が既にこれを知っているときは、
この限りでない。

Ⅱ　第三者が寄託物について権利を主張する場合であっても、受寄者は、寄託者の指
図がない限り、寄託者に対しその寄託物を返還しなければならない。ただし、受寄
者が前項の通知をした場合又は同項ただし書の規定によりその通知を要しない場合
において、その寄託物をその第三者に引き渡すべき旨を命ずる確定判決（確定判決
と同一の効力を有するものを含む。）があったときであって、その第三者にその寄託
物を引き渡したときは、この限りでない。

Ⅲ　受寄者は、前項の規定により寄託者に対して寄託物を返還しなければならない場
合には、寄託者にその寄託物を引き渡したことによって第三者に損害が生じたとき
であっても、その賠償の責任を負わない。

[趣旨] 本条1項は、寄託契約上の本体たる保管義務に付随した義務として、受寄者
に対し寄託者への通知義務を課し、寄託者に自己の権利を防御する機会を保障する
ものである（なお、類似の規定として615条がある）。また、本条2項は、寄託物に
ついて権利を主張する第三者が現れた場合において、受寄者が誰に寄託物を返還す
べきかについて明確にしている。さらに、本条3項は、寄託者と第三者との間の寄
託物をめぐる紛争に受寄者が巻き込まれないようにする趣旨から、受寄者が寄託物
を返還したことにより第三者が被った損害については、寄託者と第三者との間で調
整することを定めている。

《注　釈》

一　受寄者の通知義務（Ⅰ）

1　「権利」の意義

　　所有権・使用権・担保権などである。

2　「通知」の意義

　　仮処分のあった旨を知らせればよく、その後の経過まで逐一報告しなくても
よい（最判昭40.10.19）。

3　「通知」を要しない場合（Ⅰただし書）

　　寄託者が既に訴えの提起や差押え等の事実を知っていれば、受寄者は寄託者
に対して通知しなくてもよい。あえて通知義務を課す必要はない。

　　∵　受寄者の通知義務は、寄託者に対処の機会を与える趣旨に基づくもので

●契約　　　　　　　　　　　　　　　　　　　　　　　　　　　　　寄託［第661条］

あるから、寄託者が既に訴えの提起や差押え等の事実を知っていれば、通知を待つまでもなく権利の防御が可能であるため、あえて受寄者に通知義務を課す必要はない

二　寄託物の返還義務（Ⅱ）

1　原則（Ⅱ本文）

受寄者は、寄託契約に基づき、寄託者に対して寄託物を返還する義務を負う。そのため、第三者が所有権を主張して寄託物の返還を求める場合であっても、受寄者は、当該第三者が寄託物の真の所有者であるか否かを問わず、寄託者にその寄託物を返還しなければならない（Ⅱ本文）。

→受寄者は、第三者からの寄託物の返還請求を拒むことができる

2　例外（Ⅱただし書）

この場合、受寄者は、寄託者に対して寄託物を返還する義務を負わない。

→寄託物返還義務の不履行を理由とする責任を負わない

⑴　①受寄者が通知義務を履行した場合又は通知を要しない場合であること

受寄者が本条2項ただし書により免責されるためには、本条1項の通知義務に違反していないことが必要である。

⑵　②寄託物を第三者に引き渡すべき旨を命ずる「確定判決」があったこと

⒜　「確定判決」には、「確定判決と同一の効力を有するもの」を含む（Ⅱただし書かっこ書）。

ex.　裁判上の和解、請求の認諾

⒝　「確定判決」は、「第三者に引き渡すべき旨を命ずる」ものであることを要するため、確認の訴えについての判決では、この要件を満たさない。

⑶　③第三者に対し寄託物を引き渡したとき

本条2項ただし書は、任意に引き渡す場面の規定である。受寄者が強制執行により寄託物を第三者に引き渡した場合は、寄託者に対する寄託物返還債務が履行不能となり、受寄者に帰責事由がないため、受寄者は損害賠償責任を負わない。

三　第三者との関係（Ⅲ）

受寄者が寄託者に寄託物を返還したこと（Ⅱ本文）により、第三者が損害を被ったとしても、受寄者は、当該第三者に対して、損害賠償責任を負わない（Ⅲ）。

→受寄者が寄託物を保管していたことによって第三者に生じた損害からの受寄者の免責を定めたものではない

第661条　（寄託者による損害賠償）

寄託者は、寄託物の性質又は瑕疵によって生じた損害を受寄者に賠償しなければならない。ただし、寄託者が過失なくその性質若しくは瑕疵を知らなかったとき、又は受寄者がこれを知っていたときは、この限りでない同予。

《注　釈》

▪寄託物の性質・瑕疵から損害が生じた場合、寄託者は、受寄者に対して、損害賠

587

寄託［第662条～第664条］　　　　　　　　　　　　　　　●契約

償義務を負う。

- 寄託者が寄託物の性質・瑕疵について善意・無過失であること、又は受寄者が悪意であることを立証すれば、寄託者は賠償義務を免れうる。

cf. 受任者の委任者に対する損害賠償の場合（650Ⅲ）は、受任者側の善意・無過失が賠償請求の要件とされる

第662条　（寄託者による返還請求等）

Ⅰ　当事者が寄託物の返還の時期を定めたときであっても、寄託者は、いつでもその返還を請求することができる《共書》。

Ⅱ　前項に規定する場合において、受寄者は、寄託者がその時期の前に返還を請求したことによって損害を受けたときは、寄託者に対し、その賠償を請求することができる。

第663条　（寄託物の返還の時期）

Ⅰ　当事者が寄託物の返還の時期を定めなかったときは、受寄者は、いつでもその返還をすることができる。

Ⅱ　返還の時期の定めがあるときは、受寄者は、やむを得ない事由がなければ、その期限前に返還をすることができない《同書》。

第664条　（寄託物の返還の場所）

寄託物の返還は、その保管をすべき場所でしなければならない。ただし、受寄者が正当な事由によってその物を保管する場所を変更したときは、その現在の場所で返還をすることができる。

【平29改正】662条2項の規定は、とくに有償寄託において、その寄託が中途で終了した場合に生じた受寄者の損害につき、寄託者に対する賠償請求を認めることで、受寄者の保護を図ったものである。

《注　釈》

一　受寄物の返還時期

＜消費貸借・寄託・消費寄託の返還時期＞

		期限の定めあり	期限の定めなし
原則		期限到来時（412Ⅰ）	請求を受けた時（412Ⅲ）
貸主・寄託者側からの返還請求側	消費貸主	期限到来時	相当期間の催告をして期間経過後（591Ⅰ）
	寄託者	いつでも（662Ⅰ）《予》ただし、受寄者に損害が生じた場合には、損害賠償責任を負う（662Ⅱ）	いつでも（662Ⅰ）
	消費寄託者	いつでも（666Ⅰ、662Ⅰ）ただし、受寄者に損害が生じた場合には、損害賠償責任を負う（662Ⅱ）	いつでも（666Ⅰ、662Ⅰ）《予》

588

●契約　　　　　　　　　　　　　　　　　　　　　　　　　　　　寄託［第664条の2］

		期限の定めあり	期限の定めなし
借主・受寄者側から返還	消費借主	いつでも（591Ⅱ）ただし、貸主に損害が生じた場合には、損害賠償責任を負う（591Ⅲ）	いつでも（591Ⅱ）
	受寄者	期限到来時ただし、やむを得ない事由のあるときは期限前も可（663Ⅱ）〈同〉（＊1）	いつでも（663Ⅰ）〈同〉
	消費受寄者	期限到来時ただし、やむを得ない事由のあるときは期限前も可（666Ⅲ、663Ⅱ）（＊2）	いつでも（666Ⅰ、663Ⅰ）

＊1　単に受寄者が死亡したにすぎない場合は「やむを得ない事由」にあたらない〈同〉。
＊2　預貯金契約による金銭の消費寄託の場合には、消費受寄者は、やむを得ない事由の有無にかかわらず、いつでも返還をすることができる（666Ⅲ、591Ⅱ）。ただし、期限前の返還により、消費寄託者が損害を受けたときは、消費受寄者は、その賠償をしなければならない（666Ⅲ、591Ⅲ）。

二　寄託物の返還場所

　1　返還場所の特約ある場合には、特約に従う。
　2　保管場所についてのみ特約がある場合（664）には、原則として保管場所において返還する。ただし、「正当な事由」により物を転置した場合は物が現在ある場所において返還する。
　3　保管場所の定めもない場合には、債権発生当時に受寄物が存在した場所において返還する（484）。

第664条の2　（損害賠償及び費用の償還の請求権についての期間の制限）

　Ⅰ　寄託物の一部滅失又は損傷によって生じた損害の賠償及び受寄者が支出した費用の償還は、寄託者が返還を受けた時から1年以内に請求しなければならない。
　Ⅱ　前項の損害賠償の請求権については、寄託者が返還を受けた時から1年を経過するまでの間は、時効は、完成しない。

[趣旨] 本条1項は、寄託物の一部滅失・損傷に関する寄託者の損害賠償請求権及び受寄者の費用償還請求権について、一部滅失等が受寄者の保管中に生じたものか否かが不明確になることを避けるため、その行使期間について、寄託物返還時から「1年以内」という短期の期間制限を設けるものである。本条2項は、寄託物の一部滅失・損傷に関する寄託者の損害賠償請求権についても消滅時効の規定（166Ⅰ）の適用があるところ、寄託の期間が長期にわたる場合には、寄託者が寄託物の状況を把握できないうちに消滅時効が完成し、請求権自体が消滅してしまうという不都合が生じるため、寄託物返還時から「1年を経過するまでの間」、時効の完成を猶予するという趣旨に基づく規定である。なお、本条は、利益状況の類似する使用貸借（600）や賃貸借（622・600）の規律と同様の趣旨に出たものである。

589

《注　釈》

- 寄託物の全部滅失の場合には、寄託物の返還自体が履行不能となり、債権債務関係の早期処理の要請も高くないことから、本条は適用されない。

→この場合、債務不履行の一般原則に従い処理される

第665条　（委任の規定の準用）

　第646条から第648条まで＜受任者による受取物の引渡し等、受任者の金銭の消費についての責任、受任者の報酬＞、第649条＜受任者による費用の前払請求＞並びに第650条第1項及び第2項＜受任者による費用の償還請求、代弁済請求＞の規定は、寄託について準用する。

[趣旨] 寄託は他人の物を保管するという一種の役務を伴う点で、委任と類似性を有していることから、委任に関する規定を準用したものである。　⇒ p.574

《注　釈》

一　報酬に関する問題点

1　報酬は原則として後払いである（665・648Ⅱ）。

2　受寄者は、寄託者が約定の報酬を提供するまでは寄託物の返還を拒める（大判明36.10.31）。

　　∵　委任に関する648条2項は、必ずしも寄託者に対する一切の義務を履行した後でなければ報酬を請求できないとするものではない

二　代弁済請求権・担保供与請求権

　受寄者は、受寄物を保管するのに必要と認められる債務を負担したときは、寄託者に対し、自己に代わってその弁済をすることを請求することができる。この場合において、その債務が弁済期にないときは、寄託者に対し、相当の担保を供させることができる（665・650Ⅱ）〈同〉。

第665条の2　（混合寄託）

Ⅰ　複数の者が寄託した物の種類及び品質が同一である場合には、受寄者は、各寄託者の承諾を得たときに限り、これらを混合して保管することができる〈供〉。

Ⅱ　前項の規定に基づき受寄者が複数の寄託者からの寄託物を混合して保管したときは、寄託者は、その寄託した物と同じ数量の物の返還を請求することができる。

Ⅲ　前項に規定する場合において、寄託物の一部が滅失したときは、寄託者は、混合して保管されている総寄託物に対するその寄託した物の割合に応じた数量の物の返還を請求することができる。この場合においては、損害賠償の請求を妨げない。

[趣旨] 本条は、混合寄託（混蔵寄託）に関する基本的な規定である。混合寄託は、寄託物の保管のための場所及び労力という負担を軽減し、寄託費用の節約にも繋がるため、実務上重要な役割を担っている。

《注　釈》

一　意義（Ⅰ）

　混合寄託とは、複数の寄託者が寄託した物の種類及び品質が同一である場合に

●契約　　　　　　　　　　　　　　　　　　　　　　　　　　　寄託［第666条］

おいて、受寄者が寄託者全員の承諾を得て、これらの寄託物を混合して保管し、混合物の中から寄託物と同量の物を返還する契約をいう。

　ex.　石油、小麦等の穀物の寄託

　　混合寄託は、物を保管する点では通常の寄託と共通するが、寄託された物それ自体をそのまま返還する義務を負わない点で通常の寄託とは異なる。また、後者の点については、消費寄託（666）と共通する部分であるが、受寄者が寄託物の所有権を取得しない点で消費寄託とは異なる。

二　効果（ⅡⅢ）

　1　各寄託者は、単独で、受寄者に対し、寄託した物と同じ数量の物の返還を請求することができる（Ⅱ）。

　2　混合して保管されている寄託物の一部が滅失した場合、各寄託者は、受寄者に対し、総寄託物に対する自己の寄託した物の割合に応じた数量の物の返還を請求することができる（Ⅲ前段）。この場合において、寄託者は、受寄者の寄託物保管義務の不履行を理由として、415条1項に基づく損害賠償請求をすることができる（同後段）。

第666条　（消費寄託）

Ⅰ　受寄者が契約により寄託物を消費することができる場合には、受寄者は、寄託された物と種類、品質及び数量の同じ物をもって返還しなければならない。

Ⅱ　第590条＜貸主の引渡義務等＞及び第592条＜価額の償還＞の規定は、前項に規定する場合について準用する。

Ⅲ　第591条第2項及び第3項＜借主による随時返還、借主の損害賠償義務＞の規定は、預金又は貯金に係る契約により金銭を寄託した場合について準用する〈同〉。

【平29改正】消費寄託の利益は寄託者にあるのに対し、消費貸借の利益は目的物を利用する借主にある。このような性質の違いから、消費貸借に関する規定を包括的に準用していた改正前民法666条1項の考え方を改め、消費寄託について、原則として寄託の規定が適用されることを前提に、消費貸借と共通する部分（目的物の所有権が相手方に移転する点）に限り、消費貸借の規定（590、592）を準用することとした。他方、預貯金契約については、受寄者である金融機関にも利益がある点で、専ら寄託者の利益を目的とする他の消費寄託とは性質が異なる。そのため、他の消費寄託と同様に663条2項を適用することは不相当と考えられたことから、591条2項・3項を準用する旨の特則が設けられた。

《注　釈》

一　意義（Ⅰ）

　　消費寄託とは、寄託の目的物が金銭その他の代替物である場合、受寄者が寄託中に目的物を一度消費した後、これと同種・同等・同量の物を返還することを約する、諾成・片務契約である。受寄者が利息を払う内容の場合には有償、無利息の場合には無償契約となる。

　ex.　銀行預金（普通預金は期限の定めのない消費寄託、定期預金は満期を期

591

寄託［第666条］　　　　　　　　　　　　　　　　　　　●契約

限とする消費寄託）

二　預金又は貯金に係る契約における受寄物の返還（Ⅲ）

1　預金又は貯金に係る契約（預貯金契約）

預金契約に関して、判例（最判平 21.1.22・百選Ⅱ 74 事件）は、「預金者が金融機関に金銭の保管を委託し、金融機関は預金者に同種、同額の金銭を返還する義務を負うことを内容とするもの」であるとしている。

また、預貯金契約の性質について、判例（最大決平 28.12.19・百選Ⅲ 66 事件、前掲最判平 21.1.22・百選Ⅱ 74 事件）は、「消費寄託の性質を有するものであるが、預貯金契約に基づいて金融機関の処理すべき事務には、……委任事務ないし準委任事務の性質を有するものも多く含まれている」としている。

＊　なお、前掲判例（最判平 21.1.22・百選Ⅱ 74 事件）は、「金融機関は、預金契約に基づき、預金者の求めに応じて預金口座の取引経過の開示をすべき義務」を負い（645・656）、預金者が死亡した場合、その共同相続人の1 人は、「共同相続人全員に帰属する預金契約上の地位に基づき、被相続人名義の預金口座についてその取引経過の開示を求める権利を単独で行使することができる」（264・252 ただし書）としている〈同〉。

2　寄託された金銭の返還

返還時期の定めがある場合、受寄者（金融機関）は、やむを得ない事由がなくても、いつでも返還することができる（591 Ⅱ準用）。もっとも、寄託者（預貯金者）に損害が生じた場合、金融機関はその賠償をする責任を負う（591 Ⅲ準用）。

∵　定期預金債権を受働債権とする相殺による貸付金の回収を図るという銀行取引を可能とするとともに、損害賠償による利害調整を図る

cf.　預貯金契約以外の消費寄託における受寄物の返還時期　⇒ p.588

三　預金債権と誤振込

1　預金債権

預金債権の帰属について、改正前民法下における判例は、金融機関が利害関係を有さないことを前提に、原資出捐者が預金者であるとしてきた。もっとも、個別的事情をも考慮して預金債権の帰属を判断した判例も見られる。

ex.　損害保険会社の代理店が保険料を管理する目的で開設した預金口座について、代理店がその口座を管理しており、預金原資は代理店が収受した保険料であり、代理店の所有する金銭であることを根拠に、預金者を代理店とした（最判平 15.2.21・百選Ⅱ 73 事件）

2　誤振込

(1)　振込依頼人から受取人の銀行の普通預金口座に振込みがあったときは、振込依頼人と受取人との間に振込みの原因となる法律関係が存在するか否かにかかわらず、受取人と銀行との間に振込金額相当の普通預金契約（消費寄託、666 参照）が成立し、受取人が銀行に対して右金額相当の普通預金債権を取得する。この場合、振込依頼人は、受取人に対し、右同額の不当利得返

●契約 　　　　　　　　　　　　　　　　　　　　　　　　組合［第667条］

還請求権を有するにとどまる（最判平 8.4.26・百選Ⅱ 72 事件）。

(2)　受取人が誤振込に基づく普通預金債権を有する以上、その行使が不当利得
返還義務の履行手段としてのものなどに限定される理由はない。もっとも、
払戻しを受けることが当該誤振込に係る金員を不正に取得するための行為で
あって詐欺罪等の犯行の一環を成す場合であるなど、これを認めることが著
しく正義に反するような特段の事情がある場合には、権利の濫用にあたるこ
とがある（最判平 20.10.10・平 20 重判 1 事件）。

■第12節　組合

《概　説》

一　意義

2 人以上の当事者が共同の業務を達成する目的で相互に金銭その他の財産の出
資又は労務の提供を約束することによって成立する契約である。

→自然人のみならず、法人も組合員になることができる

二　法的性質

1　有償・双務・諾成・不要式契約である。この契約に基づいて各当事者には組
合の成立・運営、さらには解散等をめぐる権利紛争について相互の、ときには
第三者を相手方とする訴訟の当事者の資格が与えられる（民訴 29）。

2　組合は、共同の目的のための人的結合体であるので社団に類似し、組合契約
は合同行為たる性質を帯びる（⇒ p.27）。その結果、有償・双務契約でありな
がら適用が制限される規定が存在する。

＜組合契約の法的性質＞

同時履行の抗弁権 （533）	適用されない（667 の 2 Ⅰ） →各組合員は、他に出資しない組合員があっても、同時履行の抗弁権を行使して出資を拒めない
危険負担（536）	適用されない（667 の 2 Ⅰ） →組合から出資義務を履行するよう請求された組合員が、ある組合員の出資義務が履行不能となったことを理由に、自己の出資債務の履行を拒絶することはできない
有償契約の通則で ある売買の規定 （559）	適用されないと解されている →脱退・解散によって処理する
解除	他の組合員が組合契約に基づく債務を履行しないことを理由としては、適用されない（667 の 2 Ⅱ） →除名・脱退・解散等の団体構成の変動として処理する

第667条　（組合契約）

Ⅰ　組合契約は、各当事者が出資をして共同の事業を営むことを約することによって、
その効力を生ずる。

Ⅱ　出資は、労務をその目的とすることができる。

593

組合［第667条の2～第667条の3］　●契約

《注　釈》

一　「共同の事業」（Ⅰ）の意味

1　「共同」といいうるためには、最小限のところ業務執行の監視という形ででも、構成員全員が事業の遂行に関与するものでなければならない。

2　共同の事業に制限はない。継続的か一時的かを問わず、目的も営利、公益、親睦などを問わない。

3　利益を配分する場合には全員がこれを受けるものでなければならない。

　　cf.　組合員のうち、損失を分担しない者があることを組合契約の中で定めても差し支えない（大判明44.12.26）

二　「出資」の意味

「出資」とは、組合設立のために当事者によって拠出される経済的手段の総称であり、相当広い概念である（ex. 金銭、一般の動産・不動産）。

組合において「出資」義務は、全員が負うものでなければならない。

第667条の2　（他の組合員の債務不履行）

Ⅰ　第533条＜同時履行の抗弁＞及び第536条＜債務者の危険負担等＞の規定は、組合契約については、適用しない。

Ⅱ　組合員は、他の組合員が組合契約に基づく債務の履行をしないことを理由として、組合契約を解除することができない。

[趣旨] 本条1項の趣旨は、組合の団体的性格を重視し、円滑な組合運営を確保する点にある。また、本条2項が規定されたのは、他の組合員が組合契約に基づく債務（主として出資債務）の履行をしないことを理由に組合契約を解除することができるとすると、組合の団体的性格に反するだけでなく、「やむを得ない事由があるとき」（683）に限って各組合員による組合の解散請求が認められていることにも反するからである。

《注　釈》

一　同時履行の抗弁（533）の不適用

組合契約に基づく出資債務を履行しない組合員が、組合から出資債務を履行するよう請求された場合において、他に出資債務を履行していない組合員がいることを理由に、同時履行の抗弁権を主張して自らの出資債務の履行を拒絶することはできない。

二　危険負担（536）の不適用

危険負担に関する536条1項を適用した場合、組合から出資債務を履行するよう請求された組合員は、他の組合員の出資債務が不可抗力によって履行不能となったことを理由に、自己の出資債務の履行を拒絶することができることになる。そこで、本条1項は、これを避けるために536条1項を適用しないこととした。

第667条の3　（組合員の1人についての意思表示の無効等）

組合員の1人について意思表示の無効又は取消しの原因があっても、他の組合員の間においては、組合契約は、その効力を妨げられない。

●契約　　　　　　　　　　　　　　　　　　　　　組合［第668条〜第670条］

[趣旨] 組合は団体的性格を有しているところ、1人又は数人の組合員についてその意思表示が無効とされ、又は取り消されることにより、組合契約全体が無効となり、又は取り消されることとなれば、組合契約の目的である共同事業を達成することができず、組合の外形を信頼して取引関係に入った第三者の利益も害される。そこで、本条は、組合の団体的性格に鑑み、第三者と組合の取引の開始の前後を問わず、組合員の1人について意思表示の無効・取消しの原因があっても、他の組合員の間においては、その無効・取消しの効果は及ばず組合契約が存続する旨定めている。

第668条　（組合財産の共有）

　各組合員の出資その他の組合財産は、総組合員の共有に属する。

《注　釈》

◆　「共有」の意味　⇒ p.179

　　判例は、組合財産についても、667条以下に特別の規定がない限り、249条以下の共有の規定が適用されるとしている。しかし、学説上は、本条の「共有」とは、一般に組合の共同目的のために拘束されて団体的性質が加味された「合有」を意味し、249条以下の「共有」とは性質を異にするとされている。

第669条　（金銭出資の不履行の責任）〈同予〉

　金銭を出資の目的とした場合において、組合員がその出資をすることを怠ったときは、その利息を支払うほか、損害の賠償をしなければならない。

《注　釈》

◆　金銭債務に関する損害賠償の一般原則との関係

　　一般原則では、法定利息の賠償（419）で十分であるが、組合の場合には、組合事業のために特に金銭の必要があって出資するのだから、法定利息では組合の損害を償うのに不十分なだけではなく、組合財産の安定を確保できないことが多い。したがって、法定利息以上の賠償を請求できる。

第670条　（業務の決定及び執行の方法）

Ⅰ　組合の業務は、組合員の過半数をもって決定し、各組合員がこれを執行する〈書〉。

Ⅱ　組合の業務の決定及び執行は、組合契約の定めるところにより、1人又は数人の組合員又は第三者に委任することができる。

Ⅲ　前項の委任を受けた者（以下「業務執行者」という。）は、組合の業務を決定し、これを執行する〈書〉。この場合において、業務執行者が数人あるときは、組合の業務は、業務執行者の過半数をもって決定し、各業務執行者がこれを執行する。

Ⅳ　前項の規定にかかわらず、組合の業務については、総組合員の同意によって決定し、又は総組合員が執行することを妨げない。

Ⅴ　組合の常務は、前各項の規定にかかわらず、各組合員又は各業務執行者が単独で行うことができる。ただし、その完了前に他の組合員又は業務執行者が異議を述べたときは、この限りでない〈書〉。

債権

595

組合［第670条の2］　　　　　　　　　　　　　　　　　　　●契約

【平29改正】改正前民法670条では、組合の業務の決定については規定されていたが、業務の執行については何ら規定されていなかった。そこで、改正により、組合の業務の執行についても基本的な規律を設けた。特に、本条2項から4項において、業務の決定・執行の委任の範囲、業務執行者がある場合の業務の決定・執行方法及び各組合員による業務執行の方法について明文化された。

第670条の2　（組合の代理）

Ⅰ　各組合員は、組合の業務を執行する場合において、組合員の過半数の同意を得たときは、他の組合員を代理することができる。

Ⅱ　前項の規定にかかわらず、業務執行者があるときは、業務執行者のみが組合員を代理することができる。この場合において、業務執行者が数人あるときは、各業務執行者は、業務執行者の過半数の同意を得たときに限り、組合員を代理することができる。

Ⅲ　前2項の規定にかかわらず、各組合員又は各業務執行者は、組合の常務を行うときは、単独で組合員を代理することができる。

【平29改正】本条1項は、業務執行者の定めがない場合の組合代理について、過半数の組合員の同意を集めることは必ずしも決議によることを要しないとする判例法理（最判昭35.12.9）を明文化し、670条1項と同旨の規律を定めるものである。本条2項は、業務執行者の定めがある場合の組合代理について、通常、業務執行者以外の組合員に対し代理権は付与されないとする趣旨、及び、業務執行者が複数ある場合の代理権の付与につき、過半数の業務執行者の同意によることで足りる旨を明文化するものである。

[趣旨]組合は法人格を持たず、自ら法律行為の主体となることができないため、組合が第三者と法律行為を行うには、組合員又は業務執行者による代理の形式を用いざるを得ない。この場合の代理形式を、組合代理という。

＜組合の対外的関係のまとめ＞

業務執行者を定めていない場合	常務に属する事項	各組合員は、他の組合員を代理する権限をもつ（670の2Ⅲ）
	常務に属さない事項	各組合員は、組合の業務を執行する場合において、組合員の過半数の同意を得たときは、他の組合員を代理することができる（670の2Ⅰ）
業務執行者を定めた場合	業務執行者のみが組合員を代理することができる（670の2Ⅱ前段）→各組合員は、常務も行うことができない	
	複数の業務執行者がいる場合は、各業務執行者は、業務執行者の過半数の同意を得たときに限り、組合員を代理できる（670の2Ⅱ後段）→常務を行うときは、各業務執行者が単独で組合員を代理することができる（670の2Ⅲ）	

●契約　　　　　　　　　　　　　　　　　　　　　組合［第671条～第673条］

| 業務執行者を定めた場合 | 組合の事業目的の範囲を超えない限り、組合規約で業務執行者の権限を制限しても、善意・無過失の第三者には対抗できない（最判昭38.5.31） |

*　組合代理をするときは、組合自体に法人格がないので、理論的には全組合員の名において法律行為をするのが原則である。しかし、判例は便宜を図り、①組合名だけの表示や、②組合名と肩書を付した代表者名の表示でも十分だとしている（最判昭36.7.31）。

第671条　（委任の規定の準用）
　　第644条から第650条まで＜受任者の権利及び義務＞の規定は、組合の業務を決定し、又は執行する組合員について準用する。

[趣旨]業務執行者とその他の組合員との間には、必ずしも本来の委任契約が存在するとはいえないが、実質的に委任契約における受任者・委任者との関係と同様であるため、受任者の権利義務に関する規定を準用した。　⇒ p.574以下
　　cf.　組合においては、業務執行者を常に置かなければならないわけではない
（670Ⅰ参照）

第672条　（業務執行組合員の辞任及び解任）
Ⅰ　組合契約の定めるところにより1人又は数人の組合員に業務の決定及び執行を委任したときは、その組合員は、正当な事由がなければ、辞任することができない。
Ⅱ　前項の組合員は、正当な事由がある場合に限り、他の組合員の一致によって解任することができる🈡。

第673条　（組合員の組合の業務及び財産状況に関する検査）🈟
　　各組合員は、組合の業務の決定及び執行をする権利を有しないときであっても、その業務及び組合財産の状況を検査することができる。

[趣旨]組合の業務は総組合員の共同業務であり、組合の財産は総組合員の共有（合有）財産であるから、業務執行権のない組合員にも業務・財産の状況の検査権を認め、その保護を図った。

《注　釈》

＜組合の対内的関係のまとめ＞

| 各組合員が業務執行権を保留する場合 | 過半数をもって決定し、各組合員がこれを執行する | 670Ⅰ |
| | 組合の常務（その組合の目的遂行のために普通になすべき業務で特別に重要でないもの）については、各組合員が単独でなしうる（＊） | 670Ⅴ |

債
権

597

組合［第674条～第677条］　　　　　　　　　　　　　　　　　　●契約

		業務執行者の過半数をもって業務を決定し、各業務執行者がこれを執行する →総組合員の同意によって業務を決定し、又は総組合員が執行することを妨げない →ただし、常務は各業務執行者が単独で行うことができる（＊）	670 Ⅲ ⅣV
一部の者を業務執行者と定める場合	組合契約をもって一部の組合員を業務執行者と定める場合	業務執行者の職務に関し、受任者の権利義務に関する規定を準用する ∵ 業務執行者の職務は受任者の職務に似ている →ただし、委任のようにいつでも告知できるものではなく、正当事由がなければ辞任できず、解任されることもない（651 参照）	671
		解任するには、①正当事由に加えて、②他の組合員全員の同意が必要	672 Ⅱ
		各組合員は常務といえども決定・執行できないが、組合の業務・財産の状況を検査することはできる〈予〉	673
	第三者に業務執行を委任する場合	組合と第三者との委任契約として認められる〈国〉	670 Ⅱ

＊　組合の常務は、その完了前に他の組合員又は業務執行者が異議を述べたときは、単独で行うことができない（670 Ⅴただし書）。

第674条　（組合員の損益分配の割合）

Ⅰ　当事者が損益分配の割合を定めなかったときは、その割合は、各組合員の出資の価額に応じて定める〈国〉。

Ⅱ　利益又は損失についてのみ分配の割合を定めたときは、その割合は、利益及び損失に共通であるものと推定する。

第675条　（組合の債権者の権利の行使）

Ⅰ　組合の債権者は、組合財産についてその権利を行使することができる。

Ⅱ　組合の債権者は、その選択に従い、各組合員に対して損失分担の割合又は等しい割合でその権利を行使することができる。ただし、組合の債権者がその債権の発生の時に各組合員の損失分担の割合を知っていたときは、その割合による〈国〉。

第676条　（組合員の持分の処分及び組合財産の分割）

Ⅰ　組合員は、組合財産についてその持分を処分したときは、その処分をもって組合及び組合と取引をした第三者に対抗することができない。

Ⅱ　組合員は、組合財産である債権について、その持分についての権利を単独で行使することができない〈共〉。

Ⅲ　組合員は、清算前に組合財産の分割を求めることができない〈共〉。

第677条　（組合財産に対する組合員の債権者の権利の行使の禁止）〈国〉

組合員の債権者は、組合財産についてその権利を行使することができない。

●契約   組合［第674条～第677条］

【平29改正】組合財産の帰属について、668条は、総組合員の「共有」に属すると定めているが、これは一般的に「合有」と解されており、組合の債務についても、1個の債務として総組合員に帰属し、組合財産がその引当てになることから、675条1項は、組合債権者が組合財産に対してその権利を行使できることを定めた。また、675条2項は、改正前民法675条の規定内容を維持しつつ、主張立証責任の所在を明確化した規定である。

676条2項は、組合財産に属する債権は総組合員が共同してのみ行使することができ、個々の組合員が組合財産に属する債権を自己の持分に応じ分割して行使することはできないとする判例法理（大判昭13.2.12）を明文化した規定である。

677条は、組合員の債権者が、組合財産に対して差押え・仮差押え等の権利を行使することは認められないとする従来の解釈を明文化した規定である。改正前民法677条に規定されていた相殺の禁止についても、改正民法677条の「組合財産についてその権利を行使することができない」との文言に含まれる。

［趣旨］676条・677条の趣旨は、組合活動の財産的基礎を確保する点にある。

《注　釈》

＜組合の財産関係＞

物権的請求権など所有権の	総組合員の「共有」（668）に属し、各組合員は出資額の割合に応じてその権利の上に持分を有する	
	各組合員は持分を処分できるが、この処分は①他の組合員、②組合と取引をした第三者に対抗できない（676Ⅰ）〈司〉	
	各組合員は清算前に分割を請求できない（676Ⅲ）〈司〉 ∵　組合の事業のための財産だから　→「共有」（256Ⅰ）とは異なる	
債　権	(1)　総組合員に合有的に帰属し、各組合員は潜在的持分を有するにすぎない 　①　組合員は持分の割合で分割した一部についても、個人の資格で請求することはできない（676Ⅱ） 　　→個人として、組合の債務者に対して負う債務と相殺することもできない（＊1） 　②　債権の持分の処分は組合・第三者に対抗できない（676Ⅰ） 　③　組合員の債権者は組合財産について権利を行使することができない（677） 　　→組合の債務者は、自己の債務と組合員に対する債権とを相殺することができない（＊2） (2)　組合債権を全組合員の合意で分割することは可能（大判大2.6.28）（＊3）	
債　務	組合の債権者は、組合財産について権利を行使することができる（675Ⅰ） →金銭債務のように可分でも、分割されずに全額が各組合員に合有的に帰属し、組合財産が引当となる（大判昭11.2.25・百選Ⅱ75事件）	
	(1)　各組合員は、個人財産を引当とする個人的責任を負担する〈司〉 (2)　債権者は、①債権全額について、組合財産に対して、又は②各組合員の負担する分割された数額について、各組合員の個人的財産に対して、執行できる 　→①②の請求権は、理論的には主従の差はなく、債権者はいずれを行使することも自由である 　cf.　持分会社の無限責任社員の場合（会社580Ⅰ）	

599

組合［第677条の2〜第678条］　　　　　　　　　　　　　　　　　　　●契約

債務	(1) 各組合員の負担する割合は、①各組合員の損失分担の割合、又は②等しい割合のいずれかにつき、債権者の選択により定まる（675Ⅱ本文） 　→ただし、債権者が債権発生時に①を知っていたときは、①の割合による（同ただし書）〈書〉 (2) 各組合員の責任は、脱退しても組合が解散しても免れない（無限責任） (3) 脱退組合員は、その脱退後に組合が負担するに至った債務については、いかなる意味においても責任を負わない (4) 新たに加入した組合員は、加入前に生じた組合債務については、個人責任を負わない（677の2Ⅱ） 　　cf. 持分会社の場合（会社605）
損益分配	損益分配の割合は、①組合契約、②出資の価額に応じて定まる（674Ⅰ）〈司〉（＊4） →ただし、利益又は損失についてだけ分配の割合を定めたときは、その割合は両者に共通のものと推定される（674Ⅱ） cf. 公益社団法人は、構成員に利益を分配しない非営利団体であるから、社員は利益の分配を受けることはできない

＊1　組合員は、組合の債権者に対して負う債務とこれに対して有する自己債権とを相殺することができる。
＊2　組合員も組合に対して出資義務を負っているので（667Ⅰ）、組合の債務者であり、他の組合員に対する貸金債権と出資義務とを相殺することができない〈司〉。
＊3　この場合には自己の分の債権につき自由に請求し、又は処分できる。
＊4　一部の組合員が損失を分担しない旨の合意も有効であり、その組合員は、他の組合員に対して当該合意の効力を主張できる〈司〉。

第677条の2　（組合員の加入）

Ⅰ　組合員は、その全員の同意によって、又は組合契約の定めるところにより、新たに組合員を加入させることができる。

Ⅱ　前項の規定により組合の成立後に加入した組合員は、その加入前に生じた組合の債務については、これを弁済する責任を負わない〈供〉。

【平29改正】改正前民法では、組合員の脱退や除名について規定しており、組合員の変動によっても組合の同一性は害されないものと考えられていた。これを前提として、本条において、組合員の加入及び既存の組合債務に対する個人責任につき、それぞれ明文化された。

　なお、本条2項は任意規定であるから、組合契約において「組合の成立後に加入した組合員は、その加入前に生じた組合の債務について、これを弁済する責任を負う」旨の別段の定めをすることも許される。

第678条　（組合員の脱退）

Ⅰ　組合契約で組合の存続期間を定めなかったとき、又はある組合員の終身の間組合が存続すべきことを定めたときは、各組合員は、いつでも脱退することができる。ただし、やむを得ない事由がある場合を除き、組合に不利な時期に脱退することができない。

600

●契約   組合［第679条〜第680条の2］

Ⅱ　組合の存続期間を定めた場合であっても、各組合員は、やむを得ない事由がある
　ときは、脱退することができる〈共予〉。

第679条

前条の場合のほか、組合員は、次に掲げる事由によって脱退する。
①　死亡〈同〉
②　破産手続開始の決定を受けたこと。
③　後見開始の審判を受けたこと。
④　除名〈同〉

第680条　（組合員の除名）

組合員の除名は、正当な事由がある場合に限り、他の組合員の一致によってすることができる。ただし、除名した組合員にその旨を通知しなければ、これをもってその組合員に対抗することができない。

《注　釈》
◆　組合関係からの離脱
1　任意脱退：組合員の意思による組合関係からの離脱方法
　　←組合の団体性の尊重
2　非任意脱退：本人の意思に基づかない法定の離脱方法
　(1)　組合員が死亡した場合、原則としてその相続人は組合員とならない〈同〉。
　　　cf.　組合解散後に死亡した組合員の相続人は、残余財産分配請求権を相続
　　　　する（最判昭33.2.13）〈同〉
　(2)　除名要件は、①正当事由の存在、②被除名者以外の組合員全員の同意である（680本文）。除名の対抗要件として、被除名者への通知を要する（680ただし書）。

第680条の2　（脱退した組合員の責任等）

Ⅰ　脱退した組合員は、その脱退前に生じた組合の債務について、従前の責任の範囲内でこれを弁済する責任を負う〈同〉。この場合において、債権者が全部の弁済を受けない間は、脱退した組合員は、組合に担保を供させ、又は組合に対して自己に免責を得させることを請求することができる。
Ⅱ　脱退した組合員は、前項に規定する組合の債務を弁済したときは、組合に対して求償権を有する。

【平29改正】改正前民法下においては、脱退した組合員の責任について明文規定はなく、解釈のみによって規律されていた。そこで、改正により、脱退した組合員は、脱退前に生じた組合の債務について引き続き責任を負う旨を明文化するとともに（Ⅰ前段）、脱退した組合員と組合との権利関係を整理したものである（Ⅰ後段・Ⅱ）。

組合 ［第681条］　　　　　　　　　　　　　　　　　　　　　　　　　●契約

《注　釈》

- 脱退組合員が脱退後に組合債務を弁済することは、他人の債務の弁済に当たる。そのため、本条1項後段は、委託を受けた保証人から事前求償権の請求を受けた債務者と同様の権利（461 I 参照）を行使できる旨規定した。

- 本条2項の適用については例外がある。脱退組合員が脱退後も債権者に対して債務を負い続けることを想定して、脱退の際に通常よりも多額の持分の払戻しがなされたような場合には、脱退した組合員が自らの債務として組合債務の履行をすべき旨の合意がされたものと考えられる。そのため、かかる場合には、脱退組合員は組合に対して求償権を行使することができないと解されている。

第681条　（脱退した組合員の持分の払戻し）

Ⅰ　脱退した組合員と他の組合員との間の計算は、脱退の時における組合財産の状況に従ってしなければならない。

Ⅱ　脱退した組合員の持分は、その出資の種類を問わず、金銭で払い戻すことができる〈予書〉。

Ⅲ　脱退の時にまだ完了していない事項については、その完了後に計算をすることができる。

《注　釈》

＜組合員の脱退＞

脱退の種類	任意脱退	(1)　組合契約で組合の存続期間を定めなかった場合 (2)　ある組合員の終身の間組合が存続すると定めた場合 →いつでも脱退できる →やむを得ない事由があれば、組合に不利な時期でも脱退できる（強行法規である、最判平11.2.23・百選Ⅰ17事件）〈同〉	678 Ⅰ
		組合の存続期間を定めても、やむを得ない事由があれば脱退できる	678 Ⅱ
	非任意脱退	組合員の①死亡〈同〉 　　　　②破産手続開始の決定 　　　　③後見開始の審判を受けたこと 　　　　④除名〈同〉→要件：①正当事由 　　　　　　　　　　　　　②他の組合員全員の同意 　　　　　　　　　　→対抗要件：本人への通知	679 680
脱退の効果		脱退時の組合財産の状況に基づき、事業の収支がプラスであれば脱退組合員の持分に従って相当する財産を払い戻し、収支がマイナスであれば、損失分担の割合に従った額を払い込ませる〈同〉 脱退組合員は、脱退前に生じた債務については個人責任を負うが、脱退以後の債務は負わない 組合員が脱退前に生じた組合の債務を弁済したときは、組合に対して求償権を有する	680 の2 681

602

● 契約   組合［第682条〜第685条］

第682条 （組合の解散事由）〈司〉

組合は、下に掲げる事由によって解散する。

① 組合の目的である事業の成功又はその成功の不能
② 組合契約で定めた存続期間の満了
③ 組合契約で定めた解散の事由の発生
④ 総組合員の同意

第683条 （組合の解散の請求）

やむを得ない事由があるときは、各組合員は、組合の解散を請求することができる。

第684条 （組合契約の解除の効力）

第620条＜賃貸借の解除の効力＞の規定は、組合契約について準用する。

《注　釈》

一　「解散」の意義

「解散」とは、組合が、その目的である事業を達成するための積極的活動をやめ、清算手続に入ることをいう。

二　解散事由

① 目的である事業の達成、又は達成不能の確定（682①）
② 存続期間の満了（682②）
③ 組合契約で定めた解散事由の発生（682③）
④ 組合員全員の解散の合意（682④）
⑤ 組合員からの解散請求（683）〈予〉
→「やむを得ない事由」とは、組合を解散せざるを得ないやむを得ない事由であって、一組合員にとってのやむを得ない事由ではない
cf. この解散請求は、他の組合員に対する一方的意思表示により行われ、他の者の同意は不要である
⑥ 組合員が1名になった場合
cf. 法人の解散事由（一般法人148④「欠けたこと」）

三　解散の効力

その性質上当然に遡及効は否定される〈司〉。
→ 684条は当然の規定である ⇒ p.559
cf. 組合は、解散後も清算手続が終了するまで、その限度で存続する

第685条 （組合の清算及び清算人の選任）

Ⅰ　組合が解散したときは、清算は、総組合員が共同して、又はその選任した清算人がこれをする。

Ⅱ　清算人の選任は、組合員の過半数で決する。

債
権

603

組合［第686条～第688条］・終身定期金　　●契約

第686条　（清算人の業務の決定及び執行の方法）

第670条第3項から第5項まで＜業務の決定及び執行の方法＞並びに第670条の2第2項及び第3項＜組合の代理＞の規定は、清算人について準用する。

第687条　（組合員である清算人の辞任及び解任）

第672条＜業務執行組合員の辞任及び解任＞の規定は、組合契約の定めるところにより組合員の中から清算人を選任した場合について準用する。

第688条　（清算人の職務及び権限並びに残余財産の分割方法）

Ⅰ　清算人の職務は、次のとおりとする。
①　現務の結了
②　債権の取立て及び債務の弁済
③　残余財産の引渡し
Ⅱ　清算人は、前項各号に掲げる職務を行うために必要な一切の行為をすることができる。
Ⅲ　残余財産は、各組合員の出資の価額に応じて分割する。

《注　釈》

- 組合は、解散後清算手続が終了するまで、その限度で存続する。
- 清算人は原則として総組合員だが（685Ⅰ）、1人又は数人を組合員の過半数で選任してもよい（685Ⅱ）。
- 業務執行者が存在しても、清算人がその者である必要はなく、組合契約により任意に決定することも可能である（685条は任意規定）。その場合の辞任・解任は業務執行者の場合と同様（687・672）であり、清算業務の執行方法も通常の業務執行者の場合と同様である（686）。

■第13節　終身定期金

《概　説》

一　意義

終身定期金とは、当事者の一方が自己、相手方又は第三者の死亡に至るまで、定期的に金銭その他の物を相手方又は第三者に給付することを約することによって成立する契約をいう。

　ex.　使用者が長年勤続した被用者に対して、被用者の死亡まで月3万円ずつを給付することを約束する場合等

　cf.　終身定期金契約は、現在はほぼ利用されず、各種の公的年金制度が機能していることから適用されることはほとんどない

二　法的性質

対価があれば有償・双務・諾成・不要式契約であり、対価がなければ無償・片務・諾成・不要式契約である。

●契約　　　　　　　　　　　　　　　　　　　終身定期金［第689条〜第694条］・和解

第689条　（終身定期金契約）

　終身定期金契約は、当事者の一方が、自己、相手方又は第三者の死亡に至るまで、定期に金銭その他の物を相手方又は第三者に給付することを約することによって、その効力を生ずる。

第690条　（終身定期金の計算）

　終身定期金は、日割りで計算する。

第691条　（終身定期金契約の解除）

Ⅰ　終身定期金債務者が終身定期金の元本を受領した場合において、その終身定期金の給付を怠り、又はその他の業務を履行しないときは、相手方は、元本の返還を請求することができる。この場合において、相手方は、既に受け取った終身定期金の中からその元本の利息を控除した残額を終身定期金債務者に返還しなければならない。

Ⅱ　前項の規定は、損害賠償の請求を妨げない。

第692条　（終身定期金契約の解除と同時履行）

　第533条＜同時履行の抗弁＞の規定は、前条の場合について準用する。

第693条　（終身定期金債権の存続の宣告）

Ⅰ　終身定期金債務者の責めに帰すべき事由によって第689条に規定する死亡が生じたときは、裁判所は、終身定期金債権者又はその相続人の請求により、終身定期金債権が相当の期間存続することを宣告することができる。

Ⅱ　前項の規定は、第691条の権利の行使を妨げない。

第694条　（終身定期金の遺贈）

　この節の規定は、終身定期金の遺贈について準用する。

債権

■第14節　和解

《概　説》

一　意義

　和解とは、当事者が互いに譲歩して、争いを自主的にやめることを目的として結ぶ契約である。

　裁判制度の整った現代においては、法律紛争は裁判で決着がつくことが多い。しかし、訴訟手続は、技術的・専門的であり、多くの時間と費用がかかる。和解は法律の不備を補い、当事者の実情に即した解決が可能なこと等から規定されている。

二　法的性質

　有償・双務・諾成・不要式契約である。

605

和解［第695条〜第696条］　　　　　　　　　　　　　　　　　　　　　　●契約

第695条　（和解）

　和解は、当事者が互いに譲歩をしてその間に存する争いをやめることを約することによって、その効力を生ずる。

《注　釈》

◆　和解の成立要件

　1　「争い」の存在

　　　「争い」とは、法律関係の存否・範囲又は態様に関する主張の対立をいう（大判大5.7.5)〈通〉。

　　⑴　争いの種類に制限はなく、権利関係について不確実な場合も広く含む。

　　⑵　身分関係のような、当事者が自由に処分できないような法律関係についての争いについては和解できない。

　2　当事者が「互いに譲歩」すること（互譲）

　　　争われた法律関係についての主張の全部又は一部を放棄することが譲歩であるが、それに限られず、係争物以外の物の譲渡、一定金額の支払の負担も「譲歩」となる（最判昭27.2.8)〈同〉。

　3　「争いをやめる」という合意

　　　意思表示ないし契約についての通則規定が適用される。

第696条　（和解の効力）

　当事者の一方が和解によって争いの目的である権利を有するものと認められ、又は相手方がこれを有しないものと認められた場合において、その当事者の一方が従来その権利を有していなかった旨の確証又は相手方がこれを有していた旨の確証が得られたときは、その権利は、和解によってその当事者の一方に移転し、又は消滅したものとする。

[趣旨] 本条は和解の効果を直接的に述べていないが、和解の内容に反する証拠が後に現れても、和解の効力は覆らないという和解の確定効を当然の前提としていると解されている。

《注　釈》

一　和解の効果

　1　和解の確定効

　　　和解契約の締結により、争いのあった法律関係は確定する。確定された事項は、仮に真実に反していても、契約当事者は和解の内容に拘束されて当事者間に新たな法律関係が創設されたことになる（確定効）。

　2　新旧債務の同一性　⇒ p.526

　　　債権額に関する争いについて和解が成立した場合には、旧債権関係の存在が前提とされているから、和解前の債権と和解契約で生じた債権とは同一性を有し、旧債務に付属していた人的・物的担保は消滅しない。

　　　和解契約前の旧債務に付着していた抗弁は、和解において互譲の対象となっ

606

●契約　　　　　　　　　　　　　　　　　　　　　　　和解［第696条］

た部分に関するものは消滅し、それ以外についての抗弁は存続する。

　また、短期消滅時効にかかる債務について和解契約を締結した場合、その消滅時効は従前の債権の消滅時効による（大判昭 7.9.30）。ただし、裁判上の和解については、その消滅時効の期間は 10 年となる（169 Ⅰ）。

3　内容が違法である和解

　和解契約の内容が、公序良俗（90）や強行法規（91）に反するものであるときは、和解契約は無効である（最判昭 46.4.9）🔲。

二　和解と錯誤

　和解契約にも、原則として錯誤の規定（95）が適用されるが、和解の確定効との関係で問題が生じる🔲。

1　合意した事項自体の錯誤📗

　和解契約を取り消すことはできない。

　ex.　家屋賃貸借の当事者間に明渡の調停がなされたが、後に賃貸人には自己使用の必要性がなかったことが判明した場合

2　それ以外の錯誤

(1)　和解の対象とされた事項の当然の前提として、当事者によって疑いない事実として予定されていた事項に錯誤があった場合には、95 条が適用される🔲。

　ex.1　債権の差押え・転付命令（民執 159）を得た債権者と第三債務者との間で弁済方法につき裁判上の和解をしたが、転付命令が無効であった場合（大判大 6.9.18）

　ex.2　Aから甲債権を譲り受けたBと甲債権の債務者Cとの間で、甲債権に係る支払額について和解契約が締結されたが、AB間の甲債権の売買契約が無効であった場合（大判大 6.9.18）🔲

(2)　争いの対象外の、与えることを約した物の品質に欠陥があったときも 95 条が適用される🔲🔲。

　ex.　金銭支払義務の存否に関する争いをやめるために、一方が他方に一定の品質を有するジャム缶一定量を代物弁済（482）として交付することになったところ、現実には粗悪品が提供された場合（最判昭 33.6.14・百選Ⅱ 76 事件）

三　和解条項の解釈

　賃料 1 か月分の遅滞で賃貸借契約が当然に解除される旨を定めた訴訟上の和解条項について、判例（最判昭 51.12.17）は、「訴訟上の和解については、特別の事情のない限り、和解調書に記載された文言と異なる意味にその趣旨を解釈すべきものではない」とする一方、「賃貸借契約については、それが当事者間の信頼関係を基礎とする継続的債権関係であることにともなう別個の配慮を要する」とし、上記和解条項は、「和解成立に至るまでの経緯を考慮にいれても、いまだ右信頼関係が賃借人の賃料の支払遅滞を理由に解除の意思表示を要することなく契約が当然に解除されたものとみなすのを相当とする程度にまで破壊されたとはいえず、

債権

［第697条］　　　　　　　　　　　　　　　　　　　　　　　　　●事務管理

したがって、契約の当然解除の効力を認めることが合理的とはいえないような特別の事情がある場合についてまで、右賃料の支払遅滞による契約の当然解除の効力を認めた趣旨の合意ではないと解するのが相当である」とした〈判〉。

・第3章・【事務管理】

《概　説》

個人主義・自由主義を前提としつつも、社会生活における相互扶助を容易にすべく、他人の生活への干渉行為を適法と認めて、本人と管理者の利益の調節を図ったのが事務管理の制度である。

> **第697条　（事務管理）**
> Ⅰ　義務なく他人のために事務の管理を始めた者（以下この章において「管理者」という。）は、その事務の性質に従い、最も本人の利益に適合する方法によって、その事務の管理（以下「事務管理」という。）をしなければならない。
> Ⅱ　管理者は、本人の意思を知っているとき、又はこれを推知することができるときは、その意思に従って事務管理をしなければならない〈条〉。

［趣旨］事務管理は個人主義・自由主義の要請と、社会福祉主義という2つの相反する要請の調整の上に法定されており、民法は、個人主義・自由主義をやや重視して、もっぱら本人の意思と利益を重視して事務管理を認めたものである。

《注　釈》

一　要件

① 他人の事務を管理すること（Ⅰ）
② 他人のためにする意思があること（Ⅰ）
③ 法律上の義務がないこと（Ⅰ）
④ 本人の意思に反しないこと、及び本人に不利益であることが明らかでないこと（700ただし書参照）

1　①他人の事務を管理すること（Ⅰ）
(1)　「事務」とは、人の生活に必要な一切の仕事をいう。
　　事実行為であるか、法律行為であるかを問わない。また、多少とも継続的な行為であるか、一回的な行為であるかも問わない（大判大 8.6.26）。
(2)　性質上当然に他人の事務になるもの（ex. 他人の家屋の修繕）はもちろん、性質上中性のもの（ex. 家屋修繕材料の購入）も、管理者が他人のためにする意思をもって管理するときは、「他人の」事務となる〈通〉。
(3)　事務の管理は、管理行為（保存行為、利用行為、改良行為）のみならず、処分行為（ex. 契約解除の意思表示）も含む（大判大 7.7.10）〈判〉。

2　②他人のためにする意思があること（Ⅰ）
(1)　「他人のために」事務を管理する（Ⅰ）とは、他人の利益を図る意思をもって事務を管理することである〈通〉。

●事務管理　　　　　　　　　　　　　　　　　　　　　　　　　　　　　　　　［第697条］

(2)　他人のためにする意思は、自己のためにする意思と併存しても構わない〈同〉。

　　ex.　共有者の1人が各自の負担である費用の全部を支払う場合（大判大8.6.26）

(3)　他人のためにする意思は、自己以外の者の利益を図る意思で足り、本人が誰であるかを知っている必要はない。誰が本人であるかについて錯誤があったときでも、真実の本人について事務管理が成立する。

(4)　他人の利益を図る意思が強く、必要な費用はすべて自分が負担するという積極的な意思がある場合は、費用償還請求権を否定するのが通説であるが、この場合にも事務管理自体は成立すると解されている。

(5)　もっぱら自己のためにする意思の場合（準事務管理）　⇒p.610

3　③法律上の義務がないこと（I）

　　管理者が、法律の規定や契約により、その事務を管理する義務を負っていないことが必要である。　→親権者や受任者には事務管理は成立しない〈同〉

4　④本人の意思に反しないこと、及び本人に不利益であることが明らかでないこと（700ただし書参照）

　　本人の意思は適法なものでなければならない。したがって、事務の管理を欲しない本人の意思が強行法規又は公序良俗に反するときは、それに適合しなくても（ex.自殺者を救護する場合）、事務管理は成立する。

二　効果

1　違法性阻却

　　他人への干渉が不法行為にならない。また、その結果何らかの損害を与えても、不法行為は成立しない〈同〉。もっとも、管理方法が適切でなかったために損害が発生した場合には、事務管理の効果として発生した債務の不履行として責任を負う。

2　債権債務の発生

(1)　管理者の義務

　(a)　本人の意思、利益に適合した方法で管理すべき義務（697）

　(b)　管理開始の通知義務（699）

　(c)　管理継続義務（700本文）〈同〉　→ただし、700条ただし書

　(d)　注意義務

　　　本人の身体・名誉・財産に対する急迫の危害を免れさせるための事務管理（緊急事務管理）の場合には、管理者は悪意・重過失がある場合のみ責任を負う（698）。

　　　　→この規定の反対解釈から、急迫の危害のない通常の場合には、管理者は善管注意義務を負い、本人の意思に従い、本人の利益に適するよう管理を行う必要がある〈適〉〈同子〉　⇒p.286

　(e)　付随義務（701、645〜647）　⇒p.574

(2)　本人の義務

　(a)　管理者が有益費を支出した場合は、有益費償還義務を負う（702 I）。

債
権

［第697条］　　　　　　　　　　　　　　　　　　　　　　　　●事務管理

(b)　管理者が有益な債務を負担した場合は、代弁済・担保供与義務を負う（702Ⅱ・650Ⅱ）。

(c)　本人の意思に反して管理した場合

本人は現に利益を受ける限度において有益費償還義務、有益債務の代弁済・担保供与義務を負う（702Ⅲ）。

(d)　報酬支払義務・損害賠償義務はない 司書 。

→報酬や損害賠償請求権等を認めなければ不都合な場合もあるが、その場合は本人の有益費償還義務を広く認めることによって妥当な解決を図るべきである

(e)　事務管理者の地位が相続の対象になるかは争いがある。

三　事務管理と代理

1　管理者が自己の名で法律行為をした場合

管理者と相手方の間に法律関係が生じ、本人と相手方の間には法律関係は生じない（最判昭36.11.30）。

∵　管理者は本人のためにすることを相手方に示しておらず、本人に効果を帰属させるのは、本人にとっても相手方にとっても、ともに酷といえる

2　管理者が本人の名で法律行為をした場合

A説：管理者が本人の名で法律行為をしても、対外的には無権代理であり、表見代理が成立するか、本人の追認がなければ本人には効果は及ばない（大判大7.7.10、最判昭36.11.30）同旨

∵　事務管理は本人・管理者間の対内的関係を定めるものにすぎない

→相手方は管理者に、無権代理人の責任（117Ⅰ）を追及する

B説：適法な事務管理としてなされた法律行為の効果は当然に本人に及ぶ

∵　およそ事務の処理には、必ずそれに相応する権限が与えられていなければならず、民法が事務管理を適法行為として認めている以上、必要な代理権も当然に与えられているとみなければならない

cf.　この他、基本的にはA説に立ちつつ、事態が緊急で、かつ管理者の法律行為の効果を本人に直接帰属させる必要がある場合（ex. 事故で意識不明の者を病院に運び治療を依頼するとき）には例外的に直接効果帰属を認める立場もある

四　準事務管理

1　意味

準事務管理とは、他人の事務と知りつつもっぱら自己のために事務を管理する場合をいう（ex. 他人の物や不動産を無断で自己のものとして高価に売却した場合）。

2　事務管理規定の類推適用の肯否

A説：不当利得・不法行為における損失・損害の合理的な認定によって処理するべきである（準事務管理否定説）通

∵　本来利他的な行為を保護するための事務管理制度を、他人の事務

●事務管理　　　　　　　　　　　　　　　　　　　　[第698条〜第701条]

を悪意で自己のために管理した場合に準用するのは筋違いである

B説：客観的他人の事務を自己のためにする意思で管理したとき、及び事務
管理が本人の意思ないし利益に反することが明らかなときには、適法
な事務管理は成立しないが、管理者の義務については事務管理の規定
を類推適用すべきである（準事務管理肯定説）

∵　本人はかかる管理者に対し不法行為による損害賠償請求（709）、
又は不当利得返還請求（703）をなしうるが、いずれの場合にもそ
の請求しうる範囲は本人の損失に限られ、しかもその証明は困難で
ある

→準事務管理として本人の損失の有無を問わず管理者の得た利益
を返還せしめることが、本人の保護に適する

第698条　（緊急事務管理）

　管理者は、本人の身体、名誉又は財産に対する急迫の危害を免れさせるために事務
管理をしたときは、悪意又は重大な過失があるのでなければ、これによって生じた損
害を賠償する責任を負わない〈同予書〉。

[趣旨]緊急の場合には、とっさの判断に基づく迅速な管理行為が要求され、管理に
より利益の帰属する本人側に相当の危険を負担させてもやむを得ない。そこで、こ
の場合には注意義務が軽減され、悪意・重過失ある場合にのみ責任を負う。

第699条　（管理者の通知義務）

　管理者は、事務管理を始めたことを遅滞なく本人に通知しなければならない。ただ
し、本人が既にこれを知っているときは、この限りでない〈予〉。

第700条　（管理者による事務管理の継続）

　管理者は、本人又はその相続人若しくは法定代理人が管理をすることができるに至
るまで、事務管理を継続しなければならない〈予〉。ただし、事務管理の継続が本人の意
思に反し、又は本人に不利であることが明らかであるときは、この限りでない。

[趣旨]一度管理を開始した以上、勝手に中止するとかえって本人が損害を被ること
があるため、本人・その相続人・法定代理人が管理できるまでの管理継続義務を規
定した。また、管理継続が本人の意思や利益に明らかに反する場合は継続が有害で
ある以上、管理を中止しなければならない。

→管理者はいつでも管理を中止できるわけではない

第701条　（委任の規定の準用）

　第645条から第647条まで＜受任者による報告・受取物の引渡し等・金銭消費
の責任＞の規定は、事務管理について準用する〈同予〉。

[趣旨]事務管理は、委託により成立するものではないが、事務管理者が本人のため
に事務処理義務を負う点で委任に類似するから、受任者の報告義務（645）、受取物

債権

611

[第702条]　　　　　　　　　　　　　　　　　　　　　　　　　●不当利得

引渡し及び権利移転義務（646）、金銭消費の責任（647）に関する規定を準用することとした。　⇒ p.574

第702条　（管理者による費用の償還請求等）

Ⅰ　管理者は、本人のために有益な費用を支出したときは、本人に対し、その償還を請求することができる。

Ⅱ　第650条第2項＜受任者の代弁済請求＞の規定は、管理者が本人のために有益な債務を負担した場合について準用する〈共予〉。

Ⅲ　管理者が本人の意思に反して事務管理をしたときは、本人が現に利益を受けている限度においてのみ、前2項の規定を適用する。

《注　釈》

◆　事務管理と報酬、損害賠償、有益費

1　報酬・損害賠償

　　管理者に報酬や損害賠償の請求権は認められない〈司〉。

　　→701条では委任に関する648条（報酬）や650条3項（損害賠償）のいずれも準用されていない

　　∵　民法では個人主義的側面がやや重視されている

2　有益費

(1)　管理者が本人のために有益費を支出したときは償還請求できる（702Ⅰ）。

(2)　この有益費は通常の概念より広く、必要費を含む。有益か否かは支出時を基準に判断される。

　　　cf.　占有者の場合の返還（償還）請求権の範囲・有益性判断の基準時
　　　　⇒ p.160

　　　ex.　管理者が一時的に保護している動物が第三者に損害を与えた場合、第三者に対する損害賠償義務は、動物の所有者たる本人にとって「有益な」債務・費用とはいえない

(3)　ただし、本人の意思に反した管理の場合は、償還請求の範囲が既存利益に減縮される（Ⅲ）〈同予書〉。

(4)　不在者Aの家屋の屋根が雨漏りしていることを知った隣人Bが大工Cに屋根の修理を依頼し、Cが屋根の修理を終えた場合、Bは、Aに対し、Cに対する当該修理契約上の報酬を支払うよう請求することができる（Ⅱ）〈司予〉。

《その他》

▪ 本人が有益費の償還義務を負う場合、これと事務管理者の負う目的物返還義務とは同時履行の関係にはない。

・第4章・【不当利得】

《概　説》

　　不当利得制度は、形式的・一般的には正当視される財産的価値の移動が、実質

●不当利得　　　　　　　　　　　　　　　　　　　　　[第703条〜第704条]

的・相対的には正当視されない場合に、公平の理念に従ってその矛盾の調節を試みる制度である◀画。

[不当利得類型論]

　不当利得制度の根拠を正義公平の理念に求める通説とは異なり、より具体的で多元的な根拠を求め、類型ごとに要件・効果を明らかにすべきだとする見解が有力である（類型論）。その中の説の1つは不当利得を給付利得と侵害利得に分け、それぞれの解釈論を導く判断基準が異なるとする。

第703条　（不当利得の返還義務）

　法律上の原因なく他人の財産又は労務によって利益を受け、そのために他人に損失を及ぼした者（以下この章において「受益者」という。）は、その利益の存する限度において、これを返還する義務を負う。

第704条　（悪意の受益者の返還義務等）

　悪意の受益者は、その受けた利益に利息を付して返還しなければならない。この場合において、なお損害があるときは、その賠償の責任を負う。

《注　釈》

一　要件

① 他人の財産又は労務によって利益を得たこと
② 他人に損失を与えたこと
③ 受益と損失との間に因果関係があること
④ 法律上の原因がないこと

1　①他人の財産又は労務によって利益を得たこと
(1)　他人の財産
　　すでに他人の財産に帰属しているものに限らず、まだ帰属してはいないが当然その他人に財産として帰属すべきものを含む。
(2)　利益
　　財産が積極的に増加した場合（積極的利得）と、本来生じるはずであった財産の減少を免れた場合（消極的利得）を含む。
　　→債務者が単に債務の履行をしないこと自体は、利得とはいえない

2　②他人に損失を与えたこと
(1)　不当利得は個人間の利得と損失との均衡を図る制度であるから、一方に法律上の原因のない利得があっても、他方にこれに対応する損失がなければ不当利得とはならない。
　　ex.　鉄道の敷設によって沿線の住民が利益を受けたとしても、敷設工事をした者は格別損失を被らないので、不当利得は成立しない
(2)　損失は積極的減少・消極的減少を含む。
　　ex.1　権限なく他人の家屋を勝手に利用した場合、家屋の所有者が自ら使用収益しえたか、又はそれを欲したかにかかわらず、家賃相当額の損失が認められる

613

[第703条〜第704条] ●不当利得

ex.2 債権者でない者に対して弁済をしたときであって、それが受領権者としての外観を有する者に対する弁済（478）とも認められない場合には、真の債権者に対して弁済をしたかどうかにかかわらず、債務者には「損失」がある（最判平17.7.11）

3 ③受益と損失との間に因果関係があること

(1) 社会通念上、損失と受益との間に因果関係があればよい。

ex. 債権者が第三者所有の不動産の上に設定を受けた抵当権が不存在であるにもかかわらず、同抵当権の実行により第三者が不動産の所有権を喪失したときは、第三者は売却代金から弁済金の交付を受けた債権者に対して不当利得返還請求権を有する（最判昭63.7.1）

(2) 受益と損失との間に第三者の行為が介在する場合であっても、社会通念上、財産的価値の移動が利得者と損失者との間に行われたと認められる限り、不当利得の成立は肯定される。

ex.1 騙取金員による弁済
他から金員を騙取した者が、その金員を他の債権者に対する債務の弁済に充てた場合、社会通念上被騙取者の金銭で他の債権者の利益を図ったと認められるだけの連結がある場合には、不当利得の成立に必要な因果関係がある（最判昭49.9.26・百選Ⅱ80事件）

ex.2 いわゆる転用物訴権
他人の所有物を賃借していた者が、それを修繕業者に修理させた場合、修繕業者のした給付（修理）を受領した者が所有者でなく中間の賃借人であることは、修繕業者の損失及び所有者の利得の間に直接の因果関係を認めることの妨げとはならない（最判昭45.7.16）

4 ④法律上の原因がないこと
「法律上の原因」がないとは、正義公平の理念からみて、財産価値の移動をその当事者間において正当なものとするだけの実質的・相対的な理由がないという意味である。

ex.1 騙取金員による弁済
騙取金員により債務の弁済を受けた債権者に悪意又は重大な過失がある場合には、その金員の取得は、被騙取者に対する関係では、法律上の原因がない（最判昭49.9.26・百選Ⅱ80事件）

ex.2 いわゆる転用物訴権
甲が、賃借人である乙との間の請負契約に基づき賃借物を修繕したところ、乙が無資力になったため、乙に対する請負代金債権が無価値である場合において、賃貸人である所有者丙が法律上の原因なくして利益を受けたといえるのは、丙と乙との間の賃貸借契約を全体としてみて、丙が対価関係なしに右利益を受けたときに限られる（最判平7.9.19・百選Ⅱ79事件）

●不当利得　　　　　　　　　　　　　　　　　　　　　　[第703条〜第704条]

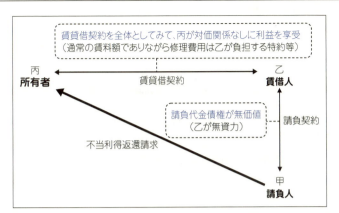

二　効果
1　返還義務の範囲　→受益者の善意・悪意で区別される（703、704）
　　cf.　法人の善意・悪意は、法人の機関の善意・悪意によって決せられる（最判昭 30.5.13）
2　「その利益の存する限度」（703、現存利益）
　(1)　現存利益とは、受けた利益が原形のまま存在するということではなく、利益が原物のまま、あるいは形を変えて残っている場合を意味する。
　　　cf.　利得者たる銀行が利得金を運用してあげた利益は、189条により返還請求が否定されるべきものではなく、社会通念上損失者が運用してあげえたであろうと認められる部分は、現存利益として返還されるべきである（最判昭 38.12.24・百選Ⅱ 77 事件）⇒ p.153
　(2)　損失者の被った損害額より現存利益が大きい場合、損害額が利得返還の限度となる（大判昭 11.7.8）。
　(3)　受益者は、代替性のある物を第三者に売却処分した場合には、原則として、売却代金相当額の金員の不当利得返還義務を負う（最判平 19.3.8・百選Ⅱ 78 事件）
3　悪意の受益者は、受けた利益に利息を付して返還し、損害があれば損害賠償義務も負う（704）。なお、民法 704 条後段の規定は、悪意の受益者が不法行為の要件を充足する限りにおいて不法行為責任を負うことを注意的に規定したものにすぎず、悪意の受益者に対して不法行為責任と異なる特別の責任を負わせたものではない（最判平 21.11.9・平 22 重判 8 事件）。
　　受益者は、当初善意であっても、その利得に法律上の原因がないことを認識した後は、以後、悪意の受益者として扱われる。したがって、受益者が悪意になった後に利益が減少・消滅しても、不当利得返還義務の範囲は減少・消滅しない（最判平 3.11.19）。
4　消費貸借契約の借主甲が貸主乙に対して貸付金を丙に給付するよう求め、乙

［第705条〜第706条］　　　　　　　　　　　　　　　　　　　　　●不当利得

がこれに従って丙に対して給付を行った後甲が右契約を取り消した場合、乙からの不当利得返還請求に関しては、甲は特段の事情のない限り、乙の丙に対する右給付により、その価額に相当する利益を受けたといえる（最判平10.5.26・百選Ⅱ81事件）。

《その他》

- 双務契約が無効又は取り消された場合の返還義務相互に関しては、同時履行の関係が認められる。
  ex.　行為能力の制限による取消し（5Ⅱ）（最判昭28.6.16）、詐欺による取消し（96Ⅰ）（最判昭47.9.7）

第705条　（債務の不存在を知ってした弁済）

　債務の弁済として給付をした者は、その時において債務の存在しないことを知っていたときは、その給付したものの返還を請求することができない。

[趣旨]弁済者が特定の債務の弁済として給付をしたが、実は債務が存在しなかったという場合には、不当利得返還請求権が発生するはずである。しかし、民法は、この特則を規定し、公平の理念から一定の場合に返還請求を否定した（705〜707）。弁済者が債務の不存在を知りながら弁済した場合（狭義の非債弁済）には、自ら不合理なことをして損失を招いたといえる。そこで、本条は、そのような者を不当利得制度により保護する必要がないことを明らかにした。

《注　釈》

一　債務の不存在

　債務が弁済当時に不存在であったことだけでよく、その不存在の理由は問わない。
　　ex.　債務の発生原因である契約が無効であったり取り消されたりしていて最初から債務が存在しない場合や、弁済等によって消滅した場合でもよい

二　弁済としての給付

　「給付」は、任意の弁済であることが必要である（大判大6.12.11、最判昭40.12.21）。
　　ex.　強制執行を避けるため、又はその他の事由によりやむを得ず給付した場合は、本条の適用はなく、不当利得返還請求をなしうる（大判大6.12.11）〈司〉

三　弁済者の不知

　弁済者が債務の不存在を知らなかった理由は問題とならない〈司〉。
　　→知らないことに過失があっても返還請求できるし、債務の不存在について疑いを抱いているだけでは知っていることにならない

第706条　（期限前の弁済）

　債務者は、弁済期にない債務の弁済として給付をしたときは、その給付したものの返還を請求することができない。ただし、債務者が錯誤によってその給付をしたときは、債権者は、これによって得た利益を返還しなければならない〈司〉。

●不当利得　　　　　　　　　　　　　　　　　　　　　　　　［第707条］

[趣旨] 期限到来前でも債務は存在している以上、給付を受けた債権者に不当利得が成立しないことは当然である（本文）〈**回**〉。しかし、弁済受領権者は期限の利益が放棄（136Ⅱ）されたものとして、受領物を処分してしまうこともある。それを返還させるのは酷なので、期限未到来を知らずに誤って弁済した場合のみ利得相当額の返還を請求できるものとした（ただし書）。

《注　釈》

▪ 債務者が期限前であることを知りつつ弁済した場合は、期限の利益相当分の返還請求はできない〈**回**〉。

▪ 主たる債務者と債権者との間で支払猶予がなされ、委託を受けない保証人がこれを知らずに当初の期限に弁済をなした場合、本条に基づく返還請求ができる。

第707条　（他人の債務の弁済）

Ⅰ　債務者でない者が錯誤によって債務の弁済をした場合において、債権者が善意で証書を滅失させ若しくは損傷し、担保を放棄し、又は時効によってその債権を失ったときは、その弁済をした者は、返還の請求をすることができない〈**回**〉。

Ⅱ　前項の規定は、弁済をした者から債務者に対する求償権の行使を妨げない。

[趣旨] 他人の債務を自己の債務と誤信して弁済した場合は、債務者のために弁済したわけではないため、第三者の弁済（474）としての効力は生じない。したがって、弁済者は不当利得返還請求をなしうるはずである。しかし、無条件にこれを認めれば善意の債権者が不測の損害を被ることになる。そこで本条は、弁済者と債権者相互の利益を調整するために、不当利得返還請求権に一定の制限を設けた〈**回**〉。

《注　釈》

一　要件

　　① 「錯誤によって債務の弁済をした場合」（Ⅰ）

　　② 債権者の善意による証書の滅失若しくは損傷・担保放棄・時効による債権消滅（Ⅰ）

　　　＊ 弁済者の過失の有無は要件ではない〈**回**〉。

1　①「錯誤によって債務の弁済をした場合」（Ⅰ）

　　弁済者は、他人の債務を自己の債務と誤信して弁済をなすことを要する。

　　ex. 真実は保証人でないのに保証人であると誤信して弁済した場合は、本条の問題となる

　　cf. 他人の債務を弁済しても、弁済者が他人の債務であることを知っている場合は、本条の問題ではない（第三者弁済（474）の問題）

2　②債権者の善意による証書の滅失若しくは損傷・担保放棄・時効による債権消滅（Ⅰ）〈**回**〉

　(1) 「滅失」・「損傷」とは、物理的な滅失・損傷のみならず、債務者（弁済者）に証書を返還するなど、債権者が自由に証書を立証方法として使用できなくなった場合も含む。

　(2) 「時効によってその債権を失った」とは、債権者が債務者に全く請求権を

617

[第708条] ●不当利得

失った場合を指す。その債権を失っても、同一の事実関係に基づいて発生した他の債権を行使できる場合には本条の適用がない（大判昭 6.4.22）。

ex. 連帯債務、保証債務

二　効果

有効な弁済として債務は消滅する（Ⅰ）。この場合、弁済者は債務者に求償することができる（Ⅱ）。

第708条　（不法原因給付）

不法な原因のために給付をした者は、その給付したものの返還を請求することができない。ただし、不法な原因が受益者についてのみ存したときは、この限りでない。

[趣旨] 本条は、不法の原因に基づいて給付した者の返還請求を否定する。自ら社会的に非難されるべき行為をした者がこれを理由として自己の損失を取り戻すために法の救済を求めることは、その心情において責められるべきものだからである（英米法上のクリーンハンズの原則）。本条は、90条と表裏一体となって反社会的な行為に関与した者に一切の法律上の救済を否定する法理を定めたものである。

《注　釈》

一　要件

① 「不法な原因のため」（本文）
② 「給付」が行われたこと（本文）

1　①「不法な原因のため」（本文）

(1) 「不法」とは、単に強行法規に違反するだけでは足りず、公序良俗に反することを意味する（最判昭 37.3.8）。

∴ 単なる国家の政策によって定められる禁止規定（強行法規）に違反する場合にまで、本条を適用して給付の返還請求を阻止することは、かえって禁止規定が禁圧しようとした行為を追認する結果となる可能性がある

ex.1　芸娼妓契約と前貸が結び付いた抱主の貸金は、「不法」に該当する（最判昭 30.10.7）

ex.2　恩給証書を担保のために供するのは、単なる強行法規違反であり、「不法」に該当しない（大判昭 4.10.26）

→当事者が給付の「不法」について認識し、又は認識する可能性がなくても不法原因給付に該当しうる（大判大 8.9.15）

(2) 不法な「原因」とは、その給付により企図された目的のことをいう。給付の動機に不法があるにすぎない場合でも、動機が表示されて当事者がこれを知っている場合には、「原因」となりうる（大判大 5.6.1）。

(3) その給付行為の基礎となった法律関係自体は適法なものでも、その行為のなされる目的や動機、条件が不法である場合、一定の事情の下では不法原因給付となりうる。

(4) 不法原因がもっぱら受益者にのみ存在し、給付者に不法性が存在しない場

●不当利得 　　　　　　　　　　　　　　　　　　　　　［第708条］

合には、不当利得返還請求をなしうる（ただし書）。

　　また、給付者・受益者双方に不法原因がある場合でも、双方の不法性を比較して、給付者のそれが微弱であれば、返還請求が認められる（最判昭29.8.31）囲。

2　②「給付」が行われたこと（本文）

(1)　「給付」とは、相手方に利益を与えるものであれば、事実上の利益を与えるものでも、財産権や財産的利益を与えるものでもよいが、強制可能性を残さない相手方に終局的な利益を与えるものであることを要する。

　　　∵　終局的でない従属的な給付について返還請求権を拒否すれば、主たる給付の実現のための強制可能性を残すことになり、かえって90条、708条の趣旨に反する

(2)　「給付」された物が不動産の場合

　　未登記不動産の場合は、引渡しのみで「給付」に該当する（最大判昭45.10.21・百選Ⅱ82事件）が、既登記不動産の場合は、登記がなされなければ「給付」に該当しない（最判昭46.10.28）囲。

(3)　「給付」された物が動産の場合

　　動産の場合は引渡しで足りる。

(4)　担保権の設定

　　不法な目的のために担保権が設定された場合（ex. 公序良俗に反する契約による相手方の債権を担保する目的で設定された抵当権）は、登記が経由されても「給付」に該当しない（最判昭40.12.17）。

(5)　使用貸借契約の場合

　　不法な目的のために使用貸借契約がなされた場合（ex. 妾関係維持を目的とする建物の使用貸借）は、給付されたのは日々刻々の使用であると考え、過去の使用分の使用利益は708条により返還請求できないが、将来の分は未給付であるから708条は適用されず、目的物の返還を請求できるとする説が有力である。

二　効果

1　不当利得返還請求権の拒絶

　　不法原因給付の要件をみたす場合、給付者は不当利得返還請求をすることができない。

2　所有権に基づく物権的請求の可否

　　所有権に基づく物権的請求権についても708条を類推適用し、返還請求を否定すべきである（最大判昭45.10.21・百選Ⅱ82事件）囲。

　　cf.　返還請求が否定されることの反射的効果として、目的物の所有権は、受給者に移転する（最大判昭45.10.21・百選Ⅱ82事件）。なお、受給者は、給付者に対して所有権に基づく物権的請求をすることができるが、受給者・給付者間の契約は公序良俗に反し無効であるため（90）、給付者に対する債権的請求は認められない

619

●不法行為

3　不法行為に基づく損害賠償請求権

不法行為に基づく損害賠償請求権についても708条を類推適用し、損害賠償請求を否定すべきである（最判昭44.9.26、最判平20.6.10）。

不法行為による損害賠償（慰謝料）請求につき、本条ただし書が類推されたものと評される判例がある。

4　不法原因給付の返還の特約

不法原因給付後にこれを任意に返還する特約は有効である（最判昭28.1.22、最判昭28.5.8、最判昭37.5.25）〈同〉。

∵　708条は、受領者の所有を認めて動かし難いものにするわけではなく、受領者が任意に返還しない場合に、自ら社会的に非難されるべき行為をした給付者に法的助力を与えないとするにすぎない

・第5章・【不法行為】

《概　説》

一　不法行為

1　意義

不法行為とは、他人の権利・利益を違法に侵害して損害を加える行為をいう。不法行為が行われることによって、金銭賠償を請求する債権の発生が認められる。

2　目的

不法行為に基づく損害賠償制度は、被害者に生じた現実の損害を金銭的に評価し、加害者にこれを賠償させることにより、被害者が被った不利益を補填して、不法行為がなかったときの状態に回復させることを目的とするものであり、また、損害の公平な分担を図ることをその理念とするところである（最判令2.7.9・令2重判4事件）。

3　機能

①　被害者の救済（損害の塡補）

②　将来の不法行為の抑止

二　不法行為制度の性格

不法行為制度は、不法行為責任の発動に対する予測可能性と、自己の行動を自制していれば責任を回避しうるという計算の可能性とを明確にすることによって、自由を保障する機能をもち、私的自治の原則を背面から支える制度としての性格を有する。

＜債務不履行責任と不法行為責任の比較＞〈予H30〉

	債務不履行	不法行為
主張・立証責任	債務者（＊）	被害者（債権者）

●不法行為　　　　　　　　　　　　　　　　　　　　　　　　　　　　　　　　　　［第709条］

		債務不履行	不法行為
損害賠償債権を受働債権とした相殺の可否		可	例外的に不可（509①②）
消滅時効期間	原則	契約上の履行期の到来から5年（166 Ⅰ①）	(1) 損害及び加害者を知った時から3年（724①） (2) 不法行為時から20年（724②）
	人の生命・身体の侵害による損害賠償請求権	(1) 損害及び加害者を知った時から5年（166 Ⅰ①） (2) 行使可能（履行期の到来）時から20年（167、166 Ⅰ②）	(1) 損害及び加害者を知った時から5年（724の2） (2) 不法行為時から20年（724②）
失火責任法の適用		なし（司）	あり（不法行為責任を問うには故意・重過失が必要）
損害賠償の範囲		416条の問題	規定なし（416類推） （大連判大15.5.22）
過失相殺		過失を「考慮して、損害賠償の責任及びその額を定める」（418）	過失を「考慮して、損害賠償の額を定めることができる」（722Ⅱ）
損害賠償請求権の遅滞時期		履行の請求を受けた時 ∵ 債務不履行に基づく損害賠償債務は期限の定めのない債務（412Ⅲ）であるため（最判昭55.12.18）	不法行為時 （最判昭58.9.6）〈司〉
慰謝料請求		債権者のみ （最判昭55.12.18）	被害者の近親者もなしうる（711）

＊　安全配慮義務違反を理由とする債務不履行の場合には、原告が安全配慮義務の内容の特定とその義務に反する事実を主張・立証しなければならないとするのが判例（最判昭56.2.16）である〈司〉。したがって、その場合の主張・立証責任の負担は、不法行為における過失の主張・立証の場合とで実質的に異ならないとされる。

cf.　債務不履行責任と不法行為責任が競合したときは、債権者はいずれをも任意に主張して損害賠償を請求することができる（請求権競合説）（最判昭38.11.5）

第709条　（不法行為による損害賠償）

故意又は過失によって他人の権利又は法律上保護される利益を侵害した者は、これによって生じた損害を賠償する責任を負う。

《注　釈》

一　要件

①故意・過失、②責任能力、③権利又は法律上保護される利益の侵害、④損害の発生、⑤行為と損害の間の因果関係

［第709条］　　　　　　　　　　　　　　　　　　　　　●不法行為

1　①故意・過失（過失責任・自己責任の原則）

(1)　意義

(a)　故意

故意とは、一定の結果が発生すべきことを意図し、又は少なくともそうした結果の発生すべきことを認識ないし予見しながら、それを認容して行為をするという心理状態をいう。

(b)　過失

過失とは、結果発生の予見可能性がありながら、結果発生を回避するために必要とされる措置を講じなかったこと、すなわち、結果回避義務違反をいう。

ア　過失の客観化

従来、過失とは、自己の行為により一定の結果が発生することを認識すべきであるのに、不注意のためにその結果の発生を認識しないでその行為をするという心理状態であると理解されてきた。

しかし、判例は、結果発生防止のために必要・十分な注意を尽くしたかどうかという、客観的注意義務違反の有無を問題にするようになった（過失の客観化）。

たとえば、公害事件に関する大阪アルカリ事件判決（大判大5.12.22・百選Ⅱ83事件）は、事業の性質に従って相当な設備を施しているならば過失はないとした。

イ　第三者に対する注意義務〈同H23〉

建物建築に携わる設計者等の負う注意義務との関係につき、判例（最判平19.7.6・百選Ⅱ85事件）は、建物に携わる設計者等は、建物の建築に当たり、契約関係にない居住者を含む建物利用者等に対する関係でも、当該建物に建物としての基本的な安全性が欠けることのないように配慮すべき注意義務を負っている。そして、かかる義務を怠ったために建築された建物に上記安全性を損なう瑕疵があり、それにより居住者等の生命等が侵害された場合には、設計者等は、不法行為の成立を主張する者が上記瑕疵の存在を知りながらこれを前提として当該建物を買い受けていたなど特段の事情がない限り、これによって生じた損害について不法行為による賠償責任を負うとしている。

不法行為に基づく損害賠償としての瑕疵修補費用相当額の請求において、建物としての基本的な安全性を損なう瑕疵の内容には、建物の瑕疵が居住者等の生命・身体又は財産に対する現実的な危険をもたらしている場合のみならず、放置するといずれは居住者等の生命・身体又は財産に対する危険が現実化することになる場合も含まれる（最判平23.7.21・平23重判12事件）。

ウ　医療機関に要求される医療水準の判断

判例（最判平7.6.9・百選Ⅱ84事件）は、注意義務の基準となるべき

●不法行為　　　　　　　　　　　　　　　　　　　　　　　　　　　［第709条］

ものは、診療当時のいわゆる臨床医学の実践における医療水準である（医学の水準ではない）。そして、新規の治療法の存在を前提にして治療に当たることが医療機関に要求される医療水準であるかどうかを決するについては、当該医療機関の性格、所在地域の医療環境の特性等の諸般の事情を考慮すべきであるとしている。

　　エ　チーム医療の場合の説明義務

　　　判例（最判平20.4.24・平20重判8事件）は、チーム医療での手術における総責任者の患者やその家族に対する説明義務につき、概して次のように判示した。

　　　まず、一般に総責任者が条理上説明義務を負うことについては肯定した。そのうえで、説明義務違反となるか否かにつき、主治医が説明をするのに十分な知識・経験を有している場合においては、主治医の説明が不十分なものであっても、また、総責任者が自ら説明を行わなくとも、総責任者が必要に応じて主治医を指導・監督していたときには総責任者の説明義務違反は認められず、このことは総責任者が当該手術の執刀者であったとしても変わるところはない、とした。

(2)　過失責任の原則

　　行為者に非難すべき点があるとき、それを理由に損害賠償責任を負担させようとする原則。

　　cf.　失火責任法による修正

　　　失火の場合には、加害者に重過失がない限り、不法行為責任を負わない（失火責任法）

　　　→我が国では木造家屋が多く、気候や消防の状況からみて、類焼などによる損害が膨大なものとなるので、重過失に限定したものである

　　＊　債務不履行責任には失火責任法の適用はないので、原則通り過失責任となる《回》。

(3)　故意・過失の立証

　　故意・過失の立証責任は、原告となる被害者が負う《回》。

　　ただし、場合によっては、立証責任の転換ができる（自賠3ただし書等）。

2　②責任能力

　　自己の行為が違法なものとして法律上非難されるものであることを弁識しうる能力があることをいう。　⇒p.632

3　③権利又は法律上保護される利益の侵害

(1)　「権利又は法律上保護される利益の侵害」の意義

　　判例は、厳密な意味で「権利」とはいえなくても、「法律上保護セラルル一ノ利益」であれば、不法行為法による保護の対象になるとした（大判大14.11.28）。

　　ex.1　景観利益（良好な景観に近接する地域内に居住し、その恵沢を日常的に享受している者が有する良好な景観の恵沢を享受する利益）は法

債権

623

［第709条］　　　　　　　　　　　　　　　　　　　　　　　　●不法行為

律上保護された利益である（最判平 18.3.30・百選Ⅱ 89 事件）

＊　ただし、ある行為が景観利益に対する違法な侵害となるためには刑罰
法規・行政法規違反、公序良俗違反など社会的に容認された行為として
の相当性を欠くことが求められるとした。

ex.2　放送事業者等から放送番組のための取材を受けた取材対象者が、取
材担当者の言動等によって、当該取材で得られた素材が一定の内容・
方法で放送に使用されるものと期待し、あるいは信頼したとしても、
その期待や信頼は原則として法的保護の対象とはならない（最判平
20.6.12・平 20 重判 9 事件）。

ex.3　学校による生徒募集の際に説明、宣伝された教育内容等の一部が変
更され、これが実施されなくなったことが、親の期待、信頼を損なう
違法なものとして不法行為を構成するのは、当該学校において生徒が
受ける教育全体の中での当該教育内容等の位置付け、当該変更の程
度、当該変更の必要性、合理性等の事情に照らし、当該変更が、学校
設置者や教師に裁量が認められることを考慮してもなお、社会通念上
是認することができないものと認められる場合に限られる（最判平
21.12.10・平 22 重判 9 事件）。

ex.4　元従業員等の競業行為が、社会通念上自由競争の範囲を逸脱した違
法な態様で元雇用者の顧客を奪取したとみられるような場合には、そ
の行為は元雇用者に対する不法行為にあたる（最判平 22.3.25・平 22
重判 10 事件）。

ex.5　テレビ番組における弁護士の懲戒請求の呼び掛け行為は、弁護士会
における自律的処理の対象として検討されるのは格別、その態様、発
言の趣旨、名宛人の弁護人としての社会的立場、本件呼び掛け行為に
より負うこととなった名宛人の負担の程度等を総合考慮すると、精神
的苦痛が社会通念上受忍すべき限度を超えるとまではいい難く、これ
を不法行為法上違法なものであるということはできない（最判平
23.7.15・平 23 重判 11 事件）。

ex.6　世間に広く知られている歌手の写真を無断で使用し雑誌に掲載する
行為は、①肖像等それ自体を独立して鑑賞の対象となる商品等として
使用し、②商品等の差別化を図る目的で肖像等を商品等に付し、又は
③肖像等を商品等の広告として使用するなど、専ら肖像等の有する顧
客吸引力の利用を目的とするといえる場合には、パブリシティ権（肖
像等の有する顧客吸引力を排他的に利用する権利）を侵害するものと
して、不法行為法上違法となる（最判平 24.2.2・平 24 重判 11 事件）。

ex.7　顧客情報として会社のサーバコンピュータに記録されている個人識
別情報を、不正な利益を得る目的で複製し、複数の名簿業者に漏えい
させる行為は、法的保護の対象たる個人のプライバシーを侵害する行
為にあたる（最判平 29.10.23・平 29 重判 8 事件）。

●不法行為 [第709条]

(2) 債権侵害の類型
 (a) 債権の帰属自体を侵害した場合
  ex. 第三者が債権者の作成した受取証書を窃取して弁済を受けた場合（478）（大判昭 8.3.14）
 (b) 債権の目的である給付を侵害して債権を消滅させた場合
  ex. 第三者が、債権の目的である立木を、自分の物と偽って他人に売却し、その他人が伐採してしまった場合（大判大 11.8.7）
 (c) 債権の目的である給付を侵害するが債権は消滅しない場合
  ex. 所有者から立木を売却するよう委任された者が、買主の代理人と共謀して、実際よりも低額で売れたように見せかけ、その差額を横領した場合（大判大 4.3.10・百選Ⅱ 19 事件）
 * 債権が「自由競争原理」の上に成り立つものであり、この原理内において互いに侵し合うことはやむを得ない以上、第三者の債権侵害が不法行為となるには、故意行為であることが必要であるとの立場が有力である。

(3) 違法性阻却事由（正当化事由）
 (a) 正当防衛（720 Ⅰ）、緊急避難（720 Ⅱ）
 (b) 自力救済
  違法な侵害に対し現状を維持することが不可能又は著しく困難と認められる緊急やむを得ない特別の事情がある場合、必要限度内で、自力の行使が認められる（最判昭 40.12.7）。
 (c) 正当業務行為
  ex. 法規に適った犯人逮捕（刑訴 213）、事務管理行為（⇒ p.608）、スポーツ中の加害行為（札幌高判昭 61.9.30、最判平 7.3.10）
 (d) 被害者の承諾
  加害行為以前に被害者が自由意思をもって加害を明示又は黙示に承諾した場合は、その承諾が公序良俗に反しない限り、違法性が阻却される。
  ex. 献血
  承諾するに際して行為能力を要しないとするのが多数説である。また、事後の明示又は黙示の承諾は損害賠償請求権の放棄となり、承諾は、遅くとも加害行為があった時までには存在しなければならない。
 (e) 名誉毀損と表現の自由の調整
  ア 事実の摘示による名誉毀損
   当該行為が公共の利害に関する事実にかかり、専ら公益を図る目的に出た場合には、摘示された事実が真実であることが証明されたときには、違法性が阻却される。
   また、真実性の証明がなされなくても、真実と信じるにつき、相当の理由があるときには故意・過失が欠けることになる（最判昭 41.6.23）同。この点について、信頼のおける通信社からの記事をそのまま載せた

債権

625

［第709条］　　　　　　　　　　　　　　　　　　　　　　　●不法行為

新聞社には、真実と信じるにつき相当の理由があったとはいえないと判示した判例がある（最判平 14.1.29・平 14 重判 8 事件）。しかし、近時の判例は、当該通信社と当該新聞社とが報道主体としての一体性を有すると評価することができるときは、配信記事の真実性に疑いを抱くべき事実があるにもかかわらず新聞社がこれを漫然と掲載したなど特段の事情のない限り、新聞社が発行した新聞に掲載した記事に摘示された事実を真実と信ずるについても相当の理由があるというべきである、とした（最判平 23.4.28・平 23 重判 10 事件）。

イ　意見表明による名誉毀損

当該行為が公共の利害に関する事実にかかり、専ら公益を図る目的に出た場合には、意見又は論評の前提としている事実が重要な部分について真実であることの証明があったときには、人身攻撃に及ぶなど意見ないし論評としての域を逸脱したものでない限り、違法性を欠く（最判平 10.7.17）。

また、真実性の証明がなされなくても、真実と信じるにつき、相当の理由があるときには故意・過失が欠けることになる（最判平 9.9.9・百選Ⅱ 90 事件）。

(f)　プライバシー侵害と表現の自由の調整

プライバシーの侵害については、その事実を公表されない法的利益とこれを公表する理由とを比較衡量し、前者が後者に優越する場合に不法行為が成立する（最判平 6.2.8・最判平 15.3.14）。

4　④損害の発生

(1)　損害の意義

不法行為がなかったと仮定した場合と不法行為がなされた後の利益状態の差を金額で表示したものをいう（差額説、最判昭 56.12.22・百選Ⅱ 100 事件）論。∴　金銭賠償の原則（722 Ⅰ・417）

(2)　損害の種類

損害は、財産的損害と非財産的損害に大別される。財産的損害は、財産の積極的な減少という積極的損害（現実損害）と、増加するはずであった財産が増加しなかったという消極的損害（逸失利益）に分類される。非財産的損害は、精神的損害が中心である。

cf.1　不法就労外国人の逸失利益の算定については、予測される我が国での就労可能期間ないし滞在可能期間内は我が国での収入等を基礎とし、その後は想定される出国先（多くは母国）での収入等を基礎として逸失利益を算定するのが合理的である（最判平 9.1.28）

cf.2　企業損害

形式上有限会社となっているが、実質上被害者個人の営業であって、被害者を離れて会社の存続が考えられないという事情がある場合、当該不法行為と会社の利益の逸失との間に相当因果関係があり、会社は

● 不法行為

[第709条]

　　　　加害者に損害賠償を請求できる（最判昭43.11.15・百選Ⅱ99事件）

5　⑤行為と損害の間の因果関係

(1)　不法行為が成立するためには、加害行為に「よって」損害が発生したこと、すなわち、加害行為と損害との間に因果関係が存在することが必要である。

　　　→損害賠償の範囲と密接に関連する

　　ex.　交通事故の被害者が事故後災害神経症・うつ病となり4年後に自殺に至ったケースで、当該事故と被害者の自殺との間には相当因果関係がある（最判平5.9.9）

(2)　因果関係の証明

　　因果関係の証明責任は被害者側にある。

　　訴訟上の因果関係の立証は、一点の疑義も許されない自然科学的証明ではなく、経験則に照らして全証拠を総合検討し、特定の事実が特定の結果発生を招来した関係を是認しうる高度の蓋然性を証明することであり、その判定は、通常人が疑いを差し挟まない程度に真実性の確信を持ちうるものであることを必要とし、かつそれで足りる（最判平11.2.25、最判昭50.10.24・百選Ⅱ87事件）。

　　cf.　疾病のため死亡した患者の診療に当たった医師の医療行為が、その過失により、当時の医療水準にかなったものでなかった場合において、当該医療行為と患者の死亡との間の因果関係の存在は証明されないけれども、医療水準にかなった医療が行われていたならば患者がその死亡の時点においてなお生存していた相当程度の可能性の存在が証明されるときは、医師は、患者に対し、不法行為による損害を賠償する責任を負う（最判平12.9.22・百選Ⅱ88事件）

二　効果

1　損害賠償義務

　　原則として金銭賠償（722Ⅰ）、例外的に原状回復（723）がある。請求権は損害の発生時に発生する。

2　損害賠償の範囲

　　加害者が賠償すべき損害の範囲は、416条の類推適用により加害行為と相当因果関係に立つ損害である（相当因果関係説）（最判昭48.6.7・百選Ⅱ98事件）。　⇒p.310

3　損害額の算定時期

　　原則として不法行為時を基準とするが、目的物の滅失・損傷後に価格の騰貴等の特別の事情があり、加害者に不法行為時にその事情の予見可能性があれば、騰貴価格の賠償請求が可能である（大連判大15.5.22、最判昭47.4.20・百選Ⅱ9事件）。

(1)　財産的損害の算定

　(a)　所有物の滅失

　　　原則として滅失時の交換価値が損害額となる（大連判大15.5.22）。

債権

627

[第709条]　　　　　　　　　　　　　　　　　　　　　　　　　　　　　　　　　　●不法行為

(b)　生命侵害

主として、生存したならば得られたであろう収入の喪失（逸失利益）が損害となる。

cf.1　交通事故による労働能力の一部喪失に基づく逸失利益の算定においては、その後被害者死亡の事実が生じても、事故当時その死亡が客観的に予測されていたのでない限り、死亡の事実は考慮すべきでない（最判平 8.4.25・百選Ⅱ 101 事件）

cf.2　交通事故の被害者が事故のため介護を要する状態となった後に別の原因により死亡した場合、死亡後の期間にかかる介護費用を右交通事故による損害として請求することはできない（最判平 11.12.20）

cf.3　就労前の女児の逸失利益の算定について、女性労働者の平均給与額を基準として算定した場合、男女差があるからといってこれに家事労働分を加算することはできない（最判昭 62.1.19・百選Ⅱ 102 事件）

(c)　介護費用

介護費用については、その後被害者が死亡した場合には、死亡後の介護費用については損害から控除すべきである（最判平11.12.20）。

(2)　非財産的損害の算定　⇒ p.631

4　賠償額の調整

(1)　損益相殺

(a)　不法行為により損害を受けながら、他方において、支出すべき費用の支出を免れたというように、同一の原因によって利益を受けている場合には、この利益を損害額から控除して賠償額を算定することを損益相殺という。

→損益相殺について規定が欠けるが、709 条の「損害」は損益相殺をした後の損害を意味する

(b)　控除される利益は不法行為と相当因果関係が認められるものに限られる。

ex.1　死亡した被害者の生活費は控除される（最判昭 39.6.24）〈同〉

ex.2　生命保険は控除されない（∵保険金は、すでに払い込んだ保険料の対価である）（最判昭 39.9.25）〈同共書〉

ex.3　幼児の逸失利益の算定に当たって、労働可能年齢に達するまでの養育費の控除は、認められない（最判昭 53.10.20）

ex.4　売買の目的物である新築建物に重大な瑕疵がありこれを建て替えざるを得ない場合において、当該瑕疵が構造耐力上の安全性にかかわるものであるため建物が倒壊する具体的なおそれがあるなど、社会通念上、建物自体が社会経済的な価値を有しないと評価すべきものであるときには、上記建物の買主がこれに居住していたという利益については、当該買主からの工事施工者等に対する建て替え費用相当額の損害賠償請求において損益相殺ないし損益相殺的な調整の対象として損害額から控除することはできない（最判平 22.6.17・平22 重判 11 事件）

● 不法行為 ［第709条］

ex.5 不法行為により死亡した被害者の相続人が遺族補償年金の支給を受け、又は受けることが確定したときは、その支給が著しく遅滞するなどの特段の事情のない限り、不法行為の時に、逸失利益等の消極的損害の元本に塡補されたものとして、損益相殺的な調整をすべきである（最大判平27.3.4・百選Ⅱ103事件）

∵ 遺族補償年金の塡補の対象である被扶養損害は、逸失利益等の損害と同性質かつ相互補完性がある

cf. 遅延損害金にはそのような性質がないから、損益相殺的な調整の対象とならない（最大判平27.3.4・百選Ⅱ103事件）

(c) 損益相殺と過失相殺との順序
過失相殺を行った後に損益相殺を行う（最判平元.4.11）。

∵ 過失相殺した結果が被害者が受けた真の損害であり、損益相殺はその後、現実の損害額を決定するものである

(2) 過失相殺（722Ⅱ）

(3) 免責約款

運送契約等で、契約上一定限度額以上損害賠償責任を負わない旨の免責約款（責任限度額条項）がある場合、かかる約款は不法行為責任についても効力を有する。そして、宅配便の特質及び責任限度額を定めた趣旨並びに本件約款が荷物の滅失・毀損があったときの運送人の損害賠償額につき荷受人に生じた事情をも考慮していることに照らせば、荷受人も、少なくとも宅配便によって荷物が運送されることを容認していたなどの事情が存するときは、信義則上、責任限度額を超えて運送人に対して損害賠償を請求することは許されない（最判平10.4.30・百選Ⅱ111事件。責任限度額を超える部分につき請求棄却）。

三 損害賠償請求権の性質

1 譲渡性〈補〉

(1) 財産的損害の賠償請求権は譲渡可能である。

(2) 慰謝料請求権は、行使上の一身専属権であるとしても、慰謝料の具体的金額が債務名義（民執22）や示談によって確定した場合は、慰謝料請求権を譲渡できる（最判昭58.10.6）。

2 相続性

(1) 生命侵害による財産的損害（逸失利益）の賠償請求権

A説：生命侵害の場合も被害者自身に賠償請求権が帰属し、相続人がそれを相続する（相続肯定説）（大判大15.2.16）

∵① 即死の場合でも、受傷と死亡との間には観念的に時間の間隔が存在する

② 遺族固有の損害賠償請求権は、被害者の逸失利益より少額となり、不均衡である

cf. 被害者の相続人が相続放棄をした場合であっても、相続人である配偶者や子等は、扶養利益の侵害による損害賠償請求権を行使

629

［第709条］　　　　　　　　　　　　　　　　　　　　　　　　　　●不法行為

　　　できる（最判平 12.9.7 参照）

　　　　∵　扶養請求権は配偶者や子等の固有の利益である

　　B説：生命侵害の場合には被害者が賠償請求権を取得することはありえ
　　　　ず、遺族は、その固有の損害（ex. 扶養利益の喪失）について賠償
　　　　請求しうるのみである（固有損害説）

　　　　∵①　損害が発生する時点で被害者は既に死亡しており、権利能力
　　　　　　者ではなくなっている

　　　　②　相続を肯定すれば、笑う相続人・逆相続の弊害が生じる

　(2)　生命侵害による慰謝料請求権

　　A説：生命侵害を理由とする慰謝料請求権も被害者自身に帰属し、相続人
　　　　がそれを相続する（相続肯定説）（最大判昭 42.11.1・百選Ⅲ 60 事
　　　　件）〈司共書〉

　　　　∵①　生命という被害法益は被害者の一身に専属するものではある
　　　　　　が、慰謝料請求権自体は、単なる金銭債権である

　　　　②　被害者の慰謝料請求権と遺族固有の慰謝料請求権とは被害
　　　　　　法益を異にするから、711 条は、相続を否定する根拠とはなら
　　　　　　ない

　　B説：生命侵害による慰謝料請求権を被害者が取得することはあり得ず、
　　　　遺族は、その固有の慰謝料請求をなしうるのみである（固有損害説）

　　　　∵①　死者が苦痛を感じることはあり得ない

　　　　②　711 条が生命侵害における遺族固有の慰謝料請求権を規定
　　　　　　しているのは、生命侵害による慰謝料請求権の相続を否定する
　　　　　　趣旨である

　3　代位行使　⇒ p.319

四　差止請求

　　差止請求権は、特別法上規定があるものがある（不正競争防止 3、特許 100、
　著作権 112、独占禁止 24 等）が、民法上、明文はない。しかし判例上、人格権、
　不法行為などを根拠に差止めを認めるものがある。

　　差止請求権が認められるのは、単に違法な侵害があるだけでは足りず、被侵害
　利益の種類、被害の程度、加害行為の公共性などの要素を考慮して受忍限度を超
　えた場合に限り差止請求が認められるとする。この意味で、金銭賠償は認められ
　るが差止請求は認められないという場合もありうる。

　　道路の供用差止請求を求め、（却下されず）請求が棄却された例として最判平
　7.7.7・百選Ⅱ 110 事件がある。

《その他》

一　示談と損害賠償

　　全損害を正確に把握し難い状況の下で、早急に少額の賠償金で満足する旨の示
　談がなされた場合には、被害者が放棄した賠償請求権は、示談当時予想していた
　損害の範囲に限られる（最判昭 43.3.15・百選Ⅱ 104 事件）〈同〉。

●不法行為

[第710条]

二 製造物責任法

製造物の欠陥により生命、身体又は財産を侵害されて損害を被った者が、製造業者等に損害賠償請求をする場合、製造業者等に故意・過失があったことは要件とされない（無過失責任、同法3）〈司〉。

製造物責任法において、「欠陥」とは、「当該製造物が通常有すべき安全性を欠いていること」をいう（同法2Ⅱ）。欠陥は、製造物の引渡時（製造業者等が当該製造物を流通に置いた時）に存在することが必要である。

第710条 （財産以外の損害の賠償）

他人の身体、自由若しくは名誉を侵害した場合又は他人の財産権を侵害した場合のいずれであるかを問わず、前条の規定により損害賠償の責任を負う者は、財産以外の損害に対しても、その賠償をしなければならない。

《注 釈》

一 慰謝料請求権

1 主体

(1) 慰謝料請求権の前提である苦痛の感受性は、被害の当時備わっている必要はない。

→幼児など、責任能力、事理弁識能力を欠く者であっても請求可能である（大判昭 11.5.13）

(2) 生命侵害に比肩する精神的苦痛を受けた近親者も請求可能である（最判昭33.8.5）〈司〉。

2 発生

慰謝料請求権は、身体、自由又は名誉が害された場合の他、財産権が侵害された場合にも認められる（710）。

3 慰謝料額の算定

加害の程度、当事者双方の資産・年齢・職業・社会的地位などの諸般の事情を考慮して、裁判所が決定するべきである。

二 名誉

1 人の品性、徳行、名声、信用などの人格的価値について社会から受ける客観的評価のことをいう。

2 事実摘示により客観的な社会的評価が低下することで足り、本人が名誉毀損の事実を知る必要はない（最判平 9.5.27・百選Ⅱ 91 事件）。

3 刑事事件の犯人であるとの記事を記載した新聞の発行によって名誉毀損がなされた場合、後に刑事裁判で有罪判決がなされたからといって不法行為の成立が否定されるわけではない（最判平 9.5.27・百選Ⅱ 91 事件）。

4 法人も名誉が毀損され、無形の損害が発生した場合にも、金銭評価が可能である限り、710 条に基づく損害賠償請求が可能である（最判昭 39.1.28）〈共〉。

債 権

［第711条～第713条］　　　　　　　　　　　　　　　　　　　　　　●不法行為

第711条　（近親者に対する損害の賠償）〈審〉

他人の生命を侵害した者は、被害者の父母、配偶者及び子に対しては、その財産権が侵害されなかった場合においても、損害の賠償をしなければならない。

［趣旨］生命侵害の場合について、被害者の父母・配偶者・子が、慰謝料請求権を有することを明確にし、立証責任の負担を軽減したものである〈同〉。

《注　釈》

一　生命侵害の場合の近親者の慰謝料請求

本条は、列挙している者についての立証責任を軽減したにとどまり、それ以外の者については、709・710条に基づき精神的損害を立証して慰謝料請求ができるとする説がある。

判例は、本条に該当しない者であっても、被害者との間に本条所定の者と実質的に同視できる身分関係が存在し、被害者の死亡により甚大な精神的苦痛を受けた者にも、本条の類推適用を認めるとした（最判昭49.12.17）〈同〉。

ex.1　祖父母、舅、兄弟姉妹、内縁配偶者（東京地判昭36.4.25）〈同〉

ex.2　身体障害者であるため、長年にわたり被害者と同居してその庇護の下に生活を維持し、将来もその継続を期待していた被害者の夫の妹

二　傷害の場合の近親者の慰謝料請求

不法行為により身体に傷害を受けた者の母が、そのために被害者の生命侵害の場合にも比肩しうべき精神上の苦痛を受けたときは、709条、710条に基づいて自己の権利として慰謝料請求できる（最判昭33.8.5）〈共〉。

第712条　（責任能力）〈同共〉

未成年者は、他人に損害を加えた場合において、自己の行為の責任を弁識するに足りる知能を備えていなかったときは、その行為について賠償の責任を負わない。

第713条

精神上の障害により自己の行為の責任を弁識する能力を欠く状態にある間に他人に損害を加えた者は、その賠償の責任を負わない。ただし、故意又は過失によって一時的にその状態を招いたときは、この限りでない〈共〉。

［趣旨］民法は故意・過失を不法行為責任の要件とする過失責任主義を採っているが、故意・過失があるといえるには、理論上当然に一定の判断能力（責任能力）が要求される。そこで、未成年者のうち年齢的に判断能力の未発達な者及び心神喪失者を責任能力のない者として、不法行為責任を負わないものとした。

《注　釈》

一　未成年者（712）

1　「責任を弁識するに足りる知能」（責任能力）とは、加害行為の法律上の責任を弁識するに足るべき知能をいう（大判大6.4.30）。

2　責任能力を有するか否かは年齢・環境・生育度・行為の種類等により個別具

●不法行為 ［第714条］

体的に判断されるが、平均すれば、11〜12歳程度に基準が置かれる🔲。

　　ex.1　加害者たる被用者に責任能力のあることが要求される使用者責任
　　　　（715）では、11歳11か月の少年店員に責任能力が認められた（大判大
　　　　4.5.12）
　　ex.2　加害者に責任能力のないことが要求される監督義務者責任（714）に
　　　　おいては、12歳2か月の少年の責任能力が否定された（大判大6.4.30）

二　責任弁識能力を欠く者（713）

1　行為時の責任弁識能力を欠く状態を個別事情ごとに判断する点で、成年後見
制度とは無縁である。

2　責任弁識能力を欠く者の行為は責任が否定されるが、故意又は過失により一
時的に責任弁識能力を欠く状態を招いたときは、責任を負う🔲。

　　→故意・過失は、一時の責任弁識能力を欠く状態を招いた点（ex. 飲酒）に
　　ついて要求されるのであり、責任弁識能力を欠く状態になってなされる加
　　害行為についての故意・過失は不要である◀🔲

第714条　（責任無能力者の監督義務者等の責任）

Ⅰ　前2条の規定により責任無能力者がその責任を負わない場合において、その責任
無能力者を監督する法定の義務を負う者は、その責任無能力者が第三者に加えた損
害を賠償する責任を負う。ただし、監督義務者がその義務を怠らなかったとき、又
はその義務を怠らなくても損害が生ずべきであったときは、この限りでない。

Ⅱ　監督義務者に代わって責任無能力者を監督する者も、前項の責任を負う。

［趣旨］本条は、責任無能力者の加害行為は監督義務者の義務違反（保護・監督義
務違反）に基づくものであること、及び監督者の責任を認めることで被害者の救済
を図るべきであることを根拠として、監督義務者の責任を定める。監督上の過失が
要件とされるが、その挙証責任が転換されている点で中間責任である。

《注　釈》

一　要件

　　①　責任能力を欠く者の行為が、責任能力以外の不法行為の一般的成立要件を
　　　みたすこと
　　②　監督義務を怠らなかったこと、又はその義務を怠らなくても損害が生ずべ
　　　きであったことの立証がないこと（Ⅰただし書）🔲

1　①責任能力を欠く者の行為が、責任能力以外の不法行為の一般的成立要件を
みたすこと

⑴　責任能力のない子供が、他人に加えた傷害行為に違法性がない場合には、
親は、714条の責任を負わない（最判昭37.2.27）。

⑵　責任無能力者の不法行為による監督義務者の責任
未成年者に責任がない場合に発生する補充的責任である。

　　cf.　未成年者が責任能力を有する場合であっても、未成年者に資力がなけ
　　　れば、これに対する賠償請求は実効性を欠く。そこで、監督義務者に対

債権

633

［第714条］　　　　　　　　　　　　　　　　　　　　　　　　　　●不法行為

して709条の責任を追及できるか問題となるが、判例（最判昭49.3.22・百選Ⅱ〔第7版〕89事件）は、監督義務者の義務違反と当該未成年者の不法行為によって生じた結果との間に相当因果関係を認めうるときは、監督義務者について **709条の不法行為が成立**するとしている◀司書◀司H27

∵　714条は、監督義務違反の挙証責任を転換したにすぎず、一般の不法行為の原則に基づく責任を否定するものではない

→責任能力を有する未成年者の責任と監督義務者の責任は併存し、両者は連帯債務の関係に立つ

2　②監督義務を怠らなかったこと、又はその義務を怠らなくても損害が生ずべきであったことの立証がないこと（Ⅰただし書）

本条の責任を認めるためには、監督者に監督義務違反があることが必要である。もっとも、この点については立証責任が転換されており、監督義務者の側で監督義務違反がなかったことを証明しなければならない◀司。また、715条1項ただし書と同様に、監督義務を怠らなくても損害が生ずべきであったことの立証があった場合には、責任を負わない。

判例（最判平27.4.9・百選Ⅱ92事件）は、「責任能力のない未成年者の親権者は、その直接的な監視下にない子の行動について、人身に危険が及ばないよう注意して行動するよう日頃から指導監督する義務がある」としつつも、「親権者の直接的な監視下にない子の行動についての日頃の指導監督は、ある程度一般的なものとならざるを得ないから、**通常は人身に危険が及ぶものとはみられない行為**によってたまたま人身に損害を生じさせた場合は、当該行為について具体的に予見可能であるなど特別の事情が認められない限り、子に対する監督義務を尽くしていなかったとすべきではない」と判示している◀書。

二　効果

1　責任主体

(1)　法定監督義務者

(a)　加害者が11〜12歳以下の責任無能力者である場合

→親権者・親権代行者、後見人、児童福祉施設の長が法定監督義務者にあたることに異論はない

(b)　加害者が成年の精神障害者である場合

判例（最判平28.3.1・百選Ⅱ93事件）によれば、保護者や成年後見人、同居の配偶者であるからといって、直ちに法定監督義務者にはあたらない◀司書。

もっとも、上記判例は、「法定の監督義務者に該当しない者であっても、責任無能力者との身分関係や日常生活における接触状況に照らし、第三者に対する加害行為の防止に向けてその者が当該責任無能力者の監督を現に行いその態様が単なる事実上の監督を超えているなどその**監督義務を引き受けたとみるべき特段の事情**が認められる場合には、衡平の見地から法定の監督義務を負う者と同視してその者に対し民法714条に基づく損害賠償

●不法行為 [第715条]

責任を問うことができるとするのが相当であり、このような者については、法定の監督義務者に準ずべき者〔LEC注：準監督義務者〕として、同条1項が類推適用される」とした上で、準監督義務者に当たるか否かは、「その者自身の生活状況や心身の状況などとともに、精神障害者との親族関係の有無・濃淡、同居の有無その他の日常的な接触の程度、精神障害者の財産管理への関与の状況などその者と精神障害者との関わりの実情、精神障害者の心身の状況や日常生活における問題行動の有無・内容、これらに対応して行われている監護や介護の実態など諸般の事情を総合考慮して、その者が精神障害者を現に監督しているかあるいは監督することが可能かつ容易であるなど衡平の見地からその者に対し精神障害者の行為に係る責任を問うのが相当といえる客観的状況が認められるか否かという観点から判断すべきである」としている〈書〉。

(2) 代理監督者

代理監督者が責任を負う場合は、この者の使用者も715条により責任を負担する。

この代理監督者の使用者といえるためには、現実に被用者の具体的な選任・監督にあたっていることが必要である（会社の代表者であるということから直ちに代理監督者の使用者となるわけではない）。

ex. 幼稚園長・小学校長・精神科病院長

2 両者の責任の関係

監督義務者の責任と代理監督者の責任は併存し、代理監督者に託したことにつき過失のないことを立証しない限り、監督義務者も同時に責任を負う〈通〉。そのため、監督義務者のほかに代理監督者がいることを主張しても抗弁として機能しない〈同〉。

三 失火責任法との関係

失火責任法排除説、相関関係説等、学説上争いがあるが、判例は単純はめ込み説（監督につき重過失があった場合にのみ、監督義務者が責任を負う）に立つ（最判平 7.1.24）〈同書〉。

第715条 （使用者等の責任）〈予H30〉

Ⅰ ある事業のために他人を使用する者は、被用者がその事業の執行について第三者に加えた損害を賠償する責任を負う。ただし、使用者が被用者の選任及びその事業の監督について相当の注意をしたとき、又は相当の注意をしても損害が生ずべきであったときは、この限りでない。

Ⅱ 使用者に代わって事業を監督する者も、前項の責任を負う。

Ⅲ 前2項の規定は、使用者又は監督者から被用者に対する求償権の行使を妨げない〈共〉。

[趣旨] 被用者の加害行為による損害について使用者が責任（使用者責任）を負う根拠としては、「使用者は被用者の活動によりその事業範囲を拡大し、利益をあげて

［第715条］　　　　　　　　　　　　　　　　　　　　　　　　　　●不法行為

いるのであるから、それによる損失をも負担すべきである」という報償責任の原理
や、「被用者を用いて事業を拡大することにより、個人で事業を営む場合よりも社会
的な危険を増大させているのであるから、その危険が実現したならばその損失を負
担すべきである」という危険責任の原理が挙げられる。

　選任・監督上の過失が要件とされるが、その挙証責任が転換される点で中間責任
である。

《注　釈》

一　要件

　　①　使用者と被用者との間に使用関係があること（Ⅰ本文）
　　②　被用者が第三者へ加害したこと（Ⅰ本文）
　　③　被用者による加害が「事業の執行について」なされること（Ⅰ本文）
　　④　被用者が不法行為の一般的成立要件を備えていること
　　⑤　使用者に免責事由（Ⅰただし書）がないこと

1　①使用者と被用者との間に使用関係があること（Ⅰ本文）

　　通常は、雇用・委任その他の契約に基づくものであることが多いが、事実上
仕事をさせているにすぎない場合も含まれる。

　　→使用者と被用者との間に実質的な指揮・監督関係があればよい

　　ex.　組員による警官殺傷事件について、暴力団組長は、資金獲得活動を根
　　　　拠に使用者関係を肯定でき、暴力行為の賞揚により事業執行性も肯定でき
　　　　るから、使用者責任を負う（最判平 16.11.12・百選Ⅱ〔第6版〕83 事件）

　　cf.1　弁護士、医師、タクシー運転手、船舶賃借人などのように、独立して
　　　　仕事をしている者には、原則として指揮・監督関係が存在しないとみる
　　　　べきであるから、依頼者との関係において使用関係は認められない

　　cf.2　請負の注文者の責任

　　　　請負人は注文者から独立して業務を行うのであるから、請負人の責任
　　　　につき注文者は責任を負わないのが原則である（716 本文）。もっとも、
　　　　具体的な注文又は指図について注文者に過失があれば、注文者も責任を
　　　　負う（716 ただし書）。さらに、下請の場合にみられるように、事実上指
　　　　揮・監督関係がある場合には、そこに使用関係があるとされ、注文者が
　　　　使用者責任を負う場合もありうる

2　②被用者が第三者へ加害したこと（Ⅰ本文）

　　使用者及び加害をした被用者を除く、すべての者が、第三者の範囲に含まれ
る。

　　ex.　運転手・運転助手の共同過失による事故の場合、運転助手も共同不法
　　　　行為者となるが、被害者であるときは「第三者」に含まれる（最判昭
　　　　32.4.30）

3　③被用者による加害が「事業の執行について」なされること（Ⅰ本文）

　　客観的に行為の外形を標準として被用者の職務の範囲内かを判断する（外形
標準説）（最判昭 40.11.30）〈同〉。

●不法行為 　　　　　　　　　　　　　　　　　　　　　　[第715条]

∵　被用者の行為によってそれだけ使用者の社会的活動が拡張されているというところに使用者責任の根拠が求められるのであるから、客観的に事業の範囲内の行為ならば、「事業の執行について」にあたると解すべきである

→事業の範囲は、事業者の事業自体だけでなく、密接不可分の関係にある業務も含む

(1) 外形標準説は相手方の信頼を保護するためのものであり、相手方に悪意・重過失があるときは、使用者責任を問えない（最判昭42.11.2・百選Ⅱ94事件）〈同〉。

(2) 外形標準説の妥当する範囲

判例は、取引的不法行為（ex.手形の偽造・流用）のみならず事実的不法行為（ex.自動車事故）にも外形標準説が妥当するとする。

しかし、学説からは、事実行為については相手方の信頼は問題とならないとする批判があり、加害行為が客観的に使用者の支配領域内の危険に由来するか否かで判断すべきであるとする説が有力である。

4　④被用者が不法行為の一般的成立要件を備えていること

本条3項は使用者から被用者への求償を認めており、被用者が不法行為の一般的成立要件を備えていることを前提としている〈通〉。

使用者責任が成立する場合、被用者の責任が免責される余地はない。

5　⑤使用者に免責事由（Ⅰただし書）がないこと

使用者は、被用者の選任・監督につき相当の注意をしたこと、又は相当の注意をしても損害が生じたことを証明しない限り、使用者責任を免れることはできない（Ⅰただし書）〈同〉。

→古くは免責を認めた判例もあったが、現在では免責を認めるものはなく、実際上ただし書は死文化している

二　効果

1　責任主体

(1) 使用者（Ⅰ）と代理監督者（Ⅱ）が責任を負担する。

代理監督者とは、客観的に見て、使用者に代わり現実に事業を監督する地位にある者をいう。

→使用者が法人である場合、その代表者が、単に法人の代表機関として一般的業務執行権限を有するにとどまらず、現実に被用者の選任、監督を担当しているときは、当該代表者は代理監督者に該当する（最判昭42.5.30)〈同〉

(2) 被用者は独立して一般の不法行為責任を負担する〈同〉。

→被用者の責任と使用者・代理監督者の責任は連帯債務となる

2　使用者の被用者に対する求償（Ⅲ）

(1) 根拠

使用者責任は、他人（被用者）の不法行為に関する責任（代位責任）であ

債権

637

[第715条] ●不法行為

り、最終的責任負担者が被用者であることからすれば、求償が認められることは当然である《同》。

(2) 修正

事業の性格、規模、施設の状況、被用者の業務の内容、労働条件、勤務態度、加害行為の態様、加害行為の予防若しくは損失の分散についての使用者の配慮の程度その他諸般の事情に照らし、使用者の被用者に対する求償は、信義則（1Ⅱ）上相当と認められる限度に制限される（最判昭51.7.8・百選Ⅱ95事件）《同共》。そして、求償権を信義則上制限すべきことを根拠付ける具体的事実については、使用者から求償を受けた被用者が、抗弁としてこれを主張・立証する。

∵① 被用者は企業活動の一部として活動し、企業は多大な利益を収めている
② 報償責任を徹底すれば、使用者責任は被用者から独立した独自の責任であるべきである

(3) 逆求償

使用者が被害者に賠償した場合と被用者が被害者に賠償した場合で使用者の損害の負担が異なることは相当でないため、被用者が賠償の支払を行った場合、被用者は、損害の公平な分担の見地から相当と認められる額について、使用者に求償（逆求償）できる（最判令2.2.28・令2重判5事件）。

三 失火責任法との関係

失火責任法排除説、使用者基準説等、学説上争いがあるが、判例は被用者基準説を採る。

→被用者に故意・重過失があることは必要であるが、被用者の選任・監督につき使用者に重過失があることは必要でない（最判昭42.6.30）《同》

四 複数使用者間の求償問題

＜複数使用者間の求償問題の整理＞

		丁が被害者に賠償した場合
求償関係	丁→乙（＊1）	丁と乙との過失割合に従って定められる自己の負担部分を超えるかどうかにかかわらず、その負担部分に応じた額について求償することができる（719、442Ⅰ）
	丁→甲（＊2）	丁と乙との過失割合に従って定められる自己の負担部分を超えるかどうかにかかわらず、その負担部分に応じた額について求償することができる（715Ⅰ本文、442Ⅰ）
	丁→丙	学説は肯定する傾向にあるが、逆求償の法律構成については帰一するところがない

●不法行為　　　　　　　　　　　　　　　　　　　　　　[第716条〜第717条]

＊1　丁と乙との過失割合に従って定められる自己の負担部分を超えて賠償したときは、乙の負担部分について求償することができるとする見解もある。
＊2　改正前民法下の判例（最判昭63.7.1・百選Ⅱ97事件）は、丁と乙との過失割合に従って定められる自己の負担部分を超えて賠償したときは、乙の負担部分について求償することができる旨判示している。

Bが被害者に賠償した場合		
求償関係	B→C	715条3項を前提に、信義則上相当と認められる限度で求償できる（最判昭51.7.8・百選Ⅱ95事件）
	B→E	判例（最判昭41.11.18）は求償を認めるものの、理論構成は不明（学説上は、使用者・被用者一体説、不当利得説等がある）
	B→D（＊）	CとEとの過失割合に従って定められる自己の負担部分を超えるかどうかにかかわらず、その負担部分に応じた額について求償することができる（715Ⅰ本文、442Ⅰ）
	B→A	求償の範囲については、B→Dの場合と同様である なお、各使用者の負担部分は、Cの加害行為の態様及びこれと各使用者の事業の執行との関連性の程度、Cに対する各使用者の指揮監督の強弱等を考慮して定められる（最判平3.10.25）

＊　改正前民法下の判例（最判平3.10.25）は、CとEとの過失割合に従って定められる自己の負担部分を超える部分につき、CとEとの過失割合に従って定められるEの負担部分の限度で求償することができる旨判示している。

第716条（注文者の責任）

注文者は、請負人がその仕事について第三者に加えた損害を賠償する責任を負わない。ただし、注文又は指図についてその注文者に過失があったときは、この限りでない〈司共書〉。

《注　釈》

- 本条ただし書は、709条の一般原則を注意的に定めたものであるため、被害者が注文者の注意義務違反と損害との間の因果関係を立証しなければならない。

第717条（土地の工作物等の占有者及び所有者の責任）

Ⅰ　土地の工作物の設置又は保存に瑕疵があることによって他人に損害を生じたときは、その工作物の占有者は、被害者に対してその損害を賠償する責任を負う〈書〉。ただし、占有者が損害の発生を防止するのに必要な注意をしたときは、所有者がその損害を賠償しなければならない〈司書〉。
Ⅱ　前項の規定は、竹木の栽植又は支持に瑕疵がある場合について準用する。
Ⅲ　前2項の場合において、損害の原因について他にその責任を負う者があるときは、占有者又は所有者は、その者に対して求償権を行使することができる〈司書〉。

[第717条]　　　　　　　　　　　　　　　　　　　　　　　　　●不法行為

[趣旨] 工作物責任の趣旨については、他人に損害を生ぜしめるかもしれない危険性をもった瑕疵ある工作物を支配している以上は、その危険が実現した場合にはその責任を負うべきであるとする危険責任の原理にあるとするのが多数説である。占有者の責任は、防止措置上の過失を要件とし、その無過失の挙証責任を転換している点で中間責任であるが、所有者の責任は何らの免責事由を認めていない点で無過失責任である。

《注　釈》

一　要件〈司H23 司R元〉

①　「土地の工作物」によること（Ⅰ本文）
②　土地の工作物の設置・保存の瑕疵によること（Ⅰ本文）
③　占有者に免責事由のないこと（Ⅰただし書）
　　→所有者に免責事由なし（無過失責任）〈司〉

1　①土地の工作物によること（Ⅰ本文）

「土地の工作物」とは、土地に接着して人工的に作出した物及びそれと一体となって機能している物も含む〈過〉。

→工場内の機械は土地に接着していないとの理由で「土地の工作物」にあたらないとした大審院判例もあるが、現在では工場内の機械設備は、建物と一体として「土地の工作物」にあたると解されている

2　②土地の工作物の設置・保存の瑕疵によること（Ⅰ本文）

(1)　「設置又は保存に瑕疵」とは、当該工作物が通常有すべき安全性を欠いていることをいう（最判昭 45.8.20）〈過〉。

→占有者・所有者の義務違反を問題とせず、工作物の客観的性状から、通常予想される危険に対し通常備えるべき安全性を欠いていたかどうかを判断する（客観説）。この安全性を判断する場合には、土地の工作物の設置された場所の環境、通常の利用者の判断能力や行動能力等を具体的に考慮する

ex.　第三者や被害者の異常な行動による危険や、異常な不可抗力により生じた危険に対する安全性まで備えている必要はない

→「瑕疵」の存否を判断するに当たっては、当該工作物が通常有すべき安全性を欠くと評価されるようになったのはいつの時点からであるかを確定した上で、当該時点までの技術等の諸事情を考慮しなければならない（最判平 25.7.12・平 25 重判 11 事件）

(2)　工作物責任が成立するためには、工作物の設置・保存の瑕疵と損害との間に因果関係がなければならない。

ex.　全く予想外の強風・豪雨という不可抗力によって工作物が破壊され、それによって損害が生じたときは、工作物に瑕疵がなくても損害が生じるほどのものであれば、工作物の設置・保存の瑕疵と損害との間に因果関係は認められない

cf.　損害の発生が工作物の瑕疵に起因している限りは、自然力又は第三

●不法行為　　　　　　　　　　　　　　　　　　　　　　　　　　　　　　　　　［第718条］

者・被害者の行為が競合していても因果関係がある

(3)　工作物の瑕疵が、現所有者の前の所有者が工作物を所有していた時期に生じたものであり、その瑕疵があることによって第三者に損害が生じた場合であっても、その損害がその所有中に生じたものである限り、現所有者は、工作物の所有者としての損害賠償責任を免れることができない（大判昭3.6.7）◁同▷。

3　③占有者に免責事由がないこと（Ⅰただし書）

「損害の発生を防止するのに必要な注意」を尽くしたといえるためには、損害の発生を現実に防止できるだけの措置を施したことが必要である。なお、占有者が単に無資力であっても、免責事由にはあたらない◁同▷。

ex.　小学校の遊動円棒の支柱が腐朽して危険であるときに、3人以上乗るべからずと書いた札を立て、児童に申し聞かせていただけでは、相当の注意をしたものとはいえない（大判大5.6.1）

二　効果

1　責任主体◁同H23▷

第一次的に占有者が責任を負い、免責事由を挙証すれば第二次的に所有者が責任を負う（Ⅰ）◁供▷。また、所有者に責任能力は不要である◁同▷。

→「占有者」には、直接占有者（不法占拠を含む）だけでなく間接占有者も含まれる（最判昭31.12.18）◁同書▷

→「所有者」は現に工作物を所有している者であり、所有権移転登記を経由している必要はない

2　求償関係

工作物を築造した請負人、工作物の以前の占有者・所有者で、瑕疵を生ぜしめたことについて責任のある者（709）がいるときは、賠償をした占有者・所有者は、この者に求償権を行使できる（Ⅲ）。

→占有者の他に、他の者（ex. 工作物を製作した者）が被害者に対して不法行為責任（709）を負う場合は、占有者とその者は連帯債務の関係となる

三　失火責任法との関係

判例は、工作物の設置・保存の瑕疵につき重過失があることが必要であるとしている（大判昭7.4.11）。

四　竹木への適用

竹木の栽植・支持の瑕疵による損害の場合、竹木の占有者・所有者が工作物責任と同様の責任を負う。

第718条　（動物の占有者等の責任）

Ⅰ　動物の占有者は、その動物が他人に加えた損害を賠償する責任を負う。ただし、動物の種類及び性質に従い相当の注意をもってその管理をしたときは、この限りでない◁同▷。

Ⅱ　占有者に代わって動物を管理する者も、前項の責任を負う。

［第719条］　　　　　　　　　　　　　　　　　　　　　　　　　　●不法行為

[趣旨] 動物から生ずる危険は、このような危険な物を所持している者が負担すべきであるとの一種の危険責任の見地から、動物の加害について、動物の占有者・管理者に責任を負わせる。管理上の過失を要件とするが、その挙証責任を転換している点で、中間責任である。

《注　釈》
一　要件
　　① 動物によること（Ⅰ本文）
　　② 動物の加えた損害であること（Ⅰ本文）
　　③ 占有者又は管理者に免責事由（Ⅰただし書）のないこと
　1　①動物によること（Ⅰ本文）
　　　動物の種類は問題でないが、占有又は管理されていることが必要である。
　2　②動物の加えた損害であること（Ⅰ本文）
　　　損害は、動物の動作による直接の加害に限らず、損害と動物の動作との間に因果関係があればよい。
　3　③占有者又は管理者に免責事由（Ⅰただし書）のないこと
　　　→被害者に過失があるときは、免責事由の問題ではなく、過失相殺（722Ⅱ）が問題となる

二　効果
　1　責任主体
　(1)　動物の占有者及び占有者に代わって管理する管理者
　　　ex. 事務管理（697）により、飼主不明の動物を保護している者〈同〉
　　　動物の受寄者、運送人のように事実上その動物を管理する者が「占有者」に含まれるかについては学説が対立する。
　　　　→占有理論からすれば、これらの者も自己のために占有する意思があると理解するのが通常であることから、「占有者」に含まれる
　(2)　直接占有者と間接占有者の責任の併存の有無
　　　判例は、直接占有者と間接占有者の併存的責任を肯定し（連帯債務）、占有者は免責事由を立証しない限り責任を負うとしている〈同〉。
　2　求償権
　　　本条により損害賠償をした占有者や管理者は、他に責任を負うべき者がいる場合にはその者に求償権を行使しうる（717条3項のような規定はないが、当然のことと解されている）。

第719条　（共同不法行為者の責任）

Ⅰ　数人が共同の不法行為によって他人に損害を加えたときは、各自が連帯してその損害を賠償する責任を負う。共同行為者のうちいずれの者がその損害を加えたかを知ることができないときも、同様とする。

Ⅱ　行為者を教唆した者及び幇助した者は、共同行為者とみなして、前項の規定を適用する。

642

●不法行為 [第719条]

[趣旨]本条は、共同不法行為者とされた者全員に損害の全部について連帯して賠償責任を負わせ（原則として免責・減責の主張を許さない）、被害者の責任追及を容易にすることによって被害者救済を厚くすることを目的とするものである。

《注 釈》

一 狭義の共同不法行為の要件（Ⅰ前段）

狭義の共同不法行為とは、共同者全員がいずれも損害の発生につき共同している場合をいう。

ex. 数人が共同して強盗する場合

<共同不法行為の要件についての学説の整理>

客観的関連共同説（最判昭43.4.23）<通>（＊1、＊2）	① 各人の行為が不法行為の一般的成立要件をみたすこと ② 共同行為者間に客観的関連共同性、すなわち、社会的に見て数人の加害行為が一体とみられる関係があること
主観的関連共同説	共同行為者間に主観的な関連共同性、すなわち、各人に他人の行為を利用し、他方、自己の行為が他人に利用されるのを認容する意思があること
類型化説（淡路説）	① 各人の行為が関連共同性を有すること →「強い関連共同性」（強い主観的関連と強い客観的関連）と、「弱い関連共同性」（弱い客観的関連）とがある ② 共同行為と損害との間に因果関係があること →「強い関連共同性」の場合、因果関係が擬制される（Ⅰ前段） 「弱い関連共同性」の場合、因果関係は推定されるにすぎない（Ⅰ後段）

＊1 判例は客観的関連共同説に立つといわれているが、下級審の裁判例には類型化説によったとみられるものもある（大気汚染による健康被害につき、排出源である企業と道路管理者の責任が問題となった事件で、客観的な関連性に加えて主観的な要素をもあわせて考慮すべきとした大阪地判平7.7.5・百選Ⅱ96事件など）。

＊2 判例は、交通事故と医療事故が順次競合して1つの結果を発生させた事例において、共同不法行為の成立を認めた（最判平13.3.13・百選Ⅱ107事件）<同>。

二 加害者不明の共同不法行為の要件（Ⅰ後段）

① 「共同行為者」であること
→直接の加害行為についてではなく、その前提となる集団行為について客観的共同関係がある場合をいうとするのが一般である

② 共同行為者のいずれかによる損害の惹起

③ 各共同不法行為者が因果関係以外の不法行為の一般的成立要件をみたしていること
→本規定を因果関係の推定規定とみる立場から、自己の行為と損害の発生との因果関係の不存在を立証すれば免責されるとする説が有力である

三 教唆者・幇助者（Ⅱ）

「教唆」とは、他人を唆して不法行為を実行する意思を決定させることであり、「幇助」とは、不法行為の実行を容易ならしめる行為をすることをいう。教唆者・

643

［第719条］　　　　　　　　　　　　　　　　　　　　　　　　　　●不法行為

帮助者は直接の加害行為を行ったわけではないが、共同行為者とされる。

四　効果

1　責任の連帯性

(1)　更改、相殺、混同を除き、連帯債務者の1人について生じた事由は、他の連帯債務者に対してその効力を生じない（相対的効力、441本文）。したがって、被害者が共同不法行為者の1人に対して損害賠償債務の履行を請求しても、他の共同不法行為者にはその効力が生じず、裁判上の請求による消滅時効の完成猶予（147 I①）の効力も生じない。

(2)　被害者が共同不法行為者の1人について債務を免除しても、他の共同不法行為者にはその効力が生じない。もっとも、被害者が他の共同不法行為者の残債務をも免除する意思を有していると認められる場合は、その者に対しても残債務の免除の効力が及ぶ（最判平10.9.10・百選Ⅱ21事件）〈同共〉。

2　賠償の範囲

不法行為による損害賠償の範囲については416条が類推適用され（大連判大15.5.22）、共同不法行為者は、共同不法行為と相当因果関係にある全損害について責任を負担する（最判昭43.4.23）。

ex.　特別事情による損害については、その損害の発生を予見すべきであった者のみが賠償責任を負う

cf.　複数の加害者の過失及び被害者の過失が競合する1つの交通事故においては、絶対的過失割合に基づく被害者の過失による過失相殺をした損害賠償額について、加害者らは連帯して共同不法行為に基づく賠償責任を負う（最判平15.7.11・平15重判14事件）〈共〉

3　求償関係

A説：共同不法行為者の1人が賠償をした場合には、その額が自己の負担部分を超えるかどうかにかかわらず、その負担部分に応じた額を他の共同不法行為者に求償できる（442 I）

∵①　連帯債務に関する規律（436以下）で統一的な処理が可能である

②　一部求償を認める方が各債務者の負担を公平にする

③　負担部分を超えなくても求償を認めることで連帯債務の弁済が促進されるから、債権者に不利益は生じない

B説：共同不法行為者の1人がその過失割合に従って定まる自己の負担部分を超えて賠償をした場合には、その超える部分につき、他の共同不法行為者に求償できる

∵　一部しか弁済されていない場合は、他の連帯債務者は、弁済をした連帯債務者からの求償に応じるよりもむしろそれを被害者への賠償に充てることが被害者保護に資する

644

●不法行為 [第720条〜第722条]

第720条 （正当防衛及び緊急避難）
Ⅰ 他人の不法行為に対し、自己又は第三者の権利又は法律上保護される利益を防衛するため、やむを得ず加害行為をした者は、損害賠償の責任を負わない。ただし、被害者から不法行為をした者に対する損害賠償の請求を妨げない。
Ⅱ 前項の規定は、他人の物から生じた急迫の危難を避けるためその物を損傷した場合について準用する。

《注　釈》
一　正当防衛（Ⅰ）
　1　要件
　　　①「他人の不法行為」が原因となり、②「自己又は第三者の権利又は法律上保護される利益を防衛するため」、③「やむを得ず」、④「加害行為をした」こと
　2　効果
　　　違法性が阻却される（Ⅰ本文）。ただし、防衛行為により第三者に損害を与えた場合は、第三者は、不法行為をなした者に対して損害賠償を請求できる（Ⅰただし書）。
二　緊急避難（Ⅱ）
　1　要件
　　　①「他人の物から生じた急迫の危難」が原因となり、②やむを得ず、③当該他人に属する「その物を損傷した」こと
　2　効果
　　　正当防衛の規定（Ⅰ）が準用される。

第721条 （損害賠償請求権に関する胎児の権利能力）
胎児は、損害賠償の請求権については、既に生まれたものとみなす。

[趣旨] 胎児は権利能力がないから、損害賠償請求をなしえないはずである。しかし本条は、胎児の利益保護のために胎児の権利能力を擬制する。　⇒p.5

第722条 （損害賠償の方法、中間利息の控除及び過失相殺）
Ⅰ 第417条＜損害賠償の方法＞及び第417条の2＜中間利息の控除＞の規定は、不法行為による損害賠償について準用する。
Ⅱ 被害者に過失があったときは、裁判所は、これを考慮して、損害賠償の額を定めることができる。

《注　釈》
一　1項（損害賠償の方法）
　1　金銭賠償の原則（Ⅰ、417）
　2　特定的救済
　（1）名誉回復処分

債
権

645

[第722条]　　　　　　　　　　　　　　　　　　　　　　　　　　　　●不法行為

名誉毀損による不法行為の場合には、裁判所は「名誉を回復するのに適当な処分」を命ずることができる（723）。
　　∵　名誉毀損はその性質上必ずしも金銭その他の物品をもって賠償することができるものではない
(2)　差止請求権
　将来において損害を生じさせるであろう原因となる行為を停止させることをいう。
　　→被侵害利益の重大性等に照らして、一定の場合に認められている
(3)　原状回復請求の可否
　金銭賠償の原則が原状回復的方法を否定していると考えられるので、原状回復を求めることは不可能と解されている（大判大 10.2.17）。

3　中間利息の控除　⇒ p.311

二　2項（過失相殺）

1　趣旨
　被害者にも過失があったときには、損害賠償額算定に当たってもこれを斟酌するのが公平であることに鑑み、過失相殺が認められた。
2　「過失」の意義
　　A説：過失相殺するには、被害者に損害の発生を避けるのに必要な注意をする能力、すなわち事理弁識能力が必要である（事理弁識能力必要説）（最大判昭 39.6.24・百選Ⅱ 105 事件）
　　B説：過失相殺の要件として被害者の主観的な判断能力を考慮する必要はない（過失相殺能力不要説）
3　被害者側の過失
　「被害者に過失があった」とは、単に被害者本人の過失のみでなく、広く被害者側の過失を包含する。被害者側の過失とは、被害者と身分上ないしは生活関係上一体をなすとみられるような関係にある者の過失を意味する（最判昭 42.6.27）。
(1)　判例上、被害者側の過失が肯定された例
　　ex.1　被害者の被用者の過失
　　ex.2　子の損害賠償請求における親の過失
　　ex.3　妻の損害賠償請求における夫の過失（内縁関係も含む。なお、夫婦の婚姻関係がすでに破綻している場合などの特別の事情がある場合は除外される）（最判昭 51.3.25）
　　ex.4　共同して暴走行為をした者の過失（最判平 20.7.4・平 20 重判 10 事件）
(2)　判例上、被害者側の過失が否定された例
　　ex.1　園児の損害賠償における引率中の保育士の過失（最判昭 42.6.27）
　　ex.2　結婚予定だが婚姻も同居もしていない交際相手の過失
4　過失相殺の効果　⇒ p.313

●不法行為　　　　　　　　　　　　　　　　　　　　　　　　　　　　　　　［第723条］

具体的事情の程度に応じて、賠償金の減額が行われる。

賠償額の算定について、過失を考慮するか否かは、裁判官の裁量に委ねられる。

→全額免除は不可

5　被害者の素因

(1)　身体的素因〈司H23〉

被害者に対する加害行為と被害者のり患していた疾患とがともに原因となって損害が発生した場合において、当該疾患の態様、程度などに照らし、加害者に損害の全部を賠償させるのが公平を失するときは、裁判所は、損害賠償の額を定めるに当たり、民法722条2項の過失相殺の規定を類推適用して、被害者の当該疾患を斟酌することができる（最判平4.6.25）〈共〉。

cf.　被害者が平均的な体格ないし通常の体質と異なる身体的特徴を有しており、それが加害行為と競合して傷害を発生させ、又は損害の拡大に寄与したとしても、その身体的特徴が疾患にあたらないときは、特段の事情がない限り、これを損害賠償の額を定めるに当たり斟酌することはできない（最判平8.10.29・百選Ⅱ106事件）〈書〉。

(2)　心因的素因

被害者にとってどうすることもできない事情である身体的素因の場合と異なり、心因的素因の場合には、賠償額の減額事由となることについては争いはない。その法律構成については争いがあるが、この場合も本条項を類推適用するのが判例である〈司〉。

ex.1　自動車事故により傷害を負わせたものの、被害者が特異な性格をしており、かつ回復への自発的意欲の欠如により損害が拡大した場合には、被害者の心因的素因が斟酌される（最判昭63.4.21）

ex.2　事故により精神的に大きな衝撃を受け、それが原因で災害神経症状態に陥り自殺に至ったという場合（事故と自殺の相当因果関係は認められる）、自殺には被害者の心因的素因が寄与しているので、損害賠償の額を定めるに当たり心因的素因が斟酌される（最判平5.9.9）

第723条　（名誉毀損における原状回復）

他人の名誉を毀損した者に対しては、裁判所は、被害者の請求により、損害賠償に代えて、又は損害賠償とともに、名誉を回復するのに適当な処分を命ずることができる。

[趣旨] 名誉あるいは信用が毀損された場合、損害の金銭評価は困難であり、たとえ、金銭賠償がなされても、十分な救済効果が得られないことから、名誉、信用の毀損については、特に原状回復請求を認めた。

《注　釈》

▪「適当な処分」とは別に、人格権としての名誉権侵害を根拠に、出版等の差止めを認めた判例がある（最大判昭61.6.11・百選Ⅰ4事件）。

647

［第724条～第724条の2］　　　　　　　　　　　　　　　●不法行為

- 裁判所は、被害者の請求により、他人のプライバシーを侵害した者に対し、これを保護するのに適当な処分を命ずることができる（最判平14.9.24参照）〈団〉。
- 個人のプライバシーに属する事実を公表されない法的利益と当該事実を含む記事等が掲載されたＵＲＬ等情報を検索結果として提供する理由に関する諸事情を比較衡量して、当該事実を公表されない法的利益が優越することが明らかな場合には、検索事業者に対し、当該情報を検索結果から削除することを求めることができる（最決平29.1.31・平29重判9事件）。

第７２４条　（不法行為による損害賠償請求権の消滅時効） 〈共書〉

不法行為による損害賠償の請求権は、次に掲げる場合には、時効によって消滅する。
① 被害者又はその法定代理人が損害及び加害者を知った時から3年間行使しないとき。
② 不法行為の時から20年間行使しないとき〈共〉。

第７２４条の２　（人の生命又は身体を害する不法行為による損害賠償請求権の消滅時効） 〈書〉

人の生命又は身体を害する不法行為による損害賠償請求権の消滅時効についての前条第1号の規定の適用については、同号中「3年間」とあるのは、「5年間」とする。

【平29改正】改正前民法下においては、20年間の期間制限の法的性質については、除斥期間であると考えられていた（最判平16.4.27・百選Ⅱ109事件参照）。しかし、不法行為の時から期間の経過によって画一的に権利が消滅するとすれば、被害者の保護に欠ける場合がある。そのため、20年の期間制限の法的性質は消滅時効であると明文で規定された。

また、人の生命・身体侵害を理由とする損害賠償請求権については、生命・身体という法益の重大性を考慮し、民法上、債権一般の消滅時効のうち、主観的起算点からの短期の消滅時効が5年とされていること（166Ⅰ①　⇒p.114）と平仄を合わせ、その期間を3年から5年に伸長する規定が新設された。

[趣旨]724条1号において3年間の短期消滅時効が定められているのは、時間の経過により責任の有無や損害額の立証や確定が困難となり、被害者の感情も沈静化することによる。かかる趣旨から、不法行為により生じた損害賠償にかかる遅延利息にも724条が適用されることになる〈団〉。

《注　釈》

一　3年の消滅時効（724①）

1　「損害……を知った時」の意味
(1)　損害を「知った時」とは、被害者が損害の発生を現実に認識した時をいう（最判平14.1.29・平14重判9事件）〈団〉。損害賠償請求が事実上可能な程度に損害の発生を認識すれば足り、損害の程度又は数額を知ることまでは要しない。
(2)　もっとも、継続して不法行為が行われる場合（継続的不法行為）、上記原則を貫くと、被害者が最初の損害及び加害者を知った時から3年経過した場

●不法行為 　　　　　　　　　　　　　　　　　　　　**［第724条〜第724条の2］**

合、不法行為が継続中であっても損害賠償請求権が時効により消滅すること
になるという不都合が生じる。そのため、継続的不法行為に関しては、慎重
な検討が必要となる。

> ex.1　不法占拠のような継続的不法行為の場合には、その行為により日々
> 発生する損害につき、被害者がその各損害を知った時から別個に消滅
> 時効が進行する（大連判昭 15.12.14）**同**
>
> ex.2　夫婦の一方の配偶者が他方の配偶者と第三者との同棲により第三者
> に対して取得する慰謝料請求権について、判例は、全体として、同棲
> 関係が終了した時点から消滅時効が進行するとした原審を破棄し、一
> 方の配偶者が右の同棲関係を知った時から、それまでの慰謝料請求権
> の消滅時効が進行するとしている（最判平 6.1.20）

2　「加害者を知った時」の意味

加害者に対する賠償請求が事実上可能な状況のもとに、その可能な程度にこ
れを知った時を意味する（最判昭 48.11.16・百選Ⅱ108 事件）。また、「加害者」
には、監督義務者（714）や使用者（715）のように、直接の加害者ではない
が、不法行為責任を負う者も含まれる。

> ex.　715 条に基づいて使用者に損害賠償を請求する場合、「加害者を知った」
> というためには、被害者らにおいて、使用者並びに使用者と不法行為者と
> の間に使用関係がある事実に加えて、一般人が当該不法行為が使用者の事
> 業の執行につきなされたものであると判断するに足りる事実をも認識する
> ことを要する（最判昭 44.11.27）

3　138 条及び 140 条との関係

判例は、民法 724 条所定の 3 年の時効期間の計算についても、138 条により
140 条の適用があるから、損害及び加害者を知った時が午前零時でない限り、
時効期間の初日はこれを算入すべきものではないとする（最判昭 57.10.19）**共**。

二　5 年の消滅時効（724 の 2）

1　人の生命又は身体を害する不法行為

生命・身体には、健康が含まれる。また、ＰＴＳＤなどの精神的障害を生じ
させる行為も、「身体を害する」に当たる。

2　後遺障害が生じた場合の消滅時効の起算点

判例は、不法行為により受傷した被害者が、受傷時から相当期間経過後に現
れた後遺症のため、受傷時においては医学的に通常予想しえなかった治療を必
要とするに至り、その費用の支出を余儀なくされた場合には、その費用につい
ての消滅時効はその治療を受けるまで進行しないとする（最判昭 42.7.18）**同**。

三　20 年の消滅時効（724 ②）

1　「不法行為の時」の意味

判例は、「不法行為の時」の意味について、「加害行為が行われた時に損害が
発生する不法行為の場合には、加害行為の時がその起算点となる」が、他方
で、「当該不法行為により発生する損害の性質上、加害行為が終了してから相

[第724条〜第724条の2]　　　　　　　　　　　　　　　　●不法行為

当の期間が経過した後に損害が発生する場合には、当該損害の全部又は一部が発生した時」が起算点となるとする（最判平18.6.16・平18重判11事件、最判平16.4.27・百選Ⅱ109事件）圓。

2　724条2号の規定は、不法行為によって発生した損害賠償請求権の長期の消滅時効を定めたものである。

(1)　「不法行為の被害者が不法行為の時から20年を経過する前6箇月内において……心神喪失の常況にあるのに法定代理人を有しなかった場合において、その後当該被害者が」後見開始の審判を受け、「後見人に就職した者がその時から6箇月内に右損害賠償請求権を行使したなど特段の事情があるときは、民法158条の法意に照らし」、消滅時効の完成が猶予される（最判平10.6.12参照）圓。

(2)　「被害者を殺害した加害者が、被害者の相続人において被害者の死亡の事実を知り得ない状況を殊更に作出し、そのために相続人はその事実を知ることができず、相続人が確定しないまま上記殺害の時から20年が経過した場合において、その後相続人が確定した時から6か月内に相続人が上記殺害に係る不法行為に基づく損害賠償請求権を行使したなど特段の事情があるときは、民法160条の法意に照らし」、消滅時効の完成が猶予される（最判平21.4.28・平21重判12事件参照）。

債権

650

完全整理　択一六法

親　族

●総則

第4編　親族

・第1章・【総則】

《概　説》

一　身分権

1　身分権とは、身分関係に基づいて親族法上有する権利のことである。

2　財産権に比べ、一身専属性が強く、譲渡性や相続性がない。また、他人による代行は原則として許されない。

二　身分行為

1　身分行為とは、身分上の法律効果を発生させる法律行為をいう。

2　特色

（1）　身分行為の要式性

　　形成的身分行為（直接的に身分の創設・廃止を生ぜしめる最も基本的な身分行為）は、原則として戸籍の届出（創設的届出）が必要となる点で、要式性が要求される。

（2）　身分行為の能力

　　身分行為には、財産的法律行為の場合ほど高度の能力は要求されない。形成的身分行為の場合には意思能力と一致する。

　　ex.　成年被後見人の婚姻（738）、成年被後見人の協議上の離婚（764、738）、認知（780）、成年被後見人の縁組（799・738）、成年被後見人の協議上の離縁（812、738）

（3）　身分行為における意思

　　身分行為においてはなるべく本人の意思が尊重され、財産的法律行為におけるような取引の安全の要請による第三者保護の面からの修正（ex. 94Ⅱ、96Ⅲ）は受けない。

（4）　身分行為の無効・取消し

　　財産的法律行為におけるような外観尊重の要請が働かないため、瑕疵ある意思表示、意思の欠缺に関する法律行為の規定は、原則として身分行為に適用されず、身分行為には特別の規定がある（ex. 742①、802①、747、764、808Ⅰ、812）。

●総則 ［第725条～第726条］

＜総則編の取消しと親族編の取消しの相違＞

	総則編	親族編
取消しの効力	遡及効あり（121）	① 婚姻・縁組の取消し →非遡及（748Ⅰ、808Ⅰ前段） ② 離婚・離縁の取消し →遡及（764、812が748を準用せず）
取消権の 存続期間	5年ないし20年（126）	3か月（747Ⅱ）又は6か月（808Ⅰ後段） →離婚・離縁に準用
取消権の 行使方法	裁判外の行使も可	必ず訴えの形式による（743、744～ 747、803、804～808、812、747）

(5) 本人の意思を尊重すべく、身分行為については原則として代理が許されない。例外（ex. 797）は極めて限定的である。

第725条 （親族の範囲）

次に掲げる者は、親族とする。

① 6親等内の血族
② 配偶者
③ 3親等内の姻族

第726条 （親等の計算）

Ⅰ 親等は、親族間の世代数を数えて、これを定める。
Ⅱ 傍系親族の親等を定めるには、その1人又はその配偶者から同一の祖先にさかのぼり、その祖先から他の1人に下るまでの世代数による。

《注 釈》

一 血族

血族には、実際に血のつながりのある「自然血族」と、養子縁組によって血族の関係が擬制される「法定血族」とがある。

二 配偶者

配偶者とは、法律上の婚姻関係にある相手方（夫からみた妻、妻からみた夫）を意味する。配偶者は、親族の中で特殊な地位にあり、血族でも姻族でもなく、親等もない。

三 姻族

自己の配偶者の血族又は自己の血族の配偶者を姻族という。たとえば、妻からみた夫の父母（自己の配偶者の血族）や、自己の兄弟姉妹の結婚相手（自己の血族の配偶者）などである。

四 直系親族・傍系親族

直系親族とは、血統が直上・直下する形で連結する親族をいう。
ex. 祖父母・父母・子・孫
傍系親族とは、血統が共同の始祖によって連結する親族をいう。

[第725条〜第726条] ●総則

ex. 兄弟姉妹・いとこ

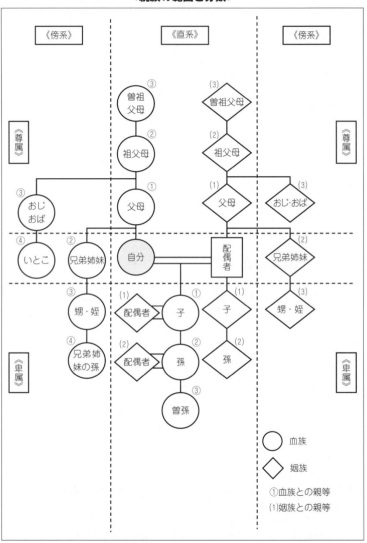

＜親族の範囲と分類＞

●総則 [第727条〜第729条]

第727条 （縁組による親族関係の発生）
養子と養親及びその血族との間においては、養子縁組の日から、血族間におけるのと同一の親族関係を生ずる。

《注 釈》

一 血族関係の発生
1 自然血族関係は、出生により生ずる。 →出生届は報告的届出である
2 法定血族関係は、養子縁組により生ずる（727）。
(1) 養親と養子の血族の間に親族関係は生じない（大決大13.7.28）。
(2) 縁組以前に生まれた養子の直系卑属と養親の間に親族関係は生じない（大判昭7.5.11）◀同▶。

二 姻族関係の発生
婚姻を媒介として夫婦の一方と他方の血族との間に生じる。一方の血族と他方の血族との間には親族関係は生じない◀司共▶。

三 配偶者関係の発生
婚姻により生じる。内縁関係では生じない。

第728条 （離婚等による姻族関係の終了）
Ⅰ 姻族関係は、離婚によって終了する。
Ⅱ 夫婦の一方が死亡した場合において、生存配偶者が姻族関係を終了させる意思を表示したときも、前項と同様とする。

第729条 （離縁による親族関係の終了）
養子及びその配偶者並びに養子の直系卑属及びその配偶者と養親及びその血族との親族関係は、離縁によって終了する。

《注 釈》

一 血族関係の終了
1 自然血族関係は、死亡、失踪宣告（31）により終了する。
2 法定血族関係は、離縁、縁組の取消しにより終了する。
(1) 当事者間のみならず、縁組によって生じた血族関係も終了する。
(2) 縁組後に生まれた子と養親、その血族との間の血族関係も終了する（729）。

二 姻族関係の終了
1 離婚、婚姻の取消しにより終了する。
2 死亡により婚姻が解消しても、生存配偶者が姻族関係終了の意思表示をしない限り、姻族関係は当然には終了しない（728Ⅱ）◀司共▶。
→死亡配偶者の血族の側から姻族関係を終了させることはできない

三 配偶者関係の終了
死亡、婚姻の取消し、離婚により終了する。

親族

655

[第730条]・婚姻の成立　　　　　　　　　　　　　　　　　　　　　　　●婚姻

＜配偶者との姻族関係と氏＞

	姻族関係	氏
離婚	当然終了（728Ⅰ）	当然復氏（767Ⅰ） →ただし、離婚の際の氏を称することも可（767Ⅱ）
死別	生存配偶者からの意思表示（728Ⅱ）	復氏の意思表示があれば復氏（751Ⅰ）

第730条　（親族間の扶け合い）
　直系血族及び同居の親族は、互いに扶け合わなければならない。

・第2章・【婚姻】

■第1節　婚姻の成立

第1款　婚姻の要件
《概　説》
一　婚姻予約
　　婚姻予約は明文規定がない。
　　しかし、婚姻を約し、それを裏付ける事実があれば、結納などがなくとも婚姻予約は成立し、不当に破棄した者には慰謝料の支払義務が生じる（最判昭38.9.5・百選Ⅲ22事件）。
二　内縁
　1　内縁とは、婚姻意思をもって共同生活を営み、社会的には夫婦と認められているにもかかわらず、法の定める婚姻届を出していないため、法律的には正式の夫婦と認められない男女の結合関係をいう。
　2　内縁の不当破棄は、契約責任（∵婚姻予約の不履行）だけでなく、不法行為責任（709）も負う（最判昭33.4.11・百選Ⅲ24事件）〈共書〉。
　3　内縁の効果
　　内縁は婚姻に準じた関係と考えられるので（準婚理論）、婚姻届と直接に関連するものを除き、他の婚姻の効果はほとんど内縁にも与えることができる〈画〉。
　(1)　内縁夫婦は、共同生活に必要な費用を分担する（760準用）（最判昭33.4.11・百選Ⅲ24事件）〈司〉。
　　　日常家事債務について規律する761条も準用される〈司〉。
　(2)　内縁夫婦間に生まれた子は非嫡出子として扱われる。
　(3)　原則として母の単独親権に服し、父子関係については父の認知が必要である〈書〉。
　(4)　内縁継続中の懐胎が証明されれば、夫の子と事実上推定される（最判昭

656

29.1.21）〈司〉。

(5)　内縁成立の日から200日経過後又は内縁解消の日から300日以内に生まれた子は、民法772条の類推適用により、内縁の夫の子と事実上推定される（最判昭29.1.21）〈司書〉。

(6)　内縁解消に伴う財産分与に当たり、離婚の際の財産分与に関する規定を類推適用して家庭裁判所の審判によりこれを決定しうるかについて、一方の死亡による内縁解消の場合は否定される（最決平12.3.10・百選Ⅲ25事件）が〈司共予言〉、合意若しくは一方的意思による内縁解消の場合は肯定される〈通〉。

4　内縁の妻の建物賃借権

(1)　死亡配偶者に相続人がいない場合には賃借権を当然に承継しうる（借地借家36）〈司〉。

(2)　相続人がいる場合、家屋の所有権・賃借権を相続した者が被相続人の内縁配偶者に対して明渡しを請求することは権利の濫用（1Ⅲ）であり、また、賃貸人からの明渡請求に対し内縁配偶者は、相続人の承継した賃借権を援用して拒みうる（最判昭42.2.21）〈司書〉。

　　→建物使用にかかる不当利得返還請求も拒絶することができる（最判平10.2.26）〈司書〉

(3)　内縁の夫婦がその共有する不動産を居住又は共同事業のために共同で使用してきたときは、特段の事情のない限り、両者の間において、その一方が死亡した後は他方が右不動産を単独で使用する旨の合意が成立していたものと推認するのが相当である（最判平10.2.26）。

5　内縁の妻の社会保障給付等の受給権

　農林漁業団体職員共済組合法に基づく遺族年金給付につき、戸籍上の妻であっても婚姻が破綻し事実上の離婚状態にある者には受給権がなく、重婚的内縁関係にある者に受給権が認められる（最判昭58.4.14・百選Ⅲ26事件）。

　民法の婚姻法秩序に反するような内縁関係にある者は、原則として遺族厚生年金の支給を受けることができない。しかし、3親等以内の傍系血族間の内縁関係については、内縁関係が形成された経緯等に照らし、反倫理性、反公益性が婚姻法秩序等の観点から問題とする必要がない程度に著しく低いと認められる場合には、受給権が認められる（最判平19.3.8・百選Ⅲ27事件）。

6　内縁の妻の損害賠償請求権

　被害者の扶養を受けていた内縁配偶者は、加害者に対して、被害者に相続人がいるとしても、内縁配偶者が被害者から受けることができた将来の扶養利益の喪失を損害として、賠償請求することができる〈司〉。

三　パートナーシップ関係

　旅行などをともにするが共同して生活をせず、共同財産もなく、子はあるが女が一切養育しない合意のある男女関係（いわゆるパートナーシップ関係）において、これを婚姻及びこれに準ずるものと同様に関係の存続が保障されたものとみることはできず、一方がかかる関係を一方的に解消しても不法行為責任を肯定で

婚姻の成立［第731条～第739条］　　　　　　　　　　　　　　●婚姻

きない（最判平 16.11.18・百選Ⅲ 23 事件）。

第731条　（婚姻適齢）

婚姻は、18歳にならなければ、することができない。

第732条　（重婚の禁止）

配偶者のある者は、重ねて婚姻をすることができない。

第733条　（再婚禁止期間）

Ⅰ　女は、前婚の解消又は取消しの日から起算して100日を経過した後でなければ、再婚をすることができない。

Ⅱ　前項の規定は、次に掲げる場合には、適用しない〈司〉。
①　女が前婚の解消又は取消しの時に懐胎していなかった場合
②　女が前婚の解消又は取消しの後に出産した場合

第734条　（近親者間の婚姻の禁止）

Ⅰ　直系血族又は3親等内の傍系血族の間では、婚姻をすることができない。ただし、養子と養方の傍系血族との間では、この限りでない〈司共書〉。

Ⅱ　第817条の9＜実方との親族関係の終了＞の規定により親族関係が終了した後も、前項と同様とする。

第735条　（直系姻族間の婚姻の禁止）

直系姻族の間では、婚姻をすることができない。第728条＜離婚等による姻族関係の終了＞又は第817条の9＜実方との親族関係の終了＞の規定により姻族関係が終了した後も、同様とする〈書〉。

第736条　（養親子等の間の婚姻の禁止）

養子若しくはその配偶者又は養子の直系卑属若しくはその配偶者と養親又はその直系尊属との間では、第729条＜離縁による親族関係の終了＞の規定により親族関係が終了した後でも、婚姻をすることができない〈司〉。

第737条　（未成年者の婚姻についての父母の同意）削除

第738条　（成年被後見人の婚姻）〈司共書〉

成年被後見人が婚姻をするには、その成年後見人の同意を要しない。

第739条　（婚姻の届出）

Ⅰ　婚姻は、戸籍法（昭和22年法律第224号）の定めるところにより届け出ることによって、その効力を生ずる。

Ⅱ　前項の届出は、当事者双方及び成年の証人2人以上が署名した書面で、又はこれらの者から口頭で、しなければならない。

第740条 （婚姻の届出の受理）

婚姻の届出は、その婚姻が第731条から第736条まで＜婚姻障害＞及び前条第2項の規定その他の法令の規定に違反しないことを認めた後でなければ、受理することができない。

第741条 （外国に在る日本人間の婚姻の方式）

外国に在る日本人間で婚姻をしようとするときは、その国に駐在する日本の大使、公使又は領事にその届出をすることができる。この場合においては、前2条の規定を準用する。

《注 釈》

＜婚姻の要件＞

実質的要件	婚姻意思の合致	(1) 婚姻意思とは、社会通念に従い婚姻とみられる生活共同体を形成しようとする意思をいう（実質的意思説）（最判昭44.10.31・百選Ⅲ1事件）司 　　ex. 子に嫡出子の身分を与えるためだけの婚姻は無効（最判昭44.10.31・百選Ⅲ1事件）司共書 (2) 成年被後見人（738）も意思能力がある限り婚姻をなしうる予 (3) 婚姻意思は、届書作成時、届出時双方に必要
	婚姻障害の不存在	(1) 婚姻適齢（731） (2) 重婚禁止（732） 　① 重婚関係は、ある夫婦が協議離婚し、その一方が第三者と婚姻した後、当該協議離婚が取り消された場合であっても生じる體 　② 重婚関係が生じた場合、後婚については取消原因となり（744）、前婚については離婚原因となる（770Ⅰ①⑤） 　③ 後婚が離婚によって解消されたときは、特段の事情のない限り、後婚が重婚に当たることを理由として、後婚の取消しを請求することは許されない（最判昭57.9.28・百選Ⅲ4事件） 　　なお、前婚が相手方配偶者の死亡若しくは離婚によって解消した場合、後婚の重婚状態は治癒され、もはや後婚を取り消すことはできなくなる (3) 再婚禁止期間（733）（＊） 　→前婚の夫と再婚する場合には本条は適用されない (4) 近親婚の禁止（734～736）司
形式的要件		書面又は口頭による届出（739） →届出により婚姻が成立（成立要件説通）し、かつ、効力も発生する（創設的届出）

＊ 判例（最大判平27.12.16・百選Ⅲ5事件）は、旧733条の合憲性について、100日の再婚禁止期間を設ける部分は憲法14条1項・24条2項に違反するものではないとする一方、100日超過部分は、国会に認められる合理的な立法裁量の範囲を超えるものとして、その立法目的との関連において合理性を欠き、憲法14条1項・24条2項に違反するとした。これを受けて、旧733条は、現行733条に改正された。

婚姻の成立［第742条～第744条］　　●婚姻

第2款　婚姻の無効及び取消し

第742条　（婚姻の無効）

婚姻は、次に掲げる場合に限り、無効とする。

① 人違いその他の事由によって当事者間に婚姻をする意思がないとき。

② 当事者が婚姻の届出をしないとき。ただし、その届出が第739条第2項に定める方式を欠くだけであるときは、婚姻は、そのためにその効力を妨げられない。

《注　釈》

一　婚姻の無効

1　婚姻無効原因があれば、表意者の過失の有無を問わず無効である《同》。

2　「人違い」とは、婚姻の相手方の同一性に関する錯誤をいい、性格や病気、生殖能力等に関する錯誤は無効原因とならない。

二　婚姻届書作成後の翻意

届出を婚姻の成立要件とみる立場《通》も、相手方若しくは届出委託をした者に対して明確な意思表示をするか、戸籍事務担当者に対し書面により不受理を申し出た場合でなければ、無効を主張できないとする。

三　婚姻届受理時の意思能力喪失

他人に婚姻届を委託した当事者が届書の作成当時婚姻意思を有していれば、届出受理当時意識を失っていたとしても、届書受理前に死亡した場合と異なり、婚姻は有効に成立する（最判昭45.4.21・百選Ⅲ2事件）。

四　無効な婚姻の追認

事実上の夫婦の一方が他方の意思に基づかないで婚姻届を提出した場合において、婚姻届を作成提出した当時に夫婦としての実質的生活関係が存在しており、後に他方の配偶者が届出の事実を知ってこれを追認したときは、婚姻は追認によりその届出の当初に遡って有効となる（最判昭47.7.25・百選Ⅲ3事件）《同》。

　⇒ p.77

第743条　（婚姻の取消し）

婚姻は、次条から第747条までの規定によらなければ、取り消すことができない。

第744条　（不適法な婚姻の取消し）

Ⅰ　第731条から第736条まで＜婚姻障害＞の規定に違反した婚姻は、各当事者、その親族又は検察官から、その取消しを家庭裁判所に請求することができる《判》。ただし、検察官は、当事者の一方が死亡した後は、これを請求することができない。

Ⅱ　第732条＜重婚の禁止＞又は第733条＜再婚禁止期間＞の規定に違反した婚姻については、当事者の配偶者又は前配偶者も、その取消しを請求することができる《判》。

●婚姻 婚姻の成立 ［第743条〜第747条］

第745条 （不適齢者の婚姻の取消し）

Ⅰ 第731条＜婚姻適齢＞の規定に違反した婚姻は、不適齢者が適齢に達したときは、その取消しを請求することができない。

Ⅱ 不適齢者は、適齢に達した後、なお3箇月間は、その婚姻の取消しを請求することができる。ただし、適齢に達した後に追認をしたときは、この限りでない。

第746条 （再婚禁止期間内にした婚姻の取消し）

第733条＜再婚禁止期間＞の規定に違反した婚姻は、前婚の解消若しくは取消しの日から起算して100日を経過し、又は女が再婚後に出産したときは、その取消しを請求することができない。

第747条 （詐欺又は強迫による婚姻の取消し）

Ⅰ 詐欺又は強迫によって婚姻をした者は、その婚姻の取消しを家庭裁判所に請求することができる。

Ⅱ 前項の規定による取消権は、当事者が、詐欺を発見し、若しくは強迫を免れた後3箇月を経過し、又は追認をしたときは、消滅する。

《注 釈》

一 取消事由

731条〜736条に列挙された婚姻障害に抵触する婚姻（744）と詐欺・強迫による婚姻（747）が取消事由となる〈囲〉。

二 取消権者

以下の者の請求に基づき家庭裁判所が取り消す〈囲〉。

1 婚姻障害の場合

原則として当事者・親族・検察官が取消権者（744Ⅰ本文）となる〈囲〉。ただし、検察官は、当事者の一方が死亡した後は、これを請求することができない（744Ⅰただし書）〈囲〉。また、重婚又は再婚禁止期間内の婚姻の場合（732・733）には当事者の配偶者又は前配偶者も取消権者に含まれる（744Ⅱ）。

2 詐欺・強迫の場合

詐欺・強迫を受けた当事者のみが取消権者となる（747Ⅰ）。

三 取消期間

原則として期間制限はない。

ただし、①不適齢婚については、不適齢者以外は適齢後、不適齢者は適齢後3か月経過した後又は適齢に達した後に追認したときは取り消すことができなくなる（745Ⅱ）〈囲〉。

②重婚については、後婚が離婚によって消滅した場合、特段の事情がない限り、後婚を取り消す法律上の利益はなくなるため、取り消すことができなくなる（最判昭57.9.28・百選Ⅲ4事件）。

また、③再婚禁止期間違反については、前婚解消若しくは取消しの日から起算して100日経過又は再婚後に出産したことにより取り消すことができなくなる

親族

661

婚姻の成立［第748条］　　　　　　　　　　　　　　　　　　　　●婚姻

（746）〈司書〉。

　さらに、④詐欺・強迫による婚姻は、詐欺を発見し、強迫を免れた時から3か月経過又は追認により取り消すことができなくなる（747Ⅱ）。

＜婚姻の取消しの方法＞

取消事由	取消権者	訴えの被告	期間その他取消制限
不適齢婚 （731）	各当事者・その親族・検察官 （744Ⅰ本文）	①　夫婦の一方が提起する場合には、他方の配偶者 ②　親族が提起する場合には、夫婦（一方が死亡しているときは生存者） ③　相手方とすべき者が死亡しているときは、検察官（人訴12Ⅲ） ④　検察官が提起する場合には、夫婦	不適齢者が適齢に達したとき →取消不可（745Ⅰ）。ただし、不適齢者本人は、適齢後3か月以内、又は追認するまで取消可（745Ⅱ）
重婚 （732）		当事者の配偶者・前配偶者 （744Ⅱ）	検察官は、一方の当事者が死亡すれば取消請求不可（744Ⅰただし書） ∵　生存配偶者の意思の尊重
再婚禁止期間内の婚姻 （733Ⅰ）		前夫 （744Ⅱ）	後婚が離婚によって消滅した場合 →取消不可（最判昭57.9.28・百選Ⅲ4事件） 前婚の解消・取消しの日から100日経過後又は女の出産後 →取消不可（746）
近親婚 （734〜736）	―		―
詐欺・強迫 （747） （＊）	当事者のみ	相手方配偶者	詐欺を発見し、強迫を免れた時から3か月経過、又は追認したとき →取消不可（747Ⅱ）

＊　配偶者によるものか第三者によるものかを問わない。

第748条　（婚姻の取消しの効力）

Ⅰ　婚姻の取消しは、将来に向かってのみその効力を生ずる〈書〉。

Ⅱ　婚姻の時においてその取消しの原因があることを知らなかった当事者が、婚姻によって財産を得たときは、現に利益を受けている限度において、その返還をしなければならない。

Ⅲ　婚姻の時においてその取消しの原因があることを知っていた当事者は、婚姻によって得た利益の全部を返還しなければならない。この場合において、相手方が善意であったときは、これに対して損害を賠償する責任を負う。

●婚姻 　　　　　　　　婚姻の成立［第749条］・婚姻の効力［第750条〜第751条］

第749条　（離婚の規定の準用）

第728条第1項＜離婚による姻族関係の終了＞、第766条から第769条まで＜離婚後の子の監護・復氏等・財産分与・復氏の際の祭祀に関する権利承継＞、第790条第1項ただし書＜出生前に父母が離婚した子の氏＞並びに第819条第2項、第3項、第5項及び第6項＜離婚の際の親権者の決定＞の規定は、婚姻の取消しについて準用する。

《注　釈》

◆　婚姻取消しの効果

婚姻取消しの効果は遡及しない（748 I）〈同〉（∵継続した事実上の婚姻の尊重）。

1　子の身分に関してはすべて嫡出子に関する規定が適用され、婚姻による準正の効果にも影響がない〈回書〉。

2　婚姻取消しの効果は離婚に類似するので、離婚の規定が準用される（749）。離婚後の子の監護（766）、離婚による復氏（767）、財産分与（768）、祭祀に関する権利の承継（769）等が準用される。

　＊　もっとも、748条2項・3項で財産の返還、損害賠償を規定することから、財産分与の規定（768）の準用は不要との立場も有力である。

■第2節　婚姻の効力

第750条　（夫婦の氏）

夫婦は、婚姻の際に定めるところに従い、夫又は妻の氏を称する。

《注　釈》

・判例（最大判平27.12.16・百選Ⅲ6事件）は、夫婦同氏制（750）について、「氏は、家族の呼称としての意義があるところ、現行の民法の下においても、家族は社会の自然かつ基礎的な集団単位と捉えられ、その呼称を一つに定めることには合理性が認められる」ことや、「夫婦が同一の氏を称することは、上記の家族という一つの集団を構成する一員であることを、対外的に公示し、識別する機能を有している」などの点を総合的に考慮すると、「夫婦同氏制が、夫婦が別の氏を称することを認めないものであるとしても、……個人の尊厳と両性の本質的平等の要請に照らして合理性を欠く制度であるとは認めることはできない。したがって、本件規定は、憲法24条に違反するものではない」と判示した。

第751条　（生存配偶者の復氏等）

Ⅰ　夫婦の一方が死亡したときは、生存配偶者は、婚姻前の氏に復することができる〈共書〉。

Ⅱ　第769条＜離婚による復氏の際の権利の承継＞の規定は、前項及び第728条第2項＜死亡による姻族関係の終了＞の場合について準用する。

親族

663

婚姻の効力［第752条〜第754条］　　　　　　　　　　　　　●婚姻

第752条　（同居、協力及び扶助の義務）
夫婦は同居し、互いに協力し扶助しなければならない。

《注　釈》
一　同居義務（752）
1　同居義務は、法的強制には親しまない。
→同居義務については直接強制も、間接強制も許されない（大決昭 5.9.30）
⇒ p.304
2　家事事件手続法に基づく夫婦同居に関する審判は本質的に非訟事件の裁判であって、公開の法廷における対審及び判決によらなくても、憲法 32 条・82 条に反しない（最大決昭 40.6.30・百選Ⅲ 7 事件）。

二　貞操の義務
配偶者の不貞な行為は離婚原因（770 Ⅰ①）となるから、夫婦は相互に平等に貞操義務を負うと解される。
1　第三者が配偶者と不貞な肉体関係をもった場合、第三者は他方配偶者に対して不法行為責任（709）を負う（最判昭 54.3.30）。
2　婚姻関係がすでに破綻している夫婦の一方と肉体関係をもった第三者は、他方配偶者に対する不法行為責任は負わない（最判平 8.3.26・百選Ⅲ 11 事件）。

第753条　（婚姻による成年擬制）削除

第754条　（夫婦間の契約の取消権）
夫婦間でした契約は、婚姻中、いつでも、夫婦の一方からこれを取り消すことができる。ただし、第三者の権利を害することはできない。

《注　釈》
一　取消しの効果
取消しの効果は遡及し、履行完了後でも回復を求められる。
→書面によらない贈与の解除（550）より広範である
二　本条の適用範囲
婚姻が実質的に破綻している場合は、夫婦間の契約を取り消すことはできない（最判昭 33.3.6）。
∵　「婚姻中」（本文）とは、単に形式的に婚姻が継続していることではなくて、実質的にもそれが継続していることをいうものと解すべきである

●婚姻　　　　　　　　　　　　　　　夫婦財産制［第755条〜第759条］

■第3節　夫婦財産制

第1款　総則

第755条（夫婦の財産関係）

　夫婦が、婚姻の届出前に、その財産について別段の契約をしなかったときは、その財産関係は、次款に定めるところによる。

第756条（夫婦財産契約の対抗要件）

　夫婦が法定財産制と異なる契約をしたときは、婚姻の届出までにその登記をしなければ、これを夫婦の承継人及び第三者に対抗することができない〈註〉。

第757条（同前―外国人の場合）削除

第758条（夫婦の財産関係の変更の制限等）

Ⅰ　夫婦の財産関係は、婚姻の届出後は、変更することができない。
Ⅱ　夫婦の一方が、他の一方の財産を管理する場合において、管理が失当であったことによってその財産を危うくしたときは、他の一方は、自らその管理をすることを家庭裁判所に請求することができる。
Ⅲ　共有財産については、前項の請求とともに、その分割を請求することができる。

第759条（財産の管理者の変更及び共有財産の分割の対抗要件）

　前条の規定又は第755条の契約の結果により、財産の管理者を変更し、又は共有財産の分割をしたときは、その登記をしなければ、これを夫婦の承継人及び第三者に対抗することができない。

親
族

《注　釈》

一　夫婦財産制

　夫婦間の財産関係を規律する法制度を、夫婦財産制という。夫婦財産制には、夫婦財産契約による契約財産制と法定財産制の2つがあり、前者の契約がなされなかったときに、自動的に法定財産制が適用される（755）。

二　夫婦財産契約（755〜759）

1　婚姻届出前に、婚姻中の夫婦財産関係に関する契約を締結しうる（755）。
　　→婚姻後は、契約取消権（754）で取り消しうる
2　夫婦財産契約の効力は婚姻時に発生し、婚姻が無効・取消しとなれば効力を失う（748ⅡⅢ）。
3　夫婦財産契約を夫婦の承継人や第三者に対抗するには、登記が必要である（756）。
4　夫婦財産契約の内容は、原則的に、婚姻届提出後は変更できない（758Ⅰ）。

665

夫婦財産制［第760条〜第761条］　　　　　　　　　　　　　　　　　●婚姻

第2款　法定財産制

第760条　（婚姻費用の分担）

　夫婦は、その資産、収入その他一切の事情を考慮して、婚姻から生ずる費用を分担する。

《注　釈》

▪ 婚姻が事実上破綻し別居生活に入ったとしても、離婚しない限り婚姻費用分担義務は消滅しない[判]が、別居・婚姻破綻につき帰責性のある者が自己の生活費分の婚姻費用分担請求をすることは権利濫用（1Ⅲ）にあたる（東京高決昭58.12.16・百選Ⅲ8事件）。

▪ 婚姻費用の分担は、当事者が婚姻関係にあることを前提とするものであるが、婚姻費用分担審判の申立ての後に婚姻関係が終了した場合であっても、婚姻費用分担請求権は消滅せず、裁判所は、離婚時までの過去の婚姻費用のみについて具体的な分担額を形成決定することができる（最決令2.1.23・令2重判6事件）。

第761条　（日常の家事に関する債務の連帯責任）

　夫婦の一方が日常の家事に関して第三者と法律行為をしたときは、他の一方は、これによって生じた債務について、連帯してその責任を負う。ただし、第三者に対し責任を負わない旨を予告した場合は、この限りでない[司]。

[趣旨] 本条は、婚姻生活における家事処理の便を図り、かつ第三者の保護になるところから、夫婦に日常家事債務についての連帯責任を負わせている。

《注　釈》

一　日常家事債務の範囲[司R2]

　「日常の家事」（本文）に関する法律行為とは、単に夫婦の内部的な事情やその行為の個別的な目的のみを重視して判断すべきでなく、さらに客観的にその法律行為の種類・性質等をも十分に考慮して判断すべきである（最判昭44.12.18・百選Ⅲ9事件）。

　ex.1　共同生活を営む家屋の賃貸借契約の締結、家族の病気の際の医療に関する契約、必需品の獲得に必要な範囲の消費貸借契約は、「日常の家事」に含まれる

　ex.2　他方配偶者の特有財産の処分にわたるもの、巨額の消費貸借契約の締結は、「日常の家事」に含まれない

二　連帯責任の根拠[司R2]

　判例は、本条は、夫婦間の連帯責任という効果が生じる前提として、「夫婦は相互に日常の家事に関する法律行為につき他方を代理する権限を有することをも規定している」（最判昭44.12.18・百選Ⅲ9事件）とする[司]。

三　110条の趣旨の日常家事への類推適用[司R2]　⇒p.70

　夫婦の一方が日常の家事に関する代理権の範囲を超えて第三者と法律行為をした場合、日常家事代理権（761）を基礎として本条の表見代理が成立するもので

●婚姻　　　　　　　　　　　夫婦財産制［第762条］・離婚［第763条〜第764条］

はない（∵夫婦の財産的独立（762）を損なうおそれがある）。

ただし、相手方において、その行為が当該夫婦の日常の家事に関する法律行
為の範囲内に属すると信じるにつき正当の理由のあるときには、「110条の趣
旨」を類推適用することにより第三者を保護しうる（最判昭44.12.18・百選Ⅲ9
事件）〈同共〉。

四　連帯責任の内容　⇒ p.349

連帯債務を負担するという意味であり、夫婦は同一内容の債務を併存的に負担
し、一方について生じた事由（更改・相殺・混同）は、両者に無制限に効力を及
ぼす一種独特の債務である〈趣〉。

> **第762条　（夫婦間における財産の帰属）**
> Ⅰ　夫婦の一方が婚姻前から有する財産及び婚姻中自己の名で得た財産は、その特有
> 財産（夫婦の一方が単独で有する財産をいう。）とする〈書〉。
> Ⅱ　夫婦のいずれに属するか明らかでない財産は、その共有に属するものと推定する。

《注　釈》

▪ 762条1項及びそれを前提とする所得税法の規定（夫の財産取得につき妻の内助
の功を考慮し夫と妻に二分して課税する方式を採っていない）は、憲法24条に
反しない（最大判昭36.9.6・百選Ⅲ10事件）。

■第4節　離婚

第1款　協議上の離婚

> **第763条　（協議上の離婚）**
> 夫婦は、その協議で、離婚をすることができる。
>
> **第764条　（婚姻の規定の準用）**
> 第738条＜成年被後見人の婚姻＞、第739条＜婚姻の届出＞及び第747条＜詐
> 欺又は強迫による婚姻の取消し＞の規定は、協議上の離婚について準用する。

《注　釈》

一　協議離婚の成立

1　離婚意思の合致（要件①）

(1)　「協議」とは、離婚意思の合致をいう。離婚意思に関しては、通説は、社
会通念上、離婚そのものをする意思と解している（実質的意思説）が、判例
は、届出に向けられた意思（形式的意思説）と解しているとされる〈書〈予H30〉。

ex.1　債権者の強制執行を免れるための協議離婚は有効である（最判昭
42.12.8）

ex.2　生活扶助を受けるための協議離婚は有効である（最判昭57.3.26・百
選Ⅲ12事件）〈書〉

(2)　意思能力の存在

親族

離婚［第765条］　　　　　　　　　　　　　　　　　　　　　●婚姻

　　　成年被後見人であっても意思能力が回復している限り、その成年後見人の
　　同意なくして離婚することができる（764、738）《書》。
　　　cf.　意思能力は、届出書の作成又は委託の時にあれば足り、届出の時に喪
　　　　失してもその受理前に翻意などをしない限り、その届出は有効と解され
　　　　る
　2　協議離婚の届出（要件②）
　　　協議離婚は、届出によって効力が生じる（764、739）《共》。
　　　cf.　判決による離婚は認容判決が確定した時点で効力が生じる《共》
　3　協議離婚届出書作成後の翻意
　　　協議離婚の届出は協議離婚意思の表示とみるべきであるから、当該届出の当
　　時離婚の意思を有せざることが明確になった以上、当該届出による協議離婚は
　　無効である（最判昭34.8.7・百選Ⅲ13事件）。
　4　協議離婚は離婚意思の合致と届出により成立するのであって、子の監護につ
　　いて必要な事項に関する協議の不調、財産分与の協議の不調によって妨げられ
　　るものではない《同》。
　5　協議上の離婚によって、婚姻の効力は将来に向かって解消する《予》。

二　協議離婚の無効・取消し

　1　協議離婚の無効
　　　総則の無効に関する規定を適用すべきでなく、婚姻の無効に関する規定
　　（742）を類推適用すべきである。したがって、離婚の無効原因は、離婚意思の
　　不存在と離婚届の未提出である（742）。
　2　無効な離婚の追認
　　　無効な離婚の追認は許される（最判昭42.12.8）《通》《書》。
　　　∵　第三者は届出の外観に従って行動するのが通常であるから、第三者の利
　　　　益を不当に害することにはならない
　3　協議離婚の取消し
　　　詐欺・強迫による離婚は、取り消すことができる。この取消権は、当事者が
　　詐欺を発見し、若しくは強迫を免れた後3か月が経過し、又は追認したときは、
　　消滅する（764、747）。
　　　→取消しの効果は、婚姻取消の場合とは異なり、届出の時に遡及する点に注
　　　　意（764は748を準用していない）

《その他》

▪ 15歳に達した未成年者の親権者の指定権を認めるような規定はない（961、962）
　《予》。

第765条　（離婚の届出の受理）

Ⅰ　離婚の届出は、その離婚が前条において準用する第739条第2項＜婚姻の届出
　の方式＞の規定及び第819条第1項＜協議上の離婚と親権者の決定＞の規定その
　他の法令の規定に違反しないことを認めた後でなければ、受理することができない。

●婚姻   離婚［第766条〜第768条］

Ⅱ　離婚の届出が前項の規定に違反して受理されたときであっても、離婚は、そのためにその効力を妨げられない〈書〉。

第766条　（離婚後の子の監護に関する事項の定め等）

Ⅰ　父母が協議上の離婚をするときは、子の監護をすべき者、又は母と子との面会及びその他の交流、子の監護に要する費用の分担その他の子の監護について必要な事項は、その協議で定める〈同〉。この場合においては、子の利益を最も優先して考慮しなければならない。

Ⅱ　前項の協議が調わないとき、又は協議をすることができないときは、家庭裁判所が、同項の事項を定める。

Ⅲ　家庭裁判所は、必要があると認めるときは、前2項の規定による定めを変更し、その他子の監護について相当な処分を命ずることができる〈同〉。

Ⅳ　前3項の規定によっては、監護の範囲外では、父母の権利義務に変更を生じない。

第767条　（離婚による復氏等）

Ⅰ　婚姻によって氏を改めた夫又は妻は、協議上の離婚によって婚姻前の氏に復する〈共書〉。

Ⅱ　前項の規定により婚姻前の氏に復した夫又は妻は、離婚の日から3箇月以内に戸籍法の定めるところにより届け出ることによって、離婚の際に称していた氏を称することができる〈同書〉。

第768条　（財産分与）

Ⅰ　協議上の離婚をした者の一方は、相手方に対して財産の分与を請求することができる〈同書〉。

Ⅱ　前項の規定による財産の分与について、当事者間に協議が調わないとき、又は協議をすることができないときは、当事者は、家庭裁判所に対して協議に代わる処分を請求することができる。ただし、離婚の時から2年を経過したときは、この限りでない〈書〉。

Ⅲ　前項の場合には、家庭裁判所は、当事者双方がその協力によって得た財産の額その他一切の事情を考慮して、分与をさせるべきかどうか並びに分与の額及び方法を定める。

《注　釈》

一　財産分与の法的性格

　　財産分与は、単なる贈与（549）とは異なり、

①　婚姻中における夫婦財産関係の清算

②　離婚後における配偶者の扶養〈子〉

③　離婚による慰謝料

の性格を有している。

二　財産分与請求権と慰謝料請求権との関係

1　離婚による精神的な苦痛を被ったことに対する慰謝料は、財産分与に含めて

親族

離婚 ［第769条］　　　　　　　　　　　　　　　　　　　　　　　　　●婚姻

請求することもできるし、財産分与に含めずに別個に損害賠償請求権として請
求することもできる（最判昭31.2.21）《共書》。

∴　財産分与の決定に際しては、一切の事情を考慮すべきであり、慰謝料を
も含めて財産分与の額及び方法を定めることも認めるべきである

2　すでに財産分与を受けており、精神的な苦痛がすべて慰謝されたものと認め
られるときには、もはや重ねて慰謝料の請求をすることはできない。もっとも、
その中に慰謝料が含まれない場合や、含まれるとしてもその額が精神的苦痛を
慰謝するに足りないと認められる場合には、別個に慰謝料を請求することも許
される（最判昭46.7.23・百選Ⅲ18事件）《予》。

三　財産分与請求権の成立

具体的請求権としての財産分与請求権の発生原因について、判例（最判昭
55.7.11）は、財産分与請求権は離婚の事実により当然に発生するが、それは基本
的抽象的請求権であり、当事者の協議あるいは審判等によって具体的内容が決定
されることをもって、初めて具体的請求権が生ずるという立場に立っている。

→財産分与請求権は、協議あるいは審判等によって具体的内容が形成されるま
では、その範囲及び内容が不確定・不明確であるから、かかる財産分与請求
権を保全するために債権者代位権を行使することはできない

《その他》

▪ 夫婦の一方が過当に負担した婚姻費用の清算のための給付をも財産分与に含める
ことができる（最判昭53.11.14・百選Ⅲ17事件）《共書》。

▪ 離婚により生ずる可能性のある財産分与請求権は、協議・審判等によりその具体
的内容が形成される以前には代位行使（423）の対象とならない（最判昭55.7.11）
《予書》。　⇒p.318

▪ 離婚に伴う財産分与は、本条3項の趣旨に反して不相当に過大であり、財産分与
に仮託してなされた財産処分であると認められるような特段の事情がない限り、
詐害行為（424）とならない（最判昭58.12.19）《予》《予H30》。　⇒p.328

▪ 離婚請求を認容するにあたり、単独で子の監護にあたっている妻の夫に対する別
居後離婚までの間の子の監護費用の支払を命ずることができる（最判平9.4.10）。
よって、裁判所は、離婚請求に併せて監護費用の支払を求める旨の申立てを受け
た場合、審理判断しなければならない（最判平19.3.30）。

第769条　（離婚による復氏の際の権利の承継）

Ⅰ　婚姻によって氏を改めた夫又は妻が、第897条第1項＜祭祀に関する権利＞の
権利を承継した後、協議上の離婚をしたときは、当事者その他の関係人の協議で、
その権利を承継すべき者を定めなければならない。

Ⅱ　前項の協議が調わないとき、又は協議をすることができないときは、同項の権利
を承継すべき者は、家庭裁判所がこれを定める。

●婚姻 離婚［第770条］

第2款　裁判上の離婚

第770条　（裁判上の離婚）

Ⅰ　夫婦の一方は、次に掲げる場合に限り、離婚の訴えを提起することができる。

① 配偶者に不貞な行為があったとき⬛。

② 配偶者から悪意で遺棄されたとき。

③ 配偶者の生死が3年以上明らかでないとき。

④ 配偶者が強度の精神病にかかり、回復の見込みがないとき。

⑤ その他婚姻を継続し難い重大な事由があるとき。

Ⅱ　裁判所は、前項第1号から第4号までに掲げる事由がある場合であっても、一切の事情を考慮して婚姻の継続を相当と認めるときは、離婚の請求を棄却することができる⬛。

《注 釈》

一　裁判上の離婚

裁判上の離婚とは、協議離婚・調停離婚が成立せず（調停前置主義）、審判離婚がなされていないときに、夫婦の一方の一定の原因に基づく離婚の請求に対して、裁判所が判決によって婚姻を解消させることをいう。

二　離婚原因

1　具体的離婚原因

(1)　配偶者に不貞な行為があったとき（Ⅰ①）

不貞行為とは、他方配偶者が任意であれば、それに至る相手方の任意性は問わない（妻の売春行為（最判昭 38.6.4）、夫の強姦行為（最判昭 48.11.15））。

(2)　配偶者から悪意で遺棄されたとき（Ⅰ②）

「悪意で遺棄」とは、積極的な意思で夫婦の共同生活を行わないことをいう。

(3)　配偶者の生死が3年以上明らかでないとき（Ⅰ③）

(4)　配偶者が強度の精神病にかかり、回復の見込みがないとき（Ⅰ④）

(a)　「精神病」とは、統合失調症その他の精神疾患であって、これにより婚姻共同生活を行えない状態が継続している状態をいう。

(b)　精神病を理由とする離婚請求は、2項により、諸般の事情を考慮しある程度病者の前途に方途の見込みがついたうえでなければ認められない（最判昭 33.7.25）。もっとも、病者の配偶者が療養費を誠実に支払っているなどの事情により離婚請求が認められることもある（最判昭 45.11.24・百選Ⅲ 14 事件）。

2　抽象的離婚原因（Ⅰ⑤）

「婚姻を継続し難い重大な事由」とは、夫婦の一方が他方の行動、生活や生活環境からその婚姻を継続し難いと考えた場合と、双方が婚姻についての意思を失い夫婦生活が回復し難く破綻している状態を指す。

＊　有責配偶者からの離婚請求の可否（Ⅰ⑤）

671

離婚［第771条］ ●婚姻

かつての判例は、有責配偶者からの離婚請求を排除してきた。しかし、その後、有責配偶者の離婚請求であることのみをもって離婚請求を棄却（Ⅱ）することは許されないと判例を変更している。ただし、信義則（1Ⅱ）による請求棄却の余地は認める（最大判昭62.9.2・百選Ⅲ15事件）。

ex.1 有責配偶者からの離婚請求であっても、8年間別居している場合には、離婚を容認しうる（最判平2.11.8）

ex.2 未成熟子のいる場合であっても、別居が13年に及び子も高校卒業の年齢に達し、有責配偶者である原告の夫も、別居後は子の監護に意を尽くし、妻への財産分与も期待できるという場合には離婚を認容できる（最判平6.2.8）

第771条 （協議上の離婚の規定の準用）

第766条から第769条まで＜離婚後の子の監護・復氏等・財産分与・復氏の際の祭祀に関する権利承継＞の規定は、裁判上の離婚について準用する。

《その他》

- 裁判所が当事者の称すべき氏を定めなければならないわけではない（771、767Ⅰ、Ⅱ）〈共〉。

- 妻が婚姻中に他男との間に子を設けたが、当該子と夫との間の自然的血縁関係の不存在を知りながらこれを夫に告げなかったため、もはや夫に当該子との親子関係を否定する法的手段が残されておらず、また、夫がこれまでに当該子の監護費用を十分に分担してきており、しかも、妻が夫との離婚に伴い相当多額の財産分与を受ける事案において、妻が夫に対し、当該子の監護費用を請求することは権利濫用に当たる（最判平23.3.18・百選Ⅲ16事件）。

親
族

・第3章・【親子】

■第1節　実子

第772条　（嫡出の推定）
Ⅰ　妻が婚姻中に懐胎した子は、夫の子と推定する。
Ⅱ　婚姻の成立の日から200日を経過した後又は婚姻の解消若しくは取消しの日から300日以内に生まれた子は、婚姻中に懐胎したものと推定する。

《注　釈》

＜嫡出子・非嫡出子の分類と各種の訴え＞

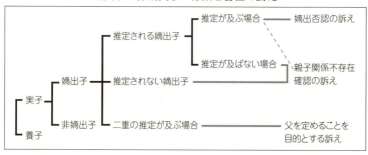

一　嫡出子

嫡出子とは、婚姻関係にある男女間に懐胎・出生した子をいう。

1　推定される嫡出子（推定が及ぶ場合）
(1)　推定される嫡出子とは、772条に該当する子をいう。

　　ex.1　性同一性障害者の性別の取扱いの特例に関する法律3条1項に基づき、男性への性別の取扱いの変更の審判を受けた者は、同法4条1項により、法令の適用について、他の性別に変わったものとみなされるため、妻との性的関係によって子をもうけることはおよそ想定できないとしても、婚姻中にその妻が子を懐胎したときは、772条により当該子はその者の子と推定される（最決平25.12.10・百選Ⅲ36事件）

　　ex.2　772条の嫡出推定の及ぶ子について、夫と妻との婚姻関係が終了してその家庭が崩壊しているとの事情があっても、その一事をもって、嫡出否認の訴えの提起期間経過後に親子関係不存在確認の訴えをもって、父子関係を争うことはできない（最判平12.3.14）

　　ex.3　夫と子との間に生物学上の父子関係が認められないことが科学的証拠により明らかであり、かつ、夫と妻が既に離婚して別居し、子が親権者である妻に監護されている事情があっても、772条による嫡出の推定が及ばなくなる者ではなく、親子関係不存在確認の訴えをもって父

子関係の存否を争うことはできない。もっとも、夫婦間に性的関係を持つ機会がなかったことが明らかであるなどの事情がある場合は、この限りでない（最判平 26.7.17・百選Ⅲ 28 事件）〈子書〉

cf. 内縁成立の日から 200 日以後であっても、婚姻届出の日から 200 日以内に出生した子は、推定されない嫡出子となる（最判昭 41.2.15）〈書〉

(2) 親子関係を争う方法
→嫡出否認の訴え（775）による〈司〉

2 推定の及ばない子

(1) 推定の及ばない子とは、772 条に該当するが、妻が夫によって懐胎することが不可能な事実がある場合の子をいう。

ex. 事実上の離婚状態にあり夫婦関係が断絶していた場合（最判平 10.8.31）〈司〉、夫が行方不明の場合、夫が海外滞在中や在監中であった場合〈司共書〉

(2) 親子関係を争う方法
→親子関係不存在確認の訴えによる〈司〉

3 推定されない嫡出子

(1) 推定されない嫡出子とは、772 条に該当しない嫡出子をいう。

ex. 内縁関係が先行し、婚姻成立後 200 日以内に出生した子（最判昭 41.2.15）〈司子〉

(2) 親子関係を争う方法
→親子関係不存在確認の訴えによる

4 二重の推定が及ぶ嫡出子

(1) 二重の推定が及ぶ嫡出子とは、前婚の父性推定と後婚の父性推定とが重複する場合の嫡出子をいう。

ex. 再婚禁止期間（733）に違反して再婚した場合、重婚関係が生じた場合

(2) 親子関係を争う方法
→父を定めることを目的とする訴え（773）による

二　嫡出でない子（非嫡出子）

1 嫡出でない子（非嫡出子）とは、婚姻関係にない男女間に生まれた子をいう。

2 親子関係を争う方法

(1) 父子関係については、認知の訴え（787）による。親子関係不存在確認の訴えによることはできない（最判平 2.7.19）〈司〉。

(2) 母子関係については、原則として、母の認知をまたず、分娩の事実により当然発生するため、親子関係存否確認の訴えの対象となる（最判昭 37.4.27・百選Ⅲ 31 事件）〈司書〉。

●親子　　　　　　　　　　　　　　　　　　　　実子［第773条〜第778条］

第773条　（父を定めることを目的とする訴え）

　第733条第1項＜再婚禁止期間＞の規定に違反して再婚をした女が出産した場合において、前条の規定によりその子の父を定めることができないときは、裁判所が、これを定める〈同〉。

第774条　（嫡出の否認）

　第772条＜嫡出の推定＞の場合において、夫は、子が嫡出であることを否認することができる〈同〉。

第775条　（嫡出否認の訴え）

　前条の規定による否認権は、子又は親権を行う母に対する嫡出否認の訴えによって行う。親権を行う母がないときは、家庭裁判所は、特別代理人を選任しなければならない〈書〉。

第776条　（嫡出の承認）

　夫は、子の出生後において、その嫡出であることを承認したときは、その否認権を失う。

第777条　（嫡出否認の訴えの出訴期間）

　嫡出否認の訴えは、夫が子の出生を知った時から1年以内に提起しなければならない〈共書〉。

第778条

　夫が成年被後見人であるときは、前条の期間は、後見開始の審判の取消しがあった後夫が子の出生を知った時から、起算する。

親族

《注　釈》

✏<嫡出子と各種の訴え>

	嫡出否認の訴え（775）		親子関係不存在確認の訴え		父を定めることを目的とする訴え（773）
適用場面	推定される嫡出子			推定されない嫡出子の場合	二重の推定の及ぶ場合〈同共書〉
	推定の及ぶ場合	及ばない場合〈同〉			
提訴権者	原則：夫のみ〈同〉例外：人訴14、41（＊1）		利害関係者		子、母、前夫、後夫
相手方	子又は親権を行う母、特別代理人（775）		確認を求める当事者当事者の一方が死亡した場合には検察官（＊2）		子又は母が原告の場合→前夫及び後夫後夫が原告の場合→前夫前夫が原告の場合→後夫被告となるべき者が死亡の場合→検察官

675

実子［第779条～第782条］　　　　　　　　　　　　　　　　　　　　●親子

	嫡出否認の訴え（775）	親子関係不存在確認の訴え	父を定めることを目的とする訴え（773）
提起期間	1年（777、778）	なし〈司〉	
消滅事由	承認（776）（＊3）		

＊1　夫が成年被後見人の場合における後見監督人又は後見人（人訴14）、夫が訴えを起こさずに死亡した場合において、その子のために相続権を害されるべき者、その他亡夫の3親等内の血族（人訴41Ⅰ）〈司〉。

＊2　第三者からの親子関係不存在確認の訴えがあったときで、その親子の一方が死亡している場合は生存している者のみを被告とすれば足り〈司〉、死亡した者について検察官を相手方に加える必要はない（最判昭56.10.1）。

＊3　子に対する命名や出生の届出は、嫡出性の承認（776）とはいえない。

《その他》

▪ 現行の親子法制の下では、死後懐胎子と精子を提供した死亡した男性との間の法律上の親子関係の形成は認められない（最判平18.9.4・百選Ⅲ34事件）〈司予書〉。

▪ 他人夫婦の子として出生届がなされ、その旨戸籍に記載されている場合、この戸籍の記載を改めるには、まず親子関係不存在確認の訴えが必要である。

▪ 婚外子を妻の子として嫡出子出生届をしたときは、嫡出否認の訴え（775）によって父子関係を争うことはできず、親子関係不存在確認の訴えによって争うこととなる〈司〉。

▪ 真実の実親子関係と戸籍の記載が異なる場合には、実親子関係が存在しないことの確認を求めることができるのが原則である。しかし、真実の親子関係と異なる出生の届出に基づき戸籍上夫婦の嫡出子として記載されている子が、戸籍上の両親と長期間にわたり実の親子と同様に生活し、関係者もこれを前提として社会生活上の関係を形成してきた場合において、親子関係不存在の確認を戸籍上の両親以外の者が求めている場合、諸般の事情を考慮し、実親子関係の不存在を確定することが著しく不当な結果をもたらすものといえるときには、当該確認請求は権利の濫用（1Ⅲ）にあたり許されない（最判平18.7.7・百選Ⅲ29事件）。

第779条　（認知）

嫡出でない子は、その父又は母がこれを認知することができる。

第780条　（認知能力）

認知をするには、父又は母が未成年者又は成年被後見人であるときであっても、その法定代理人の同意を要しない〈共書〉。

第781条　（認知の方式）

Ⅰ　認知は、戸籍法の定めるところにより届け出ることによってする。

Ⅱ　認知は、遺言によっても、することができる。

第782条　（成年の子の認知）

成年の子は、その承諾がなければ、認知することができない〈司〉。

●親子　　　　　　　　　　　　　　　　　　　　　　　　　実子〔第779条～第785条〕

第783条　（胎児又は死亡した子の認知）

Ⅰ　父は、胎内に在る子でも、認知することができる〈書〉。この場合においては、母の承諾を得なければならない〈同〉。

Ⅱ　父又は母は、死亡した子でも、その直系卑属があるときに限り、認知することができる。この場合において、その直系卑属が成年者であるときは、その承諾を得なければならない〈共〉。

第784条　（認知の効力）

認知は、出生の時にさかのぼってその効力を生ずる。ただし、第三者が既に取得した権利を害することはできない。

第785条　（認知の取消しの禁止）

認知をした父又は母は、その認知を取り消すことができない。

《注　釈》

＜認知の整理＞

	任意認知	強制認知（認知の訴え）
要件	(1)　母の認知は不要（最判昭37.4.27・百選Ⅲ31事件） 　　→非嫡出母子関係は分娩の事実により当然に生じる〈同書〉 (2)　認知能力 　　制限行為能力者も同意不要（780）〈同書〉 (3)　認知される者の意思 　　①　成年の子を認知する場合には、その子の承諾が必要（782）〈書〉 　　②　胎児を認知する場合には、母の承諾が必要（783Ⅰ）〈同書〉 　　③　直系卑属のいる死亡子を認知する場合には、その直系卑属が成年者であればその者の承諾が必要（783Ⅱ）〈共〉 (4)　方式 　　届出（781Ⅰ）〈同〉〈同H22〉 　　→遺言でも可（781Ⅱ） 　　①　非嫡出子を本妻との間で嫡出子として出生届を出した場合、その嫡出子出生届は認知の効力をもちうる（最判昭53.2.24・百選Ⅲ30事件）〈同〉 　　②　実親が未認知の非嫡出子を、いったん他人夫婦の嫡出子として届け出たうえ、その他人夫婦の代諾により自分の養子とした場合には、認知の効力も、養子縁組の効力もない（大判昭4.7.4）	(1)　性質 　　形成訴訟（最判昭29.4.30） (2)　原告 　　子、その直系卑属、これらの者の法定代理人（787本文） 　　→子の直系卑属は、子の生存中は認知の訴えを提起しえない（*） 　　→推定の及ばない子（⇒p.674）も血縁上の父に対して認知の訴えを提起できる（最判昭44.5.29）〈同〉 (3)　被告 　　父（父死亡後は検察官）（最判平元.4.6・百選Ⅲ37事件）〈同〉 (4)　出訴期間 　　①　父の生存中はいつでも可 　　②　父の死亡の日から3年を経過すると不可（787ただし書） (5)　胎児に認知請求権はない (6)　認知請求権の放棄契約は無効（最判昭37.4.10） (7)　嫡出でない子と父との間の法律上の親子関係は認知によってはじめて発生し、非嫡出子は認知によらずに父子関係存在確認の訴えを提起できない（最判平2.7.19）

親族

677

実子［第786条］　　　　　　　　　　　　　　　　　　　　　　●親子

	任意認知	強制認知（認知の訴え）
効果	(1) 出生時に遡及する（784 本文）〈同〉 (2) 親子関係に認められる効果が発生する 　① 認知後も母が親権者（cf.819 Ⅳ） 　② 母は父に養育費の償還請求が可 　③ 相続の問題あり（910） 　④ 認知後も母の氏を称し、母の戸籍に属する (3) 認知をした者は、その認知を取り消すことができないとされるが（785）、この「取消し」は、「撤回」を意味するのであって、認知が詐欺・強迫によるときは、取り消すことができるとする学説もある	

＊　認知を求められた父の、原告以外の子は、認知の訴えの当事者適格は有さない。ゆえに、父が子から強制認知させられた場合、認知訴訟の再審理である再審を別の子が求めることはできず、補助参加できるにすぎない（最判平元.11.10・百選Ⅲ 32 事件）。

※　民法が実親子関係を認めていない者の間にその成立を認める内容の外国裁判所の裁判は、我が国の法秩序の基本原則ないし基本理念と相いれないものであり、民訴法118 条 3 号にいう公の秩序に反する。現行民法の解釈としては、出生した子を懐胎し出産した女性をその子の母と解さざるを得ず、その子を懐胎、出産していない女性との間には、その女性が卵子を提供した場合であっても、母子関係の成立を認めることはできない（最決平 19.3.23・百選Ⅲ 35 事件）〈同書〉。

第786条　（認知に対する反対の事実の主張）

子その他の利害関係人は、認知に対して反対の事実を主張することができる〈共書〉。

《注　釈》

一　無効事由

1　認知意思を欠く場合には認知は無効である。

ex.　認知者（父）の意思によらずに父以外の者が父の氏名を冒用して認知届を出した場合には、たとえ真実の父子関係があるときであっても認知意思を欠くものとして認知は無効である（最判昭 52.2.14）

cf.　父が子を認知する意思を有し、かつ他人に対し認知届出の委託をしていたときには、届出が受理された当時父が意識を失っていたとしても、その受理の前に翻意したなどの特段の事情のない限り、右届出の受理により認知は有効に成立する（最判昭 54.3.30）

2　任意認知が真実に反する場合（認知者と被認知者が血縁上の親子関係ではない場合）には無効である（786）。

二　主張権者

認知者は、786 条に規定する「利害関係人」に当たり、自らした認知の無効を主張することができる。認知者が血縁上の父子関係がないことを知りながら認知をした場合においても同様である（最判平 26.1.14・百選Ⅲ 33 事件）〈予書〉。

《その他》

▪ 認知後 50 数年を経過した時点での認知無効確認の訴えも、権利濫用に当たらない（最判昭 53.4.14）。

▪ 認知の判決が正当な当事者の間で確定している以上、当該判決は第三者に対して

● 親子　　　　　　　　　　　　　　　　　　　　　実子［第787条～第789条］

も効力を有するから、これを再審の手続で争うのは別として、第三者は反対の事実を主張して認知の無効の訴えを提起することはできない（最判昭 28.6.26）〈同〉。

第787条 （認知の訴え）
子、その直系卑属又はこれらの者の法定代理人は、認知の訴えを提起することができる〈同〉。ただし、父又は母の死亡の日から3年を経過したときは、この限りでない〈共〉。

第788条 （認知後の子の監護に関する事項の定め等）
第766条＜離婚後の子の監護に関する事項の定め等＞の規定は、父が認知する場合について準用する〈共〉。

《注　釈》
◆ 効力

認知の訴え（787）にかかる訴訟は人事訴訟に当たり（人訴2②）、その確定判決は、民事訴訟法115条1項の規定にかかわらず第三者に対してもその効力を有する（人訴24Ⅰ）。

第789条 （準正）
Ⅰ　父が認知した子は、その父母の婚姻によって嫡出子の身分を取得する〈共〉。
Ⅱ　婚姻中父母が認知した子は、その認知の時から、嫡出子の身分を取得する。
Ⅲ　前2項の規定は、子が既に死亡していた場合について準用する。

《注　釈》
◆ 意義

準正とは、非嫡出子がその父母の婚姻によって嫡出子たる身分を与えられることである。民法は、認知が婚姻の前後いずれであるかによって、2種類の準正を認めている。すなわち、認知された子の父母が婚姻する場合（Ⅰ）と父母の婚姻後、子が認知された場合（Ⅱ）である。前者が婚姻準正であり、後者が認知準正である。

<準正の時期>

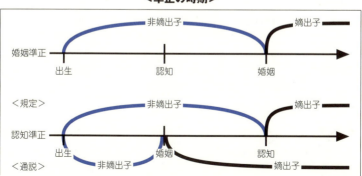

実子［第790条～第791条］　　　　　　　　　　　　　　　　　　　　　●親子

> ＊　認知準正は、条文上「認知」時とされているが、相続分の違いが生ずるという不都合を回避するため、婚姻時と解されている《通》《書》。もっとも、旧900条４号ただし書前段が削除された現在では、かかる不都合が生じることもないため、認知準正の効力について、今後は文言通り「認知の時」から発生すると解することも可能とされている。

第790条　（子の氏）

Ⅰ　嫡出である子は、父母の氏を称する。ただし、子の出生前に父母が離婚したときは、離婚の際における父母の氏を称する。

Ⅱ　嫡出でない子は、母の氏を称する。

第791条　（子の氏の変更）

Ⅰ　子が父又は母と氏を異にする場合には、子は、家庭裁判所の許可を得て、戸籍法の定めるところにより届け出ることによって、その父又は母の氏を称することができる《司書》。

Ⅱ　父又は母が氏を改めたことにより子が父母と氏を異にする場合には、子は、父母の婚姻中に限り、前項の許可を得ないで、戸籍法の定めるところにより届け出ることによって、その父母の氏を称することができる《予書》。

Ⅲ　子が15歳未満であるときは、その法定代理人が、これに代わって、前２項の行為をすることができる。

Ⅳ　前３項の規定により氏を改めた未成年の子は、成年に達した時から１年以内に戸籍法の定めるところにより届け出ることによって、従前の氏に復することができる《司》。

《注　釈》

＜氏の整理＞

氏の意義	各人の姓名のうち、姓を法律上、氏という
氏の取得	氏の取得とは、生まれて初めて取得する氏の生来取得又は原始取得をいう ①　嫡出子は出生により「父母の氏」を称し（790Ⅰ本文）、出生前に父母が離婚している子は「離婚の際における父母の氏」を称する（同ただし書） ②　非嫡出子は出生により母の氏を称する（同Ⅱ）《司》 　→胎児中に父に認知されていても出生により取得する氏は母の氏
氏の変動	(1)　婚姻による氏の変動（750） (2)　離婚・婚姻の取消による復氏（767、771・767、749・767） (3)　縁組による氏の変動（810） (4)　離縁・縁組の取消しによる復氏（816）
氏の変更	(1)　子の氏の変更 　①　父又は母が氏を改めた場合（791Ⅱ）《司》 　②　その他の原因により父又は母と氏を異にする場合（791Ⅰ）《司》（＊） (2)　生存配偶者の復氏（751）

親族

●親子　　　　　　　　　　　　　　　　　　　　　　　　養子［第792条〜第799条］

＊　子の福祉・利益を尊重する観点から、非嫡出子の父の氏への変更を許可した例として、大阪高決平9.4.25。

■第2節　養子

第1款　縁組の要件

第792条　（養親となる者の年齢）
20歳に達した者は、養子をすることができる。

第793条　（尊属又は年長者を養子とすることの禁止）
尊属又は年長者は、これを養子とすることができない。

第794条　（後見人が被後見人を養子とする縁組）
後見人が被後見人（未成年被後見人及び成年被後見人をいう。以下同じ。）を養子とするには、家庭裁判所の許可を得なければならない。後見人の任務が終了した後、まだその管理の計算が終わらない間も、同様とする。

第795条　（配偶者のある者が未成年者を養子とする縁組）
配偶者のある者が未成年者を養子とするには、配偶者とともにしなければならない。ただし、配偶者の嫡出である子を養子とする場合又は配偶者がその意思を表示することができない場合は、この限りでない。

第796条　（配偶者のある者の縁組）
配偶者のある者が縁組をするには、その配偶者の同意を得なければならない。ただし、配偶者とともに縁組をする場合又は配偶者がその意思を表示することができない場合は、この限りでない。

第797条　（15歳未満の者を養子とする縁組）
Ⅰ　養子となる者が15歳未満であるときは、その法定代理人が、これに代わって、縁組の承諾をすることができる〈刑〉。
Ⅱ　法定代理人が前項の承諾をするには、養子となる者の父母でその監護をすべき者であるものが他にあるときは、その同意を得なければならない。養子となる者の父母で親権を停止されているものがあるときも、同様とする。

第798条　（未成年者を養子とする縁組）
未成年者を養子とするには、家庭裁判所の許可を得なければならない。ただし、自己又は配偶者の直系卑属を養子とする場合は、この限りでない〈債〉。

第799条　（婚姻の規定の準用）
第738条＜成年被後見人の婚姻＞及び第739条＜婚姻の届出＞の規定は、縁組について準用する。

親族

養子［第792条～第801条］　　　　　　　　　　　　　　　　　　　　　　　●親子

第800条　（縁組の届出の受理）

　縁組の届出は、その縁組が第792条から前条までの規定その他の法令の規定に違反しないことを認めた後でなければ、受理することができない。

第801条　（外国に在る日本人間の縁組の方式）

　外国に在る日本人間で縁組をしようとするときは、その国に駐在する日本の大使、公使又は領事にその届出をすることができる。この場合においては、第799条において準用する第739条＜婚姻の届出＞の規定及び前条の規定を準用する。

親
族

●親子　　　　　　　　　　　　　　　　　　　　養子［第792条～第801条］

《注　釈》

<縁組の要件>

実質的要件	**縁組意思の合致**	(1)　縁組意思とは、社会通念上親子と認められる関係を成立させるという意思をいう（実質的意思説）（最判昭23.12.23）〈同〉 (2)　制限行為能力者も、本人の意思のみで縁組可能　→例外としての797条 (3)　縁組意思は、縁組届出時にも必要〈過〉
	縁組障害の不存在	(1)　養親となる者が20歳に達していること（792）〈同書〉 (2)　養子となる者が養親となる者の尊属又は年長者でないこと（793） 　　〈同書〉→養親の双方とも養子より年長であることが必要 (3)　後見人が被後見人を養子とするには家庭裁判所の許可が必要（794） 　　〈同共〉 (4)　未成年者を養子とするには、家庭裁判所の許可が必要（798本文）（＊1） 　　ただし、自己又は配偶者の直系卑属を養子とする場合には不要 　　（798ただし書）〈同共書〉 (5)　配偶者のある者の縁組（795、796） 　　①　原則として配偶者の同意が必要（796本文）〈同共書〉 　　　　例外的に、夫婦がともに縁組をする場合、配偶者が意思表示できない場合には不要（796ただし書） 　　②　未成年者を養子とする場合の夫婦共同縁組の原則（795本文） 　　　〈共〉 　　　　例外的に、配偶者の嫡出子を養子とする場合（同意が必要）、配偶者が意思表示できない場合（同意すら不要）には単独で可能（795ただし書） (6)　代諾縁組（797）〈共〉 　　①　養子となる者が15歳未満の場合、家庭裁判所の許可に加えて、法定代理人による縁組の承諾が必要〈同共書〉 　　②　代諾権者は法定代理人（797Ⅰ） 　　　　→親権者と監護者が別である場合には、監護者の同意も必要。父母が親権を停止されている場合も同様（797Ⅱ）〈同〉 　　③　適法な代諾を欠く場合 　　　　生まれて間もない子をいったん他人の生んだ子として届け出ておき、後日戸籍上の親の代諾により養子にやる場合、養子が15歳に達した後に適法な追認をすれば、縁組は初めから有効となる（最判昭27.10.3）〈同〉（＊2）
	形式的要件	(1)　縁組届（799、739Ⅰ）〈同〉　→成立要件説　〈過〉 (2)　書面、口頭による届出（799、739Ⅱ）　→創設的届出 　　①　他人の子を自己の嫡出子として虚偽の出生届をした場合（藁の上の子）に、これにより嫡出親子関係が生じないことは当然、養親子関係も生じない（出生届の縁組届への転換を否定）（最判昭25.12.28）〈書〉 　　②　虚偽の認知届につき、認知者が被認知者を自己の養子とすることを意図しており、さらにその後、被認知者の法定代理人と婚姻した事実があっても、右認知届をもって養子縁組とみなすことはできない（最判昭54.11.2・百選Ⅲ〔初版〕37事件）

＊1　未成年養子縁組の許可をするには縁組が子の福祉に合致するかを十分検討すべき（新潟家審昭57.8.10）。

＊2　養子縁組の追認のような身分行為には116条ただし書は類推適用されない（最判昭39.9.8・百選Ⅲ40事件）。　⇒p.77

親族

683

養子［第802条〜第805条］　　　　　　　　　　　　　　　　　●親子

第2款　縁組の無効及び取消し

第802条　（縁組の無効）

　縁組は、次に掲げる場合に限り、無効とする〈圖〉。
① 人違いその他の事由によって当事者間に縁組をする意思がないとき。
② 当事者が縁組の届出をしないとき。ただし、その届出が第799条において準用する第739条第2項＜婚姻の届出＞に定める方式を欠くだけであるときは、縁組は、そのためにその効力を妨げられない。

《注　釈》

◆ 「縁組をする意思」の不存在（①）〈同書〉

　「縁組をする意思」とは、その時代の社会通念上親子関係と認められる関係を成立させるという意思である（実質的意思説）（最判昭23.12.23）〈圖〉。

　　ex.1　当事者間において縁組の合意が成立しており、かつ、その当事者から他人に対し右縁組の届出の委託がなされていたときは、届出が、受理された当時、当事者が意識を失っていたとしても、その受理前に翻意したなどの特段の事情のない限り右届出の受理により養子縁組は有効に成立する（最判昭45.11.24）

　　ex.2　夫婦の一方が他方に無断で双方を共同当事者とする縁組届出をした場合、縁組の効力は原則として夫婦双方について無効であるが、795条の趣旨にもとることにならない「特段の事情」がある場合には、縁組の意思のない配偶者についてのみ無効となり、縁組意思のある配偶者と相手方との縁組は有効に成立する（最判昭48.4.12）

　　ex.3　相続税の節税の動機と縁組をする意思とは併存し得るものであるから、専ら相続税の節税のために養子縁組をする場合であっても、他に縁組をする意思がないことをうかがわせる事情のない限り、「縁組をする意思がないとき」に当たるとはいえない（最判平29.1.31・百選Ⅲ 38事件）

第803条　（縁組の取消し）

　縁組は、次条から第808条までの規定によらなければ、取り消すことができない。

第804条　（養親が20歳未満の者である場合の縁組の取消し）

　第792条の規定に違反した縁組は、養親又はその法定代理人から、その取消しを家庭裁判所に請求することができる。ただし、養親が、20歳に達した後6箇月を経過し、又は追認をしたときは、この限りでない。

第805条　（養子が尊属又は年長者である場合の縁組の取消し）〈圖〉

　第793条の規定に違反した縁組は、各当事者又はその親族から、その取消しを家庭裁判所に請求することができる。

●親子　　　　　　　　　　　　　　　　　　　　養子［第806条～第808条］

第806条　（後見人と被後見人との間の無許可縁組の取消し）

Ⅰ　第794条の規定に違反した縁組は、養子又はその実方の親族から、その取消しを家庭裁判所に請求することができる。ただし、管理の計算が終わった後、養子が追認をし、又は6箇月を経過したときは、この限りでない。

Ⅱ　前項ただし書の追認は、養子が、成年に達し、又は行為能力を回復した後にしなければ、その効力を生じない。

Ⅲ　養子が、成年に達せず、又は行為能力を回復しない間に、管理の計算が終わった場合には、第1項ただし書の期間は、養子が、成年に達し、又は行為能力を回復した時から起算する。

第806条の2　（配偶者の同意のない縁組等の取消し）

Ⅰ　第796条の規定に違反した縁組は、縁組の同意をしていない者から、その取消しを家庭裁判所に請求することができる。ただし、その者が、縁組を知った後6箇月を経過し、又は追認をしたときは、この限りでない。

Ⅱ　詐欺又は強迫によって第796条の同意をした者は、その縁組の取消しを家庭裁判所に請求することができる。ただし、その者が、詐欺を発見し、若しくは強迫を免れた後6箇月を経過し、又は追認をしたときは、この限りでない。

第806条の3　（子の監護をすべき者の同意のない縁組等の取消し）

Ⅰ　第797条第2項の規定に違反した縁組は、縁組の同意をしていない者から、その取消しを家庭裁判所に請求することができる。ただし、その者が追認をしたとき、又は養子が15歳に達した後6箇月を経過し、若しくは追認をしたときは、この限りでない。

Ⅱ　前条第2項の規定は、詐欺又は強迫によって第797条第2項の同意をした者について準用する。

第807条　（養子が未成年者である場合の無許可縁組の取消し）

　第798条の規定に違反した縁組は、養子、その実方の親族又は養子に代わって縁組の承諾をした者から、その取消しを家庭裁判所に請求することができる。ただし、養子が、成年に達した後6箇月を経過し、又は追認をしたときは、この限りでない。

第808条　（婚姻の取消し等の規定の準用）

Ⅰ　第747条＜詐欺又は強迫による婚姻の取消し＞及び第748条＜婚姻の取消しの効力＞の規定は、縁組について準用する。この場合において、第747条第2項中「3箇月」とあるのは、「6箇月」と読み替えるものとする。

Ⅱ　第769条＜離婚による復氏の際の権利の承継＞及び第816条＜離縁による復氏等＞の規定は、縁組の取消しについて準用する。

親
族

685

養子［第809条～第810条］　　　　　　　　　　　　　　　　　　　　●親子

《注　釈》

＜縁組の取消しの整理＞

取消事由（＊1）（＊2）	取消権者	制　　限
養親が20歳未満の者（804）	養親 その法定代理人	養親が20歳に達した後、①6か月経過又は②追認したときはできない
養子が尊属又は年長者（805）	各当事者 その親族	制限なし（＊3）
後見人・被後見人間の無許可縁組（806）	養子 実方の親族	管理計算終了後、①6か月経過又は②追認したときはできない
配偶者の同意を欠く縁組（806の2）〈書〉	同意していない者	縁組を知った後、①6か月経過又は②追認したときはできない
	詐欺・強迫により同意した者	詐欺を発見し、強迫を免れた後、①6か月経過又は②追認したときはできない
監護者の同意を欠く縁組（806の3）	同意していない者	(1)　追認したときはできない (2)　養子が15歳に達した後、①6か月経過又は②追認したときはできない
	詐欺・強迫により同意した者	詐欺を発見し、強迫を免れた後、①6か月経過又は②追認したときはできない
養子が未成年の無許可縁組（807）	養子 実方の親族 代諾者	養子が成年に達した後、①6か月経過又は②追認したときはできない
詐欺又は強迫による縁組（808 I、747）	表意者	詐欺を発見し、強迫を免れた後、①6か月経過又は②追認したときはできない

＊1　夫婦共同縁組の取消し（夫婦の一方についてのみ取消原因がある場合）は、一方についての縁組のみ取り消しうる（最判昭53.7.17）。
＊2　縁組の取消しに遡及効はない（808 I、748 I）〈司〉。
＊3　民法総則の規定（126）の適用はない。

第3款　縁組の効力

第809条　（嫡出子の身分の取得）

養子は、縁組の日から、養親の嫡出子の身分を取得する〈書〉。

第810条　（養子の氏）

養子は、養親の氏を称する。ただし、婚姻によって氏を改めた者については、婚姻の際に定めた氏を称すべき間は、この限りでない〈書〉。

● 親子 養子〔第811条〜第811条の2〕

《注　釈》

◆　縁組の効力

1　嫡出子の身分の取得に関連する効果

(1)　養子は未成年のときは、養親の親権に服する（818Ⅱ）〈共〉。

(2)　養子は養親の氏を称する（810本文）。ただし、婚姻により氏を改めた者は、婚姻継続中に養子となっても、養親の氏に変わることはない（810ただし書）〈同書〉。

→750条は810条に優先する

(3)　養親子は、相互に相続権を有し（887、889）、親族的扶養義務を負う（877Ⅰ）。

2　法定血族関係の発生

養親の血族との間にも親族関係が発生する。

3　養子と実親及び実方親族との関係への影響

縁組は、養子と実親及び実方親族との関係に、何ら影響しない〈同書〉。

→養子は実方と養方の二面の親族関係に立つ

4　養子は養親と離縁しなくても再度他の者の養子となれる（転養子）〈同〉。

第4款　離縁

第811条　（協議上の離縁等）

Ⅰ　縁組の当事者は、その協議で、離縁をすることができる。

Ⅱ　養子が15歳未満であるときは、その離縁は、養親と養子の離縁後にその法定代理人となるべき者との協議でこれをする〈書〉。

Ⅲ　前項の場合において、養子の父母が離婚しているときは、その協議で、その一方を養子の離縁後にその親権者となるべき者と定めなければならない。

Ⅳ　前項の協議が調わないとき、又は協議をすることができないときは、家庭裁判所は、同項の父若しくは母又は養親の請求によって、協議に代わる審判をすることができる。

Ⅴ　第2項の法定代理人となるべき者がないときは、家庭裁判所は、養子の親族その他の利害関係人の請求によって、養子の離縁後にその未成年後見人となるべき者を選任する。

Ⅵ　縁組の当事者の一方が死亡した後に生存当事者が離縁をしようとするときは、家庭裁判所の許可を得て、これをすることができる。

第811条の2　（夫婦である養親と未成年者との離縁）〈書〉

養親が夫婦である場合において未成年者と離縁をするには、夫婦が共にしなければならない。ただし、夫婦の一方がその意思を表示することができないときは、この限りでない。

親族

687

養子〔第812条～第817条〕　　　　　　　　　　　　　　　　　　　　　●親子

第812条　（婚姻の規定の準用）

　第738条＜成年被後見人の婚姻＞、第739条＜婚姻の届出＞及び第747条＜詐欺又は強迫による婚姻の取消し＞の規定は、協議上の離縁について準用する。この場合において、同条第2項中「3箇月」とあるのは、「6箇月」と読み替えるものとする〈判〉。

第813条　（離縁の届出の受理）

Ⅰ　離縁の届出は、その離縁が前条において準用する第739条第2項＜婚姻の届出の方式＞の規定並びに第811条及び第811条の2の規定その他の法令の規定に違反しないことを認めた後でなければ、受理することができない。

Ⅱ　離縁の届出が前項の規定に違反して受理されたときであっても、離縁は、そのためにその効力を妨げられない。

第814条　（裁判上の離縁）

Ⅰ　縁組の当事者の一方は、次に掲げる場合に限り、離縁の訴えを提起することができる。

① 他の一方から悪意で遺棄されたとき。

② 他の一方の生死が3年以上明らかでないとき。

③ その他縁組を継続し難い重大な事由があるとき。

Ⅱ　第770条第2項＜離婚請求の裁判所による裁量棄却＞の規定は、前項第1号及び第2号に掲げる場合について準用する。

第815条　（養子が15歳未満である場合の離縁の訴えの当事者）

　養子が15歳に達しない間は、第811条の規定により養親と離縁の協議をすることができる者から、又はこれに対して、離縁の訴えを提起することができる。

第816条　（離縁による復氏等）

Ⅰ　養子は、離縁によって縁組前の氏に復する。ただし、配偶者とともに養子をした養親の一方のみと離縁をした場合は、この限りでない〈判〉。

Ⅱ　縁組の日から7年を経過した後に前項の規定により縁組前の氏に復した者は、離縁の日から3箇月以内に戸籍法の定めるところにより届け出ることによって、離縁の際に称していた氏を称することができる。

第817条　（離縁による復氏の際の権利の承継）

　第769条＜離婚による復氏の際の権利の承継＞の規定は、離縁について準用する。

●親子   養子〔第817条の2〜第817条の3〕

《注　釈》

<縁組の解消の整理>

意義	いったん完全・有効に成立した養子縁組が終了すること（＊） →死後離縁（811 Ⅵ）は、当事者の死亡により縁組が終了することを前提として死亡者の血族との親族関係を終了させることを意味するにすぎない
協議離縁	(1)　要件 　　①　離縁意思の合致（実質的意思説） 　　②　離縁の届出 (2)　代諾離縁（811 Ⅱ）〈司〉 (3)　夫婦共同離縁の原則（811の2） 　　一方が意思表示できない場合には単独で可能（811の2ただし書） (4)　協議離縁の無効・取消し 　　①　離縁意思が存在しない場合には、離縁が無効となる 　　②　詐欺又は強迫による離縁は取り消しうる（812、747） 　　　　→遡及効あり
裁判離縁 （814 Ⅰ）	(1)　離縁原因 　　814条1項1号・2号の事由がある場合でも、裁判所は離縁の請求を棄却可能（814 Ⅱ、770 Ⅱ） (2)　有責者からの離縁請求 　　養親子関係の破綻の原因が全面的に又は主としてその解消を望む当事者側にある場合には、この者からの離縁請求は許されない（最判昭39.8.4）
離縁の効果	(1)　養親子間の法定嫡出関係の消滅 　　→養子と養親の血族との間の法定血族関係、縁組の後に発展した親族関係も消滅 (2)　復氏（816 Ⅰ）と復籍〈司〉 (3)　祭祀財産の承継者の決定（817、769）

＊　縁組は、民法の規定上は、離縁によってのみ解消する〈書〉。
＊　縁組の当事者の一方が死亡した後に生存当事者が離縁をしようとするとき（死後離縁）は、家庭裁判所の許可が必要〈供〉。
＊　協議離縁は、養子が未成年の場合でも、家庭裁判所の許可を要しない〈司〉。

第5款　特別養子

第817条の2　（特別養子縁組の成立）

Ⅰ　家庭裁判所は、次条から第817条の7までに定める要件があるときは、養親となる者の請求により、実方の血族との親族関係が終了する縁組（以下この款において「特別養子縁組」という。）を成立させることができる。

Ⅱ　前項に規定する請求をするには、第794条<後見人が被後見人を養子とする縁組>又は第798条<未成年者を養子とする縁組>の許可を得ることを要しない。

第817条の3　（養親の夫婦共同縁組）

Ⅰ　養親となる者は、配偶者のある者でなければならない〈供〉。

親族

689

養子［第817条の2〜第817条の9］　　　●親子

Ⅱ　夫婦の一方は、他の一方が養親とならないときは、養親となることができない。ただし、夫婦の一方が他の一方の嫡出である子（特別養子縁組以外の縁組による養子を除く。）の養親となる場合は、この限りでない。

第817条の4　（養親となる者の年齢）

　25歳に達しない者は、養親となることができない。ただし、養親となる夫婦の一方が25歳に達していない場合においても、その者が20歳に達しているときは、この限りでない。

第817条の5　（養子となる者の年齢）

Ⅰ　第817条の2に規定する請求の時に15歳に達している者は、養子となることができない。特別養子縁組が成立するまでに18歳に達した者についても、同様とする。

Ⅱ　前項前段の規定は、養子となる者が15歳に達する前から引き続き養親となる者に監護されている場合において、15歳に達するまでに第817条の2に規定する請求がされなかったことについてやむを得ない事由があるときは、適用しない。

Ⅲ　養子となる者が15歳に達している場合においては、特別養子縁組の成立には、その者の同意がなければならない。

第817条の6　（父母の同意）

　特別養子縁組の成立には、養子となる者の父母の同意がなければならない。ただし、父母がその意思を表示することができない場合又は父母による虐待、悪意の遺棄その他養子となる者の利益を著しく害する事由がある場合は、この限りでない。

第817条の7　（子の利益のための特別の必要性）

　特別養子縁組は、父母による養子となる者の監護が著しく困難又は不適当であることその他特別の事情がある場合において、子の利益のため特に必要があると認めるときに、これを成立させるものとする。

第817条の8　（監護の状況）

Ⅰ　特別養子縁組を成立させるには、養親となる者が養子となる者を6箇月以上の期間監護した状況を考慮しなければならない。

Ⅱ　前項の期間は、第817条の2に規定する請求の時から起算する。ただし、その請求前の監護の状況が明らかであるときは、この限りでない。

第817条の9　（実方との親族関係の終了）

　養子と実方の父母及びその血族との親族関係は、特別養子縁組によって終了する。ただし、第817条の3第2項ただし書に規定する他の一方及びその血族との親族関係については、この限りでない。

● 親子   養子［第817条の2～第817条の9］

《注　釈》

<特別養子縁組の成立の整理>

意義	一定年齢に達しない子について、実親による監護が著しく困難又は不適当であるなどの特別の事情があり、その子の利益のために特に必要があると認められる場合に、家庭裁判所の審判により養親子関係を創設し、養子と実方の血族との親族関係が原則として終了する縁組のこと	
要件	形式的要件	養親となる者の請求に基づいて、家庭裁判所の審判により成立する（817の2） →夫婦共同縁組を要する場合（817の3）には、夫婦共同で申立てをしなければならない〈共〉
	実質的要件	(1) 養子となる者が、養親となる者の家庭裁判所への請求時に15歳未満であること（817の5Ⅰ前段） 　　→養子となる者が15歳に達する前から引き続き養親となる者に監護されている場合において、15歳に達するまでに上記請求がされなかったことについてやむを得ない事由があるときは、18歳に達するまで例外的に可能（817の5Ⅱ） 　　特別養子縁組が成立するまでに18歳に達した者は、養子となることができない（817の5Ⅰ後段） (2) 養子となる者が15歳に達している場合には、その者の同意（817の5Ⅲ） (3) 養親が25歳以上であること（817の4本文）〈同〉 　　夫婦の一方が25歳以上の場合には他方は20歳以上でよい（817の4ただし書） (4) 養親共同縁組の原則（817の3Ⅱ本文）〈共〉 　　夫婦の一方が他方の一方の嫡出子の養親となる場合（連れ子を特別養子とする場合）には夫婦共同縁組をしなくてよい（817の3Ⅱただし書）〈同〉 (5) 特別養子縁組の必要性（817の7） (6) 父母の同意（817の6本文）　→実父母の他、養父母も含む 　　例外的に、①父母が同意の意思表示をできない場合、②父母による虐待、③悪意の遺棄、④養子となる者の利益を著しく害する事由がある場合には、同意は不要（817の6ただし書） (7) 試験養育の考慮（817の8）〈同〉
効果	(1) 養子縁組一般の効果 　　嫡出子の身分を取得すること（809） (2) 特別養子縁組特有の効果 　① 特別養子と実父母（養父母）及びその血族との親族関係が終了する（817の9本文）が、近親婚禁止の規定は親族関係が終了した後も適用される（734Ⅱ、735後段） 　　→特別養子は実父母の相続人となる資格を失う〈同共〉 　② 親族関係終了の効果は、特別養子縁組成立の時（審判確定の時）から生ずる 　　→出生時に遡及しない 　③ 特別養子縁組の審判が確定した場合、その子の血縁上の父による、子と戸籍上の父との間の親子関係不存在確認の訴えの利益は消滅するが、右審判に準再審の事由があるときは訴えの利益は消滅しない（最判平7.7.14・百選Ⅲ42事件）	

親族

691

養子［第817条の10〜第817条の11］　　　　　　　　　　　　　　　　　●親子

- 817条の6ただし書にいう「その他養子となる者の利益を著しく害する事由がある場合」とは、父母の存在自体が子の利益を著しく害する場合をいう。
- 817条の7にいう「父母による養子となる者の監護が著しく困難」である場合とは、貧困その他客観的な事情によって子の適切な監護ができない場合をいい、また「不適当である」場合とは、父母による虐待や著しく偏った養育をしている場合を指し、「その他特別の事情がある場合」とは、これらに準じる事情のある場合をいう（東京高決平14.12.16・百選Ⅲ41事件）。

第817条の10　（特別養子縁組の離縁）

Ⅰ　次の各号のいずれにも該当する場合において、養子の利益のため特に必要があると認めるときは、家庭裁判所は、養子、実父母又は検察官の請求により、特別養子縁組の当事者を離縁させることができる。

①　養親による虐待、悪意の遺棄その他養子の利益を著しく害する事由があること。

②　実父母が相当の監護をすることができること。

Ⅱ　離縁は、前項の規定による場合のほか、これをすることができない。

第817条の11　（離縁による実方との親族関係の回復）

養子と実父母及びその血族との間においては、離縁の日から、特別養子縁組によって終了した親族関係と同一の親族関係を生ずる。

《注　釈》

＜特別養子縁組の離縁の整理＞

要件	(1)　原則として離縁は認められない（817の10Ⅱ） (2)　例外的に以下の要件をみたす場合、離縁が認められる（817の10Ⅰ） 　　①養親による虐待、悪意の遺棄、その他養子の利益を著しく害する事由があり、かつ、②実父母が相当の監護をすることができる場合において、③家庭裁判所が「養子の利益のため特に必要がある」と認めるときは、養子、実父母又は検察官の請求により離縁の審判をすることができる 　　→養親には離縁を請求する権利はない
効果	(1)　特別養子と養親及びその血族との間の親族関係は終了する（729） (2)　特別養子縁組により終了した親族関係と同一の親族関係が復活する（817の11） (3)　子は縁組前の氏に復氏し（816）、縁組前の戸籍へ復籍する

● 親権   総則 ［第818条］

＜特別養子と普通養子の比較＞

	特別養子	普通養子
成立	家庭裁判所の審判（817の2Ⅰ）	当事者の合意に基づく届出（799、739）
請求権者	養親となる者（817の2Ⅰ）	
被後見養子、未成年者養子の家庭裁判所の許可	不要（817の2Ⅱ）	必要（794前段、798本文）
養親となることができる者	配偶者のある者（817の3Ⅰ）同 原則：25歳以上（817の4本文）	20歳に達した者（792） （独身者でもよい）
養子となることができる者	原則として、請求時に15歳未満（817の5Ⅰ前段）、かつ、成立時に18歳未満（817の5Ⅰ後段）	① 養親より年長でないこと ② 養親の尊属でないこと（793）
父母の同意	原則：必要（817の6本文）	15歳未満の養子について、法定代理人による代諾（797）（単に父母であるにすぎない者の同意は不要）
成立要件	子の利益のために必要なものであること（817の7）	格別の制限なし
試験養育期間	6か月以上（817の8）	不要
実親との関係	終了する（817の9）供	継続する
離縁	家裁の審判（817の10）	協議（811）、裁判（814）
離縁の申立権者	養子・実父母・検察官（817の10）→養親の側からの申立ては認められていない同	原則：当事者双方（例外：815）

親族

・第4章・【親権】

■第1節　総則

第818条　（親権者）

Ⅰ　成年に達しない子は、父母の親権に服する。

Ⅱ　子が養子であるときは、養親の親権に服する縄。

Ⅲ　親権は、父母の婚姻中は、父母が共同して行う。ただし、父母の一方が親権を行うことができないときは、他の一方が行う。

693

総則 ［第818条〜第819条］　　　　　　　　　　　　　　　●親権

第819条　（離婚又は認知の場合の親権者）

Ⅰ　父母が協議上の離婚をするときは、その協議で、その一方を親権者と定めなければならない〈共〉。

Ⅱ　裁判上の離婚の場合には、裁判所は、父母の一方を親権者と定める。

Ⅲ　子の出生前に父母が離婚した場合には、親権は、母が行う。ただし、子の出生後に、父母の協議で、父を親権者と定めることができる〈同〉。

Ⅳ　父が認知した子に対する親権は、父母の協議で父を親権者と定めたときに限り、父が行う〈同書〉。

Ⅴ　第1項、第3項又は前項の協議が調わないとき、又は協議をすることができないときは、家庭裁判所は、父又は母の請求によって、協議に代わる審判をすることができる。

Ⅵ　子の利益のため必要があると認めるときは、家庭裁判所は、子の親族の請求によって、親権者を他の一方に変更することができる〈同書〉。

《注　釈》

一　親権の意義

「親権」とは、父母の養育者としての地位・職分から流出する権利義務の総称をいう。ここで、親権の内容としては①子の監護教育（身上監護権）、②子の財産管理（財産管理権）、③経済的扶養が挙げられる〈同〉。

●親権　　　　　　　　　　　　　　　　　　　　　　総則［第818条〜第819条］

＜親権者となるべき者＞

親権者			
実子	嫡出子	父母の婚姻解消	・実父母（818 Ⅰ Ⅲ） ① 父母の一方が死亡し、又は失踪宣告を受けその他親権を行使できなくなったときは、他方が単独で親権者となる《同》 ② 父母双方が死亡しその他親権を失ったときは後見が開始する（838 ①）
			(1) 父母の一方が死亡すれば、他方の単独親権となる (2) 父母が協議離婚するときは、協議で父母の一方を親権者と定める（819 Ⅰ） 《予》 　協議が調わないときや協議ができないときは、協議に代わる審判による（819 Ⅴ） (3) 裁判離婚の場合は、裁判所が父母の一方を親権者と定める（819 Ⅱ） 《同》 (4) 子の出生前に離婚が成立した場合には、母の単独親権となる（819 Ⅲ本文） 《同書》 　ただし、子が生まれた後に父母の協議又は審判で父を親権者と定めることができる（819 Ⅲただし書、Ⅴ）
	非嫡出子		(1) 母だけが親権を行う《同》 (2) 父の認知後、父母の協議又は審判によって父を親権者と定めたときに限り、父の単独親権となる（819 ⅣⅤ）《書》
養子			・養父母 ① 未成年者が養子になると、実父母の親権を脱して養親の親権に服する（818 Ⅱ）《同共書》（＊） ② 転縁組の場合は、第二の養父母が親権を行使する ③ 養父母双方が死亡したときは、実親の親権は回復せず、後見が開始する ④ 養父母双方と離縁すれば、死亡と異なり、実父母の親権が回復する

＊　ただし、養親と実親とが夫婦である場合（夫婦の一方が他方の親権に服する嫡出子と養子縁組した場合（795 ただし書参照）など）においては、実親の親権は消滅せず、養親と実親の共同親権となるとするのが実務（大阪家審昭 43.5.28）である《書》。

二　親権者の変更

1　子の利益のため必要があると認めるときは、家庭裁判所は、子の親族の請求によって、親権者を他の一方に変更することができる《予》。

2　親権者と定められた父又は母が死亡した場合には、審判（819 Ⅳ）によっては他方に変更できず、後見が開始する《過》。

なお、離婚時に父を親権者とし、後に母の再婚相手を親権者に変更することはできない。

三　親権能力（親権を行う能力）

1　親権は子の身分上及び財産上の広い権限を含むから（824 参照）、行為能力者でなければ親権者にはなれない。

cf.　成年被後見人・被保佐人の親権能力も否定される（大判明 39.4.2）《過》《書》

2　親が制限行為能力者の場合

(1)　親が未成年者のときは、未成年者の親権者又は未成年後見人が親権を行う

695

総則［第818条〜第819条］　　●親権

(833、867)。

(2) 親の一方が成年被後見人又は被保佐人である場合には、「父母の一方が親権を行うことができないとき」(818 Ⅲただし書) として、他の一方が単独で親権を行使する。また、他の一方の親がいない場合や、他の一方の親も成年被後見人又は被保佐人である場合等、親権を行使できる状態でなければ、「親権を行う者がないとき」(838 ①) として、子のために後見が開始する。

四　親権共同行使の原則（818 Ⅲ本文）

1　原則

(1) 親権は、父母（養親も含む。）が婚姻中は父母が共同して行う（818 Ⅲ本文）。

cf.　夫婦の協議や家庭裁判所の許可によっても一方の者を親権者とすることはできない

(2) 夫婦一方の単独名義で法律行為を行う場合でも、他方の同意があれば共同行使の原則に反しない（最判昭 32.7.5）。

(3) 他方の同意がない場合は、父母の法定代理人としての代理又は同意の効果を生じない。ただし、双方名義の場合には、善意の第三者保護のため共同行使の効果を生ずる（825）。

2　例外

夫婦の一方に事実上、法律上親権を行使できない事情がある場合などには、単独行使の例外が認められる（818 Ⅲただし書）。

ex.　行方不明、後見開始の審判（7）を受けた場合〈回

《その他》

• 母の婚姻中その子が母の夫から認知を受け、認知準正（789 Ⅱ）が生じた場合にも、親権共同行使の原則が適用される。

• 父が認知した子は、その父母が婚姻することによって嫡出子の身分を取得し（婚姻準正、789 Ⅰ）、父母の共同親権に服する。

• 共同親権を有する父母の婚姻が破綻して別居状態にあるときは、家庭裁判所は離婚後の子の監護に関する場合と同様、子と同居していない親権者と子との面接交渉について相当な処分を命ずることができる（最決平 12.5.1・百選Ⅲ 20 事件）〈回

• 幼児の引渡請求は、親権者が子に対する親権を行使するにつき、その妨害の排除を求めるものであるから、当該請求の認容判決によって妨害が排除されるとしても、子に対し、親権者の支配下に入ることを強制しうるものではなく、居住移転の自由（憲 22）を侵害するとはいえない（最判昭 35.3.15・百選Ⅲ 44 事件）。同様に、個人の尊厳（憲 13）を侵害するともいえない（最判昭 38.9.17）。

• 人身保護法による幼児引渡請求が認められるには、拘束者の監護の下に置かれるよりも、請求者の監護の下に置かれることが幼児の幸福に適することが明白であることを要する（最判平 6.4.26・百選Ⅲ 45 事件）〈回。

● 親権　　　　　　　　　　　　　　　　親権の効力［第820条〜第824条］

■第2節　親権の効力

第820条　（監護及び教育の権利義務）

　親権を行う者は、子の利益のために子の監護及び教育をする権利を有し、義務を負う◁団。

第821条　（居所の指定）

　子は、親権を行う者が指定した場所に、その居所を定めなければならない。

第822条　（懲戒）

　親権を行う者は、第820条の規定による監護及び教育に必要な範囲内でその子を懲戒することができる。

第823条　（職業の許可）

Ⅰ　子は、親権を行う者の許可を得なければ、職業を営むことができない◁団。

Ⅱ　親権を行う者は、第6条第2項＜営業に堪えることができない事由があるとき＞の場合には、前項の許可を取り消し、又はこれを制限することができる。

第824条　（財産の管理及び代表）

　親権を行う者は、子の財産を管理し、かつ、その財産に関する法律行為についてその子を代表する。ただし、その子の行為を目的とする債務を生ずべき場合には、本人の同意を得なければならない。

《注　釈》

一　親権者の代理権

1　原則として、財産上の行為に限って認められる（824本文）。

2　例外的に認められる身分上の行為

　(1)　認知の訴えの提起（787）

　(2)　母たる親権者が嫡出否認の訴えの被告となる（775）。

　(3)　15歳未満の子の縁組を代諾すること（797）

　(4)　15歳未満の子の離縁の代諾及び訴えの提起（811Ⅱ、815）

　(5)　20歳未満の者が養親となる縁組をした場合の取消請求（804）

　(6)　相続の承認・放棄（917）◁書

二　財産管理権（本文）

1　「代表」（本文）の意味

　　親権者が子の財産的地位を全面的に代行する趣旨を言い表すためで、実質的に代理と変わらない。

2　法定代理権の濫用◁団H28

　　親権者の代理行為は利益相反行為にあたらない限り広範な裁量に委ねられるため、親権者が子を代理して子の所有する不動産を第三者の債務の担保に供する行為は、親権者に子を代理する権限を授与した法の趣旨に著しく反すると認

親
族

親権の効力 [第825条〜第826条] ●親権

められる特段の事情がない限り、濫用にはあたらない（最判平4.12.10・百選Ⅲ49事件）。
　cf. 代理権濫用につき相手方が悪意又は有過失の場合、その行為は無権代理人による行為とみなされる（107）⇒ p.65
3　自己のためにするのと同一の注意義務を負う（827）。
　→後見人の注意義務（869、644）と異なる点に注意

第825条（父母の一方が共同の名義でした行為の効力）

父母が共同して親権を行う場合において、父母の一方が、共同の名義で、子に代わって法律行為をし又は子がこれをすることに同意したときは、その行為は、他の一方の意思に反したときであっても、そのためにその効力を妨げられない。ただし、相手方が悪意であったときは、この限りでない。

[趣旨] 父母の一方が、共同名義で、子に代わって法律行為をし又は子の法律行為に同意を与えた場合に、親権の共同行使があると信頼した相手方保護の観点から、代理行為の無効を対抗できない（本文）。もっとも、父母の一方の意思に反することにつき悪意の相手方は保護に値しないため、代理行為の無効を対抗できる（ただし書）。

第826条（利益相反行為）

Ⅰ　親権を行う父又は母とその子との利益が相反する行為については、親権を行う者は、その子のために特別代理人を選任することを家庭裁判所に請求しなければならない。
Ⅱ　親権を行う者が数人の子に対して親権を行う場合において、その1人と他の子との利益が相反する行為については、親権を行う者は、その一方のために特別代理人を選任することを家庭裁判所に請求しなければならない。

[趣旨] 親権の濫用から子の利益を保護すべく、親権を行使する父又は母とその子との利益が相反する行為については、親権者は、特別代理人の選任を家庭裁判所に請求し、その者に代理又は同意させなければならないこととした。

《注　釈》

— 「利益が相反する行為」（利益相反行為）

1　利益相反行為の意義
　　親権者のために利益であって未成年者のために不利益な行為、又は、親権に服する子の一方のための利益であって他方のために不利益な行為をいう。
　　cf. 親権者が子に財産を単純贈与（549）する場合は、利益相反行為にあたらない（大判昭6.11.24）。
2　子と第三者との間の法律行為と利益相反行為の判断基準
　　もっぱらその行為の外形で決すべきであり、親権者の意図やその行為の実質的効果から判断すべきでない（最判昭49.7.22・百選Ⅲ47事件）。
　　ex.1　1人の親権者が数人の未成年者の法定代理人として代理行為をした場合は、被代理人全員につき本条に反する。ゆえに、父の相続の際、母が

取得する財産がないという遺産分割であっても、母が未成年の子2人の代理人として他の成人した子となした遺産分割協議は有効な追認なき限り無効である（最判昭 49.7.22・百選Ⅲ 47 事件）〈司〉

ex.2　親権者が他人から金銭を借り入れるにあたり、親権者としてその子において連帯債務を負担し、子の不動産に抵当権を設定する行為は、利益相反行為にあたる（大判大 3.9.28、最判昭 37.10.2）〈書〉

ex.3　他人の債務について子とともに連帯保証人になり、かつ子との共有不動産の全部に抵当権を設定することは、利益相反行為になる（最判昭 43.10.8・百選Ⅲ 46 事件）

ex.4　親権者が子の名において金員を借り受け子の不動産に抵当権を設定することは、たとえ借受金を親権者自身の用途に充当する意図であっても、利益相反行為にはあたらない（最判平 4.12.10・百選Ⅲ 49 事件）〈司〉
　　　→親権者の代理権濫用の問題となる〈司〉　⇒ p.697

3　単独行為と利益相反行為（最判昭 53.2.24・百選Ⅲ〔初版〕49 事件）
相手方ある単独行為にはもちろん、相手方のない単独行為にも適用がある。

＊　判例は後見人の事案であることに注意。

ex.　親権者が子の相続分を放棄する場合は利益相反行為にあたる（なお、親権者自らがあらかじめ相続放棄をしているか、少なくとも自ら相続放棄をすると同時にその全員のために相続の放棄をすることは利益相反にあたらない）〈司〉

4　身分上の行為にも本条の適用がある。

ex.　親権者が自分の 15 歳未満の非嫡出子を自己の養子にする場合

二　違反行為の効果

1　利益相反行為につき親権者が子を代理してした行為は無権代理となる（108 Ⅱ）〈司〉。

2　子が成年に達した後、その追認がなければ本人に効力は及ばない〈司〉。

《その他》

▪共同親権者の1人とだけ利益が相反する場合、他方の単独親権となるのではなく、特別代理人と他方親権者との共同代理となる（最判昭 35.2.25・百選Ⅲ 48 事件）〈司〉。

▪特別代理人と未成年者との間に利益相反関係がある場合には、特別代理人は選任の審判によって付与された権限を行使することができず、これを行使しても追認をなしうる者による追認がない限り、無効である（最判昭 57.11.18）。

第827条　（財産の管理における注意義務）

親権を行う者は、自己のためにするのと同一の注意をもって、その管理権を行わなければならない〈司書〉。

親権の効力［第828条〜第833条］・親権の喪失［第834条］　　●親権

第828条　（財産の管理の計算）

子が成年に達したときは、親権を行った者は、遅滞なくその管理の計算をしなければならない。ただし、その子の養育及び財産の管理の費用は、その子の財産の収益と相殺したものとみなす。

第829条

前条ただし書の規定は、無償で子に財産を与える第三者が反対の意思を表示したときは、その財産については、これを適用しない。

第830条　（第三者が無償で子に与えた財産の管理）

Ⅰ　無償で子に財産を与える第三者が、親権を行う父又は母にこれを管理させない意思を表示したときは、その財産は、父又は母の管理に属しないものとする〈同〉。

Ⅱ　前項の財産につき父母が共に管理権を有しない場合において、第三者が管理者を指定しなかったときは、家庭裁判所は、子、その親族又は検察官の請求によって、その管理者を選任する。

Ⅲ　第三者が管理者を指定したときであっても、その管理者の権限が消滅し、又はこれを改任する必要がある場合において、第三者が更に管理者を指定しないときも、前項と同様とする。

Ⅳ　第27条から第29条まで＜不在者の財産管理人の職務・権限・担保提供及び報酬＞の規定は、前2項の場合について準用する。

第831条　（委任の規定の準用）

第654条＜委任の終了後の処分＞及び第655条＜委任の終了の対抗要件＞の規定は、親権を行う者が子の財産を管理する場合及び前条の場合について準用する。

第832条　（財産の管理について生じた親子間の債権の消滅時効）

Ⅰ　親権を行った者とその子との間に財産の管理について生じた債権は、その管理権が消滅した時から5年間これを行使しないときは、時効によって消滅する。

Ⅱ　子がまだ成年に達しない間に管理権が消滅した場合において子に法定代理人がないときは、前項の期間は、その子が成年に達し、又は後任の法定代理人が就職した時から起算する。

第833条　（子に代わる親権の行使）

親権を行う者は、その親権に服する子に代わって親権を行う〈同〉。

■第3節　親権の喪失

第834条　（親権喪失の審判）

父又は母による虐待又は悪意の遺棄があるときその他父又は母による親権の行使が著しく困難又は不適当であることにより子の利益を著しく害するときは、家庭裁判所は、子、その親族、未成年後見人、未成年後見監督人又は検察官の請求により、その父又は母について、親権喪失の審判をすることができる〈難〉。ただし、2年以内にその原因が消滅する見込みがあるときは、この限りでない。

●後見　　親権の喪失［第834条の2～第837条］・後見の開始［第838条］

第834条の2　（親権停止の審判）

Ⅰ　父又は母による親権の行使が困難又は不適当であることにより子の利益を害する
ときは、家庭裁判所は、子、その親族、未成年後見人、未成年後見監督人又は検察
官の請求により、その父又は母について、親権停止の審判をすることができる〈同書〉。

Ⅱ　家庭裁判所は、親権停止の審判をするときは、その原因が消滅するまでに要する
と見込まれる期間、子の心身の状態及び生活の状況その他一切の事情を考慮して、
2年を超えない範囲内で、親権を停止する期間を定める〈同〉。

《注　釈》

▪ 児童虐待防止法制定前の裁判例であるが、児童相談所長による親権喪失申立て
（児童福祉法33条の7参照）が認容された例として、東京家八王子支審昭
54.5.16。

第835条　（管理権喪失の審判）

父又は母による管理権の行使が困難又は不適当であることにより子の利益を害する
ときは、家庭裁判所は、子、その親族、未成年後見人、未成年後見監督人又は検察官
の請求により、その父又は母について、管理権喪失の審判をすることができる〈書〉。

第836条　（親権喪失、親権停止又は管理権喪失の審判の取消し）

第834条本文、第834条の2第1項又は前条に規定する原因が消滅したときは、
家庭裁判所は、本人又はその親族の請求によって、それぞれ親権喪失、親権停止又は
管理権喪失の審判を取り消すことができる。

第837条　（親権又は管理権の辞任及び回復）

Ⅰ　親権を行う父又は母は、やむを得ない事由があるときは、家庭裁判所の許可を得
て、親権又は管理権を辞することができる〈同〉。

Ⅱ　前項の事由が消滅したときは、父又は母は、家庭裁判所の許可を得て、親権又は
管理権を回復することができる。

・第5章・【後見】

■第1節　後見の開始

第838条

後見は、次に掲げる場合に開始する〈同書〉。

①　未成年者に対して親権を行う者がないとき、又は親権を行う者が管理権を有し
ないとき。

②　後見開始の審判があったとき。

親
族

後見の機関［第839条～第842条］　　　　●後見

《注　釈》

一　未成年後見の開始（①）

1　未成年者に対して親権を行う者がいないとき〈回〉

　ex.　単独親権者の死亡、親権喪失（834）、辞任（837 Ⅰ）

2　親権者が管理権を有しないとき〈回〉

　ex.　管理権喪失の宣告（835）、管理権の辞任（837 Ⅰ）

二　成年後見の開始（②）

後見開始の審判がなされたときに後見が開始する〈回〉。

→未成年者が後見開始の審判を受けた場合、親権者がいても後見が開始する

■第2節　後見の機関

第1款　後見人

第839条　（未成年後見人の指定）

Ⅰ　未成年者に対して最後に親権を行う者は、遺言で、未成年後見人を指定することができる〈精〉。ただし、管理権を有しない者は、この限りでない。

Ⅱ　親権を行う父母の一方が管理権を有しないときは、他の一方は、前項の規定により未成年後見人の指定をすることができる。

第840条　（未成年後見人の選任）

Ⅰ　前条の規定により未成年後見人となるべき者がないときは、家庭裁判所は、未成年被後見人又はその親族その他の利害関係人の請求によって、未成年後見人を選任する。未成年後見人が欠けたときも、同様とする〈精〉。

Ⅱ　未成年後見人がある場合においても、家庭裁判所は、必要があると認めるときは、前項に規定する者若しくは未成年後見人の請求により又は職権で、更に未成年後見人を選任することができる〈精〉。

Ⅲ　未成年後見人を選任するには、未成年後見人の年齢、心身の状態並びに生活及び財産の状況、未成年後見人となる者の職業及び経歴並びに未成年被後見人との利害関係の有無（未成年後見人となる者が法人であるときは、その事業の種類及び内容並びにその法人及びその代表者と未成年被後見人との利害関係の有無）、未成年被後見人の意見その他一切の事情を考慮しなければならない。

第841条　（父母による未成年後見人の選任の請求）

父若しくは母が親権若しくは管理権を辞し、又は父若しくは母について親権喪失、親権停止若しくは管理権喪失の審判があったことによって未成年後見人を選任する必要が生じたときは、その父又は母は、遅滞なく未成年後見人の選任を家庭裁判所に請求しなければならない。

第842条　（未成年後見人の数）　削除

●後見　　　　　　　　　　　　　　後見の機関〔第839条〜第843条〕

第843条　（成年後見人の選任）

Ⅰ　家庭裁判所は、後見開始の審判をするときは、職権で、成年後見人を選任する〈同書〉。

Ⅱ　成年後見人が欠けたときは、家庭裁判所は、成年被後見人若しくはその親族その他の利害関係人の請求により、又は職権で、成年後見人を選任する〈同書〉。

Ⅲ　成年後見人が選任されている場合においても、家庭裁判所は、必要があると認めるときは、前項に規定する者若しくは成年後見人の請求により又は職権で、更に成年後見人を選任することができる〈書〉。

Ⅳ　成年後見人を選任するには、成年被後見人の心身の状態並びに生活及び財産の状況、成年後見人となる者の職業及び経歴並びに成年被後見人との利害関係の有無（成年後見人となる者が法人であるときは、その事業の種類及び内容並びにその法人及びその代表者と成年被後見人との利害関係の有無）、成年被後見人の意見その他一切の事情を考慮しなければならない〈継〉。

《注　釈》

◆　後見の機関

後見の機関には後見人と後見監督人がある。

1　後見人の数

未成年後見、成年後見ともに、後見人は複数でもよい（840Ⅱ、843Ⅲ参照）〈同書〉。

2　法人による後見

未成年後見、成年後見ともに、法人が後見人になることができる（840Ⅲかっこ書、843Ⅳかっこ書参照）〈同共〉。

＜未成年者・成年被後見人の後見人＞〈司〉

未成年者	(1)　指定後見人（839） 最後に親権を行う者が遺言による指定により選任される →親権者が管理権を有しない場合は、指定権はない (2)　選定後見人（840） 839条により未成年後見人の指定がなされない場合に、利害関係人の請求により家庭裁判所により選任される
成年被後見人	選定後見人（843） 成年後見人は、家庭裁判所が、成年被後見人の心身の状態並びに生活及び財産の状況、成年後見人となる者の職業等とその他一切の事情を考慮して選任する〈司〉 →配偶者がいる場合でも、優先的に成年後見人に就任するわけではない〈司〉

親族

後見の機関［第844条～第847条］　　　　　　　　　　　●後見

第844条　（後見人の辞任）

　後見人は、正当な事由があるときは、家庭裁判所の許可を得て、その任務を辞することができる。

第845条　（辞任した後見人による新たな後見人の選任の請求）

　後見人がその任務を辞したことによって新たに後見人を選任する必要が生じたときは、その後見人は、遅滞なく新たな後見人の選任を家庭裁判所に請求しなければならない。

第846条　（後見人の解任）

　後見人に不正な行為、著しい不行跡その他後見の任務に適しない事由があるときは、家庭裁判所は、後見監督人、被後見人若しくはその親族若しくは検察官の請求により又は職権で、これを解任することができる。

《注　釈》

＜後見人の辞任・解任＞

	実質的要件	形式的要件	請求権者
辞任 （844）	正当な事由	家庭裁判所の許可	後見人本人
解任 （846）	不正行為・著しい不行跡その他の後見の任務に適しない事由	家庭裁判所の解任	後見監督人 被後見人 被後見人の親族 検察官 （裁判官の職権による解任もあり）

第847条　（後見人の欠格事由）

　次に掲げる者は、後見人となることができない。

① 未成年者
② 家庭裁判所で免ぜられた法定代理人、保佐人又は補助人
③ 破産者
④ 被後見人に対して訴訟をし、又はした者並びにその配偶者及び直系血族
⑤ 行方の知れない者

[趣旨] 後見人は被後見人の財産を管理し、身上監護・療養看護義務を負うことから、適正に職務を行うことができる能力を有している必要がある。そこで、本条は後見の職務を行うにふさわしくない者を除外する。

704

●後見　　　　　　　　　　　　　　　後見の機関［第848条～第852条］

第2款　後見監督人

第848条 （未成年後見監督人の指定）

未成年後見人を指定することができる者は、遺言で、未成年後見監督人を指定することができる。

第849条 （後見監督人の選任）

家庭裁判所は、必要があると認めるときは、被後見人、その親族若しくは後見人の請求により又は職権で、後見監督人を選任することができる。

第849条の2 （成年後見監督人の選任）　削除

第850条 （後見監督人の欠格事由）

後見人の配偶者、直系血族及び兄弟姉妹は、後見監督人となることができない〈団〉。

第851条 （後見監督人の職務）

後見監督人の職務は、次のとおりとする。
① 後見人の事務を監督すること。
② 後見人が欠けた場合に、遅滞なくその選任を家庭裁判所に請求すること。
③ 急迫の事情がある場合に、必要な処分をすること。
④ 後見人又はその代表する者と被後見人との利益が相反する行為について被後見人を代表すること。

第852条 （委任及び後見人の規定の準用）

第644条＜受任者の注意義務＞、第654条＜委任の終了後の処分＞、第655条＜委任の終了の対抗要件＞、第844条＜後見人の辞任＞、第846条＜後見人の解任＞、第847条＜後見人の欠格事由＞、第861条第2項＜後見の事務の費用＞及び第862条＜後見人の報酬＞の規定は後見監督人について、第840条第3項＜未成年後見人の選任＞及び第857条の2＜未成年後見人が数人ある場合の権限の行使等＞の規定は未成年後見監督人について、第843条第4項＜成年後見人の選任＞、第859条の2＜成年後見人が数人ある場合の権限の行使等＞及び第859条の3＜成年被後見人の居住用不動産の処分についての許可＞の規定は成年後見監督人について準用する。

《注 釈》

◆ 後見監督人

選任に関しては後見人と同様の規定がある。また、欠格事由については成年後見人と未成年後見人で差異はない〈団〉。

親族

後見の事務［第853条～第857条の2］　　　　　　　　　　　　　　　　●後見

■第3節　後見の事務

第853条　（財産の調査及び目録の作成）

Ⅰ　後見人は、遅滞なく被後見人の財産の調査に着手し、1箇月以内に、その調査を終わり、かつ、その目録を作成しなければならない。ただし、この期間は、家庭裁判所において伸長することができる。

Ⅱ　財産の調査及びその目録の作成は、後見監督人があるときは、その立会いをもってしなければ、その効力を生じない。

第854条　（財産の目録の作成前の権限）

後見人は、財産の目録の作成が終わるまでは、急迫の必要がある行為のみをする権限を有する。ただし、これをもって善意の第三者に対抗することができない。

第855条　（後見人の被後見人に対する債権又は債務の申出義務）

Ⅰ　後見人が、被後見人に対し、債権を有し、又は債務を負う場合において、後見監督人があるときは、財産の調査に着手する前に、これを後見監督人に申し出なければならない。

Ⅱ　後見人が、被後見人に対し債権を有することを知ってこれを申し出ないときは、その債権を失う。

第856条　（被後見人が包括財産を取得した場合についての準用）

前3条の規定は、後見人が就職した後被後見人が包括財産を取得した場合について準用する。

第857条　（未成年被後見人の身上の監護に関する権利義務）

未成年後見人は、第820条から第823条まで＜監護及び教育・居所の指定・懲戒・職業の許可＞に規定する事項について、親権を行う者と同一の権利義務を有する。ただし、親権を行う者が定めた教育の方法及び居所を変更し、営業を許可し、その許可を取り消し、又はこれを制限するには、未成年後見監督人があるときは、その同意を得なければならない。

第857条の2　（未成年後見人が数人ある場合の権限の行使等）

Ⅰ　未成年後見人が数人あるときは、共同してその権限を行使する〈同共〉。

Ⅱ　未成年後見人が数人あるときは、家庭裁判所は、職権で、その一部の者について、財産に関する権限のみを行使すべきことを定めることができる〈同〉。

Ⅲ　未成年後見人が数人あるときは、家庭裁判所は、職権で、財産に関する権限について、各未成年後見人が単独で又は数人の未成年後見人が事務を分掌して、その権限を行使すべきことを定めることができる〈同書〉。

Ⅳ　家庭裁判所は職権で、前2項の規定による定めを取り消すことができる。

Ⅴ　未成年後見人が数人あるときは、第三者の意思表示は、その1人に対してすれば足りる。

●後見 後見の事務［第858条〜第860条の2］

第858条　（成年被後見人の意思の尊重及び身上の配慮）

　成年後見人は、成年被後見人の生活、療養看護及び財産の管理に関する事務を行うに当たっては、成年被後見人の意思を尊重し、かつ、その心身の状態及び生活の状況に配慮しなければならない〈司〉。

第859条　（財産の管理及び代表）

Ⅰ　後見人は、被後見人の財産を管理し、かつ、その財産に関する法律行為について被後見人を代表する〈司書〉。

Ⅱ　第824条ただし書＜子の行為を目的とする債務と本人の同意＞の規定は、前項の場合について準用する〈司〉。

第859条の2　（成年後見人が数人ある場合の権限の行使等）

Ⅰ　成年後見人が数人あるときは、家庭裁判所は、職権で、数人の成年後見人が、共同して又は事務を分掌して、その権限を行使すべきことを定めることができる。

Ⅱ　家庭裁判所は、職権で、前項の規定による定めを取り消すことができる。

Ⅲ　成年後見人が数人あるときは、第三者の意思表示は、その1人に対してすれば足りる。

第859条の3　（成年被後見人の居住用不動産の処分についての許可）

　成年後見人は、成年被後見人に代わって、その居住の用に供する建物又はその敷地について、売却、賃貸、賃貸借の解除又は抵当権の設定その他これらに準ずる処分をするには、家庭裁判所の許可を得なければならない〈司共書〉。

第860条　（利益相反行為）

　第826条＜利益相反行為＞の規定は、後見人について準用する。ただし、後見監督人がある場合は、この限りでない〈司〉。

第860条の2　（成年後見人による郵便物等の管理）

Ⅰ　家庭裁判所は、成年後見人がその事務を行うに当たって必要があると認めるときは、成年後見人の請求により、信書の送達の事業を行う者に対し、期間を定めて、成年被後見人に宛てた郵便物又は民間事業者による信書の送達に関する法律（平成14年法律第99号）第2条第3項に規定する信書便物（次条において「郵便物等」という。）を成年後見人に配達すべき旨を嘱託することができる。

Ⅱ　前項に規定する嘱託の期間は、6箇月を超えることができない。

Ⅲ　家庭裁判所は、第1項の規定による審判があった後事情に変更を生じたときは、成年被後見人、成年後見人若しくは成年後見監督人の請求により又は職権で、同項に規定する嘱託を取り消し、又は変更することができる。ただし、その変更の審判においては、同項の規定による審判において定められた期間を伸長することができない。

Ⅳ　成年後見人の任務が終了したときは、家庭裁判所は、第1項に規定する嘱託を取り消さなければならない。

親族

後見の事務［第860条の3〜第865条］　　●後見

第860条の3

Ⅰ　成年後見人は、成年被後見人に宛てた郵便物等を受け取ったときは、これを開いて見ることができる。

Ⅱ　成年後見人は、その受け取った前項の郵便物等で成年後見人の事務に関しないものは、速やかに成年被後見人に交付しなければならない。

Ⅲ　成年被後見人は、成年後見人に対し、成年後見人が受け取った第1項の郵便物等（前項の規定により成年被後見人に交付されたものを除く。）の閲覧を求めることができる。

第861条　（支出金額の予定及び後見の事務の費用）

Ⅰ　後見人は、その就職の初めにおいて、被後見人の生活、教育又は療養看護及び財産の管理のために毎年支出すべき金額を予定しなければならない。

Ⅱ　後見人が後見の事務を行うために必要な費用は、被後見人の財産の中から支弁する〈覇〉。

第862条　（後見人の報酬）

家庭裁判所は、後見人及び被後見人の資力その他の事情によって、被後見人の財産の中から、相当な報酬を後見人に与えることができる〈同〉。

第863条　（後見の事務の監督）

Ⅰ　後見監督人又は家庭裁判所は、いつでも、後見人に対し後見の事務の報告若しくは財産の目録の提出を求め、又は後見の事務若しくは被後見人の財産の状況を調査することができる。

Ⅱ　家庭裁判所は、後見監督人、被後見人若しくはその親族その他の利害関係人の請求により又は職権で、被後見人の財産の管理その他後見の事務について必要な処分を命ずることができる。

第864条　（後見監督人の同意を要する行為）

後見人が、被後見人に代わって営業若しくは第13条第1項各号＜保佐人の同意を要する行為＞に掲げる行為をし、又は未成年被後見人がこれをすることに同意するには、後見監督人があるときは、その同意を得なければならない。ただし、同項第1号に掲げる元本の領収については、この限りでない〈供〉。

第865条

Ⅰ　後見人が、前条の規定に違反してし又は同意を与えた行為は、被後見人又は後見人が取り消すことができる。この場合においては、第20条＜制限行為能力者の相手方の催告権＞の規定を準用する。

Ⅱ　前項の規定は、第121条から第126条まで＜取消し及び追認一般＞の規定の適用を妨げない。

●後見 後見の事務［第866条〜第869条］

第866条 （被後見人の財産等の譲受けの取消し）

Ⅰ 後見人が被後見人の財産又は被後見人に対する第三者の権利を譲り受けたときは、被後見人は、これを取り消すことができる。この場合においては、第20条＜制限行為能力者の相手方の催告権＞の規定を準用する。

Ⅱ 前項の規定は、第121条から第126条まで＜取消し及び追認一般＞の規定の適用を妨げない。

第867条 （未成年被後見人に代わる親権の行使）

Ⅰ 未成年後見人は、未成年被後見人に代わって親権を行う〈書〉。

Ⅱ 第853条から第857条まで及び第861条から前条まで＜後見の事務一般＞の規定は、前項の場合について準用する。

第868条 （財産に関する権限のみを有する未成年後見人）

親権を行う者が管理権を有しない場合には、未成年後見人は、財産に関する権限のみを有する〈同書〉。

第869条 （委任及び親権の規定の準用）

第644条＜受任者の注意義務＞及び第830条＜第三者が無償で子に与えた財産の管理＞の規定は、後見について準用する。

《注 釈》

一 概要

＜後見の事務＞

親族

後見人就職時の事務	① 財産の調査・財産目録の作成（853） ② 被後見人に対する債権債務の申出（855） ③ 支出金額の予定（861 Ⅰ）	
後見人在職中の事務	被後見人の身上についての事務	① 未成年後見人には監護教育する権利義務（857）あり ② 成年後見人には療養看護義務（858）あり
	身分変動を生ぜしめる行為	(1) 未成年後見人 　未成年者の養子縁組・離縁については、未成年者に親権者のある場合と同様 (2) 成年後見人 　養子縁組・離縁・婚姻・離婚は、成年被後見人本人が本心に復したときになす（後見人は代理できない）

709

後見の終了［第870条〜第871条］　　　　　　　　　　　　　　●後見

後見人在職中の事務	被後見人の財産上の事務	① 善管注意義務あり（869、644）〈司書〉 ② 財産の調査・目録の作成（856、853） ③ 後見人と被後見人との利益相反行為の場合の特別代理人の選任請求（860本文、826） ④ 法定代理権及び同意権の制限（864、865） ⑤ 被後見人の財産又は被後見人に対する第三者の権利を後見人が譲り受けたときは、被後見人は、当該財産の譲渡を取り消すことができる（866Ⅰ前段）
後見終了時の事務	① 後見終了時の管理の計算（870、871） ② 未成年者・後見人間の契約や債務免除などの単独行為の取消し（872Ⅰ） ③ 利息支払義務（873Ⅰ） ④ 委任の規定の準用（874、654、655） ⑤ 後見に関する債権の消滅時効（875）	

二　利益相反行為

　　後見人の利益と被後見人の利益とが相反する行為（利益相反行為）については、後見人は被後見人を代理することができず、後見監督人がいる場合を除き〈司〉、後見人は特別代理人の選任を家庭裁判所に請求する必要がある（860、826）。

　　なお、保佐人、補助人にはこの規定が準用されていないことに注意を要する。

　　利益相反行為に該当する場合には無権代理となるが、被後見人の意思に反することをもって直ちに無権代理となるものではない〈司〉。

《その他》

・Aに対して後見開始の審判がされ、Bが成年後見人に選任された場合、成年後見監督人が選任されていないときは、BのみでAが居住している建物を有効に売却することはできない（859の3）。

・Aに対して後見開始の審判がされ、Bが成年後見人、Cが成年後見監督人に選任された場合、BがCの同意なしにA所有の建物を売却したときは、Bは、売却行為を取り消すことができる（864、865）。

■第4節　後見の終了

第870条　（後見の計算）

　　後見人の任務が終了したときは、後見人又はその相続人は、2箇月以内にその管理の計算（以下「後見の計算」という。）をしなければならない。ただし、この期間は、家庭裁判所において伸長することができる。

第871条

　　後見の計算は、後見監督人があるときは、その立会いをもってしなければならない。

●後見　　　　　　　　　　　　　　　　　　　　　　　後見の終了［第872条〜第875条］

第872条 （未成年被後見人と未成年後見人等との間の契約等の取消し）

Ⅰ　未成年被後見人が成年に達した後後見の計算の終了前に、その者と未成年後見人又はその相続人との間でした契約は、その者が取り消すことができる〈懲〉。その者が未成年後見人又はその相続人に対してした単独行為も、同様とする。

Ⅱ　第20条＜制限行為能力者の相手方の催告権＞及び第121条から第126条まで＜取消し及び追認一般＞の規定は、前項の場合について準用する。

第873条 （返還金に対する利息の支払等）

Ⅰ　後見人が被後見人に返還すべき金額及び被後見人が後見人に返還すべき金額には、後見の計算が終了した時から、利息を付さなければならない。

Ⅱ　後見人は、自己のために被後見人の金銭を消費したときは、その消費の時から、これに利息を付さなければならない。この場合において、なお損害があるときは、その賠償の責任を負う。

第873条の2 （成年被後見人の死亡後の成年後見人の権限）

　成年後見人は、成年被後見人が死亡した場合において、必要があるときは、成年被後見人の相続人の意思に反することが明らかなときを除き、相続人が相続財産を管理することができるに至るまで、次に掲げる行為をすることができる。ただし、第3号に掲げる行為をするには、家庭裁判所の許可を得なければならない。

① 相続財産に属する特定の財産の保存に必要な行為

② 相続財産に属する債務（弁済期が到来しているものに限る。）の弁済〈懲〉

③ その死体の火葬又は埋葬に関する契約の締結その他相続財産の保存に必要な行為（前2号に掲げる行為を除く。）

第874条 （委任の規定の準用）

　第654条＜委任の終了後の処分＞及び第655条＜委任の終了の対抗要件＞の規定は、後見について準用する。

第875条 （後見に関して生じた債権の消滅時効）

Ⅰ　第832条＜財産の管理について生じた親子間の債権の消滅時効＞の規定は、後見人又は後見監督人と被後見人との間において後見に関して生じた債権の消滅時効について準用する。

Ⅱ　前項の消滅時効は、第872条の規定により法律行為を取り消した場合には、その取消しの時から起算する。

親
族

保佐［第876条～第876条の4］　　　　　　　　　　　　●保佐及び補助

・第6章・【保佐及び補助】

■第1節　保佐

第876条　（保佐の開始）

保佐は、保佐開始の審判によって開始する。

第876条の2　（保佐人及び臨時保佐人の選任等）

Ⅰ　家庭裁判所は、保佐開始の審判をするときは、職権で、保佐人を選任する。

Ⅱ　第843条第2項から第4項まで＜成年後見人の選任＞及び第844条から第847条まで＜後見人の辞任・新たな後見人の選任・解任・欠格事由＞の規定は、保佐人について準用する。

Ⅲ　保佐人又はその代表する者と被保佐人との利益が相反する行為については、保佐人は、臨時保佐人の選任を家庭裁判所に請求しなければならない〈回〉。ただし、保佐監督人がある場合は、この限りでない。

第876条の3　（保佐監督人）

Ⅰ　家庭裁判所は、必要があると認めるときは、被保佐人、その親族若しくは保佐人の請求により又は職権で、保佐監督人を選任することができる。

Ⅱ　第644条＜受任者の注意義務＞、第654条＜委任の終了後の処分＞、第655条＜委任の終了の対抗要件＞、第843条第4項＜成年後見人の選任＞、第844条＜後見人の辞任＞、第846条＜後見人の解任＞、第847条＜後見人の欠格事由＞、第850条＜後見監督人の欠格事由＞、第851条＜後見監督人の職務＞、第859条の2＜成年後見人が数人ある場合の権限の行使等＞、第859条の3＜成年被後見人の居住用不動産の処分についての許可＞、第861条第2項＜後見の事務の費用＞及び第862条＜後見人の報酬＞の規定は、保佐監督人について準用する。この場合において、第851条第4号中「被後見人を代表する」とあるのは、「被保佐人を代表し、又は被保佐人がこれをすることに同意する」と読み替えるものとする。

第876条の4　（保佐人に代理権を付与する旨の審判）

Ⅰ　家庭裁判所は、第11条本文＜保佐開始の審判＞に規定する者又は保佐人若しくは保佐監督人の請求によって、被保佐人のために特定の法律行為について保佐人に代理権を付与する旨の審判をすることができる〈司書〉。

Ⅱ　本人以外の者の請求によって前項の審判をするには、本人の同意がなければならない。

Ⅲ　家庭裁判所は、第1項に規定する者の請求によって、同項の審判の全部又は一部を取り消すことができる。

●保佐及び補助 保佐 ［第876条〜第876条の5］

第876条の5　（保佐の事務及び保佐人の任務の終了等）

Ⅰ　保佐人は、保佐の事務を行うに当たっては、被保佐人の意思を尊重し、かつ、その心身の状態及び生活の状況に配慮しなければならない。

Ⅱ　第644条＜受任者の注意義務＞、第859条の2＜成年後見人が数人ある場合の権限の行使等＞、第859条の3＜成年被後見人の居住用不動産の処分についての許可＞、第861条第2項＜後見の事務の費用＞、第862条＜後見人の報酬＞及び第863条＜後見の事務の監督＞の規定は保佐の事務について、第824条ただし書＜子の行為を目的とする債権と本人の同意＞の規定は保佐人が前条第1項の代理権を付与する旨の審判に基づき被保佐人を代表する場合について準用する。

Ⅲ　第654条＜委任の終了後の処分＞、第655条＜委任の終了の対抗要件＞、第870条＜後見の計算＞、第871条＜同前＞及び第873条＜返還金に対する利息の支払等＞の規定は保佐人の任務が終了した場合について、第832条＜財産の管理について生じた親子間の債権の消滅時効＞の規定は保佐人又は保佐監督人と被保佐人との間において保佐に関して生じた債権について準用する。

《注　釈》

一　保佐の意義

精神上の障害により事理を弁識する能力が著しく不十分な者に対して付された保佐人（11）が、これらの者に対して一定の重要な行為に対して同意を行うことをいう（13）。

二　保佐人

1　保佐人の選定

後見人の規定が準用される（876の2Ⅱ、843ⅡⅢⅣ、844〜847）。

2　利益相反行為

保佐人が家庭裁判所に臨時保佐人の選任を請求し、その者が被保佐人に対して同意を与えることになる（876の2Ⅲ）。もっとも、保佐監督人がいる場合は保佐監督人が同意を与えればよい（876の2Ⅲただし書、876の3Ⅱ、851④）。

3　保佐人の代理権

家庭裁判所は被保佐人の請求又は同意を要件として、特定の法律行為について保佐人に代理権を付与する旨の審判をすることができる（876の4）。

三　保佐監督人

家庭裁判所は被保佐人等の請求又は職権で、保佐監督人を選任することができる（876の3Ⅰ）。保佐監督人の事務については後見人の規定が準用される（876の3Ⅱ）。

四　保佐人・保佐監督人に対する損害賠償請求

保佐人・保佐監督人の同意が不適切なために被保佐人が損害を被ったような場合の損害賠償請求権には、後見におけるのと同様の5年の短期消滅時効の規定が準用される（876の5Ⅲ、832）。

親族

補助［第876条の6～第876条の9］　　　　　　　　　　　　●保佐及び補助

■第2節　補助

第876条の6　（補助の開始）

補助は、補助開始の審判によって開始する。

第876条の7　（補助人及び臨時補助人の選任等）

Ⅰ　家庭裁判所は、補助開始の審判をするときは、職権で、補助人を選任する。

Ⅱ　第843条第2項から第4項まで＜成年後見人の選任＞及び第844条から第847条まで＜後見人の辞任・新たな後見人の選任・解任・欠格事由＞の規定は、補助人について準用する。

Ⅲ　補助人又はその代表する者と被補助人との利益が相反する行為については、補助人は、臨時補助人の選任を家庭裁判所に請求しなければならない。ただし、補助監督人がある場合は、この限りでない。

第876条の8　（補助監督人）

Ⅰ　家庭裁判所は、必要があると認めるときは、被補助人、その親族若しくは補助人の請求により又は職権で、補助監督人を選任することができる。

Ⅱ　第644条＜受任者の注意義務＞、第654条＜委任の終了後の処分＞、第655条＜委任の終了の対抗要件＞、第843条第4項＜成年後見人の選任＞、第844条＜後見人の辞任＞、第846条＜後見人の解任＞、第847条＜後見人の欠格事由＞、第850条＜後見監督人の欠格事由＞、第851条＜後見監督人の職務＞、第859条の2＜成年後見人が数人ある場合の権限の行使等＞、第859条の3＜成年被後見人の居住用不動産の処分についての許可＞、第861条第2項＜後見の事務の費用＞及び第862条＜後見人の報酬＞の規定は、補助監督人について準用する。この場合において、第851条第4号中「被後見人を代表する」とあるのは、「被補助人を代表し、又は被補助人がこれをすることに同意する」と読み替えるものとする。

第876条の9　（補助人に代理権を付与する旨の審判）

Ⅰ　家庭裁判所は、第15条第1項本文＜補助開始の審判＞に規定する者又は補助人若しくは補助監督人の請求によって、被補助人のために特定の法律行為について補助人に代理権を付与する旨の審判をすることができる。

Ⅱ　第876条の4第2項及び第3項＜代理権付与の審判と本人の同意・審判の取消し＞の規定は、前項の審判について準用する。

●保佐及び補助　　　　　　　　　　補助［第876条の6〜第876条の10］

第876条の10　（補助の事務及び補助人の任務の終了等）

Ⅰ　第644条＜受任者の注意義務＞、第859条の2＜成年後見人が数人ある場合の権限の行使等＞、第859条の3＜成年被後見人の居住用不動産の処分についての許可＞、第861条第2項＜後見の事務の費用＞、第862条＜後見人の報酬＞、第863条＜後見の事務の監督＞及び第876条の5第1項＜保佐の事務を行うに当たっての基準＞の規定は補助の事務について、第824条ただし書＜子の行為を目的とする債務と本人の同意＞の規定は補助人が前条第1項の代理権を付与する旨の審判に基づき被補助人を代表する場合について準用する。

Ⅱ　第654条＜委任の終了後の処分＞、第655条＜委任の終了の対抗要件＞、第870条＜後見の計算＞、第871条＜同前＞及び第873条＜返還金に対する利息の支払等＞の規定は補助人の任務が終了した場合について、第832条＜財産の管理について生じた親子間の債権の消滅時効＞の規定は補助人又は補助監督人と被補助人との間において補助に関して生じた債権について準用する。

《注　釈》

一　補助の意義

精神上の障害により事理を弁識する能力が不十分な者に対して付された補助人(15) が、これらの者に対して家庭裁判所が定めた行為に対して同意を行うことをいう (17)。

二　補助人

1　補助人の選定

後見人の規定が準用される (876の7Ⅱ、843ⅡⅢⅣ、844〜847)。

2　利益相反行為

補助人が家庭裁判所に臨時補助人の選任を請求し、その者が被補助人に対して同意を与えることになる (876の7Ⅲ)。もっとも、補助監督人がいる場合は補助監督人が同意を与えればよい (876の7Ⅲただし書、876の8Ⅱ、851④)。

3　補助人の代理権

家庭裁判所は被補助人の請求又は同意を要件として、特定の法律行為について補助人に代理権を付与する旨の審判をすることができる (876の9)。

三　補助監督人

家庭裁判所は被補助人等の請求又は職権で、補助監督人を選任することができる (876の8Ⅰ)。補助監督人の事務については後見人の規定が準用される (876の8Ⅱ)。

四　補助人・補助監督人に対する損害賠償請求

補助人・補助監督人の同意が不適切なために被補助人が損害を被ったような場合の損害賠償請求権には、後見におけると同様の5年の短期消滅時効の規定が準用される (876の10Ⅱ、832)。

親族

[第877条〜第878条]　　　　　　　　　　　　　　●扶養

・第7章・【扶養】

第877条　（扶養義務者）

Ⅰ　直系血族及び兄弟姉妹は、互いに扶養をする義務がある〈同〉。

Ⅱ　家庭裁判所は、特別の事情があるときは、前項に規定する場合のほか、3親等内の親族間においても扶養の義務を負わせることができる〈同〉。

Ⅲ　前項の規定による審判があった後事情に変更を生じたときは、家庭裁判所は、その審判を取り消すことができる。

《注　釈》

一　「直系血族」（Ⅰ）の範囲

養親子たると実親子たるとを問わず、また、子が嫡出でも非嫡出でもよく、未成年たると成年たるとを問わない〈同〉。

二　「兄弟姉妹」（Ⅰ）の範囲

父母の双方を共通にする場合（全血）と、父母の一方だけを共通にする場合（半血）とを問わない。

《その他》

- 推定相続人である未成年の子が廃除（892）された場合でも、父はその子に対して扶養の義務がある。

- 直系姻族には当然には扶養の義務はない。

- 扶養義務者間の養育費支払の合意は、当事者でない扶養権利者に対して拘束力を有せず、単に扶養料算定の際、斟酌事由になるにすぎない（仙台高決昭56.8.24・百選Ⅲ50事件）。

- 要扶養者の扶養料のうち、本来他の扶養義務者が負担すべき額を現実に支出した扶養義務者は、その扶養料を負担すべき扶養義務者に対し求償できる（東京高決昭61.9.10）。

- 扶養義務者でない第三者が扶養料を立替払した場合、扶養義務者は連帯して立替扶養料全額の支払義務を負担し、扶養義務者相互の求償は審判事項として家庭裁判所の専決権に属する（神戸地判昭56.4.28）。

- 扶養義務者間で過去の扶養料を求償する場合、各自の分担額は、協議が整わない限り、家庭裁判所が審判で決定すべきであって、通常裁判所が判決手続で判定すべきではない（最判昭42.2.17・百選Ⅲ51事件）〈同〉。

第878条　（扶養の順位）〈同〉

扶養をする義務のある者が数人ある場合において、扶養をすべき者の順序について、当事者間に協議が調わないとき、又は協議をすることができないときは、家庭裁判所が、これを定める。扶養を受ける権利のある者が数人ある場合において、扶養義務者の資力がその全員を扶養するのに足りないときの扶養を受けるべき者の順序についても、同様とする。

●扶養　　　　　　　　　　　　　　　　　　　　　　　　　　　　［第879条〜第881条］

《その他》

▪ 遺言によって自己の配偶者に対する扶養義務者の順位を指定しえない。

第879条　（扶養の程度又は方法）

扶養の程度又は方法について、当事者間に協議が調わないとき、又は協議をすることができないときは、扶養権利者の需要、扶養義務者の資力その他一切の事情を考慮して、家庭裁判所が、これを定める。

第880条　（扶養に関する協議又は審判の変更又は取消し）〈司

扶養をすべき者若しくは扶養を受けるべき者の順序又は扶養の程度若しくは方法について協議又は審判があった後事情に変更を生じたときは、家庭裁判所は、その協議又は審判の変更又は取消しをすることができる。

第881条　（扶養請求権の処分の禁止）

扶養を受ける権利は、処分することができない〈司。

《注　釈》

◆　扶養請求権の一身専属性の現れ

1　譲渡が禁止される。

2　強制執行により差し押さえることが制限、禁止される（民執152Ⅰ①）。

3　相殺の受働債権となしえない（510）。

4　原則として、相続の対象にならない（896ただし書）。　⇒ p.729

親
族

717

— MEMO —

完全整理　択一六法

相　続

［第882条～第884条］　　　　　　　　　　　　　　　　　　　　●総則

第5編　相続

・第1章・【総則】

《概　説》

　相続とは、自然人の財産法上の地位（権利・義務）を、その者の死後に、法律及び死亡者の最終意思の効果として、特定の者に承継させることをいう。法律の規定に基づいて生ずる相続を法定相続といい、死亡者の最終意思に基づいて生ずる相続を遺言による相続という。

第882条　（相続開始の原因）
　相続は、死亡によって開始する。

《注　釈》
一　「開始」の意義
　　相続が「開始」するとは、相続によって生じる法律効果が発生することである。
二　「死亡」の意義
　1　自然死亡と失踪宣告による擬制的な死亡の2つが含まれる。
　2　失踪宣告がなされると、普通失踪の場合は失踪期間の満了時に、特別失踪の場合は危難終了時に死亡したものとみなされ（31）、相続が開始する（大判大5.6.1）。

第883条　（相続開始の場所）
　相続は、被相続人の住所において開始する。

第884条　（相続回復請求権）
　相続回復の請求権は、相続人又はその法定代理人が相続権を侵害された事実を知った時から5年間行使しないときは、時効によって消滅する。相続開始の時から20年を経過したときも、同様とする。

[趣旨] 相続による承継は、占有支配を伴わない観念的な権利変動であるため、真正の相続人でない者（表見相続人）が真正相続人の権利を侵害することがある。そこで、真正相続人による侵害の排除を認めこれを保護するとともに、表見相続人を真正相続人と誤信して取引関係に入った第三者を保護し、相続に起因する財産関係の早期確定を図るため、本条が規定された。

《注　釈》
一　法的性質
　　相続回復請求権の発生根拠が財産的相続権であり、それが形成権ではなく請求権であるとしても、さらに個別的請求権、たとえば所有物返還請求権の集合に

720

●総則 [第884条]

すぎないのか（集合権利説）、それとも独立した特別の請求権であるか（独立権利説）につき争いがある。

＜相続回復請求権の法的性質＞

	内　容	根　拠	批　判
独立権利説	包括承継人としての相続人の地位の確保に奉仕する制度であり、相続開始当時の遺産の占有回復を目的とする個別的請求権と異なる特別の請求権である	① 表見相続人による遺産の占有は個々的な財産の侵害を超える包括的な侵害である ② ローマ法以来、個々の物の返還を求める訴権とは別に相続回復の訴権が認められてきた沿革	① 物権的請求権がなぜ行使できないのか、どうして相続回復請求の中に吸収されてしまうのかを説明できない ② 相続回復請求権の独自性の内容である包括請求をすることは解釈論として無理である
集合権利説	相続財産を構成する個々の権利の集合にすぎないが、それらの請求権を一括して短期の消滅時効に服させ、取引安全を図る点に意味がある	① 相続回復請求権の成立原因を簡明に説明できる ② 個別的請求権と相続回復請求権の関係を議論する必要がない	① 物権的請求権と同じなら、所有権に基づく請求権を内包するのに、なぜ、時効消滅するかを説明できない ② 遺産に属する財産を求める訴えであれば、誰に対するものでも相続回復請求であることになりかねない

※ 包括請求とは、相続人の知らない財産も含めての「相続財産全部を引き渡せ」という請求のこと。肯定するメリットとしては、相続人にとって便利ということの他、全財産につき時効の完成猶予・更新の効果を生じさせる点がある。

二　当事者

1　原告適格

(1) 相続回復請求権の権利者は、遺産占有を失っている真正相続人である（最判昭 32.9.19 参照）。

(2) 真正相続人の相続人は、被相続人の相続回復請求権を行使することはできない。

　　→相続人自身の相続権が侵害されたことを理由に、相続人固有の相続回復請求権を行使することになる

2　被告適格

(1) 表見相続人

　　被告適格は、表見相続人に限られる。ここに表見相続人とは、真正の相続人でないのに相続を根拠として相続財産を占有している者をいう。

(2) 表見相続人からの譲受人

　　判例は否定しているが、学説は、これでは譲受人が永久に物権的請求権の追及を受けることになり、取引安全を害するとして批判的なものが多い。

(3) 共同相続人

　　共同相続人間の相続争いに本条が適用されるか。主として、侵害者たる共同相続人による消滅時効の援用の可否と関連して問題となる。

相続

［第885条］　　　　　　　　　　　　　　　　　　　　　　　　　●総則

→共同相続人間の相続権侵害についても本条が適用されるが、侵害者による相続権の侵害が悪意・有過失に基づく場合は適用されず、消滅時効を援用できない（最大判昭 53.12.20・百選Ⅲ 59 事件）〈共〉

∵　相続権の侵害につき悪意・有過失のある共同相続人は、実質において一般の物権侵害者ないし不法行為者であり、消滅時効の援用を認められるべき者にはあたらない

ex.　共同相続人の 1 人が遺産分割協議書を偽造し、相続財産である不動産について、自己の持分を超えて所有権移転登記をした場合（最判平 7.12.5）〈共〉

三　消滅

1　期間制限

(1)　「相続権を侵害された事実を知」（前段）るの意味

相続開始の事実を知るだけでなく、自分が、あるいは自分も真正相続人であることを知り、しかも自分が相続から除外されていることを知ることである（大判明 38.9.19）。

(2)　表見相続人からの第三取得者

表見相続人からの第三取得者は、消滅時効を援用できない（大判大 5.2.8）。

cf.　相続権を侵害している共同相続人の 1 人が悪意・有過失で相続回復請求の消滅時効を援用できない場合は、右相続人から相続財産を譲り受けた第三者も、時効を援用できない（最判平 7.12.5）

(3)　20 年の期間制限の法的性質

20 年の期間の性質については議論があり、学説は除斥期間とするが、判例は時効としている（最判昭 23.11.6）。

2　取得時効との関係

(1)　表見相続人は、消滅時効期間の進行中、取得時効の制度によって相続財産を取得できない（大判昭 7.2.9）。

(2)　表見相続人からの第三取得者は、表見相続人の占有をも併せ主張して時効取得できる（大判昭 13.4.12）。

《その他》

▪ 相続回復請求権の事前放棄は許されない（大判昭 13.7.26）。

第885条　（相続財産に関する費用）〈国〉

相続財産に関する費用は、その財産の中から支弁する。ただし、相続人の過失によるものは、この限りでない。

●相続人 　　　　　　　　　　　　　　　　　　　　　［第886条〜第890条］

・第2章・【相続人】

第886条 （相続に関する胎児の権利能力）
Ⅰ 　胎児は、相続については、既に生まれたものとみなす〈共〉。
Ⅱ 　前項の規定は、胎児が死体で生まれたときは、適用しない。

第887条 （子及びその代襲者等の相続権）
Ⅰ 　被相続人の子は、相続人となる。
Ⅱ 　被相続人の子が、相続の開始以前に死亡したとき、又は第891条＜相続人の欠格事由＞の規定に該当し、若しくは廃除によって、その相続権を失ったときは、その者の子がこれを代襲して相続人となる〈共書〉。ただし、被相続人の直系卑属でない者は、この限りでない。
Ⅲ 　前項の規定は、代襲者が、相続の開始以前に死亡し、又は第891条＜相続人の欠格事由＞の規定に該当し、若しくは廃除によって、その代襲相続権を失った場合について準用する。

第888条 （代襲相続） 削除

第889条 （直系尊属及び兄弟姉妹の相続権）
Ⅰ 　次に掲げる者は、第887条の規定により相続人となるべき者がない場合には、次に掲げる順序の順位に従って相続人となる。
① 　被相続人の直系尊属。ただし、親等の異なる者の間では、その近い者を先にする〈共〉。
② 　被相続人の兄弟姉妹
Ⅱ 　第887条第2項＜子の代襲者の相続権＞の規定は、前項第2号の場合について準用する〈共〉。

第890条 （配偶者の相続権）
　被相続人の配偶者は、常に相続人となる。この場合において、第887条又は前条の規定により相続人となるべき者があるときは、その者と同順位とする。

《注　釈》
一　相続人の範囲・順位
１　相続人の範囲
　(1)　血族相続人
　　①子（887Ⅰ）
　　　→胎児を含む〈同〉（886、3Ⅰの例外）
　　②直系尊属（889Ⅰ①）
　　　→より近い親等の直系尊属が1人でもあれば、それより遠い親等の者は相続人になれない
　　　→協議離婚をする際に、合意によりその一方を親権者と定めた場合であっても、他の一方の親権は喪失するが、親としての固有の権利・義務

相続

723

[第886条〜第890条] ●相続人

は影響を受けないので相続権は存続する〈予〉

③兄弟姉妹（889 I ②）

(2) 配偶者たる相続人（890）

内縁関係にある者は含まれない〈司共〉。

2 相続人の順位

(1) 血族相続人のうち、相続開始時に生存する最先順位の者が相続人となる。

(2) 配偶者は、血族相続人とともに、常に相続人となる。

二 代襲相続

1 意義

代襲相続とは、被相続人の死亡以前に、相続人となるべき、子・兄弟姉妹が死亡し、又は廃除され、あるいは欠格事由があるために相続権を失ったとき、その者の直系卑属（兄弟姉妹の場合はその子に限る）がその者に代わってその者の受けるはずであった相続分を相続することをいう。

2 趣旨

相続権を失った者が、相続していたら自らもそれを承継しえたであろうという、直系卑属の期待利益を保護する公平の原理、及び、血縁の流れに従って上から下へ死者の財産を受け継がせようという価値判断に基づいて規定されている。

3 代襲原因

(1) 相続開始以前の死亡・欠格・廃除の3つに限られる〈司〉。

(2) 相続放棄（938）は代襲原因に含まれない〈司共書〉。

4 被代襲者についての要件

(1) 被相続人の子及び兄弟姉妹が被代襲者となる。

(2) 直系尊属及び配偶者には代襲相続は認められない〈司書〉。

(3) 相続開始と同時に死亡した者（32の2）も被代襲者に含まれる。

5 代襲者についての要件

(1) 被代襲者の直系卑属であること

(2) 被相続人の直系卑属であること〈司〉

被相続人の子が養子であり、その養子に縁組後の子がある場合も代襲相続する〈司〉。

→縁組前に生まれていた養子の子には代襲相続権はない〈書〉

(3) 相続開始前に直系卑属であること〈共〉

(4) 被相続人から廃除された者又は欠格者でないこと

6 再代襲相続

(1) 被相続人の子に代襲原因が発生すれば、孫が代襲相続人となるが、この孫についても代襲原因が発生すれば、孫の子、すなわち曾孫が代襲相続人となる（887 Ⅲ）。

(2) 兄弟姉妹については再代襲は認められない〈司書〉。

∵ 889条2項は887条3項を準用していない

724

●相続人 [第891条]

7 代襲相続の効果

代襲者が被代襲者の相続順位に上がって、被代襲者の相続分を受けることになる。

→数人の代襲相続人相互の相続分は平等（頭割）となる（901、900④）

＜代襲原因・代襲者のまとめ＞

	内　容	注　意　点
代襲原因	相続人たる子・兄弟姉妹の ① 相続開始以前の死亡 ② 欠格 ③ 廃除	・相続開始以前の死亡でなければならない →被相続人との同時死亡の場合も含まれる ・相続放棄は代襲原因ではない[共]
代襲者	① 相続人が子の場合：その者の子（887Ⅱ） 　代襲者たる子について代襲原因がある場合：その者の子（再代襲・再々代襲、887Ⅲ） ② 相続人が兄弟姉妹の場合：その者の子（889Ⅱ）[共] →再代襲・再々代襲は認められない ∴ 笑う相続人の出現を抑止するため	・代襲者は、被相続人の直系卑属でなければならない（887Ⅱただし書）[同] ・代襲者は、相続開始の時に存在すれば足り、代襲原因発生の時に存在している必要はない（887Ⅱ）

第891条 （相続人の欠格事由）

次に掲げる者は、相続人となることができない。

① 故意に被相続人又は相続について先順位若しくは同順位にある者を死亡するに至らせ、又は至らせようとしたために、刑に処せられた者

② 被相続人の殺害されたことを知って、これを告発せず、又は告訴しなかった者。ただし、その者に是非の弁別がないとき、又は殺害者が自己の配偶者若しくは直系血族であったときは、この限りでない。

③ 詐欺又は強迫によって、被相続人が相続に関する遺言をし、撤回し、取り消し、又は変更することを妨げた者

④ 詐欺又は強迫によって、被相続人に相続に関する遺言をさせ、撤回させ、取り消させ、又は変更させた者

⑤ 相続に関する被相続人の遺言書を偽造し、変造し、破棄し、又は隠匿した者

[趣旨] 相続人の地位を占めるべき者であっても、一定の重大な事情が存するため、この者に相続させることが一般の法感情からみて妥当でない場合があるため、そのような事情のある場合に相続人の意思を問うことなく法律上当然に相続たる資格を失うものとした。相続人の一定の重大な非行に対する制裁である。

《注　釈》

一 要件

1 「故意に被相続人又は相続について先順位・同順位にある者」を殺し、又は殺そうとして、刑に処せられた者（①）[同]

殺人の既遂だけでなく、未遂・予備も含むが、故意犯であることが必要である。

725

[第892条]　　　　　　　　　　　　　　　　　　　　　　　　　　　　　　●相続人

→過失致死、傷害致死は含まれない

2　被相続人が殺害されたことを知っていながら告訴・告発しなかった者（②本文）

その者に是非の弁別がないとき、又は殺害者が自己の配偶者・直系血族であったときは含まれない（②ただし書）。

3　詐欺・強迫によって被相続人の遺言の作成・撤回・取消し・変更を妨げた者（③）

4　詐欺・強迫により被相続人に相続に関する遺言をさせ、又はその撤回・取消し・変更をさせた者（④）

5　相続に関する被相続人の遺言書を偽造・変造・破棄・隠匿した者（⑤）

相続人が被相続人の遺言書を破棄又は隠匿した行為が相続に関して不当な利益を目的とするものでなかったときは、右相続人は、5号の相続欠格者にあたらない（最判平9.1.28・百選Ⅲ52事件）〈同〉。

→破棄・隠匿の故意の他に利得目的という二重の故意を要求するものである

二　効果

1　相続人資格の剥奪

(1)　相対的効力

欠格の効果は相対的であり、特定の被相続人との関係だけで相続人資格を奪う。

ex.　親を殺した者も子を相続できる

cf.　親を殺した欠格者は、祖父母を代襲相続できないと解されている

(2)　一身専属的効力

欠格の効果は一身専属的であり、直系卑属に及ばないから、欠格者に直系卑属があれば、この者が代襲相続する（887）。

2　受遺能力の喪失（965）

3　効力発生時期

(1)　欠格原因たる事実があれば、格別の手続を要せず法律上当然に発生する。

(2)　相続開始前に欠格原因たる事実があれば即時に、相続開始後に欠格原因が発生すれば相続開始時に遡って欠格の効果が生じる。

第892条　（推定相続人の廃除）

遺留分を有する推定相続人（相続が開始した場合に相続人となるべき者をいう。以下同じ。）が、被相続人に対して虐待をし、若しくはこれに重大な侮辱を加えたとき、又は推定相続人にその他の著しい非行があったときは、被相続人は、その推定相続人の廃除を家庭裁判所に請求することができる。

●相続人 　　　　　　　　　　　　　　　　　　　　[第892条～第893条]

第893条 （遺言による推定相続人の廃除）

被相続人が遺言で推定相続人を廃除する意思を表示したときは、遺言執行者は、その遺言が効力を生じた後、遅滞なく、その推定相続人の廃除を家庭裁判所に請求しなければならない【司】。この場合において、その推定相続人の廃除は、被相続人の死亡の時にさかのぼってその効力を生ずる。

[趣旨]被相続人が推定相続人に相続させることを欲せず、かつ欲しないことが一般の法感情からみて妥当とされるような事情があるときは、被相続人の意思により、遺留分を有する推定相続人の遺留分を否定して完全に相続権を剥奪できるようにした制度である。相続権の剥奪という点で欠格と同趣旨であるが、被相続人の意思を要件としていることから、欠格事由よりも軽い事由を対象とする。

《注　釈》
一　要件

1　対象者が遺留分を有する推定相続人（相続が開始した場合に相続人となるべき者）であること【司】

兄弟姉妹には遺留分がないので、これらの者に相続させたくない場合には、全財産を他の者に贈与若しくは遺贈をし、又は、相続分をゼロと指定（902 Ⅰ）すればよい。

2　廃除原因があること

(1)　被相続人に対する「虐待」・「重大な侮辱」

ex.　892条にいう「虐待」又は「重大な侮辱」は、被相続人に対し精神的苦痛を与え又はその名誉を毀損する行為であって、それにより被相続人と当該相続人との家族的共同生活関係が破壊され、その修復を著しく困難ならしめるものを含む（東京高決平 4.12.11・百選Ⅲ 53 事件）

(2)　「その他の著しい非行」

ex.　被相続人に対する言動（虐待・侮辱）が一時の激情にかられたものであって、将来反復のおそれがないときは「非行」とはいえない（大判大 11.7.25）

3　家庭裁判所に廃除の請求をすること【司】

廃除の方法には、生前廃除（892）と遺言廃除（893）【司】の2つがある。

4　廃除の審判又は調停があること

二　効果

1　相続権の喪失

(1)　相対的効力

被廃除者は廃除者たる被相続人に対してのみ相続権を奪われるだけであり、他の者に対する相続権は失わない。

(2)　一身専属的効果

被廃除者の子や孫の代襲相続権には影響がない。

2　受遺能力は失わない（965）

相続

［第894条～第895条］・総則［第896条］　　　　　　　　　　　●相続の効力

3　効力発生時期
(1)　審判の確定又は調停の成立が、相続開始前にあったときは、即時に発生する。
(2)　相続開始後にあったときは、相続開始の時に遡って生じる。
　　→廃除の届出は報告的届出である（大判昭17.3.26参照）

《その他》

▪ 遺言による廃除の判決が確定した場合、廃除は被相続人の死亡の時に遡って効力を生じるから、判決確定前に被廃除者から相続財産に属する土地につき所有権その他の物権を取得し登記をした者であっても、177条の「第三者」にあたらず、その権利を主張することはできない（大判昭2.4.22）。

第894条　（推定相続人の廃除の取消し）

Ⅰ　被相続人は、いつでも、推定相続人の廃除の取消しを家庭裁判所に請求することができる。
Ⅱ　前条の規定は、推定相続人の廃除の取消しについて準用する。

第895条　（推定相続人の廃除に関する審判確定前の遺産の管理）

Ⅰ　推定相続人の廃除又はその取消しの請求があった後その審判が確定する前に相続が開始したときは、家庭裁判所は、親族、利害関係人又は検察官の請求によって、遺産の管理について必要な処分を命ずることができる。推定相続人の廃除の遺言があったときも、同様とする。
Ⅱ　第27条から第29条まで＜不在者の財産管理人の職務・権限・担保提供及び報酬＞の規定は、前項の規定により家庭裁判所が遺産の管理人を選任した場合について準用する。

第3章・【相続の効力】

■第1節　総則

第896条　（相続の一般的効力）

相続人は、相続開始の時から、被相続人の財産に属した一切の権利義務を承継する。ただし、被相続人の一身に専属したものは、この限りでない。

[趣旨] 本条は、相続による権利の承継が包括承継であること、つまり相続によってこれまで被相続人が主体であったすべての法律関係が、全体として新たな主体、すなわち相続人にその担い手を変えるという、相続法の基本原理を示したものである。

《注　釈》

一　「一身に専属したもの」（一身専属権）

　一身専属権とは、被相続人その人にだけ帰属し、相続人に帰属することができない性質のもの、すなわち被相続人だけが享有しうる権利、被相続人だけが負担すべき義務を指し、帰属上の一身専属権という。

●相続の効力　　　　　　　　　　　　　　　　　　　　　　　総則［第896条］

　　　ex.　委任契約上の権利義務
　　　cf.　扶養請求権は一身専属権である（881 参照）が、扶養義務の内容が具体的
　　　　　に確定し履行期が到来したものは、通常の金銭債権と異ならず、相続の対象
　　　　　になる
二　承継される相続財産に属する権利・義務（判例に現れたもの）
　1　無権代理と相続　⇒p.74
　2　他人の権利の売主の地位　⇒p.507
　3　占有権の相続も認められる（最判昭 44.10.30）🈁。　⇒p.149、151
　4　借家権
　（1）　問題の所在
　　　　借家権＝家屋賃借権も財産権として相続人に承継されるが、被相続人と同
　　　居していたのが内縁の妻である場合、家主や相続人からの明渡請求により内
　　　縁の妻は住居を失うという不都合を生じる。そこで、その保護をいかにして
　　　図るかが問題となる。
　（2）　家団論
　　　　借家契約は、生活共同体＝家団と賃貸人との契約であり（契約の名義人で
　　　ある被相続人は当事者の代表者にすぎない）、その中の 1 人が死亡しても契
　　　約の存続に影響はなく、借家権の相続の問題は生じないとして、内縁の妻の
　　　保護を図るものである。
　（3）　判例の立場
　　　（a）　家主からの明渡請求に対し、内縁の妻は、相続人の賃借権を援用して、
　　　　　明渡しを拒むことができる。
　　　（b）　相続人からの明渡請求に対し、内縁の妻は、権利濫用（1 Ⅲ）を主張し
　　　　　て、明渡しを拒むことができる。
　　　（c）　内縁の妻は、相続人と並んで共同賃借人となるわけではなく、賃料支払
　　　　　債務を負わない。
　（4）　共同相続の場合
　　　　賃借権の共同相続において居住者と非居住者がいる場合、居住者保護の法
　　　律構成としては、家団論の他、非居住者の賃借権の相続を否定する立場や非
　　　居住者の賃借権の放棄を擬制する立場がある。
　（5）　賃借権の共同相続と解約等
　　　　賃借権の共同相続において家主から解約申入・解除・明渡請求するには、
　　　共同賃借人全員に対してなすことを要する（大判大 11.11.24）。
　5　保証債務　⇒p.378
　6　不法行為による損害賠償請求権　⇒p.629
　7　死亡退職金
　　　死亡退職金の支給規定を有しない財団法人において、理事長の死亡に際し、
　　理事会の決定によりその配偶者に支払われた退職金が、相続関係を離れて受給
　　者個人に支払われたものであると認めた判例がある（最判昭 62.3.3）。

相続

729

総則 ［第897条〜第898条］　　　　　　　　　　　　　●相続の効力

8　生命保険金請求権

　　生命保険の約款に「保険金受取金指定のない場合には相続人に支払います」
　と規定されていた場合、保険金請求権は、保険契約の効力発生と同時に相続人
　の固有財産となるので、被保険者の遺産から離脱する（最判昭48.6.29）。

第897条　（祭祀に関する権利の承継）

Ⅰ　系譜、祭具及び墳墓の所有権は、前条の規定にかかわらず、慣習に従って祖先の
　祭祀を主宰すべき者が承継する。ただし、被相続人の指定に従って祖先の祭祀を主
　宰すべき者があるときは、その者が承継する〈司〉。
Ⅱ　前項本文の場合において慣習が明らかでないときは、同項の権利を承継すべき者
　は、家庭裁判所が定める。

《注　釈》

▪ 夫の死亡後生存配偶者はその祭祀を原始的に承継し、遺体・遺骨の所有権は通常
　の遺産相続によることなく、その祭祀を主宰する生存配偶者に原始的に帰属する
　（東京高判昭62.10.8・百選Ⅲ 54事件）。
▪ 祭祀に関する物の所有権は慣習に従って祖先の祭祀を主宰する者が相続する。こ
　の際、同氏であることは求められていない〈司〉。
▪ 被相続人が所有していた祭祀財産は、相続や遺産分割の対象とならない〈司〉。
▪ 相続人ではない者が祭祀を主宰すべき者に指定されても、被相続人の相続人とは
　ならない〈司〉。

第898条　（共同相続の効力）

　相続人が数人あるときは、相続財産は、その共有に属する。

《注　釈》

一　「共有」の意味

＜相続財産の「共有」についての学説の整理＞

	共有説（最判昭30.5.31）〈通〉	合有説	民法の規定
基本的な考え方	個々の財産、及び相続人各人の権利義務の独立性をできるだけ認めようとする（相続財産の共有は249条以下の「共有」とその性質を異にするものではない）	包括財産としての相続財産の特殊性及び共同相続人という特殊な人的関係をできるだけ重視しようとする	不　明
根　拠	①　898条の文言 ②　909条ただし書は遺産分割前の持分の処分が有効であることを前提としている	①　各相続人は、遺産分割手続によらずに、個々の相続財産について個別的に分割請求できない ②　909本文の遡及効は、持分処分を許さないことを前提とする	

●相続の効力　　　　　　　　　　　　　　　　　　　　　　　総則［第898条］

	共有説（最判昭30.5.31）〈通〉	合有説	民法の規定
相続分の考え方	個々の財産上の持分権の総体（＊）	特別財産としての相続財産上の持分権（＊）	合有説的（906、909）
相続分の譲渡	可　能（＊）〈司〉	不可能（＊）	共有説的（905）
個々の財産上の持分権の処分	可　能（＊）	不可能（＊）	共有説的（909ただし書）
不動産の登記	共　有（＊）〈共〉	合　有（＊）	共有説的（不登法上、合有登記の方法がない）
個々の財産ごとの分割請求	可　能（＊）	不可能（＊）	合有説的（906）
分割の方法	個々の財産ごとに分割（＊）	総合的に分割（＊）	合有説的（906）

＊　各説を論理的に一貫させた場合の帰結。

二　共同相続と登記

　　共同相続人の1人が自己の持分を超えて第三者に相続財産を処分した場合、他の共同相続人は、自己の持分を登記なくして第三者に対抗できるか。

　　A説：他の共同相続人は、自己の法定相続分を超えない部分について、登記その他の対抗要件を備えなくても、その権利の承継を第三者に対抗することができる（899の2Ⅰ反対解釈、最判昭38.2.22・百選Ⅰ59事件参照）

　　〈司共予書〉
　　　∵　共同相続人には持分以上の権利はなく、単独相続の登記は名義人の持分を超える範囲で無効であって、登記に公信力がない以上、第三者はその部分について権利を取得する余地がない

　　B説：他の共同相続人が第三者に対して自己の持分を対抗するには、登記が必要である（登記必要説）〈司〉
　　　∵　共有者の持分は共有物全体に及ぶので、単独相続の登記も無権利者の登記ではないから、対抗関係となる

《その他》

▪共同相続人の1人が、共同相続した不動産につき無断で、自己名義の単独所有権移転の登記を経由した場合、他の共同相続人が自己の持分に対する妨害排除として、登記を実体的権利に合致させるため名義人に対し請求できるのは、所有権移転登記の全部抹消登記手続ではなく、自己の持分についてのみの一部抹消（更正）登記手続にとどまる（最判昭38.2.22・百選Ⅰ59事件）〈共〉。

▪共同相続人の1人が、相続開始前から被相続人の許諾を得て、遺産である建物に

相
続

731

総則［第899条］　　　　　　　　　　　　　　　　　　　　●相続の効力

被相続人と同居していたときは、特段の事情のない限り、被相続人の死亡後遺産
分割前まで、同居の相続人に建物を無償で使用させる旨の合意があったものと推
認すべきである（最判平 8.12.17・百選Ⅲ 71 事件）〈司共〉。
▪ 内縁夫婦がその共有する不動産を共同で使用してきたときは、特段の事情のない
限り、両者間で一方が死亡した後は他方が不動産を単独で使用する旨の合意が成
立していたと推認すべきである（最判平 10.2.26）。
▪ 遺産確認の訴えは、特定の財産が、現在、共同相続人による遺産分割前の共有関
係にあることの確認を求める訴えである（最判昭 61.3.13・百選Ⅲ 58 事件）。

第899条
各共同相続人は、その相続分に応じて被相続人の権利義務を承継する。

《注　釈》
一　物権の共同相続
物権法の共有では、持分は相等しいものと推定されるが（250）、共同相続が
あった場合の持分の割合は、相続分によって決せられる〈司〉。
二　債権の共同相続
1　可分債権
共同相続人にその相続分の割合に応じて当然に分割されて承継する（最判昭
29.4.8・百選Ⅲ 65 事件）〈司共〉。

> ex.1　共同相続人の全員の合意で遺産分割前に遺産を構成する特定不動産を
> 第三者に売却したときは、その不動産は遺産分割の対象から逸出し、各
> 相続人は第三者に対し持分に応じた代金債権を取得し、これを個々に請
> 求することができる（最判昭 52.9.19、最判昭 54.2.22）〈共〉

> ex.2　相続開始から遺産分割までの間に、遺産である不動産から生じた賃料
> も、相続分に応じて分割単独債権として各共同相続人が確定的に取得し、
> 後にされた遺産分割の影響は受けない（最判平 17.9.8・百選Ⅲ 64 事件）
> 〈共書〉

> cf.　共同相続された普通預金債権、通常貯金債権及び定期貯金債権は、いず
> れも、相続開始と同時にその相続分の割合に応じて当然に分割されること
> はなく、遺産分割の対象となる（最大決平 28.12.19・百選Ⅲ 66 事件）〈書〉。
> 定期預金債権及び定期積金債権についても同様である（最判平 29.4.6・平
> 29 重判 12 ②事件）　⇒ p.747
> > ∵① 　預貯金債権は、具体的な遺産分割の方法を定めるに当たっての調
> > 整に資する財産として、確実かつ簡易に換価することができる点で
> > 現金に近く、遺産分割の対象とすべき要請がある
> > ② 　預貯金債権は、預貯金契約上の地位を準共有する共同相続人が
> > 全員で預貯金契約を解約しない限り、同一性を保持しながら常にそ
> > の残高が変動し得るものとして存在し、各共同相続人に確定額の債
> > 権として分割されることはない

相続

●相続の効力 総則［第899条］

2 不可分債権

共同相続人全員に不可分的に債権が帰属し、債権者である共同相続人は共同して又は各債権者は総債権者のために履行を請求しうる（428、432）。

三 債務の共同相続

1 可分債務〈同H22 司H30〉

可分債権の場合と同じく、当然に各相続人の相続分に応じて分割される（大決昭5.12.4、最判昭34.6.19・百選Ⅲ62事件）〈同予〉。これに対し、債権者との関係については、902条の2の規定（⇒ p.737）に従うことになる。

2 不可分債務〈予H27〉

不可分債務の場合、各人に不可分的に帰属し、各相続人が全部について責任を負うことになる（大判大11.11.24）〈同書〉。

ex. 所有権移転登記義務の履行債務

3 連帯債務 ⇒ p.349

A説：相続人は、各相続分に応じて分割された債務を承継し、各自その承継した範囲において本来の債務者（他の生存連帯債務者）とともに連帯債務者となる（分割承継説）（最判昭34.6.19・百選Ⅲ62事件）〈司書〉

∵① 連帯債務は相互に関連結合（主観的共同関係）しているが、なお可分である点で通常の金銭債権と同様である

② 債権者には、最小限相続財産を確保する途は開かれている（941）ことや、連帯債務者の死亡に備えてあらかじめ対応策を講じておくことも通常は不可能でないことを考えれば、分割承継原則が債権者にとって特に酷だとはいえない

B説：共同相続人全員が全部給付義務をそのまま承継し、全額につき本来の債務者とともに連帯債務者となる（不分割承継説）

∵① 分割承継では、連帯債務のもつ担保的機能が弱められ、また法律関係が複雑になる

② 遺産債務は本来分割に親しまないものであり、428条の「債権の目的がその性質上……不可分である場合」に該当する（可分債務でも分割承継を否定する立場からの理由）

四 金銭の共同相続

当然に分割されることなく共有とされ、したがってそれを遺産分割までの間相続財産として保管している相続人に対して、自己の相続分に相当する金銭の支払を求めることはできない（最判平4.4.10・百選Ⅲ63事件）〈司共書〉。

五 株式等の共同相続

株式は、自益権（会社105Ⅰ①②等）と共益権（会社105Ⅰ③等）からなっているところ、このような権利の内容及び性質に照らせば、共同相続された株式は、相続開始と同時に当然に相続分に応じて分割されることはなく、共同相続人の準共有（264）に属する。委託者指図型投資信託受益権及び国債についても同様である（最判平26.2.25・百選Ⅲ67事件）〈書〉。

相続

総則［第899条の2］ ●相続の効力

六 遺産分割前の賃料債権と遡及効（909）との関係 〈同H20〉

共同相続財産である不動産から生ずる賃料債権の帰属はどうなるか。まず、①共同相続された財産中の金銭債権は法律上当然に分割債権となるとされる。それでは、相続後発生する法定果実たる賃料の帰属はどうか。②分割債権とすると、その後、遺産分割された場合の遡及効によってその債権の帰属が影響するかという問題がある。

判例は、①遺産は、相続人が数人あるときは、相続開始から遺産分割までの間、共同相続人の共有に属するものであるから、この間に遺産である賃貸不動産を使用管理した結果生ずる金銭債権たる賃料債権は、遺産とは別個の財産というべきであって、各共同相続人がその相続分に応じて分割単独債権として確定的に取得する。②当該賃料債権の帰属は、後にされた遺産分割の影響を受けないとする（最判平17.9.8・百選Ⅲ64事件）〈同共書〉。

第899条の2　（共同相続における権利の承継の対抗要件）

Ⅰ　相続による権利の承継は、遺産の分割によるものかどうかにかかわらず、次条及び第901条の規定により算定した相続分を超える部分については、登記、登録その他の対抗要件を備えなければ、第三者に対抗することができない〈書〉。

Ⅱ　前項の権利が債権である場合において、次条及び第901条の規定により算定した相続分を超えて当該債権を承継した共同相続人が当該債権に係る遺言の内容（遺産の分割により当該債権を承継した場合にあっては、当該債権に係る遺産の分割の内容）を明らかにして債務者にその承継の通知をしたときは、共同相続人の全員が債務者に通知をしたものとみなして、同項の規定を適用する。

【平30改正】相続させる旨の遺言による不動産の取得は、他の第三者に対して登記なくして対抗できるとするのが判例（最判平14.6.10・百選Ⅲ75事件）であった〈同共予書〉。しかし、かかる判例を前提とすると、遺言の有無及び内容を知り得ない相続債権者、債務者等の利益を害する上、登記制度や強制執行制度の信頼を害するおそれがあった。そこで、遺言の有無及び内容を知り得ない相続債権者、債務者等の利益や第三者の取引の安全を確保する必要がある。また、法定相続分を超える部分については、遺言という意思表示によって権利変動が生じるところ、この点では一般的な取引と取扱いを異にする必然性はないと考えられる。そこで、相続による法定相続分を超える権利の承継については、対抗要件を備えなければ第三者に対抗できない旨の規定が新設された。本条により、相続債権者が相続させる旨の遺言によって権利を承継する相続人に先立って登記を具備することで、相続させる旨の遺言の内容に反する差押えを有効になすことができる。

《注　釈》

一　不動産及び動産に関する物権の共同相続による承継（899の2Ⅰ）

不動産及び動産に関する物権の共同相続による承継は、法定相続分を超える部分については、民法177条又は民法178条所定の対抗要件を備えなければ第三者に対抗することができない。

●相続の効力   相続分［第900条］

　改正前民法下では、遺産分割により法定相続分と異なる権利を取得した相続人は、当該権利につき対抗要件を具備しなければ、遺産分割後の第三者に対抗することができないとされていた（最判昭46.1.26・百選Ⅲ72事件）。本条は、当該判例の趣旨を明文化するものでもある。

二　債権の共同相続による承継（899の2Ⅰ Ⅱ）

　債権の共同相続による承継についても、法定相続分を超える部分については、債務者対抗要件及び第三者対抗要件を備えなければ債務者及び第三者に対抗できない（899の2Ⅰ Ⅱ）。

1　債務者対抗要件の具備の方法

　債務者対抗要件の具備の方法には、①共同相続人全員による債務者への通知（467Ⅰ参照）、②債務者による承諾（同Ⅰ参照）、③当該債権を承継した相続人が、遺言の内容を明らかにしてなす債務者への通知（899の2Ⅱ）がある。③の通知において遺言の内容を明らかにしなければならないとする趣旨は、虚偽通知の防止にある。そして、かかる通知は、債務者が客観的に遺言等の有無やその内容を判断できるものである必要がある。なお、遺言執行者は、遺言の執行として③の通知をすることができる（1014Ⅱ）。

2　第三者対抗要件の具備の方法

　先述の①～③の通知又は承諾を確定日付のある証書によってなすことで、第三者対抗要件を具備することができる。

■第2節　相続分

《概　説》

◆　相続分の意味

　民法上、相続分という言葉は、以下のように様々な意味内容で用いられる。

1　共同相続人の相続すべき割合、すなわち遺産の総額に対する分数的割合（相続分率）

2　1の割合に従って計算した財産額又は現実に相続する財産額（相続分額、903・904の2）

3　遺産の分割前の共同相続人の地位、すなわち全遺産に対する包括的持分（相続分権、905）

　＊　共同相続人間において、具体的相続分についてその価額又は割合の確認を求める訴えは、確認の利益を欠くので不適法である（最判平12.2.24）。

第900条　（法定相続分）〈同書〉

同順位の相続人が数人あるときは、その相続分は、次の各号の定めるところによる。

①　子及び配偶者が相続人であるときは、子の相続分及び配偶者の相続分は、各2分の1とする。

②　配偶者及び直系尊属が相続人であるときは、配偶者の相続分は、3分の2とし、直系尊属の相続分は、3分の1とする。

相
続

相続分 ［第900条］　　　　　　　　　　　　　　　　　　　●相続の効力

　③　配偶者及び兄弟姉妹が相続人であるときは、配偶者の相続分は、4分の3とし、兄弟姉妹の相続分は、4分の1とする。
　④　子、直系尊属又は兄弟姉妹が数人あるときは、各自の相続分は、相等しいものとする。ただし、父母の一方のみを同じくする兄弟姉妹の相続分は、父母の双方を同じくする兄弟姉妹の相続分の2分の1とする。

［趣旨］各共同相続人の相続分は、まず被相続人の意思によって定められるが（指定相続分、902）、我が国では、被相続人が指定することは多くなく、このような場合に備えて、法律の規定に基づいて、相続分が定められる（法定相続分）。

《注　釈》

◆　**本条の定める法定相続分の意味**

　被相続人が死亡し、相続が開始した場合に、遺言によって相続分が指定されていない場合に適用があるものである（902Ⅰ）。また、遺言による相続分の指定が共同相続人の一部の相続分にとどまる場合は、他の共同相続人の相続分は、本条の定める法定相続分によることになる（902Ⅱ）。

＜法定相続分＞

他の相続人　　　相続人	配偶者（常に相続人）	子（第一相続人）	直系尊属（第二相続人）	兄弟姉妹（第三相続人）
配偶者（常に相続人）		2分の1	3分の2	4分の3
子（第一相続人）	2分の1	均等割（＊）	すべて子が相続	
直系尊属（第二相続人）	3分の1	0	均等割	すべて直系尊属が相続
兄弟姉妹（第三相続人）	4分の1	0	0	均等割ただし、半血兄弟は全血兄弟の2分の1

＊　非嫡出子の法定相続分を嫡出子の2分の1とする旧900条4号ただし書前段の規定は憲法14条1項に反するとされ（最大決平25.9.4・百選Ⅲ57事件）、旧900条4号ただし書前段部分を削除する民法改正法が平成25年12月11日に公布・施行された。
　→もっとも、上記最高裁大法廷決定は、「本決定の違憲判断が、先例としての事実上の拘束性という形で既に行われた遺産の分割等の効力にも影響し、いわば解決済みの事案にも効果が及ぶとすることは、著しく法的安定性を害する」とした上で、遅くとも平成13年7月当時から本決定の違憲判断時までの間に開始された他の相続につき、旧900条4号ただし書前段の規定を前提としてされた遺産の分割の審判その他の裁判、遺産の分割の協議その他の合意等により確定的なものとなった法律関係に影響を及ぼすものではないとした

《その他》

▪本条に定める割合に従って相続人が現実に相続する財産額（具体的相続分）を計算するに当たって、相続人間の公平の見地から、特別受益（903）、寄与分（904の2）の制度が設けられている。

736

●相続の効力　　　　　　　　　　　　　　相続分［第901条〜第902条の2］

第901条　（代襲相続人の相続分）

Ⅰ　第887条第2項又は第3項の規定により相続人となる直系卑属の相続分は、その直系尊属が受けるべきであったものと同じとする〈**判**〉。ただし、直系卑属が数人あるときは、その各自の直系尊属が受けるべきであった部分について、前条の規定に従ってその相続分を定める。

Ⅱ　前項の規定は、第889条第2項の規定により兄弟姉妹の子が相続人となる場合について準用する。

《注　釈》

一　代襲相続分

　子若しくは兄弟姉妹に代襲相続があった場合、代襲相続人の相続分は、被代襲者の受けるべきであった相続分と同じである（Ⅰ本文、Ⅱ）。

二　代襲相続人が数人あるとき

　代襲相続人が数人あるときは、その各自の相続分は、被代襲者が受けるべきであった部分について、900条の規定に従って定められる（Ⅰただし書）。

第902条　（遺言による相続分の指定）

Ⅰ　被相続人は、前2条の規定にかかわらず、遺言で、共同相続人の相続分を定め、又はこれを定めることを第三者に委託することができる。

Ⅱ　被相続人が、共同相続人中の1人若しくは数人の相続分のみを定め、又はこれを第三者に定めさせたときは、他の共同相続人の相続分は、前2条の規定により定める。

[趣旨] 被相続人の意思を尊重し、各共同相続人の諸事情を考慮して、具体的な実情に即した相続財産の合理的分配をすることを趣旨とする制度である。

《その他》

▪相続分とは、相続人が相続財産を承継する割合をいうから、「相続分の指定」も、相続分に対する分数的な割合で示すべきであるが、実際には、相続財産の種類を指定している場合や特定の相続財産を指定している場合であっても、相続財産全体に対する相続割合が示されているのであれば、「相続分の指定」であると解されている。そのため、特定の相続財産を特定の相続人に与える内容の遺言（いわゆる「相続させる」旨の遺言、特定財産承継遺言）がされた場合の遺言の解釈が問題となる（⇒ p.745）。

第902条の2　（相続分の指定がある場合の債権者の権利の行使）〈**同書**〉

　被相続人が相続開始の時において有した債務の債権者は、前条の規定による相続分の指定がされた場合であっても、各共同相続人に対し、第900条及び第901条の規定により算定した相続分に応じてその権利を行使することができる。ただし、その債権者が共同相続人の一人に対してその指定された相続分に応じた債務の承継を承認したときは、この限りでない。

【平30改正】 遺言により相続分の指定がされている場合に、被相続人の債権者は、

相続

737

相続分［第903条］　　　　　　　　　　　　　　　　●相続の効力

法定相続人に対して、法定相続分に従った相続債務の履行を請求することが可能か
否かについて、判例（最判平21.3.24・百選Ⅲ88事件）は、相続分の指定にかかわ
らず、法定相続分に従った相続債務の履行請求が可能である旨判示していた〈司〉。
本条は、かかる判例の趣旨を明文化したものである。

《注　釈》

一　相続による義務の承継（本文）

本条本文の規定により、民法902条の規定にかかわらず、相続債権者は、各共
同相続人に対して、その法定相続分の割合で権利を行使することができる。かか
る処理をする理由について、判例（最判平21.3.24・百選Ⅲ88事件）は、遺言に
よる相続分の指定は、相続債権者の関与なくなされたものであるため、相続債権
者との関係では効力が及ばないと解するのが相当であることを挙げている。

二　指定相続分の割合による義務の承継の承認（ただし書）

相続債権者が指定相続分に応じた債務の承継を承認した場合、その相続債権
者は、法定相続分に従って相続債務の履行を求めることはできず、指定相続分の
割合で権利を行使する。

→承認を受けた相続人は、他の共同相続人に対して、その義務が変更されたこ
とを通知する必要はないと解されている
　∵　他の共同相続人が本来負担すべき額を超えて弁済をした場合は、不当利
得返還請求によって対処が可能
→相続債権者の承認以前になされた相続人の弁済の効果が承認によって無効と
なることはない
　∵　相続債権者の承認に遡及効はない

第903条　（特別受益者の相続分）

Ⅰ　共同相続人中に、被相続人から、遺贈を受け、又は婚姻若しくは養子縁組のため
若しくは生計の資本として贈与を受けた者があるときは、被相続人が相続開始の時
において有した財産の価額にその贈与の価額を加えたものを相続財産とみなし、<u>第
900条から第902条までの規定により算定した相続分の中からその遺贈又は贈
与の価額を控除した残額をもってその者の相続分とする</u>〈書〉。

Ⅱ　遺贈又は贈与の価額が、相続分の価額に等しく、又はこれを超えるときは、受遺
者又は受贈者は、その相続分を受けることができない〈共〉。

Ⅲ　被相続人が前2項の規定と異なった意思を表示したときは、<u>その意思に従う</u>〈司〉。

Ⅳ　<u>婚姻期間が20年以上の夫婦の一方である被相続人が、他の一方に対し、その居
住の用に供する建物又はその敷地について遺贈又は贈与をしたときは、当該被相続
人は、その遺贈又は贈与について第1項の規定を適用しない旨の意思を表示したも
のと推定する</u>〈共〉。

【平30改正】改正前民法下の制度では、婚姻期間が20年以上の夫婦の一方である
被相続人が、他方に対し、その居住の用に供する建物又はその敷地（以下「居住用
不動産」という。）を遺贈又は贈与することは、原則として、特別受益に当たるもの
として取り扱われていた。そのため、遺贈又は贈与を受けた配偶者は、遺贈又は贈

●相続の効力 相続分［第904条～第904条の2］

与を受けなかった場合と同じ金額でしか相続財産を取得することができなかった。しかし、上記のような遺贈又は贈与は、配偶者の長年にわたる貢献に報いるとともに、老後の生活を保障する趣旨で行われる場合が多い。そこで、このような趣旨を尊重し、遺産分割の結果として反映させるために、本条4項は、居住用不動産の遺贈又は贈与について、特別受益としては扱わない旨の被相続人による意思表示（持戻しの免除の意思表示）がなされたものと推定する旨規定した。

《注 釈》

▪ 共同相続人間においてされた無償による相続分の譲渡は、上記譲渡をした者の相続において、特別受益としての「贈与」（903Ⅰ）に当たる（最判平30.10.19・平30重判9事件）。

∵ 相続分の譲渡は、譲渡人から譲受人に対し経済的利益を合意によって移転するものである

→譲渡に係る相続分に含まれる積極財産及び消極財産の価額等を考慮して算定した当該相続分に財産的価値があるとはいえない場合は、「贈与」に当たらない

第904条

前条に規定する贈与の価額は、受贈者の行為によって、その目的である財産が滅失し、又はその価格の増減があったときであっても、相続開始の時においてなお原状のままであるものとみなしてこれを定める。

第904条の2 （寄与分）

Ⅰ 共同相続人中に、被相続人の事業に関する労務の提供又は財産上の給付、被相続人の療養看護その他の方法により被相続人の財産の維持又は増加について特別の寄与をした者があるときは、被相続人が相続開始の時において有した財産の価額から共同相続人の協議で定めたその者の寄与分を控除したものを相続財産とみなし、第900条から第902条までの規定により算定した相続分に寄与分を加えた額をもってその者の相続分とする。

Ⅱ 前項の協議が調わないとき、又は協議をすることができないときは、家庭裁判所は、同項に規定する寄与をした者の請求により、寄与の時期、方法及び程度、相続財産の額その他一切の事情を考慮して、寄与分を定める。

Ⅲ 寄与分は、被相続人が相続開始の時において有した財産の価額から遺贈の価額を控除した残額を超えることができない。

Ⅳ 第2項の請求は、第907条第2項の規定による請求があった場合又は第910条に規定する場合にすることができる。

相続

相続分［第905条］　　　　　　　　　　　　　　　　　　　●相続の効力

《注　釈》

＜特別受益と寄与分＞

	特別受益者の相続分（903）	寄与分（904の2）
趣旨	相続人中に被相続人から特別の財産的利益を受けた者がある場合に、相続人間の不公平を計算上生じさせないようにする	相続人中に被相続人の財産の形成・維持につき特別の寄与をした者がある場合に、相続人間の不公平を計算上生じさせないようにする
対象	①　相続人の受けた遺贈 ②　相続人が婚姻・養子縁組のため若しくは生計の資本として受けた贈与	被相続人の事業に関する労務の提供又は財産上の給付、被相続人の療養看護その他の方法による被相続人の財産の維持又は増加についての特別の寄与
評価方法	受贈者の行為によって、目的たる財産が滅失・価格の増減があっても「相続開始の時においてなお原状のままであるものと」みなされる（904） →相続開始時を基準として評価する	①　共同相続人間の協議 ②　家庭裁判所の審判 　→「寄与の時期、方法及び程度、相続財産の額その他一切の事情を考慮」する（904の2Ⅱ）
効果	被相続人が相続開始時に有した財産の価額に贈与の価額を加えたものを相続財産とみなし、相続分の中から遺贈・贈与の価額を控除する（903Ⅰ）（＊1）	被相続人が相続開始時に有した財産の価額からその者の寄与分を控除したものを相続財産とみなし、相続分に寄与分を加えた額をその者の相続分とする（904の2Ⅰ）（＊2）

＊1　特別受益者の具体的相続分〈司〉
　　（相続開始時の財産＋贈与の価額）×相続分率－遺贈・贈与価額
＊2　寄与者の具体的相続分〈司〉
　　（相続開始時の財産－寄与分）×相続分率＋寄与分

《その他》

- 寄与分を定めるに当たっては、これが他の相続人の遺留分を侵害する結果となるかどうかについても考慮しなければならない（東京高決平3.12.24）。
- 死亡保険金請求権は遺贈又は贈与にかかる財産にはあたらないが、保険金受取人である相続人とその他の共同相続人との間に生ずる不公平が民法903条の趣旨に照らし到底是認することができないほどに著しいものであると評価すべき特段の事情が存する場合には、同条の類推適用により、当該死亡保険金請求権は、特別受益ないしこれに準ずるものとして持戻しの対象になる（最決平16.10.29・百選Ⅲ61事件）。
- 被相続人の意思により、生前贈与を考慮せずに、また遺贈を除外した残りの財産だけを対象に、受贈者・受遺者を含む共同相続人が法定相続分に従った分配を行うようにすることも可能である〈司〉。

第905条　（相続分の取戻権）

Ⅰ　共同相続人の1人が遺産の分割前にその相続分を第三者に譲り渡したときは、他の共同相続人は、その価額及び費用を償還して、その相続分を譲り受けることができる〈司書〉。

●相続の効力 / 遺産の分割

Ⅱ　前項の権利は、1箇月以内に行使しなければならない〈書〉。

[趣旨]共同相続人の1人が遺産の相続開始から遺産分割までの間に自己の相続分を他に譲渡することができることを認めたうえで、遺産分割に第三者が介入して紛糾することを防止するため、他の共同相続人は、その価額及び費用を譲渡の相手方に償還してその相続分を取り戻すことができることを規定した。

《その他》

- 共同相続人の1人が、遺産を構成する特定の不動産に対する同人の共有持分権を第三者に譲渡しても、本条の規定を適用又は類推適用することはできない（最判昭53.7.13・百選Ⅲ68事件）〈回〉。

■第3節　遺産の分割

《概　説》

一　遺産分割の意義

共同相続の場合に、一応相続人の共有になっている遺産を相続分に応じて分割して、各相続人の財産にすることをいう。共同相続財産の最終的帰属を決定するための手続である。

二　分割の実行

遺産分割は、第一に、遺言による分割指定の方法があれば、それに従う（指定分割、908）。遺言による指定がなければ、第二に、共同相続人の協議による（協議分割、907Ⅰ）。協議が調わないか、協議することができないときは、第三に、相続人の申立てによって家庭裁判所による分割が行われる（審判分割、907Ⅱ）〈回〉。家庭裁判所は、分割の審判に先立って、調停による分割を試みる（調停分割、家事事件手続244以下）。

cf.　相続人の1人に遺産を全部取得させるための方便として発給した、相続分不存在証明書を付してなされた単独名義の相続登記に遺産分割協議の効力を認めた例として、東京高判昭59.9.25がある。

三　当事者

相続人全員の他、包括受遺者（990）、相続分譲受人（905）、遺言執行者（1012以下）が含まれる〈書〉。逆に、後順位の相続人、相続放棄者、欠格者、被廃除者、個々の財産上の持分の譲受人などは含まれない。

1　胎児

胎児の権利能力に関する争い（⇒ p.5）が反映する。停止条件説によれば胎児を除外して、解除条件説によれば胎児を含めて、遺産分割ができることになる。

2　相続人の一部を除外し、又は相続人でない者を加えてなされた遺産分割は無効である。ただし、価額による償還が認められる場合がある（910）。

四　分割の時期

原則として、いつでも可能である（907Ⅰ）。このように、遺産分割請求権は消

相続

741

遺産の分割［第906条］　　　　　　　　　　　　　　　　　●相続の効力

滅時効にかからない（⇒ p.744）が、相続回復請求に該当する場合には期間制限がある（884）。

五　分割の禁止

1　遺言による分割禁止（908）

被相続人は、遺言で相続人全員あるいは一部に対して、遺産の全部又は一部の分割を禁止できるが、分割禁止期間は、5年を超えることはできない。

cf.　遺言による分割禁止がある場合に、相続人全員の合意によって分割を行うことは可能と解されている

2　協議による分割禁止（256）

相続人の協議によって分割を禁止できるが、この場合の禁止期間も5年である（ただし、さらに5年に限って更新が認められる。256Ⅱ）。

cf.　禁止期間内の分割も、全員の合意があれば、可能である

3　審判による分割禁止（907Ⅲ）

家庭裁判所は、「特別の事由」があるときに限って、「期間を定めて」分割を禁止できる。

六　分割の効力

1　分割の遡及効（909）

2　相続開始後に認知された者

相続開始後認知された者がいる場合、いったんなされた分割が無効となるわけではなく、認知を受けた者に価額による支払請求権が認められる（910）。

∵　いったんなされた遺産分割の効力をみだりに覆すべきでない

3　担保責任（911〜914）

遺産分割によって取得した財産に瑕疵がある場合には、公平の見地から、各共同相続人は、その相続分に応じて、売主と同じ担保責任を負う。

第906条　（遺産の分割の基準）

遺産の分割は、遺産に属する物又は権利の種類及び性質、各相続人の年齢、職業、心身の状態及び生活の状況その他一切の事情を考慮してこれをする。

[趣旨] 本条は、遺産分割を実行する際の分割の指針を定めたものである。共同相続人間に遺産分割が算術的に公平に行われるだけでなく、具体的に公平に行われ、かつ遺産の社会的・経済的価値ができるだけ損なわれないように行われることを企図している。

《注　釈》

▪ 共同相続人の1人から遺産を構成する特定不動産についての共有持分権を譲り受けた第三者が、共同所有関係の解消のためにとるべき手段は、遺産分割請求（907）ではなく、共有物分割請求訴訟（258）である（最判昭50.11.7）●共。

●相続の効力 　　　　　　　　　　　　　遺産の分割［第906条の2〜第907条］

第906条の2　（遺産の分割前に遺産に属する財産が処分された場合の遺産の範囲）

Ⅰ　遺産の分割前に遺産に属する財産が処分された場合であっても、共同相続人は、その全員の同意により、当該処分された財産が遺産の分割時に遺産として存在するものとみなすことができる。

Ⅱ　前項の規定にかかわらず、共同相続人の1人又は数人により同項の財産が処分されたときは、当該共同相続人については、同項の同意を得ることを要しない。

【平30改正】遺産分割前に相続人の一人がその共有持分を処分する場合、その財産は遺産分割の対象とならないため、かかる場合はその共有持分を除いて遺産分割をせざるを得ない。その結果、具体的相続分に従って遺産分割をなすと、処分を行った共同相続人の最終的な財産の取得額が、他の共同相続人の取得額と比べて大きくなるという不公平が生じる。そこで、そうした事態に対処するため、遺産分割前に財産が処分された場合であっても、全員の同意により、その財産を遺産分割の対象とすることができるとする制度、及び処分を行った共同相続人との関係ではその同意を要しないという制度が新設された。

《注　釈》

- 本条1項における同意も意思表示であるため、民法総則に定める無効・取消しに関する規定が適用される。しかし、この同意の意思表示は撤回できないとされている。これは、同意の意思表示がなされた段階で実体法上の効果が生じ、一部の者の意思のみによってその効果を覆滅させることは相当でないためである。
- 共同相続人の債権者が当該共同相続人の不動産の共有持分を差し押さえた場合でも、買受人の代金納付前であれば、当該共有持分も遺産分割の対象となるため、本条の適用を要しない。
  - →遺産分割前に買受人が代金を納付した場合は、差押えを受けた財産が遺産分割の対象から外れることとなり、共同相続人間の不公平が生じるため、本条が適用される余地がある

第907条　（遺産の分割の協議又は審判等）

Ⅰ　共同相続人は、次条の規定により被相続人が遺言で禁じた場合を除き、いつでも、その協議で、遺産の<u>全部又は一部の分割</u>をすることができる〈**同**〉。

Ⅱ　遺産の分割について、共同相続人間に協議が調わないとき、又は協議をすることができないときは、各共同相続人は、その<u>全部又は一部の分割</u>を家庭裁判所に請求することができる〈**共**〉。ただし、遺産の一部を分割することにより<u>他の共同相続人の利益を害するおそれがある場合</u>におけるその一部の分割については、この限りでない。

Ⅲ　前項本文の場合において特別の事由があるときは、家庭裁判所は、期間を定めて、遺産の全部又は一部について、その分割を禁ずることができる。

相続

遺産の分割［第907条〜第908条］　　●相続の効力

第908条　（遺言の分割の方法の指定及び遺産の分割の禁止）

被相続人は、遺言で、遺産の分割の方法を定め、若しくはこれを定めることを第三者に委託し、又は相続開始の時から5年を超えない期間を定めて、遺産の分割を禁ずることができる〈同共〉。

【平30改正】遺産の一部分割は、改正前民法においては明文規定がなく、遺産分割審判において、①遺産の一部を他の部分と分離して分割する合理的な理由があること、②遺産の一部を分割することによって全体としての適正な分割を行うために支障が生じないことという要件を満たす限りで例外的に認められるものであった。この点、改正民法下では、相続人が一部分割を積極的に利用できるよう、907条に一部分割の明文規定が設けられた。そして、一部分割の要件として、上記②要件に相応する要件のみが同条2項ただし書において定められ、①要件は不要とされた。

《注　釈》

一　協議分割（907 I）

1　意義

共同相続人は、遺言による相続分の指定（902）があっても、分割禁止遺言（908）がない限り、いつでも、協議によって指定された相続分と異なる相続分の割合による遺産分割をすることができる（907 I）〈同〉。同様に、条文によって算出された具体的相続分がある場合（903・904の2）や、遺産分割の方法の指定がされている場合（908）も、それらと異なる分割をすることができる。

∵　被相続人の意思よりも、共同相続人の自由な意思が尊重される

2　協議分割の解除

(1)　共同相続人間において遺産分割協議が成立した場合に、相続人の1人がその協議で負担した債務を履行しないときであっても、その債権を有する相続人は541条によって右協議を解除できない（∵遺産分割の安定）（最判平元.2.9・百選III 70事件）〈司書〉。

(2)　共同相続人の全員がすでに成立した遺産分割協議の全部又は一部を合意により解除したうえ、改めて遺産分割協議をすることは、法律上当然に妨げられるものではない（最判平 2.9.27）〈司共書〉。

二　審判分割（907 II III）

1　意義

遺産の分割について、共同相続人間に協議が調わないとき、又は協議をすることができないときは、各共同相続人は、その全部又は一部の分割を家庭裁判所に請求することができる。

2　分割請求権の性質（907 II本文）

各相続人の有する分割請求権は、共有物分割請求権と同様に、一種の物上請求権的なものであり、消滅時効にかかることはない。

3　審判分割の方法

判例は、共有に関する256条以下を第一次的に適用すべきとするが、学説

●相続の効力 　　　　　　　　　　遺産の分割 ［第907条～第908条］

は、906条を優先的に適用すべきとする。

4　遺産の範囲に争いがある場合

(1)　分割後に遺産に属する物や権利が出現した場合、分割が無効となるわけではなく、その分についてだけ改めて分割すればよい。

(2)　審判分割で遺産として分割した財産が後日の訴訟で遺産でないことに確定した場合、すなわち審判の前提問題が誤っていた場合でも、その審判は当然には無効とならない。

三　指定分割（908）

1　意義

被相続人は、遺言で分割方法を指定し、又は相続人以外の第三者に分割方法の指定を委託することができる〈同共〉。

2　「相続させる」旨の遺言（特定財産承継遺言）〈司H30〉

(1)　特定の遺産を特定の相続人に「相続させる」趣旨の遺言は、特段の事情のない限り、相続分の指定や遺贈ではなく遺産分割方法の指定の一場合であり、何らの行為を要せずに、被相続人の死亡の時に直ちに当該遺産が当該相続人に相続により承継される（最判平3.4.19・百選Ⅲ87事件）〈同共〉。

この特定の財産の価額が、当該相続人の法定相続分を超える場合には、特段の事情がない限り、「相続分の指定」（902）を伴う遺産分割方法の指定を定めたものと扱われる。そして、このような場合には、特段の事情（債務の承継割合を法定相続分から変更する意思がないことが明らかである等、最判平21.3.24・百選Ⅲ88事件参照）がない限り、債務もその割合で承継させる趣旨に意思解釈するのが合理的であると解されている。

なお、特定の財産の価額が法定相続分を下回る場合には、特定の相続人の相続分が法定相続分を下回るものとするとの「相続分の指定」がされたと解すべきではない。

(2)　相続人の1人に対して財産全部を相続させる旨の遺言がされた場合、特段の事情のない限り、相続人間においては当該相続人が相続債務も全て承継したと解され、遺留分の侵害額の算定にあたり、遺留分権利者の法定相続分に応じた相続債務の額を遺留分の額に加算することは許されない（最判平21.3.24・百選Ⅲ88事件）。

(3)　「相続させる」旨の遺言により遺産を相続させるものとされた推定相続人が遺言者の死亡以前に死亡した場合には、遺言者が当該推定相続人の代襲者等に遺産を相続させる旨の意思を有していたとみるべき特段の事情ない限り、「相続させる」旨の遺言は効力を生じない（最判平23.2.22・平23重判14事件）〈書〉。

(4)　「相続させる」旨の遺言により法定相続分を超える権利を承継する場合、当該超過部分については対抗要件を備えなければ第三者に対抗することができない（899の2Ⅰ）。

3　遺言執行者不存在の場合

745

遺産の分割［第909条］　　　　　　　　　　　　　　　　　　　　●相続の効力

　　分割方法の指定があっても、遺言執行者が存在しない限り、共同相続人全員
の合意（協議分割）によって、指定と異なる分割をすることも可能であり、無
効とはいえない。

《その他》

▪ 遺産相続により相続人の共有となった財産の分割については、家庭裁判所が審判
によってこれを定めるべきものであり、通常裁判所が判決手続で判定すべきもの
ではない（最判昭62.9.4）〈同共〉。

▪ 共同相続人のうち、自己の相続分の全部を譲渡（905Ⅰ）した者は、「積極財産と
消極財産とを包括した遺産全体に対する割合的な持分を全て失うことになり、遺
産分割審判の手続等において遺産に属する財産につきその分割を求めることはで
きない」（最判平26.2.14）〈同〉。

第909条　（遺産の分割の効力）

　遺産の分割は、相続開始の時にさかのぼってその効力を生ずる。ただし、第三者の
権利を害することはできない。

《注　釈》

一　本文（分割の宣言主義）

　遺産分割の効力につき、相続人保護のため、遡及効を与えて、遺産を被相続人
から相続人が直接承継したものと扱う（宣言主義）。

　　→相続開始と同時に、各相続人は遺産分割により取得した財産を承継していた
　　　のであり、分割はその効力を宣言するものにすぎないとする立場を宣言主義
　　　といい、これに対し、遺産分割により分割時から各相続人の単独所有等にな
　　　るとする立場を移転主義という

二　ただし書

　1　趣旨

　　宣言主義を貫くと第三者の権利を害するため、遡及効に制限を加えて取引の
　安全を図る〈同〉。

　　　→実質上、移転主義（分割時に持分の交換が行われたとみる制度）と異なら
　　　　なくなっている

　2　第三者の意義

　　(1)　ただし書は、分割の遡及効により害される第三者を保護するものであるか
　　　ら、「第三者」とは、相続開始後分割前に生じた第三者をいう〈同〉。

　　(2)　「第三者」とは、相続人から個々の遺産の持分を譲渡又は担保に供された
　　　第三者、及び持分に対して差押えをなした債権者に限られ、相続分の譲受人
　　　（905）は含まれない。

　3　第三者の保護要件

　　(1)　主観的要件

　　　　第三者の善意・悪意は問わない。

　　(2)　登記の要否

●相続の効力　　　　　　　　　　遺産の分割［第909条の２～第912条］

第三者が保護されるには、登記を具備していることが必要である。

→学説は、ここでの登記は対抗要件としての登記ではなく、権利保護要件としての登記と解している

三　遺産分割と対抗要件

遺産分割により自己の法定相続分を超える財産を承継した相続人は、当該超過部分について対抗要件を具備しなければ、分割後の第三者に対抗することができない（899の２Ⅰ）。　⇒p.734

第909条の２　（遺産の分割前における預貯金債権の行使）

各共同相続人は、遺産に属する預貯金債権のうち相続開始の時の債権額の３分の１に第900条及び第901条の規定により算定した当該共同相続人の相続分を乗じた額（標準的な当面の必要生計費、平均的な葬式の費用の額その他の事情を勘案して預貯金債権の債務者ごとに法務省令で定める額を限度とする。）については、単独でその権利を行使することができる。この場合において、当該権利の行使をした預貯金債権については、当該共同相続人が遺産の一部の分割によりこれを取得したものとみなす。

【平30改正】判例（最大決平28.12.19・百選Ⅲ 66事件）により、預貯金債権が遺産分割の対象に含まれ、遺産分割までの間は各共同相続人に準共有されるものと解されることとなったことから、改正前民法下では、相続人が単独で預貯金債権の払戻しを求めることはできない。しかしながら、通常、他の共同相続人の利益を害することがないと認められる限度では、単独で預貯金債権の行使を認め、小口の資金需要に対応できるようにするのが国民の利便に資すると考えられる。そこで、改正民法は、預貯金債権のうち、相続開始時の債権の３分の１に法定相続分を乗じた額については、単独で預貯金債権の行使を可能とする本条を新設した。

→同趣旨の改正として、預貯金債権を仮に取得するための保全処分（家事200Ⅱ）の要件も緩和されている（家事200Ⅲ）

第910条　（相続の開始後に認知された者の価額の支払請求権）

相続の開始後認知によって相続人となった者が遺産の分割を請求しようとする場合において、他の共同相続人が既にその分割その他の処分をしたときは、価額のみによる支払の請求権を有する〈共〉。

第911条　（共同相続人間の担保責任）

各共同相続人は、他の共同相続人に対して、売主と同じく、その相続分に応じて担保の責任を負う〈同〉。

第912条　（遺産の分割によって受けた債権についての担保責任）

Ⅰ　各共同相続人は、その相続分に応じ、他の共同相続人が遺産の分割によって受けた債権について、その分割の時における債務者の資力を担保する。

Ⅱ　弁済期に至らない債権及び停止条件付きの債権については、各共同相続人は、弁済をすべき時における債務者の資力を担保する。

相
続

遺産の分割 ［第910条〜第914条］　●相続の効力

第913条　（資力のない共同相続人がある場合の担保責任の分担）

担保の責任を負う共同相続人中に償還をする資力のない者があるときは、その償還することができない部分は、求償者及び他の資力のある者が、それぞれその相続分に応じて分担する。ただし、求償者に過失があるときは、他の共同相続人に対して分担を請求することができない。

第914条　（遺言による担保責任の定め）

前3条の規定は、被相続人が遺言で別段の意思を表示したときは、適用しない。

［趣旨］

- 910条：本条は、相続開始後に認知により相続人となった者が遺産分割を請求する際、既に遺産分割が終了している場合、当該遺産分割のやり直しを避け、一方で当該分割の効力を維持しつつ、他方で、被認知者に保護のために価額による支払請求を認めた〈共〉。

  →遺産の価額算定の基準時は、価額の支払を請求した時（最判平28.2.26・平28重判12事件）

  ∵　この時点までの遺産の価額の変動を他の共同相続人が支払うべき金額に反映させるとともに、その時点で直ちに当該金額を算定しうるものとするのが当事者間の衡平の観点から相当

  →本条に基づき支払われるべき「価額」は、分割等の対象とされた遺産の価額を基礎として算定される。そして、分割の対象となるのは、遺産のうち積極財産のみであり、消極財産である相続債務は、認知された者を含む各共同相続人に当然に承継され、遺産の分割の対象とならない（最判令元.8.27・令元重判10事件）

- 911条：本条は、遺産分割を相続人相互が自己の持分を譲渡し合うものと考えると、売買・交換に類似するところ、相続人が遺産分割の結果得た物又は権利に瑕疵がある場合に、他の共同相続人に売主と同じ担保責任を負担させることを規定した〈共〉。

- 912条：本条は、債権を遺産分割の対象とした場合、債務者が無資力であるため、その債権を取得した相続人が全部又は一部の弁済を受けることができなかったときの共同相続人の担保責任を規定することにより、共同相続人間の公平を図ることを目的としている。

- 913条：本条は、前2条によって担保責任を負う共同相続人のうち、無資力者がある場合に、そのリスクを他の共同相続人との間で公平に負担させることを目的としている。

- 914条：本条は、前3条で規定する担保責任が共同相続人が相続分に応じて負担するのが原則であるところ、被相続人の意思を尊重して、被相続人の遺言により、上記担保責任を排除・変更することを認めている。

●相続の承認及び放棄 総則

《その他》

▪ 嫡出でない子がいる母の死亡による相続について、その子が遺産の分割を請求しようとする場合において、他の共同相続人らがその子の存在を知らないまま、既に遺産分割の協議を成立させていたときは、784条ただし書や910条を類推適用することはできず、再分割がなされる（最判昭54.3.23）〈共〉。

・第4章・【相続の承認及び放棄】

■第1節　総則

《概　説》

　相続による財産上の権利義務の承継は、一応相続人の意思に関係なく、また相続人が知っていたかどうかにかかわらず、当然に生ずるとするのが法律の建前である。

　しかし、相続財産は、ときには消極財産の方が多い場合もあるし、たとえ積極財産の方が多くともその遺産をもらうことを潔しとしない場合もある。

　そこで、民法は、相続の承認及び放棄の章を設け、相続人の意思によって、一応生じた相続の効果を確定させるか否かの選択の自由を与えることとした。

🔑<単純承認・限定承認・放棄>

	単純承認（920）	限定承認（922）	放棄（938）
意義	相続人が被相続人の権利義務を無限に相続すること	相続財産の限度でのみ相続債務・遺贈を弁済することを留保して相続を承認すること	民法所定の方式に従ってなされるところの、相続財産を一切承継しない旨の意思表示
要件	①　相続財産の全部又は一部を処分した（921①） 　→「処分」は法律行為の他、事実行為（破壊等）も含む 　→相続開始を知らないで処分した場合は含まれない ②　915条1項の期間（熟慮期間）内に限定承認・放棄をしない（921②） ③　限定承認・放棄の後で相続財産の全部・一部を隠匿し、私に消費し、悪意で相続財産の目録中に記載しなかった（921③）	<家庭裁判所への申述（924、938）> ①　要式行為 　無方式の意思表示としての限定承認・放棄は無効である ②　申述すべき期間 　原則として3か月（熟慮期間、915Ⅰ本文） 　起算点：自己のための相続開始を知った時	

相続

749

総則［第915条～第916条］　　　　　　　　　　　　●相続の承認及び放棄

	単純承認（920）	限定承認（922）	放棄（938）
効果	熟慮期間がなお残っている場合でも、もはや限定承認・放棄はできず、相続人は無限に被相続人の権利義務を承継する（920）	＜限定承認者の義務＞ ① 相続財産の目録の作成（924） ② 相続財産の管理（926 Ⅰ） ③ 相続債権者・受遺者に対する公告・催告（927） ④ 相続債権者・受遺者への弁済（929） ⑤ 損害賠償責任（934）	＜放棄者の義務＞ ・管理継続義務（940） ＜放棄の効果＞ ① 遡及効（939） 　他の相続人の相続分は、放棄者が初めからいなかったものとして算定される ② 代襲原因にならない（887）

第915条　（相続の承認又は放棄をすべき期間）

Ⅰ　相続人は、自己のために相続の開始があったことを知った時から3箇月以内に、相続について、単純若しくは限定の承認又は放棄をしなければならない。ただし、この期間は、利害関係人又は検察官の請求によって、家庭裁判所において伸長することができる〈書〉。

Ⅱ　相続人は、相続の承認又は放棄をする前に、相続財産の調査をすることができる。

[趣旨] 相続人が承認・放棄をするに当たり、相続財産の内容を調査して、いずれにするかを考慮するゆとりを与えるため、本条は、3か月の期間（熟慮期間・考慮期間）を置くものとした。相続人の保護を図るものであるが、相続債権者への考慮、すなわち相続における権利関係の早期確定という趣旨も存する。

《注　釈》

一　承認・放棄をなしうる時期

相続の承認・放棄は、相続開始後になすべきものであり、開始前にその意思を表示しても無効である〈書〉。

二　熟慮期間の起算点

1　死亡の事実を知った時に加えて、それによって具体的に自分が相続人となったことを知った時である（大判大15.8.3）。

→被相続人に相続財産が全く存在しないと信ずるにつき相当な理由があれば、相続人が相続財産の全部又は一部の存在を認識した時又は通常これを認識しうべき時（最判昭59.4.27・百選Ⅲ 76事件）〈書〉

2　相続人が数人あるときは、各相続人につき別々に起算することになる（最判昭51.7.1）。

第916条

相続人が相続の承認又は放棄をしないで死亡したときは、前条第1項の期間は、その者の相続人が自己のために相続の開始があったことを知った時から起算する。

[趣旨] 相続人が相続の承認・放棄をしないで死亡したときは、その者の相続人（再転相続人）は、第1、第2の両相続を同時になすことができる。これを再転相続と

●相続の承認及び放棄 総則［第917条］

いう。本条は、再転相続人（第2相続の相続人）に、相続財産の調査等の期間を十分になしうるようにさせるため、熟慮期間の特例を設けた。

《注　釈》

▪ 916条の「その者の相続人が自己のために相続の開始があったことを知った時」とは、相続の承認又は放棄をしないで死亡した者の相続人が、当該死亡した者からの相続により、当該死亡した者が承認又は放棄をしなかった相続における相続人としての地位を、自己が承継した事実を知った時をいう（最判令元.8.9・令元重判11事件）。

→甲が死亡し、乙が甲を相続した場合（第1相続）において、乙が甲の相続の承認又は放棄をしないで死亡し、丙が乙を相続したとき（第2相続）、丙（甲の再転相続人）の熟慮期間のうち第1相続の熟慮期間は、丙が第2相続によって第1相続の承認又は放棄を選択しうる地位を承継したと認識した時から起算する

∵① 丙は、自己のために乙からの相続が開始したことを知ったからといって、当然に乙が甲の相続人であったことを知り得るわけではなく、丙自身において、乙が甲の相続人であったことを知らなければ、甲からの相続について承認又は放棄のいずれかを選択することはできない

② 丙が、乙から甲の相続人としての地位を承継したことを知らないにもかかわらず、乙からの相続が開始したことを知ったことをもって、甲からの相続に係る熟慮期間が起算されるとすることは、916条の趣旨（丙に対し、甲からの相続について承認又は放棄のいずれかを選択する機会を保障すること）に反する

▪ 916条は、甲からの相続に係る丙の熟慮期間の起算点について、乙が甲の相続人であることを知っていたか否かにかかわらず適用される（前掲最判令元.8.9・令元重判11事件）。

∵① 916条は「相続の承認又は放棄をしないで死亡したとき」としか規定していない

② 916条の趣旨（丙に対し、甲からの相続について承認又は放棄のいずれかを選択する機会を保障すること）

▪ 甲の相続につき、乙が承認又は放棄をしないで死亡した場合、乙の相続人である丙は、甲乙の相続それぞれについて放棄ができる。しかし、乙の相続を放棄した場合には、その後甲の相続を承認する余地はない。また、甲の相続を放棄した後に乙の相続を放棄しても、先にした甲の相続放棄の効力が遡って無効となることはない（最判昭63.6.21・百選Ⅲ77事件）〈回〉。

第917条

相続人が未成年者又は成年被後見人であるときは、第915条第1項の期間は、その法定代理人が未成年者又は成年被後見人のために相続の開始があったことを知った時から起算する。

総則［第918条～第919条］　　　　　　　　　　　　　●相続の承認及び放棄

《注　釈》

◆　承認・放棄の行為能力

　　相続人が承認及び放棄をするには、通常の財産法上の行為能力が必要となる。

　　cf.　被保佐人については本条の適用がない（∵保佐人の同意を得て本人がする（13 Ⅰ⑥））

第918条　（相続財産の管理）

Ⅰ　相続人は、その固有財産におけるのと同一の注意をもって、相続財産を管理しなければならない国。ただし、相続の承認又は放棄をしたときは、この限りでない。

Ⅱ　家庭裁判所は、利害関係人又は検察官の請求によって、いつでも、相続財産の保存に必要な処分を命ずることができる。

Ⅲ　第27条から第29条まで＜不在者の財産管理人の職務・権限・担保提供及び報酬＞の規定は、前項の規定により家庭裁判所が相続財産の管理人を選任した場合について準用する。

第919条　（相続の承認及び放棄の撤回及び取消し）

Ⅰ　相続の承認及び放棄は、第915条第1項の期間内でも、撤回することができない〈司書〉。

Ⅱ　前項の規定は、第1編（総則）及び前編（親族）の規定により相続の承認又は放棄の取消しをすることを妨げない〈司書〉。

Ⅲ　前項の取消権は、追認をすることができる時から6箇月間行使しないときは、時効によって消滅する。相続の承認又は放棄の時から10年を経過したときも、同様とする。

Ⅳ　第2項の規定により限定承認又は相続の放棄の取消しをしようとする者は、その旨を家庭裁判所に申述しなければならない〈司書〉。

［趣旨］相続の放棄や承認の撤回を自由に認めると、相続債権者や共同相続人、次順位の相続人等の利害関係人は、熟慮期間（915）の終了を待たなければならないことになり、相続過程が進行しないといった支障や混乱が生じるおそれがある。そのため、919条1項は、承認・放棄の効果を確定的なものとした。もっとも、919条1項は、民法総則と親族編に規定されている取消しまで否定する趣旨の規定ではない。919条2項は、この旨を明示したものである。

《注　釈》

一　取り消すことができる場合（Ⅱ）

　1　行為能力の制限（5Ⅱ、9、13Ⅰ⑥・Ⅳ、17Ⅳ）、錯誤（95）、詐欺・強迫（96）及び後見監督人の同意の欠如（864、865、867）などの取消原因がある場合に、取消しが認められる。

　2　取消しは、追認できる時から6か月以内に、家庭裁判所に申述して行う必要がある（919Ⅲ前段・Ⅳ）〈司〉。また、相続の承認又は放棄の時から10年以内に行う必要がある（919Ⅲ後段）。

752

● 相続の承認及び放棄　　　　　　相続の承認［第920条～第921条］

二　無効となる場合

　919条は無効について規定していないが、相続の放棄・承認の意思表示に無効原因があれば、無効の主張をすることができる（最判昭29.12.24）。

　ex. 意思能力のない者がした相続の放棄・承認（3の2参照）、方式違反の相続放棄、熟慮期間（915 I）経過後の相続放棄、無権代理人による意思表示

■第2節　相続の承認

第1款　単純承認

第920条　（単純承認の効力）

　相続人は、単純承認をしたときは、無限に被相続人の権利義務を承継する。

第921条　（法定単純承認）

　次に掲げる場合には、相続人は、単純承認をしたものとみなす。
　① 相続人が相続財産の全部又は一部を処分したとき。ただし、保存行為及び第602条に定める期間を超えない賃貸をすることは、この限りでない〈回書〉。
　② 相続人が第915条第1項の期間内に限定承認又は相続の放棄をしなかったとき。
　③ 相続人が、限定承認又は相続の放棄をした後であっても、相続財産の全部若しくは一部を隠匿し、私にこれを消費し、又は悪意でこれを相続財産の目録中に記載しなかったとき。ただし、その相続人が相続の放棄をしたことによって相続人となった者が相続の承認をした後は、この限りでない〈回〉。

[趣旨] 1号・2号は、相続財産の処分・熟慮期間の経過を単純承認の黙示の意思表示とみて、3号は、相続人の背信行為に対する制裁として、単純承認の効果を負わせる。

《注　釈》

一　1号

　相続人が自己のために相続が開始した事実を知り、又は確実に予想しながら、相続財産を処分した場合でなければ、本号にあたらない（最判昭42.4.27）〈書〉

　ex.1　相続人がいったん有効に限定承認又は放棄をした後に相続財産を処分した場合は、「処分したとき」にあたらない（大判昭5.4.26）〈回〉

　ex.2　代物弁済（大判昭12.1.30）、債権の取立（最判昭37.6.21）は「処分したとき」にあたる

二　2号

　2号により、民法は、相続開始後、相続人につき単純承認の相続となることを本則としている。

三　3号

1　本号にいう「相続財産」には、消極財産（相続債務）も含まれる（最判昭61.3.20）。

相続

753

相続の承認［第922条〜第923条］　　　　　　　　　　●相続の承認及び放棄

2　ある相続人が相続の放棄をし、それによって相続人となった者が相続を承認した後は、隠匿行為があっても法定承認とはならない（ただし書）〈同〉。

四　その他

限定承認をした共同相続人の一部に法定単純承認となる事由があるときでも、他の共同相続人は単純承認をしたものとはみなされない（923、937）。

相続人が限定承認をしたときは、その被相続人に対して有していた権利義務は、消滅しない（925）。

第2款　限定承認

第922条　（限定承認）

相続人は、相続によって得た財産の限度においてのみ被相続人の債務及び遺贈を弁済すべきことを留保して、相続の承認をすることができる。

[趣旨] 相続人は本来相続債務について無限責任を負うのであるが、債務の過大な承継から相続人の利益を守るために、本条は、相続財産を限度とする有限責任に転化する手段を相続人に与えた。

《注　釈》

◆　物的有限責任

1　限定承認した相続人といえども、被相続人に属していた債務の全額を承継するのであり、ただ債務の引当てとして、相続財産を限度とする有限責任を負うにすぎない（大判昭7.6.2）。

2　不動産の死因贈与（554）を受けた相続人が限定承認をした場合、死因贈与に基づく限定承認者への所有権移転登記が相続債権者による差押登記より先になされたとしても、信義則に照らし、限定承認者は、相続債権者に対して当該不動産の所有権取得を対抗できない（最判平10.2.13・百選Ⅲ78事件）〈供〉。

第923条　（共同相続人の限定承認）

相続人が数人あるときは、限定承認は、共同相続人の全員が共同してのみこれをすることができる〈司書〉。

[趣旨] 事態を簡明にし手続の煩雑さを避けるため、また共同相続人の一部の者が限定承認に賛成しない場合には、被相続人の債務の負担を欲しない相続人は相続放棄すればよいと考えて、本条は共同相続における単独の限定承認を否定する。「親のために限定承認をしない」という者の気持ちにも合致するともいわれる。

cf.　共同相続人の1人が相続放棄した場合には、放棄した相続人は初めから相続人でなかったことになる（939）。それゆえ、他の共同相続人が全員で共同すれば限定承認はできるものと解される（923参照）〈同〉

●相続の承認及び放棄 　　　　　　　　　　　　　相続の承認 ［第924条～第930条］

第924条 （限定承認の方式）

　相続人は、限定承認をしようとするときは、第915条第1項の期間内に、相続財産の目録を作成してこれを家庭裁判所に提出し、限定承認をする旨を申述しなければならない。

第925条 （限定承認をしたときの権利義務）

　相続人が限定承認をしたときは、その被相続人に対して有した権利義務は、消滅しなかったものとみなす。

第926条 （限定承認者による管理）

Ⅰ　限定承認者は、その固有財産におけるのと同一の注意をもって、相続財産の管理を継続しなければならない〈刑〉。

Ⅱ　第645条＜受任者による報告＞、第646条＜受任者による受取物の引渡し等＞、第650条第1項及び第2項＜受任者による費用の償還請求・代弁済請求＞並びに第918条第2項及び第3項＜相続財産の管理＞の規定は、前項の場合について準用する。

第927条 （相続債権者及び受遺者に対する公告及び催告）

Ⅰ　限定承認者は、限定承認をした後5日以内に、すべての相続債権者（相続財産に属する債務の債権者をいう。以下同じ。）及び受遺者に対し、限定承認をしたこと及び一定の期間内にその請求の申出をすべき旨を公告しなければならない。この場合において、その期間は、2箇月を下ることができない。

Ⅱ　前項の規定による公告には、相続債権者及び受遺者がその期間内に申出をしないときは弁済から除斥されるべき旨を付記しなければならない。ただし、限定承認者は、知れている相続債権者及び受遺者を除斥することができない。

Ⅲ　限定承認者は、知れている相続債権者及び受遺者には、各別にその申出の催告をしなければならない。

Ⅳ　第1項の規定による公告は、官報に掲載してする。

第928条 （公告期間満了前の弁済の拒絶）

　限定承認者は、前条第1項の期間の満了前には、相続債権者及び受遺者に対して弁済を拒むことができる〈刑〉。

第929条 （公告期間満了後の弁済）

　第927条第1項の期間が満了した後は、限定承認者は、相続財産をもって、その期間内に同項の申出をした相続債権者その他知れている相続債権者に、それぞれその債権額の割合に応じて弁済をしなければならない。ただし、優先権を有する債権者の権利を害することはできない。

第930条 （期限前の債務等の弁済）

Ⅰ　限定承認者は、弁済期に至らない債権であっても、前条の規定に従って弁済をしなければならない。

相続

Ⅱ　条件付きの債権又は存続期間の不確定な債権は、家庭裁判所が選任した鑑定人の評価に従って弁済をしなければならない。

第931条　（受遺者に対する弁済）

限定承認者は、前2条の規定に従って各相続債権者に弁済をした後でなければ、受遺者に弁済をすることができない。

第932条　（弁済のための相続財産の換価）

前3条の規定に従って弁済をするにつき相続財産を売却する必要があるときは、限定承認者は、これを競売に付さなければならない。ただし、家庭裁判所が選任した鑑定人の評価に従い相続財産の全部又は一部の価額を弁済して、その競売を止めることができる。

第933条　（相続債権者及び受遺者の換価手続への参加）

相続債権者及び受遺者は、自己の費用で、相続財産の競売又は鑑定に参加することができる。この場合においては、第260条第2項＜共有物の分割への参加＞の規定を準用する。

第934条　（不当な弁済をした限定承認者の責任等）

Ⅰ　限定承認者は、第927条の公告若しくは催告をすることを怠り、又は同条第1項の期間内に相続債権者若しくは受遺者に弁済をしたことによって他の相続債権者若しくは受遺者に弁済をすることができなくなったときは、これによって生じた損害を賠償する責任を負う。第929条から第931条までの規定に違反して弁済をしたときも、同様とする。

Ⅱ　前項の規定は、情を知って不当に弁済を受けた相続債権者又は受遺者に対する他の相続債権者又は受遺者の求償を妨げない。

Ⅲ　第724条＜不法行為による損害賠償請求権の消滅時効＞の規定は、前2項の場合について準用する。

第935条　（公告期間内に申出をしなかった相続債権者及び受遺者）

第927条第1項の期間内に同項の申出をしなかった相続債権者及び受遺者で限定承認者に知れなかったものは、残余財産についてのみその権利を行使することができる。ただし、相続財産について特別担保を有する者は、この限りでない。

第936条　（相続人が数人ある場合の相続財産の管理人）

Ⅰ　相続人が数人ある場合には、家庭裁判所は、相続人の中から、相続財産の管理人を選任しなければならない。

Ⅱ　前項の相続財産の管理人は、相続人のために、これに代わって、相続財産の管理及び債務の弁済に必要な一切の行為をする。

Ⅲ　第926条から前条まで＜限定承認者による管理・弁済・責任等＞の規定は、第1項の相続財産の管理人について準用する。この場合において、第927条第1項中「限定承認をした後5日以内」とあるのは、「その相続財産の管理人の選任があった後10日以内」と読み替えるものとする。

●相続の承認及び放棄　相続の承認［第937条］・相続の放棄［第938条～第939条］

第937条　（法定単純承認の事由がある場合の相続債権者）

限定承認をした共同相続人の1人又は数人について第921条第1号又は第3号＜法定単純承認＞に掲げる事由があるときは、相続債権者は、相続財産をもって弁済を受けることができなかった債権額について、当該共同相続人に対し、その相続分に応じて権利を行使することができる。

《注　釈》

▪ 929条ただし書にいう「優先権を有する債権者の権利」にあたるというためには、対抗要件を必要とする権利については、被相続人の死亡時（相続開始時）までに対抗要件を具備していることを要する（最判平11.1.21・百選Ⅲ56事件）。

■第3節　相続の放棄

第938条　（相続の放棄の方式）

相続の放棄をしようとする者は、その旨を家庭裁判所に申述しなければならない。

《注　釈》

一　相続放棄の意義

「相続の放棄」とは、自己のために開始した不確定な相続の効力を確定的に消滅させることを目的とする意思表示をいう。被相続人が債務超過である場合に、相続人が不利益を回避することを目的として利用される。

二　放棄の法的性質

1　要式行為である（938）。

2　相手方のない単独行為であり、受理審判によって効力を生じる。

3　相続放棄の意思表示も私法上の法律行為であるから、第1編の規定に従って取り消すことができ（919ⅡⅢ）、また無効となりうる（最判昭29.12.24）〈回書〉

4　身分行為であり、詐害行為取消権の対象とはならない（424Ⅱ）（最判昭49.9.20）。

5　相続放棄は、相続の効果を全面的に拒否するものであるから、条件・期限を付けることは許されない。

第939条　（相続の放棄の効力）

相続の放棄をした者は、その相続に関しては、初めから相続人とならなかったものとみなす〈書〉。

《注　釈》

一　相続放棄の効果

相続放棄がなされると、相続人は相続開始の時に遡って相続しなかったのと同じ地位に置かれることになる。

→遺産分割と異なり（909ただし書）、第三者保護規定なし（遡及効の貫徹）

相続

相続の放棄［第940条］・［第941条］　　　　　　　　　　　　　　　●財産分離

二　相続と登記の関係　⇒ p.132

相続放棄の効力は絶対的で、何人に対しても登記なくしてその効力を主張できる（最判昭42.1.20・百選Ⅲ73事件）同予書。

∴①　本条1項は、相続放棄の遡及効を定めている

②　相続放棄の有無は家庭裁判所で調査できるし、相続放棄をなしうる期間は限られており（915Ⅰ本文）、第三者の保護を図るべき要請は小さい

③　相続放棄があっても、残りの相続人間での遺産分割が終了するまでは相続財産の帰属が終局的に決定されるわけではないから、相続人に登記を要求するのは酷である

第940条　（相続の放棄をした者による管理）

Ⅰ　相続の放棄をした者は、その放棄によって相続人となった者が相続財産の管理を始めることができるまで、自己の財産におけるのと同一の注意をもって、その財産の管理を継続しなければならない同共。

Ⅱ　第645条＜受任者による報告＞、第646条＜受任者による受取物の引渡し等＞、第650条第1項及び第2項＜受任者による費用の償還請求・代弁済請求＞並びに第918条第2項及び第3項＜相続財産の管理＞の規定は、前項の場合について準用する。

・第5章・【財産分離】

《概　説》

「財産分離」とは、相続財産と相続人の固有財産との混合を避けるため、相続開始後に、相続債権者若しくは受遺者、又は相続人の債権者の請求によって相続財産を分離して管理・清算する手続である。

相続債権者（被相続人の債権者）又は受遺者の請求による場合を①第一種財産分離（941～948）、相続人の債権者の請求による場合を②第二種財産分離（950）という。①は相続人の固有財産が債務超過の場合、②は相続財産が債務超過の場合に意味がある。いずれの場合も、相続財産の清算が行われ、その手続は限定承認の場合とほぼ同じであるが、相続人保護の制度である限定承認と異なり、債権者保護のための制度である点で異なる。

第941条　（相続債権者又は受遺者の請求による財産分離）

Ⅰ　相続債権者又は受遺者は、相続開始の時から3箇月以内に、相続人の財産の中から相続財産を分離することを家庭裁判所に請求することができる。相続財産が相続人の固有財産と混合しない間は、その期間の満了後も、同様とする。

Ⅱ　家庭裁判所が前項の請求によって財産分離を命じたときは、その請求をした者は、5日以内に、他の相続債権者及び受遺者に対し、財産分離の命令があったこと及び一定の期間内に配当加入の申出をすべき旨を公告しなければならない。この場合において、その期間は、2箇月を下ることができない。

758

●財産分離　　　　　　　　　　　　　　　　　　　　　　　　　　　　　　　［第942条〜第948条］

Ⅲ　前項の規定による公告は、官報に掲載してする。

第942条　（財産分離の効力）

　財産分離の請求をした者及び前条第2項の規定により配当加入の申出をした者は、相続財産について、相続人の債権者に先立って弁済を受ける。

第943条　（財産分離の請求後の相続財産の管理）

Ⅰ　財産分離の請求があったときは、家庭裁判所は、相続財産の管理について必要な処分を命ずることができる。

Ⅱ　第27条から第29条まで＜不在者の財産管理人の職務・権限・担保提供及び報酬＞の規定は、前項の規定により家庭裁判所が相続財産の管理人を選任した場合について準用する。

第944条　（財産分離の請求後の相続人による管理）

Ⅰ　相続人は、単純承認をした後でも、財産分離の請求があったときは、以後、その固有財産におけるのと同一の注意をもって、相続財産の管理をしなければならない。ただし、家庭裁判所が相続財産の管理人を選任したときは、この限りでない。

Ⅱ　第645条から第647条まで＜受任者による報告・受取物の引渡し等・金銭消費の責任＞並びに第650条第1項及び第2項＜受任者による費用の償還請求・代弁済請求＞の規定は、前項の場合について準用する。

第945条　（不動産についての財産分離の対抗要件）

　財産分離は、不動産については、その登記をしなければ、第三者に対抗することができない。

第946条　（物上代位の規定の準用）

　第304条＜物上代位＞の規定は、財産分離の場合について準用する。

第947条　（相続債権者及び受遺者に対する弁済）

Ⅰ　相続人は、第941条第1項及び第2項の期間の満了前には、相続債権者及び受遺者に対して弁済を拒むことができる。

Ⅱ　財産分離の請求があったときは、相続人は、第941条第2項の期間の満了後に、相続財産をもって、財産分離の請求又は配当加入の申出をした相続債権者及び受遺者に、それぞれその債権額の割合に応じて弁済をしなければならない。ただし、優先権を有する債権者の権利を害することはできない。

Ⅲ　第930条から第934条まで＜限定承認者による弁済等＞の規定は、前項の場合について準用する。

第948条　（相続人の固有財産からの弁済）

　財産分離の請求をした者及び配当加入の申出をした者は、相続財産をもって全部の弁済を受けることができなかった場合に限り、相続人の固有財産についてその権利を行使することができる。この場合においては、相続人の債権者は、その者に先立って弁済を受けることができる。

[第949条〜第950条]・[第951条]　　　　　　　　　　　　　●相続人の不存在

第949条　（財産分離の請求の防止等）

　相続人は、その固有財産をもって相続債権者若しくは受遺者に弁済をし、又はこれに相当の担保を供して、財産分離の請求を防止し、又はその効力を消滅させることができる。ただし、相続人の債権者が、これによって損害を受けるべきことを証明して、異議を述べたときは、この限りでない。

第950条　（相続人の債権者の請求による財産分離）

Ⅰ　相続人が限定承認をすることができる間又は相続財産が相続人の固有財産と混合しない間は、相続人の債権者は、家庭裁判所に対して財産分離の請求をすることができる。

Ⅱ　第304条＜物上代位＞、第925条＜限定承認をしたときの権利義務＞、第927条から第934条まで＜限定承認者による弁済・責任等＞、第943条から第945条まで＜財産分離の請求後の相続財産の管理等＞及び第948条＜相続人の固有財産からの弁済＞の規定は、前項の場合について準用する。ただし、第927条の公告及び催告は、財産分離の請求をした債権者がしなければならない。

・第6章・【相続人の不存在】

《概　説》

　相続が開始すれば、相続財産は相続人に承継されることになるが、相続人の有無が不明のときは、一方で相続財産を管理・清算しつつ、他方で相続人を捜索することが必要となる。民法は、これらの手続を「相続人の不存在」として、本条以下に規定する。

第951条　（相続財産法人の成立）

　相続人のあることが明らかでないときは、相続財産は、法人とする《新》。

[趣旨] 相続人が不明の場合、次条以下に定めるように、相続財産に管理人が置かれて管理・清算の手続がなされる。本条は、この場合の管理人が誰の管理人であるかを明確にし、また、相続財産が無主物となることを避けることを目的とする。

《注　釈》

◆　「相続人のあることが明らかでないとき」

1　相続人のないことが明らかな場合も含むと考えられている。

　　ex.　最終順位の相続人が、相続欠格（891）、廃除（892）、相続放棄（938）などの理由で相続権を有しなくなった場合

2　相続人の存在は明らかだが、その行方・生死が不明である場合は、相続人不存在の手続ではなく、不在者（25〜）・失踪者（30〜）としての処理がなされる。

3　遺言者に相続人は存在しないが相続財産全部の包括受遺者が存在する場合は、民法951条にいう「相続人のあることが明らかでないとき」には当たらな

760

●相続人の不存在　　　　　　　　　　　　　　　　　　　[第952条〜第957条]

い（最判平 9.9.12）〈同書〉。

第952条　（相続財産の管理人の選任）

Ⅰ　前条の場合には、家庭裁判所は、利害関係人又は検察官の請求によって、相続財産の管理人を選任しなければならない。

Ⅱ　前項の規定により相続財産の管理人を選任したときは、家庭裁判所は、遅滞なくこれを公告しなければならない。

第953条　（不在者の財産の管理人に関する規定の準用）

第27条から第29条まで＜不在者の財産管理人の職務・権限・担保提供及び報酬＞の規定は、前条第1項の相続財産の管理人（以下この章において単に「相続財産の管理人」という。）について準用する。

第954条　（相続財産の管理人の報告）

相続財産の管理人は、相続債権者又は受遺者の請求があるときは、その請求をした者に相続財産の状況を報告しなければならない。

第955条　（相続財産法人の不成立）

相続人のあることが明らかになったときは、第951条の法人は、成立しなかったものとみなす。ただし、相続財産の管理人がその権限内でした行為の効力を妨げない〈書〉。

第956条　（相続財産の管理人の代理権の消滅）

Ⅰ　相続財産の管理人の代理権は、相続人が相続の承認をした時に消滅する〈囲〉。

Ⅱ　前項の場合には、相続財産の管理人は、遅滞なく相続人に対して管理の計算をしなければならない。

第957条　（相続債権者及び受遺者に対する弁済）

Ⅰ　第952条第2項の公告があった後2箇月以内に相続人のあることが明らかにならなかったときは、相続財産の管理人は、遅滞なく、すべての相続債権者及び受遺者に対し、一定の期間内にその請求の申出をすべき旨を公告しなければならない。この場合において、その期間は、2箇月を下ることができない。

Ⅱ　第927条第2項から第4項まで＜相続債権者及び受遺者に対する公告及び催告＞及び第928条から第935条まで（第932条ただし書を除く。）＜限定承認者による弁済・責任等＞の規定は、前項の場合について準用する。

《注　釈》

- 相続財産管理人は、相続開始時に未登記であった抵当権の相続債権者からの設定登記手続請求を拒絶すべきである（最判平 11.1.21・百選Ⅲ 56 事件）〈書〉。
  - ∵　相続財産管理人は全ての相続債権者及び受遺者のために法律に従って弁済を行うから、弁済に際して、他の相続債権者及び受遺者に対して対抗できない抵当権の優先権を承認することは許されない

761

［第958条～第958条の3］　　　　　　　　　　　　　　　●相続人の不存在

第958条　（相続人の捜索の公告）

　前条第1項の期間の満了後、なお相続人のあることが明らかでないときは、家庭裁判所は、相続財産の管理人又は検察官の請求によって、相続人があるならば一定の期間内にその権利を主張すべき旨を公告しなければならない。この場合において、その期間は、6箇月を下ることができない。

第958条の2　（権利を主張する者がない場合）

　前条の期間内に相続人としての権利を主張する者がないときは、相続人並びに相続財産の管理人に知れなかった相続債権者及び受遺者は、その権利を行使することができない〈同書〉。

《注　釈》

▪ 相続人の捜索の公告期間（958）内に相続人としての権利を主張しなかった者は、右期間の徒過とともに、相続財産法人及びその後に財産が帰属する国庫に対する関係で失権する（958の2）。したがって、特別縁故者が相続財産の分与（958の3Ⅰ）を受けた後において残余財産が存する場合であっても、当該相続人が残余財産について相続権を主張することは許されない（最判昭56.10.30）〈同書〉。

第958条の3　（特別縁故者に対する相続財産の分与）

Ⅰ　前条の場合において、相当と認めるときは、家庭裁判所は、被相続人と生計を同じくしていた者、被相続人の療養看護に努めた者その他被相続人と特別の縁故があった者の請求によって、これらの者に、清算後残存すべき相続財産の全部又は一部を与えることができる〈同書〉。

Ⅱ　前項の請求は、第958条の期間の満了後3箇月以内にしなければならない。

[趣旨] 遺産を国庫に帰属させるよりも、内縁の妻や事実上の養子のように法律上は相続人でないが実際上被相続人と深い縁故をもっていた者に与える方が好ましいことから、本条が規定された。

《注　釈》

一　特別縁故者の性格

　相続人の場合とは異なり、特別縁故者は、初めから民法上当然に存在するわけではなく、特別縁故者として相続財産の分与を受ける権利は、家庭裁判所の審判によって形成される権利にすぎない（最判平6.10.13）。

二　特別縁故者の範囲

1　本条は、「被相続人と生計を同じくしていた者、被相続人の療養看護に努めた者」（Ⅰ）を定めるが、これは例示であり、いかなる者が特別縁故者にあたるかは、裁判所の裁量に委ねられる。したがって、法人も特別縁故者にあたりうる。

2　「被相続人と生計を同じくしていた者」（Ⅰ）

　　ex.1　30年余苦楽をともにした事実上の養子

　　ex.2　20年にわたって家事一切の世話をした事実上の養親

●遺言　　　　　　　　　　　　　　　　　　　　　　　　　[第959条]・総則

　　ex.3　被相続人と同居し、看護や身の回りの世話を続け、他方経済面では別
　　　　　個独立の生活をしていた知人
三　共有持分の場合
　　共有持分についても本条の分与の対象となるか。
　　A説：255条による共有持分の移転は相続人不存在が確定したとき法律上当然
　　　　　に生じ、その部分は分与対象とならない（255条優先説）
　　　　　∵　255条の「死亡して相続人がないとき」とは、相続人がいることが
　　　　　　　明らかでなく、相続人捜索、公告期間内に相続人としての権利を主張
　　　　　　　する者がいないため、相続人の不存在が確定したときを意味する
　　B説：分与の対象となしうる（958条の3優先説）（最判平元.11.24・百選Ⅲ55
　　　　　事件）〈司予書〉
　　　　　∵　255条の規定は、相続人不存在の場合における相続財産の国庫への
　　　　　　　帰属を定めた959条の例外規定として設けられたものである

第959条　（残余財産の国庫への帰属）

　前条の規定により処分されなかった相続財産は、国庫に帰属する〈択〉。この場合にお
いては、第956条第2項＜相続財産の管理人による管理の計算＞の規定を準用する。

《注　釈》

▪ 相続財産が国庫に帰属する時期は、特別縁故者に対する相続財産の分与の手続に
より処分されなかった残余財産を、相続財産管理人において国庫に引き継いだ時
である（最判昭50.10.24）〈書〉。

・第7章・【遺言】

■第1節　総則
《概　説》
一　意義
　　遺言とは、一定の方式で示された個人の意思に、この者の死後、それに即した
法的効果を与えるという法技術である。
二　遺言制度の趣旨
　　個人は死後の自分の財産の行方についてもその意思で自由に決することができ
る（遺言自由の原則）。その遺言者の終意を尊重して、一定の事項につき、遺言者
の死後の法律関係が遺言で定められたとおりに実現することを法的に保障する。
三　性質
　1　要式行為である（960）。
　　　∵　遺言は遺言者の死後に効力を生じるものであるため、遺言者の真意を明
　　　　　確にし、また他人の偽造・変造を防止する必要がある
　2　相手方のない単独行為である（cf. 死因贈与は契約）。　⇒ p.498
　3　本人の独立の意思に基づかなければならない。

763

総則［第960条～第964条］　　　●遺言

∵　遺言は、遺言者の終意をできるだけ実現する制度であり、他人の意思による制約を受けるべきではない

→制限行為能力制度の適用は排除され、代理も許されない〈司〉

4　遺言者はいつでも遺言を撤回できる（1022）。

5　死後行為である。

cf.　受遺者は、遺言者の生存中は何らの権利・期待権ももたない（最判平11.6.11）

6　法定事項に限りなすことができる。

<遺言によってなしうる行為の整理>

遺言でも生前行為によってもなしうる行為	遺言によってのみなしうる行為
認知（781Ⅱ）、相続人の廃除（893）又はその取消し（894Ⅱ）、遺言の撤回（1022）	未成年後見人・未成年後見監督人の指定（839、848）、相続分の指定・指定の委託（902）、遺産分割方法の指定・指定の委託（908）、遺産分割の禁止（908）、相続人相互の担保責任の指定（914）、遺贈（964）、遺言執行者の指定・指定の委託（1006）、遺留分侵害額の負担の指定（1047Ⅰ②ただし書）

第960条　（遺言の方式）

遺言は、この法律に定める方式に従わなければ、これをすることができない。

第961条　（遺言能力）〈司予書〉

15歳に達した者は、遺言をすることができる。

第962条

第5条＜未成年者の法律行為＞、第9条＜成年被後見人の法律行為＞、第13条＜保佐人の同意を要する行為等＞及び第17条＜補助人の同意を要する旨の審判等＞の規定は、遺言については、適用しない〈司〉。

第963条

遺言者は、遺言をする時においてその能力を有しなければならない。

［趣旨］

- 961条：本条は、通常の取引行為とは異なり、遺言をする場合には遺言者の意思を尊重する必要があるため、年齢を15歳に引き下げている〈司〉。

- 963条：本条は、通常の法律行為としては当然のことを規定しているが、遺言という行為が、他の法律行為とは異なり、行為の時と行為の効力発生の時との間に長い期間が介在することが多いことに鑑み、確認規定として規定した。

第964条　（包括遺贈及び特定遺贈）

遺言者は、包括又は特定の名義で、その財産の全部又は一部を処分することができる。

●遺言 　　　　　　　　　　総則［第965条〜第966条］・遺言の方式

[趣旨]遺贈は、遺言者の生前の財産についての処分権の延長として、死亡時に残存する財産についての自由な処分を法的に保障したものであるから、その内容は自由に定めることができる。

《注　釈》

一　包括遺贈・特定遺贈

　1　包括遺贈 司H22

　　　遺産の全部又は一部を一定の割合で示してする遺贈をいう。

　　　→受遺者は遺産の全部又は一部を割合として取得する点で相続人に類似することから、包括受遺者は相続人と同一の権利・義務を有する（990）

　2　特定遺贈

　　　特定の具体的な財産的な利益の遺贈をいう。

二　受遺者

　1　遺贈は、自然人の他、法人に対してもすることができる。

　2　相続欠格者にあたる場合を除き（965、891）、相続人も受遺者となることができる 供。

第965条　（相続人に関する規定の準用）

　第886条＜相続に関する胎児の権利能力＞及び第891条＜相続人の欠格事由＞の規定は、受遺者について準用する。

第966条　（被後見人の遺言の制限）

Ⅰ　被後見人が、後見の計算の終了前に、後見人又はその配偶者若しくは直系卑属の利益となるべき遺言をしたときは、その遺言は、無効とする。

Ⅱ　前項の規定は、直系血族、配偶者又は兄弟姉妹が後見人である場合には、適用しない。

■第2節　遺言の方式

第1款　普通の方式

《概　説》

　遺言は方式に従って意思表示をしなければ効力を生じないが（960）、民法は、遺言者がその事情に応じて利用できるよう、7つの方式を定めている。

相続

765

遺言の方式 ［第967条〜第969条］　　　　　　　　　　　　　　　　●遺言

<遺言の方式の種類>

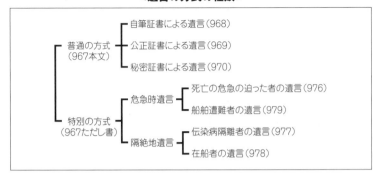

第967条 （普通の方式による遺言の種類）

遺言は、自筆証書、公正証書又は秘密証書によってしなければならない。ただし、特別の方式によることを許す場合は、この限りでない。

第968条 （自筆証書遺言）

Ⅰ　自筆証書によって遺言をするには、遺言者が、その全文、日付及び氏名を自書し、これに印を押さなければならない。

Ⅱ　前項の規定にかかわらず、自筆証書にこれと一体のものとして相続財産（第997条第1項に規定する場合における同項に規定する権利を含む。）の全部又は一部の目録を添付する場合には、その目録については、自書することを要しない。この場合において、遺言者は、その目録の毎葉（自書によらない記載がその両面にある場合にあっては、その両面）に署名し、印を押さなければならない。

Ⅲ　自筆証書（前項の目録を含む。）中の加除その他の変更は、遺言者が、その場所を指示し、これを変更した旨を付記して特にこれに署名し、かつ、その変更の場所に印を押さなければ、その効力を生じない。

第969条 （公正証書遺言）

公正証書によって遺言をするには、次に掲げる方式に従わなければならない。
① 証人2人以上の立会いがあること。
② 遺言者が遺言の趣旨を公証人に口授すること。
③ 公証人が、遺言者の口述を筆記し、これを遺言者及び証人に読み聞かせ、又は閲覧させること。
④ 遺言者及び証人が、筆記の正確なことを承認した後、各自これに署名し、印を押すこと。ただし、遺言者が署名することができない場合は、公証人がその事由を付記して、署名に代えることができる。
⑤ 公証人が、その証書は前各号に掲げる方式に従って作ったものである旨を付記して、これに署名し、印を押すこと。

●遺言　　　　　　　　　　　　　遺言の方式［第967条～第973条］

第969条の2　（公正証書遺言の方式の特則）

Ⅰ　口がきけない者が公正証書によって遺言をする場合には、遺言者は、公証人及び証人の前で、遺言の趣旨を通訳人の通訳により申述し、又は自書して、前条第2号の口授に代えなければならない。この場合における同条第3号の規定の適用については、同号中「口述」とあるのは、「通訳人の通訳による申述又は自書」とする。

Ⅱ　前条の遺言者又は証人が耳が聞こえない者である場合には、公証人は、同条第3号に規定する筆記した内容を通訳人の通訳により遺言者又は証人に伝えて、同号の読み聞かせに代えることができる。

Ⅲ　公証人は、前2項に定める方式に従って公正証書を作ったときは、その旨をその証書に付記しなければならない。

第970条　（秘密証書遺言）

Ⅰ　秘密証書によって遺言をするには、次に掲げる方式に従わなければならない。

①　遺言者が、その証書に署名し、印を押すこと<共書>。

②　遺言者が、その証書を封じ、証書に用いた印章をもってこれに封印すること。

③　遺言者が、公証人1人及び証人2人以上の前に封書を提出して、自己の遺言書である旨並びにその筆者の氏名及び住所を申述すること。

④　公証人が、その証書を提出した日付及び遺言者の申述を封紙に記載した後、遺言者及び証人とともにこれに署名し、印を押すこと。

Ⅱ　第968条第3項<自筆証書遺言の加除・変更>の規定は、秘密証書による遺言について準用する。

第971条　（方式に欠ける秘密証書遺言の効力）

秘密証書による遺言は、前条に定める方式に欠けるものがあっても、第968条<自筆証書遺言>に定める方式を具備しているときは、自筆証書による遺言としてその効力を有する。

第972条　（秘密証書遺言の方式の特則）

Ⅰ　口がきけない者が秘密証書によって遺言をする場合には、遺言者は、公証人及び証人の前で、その証書は自己の遺言書である旨並びにその筆者の氏名及び住所を通訳人の通訳により申述し、又は封紙に自書して、第970条第1項第3号の申述に代えなければならない。

Ⅱ　前項の場合において、遺言者が通訳人の通訳により申述したときは、公証人は、その旨を封紙に記載しなければならない。

Ⅲ　第1項の場合において、遺言者が封紙に自書したときは、公証人は、その旨を封紙に記載して、第970条第1項第4号に規定する申述の記載に代えなければならない。

第973条　（成年被後見人の遺言）

Ⅰ　成年被後見人が事理を弁識する能力を一時回復した時において遺言をするには、医師2人以上の立会いがなければならない<共書>。

相続

767

遺言の方式 ［第967条〜第975条］　　　　　●遺言

Ⅱ　遺言に立ち会った医師は、遺言者が遺言をする時において精神上の障害により事
理を弁識する能力を欠く状態になかった旨を遺言書に付記して、これに署名し、印
を押さなければならない。ただし、秘密証書による遺言にあっては、その封紙にそ
の旨の記載をし、署名し、印を押さなければならない。

第974条　（証人及び立会人の欠格事由）

次に掲げる者は、遺言の証人又は立会人となることができない。
① 　未成年者〈同書〉
② 　推定相続人及び受遺者並びにこれらの配偶者及び直系血族〈同〉
③ 　公証人の配偶者、4親等内の親族、書記及び使用人

第975条　（共同遺言の禁止）〈同〉

遺言は、2人以上の者が同一の証書ですることができない。

【平30改正】遺言に財産目録を添付する場合、財産目録の全文を自書するのは煩雑
であり、高齢者にとっては多大な労力を要する。そこで、改正民法968条2項は、
財産目録を他人に代筆させることや、パソコンにより作成することを認めた。また、
財産目録に不動産の登記事項証明書や預貯金通帳の写し等を添付することも可能と
なった。もっとも、自筆証書遺言の要件の緩和により遺言の偽造・変造のリスクが
高まるため、自書によらない財産目録については、その全ての頁に署名し、押印す
ることが必要とされている。

《注　釈》

一　自筆証書遺言の方式

1　「自書」

カーボン複写による自筆証書遺言も、968条1項の「自書」の要件をみたす
（最判平5.10.19・百選Ⅲ80事件）。

2　「押印」

(1) 　押印としては、必ずしも実印である必要はなく、認印や指印（拇指その他
の指頭に墨、朱肉等をつけて押捺すること）でも足りる（最判平元.2.16）〈共〉。
∴　文書の正式性・確実性を示すため

(2) 　遺言書本文の入れられた封筒の封じ目にされた押印をもって、968条1項
の「押印」の要件に欠けるところはない（最判平6.6.24・百選Ⅲ79事件）。

(3) 　押印の代わりに花押（簡略な形に変形させた自書）を用いることはできな
い（最判平28.6.3）〈書〉。

3　その他

自筆証書による遺言をするには、遺言者が、その全文、日付及び氏名を自書
し、これに押印しなければならないが（968Ⅰ）、証書を封じ、これに封印する
ことまでは要求されていない〈同〉。

二　公正証書遺言の方式

1　盲人も証人適格を有する（最判昭55.12.4・百選Ⅲ81事件）。

●遺言　　　　　　　　　　　　　　　　　　　　　　遺言の方式［第976条］

2　遺言者が遺言の趣旨を公証人に口授し、公証人がこれを筆記するなど、公証人のその作成への関与が必須である（969）〈司〉。

3　遺言者の署名が必要である（969④）〈司〉。

三　秘密証書遺言の方式

1　遺言者の署名が必要である（970Ⅰ①）〈司〉。

2　遺言者が公証人の前に封書を提出するなど、公証人のその作成への関与が必須である（970Ⅰ③④）〈司〉。

3　秘密証書による遺言は、970条に定める方式に欠けるものがあっても、968条に定める方式を具備しているときは、自筆証書による遺言としてその効力を有する（971）〈司〉。

四　共同遺言の禁止（975）

同一証書に2人の遺言が記載されている場合、そのうちの一方に氏名を自書しない方式違背があるときでも、975条が禁ずる共同遺言に当たる（最判昭56.9.11・百選Ⅲ83事件）〈書〉。

第2款　特別の方式

《概　説》

遺言においては遺言者の真意を確保すべく厳格な方式が要求されるが、特別の事情の下では、普通方式に従うことができない場合があり、この場合に方式に従っていないことを理由として遺言を無効とすることは現実に即さない。そこで、民法は、普通方式の要件に従うことができない場合に、要件を緩和した4種類の特別方式の遺言を認めている。

第976条　（死亡の危急に迫った者の遺言）

Ⅰ　疾病その他の事由によって死亡の危急に迫った者が遺言をしようとするときは、証人3人以上の立会いをもって、その1人に遺言の趣旨を口授して、これをすることができる〈書〉。この場合においては、その口授を受けた者が、これを筆記して、遺言者及び他の証人に読み聞かせ、又は閲覧させ、各証人がその筆記の正確なことを承認した後、これに署名し、印を押さなければならない。

Ⅱ　口がきけない者が前項の規定により遺言をする場合には、遺言者は、証人の前で、遺言の趣旨を通訳人の通訳により申述して、同項の口授に代えなければならない。

Ⅲ　第1項後段の遺言者又は他の証人が耳が聞こえない者である場合には、遺言の趣旨の口授又は申述を受けた者は、同項後段に規定する筆記した内容を通訳人の通訳によりその遺言者又は他の証人に伝えて、同項後段の読み聞かせに代えることができる。

Ⅳ　前3項の規定によりした遺言は、遺言の日から20日以内に、証人の1人又は利害関係人から家庭裁判所に請求してその確認を得なければ、その効力を生じない。

Ⅴ　家庭裁判所は、前項の遺言が遺言者の真意に出たものであるとの心証を得なければ、これを確認することができない。

相
続

769

遺言の方式［第977条〜第984条］　　　　　　　　　　　　　　●遺言

第977条　（伝染病隔離者の遺言）

　伝染病のため行政処分によって交通を断たれた場所に在る者は、警察官1人及び証人1人以上の立会いをもって遺言書を作ることができる。

第978条　（在船者の遺言）

　船舶中に在る者は、船長又は事務員1人及び証人2人以上の立会いをもって遺言書を作ることができる。

第979条　（船舶遭難者の遺言）

Ⅰ　船舶が遭難した場合において、当該船舶中に在って死亡の危急に迫った者は、証人2人以上の立会いをもって口頭で遺言をすることができる。

Ⅱ　口がきけない者が前項の規定により遺言をする場合には、遺言者は、通訳人の通訳によりこれをしなければならない。

Ⅲ　前2項の規定に従ってした遺言は、証人が、その趣旨を筆記して、これに署名し、印を押し、かつ、証人の1人又は利害関係人から遅滞なく家庭裁判所に請求してその確認を得なければ、その効力を生じない。

Ⅳ　第976条第5項＜家庭裁判所の確認の基準＞の規定は、前項の場合について準用する。

第980条　（遺言関係者の署名及び押印）

　第977条及び第978条の場合には、遺言者、筆者、立会人及び証人は、各自遺言書に署名し、印を押さなければならない。

第981条　（署名又は押印が不能の場合）

　第977条から第979条までの場合において、署名又は印を押すことのできない者があるときは、立会人又は証人は、その事由を付記しなければならない。

第982条　（普通の方式による遺言の規定の準用）

　第968条第3項＜自筆証書遺言の加除・変更＞及び第973条から第975条まで＜成年被後見人の遺言・証人及び立会人の欠格事由・共同遺言の禁止＞の規定は、第976条から前条までの規定による遺言について準用する。

第983条　（特別の方式による遺言の効力）

　第976条から前条までの規定によりした遺言は、遺言者が普通の方式によって遺言をすることができるようになった時から6箇月間生存するときは、その効力を生じない〈同〉。

第984条　（外国にある日本人の遺言の方式）

　日本の領事の駐在する地に在る日本人が公正証書又は秘密証書によって遺言をしようとするときは、公証人の職務は、領事が行う。この場合においては、第969条第4号又は第970条第1項第4号の規定にかかわらず、遺言者及び証人は、第969条第4号又は第970条第1項第4号の印を押すことを要しない。

●遺言　　　　　　　　　　　　　　　　　　　　　　　遺言の効力［第985条］

《注　釈》

◆　死亡危急時遺言の方式

死亡危急時遺言（976）の方式として日付は要求されない。また、976条所定の順序と異なり、筆記者である証人が筆記内容を清書した書面に遺言者の現在しない場所で署名捺印し、他の証人2人の署名を得たうえ、全証人の立会いの下に遺言者に読み聞かせ、その後に遺言者の現在しない場所で右証人2人が捺印し、それにより全証人の署名捺印が完成した場合も、筆記内容に変改を加えた疑いを挟む余地のない事情があるときは、遺言は有効である（最判昭47.3.17・百選Ⅲ82事件）。

■第3節　遺言の効力

《概　説》

本節は、「遺言の効力」と規定しているが、遺言一般に適用されるのは985条だけで、他は遺贈に関する規定である。そして、包括受遺者は相続人と同一の権利・義務をもつとされるため（990）、本節の規定のほとんどは特定遺贈に関するものである。

→994条、995条、1002条、1003条が包括遺贈・特定遺贈双方に適用される規定である

> **第985条　（遺言の効力発生の時期）**
> Ⅰ　遺言は、遺言者の死亡の時からその効力を生ずる。
> Ⅱ　遺言に停止条件を付した場合において、その条件が遺言者の死亡後に成就したときは、遺言は、条件が成就した時からその効力を生ずる〈同書〉。

《注　釈》

一　特定遺贈の効力

1　特定の遺産を相続人に「相続させる」旨の遺言があった場合、当該遺産は、特段の事情のない限り何らの行為を要せずに、被相続人の死亡の時に直ちに相続により承継される（物権的効力説）（最判平3.4.19・百選Ⅲ87事件）〈百〉。
⇒p.745

2　遺贈の効力を第三者に対抗するためには、対抗要件が必要である（最判昭39.3.6・百選Ⅲ74事件、最判昭46.11.16）〈同共予書〉。　⇒p.133

二　遺言の無効・取消し

遺言も法律行為であるから、無効・取消しが問題となる。

三　遺言の解釈

1　遺言の解釈に当たっては、遺言書の文言を形式的に判断するだけでなく、遺言者の真意を探求すべきである（最判昭58.3.18・百選Ⅲ84事件）。

2　遺言者自らが具体的な受遺者を指定せず、その選定を遺言執行者に委託する旨の遺言は、遺産の利用目的が公益目的に限定されている上、被選定者の範囲が国・地方公共団体等に限定されているものと解されるときは、遺言者の意思

相続

771

遺言の効力［第986条］　　　　　　　　　　　　　　　　　　　　●遺言

と離れることなく、有効である（最判平5.1.19・百選Ⅲ85事件）。

<遺言の無効・取消し>

民法総則の適用	意思無能力	無効原因となる（3の2）
	制限行為能力	総則編の規定は適用されない（962） ① 満15歳に達した者は遺言能力を有する（961）（＊） ② 成年被後見人は、事理弁識能力を一時回復した時は、医師2人以上の立会いがあれば、自ら遺言できる（973、982） 　→後見人による遺言は不可 ③ 被保佐人も保佐人の同意なしに遺言できる（962）
	公序良俗・強行法規違反	無効原因となりうる（90、91）
	心裡留保	常に有効　→93条は適用されない◀過
	錯誤・詐欺・強迫	取り消しうる（95Ⅰ、96Ⅰ）◀過
遺言に特有の無効原因		① 方式違反（960、967～984） ② 共同遺言（975）
	遺言事項ごとに問題になるもの	① 遺言者の後見人等が利益を受ける行為（966） ② 遺贈における受贈者の死亡（994） ③ 目的物が相続財産に属しなかったとき（996） ④ 認知における父子関係の不存在（786参照）
遺言に特有の撤回・取消原因		① 遺言の撤回（1022以下） 　→遺言者は自由に撤回することができる ② 負担付遺贈の取消し（1027）

＊ 公証人が遺言者に遺言能力があることを認めて公正証書遺言を作成した場合でも、相続人は、遺言能力がなかったことを理由として公正証書遺言の無効を主張することができる◀同。

第986条　（遺贈の放棄）

Ⅰ　受遺者は、遺言者の死亡後、いつでも、遺贈の放棄をすることができる。
Ⅱ　遺贈の放棄は、遺言者の死亡の時にさかのぼってその効力を生ずる。

[趣旨] 遺贈は、前条により、遺言者の死亡と同時に効力を生じるが、利益といえども強制されてはならないので、遺言者に認められる財産処分自由の原則との調和点として、本条は受遺者の放棄を規定する。

《注　釈》

一　本条の適用範囲

本条は特定遺贈にのみ適用があり、包括遺贈の放棄は915条以下の規定に従う（990）。したがって、包括遺贈の放棄をしようとする場合には、その旨を家庭裁判所に申述しなければならない（990、938）が、特定遺贈の放棄をしようとする場合については、本条1項が何ら規定していないことから、その旨を家庭裁判所に

●遺言　　　　　　　　　　　　　　　　　　　　遺言の効力 ［第987条〜第992条］

申述することを要しない〈同〉。

二　相続放棄との関係

被相続人が共同相続人の１人に特定の財産を「相続させる」旨の遺言を残した場合、当該相続人が一方的意思表示で遺言の効果を排除することは、遺言を遺贈と解すると相続を放棄しなくても可能であるが、遺産分割方法の指定と解すると相続を放棄する以外には不可能である〈判〉。

第987条　（受遺者に対する遺贈の承認又は放棄の催告）

遺贈義務者（遺贈の履行をする義務を負う者をいう。以下この節において同じ。）その他の利害関係人は、受遺者に対し、相当の期間を定めて、その期間内に遺贈の承認又は放棄をすべき旨の催告をすることができる。この場合において、受遺者がその期間内に遺贈義務者に対してその意思を表示しないときは、遺贈を承認したものとみなす〈同〉。

第988条　（受遺者の相続人による遺贈の承認又は放棄）

受遺者が遺贈の承認又は放棄をしないで死亡したときは、その相続人は、自己の相続権の範囲内で、遺贈の承認又は放棄をすることができる〈判〉。ただし、遺言者がその遺言に別段の意思を表示したときは、その意思に従う。

第989条　（遺贈の承認及び放棄の撤回及び取消し）

Ⅰ　遺贈の承認及び放棄は、撤回することができない〈同共〉。

Ⅱ　第919条第２項及び第３項＜第１編（総則）及び第４編（親族）の規定による相続の承認・放棄の取消しの許容＞の規定は、遺贈の承認及び放棄について準用する。

第990条　（包括受遺者の権利義務）

包括受遺者は、相続人と同一の権利義務を有する〈同共書〉。

《注　釈》

◆　適用範囲

1　相続の承認・放棄（915〜940）、財産分離（941）、相続分取戻権（905）、遺産の分割（906〜914）、相続回復請求権（884）等の適用がある。

2　遺留分（1042以下）・代襲相続（887以下）の規定は適用されない。

第991条　（受遺者による担保の請求）

受遺者は、遺贈が弁済期に至らない間は、遺贈義務者に対して相当の担保を請求することができる。停止条件付きの遺贈についてその条件の成否が未定である間も、同様とする。

第992条　（受遺者による果実の請求）

受遺者は、遺贈の履行を請求することができる時から果実を取得する。ただし、遺言者がその遺言に別段の意思を表示したときは、その意思に従う〈共〉。

相続

遺言の効力［第993条〜第997条］　　　　　　　　　　　　　●遺言

第993条　（遺贈義務者による費用の償還請求）

Ⅰ　第299条＜留置権者による費用の償還請求＞の規定は、遺贈義務者が遺言者の死亡後に遺贈の目的物について費用を支出した場合について準用する。

Ⅱ　果実を収取するために支出した通常の必要費は、果実の価格を超えない限度で、その償還を請求することができる。

第994条　（受遺者の死亡による遺贈の失効）

Ⅰ　遺贈は、遺言者の死亡以前に受遺者が死亡したときは、その効力を生じない〈司共書〉。

Ⅱ　停止条件付きの遺贈については、受遺者がその条件の成就前に死亡したときも、前項と同様とする。ただし、遺言者がその遺言に別段の意思を表示したときは、その意思に従う。

《注　釈》

◆　同時存在の原則

同時存在の原則とは、本来遺贈は特定の人に対してなされるから、受遺者となるべき者の相続人が代襲承継することはなく、遺贈が効力を発生する前（遺言者が死亡する前、985Ⅰ）に受遺者が死亡した場合（同時死亡を含む）は、遺贈は無効になるということである。もっとも、遺贈の効力発生時に胎児である者は、すでに生まれたものとみなされて受遺者となることができる（同時存在の原則の例外、965・886Ⅰ）。

第995条　（遺贈の無効又は失効の場合の財産の帰属）

遺贈が、その効力を生じないとき、又は放棄によってその効力を失ったときは、受遺者が受けるべきであったものは、相続人に帰属する。ただし、遺言者がその遺言に別段の意思を表示したときは、その意思に従う。

第996条　（相続財産に属しない権利の遺贈）

遺贈は、その目的である権利が遺言者の死亡の時において相続財産に属しなかったときは、その効力を生じない。ただし、その権利が相続財産に属するかどうかにかかわらず、これを遺贈の目的としたものと認められるときは、この限りでない。

第997条

Ⅰ　相続財産に属しない権利を目的とする遺贈が前条ただし書の規定により有効であるときは、遺贈義務者は、その権利を取得して受遺者に移転する義務を負う。

Ⅱ　前項の場合において、同項に規定する権利を取得することができないとき、又はこれを取得するについて過分の費用を要するときは、遺贈義務者は、その価額を弁償しなければならない。ただし、遺言者がその遺言に別段の意思を表示したときは、その意思に従う。

●遺言 遺言の効力［第998条〜第1001条］

第998条 （遺贈義務者の引渡義務）

遺贈義務者は、遺贈の目的である物又は権利を、相続開始の時（その後に当該物又は権利について遺贈の目的として特定した場合にあっては、その特定した時）の状態で引き渡し、又は移転する義務を負う。ただし、遺言者がその遺言に別段の意思を表示したときは、その意思に従う。

【平30改正】改正前民法998条は、遺贈の目的物が不特定物である場合にのみ、遺贈義務者が担保責任を負う旨規定していた。しかし、債権法の改正に伴い、担保責任の性質について、いわゆる契約責任説に立つことが明らかにされた（⇒ p.504）。同説の立場からは、目的物が特定物であるか不特定物であるかは問われず、契約の当事者が目的物につきどのような品質・性能を有することを予定したのかが問題とされる。そこで、上記改正を踏まえ、相続が開始した時の財産を遺贈の対象とすることが遺言者の通常の意思であると考えられることを前提に、本条により遺贈義務者の引渡義務の内容が明確化されることとなった。

なお、本条の改正に伴い、改正前民法1000条（第三者の権利の目的である財産の遺贈）は削除された。改正民法998条が適用されれば、第三者の権利の対象となっている物であっても遺贈義務者はその状態で引き渡せば足りるからである。

第999条 （遺贈の物上代位）

Ⅰ 遺言者が、遺贈の目的物の滅失若しくは変造又はその占有の喪失によって第三者に対して償金を請求する権利を有するときは、その権利を遺贈の目的としたものと推定する。

Ⅱ 遺贈の目的物が、他の物と付合し、又は混和した場合において、遺言者が第243条から第245条まで＜動産の付合・混和＞の規定により合成物又は混和物の単独所有者又は共有者となったときは、その全部の所有権又は共有権を遺贈の目的としたものと推定する。

第1000条 （第三者の権利の目的である財産の遺贈） 削除

第1001条 （債権の遺贈の物上代位）

Ⅰ 債権を遺贈の目的とした場合において、遺言者が弁済を受け、かつ、その受け取った物がなお相続財産中に在るときは、その物を遺贈の目的としたものと推定する。

Ⅱ 金銭を目的とする債権を遺贈の目的とした場合においては、相続財産中にその債権額に相当する金銭がないときであっても、その金額を遺贈の目的としたものと推定する。

相続

遺言の効力［第1002条〜第1003条］・遺言の執行　　●遺言

第1002条　（負担付遺贈）

Ⅰ　負担付遺贈を受けた者は、遺贈の目的の価額を超えない限度においてのみ、負担した義務を履行する責任を負う。

Ⅱ　受遺者が遺贈の放棄をしたときは、負担の利益を受けるべき者は、自ら受遺者となることができる。ただし、遺言者がその遺言に別段の意思を表示したときは、その意思に従う。

［趣旨］1項は、遺贈は受遺者に恩恵を与えようとする遺言者の意図に基づくものであり、負担が遺贈の利益より大きいときは遺贈とはいえないことから、受遺者は目的物の限度で負担した義務を履行する責任を負うものとし、2項は、遺贈の放棄があった場合に、受益者の地位が確定しないことを防止し、受益者の権利を保護するため規定された〈回〉。

《注　釈》

一　負担付遺贈の意義

　負担付遺贈とは、受遺者に一定の法律上の義務を課した遺贈をいう。

　cf.　死因贈与も負担付でなしうる（553）

二　受遺者が負担を履行しない場合

　受遺者が負担を履行しない場合は、相続人は、遺言の取消しを家庭裁判所に請求できる（1027）。

　→無効になるというわけではない

第1003条　（負担付遺贈の受遺者の免責）

　負担付遺贈の目的の価額が相続の限定承認又は遺留分回復の訴えによって減少したときは、受遺者は、その減少の割合に応じて、その負担した義務を免れる。ただし、遺言者がその遺言に別段の意思を表示したときは、その意思に従う。

［趣旨］本条は、負担付遺贈の目的の価額が相続の限定承認又は遺留分の回復によって減少した場合、受遺者は、遺贈の全部を受けることができないことから、かかる受遺者の利益を保護する点にある。

■第4節　遺言の執行

《概　説》

一　遺言の執行の意義

　遺言者の死亡後、遺言の内容を実現するため必要な行為を行うことをいう。

　本来、遺言の内容の実現は遺言者の権利義務の承継人たる相続人が行うべきであるが、遺言の内容によっては、相続人間での利害対立といった理由から、相続人自身による公正な執行が期待できない場合がある。そこで、このような場合に遺言執行者に遺言の執行を委ねることにより、遺言の適正かつ迅速な執行の実現を可能とするのが遺言執行者制度である。

●遺言　　　　　　　　　　　　　　　　　遺言の執行〔第1004条～第1006条〕

二　遺言執行者

1　遺言執行者の意義

　　遺言執行者とは、遺言執行の目的のために特に選任された者をいう。①遺言により指定された者を指定遺言執行者（1006）、②家庭裁判所により選任された者を選任遺言執行者（1010）という。

2　遺言執行者には、未成年者と破産者を除けば、誰でもなれる（1009）《共》。

3　遺言執行者がある場合には、相続人は相続財産の処分その他遺言の執行を妨害する行為をすることができない（1013Ⅰ）。

　　　ex.　遺言執行者は遺言の実現が妨害される状態が出現したような場合には、遺言執行の一環として、妨害排除のため、所有権移転登記抹消登記手続及び相続人への真正な登記名義の回復を原因とする所有権移転登記手続を求めることができる（最判平11.12.16・百選Ⅲ89事件）

4　遺言執行者は、遺言執行に関する権利主張をすることや、自己の名の下で遺言に関する訴訟の原告及び被告になることができる（最判昭51.7.19）。

　　　ex.　特定の不動産を共同相続人以外の第三者に遺贈する旨の遺言がされた場合において、共同相続人らが遺言の無効を理由に当該不動産について共有持分権を有することの確認請求をする場合、遺言執行者は当該訴訟の被告となる《書》

第1004条　（遺言書の検認）

Ⅰ　遺言書の保管者は、相続の開始を知った後、遅滞なく、これを家庭裁判所に提出して、その検認を請求しなければならない《同書》。遺言書の保管者がない場合において、相続人が遺言書を発見した後も、同様とする。

Ⅱ　前項の規定は、公正証書による遺言については、適用しない《同》。

Ⅲ　封印のある遺言書は、家庭裁判所において相続人又はその代理人の立会いがなければ、これを開封することができない《書》。

《注釈》

▪検認は、遺言の有効性について判断するものではないから、検認がされた場合でも、相続人は、遺言を無効とする事由があることを主張することができる《同》。

第1005条　（過料）

　前条の規定により遺言書を提出することを怠り、その検認を経ないで遺言を執行し、又は家庭裁判所外においてその開封をした者は、5万円以下の過料に処する《同》。

第1006条　（遺言執行者の指定）

Ⅰ　遺言者は、遺言で、1人又は数人の遺言執行者を指定し、又はその指定を第三者に委託することができる。

Ⅱ　遺言執行者の指定の委託を受けた者は、遅滞なく、その指定をして、これを相続人に通知しなければならない。

Ⅲ　遺言執行者の指定の委託を受けた者がその委託を辞そうとするときは、遅滞なくその旨を相続人に通知しなければならない。

相続

遺言の執行［第1007条～第1012条］　　　　　　　　　　　　●遺言

第1007条　（遺言執行者の任務の開始）

Ⅰ　遺言執行者が就職を承諾したときは、直ちにその任務を行わなければならない。

Ⅱ　遺言執行者は、その任務を開始したときは、遅滞なく、遺言の内容を相続人に通知しなければならない。

【平30改正】相続人は、被相続人の権利義務の承継人であるものの、遺言執行者が指定されている場合には、遺言の執行を妨げる行為をすることができない（1013Ⅰ）。そのため、相続人は遺言の内容や遺言執行者の有無について重大な利害関係を有しているといえるが、改正前民法下では、相続人が遺言の内容や遺言執行者の有無を知る手段は確保されていなかった。そこで、1007条2項が新設された。

第1008条　（遺言執行者に対する就職の催告）

相続人その他の利害関係人は、遺言執行者に対し、相当の期間を定めて、その期間内に就職を承諾するかどうかを確答すべき旨の催告をすることができる。この場合において、遺言執行者が、その期間内に相続人に対して確答をしないときは、就職を承諾したものとみなす。

第1009条　（遺言執行者の欠格事由）

未成年者及び破産者は、遺言執行者となることができない〈司書〉。

第1010条　（遺言執行者の選任）

遺言執行者がないとき、又はなくなったときは、家庭裁判所は、利害関係人の請求によって、これを選任することができる〈司〉。

第1011条　（相続財産の目録の作成）

Ⅰ　遺言執行者は、遅滞なく、相続財産の目録を作成して、相続人に交付しなければならない。

Ⅱ　遺言執行者は、相続人の請求があるときは、その立会いをもって相続財産の目録を作成し、又は公証人にこれを作成させなければならない。

第1012条　（遺言執行者の権利義務）

Ⅰ　遺言執行者は、遺言の内容を実現するため、相続財産の管理その他遺言の執行に必要な一切の行為をする権利義務を有する。

Ⅱ　遺言執行者がある場合には、遺贈の履行は、遺言執行者のみが行うことができる〈司〉。

Ⅲ　第644条＜受任者の注意義務＞、第645条から第647条まで＜受任者による報告、受取物の引渡し等、金銭消費についての責任＞及び第650条＜受任者による費用等の償還請求等＞の規定は、遺言執行者について準用する。

【平30改正】遺言執行者の法的地位を明確化する観点から、改正民法1012条1項は、遺言執行者は遺言の内容の実現を責務とする者であり、必ずしも相続人の利益のために職務を行う者ではないということを明確にする趣旨で規定された。そして、改正前民法下では、受遺者による遺贈の履行請求の相手方が明らかではなかったこ

778

●遺言　　　　　　　　　　　　　　　遺言の執行［第1013条〜第1014条］

とから、遺言執行者がある場合には遺言執行者を相手方として遺贈の履行請求をすべきことを明確化する趣旨で、改正民法1012条2項が新設された。

> **第1013条　（遺言の執行の妨害行為の禁止）**
>
> Ⅰ　遺言執行者がある場合には、相続人は、相続財産の処分その他遺言の執行を妨げるべき行為をすることができない<u>[判]</u>。
>
> Ⅱ　前項の規定に違反してした行為は、無効とする。ただし、これをもって善意の第三者に対抗することができない<u>[判]</u>。
>
> Ⅲ　前2項の規定は、相続人の債権者（相続債権者を含む。）が相続財産についてその権利を行使することを妨げない。

【平30改正】従前の判例法理を前提とすれば、遺言執行者の有無により、相続財産の処分の効果が無効となるか、あるいは相続財産の処分につき受遺者と第三者との間で対抗関係に立つかが分かれていたが、遺言の存否及び内容を知らない第三者が不測の損害を被るおそれがあった。特に、相続財産が不動産である場合、登記には公信力がないため、取引の安全を害するおそれも存在していた。そこで、今般の改正により、相続財産の処分につき、受遺者と善意の第三者とが対抗関係に立つことが明らかにされ、善意の第三者の保護及び取引の安全の保護が図られることとなった。

《注　釈》

- 1013条2項における「善意」について、無過失までは要求されず、また、その内容は、遺言執行者がいることを知らないことを意味すると解されている。
  - ∵　第三者に対し遺言の内容に関する調査義務を負わせることは相当でない
- 第三者が「善意」である場合、その第三者は1013条1項に違反する行為が無効であることを対抗されることはないが、受遺者に対し持分の取得を対抗するためには、別途登記などの対抗要件を備える必要がある。
- 相続人の債権者については、善意・悪意を問わず受遺者との間で対抗関係に立つ。

> **第1014条　（特定財産に関する遺言の執行）**〈新〉
>
> Ⅰ　前3条の規定は、遺言が相続財産のうち特定の財産に関する場合には、その財産についてのみ適用する。
>
> Ⅱ　遺産の分割の方法の指定として遺産に属する特定の財産を共同相続人の1人又は数人に承継させる旨の遺言（以下「特定財産承継遺言」という。）があったときは、遺言執行者は、当該共同相続人が第899条の2第1項に規定する対抗要件を備えるために必要な行為をすることができる<u>[判]</u>。
>
> Ⅲ　前項の財産が預貯金債権である場合には、遺言執行者は、同項に規定する行為のほか、その預金又は貯金の払戻しの請求及びその預金又は貯金に係る契約の解約の申入れをすることができる。ただし、解約の申入れについては、その預貯金債権の全部が特定財産承継遺言の目的である場合に限る。
>
> Ⅳ　前2項の規定にかかわらず、被相続人が遺言で別段の意思を表示したときは、その意思に従う。

【平30改正】遺言の記載内容のみでは、遺言者が遺言執行者にどこまでの権限を付

相続

779

遺言の執行［第1015条〜第1020条］　　　　　　　　　　　●遺言

与する意思であったのかが必ずしも明確でない場合が多い。そこで、特定財産承継
遺言（いわゆる相続させる旨の遺言）がなされた場合における遺言執行者の原則的
な権限が定められた。

第1015条　（遺言執行者の行為の効果）

　遺言執行者がその権限内において遺言執行者であることを示してした行為は、相続
人に対して直接にその効力を生ずる。

第1016条　（遺言執行者の復任権）〈圖〉

Ⅰ　遺言執行者は、自己の責任で第三者にその任務を行わせることができる。ただし、
　遺言者がその遺言に別段の意思を表示したときは、その意思に従う〈圖〉。
Ⅱ　前項本文の場合において、第三者に任務を行わせることについてやむを得ない事
　由があるときは、遺言執行者は、相続人に対してその選任及び監督についての責任
　のみを負う。

【平30改正】一般に、遺言において遺言執行者の指定がなされる場合、相続人など
必ずしも十分な法律知識を有していない者が指定されることも多く、遺言執行者の
職務が広範に及ぶ場合などには、遺言執行者において適切に遺言を執行することが
困難なことが想定される。そこで、改正民法1016条は、遺言執行者の復任権の行
使要件を緩和した。

第1017条　（遺言執行者が数人ある場合の任務の執行）

Ⅰ　遺言執行者が数人ある場合には、その任務の執行は、過半数で決する。ただし、
　遺言者がその遺言に別段の意思を表示したときは、その意思に従う。
Ⅱ　各遺言執行者は、前項の規定にかかわらず、保存行為をすることができる〈圖〉。

第1018条　（遺言執行者の報酬）

Ⅰ　家庭裁判所は、相続財産の状況その他の事情によって遺言執行者の報酬を定める
　ことができる。ただし、遺言者がその遺言に報酬を定めたときは、この限りでない。
Ⅱ　第648条第2項及び第3項＜受任者の報酬＞並びに第648条の2＜成果等に
　対する報酬＞の規定は、遺言執行者が報酬を受けるべき場合について準用する。

第1019条　（遺言執行者の解任及び辞任）

Ⅰ　遺言執行者がその任務を怠ったときその他正当な事由があるときは、利害関係人
　は、その解任を家庭裁判所に請求することができる。
Ⅱ　遺言執行者は、正当な事由があるときは、家庭裁判所の許可を得て、その任務を
　辞することができる。

第1020条　（委任の規定の準用）

　第654条＜委任の終了後の処分＞及び第655条＜委任の終了の対抗要件＞の規
定は、遺言執行者の任務が終了した場合について準用する。

相続

780

●遺言 遺言の執行［第1021条］・遺言の撤回及び取消し［第1022条〜第1027条］

第1021条 （遺言の執行に関する費用の負担）

遺言の執行に関する費用は、相続財産の負担とする。ただし、これによって遺留分を減ずることができない。

■第5節 遺言の撤回及び取消し

第1022条 （遺言の撤回）

遺言者は、いつでも、遺言の方式に従って、その遺言の全部又は一部を撤回することができる〈新〉。

第1023条 （前の遺言と後の遺言との抵触等）

Ⅰ 前の遺言が後の遺言と抵触するときは、その抵触する部分については、後の遺言で前の遺言を撤回したものとみなす。

Ⅱ 前項の規定は、遺言が遺言後の生前処分その他の法律行為と抵触する場合について準用する。

第1024条 （遺言書又は遺贈の目的物の破棄）

遺言者が故意に遺言書を破棄したときは、その破棄した部分については、遺言を撤回したものとみなす〈新〉。遺言者が故意に遺贈の目的物を破棄したときも、同様とする。

第1025条 （撤回された遺言の効力） 〈新〉

前3条の規定により撤回された遺言は、その撤回の行為が、撤回され、取り消され、又は効力を生じなくなるに至ったときであっても、その効力を回復しない。ただし、その行為が錯誤、詐欺又は強迫による場合は、この限りでない。

第1026条 （遺言の撤回権の放棄の禁止）

遺言者は、その遺言を撤回する権利を放棄することができない〈同書〉。

第1027条 （負担付遺贈に係る遺言の取消し） 〈同書〉

負担付遺贈を受けた者がその負担した義務を履行しないときは、相続人は、相当の期間を定めてその履行の催告をすることができる。この場合において、その期間内に履行がないときは、その負担付遺贈に係る遺言の取消しを家庭裁判所に請求することができる。

《注 釈》

一 遺言撤回の自由と死因贈与

1022条は、方式に関する部分を除いて、死因贈与にも準用される（最判昭47.5.25）。

* 負担の履行期が贈与者の生前と定められた負担付死因贈与契約に基づいて受贈者が約旨に従い、負担の全部又はそれに類する程度の履行をした場合においては、取消しをすることがやむを得ないと認められる特段の事情がない限り、準用は相当でない（最判昭57.4.30・百選Ⅲ86事件）。 ⇒ p.498

相続

781

遺言の撤回及び取消し［第1022条〜第1027条］ ●遺言

二 撤回の方法

1 撤回の遺言（1022）

ex. Aが「Bに甲不動産を与える」という遺言をした後、「Bに甲不動産を与える旨の前の遺言は撤回する」という遺言をした場合

2 法定撤回（1023）

ex.1 Aが「甲家屋をBに与える」という遺言をした後、「甲家屋をCに与える」という遺言をした場合（Ⅰ）

ex.2 ex.1で、Aが遺言の後甲家屋を他に売却してしまった場合（Ⅱ）司

3 遺言書の破棄（1024）

ex. 赤色のボールペンで遺言書の文面全体に斜線を引く行為（最判平27.11.20・平28重判13事件）

→「破棄」かどうかは、行為の有する一般的な意味に照らして、遺言の効力を失わせる意思の現れとみることができるかどうかによって判断する

4 撤回は遺言の方式によらなければならないが、同一方式による必要はない司。前の公正証書遺言を後の自筆証書遺言で撤回してもよい書。

ex. Aが適式に第一の遺言を公正証書によってなした後、第二の遺言を自筆証書によってなした場合、その内容が抵触する部分については第二の遺言が効力を生じる

三 撤回の撤回（1025本文）

1022条から1024条までの規定による撤回行為がさらに撤回された場合、遺言者が第一の遺言を復活させる意思があるか否かは不明確であり、第一の遺言は復活しない（非復活主義）書。

ただ、撤回の撤回であっても、遺言書の記載に照らして遺言者の意思が原遺言の復活を希望するものであることが明らかなときは、1025条ただし書の法意に鑑み、遺言者の意思を尊重して原遺言の効力の復活が認められる（最判平9.11.13）。

四 撤回の取消し（1025ただし書）

撤回行為が錯誤・詐欺・強迫による場合は、例外的に第一の遺言の復活が認められる。

●配偶者の居住の権利　　　　　　　　　　　　　　　　配偶者居住権［第1028条］

・第8章・【配偶者の居住の権利】

■第1節　配偶者居住権

第1028条　（配偶者居住権）

Ⅰ　被相続人の配偶者（以下この章において単に「配偶者」という。）は、被相続人の財産に属した建物に相続開始の時に居住していた場合において、次の各号のいずれかに該当するときは、その居住していた建物（以下この節において「居住建物」という。）の全部について無償で使用及び収益をする権利（以下この章において「配偶者居住権」という。）を取得する。ただし、被相続人が相続開始の時に居住建物を配偶者以外の者と共有していた場合にあっては、この限りでない⦅判⦆。

①　遺産の分割によって配偶者居住権を取得するものとされたとき。

②　配偶者居住権が遺贈の目的とされたとき。

Ⅱ　居住建物が配偶者の財産に属することとなった場合であっても、他の者がその共有持分を有するときは、配偶者居住権は、消滅しない⦅判⦆。

Ⅲ　第903条第4項＜持戻しの免除の意思表示の推定＞の規定は、配偶者居住権の遺贈について準用する。

【平30改正】高齢化社会の進展及び平均寿命の伸長に伴い、被相続人の配偶者が被相続人の死亡後も長期間にわたり生活を継続することが少なくないところ、配偶者としては、生活継続のため住み慣れた居住建物の居住権を確保しつつ、その後の生活資金として預貯金等の財産についても一定程度確保したいとの希望を持つのが通常である。このような配偶者の希望を実現すべく、改正前民法下では、①遺産分割等によって配偶者が居住建物の所有権を取得する方法や、②居住建物の所有者との間で賃貸借契約等を締結する方法がとられていたが、①による場合は居住建物の評価額が高額となるため、配偶者が預貯金等の財産を十分に取得できない場合があり、②による場合は居住建物の所有者が賃貸借契約等の締結に応じなければ、配偶者の居住権は確保されないことになる。そこで、改正民法は、配偶者のために居住建物の使用収益権限のみを認め、処分権限を認めないという配偶者居住権を創設することで、遺産分割の際に、配偶者が居住建物の所有権を取得する場合よりも低廉な価額で居住権を確保できるようにした。

《注　釈》

一　意義・特徴

1　意義

　　配偶者居住権とは、居住建物の全部について無償で使用及び収益をする権利である（1028Ⅰ柱書本文）。

2　特徴

⑴　配偶者居住権は、配偶者の居住権を保護するために特に認められた権利であり、帰属上の一身専属権である。そのため、配偶者居住権の帰属主体は配偶者に限定されるとともに、譲渡が制限され（1032Ⅱ）、相続の対象にもならない（1036、597Ⅲ）。さらに、その法的性質は賃借権類似の法定債権と考

相続

783

えられている。

(2) 生存配偶者が配偶者居住権を取得した場合は、その財産的価値に相当する金額を相続したものとして扱う。

ex. 被相続人Aの相続財産が3000万円の甲建物と2000万円の預貯金債権のみであり、配偶者居住権を取得した妻Bと子Cが相続人となる場合、甲建物についての配偶者居住権の価値が2000万円、配偶者居住権の負担がついた甲建物の価値が1000万円だとすると、Bは配偶者居住権のほか500万円の預貯金債権を取得することができ、Cは負担付きの甲建物と1500万円の預貯金債権を取得することができる

(3)「居住建物の全部」に効力が及ぶ。逆にいえば、居住建物の一部についてのみ配偶者居住権の成立を認めることはできない。

∵ 居住建物の一部について配偶者居住権の登記をすることを認めるのは技術的に困難

(4) 配偶者は「無償」で居住建物を使用・収益をすることができる。すなわち、配偶者は、居住建物の所有者に対して、配偶者居住権の存続期間中、使用・収益に対する賃料相当額の対価を支払う義務を負わない。

(5)「使用」のみならず「収益」もすることができる。これは、「使用」しか認められない配偶者短期居住権（1037以下）とは異なる特徴といえる。

二 成立要件

① 配偶者が相続開始の時に被相続人所有の建物に居住していたこと

② その建物について配偶者に配偶者居住権を取得させる旨の遺産分割、遺贈、死因贈与がされたこと

1 ①配偶者が相続開始の時に被相続人所有の建物に居住していたこと

(1)「配偶者」とは、法律上被相続人と婚姻していた配偶者をいう。

→内縁の配偶者は含まれない

∵① 内縁の配偶者には相続権がない

② 仮に内縁の配偶者も権利主体に含めると、その該当性をめぐって紛争が複雑化・長期化するおそれがある

(2) 配偶者居住権の目的となる建物（居住建物）は、相続開始の時点において、被相続人の財産に属した建物でなければならない。

(a) 被相続人が賃借していた建物に配偶者が居住していた場合には、配偶者居住権は成立しない。しかし、配偶者は少なくとも2分の1の法定相続分を有するため、他の相続人は配偶者の同意なく賃貸借契約を解除することはできない（252本文参照）。これにより、居住建物における配偶者の居住利益は一定程度保障される。

(b) 被相続人が居住建物を配偶者以外の第三者と共有していた場合は、配偶者居住権を成立させることができない（1028 I 柱書ただし書）。

∵ この場合には、被相続人やその占有補助者たる配偶者は、被相続人の生前ですら、共有持分に応じた利用権を有していたにすぎないか

ら、このような場合にまで無償の排他的な利用権である配偶者居住権の成立を認めてしまうと、被相続人の死亡により第三者の利益が不当に害される

一方、被相続人が居住建物を配偶者のみと共有していた場合は、上記のような不利益を受ける者がいないため、配偶者居住権を成立させることができる（1028 I 柱書ただし書反対解釈）。

→この場合、配偶者は共有持分に基づいて居住建物を使用できるものの、他の共有者から居住建物の使用利益の不当利得返還請求を受けたり、又は共有物分割請求により居住建物の居住を継続できなくなるおそれがあるため、配偶者居住権を認めることで、配偶者は居住建物に無償で居住し続けることが可能となる

(3) 「居住していた」とは、配偶者が当該建物を生活の本拠としていたことを意味する。

→配偶者が相続開始の時点で入院していたような場合でも、退院後は当該建物に帰ることが予定されているなど、当該建物が配偶者の生活の本拠としての実態を失っていないと認められる場合には、「居住していた」の要件を満たす

また、配偶者が当該建物の一部を居住の用に供していれば、「居住していた」の要件を満たす。この場合、配偶者居住権の効力は居住建物の全部に及ぶ。

ex.1　配偶者が当該建物を店舗兼住宅として使用していた場合

ex.2　被相続人が居住建物の一部を第三者に賃貸していた場合

2　②その建物について配偶者に配偶者居住権を取得させる旨の遺産分割、遺贈、死因贈与がされたこと

(1) 特定財産承継遺言（いわゆる相続させる旨の遺言、1014 II）によって配偶者居住権を取得することはできない。

∵①　仮に特定財産承継遺言による配偶者居住権の取得を認めると、配偶者が配偶者居住権の取得を望まない場合にも、配偶者居住権の取得のみを拒むことができず、相続放棄をするしかなくなり、かえって配偶者の利益を害する

②　配偶者居住権の取得には一定の義務を伴う（1032〜1035 参照）が、遺産分割方法の指定については負担を付すことができない

(2) 死因贈与は 1028 条 1 項各号に明示されていないが、配偶者に配偶者居住権を取得させる旨の死因贈与も認められる。

∵　554 条により、その性質に反しない限り遺贈に関する規定が準用され、1028 条 1 項 2 号には「遺贈」が挙げられている

配偶者居住権［第1029条〜第1031条］　　　　　　　●配偶者の居住の権利

第1029条　（審判による配偶者居住権の取得）

　遺産の分割の請求を受けた家庭裁判所は、次に掲げる場合に限り、配偶者が配偶者居住権を取得する旨を定めることができる。
①　共同相続人間に配偶者が配偶者居住権を取得することについて合意が成立しているとき。
②　配偶者が家庭裁判所に対して配偶者居住権の取得を希望する旨を申し出た場合において、居住建物の所有者の受ける不利益の程度を考慮してもなお配偶者の生活を維持するために特に必要があると認めるとき（前号に掲げる場合を除く。）。

【平30改正】1028条1項1号の「遺産の分割」には遺産分割の審判も含まれるため、他の相続人が反対している場合であっても、家庭裁判所が審判によって配偶者に配偶者居住権を取得させることも可能ではある。もっとも、居住建物の所有者が配偶者居住権の設定に反対している場合において、審判により配偶者に配偶者居住権を取得させることとすると、遺産分割に関する紛争が解決した後も配偶者と居住建物の所有者との間で紛争が生じかねない。そこで、配偶者居住権の成立により居住建物の所有者の被る不利益を考慮し、家庭裁判所は、本条各号に掲げる場合に限り、配偶者が配偶者居住権を取得する旨を定めることができることとした。

第1030条　（配偶者居住権の存続期間）

　配偶者居住権の存続期間は、配偶者の終身の間とする。ただし、遺産の分割の協議若しくは遺言に別段の定めがあるとき、又は家庭裁判所が遺産の分割の審判において別段の定めをしたときは、その定めるところによる。

第1031条　（配偶者居住権の登記等）

Ⅰ　居住建物の所有者は、配偶者（配偶者居住権を取得した配偶者に限る。以下この節において同じ。）に対し、配偶者居住権の設定の登記を備えさせる義務を負う（注）。
Ⅱ　第605条＜不動産賃貸借の対抗力＞の規定は配偶者居住権について、第605条の4＜不動産の賃借人による妨害の停止の請求等＞の規定は配偶者居住権の設定の登記を備えた場合について準用する。

【平30改正】配偶者居住権は無償で居住建物を使用することができる権利であるため、賃借権の場合とは異なり、建物譲受人や建物を差し押さえた債権者は、対抗要件を備えた配偶者から建物使用の対価を受け取ることができない。そのため、第三者に権利内容を公示すべき必要性が高い。また、配偶者が建物に居住していることを要件とするため、単に引渡しをもって対抗要件とした場合、外観上何らの変化もなく対抗要件の具備を認めることになり、公示手段として極めて不十分である。そこで、配偶者居住権の第三者対抗要件として登記を要する旨が規定された。

《注　釈》

◆　配偶者居住権の対抗力
　1　配偶者居住権の登記
　　配偶者居住権を、居住建物について「物権を取得した者その他の第三者」に

相続

786

●配偶者の居住の権利 配偶者居住権［第1032条〜第1034条］

対抗するためには、配偶者居住権の登記をしなければならない（1031Ⅱ、605）。

→居住建物について「物権を取得した者その他の第三者」の例としては、配偶者居住権が設定された建物の譲受人、抵当権者、差押債権者等が挙げられる

2 配偶者居住権に基づく妨害停止請求・返還請求

配偶者は、配偶者居住権につき登記を備えた場合、居住建物の占有を妨害する第三者に対しては妨害排除請求を、居住建物を占有する第三者に対しては返還請求をすることができる（1031Ⅱ、605の4）。

第1032条 （配偶者による使用及び収益）

Ⅰ 配偶者は、従前の用法に従い、善良な管理者の注意をもって、居住建物の使用及び収益をしなければならない。ただし、従前居住の用に供していなかった部分について、これを居住の用に供することを妨げない。

Ⅱ 配偶者居住権は、譲渡することができない<u>践</u>。

Ⅲ 配偶者は、居住建物の所有者の承諾を得なければ、居住建物の改築若しくは増築をし、又は第三者に居住建物の使用若しくは収益をさせることができない。

Ⅳ 配偶者が第1項又は前項の規定に違反した場合において、居住建物の所有者が相当の期間を定めてその是正の催告をし、その期間内に是正がされないときは、居住建物の所有者は、当該配偶者に対する意思表示によって配偶者居住権を消滅させることができる。

第1033条 （居住建物の修繕等）

Ⅰ 配偶者は、居住建物の使用及び収益に必要な修繕をすることができる<u>践</u>。

Ⅱ 居住建物の修繕が必要である場合において、配偶者が相当の期間内に必要な修繕をしないときは、居住建物の所有者は、その修繕をすることができる。

Ⅲ 居住建物が修繕を要するとき（第1項の規定により配偶者が自らその修繕をするときを除く。）、又は居住建物について権利を主張する者があるときは、配偶者は、居住建物の所有者に対し、遅滞なくその旨を通知しなければならない。ただし、居住建物の所有者が既にこれを知っているときは、この限りでない。

第1034条 （居住建物の費用の負担）

Ⅰ 配偶者は、居住建物の通常の必要費を負担する。

Ⅱ 第583条第2項＜買戻しにおける売主の費用償還義務＞の規定は、前項の通常の必要費以外の費用について準用する<u>回</u>。

《注　釈》

◆ 配偶者居住権の効力

1 配偶者は、無償で居住建物の全部を使用収益することができ（1028Ⅰ柱書本文）、使用収益に必要な限度でその敷地も利用することができる。

2 配偶者は、居住建物の使用収益に関し、用法遵守義務及び善管注意義務を負う（1032Ⅰ）。

相続

787

配偶者居住権 ［第1035条〜第1036条］　　　　　　　　　　●配偶者の居住の権利

3　配偶者居住権は、譲渡することができない（1032Ⅱ）。
　　∵　配偶者居住権は、住み慣れた居住建物の居住権を確保することで生活の
　　　継続を可能にするという目的で設けられた制度であるから、配偶者が配偶者
　　　居住権を第三者に譲渡することを認めるのは、かかる制度趣旨と矛盾する
4　配偶者は、居住建物の所有者の承諾を得なければ第三者に居住建物の使用収
　益をさせることができない（1032Ⅲ）。承諾を得た第三者による使用収益の場
　合には、賃貸借の転貸に関する規定が準用される（1036、613）。
　　→配偶者の家族や家事使用人を居住建物に住まわせて使用させるために、居
　　　住建物の所有者の承諾を得る必要はない
5　居住建物の修繕については、配偶者に一次的な権限が与えられている（1033
　ⅠⅡ）。また、配偶者は、居住建物の修繕を要し、又は居住建物について権利
　を主張する者があるときは、原則としてその旨を居住建物の所有者に通知しな
　ければならない（1033Ⅲ）。
6　配偶者は、居住建物の通常の必要費を負担する（1034Ⅰ）。また、配偶者が
　通常の必要費以外の費用を支出した場合、居住建物の所有者は196条の規定に
　従いその償還をしなければならない（1034Ⅱ、583Ⅱ本文）。
7　配偶者の善管注意義務違反等による損害賠償請求権及び居住建物についての
　費用償還請求権は、居住建物の所有者が居住建物の返還を受けた時から1年以
　内に請求しなければならない（1036、600）。

第1035条　（居住建物の返還等）

Ⅰ　配偶者は、配偶者居住権が消滅したときは、居住建物の返還をしなければならな
　い。ただし、配偶者が居住建物について共有持分を有する場合は、居住建物の所有
　者は、配偶者居住権が消滅したことを理由としては、居住建物の返還を求めること
　ができない。

Ⅱ　第599条第1項及び第2項＜借主の収去義務・収去権＞並びに第621条＜賃
　借人の原状回復義務＞の規定は、前項本文の規定により配偶者が相続の開始後に附
　属させた物がある居住建物又は相続の開始後に生じた損傷がある居住建物の返還を
　する場合について準用する。

第1036条　（使用貸借及び賃貸借の規定の準用）

第597条第1項及び第3項＜期間満了・借主の死亡による使用貸借の終了＞、第
600条＜損害賠償及び費用の償還の請求権についての期間の制限＞、第613条＜
転貸の効果＞並びに第616条の2＜賃借物の全部滅失等による賃貸借の終了＞の規
定は、配偶者居住権について準用する。

《注　釈》

一　配偶者居住権の消滅原因

　　配偶者居住権の消滅原因としては、①存続期間の満了（1036、597Ⅰ）、②配偶
　者の死亡（1036、597Ⅲ）、③居住建物の全部滅失等（1036、616の2）、④居住
　建物が配偶者の財産になる場合（混同による消滅、ただし1028Ⅱ参照）、⑤居住

●配偶者の居住の権利 　　　　　　　　　　　　　　　　配偶者短期居住権 ［第1037条］

建物の所有者による消滅請求（1032Ⅳ）、⑥配偶者による配偶者居住権の放棄等
が挙げられる。

二　配偶者居住権消滅後の権利義務

　配偶者は、配偶者居住権が消滅したときは、居住建物について共有持分を有す
る場合を除き、居住建物の返還をしなければならない（1035Ⅰ）。

　また、配偶者が相続開始後に居住建物に附属させた物がある場合には、配偶者
は、これを収去する権利を有し、義務を負う（1035Ⅱ、599ⅠⅡ）。

　さらに、居住建物について相続開始後に生じた損傷（通常の使用によって生じ
た居住建物の損耗及び居住建物の経年変化を除く）がある場合には、当該損傷に
ついて配偶者に帰責事由が認められない場合を除き、配偶者は原状回復義務を負
う（1035Ⅱ、621）。ここにいう原状とは、相続開始時の状態を指す。

■第2節　配偶者短期居住権

第1037条　（配偶者短期居住権）

Ⅰ　配偶者は、被相続人の財産に属した建物に相続開始の時に無償で居住していた場
合には、次の各号に掲げる区分に応じてそれぞれ当該各号に定める日までの間、そ
の居住していた建物（以下この節において「居住建物」という。）の所有権を相続又
は遺贈により取得した者（以下この節において「居住建物取得者」という。）に対
し、居住建物について無償で使用する権利（居住建物の一部のみを無償で使用して
いた場合にあっては、その部分について無償で使用する権利。以下この節において
「配偶者短期居住権」という。）を有する。ただし、配偶者が、相続開始の時におい
て居住建物に係る配偶者居住権を取得したとき、又は第891条＜相続人の欠格事
由＞の規定に該当し若しくは廃除によってその相続権を失ったときは、この限りで
ない。

①　居住建物について配偶者を含む共同相続人間で遺産の分割をすべき場合　遺産
の分割により居住建物の帰属が確定した日又は相続開始の時から6箇月を経過す
る日のいずれか遅い日

②　前号に掲げる場合以外の場合　第3項の申入れの日から6箇月を経過する日

Ⅱ　前項本文の場合においては、居住建物取得者は、第三者に対する居住建物の譲渡
その他の方法により配偶者の居住建物の使用を妨げてはならない。

Ⅲ　居住建物取得者は、第1項第1号に掲げる場合を除くほか、いつでも配偶者短期
居住権の消滅の申入れをすることができる。

【平30改正】平成30年改正前民法下の判例（最判平8.12.17・百選Ⅲ71事件）によ
れば、共同相続人の1人が被相続人の許諾を得て被相続人所有の建物に居住してい
た場合には、特段の事情がない限り、被相続人との間で、相続開始時から遺産分割
終了時まで当該建物を無償で使用させる旨の合意があったものと推認するとされて
いた。しかし、当該建物を第三者に遺贈するなど、被相続人が反対の意思を表示し
た場合、合意が推認されず、配偶者等の居住が保護されないことになる。このよう
な問題を解消すべく、配偶者に対し、被相続人の意思表示によらずに、被相続人と
の使用貸借類似の関係を認め、後述のとおり最低6か月間の居住を保護する制度と

相

続

789

配偶者短期居住権〔第1037条〕 ●配偶者の居住の権利

して、本制度が創設された。

《注　釈》

一　意義・特徴

1　意義

配偶者短期居住権とは、居住建物取得者に対し、居住建物について無償で使用する権利である（1037 Ⅰ柱書本文）。

2　特徴

(1)　配偶者居住権と同様、帰属上の一身専属権である。また、その法的性質は使用貸借に類似した法定債権である。

(2)　相続開始の時に配偶者が「居住建物の一部」のみを無償で使用していた場合にあっては、配偶者短期居住権が成立するのは当該部分に限られる（1037 Ⅰ柱書本文かっこ書）。

(3)　配偶者は「無償」で居住建物を使用することができる。

(4)　配偶者居住権が、居住建物の「使用」及び「収益」を目的とする権利であるのに対し、配偶者短期居住権は居住建物の「使用」のみを目的とする権利である（1037 Ⅰ柱書本文参照）。

(5)　配偶者が配偶者短期居住権の取得によって得た利益は、配偶者の具体的相続分に含まれない。

(6)　配偶者短期居住権には、第三者対抗力がない。

→配偶者は居住建物取得者から居住建物を譲り受けた者に対して配偶者短期居住権を対抗することができない。もっとも、居住建物取得者は居住建物の譲渡等により配偶者の居住建物の使用を妨げてはならない（1037 Ⅱ）ため、そのような場合には、居住建物取得者は、配偶者に対し、債務不履行に基づく損害賠償債務を負うことになる

二　成立要件等

1　成立要件

配偶者が被相続人の財産に属した建物に相続開始の時に無償で居住していたこと

(1)　「配偶者」とは、法律上被相続人と婚姻していた配偶者をいう。

→内縁の配偶者は含まれない

(2)　配偶者居住権の目的となる建物（居住建物）は、相続開始の時点において、被相続人の財産に属した建物でなければならない。

(a)　被相続人が賃借していた建物に配偶者が居住していた場合には、配偶者居住権は成立しない。しかし、配偶者は少なくとも2分の1の法定相続分を有するため、他の相続人は配偶者の同意なく賃貸借契約を解除することはできない（252本文参照）。これにより、居住建物における配偶者の居住利益は一定程度保障される。

(b)　被相続人が居住建物を所有していた場合のほか、共有持分を有していた場合も含まれる。

→一方で、配偶者短期居住権は持分取得者に対してのみ主張することができる債権であるから、他の共有者には配偶者短期居住権を主張することはできない。もっとも、相続開始前に、被相続人と他の共有者の間で被相続人の単独使用を認める旨の取り決めがあり、当該取り決めが相続開始後も有効であると解される場合には、配偶者は他の共有者に対してその利用権を援用して居住建物を利用することができると考えられる

(3) 配偶者が居住建物を「無償」で使用していた場合でなければならない。
∵ 有償で使用している場合には、配偶者と被相続人の間に賃貸借等の契約関係があり、被相続人の契約上の地位が相続人に引き継がれて契約関係が継続するため、配偶者短期居住権の成立を認める必要に乏しい

(4) 「居住していた」とは、配偶者居住権の場合と同様、当該建物を生活の本拠としていたことを意味する。
また、配偶者が当該建物の一部を居住のために使用していれば、「居住していた」の要件を満たす。この場合、配偶者短期居住権の効力が及ぶのは配偶者が無償で「使用」していた部分に限られる。

2 配偶者短期居住権を取得しない配偶者
(1) 1号配偶者短期居住権を取得しない配偶者
1号配偶者短期居住権を取得するのは、「居住建物について配偶者を含む共同相続人間で遺産の分割をすべき場合」である。したがって、①共同相続人に対して、居住建物につき「相続させる遺言」（特定財産承継遺言）がされた場合、②共同相続人又は相続人以外の者に対して居住建物の遺贈・死因贈与がされた場合、③配偶者が相続放棄をした場合、④遺言により、配偶者の相続分がゼロとされた場合、⑤遺言により、配偶者は居住建物について相続しないものとされた場合には、配偶者は1号配偶者短期居住権を取得しない。

(2) 2号配偶者短期居住権を取得しない配偶者
2号配偶者短期居住権を取得するのは、「前号に掲げる場合以外の場合」である。したがって、前記①ないし⑤に該当する場合、配偶者は2号配偶者短期居住権を取得しうる。もっとも、居住建物について配偶者居住権を取得した場合、または配偶者に欠格事由が認められるか、廃除により相続権を失った場合（1037Ⅰ柱書ただし書）には、2号配偶者短期居住権も取得しない。

三 存続期間

1号配偶者短期居住権の存続期間については、早期に遺産分割が成立したときに、配偶者が転居に必要な猶予期間を確保するため、「相続開始の時から6か月」と最低存続期間が定められている。一方、存続期間の上限は規定されていないため、配偶者短期居住権という名称にもかかわらず、実際には長期間に及ぶ可能性がある。

配偶者短期居住権〔第1038条～第1041条〕　●配偶者の居住の権利

　また、2号配偶者短期居住権の存続期間は、配偶者短期居住権の消滅の「申入れの日から6か月」とされる。

第1038条　（配偶者による使用）

Ⅰ　配偶者（配偶者短期居住権を有する配偶者に限る。以下この節において同じ。）は、従前の用法に従い、善良な管理者の注意をもって、居住建物の使用をしなければならない。

Ⅱ　配偶者は、居住建物取得者の承諾を得なければ、第三者に居住建物の使用をさせることができない。

Ⅲ　配偶者が前2項の規定に違反したときは、居住建物取得者は、当該配偶者に対する意思表示によって配偶者短期居住権を消滅させることができる。

第1039条　（配偶者居住権の取得による配偶者短期居住権の消滅）

　配偶者が居住建物に係る配偶者居住権を取得したときは、配偶者短期居住権は、消滅する。

第1040条　（居住建物の返還等）

Ⅰ　配偶者は、前条に規定する場合を除き、配偶者短期居住権が消滅したときは、居住建物の返還をしなければならない。ただし、配偶者が居住建物について共有持分を有する場合は、居住建物取得者は、配偶者短期居住権が消滅したことを理由としては、居住建物の返還を求めることができない。

Ⅱ　第599条第1項及び第2項＜借主の収去義務・収去権＞並びに第621条＜賃借人の原状回復義務＞の規定は、前項本文の規定により配偶者が相続の開始後に附属させた物がある居住建物又は相続の開始後に生じた損傷がある居住建物の返還をする場合について準用する。

第1041条　（使用貸借等の規定の準用）

　第597条第3項＜借主の死亡による使用貸借の終了＞、第600条＜損害賠償及び費用の償還の請求権についての期間の制限＞、第616条の2＜賃借物の全部滅失等による賃貸借の終了＞、第1032条第2項＜配偶者居住権の譲渡禁止＞、第1033条＜居住建物の修繕等＞及び第1034条＜居住建物の費用の負担＞の規定は、配偶者短期居住権について準用する。

《注　釈》

一　配偶者短期居住権の効力

　配偶者短期居住権については、居住建物の「使用」が認められているに過ぎず、収益権限は認められていない（1037Ⅰ柱書本文参照）。

　配偶者が、居住建物の使用について用法遵守義務・善管注意義務を負うこと（1038Ⅰ）、第三者への譲渡（1041・1032Ⅱ）及び第三者の使用が禁止されること（1038Ⅱ）、そして、居住建物の修繕等（1041・1033）、必要費等（1041・1034）、損害賠償及び費用償還請求の期間制限（1041・600）等の規律については、配偶者居住権の場合と同様である。

●遺留分　　　　　　　　　　　　　　　　　　　　　　　　　　　　[第1042条]

　また、配偶者居住権と異なり、増改築禁止に関する規定はないが、配偶者は用
法遵守義務を負うため、従前の用法を変更することになる増改築をすることはで
きない。
二　配偶者短期居住権の消滅原因
　配偶者短期居住権の消滅原因としては、①存続期間の満了（1037Ⅰ）、②居住
建物取得者による消滅請求（1038Ⅲ）、③配偶者居住権の取得（1039）、④配偶
者の死亡（1041・597Ⅲ）、⑤居住建物の全部滅失等（1041・616の2）等が挙げ
られる。
三　配偶者短期居住権消滅後の権利義務
　配偶者は、配偶者短期居住権が消滅したときは、原則として居住建物を返還し
なければならないこと（1040Ⅰ）、居住建物に附属させた物について収去権を有
し収去義務を負うこと（1040Ⅱ・599ⅠⅡ）、損傷について原状回復義務を負うこ
と（1040Ⅱ・621）は、配偶者居住権の場合と同様である。

・第9章・【遺留分】

《概　説》
一　遺留分制度の意義
　遺留分制度とは、相続の場合に、相続人を保護するため、必ず相続財産の一定
額をなんらかの方法で保障する制度をいう。
二　遺留分制度の趣旨
　被相続人による財産処分の自由及び取引の安全と、相続人の生活の安定及び財
産の公平な分配との調整という見地から、遺留分制度が定められた。

第1042条　（遺留分の帰属及びその割合）

Ⅰ　兄弟姉妹以外の相続人は、遺留分として、<u>次条第1項に規定する遺留分を算定す
るための財産の価額</u>に、次の各号に掲げる区分に応じてそれぞれ当該各号に定める
割合を乗じた額を受ける 詳 。
①　直系尊属のみが相続人である場合　3分の1
②　前号に掲げる場合以外の場合　2分の1
Ⅱ　相続人が数人ある場合には、前項各号に定める割合は、これらに第900条及び
第901条の規定により算定したその各自の相続分を乗じた割合とする。

[趣旨] 本条1項は、遺留分を有する者（遺留分権利者）と総体的遺留分の率を定
め、2項は個別的遺留分の率を定めている。
《注　釈》
一　遺留分権利者
　1　兄弟姉妹以外の相続人（配偶者・子・直系尊属）である 回 。
　(1)　胎児も、生きて生まれれば、子としての遺留分をもつ（886）。
　(2)　子の代襲相続人も、被代襲者たる子と同じ遺留分をもつ（1042Ⅱ、901）。

相続

793

［第1043条～第1044条］　　　　　　　　　　　　　　　　　　●遺留分

　2　相続欠格・廃除・相続放棄によって相続権を失った者は、遺留分も失う〈書〉。

二　遺留分の率

　1　総体的遺留分
　　　総体的遺留分とは、遺留分権利者全体に遺されるべき遺産全体に対する割合をいう。
　⑴　直系尊属のみが相続人である場合は遺留分を算定するための財産の価額の3分の1（Ⅰ①）
　⑵　その他の場合は遺留分を算定するための財産の価額の2分の1（Ⅰ②）
　　　→直系卑属のみ、配偶者のみ、配偶者と直系卑属、配偶者と直系尊属
　2　個別的遺留分（1042Ⅱ、900～901）〈司〉
　　　個別的遺留分とは、遺留分権利者が複数いる場合の各遺留分権利者の個人的遺留分の割合をいい、全体の遺留分の率に、それぞれの遺留分権利者の法定相続分の率を乗じることによって決せられる。
　　　ex.　相続人が配偶者と嫡出子2人の場合、配偶者の遺留分率は1／2×1／2
　　　　　＝1／4、嫡出子2人の各遺留分率は1／2×1／2×1／2＝1／8である

第1043条　（遺留分を算定するための財産の価額）

Ⅰ　遺留分を算定するための財産の価額は、被相続人が相続開始の時において有した財産の価額にその贈与した財産の価額を加えた額から債務の全額を控除した額とする〈共〉。

Ⅱ　条件付きの権利又は存続期間の不確定な権利は、家庭裁判所が選任した鑑定人の評価に従って、その価格を定める。

第1044条

Ⅰ　贈与は、相続開始前の1年間にしたものに限り、前条の規定によりその価額を算入する。当事者双方が遺留分権利者に損害を加えることを知って贈与をしたときは、1年前の日より前にしたものについても、同様とする〈共〉。

Ⅱ　第904条＜特別受益者の相続分＞の規定は、前項に規定する贈与の価額について準用する。

Ⅲ　相続人に対する贈与についての第1項の規定の適用については、同項中「1年」とあるのは「10年」と、「価額」とあるのは「価額（婚姻若しくは養子縁組のため又は生計の資本として受けた贈与の価額に限る。）」とする〈共〉。

《注　釈》

一　「相続開始の時において有した財産」（1043Ⅰ）の意義

相続財産中の積極財産を意味する。遺贈（964）や死因贈与（554）された財産も、ここに含まれる。

二　1044条所定の贈与

　1　算入の対象となる贈与は、相続人に対してされた贈与に限られない〈司〉。
　2　相続人以外の者に対する贈与の場合は、原則として「相続開始前の1年間」になされた贈与（1044Ⅰ前段）が算入の対象となる〈書〉。他方、相続人に対す

●遺留分　　　　　　　　　　　　　　　　　　　　　　　　　　　[第1045条〜第1046条]

る贈与の場合は、原則として相続開始前の「10年」間になされた贈与（1044
Ⅲ、Ⅰ前段）が対象となる。
3　「当事者双方が遺留分権利者に損害を加えることを知って」なした贈与は、
上記の期間制限に関わらず、算入の対象となる（1044Ⅰ後段）[司書]。
　　cf.「損害を加えることを知って」（1044Ⅰ後段）とは、贈与当時の財産状態
　　で遺留分を害するという事実の認識だけでなく、将来においても財産が増
　　加し、その結果遺留分が充足されることはありそうにないという予見を必
　　要とする（大判昭11.6.17）
4　特別受益として贈与した財産の価額を遺留分算定の基礎となる財産に加える
場合、それが金銭である場合には相続開始の時の貨幣価値に換算した価額をも
って評価する（最判昭51.3.18）。

《その他》
・負担付贈与は、目的物の価額から負担の価額を控除して加算する（1045Ⅰ）。

> **第1045条**
> Ⅰ　負担付贈与がされた場合における第1043条第1項に規定する贈与した財産の
> 価額は、その目的の価額から負担の価額を控除した額とする。
> Ⅱ　不相当な対価をもってした有償行為は、当事者双方が遺留分権利者に損害を与え
> ることを知ってしたものに限り、当該対価を負担の価額とする負担付贈与とみなす。

[趣旨]有償行為は贈与などの無償処分と異なり侵害額請求の対象とならないが、不
相当な対価をもってされた有償行為は、被相続人の財産を一方的に減少せしめ、遺
留分権利者を害する。そこで、当該有償行為の当事者双方が遺留分権利者に損害を
与えることを知ってしたものに限り、本条2項で規制することとした。

> **第1046条　（遺留分侵害額の請求）**
> Ⅰ　遺留分権利者及びその承継人は、受遺者（特定財産承継遺言により財産を承継し
> 又は相続分の指定を受けた相続人を含む。以下この章において同じ。）又は受贈者に
> 対し、遺留分侵害額に相当する金銭の支払を請求することができる[司共]。
> Ⅱ　遺留分侵害額は、第1042条の規定による遺留分から第1号及び第2号に掲げ
> る額を控除し、これに第3号に掲げる額を加算して算定する。
> ①　遺留分権利者が受けた遺贈又は第903条第1項に規定する贈与の価格
> ②　第900条から第902条まで、第903条及び第904条の規定により算定し
> た相続分に応じて遺留分権利者が取得すべき遺産の価額
> ③　被相続人が相続開始の時において有した債務のうち、第899条の規定により
> 遺留分権利者が承継する債務（次条第3項において「遺留分権利者承継債務」と
> いう。）の額

【平30改正】改正前民法においては、遺留分減殺請求権（旧1031）が行使される
と、減殺の対象である遺贈や贈与は遺留分権利者の遺留分を侵害する限度で失効
し、その限度で、遺贈等の目的財産についての権利が遺留分権利者に帰属するとい
う物権的効果が当然に生ずると解されていた。

相続

795

[第1046条]　　　　　　　　　　　　　　　　　　　　　　●遺留分

　しかし、遺留分減殺請求権の行使によって物権的効果が生じるとすると、目的財産が受遺者等と遺留分権利者の共有となる場合が多く、共有物の処分が困難となり、共有者間での紛争を招くおそれがあった。他方で、遺留分権利者の最低限の相続分を確保し、その生活保障を図るという遺留分制度の趣旨を実現するためには、遺留分侵害額に相当する価値を返還させる金銭賠償で十分ではないかと指摘されていた。

　そこで、改正民法は「遺留分侵害額に相当する金銭の支払を請求することができる」（1046Ⅰ）と規定し、物権的効果ではなく、具体的な金銭債権が発生するとした。すなわち、遺留分侵害額請求によって減殺の対象となる遺贈や贈与は失効せず、遺留分を侵害する限度で金銭債権が発生するという効果が生じることとなる。これに伴い、遺留分減殺請求権は、遺留分侵害額請求権と呼ばれることになる。

《注　釈》

一　遺留分侵害額請求権の成立

　遺留分をもつ相続人が被相続人から得た純財産額が、その遺留分額に達しないときに、遺留分侵害ありとして、遺留分侵害額請求権が成立する。

二　請求権者

　遺留分権利者の他、承継人にも認められる〈同〉。

　∵　相続開始後の具体的な遺留分侵害額請求権は、1つの財産権であり、帰属上の一身専属権ではない

　cf.　なお、行使上の一身専属権であるため、原則として債権者代位権（423）の目的とすることはできないが、権利行使の確定的意思を外部に表明したと認められる特段の事情があれば、目的とすることができる（最判平13.11.22・百選Ⅲ 93 事件参照）

三　相手方

　受遺者・受贈者・その包括承継人である。

四　請求の方法

　1　請求の限度

　(1)　遺留分侵害額は各相続人ごとに算定され（1042Ⅱ参照）、遺留分権利者は、「遺留分侵害額に相当する金銭」（1046Ⅰ）、すなわち、それぞれの相続人の遺留分侵害額の限度で請求しうる。また、複数の受遺者又は受贈者がいる場合には、1047条1項に規定される限度で、各人に対して請求しうる。

　(2)　遺留分侵害額の算定方式は、［（積極相続財産額＋贈与額－相続債務額）（1043Ⅰ）×（総体的遺留分率（1042Ⅰ）×遺留分権利者の法定相続分の割合（1042Ⅱ））－当該遺留分権利者の特別受益額（1046Ⅱ①）－遺留分権利者が相続によって得た財産の額（1046Ⅱ②）＋遺留分権利者が負担すべき相続債務の額（1046Ⅱ③）］となる（最判平8.11.26・百選Ⅲ 91 事件参照）〈同〉。

　(3)　遺留分権利者が数人あるときは、各自の遺留分侵害額を保全するに必要な限りで請求ができるのであって、共同の権利行使が要求されるのではない〈同〉。

　2　順序と割合（1047Ⅰ）

796

●遺留分 [第1047条]

五 権利の性質

遺留分侵害額請求権は形成権であり、その権利行使は受遺者・受贈者に対する意思表示によってなせば足り、必ずしも裁判上の請求によることは要しない（形成権説）（最判昭41.7.14・百選Ⅲ92事件参照）《国》。

《その他》

▪ 自己を被保険者とする生命保険契約の契約者が死亡保険金の受取人を変更する行為は、遺留分侵害額の算定の基礎となる遺贈又は贈与に当たらない（最判平14.11.5参照）《共書》。

第1047条 （受遺者又は受贈者の負担額）

Ⅰ 受遺者又は受贈者は、次の各号の定めるところに従い、遺贈（特定財産承継遺言による財産の承継又は相続分の指定による遺産の取得を含む。以下この章において同じ。）又は贈与（遺留分を算定するための財産の価額に算入されるものに限る。以下この章において同じ。）の目的価額（受遺者又は受贈者が相続人である場合にあっては、当該価額から第1042条の規定による遺留分として当該相続人が受けるべき額を控除した額）を限度として、遺留分侵害額を負担する。

① 受遺者と受贈者とがあるときは、受遺者が先に負担する。

② 受遺者が複数あるとき、又は受贈者が複数ある場合においてその贈与が同時にされたものであるときは、受遺者又は受贈者がその目的の価額の割合に応じて負担する。ただし、遺言者がその遺言に別段の意思を表示したときは、その意思に従う。

③ 受贈者が複数あるとき（前号に規定する場合を除く。）は、後の贈与に係る受贈者から順次前の贈与に係る受贈者が負担する。

Ⅱ 第904条＜特別受益者の相続分＞、第1043条第2項及び第1045条＜遺留分を算定するための財産の価額＞の規定は、前項に規定する遺贈又は贈与の目的の価額について準用する。

Ⅲ 前条第1項の請求を受けた受遺者又は受贈者は、遺留分権利者承継債務について弁済その他の債務を消滅させる行為をしたときは、消滅した債務の額の限度において、遺留分権利者に対する意思表示によって第1項の規定により負担する債務を消滅させることができる。この場合において、当該行為によって遺留分権利者に対して取得した求償権は、消滅した当該債務の額の限度において消滅する。

Ⅳ 受遺者又は受贈者の無資力によって生じた損失は、遺留分権利者の負担に帰する。

Ⅴ 裁判所は、受遺者又は受贈者の請求により、第1項の規定により負担する債務の全部又は一部の支払につき相当の期限を許与することができる。

【平30改正】遺留分権利者の相続債務額は、遺留分侵害額算定の基礎に算入することとされており（1046Ⅱ③）、その算入によって加算された分だけ受遺者等が遺留分権利者に対して支払うべき金銭債務を増加させることとなる。そして、たとえば遺贈の目的物に相続債務にかかる債権を被担保債権とする担保が付されている場合等、受遺者等が相続債務を消滅させる必要に迫られる場合がある。そうすると、受遺者等が遺留分権利者の相続債務を消滅させる行為をした場合には、当該相続債務額を遺留分侵害額算定の基礎に算入しないのと同様の計算になるにもかかわらず、

相続

797

[第1048条]　　　　　　　　　　　　　　　　　　　　　　　　●遺留分

これを算入した上で、受遺者等がさらに遺留分権利者に求償をすることとするのは、不都合である。そこで、本条3項前段は、かかる不都合を回避するため、遺留分権利者から遺留分侵害額請求権の行使を受けた受遺者等が、当該遺留分権利者の負担する相続債務について、債務を消滅させる行為をした場合には、消滅させた相続債務の限度において、遺留分侵害額請求の行使により受遺者等が負担することとなった金銭債務の消滅を請求できるとした。

　また、遺留分権利者の相続債務を弁済等により消滅させた受遺者等が、金銭債務の消滅の請求をした場合に、受遺者等が遺留分権利者に対してさらに求償権を行使できるとすると、受遺者等に実質的に二重の利益を得させることとなる。そこで、同項後段は、これを防止するために、受遺者等の請求により消滅した当該債務の額の限度で、受遺者等の遺留分権利者に対して有する求償権も消滅するとした。

　本条5項については、受遺者等が遺留分侵害額請求の行使を受けると、金銭債務を弁済しなければならなくなるため、弁済の原資となる金銭を準備する時間を与え、受遺者等の保護を図るために新たに規定された。

《注　釈》

＜遺留分侵害額の負担の順序＞〈同共〉

受遺者と受贈者がいる場合	先に受遺者から負担する（1047Ⅰ①）
受遺者が複数いる場合又は、受贈者が複数おり、その贈与が同時にされた場合	原則として価額の割合に応じて負担する（1047Ⅰ②）
受贈者が複数おり、その贈与が同時にされたのではない場合	相続開始時に近い贈与に係る受贈者から負担する（1047Ⅰ③）
死因贈与の取扱い	贈与として取扱い、遺贈→死因贈与→生前贈与の順に負担する（東京高判平12.3.8・百選Ⅲ98事件）

第1048条　（遺留分侵害額請求権の期間の制限）

　遺留分侵害額の請求権は、遺留分権利者が、相続の開始及び<u>遺留分を侵害する贈与</u>又は遺贈があったことを知った時から1年間行使しないときは、時効によって消滅する。相続開始の時から10年を経過したときも、同様とする。

[趣旨]本条で遺留分侵害額請求権について特別の短期存続期間を定めたのは、法律関係の早期安定を図る点にある。

《注　釈》

一　「知った時」（前段）の意味

　単に相続開始・贈与・遺贈があったことを知るのみではなく、それが遺留分を侵害し、遺留分侵害額請求をしうべきものであることを知った時である（最判昭57.11.12参照）。

二　10年の期間の性質（後段）

　除斥期間と解するのが多数説である。

●遺留分 [第1049条]

第1049条 （遺留分の放棄）

I　相続の開始前における遺留分の放棄は、家庭裁判所の許可を受けたときに限り、その効力を生ずる〈同共書〉。

II　共同相続人の1人のした遺留分の放棄は、他の各共同相続人の遺留分に影響を及ぼさない〈共書〉。

[趣旨]遺留分権も個人的な財産権であるから、本来は事前にこれを放棄しうるはずである。しかし、無制約に放棄を許すと被相続人の威力により相続人に放棄を強要することも考えられる。そこで本条は、家庭裁判所の後見的役割を期待し、その許可を得た場合に限り、事前放棄は効力を生ずるものとした。

《注　釈》

一　遺留分の放棄の効果

遺留分は各相続人について定められるものであるから、遺留分を有する共同相続人のうちの1人が遺留分を放棄しても、他の相続人の遺留分は増加しない（II）〈共〉。

→被相続人の自由に処分しうる財産額が、放棄された分増加するだけである

遺留分を放棄した者は、相続放棄をしたわけではないから、相続人としての地位は失わない〈司〉。

二　相続開始後の遺留分の放棄

明文の規定はないが、個人財産権の処分の自由の見地から、家庭裁判所の許可なく認められる〈共〉。

《その他》

▪ 被代襲者が遺留分を事前放棄すると、代襲相続人にも遺留分はなくなる。

相続

799

[第1050条]　　　　　　　　　　　　　　　　　　　　　　　●特別の寄与

・第10章・【特別の寄与】

第1050条

Ⅰ　被相続人に対して無償で療養看護その他の労務の提供をしたことにより被相続人の財産の維持又は増加について特別の寄与をした被相続人の親族（相続人、相続の放棄をした者及び第８９１条の規定に該当し又は廃除によってその相続権を失った者を除く。以下この条において「特別寄与者」という。）は、相続の開始後、相続人に対し、特別寄与者の寄与に応じた額の金銭（以下この条において「特別寄与料」という。）の支払を請求することができる。

Ⅱ　前項の規定による特別寄与料の支払について、当事者間に協議が調わないとき、又は協議をすることができないときは、特別寄与者は、家庭裁判所に対して協議に代わる処分を請求することができる。ただし、特別寄与者が相続の開始及び相続人を知った時から６箇月を経過したとき、又は相続開始の時から１年を経過したときは、この限りでない。

Ⅲ　前項本文の場合には、家庭裁判所は、寄与の時期、方法及び程度、相続財産の額その他一切の事情を考慮して、特別寄与料の額を定める。

Ⅳ　特別寄与料の額は、被相続人が相続開始の時において有した財産の価額から遺贈の価額を控除した残額を超えることができない。

Ⅴ　相続人が数人ある場合には、各相続人は、特別寄与料の額に第９００条から第９０２条までの規定により算定した当該相続人の相続分を乗じた額を負担する。

【平30改正】改正前民法下では、相続人以外の親族が被相続人に対して無償で療養看護をしたとしても、遺言や契約の存在がない限り、相続財産を取得することはできなかったため、公平を失する事態を生じていた。そこで、今般の改正によって新設された本条により、相続人以外の親族であっても、無償で療養看護その他の労務の提供をしたことにより被相続人の財産の維持又は増加について特別の寄与をした場合には、その寄与に応じた額の金銭の支払を相続人に対して請求できることとなった。

《注　釈》

一　特別寄与者による特別寄与料の請求（Ⅰ）

　　被相続人に対して、無償で療養看護その他の労務を提供し、これにより被相続人の財産の維持又は増加について特別の寄与をした親族（相続人、相続の放棄をした者、欠格又は廃除により相続権を失った者を除く。以下「特別寄与者」という。）は、相続が開始した後、各相続人に対して、特別寄与者の寄与に応じた額の金銭（以下「特別寄与料」という。）の支払を請求できる（1050Ⅰ）。同項にいう「特別の寄与」とは、民法904条の2の場合のように、被相続人と相続人の身分関係に基づいて通常期待される程度の貢献を超えるものであるとは解されておらず、貢献が一定の程度を超えることを要求する趣旨であると解されている。

二　協議が調わない場合（ⅡⅢ）

　　特別寄与料について、当事者間に協議が調わないとき、又は協議をすることが

●特別の寄与 ［第1050条］

できないときは、特別寄与者は、家庭裁判所に対して、協議に代わる処分を請求することができる（1050 II本文）。もっとも、相続開始及び相続人を知ったときから6箇月の経過、又は相続開始の時から1年を経過するまでに請求しなくてはならない（同ただし書）。

家庭裁判所に上記の請求がなされた場合には、寄与の時期、方法及び程度、相続した財産の額その他一切の事情を考慮して、家庭裁判所が、特別寄与料の額を決定する（1050 III）。

三　請求金額の上限（IV）

特別寄与料の額は、被相続人が相続開始の時において有した財産の価額から遺贈の価額を控除した残額を超えることができない（1050 IV）。かかる規定は、現行の寄与分の規定と同様に、特別寄与料の上限を定めたものである（904の2 III参照）。

相

続

801

— MEMO —

完全整理　択一六法

付　録

1　借地借家法
（2020 年 4 月 1 日施行の改正借地借家法を掲載しています。）

2　平成29年改正前民法
（改正条文のみ抜粋）

借地借家法 ●付録1

借地借家法

第1章　総則

第1条（趣旨）

　この法律は、建物の所有を目的とする地上権及び土地の賃借権の存続期間、効力等並びに建物の賃貸借の契約の更新、効力等に関し特別の定めをするとともに、借地条件の変更等の裁判手続に関し必要な事項を定めるものとする。

第2条（定義）

　この法律において、次の各号に掲げる用語の意義は、当該各号に定めるところによる。

① 借地権　建物の所有を目的とする地上権又は土地の賃借権をいう。

② 借地権者　借地権を有する者をいう。

③ 借地権設定者　借地権者に対して借地権を設定している者をいう。

④ 転借地権　建物の所有を目的とする土地の賃借権で借地権者が設定しているものをいう。

⑤ 転借地権者　転借地権を有する者をいう。

第2章　借地

第1節　借地権の存続期間等

第3条（借地権の存続期間）

　借地権の存続期間は、30年とする。ただし、契約でこれより長い期間を定めたときは、その期間とする。

第4条（借地権の更新後の期間）

　当事者が借地契約を更新する場合においては、その期間は、更新の日から10年（借地権の設定後の最初の更新にあっては、20年）とする。ただし、当事者がこれより長い期間を定めたときは、その期間とする。

第5条（借地契約の更新請求等）

Ⅰ　借地権の存続期間が満了する場合において、借地権者が契約の更新を請求したときは、建物がある場合に限り、前条の規定によるもののほか、従前の契約と同一の条件で契約を更新したものとみなす。ただし、借地権設定者が遅滞なく異議を述べたときは、この限りでない。

Ⅱ　借地権の存続期間が満了した後、借地権者が土地の使用を継続するときも、建物がある場合に限り、前項と同様とする。

Ⅲ　転借地権が設定されている場合においては、転借地権者がする土地の使用の継続を借地権者がする土地の使用の継続とみなして、借地権者と借地権設定者との間について前項の規定を適用する。

804

●付録1　借地借家法

第6条（借地契約の更新拒絶の要件）

　前条の異議は、借地権設定者及び借地権者（転借地権者を含む。以下この条において同じ。）が土地の使用を必要とする事情のほか、借地に関する従前の経過及び土地の利用状況並びに借地権設定者が土地の明渡しの条件として又は土地の明渡しと引換えに借地権者に対して財産上の給付をする旨の申出をした場合におけるその申出を考慮して、正当の事由があると認められる場合でなければ、述べることができない。

第7条（建物の再築による借地権の期間の延長）

Ⅰ　借地権の存続期間が満了する前に建物の滅失（借地権者又は転借地権者による取壊しを含む。以下同じ。）があった場合において、借地権者が残存期間を超えて存続すべき建物を築造したときは、その建物を築造するにつき借地権設定者の承諾がある場合に限り、借地権は、承諾があった日又は建物が築造された日のいずれか早い日から２０年間存続する。ただし、残存期間がこれより長いとき、又は当事者がこれより長い期間を定めたときは、その期間による。

Ⅱ　借地権者が借地権設定者に対し残存期間を超えて存続すべき建物を新たに築造する旨を通知した場合において、借地権設定者がその通知を受けた後２月以内に異議を述べなかったときは、その建物を築造するにつき前項の借地権設定者の承諾があったものとみなす。ただし、契約の更新の後（同項の規定により借地権の存続期間が延長された場合にあっては、借地権の当初の存続期間が満了すべき日の後。次条及び第18条において同じ。）に通知があった場合においては、この限りでない。

Ⅲ　転借地権が設定されている場合においては、転借地権者がする建物の築造を借地権者がする建物の築造とみなして、借地権者と借地権設定者との間について第1項の規定を適用する。

第8条（借地契約の更新後の建物の滅失による解約等）

Ⅰ　契約の更新の後に建物の滅失があった場合においては、借地権者は、地上権の放棄又は土地の賃貸借の解約の申入れをすることができる。

Ⅱ　前項に規定する場合において、借地権者が借地権設定者の承諾を得ないで残存期間を超えて存続すべき建物を築造したときは、借地権設定者は、地上権の消滅の請求又は土地の賃貸借の解約の申入れをすることができる。

Ⅲ　前2項の場合においては、借地権は、地上権の放棄若しくは消滅の請求又は土地の賃貸借の解約の申入れがあった日から3月を経過することによって消滅する。

Ⅳ　第1項に規定する地上権の放棄又は土地の賃貸借の解約の申入れをする権利は、第2項に規定する地上権の消滅の請求又は土地の賃貸借の解約の申入れをする権利を制限する場合に限り、制限することができる。

Ⅴ　転借地権が設定されている場合においては、転借地権者がする建物の築造を借地権者がする建物の築造とみなして、借地権者と借地権設定者との間について第2項の規定を適用する。

第9条（強行規定）

　この節の規定に反する特約で借地権者に不利なものは、無効とする。

借地借家法　　　　　　　　　　　　　　　　　　　　　　　　　●付録1

第2節　借地権の効力

第10条（借地権の対抗力等）

Ⅰ　借地権は、その登記がなくても、土地の上に借地権者が登記されている建物を所有するときは、これをもって第三者に対抗することができる。

Ⅱ　前項の場合において、建物の滅失があっても、借地権者が、その建物を特定するために必要な事項、その滅失があった日及び建物を新たに築造する旨を土地の上の見やすい場所に掲示するときは、借地権は、なお同項の効力を有する■。ただし、建物の滅失があった日から2年を経過した後にあっては、その前に建物を新たに築造し、かつ、その建物につき登記した場合に限る。

第11条（地代等増減請求権）

Ⅰ　地代又は土地の借賃（以下この条及び次条において「地代等」という。）が、土地に対する租税その他の公課の増減により、土地の価格の上昇若しくは低下その他の経済事情の変動により、又は近傍類似の土地の地代等に比較して不相当となったときは、契約の条件にかかわらず、当事者は、将来に向かって地代等の額の増減を請求することができる。ただし、一定の期間地代等を増額しない旨の特約がある場合には、その定めに従う。

Ⅱ　地代等の増額について当事者間に協議が調わないときは、その請求を受けた者は、増額を正当とする裁判が確定するまでは、相当と認める額の地代等を支払うことをもって足りる。ただし、その裁判が確定した場合において、既に支払った額に不足があるときは、その不足額に年1割の割合による支払期後の利息を付してこれを支払わなければならない。

Ⅲ　地代等の減額について当事者間に協議が調わないときは、その請求を受けた者は、減額を正当とする裁判が確定するまでは、相当と認める額の地代等の支払を請求することができる。ただし、その裁判が確定した場合において、既に支払を受けた額が正当とされた地代等の額を超えるときは、その超過額に年1割の割合による受領の時からの利息を付してこれを返還しなければならない。

第12条（借地権設定者の先取特権）

Ⅰ　借地権設定者は、弁済期の到来した最後の2年分の地代等について、借地権者がその土地において所有する建物の上に先取特権を有する。

Ⅱ　前項の先取特権は、地上権又は土地の賃貸借の登記をすることによって、その効力を保存する。

Ⅲ　第1項の先取特権は、他の権利に対して優先する効力を有する。ただし、共益費用、不動産保存及び不動産工事の先取特権並びに地上権又は土地の賃貸借の登記より前に登記された質権及び抵当権には後れる。

Ⅳ　前3項の規定は、転借地権者がその土地において所有する建物について準用する。

第13条（建物買取請求権）

Ⅰ　借地権の存続期間が満了した場合において、契約の更新がないときは、借地権者は、借地権設定者に対し、建物その他借地権者が権原により土地に附属させた物を時価で買い取るべきことを請求することができる。

Ⅱ　前項の場合において、建物が借地権の存続期間が満了する前に借地権設定者の承諾を得ないで残存期間を超えて存続すべきものとして新たに築造されたものであるとき

806

●付録1　　　　　　　　　　　　　　　　　　　　　　　　　　　　借地借家法

は、裁判所は、借地権設定者の請求により、代金の全部又は一部の支払につき相当の
期限を許与することができる。

Ⅲ　前2項の規定は、借地権の存続期間が満了した場合における転借地権者と借地権設
定者との間について準用する。

第14条（第三者の建物買取請求権）

第三者が賃借権の目的である土地の上の建物その他借地権者が権原によって土地に附
属させた物を取得した場合において、借地権設定者が賃借権の譲渡又は転貸を承諾しな
いときは、その第三者は、借地権設定者に対し、建物その他借地権者が権原によって土
地に附属させた物を時価で買い取るべきことを請求することができる。

第15条（自己借地権）

Ⅰ　借地権を設定する場合においては、他の者と共に有することとなるときに限り、借
地権設定者が自らその借地権を有することを妨げない。

Ⅱ　借地権が借地権設定者に帰した場合であっても、他の者と共にその借地権を有する
ときは、その借地権は、消滅しない。

第16条（強行規定）

第10条、第13条及び第14条の規定に反する特約で借地権者又は転借地権者に不
利なものは、無効とする。

第3節　借地条件の変更等

第17条（借地条件の変更及び増改築の許可）

Ⅰ　建物の種類、構造、規模又は用途を制限する旨の借地条件がある場合において、法
令による土地利用の規制の変更、付近の土地の利用状況の変化その他の事情の変更に
より現に借地権を設定するにおいてはその借地条件と異なる建物の所有を目的とする
ことが相当であるにもかかわらず、借地条件の変更につき当事者間に協議が調わない
ときは、裁判所は、当事者の申立てにより、その借地条件を変更することができる。

Ⅱ　増改築を制限する旨の借地条件がある場合において、土地の通常の利用上相当とす
べき増改築につき当事者間に協議が調わないときは、裁判所は、借地権者の申立てに
より、その増改築についての借地権設定者の承諾に代わる許可を与えることができる。

Ⅲ　裁判所は、前2項の裁判をする場合において、当事者間の利益の衡平を図るため必
要があるときは、他の借地条件を変更し、財産上の給付を命じ、その他相当の処分を
することができる。

Ⅳ　裁判所は、前3項の裁判をするには、借地権の残存期間、土地の状況、借地に関す
る従前の経過その他一切の事情を考慮しなければならない。

Ⅴ　転借地権が設定されている場合において、必要があるときは、裁判所は、転借地権
者の申立てにより、転借地権とともに借地権につき第1項から第3項までの裁判をす
ることができる。

Ⅵ　裁判所は、特に必要がないと認める場合を除き、第1項から第3項まで又は前項の
裁判をする前に鑑定委員会の意見を聴かなければならない。

第18条（借地契約の更新後の建物の再築の許可）

Ⅰ　契約の更新の後において、借地権者が残存期間を超えて存続すべき建物を新たに築
造することにつきやむを得ない事情があるにもかかわらず、借地権設定者がその建物

807

借地借家法　　●付録1

の築造を承諾しないときは、借地権設定者が地上権の消滅の請求又は土地の賃貸借の解約の申入れをすることができない旨を定めた場合を除き、裁判所は、借地権者の申立てにより、借地権設定者の承諾に代わる許可を与えることができる。この場合において、当事者間の利益の衡平を図るため必要があるときは、延長すべき借地権の期間として第7条第1項の規定による期間と異なる期間を定め、他の借地条件を変更し、財産上の給付を命じ、その他相当の処分をすることができる。

Ⅱ　裁判所は、前項の裁判をするには、建物の状況、建物の滅失があった場合には滅失に至った事情、借地に関する従前の経過、借地権設定者及び借地権者（転借地権者を含む。）が土地の使用を必要とする事情その他一切の事情を考慮しなければならない。

Ⅲ　前条第5項及び第6項の規定は、第1項の裁判をする場合に準用する。

第19条（土地の賃借権の譲渡又は転貸の許可）

Ⅰ　借地権者が賃借権の目的である土地の上の建物を第三者に譲渡しようとする場合において、その第三者が賃借権を取得し、又は転借をしても借地権設定者に不利となるおそれがないにもかかわらず、借地権設定者がその賃借権の譲渡又は転貸を承諾しないときは、裁判所は、借地権者の申立てにより、借地権設定者の承諾に代わる許可を与えることができる。この場合において、当事者間の利益の衡平を図るため必要があるときは、賃借権の譲渡若しくは転貸を条件とする借地条件の変更を命じ、又はその許可を財産上の給付に係らしめることができる。

Ⅱ　裁判所は、前項の裁判をするには、賃借権の残存期間、借地に関する従前の経過、賃借権の譲渡又は転貸を必要とする事情その他一切の事情を考慮しなければならない。

Ⅲ　第1項の申立てがあった場合において、裁判所が定める期間内に借地権設定者が自ら建物の譲渡及び賃借権の譲渡又は転貸を受ける旨の申立てをしたときは、裁判所は、同項の規定にかかわらず、相当の対価及び転貸の条件を定めて、これを命ずることができる。この裁判においては、当事者双方に対し、その義務を同時に履行すべきことを命ずることができる。

Ⅳ　前項の申立ては、第1項の申立てが取り下げられたとき、又は不適法として却下されたときは、その効力を失う。

Ⅴ　第3項の裁判があった後は、第1項又は第3項の申立ては、当事者の合意がある場合でなければ取り下げることができない。

Ⅵ　裁判所は、特に必要がないと認める場合を除き、第1項又は第3項の裁判をする前に鑑定委員会の意見を聴かなければならない。

Ⅶ　前各項の規定は、転借地権が設定されている場合における転借地権者と借地権設定者との間について準用する。ただし、借地権設定者が第3項の申立てをするには、借地権者の承諾を得なければならない。

第20条（建物競売等の場合における土地の賃借権の譲渡の許可）

Ⅰ　第三者が賃借権の目的である土地の上の建物を競売又は公売により取得した場合において、その第三者が賃借権を取得しても借地権設定者に不利となるおそれがないにもかかわらず、借地権設定者がその賃借権の譲渡を承諾しないときは、裁判所は、その第三者の申立てにより、借地権設定者の承諾に代わる許可を与えることができる。この場合において、当事者間の利益の衡平を図るため必要があるときは、借地条件を変更し、又は財産上の給付を命ずることができる。

Ⅱ　前条第2項から第6項までの規定は、前項の申立てがあった場合に準用する。

Ⅲ　第1項の申立ては、建物の代金を支払った後2月以内に限り、することができる。

808

Ⅳ　民事調停法（昭和２６年法律第２２２号）第１９条の規定は、同条に規定する期間内に第一項の申立てをした場合に準用する。

Ⅴ　前各項の規定は、転借地権者から競売又は公売により建物を取得した第三者と借地権設定者との間について準用する。ただし、借地権設定者が第２項において準用する前条第３項の申立てをするには、借地権者の承諾を得なければならない。

第２１条（強行規定）

第１７条から第１９条までの規定に反する特約で借地権者又は転借地権者に不利なものは、無効とする。

第４節　定期借地権等

第２２条（定期借地権）

Ⅰ　存続期間を５０年以上として借地権を設定する場合においては、第９条及び第１６条の規定にかかわらず、契約の更新（更新の請求及び土地の使用の継続によるものを含む。次条第１項において同じ。）及び建物の築造による存続期間の延長がなく、並びに第１３条の規定による買取りの請求をしないこととする旨を定めることができる。この場合においては、その特約は、公正証書による等書面によってしなければならない。

Ⅱ　前項前段の特約がその内容を記録した電磁的記録（電子的方式、磁気的方式その他人の知覚によっては認識することができない方式で作られる記録であって、電子計算機による情報処理の用に供されるものをいう。第３８条第２項及び第３９条第３項において同じ。）によってされたときは、その特約は、書面によってされたものとみなして、前項後段の規定を適用する。

第２３条（事業用定期借地権等）

Ⅰ　専ら事業の用に供する建物（居住の用に供するものを除く。次項において同じ。）の所有を目的とし、かつ、存続期間を３０年以上５０年未満として借地権を設定する場合においては、第９条及び第１６条の規定にかかわらず、契約の更新及び建物の築造による存続期間の延長がなく、並びに第１３条の規定による買取りの請求をしないこととする旨を定めることができる。

Ⅱ　専ら事業の用に供する建物の所有を目的とし、かつ、存続期間を１０年以上３０年未満として借地権を設定する場合には、第３条から第８条まで、第１３条及び第１８条の規定は、適用しない。

Ⅲ　前２項に規定する借地権の設定を目的とする契約は、公正証書によってしなければならない。

第２４条（建物譲渡特約付借地権）

Ⅰ　借地権を設定する場合（前条第２項に規定する借地権を設定する場合を除く。）においては、第９条の規定にかかわらず、借地権を消滅させるため、その設定後３０年以上を経過した日に借地権の目的である土地の上の建物を借地権設定者に相当の対価で譲渡する旨を定めることができる。

Ⅱ　前項の特約により借地権が消滅した場合において、その借地権者又は建物の賃借人でその消滅後建物の使用を継続しているものが請求をしたときは、請求の時にその建物につきその借地権者又は建物の賃借人と借地権設定者との間で期間の定めのない賃貸借（借地権者が請求をした場合において、借地権の残存期間があるときは、その残

借地借家法　　　　　　　　　　　　　　　　　　　　　　　　　　　　　　　　●付録1

存期間を存続期間とする賃貸借）がされたものとみなす。この場合において、建物の
借賃は、当事者の請求により、裁判所が定める。

Ⅲ　第1項の特約がある場合において、借地権者又は建物の賃借人と借地権設定者との
間でその建物につき第38条第1項の規定による賃貸借契約をしたときは、前項の規
定にかかわらず、その定めに従う。

第25条（一時使用目的の借地権）

　第3条から第8条まで、第13条、第17条、第18条及び第22条から前条までの
規定は、臨時設備の設置その他一時使用のために借地権を設定したことが明らかな場合
には、適用しない。

第3章　借家

第1節　建物賃貸借契約の更新等

第26条（建物賃貸借契約の更新等）

Ⅰ　建物の賃貸借について期間の定めがある場合において、当事者が期間の満了の1年
前から6月前までの間に相手方に対して更新をしない旨の通知又は条件を変更しなけ
れば更新をしない旨の通知をしなかったときは、従前の契約と同一の条件で契約を更
新したものとみなす。ただし、その期間は、定めがないものとする。

Ⅱ　前項の通知をした場合であっても、建物の賃貸借の期間が満了した後建物の賃借人
が使用を継続する場合において、建物の賃貸人が遅滞なく異議を述べなかったときも、
同項と同様とする。

Ⅲ　建物の転貸借がされている場合においては、建物の転借人がする建物の使用の継続
を建物の賃借人がする建物の使用の継続とみなして、建物の賃借人と賃貸人との間に
ついて前項の規定を適用する。

第27条（解約による建物賃貸借の終了）

Ⅰ　建物の賃貸人が賃貸借の解約の申入れをした場合においては、建物の賃貸借は、解
約の申入れの日から6月を経過することによって終了する。

Ⅱ　前条第2項及び第3項の規定は、建物の賃貸借が解約の申入れによって終了した場
合に準用する。

第28条（建物賃貸借契約の更新拒絶等の要件）

　建物の賃貸人による第26条第1項の通知又は建物の賃貸借の解約の申入れは、建物
の賃貸人及び賃借人（転借人を含む。以下この条において同じ。）が建物の使用を必要と
する事情のほか、建物の賃貸借に関する従前の経過、建物の利用状況及び建物の現況並
びに建物の賃貸人が建物の明渡しの条件として又は建物の明渡しと引換えに建物の賃借
人に対して財産上の給付をする旨の申出をした場合におけるその申出を考慮して、正当
の事由があると認められる場合でなければ、することができない。

第29条（建物賃貸借の期間）

Ⅰ　期間を1年未満とする建物の賃貸借は、期間の定めがない建物の賃貸借とみなす。

Ⅱ　民法（明治29年法律第89号）第604条の規定は、建物の賃貸借については、適

●付録 1   借地借家法

用しない。

第30条（強行規定）

この節の規定に反する特約で建物の賃借人に不利なものは、無効とする。

第2節　建物賃貸借の効力

第31条（建物賃貸借の対抗力等）

建物の賃貸借は、その登記がなくても、建物の引渡しがあったときは、その後その建物について物権を取得した者に対し、その効力を生ずる。

第32条（借賃増減請求権）

Ⅰ　建物の借賃が、土地若しくは建物に対する租税その他の負担の増減により、土地若しくは建物の価格の上昇若しくは低下その他の経済事情の変動により、又は近傍同種の建物の借賃に比較して不相当となったときは、契約の条件にかかわらず、当事者は、将来に向かって建物の借賃の額の増減を請求することができる。ただし、一定の期間建物の借賃を増額しない旨の特約がある場合には、その定めに従う。

Ⅱ　建物の借賃の増額について当事者間に協議が調わないときは、その請求を受けた者は、増額を正当とする裁判が確定するまでは、相当と認める額の建物の借賃を支払うことをもって足りる。ただし、その裁判が確定した場合において、既に支払った額に不足があるときは、その不足額に年1割の割合による支払期後の利息を付してこれを支払わなければならない。

Ⅲ　建物の借賃の減額について当事者間に協議が調わないときは、その請求を受けた者は、減額を正当とする裁判が確定するまでは、相当と認める額の建物の借賃の支払を請求することができる。ただし、その裁判が確定した場合において、既に支払を受けた額が正当とされた建物の借賃の額を超えるときは、その超過額に年1割の割合による受領の時からの利息を付してこれを返還しなければならない。

第33条（造作買取請求権）

Ⅰ　建物の賃貸人の同意を得て建物に付加した畳、建具その他の造作がある場合には、建物の賃借人は、建物の賃貸借が期間の満了又は解約の申入れによって終了するときに、建物の賃貸人に対し、その造作を時価で買い取るべきことを請求することができる。建物の賃貸人から買い受けた造作についても、同様とする。

Ⅱ　前項の規定は、建物の賃貸借が期間の満了又は解約の申入れによって終了する場合における建物の転借人と賃貸人との間について準用する。

第34条（建物賃貸借終了の場合における転借人の保護）

Ⅰ　建物の転貸借がされている場合において、建物の賃貸借が期間の満了又は解約の申入れによって終了するときは、建物の賃貸人は、建物の転借人にその旨の通知をしなければ、その終了を建物の転借人に対抗することができない。

Ⅱ　建物の賃貸人が前項の通知をしたときは、建物の転貸借は、その通知がされた日から6月を経過することによって終了する。

第35条（借地上の建物の賃借人の保護）

Ⅰ　借地権の目的である土地の上の建物につき賃貸借がされている場合において、借地権の存続期間の満了によって建物の賃借人が土地を明け渡すべきときは、建物の賃借

811

借地借家法　　　　　　　　　　　　　　　　　　　　　　　　　　●付録1

人が借地権の存続期間が満了することをその1年前までに知らなかった場合に限り、裁判所は、建物の賃借人の請求により、建物の賃借人がこれを知った日から1年を超えない範囲内において、土地の明渡しにつき相当の期限を許与することができる。

Ⅱ　前項の規定により裁判所が期限の許与をしたときは、建物の賃貸借は、その期限が到来することによって終了する。

第36条（居住用建物の賃貸借の承継）

Ⅰ　居住の用に供する建物の賃借人が相続人なしに死亡した場合において、その当時婚姻又は縁組の届出をしていないが、建物の賃借人と事実上夫婦又は養親子と同様の関係にあった同居者があるときは、その同居者は、建物の賃借人の権利義務を承継する。ただし、相続人なしに死亡したことを知った後1月以内に建物の賃貸人に反対の意思を表示したときは、この限りでない。

Ⅱ　前項本文の場合においては、建物の賃貸借関係に基づき生じた債権又は債務は、同項の規定により建物の賃借人の権利義務を承継した者に帰属する。

第37条（強行規定）

第31条、第34条及び第35条の規定に反する特約で建物の賃借人又は転借人に不利なものは、無効とする。

第3節　定期建物賃貸借等

第38条（定期建物賃貸借）

Ⅰ　期間の定めがある建物の賃貸借をする場合においては、公正証書による等書面によって契約をするときに限り、第30条の規定にかかわらず、契約の更新がないこととする旨を定めることができる。この場合には、第29条第1項の規定を適用しない。

Ⅱ　前項の規定による建物の賃貸借の契約がその内容を記録した電磁的記録によってされたときは、その契約は、書面によってされたものとみなして、同項の規定を適用する。

Ⅲ　第1項の規定による建物の賃貸借をしようとするときは、建物の賃貸人は、あらかじめ、建物の賃借人に対し、同項の規定による建物の賃貸借は契約の更新がなく、期間の満了により当該建物の賃貸借は終了することについて、その旨を記載した書面を交付して説明しなければならない。

Ⅳ　建物の賃貸人は、前項の規定による書面の交付に代えて、政令で定めるところにより、建物の賃借人の承諾を得て、当該書面に記載すべき事項を電磁的方法（電子情報処理組織を使用する方法その他の情報通信の技術を利用する方法であって法務省令で定めるものをいう。）により提供することができる。この場合において、当該建物の賃貸人は、当該書面を交付したものとみなす。

Ⅴ　建物の賃貸人が第3項の規定による説明をしなかったときは、契約の更新がないこととする旨の定めは、無効とする。

Ⅵ　第1項の規定による建物の賃貸借において、期間が1年以上である場合には、建物の賃貸人は、期間の満了の1年前から6月前までの間（以下この項において「通知期間」という。）に建物の賃借人に対し期間の満了により建物の賃貸借が終了する旨の通知をしなければ、その終了を建物の賃借人に対抗することができない。ただし、建物の賃貸人が通知期間の経過後建物の賃借人に対しその旨の通知をした場合においては、その通知の日から6月を経過した後は、この限りでない。

Ⅶ　第1項の規定による居住の用に供する建物の賃貸借（床面積（建物の一部分を賃貸

借の目的とする場合にあっては、当該一部分の床面積）が２００平方メートル未満の建物に係るものに限る。）において、転勤、療養、親族の介護その他のやむを得ない事情により、建物の賃借人が建物を自己の生活の本拠として使用することが困難となったときは、建物の賃借人は、建物の賃貸借の解約の申入れをすることができる。この場合においては、建物の賃貸借は、解約の申入れの日から１月を経過することによって終了する。

Ⅷ　前２項の規定に反する特約で建物の賃借人に不利なものは、無効とする。

Ⅸ　第３２条の規定は、第１項の規定による建物の賃貸借において、借賃の改定に係る特約がある場合には、適用しない。

第３９条（取壊し予定の建物の賃貸借）

Ⅰ　法令又は契約により一定の期間を経過した後に建物を取り壊すべきことが明らかな場合において、建物の賃貸借をするときは、第３０条の規定にかかわらず、建物を取り壊すこととなる時に賃貸借が終了する旨を定めることができる。

Ⅱ　前項の特約は、同項の建物を取り壊すべき事由を記載した書面によってしなければならない。

Ⅲ　第１項の特約がその内容及び前項に規定する事由を記録した電磁的記録によってされたときは、その特約は、同項の書面によってされたものとみなして、同項の規定を適用する。

第４０条（一時使用目的の建物の賃貸借）

この章の規定は、一時使用のために建物の賃貸借をしたことが明らかな場合には、適用しない。

第４章　借地条件の変更等の裁判手続

第４１条（管轄裁判所）

第１７条第１項、第２項若しくは第５項（第１８条第３項において準用する場合を含む。）、第１８条第１項、第１９条第１項（同条第７項において準用する場合を含む。）若しくは第３項（同条第７項及び第２０条第２項（同条第５項において準用する場合を含む。）において準用する場合を含む。）又は第２０条第１項（同条第５項において準用する場合を含む。）に規定する事件は、借地権の目的である土地の所在地を管轄する地方裁判所が管轄する。ただし、当事者の合意があるときは、その所在地を管轄する簡易裁判所が管轄することを妨げない。

第４２条（非訟事件手続法の適用除外及び最高裁判所規則）

Ⅰ　前条の事件については、非訟事件手続法（平成２３年法律第５１号）第２７条、第４０条及び第６３条第１項後段の規定は、適用しない。

Ⅱ　この法律に定めるもののほか、前条の事件に関し必要な事項は、最高裁判所規則で定める。

第４３条（強制参加）

Ⅰ　裁判所は、当事者の申立てにより、当事者となる資格を有する者を第４１条の事件の手続に参加させることができる。

Ⅱ　前項の申立ては、その趣旨及び理由を記載した書面でしなければならない。

借地借家法　　　　　　　　　　　　　　　　　　　　　　　　　　●付録 1

Ⅲ　第1項の申立てを却下する裁判に対しては、即時抗告をすることができる。

第44条（手続代理人の資格）

Ⅰ　法令により裁判上の行為をすることができる代理人のほか、弁護士でなければ手続代理人となることができない。ただし、簡易裁判所においては、その許可を得て、弁護士でない者を手続代理人とすることができる。

Ⅱ　前項ただし書の許可は、いつでも取り消すことができる。

第45条（手続代理人の代理権の範囲）

Ⅰ　手続代理人は、委任を受けた事件について、非訟事件手続法第23条第1項に定める事項のほか、第19条第3項（同条第7項及び第20条第2項（同条第5項において準用する場合を含む。）において準用する場合を含む。次項において同じ。）の申立てに関する手続行為（次項に規定するものを除く。）をすることができる。

Ⅱ　手続代理人は、非訟事件手続法第23条第2項各号に掲げる事項のほか、第19条第3項の申立てについては、特別の委任を受けなければならない。

第46条（事件の記録の閲覧等）

Ⅰ　当事者及び利害関係を疎明した第三者は、裁判所書記官に対し、第41条の事件の記録の閲覧若しくは謄写、その正本、謄本若しくは抄本の交付又は同条の事件に関する事項の証明書の交付を請求することができる。

Ⅱ　民事訴訟法（平成8年法律第109号）第91条第4項及び第5項の規定は、前項の記録について準用する。

第47条（鑑定委員会）

Ⅰ　鑑定委員会は、3人以上の委員で組織する。

Ⅱ　鑑定委員は、次に掲げる者の中から、事件ごとに、裁判所が指定する。ただし、特に必要があるときは、それ以外の者の中から指定することを妨げない。

①　地方裁判所が特別の知識経験を有する者その他適当な者の中から毎年あらかじめ選任した者

②　当事者が合意によって選定した者

Ⅲ　鑑定委員には、最高裁判所規則で定める旅費、日当及び宿泊料を支給する。

第48条（手続の中止）

裁判所は、借地権の目的である土地に関する権利関係について訴訟その他の事件が係属するときは、その事件が終了するまで、第41条の事件の手続を中止することができる。

第49条（不適法な申立ての却下）

申立てが不適法でその不備を補正することができないときは、裁判所は、審問期日を経ないで、申立てを却下することができる。

第50条（申立書の送達）

Ⅰ　裁判所は、前条の場合を除き、第41条の事件の申立書を相手方に送達しなければならない。

Ⅱ　非訟事件手続法第43条第4項から第6項までの規定は、申立書の送達をすることができない場合（申立書の送達に必要な費用を予納しない場合を含む。）について準用する。

●付録1 借地借家法

第51条（審問期日）

Ⅰ　裁判所は、審問期日を開き、当事者の陳述を聴かなければならない。

Ⅱ　当事者は、他の当事者の審問に立ち会うことができる。

第52条（呼出費用の予納がない場合の申立ての却下）

裁判所は、民事訴訟費用等に関する法律（昭和46年法律第40号）の規定に従い当事者に対する期日の呼出しに必要な費用の予納を相当の期間を定めて申立人に命じた場合において、その予納がないときは、申立てを却下することができる。

第53条（事実の調査の通知）

裁判所は、事実の調査をしたときは、特に必要がないと認める場合を除き、その旨を当事者及び利害関係参加人に通知しなければならない。

第54条（審理の終結）

裁判所は、審理を終結するときは、審問期日においてその旨を宣言しなければならない。

第55条（裁判書の送達及び効力の発生）

Ⅰ　第17条第1項から第3項まで若しくは第5項（第18条第3項において準用する場合を含む。）、第18条第1項、第19条第1項（同条第7項において準用する場合を含む。）若しくは第3項（同条第7項及び第20条第2項（同条第5項において準用する場合を含む。）において準用する場合を含む。）又は第20条第1項（同条第5項において準用する場合を含む。）の規定による裁判があったときは、その裁判書を当事者に送達しなければならない。

Ⅱ　前項の裁判は、確定しなければその効力を生じない。

第56条（理由の付記）

前条第1項の裁判には、理由を付さなければならない。

第57条（裁判の効力が及ぶ者の範囲）

第55条第1項の裁判は、当事者又は最終の審問期日の後裁判の確定前の承継人に対し、その効力を有する。

第58条（給付を命ずる裁判の効力）

第17条第3項若しくは第5項（第18条第3項において準用する場合を含む。）、第18条第1項、第19条第3項（同条第7項及び第20条第2項（同条第5項において準用する場合を含む。）において準用する場合を含む。）又は第20条第1項（同条第5項において準用する場合を含む。）の規定による裁判で給付を命ずるものは、強制執行に関しては、裁判上の和解と同一の効力を有する。

第59条（譲渡又は転貸の許可の裁判の失効）

第19条第1項（同条第7項において準用する場合を含む。）の規定による裁判は、その効力を生じた後6月以内に借地権者が建物の譲渡をしないときは、その効力を失う。ただし、この期間は、その裁判において伸長し、又は短縮することができる。

第60条（第一審の手続の規定の準用）

第49条、第50条及び第52条の規定は、第55条第1項の裁判に対する即時抗告

があった場合について準用する。

● 付録 2　　　　　　　　　　　　　　　　　　　　　　　平成 29 年改正前民法

平成29年改正前民法 (改正条文のみ抜粋)

※　平成 29 年改正民法の理解促進のため、平成 29 年改正前の条文を掲載しています。

第2節　行為能力

第20条（制限行為能力者の相手方の催告権）

Ⅰ　制限行為能力者（未成年者、成年被後見人、被保佐人及び第17条第1項の審判を受けた被補助人をいう。以下同じ。）の相手方は、その制限行為能力者が行為能力者（行為能力の制限を受けない者をいう。以下同じ。）となった後、その者に対し、1箇月以上の期間を定めて、その期間内にその取り消すことができる行為を追認するかどうかを確答すべき旨の催告をすることができる。この場合において、その者がその期間内に確答を発しないときは、その行為を追認したものとみなす。

Ⅱ～Ⅳ　略

第3節　住所

第4節　不在者の財産の管理及び失踪の宣告

第5節　同時死亡の推定

第86条（不動産及び動産）

Ⅰ Ⅱ　略

Ⅲ　無記名債権は、動産とみなす。

第90条（公序良俗）

公の秩序又は善良の風俗に反する事項を目的とする法律行為は、無効とする。

第93条　（心裡留保）

意思表示は、表意者がその真意ではないことを知ってしたときであっても、そのためにその効力を妨げられない。ただし、相手方が表意者の真意を知り、又は知ることができたときは、その意思表示は、無効とする。

第95条（錯誤）

意思表示は、法律行為の要素に錯誤があったときは、無効とする。ただし、表意者に重大な過失があったときは、表意者は、自らその無効を主張することができない。

第96条（詐欺又は強迫）

Ⅰ　略

Ⅱ　相手方に対する意思表示について第三者が詐欺を行った場合においては、相手方がその事実を知っていたときに限り、その意思表示を取り消すことができる。

Ⅲ　前2項の規定による詐欺による意思表示の取消しは、善意の第三者に対抗すること

817

平成29年改正前民法 ●付録2

ができない。

第97条 （隔地者に対する意思表示）

Ⅰ　隔地者に対する意思表示は、その通知が相手方に到達した時からその効力を生ずる。

Ⅱ　隔地者に対する意思表示は、表意者が通知を発した後に死亡し、又は行為能力を喪失したときであっても、そのためにその効力を妨げられない。

第98条の2 （意思表示の受領能力）

意思表示の相手方がその意思表示を受けた時に未成年者又は成年被後見人であったときは、その意思表示をもってその相手方に対抗することができない。ただし、その法定代理人がその意思表示を知った後は、この限りでない。

第101条 （代理行為の瑕疵）

Ⅰ　意思表示の効力が意思の不存在、詐欺、強迫又はある事情を知っていたこと若しくは知らなかったことにつき過失があったことによって影響を受けるべき場合には、その事実の有無は、代理人について決するものとする。

Ⅱ　特定の法律行為をすることを委託された場合において、代理人が本人の指図に従ってその行為をしたときは、本人は、自ら知っていた事情について代理人が知らなかったことを主張することができない。本人が過失によって知らなかった事情についても、同様とする。

第102条 （代理人の行為能力）

代理人は、行為能力者であることを要しない。

第105条 （復代理人を選任した代理人の責任）

Ⅰ　代理人は、前条の規定により復代理人を選任したときは、その選任及び監督について、本人に対してその責任を負う。

Ⅱ　代理人は、本人の指名に従って復代理人を選任したときは、前項の責任を負わない。ただし、その代理人が、復代理人が不適任又は不誠実であることを知りながら、その旨を本人に通知し又は復代理人を解任することを怠ったときは、この限りでない。

第106条 （法定代理人による復代理人の選任）

法定代理人は、自己の責任で復代理人を選任することができる。この場合において、やむを得ない事由があるときは、前条第1項の責任のみを負う。

第107条 （復代理人の権限等）

Ⅰ　復代理人は、その権限内の行為について、本人を代表する。

Ⅱ　復代理人は、本人及び第三者に対して、代理人と同一の権利を有し、義務を負う。

第108条 （自己契約及び双方代理）

同一の法律行為については、相手方の代理人となり、又は当事者双方の代理人となることはできない。ただし、債務の履行及び本人があらかじめ許諾した行為については、この限りでない。

第109条 （代理権授与の表示による表見代理）

略

●付録2　　　　　　　　　　　　　　　　　　　　　平成 29 年改正前民法

第１１０条（権限外の行為の表見代理）

　前条本文の規定は、代理人がその権限外の行為をした場合において、第三者が代理人の権限があると信ずべき正当な理由があるときについて準用する。

第１１２条（代理権消滅後の表見代理）

　代理権の消滅は、善意の第三者に対抗することができない。ただし、第三者が過失によってその事実を知らなかったときは、この限りでない。

第１１７条（無権代理人の責任）

Ⅰ　他人の代理人として契約をした者は、自己の代理権を証明することができず、かつ、本人の追認を得ることができなかったときは、相手方の選択に従い、相手方に対して履行又は損害賠償の責任を負う。

Ⅱ　前項の規定は、他人の代理人として契約をした者が代理権を有しないことを相手方が知っていたとき、若しくは過失によって知らなかったとき、又は他人の代理人として契約をした者が行為能力を有しなかったときは、適用しない。

第１２０条（取消権者）

Ⅰ　行為能力の制限によって取り消すことができる行為は、制限行為能力者又はその代理人、承継人若しくは同意をすることができる者に限り、取り消すことができる。

Ⅱ　詐欺又は強迫によって取り消すことができる行為は、瑕疵ある意思表示をした者又はその代理人若しくは承継人に限り、取り消すことができる。

第１２１条（取消しの効果）

　取り消された行為は、初めから無効であったものとみなす。ただし、制限行為能力者は、その行為によって現に利益を受けている限度において、返還の義務を負う。

第１２２条（取り消すことができる行為の追認）

　取り消すことができる行為は、第１２０条に規定する者が追認したときは、以後、取り消すことができない。ただし、追認によって第三者の権利を害することはできない。

第１２４条（追認の要件）

Ⅰ　追認は、取消しの原因となっていた状況が消滅した後にしなければ、その効力を生じない。

Ⅱ　成年被後見人は、行為能力者となった後にその行為を了知したときは、その了知をした後でなければ、追認をすることができない。

Ⅲ　前2項の規定は、法定代理人又は制限行為能力者の保佐人若しくは補助人が追認をする場合には、適用しない。

第１２５条（法定追認）

　前条の規定により追認をすることができる時以後に、取り消すことができる行為について次に掲げる事実があったときは、追認をしたものとみなす。ただし、異議をとどめたときは、この限りでない。

　①～⑥　略

819

平成 29 年改正前民法　　　　　　　　　　　　　　　　　　　　　　　　　　　　●付録 2

第130条（条件の成就の妨害）

略

第145条（時効の援用）

時効は、当事者が援用しなければ、裁判所がこれによって裁判をすることができない。

第147条（時効の中断事由）

時効は、次に掲げる事由によって中断する。

① 請求
② 差押え、仮差押え又は仮処分
③ 承認

第148条（時効の中断の効力が及ぶ者の範囲）

前条の規定による時効の中断は、その中断の事由が生じた当事者及びその承継人の間においてのみ、その効力を有する。

第149条（裁判上の請求）

裁判上の請求は、訴えの却下又は取下げの場合には、時効の中断の効力を生じない。

第150条（支払督促）

支払督促は、債権者が民事訴訟法第392条に規定する期間内に仮執行の宣言の申立てをしないことによりその効力を失うときは、時効の中断の効力を生じない。

第151条（和解及び調停の申立て）

和解の申立て又は民事調停法（昭和26年法律第222号）若しくは家事事件手続法（平成23年法律第52号）による調停の申立ては、相手方が出頭せず、又は和解若しくは調停が調わないときは、1箇月以内に訴えを提起しなければ、時効の中断の効力を生じない。

第152条（破産手続参加等）

破産手続参加、再生手続参加又は更生手続参加は、債権者がその届出を取り下げ、又はその届出が却下されたときは、時効の中断の効力を生じない。

第153条（催告）

催告は、6箇月以内に、裁判上の請求、支払督促の申立て、和解の申立て、民事調停法若しくは家事事件手続法による調停の申立て、破産手続参加、再生手続参加、更生手続参加、差押え、仮差押え又は仮処分をしなければ、時効の中断の効力を生じない。

第154条（差押え、仮差押え及び仮処分）

差押え、仮差押え及び仮処分は、権利者の請求により又は法律の規定に従わないことにより取り消されたときは、時効の中断の効力を生じない。

第155条

差押え、仮差押え及び仮処分は、時効の利益を受ける者に対してしないときは、その者に通知をした後でなければ、時効の中断の効力を生じない。

●付録2　　　　　　　　　　　　　　　　　　　　　　　　平成 29 年改正前民法

第１５６条（承認）

　時効の中断の効力を生ずべき承認をするには、相手方の権利についての処分につき行為能力又は権限があることを要しない。

第１５７条（中断後の時効の進行）

Ⅰ　中断した時効は、その中断の事由が終了した時から、新たにその進行を始める。

Ⅱ　裁判上の請求によって中断した時効は、裁判が確定した時から、新たにその進行を始める。

第１５８条（未成年者又は成年被後見人と時効の停止）

Ⅰ Ⅱ　略

第１５９条（夫婦間の権利の時効の停止）

　略

第１６０条（相続財産に関する時効の停止）

　略

第１６１条（天災等による時効の停止）

　時効の期間の満了の時に当たり、天災その他避けることのできない事変のため時効を中断することができないときは、その障害が消滅した時から２週間を経過するまでの間は、時効は、完成しない。

第１６６条（消滅時効の進行等）

Ⅰ　消滅時効は、権利を行使することができる時から進行する。

Ⅱ　前項の規定は、始期付権利又は停止条件付権利の目的物を占有する第三者のために、その占有の開始の時から取得時効が進行することを妨げない。ただし、権利者は、その時効を中断するため、いつでも占有者の承認を求めることができる。

第１６７条（債権等の消滅時効）

Ⅰ　債権は、１０年間行使しないときは、消滅する。

Ⅱ　債権又は所有権以外の財産権は、２０年間行使しないときは、消滅する。

第１６８条（定期金債権の消滅時効）

Ⅰ　定期金の債権は、第１回の弁済期から２０年間行使しないときは、消滅する。最後の弁済期から１０年間行使しないときも、同様とする。

Ⅱ　定期金の債権者は、時効の中断の証拠を得るため、いつでも、その債務者に対して承認書の交付を求めることができる。

第１６９条（定期給付債権の短期消滅時効）

　年又はこれより短い時期によって定めた金銭その他の物の給付を目的とする債権は、５年間行使しないときは、消滅する。

第１７０条（３年の短期消滅時効）

　次に掲げる債権は、３年間行使しないときは、消滅する。ただし、第２号に掲げる債権の時効は、同号の工事が終了した時から起算する。

平成 29 年改正前民法 ●付録 2

① 医師、助産師又は薬剤師の診療、助産又は調剤に関する債権
② 工事の設計、施工又は監理を業とする者の工事に関する債権

第171条

弁護士又は弁護士法人は事件が終了した時から、公証人はその職務を執行した時から3年を経過したときは、その職務に関して受け取った書類について、その責任を免れる。

第172条（2年の短期消滅時効）

Ⅰ 弁護士、弁護士法人又は公証人の職務に関する債権は、その原因となった事件が終了した時から2年間行使しないときは、消滅する。

Ⅱ 前項の規定にかかわらず、同項の事件中の各事項が終了した時から5年を経過したときは、同項の期間内であっても、その事項に関する債権は、消滅する。

第173条

次に掲げる債権は、2年間行使しないときは、消滅する。
① 生産者、卸売商人又は小売商人が売却した産物又は商品の代価に係る債権
② 自己の技能を用い、注文を受けて、物を製作し又は自己の仕事場で他人のために仕事をすることを業とする者の仕事に関する債権
③ 学芸又は技能の教育を行う者が生徒の教育、衣食又は寄宿の代価について有する債権

第174条（1年の短期消滅時効）

次に掲げる債権は、1年間行使しないときは、消滅する。
① 月又はこれより短い時期によって定めた使用人の給料に係る債権
② 自己の労力の提供又は演芸を業とする者の報酬又はその供給した物の代価に係る債権
③ 運送賃に係る債権
④ 旅館、料理店、飲食店、貸席又は娯楽場の宿泊料、飲食料、席料、入場料、消費物の代価又は立替金に係る債権
⑤ 動産の損料に係る債権

第174条の2（判決で確定した権利の消滅時効）

Ⅰ 確定判決によって確定した権利については、10年より短い時効期間の定めがあるものであっても、その時効期間は、10年とする。裁判上の和解、調停その他確定判決と同一の効力を有するものによって確定した権利についても、同様とする。

Ⅱ 前項の規定は、確定の時に弁済期の到来していない債権については、適用しない。

第284条

Ⅰ 略

Ⅱ 共有者に対する時効の中断は、地役権を行使する各共有者に対してしなければ、その効力を生じない。

Ⅲ 地役権を行使する共有者が数人ある場合には、その1人について時効の停止の原因があっても、時効は、各共有者のために進行する。

822

●付録2   平成29年改正前民法

第291条（地役権の消滅時効）

　<u>第167条第2項</u>に規定する消滅時効の期間は、継続的でなく行使される地役権については最後の行使の時から起算し、継続的に行使される地役権についてはその行使を妨げる事実が生じた時から起算する。

第292条

　要役地が数人の共有に属する場合において、その1人のために時効の<u>中断又は停止</u>があるときは、その<u>中断又は停止</u>は、他の共有者のためにも、その効力を生ずる。

第316条

　賃貸人は、敷金を受け取っている場合には、その敷金で弁済を受けない債権の部分についてのみ先取特権を有する。

第359条（設定行為に別段の定めがある場合等）

　前3条の規定は、設定行為に別段の定めがあるとき、又は担保不動産収益執行（民事執行法（昭和54年法律第4号）第180条第2号に規定する担保不動産収益執行をいう。以下同じ。）の開始があったときは、適用しない。

<u>第363条（債権質の設定）</u>

　<u>債権であってこれを譲り渡すにはその証書を交付することを要するものを質権の目的とするときは、質権の設定は、その証書を交付することによって、その効力を生ずる。</u>

第364条（<u>指名債権を目的とする質権の対抗要件</u>）

　<u>指名債権を質権の目的としたときは、第467条の規定に従い、第三債務者に質権の設定を通知し、又は第三債務者がこれを承諾しなければ、これをもって第三債務者その他の第三者に対抗することができない。</u>

<u>第365条（指図債権を目的とする質権の対抗要件）</u>

　<u>指図債権を質権の目的としたときは、その証書に質権の設定の裏書をしなければ、これをもって第三者に対抗することができない。</u>

第370条（抵当権の効力の及ぶ範囲）

　抵当権は、抵当地の上に存する建物を除き、その目的である不動産（以下「抵当不動産」という。）に付加して一体となっている物に及ぶ。ただし、設定行為に別段の定めがある場合及び<u>第424条の規定により債権者が債務者の行為を取り消すことができる場合</u>は、この限りでない。

第398条の2（根抵当権）

Ⅰ Ⅱ　略

Ⅲ　特定の原因に基づいて債務者との間に継続して生ずる<u>債権又は手形上若しくは小切手上の請求権</u>は、前項の規定にかかわらず、根抵当権の担保すべき債権とすることができる。

第398条の3（根抵当権の被担保債権の範囲）

Ⅰ　略

Ⅱ　債務者との取引によらないで取得する<u>手形上又は</u>小切手上の請求権を根抵当権の担

823

保すべき債権とした場合において、次に掲げる事由があったときは、その前に取得したものについてのみ、その根抵当権を行使することができる。ただし、その後に取得したものであっても、その事由を知らないで取得したものについては、これを行使することを妨げない。

①〜③　略

第398条の7（根抵当権の被担保債権の譲渡等）

Ⅰ Ⅱ　略

Ⅲ　元本の確定前に債権者又は債務者の交替による更改があった<u>ときは、その当事者は、第518条の規定にかかわらず、根抵当権を更改後の債務に移すことができない。</u>

第400条（特定物の引渡しの場合の注意義務）

債権の目的が特定物の引渡しであるときは、債務者は、その引渡しをするまで、善良な管理者の注意をもって、その物を保存しなければならない。

第404条（法定利率）

利息を生ずべき債権について別段の意思表示がないときは、その利率は、<u>年5分とする。</u>

第410条（不能による選択債権の特定）

Ⅰ　債権の目的である給付の中に、<u>初めから不能であるもの又は後に至って不能となったものがあるときは、債権は、その残存するものについて存在する。</u>

Ⅱ　<u>選択権を有しない当事者の過失によって給付が不能となったときは、前項の規定は、適用しない。</u>

第412条（履行期と履行遅滞）

Ⅰ　略

Ⅱ　債務の履行について不確定期限があるときは、債務者は、その期限の到来したことを知った時から遅滞の責任を負う。

Ⅲ　略

第413条（受領遅滞）

<u>債権者が債務の履行を受けることを拒み、又は受けることができないときは、その債権者は、履行の提供があった時から遅滞の責任を負う。</u>

第414条（履行の強制）

Ⅰ　債務者が任意に債務の履行をしないときは、債権者は、<u>その強制履行を裁判所に請求することができる。ただし、債務の性質がこれを許さないときは、この限りでない。</u>

Ⅱ　<u>債務の性質が強制履行を許さない場合において、その債務が作為を目的とするときは、債権者は、債務者の費用で第三者にこれをさせることを裁判所に請求することができる。ただし、法律行為を目的とする債務については、裁判をもって債務者の意思表示に代えることができる。</u>

Ⅲ　<u>不作為を目的とする債務については、債権者の費用で、債務者がした行為の結果を除去し、又は将来のため適当な処分をすることを裁判所に請求することができる。</u>

Ⅳ　<u>前3項の規定は、損害賠償の請求を妨げない。</u>

●付録2   平成29年改正前民法

第415条（債務不履行による損害賠償）

債務者がその債務の本旨に従った履行をしないときは、債権者は、これによって生じた損害の賠償を請求することができる。債務者の責めに帰すべき事由によって履行をすることができなくなったときも、同様とする。

第416条（損害賠償の範囲）

Ⅰ　略
Ⅱ　特別の事情によって生じた損害であっても、当事者がその事情を予見し、又は予見することができたときは、債権者は、その賠償を請求することができる。

第418条（過失相殺）

債務の不履行に関して債権者に過失があったときは、裁判所は、これを考慮して、損害賠償の責任及びその額を定める。

第419条（金銭債務の特則）

Ⅰ　金銭の給付を目的とする債務の不履行については、その損害賠償の額は、法定利率によって定める。ただし、約定利率が法定利率を超えるときは、約定利率による。
Ⅱ Ⅲ　略

第420条（賠償額の予定）

Ⅰ　当事者は、債務の不履行について損害賠償の額を予定することができる。この場合において、裁判所は、その額を増減することができない。
Ⅱ Ⅲ　略

第2款　債権者代位権及び詐害行為取消権

第423条（債権者代位権）

Ⅰ　債権者は、自己の債権を保全するため、債務者に属する権利を行使することができる。ただし、債務者の一身に専属する権利は、この限りでない。
Ⅱ　債権者は、その債権の期限が到来しない間は、裁判上の代位によらなければ、前項の権利を行使することができない。ただし、保存行為は、この限りでない。

第424条（詐害行為取消権）

Ⅰ　債権者は、債務者が債権者を害することを知ってした法律行為の取消しを裁判所に請求することができる。ただし、その行為によって利益を受けた者又は転得者がその行為又は転得の時において債権者を害すべき事実を知らなかったときは、この限りでない。
Ⅱ　前項の規定は、財産権を目的としない法律行為については、適用しない。

第425条（詐害行為の取消しの効果）

前条の規定による取消しは、すべての債権者の利益のためにその効力を生ずる。

第426条（詐害行為取消権の期間の制限）

第424条の規定による取消権は、債権者が取消しの原因を知った時から2年間行使しないときは、時効によって消滅する。行為の時から20年を経過したときも、同様と

平成 29 年改正前民法　　　　　　　　　　　　　　　　　　　　　●付録 2

する。

第428条（不可分債権）

　債権の目的がその性質上又は当事者の意思表示によって不可分である場合において、数人の債権者があるときは、各債権者はすべての債権者のために履行を請求し、債務者はすべての債権者のために各債権者に対して履行をすることができる。

第429条（不可分債権者の１人について生じた事由等の効力）

　Ⅰ　不可分債権者の１人と債務者との間に更改又は免除があった場合においても、他の不可分債権者は、債務の全部の履行を請求することができる。この場合においては、その１人の不可分債権者がその権利を失わなければ分与される利益を債務者に償還しなければならない。

　Ⅱ　前項に規定する場合のほか、不可分債権者の１人の行為又は１人について生じた事由は、他の不可分債権者に対してその効力を生じない。

第430条（不可分債務）

　前条の規定及び次款（連帯債務）の規定（第434条から第440条までの規定を除く。）は、数人が不可分債務を負担する場合について準用する。

第3款　連帯債務

第432条（履行の請求）

　数人が連帯債務を負担するときは、債権者は、その連帯債務者の１人に対し、又は同時に若しくは順次にすべての連帯債務者に対し、全部又は一部の履行を請求することができる。

第433条（連帯債務者の１人についての法律行為の無効等）

　連帯債務者の１人について法律行為の無効又は取消しの原因があっても、他の連帯債務者の債務は、その効力を妨げられない。

第434条（連帯債務者の１人に対する履行の請求）

　連帯債務者の１人に対する履行の請求は、他の連帯債務者に対しても、その効力を生ずる。

第435条（連帯債務者の１人との間の更改）

　連帯債務者の１人と債権者との間に更改があったときは、債権は、すべての連帯債務者の利益のために消滅する。

第436条（連帯債務者の１人による相殺等）

　Ⅰ　連帯債務者の１人が債権者に対して債権を有する場合において、その連帯債務者が相殺を援用したときは、債権は、すべての連帯債務者の利益のために消滅する。

　Ⅱ　前項の債権を有する連帯債務者が相殺を援用しない間は、その連帯債務者の負担部分についてのみ他の連帯債務者が相殺を援用することができる。

第437条（連帯債務者の１人に対する免除）

　連帯債務者の１人に対してした債務の免除は、その連帯債務者の負担部分についての

826

●付録2 　　　　　　　　　　　　　　　　　　　　平成 29 年改正前民法

み、他の連帯債務者の利益のためにも、その効力を生ずる。

第438条（連帯債務者の1人との間の混同）

連帯債務者の1人と債権者との間に混同があったときは、その連帯債務者は、弁済を したものとみなす。

第439条（連帯債務者の1人についての時効の完成）

連帯債務者の1人のために時効が完成したときは、その連帯債務者の負担部分につい ては、他の連帯債務者も、その義務を免れる。

第440条（相対的効力の原則）

第434条から前条までに規定する場合を除き、連帯債務者の1人について生じた事 由は、他の連帯債務者に対してその効力を生じない。

第441条（連帯債務者についての破産手続の開始）

連帯債務者の全員又はそのうちの数人が破産手続開始の決定を受けたときは、債権者 は、その債権の全額について各破産財団の配当に加入することができる。

第442条（連帯債務者間の求償権）

Ⅰ 連帯債務者の1人が弁済をし、その他自己の財産をもって共同の免責を得たときは、 その連帯債務者は、他の連帯債務者に対し、各自の負担部分について求償権を有する。
Ⅱ 略

第443条（通知を怠った連帯債務者の求償の制限）

Ⅰ 連帯債務者の1人が債権者から履行の請求を受けたことを他の連帯債務者に通知し ないで弁済をし、その他自己の財産をもって共同の免責を得た場合において、他の連 帯債務者は、債権者に対抗することができる事由を有していたときは、その負担部分に ついて、その事由をもってその免責を得た連帯債務者に対抗することができる。こ の場合において、相殺をもってその免責を得た連帯債務者に対抗したときは、過失の ある連帯債務者は、債権者に対し、相殺によって消滅すべきであった債務の履行を請 求することができる。
Ⅱ 連帯債務者の1人が弁済をし、その他自己の財産をもって共同の免責を得たことを 他の連帯債務者に通知することを怠ったため、他の連帯債務者が善意で弁済をし、そ の他有償の行為をもって免責を得たときは、その免責を得た連帯債務者は、自己の弁 済その他免責のためにした行為を有効であったものとみなすことができる。

第444条（償還をする資力のない者の負担部分の分担）

連帯債務者の中に償還をする資力のない者があるときは、その償還をすることができ ない部分は、求償者及び他の資力のある者の間で、各自の負担部分に応じて分割して負 担する。ただし、求償者に過失があるときは、他の連帯債務者に対して分担を請求する ことができない。

第445条（連帯の免除と弁済をする資力のない者の負担部分の分担）

連帯債務者の1人が連帯の免除を得た場合において、他の連帯債務者の中に弁済をす る資力のない者があるときは、債権者は、その資力のない者が弁済をすることができな い部分のうち連帯の免除を得た者が負担すべき部分を負担する。

平成29年改正前民法　　　　　　　　　　　　　　　●付録2

第4款　保証債務

第446条（保証人の責任等）

ⅠⅡ　略

Ⅲ　保証契約がその内容を記録した電磁的記録（電子的方式、磁気的方式その他人の知覚によっては認識することができない方式で作られる記録であって、電子計算機による情報処理の用に供されるものをいう。）によってされたときは、その保証契約は、書面によってされたものとみなして、前項の規定を適用する。

第448条（保証人の負担が主たる債務より重い場合）

略

第457条（主たる債務者について生じた事由の効力）

Ⅰ　主たる債務者に対する履行の請求その他の事由による時効の中断は、保証人に対しても、その効力を生ずる。

Ⅱ　保証人は、主たる債務者の債権による相殺をもって債権者に対抗することができる。

第458条（連帯保証人について生じた事由の効力）

第434条から第440条までの規定は、主たる債務者が保証人と連帯して債務を負担する場合について準用する。

第459条（委託を受けた保証人の求償権）

Ⅰ　保証人が主たる債務者の委託を受けて保証をした場合において、過失なく債権者に弁済をすべき旨の裁判の言渡しを受け、又は主たる債務者に代わって弁済をし、その他自己の財産をもって債務を消滅させるべき行為をしたときは、その保証人は、主たる債務者に対して求償権を有する。

Ⅱ　略

第460条（委託を受けた保証人の事前の求償権）

略

①②　略

③　債務の弁済期が不確定で、かつ、その最長期をも確定することができない場合において、保証契約の後10年を経過したとき。

第461条（主たる債務者が保証人に対して償還をする場合）

Ⅰ　前2条の規定により主たる債務者が保証人に対して償還をする場合において、債権者が全部の弁済を受けない間は、主たる債務者は、保証人に担保を供させ、又は保証人に対して自己に免責を得させることを請求することができる。

Ⅱ　略

第462条（委託を受けない保証人の求償権）

Ⅰ　主たる債務者の委託を受けないで保証をした者が弁済をし、その他自己の財産をもって主たる債務者にその債務を免れさせたときは、主たる債務者は、その当時利益を受けた限度において償還をしなければならない。

Ⅱ　略

●付録2　　　　　　　　　　　　　　　　　　　　　　　　　　　　　平成 29 年改正前民法

第463条（通知を怠った保証人の求償の制限）

Ⅰ　第443条の規定は、保証人について準用する。

Ⅱ　保証人が主たる債務者の委託を受けて保証をした場合において、善意で弁済をし、その他自己の財産をもって債務を消滅させるべき行為をしたときは、第443条の規定は、主たる債務者についても準用する。

第2目　貸金等根保証契約

第465条の2（貸金等根保証契約の保証人の責任等）

Ⅰ　一定の範囲に属する不特定の債務を主たる債務とする保証契約（以下「根保証契約」という。）であってその債務の範囲に金銭の貸渡し又は手形の割引を受けることによって負担する債務（以下「貸金等債務」という。）が含まれるもの（保証人が法人であるものを除く。以下「貸金等根保証契約」という。）の保証人は、主たる債務の元本、主たる債務に関する利息、違約金、損害賠償その他その債務に従たるすべてのもの及びその保証債務について約定された違約金又は損害賠償の額について、その全部に係る極度額を限度として、その履行をする責任を負う。

Ⅱ　貸金等根保証契約は、前項に規定する極度額を定めなければ、その効力を生じない。

Ⅲ　第446条第2項及び第3項の規定は、貸金等根保証契約における第1項に規定する極度額の定めについて準用する。

第465条の3（貸金等根保証契約の元本確定期日）

Ⅰ　貸金等根保証契約において主たる債務の元本の確定すべき期日（以下「元本確定期日」という。）の定めがある場合において、その元本確定期日がその貸金等根保証契約の締結の日から5年を経過する日より後の日と定められているときは、その元本確定期日の定めは、その効力を生じない。

Ⅱ　貸金等根保証契約において元本確定期日の定めがない場合（前項の規定により元本確定期日の定めがその効力を生じない場合を含む。）には、その元本確定期日は、その貸金等根保証契約の締結の日から3年を経過する日とする。

Ⅲ　貸金等根保証契約における元本確定期日の変更をする場合において、変更後の元本確定期日がその変更をした日から5年を経過する日より後の日となるときは、その元本確定期日の変更は、その効力を生じない。ただし、元本確定期日の前2箇月以内に元本確定期日の変更をする場合において、変更後の元本確定期日が変更前の元本確定期日から5年以内の日となるときは、この限りでない。

Ⅳ　第446条第2項及び第3項の規定は、貸金等根保証契約における元本確定期日の定め及びその変更（その貸金等根保証契約の締結の日から3年以内の日を元本確定期日とする旨の定め及び元本確定期日より前の日を変更後の元本確定期日とする変更を除く。）について準用する。

第465条の4（貸金等根保証契約の元本の確定事由）

次に掲げる場合には、貸金等根保証契約における主たる債務の元本は、確定する。

①　債権者が、主たる債務者又は保証人の財産について、金銭の支払を目的とする債権についての強制執行又は担保権の実行を申し立てたとき。ただし、強制執行又は担保権の実行の手続の開始があったときに限る。

②　主たる債務者又は保証人が破産手続開始の決定を受けたとき。

③　略

平成 29 年改正前民法 ●付録 2

第465条の5 （保証人が法人である貸金等債務の根保証契約の求償権）

保証人が法人である根保証契約であってその主たる債務の範囲に貸金等債務が含まれるものにおいて、第465条の2第1項に規定する極度額の定めがないとき、元本確定期日の定めがないとき、又は元本確定期日の定め若しくはその変更が第465条の3第1項若しくは第3項の規定を適用するとすればその効力を生じないものであるときは、その根保証契約の保証人の主たる債務者に対する求償権についての保証契約（保証人が法人であるものを除く。）は、その効力を生じない。

第466条 （債権の譲渡性）

Ⅰ　略

Ⅱ　前項の規定は、当事者が反対の意思を表示した場合には、適用しない。ただし、その意思表示は、善意の第三者に対抗することができない。

第467条 （指名債権の譲渡の対抗要件）

Ⅰ　指名債権の譲渡は、譲渡人が債務者に通知をし、又は債務者が承諾をしなければ、債務者その他の第三者に対抗することができない。

Ⅱ　略

第468条 （指名債権の譲渡における債務者の抗弁）

Ⅰ　債務者が異議をとどめないで前条の承諾をしたときは、譲渡人に対抗することができた事由があっても、これをもって譲受人に対抗することができない。この場合において、債務者がその債務を消滅させるために譲渡人に払い渡したものがあるときはこれを取り戻し、譲渡人に対して負担した債務があるときはこれを成立しないものとみなすことができる。

Ⅱ　譲渡人が譲渡の通知をしたにとどまるときは、債務者は、その通知を受けるまでに譲渡人に対して生じた事由をもって譲受人に対抗することができる。

第469条 （指図債権の譲渡の対抗要件）

指図債権の譲渡は、その証書に譲渡の裏書をして譲受人に交付しなければ、債務者その他の第三者に対抗することができない。

第470条 （指図債権の債務者の調査の権利等）

指図債権の債務者は、その証書の所持人並びにその署名及び押印の真偽を調査する権利を有するが、その義務を負わない。ただし、債務者に悪意又は重大な過失があるときは、その弁済は、無効とする。

第471条 （記名式所持人払債権の債務者の調査の権利等）

前条の規定は、債権に関する証書に債権者を指名する記載がされているが、その証書の所持人に弁済をすべき旨が付記されている場合について準用する。

第472条 （指図債権の譲渡における債務者の抗弁の制限）

指図債権の債務者は、その証書に記載した事項及びその証書の性質から当然に生ずる結果を除き、その指図債権の譲渡前の債権者に対抗することができた事由をもって善意の譲受人に対抗することができない。

● 付録 2   平成 29 年改正前民法

第４７３条（無記名債権の譲渡における債務者の抗弁の制限）

前条の規定は、無記名債権について準用する。

第 5 節　債権の消滅

第４７４条（第三者の弁済）

Ⅰ　債務の弁済は、第三者もすることができる。ただし、その債務の性質がこれを許さ
ないとき、又は当事者が反対の意思を表示したときは、この限りでない。

Ⅱ　利害関係を有しない第三者は、債務者の意思に反して弁済をすることができない。

第４７６条

譲渡につき行為能力の制限を受けた所有者が弁済として物の引渡しをした場合におい
て、その弁済を取り消したときは、その所有者は、更に有効な弁済をしなければ、その
物を取り戻すことができない。

第４７７条（弁済として引き渡した物の消費又は譲渡がされた場合の弁済の効力
等）

前2条の場合において、債権者が弁済として受領した物を善意で消費し、又は譲り渡
したときは、その弁済は、有効とする。この場合において、債権者が第三者から賠償の
請求を受けたときは、弁済をした者に対して求償をすることを妨げない。

第４７８条（債権の準占有者に対する弁済）

債権の準占有者に対してした弁済は、その弁済をした者が善意であり、かつ、過失が
なかったときに限り、その効力を有する。

第４７９条（受領する権限のない者に対する弁済）

前条の場合を除き、弁済を受領する権限を有しない者に対してした弁済は、債権者が
これによって利益を受けた限度においてのみ、その効力を有する。

第４８０条（受取証書の持参人に対する弁済）

受取証書の持参人は、弁済を受領する権限があるものとみなす。ただし、弁済をした
者がその権限がないことを知っていたとき、又は過失によって知らなかったときは、こ
の限りでない。

第４８１条（支払の差止めを受けた第三債務者の弁済）

Ⅰ　支払の差止めを受けた第三債務者が自己の債権者に弁済をしたときは、差押債権者
は、その受けた損害の限度において更に弁済をすべき旨を第三債務者に請求すること
ができる。

Ⅱ　略

第４８２条（代物弁済）

債務者が、債権者の承諾を得て、その負担した給付に代えて他の給付をしたときは、
その給付は、弁済と同一の効力を有する。

831

平成 29 年改正前民法　　　　　　　　　　　　　　　　　　　　●付録 2

第４８３条（特定物の現状による引渡し）

　債権の目的が特定物の引渡しであるときは、弁済をする者は、その引渡しをすべき時の現状でその物を引き渡さなければならない。

第４８４条（弁済の場所）

　略

第４８６条（受取証書の交付請求）

　弁済をした者は、弁済を受領した者に対して受取証書の交付を請求することができる。

第４８８条（弁済の充当の指定）

Ⅰ　債務者が同一の債権者に対して同種の給付を目的とする数個の債務を負担する場合において、弁済として提供した給付がすべての債務を消滅させるのに足りないときは、弁済をする者は、給付の時に、その弁済を充当すべき債務を指定することができる。

Ⅱ Ⅲ　略

第４８９条（法定充当）

　弁済をする者及び弁済を受領する者がいずれも前条の規定による弁済の充当の指定をしないときは、次の各号の定めるところに従い、その弁済を充当する。

　①　債務の中に弁済期にあるものと弁済期にないものとがあるときは、弁済期にあるものに先に充当する。

　②　すべての債務が弁済期にあるとき、又は弁済期にないときは、債務者のために弁済の利益が多いものに先に充当する。

　③　債務者のために弁済の利益が相等しいときは、弁済期が先に到来したもの又は先に到来すべきものに先に充当する。

　④　前２号に掲げる事項が相等しい債務の弁済は、各債務の額に応じて充当する。

第４９０条（数個の給付をすべき場合の充当）

　１個の債務の弁済として数個の給付をすべき場合において、弁済をする者がその債務の全部を消滅させるのに足りない給付をしたときは、前２条の規定を準用する。

第４９１条（元本、利息及び費用を支払うべき場合の充当）

Ⅰ　債務者が１個又は数個の債務について元本のほか利息及び費用を支払うべき場合において、弁済をする者がその債務の全部を消滅させるのに足りない給付をしたときは、これを順次に費用、利息及び元本に充当しなければならない。

Ⅱ　第４８９条の規定は、前項の場合について準用する。

第４９２条（弁済の提供の効果）

　債務者は、弁済の提供の時から、債務の不履行によって生ずべき一切の責任を免れる。

第４９４条（供託）

　債権者が弁済の受領を拒み、又はこれを受領することができないときは、弁済をすることができる者（以下この目において「弁済者」という。）は、債権者のために弁済の目的物を供託してその債務を免れることができる。弁済者が過失なく債権者を確知することができないときも、同様とする。

●付録2　　　　　　　　　　　　　　　　　　　　　　　　　　　　　平成 29 年改正前民法

第４９７条（供託に適しない物等）

弁済の目的物が供託に適しないとき、又はその物について滅失若しくは損傷のおそれがあるときは、弁済者は、裁判所の許可を得て、これを競売に付し、その代金を供託することができる。その物の保存について過分の費用を要するときも、同様とする。

第４９８条（供託物の受領の要件）

債務者が債権者の給付に対して弁済をすべき場合には、債権者は、その給付をしなければ、供託物を受け取ることができない。

第４９９条（任意代位）

Ⅰ　債務者のために弁済をした者は、その弁済と同時に債権者の承諾を得て、債権者に代位することができる。

Ⅱ　第４６７条の規定は、前項の場合について準用する。

第５００条（法定代位）

弁済をするについて正当な利益を有する者は、弁済によって当然に債権者に代位する。

第５０１条（弁済による代位の効果）

前２条の規定により債権者に代位した者は、自己の権利に基づいて求償をすることができる範囲内において、債権の効力及び担保としてその債権者が有していた一切の権利を行使することができる。この場合においては、次の各号の定めるところに従わなければならない。

①　保証人は、あらかじめ先取特権、不動産質権又は抵当権の登記にその代位を付記しなければ、その先取特権、不動産質権又は抵当権の目的である不動産の第三取得者に対して債権者に代位することができない。

②　第三取得者は、保証人に対して債権者に代位しない。

③　第三取得者の１人は、各不動産の価格に応じて、他の第三取得者に対して債権者に代位する。

④　物上保証人の１人は、各財産の価格に応じて、他の物上保証人に対して債権者に代位する。

⑤　保証人と物上保証人との間においては、その数に応じて、債権者に代位する。ただし、物上保証人が数人あるときは、保証人の負担部分を除いた残額について、各財産の価格に応じて、債権者に代位する。

⑥　前号の場合において、その財産が不動産であるときは、第１号の規定を準用する。

第５０２条（一部弁済による代位）

1　債権の一部について代位弁済があったときは、代位者は、その弁済をした価額に応じて、債権者とともにその権利を行使する。

2　前項の場合において、債務の不履行による契約の解除は、債権者のみがすることができる。この場合においては、代位者に対し、その弁済をした価額及びその利息を償還しなければならない。

第５０４条（債権者による担保の喪失等）

第５００条の規定により代位をすることができる者がある場合において、債権者が故意又は過失によってその担保を喪失し、又は減少させたときは、その代位をすることが

平成 29 年改正前民法　　　　　　　　　　　　　　　　　　　　　　　●付録 2

できる者は、その喪失又は減少によって償還を受けることができなくなった限度において、その責任を免れる。

第505条（相殺の要件等）

Ⅰ　略

Ⅱ　前項の規定は、当事者が反対の意思を表示した場合には、適用しない。ただし、その意思表示は、善意の第三者に対抗することができない。

第509条（不法行為により生じた債権を受働債権とする相殺の禁止）

債務が不法行為によって生じたときは、その債務者は、相殺をもって債権者に対抗することができない。

第511条（支払の差止めを受けた債権を受働債権とする相殺の禁止）

支払の差止めを受けた第三債務者は、その後に取得した債権による相殺をもって差押債権者に対抗することができない。

第512条（相殺の充当）

第488条から第491条までの規定は、相殺について準用する。

第513条（更改）

Ⅰ　当事者が債務の要素を変更する契約をしたときは、その債務は、更改によって消滅する。

Ⅱ　条件付債務を無条件債務としたとき、無条件債務に条件を付したとき、又は債務の条件を変更したときは、いずれも債務の要素を変更したものとみなす。

第514条（債務者の交替による更改）

債務者の交替による更改は、債権者と更改後に債務者となる者との契約によってすることができる。ただし、更改前の債務者の意思に反するときは、この限りでない。

第515条（債権者の交替による更改）

債権者の交替による更改は、確定日付のある証書によってしなければ、第三者に対抗することができない。

第516条

第468条第1項の規定は、債権者の交替による更改について準用する。

第517条（更改前の債務が消滅しない場合）

更改によって生じた債務が、不法な原因のため又は当事者の知らない事由によって成立せず又は取り消されたときは、更改前の債務は、消滅しない。

第518条（更改後の債務への担保の移転）

更改の当事者は、更改前の債務の目的の限度において、その債務の担保として設定された質権又は抵当権を更改後の債務に移すことができる。ただし、第三者がこれを設定した場合には、その承諾を得なければならない。

●付録2   平成29年改正前民法

第521条（承諾の期間の定めのある申込み）

Ⅰ　承諾の期間を定めてした契約の申込みは、撤回することができない。

Ⅱ　略

第522条（承諾の通知の延着）

Ⅰ　前条第1項の申込みに対する承諾の通知が同項の期間の経過後に到達した場合で
あっても、通常の場合にはその期間内に到達すべき時に発送したものであることを知
ることができるときは、申込者は、遅滞なく、相手方に対してその延着の通知を発し
なければならない。ただし、その到達前に遅延の通知を発したときは、この限りでない。

Ⅱ　申込者が前項本文の延着の通知を怠ったときは、承諾の通知は、前条第1項の期間
内に到達したものとみなす。

第523条（遅延した承諾の効力）

申込者は、遅延した承諾を新たな申込みとみなすことができる。

第524条（承諾の期間の定めのない申込み）

承諾の期間を定めないで隔地者に対してした申込みは、申込者が承諾の通知を受ける
のに相当な期間を経過するまでは、撤回することができない。

第525条（申込者の死亡又は行為能力の喪失）

第97条第2項の規定は、申込者が反対の意思を表示した場合又はその相手方が申込
者の死亡若しくは行為能力の喪失の事実を知っていた場合には、適用しない。

第526条（隔地者間の契約の成立時期）

Ⅰ　隔地者間の契約は、承諾の通知を発した時に成立する。

Ⅱ　申込者の意思表示又は取引上の慣習により承諾の通知を必要としない場合には、契
約は、承諾の意思表示と認めるべき事実があった時に成立する。

第527条（申込みの撤回の通知の延着）

Ⅰ　申込みの撤回の通知が承諾の通知を発した後に到達した場合であっても、通常の場
合にはその前に到達すべき時に発送したものであることを知ることができるときは、
承諾者は、遅滞なく、申込者に対してその延着の通知を発しなければならない。

Ⅱ　承諾者が前項の延着の通知を怠ったときは、契約は、成立しなかったものとみなす。

第529条（懸賞広告）

ある行為をした者に一定の報酬を与える旨を広告した者（以下この款において「懸賞
広告者」という。）は、その行為をした者に対してその報酬を与える義務を負う。

第530条（懸賞広告の撤回）

Ⅰ　前条の場合において、懸賞広告者は、その指定した行為を完了する者がない間は、
前の広告と同一の方法によってその広告を撤回することができる。ただし、その広告
中に撤回をしない旨を表示したときは、この限りでない。

Ⅱ　前項本文に規定する方法によって撤回をすることができない場合には、他の方法に
よって撤回をすることができる。この場合において、その撤回は、これを知った者に
対してのみ、その効力を有する。

平成 29 年改正前民法　　　　　　　　　　　　　　　　　　　　　　●付録 2

Ⅲ　懸賞広告者がその指定した行為をする期間を定めたときは、その撤回をする権利を放棄したものと推定する。

第５３３条（同時履行の抗弁）

双務契約の当事者の一方は、相手方がその債務の履行を提供するまでは、自己の債務の履行を拒むことができる。ただし、相手方の債務が弁済期にないときは、この限りでない。

第５３４条（債権者の危険負担）

Ⅰ　特定物に関する物権の設定又は移転を双務契約の目的とした場合において、その物が債務者の責めに帰することができない事由によって滅失し、又は損傷したときは、その滅失又は損傷は、債権者の負担に帰する。

Ⅱ　不特定物に関する契約については、第４０１条第２項の規定によりその物が確定した時から、前項の規定を適用する。

第５３５条（停止条件付双務契約における危険負担）

Ⅰ　前条の規定は、停止条件付双務契約の目的物が条件の成否が未定である間に滅失した場合には、適用しない。

Ⅱ　停止条件付双務契約の目的物が債務者の責めに帰することができない事由によって損傷したときは、その損傷は、債権者の負担に帰する。

Ⅲ　停止条件付双務契約の目的物が債務者の責めに帰すべき事由によって損傷した場合において、条件が成就したときは、債権者は、その選択に従い、契約の履行の請求又は解除権の行使をすることができる。この場合においては、損害賠償の請求を妨げない。

第５３６条（債務者の危険負担等）

Ⅰ　前２条に規定する場合を除き、当事者双方の責めに帰することができない事由によって債務を履行することができなくなったときは、債務者は、反対給付を受ける権利を有しない。

Ⅱ　債権者の責めに帰すべき事由によって債務を履行することができなくなったときは、債務者は、反対給付を受ける権利を失わない。この場合において、自己の債務を免れたことによって利益を得たときは、これを債権者に償還しなければならない。

第５３７条（第三者のためにする契約）

Ⅰ　略

Ⅱ　前項の場合において、第三者の権利は、その第三者が債務者に対して同項の契約の利益を享受する意思を表示した時に発生する。

第３款　契約の解除

第５４１条（履行遅滞等による解除権）

当事者の一方がその債務を履行しない場合において、相手方が相当の期間を定めてその履行の催告をし、その期間内に履行がないときは、相手方は、契約の解除をすることができる。

第５４２条（定期行為の履行遅滞による解除権）

契約の性質又は当事者の意思表示により、特定の日時又は一定の期間内に履行をしな

●付録 2 平成 29 年改正前民法

ければ契約をした目的を達することができない場合において、当事者の一方が履行をしないでその時期を経過したときは、相手方は、前条の催告をすることなく、直ちにその契約の解除をすることができる。

第５４３条（履行不能による解除権）

履行の全部又は一部が不能となったときは、債権者は、契約の解除をすることができる。ただし、その債務の不履行が債務者の責めに帰することができない事由によるものであるときは、この限りでない。

第５４５条（解除の効果）

Ⅰ Ⅱ 略

Ⅲ 解除権の行使は、損害賠償の請求を妨げない。

第５４８条（解除権者の行為等による解除権の消滅）

Ⅰ 解除権を有する者が自己の行為若しくは過失によって契約の目的物を著しく損傷し、若しくは返還することができなくなったとき、又は加工若しくは改造によってこれを他の種類の物に変えたときは、解除権は、消滅する。

Ⅱ 契約の目的物が解除権を有する者の行為又は過失によらないで滅失し、又は損傷したときは、解除権は、消滅しない。

第５４９条（贈与）

贈与は、当事者の一方が自己の財産を無償で相手方に与える意思を表示し、相手方が受諾をすることによって、その効力を生ずる。

第５５０条（書面によらない贈与の撤回）

書面によらない贈与は、各当事者が撤回することができる。ただし、履行の終わった部分については、この限りでない。

第５５１条（贈与者の担保責任）

Ⅰ 贈与者は、贈与の目的である物又は権利の瑕疵又は不存在について、その責任を負わない。ただし、贈与者がその瑕疵又は不存在を知りながら受贈者に告げなかったときは、この限りでない。

Ⅱ 略

第５５７条（手付）

Ⅰ 買主が売主に手付を交付したときは、当事者の一方が契約の履行に着手するまでは、買主はその手付を放棄し、売主はその倍額を償還して、契約の解除をすることができる。

Ⅱ 第５４５条第３項の規定は、前項の場合には、適用しない。

第５６０条（他人の権利の売買における売主の義務）

他人の権利を売買の目的としたときは、売主は、その権利を取得して買主に移転する義務を負う。

第５６１条（他人の権利の売買における売主の担保責任）

前条の場合において、売主がその売却した権利を取得して買主に移転することができないときは、買主は、契約の解除をすることができる。この場合において、契約の時に

837

平成 29 年改正前民法　　　　　　　　　　　　　　　　　　　　　　●付録 2

おいてその権利が売主に属しないことを知っていたときは、損害賠償の請求をすること
ができない。

第562条（他人の権利の売買における善意の売主の解除権）

Ⅰ　売主が契約の時においてその売却した権利が自己に属しないことを知らなかった場
　合において、その権利を取得して買主に移転することができないときは、売主は、損
　害を賠償して、契約の解除をすることができる。

Ⅱ　前項の場合において、買主が契約の時においてその買い受けた権利が売主に属しな
　いことを知っていたときは、売主は、買主に対し、単にその売却した権利を移転する
　ことができない旨を通知して、契約の解除をすることができる。

第563条（権利の一部が他人に属する場合における売主の担保責任）

Ⅰ　売買の目的である権利の一部が他人に属することにより、売主がこれを買主に移転
　することができないときは、買主は、その不足する部分の割合に応じて代金の減額を
　請求することができる。

Ⅱ　前項の場合において、残存する部分のみであれば買主がこれを買い受けなかったと
　きは、善意の買主は、契約の解除をすることができる。

Ⅲ　代金減額の請求又は契約の解除は、善意の買主が損害賠償の請求をすることを妨げ
　ない。

第564条

　前条の規定による権利は、買主が善意であったときは事実を知った時から、悪意であっ
たときは契約の時から、それぞれ1年以内に行使しなければならない。

第565条（数量の不足又は物の一部滅失の場合における売主の担保責任）

　前2条の規定は、数量を指示して売買をした物に不足がある場合又は物の一部が契約
の時に既に滅失していた場合において、買主がその不足又は滅失を知らなかったときに
ついて準用する。

第566条（地上権等がある場合等における売主の担保責任）

Ⅰ　売買の目的物が地上権、永小作権、地役権、留置権又は質権の目的である場合にお
　いて、買主がこれを知らず、かつ、そのために契約をした目的を達することができな
　いときは、買主は、契約の解除をすることができる。この場合において、契約の解除
　をすることができないときは、損害賠償の請求のみをすることができる。

Ⅱ　前項の規定は、売買の目的である不動産のために存すると称した地役権が存しなかっ
　た場合及びその不動産について登記をした賃貸借があった場合について準用する。

Ⅲ　前2項の場合において、契約の解除又は損害賠償の請求は、買主が事実を知った時
　から1年以内にしなければならない。

第567条（抵当権等がある場合における売主の担保責任）

Ⅰ　売買の目的である不動産について存した先取特権又は抵当権の行使により買主がそ
　の所有権を失ったときは、買主は、契約の解除をすることができる。

Ⅱ　買主は、費用を支出してその所有権を保存したときは、売主に対し、その費用の償
　還を請求することができる。

Ⅲ　前2項の場合において、買主は、損害を受けたときは、その賠償を請求することが

●付録2 平成29年改正前民法

できる。

第568条（強制競売における担保責任）

Ⅰ　強制競売における買受人は、第561条から前条までの規定により、債務者に対し、契約の解除をし、又は代金の減額を請求することができる。

Ⅱ Ⅲ　略

第570条（売主の瑕疵担保責任）

売買の目的物に隠れた瑕疵があったときは、第566条の規定を準用する。ただし、強制競売の場合は、この限りでない。

第571条（売主の担保責任と同時履行）

第533条の規定は、第563条から第566条まで及び前条の場合について準用する。

第572条（担保責任を負わない旨の特約）

売主は、第560条から前条までの規定による担保の責任を負わない旨の特約をしたときであっても、知りながら告げなかった事実及び自ら第三者のために設定し又は第三者に譲り渡した権利については、その責任を免れることができない。

第576条（権利を失うおそれがある場合の買主による代金の支払の拒絶）

売買の目的について権利を主張する者があるために買主がその買い受けた権利の全部又は一部を失うおそれがあるときは、買主は、その危険の限度に応じて、代金の全部又は一部の支払を拒むことができる。ただし、売主が相当の担保を供したときは、この限りでない。

第577条（抵当権等の登記がある場合の買主による代金の支払の拒絶）

Ⅰ　買い受けた不動産について抵当権の登記があるときは、買主は、抵当権消滅請求の手続が終わるまで、その代金の支払を拒むことができる。この場合において、売主は、買主に対し、遅滞なく抵当権消滅請求をすべき旨を請求することができる。

Ⅱ　前項の規定は、買い受けた不動産について先取特権又は質権の登記がある場合について準用する。

第579条（買戻しの特約）

不動産の売主は、売買契約と同時にした買戻しの特約により、買主が支払った代金及び契約の費用を返還して、売買の解除をすることができる。この場合において、当事者が別段の意思を表示しなかったときは、不動産の果実と代金の利息とは相殺したものとみなす。

第581条（買戻しの特約の対抗力）

Ⅰ　売買契約と同時に買戻しの特約を登記したときは、買戻しは、第三者に対しても、その効力を生ずる。

Ⅱ　登記をした賃借人の権利は、その残存期間中1年を超えない期間に限り、売主に対抗することができる。ただし、売主を害する目的で賃貸借をしたときは、この限りでない。

平成 29 年改正前民法　　　　　　　　　　　　　　　　●付録 2

第588条（準消費貸借）

　消費貸借によらないで金銭その他の物を給付する義務を負う者がある場合において、当事者がその物を消費貸借の目的とすることを約したときは、消費貸借は、これによって成立したものとみなす。

第589条（消費貸借の予約と破産手続の開始）

　消費貸借の予約は、その後に当事者の一方が破産手続開始の決定を受けたときは、その効力を失う。

第590条（貸主の担保責任）

Ⅰ　利息付きの消費貸借において、物に隠れた瑕疵があったときは、貸主は、瑕疵がない物をもってこれに代えなければならない。この場合においては、損害賠償の請求を妨げない。

Ⅱ　無利息の消費貸借においては、借主は、瑕疵がある物の価額を返還することができる。この場合において、貸主がその瑕疵を知りながら借主に告げなかったときは、前項の規定を準用する。

第591条（返還の時期）

Ⅰ　略

Ⅱ　借主は、いつでも返還をすることができる。

第593条（使用貸借）

　使用貸借は、当事者の一方が無償で使用及び収益をした後に返還をすることを約して相手方からある物を受け取ることによって、その効力を生ずる。

第596条（貸主の担保責任）

　略

第597条（借用物の返還の時期）

Ⅰ　借主は、契約に定めた時期に、借用物の返還をしなければならない。

Ⅱ　当事者が返還の時期を定めなかったときは、借主は、契約に定めた目的に従い使用及び収益を終わった時に、返還をしなければならない。ただし、その使用及び収益を終わる前であっても、使用及び収益をするのに足りる期間を経過したときは、貸主は、直ちに返還を請求することができる。

Ⅲ　当事者が返還の時期並びに使用及び収益の目的を定めなかったときは、貸主は、いつでも返還を請求することができる。

第598条（借主による収去）

　借主は、借用物を原状に復して、これに附属させた物を収去することができる。

第599条（借主の死亡による使用貸借の終了）

　使用貸借は、借主の死亡によって、その効力を失う。

第601条（賃貸借）

　賃貸借は、当事者の一方がある物の使用及び収益を相手方にさせることを約し、相手方がこれに対してその賃料を支払うことを約することによって、その効力を生ずる。

●付録2　　　　　　　　　　　　　　　　　　　　　　　　　平成 29 年改正前民法

第６０２条（短期賃貸借）

　処分につき行為能力の制限を受けた者又は処分の権限を有しない者が賃貸借をする場合には、次の各号に掲げる賃貸借は、それぞれ当該各号に定める期間を超えることができない。

　①～④　略

第６０４条（賃貸借の存続期間）

Ⅰ　賃貸借の存続期間は、２０年を超えることができない。契約でこれより長い期間を定めたときであっても、その期間は、２０年とする。

Ⅱ　賃貸借の存続期間は、更新することができる。ただし、その期間は、更新の時から２０年を超えることができない。

第６０５条（不動産賃貸借の対抗力）

　不動産の賃貸借は、これを登記したときは、その後その不動産について物権を取得した者に対しても、その効力を生ずる。

第６０６条（賃貸物の修繕等）

Ⅰ　賃貸人は、賃貸物の使用及び収益に必要な修繕をする義務を負う。

Ⅱ　略

第６０９条（減収による賃料の減額請求）

　収益を目的とする土地の賃借人は、不可抗力によって賃料より少ない収益を得たときは、その収益の額に至るまで、賃料の減額を請求することができる。ただし、宅地の賃貸借については、この限りでない。

第６１１条（賃借物の一部滅失による賃料の減額請求等）

Ⅰ　賃借物の一部が賃借人の過失によらないで滅失したときは、賃借人は、その滅失した部分の割合に応じて、賃料の減額を請求することができる。

Ⅱ　前項の場合において、残存する部分のみでは賃借人が賃借をした目的を達することができないときは、賃借人は、契約の解除をすることができる。

第６１３条（転貸の効果）

Ⅰ　賃借人が適法に賃借物を転貸したときは、転借人は、賃貸人に対して直接に義務を負う。この場合においては、賃料の前払をもって賃貸人に対抗することができない。

Ⅱ　略

第６１６条（使用貸借の規定の準用）

　第５９４条第１項、第５９７条第１項及び第５９８条の規定は、賃貸借について準用する。

第６１９条（賃貸借の更新の推定等）

Ⅰ　略

Ⅱ　従前の賃貸借について当事者が担保を供していたときは、その担保は、期間の満了によって消滅する。ただし、敷金については、この限りでない。

841

平成29年改正前民法　　　　　　　　　　　　　　　　　　　　　　　　●付録2

第620条（賃貸借の解除の効力）

賃貸借の解除をした場合には、その解除は、将来に向かってのみその効力を生ずる。この場合において、当事者の一方に過失があったときは、その者に対する損害賠償の請求を妨げない。

第621条（損害賠償及び費用の償還の請求権についての期間の制限）

第600条の規定は、賃貸借について準用する。

第622条　削除

第626条（期間の定めのある雇用の解除）

Ⅰ　雇用の期間が5年を超え、又は雇用が当事者の一方若しくは第三者の終身の間継続すべきときは、当事者の一方は、5年を経過した後、いつでも契約の解除をすることができる。ただし、この期間は、商工業の見習を目的とする雇用については、10年とする。

Ⅱ　前項の規定により契約の解除をしようとするときは、3箇月前にその予告をしなければならない。

第627条（期間の定めのない雇用の解約の申入れ）

Ⅰ　略

Ⅱ　期間によって報酬を定めた場合には、解約の申入れは、次期以後についてすることができる。ただし、その解約の申入れは、当期の前半にしなければならない。

Ⅲ　略

第634条（請負人の担保責任）

Ⅰ　仕事の目的物に瑕疵があるときは、注文者は、請負人に対し、相当の期間を定めて、その瑕疵の修補を請求することができる。ただし、瑕疵が重要でない場合において、その修補に過分の費用を要するときは、この限りでない。

Ⅱ　注文者は、瑕疵の修補に代えて、又はその修補とともに、損害賠償の請求をすることができる。この場合においては、第533条の規定を準用する。

第635条

仕事の目的物に瑕疵があり、そのために契約をした目的を達することができないときは、注文者は、契約の解除をすることができる。ただし、建物その他の土地の工作物については、この限りでない。

第636条（請負人の担保責任に関する規定の不適用）

前2条の規定は、仕事の目的物の瑕疵が注文者の供した材料の性質又は注文者の与えた指図によって生じたときは、適用しない。ただし、請負人がその材料又は指図が不適当であることを知りながら告げなかったときは、この限りでない。

第637条（請負人の担保責任の存続期間）

Ⅰ　前3条の規定による瑕疵の修補又は損害賠償の請求及び契約の解除は、仕事の目的物を引き渡した時から1年以内にしなければならない。

Ⅱ　仕事の目的物の引渡しを要しない場合には、前項の期間は、仕事が終了した時から

842

●付録2　　　　　　　　　　　　　　　　　　　　　　　平成29年改正前民法

起算する。

第638条

Ⅰ　建物その他の土地の工作物の請負人は、その工作物又は地盤の瑕疵について、引渡しの後5年間その担保の責任を負う。ただし、この期間は、石造、土造、れんが造、コンクリート造、金属造その他これらに類する構造の工作物については、10年とする。

Ⅱ　工作物が前項の瑕疵によって滅失し、又は損傷したときは、注文者は、その滅失又は損傷の時から1年以内に、第634条の規定による権利を行使しなければならない。

第639条（担保責任の存続期間の伸長）

第637条及び前条第1項の期間は、第167条の規定による消滅時効の期間内に限り、契約で伸長することができる。

第640条（担保責任を負わない旨の特約）

請負人は、第634条又は第635条の規定による担保の責任を負わない旨の特約をしたときであっても、知りながら告げなかった事実については、その責任を免れることができない。

第642条（注文者についての破産手続の開始による解除）

Ⅰ　注文者が破産手続開始の決定を受けたときは、請負人又は破産管財人は、契約の解除をすることができる。この場合において、請負人は、既にした仕事の報酬及びその中に含まれていない費用について、破産財団の配当に加入することができる。

Ⅱ　前項の場合には、契約の解除によって生じた損害の賠償は、破産管財人が契約の解除をした場合における請負人に限り、請求することができる。この場合において、請負人は、その損害賠償について、破産財団の配当に加入する。

第648条（受任者の報酬）

ⅠⅡ　略

Ⅲ　委任が受任者の責めに帰することができない事由によって履行の中途で終了したときは、受任者は、既にした履行の割合に応じて報酬を請求することができる。

第651条（委任の解除）

Ⅰ　略

Ⅱ　当事者の一方が相手方に不利な時期に委任の解除をしたときは、その当事者の一方は、相手方の損害を賠償しなければならない。ただし、やむを得ない事由があったときは、この限りでない。

第657条（寄託）

寄託は、当事者の一方が相手方のために保管をすることを約してある物を受け取ることによって、その効力を生ずる。

第658条（寄託物の使用及び第三者による保管）

Ⅰ　受寄者は、寄託者の承諾を得なければ、寄託物を使用し、又は第三者にこれを保管させることができない。

Ⅱ　第105条及び第107条第2項の規定は、受寄者が第三者に寄託物を保管させることができる場合について準用する。

843

平成29年改正前民法 ●付録2

第659条（無償受寄者の注意義務）

無報酬で寄託を受けた者は、自己の財産に対するのと同一の注意をもって、寄託物を保管する義務を負う。

第660条（受寄者の通知義務）

寄託物について権利を主張する第三者が受寄者に対して訴えを提起し、又は差押え、仮差押え若しくは仮処分をしたときは、受寄者は、遅滞なくその事実を寄託者に通知しなければならない。

第662条（寄託者による返還請求）

略

第665条（委任の規定の準用）

第646条から第650条まで（同条第3項を除く。）の規定は、寄託について準用する。

第666条（消費寄託）

Ⅰ　第5節（消費貸借）の規定は、受寄者が契約により寄託物を消費することができる場合について準用する。

Ⅱ　前項において準用する第591条第1項の規定にかかわらず、前項の契約に返還の時期を定めなかったときは、寄託者は、いつでも返還を請求することができる。

第670条（業務の執行の方法）

Ⅰ　組合の業務の執行は、組合員の過半数で決する。

Ⅱ　前項の業務の執行は、組合契約でこれを委任した者（次項において「業務執行者」という。）が数人あるときは、その過半数で決する。

Ⅲ　組合の常務は、前2項の規定にかかわらず、各組合員又は各業務執行者が単独で行うことができる。ただし、その完了前に他の組合員又は業務執行者が異議を述べたときは、この限りでない。

第671条（委任の規定の準用）

第644条から第650条までの規定は、組合の業務を執行する組合員について準用する。

第672条（業務執行組合員の辞任及び解任）

Ⅰ　組合契約で1人又は数人の組合員に業務の執行を委任したときは、その組合員は、正当な事由がなければ、辞任することができない。

Ⅱ　略

第673条（組合員の組合の業務及び財産状況に関する検査）

各組合員は、組合の業務を執行する権利を有しないときであっても、その業務及び組合財産の状況を検査することができる。

第675条（組合員に対する組合の債権者の権利の行使）

組合の債権者は、その債権の発生の時に組合員の損失分担の割合を知らなかったときは、各組合員に対して等しい割合でその権利を行使することができる。

●付録 2   平成 29 年改正前民法

第676条（組合員の持分の処分及び組合財産の分割）

Ⅰ　略
Ⅱ　組合員は、清算前に組合財産の分割を求めることができない。

第677条（組合の債務者による相殺の禁止）

　組合の債務者は、その債務と組合員に対する債権とを相殺することができない。

第682条（組合の解散事由）

　組合は、その目的である事業の成功又はその成功の不能によって解散する。

第685条（組合の清算及び清算人の選任）

Ⅰ　略
Ⅱ　清算人の選任は、総組合員の過半数で決する。

第686条（清算人の業務の執行の方法）

　第670条の規定は、清算人が数人ある場合について準用する。

第687条（組合員である清算人の辞任及び解任）

　第672条の規定は、組合契約で組合員の中から清算人を選任した場合について準用
する。

第722条（損害賠償の方法及び過失相殺）

Ⅰ　第417条の規定は、不法行為による損害賠償について準用する。
Ⅱ　略

第724条（不法行為による損害賠償請求権の期間の制限）

　不法行為による損害賠償の請求権は、被害者又はその法定代理人が損害及び加害者を
知った時から3年間行使しないときは、時効によって消滅する。不法行為の時から20
年を経過したときも、同様とする。

第1012条（遺言執行者の権利義務）

Ⅰ　略
Ⅱ　第644条から第647条まで及び第650条の規定は、遺言執行者について準用
する。

第1016条（遺言執行者の復任権）

Ⅰ　略
Ⅱ　遺言執行者が前項ただし書の規定により第三者にその任務を行わせる場合には、相
続人に対して、第105条に規定する責任を負う。

第1018条（遺言執行者の報酬）

Ⅰ　略
Ⅱ　第648条第2項及び第3項の規定は、遺言執行者が報酬を受けるべき場合につい
て準用する。

845

判例索引

明治

大判明 36.10.31 ・・・・・・・・・・・・・・・・・・590
大判明 36.11.16 ・・・・・・・・・・・・・・・・・・191
大判明 37.3.16 ・・・・・・・・・・・・・・・・・・・181
大判明 37.4.5 ・・・・・・・・・・・・・・・・・・・・226
大判明 37.6.16 ・・・・・・・・・・・・・・・・・・・20
大判明 37.6.22 ・・・・・・・・・・・・・・・・・・567
大判明 37.10.1 ・・・・・・・・・・・・・・・・・・・572
大判明 38.3.11 ・・・・・・・・・・・・・・・・・・・424
大判明 38.5.11（百選 I 5事件）・・・・・・・6
大判明 38.6.3 ・・・・・・・・・・・・・・・・・・・・441
大判明 38.9.19 ・・・・・・・・・・・・・・・・・・722
大判明 38.12.6 ・・・・・・・・・・・・・・・・・・234
大判明 39.4.2 ・・・・・・・・・・・・・・・・・・・695
大判明 39.5.17 ・・・・・・・・・・・・・・・・・・・86
大判明 39.12.24 ・・・・・・・・・・・・・・・・・152
大判明 40.4.13 ・・・・・・・・・・・・・・・・・・185
大判明 40.5.16 ・・・・・・・・・・・・・431, 437
大判明 41.5.11 ・・・・・・・・・・・・・・・・・・253
大判明 41.6.10 ・・・・・・・・・・・・・・・・・・・61
大連判明 41.12.15 ・・・・・・・・・・・・・・・135
大連判明 41.12.15（百選 I 54事件）
　・・・・・・・・・・・・・・・・・・・・・・・・・・・・・128
大判明 42.2.25 ・・・・・・・・・・・・・・・・・・183
大判明 42.5.14 ・・・・・・・・・・・・・485, 486
大判明 43.7.6（百選 II〔第 7 版〕14事件）
　・・・・・・・・・・・・・・・・・・・・・・・・・・・・・325
大刑判明 43.10.13 ・・・・・・・・・・・・・・・421
大判明 43.12.9 ・・・・・・・・・88, 477, 559
大判明 44.2.21 ・・・・・・・・・・・・・・・・・・569
大連判明 44.3.24（百選 II 14事件）
　・・・・・・・・・・・・・・・・・・・・・・・・334, 335
大判明 44.10.10 ・・・・・・・・・・・・・・・・・129
大判明 44.12.11 ・・・・・・・・・・・・・・・・・469
大判明 44.12.26 ・・・・・・・・・・・・・・・・・594
大判明 45.3.13 ・・・・・・・・・・・・・・・・・・・56
大判明 45.7.3 ・・・・・・・・・・・・・・・・・・・426

大正

大判大 2.1.24 ・・・・・・・・・・・・・・・・・・・525
大判大 2.6.28 ・・・・・・・・・・・・・・・・・・・599
大判大 2.10.20 ・・・・・・・・・・・・・・・・・・313

大判大 3.6.4 ・・・・・・・・・・・・・・・・・・・・580
大判大 3.9.28 ・・・・・・・・・・・・・・・・・・・699
大判大 3.11.2 ・・・・・・・・・・・・・・・・・・・125
大判大 3.11.20（13条 1 項 2 号の「借財」）
　・・・・・・・・・・・・・・・・・・・・・・・・・・・・・14
大判大 3.11.20（468条 1 項と 94 条 2 項の
　優劣）・・・・・・・・・・・・・・・・・・・・・・・398
大判大 3.12.1 ・・・・・・・・・・・・・・・・・・・468
大連判大 3.12.22 ・・・・・・・・・・・・・・・・395
大判大 4.3.10（百選 II 19事件）・・・・・625
大判大 4.3.20 ・・・・・・・・・・・・・・・・・・297
大判大 4.3.24 ・・・・・・・・・・・・・・・・・・・88
大判大 4.3.27 ・・・・・・・・・・・・・・・・・・395
大判大 4.4.5 ・・・・・・・・・・・・・・・・・・・501
大判大 4.5.12 ・・・・・・・・・・・・・・・・・・633
大判大 4.7.1 ・・・・・・・・・・・・・・・・・・・250
大判大 4.7.13 ・・・・・・・・・・・・・・・・・・501
大判大 4.9.15 ・・・・・・・・・・・・・・・・・・243
大判大 4.9.21 ・・・・・・・・・・・・・・・・・・343
大判大 4.9.29 ・・・・・・・・・・・・・・・・・・148
大判大 4.10.2 ・・・・・・・・・・・・・・・・・・・79
大判大 4.12.8 ・・・・・・・・・・・・・・・・・・140
大判大 4.12.21 ・・・・・・・・・・・・・・・・・517
大判大 5.2.8 ・・・・・・・・・・・・・・・・・・・722
大判大 5.4.1 ・・・・・・・・・・・・・・・・・・・138
大判大 5.5.1 ・・・・・・・・・・・・・・・・・・・328
大判大 5.5.8 ・・・・・・・・・・・・・・・・・・・448
大判大 5.5.22 ・・・・・・・・・・・・・・・・・・546
大判大 5.6.1（失踪宣告による相続の開始）
　・・・・・・・・・・・・・・・・・・・・・・・・・・・・・720
大判大 5.6.1（717 I ただし書の免責事由）
　・・・・・・・・・・・・・・・・・・・・・・・・・・・・・641
大判大 5.6.1（不法原因給付）・・・・・・・618
大判大 5.6.26 ・・・・・・・・・・・・・・・・・・475
大判大 5.6.28 ・・・・・・・・・・・・・・・・・・236
大判大 5.7.5 ・・・・・・・・・・・・・・・・・・・606
大判大 5.7.22 ・・・・・・・・・・・・・・・・・・162
大判大 5.9.5 ・・・・・・・・・・・・・・・・・・・231
大判大 5.9.22 ・・・・・・・・・・・・・・・・・・495
大判大 5.10.27 ・・・・・・・・・・・・・・・・・311
大判大 5.11.27 ・・・・・・・・・・・・・・・・・568
大判大 5.11.29 ・・・・・・・・・・・・・・・・・176

大判大 5.12.13 ・・・・・・・・・・・・・・・・・・140
大判大 5.12.22（百選Ⅱ83事件）・・・・・622
大判大 5.12.25 ・・・・・・・・・・・・・・・・・・223
大判大 5.12.28 ・・・・・・・・・・・・・・・・・・・84
大判大 6.2.7 ・・・・・・・・・・・・・・・・・・・・・63
大判大 6.3.5 ・・・・・・・・・・・・・・・・・・・293
大判大 6.4.16 ・・・・・・・・・・・・・・・・・・448
大判大 6.4.30 ・・・・・・・・・・・・・・632, 633
大判大 6.6.27 ・・・・・・・・・・・・・・・・・・479
大判大 6.7.10 ・・・・・・・・・・・・・・・・・・488
大判大 6.7.26 ・・・・・・・・・・・・・・・・・・218
大判大 6.9.18 ・・・・・・・・・・・・・・・・・・607
大判大 6.9.19 ・・・・・・・・・・・・・・・・・・229
大判大 6.9.22 ・・・・・・・・・・・・・・・・・・389
大判大 6.9.25 ・・・・・・・・・・・・・・・・・・359
大判大 6.10.2 ・・・・・・・・・・・・・・・・・・395
大判大 6.10.18 ・・・・・・・・・・・・・・・・・410
大判大 6.10.20 ・・・・・・・・・・・・・・・・・423
大判大 6.10.29 ・・・・・・・・・・・・・・・・・106
大判大 6.11.8 ・・・・・・・・・・・・・・・・・・・51
大判大 6.11.14 ・・・・・・・・・・・・・117, 488
大判大 6.12.11 ・・・・・・・・・・・・・・・・・616
大判大 7.3.2 ・・・・・・・・・・・・・・130, 134
大判大 7.5.13 ・・・・・・・・・・・・・・・・・・138
大判大 7.6.8 ・・・・・・・・・・・・・・・・・・424
大判大 7.7.10 ・・・・・・・・・・・・・608, 610
大判大 7.8.14 ・・・・・・・・・・・・・・・・・・468
大判大 7.8.27（百選Ⅱ7事件）・・・・・・・310
大判大 7.9.25 ・・・・・・・・・・・・・・・・・・398
大判大 7.10.9 ・・・・・・・・・・・・・・15, 106
大判大 7.10.29 ・・・・・・・・・・・・・・・・・418
大判大 7.11.14 ・・・・・・・・・・・・311, 485
大判大 7.12.3 ・・・・・・・・・・・・・・・・・・・51
大判大 7.12.4 ・・・・・・・・・・・・・・・・・・425
大判大 7.12.6 ・・・・・・・・・・・・・250, 253
大判大 7.12.7 ・・・・・・・・・・・・・・・・・・414
大判大 7.12.23 ・・・・・・・・・・・・・・・・・484
大判大 8.2.1 ・・・・・・・・・・・・・・473, 474
大判大 8.3.3 ・・・・・・・・・・・・・・・・・・・・4
大連判大 8.3.28 ・・・・・・・・・・・・・・・・・397
大判大 8.4.7 ・・・・・・・・・・・・・・・・・・484
大判大 8.5.12 ・・・・・・・・・・・・・・・・・・・14
大判大 8.6.25 ・・・・・・・・・・・・・・・・・・402
大判大 8.6.26（債権者代位権の転用）
・・・・・・・・・・・・・・・・・・・・325, 394

大判大 8.6.26（事務管理）・・・・・・・608, 609
大判大 8.6.30 ・・・・・・・・・・・・・・・・・・103
大判大 8.7.4 ・・・・・・・・・・・・・・・・・・100
大判大 8.7.15 ・・・・・・・・・・・・・・・・・・424
大判大 8.9.15 ・・・・・・・・・・・・・・・・・・618
大判大 8.10.8 ・・・・・・・・・・・・・・・・・・138
大判大 8.10.9 ・・・・・・・・・・・・・・・・・・461
大判大 8.10.13 ・・・・・・・・・・・・・111, 156
大判大 8.10.23 ・・・・・・・・・・・・・・・・・・73
大判大 8.11.27 ・・・・・・・・・・・・・・・・・424
大判大 8.12.25 ・・・・・・・・・・・・・・・・・288
大判大 8.12.26 ・・・・・・・・・・・・・・・・・106
大判大 9.1.29 ・・・・・・・・・・・・・・・・・・399
大判大 9.2.19 ・・・・・・・・・・・・・・・・・・140
大判大 9.2.28 ・・・・・・・・・・・・・・・・・・424
大判大 9.3.24 ・・・・・・・・・・・・・・・・・・362
大判大 9.3.29 ・・・・・・・・・・・・・・・・・・224
大判大 9.4.7 ・・・・・・・・・・・・・・・・・・486
大判大 9.6.2 ・・・・・・・・・・・・・・・・・・275
大判大 9.7.15 ・・・・・・・・・・・・・・・・・・485
大判大 9.9.8 ・・・・・・・・・・・・・・・・・・144
大判大 9.9.25 ・・・・・・・・・・・・・・・・・・275
大判大 9.10.16 ・・・・・・・・・・・・・・・・・548
大判大 9.11.4 ・・・・・・・・・・・・・・・・・・425
大判大 9.11.15 ・・・・・・・・・・・・・・・・・482
大判大 9.11.24 ・・・・・・・・・・・・・・・・・411
大判大 9.11.26 ・・・・・・・・・・・・・・・・・313
大判大 9.12.22 ・・・・・・・・・・・・・・・・・343
大判大 9.12.24 ・・・・・・・・・・・・・・・・・336
大判大 10.2.1 ・・・・・・・・・・・・・・・・・・106
大判大 10.2.9 ・・・・・・・・・・・・・・・・・・394
大判大 10.2.17 ・・・・・・・・・・・・・・・・・646
大判大 10.3.4 ・・・・・・・・・・・・・・・・・・521
大判大 10.3.5 ・・・・・・・・・・・・・117, 501
大判大 10.3.18 ・・・・・・・・・・・・・・・・・344
大判大 10.3.31 ・・・・・・・・・・・・・・・・・520
大判大 10.4.30 ・・・・・・・・・・・・・・・・・426
大判大 10.5.17 ・・・・・・・・・・・・・485, 487
大判大 10.5.30（債権の準占有）・・・・・・166
大判大 10.5.30（賃貸人たる地位の移転）
・・・・・・・・・・・・・・・・・・・・・・・・543
大判大 10.6.2（百選Ⅰ19事件）・・・・・・・44
大判大 10.6.8 ・・・・・・・・・・・・・・・・・・184
大判大 10.7.8 ・・・・・・・・・・・・・・・・・・158
大判大 10.7.11 ・・・・・・・・・・・・・・・・・541

大判大 10.9.21 ・・・・・・・・・・・・・・・・・522
大判大 10.9.26 ・・・・・・・・・・・・・470, 546
大判大 10.11.9 ・・・・・・・・・・・・・・・・・479
大判大 10.11.28 ・・・・・・・・・・・・・・・・128
大判大 11.5.5 ・・・・・・・・・・・・・・・・・・520
大判大 11.7.10 ・・・・・・・・・・・・・・・・・182
大判大 11.7.25 ・・・・・・・・・・・・・・・・・727
大判大 11.7.26 ・・・・・・・・・・・・・・・・・315
大判大 11.8.7 ・・・・・・・・・・・・・・・・・・625
大判大 11.8.21 ・・・・・・・・・・・・・117, 124
大判大 11.11.13 ・・・・・・・・・・・・・・・・482
大判大 11.11.24（賃借権の放棄と抵当権）
・・・・・・・・・・・・・・・・・・・・・・・・・・261
大判大 11.11.24（不可分債務）
・・・・・・・・・・・・・・・・346, 729, 733
大判大 11.12.2 ・・・・・・・・・・・・・・・・・482
大判大 12.2.23 ・・・・・・・・・・・・・・・・・346
大判大 12.6.1 ・・・・・・・・・・・・・・・・・・484
大判大 12.6.11（百選 I 39 事件）・・・・87
大判大 12.7.27 ・・・・・・・・・・・・・・・・・188
大連判大 12.12.14 ・・・・・・・・・・・・・・・251
大判大 13.2.29 ・・・・・・・・・・・・・・・・・501
大判大 13.3.17 ・・・・・・・・・・・・・・・・・196
大判大 13.4.21 ・・・・・・・・・・・・・・・・・521
大判大 13.5.19 ・・・・・・・・・・・・・・・・・181
大判大 13.5.22 ・・・・・・・・・・・・・・・・・163
大決大 13.7.28 ・・・・・・・・・・・・・・・・・655
大連判大 13.9.24 ・・・・・・・・・・・・154, 517
大判大 13.9.25 ・・・・・・・・・・・・・・・・・152
大連判大 13.10.7 ・・・・・・・・・・・・112, 123
大連判大 13.10.7（百選 I 10 事件）
・・・・・・・・・・・・・・・・・・・・・・・・・・123
大判大 14.1.20 ・・・・・・・・・・・・・40, 153
大判大 14.2.19 ・・・・・・・・・・・・・・・・・480
大判大 14.2.26 ・・・・・・・・・・・・・・・・・534
大判大 14.3.3 ・・・・・・・・・・・・・・・・・・470
大連判大 14.7.8 ・・・・・・・・・130, 134, 135
大連判大 14.7.14 ・・・・・・・・・・・・・・・・225
大判大 14.7.18 ・・・・・・・・・・・・・・・・・261
大判大 14.10.29 ・・・・・・・・・・・・・・・・469
大判大 14.11.28 ・・・・・・・・・・・・・・・・623
大判大 14.12.15 ・・・・・・・・・・・・・・・・483
大判大 14.12.24 ・・・・・・・・・・・・・・・・・74
大判大 15.1.28 ・・・・・・・・・・・・・・・・・520
大判大 15.2.5 ・・・・・・・・・・・・・・・・・・254

大判大 15.2.16 ・・・・・・・・・・・・・・・・・629
大判大 15.2.24 ・・・・・・・・・・・・・・・・・303
大判大 15.4.7 ・・・・・・・・・・・・・・・・・・495
大連判大 15.5.22 ・・・・・・311, 621, 627, 644
大判大 15.8.3 ・・・・・・・・・・・・・・・・・・750
大決大 15.9.4 ・・・・・・・・・・・・・・・・・・・48
大判大 15.9.30 ・・・・・・・・・・・・・・・・・424
大判大 15.10.8 ・・・・・・・・・・・・・・・・・165
大判大 15.10.26 ・・・・・・・・・・・・・・・・259
大判大 15.11.13 ・・・・・・・・・・・・・・・・328

昭和

大判昭 2.1.31 ・・・・・・・・・・・・・・・・・・106
大判昭 2.2.2 ・・・・・・・・・・・・・・・・・・・479
大判昭 2.2.16 ・・・・・・・・・・・・・・・・・・154
大判昭 2.4.22 ・・・・・・・・・・・・・・・・・・728
大判昭 2.4.25 ・・・・・・・・・・・・・・・・・・・39
大判昭 2.12.27 ・・・・・・・・・・・・・・・・・517
大判昭 3.3.10 ・・・・・・・・・・・・・・・・・・448
大判昭 3.3.24 ・・・・・・・・・・・・・・・・・・106
大判昭 3.6.7 ・・・・・・・・・・・・・・・・・・・641
大判昭 3.8.1 ・・・・・・・・・・・・・・・・・・・241
大判昭 3.12.19 ・・・・・・・・・・・・・・・・・387
大判昭 4.2.23 ・・・・・・・・・・・・・・・・・・395
大判昭 4.7.4 ・・・・・・・・・・・・・・・・・・・677
大判昭 4.10.26 ・・・・・・・・・・・・・・・・・618
大判昭 4.11.22 ・・・・・・・・・・・・・・・・・・86
大判昭 4.12.16 ・・・・・・・・・・・・・297, 325
大判昭 5.1.29 ・・・・・・・・・・・・・118, 527
大判昭 5.3.4 ・・・・・・・・・・・・・・・・・・・・77
大判昭 5.4.7 ・・・・・・・・・・・・・・・・・・・424
大判昭 5.4.11 ・・・・・・・・・・・・・・・・・・136
大判昭 5.4.26（相続放棄・限定承認後の相
続財産の処分）・・・・・・・・・・・・・・・753
大判昭 5.4.26（賃借物についての有益費）
・・・・・・・・・・・・・・・・・・・・・・・・・・548
大判昭 5.6.12 ・・・・・・・・・・・・・149, 451
大判昭 5.6.27 ・・・・・・・・・・・・・・・・・・231
大判昭 5.7.14 ・・・・・・・・・・・・・・・・・・135
大決昭 5.8.6 ・・・・・・・・・・・・・・・・・・・162
大決昭 5.9.30 ・・・・・・・・・・・・・304, 664
大判昭 5.10.10 ・・・・・・・・・・・・・319, 394
大決昭 5.12.4 ・・・・・・・・・・・・・・・・・・733
大判昭 5.12.18 ・・・・・・・・・・・・・・・・・234
大判昭 6.3.16 ・・・・・・・・・・・・・・・・・・437

大決昭 6.4.7（百選Ⅱ〔第7版〕41 事件）
・・・・・・・・・・・・・・・・・・・・・435
大判昭 6.4.22 ・・・・・・・・・・・・・・・618
大判昭 6.6.4 ・・・・・・・・・・・・・・・366
大判昭 6.6.9 ・・・・・・・・・・・・・・・・48
大判昭 6.6.22 ・・・・・・・・・・・・・・・84
大判昭 6.9.16 ・・・・・・・・・・・329, 333
大判昭 6.10.21 ・・・・・・・・・・・・・・240
大判昭 6.11.24 ・・・・・・・・・・・・・・698
大決昭 6.12.18 ・・・・・・・・・・・・・・431
大判昭 7.2.9 ・・・・・・・・・・・・・・・722
大判昭 7.2.16 ・・・・・・・・・・・・・・159
大判昭 7.3.3 ・・・・・・・・・・・・・・・517
大判昭 7.4.11 ・・・・・・・・・・・・・・641
大判昭 7.4.13 ・・・・・・・・・・・・・・163
大判昭 7.4.20 ・・・・・・・・・・・・・・240
大判昭 7.4.30 ・・・・・・・・・・・・・・572
大判昭 7.5.9 ・・・・・・・・・・・・・・・567
大判昭 7.5.11 ・・・・・・・・・・・・・・655
大判昭 7.5.18 ・・・・・・・・・・・・・・155
大判昭 7.5.27（抵当権侵害に対する損害賠
　償請求権）・・・・・・・・・・・・238, 241
大判昭 7.5.27（法人の代表者個人の不法行
　為責任）・・・・・・・・・・・・・36, 357
大判昭 7.6.2 ・・・・・・・・・・・・・・・754
大判昭 7.6.6 ・・・・・・・・・・・・・・・66
大判昭 7.6.8 ・・・・・・・・・・・・・・・183
大判昭 7.9.30（通知を怠った連帯債務者の
　求償の制限）・・・・・・・・・・・・・355
大判昭 7.9.30（不法行為に基づく債権につ
　いての和解）・・・・・・・・・・・・・607
大判昭 7.10.6（百選Ⅰ〔第6版〕3 事件）
・・・・・・・・・・・・・・・・・・・・・・5
大判昭 7.10.8 ・・・・・・・・・・・・・・553
大判昭 7.10.26 ・・・・・・・・・・・・・・83
大判昭 7.12.6 ・・・・・・・・・・・・・・396
大判昭 8.1.31 ・・・・・・・・・・・・・・441
大判昭 8.2.13 ・・・・・・・・・・・・・・157
大判昭 8.3.14 ・・・・・・・・・・・・・・625
大判昭 8.4.6 ・・・・・・・・・・・・・・・378
大判昭 8.4.20 ・・・・・・・・・・・・・・135
大判昭 8.4.28 ・・・・・・・・・・・・・・・86
大判昭 8.6.13 ・・・・・・・・・・・363, 364
大判昭 8.6.16 ・・・・・・・・・・・・・・・47
大判昭 8.10.13 ・・・・・・・・・・・・・・367

大判昭 8.11.7 ・・・・・・・・・・・139, 233
大判昭 8.12.5 ・・・・・・・・・・・・・・438
大判昭 8.12.11 ・・・・・・・・・・・・・・550
大判昭 9.2.26 ・・・・・・・・・・・・・・421
大判昭 9.2.28 ・・・・・・・・・・・・・・253
大判昭 9.3.7 ・・・・・・・・・・・・・・・553
大決昭 9.3.8 ・・・・・・・・・・・・・・・234
大判昭 9.5.1 ・・・・・・・・・・・・・・・135
大判昭 9.5.1（百選Ⅰ 15 事件）・・・・・・・42
大判昭 9.6.2（催告）・・・・・・・・・・・479
大判昭 9.6.2（質権）・・・・・・・・・・・223
大判昭 9.7.17 ・・・・・・・・・・・・・・427
大判昭 9.9.15 ・・・・・・・・・・・・・・・92
大判昭 9.10.16 ・・・・・・・・・・・・・・437
大判昭 9.10.23 ・・・・・・・・・・・・・・203
大判昭 9.10.30 ・・・・・・・・・・・・・・141
大判昭 10.2.19 ・・・・・・・・・・・・・・116
大判昭 10.4.22 ・・・・・・・・・・・・・・551
大判昭 10.4.23 ・・・・・・・・・・・・・・255
大判昭 10.5.31 ・・・・・・・・・・・・・・・48
大判昭 10.8.10 ・・・・・・・・・・・・・・250
大判昭 10.10.1（百選Ⅰ 11 事件）
・・・・・・・・・・・・・・・・・・・39, 567
大判昭 10.10.5（百選Ⅰ 1 事件）・・・・・・・4
大判昭 11.1.14 ・・・・・・・・・・・・・・234
大判昭 11.2.25 ・・・・・・・・・・・・・・230
大判昭 11.2.25（百選Ⅱ 75 事件）・・・・・599
大判昭 11.3.23 ・・・・・・・・・・・・・・323
大判昭 11.5.13 ・・・・・・・・・・・・・・631
大判昭 11.6.2 ・・・・・・・・・・・・・・431
大判昭 11.6.17 ・・・・・・・・・・・・・・795
大判昭 11.7.8 ・・・・・・・・・・・・・・615
大判昭 11.7.14 ・・・・・・・・・・・・・・258
大判昭 11.8.10 ・・・・・・・・・・・・・・503
大判昭 11.11.8 ・・・・・・・・・・・・・・419
大判昭 12.1.30 ・・・・・・・・・・・・・・753
大判昭 12.6.30 ・・・・・・・・・・・・・・356
大判昭 12.7.7 ・・・・・・・・・・・・・・288
大判昭 12.7.10 ・・・・・・・・・・・・・・125
大判昭 12.11.16 ・・・・・・・・・・・・・・547
大判昭 12.11.19（百選Ⅰ 50 事件）
・・・・・・・・・・・・・・・・・・・・・124
大判昭 13.2.4 ・・・・・・・・・・・・・・106
大判昭 13.2.7 ・・・・・・・・・・・・・・・25
大判昭 13.2.12 ・・・・・・・・・・・・・・599

大判昭 13.2.14 ・・・・・・・・・・・・・・・・・・207
大判昭 13.3.1 ・・・・・・・・・・・・・・・・・・・542
大判昭 13.3.30（百選 I〔第 6 版〕15 事
　件）・・・・・・・・・・・・・・・・・・・・・・・・・43
大判昭 13.4.12 ・・・・・・・・・・・・・・・・・・722
大判昭 13.7.26 ・・・・・・・・・・・・・・・・・・722
大判昭 13.12.7 ・・・・・・・・・・・・・・・・・・485
大判昭 13.12.17 ・・・・・・・・・・・・・・・・・204
大判昭 13.12.26 ・・・・・・・・・・・・・・・・・164
大判昭 14.4.15 ・・・・・・・・・・・・・・・・・・519
大判昭 14.7.26 ・・・・・・・・・・・・・・・・・・251
大判昭 14.10.13 ・・・・・・・・・・・・・・・・・409
大判昭 14.12.13（信頼関係破壊の法理）
　・・・・・・・・・・・・・・・・・・・・・・・・・・・559
大判昭 14.12.13（付随義務の不履行と契約
　解除）・・・・・・・・・・・・・・・・・・・・・・・478
大判昭 14.12.19 ・・・・・・・・・・・・・・・・・250
大判昭 15.2.23 ・・・・・・・・・・・・・・・・・・552
大連判昭 15.3.13 ・・・・・・・・・・・・・・・・116
大判昭 15.5.14 ・・・・・・・・・・・・・・・・・・240
大判昭 15.5.29 ・・・・・・・・・・・・・・・・・・413
大判昭 15.8.12 ・・・・・・・・・・・・・・・・・・261
大判昭 15.9.3 ・・・・・・・・・・・・・・・・・・・479
大判昭 15.9.18（百選 I 49 事件）・・・125
大判昭 15.11.26 ・・・・・・・・・・・・117, 260
大連判昭 15.12.14 ・・・・・・・・・・・・・・・649
大判昭 16.2.10 ・・・・・・・・・・・・・・・・・・339
大判昭 16.3.1 ・・・・・・・・・・・・・・・420, 470
大判昭 16.8.30 ・・・・・・・・・・・・・・・・・・・47
大判昭 16.9.30 ・・・・・・・・・・・・・319, 475
大判昭 17.2.18 ・・・・・・・・・・・・・・・・・・439
大判昭 17.3.23 ・・・・・・・・・・・・・・・・・・・48
大判昭 17.3.26（177 条の「第三者」）
　・・・・・・・・・・・・・・・・・・・・・・・・・・・136
大判昭 17.3.26（廃除の届出）・・・・・・・728
大連判昭 17.5.20 ・・・・・・・・・・・・・・・・・70
大判昭 17.9.30（百選 I 55 事件）
　・・・・・・・・・・・・・53, 54, 128, 134, 135
大判昭 17.11.19 ・・・・・・・・・・・・・・・・・439
大判昭 18.2.18 ・・・・・・・・・・・・・・203, 541
大判昭 18.4.16 ・・・・・・・・・・・・・・・・・・475
大判昭 18.6.19 ・・・・・・・・・・・・・・・・・・154
大判昭 18.9.10 ・・・・・・・・・・・・・・・・・・378
大判昭 18.11.13 ・・・・・・・・・・・・・・・・・415
大判昭 19.2.18 ・・・・・・・・・・・・・・・・・・164

大連判昭 19.12.22（百選 I 33 事件）
　・・・・・・・・・・・・・・・・・・・・・・・・・・・・72
大判昭 20.5.21 ・・・・・・・・・・・・・・82, 367
大判昭 20.9.10 ・・・・・・・・・・・・・・・・・・120
最判昭 23.11.6 ・・・・・・・・・・・・・・・・・・722
最判昭 23.12.23 ・・・・・・・・・・・・・683, 684
最判昭 24.10.4（百選 II〔第 6 版〕47 事
　件）・・・・・・・・・・・・・・・・・・・・・・・・502
最判昭 25.10.26 ・・・・・・・・・・・・・・・・・507
最判昭 25.12.19（百選 I 62 事件）
　・・・・・・・・・・・・・・・・・・・・・・・・・・・136
最判昭 25.12.28 ・・・・・・・・・・・・・・・・・683
最判昭 26.4.27 ・・・・・・・・・・・・・・・・・・552
最判昭 26.5.31 ・・・・・・・・・・・・・・・・・・552
最判昭 26.11.15 ・・・・・・・・・・・・・・・・・503
最判昭 26.11.27 ・・・・・・・・・・・・・・・・・159
最判昭 27.2.8 ・・・・・・・・・・・・・・・・・・・606
最判昭 27.2.15 ・・・・・・・・・・・・・・・・・・・34
最判昭 27.10.3 ・・・・・・・・・・・・・・77, 683
最判昭 27.11.27（民訴百選 51 事件）
　・・・・・・・・・・・・・・・・・・・・・・・・・・・470
最判昭 27.12.11 ・・・・・・・・・・・・・・・・・539
最判昭 28.1.22 ・・・・・・・・・・・・・・・・・・620
最判昭 28.5.8 ・・・・・・・・・・・・・・・・・・・620
最判昭 28.5.29 ・・・・・・・・・・・・・・・・・・395
最判昭 28.6.16 ・・・・・・・・・・・・・・・・・・616
最判昭 28.6.26 ・・・・・・・・・・・・・・・・・・679
最判昭 28.9.25 ・・・・・・・・・・・・・・・・・・551
最判昭 28.10.15 ・・・・・・・・・・・・・・・・・486
最判昭 28.12.14 ・・・・・・・・・・・・・・・・・319
最判昭 28.12.18（百選 II 8 事件）
　・・・・・・・・・・・・・・・311, 485, 486
最判昭 28.12.18（百選 II 57 事件）
　・・・・・・・・・・・・・284, 297, 545
最判昭 29.1.14 ・・・・・・・・・・・・・・203, 542
最判昭 29.1.21 ・・・・・・・・・・・・・・・・・・657
最判昭 29.4.8（百選 III 65 事件）
　・・・・・・・・・・・・・・・・・・・・・343, 732
最判昭 29.4.30 ・・・・・・・・・・・・・・・・・・677
最判昭 29.6.25 ・・・・・・・・・・・・・・・・・・546
最判昭 29.7.22 ・・・・・・・・・・・・・・・・・・470
最判昭 29.7.27 ・・・・・・・・・・・・・・・・・・479
最判昭 29.8.31 ・・・・・・・・・・・・・・43, 619
最判昭 29.8.31（百選 I〔第 6 版〕61 事
　件）・・・・・・・・・・・・・・・・・・・・・・・142

最判昭 29.9.24 ・・・・・・・・・・・・・・・・323
最判昭 29.12.23 ・・・・・・・・・・・・・・252
最判昭 29.12.24 ・・・・・・・・・・753, 757
最判昭 30.5.13（法人の善意・悪意）
・・・・・・・・・・・・・・・・・・・・・61, 615
最判昭 30.5.13（612 条 1 項の「承諾」）
・・・・・・・・・・・・・・・・・・・・・・・・550
最判昭 30.5.31 ・・・・・・・・・179, 730, 731
最判昭 30.6.2（百選 I 64 事件）
・・・・・・・・・・・・・・・・・・・141, 272
最判昭 30.7.15 ・・・・・・・・・・・・・・234
最判昭 30.10.7 ・・・・・・・・・・・・・・618
最判昭 30.10.11 ・・・・・・・・・・・・・336
最判昭 30.10.18（百選 II 1 事件）
・・・・・・・・・・・・・・287, 288, 289
最判昭 30.10.28 ・・・・・・・・・・・・・360
最判昭 30.11.22 ・・・・・・・・・・・94, 488
最判昭 30.12.26 ・・・・・・・・・・198, 318
最判昭 31.1.27 ・・・・・・・・・・・・・・496
最判昭 31.2.21 ・・・・・・・・・・・・・・670
最判昭 31.4.5 ・・・・・・・・・・・・・・・554
最判昭 31.4.16 ・・・・・・・・・・・・・・561
最判昭 31.4.24 ・・・・・・・・・・・・・・135
最判昭 31.6.19 ・・・・・・・・・・・・・・177
最判昭 31.7.4 ・・・・・・・・・・・・・・・304
最判昭 31.10.5 ・・・・・・・・・・・・・・550
最判昭 31.11.2 ・・・・・・・・・・・・・・439
最判昭 31.12.6 ・・・・・・・・・・・・・・479
最判昭 31.12.18 ・・・・・・・・・・・・・641
最判昭 31.12.28 ・・・・・・・・・・・・・・46
最判昭 32.2.15（百選 I 66 事件）・・・・・147
最判昭 32.2.22 ・・・・・・・・・・・・・・439
最判昭 32.3.8 ・・・・・・・・・・・・441, 486
最判昭 32.4.30 ・・・・・・・・・・・・・・636
最判昭 32.5.21 ・・・・・・・・・・・・・・498
最判昭 32.6.5 ・・・・・・・・・・・・・・・426
最判昭 32.7.5 ・・・・・・・・・・・・・・・696
最判昭 32.7.19 ・・・・・・・・・・・・・・441
最判昭 32.9.19 ・・・・・・・・・・・・・・721
最判昭 32.11.12 ・・・・・・・・・・・・・551
最判昭 32.12.3 ・・・・・・・・・・・・・・556
最判昭 32.12.5 ・・・・・・・・・・・・・・・79
最判昭 32.12.19 ・・・・・・・・・・・50, 359
最判昭 33.1.17 ・・・・・・・・・・・・・・207
最判昭 33.2.13 ・・・・・・・・・・・・・・601

最判昭 33.3.6 ・・・・・・・・・・・・・・・664
最判昭 33.3.13 ・・・・・・・・・・・469, 542
最判昭 33.4.11（百選 II 24 事件）・・・・656
最判昭 33.5.9 ・・・・・・・・・・・・・・・234
最判昭 33.6.3 ・・・・・・・・・・・・・・・470
最判昭 33.6.6 ・・・・・・・・・・・・524, 526
最判昭 33.6.14 ・・・・・・・・129, 134, 486
最判昭 33.6.14（百選 II 76 事件）・・・・607
最判昭 33.6.20（百選 I 52 事件）
・・・・・・・・・・・・・・・・・・・126, 127
最判昭 33.7.1 ・・・・・・・・・・・・・・・・55
最判昭 33.7.15 ・・・・・・・・・・・・・・318
最判昭 33.7.25 ・・・・・・・・・・・・・・671
最判昭 33.7.29 ・・・・・・・・・・・・・・140
最判昭 33.8.5 ・・・・・・・・・・・・631, 632
最判昭 33.8.28 ・・・・・・・113, 130, 134, 135
最判昭 33.9.18 ・・・・・・・・・・・・・・・34
最判昭 34.2.5 ・・・・・・・・・・・・・・・・70
最判昭 34.2.12 ・・・・・・・・・・・136, 138
最判昭 34.2.13 ・・・・・・・・・・・・・・・60
最判昭 34.4.15 ・・・・・・・・・・・・・・146
最判昭 34.5.14 ・・・・・・・・・・・・・・468
最判昭 34.6.19（百選 I 62 事件）
・・・・・・・・・・・・・・・・・・・343, 733
最判昭 34.7.24 ・・・・・・・・・・・・・・140
最判昭 34.8.7 ・・・・・・・・・・・・・・・141
最判昭 34.8.7（百選 III 13 事件）・・・・・668
最判昭 34.8.28（催告解除）・・・・・・・・479
最判昭 34.8.28（178 条の「引渡し」）
・・・・・・・・・・・・・・・・・・・・・・・・141
最判昭 34.9.3 ・・・・・・・・・・・・・・・203
最判昭 34.9.17 ・・・・・・・・・・・・・・552
最判昭 34.9.22 ・・・・・・・・・・・・・・153
最判昭 34.11.26 ・・・・・・・・・・・・・183
最判昭 35.2.9 ・・・・・・・・・・・・・・・541
最判昭 35.2.11（百選 I 68 事件）・・・・・157
最判昭 35.2.19（百選 I 29 事件）・・・・・・69
最判昭 35.2.25（百選 III 48 事件）・・・・699
最判昭 35.3.1（占有者の賃借権と 188 条）
・・・・・・・・・・・・・・・・・・・・・・・・152
最判昭 35.3.1（立木の地盤への付合）
・・・・・・・・・・・・・・・・・・・・・・・・177
最判昭 35.3.15（百選 III 44 事件）・・・・696
最判昭 35.3.18（百選 I 16 事件）・・・・・・43
最判昭 35.3.22 ・・・・・・・・・・・・・・127

最判昭 35.3.31 ・・・・・・・・・・・・・・・・・・・・・136
最判昭 35.4.7 ・・・・・・・・・・・・・・・・・・・・・・147
最判昭 35.4.21 (抹消登記手続請求)
・・・・・・・・・・・・・・・・・・・・・・・・・・・・・139, 470
最判昭 35.4.21 (履行不能)
・・・・・・・・・・・・・・・・・・・・・299, 482, 486
最判昭 35.4.26 ・・・・・・・・・・・・・・・・・・・・329
最判昭 35.5.6 ・・・・・・・・・・・・・・・・・・・・・419
最判昭 35.6.23 (時効利益の放棄)
・・・・・・・・・・・・・・・・・・・・・・・・・・・・・・・・・100
最判昭 35.6.23 (転貸借と混同)・・・・・・451
最判昭 35.7.1 ・・・・・・・・・・・・・・・・・・・・・422
最判昭 35.7.8 ・・・・・・・・・・・・・・・・・・・・・470
最判昭 35.7.27 (取得時効の起算点)
・・・・・・・・・・・・・・・・・・97, 113, 131, 134
最判昭 35.7.27 (法人の権利能力)・・・・・34
最判昭 35.9.20 ・・・・・・・・・・・・・・・470, 541
最判昭 35.10.21 (百選Ⅰ 28 事件)・・・・・69
最判昭 35.10.27 ・・・・・・・・・・・・・・・・・・479
最判昭 35.11.1 ・・・・・・・・・・・・・・・・・・・・117
最判昭 35.11.22 ・・・・・・・・・・・・・・・・・・424
最判昭 35.11.29 (百選Ⅰ 56 事件)
・・・・・・・・・・・・・・・・・・・・・129, 134, 135
最判昭 35.12.9 ・・・・・・・・・・・・・・・・・・・596
最判昭 35.12.15 ・・・・・・・・・・・・・・424, 427
最判昭 35.12.23 ・・・・・・・・・・・・・・・・・・106
最判昭 35.12.27 (時効の完成猶予)
・・・・・・・・・・・・・・・・・・・・・・・・・・・・・・・・・102
最判昭 35.12.27 (表見代理の「第三者」)
・・・・・・・・・・・・・・・・・・・・・・・・・・・・・・・・・・70
最判昭 36.2.10 ・・・・・・・・・・・・・・・・・・・250
最判昭 36.4.14 ・・・・・・・・・・・・・・・・・・・441
最判昭 36.4.20 ・・・・・・・・・・・・・・・・・・・・56
東京地判昭 36.4.25 ・・・・・・・・・・・・・・・632
最判昭 36.4.28 (損害賠償額の算定基準時)
・・・・・・・・・・・・・・・・・・・・・・・・・・311, 486
最判昭 36.4.28 (物権変動的登記請求権)
・・・・・・・・・・・・・・・・・・・・・・・・・・・・・・・・・138
最判昭 36.5.4 (百選Ⅰ 65 事件)
・・・・・・・・・・・・・・・・・・・・・・・・・140, 141
最判昭 36.6.16 ・・・・・・・・・・・・・・・・・・・139
最判昭 36.6.22 ・・・・・・・・・・・・・・468, 479
最大判昭 36.7.19 (百選Ⅱ 15 事件)
・・・・・・・・・・・・・・・・・・・・・・・・・327, 335
最判昭 36.7.20 ・・・・・・・・・・・113, 131, 134

最判昭 36.7.31 ・・・・・・・・・・・・・・・・・・・597
最大判昭 36.9.6 (百選Ⅲ 10 事件)
・・・・・・・・・・・・・・・・・・・・・・・・・・・・・・・・・667
最判昭 36.11.21 (百選Ⅱ 42 事件)
・・・・・・・・・・・・・・・・・・・・・・・・・478, 480
最判昭 36.11.30 ・・・・・・・・・・・・・・・・・・610
最判昭 36.12.12 ・・・・・・・・・・・・・・・・・・・70
最判昭 36.12.21 ・・・・・・・・・・・・・・・・・・554
最判昭 37.2.1 ・・・・・・・・・・・・・・・・・・・・577
最判昭 37.2.27 ・・・・・・・・・・・・・・・・・・・633
最判昭 37.3.8 ・・・・・・・・・・・・・・・・・・・・618
最判昭 37.3.15 ・・・・・・・・・・・・・・・・・・・168
最判昭 37.4.10 ・・・・・・・・・・・・・・・・・・・677
最判昭 37.4.20 (百選Ⅰ 35 事件)・・・・・74
最判昭 37.4.27 (百選Ⅲ 31 事件)
・・・・・・・・・・・・・・・・・・・・・・・・・674, 677
最判昭 37.5.18 ・・・・・・・・・・・・・・・・・・・151
最判昭 37.5.24 ・・・・・・・・・・・・・・・・・・・138
最判昭 37.5.25 ・・・・・・・・・・・・・・・・・・・620
最判昭 37.6.21 ・・・・・・・・・・・・・・・・・・・753
最判昭 37.8.10 (百選Ⅰ 38 事件)・・・・・77
最判昭 37.8.21 (百選Ⅱ〔第 7 版〕36 事
件)・・・・・・・・・・・・・・・・・・・・・・・・・・・・・413
最判昭 37.9.21 ・・・・・・・・・・・・・・・・・・・424
最判昭 37.10.2 ・・・・・・・・・・・・・・・・・・・699
最判昭 37.10.9 ・・・・・・・・・・・・・・・・・・・337
最判昭 37.10.12 ・・・・・・・・・・・・・・・・・・341
最判昭 37.11.9 ・・・・・・・・・・・・・・・・・・・378
最判昭 37.11.16 ・・・・・・・・・・・・・310, 311
最判昭 38.1.25 ・・・・・・・・・・・・・・・・・・・163
最判昭 38.1.30 ・・・・・・・・・・・・・・・・・・・103
最判昭 38.2.22 (百選Ⅰ 59 事件)
・・・・・・・・・・・・・132, 134, 136, 731
最判昭 38.4.23 ・・・・・・・・・・・・・・・・・・・318
最判昭 38.5.31 ・・・・・・・・・・・・・・・・・・・597
最判昭 38.6.4 ・・・・・・・・・・・・・・・・・・・・671
最判昭 38.6.7 ・・・・・・・・・・・・・・・・・・・・・48
最判昭 38.9.5 (百選Ⅲ 22 事件)・・・・・656
最判昭 38.9.17 ・・・・・・・・・・・・・・・・・・・696
最判昭 38.10.15 ・・・・・・・・・・・・・・・・・・140
最大判昭 38.10.30 ・・・・・・・・・・・・101, 207
最判昭 38.11.5 ・・・・・・・・・・・・・・・309, 621
最判昭 38.11.28 (94 条 2 項の「第三者」)
・・・・・・・・・・・・・・・・・・・・・・・・・・・・・・・・・・47
最判昭 38.11.28 (修繕義務)・・・・・・・・547

最判昭 38.12.24（百選Ⅱ 77 事件）
　　・・・・・・・・・・・・・・・・・・153, 615
最判昭 39.1.23 ・・・・・・・・・・・・・89, 90
最判昭 39.1.24（百選Ⅰ 77 事件）
　　・・・・・・・・・・・・・・・・・・122, 155
最判昭 39.1.28 ・・・・・・・・・・・・307, 631
最判昭 39.2.13 ・・・・・・・・・・・・・・137
最判昭 39.2.25 ・・・・・・・・・・・・・・484
最判昭 39.3.6（百選Ⅲ 74 事件）
　　・・・・・・・・・・・133, 134, 135, 771
最判昭 39.5.23（百選Ⅰ 27 事件）・・・・・・68
最判昭 39.6.12 ・・・・・・・・・・・・・・330
最大判昭 39.6.24（百選Ⅱ 105 事件）
　　・・・・・・・・・・・・・・・・・・・・646
最判昭 39.6.24 ・・・・・・・・・・・・・・628
最判昭 39.8.4 ・・・・・・・・・・・・・・689
最判昭 39.9.8（百選Ⅲ 40 事件）
　　・・・・・・・・・・・・・・・・77, 683
最判昭 39.9.25 ・・・・・・・・・・・・・・628
最判昭 39.10.15（百選Ⅰ 8 事件）
　　・・・・・・・・・・・・・27, 28, 180
最大判昭 39.11.18 ・・・・・・・・・・・・292
最判昭 39.11.26 ・・・・・・・・・・・・・417
最判昭 40.3.4（百選Ⅰ 70 事件）・・・・・・165
最判昭 40.3.9 ・・・・・・・・・・・・・・480
最判昭 40.3.26 ・・・・・・・・・・・・・496
最判昭 40.5.4 ・・・・・・・・・・・・・・140
最判昭 40.5.4（百選Ⅰ 86 事件）
　　・・・・・・・・・・・・・・・・235, 550
最判昭 40.6.18 ・・・・・・・・・・・・・・74
最大決昭 40.6.30（百選Ⅲ 7 事件）
　　・・・・・・・・・・・・・・・・・・・・664
最大判昭 40.6.30（百選Ⅱ 22 事件）
　　・・・・・・・・・・・・・・・・360, 486
最判昭 40.7.15 ・・・・・・・・・・・・・・206
最判昭 40.8.24 ・・・・・・・・・・・・・469
最判昭 40.9.21（百選Ⅰ 53 事件）・・・・・139
最判昭 40.10.7 ・・・・・・・・・・・・・526
最判昭 40.10.12 ・・・・・・・・・・・・・319
最判昭 40.10.19 ・・・・・・・・・・・・・586
最判昭 40.11.19（所有権の移転時期）
　　・・・・・・・・・・・・・・・・・・・・507
最判昭 40.11.19（第三債務者の弁済）
　　・・・・・・・・・・・・・・・・・・・・416

最大判昭 40.11.24（百選Ⅱ 48 事件）
　　・・・・・・・・・・・・・・・・501, 503
最判昭 40.11.30 ・・・・・・・・・・・・・636
最判昭 40.12.3 ・・・・・・・・・・・・301, 303
最判昭 40.12.7 ・・・・・・・・・・・・・625
最判昭 40.12.17 ・・・・・・・・・・・・・619
最判昭 40.12.21 ・・・・・・・143, 486, 616
最判昭 41.1.21 ・・・・・・・・・・・・・503
最判昭 41.2.15 ・・・・・・・・・・・・・674
最判昭 41.3.22 ・・・・・・・・・・・・・468
最判昭 41.4.14 ・・・・・・・・・・・・・506
最大判昭 41.4.20（百選Ⅰ 43 事件）
　　・・・・・・・・・・・・・・・・・99, 100
最判昭 41.4.21 ・・・・・・・・・・・・・559
最判昭 41.4.22 ・・・・・・・・・・・・・・68
最判昭 41.4.26 ・・・・・・・・・・・・75, 78
最判昭 41.4.26（百選Ⅰ〔第 6 版〕7 事件）
　　・・・・・・・・・・・・・・・・・・・・34
最大判昭 41.4.27（百選Ⅱ 58 事件）
　　・・・・・・・・・・・・・・・・・・・・541
最判昭 41.5.19（百選Ⅰ 74 事件）・・・・・181
最判昭 41.6.23 ・・・・・・・・・・・・・625
最判昭 41.6.24 ・・・・・・・・・・・・・544
最判昭 41.7.14（百選Ⅲ 92 事件）・・・・・797
最判昭 41.10.7 ・・・・・・・・・・・・・496
最判昭 41.10.21 ・・・・・・・・・・・・・141
最判昭 41.10.27 ・・・・・・・・・・・・・535
最判昭 41.11.18 ・・・・・・・・・・・・・639
最判昭 41.11.22 ・・・・・・・113, 130, 134
最判昭 41.12.20（百選Ⅱ 31 事件）
　　・・・・・・・・・・・・・・・・349, 401
最判昭 41.12.22 ・・・・・・・・・・・・・48
最判昭 41.12.23（百選Ⅱ 10 事件）
　　・・・・・・・・・・・・・・・・316, 317
最判昭 42.1.20（百選Ⅲ 73 事件）
　　・・・・・・・・・・・・・・・・132, 758
最判昭 42.2.17（百選Ⅲ 51 事件）・・・・・716
最判昭 42.2.21 ・・・・・・・・・・・・・657
最判昭 42.4.7 ・・・・・・・・・・・・・・3
最判昭 42.4.18 ・・・・・・・・・・・・・・67
最判昭 42.4.20（百選Ⅰ 26 事件）・・・・・65
最判昭 42.4.27 ・・・・・・・・・・・・・753
最判昭 42.5.30（使用者責任）・・・・・・・637
最判昭 42.5.30（即時取得）・・・・・・・・156
最判昭 42.6.22 ・・・・・・・・・・・・46, 183

最判昭 42.6.23 ・・・・・・・・・・・・・・・・・・116
最判昭 42.6.27 ・・・・・・・・・・・・・・・・・・646
最判昭 42.6.30 ・・・・・・・・・・・・・・・・・・638
最判昭 42.7.18 ・・・・・・・・・・・・・・・・・・649
最判昭 42.7.21 ・・・・・・・・・・・・・・・・・・130
最判昭 42.7.21（百選Ⅰ 45 事件）・・・・・112
最判昭 42.8.25 ・・・・・・・・・・・・・・・・・・344
最判昭 42.9.1 ・・・・・・・・・・・・・・・・・・・139
最判昭 42.10.27 ・・・・・・・・・・・・・・・・・139
最判昭 42.10.31 ・・・・・・・・・・・・・・・・・・48
最大判昭 42.11.1（百選Ⅲ 60 事件）
・・・・・・・・・・・・・・・・・・・・・・・・・・・・・・630
最判昭 42.11.2（百選Ⅱ 94 事件）・・・・・637
最判昭 42.11.10 ・・・・・・・・・・・・・・・・・・68
最判昭 42.11.24 ・・・・・・・・・・・・・・533, 551
最判昭 42.12.8 ・・・・・・・・・・・・・・・667, 668
最判昭 43.2.16 ・・・・・・・・・・・・・・・・・・525
最判昭 43.2.23（百選Ⅱ 43 事件）・・・・・480
最判昭 43.3.8 ・・・・・・・・・・・・・・・・・・・67
最判昭 43.3.15（百選Ⅱ 104 事件）
・・・・・・・・・・・・・・・・・・・・・・・・・・・・・・630
最判昭 43.4.23 ・・・・・・・・・・・・・・・643, 644
大阪家審昭 43.5.28 ・・・・・・・・・・・・・・・695
最判昭 43.5.30 ・・・・・・・・・・・・・・・・・・・3
最判昭 43.8.20 ・・・・・・・・・・・・・・・・・・506
最判昭 43.9.26 ・・・・・・・・・・・・・・・・・・320
最判昭 43.10.8 ・・・・・・・・・・・・・・・・・・540
最判昭 43.10.8（百選Ⅲ 46 事件）・・・・・699
最判昭 43.10.17 ・・・・・・・・・・・・・・・・・120
最大判昭 43.11.13 ・・・・・・・・・・・・・・・・293
最判昭 43.11.15 ・・・・・・・・・・・・・・・・・137
最判昭 43.11.15（百選Ⅱ 99 事件）
・・・・・・・・・・・・・・・・・・・・・・・・・・・・・・627
最判昭 43.11.19 ・・・・・・・・・・・・・・・・・417
最判昭 43.11.21（無催告解除特約）
・・・・・・・・・・・・・・・・・・・・・・・・・・・・・・559
最判昭 43.11.21（留置権）・・・・・・・・・・・203
最判昭 43.12.24（占有者の取得時効との関
係）・・・・・・・・・・・・・・・・・108, 111, 261
最判昭 43.12.24（弁論主義と過失相殺）
・・・・・・・・・・・・・・・・・・・・・・・・・・・・・・313
最判昭 44.2.13（百選Ⅰ〔第 6 版〕6 事件）
・・・・・・・・・・・・・・・・・・・・・・・・・・・・・・20
最判昭 44.2.14 ・・・・・・・・・・・・・・・・・251
最判昭 44.3.4 ・・・・・・・・・・・・・・・・・・282

最判昭 44.3.20 ・・・・・・・・・・・・・・・・・367
最判昭 44.3.27 ・・・・・・・・・・・・・・・・・184
最判昭 44.3.28（百選Ⅰ 85 事件）・・・・・235
最判昭 44.5.1 ・・・・・・・・・・・・・・・・・・426
最判昭 44.5.2 ・・・・・・・・・・・・・・・139, 470
最判昭 44.5.27 ・・・・・・・・・・・・・・・・・482
最判昭 44.5.29 ・・・・・・・・・・・・・・・・・677
最判昭 44.6.24（百選Ⅱ 11 事件）・・・・・322
最判昭 44.7.4（百選Ⅰ 84 事件）
・・・・・・・・・・・・・・・・・・・・35, 233, 234
最判昭 44.7.17 ・・・・・・・・・・・・・・・・・544
最判昭 44.7.25 ・・・・・・・・・・・・・・・・・・72
最判昭 44.7.25（百選Ⅰ 73 事件）・・・・・176
最判昭 44.9.26 ・・・・・・・・・・・・・・・・・620
最判昭 44.10.17 ・・・・・・・・・・・・・・・・・309
最判昭 44.10.30 ・・・・・・・・・・・・・・・・・729
最判昭 44.10.31（百選Ⅲ 1 事件）・・・・・659
最判昭 44.11.4 ・・・・・・・・・・・・・・・・・・29
最判昭 44.11.14 ・・・・・・・・・・・・・・・・・・45
最判昭 44.11.25 ・・・・・・・・・・・・・・・・・293
最判昭 44.11.27（加害者を知った時）
・・・・・・・・・・・・・・・・・・・・・・・・・・・・・・649
最判昭 44.11.27（150 条の「催告」）
・・・・・・・・・・・・・・・・・・・・・・・・・・・・・・101
最判昭 44.12.2 ・・・・・・・・・・・・・・・・・165
最判昭 44.12.18（百選Ⅲ 9 事件）
・・・・・・・・・・・・・・・・・・・70, 666, 667
最判昭 44.12.19 ・・・・・・・・・・・・・・・59, 70
最判昭 45.4.10 ・・・・・・・・・・・・・・・390, 391
最判昭 45.4.21 ・・・・・・・・・・・・・・・・・293
最判昭 45.4.21（百選Ⅲ 2 事件）・・・・・660
最判昭 45.5.21 ・・・・・・・・・・・・・・・・・100
最判昭 45.6.18 ・・・・・・・・・・・・・・111, 145
最大判昭 45.6.24（百選Ⅰ〔第 6 版〕8 事
件）・・・・・・・・・・・・・・・・・・・・・・・・・・・34
最大判昭 45.6.24（百選Ⅱ 39 事件）
・・・・・・・・・・・・・・・・・・400, 401, 444
最大判昭 45.7.15 ・・・・・・・・・・・115, 118, 429
最判昭 45.7.16 ・・・・・・・・・・・・・・・・・614
最判昭 45.7.24 ・・・・・・・・・・・・・・・・46, 47
最判昭 45.7.28（百選Ⅰ 32 事件）・・・・・・67
最判昭 45.8.20 ・・・・・・・・・・・・・・・・・640
最判昭 45.9.22（百選Ⅰ 21 事件）・・・・・・48
最大判昭 45.10.21（百選Ⅱ 82 事件）
・・・・・・・・・・・・・・・・・・・・・・・・・・・・・・619

最判昭 45.10.22（既存債務と手形債務との
　併存）・・・・・・・・・・・・・・・・・・・・・・・・・・418
最判昭 45.10.22（条件の成就）
　・・・・・・・・・・・・・・・・・・・・・・・・・・89, 577
最判昭 45.11.6 ・・・・・・・・・・・・・・・・・・185
最判昭 45.11.19 ・・・・・・・・・・・・・・・・・48
最判昭 45.11.24 ・・・・・・・・・・・・・・・・684
最判昭 45.11.24（百選Ⅲ 14 事件）
　・・・・・・・・・・・・・・・・・・・・・・・・・・・・・671
最判昭 45.12.4 ・・・・・・・・・・・・・・・・・155
最判昭 45.12.11 ・・・・・・・・・・・・・・・・551
最判昭 46.1.26（百選Ⅲ 72 事件）
　・・・・・・・・・・・・・・・・・132, 134, 735
最判昭 46.2.19 ・・・・・・・・・・・・・・・・・548
最判昭 46.3.5 ・・・・・・・・・・・・・・・・・・567
最判昭 46.3.25（百選Ⅰ 97 事件）・・・・・273
最判昭 46.4.9 ・・・・・・・・・・・・・・・・・・607
最判昭 46.4.23（百選Ⅱ 41 事件）・・・・・545
最判昭 46.6.3 ・・・・・・・・・・・・・・・・・・69
最判昭 46.6.18 ・・・・・・・・・・・・・・135, 185
最判昭 46.7.16（百選Ⅰ 80 事件）・・・・・204
最判昭 46.7.23（百選Ⅲ 18 事件）・・・・・670
最判昭 46.9.21 ・・・・・・・・・・・・・・・・・327
最判昭 46.10.14 ・・・・・・・・・・・・143, 251
最判昭 46.10.28 ・・・・・・・・・・・・・・・・619
最判昭 46.11.5（百選Ⅰ 57 事件）・・・・・113
新潟地判昭 46.11.12 ・・・・・・・・・・・・・496
最判昭 46.11.16 ・・・・・・・・・・・・・・・・771
最判昭 46.11.19（百選Ⅱ〔第 7 版〕19 事
　件）・・・・・・・・・・・・・・・・・・・・・・・・・337
最判昭 46.12.3 ・・・・・・・・・・・・・・・・・544
最判昭 46.12.16（百選Ⅱ 55 事件）
　・・・・・・・・・・・・・・・・・・・・・・・・・・・・・301
最判昭 46.12.21 ・・・・・・・・・・・・・・・・252
最判昭 47.2.18 ・・・・・・・・・・・・・・・・・75
最判昭 47.3.9 ・・・・・・・・・・・・・・・・・・550
最判昭 47.3.17（百選Ⅲ 82 事件）・・・・771
最判昭 47.3.23 ・・・・・・・・・・・・・・・・・360
最判昭 47.3.30 ・・・・・・・・・・・・・・・・・206
最判昭 47.4.13 ・・・・・・・・・・・・・・・・・341
最判昭 47.4.14 ・・・・・・・・・・・・・・・・・168
最判昭 47.4.20 ・・・・・・・・・・・・・・・・・451
最判昭 47.4.20（百選Ⅱ 9 事件）
　・・・・・・・・・・・・・・・・・・・・・・・・311, 627
最判昭 47.5.25 ・・・・・・・・・・・・・・・・・781

最判昭 47.7.25（百選Ⅲ 3 事件）
　・・・・・・・・・・・・・・・・・・・・・・・・・77, 660
最判昭 47.9.1 ・・・・・・・・・・・・・・・・・・23
最判昭 47.9.7 ・・・・・・・・・・・・82, 470, 616
最判昭 47.9.8 ・・・・・・・・・・・・・・・・・・149
最判昭 47.11.2 ・・・・・・・・・・・・・・・・・250
最判昭 47.11.16（百選Ⅰ 79 事件）
　・・・・・・・・・・・・・・・・・203, 204, 205
最判昭 47.11.21 ・・・・・・・・・・・・・・・・・61
最判昭 47.12.7 ・・・・・・・・・・・・・・・・・124
最判昭 47.12.22 ・・・・・・・・・・・・440, 579
最判昭 48.2.2（百選Ⅱ〔第 7 版〕61 事件）
　・・・・・・・・・・・・・・・・・545, 561, 563
最判昭 48.3.16 ・・・・・・・・・・・・・・・・・524
最判昭 48.3.27 ・・・・・・・・・・・・・・・・・414
最判昭 48.4.12 ・・・・・・・・・・・・・・・・・684
最判昭 48.4.24 ・・・・・・・・・・・・・・・・・323
最判昭 48.6.7（百選Ⅱ 98 事件）・・・・・627
最判昭 48.6.29 ・・・・・・・・・・・・・・・・・730
最判昭 48.7.3 ・・・・・・・・・・・・・・・・・・74
最判昭 48.7.11 ・・・・・・・・・・・・・・・・・254
東京地判昭 48.7.16 ・・・・・・・・・・・・・566
最判昭 48.7.17 ・・・・・・・・・・・・・・・・・548
最判昭 48.9.18 ・・・・・・・・・・・・・・・・・251
最判昭 48.10.4 ・・・・・・・・・・・・・・・・・263
最判昭 48.10.9（百選Ⅰ 9 事件）・・・・・28
最判昭 48.10.11 ・・・・・・・・・・・・・・・・314
最判昭 48.11.15 ・・・・・・・・・・・・・・・・671
最判昭 48.11.16（百選Ⅱ 108 事件）
　・・・・・・・・・・・・・・・・・・・・・・・・・・・・・649
最判昭 49.3.7（百選Ⅱ 29 事件）・・・・・396
最判昭 49.3.19（百選Ⅱ 59 事件）
　・・・・・・・・・・・・・・・・・・・・・・・・135, 543
最判昭 49.3.22（百選Ⅱ〔第 7 版〕89 事
　件）・・・・・・・・・・・・・・・・・・・・・・・・・634
最判昭 49.7.22（百選Ⅲ 47 事件）
　・・・・・・・・・・・・・・・・・・・・・・・・698, 699
最判昭 49.9.2（百選Ⅱ 65 事件）
　・・・・・・・・・・・・・・・・・203, 470, 562
最大判昭 49.9.4 ・・・・・・・・・・・・・75, 507
最判昭 49.9.20 ・・・・・・・・・・・・・328, 757
最判昭 49.9.26（百選Ⅰ 23 事件）
　・・・・・・・・・・・・・・・・・・54, 128, 134
最判昭 49.9.26（百選Ⅱ 80 事件）・・・・・614
最判昭 49.12.17 ・・・・・・・・・・・・・・・・632

最判昭 49.12.20 ・・・・・・・・・・・・15, 118
最判昭 50.1.31 ・・・・・・・・・・・・・・313
最判昭 50.2.13 ・・・・・・・・・・・・・・541
最判昭 50.2.25 ・・・・・・・・・・・・・・516
最判昭 50.2.25（百選Ⅱ2事件）
・・・・・・・・・・・・・・・・・・3, 457, 563
最判昭 50.2.28（百選Ⅰ〔第6版〕100事
件）・・・・・・・・・・・・・・・・・・・281
最判昭 50.3.6（百選Ⅱ12事件）
・・・・・・・・・・・・・・・319, 324, 325
最判昭 50.4.8（百選Ⅲ39事件）・・・・・・81
最判昭 50.4.25 ・・・・・・・・・・・518, 536
最判昭 50.7.17 ・・・・・・・・・・・・・・327
最判昭 50.10.24 ・・・・・・・・・・・・・763
最判昭 50.10.24（百選Ⅱ87事件）
・・・・・・・・・・・・・・・・・・・・・627
最判昭 50.11.7 ・・・・・・・・・・186, 742
最判昭 50.11.21 ・・・・・・・・・・・・・107
最判昭 50.12.1 ・・・・・・・・・・・・・・334
最判昭 50.12.8（百選Ⅱ28事件）・・・・・445
最判昭 51.2.13（百選Ⅱ45事件）
・・・・・・・・・・・・・・・・129, 486
最判昭 51.2.27 ・・・・・・・・・・・・・・250
最判昭 51.3.4 ・・・・・・・・・・・・・・442
最判昭 51.3.18 ・・・・・・・・・・・・・・795
最判昭 51.3.25 ・・・・・・・・・・・・・・646
最判昭 51.5.25 ・・・・・・・・・・・・・・100
最判昭 51.6.15 ・・・・・・・・・・・・・・477
最判昭 51.6.17 ・・・・・・・・・・203, 204
最判昭 51.6.25（百選Ⅰ30事件）・・・・・・70
最判昭 51.7.1 ・・・・・・・・・・・・・・750
最判昭 51.7.8（百選Ⅱ95事件）
・・・・・・・・・・・・・・・・638, 639
最判昭 51.7.19 ・・・・・・・・・・・・・・777
最判昭 51.9.7 ・・・・・・・・・・・・・・180
最判昭 51.9.21 ・・・・・・・・・・・・・・273
最判昭 51.10.8 ・・・・・・・・・・・・・・251
最判昭 51.11.5 ・・・・・・・・・・・・・・117
最判昭 51.12.2 ・・・・・・・・・・・・・・479
最判昭 51.12.17 ・・・・・・・・・・559, 607
最判昭 51.12.20 ・・・・・・・・・・・・・501
最判昭 51.12.24 ・・・・・・・・・・・・・112
最判昭 52.2.14 ・・・・・・・・・・・・・・678
最判昭 52.2.22（百選Ⅱ68事件）・・・・・568
最判昭 52.3.11 ・・・・・・・・・・・・・・482

最判昭 52.9.19 ・・・・・・・・・・・・・・732
最判昭 52.12.23 ・・・・・・・・・・・・・480
最判昭 53.2.17 ・・・・・・・・・・・・・・497
最判昭 53.2.24（百選Ⅲ30事件）
・・・・・・・・・・・・・・・・・81, 677
最判昭 53.2.24（百選Ⅲ〔初版〕49事件）
・・・・・・・・・・・・・・・・・・・・・699
最判昭 53.3.6（百選Ⅰ46事件）
・・・・・・・・・・・・・・・・112, 151
最判昭 53.4.14 ・・・・・・・・・・・・・・678
最判昭 53.7.13（百選Ⅲ68事件）・・・・・741
最判昭 53.7.17 ・・・・・・・・・・・・・・686
最判昭 53.9.29 ・・・・・・・・・・・・・・251
最判昭 53.10.5（百選Ⅱ16事件）・・・・・337
最判昭 53.10.20 ・・・・・・・・・・・・・628
最判昭 53.11.14（百選Ⅲ17事件）
・・・・・・・・・・・・・・・・・・・・・670
最大判昭 53.12.20（百選Ⅲ59事件）
・・・・・・・・・・・・・・・・・・・・・722
最判昭 53.12.22（百選Ⅱ66事件）
・・・・・・・・・・・・・・・・・・・・・562
最判昭 54.1.25（百選Ⅰ72事件）
・・・・・・・・・・・・・・・・178, 567
最判昭 54.2.15 ・・・・・・・・・・・38, 276
最判昭 54.2.22 ・・・・・・・・・・・・・・732
最判昭 54.3.16 ・・・・・・・・・・321, 323
最判昭 54.3.23 ・・・・・・・・・・・・・・749
最判昭 54.3.30 ・・・・・・・・・・664, 678
東京家八王子支審昭 54.5.16 ・・・・・・・・701
最判昭 54.7.10 ・・・・・・・・・・・・・・438
最判昭 54.9.11 ・・・・・・・・・・・・・・140
最判昭 54.11.2（百選Ⅲ〔初版〕37事件）
・・・・・・・・・・・・・・・・・・・・・683
最判昭 55.1.11 ・・・・・・・・・・・・・・396
最判昭 55.1.24 ・・・・・・・・・・・・・・87
最判昭 55.7.11 ・・・・・・・・・・318, 670
最判昭 55.9.11 ・・・・・・・・・・・・・・48
最判昭 55.12.4（百選Ⅲ81事件）・・・・・768
最判昭 55.12.18 ・・・・・・・・・・458, 621
最判昭 56.1.19（百選Ⅱ71事件）
・・・・・・・・・・・・・・・・580, 581
最判昭 56.1.27 ・・・・・・・・・・・・・・111
最判昭 56.2.16 ・・・・・・・・・・458, 621
最判昭 56.2.17 ・・・・・・・・・・・・・・569
最判昭 56.3.19 ・・・・・・・・・・・・・・164

最判昭 56.3.24（百選 I 14 事件）・・・・・・43
神戸地判昭 56.4.28・・・・・・・・・・・・・716
最判昭 56.6.16・・・・・・・・・・・・・・・117
最判昭 56.7.2・・・・・・・・・・・・・・・446
仙台高決昭 56.8.24（百選Ⅲ 50 事件）
・・・・・・・・・・・・・・・・・・・・・716
最判昭 56.9.11（百選Ⅲ 83 事件）・・・・・769
最判昭 56.10.1・・・・・・・・・・・・・・676
最判昭 56.10.30・・・・・・・・・・・・・762
最判昭 56.12.22（百選Ⅱ 100 事件）
・・・・・・・・・・・・・・・・・・・・・626
最判昭 57.1.19・・・・・・・・・・・・・・470
最判昭 57.3.4・・・・・・・・・・・・・・・356
最判昭 57.3.12（百選 I 90 事件）・・・・・240
最判昭 57.3.26（百選Ⅲ 12 事件）・・・・・667
最判昭 57.4.30（百選Ⅲ 86 事件）
・・・・・・・・・・・・・・・・・498, 781
最判昭 57.6.4・・・・・・・・・・・・・・・417
最判昭 57.6.8・・・・・・・・・・・・・・・47
最判昭 57.7.1・・・・・・・・・・・・・・・188
新潟家審昭 57.8.10・・・・・・・・・・・・683
最判昭 57.9.7・・・・・・・・・・・・・・・157
最判昭 57.9.28・・・・・・・・・・・・・・273
最判昭 57.9.28（百選Ⅲ 4 事件）
・・・・・・・・・・・・・・659, 661, 662
最判昭 57.10.14・・・・・・・・・・・・・276
最判昭 57.10.19・・・・・・・・・・・・・649
最判昭 57.11.12・・・・・・・・・・・・・798
最判昭 57.11.18・・・・・・・・・・・・・699
最判昭 57.12.17（百選Ⅱ 20 事件）
・・・・・・・・・・・・・・・・・・・・・355
最判昭 58.1.20（百選Ⅱ 61 事件）・・・・・557
最判昭 58.2.24・・・・・・・・・・・・・・274
最判昭 58.3.18（百選Ⅲ 84 事件）・・・・・771
最判昭 58.3.24・・・・・・・・・・・・・・150
最判昭 58.3.31・・・・・・・・・・・・・・203
最判昭 58.4.14（百選Ⅲ 26 事件）・・・・・657
最判昭 58.5.27・・・・・・・・・・・・・・458
最判昭 58.6.30・・・・・・・・・・・・・・231
最判昭 58.9.6・・・・・・・・・118, 298, 621
最判昭 58.10.4・・・・・・・・・・・・・・397
最判昭 58.10.6・・・・・・・・・・・320, 629
東京高決昭 58.12.16（百選Ⅲ 8 事件）
・・・・・・・・・・・・・・・・・・・・・666
最判昭 58.12.19・・・・・・・・・・328, 670

最判昭 59.2.23（百選Ⅱ 34 事件）・・・・・414
最判昭 59.4.10・・・・・・・・・・・・・・458
最判昭 59.4.20・・・・・・・・・・・・・・559
最判昭 59.4.27（百選Ⅲ 76 事件）・・・・・750
最判昭 59.5.29（百選Ⅱ 36 事件）
・・・・・・・・・・・・・・・・・432, 433
最判昭 59.9.18（百選Ⅱ 3 事件）・・・・・457
東京高判昭 59.9.25・・・・・・・・・・・・741
最判昭 60.1.22・・・・・・・・・・・・・・433
最判昭 60.2.12・・・・・・・・・・・・・・370
最判昭 60.3.28・・・・・・・・・・・・・・111
最判昭 60.5.17・・・・・・・・・・・・・・568
最判昭 60.5.23（百選 I 94 事件）
・・・・・・・・・・・・・・・・・256, 435
最判昭 60.7.19（百選 I 82 事件）・・・・・209
最判昭 60.11.29（百選 I 31 事件）
・・・・・・・・・・・・・・・・・・35, 70
最判昭 60.11.29（百選Ⅱ 47 事件）
・・・・・・・・・・・・・・・・・・・・・495
最判昭 60.12.20・・・・・・・・・・・・・417
最判昭 61.2.20・・・・・・・・・・・431, 432
最判昭 61.3.13（百選Ⅲ 58 事件）・・・・・732
最判昭 61.3.17（百選 I 41 事件）・・・・・98
最判昭 61.3.20・・・・・・・・・・・・・・753
最判昭 61.4.11・・・・・・・・・・・・・・470
最判昭 61.4.11（百選Ⅱ 33 事件）
・・・・・・・・・・・・・・・・・396, 413
最判昭 61.4.18・・・・・・・・・・・・・・256
最大判昭 61.6.11（百選 I 4 事件）
・・・・・・・・・・・・・・・・・・・・・647
最判昭 61.7.15・・・・・・・・・・・・・・272
東京高決昭 61.9.10・・・・・・・・・・・・716
札幌高判昭 61.9.30・・・・・・・・・・・・625
最判昭 61.11.20・・・・・・・・・・・・・43
最判昭 61.11.20（百選 I 12 事件）・・・・・43
最判昭 61.11.27・・・・・・・・・・・・・434
最判昭 61.12.16・・・・・・・・・・・・・38
最判昭 62.1.19（百選Ⅱ 102 事件）
・・・・・・・・・・・・・・・・・・・・・628
最判昭 62.2.12・・・・・・・・・・・・・・274
最判昭 62.2.20（百選 I 20 事件）・・・・・42
最判昭 62.3.3・・・・・・・・・・・・・・・729
最判昭 62.3.24・・・・・・・・・・・・・・553
最大判昭 62.4.22・・・・・・・・・・184, 185
最判昭 62.4.24・・・・・・・・・・・・・・155

最判昭 62.6.5（百選Ⅰ 47 事件）
・・・・・・・・・・・・・・・・・・・・・・・・・・・113, 540
最判昭 62.7.7（百選Ⅰ 34 事件）
・・・・・・・・・・・・・・・・・・・・・・・・・・・・・・・78, 79
最大判昭 62.9.2（百選Ⅲ 15 事件）
・・・・・・・・・・・・・・・・・・・・・・・・・・・・・・・・・672
最判昭 62.9.3 ・・・・・・・・・・・・・・・・・・・・・106
最判昭 62.9.4 ・・・・・・・・・・・・・・・・・・・・・746
最判昭 62.10.8 ・・・・・・・・・・・・・・・・・・・・551
東京高判昭 62.10.8（百選Ⅲ 54 事件）
・・・・・・・・・・・・・・・・・・・・・・・・・・・・・・・・・730
最判昭 62.11.10 ・・・・・・・・・・・・・・218, 276
最判昭 62.11.12 ・・・・・・・・・・・・・・・・・・275
最判昭 62.12.18 ・・・・・・・・・・・・・・・・・・423
最判昭 63.3.1 ・・・・・・・・・・・・・・・・・・・・・74
最判昭 63.4.8 ・・・・・・・・・・・・・・・・・・・・470
最判昭 63.4.21 ・・・・・・・・・・・・・・・・・・・647
最判昭 63.5.20 ・・・・・・・・・・・・・・・・・・・181
最判昭 63.6.21（百選Ⅲ 77 事件）・・・・751
最判昭 63.7.1 ・・・・・・・・・・・・・・・・・・・・614
最判昭 63.7.1（百選Ⅱ 32 事件）・・・・・・409
最判昭 63.7.1（百選Ⅱ 97 事件）
・・・・・・・・・・・・・・・・・・・・・・・・・・・357, 639

平成

最判平元 .2.9（百選Ⅲ 70 事件）・・・・・・744
最判平元 .2.16 ・・・・・・・・・・・・・・・・・・・768
最判平元 .4.6（百選Ⅲ 37 事件）・・・・・・677
最判平元 .4.11 ・・・・・・・・・・・・・・・・・・・629
最判平元 .9.14（百選Ⅰ〔第 7 版〕24 事件）・・・・・・・・・・・・・・・・・・・・・・・・・・・・50
最判平元 .9.19（百選Ⅰ〔第 6 版〕71 事件）・・・・・・・・・・・・・・・・・・・・・・・・・・172
最判平元 .10.27（百選Ⅰ 87 事件）
・・・・・・・・・・・・・・・・・・・・・・・・・・・・・・・・・236
最判平元 .11.10（百選Ⅲ 32 事件）
・・・・・・・・・・・・・・・・・・・・・・・・・・・・・・・・・678
最判平元 .11.24（百選Ⅲ 55 事件）
・・・・・・・・・・・・・・・・・・・・・・・・・・・184, 763
最判平元 .12.22 ・・・・・・・・・・・・・・・・・・151
最判平 2.1.22 ・・・・・・・・・・・・・・・・・・・251
最判平 2.4.19 ・・・・・・・・・・・・・・・・・・・235
最判平 2.7.19 ・・・・・・・・・・・・・・674, 677
最判平 2.9.27 ・・・・・・・・・・・・・・・・・・・744
最判平 2.11.8 ・・・・・・・・・・・・・・・・・・・672

最判平 2.11.20（百選Ⅰ 71 事件）・・・・・169
最判平 2.12.18 ・・・・・・・・・・・・・・371, 376
最判平 3.4.2（百選Ⅱ 54 事件）・・・・・・・506
最判平 3.4.11 ・・・・・・・・・・・・・・・・・・・458
最判平 3.4.19（百選Ⅲ 87 事件）
・・・・・・・・・・・・・・・・・・・・133, 745, 771
最判平 3.10.25 ・・・・・・・・・・・・・・・・・・639
最判平 3.11.19 ・・・・・・・・・・・・・・・・・・615
東京高決平 3.12.24 ・・・・・・・・・・・・・・・740
最判平 4.1.24 ・・・・・・・・・・・・・・・・・・・185
最判平 4.4.10（百選Ⅲ 63 事件）・・・・・733
最判平 4.6.25 ・・・・・・・・・・・・・・・・・・・647
最判平 4.9.22 ・・・・・・・・・・・・・・・・・・・582
最判平 4.11.6（百選Ⅰ 95 事件）
・・・・・・・・・・・・・・・・・・・・・・・・・・・257, 258
最判平 4.11.6（百選Ⅱ〔第 7 版〕30 事件）・・・・・・・・・・・・・・・・・・・・・・・・・・399
最判平 4.12.10（百選Ⅲ 49 事件）
・・・・・・・・・・・・・・・・・・・・・・・・・・・698, 699
東京高決平 4.12.11（百選Ⅲ 53 事件）
・・・・・・・・・・・・・・・・・・・・・・・・・・・・・・・・・727
最判平 5.1.19 ・・・・・・・・・・・・・・・・・・・262
最判平 5.1.19（百選Ⅲ 85 事件）・・・・・772
最判平 5.1.21（百選Ⅰ 36 事件）・・・・・・74
最判平 5.3.16 ・・・・・・・・・・・・・・・・・・・503
最判平 5.3.30（百選Ⅱ 30 事件）・・・・・396
最判平 5.7.19 ・・・・・・・・・・・・・・・・・・・414
最判平 5.9.9 ・・・・・・・・・・・・・・・627, 647
最判平 5.10.19（百選Ⅱ 69 事件）・・・・568
最判平 5.10.19（百選Ⅲ 80 事件）・・・・768
最判平 5.12.17 ・・・・・・・・・・・・・・・・・・169
最判平 6.1.20 ・・・・・・・・・・・・・・・・・・・649
最判平 6.1.25 ・・・・・・・・・・・・・・・・・・・236
最判平 6.2.8（百選Ⅰ 51 事件）・・・・・・・124
最判平 6.2.8（プライバシー侵害と表現の自由）・・・・・・・・・・・・・・・・・・・・・・・・626
最判平 6.2.8（有責配偶者からの離婚請求）・・・・・・・・・・・・・・・・・・・・・・・・・・672
最判平 6.2.22（百選Ⅰ 44 事件）
・・・・・・・・・・・・・・・・・・・・・・・・・・・115, 458
最判平 6.2.22（百選Ⅰ 98 事件）
・・・・・・・・・・・・・・・・・・・・・・・・・・・273, 275
最判平 6.3.22 ・・・・・・・・・・・・・・・・・・・502
最判平 6.4.7 ・・・・・・・・・・・・・・・・・・・・252
最判平 6.4.21 ・・・・・・・・・・・・・・・・・・・315

最判平 6.4.26（百選Ⅲ 45 事件）・・・・・・696
最判平 6.5.31（百選Ⅰ 40 事件）・・・・・・・90
最判平 6.5.31（百選Ⅰ 78 事件）・・・・・187
最判平 6.6.24（百選Ⅲ 79 事件）・・・・・768
最判平 6.7.18・・・・・・・・・・・・・・・・・・・・・・427
最判平 6.9.8・・・・・・・・・・・・・・・・・273, 470
最判平 6.9.13（百選Ⅰ 6 事件）・・・・・・・・75
最判平 6.10.11・・・・・・・・・・・・・・・・・・・・530
最判平 6.10.13・・・・・・・・・・・・・・・・・・・・762
最判平 6.10.25（百選Ⅱ 62 事件）・・・・557
最判平 6.12.16・・・・・・・・・・・・・・・・・・・・198
最判平 6.12.20（百選Ⅰ 93 事件）・・・・・252
最判平 7.1.24・・・・・・・・・・・・・・・・・・・・・635
最判平 7.3.10（正当業務行為）・・・・・・・625
最判平 7.3.10（保証人に対する時効の完成
　猶予・更新）・・・・・・・・・・・・・・107, 376
最判平 7.6.9（百選Ⅱ 84 事件）・・・・・・622
最判平 7.6.23（百選Ⅱ 37 事件）・・・・・・437
大阪地判平 7.7.5（百選Ⅱ 96 事件）
　・・・・・・・・・・・・・・・・・・・・・・・・・・・・・・・643
最判平 7.7.7（百選Ⅱ 110 事件）・・・・・・630
最判平 7.7.14（百選Ⅲ 42 事件）・・・・・691
最判平 7.9.19（百選Ⅲ 79 事件）・・・・・614
最判平 7.11.10（平 7 重判 3 事件）
　・・・・・・・・・・・・・・・・・・・・・・・・・・・・・・・248
最判平 7.12.5・・・・・・・・・・・・・・・・・・・・・722
最判平 7.12.15・・・・・・・・・・・・・・・・・・・・150
最判平 8.2.8・・・・・・・・・・・・・・・・・・・・・・・336
最判平 8.3.5・・・・・・・・・・・・・・・・・・・・・・・115
最判平 8.3.19（百選Ⅰ 7 事件）
　・・・・・・・・・・・・・・・・・・・・・・・・・33, 34, 35
最判平 8.3.26（百選Ⅲ 11 事件）・・・・・664
最判平 8.4.25（百選Ⅱ 101 事件）・・・・628
最判平 8.4.26（百選Ⅱ 72 事件）
　・・・・・・・・・・・・・・・・・・・・・・・・・・412, 593
最判平 8.7.12・・・・・・・・・・・・・・・・・・・・・108
最判平 8.9.27・・・・・・・・・・・・・・・・・・・・・107
最判平 8.10.14（百選Ⅱ 60 事件）・・・・・551
最判平 8.10.29（百選Ⅰ 61 事件）・・・・・136
最判平 8.10.29（百選Ⅱ 106 事件）
　・・・・・・・・・・・・・・・・・・・・・・・・・・・・・・・647
最判平 8.10.31（百選Ⅰ 76 事件）・・・・・185
最判平 8.11.12（百選Ⅰ 67 事件）・・・・・149
最判平 8.11.12（百選Ⅱ 44 事件）・・・・・481
最判平 8.11.22・・・・・・・・・・・・・・・・・・・・274

最判平 8.11.26（百選Ⅲ 91 事件）・・・・・796
最判平 8.12.17（百選Ⅰ 71 事件）
　・・・・・・・・・・・・・・・・・・・・・・・・・・732, 789
最判平 9.1.28・・・・・・・・・・・・・・・・・・・・・626
最判平 9.1.28（百選Ⅲ 52 事件）・・・・・726
最判平 9.2.14（百選Ⅰ 92 事件）・・・・・250
最判平 9.2.25（百選Ⅱ 64 事件）・・・・・554
最判平 9.4.10・・・・・・・・・・・・・・・・・・・・・670
最判平 9.4.11・・・・・・・・・・・・・・・・・・・・・273
最判平 9.4.24・・・・・・・・・・・・・・・・・・・・・414
大阪高決平 9.4.25・・・・・・・・・・・・・・・・・681
最判平 9.5.27（百選Ⅲ 91 事件）・・・・・631
最判平 9.6.5（百選Ⅱ 25 事件）・・・・・・・77
最判平 9.7.1・・・・・・・・・・・・・・・・・・・・・・544
最判平 9.7.1（百選Ⅱ 40 事件）・・・・・・459
最判平 9.7.3・・・・・・・・・・・・・・・・・・・・・・206
最判平 9.7.17（平 9 重判 9 事件）・・・・・551
最判平 9.9.9（百選Ⅱ 90 事件）・・・・・・626
最判平 9.9.12・・・・・・・・・・・・・・・・・・・・・761
最判平 9.11.11・・・・・・・・・・・・・・・43, 399
最判平 9.11.13・・・・・・・・・・・・・・・・・・・・782
最判平 9.12.18・・・・・・・・・・・・・・・・・・・・434
最判平 10.1.30（百選Ⅰ 88 事件）・・・・・238
最判平 10.2.13（百選Ⅰ 63 事件）
　・・・・・・・・・・・・・・・・・・・・・・・・・・137, 196
最判平 10.2.13（百選Ⅲ 78 事件）・・・・・754
最判平 10.2.26・・・・・・・・・・・182, 657, 732
最判平 10.3.24・・・・・・・・・・・・・・・・・・・・182
最判平 10.3.26・・・・・・・・・・・・・・・・・・・・238
最判平 10.4.30（百選Ⅱ 111 事件）
　・・・・・・・・・・・・・・・・・・・・・・・・・・・・・・・629
最判平 10.5.26・・・・・・・・・・・・・・・・・・・・・55
最判平 10.5.26（百選Ⅱ 81 事件）・・・・・616
最判平 10.6.11（百選Ⅰ 25 事件）
　・・・・・・・・・・・・・・・・・・・・・・・・・・・55, 56
最判平 10.6.12・・・・・・・・・・・・・・・・・・・・650
最判平 10.6.12（百選Ⅱ 17 事件）・・・・・329
最判平 10.6.22・・・・・・・・・・・・・・・・・・・・・99
最判平 10.7.17（意見表明による名誉毀損）
　・・・・・・・・・・・・・・・・・・・・・・・・・・・・・・・626
最判平 10.7.17（無権代理行為の追認を拒
　絶した後の追認）・・・・・・・・・・・・・74, 75
最判平 10.8.31・・・・・・・・・・・・・・・・・・・・674
最判平 10.9.3・・・・・・・・・・・・・・・・・・・・・563

最判平 10.9.10（百選Ⅱ 21 事件）
・・・・・・・・・・・・・・・・・・・・・・・・352, 644
最決平 10.12.18（百選Ⅰ 81 事件）
・・・・・・・・・・・・・・・・・・・・・・・・・・・・・210
最判平 11.1.21 ・・・・・・・・・・・・・・・・・・・293
最判平 11.1.21（百選Ⅲ 56 事件）
・・・・・・・・・・・・・・・・・・・・・・・・757, 761
最判平 11.1.29（百選Ⅱ 26 事件）
・・・・・・・・・・・・・・・・・・278, 388, 392
最判平 11.2.23（百選Ⅰ 17 事件）
・・・・・・・・・・・・・・・・・・・・・・・・44, 602
最判平 11.2.25 ・・・・・・・・・・・・・・・・・・627
最判平 11.2.26 ・・・・・・・・・・・・・・・・・・・99
最判平 11.3.25（百選Ⅱ〔第 6 版〕33 事
件）・・・・・・・・・・・・・・・・・・・・・・・・・・・543
最判平 11.4.27 ・・・・・・・・・・・・・・・・・・102
最判平 11.5.17 ・・・・・・・・・・・・・・・・・・273
最判平 11.6.11 ・・・・・・・・・・・・・・・・・・764
最判平 11.6.11（百選Ⅲ 69 事件）
・・・・・・・・・・・・・・・・・・・・・・・・328, 329
最判平 11.10.21（百選Ⅰ 42 事件）・・・・・99
最大判平 11.11.24 ・・・・・・・・・・・・240, 325
最判平 11.11.30 ・・・・・・・・・・・・・・・・・・237
最判平 11.12.16（百選Ⅲ 89 事件）
・・・・・・・・・・・・・・・・・・・・・・・・・・・777
最判平 11.12.20 ・・・・・・・・・・・・・・・・・・628
最判平 12.2.24 ・・・・・・・・・・・・・・・・・・735
東京高判平 12.3.8（百選Ⅲ 98 事件）
・・・・・・・・・・・・・・・・・・・・・・・・・・・798
最判平 12.3.9（百選Ⅲ 19 事件）・・・・・・328
最決平 12.3.10（百選Ⅲ 25 事件）・・・・・657
最判平 12.3.14 ・・・・・・・・・・・・・・・・・・673
最判平 12.3.29 ・・・・・・・・・・・・・・・・・・166
最判平 12.4.7 ・・・・・・・・・・・・・・・・・・182
最決平 12.4.14 ・・・・・・・・・・・・・・・・・・237
最判平 12.4.21 ・・・・・・・・・・・・・・・・・・278
最決平 12.5.1（百選Ⅲ 20 事件）・・・・・696
最判平 12.6.27（百選Ⅰ 69 事件）・・・・・159
最判平 12.9.7 ・・・・・・・・・・・・・・・・・・630
最判平 12.9.22（百選Ⅱ 88 事件）・・・・・627
最判平 13.3.13（百選Ⅱ 107 事件）
・・・・・・・・・・・・・・・・・・・・・・・・・・・643
最判平 13.3.13（平 13 重判 5 事件）
・・・・・・・・・・・・・・・・・・・・・・・239, 444
最判平 13.3.27 ・・・・・・・・・・・・・・・・・・・2

最判平 13.7.10 ・・・・・・・・・・・・・・・・・・100
最判平 13.11.22（百選Ⅰ 100 事件）
・・・・・・・・・・・・・・・・・・278, 279, 392
最判平 13.11.22（百選Ⅲ 93 事件）
・・・・・・・・・・・・・・・・・・・・・・・・・・・796
最判平 13.11.27（債権の譲渡予約）
・・・・・・・・・・・・・・・・・・・・・・・・・・・397
最判平 13.11.27（数量指示売買において数
量が超過する場合）・・・・・・・・・・・・・510
最判平 13.11.27（百選Ⅱ 53 事件）
・・・・・・・・・・・・・・・・・・・・・・・・・・・512
最判平 13.12.18 ・・・・・・・・・・・・・・・・・・440
最判平 14.1.29（平 14 重判 8 事件）
・・・・・・・・・・・・・・・・・・・・・・・・・・・626
最判平 14.1.29（平 14 重判 9 事件）
・・・・・・・・・・・・・・・・・・・・・・・・・・・648
最判平 14.3.12 ・・・・・・・・・・・・・・・・・・239
最判平 14.3.28（百選Ⅰ 3 事件）・・・・・・555
最判平 14.3.28（平 14 重判 3 事件）
・・・・・・・・・・・・・・・・・・・・・・・239, 563
最判平 14.6.10（百選Ⅲ 75 事件）・・・・・734
最判平 14.9.24（改正前民法 635 条ただし
書関連）・・・・・・・・・・・・・・・・・・・・・570
最判平 14.9.24（723 条関連）・・・・・・・・648
最判平 14.11.5 ・・・・・・・・・・・・・・・・・・797
東京高決平 14.12.16（百選Ⅲ 41 事件）
・・・・・・・・・・・・・・・・・・・・・・・・・・・692
最判平 15.2.21（百選Ⅱ 73 事件）・・・・・592
最判平 15.3.14 ・・・・・・・・・・・・・・・・・・626
最判平 15.4.8（百選Ⅱ 35 事件）
・・・・・・・・・・・・・・・・・・・・・・・413, 414
最判平 15.4.18（百選Ⅰ 13 事件）・・・・・・43
最判平 15.7.11（百選Ⅰ 75 事件）
・・・・・・・・・・・・・・・・・・・・・・・180, 182
最判平 15.7.11（平 15 重判 14 事件）
・・・・・・・・・・・・・・・・・・・・・・・・・・・644
最判平 15.10.21（百選Ⅱ 67 事件）
・・・・・・・・・・・・・・・・・・・・・・・・・・・555
最判平 15.10.31 ・・・・・・・・・・・・・・・・・・131
最判平 16.4.27（百選Ⅱ 109 事件）
・・・・・・・・・・・・・・・・・・458, 648, 650
最判平 16.10.26 ・・・・・・・・・・・・・・・・・・414
最決平 16.10.29（百選Ⅲ 61 事件）
・・・・・・・・・・・・・・・・・・・・・・・・・・・740

最判平 16.11.12（百選Ⅱ〔第 6 版〕83 事件）・・・・・・・・・・・・・・・・・・・・・・636

最判平 16.11.18（百選Ⅲ 23 事件）・・・・・・・・・・・・・・・・・・・・・・・・・658

最判平 17.1.27・・・・・・・・・・・・・・436

最判平 17.2.22（平 17 重判 3 事件）・・・・・・・・・・・・・・・・・・・・・・210

最判平 17.3.10・・・・・・・・・・・・・560

最判平 17.3.10（百選Ⅰ 89 事件）・・・・・・・・・・・・・・・・・・・239, 240

最判平 17.6.14・・・・・・・・・・・・・311

最判平 17.7.11・・・・・・・・・・・・・614

最判平 17.7.19（平 17 重判 1 事件）・・・・・3

最判平 17.9.8（百選Ⅲ 64 事件）・・・・・・・・・・・・・・・・・・・732, 734

最決平 17.12.9・・・・・・・・・・・・・305

最判平 17.12.16・・・・・・・・・・・・560

最判平 18.1.13（百選Ⅱ 56 事件）・・・・・293

最判平 18.1.17（百選Ⅰ 60 事件）・・・・・137

最判平 18.2.7（百選Ⅰ 96 事件）・・・・・・520

最判平 18.2.23（百選Ⅰ 22 事件）・・・・・・48

最判平 18.3.16（百選Ⅰ〔第 6 版〕70 事件）・・・・・・・・・・・・・・・・・・・・168

最判平 18.3.30（百選Ⅱ 89 事件）・・・・624

最判平 18.6.16（平 18 重判 11 事件）・・・・・・・・・・・・・・・・・・・・・・650

最判平 18.7.7（百選Ⅲ 29 事件）・・・・676

最判平 18.7.20（百選Ⅰ 99 事件）・・・・277

最判平 18.9.4（百選Ⅲ 34 事件）・・・・676

最判平 18.10.20（平 18 重判 6 事件）・・・・・・・・・・・・・・・・・・・・・・276

最判平 18.11.14（平 19 重判 1 事件）・・・・・・・・・・・・・・・・・・・・・・108

最判平 18.12.21（百選Ⅰ 83 事件）・・・・・・・・・・・・・・・・・・・・・・231

最判平 19.2.15・・・・・・・・・・・・・278

最判平 19.3.8（百選Ⅱ 78 事件）・・・・・615

最判平 19.3.8（百選Ⅲ 27 事件）・・・・・657

最決平 19.3.23（百選Ⅲ 35 事件）・・・・678

最判平 19.3.30・・・・・・・・・・・・・670

最判平 19.4.24（平 19 重判 2 事件）・・・・・・・・・・・・・・・・・・・・・・116

最判平 19.7.6（百選Ⅰ 91 事件）・・・・・251

最判平 19.7.6（百選Ⅱ 85 事件）・・・・・622

最決平 19.12.4（平 20 重判 5 事件）・・・・・・・・・・・・・・・・・・・・・・542

最判平 20.2.29（平 20 重判 4 事件）・・・・・・・・・・・・・・・・・・・・・・555

東京地判平 20.3.3・・・・・・・・・・・312

最判平 20.4.14（平 20 重判 2 事件）・・・・・・・・・・・・・・・・・・・・・・187

最判平 20.4.24（平 20 重判 8 事件）・・・・・・・・・・・・・・・・・・・・・・623

最判平 20.6.10・・・・・・・・・・・・・620

最判平 20.6.12（平 20 重判 9 事件）・・・・・・・・・・・・・・・・・・・・・・624

最判平 20.7.4（平 20 重判 10 事件）・・・・・・・・・・・・・・・・・・・・・・646

最判平 20.10.10（平 20 重判 1 事件）・・・・・・・・・・・・・・・・・・・・・・593

最判平 21.1.19（百選Ⅱ 6 事件）・・・・・・・・・・・・・・・・・・・313, 546

最判平 21.1.22（百選Ⅱ 74 事件）・・・・592

最判平 21.3.10（百選Ⅰ 101 事件）・・・・・・・・・・・・・・・・・・・・・・281

最判平 21.3.24（百選Ⅲ 88 事件）・・・・・・・・・・・・・・・・・・・738, 745

最判平 21.4.28（平 21 重判 12 事件）・・・・・・・・・・・・・・・・・・・・・・650

最判平 21.9.11・・・・・・・・・・・・・・3

最判平 21.11.9（平 22 重判 8 事件）・・・・・・・・・・・・・・・・・・・・・・615

最判平 21.12.10（平 22 重判 9 事件）・・・・・・・・・・・・・・・・・・・・・・624

最判平 22.3.16（平 22 重判 3 事件）・・・・・・・・・・・・・・・・・・・・・・423

最判平 22.3.25（平 22 重判 10 事件）・・・・・・・・・・・・・・・・・・・・・・624

最判平 22.6.1（百選Ⅱ 50 事件）・・・・・・506

最判平 22.6.17（平 22 重判 11 事件）・・・・・・・・・・・・・・・・・・・314, 628

最判平 22.10.14（平 22 重判 4 事件）・・・・・・・・・・・・・・・・・・・・・・42

最決平 22.12.2（平 23 重判 6 事件）・・・・・・・・・・・・・・・・・・・・・・277

最判平 22.12.16（平 23 重判 4 事件）・・・・・・・・・・・・・・・・・・・・・・139

最判平 23.1.21（百選Ⅰ 48 事件）・・・・・・・・・・・・・・・・・・・131, 540

最判平 23.2.22（平 23 重判 14 事件）
·····················745
最判平 23.3.18（百選Ⅲ 16 事件）····672
最判平 23.4.22（百選Ⅱ 4 事件）·····457
最判平 23.4.28（平 23 重判 10 事件）
·····················626
最判平 23.7.15（百選Ⅱ 63 事件）····558
最判平 23.7.15（平 23 重判 11 事件）
·····················624
最判平 23.7.21（平 23 重判 12 事件）
·····················622
最判平 23.10.18（百選Ⅰ 37 事件）
·····················508
最判平 23.10.25（百選Ⅱ〔第 7 版〕56 事
件）·················43
最判平 23.12.16（平 24 重判 1 事件）
·····················44
東京高判平 24.1.19 ·············359
最判平 24.2.2（平 24 重判 11 事件）
·····················624
最判平 24.2.24（平 24 重判 5 事件）
·····················458
最判平 24.3.16（百選Ⅰ 58 事件）·····131
最判平 24.9.4（平 24 重判 8 事件）
·····················416
最判平 24.10.12（平 24 重判 6 事件）
·····················328
最判平 24.12.14（百選Ⅱ 24 事件）
·····················377
最判平 25.2.26（平 25 重判 4 事件）
·················137, 196
最判平 25.2.28（百選Ⅱ 38 事件）
················439, 441
最決平 25.3.28（百選Ⅲ 21 事件）·····304
最判平 25.7.12（平 25 重判 11 事件）
·····················640
最大決平 25.9.4（百選Ⅲ 57 事件）
·····················736
最判平 25.9.13（平 25 重判 3 事件）
·····················366
最判平 25.11.29（平 26 重判 3 事件）
·····················186
最決平 25.12.10（百選Ⅲ 36 事件）
·····················673
最判平 26.1.14（百選Ⅲ 33 事件）····678

最判平 26.2.14 ···············746
最判平 26.2.25（百選Ⅲ 67 事件）·····733
最判平 26.3.14（平 26 重判 2 事件）
·····················109
最判平 26.7.17（百選Ⅲ 28 事件）·····674
最判平 26.7.24 ···············422
最判平 27.2.17（平 27 重判 5 事件）
·····················371
最大判平 27.3.4（百選Ⅱ 103 事件）
·····················629
最判平 27.4.9（百選Ⅱ 92 事件）·····634
最判平 27.11.19（平 28 重判 5 事件）
·····················376
最判平 27.11.20（平 28 重判 13 事件）
·····················782
最大判平 27.12.16（百選Ⅲ 5 事件）
·····················659
最大判平 27.12.16（百選Ⅲ 6 事件）
·····················663
最判平 28.1.12（百選Ⅰ 24 事件）·····50
最判平 28.2.26（平 28 重判 12 事件）
·····················748
最判平 28.3.1（百選Ⅱ 93 事件）·····634
最判平 28.4.21（平 28 重判 4 事件）
·····················457
最判平 28.6.3 ···············768
最判平 28.12.1（平 29 重判 6 事件）
·····················251
最大決平 28.12.19（百選Ⅲ 66 事件）
··············592, 732, 747
最判平 28.12.19（平 29 重判 2 事件）
·····················50
最決平 29.1.31（平 29 重判 9 事件）
·····················648
最判平 29.1.31（百選Ⅲ 38 事件）····684
最判平 29.4.6（平 29 重判 12 事件）
·····················732
最決平 29.5.10（平 29 重判 5 事件）
·····················272
最判平 29.10.23（平 29 重判 8 事件）
·····················624
最判平 30.7.17（平 30 重判 1 事件）
·····················119
最判平 30.10.19（平 30 重判 9 事件）
·····················739

最判平 30.12.7（令元重判 4 事件）

・・・・・・・・・・・・・・・・・・・・・・・・・・・282

最判平 30.12.14（令元重判 6 事件）

・・・・・・・・・・・・・・・・・・・・・・・・・・・338

令和

最判令元 .8.9（令元重判 11 事件）

・・・・・・・・・・・・・・・・・・・・・・・・・・・751

最判令元 .8.27（令元重判 10 事件）

・・・・・・・・・・・・・・・・・・・・・・・・・・・748

最判令元 .9.19（令元重判 2 事件）

・・・・・・・・・・・・・・・・・・・・・・・・・・・108

最決令 2.1.23（令 2 重判 6 事件）・・・・・666

最判令 2.2.28（令 2 重判 5 事件）・・・・・638

最判令 2.7.9（令 2 重判 4 事件）・・・・・・620

事項索引

ア行

相手方選択の自由	456
悪意	25
悪意の受益者	613, 615
明渡時説	561
安全配慮義務	457
異議をとどめない承諾	397
遺言	763
遺言執行者	777
遺言自由の原則	763
遺言撤回の自由	781
遺言能力	764
遺言の解釈	771
遺言の撤回	781
遺産の分割	741
遺言の無効・取消し	771
遺産分割と対抗要件	747
意思外形対応型	48
意思外形非対応型	48
意思実現行為	465
意思主義（意思表示）	45
意思主義（物権変動）	126
遺失物	158
遺失物拾得	173
意思能力	6
意思の通知	41
意思の不存在	45
異時配当	255
意思表示	44
意思表示の擬制	304
意思表示の効力発生時期	55
意思表示の受領能力	57
慰謝料	621
慰謝料請求権	631
遺贈	765
一時金賠償方式	311
一部解除	509
一部代位	436
一物一権主義	122
一部分割	744
一括競売	254
逸失利益	626, 628

一身専属権	728
一般財団法人	30
一般先取特権	210
一般社団法人	29
移転主義	746
委任	573
委任の終了	71
委任の終了事由	582
違法性阻却事由	625
違約金	224, 315, 360
違約手付	502
入会権	187
遺留分	793
遺留分減殺請求権	795
遺留分権利者	793
遺留分侵害額請求権	796
遺留分の放棄	799
因果関係	50, 614, 627
姻族	653
姻族関係の終了	655
隠匿等の処分	330
隠匿等の処分をする意思	331
請負	566
請負人の担保責任	571
請負人の報酬請求権	442, 467
受取証書	293, 415, 420
受戻権	273
氏	680
売渡担保	279
永小作権	194
役務	473, 590
縁組意思	683
援用権者	99
親子	673
親子関係不存在確認の訴え	673, 675

カ行

外形標準説	35, 636
開示義務	492
解除	476
解除契約	477
解除権	476

解除権の種類・・・・・・・・・・・・・・・476	監督義務者の責任・・・・・・・・・・・・・633
解除権の消滅・・・・・・・・・・484, 487, 488	観念の通知・・・・・・・・・・・・・・・・41
解除権の消滅時効・・・・・・・・・・・・488	元本の確定・・・・・・・・・・・・・・・262
解除権の不可分性・・・・・・・・・・・・483	管理権喪失の審判・・・・・・・・・・・・701
解除後の第三者・・・・・・・・・129, 487	管理行為・・・・・・・・・・・・・・・・182
解除条件・・・・・・・・・・・・・・・・89	関連共同性・・・・・・・・・・・・・・・643
解除条件説（時効）・・・・・・・・・・・98	期間・・・・・・・・・・・・・・・・・・93
解除条件説（胎児の権利能力）・・・・5, 741	期間制限・・・・・・・・・511, 589, 722
解除の効果・・・・・・・・・・・・・・・484	危急時遺言・・・・・・・・・・・・・・・766
解除の遡及効・・・・・・・・460, 485, 573	企業損害・・・・・・・・・・・・・・・・626
解除前の第三者・・・・・・・・・・129, 487	期限・・・・・・・・・・・・・・・・・・88
買戻し・・・・・・・・・・・・・・・・・519	危険責任の原理・・・・・・・・・・・・・636
解約告知・・・・・・・・・・・・・71, 580	危険の移転・・・・・・・・・・・・・・・513
解約手付・・・・・・・・・・・・・・・・502	期限の利益・・・・・・・・・・・・・・・92
解約手付による解除の要件・・・・・・・502	危険負担・・・・・・・・288, 472, 568, 593
解約申入れ・・・・・・・・・・・・・・・565	期限前の返還・・・・・・・・・・・・・・528
改良行為・・・・・・・・・・・・・・・・63	期限前の弁済・・・・・・・・・・・・・・616
価額償還請求権・・・・・・・・・・・・・339	帰責事由・・・・・・・・・・・・・300, 317
価格賠償・・・・・・・・・・・・・・・・184	帰属上の一身専属権・・・・・728, 783, 790
価額返還・・・・・・・・・・・・・・・・527	帰属清算・・・・・・・・・・・・・・・・273
隔絶地遺言・・・・・・・・・・・・・・・766	寄託・・・・・・・・・・・・・・・574, 582
確定期限・・・・・・・・・・・・・・・・91	寄託物の返還義務・・・・・・・・・・・587
確定日付のある証書・・・・・・・393, 397, 449	基本代理権・・・・・・・・・・・・・・・69
加工・・・・・・・・・・・・・・・174, 178	客観的関連共同説・・・・・・・・・・・643
瑕疵ある意思表示・・・・・・・・・・・45	客観的注意義務違反・・・・・・・・・・622
過失・・・・・・・・・・・・・・・・・・622	求償権（不法行為）・・・・・・・635, 639, 642
果実・・・・・・・・・・・・・・・・・・40	求償権（保証）・・・・・・・・・・・・・369
果実収取権・・・・・・・・153, 221, 517	求償権（連帯債務）・・・・・・・・・・・352
過失責任原則の否定・・・・・・・・・・307	給付義務の軽減・・・・・・・・・・・・288
過失責任の原則・・・・・・・・・・・・・623	給付利得・・・・・・・・・・・・・・・613
過失相殺・・・・・・・・313, 621, 646	協議上の離縁・・・・・・・・・・・・・687
瑕疵の承継・・・・・・・・・・・・・・・151	協議上の離婚・・・・・・・・・・・・・667
可分債権・・・・・・・・・・・・・346, 732	協議分割・・・・・・・・・・・・・・・・744
可分債務・・・・・・・・・・・・・346, 733	協議を行う旨の合意・・・・・・・・96, 104
仮差押え・・・・・・・・・・・96, 103, 586	強行規定・・・・・・・・・・・・・・・・44
仮処分・・・・・・・・・・・・96, 103, 586	強制執行・・・・・・・・・・・86, 102, 303
仮登記・・・・・・・・・・・・・・・・140	強制認知・・・・・・・・・・・・・・・677
仮登記担保・・・・・・・・・・・271, 279	強制履行・・・・・・・・・・・・・304, 305
簡易の引渡し・・・・・・・・・・・・・148	供託・・・・・・・・・・・・・・・・・426
慣習・・・・・・・・・・・・・・・・・・44	共通錯誤・・・・・・・・・・・・・・・・51
慣習法・・・・・・・・・・・・・・・・・44	共同遺言の禁止・・・・・・・・・・・・769
間接強制・・・・・・・・・・・・・・・・304	共同所有・・・・・・・・・・・・・・・179
間接効果説・・・・・・・・・・・・・・・484	共同相続・・・・・・・・・・・・・729, 730
間接占有・・・・・・・・・・・58, 147, 161	共同相続と登記・・・・・・・・・・・・731
監督義務者・・・・・・・・・・・・・・・633	共同抵当・・・・・・・・・・・・・・・255

共同根抵当・・・・・・・・・・・・・・・269	契約不適合責任・・・・・・・・・・・・・504
共同の事業・・・・・・・・・・・・・・・594	結果回避義務違反・・・・・・・・・・・622
共同不法行為・・・・・・・・・・・・・643	結果債務・・・・・・・・・・・・・・・308
共同保証・・・・・・・・・・・・・・・365	欠陥・・・・・・・・・・・・・・・・・631
強迫・・・・・・・・・・・・・・・51, 54	血族・・・・・・・・・・・・・・・・・653
業務執行組合員・・・・・・・・574, 597	血族相続人・・・・・・・・・・・・・723
業務執行者・・・・・・・・・・・・・595	権限外の行為の表見代理・・・・・・・69
共有・・・・・・・・・・・・・・・・・179	検索の抗弁・・・・・・・・・・・・・363
共有物の管理・・・・・・・・・・・・・182	原始取得・・・・・・・・・・・・112, 173
共有物の使用・収益・処分・・・・・・・181	現実贈与・・・・・・・・・・・・・・・496
共有物の分割・・・・・・・・・・・・・184	現実の提供・・・・・・・・・・・・・424
共有持分・・・・・・・・・・・・・・・181	現実の引渡し・・・・・・・・・・・・148
虚偽表示・・・・・・・・・・・・・・・46	現実売買・・・・・・・・・・・・・・・499
極度額・・・・・・・・・・・・・・・・263	原始的不能・・・・・・・・・・・・・300
極度額減額請求権・・・・・・・・・・270	原状回復義務・・・・・・・83, 360, 486, 533
居所・・・・・・・・・・・・・・・・・20	懸賞広告・・・・・・・・・・・・・・・466
寄与分・・・・・・・・・・・・・・・・740	現存利益・・・・・・・・・・・・・・・615
緊急避難・・・・・・・・・・・・・・・645	限定承認・・・・・・・・・・・・749, 754
金銭債権・・・・・・・・・・・・・・・289	元物・・・・・・・・・・・・・・・・・40
金銭債務の特則・・・・・・・・・・・314	顕名・・・・・・・・・・・・・・・・・59
金銭の共同相続・・・・・・・・・・・733	権利質・・・・・・・・・・・・221, 230
金銭賠償・・・・・・・・・・・308, 627	権利失効の原則・・・・・・・・・94, 488
禁反言・・・・・・・・・・・・・・・・3	権利に関する契約内容の不適合・・・・・511
具体的相続分・・・・・・・・・・・・・736	権利能力・・・・・・・・・・・・・4, 6
組合・・・・・・・・・・・・・・・・・593	権利能力なき社団・・・・・・・・27, 28
組合員の加入・・・・・・・・・・・・・600	権利の濫用・・・・・・・・・・・・・3
組合員の除名・・・・・・・・・・・・・601	故意・・・・・・・・・・・・・・・・・622
組合員の脱退・・・・・・・・・600, 602	合意解除・・・・・・・・・・・・・・・477
組合契約・・・・・・・・・・・・・・・593	合意充当・・・・・・・・・・・・・・・422
組合代理・・・・・・・・・・・・・・・596	行為能力・・・・・・・・・・・・・・・6
組合の解散・・・・・・・・・・・・・603	更改・・・・・・・・・・・・・・447, 526
組合の清算・・・・・・・・・・・・・603	効果意思・・・・・・・・・・・・・・・45
クリーンハンズの原則・・・・・・・3, 618	交換・・・・・・・・・・・・・・111, 523
形式主義・・・・・・・・・・・・・・・126	後見・・・・・・・・・・・・・・・・・701
形式的意思説・・・・・・・・・・・・・667	後見監督人・・・・・・・・・・・・・705
形成権・・・・・・・・・・・・・・・・117	後見人・・・・・・・・・・・・・・・・702
形成権説・・・・・・・・・・・・・・・797	交互侵奪・・・・・・・・・・・・・・・164
継続的商品売買・・・・・・・・・・・499	工作物責任・・・・・・・・・・・・・640
競売・・・・・・・・・・・・・159, 514	工作物の設置・保存の瑕疵・・・・・・・640
契約自由の原則・・・・・・・・・・・456	交叉申込み・・・・・・・・・・・・・465
契約上の地位の移転・・・・・・・・・476	行使上の一身専属権・・・・・・・・・320
契約責任説・・・・・・・・496, 504, 508, 510	公示の原則・・・・・・・・・・・・・127
契約締結上の過失・・・・・・・・299, 456	公序良俗・・・・・・・・・・・・・・・42
契約締結の自由・・・・・・・・・・・456	公信の原則・・・・・・・・・・・・・128
契約内容の不適合・・・・・・・・・・506	公正証書遺言・・・・・・・・・766, 768

口頭の提供・・・・・・・・・・・・・・・・425	財産的損害・・・・・・・・・・・・・626, 627
合有・・・・・・・・・・・・・・・・・・・179	財産分与・・・・・・・・・・・・・・・・669
互譲・・・・・・・・・・・・・・・・・・・606	財産分離・・・・・・・・・・・・・・・・758
個人貸金等根保証契約・・・・・・・・・380	再代襲相続・・・・・・・・・・・・・・・724
個人根保証契約・・・・・・・・・・・・379	再転相続・・・・・・・・・・・・・・・・750
誤振込・・・・・・・・・・・・・・・・・592	再売買予約・・・・・・・279, 501, 520
個別的遺留分・・・・・・・・・・・・・794	裁判上の催告・・・・・・・・・・・・・103
雇用・・・・・・・・・・・・・・・・・・・563	裁判上の請求・・・・・・・・・・・・・101
婚姻・・・・・・・・・・・・・・・・・・・656	裁判上の離縁・・・・・・・・・・・・・688
婚姻意思・・・・・・・・・・・・・・・・659	裁判上の離婚・・・・・・・・・・・・・671
婚姻準正・・・・・・・・・・・・・・・・679	裁判による分割・・・・・・・・・・・185
婚姻適齢・・・・・・・・・・・・・・・・658	債務者に対する対抗要件・・・・・・・394
婚姻の取消し・・・・・・・・・・・・・660	債務なき責任・・・・・・・・・・・・・297
婚姻の無効・・・・・・・・・・・・・・660	債務の共同相続・・・・・・・・・・・733
婚姻の要件・・・・・・・・・・・・・・659	債務の引受け・・・・・・・・・・・・・401
婚姻予約・・・・・・・・・・・・・・・・656	債務不履行・・・・・・・・・・・・・・305
婚姻を継続し難い重大な事由・・・・・・・671	債務不履行に基づく催告解除の要件
混合寄託・・・・・・・・・・・・・・・・590	・・・・・・・・・・・・・・・・・・・478
混同・・・・・・・・・・・142, 358, 450	債務不履行の事実・・・・・・・・・・・306
混和・・・・・・・・・・・・・・174, 178	詐害意思・・・・・・・・・・・・・・・331
	詐害行為取消権・・・・・・・・・・・・325
サ行	詐害行為取消権の行使の方法・・・・・・334
債権・・・・・・・・・・・・・・・・・・・284	詐害行為の取消しの範囲・・・・・・・335
債権者主義・・・・・・・・・・・・・・471	差額説（債務不履行）・・・・・・・・・307
債権者代位権・・・・・・・・・・・・・317	差額説（不法行為）・・・・・・・・・・626
債権者代位権の転用・・・・・・・・・324	詐欺・・・・・・・・・・・・・・・・・・・52
債権者平等の原則・・・・・・・・・・・208	先取特権・・・・・・・・・・・・・・・208
債権者不確知・・・・・・・・・・・・・427	先取特権の順位・・・・・・・・・・・215
債権証書・・・・・・・・・・・・・・・・421	錯誤・・・・・・・・・・・・・・・・・・・49
債権譲渡担保・・・・・・・・・・・・・277	差押禁止債権・・・・・・・・・・・・・443
債権譲渡通知・・・・・・・・・319, 325	指図証券・・・・・・・・・・・・・・・453
債権譲渡登記・・・・・・・・・・・・・393	指図による占有移転・・・・・・・・・148
債権譲渡と相殺・・・・・・・・401, 445	詐術・・・・・・・・・・・・・・・・・・・19
債権的登記請求権・・・・・・・・・・・138	詐称代理人・・・・・・・・・・・・・・413
債権の共同相続・・・・・・・・・・・732	サブリース・・・・・・・・・・・・・・555
債権の譲渡・・・・・・・・・・・・・・387	死因贈与・・・・・・・・・・・・・・・498
債権の消滅・・・・・・・・・・・・・・407	敷金・・・・・・・・・・・・・・・・・・・561
債権侵害・・・・・・・・284, 459, 625	敷引特約・・・・・・・・・・・・・・・562
催告・・・・・・・・・・・・・・103, 479	事業の執行について・・・・・・・・・636
催告による解除・・・・・・・・・・・478	試験養育期間・・・・・・・・・・・・・693
催告によらない解除・・・・・・・・・481	時効・・・・・・・・・・・・・・・・・・・94
催告の抗弁・・・・・・・・・・・・・・363	時効の援用・・・・・・・・・・・・・・・97
再婚禁止期間・・・・・・・・・・・・・658	時効の完成猶予・・・・・・・・・・・・94
財産管理権・・・・・・・・・・・・・・697	時効の更新・・・・・・・・・・・・・・・95
財産権移転債務・・・・・・・・・・・499	時効の障害事由・・・・・・・・・・・・94

時効の中断・・・・・・・・・・・・・・・・・・・95
時効の停止・・・・・・・・・・・・・・・・・・・95
時効利益の放棄・・・・・・・・・・・・・・・100
自己契約・・・・・・・・・・・・・・・・・・・・66
自己占有・・・・・・・・・・・・・・・・・・・146
死後離縁・・・・・・・・・・・・・・・・・・・689
持参債務・・・・・・・・・・・・・・・288, 419
事実的因果関係・・・・・・・・・・・・・・307
使者・・・・・・・・・・・・・・・・・・・・・・59
自主占有・・・・・・・・・・・・・・・144, 148
事情変更の原則・・・・・・・・・・・・・・459
自然血族・・・・・・・・・・・・・・・・・・・653
自然債務・・・・・・・・・・・・・・・・・・・296
自然中断・・・・・・・・・・・・・・・・・・・114
事前の求償権・・・・・・・・・・・・・・・371
下請負人・・・・・・・・・・・・・・・・・・・566
質権・・・・・・・・・・・・・・・・・・・・・220
失火責任法・・・・・・・・621, 635, 638, 641
実質的意思説・・・・・・・・659, 667, 684
失踪の宣告・・・・・・・・・・・・・・・・・23
指定充当・・・・・・・・・・・・・・・・・・・422
指定相続分・・・・・・・・・・・・・・・・・736
指定分割・・・・・・・・・・・・・・・・・・・745
私的自治の原則・・・・・・・・・・・・・・・2
自働債権・・・・・・・・・・・・・・・・・・・438
支払不能・・・・・・・・・・・・・・・・・・・331
自筆証書遺言・・・・・・・・・・・766, 768
死亡危急時遺言の方式・・・・・・・・771
死亡退職金・・・・・・・・・・・・・・・・・729
試味売買（試験売買）・・・・・・・・・499
事務管理・・・・・・・・・・・・・・・・・・・608
借地権・・・・・・・・・・・・・・・・・・・541
借地借家法・・・・・・・・189, 539, 557
受遺者・・・・・・・・・・・・・・・・・・・765
収去義務・・・・・・・・・・・・・・・・・・・533
集合債権譲渡担保・・・・・・・・・・・・277
集合動産譲渡担保・・・・・・・・・・・・276
重婚・・・・・・・・・・・・・・・・658, 662
住所・・・・・・・・・・・・・・・・・・・・・20
終身定期金・・・・・・・・・・・・・・・・・604
修繕義務・・・・・・・・・・・・・・・・・・・546
従たる権利・・・・・・・・・・・・・・・・・235
周知義務・・・・・・・・・・・・・・・・・・・494
従物・・・・・・・・・・・・・・・・39, 235
受寄者・・・・・・・・・・・・・・・574, 583

熟慮期間・・・・・・・・・・・・・・・749, 750
受託保証人・・・・・・・・・・・・・・・・・372
手段債務・・・・・・・・・・・・・・・・・・・308
出世払債務・・・・・・・・・・・・・・・・・88
受働債権・・・・・・・・・・・・・・・・・・・438
取得時効・・・・・・・・・・・・・・・・・・・110
取得時効と登記・・・・・・・112, 130, 134
受任者・・・・・・・・・・・・・・・574, 575
主物・・・・・・・・・・・・・・・・・・・・・39
受領義務・・・・・・・・・・・・・・・・・・・301
受領拒絶・・・・・・・・・・・・・・・・・・・301
受領権者としての外観を有する者に対す
　る弁済・・・・・・・・・・・・・・・・・・・412
受領遅滞・・・・・・・・・・・・・・・・・・・301
受領不能・・・・・・・・・・・・・・・301, 427
種類債権・・・・・・・・・・・・・・・・・・・287
種類債権の特定・・・・・・・・・・・・・・287
種類・品質に関する契約内容の不適合
　・・・・・・・・・・・・・・・・・・・・・・・506
種類物・・・・・・・・・・・・・・・・・・・287
準委任・・・・・・・・・・・・・・・・・・・582
準共有・・・・・・・・・・・・・・・・・・・188
準事務管理・・・・・・・・・・・・・・・・・610
準消費貸借・・・・・・・・・・・・・・・・・525
準正・・・・・・・・・・・・・・・・・・・・・679
準占有・・・・・・・・・・・・・・・・・・・166
準則主義・・・・・・・・・・・・・・・・・・・29
準法律行為・・・・・・・・・・・・・・・・・41
承役地・・・・・・・・・・・・・・・・・・・195
消極的損害・・・・・・・・・・・・・・・・・626
承継取得・・・・・・・・・・・・・・・・・・・173
条件・・・・・・・・・・・・・・・・・・・・・88
使用者責任・・・・・・・・・・・・・・・・・635
消除主義・・・・・・・・・・・・・・・・・・・260
使用貸借・・・・・・・・・・・・・・・・・・・528
承諾・・・・・・・・・・・・・・・・・・・・461
承諾転質・・・・・・・・・・・・・・・・・・・225
承諾転貸・・・・・・・・・・・・・・・・・・・553
譲渡担保・・・・・・・・・・・・・・・・・・・271
承認・・・・・・・・・・・・・・・・・・・・105
消費寄託・・・・・・・・・・・・・・・・・・・591
消費者契約・・・・・・・・・・・・・・・・・491
消費貸借・・・・・・・・・・・・・・・・・・・523
情報提供義務・・・・・・・・・・・・・・・456
消滅時効・・・・・・・・・・・・・・・94, 114

証約手付・・・・・・・・・・・・・・・・・502	成立要件説・・・・・・・・・・・・・・・659
将来債権・・・・・・・・・・・・・388, 392	責任財産・・・・・・・・・・・・・・・・325
所持・・・・・・・・・・・・・・・・・・146	責任転質・・・・・・・・・・・・・・・・225
除斥期間・・・・・・・・・・・・・・・・94	責任なき債務・・・・・・・・・・・・・296
署名代理・・・・・・・・・・・・・・・・59	責任能力・・・・・・・・・・・・623, 632
書面でする消費貸借・・・・・・・・・524	積極的損害・・・・・・・・・・・・・・626
書面によらない贈与・・・・・・・・・495	絶対的構成・・・・・・・25, 47, 136, 164
書面による寄託・・・・・・・・・・・584	絶対的効力事由・・・・・・・・・・・357
書面による使用貸借・・・・・・・・・529	説明義務・・・・・・・・・・・・・・・456
所有権・・・・・・・・・・・・・・・・167	善意・・・・・・・・・・・・・・・25, 35
所有権の取得・・・・・・・・・・・・173	宣言主義・・・・・・・・・・・・・・・746
所有権留保・・・・・・・・・・271, 280	選択債権・・・・・・・・・・・・・・・293
所有の意思・・・・・・・・・・・・・110	全面的価格賠償・・・・・・・・・・・185
自力救済・・・・・・・・・・・・・・625	占有・・・・・・・・・・・・・・・・・144
事理弁識能力・・・・・・・・・・・・646	占有回収の訴え・・・・・・・・・・・163
心因的素因・・・・・・・・・・・・・647	占有改定・・・・・・・・・・・・・・・148
信義誠実の原則・・・・・・・・・・・2	占有機関・・・・・・・・・・・・・・・147
親権・・・・・・・・・・・・・・・・694	占有権・・・・・・・・・・・・・・・・144
親権共同行使の原則・・・・・・・・696	占有権の消滅・・・・・・・・・・・・165
親権者・・・・・・・・・・・・693, 695	占有訴権・・・・・・・・・・・・・・・161
親権者の変更・・・・・・・・・・・・695	占有保持の訴え・・・・・・・・・・・162
身上監護権・・・・・・・・・・・・・694	占有補助者・・・・・・・・・・・・・・147
親族・・・・・・・・・・・・・・・・652	占有保全の訴え・・・・・・・・・・・162
身体的素因・・・・・・・・・・・・・647	善良な管理者の注意（善管注意義務）
人的担保・・・・・・・・・・・・・・201	・・・・・・・・・・・・・・・285, 574
親等・・・・・・・・・・・・・・・・653	相殺・・・・・・・・・・・・・・・・・438
審判分割・・・・・・・・・・・・・・744	相殺契約・・・・・・・・・・・・・・・439
信頼関係破壊の法理・・・・・・・・559	相殺適状・・・・・・・・・・・・・・・438
信頼利益・・・・・・・・・78, 300, 457	相殺の充当・・・・・・・・・・・・・445
心裡留保・・・・・・・・・・・・・・45	相殺の遡及効・・・・・・・・・・・・441
推定されない嫡出子・・・・・・・・674	相殺の方法・・・・・・・・・・・・・440
推定相続人・・・・・・・・・・・・・727	造作買取請求権・・・・・・・・542, 561
推定の及ばない子・・・・・・・・・674	創設的届出・・・・・・・・・・・・・659
随伴性・・・・・・・・・・・・・・・201	相続・・・・・・・・・・・・・・・・・720
随伴性の否定（根抵当）・・・・・・262	相続回復請求権・・・・・・・・・・・720
数量指示売買・・・・・・・・・・・・506	相続債権者・・・・・・・・・・・・・755
数量に関する契約内容の不適合・・・・506	相続財産・・・・・・・・・・・・・・・109
制限行為能力者・・・・・・・・・・・7	相続財産の管理・・・・・・・・・・・752
制限種類債権・・・・・・・・・・・・287	「相続させる」旨の遺言・・・・・・745
製作物供給契約・・・・・・・・・・・566	相続と新たな権原・・・・・・・・・149
清算義務・・・・・・・・・・・・・・274	相続人・・・・・・・・・・・・・・・・723
精神病・・・・・・・・・・・・・・・671	相続人の欠格事由・・・・・・・・・725
製造物責任法・・・・・・・・・・・・631	相続人の順位・・・・・・・・・・・・724
正当防衛・・・・・・・・・・・・・・645	相続人の不存在・・・・・・・・・・・760
成年後見人・・・・・・・・・・11, 703	相続の承認及び放棄・・・・・・・・749

相続分・・・・・・・・・・・・・・・・・・・・・735
相続分の譲渡・・・・・・・・・・・・・・・・・731
相続放棄・・・・・・・・・・・・・・・・・・・・757
相対的構成・・・・・・・・・・・・25, 47, 136
相対的効力事由・・・・・・・・・・・・・・・352
相対的効力の原則・・・・・・・・・349, 352
相対的取消し・・・・・・・・・・・・・・・・338
相当因果関係説・・・・・・・・・310, 627
送付債務・・・・・・・・・・・・・・・・・・・・288
双方代理・・・・・・・・・・・・・・・・・・・・・66
双務契約・・・・・・・・・・・・・・・・・・・・459
総有・・・・・・・・・・・・・・・・・・・・・・・・180
贈与・・・・・・・・・・・・・・・・・・・・・・・・494
相隣関係・・・・・・・・・・・・・・・167, 195
即時取得・・・・・・・・・・・・・・・・・・・・155
損益相殺（債務不履行）・・・・・・・・313
損益相殺（不法行為）・・・・・・・・・・628
損害軽減義務・・・・・・・・・・・・・・・・313
損害賠償額の予定・・・・・・・・・・・・315
損害賠償による代位・・・・・・・・・・316
損害賠償の範囲（債務不履行）・・・・・309
損害賠償の範囲（不法行為）・・・・・・・627
尊属・・・・・・・・・・・・・・・・・・・・・・・・654

タ行

代位弁済・・・・・・・・・・・・・・・・・・・・431
対外的効力・・・・・・・・・274, 281, 342, 343
対価関係・・・・・・・・・・・・・・・・・・・・474
代価弁済・・・・・・・・・・・・・・・・・・・・246
代金減額請求権・・・・・・・・・・・・・・509
代金分割・・・・・・・・・・・・・・・・・・・・184
対抗要件・・・・・・・・・・・127, 128, 141
第三者による抵当権侵害・・・・・・240
第三者の債権侵害・・・・・・・・・・・・296
第三者のためにする契約・・・・・・473
第三者の弁済・・・・・・・・・・・・・・・・409
胎児・・・・・・・・・・・・・・・・・・・・・5, 741
代襲原因・・・・・・・・・・・・・・724, 725
代襲相続・・・・・・・・・・・・・・・・・・・・724
代襲相続人の相続分・・・・・・・・・・737
代償請求権・・・・・・・・・・・・・・・・・・316
代替執行・・・・・・・・・・・・・・・・・・・・304
代諾縁組・・・・・・・・・・・・・・・・・・・・683
代物弁済・・・・・・・・・・・・・・・・・・・・416
代理・・・・・・・・・・・・・・・・・・・・・・・・58

代理権授与の表示による表見代理・・・・67
代理権消滅後の表見代理・・・・・・・・・72
代理権の消滅原因・・・・・・・・・・・・・71
代理権の濫用・・・・・・・・・・・・・・・・・65
代理受領・・・・・・・・・・・・・・・・・・・・282
代理占有・・・・・・・・・・・・・・・58, 146
代理占有の消滅・・・・・・・・・・・・・・166
諾成契約・・・・・・・・・・・・・・・・・・・・460
諾成的消費貸借・・・・・・・・・・・・・・524
諾約者・・・・・・・・・・・・・・・・・・・・・・473
他主占有・・・・・・・・・・・・・・・144, 148
他主占有事情・・・・・・・・・・・・・・・・150
多数当事者の債権及び債務・・・・・342
建物買取請求権・・・・・・・・・・・・・・541
他人物賃貸借・・・・・・・・・・・・・・・・535
他人物売買・・・・・・・・・・・・・・・・・・507
他人物売買と相続・・・・・・・・・・・・・75
短期賃貸借・・・・・・・・・・・・・・・・・・537
単純承認・・・・・・・・・・・・・・749, 753
単独行為・・・・・・・・・・・・・・・・41, 88
担保責任・・・・・・・・・・・・・・・・・・・・742
担保物権・・・・・・・・・・・・・・・・・・・・200
担保物権の通有性・・・・・・・・・・・・201
担保保存義務免除・・・・・・・・・・・・437
地役権・・・・・・・・・・・・・・・・・・・・・・195
遅延賠償・・・・・・・・・・・・・・・・・・・・308
地上権・・・・・・・・・・・・・・・189, 190
父を定めることを目的とする訴え
・・・・・・・・・・・・・・・・・・・・・・・・・675
嫡出子・・・・・・・・・・・・・・・・・・・・・・673
嫡出でない子（非嫡出子）・・・・・・674
嫡出の推定・・・・・・・・・・・・・・・・・・673
嫡出否認の訴え・・・・・・・・・・・・・・675
中間省略登記・・・・・・・・・・・・・・・・139
中間利息の控除・・・・・・・・・・・・・・311
注文者の責任・・・・・・・・・・・・・・・・639
調停前置主義・・・・・・・・・・・・・・・・671
直接強制・・・・・・・・・・・・・・・・・・・・304
直接効果説・・・・・・・・・・・・129, 484
直系親族・・・・・・・・・・・・・・・・・・・・653
賃借権の譲渡及び転貸・・・・・・・・549
賃借人の債務の保証・・・・・・・・・・378
賃貸借・・・・・・・・・・・・・・・・・・・・・・534
賃貸人たる地位の移転・・・・・・・・543
賃料・・・・・・・・・・・・・・・・・・・・・・・・534

追完請求権	508
追認	83
通常損害	310
通常損耗	560
強い関連共同性	643
定期行為	482
定期借地権	539
定期借家権	539
定期贈与	497
定型取引	489
定型取引合意	490
定型約款	489
定型約款におけるみなし合意	490
定型約款の変更	492
停止条件	89
貞操の義務	664
抵当権	232
抵当権消滅請求	247
抵当権侵害	239
抵当権の効力の及ぶ範囲	234
抵当権の順位の変更	242
抵当権の譲渡・放棄	244
抵当権の消滅	259
抵当権の処分	243
撤回	462
手付	501
典型契約	459
電子記録債権	262, 263
転質	224
転貸	550
転抵当	243
天然果実	40
添付	174, 178
填補賠償	300, 308
転養子	687
転用物訴権	614
登記請求権	137
動機の錯誤	49
動機の不法	43
登記の流用	139
同居義務	664
動産	39
動産質	227
動産譲渡登記ファイル	141
動産の先取特権	211

動産の付合	174, 177
同時死亡の推定	26
同時存在の原則	774
同時履行の抗弁	467
到達主義	56
盗品	158
動物の占有者等の責任	641
特定遺贈	765
特定財産承継遺言	745, 779
特定物債権	327
特定物ドグマ	418, 508
特別縁故者	762
特別寄与者	800
特別寄与料	800
特別受益	740
特別損害	310
特別養子	689
土地の工作物	640
取消し	79
取消権者	81
取消権の期間の制限	87
取立債務	288, 419
取引上の社会通念	285, 307

ナ行

内縁	656
内容の錯誤	49
日常家事債務	666
任意解約権	580
任意後見制度	7
任意債権	294
任意代理権	60
任意脱退	601
任意認知	677, 678
認知	676, 677
認知準正	679
認知の訴え	679
根抵当	261
根保証	376

ハ行

配偶者	653
配偶者居住権	783
配偶者短期居住権	789
廃除	726

賠償額の予定・・・・・・・・・・・・・・・315	不可抗力・・・・・・・・・・・・・・・314
賠償者の代位・・・・・・・・・・・・・・316	不可分債権・・・・・・・・・・・・・・344
背信的悪意者・・・・・・・・・・・・・135	不可分債務・・・・・・・・・・・・・・345
売買・・・・・・・・・・・・・・・・・499	不可分性・・・・・・・・・・・・・・・201
売買の一方の予約・・・・・・・・・・・500	不完全物権変動説・・・・・・・・・・・127
売買は賃貸借を破る・・・・・・・540, 544	不完全履行・・・・・・・・・・・・・・306
白紙委任状・・・・・・・・・・・・・・68	復氏・・・・・・・・・・・・・・656, 680
発信主義・・・・・・・・・・・・・56, 462	復代理人・・・・・・・・・・・・・・・64
パートナーシップ関係・・・・・・・・・657	複利・・・・・・・・・・・・・・・・・293
パブリシティ権・・・・・・・・・・・・624	付合・・・・・・・・・・・・・・174, 178
反対給付返還請求権・・・・・・・・・・339	付合物・・・・・・・・・・・・・・・・234
被害者側の過失・・・・・・・・・・・・646	不在者・・・・・・・・・・・・・・・・22
被害者の承諾・・・・・・・・・・・・・625	不作為債務・・・・・・・・・・・・・・305
被害者の素因・・・・・・・・・・・・・647	不執行の合意のある債権・・・・・・・・326
引渡し・・・・・・・・・・・・・・・・141	付従性（担保物権）・・・・・・・・・・201
引渡債務・・・・・・・・・・・・・・・305	付従性（保証）・・・・・・・・・・・・361
非財産的損害・・・・・・・・・・・・・626	不真正連帯債務・・・・・・・・・・・・356
非債弁済・・・・・・・・・・・・・・・616	負担付遺贈・・・・・・・・・・・・・・776
卑属・・・・・・・・・・・・・・・・・654	負担付贈与・・・・・・・・・・・・・・497
被代位権利・・・・・・・・・・・・・・317	負担部分・・・・・・・・・・・・・・・353
非嫡出子・・・・・・・・・・・・・・・674	復帰的物権変動・・・・・・・・・・・・54
必要費・・・・・・・・・・・・・160, 547	物権・・・・・・・・・・・・・・・・・122
非典型契約・・・・・・・・・・・・・・459	物権行為の独自性・無因性・・・・・・・126
非典型担保・・・・・・・・・・・・・・270	物権的請求権・・・・・・・・・・・・・123
非任意脱退・・・・・・・・・・・・・・601	物権的登記請求権・・・・・・・・・・・137
非復活主義・・・・・・・・・・・・・・782	物権的返還請求権・・・・・・・・・・・124
被保佐人・・・・・・・・・・・・・・・13	物権的妨害排除請求権・・・・・・・・・124
被補助人・・・・・・・・・・・・・・・17	物権的妨害予防請求権・・・・・・・・・124
被保全債権・・・・・・・318, 326, 327, 341	物権の客体・・・・・・・・・・・・・・122
秘密証書遺言・・・・・・・・・・・・・767	物権の優先的効力・・・・・・・・・・・123
表見受領権者・・・・・・・・・・・・・413	物権変動的登記請求権・・・・・・・・・138
表見相続人・・・・・・・・・・・・・・721	物権変動の時期・・・・・・・・・・・・127
表見代理・・・・・・・・・・・67, 69, 72	物権法定主義・・・・・・・・・・・・・125
表示意思・・・・・・・・・・・・・・・45	物上代位・・・・・・・・・・・・・・・209
表示行為の錯誤・・・・・・・・・・・・49	物上代位性・・・・・・・・・・・201, 237
表示主義・・・・・・・・・・・・・・・45	物上保証人・・・・・・・・・・・・・・233
費用償還請求・・・・・・・・・・・・・161	物上保証人の求償権・・・・・・・・・・227
費用前払請求権・・・・・・・・・・・・579	物的担保・・・・・・・・・・・・・・・201
不安の抗弁権・・・・・・・・・・・・・468	不貞行為・・・・・・・・・・・・・・・671
不意打ち条項・・・・・・・・・・・・・491	不動産・・・・・・・・・・・・・・・・38
夫婦財産契約・・・・・・・・・・・・・665	不動産先取特権・・・・・・・・・・・・214
夫婦財産制・・・・・・・・・・・・・・665	不動産質・・・・・・・・・・・・・・・228
夫婦同氏制・・・・・・・・・・・・・・663	不動産賃借権の物権化・・・・・・・・・540
付加一体物・・・・・・・・・・・・・・234	不動産の付合・・・・・・・・・・・・・175
不確定期限・・・・・・・・・・・・91, 118	不当条項・・・・・・・・・・・・・・・491

不当利得	612
不特定物	287
不能条件	91
不法原因給付	618
不法行為	620
扶養	716
不要式行為	460
分割債権	343
分割債務	343
分別の利益	365
分離物	235
併存的債務引受	401
別個独立性	358
変更権	288
変更行為	182
弁済	408
弁済による代位（代位弁済）	430
弁済の充当	422
弁済の準備	425
弁済の提供	289, 423
弁済の場所	408, 419
弁済の費用	420
偏頗行為	331
片務契約	459
包括遺贈	765
包括承継	476
傍系親族	653
方式の自由	456, 461
報償責任の原理	636
法人	26
法人の権利能力	33
法人の不法行為	35
法定解除権	476
法定果実	40
法定血族	653
法定更新	557
法定債権	115
法定充当	422, 423, 446
法定相殺	441
法定相続分	736
法定代理権	60
法定代理権の濫用	697
法定代理人	8
法定単純承認	753
法定担保物権	125, 200, 202

法定地上権	249
法定追認	85
法定利率	289
法定利率の変動制	291
法律行為	40
法律事実	41
保護義務	442, 483, 510
保佐	713
保佐開始の審判	13
保佐監督人	713
保佐人	13, 713
補充性	359, 376
補助	715
保証	358, 376
補償関係	474
保証債務	358
保証債務の範囲	360
保証人の解約権	377
保証人の抗弁権	366
保証連帯	364
補助開始の審判	17
補助監督人	715
補助人	17, 715
保存行為	63
本権	164
本権の訴え	164

マ行

埋蔵物発見	173
未成年後見	702
未成年者	8
未成年養子	683
身分権	652
身分行為	652
見本売買	499
身元保証	376, 378
無委託保証人	373, 374
無過失責任	78, 580, 631, 640
無記名債権	38
無記名証券	455
無限責任	600, 754
無権代理	73
無権代理行為の追認	76
無権代理と相続	74
無権代理人の責任	77

無権代理の相手方の催告権・・・・・・・・・75	預金担保貸付・・・・・・・・・・・・・・・・・・・414
無効・・・・・・・・・・・・・・・・・・・・・・・・79	預貯金契約・・・・・・・・・・・・・・・・・・・592
無効行為の転換・・・・・・・・・・・・・・・80	預貯金債権・・・・・・・・・391, 732, 747
無効な行為の追認・・・・・・・・・・・・・80	予約完結権・・・・・・・・・・・・・・・・・・・500
無効な婚姻の追認・・・・・・・・・・・・660	弱い関連共同性・・・・・・・・・・・・・・・643
無効な離婚の追認・・・・・・・・・・・・668	
無催告解除・・・・・・・・・・・・・・・・・・481	**ラ行**
無主物・・・・・・・・・・・・・・・・・・・・・175	利益相反行為・・・・・・・・・・・・・・・・・698
無主物先占・・・・・・・・・・・・・・・・・173	離縁・・・・・・・・・・・・・・・・・・・・・・・687
無償契約・・・・・・・・・・・・・・・・・・・459	離縁による復氏等・・・・・・・・・・・・688
無資力・・・・・・・・・・・・・・・・・・・・・319	履行拒絶・・・・・・・・・・・・・・・・・・・482
無断譲渡・転貸・・・・・・・・・・・・・・550	履行遅滞・・・・・・・・・・・・・・・・・・・297
無名契約・・・・・・・・・・・・・・・・・・・459	履行遅滞後の履行不能・・・・・・・・・307
明認方法・・・・・・・・・・・・・・・・・・・140	履行の強制・・・・・・・・・・・・・・・・・303
名誉毀損・・・・・・・・・625, 626, 631, 646	履行の請求・・・・・・・・・・・・・・・・・86
免除・・・・・・・・・・・・・・・・・・・・・・・450	履行の提供・・・・・・・・・・・・・・・・・301
免責事由・・・・・・・・・・・・・・・・・・・306	履行引受・・・・・・・・・・・・・・・・・・・407
免責的債務引受・・・・・・・・・・・・・・403	履行不能・・・・・・・・・・・・・・・・・・・299
免責約款・・・・・・・・・・・・・・・・・・・629	履行補助者・・・・・・・・・・・・・・・・・307
申込み・・・・・・・・・・・・・・・・・・・・・461	履行利益・・・・・・・・・・・・・・・・・・・78
申込みの拘束力・・・・・・・・・462, 463	離婚・・・・・・・・・・・・・・・・・・・・・・・667
申込みの誘引・・・・・・・・・・・・・・・461	離婚意思・・・・・・・・・・・・・・・・・・・667
目的の範囲・・・・・・・・・・・・・・・・・34	離婚原因・・・・・・・・・・・・・・・・・・・671
持戻し・・・・・・・・・・・・・・・・・・・・・740	利息・・・・・・・・・・・・・・・・・・・・・・・229
持戻しの免除・・・・・・・・・・・739, 783	利息債権・・・・・・・・・・・・・・・・・・・290
物37	利息付消費貸借・・・・・・・523, 524, 527
	流質契約・・・・・・・・・・・・・・・・・・・226
ヤ行	留置権・・・・・・・・・・・・・・・・・・・・・202
約定解除権・・・・・・・・・・・・・・・・・477	留置的効力・・・・・・・・・・・・・・・・・201
約定担保物権・・・・・・・・・125, 200, 202	利用行為・・・・・・・・・・・・・・・・・・・63
有益費・・・・・・・・・・・・・160, 548, 612	類型論・・・・・・・・・・・・・・・・・・・・・613
有価証券・・・・・・・・・・・・・・・・・・・452	連帯債権・・・・・・・・・・・・・・・・・・・347
有償契約・・・・・・・・・・・・・・・・・・・459	連帯債務・・・・・・・・・・・・・・・・・・・349
有責配偶者からの離婚請求・・・・・・671	連帯の免除・・・・・・・・・・・・・・・・・356
優先弁済的効力・・・・・・・・・・・・・・201	連帯保証・・・・・・・・・・・・・・・・・・・367
有名契約・・・・・・・・・・・・・・・・・・・459	
要役地・・・・・・・・・・・・・・・・・・・・・195	**ワ行**
用益物権・・・・・・・・・・・・・・・・・・・125	和解・・・・・・・・・・・・・・・・・・・・・・・605
養子・・・・・・・・・・・・・・・・・・・・・・・681	和解と錯誤・・・・・・・・・・・・・・・・・607
要式契約・・・・・・・・・・・・・・・・・・・462	
要式行為・・・・・・・・・・・・・・・・・・・460	
要物契約・・・・・・・・・・・・・・・・・・・460	
用法遵守義務・・・・・・・・・・・530, 555	
要約者・・・・・・・・・・・・・・・・・・・・・473	
預金者の認定・・・・・・・・・・・・・・・414	

司法試験&予備試験対策シリーズ

2022年版　司法試験&予備試験 完全整理択一六法　民法

1999年12月20日　　第1版　第1刷発行
2021年9月30日　　第23版　第1刷発行

編著者●株式会社　東京リーガルマインド
　　　　LEC総合研究所　司法試験部

発行所●株式会社　東京リーガルマインド
　　　　〒164-0001　東京都中野区中野4-11-10
　　　　　　　　　アーバンネット中野ビル
　　　　LECコールセンター　📞 0570-064-464

受付時間　平日9:30 ～ 20:00 / 土・祝10:00 ～ 19:00 / 日10:00 ～ 18:00
※このナビダイヤルは通話料お客様ご負担となります。

書店様専用受注センター　　TEL 048-999-7581 / FAX 048-999-7591

受付時間　平日9:00 ～ 17:00 / 土・日・祝休み

www.lec-jp.com/

カバーデザイン●桂川　潤
本文デザイン●グレート・ローク・アソシエイツ
印刷・製本●株式会社　シナノパブリッシングプレス

©2021 TOKYO LEGAL MIND K.K., Printed in Japan　　　ISBN978-4-8449-2474-6
複製・頒布を禁じます。
本書の全部または一部を無断で複製・転載等することは、法律で認められた場合を除き、著作者
及び出版者の権利侵害になりますので、その場合はあらかじめ弊社あてに許諾をお求めください。
なお、本書は個人の方々の学習目的で使用していただくために販売するものです。弊社と競合す
る営利目的での使用等は固くお断りいたしております。
落丁・乱丁本は、送料弊社負担にてお取替えいたします。出版部(TEL03-5913-6336)までご連絡
ください。

司法試験の最終合格に必要な知識を短期間で修得する　通学　通信

【速修】矢島の速修インプット講座　 Input

講義時間数
126時間

憲法	17.5時間	民訴法	14時間
民法	28時間	刑訴法	14時間
刑法	24.5時間	行政法	14時間
会社法	14時間	(3.5時間／回)	

通信教材発送／Web・音声DL配信開始日
2021/6/24(木)以降、順次

Web・音声DL配信終了日
2022/7/31(日)

使用教材
矢島の体系整理テキスト2022
※レジュメのPDFデータをWebup致しませんのでご注意ください。

タイムテーブル
3.5時間講義　途中10分休憩あり

担当講師

矢島 純一
LEC専任講師

矢島講座ラインナップ
【速修】矢島の速修インプット講座	【論完】矢島の論文完成講座
【短答】矢島の短答対策シリーズ	【スピチェ】矢島のスピードチェック講座
【法実】矢島の法律実務基礎科目(民事・刑事)	

講座概要

本講座(略称：矢島の【速修】)は、既に学習経験がある受験生や、ほとんど学習経験がなくても短期間で試験対策をしたいという受験生が、**合格するために修得が必須となる事項を効率よくインプット学習するための講座**です。合格に必要な重要論点や判例の分かりやすい解説により科目全体の**本質的な理解を深める講義**と、覚えるべき規範が過不足なく記載され**自然と法的三段論法を身に付けながら知識を修得できるテキスト**が両輪となって、**本試験に対応できる実力を養成**できる講座です。忙しい毎日の通勤通学などの隙間時間で講義を聴いたり、復習の際にテキストだけ繰り返し読んだり、自分のペースで無理なく合格に必要な全ての重要知識を身に付けられるようになっています。また、本講座は**直近の試験の質に沿った学習ができるよう、テキストや講義の内容を毎年改訂している**ので、本講座を受講することで直近の試験考査委員が受験生に求めている知識の質と広さを理解することができ、試験対策上、誤った方向に行くことなく、**常に正しい方向に進んで確実に合格する力を修得することが**できます。

講座の特長

1 重要事項の本質を短期間で理解するメリハリある講義

矢島講師の最大の特長は、**分かりやすい講義**です。全身全霊を受験指導に傾け、寝ても覚めても法律のことを考えている矢島講師の講義は、思わず惹き込まれるほど面白く分かりやすいので、忙しい方でも途中で挫折することなく受講できると好評を博しています。講義中は、日ごろから過去問研究をしっかりとしている矢島講師が、**試験で出題されやすい事項を、試験で出題される質を踏まえて解説する**ため、講義を聴いているだけで確実に合格に近づくことができます。

2 司法試験の合格レベルに導く質の高いテキスト

使用する**テキストは、全て矢島講師が責任をもって作成**しており、合格に必要な重要知識が体系ごとに整理されています。受験生に定評のある基本書、判例百選、重要判例集、論証集の内容がコンパクトにまとめられており、試験で出題されそうな事項を「矢島の体系整理テキスト」だけで学べます。矢島講師が過去問をしっかりと分析した上で、合格に必要な知識をインプットできるようにテキストを作成しているので、**試験に不必要な情報は一切なく、合格に直結する知識を短時間で効率よく吸収できるテキスト**となっています。すべての知識に**重要度のランク付けをしているため一目で覚えるべき知識が分かり、受験生が講義を復習しやすい工夫**もされています。また、テキストの改訂を毎年行い、**法改正や最新判例に完全に対応しています。**

3 短答対策だけでなく論文対策にも直結するインプットを実現

論文試験では、問題文中の事実に評価を加えた上で法的な規範にあてはめて一定の結論を導くという法的三段論法をする能力の有無が問われます。論文試験に通用する学力を修得するには、**知識のインプットの段階でも、法的三段論法をするために必要な知識を修得しているということを意識することが重要**です。矢島の【速修】のテキストは、論文試験で書く重要な論点については、規範と当てはめを区別して記載しており、**講義では規範のポイントや当てはめの際の事実の評価の仕方のコツを分かりやすく説明**しています。講師になってからも論文の答案を書き続けている矢島講師にしかできない質の高いインプット講義を聴いて、**合格に必要な法的三段論法をする能力を身に付けて合格を確実なものとしてください！**

通信スケジュール

科目	回数	教材・DVD発送/Web・音声DL配信開始日
憲法	1	
	2	
	3	21.6.24（木）
	4	
	5	
民法	1	
	2	
	3	
	4	7.15（木）
	5	
	6	
	7	
	8	
刑法	1	
	2	
	3	
	4	8.10（火）
	5	
	6	
	7	
会社法	1	
	2	8.16（月）
	3	
	4	
民訴法	1	
	2	8.30（月）
	3	
	4	
刑訴法	1	
	2	9.9（木）
	3	
	4	
行政法	1	
	2	9.21（火）
	3	
	4	

講師 Message

本講座は、論文試験や短答試験の合格に必要な重要基本知識を確実に身に付けることを目的とした講座です。近年の試験傾向を踏まえてテキストを毎年改訂した上で、講義の内容も次の直近の試験に役立つものとなるようにしています。講義を耳で聴いているだけでも、合格に必要な基本知識を修得できるよう、分かりやすい講義をしていきますので、この講座を利用して効率よく学習して、合格を実現してください。何が何でも合格したいという受験生の期待を裏切らないよう、全力で講座作りをしていきますので、私を信じてついてきてください！

受講料

受講形態	申込形態	回数	講義形態	一般価格	大学生協・書籍部価格	代理店書店価格	講座コード
					税込（10%）		
通学 通信	一括	36	Web※1	112,200円	106,590円	109,956円	通学:LA21408 通信:LB21407
			DVD	145,750円	138,462円	142,835円	
	憲法	5	Web※1	19,250円	18,287円	18,865円	
			DVD	25,300円	24,035円	24,794円	
	民法	8	Web※1	30,800円	29,260円	30,184円	
			DVD	40,150円	38,142円	39,347円	
	刑法	7	Web※1	26,950円	25,602円	26,411円	
			DVD	35,200円	33,440円	34,496円	
	会社法/民訴法/刑訴法/行政法※2	各4	Web※1	15,400円	14,630円	15,092円	
			DVD	19,800円	18,810円	19,404円	

※1 音声DL＋スマホ視聴付き　※2 いずれか1科目あたりの受講料となります

■一般価格とは、LEC各本校・LEC提携校・LEC通信事業本部・LECオンライン本校にてお申込される場合の受付価格です。　■大学生協・書籍部価格とは、LECと代理店契約を結んでいる大学内の生協、購買会、書店にてお申込される場合の受付価格です。　■代理店書店価格とは、LECと代理店契約を結んでいる一般書店（大学内の書店は除く）にてお申込される場合の受付価格です。　■上記大学生協・書籍部価格、代理店書店価格を利用される場合は、必ず本冊子を代理店窓口までご持参ください。

【解約・返品について】 1.弊社所定書面をもって認出下さい。実施済受講料、手数料等を清算した残額を返金致します（LEC申込規定第3条参照）。
2.詳細はLEC申込規定（http://www.lec-jp.com/kouzamoushikomi.html）をご覧下さい。

教材のお届けについて 通信教材発送日を複数回に分けて設定されている講座について、通信教材発送日を過ぎてお申込みいただいた場合、それまでの教材をまとめてお送りするのに10日程度のお時間を頂いております。また、そのお待ちいただいている間に、次回の教材発送日が到来した場合、その教材は発送日通り送られるため、学習順序と、通信教材の到着順序が前後する場合がございます。予めご了承下さい。※詳細はこちらをご確認ください。→ https://online.lec-jp.com/statics/guide_send.html

【論完】矢島の論文完成講座

【新傾向に対応！】過去問を徹底的に分析

通学 通信

 Input

講義時間数

120時間

憲法 16時間　民訴法 16時間
民法 20時間　刑訴法 16時間
刑法 20時間　行政法 16時間
商法 16時間　（4時間／回）

通信教材発送／Web・音声DL配信開始日

2021/10/14（木）以降、順次

Web・音声DL配信終了日

2022/7/31（日）

使用教材

矢島の論文メイン問題集2022
矢島の論文補強問題集2022
※レジュメのPDFデータはWebupしませんのでご注意ください。

タイムテーブル

75分講義 → 休憩5分 → 75分講義 → 休憩5分 → 80分講義

担当講師

矢島純一
LEC専任講師

矢島講座ラインナップ

- [速修]矢島の速修インプット講座
- **[論完]矢島の論文完成講座**
- [短答]矢島の短答対策シリーズ
- [スピチェ]矢島のスピードチェック講座
- [法実]矢島の法律実務基礎科目[民事・刑事]

講座概要

本講座（略称：矢島の【論完】）は、論文試験に合格するための**事例分析能力、法的思考力、本番の試験で合格点を採る答案作成のコツ**を、短期間で修得するための講座です。講義で使用する教材は解答例を含め全て矢島講師が責任を持って作成しており、問題文中の事実に対してどのように評価をすれば試験考査委員に高評価を受けられるかなど、**合格するためには是非とも修得しておきたいことを分かりやすく講義していきます**。論文試験の答案の書き方が分からないという受験生はもちろん、答案の書き方はある程度修得しているのに本試験で良い評価を受けることができないという受験生が、**確実に合格答案を作成する能力を修得できるように矢島講師が分かりやすい講義をします**。なお、教材及び講義の内容は、**令和4年度の試験の出題範囲とされている法改正や最新の判例に全て対応している**ので、情報収集の時間を省略して、全ての時間をこの講座の受講と復習にかけて効率よく受験対策をすることができます。

講座の特長

1 論文対策はこの講座だけで完璧にできる

限られた時間で論文対策をするには検討すべき問題を次年度の試験の合格に必要なものに限定する必要があります。そこで、本講座は、次年度の論文試験の合格に必要な知識や法的思考能力を効率よく修得するのに必須の司法試験の過去問、近年の試験の形式に合わせた司法試験の改問やオリジナル問題、知識の隙間を埋めることができる予備試験の過去問を、試験対策上必要な数に絞り込んで取り扱っていきます。**取り扱う問題を合格に真に必要な数に絞り込んでいるので、途中で挫折せずに合格に必要な論文作成能力を確実に修得できます。**

2 矢島講師が責任をもって作成した解答例

合格者の再現答案には不正確な部分があり、こうした解答例を元に学習をすると、悪いところを良いところだと勘違いして、誤った思考方法を身につけてしまうおそれがあります。本講座で使用する解答例は、出題趣旨や採点実感を踏まえて試験考査委員が要求する合格答案となるよう、矢島講師が責任をもって作成しています。矢島講師作成の解答例は法的な正確性が高く、**解答例中の法的な規範のところは、そのまま論証例として使うことができ、あてはめのところは、規範に事実を当てはめる際の事実の評価の仕方を学ぶ教材として用いることができるため、論文試験用の最強のインプット教材になること間違いなしです**。矢島講師の解答例なら繰り返し復習して**正しい法的思考能力を修得することができる**ので、余計なことを考えずに安心して受験勉強に専念できます。

3 予備試験合格後の司法試験の合格を意識した論文対策

予備試験の合格直後に司法試験に短期間で合格するには予備試験の論文対策と司法試験の論文対策を同時にしていくのが効果的です。予備試験の受験対策をする段階から司法試験の問題に慣れておけば、予備試験の合格後に司法試験の論文対策に苦労しないで済みます。ところで**近年司法試験の論文試験の出題傾向が大きく変化した科目があります**。出題傾向の変化は、出題の形式を見ただけで分かるものもあれば、出題の形式にはそれほどの変化がなくとも、問題文、出題趣旨、採点実感を併せて読むと質に変化のみられるものがあります。**本講座では、日ごろから論文過去問をしっかりと分析している矢島講師が、科目によっては過去問を改問したり、傾向にあったオリジナル問題を作成したりして、近年の試験の傾向に合わせた試験対策ができようにしています**。

通学スケジュール □ 無料で講義を体験できます。

科目	回数	日程
憲法	1	21.9.14 (火)
	2	18 (土)
	3	21 (火)
	4	25 (土)
民法	1	9.28 (火)
	2	10.2 (土)
	3	5 (火)
	4	9 (土)
	5	12 (火)
刑法	1	10.16 (土)
	2	19 (火)
	3	23 (土)
	4	26 (火)
	5	30 (土)
商法	1	11.2 (火)
	2	6 (土)
	3	9 (火)
	4	13 (土)
民訴法	1	11.16 (火)
	2	20 (土)
	3	23 (火)
	4	27 (土)
刑訴法	1	11.30 (火)
	2	12.4 (土)
	3	7 (火)
	4	11 (土)
行政法	1	12.14 (火)
	2	18 (土)
	3	21 (火)
	4	25 (土)

日程欄共通: 18:00〜22:00

生講義実施校

水道橋本校 03-3265-5001

〒101-0061 千代田区神田三崎町
2-2-15 Daiwa三崎町ビル(受付1階)

JR水道橋駅東口より徒歩5分、都営三田線水道橋駅より徒歩5分、
都営新宿線・東京メトロ都営線神保町駅A6口より徒歩5分。
■受付：平日11:00〜21:00 土・日・祝9:00〜19:00
■開校：平日9:00〜22:00 土・日・祝9:00〜20:00

※通学生限定、Webフォローについては
水道橋本校にお問い合わせください。
※通学生には、講義当日に教室内で教材
を配布いたします。

通信スケジュール

科目	回数	教材・DVD発送/Web・音声DL配信開始日
憲法	1	21.10.14 (木)
	2	
	3	
	4	
民法	1	11.1 (月)
	2	
	3	
	4	
	5	
刑法	1	11.19 (金)
	2	
	3	
	4	
	5	
商法	1	12.3 (金)
	2	
	3	
	4	
民訴法	1	12.16 (木)
	2	
	3	
	4	
刑訴法	1	12.28 (火)
	2	
	3	
	4	
行政法	1	22.1.17 (月)
	2	
	3	
	4	

受講料

受講形態	申込形態	回数	講義形態	一般価格	大学生協・書籍部価格 税込(10%)	代理店書店価格	講座コード
通学 通信	一括	30	Web※1	112,200円	106,590円	109,956円	通学:LA21409 通信:LB21404
			DVD	145,750円	138,462円	142,835円	
	民法/刑法※2	各5	Web※1	28,600円	27,170円	28,028円	
			DVD	36,850円	35,007円	36,113円	
	憲法/商法/民訴法 刑訴法/行政法※2	各4	Web※1	20,350円	19,332円	19,943円	
			DVD	26,400円	25,080円	25,872円	

※1 音声DL+スマホ視聴付き
※2 いずれか1科目あたりの受講料となります

■一般価格とは、LEC各本校・LEC提携校・LEC通信事業本部・LECオンライン本校にてお申込される場合の受付価格です。■大学生協・書籍部価格とは、LECと代理店契約
を結んでいる大学内の生協、購買会、書店にてお申込される場合の受付価格です。■代理店書店価格とは、LECと代理店契約を結んでいる一般書店(大学内の書店は除く)にて
お申込される場合の受付価格です。■上記大学生協・書籍部価格、代理店書店価格を利用される場合は、必ず本冊子をご持参ください。

【解約・返品について】　1.弊社所定書面をご提出下さい。実施満受講料、手数料等を差算し上返金します。教材等の送済料はご負担頂きます(LEC申込規定第3条参照)。
　　　　　　　　　　　　　2.詳細はLEC申込規定(http://www.lec-jp.com/kouzamoushikomi.html)をご覧下さい。

短期間で修得

矢島の短答対策シリーズ

通信 ● Input

講義時間数

32時間

家族法	6時間
民事訴訟法	4時間
刑事訴訟法	4時間
行政法	4時間
商法総則・商行為・手形法	4時間
会社法	4時間
憲法統治	6時間

通信教材発送/Web・音声DL配信開始日

2021/11/1(月)

Web・音声DL配信終了日

2022/7/31(日)

使用教材

○家族法/民事訴訟法/刑事訴訟法/行政法/
商法総則・商行為・手形法/会社法
【受講料込】
矢島の基本知識プラステキスト2022

○憲法統治
【別売】
完全整理択一六法憲法(2022年版)

※LECオンラインショップでは10%割引でご購入頂けます。
※レジュメPDFデータのwebupは致しません。

担当講師

矢島 純一
LEC専任講師

講座概要

本シリーズは、短答試験でのみ出題される分野のみを集中的に学習したいという受験生のための講座をラインナップしたものです。矢島の速修インプット講座で論文試験や短答試験の重要基本知識の学習が終わって、いわゆる短答プロパーといわれる短答試験でのみ出題される分野の学習を本格的にしたいという受験生にお勧めです。

講座の特長

1 家族法
矢島の速修インプット講座の民法の学習を終えて家族法の重要基本知識の体系的な理解ができた方で、短答試験の成績をさらに伸ばしたいという受験生にお勧めします。

2 民事訴訟法
管轄、移送、送達、争点整理手続、上訴、再審などの民事訴訟法の短答プロパーの他に、民事保全法や民事執行法の重要基本部分を修得できます。

3 刑事訴訟法
告訴、保釈、公訴時効、公判前整理手続、証拠調べ手続、上訴、再審などの短答プロパーを取り扱います。

4 行政法
行政不服審査法、行政組織法、その他論文対策では扱われない行政法の知識を取り扱います。

5 商法総則・商行為・手形法
商法総則・商行為・手形法を取り扱います。手形法については、論文の事例処理ができるようにどの論点をどの順番で書けばよいのかについてもしっかりと講義していきます。

6 会社法
短答試験でよく出題される会社法の条文知識などを取り扱います。

7 憲法統治
憲法の短答試験の約半数の問題が統治の分野からの出題となっています。人権と比べて試験範囲が狭い統治は、頑張れば頑張った分だけ点数に反映されやすいため、試験対策がしやすいです。この講座では、短時間で憲法の統治の分野を完璧にして満点に近い点数を採れるようにするために、短答試験で出題される可能性のある知識をしっかりと講義していきます。
なお、憲法統治に限っては別売・市販本を使用します。

受講料

受講形態	申込形態	回数	講義形態	一般価格	大学生協・書籍部価格	代理店書店価格	講座コード
				税込 (10%)			
通信	一括	9	Web※1	25,300円	24,035円	24,794円	LB21497
			DVD	30,800円	29,260円	30,184円	
	科目別	民事訴訟法/刑事訴訟法/行政法/商法総則・商行為・手形法/会社法	各1	Web※1	4,400円	4,180円	4,312円	
				DVD	5,500円	5,225円	5,390円	
		家族法/憲法統治 ※2	各2	Web※1	4,400円	4,180円	4,312円	
				DVD	5,500円	5,225円	5,390円	

※1 音声DL+スマホ視聴付き
※2 いずれか1科目あたりの受講料となります

矢島講座ラインナップ

- [速修]矢島の速修インプット講座
- [論完]矢島の論文完成講座
- **[短答]矢島の短答対策シリーズ**
- [スピチェ]矢島のスピードチェック講座
- [法実]矢島の法律実務基礎科目[民事・刑事]

■一般価格とは、LEC各本校・LEC提携校・LEC通信事業本部・LECオンライン本校にてお申込される場合の受付価格です。■大学生協・書籍部価格とは、LECと代理店契約を結んでいる大学内の生協、購買会、書店にてお申込みされる場合の受付価格です。■代理店書店価格は、LECと代理店契約を結んでいる一般書店（大学内の書店は除く）にてお申込みされる場合の受付価格です。※上記大学生協・書籍部価格、代理店書店価格を利用される場合には、必ず本冊子を代理店窓口までご持参ください。

(解約・返品について) 弊社所定の書面をご提出下さい。実施済受講料、手数料等を清算の上返金いたします。教材等の返送料はご負担いただきます。詳細はLEC申込規定 (http://www.lec-jp.com/kouzamoushikomi.html) をご参照下さい。

【スピチェ】矢島のスピードチェック講座

短時間で効率よくインプットを総復習　通学　通信　→ Input

講義時間数

51時間

憲法	6時間	民訴法	6時間
民法	11時間	刑訴法	6時間
刑法	10時間	行政法	6時間
会社法	6時間		

通信教材発送/Web・音声DL配信開始日

上3法：2022/1/31(月)
下4法：2022/2/14(月)

Web・音声DL配信終了日

2022/7/31(日)

使用教材

矢島の要点確認ノート2022
※レジュメのPDFデータはWebup致しませんのでご注意ください。

担当講師

矢島 純一
LEC専任講師

講座の特長

1 51時間で最重要知識が修得できる

本講座で必修7科目の論文知識を51時間という短時間で修得することができます。日ごろから試験調査委員会が公表している出題趣旨や採点実感を分析している矢島講師が、本番の試験で受けがよい見解や思考方法を講義しますので、「試験直前期に最終確認しておくべき最重要知識」の総まとめには最適なものとなっています。講義時間は矢島の速修インプット講座の3分の1程度で、試験前日まで繰り返し講義を聴くことで最重要知識が修得できるため、試験が近づいてきたのに論文知識に自信がない受験生受験生にもお勧めです。

2 本番前の総復習

講義時間が短いことから、隙間時間を利用して**各科目の全体を試験直前期まで続けて復習する**ことができます。全て覚えるまで復習を繰り返せば、本番で重要論点を落とすミスを回避できます。矢島の速修インプット講座を受講されている方でも本講座を受講することにより短時間で論文試験の合格に必要な最重要知識を総復習して確実に合格できる力を身に付けることができます。直前期の論文知識の総まとめに最適な講座です。

3 論証集としても使えるテキスト

本講座のテキストは論文知識の中でも**本試験で絶対に落とせない重要度の高い論点の要件、効果及び判例ベースの規範と論証例が掲載**されています。市販の論証集は読んでも意味が分からないものが多々あるといわれていますが矢島講師作成の本テキストは初学者から上級者まで誰が読んでも分かりやすい論証が掲載されている上に、講義の際に論証の使い方のポイントを説明します。本講座は市販の論証集を購入して独学しても身に付けられない論証力を短時間で修得できることをお約束します。

通学スケジュール

※通学講義は教室で教材を配布します（発送はございません）。

科目	回数	日程		科目	回数	日程	
民法	1	22.1.5(水)	14:30-17:30	会社法	1	1.16(日)	13:00-16:00
			18:30-21:30				17:00-20:00
	2	1.6(木)	15:30-18:00	民訴法	1	1.19(水)	15:00-19:00
			19:00-21:30				19:00-22:00
刑法	1	1.9(日)	15:30-18:00	刑訴法	1	1.23(日)	13:00-16:00
			19:00-21:30				17:00-20:00
	2	1.10(月)	15:30-18:00	行政法	1	1.26(水)	15:00-19:00
			19:00-21:30				19:00-22:00
憲法	1	1.12(水)	15:00-18:00				
			19:00-22:00				

※休憩時間含む

生講義実施校

水道橋本校 03-3265-5001

〒101-0061
千代田区神田三崎町2-2-15
Daiwa三崎町ビル(受付1階)

JR水道橋駅東口より徒歩3分、都営三田線水道橋駅A2出口より徒歩5分、都営新宿線・東京メトロ半蔵門線神保町駅A4出口より徒歩8分。
■受付
平日11:00～21:00　土・日・祝9:00～19:00
■開館
平日9:00～22:00　土・日・祝9:00～20:00

受講料

受講形態	申込形態	回数	講義形態	一般価格 税込(10%)	大学生協・書籍部価格	代理店書店価格	講座コード
通学	一括	18	Web※	56,100円	53,295円	54,978円	LA21994
			DVD	67,650円	64,267円	66,297円	LA21991
	上3法	10	Web※	31,900円	30,305円	31,262円	LA21994
			DVD	38,500円	36,575円	37,730円	LA21991
	下4法	8	Web※	28,600円	27,170円	28,028円	LA21994
			DVD	34,650円	32,917円	33,957円	LA21991
通信	一括	18	Web※	56,100円	53,295円	54,978円	LB21994
			DVD	67,650円	64,267円	66,297円	
	上3法	10	Web※	31,900円	30,305円	31,262円	
			DVD	38,500円	36,575円	37,730円	
	下4法	8	Web※	28,600円	27,170円	28,028円	
			DVD	34,650円	32,917円	33,957円	

※音声DL＋スマホ視聴付き

■一般価格とは、LEC本校・LEC提携校・LEC通信事業本校・LECオンライン本校にてお申込される場合の受付価格です。■大学生協・書籍部価格とは、LECと代理店契約を結んでいる大学生協、購買会、書店にてお申込される場合の受付価格です。■代理店書店価格とは、LECと代理店契約を結んでいる一般書店（大学内の書店は除く）にてお申込される場合の受付価格です。■上記大学生協・書籍部価格、代理店書店価格を利用される場合は、必ず本冊子を代理店書店にてご持参ください。

矢島講座ラインナップ

- [速修]矢島の速修インプット講座
- [論完]矢島の論文完成講座
- [対策]矢島の短答対策シリーズ
- **[スピチェ]矢島のスピードチェック講座**
- [法実]矢島の法律実務基礎科目[民訴・刑訴]

【解約・返品について】1.弊社所定書面にてご提出下さい。実施決定講科、手数料等を清算の上返金します。教材等の返送料はご負担頂きます(LEC申込規定参照)。2.詳細はLEC申込規定(http://www.lec-jp.com/kouzamoushikomi.html)をご覧下さい。

短期間で修得　通信　→ Input

矢島の法律実務基礎科目[民事・刑事]

講義時間数
全18時間

通信教材発送／Web・音声DL配信開始日
2022/5/23(月)

Web・音声DL配信終了日
2022/10/31(月)

使用教材
講師オリジナルレジュメ
※レジュメのpdfデータはWebUp致しません。

タイムテーブル

講義85分 → 講義85分
休憩10分

担当講師

矢島 純一
LEC専任講師

講座概要

試験科目が多い予備試験に合格するには、法律実務基礎科目だけに時間をかけていられないという受験生が多いことと思います。本講座は、こうした受験生の要望に答えるために、**法律実務基礎科目の論文試験に合格するのに必要最低限おさえておきたい基本知識や答案作成に必要な思考方法を、短時間で修得するための講座**となっています。本講座は、**口述試験で問われる事項にも対応している**ので、論文試験・口述試験を通じて、法律実務基礎科目の対策は、この講座だけで十分に実現できます。受験指導に熱心な矢島講師が受験生を最終合格に導きますので、本講座で予備試験の合格を掴み取ってください。

講座の特長

1 近年の傾向を踏まえた実践的なテキスト
本講座で用いるテキストは、近年の法律実務基礎科目の論文試験や口述試験の出題傾向を踏まえて、矢島講師が、法律実務基礎科目の論文過去問の中から**今後試験に役立ちそうな設問をピックアップした上で作成した講師答案や、合格に必要な基本知識を要領よくまとめた講師テキスト**となっています。一般の市販本は、文章の意味が分かりづらかったり、受験生が理解しづらい難解な用語を用いたりするものが少なくありませんが、本講座で用いるテキストは、受験生が法律実務基礎科目でつまずくことなく学習できるように十分に配慮して、初学者でも基本からしっかりと理解できる表現を用いて作成している最良のテキストです。

2 分かりやすい講義
受験指導に熱心で数々の受験生の質問に答えてきた矢島講師は、受験生がどこでつまずくかということを十分に把握しています。矢島講師は、この講座を受講した受験生がつまずいて勉強が先に進まなくなるという事態に陥ることがないように、**合格に必要な事項を分かり易く講義**していきます。そのため、法律実務基礎科目を全くイメージできていない受験生も安心して受講できる講座となっています。また、解答例を意味も分からず暗記しても本番の試験で初見の問題に対処できないため、解答を導く思考過程を丁寧に講義することで、初見の問題に対応できる実力を修得できるようにしていきます。矢島講師の熱く分かりやすい講義に引き込まれて、この講座の受講を終えたときには、法律実務基礎科目に自信をもてるようになっているはずです。

3 得点源にしやすい分野を効率よく短期修得
本講座は、論文試験及び口述試験を通じて法律実務基礎科目で合格点を採るために必要な学力を効率よく修得することを目指しています。一例を挙げると、本試験で頻繁に問われる**法曹倫理（民事・刑事）**や民事でいえば**要件事実、民事執行法・民事保全法**、刑事でいえば**公判前整理手続**をはじめとして他にも試験で出題されやすい重要分野を短時間で得点源にできるような講義をしていきます。

講師メッセージ

当たり前のことですが、法律実務に接したことがない受験生にとって法律実務基礎科目の試験対策を独学でするのは大変なことだと思います。そうした受験生が効率よく試験対策をできるようにするために、**私が過去問を徹底的に研究した上でテキスト作成と講義を組み立てて、最近の試験傾向に適した試験対策**をしていきます。また、私が責任をもって、法律実務を知らない受験生に理解しやすい講義をして、**短期間で法律実務基礎科目を得点源にできる**ようにしていきますので、この講座で合格を勝ち取ってください！

受講料（本講座単独でのお申込みは、2022年4月より受付開始いたします。）

受講形態	講義形態	回数	一般価格	大学生協・書籍部価格	代理店書店価格	講座コード
			税込(10%)			
通信	Web※	6	24,750円	23,512円	24,255円	LB21401
	DVD		29,700円	28,215円	29,106円	

※ 音声DL＋スマホ視聴付き

■一般価格とは、LEC各本校・LEC提携校・LEC通信事業本部・LECオンライン本校にてお申込みされる場合の受付価格です。■大学生協・書籍部価格とは、LECと代理店契約をされている大学内の生協、購買会、書店にてお申込みされる場合の受付価格です。■代理店書店価格とは、LECと代理店契約をされている一般書店（大学内の書店は除く）にてお申込みされる場合の受付価格です。■上記大学生協・書籍部価格、代理店書店価格にて取扱いのない講座もございますので予めご了承下さい。

〈解約・返品について〉弊社所定の書面をご提出下さい。実施済受講料、手数料等を清算の上返金いたします。教材等の返送料はご負担いただきます。詳細はLEC申込規定（http://www.lec-jp.com/kouzamoushikomi.html）をご参照下さい。

矢島講座ラインナップ

[速修]矢島の速修インプット講座
[論文]矢島の論文完成講座
[短答]矢島の短答対策シリーズ
[スピチェ]矢島のスピードチェック講座
[法実]矢島の法律実務基礎科目[民事・刑事]

2022年合格目標 司法試験・予備試験

大塚裕史の刑法講座シリーズ
『基本刑法』読み込み講座

刑法の基本書の定番『基本刑法』を著者自ら解説。学説の対立が激しい刑法においては、「判例説」を通り一遍の学習で済ませている方も多いと思われます。本講座では、論点の本質に遡り講義していくため、どのような出題に対してもブレることない骨太の理解を得ることができるようになります。

講義科目・時間
全18回(54時間、総論・各論 各9回 27時間)

使用教材(別売)

『**基本刑法Ⅰ**(日本評論社)』：**4,180円**(10%税込)
『**基本刑法Ⅱ**(日本評論社)』：**4,290円**(10%税込)
※書店等でお求めください。
講師作成オリジナルレジュメ(受講料込)

大塚 裕史
LEC専任講師

受講料(税込)

申込形態			回数	一般価格	講座コード
通信	一括	Web	18	59,400円	LB21507
		DVD		77,220円	

●大学生協書籍部価格・代理店書店価格はLECホームページをご覧下さい。
●総論のみ、各論のみのお申込みも可能です。受講料はLECホームページをご覧下さい。

【解約返品について】
お客様がコース・講座を注文された場合のご注文取消し、解約等については、
「LEC申込規約」第3条【解約・返金等】をご参照ください。

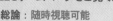
スケジュールの詳細は
LECホームページをご覧ください。

総論：随時視聴可能
各論：2021/8/12(木)～順次視聴開始

配信期限：2022/7/31(日)

〈講師紹介〉
弁護士・神戸大学名誉教授・元明治大学法科大学院教授　専門は刑法。学説が入り乱れる刑法について、学問的な知識を受験レベルに落とし込み、試験対策という観点からの有益な講義ができる数少ない先生です。
著書の『基本刑法Ⅰ』『基本刑法Ⅱ』(日本評論社)は、法科大学院生のほとんどが持っているのではないかと思われる程に版を重ねている人気書籍です。

LEC Webサイト ▷▷▷ www.lec-jp.com/

情報盛りだくさん！

資格を選ぶときも、
講座を選ぶときも、
最新情報でサポートします！

▶最新情報
各試験の試験日程や法改正情報、対策講座、模擬試験の最新情報を日々更新しています。

▶資料請求
講座案内など無料でお届けいたします。

▶受講・受験相談
メールでのご質問を随時受付けております。

▶よくある質問
LECのシステムから、資格試験についてまで、よくある質問をまとめました。疑問を今すぐ解決したいなら、まずチェック！

▶書籍・問題集（LEC書籍部）
LECが出版している書籍・問題集・レジュメをこちらで紹介しています。

充実の動画コンテンツ！

ガイダンスや講演会動画、
講義の無料試聴まで
Webで今すぐCheck！

▶動画視聴OK
パンフレットやWebサイトを見てもわかりづらいところを動画で説明。いつでもすぐに問題解決！

▶Web無料試聴
講座の第1回目を動画で無料試聴！気になる講義内容をすぐに確認できます。

スマートフォン・タブレットからはQRコードでのアクセスが便利です。 ▷▷▷

自慢のメールマガジン配信中！（登録無料）

LEC講師陣が毎週配信！ 最新情報やワンポイントアドバイス、改正ポイントなど合格に必要な知識をメールにて毎週配信。

www.lec-jp.com/mailmaga/

LEC E学習センター

新しい学習メディアの導入や、Web学習の新機軸を発信し続けています。また、LECで販売している講座・書籍などのご注文も、いつでも可能です。

online.lec-jp.com/

LEC 電子書籍シリーズ

LECの書籍が電子書籍に！ お使いのスマートフォンやタブレットで、いつでもどこでも学習できます。
※動作環境・機能につきましては、各電子書籍ストアにてご確認ください。

www.lec-jp.com/ebook/

LEC書籍・問題集・レジュメの紹介サイト　LEC書籍部　www.lec-jp.com/system/book/

- LECが出版している書籍・問題集・レジュメをご紹介
- 当サイトから書籍などの直接購入が可能（＊）
- 書籍の内容を確認できる「チラ読み」サービス
- 発行後に判明した誤字等の訂正情報を公開

＊商品をご購入いただく際は、事前に会員登録（無料）が必要です。
＊購入金額の合計・発送する地域によって、別途送料がかかる場合がございます。

※資格試験によっては実施していないサービスがありますので、ご了承ください。

LEC 全国学校案内

＊講座のお問合せ、受講相談は最寄りのLEC各校へ

LEC本校

■ 北海道・東北

札 幌本校 ☎011(210)5002
〒060-0004 北海道札幌市中央区北4条西5-1 アスティ45ビル

仙 台本校 ☎022(380)7001
〒980-0021 宮城県仙台市青葉区中央3-4-12
仙台ＳＳスチールビルⅡ

■ 関東

渋谷駅前本校 ☎03(3464)5001
〒150-0043 東京都渋谷区道玄坂2-6-17 渋東シネタワー

池 袋本校 ☎03(3984)5001
〒171-0022 東京都豊島区南池袋1-25-11 第15野萩ビル

水道橋本校 ☎03(3265)5001
〒101-0061 東京都千代田区神田三崎町2-2-15 Daiwa三崎町ビル

新宿エルタワー本校 ☎03(5325)6001
〒163-1518 東京都新宿区西新宿1-6-1 新宿エルタワー

早稲田本校 ☎03(5155)5501
〒162-0045 東京都新宿区馬場下町62 三朝庵ビル

中 野本校 ☎03(5913)6005
〒164-0001 東京都中野区中野4-11-10 アーバンネット中野ビル

立 川本校 ☎042(524)5001
〒190-0012 東京都立川市曙町1-14-13 立川MKビル

町 田本校 ☎042(709)0581
〒194-0013 東京都町田市原町田4-5-8 町田イーストビル

横 浜本校 ☎045(311)5001
〒220-0004 神奈川県横浜市西区北幸2-4-3 北幸GM21ビル

千 葉本校 ☎043(222)5009
〒260-0015 千葉県千葉市中央区富士見2-3-1 塚本大千葉ビル

大 宮本校 ☎048(740)5501
〒330-0802 埼玉県さいたま市大宮区宮町1-24 大宮GSビル

■ 東海

名古屋駅前本校 ☎052(586)5001
〒450-0002 愛知県名古屋市中村区名駅3-26-8
ＫＤＸ名古屋駅前ビル

静 岡本校 ☎054(255)5001
〒420-0857 静岡県静岡市葵区御幸町3-21 ペガサート

■ 北陸

富 山本校 ☎076(443)5810
〒930-0002 富山県富山市新富町2-4-25 カーニープレイス富山

■ 関西

梅田駅前本校 ☎06(6374)5001
〒530-0013 大阪府大阪市北区茶屋町1-27 ABC-MART梅田ビル

難波駅前本校 ☎06(6646)6911
〒542-0076 大阪府大阪市中央区難波4-7-14 難波フロントビル

京都駅前本校 ☎075(353)9531
〒600-8216 京都府京都市下京区東洞院通七条下ル2丁目
東塩小路町680-2 木村食品ビル

京 都本校 ☎075(353)2531
〒600-8413 京都府京都市下京区烏丸通仏光寺下ル
大政所町680-1 第八長谷ビル

神 戸本校 ☎078(325)0511
〒650-0021 兵庫県神戸市中央区三宮町1-1-2 三宮セントラルビル

■ 中国・四国

岡 山本校 ☎086(227)5001
〒700-0901 岡山県岡山市北区本町10-22 本町ビル

広 島本校 ☎082(511)7001
〒730-0011 広島県広島市中区基町11-13 合人社広島紙屋町アネクス

山 口本校 ☎083(921)8911
〒753-0814 山口県山口市吉敷下東3-4-7 リアライズⅢ

高 松本校 ☎087(851)3411
〒760-0023 香川県高松市寿町2-4-20 高松センタービル

松 山本校 ☎089(961)1333
〒790-0003 愛媛県松山市三番町7-13-13 ミツネビルディング

■ 九州・沖縄

福 岡本校 ☎092(715)5001
〒810-0001 福岡県福岡市中央区天神4-4-11 天神ショッパーズ
福岡

那 覇本校 ☎098(867)5001
〒902-0067 沖縄県那覇市安里2-9-10 丸姫産業第2ビル

■ EYE関西

EYE 大阪本校 ☎06(7222)3655
〒530-0013 大阪府大阪市北区茶屋町1-27 ABC-MART梅田ビル

EYE 京都本校 ☎075(353)2531
〒600-8413 京都府京都市下京区烏丸通仏光寺下ル
大政所町680-1 第八長谷ビル

【LEC公式サイト】www.lec-jp.com/

LEC提携校

*提携校はLECとは別の経営母体が運営をしております。
*提携校は実施講座およびサービスにおいてLECと異なる部分がございます。

■ 北海道・東北

北見駅前校【提携校】 ☎0157(22)6666
〒090-0041 北海道北見市北1条西1-8-1 一燈ビル 志学会内

八戸中央校【提携校】 ☎0178(47)5011
〒031-0035 青森県八戸市寺横町13 第1朋友ビル 新教育センター内

弘前校【提携校】 ☎0172(55)8831
〒036-8093 青森県弘前市城東中央1-5-2
まなびの森 弘前城東予備校内

秋田校【提携校】 ☎018(863)9341
〒010-0964 秋田県秋田市八橋鯲沼町1-60
株式会社アキタシステムマネジメント内

■ 関東

水戸見川校【提携校】 ☎029(297)6611
〒310-0912 茨城県水戸市見川2-3092-3

熊谷筑波校【提携校】 ☎048(525)7978
〒360-0037 埼玉県熊谷市筑波1-180 ケイシン内

所沢校【提携校】 ☎050(6865)6996
〒359-0037 埼玉県所沢市くすのき台3-18-4 所沢K・Sビル
合同会社LPエデュケーション内

東京駅八重洲口校【提携校】 ☎03(3527)9304
〒103-0027 東京都中央区日本橋3-7-7 日本橋アーバンビル
グランデスク内

日本橋校【提携校】 ☎03(6661)1188
〒103-0025 東京都中央区日本橋茅場町2-5-6 日本橋大江戸ビル
株式会社大江戸コンサルタント内

新宿三丁目駅前校【提携校】 ☎03(3527)9304
〒160-0022 東京都新宿区新宿2-6-4 KNビル グランデスク内

■ 東海

沼津校【提携校】 ☎055(928)4621
〒410-0048 静岡県沼津市新宿町3-15 萩原ビル
M-netパソコンスクール沼津校内

■ 北陸

新潟校【提携校】 ☎025(240)7781
〒950-0901 新潟県新潟市中央区弁天3-2-20 弁天501ビル
株式会社大江戸コンサルタント内

金沢校【提携校】 ☎076(237)3925
〒920-8217 石川県金沢市近岡町845-1 株式会社アイ・ピー・金沢内

福井南校【提携校】 ☎0776(35)8230
〒918-8114 福井県福井市羽水2-701 株式会社ヒューマン・デザイン内

■ 関西

和歌山駅前校【提携校】 ☎073(402)2888
〒640-8342 和歌山県和歌山市友田町2-145
KEG教育センタービル 株式会社KEGキャリア・アカデミー内

■ 中国・四国

松江殿町校【提携校】 ☎0852(31)1661
〒690-0887 島根県松江市殿町517 アルファステイツ殿町
山路イングリッシュスクール内

岩国駅前校【提携校】 ☎0827(23)7424
〒740-0018 山口県岩国市麻里布町1-3-3 岡村ビル 英光学院内

新居浜駅前校【提携校】 ☎0897(32)5356
〒792-0812 愛媛県新居浜市坂井町2-3-8 パルティフジ新居浜駅前店内

■ 九州・沖縄

佐世保駅前校【提携校】 ☎0956(22)8623
〒857-0862 長崎県佐世保市白南風町5-15 智翔館内

日野校【提携校】 ☎0956(48)2239
〒858-0925 長崎県佐世保市椎木町336-1 智翔館日野校内

長崎駅前校【提携校】 ☎095(895)5917
〒850-0057 長崎県長崎市大黒町10-10 KoKoRoビル
minatoコワーキングスペース内

沖縄プラザハウス校【提携校】 ☎098(989)5909
〒904-0023 沖縄県沖縄市久保田3-1-11
プラザハウス フェアモール 有限会社スキップヒューマンワーク内

※上記は2021年8月1日現在のものです。

書籍の訂正情報の確認方法と お問合せ方法のご案内

このたびは、弊社発行書籍をご購入いただき、誠にありがとうございます。
万が一誤りと思われる箇所がございましたら、以下の方法にてご確認ください。

1 訂正情報の確認方法

発行後に判明した訂正情報を順次掲載しております。
下記サイトよりご確認ください。

www.lec-jp.com/system/correct/

2 お問合せ方法

上記サイトに掲載がない場合は、下記サイトの入力フォームより
お問合せください。

http://lec.jp/system/soudan/web.html

フォームのご入力にあたりましては、「Web教材・サービスのご利用について」の
最下部の「ご質問内容」に下記事項をご記載ください。

- ・対象書籍名(○○年版、第○版の記載がある書籍は併せてご記載ください)
- ・ご指摘箇所(具体的にページ数の記載をお願いします)

お問合せ期限は、次の改訂版の発行日までとさせていただきます。
また、改訂版を発行しない書籍は、販売終了日までとさせていただきます。

※インターネットをご利用になれない場合は、下記①〜⑤を記載の上、ご郵送にてお問合せください。
①書籍名、②発行年月日、③お名前、④お客様のご連絡先(郵便番号、ご住所、電話番号、FAX番号)、⑤ご指摘箇所
送付先:〒164-0001 東京都中野区中野4-11-10 アーバンネット中野ビル
東京リーガルマインド出版部 訂正情報係

- ・正誤のお問合せ以外の書籍の内容に関する質問は受け付けておりません。
  また、書籍の内容に関する解説、受験指導等は一切行っておりませんので、あらかじめご了承ください。
- ・お電話でのお問合せは受け付けておりません。

講座・資料のお問合せ・お申込み

LECコールセンター ☎ 0570-064-464

受付時間:平日9:30〜20:00/土・祝10:00〜19:00/日10:00〜18:00

※このナビダイヤルの通話料はお客様のご負担となります。
※このナビダイヤルは講座のお申込みや資料のご請求に関するお問合せ専用ですので、書籍の正誤に関する
ご質問をいただいた場合、上記②正誤のお問合せ方法」のフォームをご案内させていただきます。

「2022年版 司法試験&予備試験 完全整理択一六法」
をお買い求めいただき、ありがとうございました。

下記ハガキにて、各種パンフレットをご請求いただけます。
ご希望の方は、申込欄にチェック印(✓)をご記入ください。
プレゼントのみご希望の方は、アンケートのみお答えください。

------- キリトリ線 -------

「2022年版 司法試験&予備試験 完全整理択一六法」

アンケートにお答えいただいた方に
「矢島の速修インプット講座」民法テキストの
抜粋を試験に役立つかたちでプレゼント!

プレゼント内容は事前の予告なく変更する場合がございます。
予めご了承ください。　　　　　(有効期限 2022年10月末日必着)

■以下のアンケートにお答えください。

Q1. 本書を購入した目的は何ですか。(複数回答可)
　A. 司法試験対策のため　B. 予備試験対策のため　C. 大学での勉強のため
　D. その他(他資格等)(　　　　　　　　　　　　　　　　　　　　　　)

Q2. 現在どのような勉強をしていますか。
　A. 独学(使用している書籍:　　　　　　　　　　　　　　　　　　　)
　B. LECの通学・通信講座を利用
　C. 他の予備校の講座を利用(予備校名:　　　　　　　　　　　　　　)
　D. 大学の法職講座・ゼミ　　E. その他(　　　　　　　　　　　　　)

Q3. 本書をご覧になった感想・要望などがありましたら、ご記入ください。
　(　　　　　　　　　　　　　　　　　　　　　　　　　　　　　　　)

Q4. 今後LECに希望される書籍・講座などがありましたら、ご記入ください。
　(　　　　　　　　　　　　　　　　　　　　　　　　　　　　　　　)

ご協力ありがとうございました。

お手数ですが、キリトリ線で切り離してご投函ください。

法曹を目指すなら、まずは情報収集から!

講座資料を希望される方はチェック印(✓)をご記入ください。

□司法試験対策講座パンフレット(LP21020)
　司法試験の受験を控えた方向けのパンフレットです。
　あらゆるニーズに合わせた講座をご紹介しています。

□予備試験対策講座パンフレット(LP21021)
　予備試験受験を考えている方向けのパンフレットです。
　論文の答練・短答の演習講座を中心にご紹介しています。

出版(司法試験)　　　　　　　　　　　　　　　　　　　　　　LP21022

講 座 に 関 す る お 問 い 合 わ せ は

コ ー ル セ ン タ ー

☎0570-064-464
※このナビダイヤルは通話料お客様ご負担となります。
※固定電話・携帯電話共通（一部のPHS・IP電話からのご利用可能）。
受付時間（月～金 9:30～20:00　土・祝 10:00～19:00　日 10:00～18:00）

-------------------------------- キリトリ線 --------------------------------

郵 便 は が き

164-8790

料金受取人払郵便

中野局承認

6181

3 0 1

差出有効期間
令和5年7月
31日まで

●切手不要

東京都中野区中野4-11-10
アーバンネット中野ビル

LEC東京リーガルマインド 行

|||||||||||||||||||||||||||||||||||||

フリガナ			男・女	会員番号 ※ある方のみ								
氏　名				生年月日(西暦)：		年		月		日		

住　所	□□□-□□□□ 　都道府県 　市区郡 （アパート・マンション名もご記入ください）
	TEL　　　-　　　-

e-Mail アドレス	

既に取得されている資格：	ご職業

□ 私は、下記の事項に同意します。※□にレ点を記入して下さい。ご同意いただけない場合、資料請求等にお応えできません。

1.当社は、ご記入いただいた個人情報を、原則として下記の利用目的の範囲内で利用いたします。但し、商品・サービスの中で利用目的を個別にお伝えしているものに関しては、その利用目的に従います。■お客様へのご連絡／商品、教材、特典等の発送／会員管理、受講証の発行、成績発表、答案の公表、本試験の結果確認、その他講座運営に関連する目的／資格試験等試験主催団体への提供／資格試験の情報提供／当社のサービス・商品・人材募集等のご案内、メールマガジンの配信／本人確認、割引対象確認／今後のサービス向上のための統計データの算出と分析／アンケート等の依頼／アクセス状況の分析等。2.個人情報の取扱いを第三者に委託する場合があります。当社への個人情報の提供は任意ですが、ご提供いただけない場合には適切なサービスが提供できない場合があります。3.個人情報の利用目的の開示、個人情報の開示・訂正・利用停止等のご要望に対しては、誠実に対応いたします。手続きは下記の窓口までご連絡ください。開示等にあたっては、当社所定の書類及び本人確認書類が必要となります。なお、1回の開示・利用目的の通知の請求ごとに手数料金1,000円(税抜)が必要となります。4.個人情報の取扱いに関しては、プライバシーポリシー(https://www.lec-jp.com/privacy.html)をご確認ください。
株式会社東京リーガルマインド　個人情報保護管理者 情報セキュリティ委員会委員長
■開示等・苦情・相談窓口：お客様相談室　電話0570-064-464 Email：csr@lec-jp.com